मध्य प्रदेश महिला एवं बाल विकास पर्यवेक्षक

भर्ती परीक्षा 2025

मध्य प्रदेश
महिला एवं बाल विकास
पर्यवेक्षक
भर्ती परीक्षा 2025

लेखक
संजीव दीक्षित, सुशील सिंह
प्रदीप श्रीवास्तव

अरिहन्त पब्लिकेशन्स (इण्डिया) लिमिटेड

卐 **रजि. कार्यालय**

'रामछाया' 4577/15, अग्रवाल रोड, दरिया गंज, नई दिल्ली- 110002

फोन: 011-47630600, 43518550

卐 **मुख्य कार्यालय**

कालिन्दी, टी.पी. नगर, मेरठ (यूपी)– 250002

फोन: 0121-7156203, 7156204

卐 **शाखा कार्यालय**

आगरा, अहमदाबाद, बरेली, बेंगलुरु, चेन्नई, दिल्ली, गुवाहाटी, हैदराबाद, जयपुर, झाँसी, कोलकाता, लखनऊ, नागपुर तथा पुणे

卐 **मूल्य** ₹ 365.00

PO No : TXT-59-T062949-01-25

PUBLISHED BY ARIHANT PUBLICATIONS (INDIA) LTD.

'अरिहन्त' की पुस्तकों के बारे में अधिक जानकारी के लिए हमारी वेबसाइट **www.arihantbooks.com** पर लॉग इन करें या **info@arihantbooks.com** पर सम्पर्क करें।

विषय–सूची

Unit-III

Unit-IV

मध्य प्रदेश
महिला पर्यवेक्षक (आँगनवाड़ी)
सॉल्वड पेपर 2017

28 मार्च, 2017

1. राष्ट्रीय पोषण नीति का लक्ष्य है
(a) पोषण लक्ष्यों को हासिल करने के लिए विभिन्न क्षेत्रों के बीच समन्वय की आवश्यकता पर प्रकाश डालना
(b) देश में कुपोषण का बोझ घटाना
(c) उपरोक्त दोनों
(d) उपरोक्त में से कोई नहीं

2. नवजात मृत्यु दर प्रति 1000 जीवित जन्मों पर .... के कम आयु के शिशुओं की मृत्यु संख्या को कहते हैं।
(a) 1 वर्ष (b) 2 वर्ष
(c) 3 वर्ष (d) 4 वर्ष

3. अपूर्ण प्रोटीन का एक उदाहरण है
(a) जिएन (b) अण्डा
(c) दूध (d) मछली

4. ICMR 2010 के अनुसार 10-15 वर्ष की आयु वाली बालिकाओं के लिए आयरन की अनुशंसित आहारीय अनुमति है?
(a) 27 मिग्रा/दिन (b) 20 मिग्रा/दिन
(c) 33 मिग्रा/दिन (d) 35 मिग्रा/दिन

5. वैक्सीन .... हो सकता है।
(a) एण्डीजेनिक प्रोटीन
(b) क्षीण बना दिया गया रोगजनक
(c) जीवित, क्षीणीकृत रोगजनक
(d) उपरोक्त सभी

6. विटामिन A, D, E और K .... हैं।
(a) वसा में घुलनशील विटामिन
(b) जल में घुलनशील विटामिन
(c) अघुलनशील विटामिन
(d) उपरोक्त में से कोई नहीं

7. स्तनपान करा रही माता में पोषण सम्बन्धी कमियाँ होने से सामान्यत: क्या होता है?
(a) उसके दूध की मात्रा घट जाती है
(b) सभी पोषण तत्व बराबर मात्रा में घट जाते हैं
(c) दुग्धस्राव पूरी तरह रुक जाता है
(d) उपरोक्त में से कोई नहीं

8. निषेचन से लेकर दो माह की समाप्ति तक, निषेचित अण्ड कोशिका को क्या कहा जाता है?
(a) अण्ड कोशिका (b) गर्भस्थ शिशु
(c) युग्मनज (d) भ्रूण

9. किस समयावधि में गर्भस्थ शिशु कुछ रसायनों के विरूपजन प्रभावों के विशेष रूप से अधीन होता है?
(a) पहली तिमाही (b) निषेचन
(c) दूसरी तिमाही (d) तीसरी तिनाही

10. इनमें से कौन जल घुलनशील विटामिन विषाक्तता का विशेष रूप से उच्च जोखिम उत्पन्न नहीं करता है?
(a) विटामिन B6 (b) थायमिन
(c) विटामिन C (d) नियासिन

11. गर्भस्थ शिशु को पोषण .... के माध्यम से मिलता है।
(a) एण्टीबॉडी
(b) जातविष्ठा (मेकोनियम)
(c) गर्भनाल (प्लेसेण्टा)
(d) उल्व तरल (एम्नियेटिक फ्लुइड)

12. ICMR 2010 के अनुसार गर्भवती स्त्री हेतु रेटिनॉल की आहारीय अनुमति है
(a) 800 माइक्रोग्राम/दिन
(b) 650 माइक्रोग्राम/दिन
(c) 550 माइक्रोग्राम/दिन
(d) 700 माइक्रोग्राम/दिन

13. एक दृश्यात्मक खाद्य मार्गदर्शिका जो व्यक्ति को आहारीय दिशा निर्देशों की अनुशंसाओं को समझने और उन्हें व्यवहार में लाने में समर्थ बनाती है।
(a) खाद्य मार्गदर्शिका पिरामिड (b) ऊर्जा पिरामिड
(c) प्रोटीन पिरामिड (d) इनमें से कोई नहों

14. इनमें से किसे छोड़कर अन्य सभी, बेरी-बेरी के सही प्रकार हैं?
(a) शुष्क बेरी-बेरी
(b) हृदय बेरी-बेरी - क्लेद बेरी-बेरी
(c) नवजात बेरी-बेरी
(d) वृद्ध बेरी-बेरी

15. 10 ग्राम आयोडीन-युक्त नमक से ········ मिग्रा आयोडीन मिलती है।

(a) 150 (b) 100
(c) 120 (d) 80

16. इन्सुलिन की कमी से क्या होता है?

(a) डायबिटीज इन्सिपिडस (b) घेंघा
(c) डायबिटीज मेलिटस (d) ये सभी

17. सामुदायिक स्वास्थ्य केन्द्रों द्वारा किए जाने वाले महत्त्वपूर्ण कार्य क्या हैं?

(a) मलजल का निपटान
(b) रोगाणु मुक्त पेयजल
(c) प्रतिरक्षीकरण एवं स्वास्थ्य शिक्षा
(d) उपरोक्त सभी

18. वैक्सीन शरीर से क्या करवाते हैं?

(a) एण्टीबॉडी उत्पन्न करना
(b) और अधिक लाल रक्त कोशिकाएँ उत्पन्न करना
(c) मृत जीवाणु उत्पन्न करना
(d) उपरोक्त में से कोई नहीं

19. गर्भावस्था की तीसरी तिमाही के दौरान अपेक्षित भार वृद्धि है

(a) एक पाउण्ड प्रति सप्ताह
(b) दो पाउण्ड प्रति सप्ताह
(c) एक माह में 10 पाउण्ड
(d) उपरोक्त में से कोई नहीं

20. ICMR 2010 के अनुसार, 10 से 17 वर्ष के बढ़ते बालकों के लिए कैल्सियम की RDA है।

(a) 500 मिग्रा/दिन (b) 600 मिग्रा/दिन
(c) 800 मिग्रा/दिन (d) 900 मिग्रा/दिन

21. अधिकतर वैक्सीन ········

(a) मुख द्वारा लिए जाते हैं
(b) इंजेक्शन द्वारा शरीर में प्रविष्ट कराए जाते हैं
(c) सूंघ कर लिए जाते हैं
(d) भोजन के साथ लिए जाते हैं

22. प्रधानमन्त्री ग्रामोदय योजना सामाजिक और आर्थिक बुनियादी ढाँचे के निर्माण पर केन्द्रित है जिसमें शामिल हैं।

(a) ग्रामीण सड़कें (b) सुरक्षित एवं पीने योग्य जल
(c) बेहतर आवास (d) ये सभी

23. NIN 2010 के अनुसार, भारतीयों हेतु खाद्य पिरामिड ········ खाद्य पदार्थ सुझाता/दर्शाता है।

(a) पर्याप्त मात्रा में खाए जाने वाले
(b) संयमित मात्रा में खाए जाने वाले
(c) बहुत ही कम मात्रा में खाए जाने वाले
(d) उपरोक्त सभी

24. व्यक्तियों को फ्लू वैक्सीन हर वर्ष लगवानी चाहिए, क्योंकि

(a) विषाणु वर्ष-दर-वर्ष बदलता रहता है
(b) यह इतनी शक्तिशाली होती है कि आपके शरीर में सदैव के लिए नहीं रह सकती
(c) कुछ समय बाद वैक्सीन मृत हो जाती है
(d) उपरोक्त में से कोई नहीं

25. PEM के दुष्परिणाम अधिकांशत: हैं

(a) अनुत्क्रमणीय वृद्धि मन्दन
(b) मरणशीलता के जोखिम में वृद्धि
(c) निम्न संज्ञानात्मक प्रदर्शन
(d) उपरोक्त सभी

26. अन्नपूर्णा योजना ········ के समूह की आवश्यकताओं की पूर्ति के लिए खाद्य सुरक्षा प्रदान करने पर लक्षित है।

(a) गर्भवती माताओं
(b) किशोरियाँ
(c) वृद्धजनों
(d) नाजुक हालत वाले रोगियों

27. प्रतिरक्षा विकारों में शामिल हैं

(a) अति संवेदनशीलता (हाइपर सेंसिटिविटी)
(b) स्वप्रतिरक्षी (ऑटो इम्यून) रोग
(c) प्रतिरक्षा न्यूनता
(d) उपरोक्त सभी

28. उच्च घनत्व लाइपोप्रोटीन (HDL) को ········ भी कहते हैं।

(a) बुरा कोलेस्टेरॉल
(b) भद्दा कोलेस्टेरॉल
(c) अच्छा कोलेस्टेरॉल
(d) उपरोक्त सभी

29. कोई भी एड्स के विरुद्ध प्रतिरक्षित नहीं है।

(a) सही
(b) गलत
(c) कह नहीं सकते
(d) उपरोक्त में से कोई नहीं

30. पोषण स्थिति का आकलन ········ के उपयोग द्वारा किया जाता है।

(a) नृमितीय मापन
(b) आकलन मार्गदर्शिका
(c) जीवन स्थितियों
(d) उपरोक्त में से कोई नहीं

31. भारत में छोटे बच्चों (6 माह से 5 वर्ष) में गम्भीर तीक्ष्ण कुपोषण होता है और यह ········ का प्रमुख कारण है।

(a) मरणशीलता
(b) खाद्य विषाक्तता
(c) रक्ताल्पता
(d) आयोडीन की कमी

32. वे ऊर्जा की आपूर्ति नहीं करते, पर बृहद पोषक तत्वों के नियन्त्रण और उपयोग में भूमिका निभाते हैं

(a) वसाएँ (b) कार्बोहाइड्रेट
(c) प्रोटीन (d) विटामिन और मिनरल

33. ददोरों के सभी चरण ········ में देखने को मिलते हैं।

(a) छोटी चेचक (चिकनपॉक्स)
(b) खसरा
(c) टायफॉइड
(d) चेचक (स्मॉलपॉक्स)

34. भारतीयों हेतु आहारीय दिशा निर्देशों के अनुसार व्यक्ति को
(a) सन्तुलित आहार सुनिश्चित करने के लिए सभी खाद्य समूहों से विभिन्न खाद्य पदार्थों का सेवन करना चाहिए।
(b) स्तनपान को हतोत्साहित करना चाहिए।
(c) आवश्यकता से अधिक खाने को बढ़ावा देना चाहिए।
(d) उच्च ऊर्जा के स्रोत के रूप में वसाओं के उच्च उपयोग को बढ़ावा देना चाहिए।

35. गर्भनाल सम्पूर्ण गर्भावस्था के दौरान चयापचय की दृष्टि से सक्रिय होती है और परिपक्व होती जाती है। इसके सम्बन्ध में कौन-सा कथन सत्य है?
(a) यह कई अमीनो अम्लों और हॉर्मोनों का संश्लेषण करती है।
(b) यह ऑक्सीजन और पोषक तत्वों को माता से गर्भस्थ शिशु तक पहुँचाती है
(c) उपरोक्त दोनों
(d) यह गर्भस्थ शिशु के विशेष जीवन आधारी तन्त्रों का भाग नहीं है।

36. आयरन की कमी के दुष्परिणामों में शामिल है।
(a) ऊर्जा चयापचय पर नकारात्मक प्रभाव
(b) कार्य प्रदर्शन और उत्पादकता में कमी
(c) गर्भावस्था में जोखिम में वृद्धि
(d) उपरोक्त सभी

37. चेचक के बारे में इनमें से कौन सही है?
(a) पपड़ी में विषाणु नहीं मिलते हैं
(b) RNA विषाणु से होती है
(c) गर्भनालीय बाधा पार नहीं करती है
(d) मुर्गी के भ्रूण पर विषाणु संवर्धन किया जा सकता है

38. नीति निर्माताओं और उद्योगों द्वारा विभिन्न स्तरों पर अनुशंसित आहारीय अनुमति (RDA) को आधार के रूप में प्रयोग किया जा सकता है क्योंकि—
(a) यह शारीरिक सक्रियता, शरीर क्रियात्मक स्थिति, आयु, एवं लिंग के अनुसार ऊर्जा एवं अन्य पोषक तत्वों की आवश्यक पोषण सम्बन्धी आवश्यकताओं को समझने के लिए दिशा निर्देश प्रदान करती है।
(b) इससे व्यक्ति और उसके व्यवहार को जानने में मदद मिलती है
(c) यह कुपोषित, मोटापाग्रस्त या बीमार लोगों के लिए अनुशंसाएँ प्रदान
(d) उपरोक्त सभी

39. अस्थिसुषिरता (ऑस्टियोपोरोसिस) और अस्थिभंग की रोकथाम के लिए विटामिन D पोषण उतना ही महत्त्वपूर्ण है जितना .... पोषण।
(a) विटामिन A (b) विटामिन E
(c) विटामिन K (d) कैल्शियम

40. व्यक्ति के आहार या सूची में उपस्थित पोषक तत्वों की मात्रा बढ़ाने के लिए प्रयुक्त भोजन को .... कहते हैं।
(a) अनुपूरण
(b) पूरक
(c) व्यवकलन
(d) उपरोक्त में से कोई नहीं

41. वयस्कों में आयोडीन की कमी .... उत्पन्न कर सकती है।
(a) घेंघा और उसकी जटिलताएँ
(b) हृदय धमनी के रोग
(c) डिसलिपिडीमिया
(d) मेगालोब्लास्टिक एनीमिया

42. यदि गर्भावस्था में विशेष रूप से कैलोरी की मात्रा बहुत कम हो तो कौन-सी स्थिति उत्पन्न हो सकती है जिसके परिणामस्वरूप गर्भस्थ शिशु के मस्तिष्क को ऊर्जा की आपूर्ति घट जाती है और जिससे मस्तिष्क का विकास कम होना सम्भव है?
(a) एपोप्टोसिस (b) विपुटिता (डाइवर्टिकुलोसिस)
(c) कीटोसिस (d) ये सभी

43. इनमें से कौन-सा रोग जीवाणुओं द्वारा नहीं होता है?
(a) क्षय रोग (ट्यूबरकुलोसिस)
(b) हैजा
(c) टिटनस
(d) इन्फ्लुएंजा

44. खसरे के सम्बन्ध में इनमें से किसे छोड़कर शेष सभी सत्य हैं?
(a) 10 से 14 दिनों की रोगोद्भवन अवधि
(b) कुपोषितों में अधिक गम्भीर
(c) लक्षणहीन संक्रमण
(d) द्वितीयक आक्रमण दर 30%

45. जब गर्भवती महिला प्रसव-पूर्व परीक्षण करवाती है तब चिकित्सक किस सम्भावित समस्या की तलाश में नहीं होते हैं?
(a) कर्णमूलशोथ/गलसुआ (मम्प्स)
(b) डाउन्स सिण्ड्रोम
(c) सिकिल सेल एनीमिया
(d) स्पाइना बाइफिडा

46. मुख्य और सबसे दक्ष प्रो-विटामिन A या कैरोटेनॉइड हैं
(a) एल्फा-कैरोटीन (b) बीटा-कैरोटीन
(c) गामा-कैरोटीन (d) क्रिप्टोजैन्थिन

47. ICMR 2010 के अनुसार, गर्भवती स्त्री हेतु फोलेट की अनुशंसित आहारीय अनुमति है—
(a) 500 माइक्रोग्राम/दिन (b) 400 माइक्रोग्राम/दिन
(c) 300 माइक्रोग्राम/दिन (d) 350 माइक्रोग्राम/दिन

48. विद्यालयी आयु वाले अप्रतिरक्षित बच्चे प्राय: वैक्सीन-निरोधित रोगों, जैसे डिफ्थीरिया, खसरा और पोलियो आदि से सुरक्षित क्यों रहते हैं?
(a) क्योंकि उस समय भी उनकी माता से मिले एण्टीबॉडी उनकी रक्षा कर रहे होते हैं।
(b) क्योंकि इन रोगों को समूल नष्ट किया जा चुका है।
(c) क्योंकि अधिकांश बच्चे इन रोगों के विरुद्ध प्रतिरक्षित होते हैं (HERD प्रतिरक्षा)
(d) क्योंकि ऐसे रोग केवल अविकसित देशों में मौजूद हैं।

49. इनमें से कौन प्रसव पूर्व विकास का अभिलक्षण है?
(a) यह मानव जीवन-काल की सबसे छोटी अवस्था है।
(b) यह मानव विकास की बेहद नाजुक अवस्था है।
(c) यह वह अवस्था है जिसके दौरान अधिकांश विकास सबसे तेज गति से होता है।
(d) उपरोक्त सभी

50. इनमें से किसे छोड़कर शेष सभी रोगों के संचरण के साथ वाहक सम्बन्धित हैं?

(a) हैजा (b) टाइफॉइड
(c) डिफ्थीरिया (d) खसरा

51. इनमें से कौन-सा रोग प्रोटोजोआ के कारण होता है?

(a) मलेरिया (b) हेपेटाइटिस
(c) टायफॉइड (d) डिफ्थीरिया

52. वैक्सीन लगवाने के बाद—

(a) शरीर उसी विषाणु को स्वयं में कभी-भी दोबारा प्रवेश नहीं करने देता है।
(b) शरीर हमेशा थोड़े से समय के लिए बीमार हो जाता है।
(c) शरीर विषाणु के अपेक्षाकृत कमजोर रूप का अभ्यस्त हो जाता है।
(d) उपरोक्त में से कोई नहीं

53. हमारे देश में रक्ताल्पता (एनीमिया) मुख्यत: ……… के कारण है।

(a) कैल्शियम की कमी (b) आयोडीन की कमी
(c) आयरन की कमी (d) फॉस्फोरस की कमी

54. पूर्वविद्यालयी आयु के बच्चों में होने वाली एक महत्त्वपूर्ण पोषण सम्बन्धी समस्या जो विभिन्न स्तर के वृद्धि मन्दन उत्पन्न करती है—

(a) प्रोटीन ऊर्जा कुपोषण
(b) ऊर्जा कुपोषण
(c) प्रोटीन कुपोषण
(d) उपरोक्त में से कोई नहीं

55. रोग और बीमारियाँ प्राय: किस प्रकार होते हैं?

(a) बहुत ही छोटी आयु में वैक्सीन लगवाने से
(b) हमारे शरीर पर आक्रमण करने वाले जीवाणुओं और विषाणुओं से
(c) हमारे शरीर में प्रवेश पा जाने वाले एण्टीबॉडी से
(d) उपरोक्त में से कोई नहीं

56. निम्न आकृति में आयत की संख्या कितनी है?

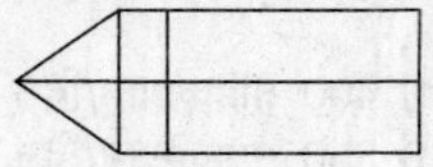

(a) 7 (b) 6
(c) 8 (d) 9

57. A, B तथा C के वेतन का अनुपात क्रमश: $1:3:4$ है। यदि उनके वेतन में क्रमश: 5%, 10% तथा 15% की वृद्धि की जाए, तो उनके बढ़े हुए वेतन का क्रमश: अनुपात होगा।

(a) 20 : 66 : 95 (b) 21 : 66 : 95
(c) 21 : 66 : 92 (d) 19 : 66 : 92

58. ऑटो क्लिपआर्ट एक विशेषता है जो

(a) स्वचालित रूप से आपको प्रेजेंटेशन में क्लिपआर्ट डालता है
(b) वर्ड आर्ट्स ऑब्जेक्ट्स में गलत वर्तनी के लिए आपकी प्रस्तुति को स्कैन करता है।
(c) प्रत्येक स्लाइड पर आपके शब्दों में गलत वर्तनी के लिए आपकी प्रस्तुति को स्कैन करता है
(d) उपरोक्त सभी

59. एक रेलगाड़ी X एक स्थान से 50 किमी/घण्टे की गति से चलना प्रारम्भ करती है। एक घण्टे बाद दूसरी रेलगाड़ी Y उसी स्थान से 70 किमी/घण्टे की गति से चलना प्रारम्भ करती है। रेलगाड़ी X के प्रारम्भ होने के कितने समय बाद रेलगाड़ी Y, रेलगाड़ी X को पार करेगी?

(a) 3 घण्टे (b) $2\frac{3}{4}$ घण्टे
(c) $3\frac{1}{2}$ घण्टे (d) $2\frac{1}{4}$ घण्टे

60. बाल अधिकारों के संरक्षण के लिए राज्य आयोगों में कितने सदस्य होते हैं?

(a) 4 (b) 5
(c) 6 (d) 7

61. 10 वस्तुओं का विक्रय मूल्य 8 वस्तु के क्रय मूल्य के बराबर है। लाभ या हानि प्रतिशत ज्ञात कीजिए।

(a) 28% लाभ (b) 20% हानि
(c) 23% लाभ (d) 31% हानि

62. किसकी कमी से स्कर्वी रोग होता है?

(a) विषाणु
(b) एण्टीजन की उपस्थिति खून में
(c) एस्कार्बिक अम्ल या विटामिन C
(d) विटामिन E

63. निम्न में से कौन-सी उत्तर आकृति प्रश्न आकृति का दर्पण प्रतिबिम्ब होगी यदि एक दर्पण रेखा MN पर रखा जाए?

प्रश्न आकृति

उत्तर आकृतियाँ

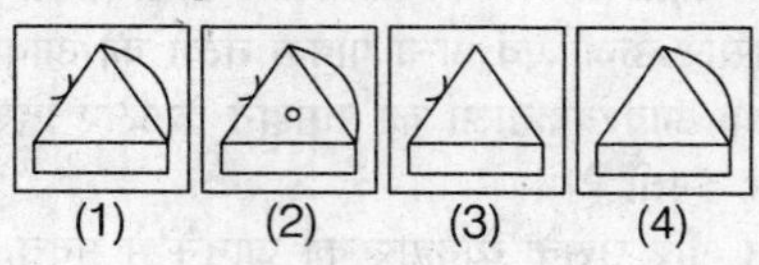

(a) 1 (b) 2
(c) 3 (d) 4

64. निम्न में से कौन-सी योजना को 'स्वच्छ बच्चे स्वस्थ भारत' योजना के साथ लॉन्च किया गया था?

(a) कायाकल्प
(b) स्वच्छ स्वस्थ सर्वत्र
(c) सार्वजनिक स्वास्थ्य सुविधाओं के लिए स्वच्छता दिशा-निर्देश
(d) स्वच्छ भारत अभियान

65. हिन्दू उत्तराधिकार अधिनियम, 1956 निम्न में से किन व्यक्तियों पर लागू नहीं होता है?

(a) ब्राह्मो समाज के अनुयायी
(b) अनुसूचित जनजाति
(c) बौद्धों
(d) उपरोक्त सभी

66. एक कक्षा में लड़कों की औसत आयु लड़कियों की संख्या के दोगुनी है। यदि 36 छात्रों की कक्षा में लड़कों और लड़कियों की संख्या का अनुपात क्रमश: 5 : 1 है, तो कक्षा के सभी लड़कों की कुल आयु (वर्ष में) क्या है?
(a) 490 (b) 196
(c) 420 (d) 360

67. आईपीवी 6 किस प्रारूप में है?
(a) हेक्सा डेसीमल प्रारूप
(b) ऑक्टल प्रारूप
(c) न्यूमेरिक प्रारूप
(d) अल्फान्यूमेरिक प्रारूप

68. निम्न में से कौन-सा विकल्प सही नहीं है?
(a) हिन्दू उत्तराधिकार अधिनियम, 1956 बेटियों को एक संयुक्त हिन्दू परिवार से केवल जीविका का अधिकार माँग सकती है।
(b) हिन्दू उत्तराधिकार संशोधन अधिनियम, 1956 के द्वारा बेटियों को अपने भाइयों के साथ विरासत का अधिकार प्रदान किया गया।
(c) वर्ष 2010 में सुप्रीम कोर्ट ने यह बताया कि जिन बेटियों के पिता की मृत्यु 9 सितम्बर, 2005 के पूर्व हुई है, वह इस संशोधन द्वारा प्रदान किए गए अधिकार के प्रयोज्य नहीं है
(d) उपरोक्त में से कोई नहीं

69. हाल का किशोर न्याय (बालकों की देख-रेख और संरक्षण) अधिनियम किस वर्ष से लागू हो गया?
(a) 2014 (b) 2015
(c) 2016 (d) 2017

70. मनुष्य में भ्रूणीय झिल्लियों की संख्या होती है
(a) 2 (b) 3
(c) 4 (d) 0

71. निम्नलिखित प्रश्न में प्रश्नवाचक चिह्न (?) के स्थान पर लगभग कौन-सा मान आएगा?
$? = 43.985 \div 10.98 \times 9.032$
(a) 0.5 (b) 10
(c) 36 (d) 45

72. निम्नलिखित प्रश्न में प्रश्नवाचक चिह्न (?) के स्थान पर लगभग कौन-सा मान आएगा?
$? = (19)^2 \times 18.5 + 22.48$
(a) 6500 (b) 6701
(c) 6850 (d) 6725

73. निम्न में से कौन-से मन्त्रालय ने वनबन्धु कल्याण योजना को आरम्भ किया?
(a) जनजातीय कार्य मन्त्रालय
(b) पर्यावरण, वन और जलवायु परिवर्तन मन्त्रालय
(c) सामाजिक न्याय और अधिकारिता मन्त्रालय
(d) ग्रामीण विकास मन्त्रालय

74. स्वच्छ स्वस्थ सर्वत्र निम्न में से किसकी पहल है?
(a) पेयजल और स्वच्छता मन्त्रालय
(b) स्वास्थ्य और परिवार कल्याण मन्त्रालय
(c) पेयजल और स्वच्छता मन्त्रालय एवं स्वास्थ्य और परिवार कल्याण मन्त्रालय
(d) उपरोक्त में से कोई नहीं

75. दहेज निषेध अधिनियम, 1961 के अन्तर्गत निम्न में से कौन-सा 'दहेज' में गिना जाएगा?
(a) दुल्हन के माता-पिता द्वारा दुल्हे के लिए प्रत्यक्ष या अप्रत्यक्ष रूप से दिया जाने वाला सम्पत्ति या मूल्यवान प्रतिभूति सुरक्षा देना या देने को राजी होना
(b) दुल्हे के माता-पिता द्वारा दुल्हन के लिए प्रत्यक्ष या अप्रत्यक्ष रूप से दिया जाने वाला सम्पत्ति या मूल्यवान प्रतिभूति सुरक्षा देना या देने को राजी होना
(c) उपरोक्त दोनों
(d) उपरोक्त में से कोई नहीं

76. राष्ट्रीय सामाजिक सहायता कार्यक्रम जब आरम्भ हुआ तब उसके कितने अवयव थे?
(a) 2 (b) 3 (c) 4 (d) 5

77. एमएस वर्ड में Thesaurus टूल का प्रयोग .... के लिए किया जाता है।
(a) स्पेलिंग सही करने के लिए
(b) टेक्स्ट खोजने के लिए
(c) वर्तनी के लिए सुझाव
(d) उपरोक्त में से कोई नहीं

78. 20 पुरुष या 30 महिलाएँ एक कार्य को 40 दिनों में कर सकते हैं। 24 महिलाएँ और 24 पुरुष एकसाथ उसी कार्य को कितने दिनों में कर सकते हैं?
(a) 30 (b) 40
(c) 60 (d) 20

79. भारतीय संविधान में शिक्षा अधिकार को मौलिक अधिकार किस वर्ष में बनाया गया था?
(a) 2008 (b) 2009
(c) 2010 (d) 2011

80. हीमोग्लोबिन है एक
(i) यह पादपों में उपस्थित एक रंगीन पदार्थ है
(ii) रक्त का रंगीन पदार्थ है
(iii) एक उच्च रंगीन पदार्थ है
(iv) एक आयन युक्त यौगिक है
सत्य उत्तर चुनिए
(a) i, ii और iv (b) ii, iii और iv
(c) i, ii, iii और iv (d) i, ii और iii

81. माइटोसिन प्रतिजैविक किस रोग का इलाज करने में उपयोग की जाती है?
(a) कर्क रोग (b) एड्स
(c) पोलियो (d) सिफलिस

82. भारत में कौन-से राज्य ने विद्यालयों में आने वाले बच्चों की संख्या में वृद्धि लाने के लिए मिड-डे मील योजना का आरम्भ किया था?
(a) गुजरात (b) महाराष्ट्र
(c) तमिलनाडु (d) कर्नाटक

निर्देश (प्र.सं. 83) *नीचे दिए गए प्रश्न में कुछ कथन और उसके बाद कुछ निष्कर्ष दिए गए हैं। आपको दिए गए कथनों को सत्य मानना है, भले ही वे सर्वज्ञात तथ्यों से भिन्न प्रतीत होते हों। सभी निष्कर्षों को पढ़िए फिर तय कीजिए कि दिए गए निष्कर्षों में से कौन-सा तर्कसंगत रूप से अनुसरण करता है, चाहे सर्वज्ञात तथ्य कुछ भी हों।*

83. **कथन**

सभी बिल्लियाँ, चमगादड़ हैं।

सभी चमगादड़, मेज हैं।

निष्कर्ष

I. कुछ मेज, चमगादड़ हैं।

II. कुछ मेज, बिल्लियाँ हैं।

(a) यदि केवल निष्कर्ष I अनुसरण करता है।
(b) यदि केवल निष्कर्ष II अनुसरण करता है।
(c) यदि या तो निष्कर्ष I या II अनुसरण करता है।
(d) यदि निष्कर्ष I और II दोनों अनुसरण करते हैं।

84. मोबाइल फोन उपयोग करता है

(a) फुल डुप्लेक्स (b) सिम्पलेक्स
(c) हाफ डुप्लेक्स (d) इनमें से कोई नहीं

85. भिन्न राज्यों में आश्रम विद्यालय स्थापित करने में केन्द्र एवं राज्य के निधिकरण में क्या अनुपात रहता है?

(a) 50 : 50 (b) 60 : 40 (c) 70 : 30 (d) 80 : 20

86. विशाल 2 किमी दक्षिण दिशा में चलता है। वह दाएँ मुड़कर 3 किमी चलता है, फिर वह बाएँ मुड़ता है और 5 किमी चलता है और अन्त में वह बाएँ मुड़कर 2 किमी चलता है। विशाल द्वारा तय की गई कुल दूरी कितनी है?

(a) 7 किमी (b) 12 किमी
(c) 5 किमी (d) 10 किमी

87. फाइल ओपन डायलॉग बॉक्स को ओपन करने के लिए शॉर्टकट की कौन-सी है?

(a) Alt +12 (b) Shift + F12
(c) Ctrl + F12 (d) F12

88. नीचे दी गई आकृतियों में लुप्त संख्या ज्ञात कीजिए।

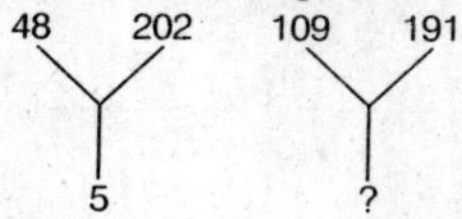

(a) 6 (b) 9 (c) 13 (d) 2

89. किसी राशि पर चक्रवृद्धि ब्याज तथा साधारण ब्याज का अन्तर 2 वर्षों में 5% प्रतिवर्ष की दर से ₹ 55 है। मूलधन ज्ञात करें।

(a) ₹ 18000 (b) ₹ 22000 (c) ₹ 19000 (d) ₹ 25000

90. बाल विवाह अधिनियम, 2006 के सम्बन्धित निम्न विकल्पों में से गलत विकल्प का चयन करें।

(a) यह अधिनियम भारत के बाहर भारतीय नागरिकों पर भी लागू है।
(b) यह अधिनियम जम्मू-कश्मीर के अलावा पूरे भारत में लागू है।
(c) उपरोक्त दोनों
(d) उपरोक्त में से कोई नहीं

91. दिए गए विकल्पों में से लुप्त पदों को ज्ञात करें।

_ b b _ c _ b g _ b _ g

(a) c b g b c (b) c g b c b
(c) c g b c c (d) g b c b b

92. निम्नलिखित विधियों में से कौन-से सेल का कन्टेण्ट को सम्पादित करने के लिए उपयोग नहीं किया जा सकता है?

(a) Alt कुंजी दबाकर
(b) F2 दबाकर
(c) फॉर्मूला बार को क्लिक करके
(d) सेल को डबल क्लिक करके

93. कौन-से वर्ष में कल्याण मन्त्रालय को महिला एवं बाल विकास विभाग तथा कल्याण विभाग में विभक्त किया गया?

(a) 1984-85 (b) 1985-86
(c) 1986-87 (d) 1988-89

94. विकलांग व्यक्ति अधिनियम, 1995 के अन्तर्गत .... वर्षों के उम्र तक विकलांग व्यक्तियों के लिए नि:शुल्क एवं अनिवार्य शिक्षा का अधिकार दिया गया है।

(a) 16 (b) 17 (c) 18 (d) 19

95. कायान्तरण के लिए उत्तरदाई होता है—

(a) एस्ट्रोजन (b) थाइरॉक्सिन
(c) पैराथॉर्मोन (d) ग्लुकागोन

96. सती समिति (रोकथाम) अधिनियम, 1987 के अन्तर्गत निम्न में से कौन-से महिलाओं को 'सती' की श्रेणी में रखा नहीं जा सकता है?

(a) एक महिला जिनको अपने मृतक सम्बन्धी के देह के साथ उनको स्वेच्छापूर्वक जला दिया जा रहा है।
(b) एक महिला जिनको अपने मृतक पति के देह के साथ जबरदस्ती जला दिया जा रहा है।
(c) उपरोक्त दोनों
(d) उपरोक्त में से कोई नहीं

97. मनरेगा के काम की प्राथमिकता के क्रम पर कौन निर्णय लेता है?

(a) केन्द्र सरकार (b) ग्रामीण विकास मन्त्रालय
(c) राज्य सरकार (d) ग्राम सभा

98. एक नई तालिका बनाने के लिए, किस पद्धति में आपको फील्ड प्रकार और आकार निर्दिष्ट करने की आवश्यकता नहीं है?

(a) विजार्ड के द्वारा टेबल बनाना
(b) डाटा एण्ट्री के साथ टेबल बनाना
(c) डिजाइन व्यू में टेबल बनाना
(d) उपरोक्त में से कोई नहीं

99. खाद्य सुरक्षा अधिनियम, 2013 के अनुसार निम्न में से कौन-सा "खाद्यान्न" के अन्तर्गत नहीं आता?

(a) चावल (b) गेहूँ (c) स्थूल अनाज (d) दाल

100. यदि एक भिन्न का अंश 200% बढ़ाया जाए और हर 400% बढ़ाया जाए, तो परिणामी भिन्न $1\frac{1}{20}$ होगी। मूल भिन्न कितनी थी?

(a) $1\frac{3}{4}$ (b) $\frac{11}{10}$ (c) $\frac{6}{5}$ (d) $1\frac{1}{2}$

101. निम्न में से कौन-सी उत्तर आकृति प्रश्न आकृति को पूर्ण करेंगी?

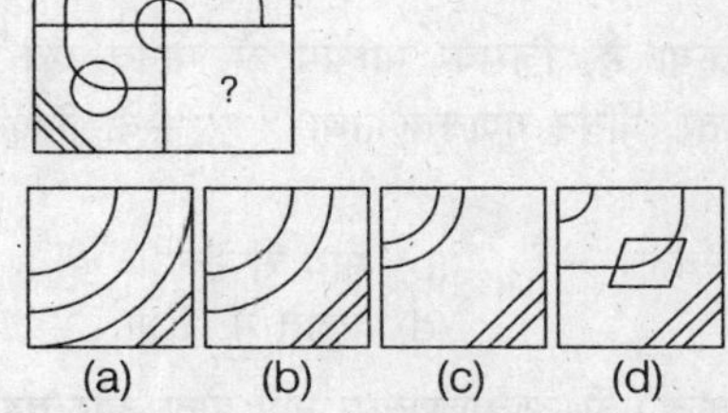

(a) (b) (c) (d)

102. 'बेटी बचाओ बेटी पढ़ाओ' पहल के लिए कितने जिलों को चुना गया है?

(a) 50 (b) 75 (c) 100 (d) 125

103. इन्सुलिन नियन्त्रित करता है

(a) थायरॉइड में आयोडीन की मात्रा
(b) रक्त में लोहे की मात्रा
(c) रक्त में शर्करा की मात्रा
(d) रक्त में यूरिया की मात्रा

104. वह आरेख चुनिए जो मोबाइल, टेलीविजन और इलेक्ट्रॉनिक के मध्य सही सम्बन्ध का निरूपण करता है।

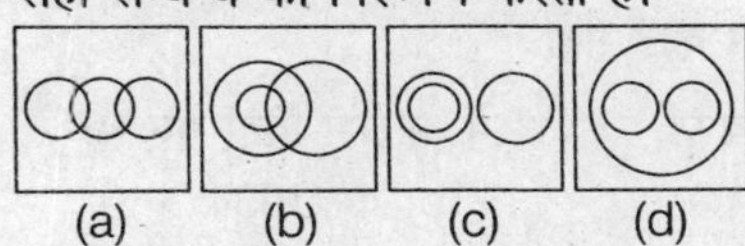

(a) (b) (c) (d)

105. आर्केन्टरॉन का बनना प्रारम्भ होता है।

(a) मोरुला से
(b) ब्लास्टुआ से
(c) प्रारम्भिक न्यूरुला से
(d) प्रारम्भिक गैस्टुला से

निर्देश (प्र.सं. 106) *निम्नलिखित पाई चार्ट का ध्यानपूर्वक अध्ययन कर नीचे दिए गए प्रश्न का उत्तर दीजिए।*

विभिन्न विद्यालयों के प्रतिशतानुसार छात्रों का वितरण

कुल छात्रों की संख्या = 6000

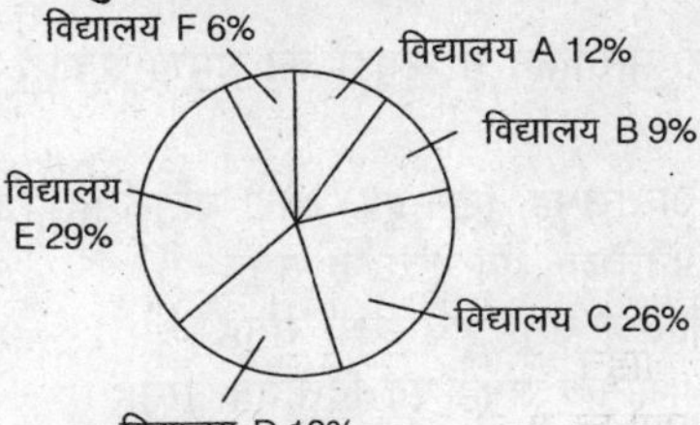

106. विद्यालय F और विद्यालय E के कुल छात्रों की संख्या में क्या अन्तर है?

(a) 1820
(b) 1860
(c) 880
(d) उपरोक्त में से कोई नहीं

107. प्रत्येक सांसदों द्वारा साँझी योजना के अन्तर्गत वर्ष 2019 तक कितने आदर्श ग्रामों का विकास करना पड़ेगा?

(a) 2 (b) 3 (c) 4 (d) 5

108. अनिल रोहित का परिचय करवाता है कि रोहित उसके पिता की पत्नी के एकमात्र भाई का पुत्र है। रोहित, अनिल से किस प्रकार सम्बन्धित है?

(a) कजिन (b) पुत्र
(c) चाचा (d) दामाद

109. प्रोटीन की कमी से कौन-सा रोग होता है, निम्न विकल्प देखकर पहचानिए?

(a) ग्वाइटर (घेंघा) (b) क्वाशिओरकर
(c) हाइपोकेलेमिया (d) डर्मटोसिस

110. यदि 'बस' को 'विमान' कहा जाता है, 'विमान' को 'ट्रेन' कहा जाता है और 'ट्रेन' को 'जहाज' कहा जाता है, तो 'जेट एयरवेज' किस वर्ग में आता है?

(a) बस (b) विमान
(c) जहाज (d) ट्रेन

111. ……… , हमारे व्यवहार के बारे में जानकारी प्राप्त करने और मूल्यांकन करने की प्रक्रिया है।

(a) माध्यम
(b) मैसेज
(c) फीडबैक (पुनर्निवेशन)
(d) कोडन (एनकोडिंग)

112. विस्तार कार्य में आवश्यक नेतृत्वकर्ता है ……… :

(a) जातिगत नेता
(b) स्थानीय कार्यशील नेता
(c) अदीक्षित नेतृत्वकर्ता (ले लीडर)
(d) धार्मिक नेता

113. ……… द्वारा समूहों को प्राथमिक एवं द्वितीयक समूहों में वर्गीकृत किया गया है।

(a) समर (b) कूले
(c) मैक लेवर (d) कार्ल मैक्स

114. किसी प्रतिस्पर्धा, विज्ञापन या मनोरंजन में निर्देश देने, निर्णय करने/आँकने पर लक्षित मॉडलों, नमूनों, तालिकाओं, पोस्टरों आदि के नियोजित प्रदर्शन को ……… कहते हैं।

(a) क्षेत्र यात्राएँ (b) प्रदर्शनी
(c) पोस्टर (d) ये सभी

115. संचालन की निर्धारित अवधि पूरी कर लेने के बाद समुदाय विकास खण्डों को ……… कहा जाता था।

(a) पारम्परिक खण्ड (b) सघन-पश्चात खण्ड
(c) आधुनिक खण्ड (d) घनीभूत खण्ड

116. समूह चर्चा विधि ……… में सर्वश्रेष्ठ कार्य करती है।

(a) तनावग्रस्त एवं अवरोधक माहौल
(b) स्वतन्त्रतादायी एवं अवरोधक माहौल
(c) लोकतान्त्रिक एवं स्वतन्त्रतादायी माहौल वाले समूह
(d) उपरोक्त में से कोई नहीं

117. समुदाय विकास परियोजनाएँ ……… द्वारा आरम्भ की गई थीं।

(a) पण्डित जवाहरलाल नेहरू
(b) डॉ. राजेन्द्र प्रसाद
(c) डॉ. सी. राजगोपालाचार्य
(d) सरदार वल्लभभाई पटेल

118. दो डीकोडन कौशल हैं
(a) लेखन, श्रवण (b) पठन, श्रवण
(c) लेखन, वाचन (d) पढ़ना

119. सामाजिक अन्तर्क्रिया की प्रकृति एवं गुणवत्ता के आधार पर समूहों को ……… में वर्गीकृत किया गया है।
(a) प्राथमिक एवं द्वितीयक
(b) आनुवंशिक एवं एकत्रित समूह
(c) लघु एवं विशाल समूह
(d) अनैच्छिक एवं ऐच्छिक समूह

120. ……… में सामान्य समूह सीमाएँ/द्वार समाप्त हो जाते हैं।
(a) विधि प्रदर्शन (b) फॉर्म एवं घर पर मुलाकात
(c) कार्यालय कॉल (d) अभियान

121. नेतृत्वकर्ता (नेता) का वह प्रकार जिसे विशेष प्रशिक्षण मिला है और जिसे क्षेत्र कार्य के लिए भुगतान किया जाता है, ……… कहलाता है।
(a) निरंकुश नेता
(b) अदीक्षित नेतृत्वकर्ता (ले लीडर)
(c) पेशेवर नेतृत्वकर्ता
(d) लोकतान्त्रिक नेता

122. कोई संचार स्रोत किस स्तर तक विश्वसनीय माना जाता है वह स्तर।
(a) सक्रिय श्रवण (b) विश्वसनीयता
(c) अन्तर्वैयक्तिक (d) निष्क्रिय श्रवण

123. शब्द "समुदाय विकास", अफ्रीका प्रशासन पर ग्रीष्मकालीन सम्मेलन में ……… से निकला प्रतीत होता है।
(a) कैम्ब्रिज (b) सेन फ्रान्सिस्को
(c) सेंट लुइस (d) जेनेवा

124. एक प्रयास में बड़ी संख्या में लोगों तक पहुँचने वाली विस्तार विधियाँ ……… कहलाती हैं।
(a) विशाल विधि (b) सर्वजन विधि
(c) मल्टी-मीडिया (d) बहुउद्देश्यीय विधि

125. ……… , वैश्विक और स्थानीय स्तरों पर नयी चुनौतियाँ पेश करना है।
(a) विकास (b) संचार
(c) बृहदआर्थिक (d) वृद्धि

126. समूह जीवन का निर्धारण कौन करता है?
(a) हम का एहसास (b) एकता का एहसास
(c) सामान्य उद्देश्य (d) ये सभी

127. समुदाय विकास परियोजना का वह चरण जिसे तीन वर्ष में पूर्ण किया जाना था, की अवधि ……… की थी।
(a) 3 माह (b) 9 माह
(c) 12 माह (d) 18 माह

128. भारत में ग्राम विकास कार्यक्रम की विफलता का सबसे महत्त्वपूर्ण कारण चुनें।
(a) खराब तरह से नियोजन
(b) प्रभावी निगरानी एवं कार्यान्वयन की समस्या
(c) कार्यक्रमों हेतु संसाधनों का अभाव
(d) उपरोक्त में से कोई नहीं

129. ……… जन संचार की पारम्परिक विधा है।
(a) टेलीविजन (b) समाचार-पत्र
(c) रेडियो (d) इण्टरनेट

130. विकास एक प्रक्रिया है, जिसके माध्यम से मानव एवं भौतिक संसाधनों को बेहतर जीवन गुणवत्ता तथा ……… के लिए सक्रिय किया जाता है।
(a) सृजन हेतु परिवर्तन (b) आय सृजन
(c) जीवनशैली (d) प्रकृति में शिक्षा

131. जब नेता (नेतृत्वकर्ता) में आत्मविश्वास नहीं होता और वह मानता है कि कार्यकर्ता कार्य कर सकते हैं, तो ऐसे नेता को ……… कहा जाता है।
(a) लोकतान्त्रिक नेता
(b) निरंकुश नेता
(c) अहस्तक्षेपी नेता
(d) अदीक्षित नेतृत्वकर्ता (ले लीडर)

132. समूह चर्चा विधि ……… में
(a) तनावग्रस्त एवं अवरोधक माहौल
(b) स्वतन्त्रतादायी एवं अवरोधक माहौल
(c) लोकतान्त्रिक एवं स्वतन्त्रतादायी माहौल वाले समूह
(d) उपरोक्त में से कोई नहीं

133. समुदाय विकास खण्ड ……… में आरम्भ किए गए थे।
(a) वर्ष 1952 (b) वर्ष 1954
(c) वर्ष 1956 (d) वर्ष 1958

134. संचार के तीन मुख्य घटक हैं
(a) मार्ग, प्राप्तकर्ता, प्रतिपुष्टि
(b) स्रोत, मार्ग, प्राप्तकर्ता
(c) स्रोत, प्राप्तकर्ता, प्रतिपुष्टि
(d) स्रोत, मार्ग, प्रतिपुष्टि

135. समुदाय विकास खण्ड में प्रत्येक परियोजना क्षेत्र में 100 गाँव तथा 60,000 से 70,000 ……… की जनसंख्या शामिल थी।
(a) तीन (b) चार
(c) पाँच (d) छः

136. पी.ए. सोरोकिन ने समूहों को प्रमुख प्रकारों में विभाजित किया है। वे हैं
(a) 'अन्तर्समूह' (इन-ग्रुप) और 'बहिर्समूह' (आउट-ग्रुप)
(b) अनैच्छिक एवं ऐच्छिक समूह
(c) क्षैतिज समूह एव ऊर्ध्व समूह
(d) प्राथमिक समूह एवं द्वितीयक समूह

137. अंगीकरण के इनमें से किस चरण में समूह चर्चा उपयुक्त है?
(a) जागरूकता (b) रुचि
(c) पदचिह्न (ट्रेल) (d) मूल्यांकन

138. प्रशिक्षण में वह प्रेरणादायी चरण जिसे अधिक महत्त्व दिया जाता है, ……… कहलाता है।
(a) तैयारी चरण
(b) प्रशिक्षण-पूर्व चरण
(c) प्रशिक्षण चरण
(d) प्रशिक्षण-पश्चात चरण

139. दृश्य-श्रव्य सहायक सामग्रियों/उपकरणों की सीमाएँ हैं
(a) शिक्षार्थी गलत या विकृत धारणाएँ बना सकते हैं।
(b) अध्यापक का अपने अध्यापन को बस कुछ बड़े विचार बताने तक सीमित करने का लोभ और विषय की पूरी तस्वीर नहीं देना।
(c) विचारशील जाँच-पड़ताल के रवैये की बजाय 'प्रेक्षकवाद' का सम्भावित जोखिम।
(d) उपरोक्त सभी

140. इनमें से कौन सामाजिक असमानता से अधिक समीपता से सम्बन्धित है?
(a) सामाजिक गतिकी (b) सामाजिक विभेदन
(c) सामाजिक स्तरण (d) सामाजिक नियन्त्रण

141. ...., मानव शक्तियों, लक्षणों तथा मानवीय प्रकृति का/की पूरक है।
(a) वर्ग (b) समूह
(c) सगोत्रता (d) समाज

142. .... को सम्भवत: 'रक्त सम्बन्ध' के रूप में जाना जाता है।
(a) गुच्छ (b) कुल
(c) सगोत्रता (d) स्वजन

143. ''सामाजिक समूह, सामाजिक अन्तर्क्रिया की एक प्रणाली है।'' यह परिभाषा .... द्वारा दी गई थी।
(a) ओगबर्न एवं निमकोफ (b) हैरी एम. जानॅसन
(c) आर.एम. मैकलेवर (d) मार्शल जोन्स

निर्देश (प्र. सं. 144-149) *निम्नलिखित गद्यांश को ध्यानपूर्वक पढ़कर उसके नीचे दिए गए बहुविकल्पी प्रश्नों में सही विकल्प का चयन करें।*

कम्प्यूटर अधिक शक्तिशाली, उपयोक्ता हितैषी एवं कम खर्चीले हो गए हैं। PC क्रान्ति उन्हें उपयोक्ता के इस हद तक समीप ले आई है कि बहुत से मामलों में उपयोक्ताओं ने अपने खुद के अनुप्रयोग डिजाइन एवं विकसित कर लिए हैं। हालाँकि, हाल ही तक, गाँवों में उनके उपयोग को सुगम बनाने के लिए स्थानीय विषयवस्तु एवं क्षेत्रीय भाषा इण्टरफेस बनाना आसान नहीं हुआ है।

इसके अतिरिक्त, हालाँकि हार्डवेयर की लागतें घट रही हैं, पर ग्रामीण अनुप्रयोग के लिए स्वामित्व की कुल लागत अभी भी काफी अधिक है। न्यूनतम रूप से आवश्यक यन्त्रों, जैसे PC, मोडेम, पावर स्टेबिलाइजर, प्रिन्टर की लागत तथा साथ में सॉफ्टवेयर (OS, डेटाबेस, एवं अनुप्रयोग, जैसे भी लागू हों) की लाइसेंस लागत निवेश पर प्रतिलाभ के मानदण्ड के आधार पर, सरकार से सम्बन्धित सूचना सेवाएँ पेश करने के अपने उपयोग का औचित्य सिद्ध नहीं कर पाती हैं।

ये उपकरण बहुत जल्दी अप्रचलित हो जाते हैं, और ग्रामीण क्षेत्रों में इनकी रखरखाव लागतें अधिक हैं। वर्तमान लागत स्तरों पर अपनी लागत निकाल पाने के स्तर तक पहुँचने के लिए कियोस्क संचालक को इन उपकरणों का उपयोग करते हुए वैकल्पिक आय सृजन गतिविधियाँ खोजनी होंगी। हमने पाया है कि बहुत से मामलों में ऐसी व्यापारिक सम्भावना मौदूद नहीं है, और यदि मौजूद हैं भी तो, कियोस्क स्वामी व संचालक नए समाधान विकसित करने हेतु प्रशिक्षित नहीं हैं।

कई उद्यमी ग्रामीण अनुप्रयोग के लिए सस्ते हाईवेयर एवं सॉफ्टवेयर समाधान प्रस्तुत करने का प्रयास कर रहे हैं। एनालॉग कम्युनिकेशन की कोरडेक्ट (CorDECT) प्रौद्योगिकी और पीकोपेटा सिस्टम प्रा. लि. का कम्प्यूटर ऐसी पहलों के अच्छे उदाहरण हैं। ये संगठन देशज घटकों, सॉफ्टवेयर एवं मुक्त स्रोत सिस्टम के साथ कम्प्यूटर तथा वायरलेस कनेक्टिविटी समाधान विकसित करते हैं। आशा की जाती है कि इन सिस्टमों का बड़े स्तर पर उत्पादन, ग्रामीण अनुप्रयोग के लिए उपयुक्त एवं लागत कुशल प्रौद्योगिकियाँ लेकर आएगा, चेन्नई स्थित MSSRF ग्रामीण निर्धनों हेतु उपयुंक्त प्रौद्योगिकी डिजाइन करने में अग्रणी कार्य कर रही है।

144. .... पर प्रतिलाभ के आधार पर सरकार से सम्बन्धित सूचना सेवा।
(a) उपयुक्त मानदण्ड (b) निवेश मानदण्ड
(c) साझेदारी मानदण्ड (d) समेकित मानदण्ड

145. .... उन्हें कम्प्यूटर उपयोग करने की हद तक उपयोक्ताओं के पास ले आयी है।
(a) फ्रांस की क्रान्ति
(b) औद्योगिक क्रान्ति
(c) PC क्रान्ति
(d) उपरोक्त में से कोई नहीं

146. कई उद्यमी ग्रामीण अनुप्रयोग के लिए सस्ते .... समाधान प्रस्तुत करने का प्रयास कर रहे हैं।
(a) सॉफ्टवेयर एवं ICT
(b) हार्डवेयर एवं अनुप्रयोग
(c) नेटवर्क एवं सॉफ्टवेयर
(d) हार्डवेयर एवं सॉफ्टवेयर

147. .... स्थित MSSRF ग्रामीण निर्धनों हेतु उपयुक्त प्रौद्योगिकी डिजाइन करने में अग्रणी कार्य कर रही है।
(a) चेन्नई (b) मदुरै (c) कोयम्बटूर (d) पंजाब

148. .... स्वामी एवं संचालक नये समाधान विकसित करने हेतु प्रशिक्षित नहीं हैं।
(a) ICT (b) MSSRF
(c) कियोस्क (d) इनमें से कोई नहीं

149. कियोस्क संचालकों को वैकल्पिक .... गतिविधियाँ खोजनी होंगी।
(a) भविष्य सृजन (b) आर्थिक सृजन
(c) आय सृजन (d) समाज सृजन

निर्देश (प्र. सं. 150-155) *निम्नलिखित गद्यांश को ध्यानपूर्वक पढ़कर उसके नीचे दिए गए बहुविकल्पी प्रश्नों में सही विकल्प का चयन करें।*

संचार यानि कम्युनिकेशन (लैटिन शब्द कम्युनिकेयर से, जिसका अर्थ है ''साझा करना''), आपस में समझे जाने वाले संकेतों और संकेत विज्ञान के नियमों के उपयोग के माध्यम से एक सत्व या समूह से दूसरे सत्व या समूह तक वांछित अर्थ पहुँचाने के कृत्य को कहते हैं। संचार एक स्थान से दूसरे स्थान को सूचना पहुँचाने का कृत्य मात्र है। हालाँकि यह एक सरल साधारण परिभाषा है, पर जब हम इस बारे में सोचते हैं कि हम संचार कैसे कर सकते हैं, तो यह विषय बहुत जटिल बन जाता है। संचार की विभिन्न श्रेणियाँ हैं और किसी भी समय विशेष पर उनमें से कई घटित हो सकती हैं। संचार की विभिन्न श्रेणियों में शामिल हैं

बोला जाने वाला या मौखिक/शाब्दिक संचार आमने-सामने, टेलीफोन, रेडियो या टेलीविजन एवं अन्य माध्यम।

अशाब्दिक संचार शरीर की भाषा, भाव-भंगिमाएँ, हम कैसे परिधान पहनते या कार्य करते हैं— यहाँ तक कि हमारी गन्ध/इत्र भी।

लिखित संचार पत्र, ई-मेल, पुस्तकें, पत्रिकाएँ, इण्टरनेट या अन्य माध्यमों के जरिए।

दृश्यमानीकरण आलेख एवं तालिकाएँ, मानचित्र, लोगों, एवं अन्य दृश्यमानीकरण संदेशों को संचारित कर सकते हैं।
संचार का मार्ग (चैनल) दृश्य, श्रव्य, स्पर्श्य (टेक्टाइल) (जैसे ब्रेल में) और स्पर्शी (हैप्टिक), घ्राण, विद्युतचुम्बकीय, या जैवरासायनिक हो सकता है। यह वांछित सन्देशों के वाहक का कार्य करता है। संचार के आठ घटक हैं स्रोत, सन्देश, एनकोडन, मार्ग, डीकोडन, प्राप्तकर्ता, प्रतिपुष्टि एवं सन्दर्भ। इस मॉडल का विकास करने वालों में संचार सिद्धान्तकार क्लॉडे शेनन, विल्बर लैंग स्क्राम एवं रॉबर्ट क्रेग तथा अन्य शामिल थे। मानव संचार अमूर्त भाषा के व्यापक उपयोग के कारण अद्वितीय है। याद रखें, संचार सहकार्यात्मक होता है, प्रतिस्पर्धात्मक नहीं। संचार एक दोतरफा प्रक्रिया है जिसमें विचारों का आदान-प्रदान किया जाता है; यदि इसे एकतरफा कर दिया जाए, तो आदान-प्रदान रुक जाता है जिससे हताशा उत्पन्न होती है।

150. शब्द कम्युनिकेशन, ……… भाषा से लिया गया है।
(a) ग्रीक (b) लैटिन
(c) फ्रेंच (d) इनमें से कोई नहीं

151. शाब्दिक संचार की सूची
1. आमने-सामने 2. हाव-भाव
3. टेलीविजन 4. लोगो
सही उत्तर चुनें।
(a) 1 और 2 (b) 2 और 3
(c) 1 और 3 (d) 4 और 1

152. संचार का मार्ग ……… हो सकता है।
(a) दृश्य (b) स्पर्श्य (टेक्टाइल)
(c) श्रव्य (d) ये सभी

153. क्लॉउडे शेनन के मॉडल के अनुसार ……… घटक होते हैं।
(a) 5 (b) 6 (c) 8 (d) 7

154. मानव संचार ……… भाषा के व्यापक उपयोग के कारण अद्वितीय है।
(a) शाब्दिक (b) अमूर्त
(c) अन्तर्वैयक्तिक (d) मौखिक

155. संचार ……… होता है।
(a) सहकार्यात्मक (b) प्रतिस्पर्धात्मक
(c) (a) और (b) दोनों (d) इनमें से कोई नहीं

156. सुनी जा सकने वाली सबसे धीमी ध्वनि की तीव्रता है
(a) 0 डेसीबल (b) 0-10 डेसीबल
(c) 10-20 डेसीबल (d) 20-30 डेसीबल

157. सामाजिक-सांस्कृतिक संज्ञानात्मक सिद्धान्त का प्रतिपादन ……… ने किया था।
(a) वाइगोत्स्की (b) पियाजे (c) मैस्लो (d) कोलबर्ग

158. एचआईवी ……… से फैल सकता है।
(a) पसीना (b) लार
(c) मूत्र (d) माँ के दूध

159. इनमें से कौन, अशक्तों हेतु विशेष शिक्षा की विशेषता नहीं है?
(a) अनुदेशन और अध्यापन रणनीतियाँ वैयक्तिकृत होनी चाहिएँ।
(b) कार्य को इस प्रकार अनुक्रमित करना कि वह ऐसे कार्यों से आरम्भ हो जिन्हें बच्चा कर सकता हो और धीरे-धीरे जटिल अधिगम की ओर बढ़ना।
(c) सहपाठियों के मन में प्रतिस्पर्धा की भावना बैठाना ताकि वे स्वयं को अन्य बच्चों से बेहतर सिद्ध कर सकें।
(d) बच्चों में ऐसी योग्यताएँ विकसित की जानी चाहिए जो उन्हें जीवन में दिन-प्रतिदिन के कार्यों को स्वतन्त्र रूप से करने में और उत्पादक बनने में समर्थ बनाएँ।

160. शिक्षा मन्त्रालय दिव्यांग सरकारी शैक्षिक संस्थानों/सरकारी सहायता प्राप्त संस्थानों को कितने प्रतिशत आरक्षण प्रदान करता है?
(a) 3% (b) 5%
(c) 7% (d) 10%

161. पूर्व-पारम्परिक, पारम्परिक एवं पश्च-पारम्परिक स्तरों का प्रतिपादन ……… द्वारा किया गया था।
(a) फ्राइड के मनोलैंगिक (मनःकामुक) सिद्धान्त
(b) पियाजे के संज्ञानात्मक विकास का सिद्धान्त
(c) कोलबर्ग के नैतिकता का सिद्धान्त
(d) एरिकसन के मनोसामाजिक विकास का सिद्धान्त

162. ब्रोनफेनब्रेनर द्वारा प्रतिपादित सिद्धान्त ……… पर बल देता है।
(a) जैविक परिप्रेक्ष्य (b) संज्ञानात्मक परिप्रेक्ष्य
(c) पर्यावरणीय परिप्रेक्ष्य (d) मनोलैंगिक परिप्रेक्ष्य

163. इनमें से कौन, पूर्व-वाक् संवाद का एक रूप नहीं है?
(a) रोना
(b) कूजना (कूंकूं करना) और प्रलाप करना
(c) हाव-भाव/भंगिमाएँ
(d) वाक्य निर्माण

164. वह व्यक्ति क्या कहलाता है जो सामाजिक समूह के मानकों का जानबूझकर उल्लंघन नहीं कर रहा है बल्कि उसे यह ज्ञान नहीं है कि समूह क्या अपेक्षा करता है?
(a) नैतिक (b) अनैतिक (इम्मोरल)
(c) निर्नैतिक (अनमोरल) (d) इनमें से कोई नहीं

165. दृष्टि तीक्ष्णता का मापन ……… द्वारा किया जा सकता है।
(a) हूवर बेंत (केन)
(b) कृत्रिमांग यन्त्र
(c) ऑर्थोटिक (अंग को सहारा देने वाला) यन्त्र
(d) स्नेलेन चार्ट

166. बच्चों में रचनाशीलता को बढ़ावा देने के लिए किस प्रकार का बाल पालन अभ्यास आदर्श है?
(a) लोकतान्त्रिक (b) अतिरक्षी
(c) वर्जनाहीन (d) असंलग्न

167. इनमें से कौन, विकासात्मक कार्यों का प्रयोजन नहीं है?
(a) वे माता-पिता और अध्यापकों को यह जानने में सहायता देते हैं कि किसी आयु विशेष में बच्चों को क्या सीखना चाहिए।
(b) विकासात्मक कार्य बच्चों को वे चीजें सीखने के लिए प्रेरक बलों के रूप में कार्य करते हैं जो सामाजिक समूह उनसे उस आयु में सीखने की अपेक्षा रखता है।
(c) विकासात्मक कार्य माता-पिता एवं अध्यापकों को बताते हैं कि निकट एवं सुन्दर भविष्य में बच्चों से क्या अपेक्षा होगी।
(d) विकासात्मक कार्य बच्चों की बुद्धिमता में वर्धन करते हैं।

168. संज्ञानात्मक विकास की किस अवस्था में बच्चे परिकल्पनाओं और प्रतिज्ञप्तियों के आधार पर तर्क करने में समर्थ हो जाते हैं?
(a) संवेदीगत्यात्मक (सेंसरीमोटर)
(b) पूर्व-संक्रियात्मक
(c) ठोस संक्रियात्मक
(d) औपचारिक संक्रियात्मक

169. इनमें से कौन एक अधिगम अशक्तता का प्रकार है?
(a) एकांगघात (मोनोप्लेजिया)
(b) पठन वैकल्य (डिसलेक्सिया)
(c) अतितानता (स्पास्टिसिटी)
(d) अपस्मार (मिर्गी)

170. आईसीडीएस योजना की निगरानी का उत्तरदायित्व इनमें से किस मन्त्रालय का है?
(a) मानव संसाधन विकास मन्त्रालय
(b) स्वास्थ्य एवं परिवार कल्याण मन्त्रालय
(c) सामाजिक न्याय एवं अधिकारिता मन्त्रालय
(d) महिला एवं बाल विकास मन्त्रालय

171. चेतना (सीएचईटीएनए) का पूरा नाम है।
(a) सेंटर फॉर हेल्थ, एजुकेशन, ट्रेनिंग एण्ड न्यूट्रीशन अवेयरनेस (स्वास्थ्य, शिक्षा, प्रशिक्षण एवं पोषण जागरुकता केन्द्र)
(b) सेंटर हेल्थ, एंटरटेनमेंट, ट्रेनिंग एंड नेशनल अवेयरनेस (केन्द्रीय स्वास्थ्य, मनोरंजन, प्रशिक्षण एवं राष्ट्रीय जागरुकता)
(c) सेंटर होलिस्टिक एजुकेशन फॉर ट्रेनिंग एवं नेचर्स अवेयरनेस (प्रशिक्षण एवं प्रकृति जागरुकता के लिए केन्द्रीय समग्र शिक्षा)
(d) सेंटर फॉर ह्यूमन एजुकेशन, टीचिंग एंड न्यूट्रीशन अवेयरनेस (मानव शिक्षा, अध्यापन एवं पोषण जागरुकता केन्द्र)

172. इन्दिरा गाँधी राष्ट्रीय दिव्यांगजन पेंशन योजना (आईजीएनडीपी) ……… द्वारा प्रदान की जाती है।
(a) सामाजिक न्याय एवं अधिकारिता मन्त्रालय
(b) ग्रामीण विकास मन्त्रालय
(c) कार्मिक, लोक शिकायत एवं पेंशन मन्त्रालय
(d) दिव्यांगजन कार्य विभाग

173. लाल फीता ……… का प्रतीक है।
(a) एचआईवी संक्रमण की चपेट में आने के प्रति सावधान रहने
(b) एचआईवी पॉजिटिव लोगों और एड्स पीड़ित लोगों की पहचान करने
(c) एचआईवी पॉजिटिव लोगों और एड्स पीड़ित लोगों के साथ एकजुटता
(d) एचआईवी संक्रमण से लड़ने के खतरे

174. अधिगम की वह पहली अवस्था क्या कहलाती है जिसमें व्यक्ति यह जानता है कार्य में क्या आवश्यक है और कार्य के कुछ विशिष्ट घटक क्या हैं?
(a) संज्ञानात्मक अवस्था
(b) साहचर्य (एसोसिएशन) अवस्था
(c) स्वचालन अवस्था
(d) यथार्थवादी अवस्था

175. नि:शुल्क एवं अनिवार्य शिक्षा का अधिकार अधिनियम, 2009 शिक्षा को ……… की आयु वाले प्रत्येक बच्चे का एक मौलिक अधिकार बनाता है।
(a) 2-18 वर्ष
(b) 3-15 वर्ष
(c) 6-14 वर्ष
(d) 4-18 वर्ष

176. सामग्री स्मृति में बनी रहे यह सम्भावना बढ़ाने के लिए सामग्री को संगठित/व्यवस्थित करने की औपचारिक तकनीक को ……… कहा जाता है।
(a) याद करना
(b) अवधारणा निर्माण
(c) अन्तरक्षेप (इण्टरफेरेंस)
(d) अभ्यास

177. इनमें से किस प्रकार के अधिगम के उच्चतर मानसिक प्रक्रियाएँ शामिल हैं जो किसी परिघटना विशेष के अर्थ या सार्थकता पर विचार करती हैं?
(a) प्रयत्न-त्रुटि
(b) संज्ञानात्मक अधिगम (कॉग्निटिव लर्निंग)
(c) चिरप्रतिष्ठितप्रानुकूलन (क्लासिकल कण्डीशनिंग)
(d) क्रियाप्रसूतप्रानुकूलन (ऑपरेंट कण्डीशनिंग)

178. पूर्व-विद्यालयी शिक्षा के सम्बन्ध में इनमें से कौन-सा उद्देश्य गलत है?
(a) बच्चों में रट्टानार स्मृति का विकास करना
(b) बच्चों में सौन्दर्य सराहना का विकास करना
(c) बच्चे में अच्छा शारीरिक-गठन, माँस-पेशियों में पर्याप्त तालमेल और आधारभूत गत्यात्मक कौशल विकसित करना
(d) बच्चे को अपने एहसास और भावनाएँ व्यक्त करने, समझने, स्वीकारने और नियन्त्रित करने में मार्गदर्शन देकर भावनात्मक परिपक्वता विकसित करना

179. वस्तुएँ विद्यमान बनी रहती हैं, तब भी जब उन्हें देखा या सुना न जा सकता हो, इस अवधारणा को क्या कहते हैं?
(a) समायोजन
(b) वस्तु स्थायित्व
(c) आत्मसातकरण/स्वांगीकरण (एसिमिलेशन)
(d) मानसिक साम्यावस्था

180. श्रवण क्षीणता वाले लोगों के सम्बन्ध में इनमें से कौन-सा कथन गलत है?
(a) यह माना जाता है कि श्रवण क्षीणता वाले सभी व्यक्तियों में थोड़ी मात्रा में अवशेषी श्रवण क्षमता उपस्थित होती है
(b) श्रवण क्षीणता स्वतः ही बोलने में असमर्थता का कारण बन जाती है
(c) बच्चे में जितनी भी श्रवण क्षमता है उसका उपयोग करके संवाद कौशल विकसित करने में मदद पाने के लिए यह आवश्यक है कि श्रवण क्षमता के ह्रास का आरम्भ में ही पता लगाया जाए और प्रशिक्षण दिया जाए
(d) श्रवण क्षीणता की व्यापक श्रेणियाँ हैं– गम्भीर से लेकर आंशिक श्रवण क्षमता ह्रास तक

181. यदि आप किसी शिशु के पैर के पंजे के तले पर चोट करें, तो वह पहले अपनी पैरों की अंगुलियाँ फैलाता है और फिर उन्हें मोड़ लेता है। शिशु इनमें से कौन-सा प्रतिवर्त दर्शा रहा है?
(a) मूलोत्पत्ति (रूटिंग) (b) मोरो
(c) बाबिन्स्की (d) ग्राही

182. नवजात शिशु की लम्बाई औसतन ········ होती है।
(a) 6-10 इंच (b) 11-16 इंच
(c) 17-21 इंच (d) 22-28 इंच

183. संवेद-तन्त्रिकीय श्रवण क्षीणता में शामिल समस्याएँ ········ में सीमित होती हैं।
(a) बाह्य कर्ण (b) मध्य कर्ण
(c) आन्तरिक कर्ण (d) इनमें से कोई नहीं

184. इनमें से कौन मुख्यधारा में लाने (मेनस्ट्रीमिंग) के प्रतिदर्श हैं?
(a) अग्रसरण एवं शून्य अस्वीकरण
(b) दोष-सुरक्षा एवं शून्य अस्वीकरण
(c) सभी को प्रवेश एवं विफलता किसी को नहीं
(d) बचाना एवं रक्षा करना

185. सभी सामाजिक क्षेत्रों- विशेष रूप से समाज कल्याण, शिक्षा, स्वास्थ्य, सुरक्षा एवं न्याय में आवश्यक कानूनों, नीतियों, विनियमों एवं सेवाओं के समूह से इनमें से कौन सम्बन्धित है?
(a) बाल रक्षा तन्त्र
(b) बाल सहयोग तन्त्र
(c) बाल सहयोग एवं सशक्तिकरण तन्त्र
(d) उपरोक्त में से कोई नहीं

186. दोहरावयुक्त वाणी एवं साथ में गले तथा डायाफ्राम की माँसपेशियों की ऐंठन को ········ कहा जाता है।
(a) तुतलाना
(b) विच्छलन (अक्षर ध्वनियों का आपस में मिल जाना)
(c) हकलाना
(d) क्षिप्रोच्चारण (बोलते समय अक्षर लुप्त होना)

187. व्यक्ति विशिष्ट प्रकार्य, जैसे तैरना, गेंद फेंकना या साइकिल चलाना, जिनके लिए प्रशिक्षण की आवश्यकता होती है, ········ कहलाते हैं।
(a) व्यक्ति-वृत्तात्मक प्रकार्य
(b) जाति-वृत्तात्मक प्रकार्य
(c) अग्र आनुवंशिक प्रकार्य
(d) इन्द्रिय ग्राही प्रकार्य

188. इनमें से किस शब्द को निर्जीव वस्तुओं से जीवन-समगुणों को सम्बन्धित करने की प्रवृत्ति के लिए प्रयोग किया जाता है?
(a) अहंकेन्द्रिकता/स्वकेन्द्रिकता (ईगोसेंट्रिज्म)
(b) दिवास्वप्न
(c) जीववाद (एनिमिज्म)
(d) समाजीकरण

189. इनमें से कौन आईसीडीएस योजना का एक घटक है?
(a) पूरक पोषण
(b) स्वास्थ्य जाँच
(c) पोषण एवं स्वास्थ्य शिक्षा
(d) उपरोक्त सभी

190. इनमें से किसका अर्थ शरीर के किसी भाग विशेष या अंग की अनुपस्थिति, अथवा शरीर के किसी भाग की कार्यक्षमता में कमी से है?
(a) क्षीणता (b) अशक्तता
(c) विकलांगता (d) इनमें से कोई नहीं

191. इनमें से किसमें इस दृढ़-विश्वास कि, विशेष आवश्यकताओं वाले बच्चों को न्यूनतम प्रतिबन्धात्मक परिवेश में शिक्षा दी जानी चाहिए, के आधार पर अपवादी बच्चों के लिए एक शैक्षिक स्थापन कार्यविधि एवं प्रक्रिया शामिल होती है?
(a) मुख्य धारा में लाने (मेनस्ट्रीमिंग)
(b) लेबलन
(c) पुनर्वास
(d) व्यावसायिक शिक्षा

192. अधिगम (लर्निंग) के लिए इनमें से कौन-सा सत्य है?
(a) अधिगम एक सतत प्रक्रिया है
(b) अधिगम एक क्रमिक प्रक्रिया है
(c) अभ्यास और अनुभव से प्रदर्शन परिणाम बेहतर होते हैं
(d) उपरोक्त सभी

193. गुणसूत्रों के बाइस जोड़ों को ········ कहते हैं।
(a) अलिंगसूत्र (b) युग्मनज
(c) डीएनए (d) इनमें से कोई नहीं

194. किसी घटना या उद्दीपन विशेष की अनुक्रिया में नवजात शिशु में होने वाले स्वचालित शारीरिक संचलन को ········ कहा जाता है।
(a) प्रतिवर्त/प्रतिवर्ती क्रियाएँ
(b) प्रतिधारण
(c) मन्दन
(d) पुनः प्राप्ति

195. फ्राइड के मनोलैंगिक (मन:कामुक) सिद्धान्त की शिश्रीय अवस्था, एरिकसन के मनोसामाजिक विकास सिद्धान्त की किस अवस्था के संगत है?
(a) विश्वास बनाम अविश्वास
(b) स्वायत्तता बनाम शर्म एवं सन्देह
(c) पहल बनाम अपराधबोध
(d) परिश्रम बनाम हीनता

196. समेकित बाल विकास सेवाओं के अन्तर्गत पूरक पोषण कार्यक्रम के लाभार्थी इनमें से कौन है?
(a) 6 वर्ष से कम आयु वाले बच्चे
(b) गर्भवती एवं स्तनपान करा रहीं स्त्रियाँ
(c) उपरोक्त दोनों
(d) 15-45 वर्ष की स्त्रियाँ

197. आँगनवाड़ी कार्यकत्रियों, आँगनवाड़ी सहायकों, पर्यवेक्षकों, बाल विकास परियोजना अधिकारी एवं जिला कार्यक्रम अधिकारियों को मिलाकर किस दल का गठन होता है?
(a) डब्ल्यूएचओ दल
(b) यूनिसेफ दल
(c) आईसीडीएस दल
(d) एनआईपीपीसीडी दल

198. पूर्व-विद्यालयी शिक्षा की आवश्यकता पर बल देने के लिए इनमें से कौन सत्य है?

(a) बच्चों के जैविक, शारीरिक, भावनात्मक, सामाजिक और बौद्धिक विकास को बढ़ावा देती है

(b) माता-पिता की अनुपस्थिति में देखभाल करती है एवं संरक्षी एवं अन्य देखभाल प्रदान करती है

(c) बच्चों की सम्भावित योग्यताओं की प्राप्ति प्रदान करके प्राथमिक विद्यालयों को बीच में ही छोड़ देने वाले विद्यार्थियों की संख्या घटाती है।

(d) उपरोक्त सभी

199. अनौपचारिक समूहों में सामाजिक सम्बन्धों के अध्ययन के लिए इनमें से किस तकनीक का उपयोग किया जाता है?

(a) समाजीकरण (b) समाजमिति
(c) वृत्तांत (d) इनमें से कोई नहीं

200. भारत की केन्द्र सरकार द्वारा दिव्यांगजनों को इनमें से कौन-सी सुविधाएँ प्रदान की जाती हैं?

(a) दिव्यांगजन धारा 80 यू के अन्तर्गत आयकर कटौती के पात्र हैं

(b) दिव्यांगजनों को वृत्ति कर (प्रोफेशनल टैक्स) के भुगतान से छूट है

(c) आश्रित दिव्यांगजनों के कानूनी संरक्षक/अभिभावक धारा 80 डीडी के अन्तर्गत आयकर कटौती के पात्र हैं

(d) उपरोक्त सभी

उत्तरमाला

1. (c)	**2.** (a)	**3.** (a)	**4.** (a)	**5.** (d)	**6.** (a)	**7.** (a)	**8.** (d)	**9.** (a)	**10.** (b)
11. (c)	**12.** (a)	**13.** (a)	**14.** (d)	**15.** (a)	**16.** (c)	**17.** (d)	**18.** (a)	**19.** (a)	**20.** (c)
21. (b)	**22.** (d)	**23.** (d)	**24.** (a)	**25.** (d)	**26.** (c)	**27.** (d)	**28.** (c)	**29.** (a)	**30.** (a)
31. (a)	**32.** (d)	**33.** (a)	**34.** (a)	**35.** (c)	**36.** (d)	**37.** (a)	**38.** (a)	**39.** (d)	**40.** (a)
41. (a)	**42.** (c)	**43.** (d)	**44.** (d)	**45.** (a)	**46.** (b)	**47.** (a)	**48.** (c)	**49.** (d)	**50.** (d)
51. (a)	**52.** (c)	**53.** (c)	**54.** (d)	**55.** (b)	**56.** (d)	**57.** (c)	**58.** (d)	**59.** (c)	**60.** (d)
61. (b)	**62.** (c)	**63.** (a)	**64.** (b)	**65.** (b)	**66.** (d)	**67.** (a)	**68.** (c)	**69.** (c)	**70.** (c)
71. (c)	**72.** (b)	**73.** (a)	**74.** (c)	**75.** (c)	**76.** (b)	**77.** (d)	**78.** (d)	**79.** (c)	**80.** (b)
81. (a)	**82.** (c)	**83.** (d)	**84.** (a)	**85.** (a)	**86.** (b)	**87.** (c)	**88.** (a)	**89.** (b)	**90.** (d)
91. (b)	**92.** (a)	**93.** (b)	**94.** (c)	**95.** (b)	**96.** (d)	**97.** (d)	**98.** (b)	**99.** (d)	**100.** (a)
101. (d)	**102.** (c)	**103.** (c)	**104.** (d)	**105.** (b)	**106.** (d)	**107.** (b)	**108.** (a)	**109.** (b)	**110.** (d)
111. (c)	**112.** (b)	**113.** (b)	**114.** (b)	**115.** (b)	**116.** (c)	**117.** (b)	**118.** (b)	**119.** (a)	**120.** (d)
121. (c)	**122.** (b)	**123.** (a)	**124.** (b)	**125.** (a)	**126.** (d)	**127.** (d)	**128.** (b)	**129.** (b)	**130.** (b)
131. (c)	**132.** (d)	**133.** (a)	**134.** (b)	**135.** (a)	**136.** (c)	**137.** (d)	**138.** (c)	**139.** (d)	**140.** (c)
141. (b)	**142.** (c)	**143.** (b)	**144.** (a)	**145.** (c)	**146.** (d)	**147.** (a)	**148.** (c)	**149.** (c)	**150.** (b)
151. (c)	**152.** (d)	**153.** (c)	**154.** (b)	**155.** (a)	**156.** (b)	**157.** (a)	**158.** (d)	**159.** (c)	**160.** (a)
161. (c)	**162.** (c)	**163.** (d)	**164.** (c)	**165.** (d)	**166.** (a)	**167.** (d)	**168.** (d)	**169.** (b)	**170.** (d)
171. (a)	**172.** (b)	**173.** (c)	**174.** (a)	**175.** (c)	**176.** (a)	**177.** (b)	**178.** (a)	**179.** (b)	**180.** (b)
181. (c)	**182.** (c)	**183.** (c)	**184.** (b)	**185.** (a)	**186.** (c)	**187.** (a)	**188.** (c)	**189.** (d)	**190.** (b)
191. (a)	**192.** (d)	**193.** (a)	**194.** (a)	**195.** (c)	**196.** (c)	**197.** (c)	**198.** (d)	**199.** (b)	**200.** (d)

संकेत एवं हल

1. (c) दिए गए दोनों कथन लक्ष्य सही हैं।

राष्ट्रीय पोषण नीति का लक्ष्य देश में कुपोषण का बोझ घटाना तथा पोषण लक्ष्यों को हासिल करने के लिए विभिन्न क्षेत्रों के बीच समन्वय की आवश्यकता पर प्रकाश डालना है जिसकी शुरुआत प्रधानमन्त्री नरेन्द्र मोदी द्वारा 8 मार्च, 2018 को राजस्थान के झुंझुनूँ शहर से की गई थी।

2. (a) नवजात मृत्यु दर, प्रति 1000 जीवित जन्मों पर 1 वर्ष से कम आयु के शिशुओं की मृत्यु संख्या को कहते हैं। इसे अचानक शिशु मृत्यु सिण्ड्रेाम (SIDS) भी कहते हैं जिसके लिए समय से पहले जन्म, निमोनिया, डायरिया, संक्रमण, जन्मजात विसंगतियाँ तथा सामाजिक आर्थिक स्थिति जिम्मेदार होती हैं।

3. (a) जिएन, अपूर्ण प्रोटीन का एक उदाहरण है, जोकि मक्के में पायी जाती है, इन प्रोटीनों में कई आवश्यक अमीनो अम्लों की कमी होती है, जिससे यह न तो शरीर के विकास और न ही ऊतकों के सामान्य रखरखाव में मदद कर पाते हैं।

4. (a) ICMR (भारतीय आयुर्विज्ञान अनुसन्धान परिषद्) 2010 के अनुसार 10-15 वर्ष की आयु वाली बालिकाओं के लिए आयरन की अनुशंसित अनुमति 27 मिलिग्राम/दिन है, जो हीमोग्लोबिन बनाने के लिए आवश्यक होता है तथा यह लाल रक्त कोशिकाओं की सहायता से शरीर में ऑक्सीजन पहुँचाता है।

5. (d) वैक्सीन "एक एण्टीजेनिक प्रोटीन, जीव्ति या क्षीणीकृत रोगजनक तथा एक रोगजनक जिसे क्षीण बना दिया गया है" हो सकता है। यह एक ऐसा पदार्थ होता है, जिसका उपयोग शरीर में एण्टीडोट्स के उत्पादन के लिए किया जाता है और एक या कुछ बीमारियों के खिलाफ प्रतिरक्षा प्रदान करता है।

6. (a) विटामिन A, D, E और K वसा में घुलनशील विटामिन हैं जोकि आहार में वसा के साथ अवशोषित होते हैं और इसे शरीर के वसायुक्त ऊतक में संग्रहित किया जाता है जिससे ये शरीर को अपर्याप्त सेवन के दौरान भी आपूर्ति पहुँचाते हैं तथा शरीर को उचित वृद्धि और विकास में सहायक होते हैं।

7. (a) स्तनपान करा रही माता में पोषण सम्बन्धी कमियाँ होने से सामान्यतः उसके दूध की मात्रा घट जाती है। इन पोषक तत्वों में कैल्शियम, मैग्नीशियम, आयरन, जिंक, फोलेट और विटामिन B6 शामिल हैं।

8. (d) निषेचन से लेकर दो माह की समाप्ति तक, निषेचन अण्ड कोशिका को भ्रूण कहा जाता है जो एक प्राणी के विकास की प्रारम्भिक अवस्था होती है, जिसे प्रारम्भिक अवस्था में पोषण प्राथमिक अण्डाणु द्वारा लाये गये पोषक तत्त्वों से प्राप्त होता है।

9. (a) पहली तिमाही समयावधि में गर्भस्थ शिशु कुछ रसायनों के विरूपजन प्रभावों के विशेष रूप के अधीन होता है इसलिए इस समय गर्भपात का सबसे ज्यादा खतरा (भ्रूण या भ्रूण की स्वाभाविक मृत्यु) रहता है। यह समय गर्भाधान से लेकर 12 वें सप्ताह तक चलता है।

10. (b) थायमिन जिसे, विटामिन B1 भी कहा जाता है, जोकि जल में घुलनशील होता है, यह विषाक्तता का विशेष रूप से उच्च जोखिम उत्पन्न नहीं करता, क्योंकि गुर्दे द्वारा इसका निकास तेजी से किया जाता है।

11. (c) गर्भस्थ शिशु को पोषण, गर्भनाल (प्लेसेण्टा) के माध्यम से मिलता है, जोकि गर्भावस्था के दौरान गर्भाशय में विकसित होता है। यह एक अस्थायी अंग होता है जिसे बच्चे के जन्म के साथ ही बाहर निकाल दिया जाता है।

12. (a) ICMR 2010 के अनुसार गर्भवती स्त्री हेतु रेटिनॉल की आहारीय अनुमति 800 माइक्रोग्राम/दिन है। एक एक प्रकार का विटामिन 'A' होता है, जोकि अंगों, भ्रूण के कंकाल के विकास तथा भ्रूण की प्रतिरक्षा प्रणाली के रखरखाव के अलावा मातृ रात्रि दृष्टि और भ्रूण के नेत्र स्वास्थ्य के रखरखाव हेतु आवश्यक है।

13. (a) खाद्य मार्गदर्शिका पिरामिड जो व्यक्ति को आहारीय दिशा निर्देशों की अनुशंसाओं को समझने और उन्हें व्यवहार में लाने में समर्थ बनाती है। अर्थात् इस पिरामिड का आकार उन खाद्य पदार्थों और पेय पदार्थों के प्रकारों को दर्शाता है जिन्हें स्वस्थ भोजन के लिए लोगों को सबसे अधिक खाने की आवश्यकता होती है जिसका विकास संयुक्त राज्य अमेरिका के कृषि विभाग (USDA) ने वर्ष 1992 में किया था।

14. (d) वृद्ध बेरी-बेरी को छोड़कर, शुष्क बेरी-बेरी, नवजात बेरी-बेरी, हृदय बेरी-बेरी, क्लेद बेरी-बेरी आदि बेरी-बेरी के प्रकार हैं। यह रोग विटामिन B1 की कमी से उत्पन्न कुपोषणजन्य रोग है जोकि विशेषकर उन क्षेत्रों में पाया जाता है, जहाँ का मुख्य आहार चावल होता है।

15. (a) 10 ग्राम आयोडीन युक्त नमक से 150 मिग्रा आयोडीन मिलती है जिसमें सामान्य नमक के साथ थोड़ी मात्रा में पोटैशियम आयोडाइड या सोडियम आयोडाइड होता है जोकि शरीर व मस्तिष्क दोनों की सही वृद्धि, विकास व संचालन के लिए आवश्यक होता है।

16. (c) इन्सुलिन की कमी से डायबिटिज मेलिटस नामक रोग होता है। इसकी कमी का कारण पैनक्रियाज में इन्सुलिन बनाने वाली बीटा कोशिकाओं का नष्ट होना है तथा इस रोग को सामान्यतः मधुमेह कहा जाता है जो कि चयापचय सम्बन्धी बीमारियों का एक समूह है जिसमें लम्बे समय तक रक्त में शर्करा का स्तर उच्च रहता है।

17. (d) सामुदायिक स्वास्थ्य केन्द्रों द्वारा किये जाने वाले महत्त्वपूर्ण कार्य हैं- मलजल का निपटान करना, रोगाणु मुक्त पेयजल उपलब्ध कराना तथा प्रतिरक्षीकरण एवं स्वास्थ्य शिक्षा उपलब्ध करवाना आदि। यह एक गैर-लाभकारी, उपभोक्ता निर्देशित स्वास्थ्य सेवा संगठन है जो उच्च गुणवत्ता, सस्ती और व्यापक चिकित्सा तथा मानसिक स्वास्थ्य देखभाल हेतु पहुँच प्रदान करती है।

18. (a) वैक्सीन शरीर में एण्टीबॉडी उत्पन्न करवाते हैं जोकि प्रतिरक्षा प्रणाली को संक्रमण से तेजी और अधिक प्रभावी ढंग से लड़ने में मदद करते हैं। यह एक ग्लाइकोप्रोटीन होता है तथा रक्त प्लाज्मा में एण्टीबॉडी a तथा b दोनों प्रकार पाए जाते हैं।

19. (a) गर्भावस्था की तीसरी तिमाही के दौरान अपेक्षित भार वृद्धि एक पाउण्ड प्रति सप्ताह है जिसका अपेक्षित समय 29वें सप्ताह से 38-40वें सप्ताह तक होता है। इस समय भ्रूण के आकार में वृद्धि होने से गर्भवती महिलाओं को बहुत असुविधा का अनुभव होता है।

20. (c) ICMR (भारतीय आयुर्विज्ञान अनुसंधान परिषद्) के अनुसार 10 से 17 वर्ष के बढ़ते बालकों के लिए कैल्शियम की RDA (अनुशंसित आहार राशन) 800 मिग्रा/दिन है; जो कि हड्डियों और दाँतों को मजबूत बनाता है तथा तन्त्रिकाओं, माँसपेशियों को कार्यशील और हृदय को स्वस्थ रखने में मुख्य भूमिका निभाता है।

21. (b) अधिकतर वैक्सीन इंजेक्शन द्वारा शरीर में प्रविष्ट कराए जाते हैं अर्थात् मोटी मँसल माँसपेशी ऊतकों में इंजेक्शन प्रविष्ट कराने से सामान्य परिसंचरण तन्त्र में वैक्सीन आसानी से फैलकर स्थायी सुरक्षात्मक प्रतिक्रिया उत्पन्न करते हैं।

22. (d) प्रधानमन्त्री ग्रामोदय योजना सामाजिक और आर्थिक बुनियादी ढाँचे के निर्माण पर केन्द्रित है, जिसमें ग्रामीण सड़कें, सुरक्षित एवं पीने योग्य जल तथा बेहतर आवास शामिल है। इस योजना की शुरुआत वर्ष 2000 में प्रधानमन्त्री श्री अटल बिहारी वाजपेयी द्वारा की गई, जिसकी निगरानी नीति आयोग द्वारा की जाती है।

23. (d) NIN (राष्ट्रीय पोषण संस्थान) 2010 के अनुसार भारतीयों हेतु खाद्य पिरामिड, पर्याप्त मात्रा में संयमित मात्रा में तथा बहुत ही कम मात्रा में खाए जाने वाले खाद्य पदार्थों को दर्शाता है। अर्थात् खाद्य पिरामिड वह मूल मार्गदर्शिका है, जो हमारे शरीर की आवश्कतानुसार स्वस्थ आहार की योजना बनाने में हमारी मदद करती है।

24. (a) व्यक्तियों को फ्लू वैक्सीन हर वर्ष लगवानी चाहिए, क्योंकि विषाणु वर्ष-दर-वर्ष बदलता रहता है। इनका निर्माण वायरस के प्रोटीन से किया जाता है, जिसमें बैक्टीरिया की वृद्धि रोकने के लिए जैटामाइसिन या नियोमाइसिन जैसे एण्टीबायोटिक्स मौजूद होते हैं।

25. (d) PEM (प्रोटीन ऊर्जा कुपोषण) के दुष्परिणाम अधिकांशतः अनुत्क्रमणीय वृद्धि मन्दन, मरणशीलता के जोखिम में वृद्धि तथा निम्न संज्ञानात्मक प्रदर्शन है। अर्थात् PEM सभी मैक्रोन्यूट्रिएण्ट्स और कई सूक्ष्म पोषक तत्वों की कमी के कारण ऊर्जा की कमी की स्थिति है। अतः सन्तुलित आहार देकर PEM का निदान किया जा सकता है।

26. (c) अन्नपूर्णा योजना वृद्धजनों के समूह की आवश्यकताओं की पूर्ति के लिए खाद्य सुरक्षा प्रदान करने पर लक्षित है जिसकी शुरुआत 1 अप्रैल, 2000 को की गई। इसी के तहत राजस्थान सरकार ने मुख्यमन्त्री निःशुल्क अन्नपूर्णा फूड पैकेट योजना की शुरुआत की है, जिसमें 1.4 करोड़ से अधिक परिवारों को मुफ्त अन्नपूर्णा किट दिया जाएगा।

27. (d) प्रतिरक्षा विकारों में अति संवेदनशीलता (हाइपर सेंसिटिविटी), स्वप्रतिरक्षी (ऑटो इम्यून) रोग तथा प्रतिरक्षा न्यूनता शामिल है। इस विकार में एण्टीबॉडीज, हानिकारक तत्वों, शरीर की कोशिकाओं और ऊतकों में फर्क करना भूलकर गलती से शरीर की कोशिकाओं और ऊतकों पर आक्रमण कर उन्हें नष्ट करना शुरू कर देती है।

28. (c) उच्च घनत्व लाइपोप्रोटीन (HDL) को अच्छा कोलेस्ट्रॉल भी कहा जाता है। यह रक्त से कोलेस्ट्रॉल को अवशोषित कर लीवर में वापस लौटने में मदद करता है, जिससे कोलेस्ट्रॉल को शरीर से बाहर निकाल दिया जाता है तथा इसकी उच्च मात्रा हृदय रोग और स्ट्रोक के जोखिम को कम करती है।

29. (a) कोई भी एड्स के विरुद्ध प्रतिरक्षित नहीं है, यह सत्य है। यह बीमारी HIV (ह्यमून इम्यूनोडेफिशिएंसी वायरस) के संक्रमण से फैलती है, जो कि शरीर की प्रतिरक्षा प्रणाली पर हमला करता है, अर्थात् श्वेत रक्त कोशिकाओं को निशाना बनाता है, जिसका अभी तक कोई इलाज नहीं खोजा गया है।

30. (a) पोषण स्थिति का आकलन नृमितीय मापन के उपयोग द्वारा किया जाता है तथा इस उपकरण में मानव शरीर के भौतिक गुणों का व्यवस्थित माप शामिल है; जैसे ऊँचाई, वजन, सिर की परिधि, बॉडी मास इण्डेक्स (BMI), वसा आदि का आकलन।

31. (a) भारत में छोटे बच्चों (6 माह से 5 वर्ष) में गम्भीर तीक्ष्ण कुपोषण होता है, जोकि मरणशीलता का प्रमुख कारण है, जिसका कारण शरीर के लिए आवश्यक सन्तुलित आहार का लम्बे समय तक न मिल पाना है, जिससे बच्चों का शरीर आसानी से बीमारियों से संक्रमित होकर मृत्यु को प्राप्त होता है।

32. (d) विटामिन और मिनरल ऊर्जा की आपूर्ति नहीं करतें, लेकिन बृहद् पोषक तत्वों के नियन्त्रण और उपयोग तथा प्रतिरक्षा प्रणाली को मजबूत और वायरस संक्रमण से लड़ने में महत्त्वपूर्ण भूमिका निभाते हैं।

33. (a) ददोरों के सभी चरण छोटी चेचक में देखने को मिलते हैं, जैसे खुजली, त्वचा पर लाल चकते जैसे छाले होना खास लक्षण है।

34. (a) भारतीयों हेतु आहारीय दिशा-निर्देशों के अनुसार व्यक्ति को संतुलित आहार सुनिश्चित करने के लिए सभी खाद्य समूहों से विभिन्न खाद्य पदार्थों का सेवन करना चाहिए जिससे शरीर को प्रभावी ढंग से काम करने के लिए आवश्यक पोषक तत्वों की पूर्ति हो सकें।

35. (c) गर्भनाल (प्लेसेण्टा) सम्पूर्ण गर्भावस्था के दौरान चयापचय की दृष्टि से सक्रिय होती है और परिपक्व होती है, जोकि कई अमीनो अम्लों और हॉर्मोनों का संश्लेषण करती है, तथा यह ऑक्सीजन और पोषक तत्वों को माता से गर्भस्थ शिशु तक पहुँचाती है।

36. (d) आयरन की कमी के दुष्परिणामों में ऊर्जा चयापचय पर नकारात्मक प्रभाव, कार्य प्रदर्शन और उत्पादकता में कमी तथा गर्भावस्था में जोखिम में वृद्धि शामिल हैं।

37. (a) चेचक के बारे में विकल्प (a) सही है। इसकी पपड़ी में विषाणु नहीं मिलते हैं। यह अत्यधिक संक्रामक और गम्भीर बीमारी है जो बुखार, खाँसी और लाल पानी वाली आँखों का कारण बनती है तथा इसमें शरीर के ऊपर लाल रंग के दानें निकल आते हैं, जोकि पपड़ी के रूप में परिवर्तित हो जाते हैं।

38. (a) नीति-निर्माताओं और उद्योगों द्वारा विभिन्न स्तरों पर अनुशंसित आहारीय अनुमति (RDA) को आधार के रूप में प्रयोग किया जा सकता है क्योंकि यह शारीरिक सक्रियता, शरीर क्रियात्मक स्थिति, आयु एवं लिंग के अनुसार ऊर्जा एवं अन्य पोषक तत्वों की आवश्यक पोषण सम्बन्धी आवश्यकताओं को समझने के लिए दिशानिर्देश प्रदान करती है।

39. (d) अस्थिसुषिरता (ऑस्टियोपोरोसिस) और अस्थिभंग की रोकथाम के लिए विटामिन D का पोषण उतना ही महत्त्वपूर्ण है, जितना कैल्शियम पोषण। विटामिन-D का सबसे बड़ा स्रोत सूरज की रोशनी है जबकि कैल्शियम का मुख्य स्रोत दूध तथा अन्य खाद्य पदार्थ हैं।

40. (a) व्यक्ति के आहार या सूची में उपस्थित तत्वों की मात्रा बढ़ाने के लिए प्रयुक्त भोजन को अनुपूरण कहते हैं। आहार अनुपूरकों के प्रकारों में मल्टीविटामिन सबसे अधिक उपयोग किया जाने वाला उत्पाद है, इनमें एक या अधिक आहार शामिल होते हैं; जैसे विटामिन, खनिज, जड़ी बूटी, वनस्पति तेल, अमीनो अम्ल आदि।

41. (a) वयस्कों में आयोडीन की कमी घेंघा और उसकी जटिलताएँ उत्पन्न कर सकती हैं। यह एक आवश्यक तत्व होता है, जो शरीर में थायरायड नामक रसायन बनाने के लिए आवश्यक होता है, जो कि शरीर के समस्त विकास को नियन्त्रित करता है जिसे कुछ खाद्य पदार्थों; जैसे- मछली, अण्डे, मेवे, मांस, ब्रेड, डेयरी उत्पादों से प्राप्त किया जाता है।

42. (c) यदि गर्भावस्था में विशेष रूप से कैलोरी की मात्रा बहुत कम हो, तो कीटोसिस की स्थिति उत्पन्न हो सकती है, जिसके परिणामस्वरूप गर्भस्थ शिशु के मस्तिष्क को ऊर्जा की आपूर्ति घट जाती है, जिससे मस्तिष्क के विकास की सम्भावना कम हो जाती है।

43. (d) इन्फ्लूएंजा रोग जीवाणुओं द्वारा नहीं होता। यह एक विशेष समूह के वायरस के कारण मानव समुदाय में होने वाला संक्रामक रोग है, इसमें ज्वर और अति दुर्बलता विशेष लक्षण है, यह रोग प्रायः महामारी के रूप में फैलता है।

44. (d) खसरा (मीजल्स) श्वसन के माध्यम में फैलने वाला लक्षणहीन संक्रमण है, जो कि औसतन 10 से 14 दिनों की अवधि में प्रभावी रहता है, जो कि कुपोषितों में अधिक गम्भीर रूप ले लेता है। इसका रोगजनक खसरा वायरस *जीनस मौर्बिलीवायरस* और *पैरामाइक्सोविरिडे* परिवार का एक *एकलफंसे* आरएनए वायरस है।

45. (a) जब गर्भवती महिला प्रसव पूर्व परीक्षण करवाती है तब चिकित्सक गलसुआ समस्या की तलाश में नहीं होते हैं क्योंकि प्रसव पूर्व परीक्षण गर्भवती महिला एवं बच्चे दोनों के स्वास्थ्य को सुनिश्चित करता है तथा गर्भावस्था के दौरान जटिलताओं से बचाव एवं देखभाल प्रदान करती है, जबकि गलसुआ एक विषाणुजनित रोग है. जोकि आयोडीन की अपर्याप्त मात्रा से होता है।

46. (b) मुख्य और सबसे दक्ष प्रो-विटामिन A कैरोटनॉइड, बीटा कैरोटीन है। इसे प्राकृतिक रूप से फलों, सब्जियों और साबुत अनाज से प्राप्त किया जा सकता है, जोकि एक एण्टीऑक्सीडेण्ट्स की तरह कार्य करता है, हालाँकि बहुत अधिक बीटा-कैरोटीन धूम्रपान करने वालों के लिए खतरनाक है।

47. (a) ICMR 2010 के अनुसार गर्भवती स्त्री हेतु फोलेट की अनुशंसित आहारीय अनुमति 500 माइक्रोग्राम/दिन है। इसे विटामिन B-9 या फोलासीन नाम से भी जाना जाता है, जोकि शरीर के विभिन्न कार्यों (कोशिकाओं की वृद्धि और विकास में तथा लाल रक्त कोशिका बनाने में) में सहायक होता है, तथा इसकी कमी से एनीमिया रोग हो जाता है।

48. (c) विद्यालयी आयु वाले अप्रतिरक्षित बच्चे प्रायः वैक्सीन निरोधित रोगों, जैसे डिफ्थीरिया, खसरा और पोलियो आदि से सुरक्षित रहते हैं, क्योंकि अधिकांश बच्चे इन रोगों के विरुद्ध प्रतिरक्षित होते हैं जिसकी वजह, भारत सरकार द्वारा लगभग 11 जानलेवा बीमारियों के खिलाफ मुफ्त टीके उपलब्ध करवाना है, जो कि सभी विद्यालयी आयु वाले बच्चों की मूलभूत आवश्यकता होती है।

49. (d) प्रसव पूर्व विकास वह अवस्था है, जिसके दौरान अधिकांश विकास सबसे तेज गति से होते हैं। यह मानव विकास के बेहद नाजुक तथा सबसे छोटी अवस्था होती है। इस प्रक्रिया में भ्रूण के निर्माण से लेकर भ्रूण के विकास तथा जन्म तक की अवधि को शामिल किया जाता है, जिसका समय 270-280 दिन या कैलेण्डर के अनुसार नौ महीने होती है।

50. (d) खसरा को छोड़कर शेष सभी रोगों (हैजा, डिफ्थीरिया, तथा टाइफाइड) के संचरण के साथ वाहक सम्बन्धित है। यह मीजल्स रूबेला वायरस के कारण होने वाला एक संक्रामक रोग है जिसकी रोकथाम के लिए बच्चों को एमएमआर टीके की दो खुराक दी जाती है।

51. (a) मलेरिया रोग प्रोटोजोआ के कारण होता है, जबकि डिफ्थीरिया बैक्टीरिया के कारण होने वाला नाक और गले का एक गम्भीर संक्रमण है, तथा टाइफाइड साल्मोनेला टाइफी बैक्टीरिया नामक जीवाणु से होने वाला रोग है और हेपेटाइटिस बी वायरस के कारण होने वाला संक्रामक रोग है।

52. (c) वैक्सीन लगवाने के बाद शरीर विषाणु के अपेक्षाकृत कमजोर रूप का अभ्यस्त हो जाता है और हमारा शरीर इस संक्रमण के खिलाफ प्रतिक्रिया शुरू कर देता है तथा वैक्सीन प्रतिरक्षा प्रणाली को एण्टीबॉडी और टी-लिम्फोसाइट्स का उत्पादन करने के लिए सक्रिय करती है।

53. (c) हमारे देश में रक्ताल्पता (एनीमिया) मुख्यतः आयरन की कमी के कारण होता है तथा इसमें हीमोग्लोबिन की कमी से शरीर में ऑक्सीजन की कमी होने गलती है, जिससे गम्भीर थकान, कमजोरी, चक्कर आना तथा उदासीपन जैसी स्थिति उत्पन्न हो जाती है जिसे उन्मूलन हेतु भारत सरकार द्वारा आयरन फोलिक एसिड (IFA) की टैबलेट्स दी जाती है।

55. (b) रोग और बीमारियाँ प्रायः हमारे शरीर पर आक्रमण करने वाले जीवाणुओं और विषाणुओं से होते हैं जोकि हवा, पानी, भोजन या जीवित वाहकों के माध्यम से मनुष्यों में संचलित होते हैं। अतः शीघ्र निदान एवं उपचार लेकर मनुष्य इनसे बचाव कर सकता है।

56. (d) दी गई आकृति है

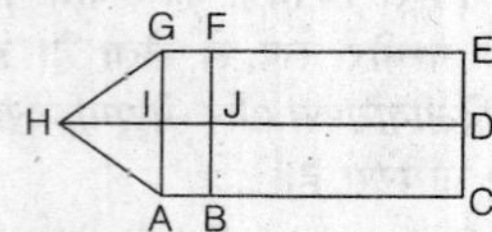

आयतों की संख्या निम्न प्रकार है–

ABJI, IJFG, ABFG, JDEF, IDEF, JBCD, ACDI, BCEF, ACEG

अतः कुल 9 आयत हैं।

57. (c) दिया है, माना *A*, *B* तथा *C* के वेतन क्रमशः x, $3x$ और $4x$ हैं।

प्रश्नानुसार, उनके वेतन में क्रमशः 5%, 10% तथा 15% वृद्धि करने पर नए वेतन का अनुपात

$$= x \times \frac{105}{100} : 3x \times \frac{110}{100} : 4x \times \frac{115}{100}$$

$$= 105 : 330 : 460 = 21 : 66 : 92$$

58. (d) ऑटो क्लिपआर्ट एक विशेषता है, जो स्वचालित रूप से आपके प्रेजेण्टेशन में क्लिपआर्ट में इन्सर्ट करता है, वर्ड आर्ट्स ऑब्जेक्ट्स में गलत वर्तनी के लिए आपकी प्रेजेण्टेशन को स्कैन करता है तथा प्रत्येक स्लाइड पर आपके शब्दों में गलत वर्तनी के लिए आपके प्रेजेण्टेशन को स्कैन करता है।

59. (c) दिया है, रेलगाड़ी X की चाल = 50 किमी/घण्टा

रेलगाड़ी Y की चाल = 70 किमी/घण्टा

अब, 1 घण्टे में रेलगाड़ी X द्वारा तय दूरी = 50 किमी

इसलिए, एक घण्टे बाद दोनों रेलगाड़ियों के बीच दूरी = 50 किमी

तथा दोनों रेलगाड़ियों की सापेक्ष चाल = 70 – 50

= 20 किमी/घण्टा

∴ रेलगाड़ी Y द्वारा रेलगाड़ी X को पार करने में लगा समय

$$= \frac{\text{बीच की दूरी}}{\text{सापेक्ष चाल}}$$

$$= \frac{50}{20} = \frac{5}{2} \text{ घण्टे}$$

$$\therefore \text{ अभीष्ट समय } = 1 + \frac{5}{2} = \frac{7}{2} = 3\frac{1}{2} \text{ घण्टे}$$

60. (d) बाल अधिकारों के संरक्षण के लिए राज्य आयोगों में 7 सदस्य होते हैं। प्रदेश में बाल अधिकार संरक्षण आयोग के गठन का उद्देश्य प्रदेश में बाल अधिकारों का संरक्षण सुनिश्चित करना है। एक ऐसी व्यवस्था स्थापित करना है जो बच्चों के हित में सभी कानूनों प्रावधानों, उनके संरक्षण और विकास के लिए प्रदेश में चलाई जा रही समस्त योजनाओं की सटीकता, सम्पूर्णता, प्रभावशीलता की निगरानी कर सके और उन्हें और अधिक प्रभावोत्पादक बनाने के लिए सजग प्रहरी और मार्गदर्शक की भूमिका निभा सके ताकि प्रदेश में बच्चों के लिए सकारात्मक खुशहाल वातावरण निर्मित हो।

61. (b) माना 1 वस्तु का क्रय मूल्य = ₹ x

∴ 8 वस्तुओं का क्रय मूल्य = ₹ $8x$

तथा 10 वस्तुओं का क्रय मूल्य = ₹ $10x$

प्रश्नानुसार,

10 वस्तुओं का विक्रय मूल्य = 8 वस्तुओं का क्रय मूल्य

$= 8x$

यहाँ 10 वस्तुओं का विक्रय मूल्य उनके क्रय मूल्य से कम है, इसलिए यहाँ हानि होगी।

$$\therefore \text{ अभीष्ट हानि प्रतिशत } = \frac{10x - 8x}{10x} \times 100$$

$$= 2 \times 10$$

$$= 20\%$$

62. (c) एस्कार्बिक अम्ल या विटामिन C की कमी से स्कर्वी रोग होता है। विटामिन C हमारे शरीर को डिटाक्स करने में मदद करता है। इसमें पाए जाने वाले एण्टीऑक्सीडेण्ट शरीर से विषैले पदार्थों को बाहर निकालने में मदद करते हैं। विटामिन C के सेवन से इंफेक्शन्स और बीमारियाँ दूर रहती हैं। इससे रोग प्रतिरोध क्षमता मजबूत होती है।

63. (a) दी गई प्रश्न आकृति का सही दर्पण प्रतिबिम्ब उत्तर आकृति (a) है।

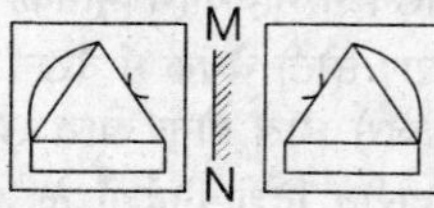

64. (b) स्वच्छ स्वस्थ सर्वत्र योजना के साथ स्वच्छ बच्चे स्वस्थ भारत लॉन्च किया गया है। स्वस्थ बच्चे स्वस्थ भारत कार्यक्रम केन्द्रीय विद्यालय संगठन द्वारा तैयार की गई एक बहुत बड़ी योजना है। इसके अन्तर्गत केन्द्रीय विद्यालय के करीब 12 लाख छात्रों के लिए फिजिकल हेल्थ और फिटनेस प्रोफाइल कार्ड तैयार किए जा रहे हैं। यह योजना वर्ष 2017 में शुरू की गई थी।

65. (b) हिन्दू उत्तराधिकार अधिनियम, 1956 अनुसूचित जनजाति पर लागू नहीं होता है। यह अधिनियम उन सभी पर लागू होता है जो धर्म से मुस्लिम, ईसाई, पारसी या यहूदी नहीं है। इस कानून के लिए बौद्ध, सिख, जैन और आर्य समाज, ब्रह्म समाज के अनुयायी भी हिन्दू माने जाते हैं।

66. (d) कक्षा में कुल छात्र = 36

$$\therefore \text{ लड़कों की संख्या } = 36 \times \frac{5}{6} = 30$$

तथा लड़कियों की संख्या = 36 – 30 = 6

प्रश्नानुसार,

∴ लड़कों की औसत आयु = 2 × 6 = 12 वर्ष

∴ लड़कों की कुल आयु = 12 × 30 = 360 वर्ष

67. (a) IPv6 एक 128 बिट एड्रेस है जो हेक्साडेसीमल नोटेशन में लिखा जाता है। एड्रेस के प्रत्येक 16 बिट्स से चार हेक्साडेसीमल अंक होते हैं, जिसके परिणामस्वरूप हेक्साडेसीमल अंकों के 8 समूह बनते हैं, जिनमें से प्रत्येक को कॉलन द्वारा अलग किया जाता है।

68. (c) विकल्प (c) सही नहीं है।

वर्ष 2010 में सुप्रीम कोर्ट ने बताया कि जिन बेटियों के पिता की मृत्यु 9 सितम्बर, 2005 से पूर्व हुई है फिर भी बेटियों को माता-पिता की सम्पत्ति पर अधिकार होगा। हिन्दू सक्सेशन एक्ट 1956 में वर्ष 2005 में संशोधन कर बेटियों को पैतृक सम्पत्ति में समान हिस्सा पाने का कानूनी अधिकार दिया गया, इसके तहत बेटी तभी अपने पिता की सम्पत्ति में अपनी हिस्सेदारी का दावा कर सकती है जब पिता 9 सितम्बर, 2005 को जिन्दा रहे हों।

69. (c) वर्ष 2015 का किशोर न्याय (बालकों की देख-रेख और संरक्षण) अधिनियम 2015, वर्ष 2016 में लागू हुआ था। इस अधिनियम के तहत जघन्य अपराधों में शामिल 16-18 आयु वर्ग के किशोरों को वयस्कों के रूप में माना गया है। किशोर न्याय प्रणाली को अधिक उत्तरदायी और समाज की बदलती परिस्थितियों के अनुसार बनाया गया है। अधिनियम अनाथ

परित्यक्त आत्मसमर्पण करने वाले बच्चों की स्पष्ट परिभाषा देने के साथ उनके लिए एक संगठित प्रणाली प्रदान करता है।

70. (c) मानव में चार भ्रूणीय झिल्लियाँ पाई जाती हैं एम्निऑन, कोरिओर, एलेन्टोइस तथा योक सेक।

71. (c) $? = 43.985 \div 10.98 \times 9.032$

$$= \frac{43.985}{10.98} \times 9.032 = \frac{43985 \times 9032}{1098 \times 10000} = 36.181 \approx 36$$

72. (b) $? = (19)^2 \times 18.5 + 22.48$

$= 361 \times 18.5 + 22.48$

$= 6678.5 + 22.48$

$= 6700.98 \approx 6701$

73. (a) जनजातीय कार्य मन्त्रालय ने वनबन्धु कल्याण योजना का आरम्भ किया। वनबन्धु कल्याण योजना का उद्देश्य जनजातीय लोगों की आवश्यकता आधारित और परिणामोन्मुखी समग्र विकास के लिए सक्षम वातावरण तैयार करना है। इस योजना का मुख्य उद्देश्य आदिवासी क्षेत्रों में जीवन की गुणवत्ता में सुधार करना, शिक्षा की गुणवत्ता में सुधार करना, आदिवासी संस्कृति और विरासत का संरक्षण करना आदि हैं।

74. (c) स्वच्छ स्वस्थ सर्वत्र पेयजल और स्वच्छता मन्त्रालय एवं स्वास्थ्य और परिवार कल्याण मन्त्रालय की पहल है। यह पहल राष्ट्रीय स्वास्थ्य मिशन के तहत स्वच्छ भारत मिशन का एक हिस्सा है। इसमें 2 अक्टूबर, 2019 तक भारत को खुले में शौच मुक्त बनाने के लक्ष्य पर जोर दिया तथा इसे भारत में 708 खुले में शौच मुक्त ब्लॉकों में सामुदायिक स्वास्थ्य केन्द्रों को मजबूत करने के लिए शुरू किया गया है ताकि वे स्वच्छता और स्वच्छता के उच्च स्तर को प्राप्त कर सकें।

75. (c) दहेज निषेध अधिनियम, 1961 के अन्तर्गत दुल्हन के माता-पिता द्वारा दुल्हे के लिए प्रत्यक्ष या अप्रत्यक्ष रूप से दिया जाने वाला सम्पत्ति या मूल्यवान प्रतिभूति सुरक्षा देना या देने को राजी होना 'दहेज' में गिना जाएगा। इस अधिनियम के अनुसार दहेज लेने-देने या इसके लेन-देन के सहयोग करने पर 5 वर्ष की कैद और ₹ 15000 के जुर्माने का प्रावधान है। दहेज के लिए उत्पीड़न करने पर भारतीय दण्ड संहिता की धारा 498A जोकि पति और उसके रिश्तेदारों द्वारा सम्पत्ति अथवा कीमती वस्तुओं के लिए अवैधानिक माँग के मामले से सम्बन्धित है, के अन्तर्गत 3 वर्ष की कैद और जुर्माना हो सकता है।

76. (b) राष्ट्रीय सामाजिक सहायता कार्यक्रम जब आरम्भ हुआ, तब उसके तीन अवयव (राष्ट्रीय वृद्धावस्था पेंशन योजना, राष्ट्रीय परिवार लाभ योजना और राष्ट्रीय मातृत्व लाभ योजना) थे। केन्द्रीय ग्रामीण विकास मन्त्रालय द्वारा प्रशासित राष्ट्रीय सामाजिक सहायता कार्यक्रम की शुरुआत 15 अगस्त, 1995 को हुई थी। यह कार्यक्रम गरीब परिवारों में वृद्धावस्था जीविकोपार्जन करने वाले मुख्य सदस्य की मृत्यु तथा मातृत्व जैसी स्थितियों में लाभ के लिए सामाजिक सहायता की एक राष्ट्रीय नीति प्रस्तुत करता है।

77. (d) एमएस वर्ड में Thesaurus टूल का प्रयोग कॉम्प्रेहेन्सिव डिक्शनरी और शब्दकोश के रूप में होता है। यह एक शब्द के कई पर्यायवाची (Synonyms) प्रदान करता है।

78. (d) प्रश्नानुसार, 20 पुरुष = 30 महिलाएँ

2 पुरुष = 3 महिलाएँ

$\therefore$ 24 महिलाएँ और 24 पुरुष $= \left(24 + 24 \times \frac{2}{3}\right)$ पुरुष = 40 पुरुष

अब चूँकि 20 पुरुष कार्य को पूरा कर सकते हैं = 40 दिनों में

$\therefore$ 40 पुरुष कार्य को पूरा कर सकते हैं

$= \frac{40 \times 20}{40} = 20$ दिनों में

79. (c) भारतीय संविधान में शिक्षा अधिकार को मौलिक अधिकार वर्ष 2010 में बनाया गया था। बच्चों को निःशुल्क और अनिवार्य शिक्षा के अधिकार पर कानून भारत की संसद का एक अधिनियम है जिसे 4 अगस्त, 2009 को प्रस्थापित किया गया था, जो भारतीय संविधान के अनुच्छेद 21A के अनुसार भारत में 6 और 14 वर्ष की आयु के बच्चों के लिए निःशुल्क और अनिवार्य शिक्षा के मूल्य के तौर तरीके तय करता है।

80. (b) हीमोग्लोबीन एक रेड ब्लड सेल्स को बनाने वाला है जो शरीर के सभी अंगों तक ऑक्सीजन सप्लाई करता है। यह ऑक्सीजन कम या ज्यादा होने पर उसे बैलेन्स करता है साथ ही कार्बन-डाइऑक्साइड को बाहर निकाल कर फेफड़ों में ले जाता है। पुरुषों और महिलाओं में हीमोग्लोबिन रेंज अलग-अलग होता है। इसका लेवल उम्र और महिला या पुरुष होने पर निर्भर करता है। हीमोग्लोबीन एक रक्त का रंगीन पदार्थ, एक उच्च रंगीन पदार्थ तथा एक आयन युक्त यौगिक है।

81. (a) माइटोसिन प्रतिजैविक कर्क या कैंसर रोग का इलाज करने में उपयोग की जाती है। यह प्रतिजैविक कैंसर कोशिकाओं में तीव्र विभाजन को रोकती हैं यह गुदीय कार्सिनोमा, स्तन कार्सिनोमा, मूत्राशयी कार्सिनोमा आदि कैंसरों के उपचार में प्रयुक्त दवा है।

82. (c) भारत में तमिलनाडु राज्य ने विद्यालयों में आने वाले बच्चों की संख्या में वृद्धि लाने के लिए मिड-डे मील योजना का आरम्भ वर्ष 1962 में किया था। केन्द्र सरकार ने इसे वर्ष 1995 में शुरू किया था। इस कार्यक्रम के तहत विद्यालय में नामांकित I से VIII तक की कक्षाओं में अध्ययन करने वाले 6 से 14 वर्ष की आयु के प्रत्येक बच्चे को पका हुआ भोजन प्रदान किया जाता है। वर्ष 2021 में इसका नाम बदलकर प्रधानमन्त्री पोषण शक्ति निर्माण योजना (पीएम पोषण योजना) कर दिया गया।

83. (d) कथनानुसार,

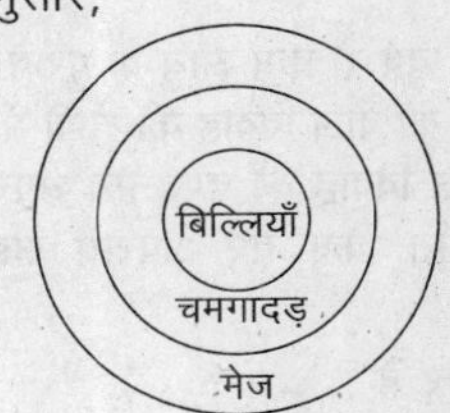

निष्कर्ष I. (✓) II. (✓)

अतः निष्कर्ष I और II दोनों अनुसरण करते हैं।

84. (a) मोबाइल फोन फुल डुप्लेक्स का उपयोग करता है। फुल डुप्लेक्स चैनल में, डाटा का संचार दोनों दिशाओं में होता है। दोनों चैनल लगातार डाटा का आदान-प्रदान कर सकते हैं।

85. (a) भिन्न राज्यों में आश्रम विद्यालयों को स्थापित करने में केन्द्र एवं राज्य के निधिकरण में 50 : 50 अनुपात रहता है। अनुसूचित जाति एवं अनुसूचित जनजाति/विमुक्त जाति के ग्रामीण एवं शहरी क्षेत्र के निर्धन एवं प्रतिभामान छात्रों को उत्कृष्ट आवासीय शिक्षा निःशुल्क प्रदान करने के उद्देश्य से समाज कल्याण विभाग) द्वारा राजकीय आश्रम पद्धति विद्यालय का संचालन किया जा रहा है।

86. (b) प्रश्नानुसार,

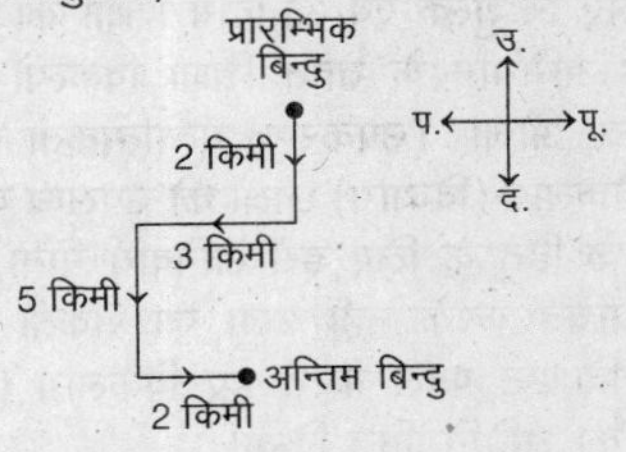

अतः विशाल द्वारा तय दूरी

$= 2 + 3 + 5 + 2 = 12$ किमी

87. (c) फाइल ओपन डायलॉग बॉक्स को ओपन करने के लिए शॉर्टकट की Ctrl + F12 है।

इसके अतिरिक्त ओपन डायलॉग बॉक्स को ओपन करने के लिए Ctrl + 0 शॉर्टकट की का उपयोग किया जाता है।

88. (a) जिस प्रकार पहली आकृति में,

$$\frac{48 + 202}{5} = \frac{250}{5} = 50$$

तथा दूसरी आकृति में,

$$\frac{109 + 191}{?} = 50$$

$$? = \frac{300}{50} = 6$$

89. (b) हम जानते हैं कि 2 वर्षों के लिए चक्रवृद्धि ब्याज और साधारण ब्याज में अन्तर, $D = P\left(\frac{r}{100}\right)^2$

जहाँ, P = मूलधन तथा r = प्रतिशत दर

प्रश्नानुसार,

$$55 = P\left(\frac{5}{100}\right)^2$$

$$P = \frac{550000}{25} = ₹\ 22000$$

90. (d) दिए गए दोनों कथन सही हैं।

बाल विवाह अधिनियम, 2006 भारत के बाहर भारतीय नागरिकों पर भी लागू है तथा यह अधिनियम जम्मू और कश्मीर के अलावा पूरे भारत में लागू है।

इस अधिनियम के अन्तर्गत 21 वर्ष से कम आयु के पुरुष या 18 वर्ष से कम आयु की महिला के विवाह को बाल विवाह की श्रेणी में रखा जाएगा। इस अधिनियम के अन्तर्गत बाल विवाह को दण्डनीय अपराध माना गया है। इस अधिनियम के अन्तर्गत किए गए अपराध संज्ञेय और गैर जमानती होंगे।

91. (b) दी गई श्रृंखला निम्न प्रकार है

c b b g / c b b g / c b b g ⇒ c g b c b

92. (a) एम एस एक्सेल में सेल के कन्टेण्ट को सम्पादित करने के लिए F2 की या फॉर्मूला बार को क्लिक करके या सेल को डबल क्लिक करके का उपयोग किया जा सकता है।

93. (b) वर्ष 1985-86 में कल्याण मन्त्रालय को महिला एवं बाल विकास विभाग तथा कल्याण विभाग में विभक्त किया गया। उसी समय, अनुसूचित जाति विकास प्रभाग, जनजातीय विकास प्रभाग और अल्पसंख्यक और पिछड़ा वर्ग कल्याण प्रभाग को गृह मन्त्रालय से और साथ ही श्रम मन्त्रालय से हटाकर तत्कालीन कल्याण मन्त्रालय बनाया गया है। मई 1998 में मन्त्रालय को बदलकर सामाजिक-न्याय और अधिकारिता मन्त्रालय कर दिया गया था।

94. (c) विकलांग व्यक्ति अधिनियम, 1995 के अन्तर्गत 18 वर्षों के उम्र तक विकलांग व्यक्तियों के लिए निःशुल्क एवं अनिवार्य शिक्षा का अधिकार दिया गया है। सर्वशिक्षा अभियान के तहत शिक्षा विकल्पों का एक सामान्य सीखने वाले यन्त्र, औजार (उपकरण) गत्यात्मकता सहायता, सहायक सेवाएँ इत्यादि विकलांग (दिव्यांग) छात्रों को उपलब्ध कराई जा रही हैं। समावेशी शिक्षा के हित के लिए इसे अनिवार्य माना गया है। दिव्यांगों को शिक्षा से वंचित करके नहीं रखा जा सकता है। इसी उद्देश्य से सरकार ने विशिष्ट पहल करते हुए विकलांग (दिव्यांग) व्यक्ति अधिनियम 1995 को अधिनियमित किया।

95. (b) कायान्तरण के लिए थाइरॉक्सिन उत्तरदायी होता है। कायान्तरण एक जीववैज्ञानिक प्रक्रिया है, जिसमें किसी जानवर के पैदा होने या अण्डे से निकलने के बाद कोशिकाओं की बढ़ोत्तरी से उसके शारीरिक ढाँचे में कम समय में बड़े परिवर्तन आ जाते हैं। उदाहरण; रेंगने वाली झिल्ली (कैटरपिलर) कायान्तरण करके उड़ने वाली तितली बन जाती है।

96. (d) सती प्रथा के अन्तर्गत वैसी महिला जिसके पति की मृत्यु हो जाती थी, स्वेच्छा से महिला को भी पति की चिता के साथ जलकर मर जाना होता था। किसी निकट सम्बन्धी के मृत्यु हो जाने पर, महिला को सती होने की आवश्यकता नहीं थी। सती प्रथा के अन्तर्गत महिला, स्वेच्छापूर्वक सती होती थी। इसमें महिला के साथ जोर-जबरदस्ती नहीं की जाती है। महिला स्वेच्छा से अपने पति की जलती चिता में कूदकर सती हो जाती है। अतः सती समिति (रोकथाम) अधिनियम 1987 के अन्तर्गत, प्रश्न में दिए विकल्प सही नहीं है। महिला सिर्फ अपने पति की मृत्यु हो जाने पर स्वेच्छापूर्वक सती होती थी। यह एक सामाजिक नियमावली थी जिसे वर्ष 1828 में राजाराम मोहन राय द्वारा समाप्त कर दिया गया था।

97. (d) मनरेगा के काम की प्राथमिकता के क्रम पर ग्राम सभा निर्णय लेती है। संविधान के अनुच्छेद 243(B) में ग्राम सभा के गठन का प्रावधान है। यह पंचायती राजव्यवस्था कां प्राथमिक विकास है। ग्राम पंचायत का प्रधान मुखिया होता है, जो मनरेगा का संचालन भी करता है। मनरेगा से जुड़े सभी मामलों की सुनवायी एवं जाँच मनरेगा द्वारा निर्धारित की जाती है।

98. (b) एक तालिका (table) रॉ और कॉलम से बनी होती है। एक नई तालिका बनाने के लिए, डाटा एण्ट्री के साथ टेबल बनाना पद्धति में आपको फील्ड प्रकार और आकार निर्दिष्ट करने की आवश्यकता नहीं है।

99. (d) खाद्य सुरक्षा अधिनियम, 2013 के अनुसार दाल को खाद्यान्न के अन्तर्गत नहीं रखा गया है। सितम्बर 2013 को इसे अधिनियमित किया गया था। इसके अन्तर्गत चावल, गेहूँ और मोटे अनाजों को मुख्य रूप से शामिल किया गया था। इस अधिनियम को लागू करने का एकमात्र उद्देश्य एक गरिमापूर्ण जीवन जीने के लिए लोगों को वहनीय मूल्यों पर अच्छी गुणवत्ता के खाद्यान्न की पर्याप्त मात्रा में उपलब्ध कराते हुए उन्हें मानव जीवन चक्र दृष्टि में खाद्यान्न एवं पौषणिक सुरक्षा प्रदान करना है। यह अधिनियम 75% ग्रामीण एवं 50% शहरी आबादी को कवरेज प्रदान करता है।

100. (a) माना मूल भिन्न $= \frac{x}{y}$

प्रश्नानुसार, $$\frac{x \times \frac{300}{100}}{y \times \frac{500}{100}} = 1\frac{1}{20}$$

$$\frac{3x}{5y} = \frac{21}{20}$$

$$\frac{x}{y} = \frac{21}{20} \times \frac{5}{3}$$

$$= \frac{7}{4} = 1\frac{3}{4}$$

101. (d) दी गई प्रश्न आकृति को उत्तर आकृति (d) पूर्ण करेगी।

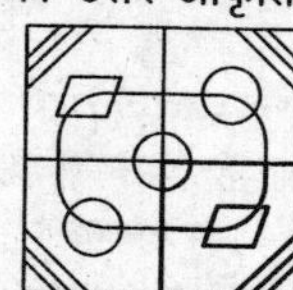

102. (c) 'बेटी बचाओ बेटी पढ़ाओ' योजना महिला एवं बाल विकास मन्त्रालय, स्वास्थ्य मन्त्रालय, परिवार कल्याण मन्त्रालय एवं शिक्षा मन्त्रालय की संयुक्त एवं समन्वित योजना है। इस योजना के लिए लगभग 100 जिलों को चुना गया है। इस योजना की शुरुआत 22 जनवरी, 2015 को हरियाणा के पानीपत जिले में प्रधानमन्त्री नरेन्द्र मोदी द्वारा की गई थी। देश के कई राज्यों में घटते

लिंगानुपात में सुधार लाने, लैंगिक स्तरीय भेदभाव को समाप्त करने एवं महिला सशक्तिकरण को प्रभावी बनाने हेतु इस योजना को आरम्भ किया गया। समाज एवं परिवार में महिलाओं के प्रति होने वाले उपेक्षित व्यवहारों को समाप्त करना ही इस योजना का मुख्य उद्देश्य था। बॉलीवुड अभिनेता माधुरी दीक्षित योजना की पहली ब्रान्ड-एम्बेसडर थी।

103. (c) इन्सुलिन रक्त में शर्करा की मात्रा को नियन्त्रित करता है। यह अग्न्याशय के लैंगरहैन्स की द्वीपिकाओं की β-कोशिकाओं से स्त्रावित पेप्टाइड हॉर्मोन हैजो ग्लाइकोजेनैसिस द्वारा रक्त में ग्लूकोस शर्करा के स्तर को कम करता हैं इसके अल्पस्त्रावण से मधुमेह रोग होता है।

104. (d) प्रश्नानुसार,

105. (d) आर्कन्टेरॉन का बनना प्रारम्भिक गैस्ट्रुला से प्रारम्भ होता है। यह प्राथमिक जठरान्त्र मार्ग की आन्तरिक गुहा होता है जो आहारनाल में विकसित होती हैं इसका निर्माण जन्तुओं के भ्रूण मे गैस्ट्रुलाभवन के प्रारम्भ में होता है। यह मध्य जननस्तर एवं अन्तः जनन स्तर को निर्मित करता है।

106. (d) दिया है, कुल छात्रों की संख्या = 6000

प्रश्नानुसार पाई चार्ट से,

विद्यालय F और विद्यालय E के कुल छात्रों की संख्या में अन्तर

$$= 6000 \times \left(\frac{29-6}{100}\right)$$

$$= 60 \times 23 = 1380$$

108. (a) प्रश्नानुसार,

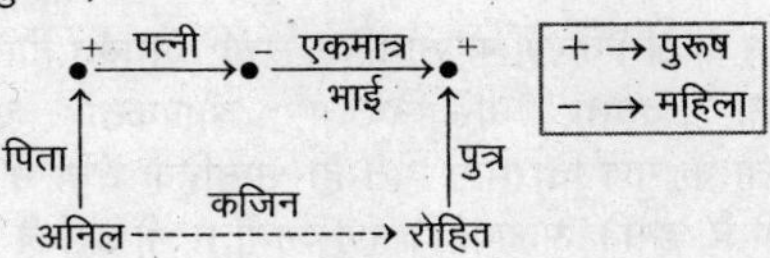

अतः रोहित, अनिल का कजिन है।

109. (b) क्वाशियोरकर, रोग प्रोटीन की कमी से होता है, जिसमें पेट व पैर फूल जाते हैं। त्वचा सूखी, पपड़ीदार व सफेद दाग युक्त हो जाती है तथा यकृत क्षतिग्रस्त हो जाता है। क्वाशियोरकोर जिसे एडिमा के साथ सम्बन्ध होने के कारण 'एडेमेटस कुपोषण' के रूप में भी जाना जाता है, एक पोषण सम्बन्धी विकार है जो अक्सर अकाल पीड़ित क्षेत्रों में देखा जाता है।

110. (d) जेट एयरवेज एक प्रकार का विमान है।

प्रश्नानुसार, विमान को ट्रेन कहा जाता है।

अतः जेट एयरवेज, ट्रेन वर्ग में आता है।

111. (c) फीडबैक या पुनर्निवेशन मूलतः हमारे व्यवहार के बारे में जानकारी प्राप्त करने और मूल्यांकन करने की प्रक्रिया है। इसे प्रतिक्रिया के रूप में देखा जाना चाहिए। फीडबैक सरल एवं स्पष्ट होना चाहिए। फीडबैक में सकारात्मकता की भावना होनी चाहिए। इसी आशा पर फीडबैक को अनेक भागों में विभाजित किया जाता है; जैसे- नकारात्मक फीडबैक, सकारात्मक फीडबैक, सुधारात्मक फीडबैक, गुणात्मक फीडबैक। तथ्यों के आधार पर इसे दो भागों सन्देशात्मक एवं स्वउत्तरात्मक भागों में विभाजित किया जाता है।

112. (b) विस्तार कार्य में आवश्यक नेतृत्वकर्ता स्थानीय कार्यशील नेता होता है। स्थानीय समस्याओं को दूर करने में ऐसे लोगों की भूमिका अत्यन्त आवश्यक होती है। स्थानीय कार्यशील नेता समस्याओं से पूरी तरह अवगत होते हैं। स्थानीय लोगों की समस्याओं को किस प्रकार दूर किया जाए, इस सन्दर्भ में वे भली-भाँति जानते हैं। कार्य विस्तार के सन्दर्भ, स्थानीय नेता अच्छी तरह से फीडबैक में अधिक सक्षम होते हैं।

113. (b) अमेरिकी समाजशास्त्री चार्ल्स कूले ने समूहों को दो भागों में विभाजित किया- प्राथमिक समूह एवं द्वितीय समूह। उनका मानना था कि एक व्यक्ति का स्वयं समाज के पारस्परिक सम्बन्धों और दूसरों की धारणाओं से विकसित होता है। कूले का मानना था कि प्राथमिक एवं द्वितीयक समूह से ही सामाजिक संगठन का निर्माण होता है। परिवार को प्राथमिक समूह एवं समाज को द्वितीय समूह की संज्ञा दी गई।

114. (b) किसी प्रतिस्पर्धा, विज्ञापन या मनोरंजन में निर्देश देने, निर्णय करने/आँकने पर लक्षित मॉडलों, नमूनों, तालिकाओं, पोस्टरों आदि को नियोजित प्रदर्शन को प्रदर्शनी कहते हैं। इनका प्रदर्शन सार्वजनिक रूप से किया जाता है। इसे योजना का एक हिस्सा माना जाता है। विज्ञापन में इसका विशेष योगदान होता है।

115. (b) संचालन की निर्धारित अवधि पूरी कर लेने के बाद समुदाय विकास खण्डों को सघन-पश्चात खण्ड कहा जाता है। ऐसी परिस्थिति में समुदाय विकासखण्ड मजबूत होती है। पारस्परिक खण्ड को प्रारम्भिक चरण या खण्ड माना जाता है। आधुनिक शैलियों से निर्मित खण्ड को आधुनिक खण्ड कहा जाता है। समुदाय स्तरीय विकास प्रक्रिया के भिन्न-भिन्न खण्डों से होकर गुजरता है।

116. (c) समूह चर्चा विधि लोकतान्त्रिक एवं स्वतन्त्रतादायी माहौल वाले समूह में सर्वश्रेष्ठ कार्य माना जाता है। इसी माहौल में समूह-चर्चा विधि सर्वश्रेष्ठ साबित होती है। लोकतान्त्रिक व्यवस्था में आपसी मतभेदों का निपटारा, आपसी विचार विमर्श के माध्यम से हल किया जाता है। चर्चा, इस व्यवस्था का महत्त्वपूर्ण विषय माना जाता है ताकि विवादों का निदान सार्थक तरीकों से किया जाता है।

117. (b) सामुदायिक विकास योजना डॉ. राजेन्द्र प्रसाद द्वारा 2 अक्टूबर, 1952 को आरम्भ की गई थी। इस योजना का मुख्य उद्देश्य ग्रामीण समुदाय का सर्वांगीण विकास करना, ग्रामीण व्यक्ति में सामुदायिक भावना का प्रचार-प्रसार करना, स्थानीय संस्थाओं को उत्साहित करना, ताकि ग्रामीण पुनर्निर्माण के कार्य में सहायता कर सके तथा उत्पादन की पद्धतियों का विकास करना। फिस्कल कमेटी की अनुशंसा पर इसे लागू किया गया था।

118. (b) पठन एवं श्रवण दो डीकोडन कौशल है। किसी भाषा में लिखे हुए शब्दों या वाक्यों को ध्वनि प्रतीकों में रूपान्तरित करना डिकोडिंग कहलाता है अर्थात् शब्द को अर्थपूर्ण बनाकर सूचना को प्राप्त करना डिकोडिंग कहलाता है। अतः पठन एवं श्रवण में डिकोडन एक विशेष कौशल माना जाता है। जिन शब्दों को आसानी से श्रवण करना, उसको डिकोडिंग करना अनिवार्य माना जाता है।

119. (a) सामाजिक अन्तर्क्रिया की प्रकृति एवं गुणवत्ता के आधार पर समूहों को प्राथमिक एवं द्वितीयक दो भागों में विभाजित किया जाता है।

आपसी प्रभावों की एक क्रिया प्रणाली में एकसाथ बँधे हुए एक सामाजिक सदस्यों के परस्पर अन्तःक्रिया सामाजिक अन्तःक्रिया कहलाती है। अमेरिकी समाजशास्त्री कूले के अनुसार सामाजिक जीवनशैली के सन्दर्भ में सामाजिक अन्तः क्रिया से समाज में दो समूह सृजित होते हैं; प्राथमिक समूह, जैसे परिवार, द्वितीयक समूह जैसे-समाज परिवार के समूहों से ही समाज का सृजन होता है।

120. (d) अभियान में सामान्य समूह सीमाएँ/द्वार समाप्त हो जाते हैं। अभियान किसी विशेष उद्देश्यों की पूर्ति के लिए चलाए जाते हैं। कभी-कभी अभियान अधिक प्रभावशाली होते हैं जिनके परिणामस्वरूप सीमाएँ जो निर्धारित की जाती हैं, उसका उल्लंघन हो जाता है। अभियान के अनेक रूप होते हैं। कभी-कभी चलाया जा रहा अभियान जिसे शान्तिपूर्वक चलाए जाने का आह्वान किया जाता है, अचानक हिंसक हो जाता है। अभियान सामान्यतः सुधार के लिए, कानून लागू करने, हिंसक गतिविधियों या सामाजिक सुधार को रोकने किए जाते हैं।

121. (c) नेतृत्वकर्ता (नेता) का वह प्रकार जिसे विशेष प्रशिक्षण मिला है, जिसे क्षेत्र कार्य के लिए भुगतान किया जाता है, पेशेवर नेतृत्वकर्ता कहलाता है। पेशेवर नेतृत्वकर्ता किसी भी कार्य को संगतिपूर्वक करते हैं। पेशेवर नेतृत्वकर्ता, नियोजित तरीके से किसी काम को पूर्ण करने की क्षमता रखते हैं। इसे एक प्रकार से इवेन्ट मैनेजमेण्ट का प्रतिरूप भी मान सकते हैं।

122. (b) कोई संचार स्रोत तभी अधिक विश्वसनीय माना जाता है जब उसका स्तर अधिक विश्वसनीयता मुक्त अर्थात् उसका स्तर विश्वसनीयता से परिपूर्ण हो। विश्वसनीयता विश्वास की गहराई को मजबूत बनाता है। इससे संचार की प्रासंगिकता भी बढ़ती है।

123. (a) सामुदायिक विकास अफ्रीका प्रशासन पर ग्रीष्मकालीन सम्मेलन में कैम्ब्रिज से निकला प्रतीत होता है। सामुदायिक स्तर पर विकास की परिकल्पना अफ्रीका या एशियाई देशों के लिए की जाती है। अफ्रीकी देश, ग्रेट ब्रिटेन के उपनिवेश रहे, अतः जब किसी अफ्रीकी देश में सामुदायिक विकास की योजना के बारे में विचार किया जाता है कि क्या इन देशों में सामुदायिक विकास कार्यक्रम आरम्भ किए जा सकते हैं, तो निश्चित रूप से कैम्ब्रिज विश्वविद्यालय के विद्वानों से इस बारे में उनकी राय जानना या विचार-विमर्श करना उचित माना जाता है।

124. (b) एक प्रयास में बड़ी संख्या में लोगों तक पहुँचने वाली विस्तार विधि सर्वजन विधि मास मीडिया है। इसके माध्यम से व्यापक पैमाने पर लोगों को एकसाथ सम्बोधित किया जाता है।

125. (a) विकास वैश्विक और स्थानीय स्तरों पर नयी चुनौतियाँ प्रस्तुत करना है। यह एक अनवरत प्रक्रिया है यह शान्तिपूर्ण वातावरण में सम्भव है। इसके लिए राजनीतिक व आर्थिक स्थिरता, प्रशासनिक कुशलता, जन सहभागिता, सुदृढ़ आर्थिक नीति अनुकूल, आर्थिक एवं सामाजिक वातावरण का होना आवश्यक माना जाता है।

126. (d) व्यक्ति का एहसास, आपसी एकता का एहसास एवं सामान्य उद्देश्य समूह जीवन के थे ऐसे निर्धारण कारक हैं जिससे व्यक्तित्व प्रभावित होता है। व्यक्ति अपने जीवन के साथ-साथ लोगों के एहसास को समझते हैं। सामान्य उद्देश्य समूह जीवन के विभिन्न उद्देश्य को प्रभावित करते हैं। व्यक्ति अपने जीवन के उद्देश्य के माध्यम से यह एकसाथ करता है कि सामूहिक रूप से प्रत्येक व्यक्ति एकता का परिचय देता है।

127. (d) सामुदायिक विकास परियोजना का वह चरण जिसे तीन वर्ष में पूर्ण किया जाना था, की अवधि 18 माह की थी। 18 माह का तात्पर्य $1\frac{1}{2}$ वर्ष अर्थात् दो डेढ़ यानि 3 वर्ष के अन्तराल पर सामुदायिक विकास योजना को पूर्ण कर कार्य को दो चरणों में पूरा किया गया।

128. (b) भारत में ग्राम विकास कार्यक्रम की विफलता का सबसे महत्त्वपूर्ण कारण प्रभावी निगरानी एवं कार्यान्वयन की समस्या है। आज भी भारत के अनेक ग्रामीण क्षेत्रों के अनेक योजनाएँ क्रियान्वित हैं, लेकिन प्रभावी निगरानी एवं उचित क्रियान्वयन के अभाव में भारत के ग्रामीण वर्तमान में भी काफी पिछड़े हुए हैं।

129. (b) समाचार-पत्र को जन संचार की पारम्परिक विधा मानी जाती है। द्वितीय चरण में रेडियो, तृतीय चरण में टेलीविजन एवं चौथे चरण में इण्टरनेट एवं सोशल मीडिया, जनसंचार के मुख्य साधन हैं। वर्तमान समय में समाचार-पत्रों की प्राथमिकता में कमी आई है एवं सोशल मीडिया के मूल्यों में तीव्र गति से बढ़ोत्तरी दर्ज की गई है।

130. (b) विकास एक प्रक्रिया है जिसके माध्यम से मानव एवं भौतिक संसाधनों को बेहतर जीवन गुणवत्ता तथा आय सृजन के लिए सक्रिय किया जाता है। विकास एक सतत् प्रक्रिया है। इसके लिए भौतिक संसाधनों के साथ-साथ उत्पादन के साधनों की भी आवश्यकता होती है। इन सभी के उपभोग के लिए पूँजी की आवश्यकता होती है।

131. (c) जब नेता (नेतृत्वकर्ता) में आत्मविश्वास नहीं होता और वह मानता है कि कार्यकर्ता कार्य कर सकते हैं, तो ऐसे नेता को अहस्तक्षेपी नेता कहा जाता है। लोकतान्त्रिक नेता, लोगों के बीच लोकप्रिय होता है, निरंकुश नेता अराजकतावादी एवं लोकतान्त्रिक देश के विकास के लिए हस्तक्षेपकारी नहीं, बल्कि लोकप्रिय नेता की आवश्यकता होती है।

132. (d)

133. (a) समुदाय विकास खण्ड वर्ष 1952 में लागू की गई थी। 2 अक्टूबर 1952 में ही भारत में सामुदायिक विकास योजना आरम्भ की गई। प्रथम पंचवर्षीय योजना के अन्तर्गत ग्रामीण विकास पर विशेष ध्यान दिया गया था। ताकि गाँधी मॉडल के आधार पर ग्रामीण विकास पर विशेष ध्यान दिया गया।

134. (b) स्रोत, मार्ग, प्राप्तकर्ता ये तीनों संचार के प्रमुख घटक हैं। स्रोत का तात्पर्य है कि संचार का सृजनकर्ता कौन है अर्थात् संचार की उत्पत्ति कहाँ से या किसके द्वारा की जाती है, दूसरा प्रमुख घटक मार्ग है, अर्थात् किस माध्यम से संचार गतिमान होती है। प्राप्तकर्ता संचार को ग्रहण करने वाला अर्थात् किसी सूचना को ग्रहण करने वाला व्यक्ति प्राप्तकर्ता होता है।

135. (a) सामुदायिक विकासखण्ड में प्रत्येक परियोजना क्षेत्र में 100 गाँव तथा 60,000 से 70,000 तीन की जनसंख्या शामिल थी। वर्ष 1952 में सामुदायिक विकास योजना प्रारम्भ की गई थी। गाँधी मॉडल पर आधारित प्रथम पंचवर्षीय योजना के अन्तर्गत ग्रामीण विकास पर विशेष ध्यान दिया गया था। इस परियोजना के अन्तर्गत 100 गाँवों का चयन किया गया। इसमें तीन ऐसे गाँव थे जिनकी जनसंख्या 60,000 से 70,000 थी।

136. (c) पी.ए. सोरोकिन ने समूहों को दो भागों क्षैतिज समूह एवं ऊर्ध्व समूह में विभाजित किया। उन्होंने सामाजिक गतिशीलता के सन्दर्भ में बताया कि सामाजिक गतिशीलता मुख्य रूप से ऊर्ध्वाधर या क्षैतिजीय प्रकार से होती है। उन्होंने क्षैतिजीय समूह को समतल समूह गतिशीलता कहा। क्षैतिजीय गतिशीलता में समान स्थिति के भीतर जाना होता है, जैसे कोई डॉक्टर एक अस्पताल को छोड़कर दूसरे अस्पताल में चला जाता है, जबकि ऊर्ध्वाधर गतिशीलता में एक सामाजिक स्तर से दूसरे सामाजिक स्तर में जाना होता है।

137. (d) मूल्यांकन के अंगीकरण से सामूहिक चर्चा उपयुक्त होती है। मूल्यांकन में विश्वसनीयता, वैधता, वस्तुनिष्ठता, व्यापकता, उपयोगिता और व्यावहारिकता के गुण विद्यमान होते हैं। सामूहिक चर्चा में इसकी महत्त्वपूर्ण भूमिका होती है, इसके अलावा शिक्षण कार्यों में भी इसकी महत्त्वपूर्ण भूमिका होती है। इससे न केवल लेखन शैली, बल्कि व्याख्यात्मक शैली में भी व्यापक सुधार होता है।

138. (c) प्रशिक्षण में वह प्रेरणादायी चरण जिसे अधिक महत्त्व दिया जाता है, प्रशिक्षण चरण कहलाता है। कार्यशैली में व्यापक रूप से गुणात्मक सुधार लाने हेतु प्रशिक्षण एवं महत्त्वपूर्ण कड़ी माना जाता है। प्रशिक्षण से कार्य में निपुणता एवं कुशलता नजर आती है। अशिक्षित व्यक्ति किसी भी जटिल कार्यों को कुशलतापूर्वक आसानी से कर लेता है। प्रशिक्षण सम्बन्धित कार्यों को प्रेरणादायी कदम माना जाता है।

139. (d) दृश्य-श्रव्य सहायक सामग्रियों/उपकरणों की सीमाएँ होती हैं-ऐसा इसलिए किया गया है, इसके अभाव में शिक्षार्थी गलत या विकृत धारणाएँ बना सकते हैं। अध्यापक अपने अध्यापन के दौरान कुछ महत्त्वपूर्ण एवं प्रासंगिक विचार बताने तक ही सीमित रह सकते हैं, तथा ऐसे विषयों के सन्दर्भ में समग्र तस्वीर प्रस्तुत नहीं करते हैं। शिक्षक विचारशील जाँच-पड़ताल के बजाय प्रेक्षकवाद का सम्भावित जोखिम उठा सकते हैं। ऐसे में दृश्य एवं श्रव्य सहायक सामग्रियों या उपकरणों की कुछ मान्यताओं या सीमाओं का होना आवश्यक है।

140. (c) सामाजिक स्तरण, सामाजिक असमानता से अधिक समीपता से सम्बन्धित है। समाज में स्तरीकरण का तात्पर्य लोगों को श्रेणीबद्ध करने की प्रक्रिया है। व्यक्ति जिन विभिन्न श्रेणियों में बँटे होते हैं, उन्हें स्तर कहते हैं। ये मूलतः जाति, धर्म, वर्ग के आधार पर विभाजित हैं। सामाजिक स्तरण से सामाजिक स्तर पर भेदभाव की खाई बढ़ जाती है। भारतीय समाज में ऐसी समस्या अधिक विषम रूप में पाई जाती है।

141. (b) समूह मानव शक्तियों, लक्षणों तथा मानवीय प्रकृति का पूरक माना जाता है। सामूहिक रूप से मानव समाज में अनेक परिवर्तन लाने में सक्षम होते हैं। मानव एकता से इच्छाशक्ति प्रबल होती है। समूह शक्ति एवं प्रबलनों का प्रतीक माना जाता है।

142. (c) सगोत्रता को सम्भवतः 'रक्त सम्बन्ध' के रूप में जाना जाता है। एक ही पिता की सन्तान सम्भवतः, सगोत्रता से सम्बन्धित होते हैं। दो भाइयों के मध्य रक्त सम्बन्ध होते हैं। इसके अन्तर्गत रिश्तेदारों के मध्य सम्बन्धों को दर्शाया जाता है। वंश के आधार पर रिश्तेदारों का निर्धारण किया जाता है। पितृवंश का तात्पर्य वह वंश जो पिता से पुत्र, फिर पौत्र और प्रपौत्र तक होता है।

143. (b) ''सामाजिक समूह'' सामाजिक अन्तर्क्रिया की एक प्रणाली है। यह परिभाषा हैरी मार्टन जॉनसन ने दी है। जॉनसन एक ब्रिटिश समाजशास्त्री थे। उन्होंने सामाजिक संरचना का वर्णन करते हुए सामाजिक समूह एवं इसके अन्तःक्रियात्मक स्वरूपों का विस्तृत अध्ययन किया। जॉनसन ने अन्तर्जातीय विवाह का विरोध किया था।

144. (a) उपयुक्त मापदण्ड पर प्रतिलाभ के आधार पर सरकार से सम्बन्धित सूचना सेवा उपलब्ध है। इस मानदण्ड के आधार पर सरकार से सम्बन्धित सूचना सेवाएँ पेश करने के अपने उपयोग का औचित्य सिद्ध नहीं कर पाती हैं। ये उपकरण शीघ्र ही अप्रचलित हो जाते हैं।

145. (c) PC क्रान्ति के परिणामस्वरूप लोग व्यापक पैमाने पर कम्प्यूटर का उपयोग करने लगे। इसका उपयोग उपयोक्ताओं के समीप ले आई। स्वयं के अनुप्रयोग और डिजाइन विकसित किए गए।

146. (d) अनेक उद्यमी ग्रामीण अनुप्रयोग के लिए सस्ते हार्डवेयर एवं सॉफ्टवेयर समाधान प्रस्तुत करने का प्रयास कर रहे हैं।

147. (a) चेन्नई स्थित MSSRF ग्रामीण निर्धनों हेतु उपयुक्त प्रौद्योगिकी डिजाइन करने में अग्रणी कार्य कर रही है।

148. (c) कियोस्क स्वामी एवं संचालक नये समाधान विकसित करने हेतु प्रशिक्षित नहीं हैं।

149. (c) कियोस्क संचालकों को वैकल्पिक आय सृजन गतिविधियाँ खोजनी होंगी, ताकि कियोस्क संचालक उपकरणों का उपयोग आसानी से कर सकें।

150. (b) कम्युनिकेशन शब्द लैटिन भाषा से लिया गया है जिसका तात्पर्य है ''साझा करना'' या सूचना को संचार के माध्यम से साझा करना। सूचनाओं को बोलकर, लिखकर या संकेतों के माध्यम से साझा किया जाता है।

151. (c) शाब्दिक संचार के अन्तर्गत आमने-सामने होने वाली बातचीत और टेलीविजन पर प्रसारित होने वाले कार्यक्रमों को रखा जाता है।

152. (d) दृश्य (चैनल), श्रव्य, स्पर्श्य (टेक्टाइल) ये सभी संचार के मार्ग हो सकते हैं। आपस मे समझे जाने वलो संकेतों और संकेत विज्ञान के नियमो के उपयोग के माध्यम से एक समूह से दूसरे समूह तक सूचना पहुँचाने के कार्य को संचार कहते हैं।

153. (c) क्लॉउडे शेनन के मॉडल के अनुसार 8 घटक होते हैं—स्रोत, सन्देश, एनकोडन, मार्ग, डीकोडन, प्राप्तकर्ता, प्रतिपुष्टि एवं सन्दर्भ।

154. (b) मानव संचार अमूर्त भाषा के व्यापक उपयोग के कारण अद्वितीय है। संचार सहकार्यात्मक होता है, प्रतिस्पर्धात्मक नहीं।

155. (a) संचार सहकार्यात्मक होता है अर्थात् सहयोगात्मक भूमिका निभाता है। सूचनाओं का आदान-प्रदान अबाध्य रूप से होता है।

156. (b) सुनी जा सकने वाली सबसे धीमी ध्वनि की आवाज 0-10 डेसीबल होती है। मनुष्य 20 Hz से 20,000 Hz के मध्य की आवाज सुन सकता है।

157. (a) सामाजिक-सांस्कृतिक संज्ञानात्मक सिद्धान्त का प्रतिपादन रूसी मनोवैज्ञानिक एवं समाजशास्त्री वाइगोत्स्की ने किया था।

158. (d) दिए गए विकल्पों में से माँ के दूध का सेवन करने से बच्चा HIV से संक्रमित हो सकता है। पसीने, लार एवं मूत्र से संक्रमण नहीं फैलता है।

159. (c) सहपाठियों के मन में प्रतिस्पर्धा की भावना बैठाना ताकि वे स्वयं अन्य बच्चों से बेहतर प्रदर्शन करे। अशक्तों अर्थात् दिव्यांगों के लिए विशेष शिक्षा की विशेषता नहीं है।

160. (a) शिक्षा मन्त्रालय दिव्यांग सरकारी शैक्षिक संस्थानों/सरकारी सहायता प्राप्त संस्थानों को 3% आरक्षण प्रदान करता है। इसके अतिरिक्त सरकारी सेवाओं के लिए भी दिव्यांगों को 3% आरक्षण की व्यवस्था प्राप्त है।

161. (c) पूर्व-पारम्परिक, पारम्परिक एवं पश्च-पारम्परिक स्तरों का प्रतिपादन कोलबर्ग ने किया था। इन चरणों को पुनः दो-दो चरणों में विभाजित किया गया। उनके अनुसार सामाजिक आवश्यकता के अनुरूप ही मानव का नैतिक विकास होता है।

162. (c) ब्रोनफेनब्रेनर द्वारा प्रतिपादित सिद्धान्त पर्यावरणीय परिप्रेक्ष्य पर बल देता है। ये रूसी-अमेरिकी पर्यावरणीय मनोवैज्ञानिक थे। उन्होंने पर्यावरण की जटिल परतों को प्रतिपादित किया, साथ ही वनस्पतियों के विकास को बच्चों के विकास से जोड़ा।

163. (d) दिए गए विकल्पों में से वाक्य निर्माण पूर्व-वाक्-संचार का रूप नहीं है। वाक्य निर्माण पूर्ण होने के बाद, जब वह किसी के कारण बोला जाए, तभी वह वाक् संवाद माना जाता है।

164. (c) वह व्यक्ति जो सामाजिक समूह के मानकों का जान-बूझकर उल्लंघन नहीं कर रहा है, बल्कि उसे यह ज्ञान नहीं है कि समूह क्या अपेक्षा करता है, निर्नैतिक (अनमोरल) कहलाता है।

165. (d) दृष्टि तीक्ष्णता का मापन स्नेलेन चार्ट द्वारा किया जा सकता है। इसमें मोटे अक्षरों की 11 पंक्तियाँ होती हैं जिसे आप्टोटाइम कहा जाता है। डच नेत्र विशेषज्ञ हामन स्नेलेन ने सर्वप्रथम इसके बारे में जानकारी प्राप्त की थी।

166. (a) बच्चों में रचनाशीलता को बढ़ावा देने के लिए लोकतान्त्रिक बाल पालन अभ्यास आदर्श है। लोकतान्त्रिक व्यवस्था में समावेशी विकास को आदर्श युक्त माना जाता है। बच्चों का संरक्षण मौलिक अधिकार का हिस्सा है, जो नैसर्गिक नियमों पर आधारित है।

167. (d) दिए गए विकल्पों में से विकल्प (d) अर्थात् कथन (d) सही है। विकासात्मक कार्य बच्चों की बुद्धिमत्ता में वर्धन करते हैं, परन्तु इस कार्य में माता-पिता व शिक्षक की भूमिका भी महत्त्वपूर्ण होती है। इन्हीं के हाथों बच्चे का भविष्य उज्ज्वल होता है। सामाजिक वातावरण के अनुरूप भी बच्चे का नियमित रूप से विकास होता है।

168. (d) संज्ञानात्मक विकास की औपचारिक संक्रियात्मक अवस्था में बच्चे परिकल्पनाओं और प्रतिज्ञप्तियों के आधार पर तर्क करने में समर्थ हो जाते हैं। उनकी बौद्धिक क्षमता बढ़ने लगती है।

169. (b) पठन वैकल्य (डिसलेक्सिया) एक अधिगम अशक्तता से सम्बन्धी बीमारी है। इस वैकल्य में बच्चा अक्षरों की पहचान सही तरीके से नहीं कर पाता है। इस बीमारी में बच्चे को पढ़ने में परेशानी होती है। नियमित प्रयास करने से इस समस्या को दूर किया जा सकता है।

170. (d) आईसीडीएस स्कीम की निगरानी का उत्तरदायित्व महिला एवं बाल विकास मन्त्रालय द्वारा किया जाता था। समग्र बाल विकास सेवा स्कीम को 2 अक्टूबर, 1975 को लागू किया गया था। उस समय देश में आपातकाल लगा था। इसके बावजूद बच्चों के विकास को सरकार ने नजरअन्दाज नहीं किया था।

171. (a) चेतना (सीएचईटीएनए) का पूरा नाम है- सेंटर फॉर हेल्थ, एजुकेशन, ट्रेनिंग एण्ड न्यूट्रीशन अवेयरनेस (स्वास्थ्य, शिक्षा, प्रशिक्षण एवं पोषण जागरुकता केन्द्र) मार्च 2002 को बाल सशक्तिकरण के मौके पर इसे पंजीकृत किया गया था। बच्चों को सामाजिक वातावरण के साथ जोड़ना इस संस्थान का मुख्य उद्देश्य था।

172. (b) इन्दिरा गाँधी राष्ट्रीय दिव्यांगजन पेंशन योजना (आईजीएनडीपी) ग्रामीण विकास मन्त्रालय द्वारा प्रदान की जाती है। इसके अन्तर्गत ग्रामीण विकास मन्त्रालय दिव्यांगजन को आर्थिक एवं सामाजिक सुरक्षा के तौर पर वित्तीय सहायता प्रदान करती है।

173. (c) लाल फीता एचआईवी पॉजिटिव लोगों और एड्स पीड़ित लोगों के साथ एकजुटता का प्रतीक माना जाता है। 1 दिसम्बर को एड्स दिवस मनाया जाता है।

174. (a) अधिगम की संज्ञानात्मक अवस्था वह पहली अवस्था है, जिसमें व्यक्ति यह जानता है कार्य में क्या आवश्यक है और कार्य के कुछ विशिष्ट घटक क्या हैं। संज्ञानात्मक अवस्था में व्यक्ति भाषा सीखने का प्रयास करता है तथा धीरे-धीरे मस्तिष्क का विकास होता है।

175. (c) निःशुल्क एवं अनिवार्य शिक्षा का अधिकार अधिनियम, 2009 शिक्षा को 6-14 वर्ष की आयु वाले प्रत्येक बच्चे का एक मौलिक अधिकार बनाता है। 11वें मूल कर्त्तव्य के रूप में शिक्षा को जीवन का अभिन्न अंग माना गया है।

176. (a) सामग्री स्मृति में बनी रहे यह सम्भावना बढ़ाने के लिए सामग्री को संगठित/व्यवस्थित करने की औपचारिक तकनीक को याद करना कहते हैं। यह स्मृति क्षमता पर निर्भर करता है।

177. (b) संज्ञानात्मक प्रकार के अधिगम में उच्चतर मानसिक प्रक्रियाएँ शामिल हैं, जो किसी परिघटना विशेष अर्थ या सार्थकता पर समग्र रूप से विचार करती है।

178. (a) पूर्व-विद्यालय शिक्षा के सम्बन्ध में बच्चों में रट्टामार स्मृति का विकास करना सही नहीं हैं, बल्कि इस अवस्था में बच्चों के सन्दर्भ का विकास करना चाहिए। बच्चे के शारीरिक व मानसिक विकास पर विशेष बल देना चाहिए तथा गत्यात्मक कौशल विकसित करना चाहिए। साथ ही बच्चे को अपने एहसास और भावनाएँ व्यक्त करने, समझने, स्वीकारने और नियन्त्रित करने में मार्गदर्शन देकर भावनात्मक परिपक्वता विकसित करनी चाहिए।

179. (b) वस्तुएँ विद्यमान बनी रहती हैं, तब भी जब उन्हें देखा या सुना न जा सकता हो, इस अवस्था को मूलतः वस्तु स्थायित्व कहते हैं।

180. (b) श्रवण क्षीणता वाले लोगों के सम्बन्ध में दिए गए कथनों में कथन (b) श्रवण क्षीणता स्वतः ही बोलने में असमर्थता का कारण बन जाती है, गलत है। विकल्प में दिए अन्य सभी विकल्प सही हैं। श्रवण क्षीणता वाले व्यक्ति सुनने में भले ही उत्तम नहीं होते हैं, परन्तु बोलते में अक्षम नहीं होते हैं।

181. (c) यदि आप किसी शिशु के पैर के पंजे के तले पर चोट करें, तो वह पहले अपनी पैरों की अंगुलियाँ फैलाता है और फिर उन्हें मोड़ लेता है। शिशु के व्यवहार में होने पर यह परिवर्तन बाबिन्स्की प्रतिवर्त को दर्शाता है।

182. (c) नवजात शिशु की लम्बाई औसतन 17-21 इंच के मध्य होती है। प्रकृति में आने के बाद नवजात बच्चे की लम्बाई सयमानुकूल तेजी से बढ़ती है। बच्चे का औसतन भार 2.5 से 3.5 किग्रा होता है।

183. (c) संवेद-तन्त्रिकीय श्रवण क्षीणता में शामिल समस्याएँ आन्तरिक कर्ण में सीमित होती हैं।

185. (a) सभी सामाजिक क्षेत्रों- विशेष रूप से समाज कल्याण, शिक्षा, स्वास्थ्य, सुरक्षा एवं न्याय में आवश्यक कानूनों, नीतियों, विनियमों एवं सेवाओं के समूह से बाल रक्षा तन्त्र सम्बन्धित है।

186. (c) दोहरावयुक्त वाणी के साथ में गले तथा डायफ्राम की माँसपेशियों की ऐंठन को हकलाना कहा जाता है।

187. (a) व्यक्ति विशिष्ट प्रकार्य, जैसे तैरना, गेंद फेंकना या साइकिल चलाना, जिनके लिए प्रशिक्षण की आवश्यकता होती है, व्यक्ति-वृत्तात्मक प्रकार्य कहलाते हैं।

188. (c) जीववाद (एनिमिज्म) शब्द को निर्जीव वस्तुओं से जीवन-समगुणों को सम्बन्धित करने की प्रवृत्ति के लिए प्रयोग किया जाता है।

189. (d) बच्चों के समग्र विकास हेतु चलाये गई यह योजना ICDS के अन्तर्गत पूरक पोषण, पोषण एवं स्वास्थ्य शिक्षा, स्वास्थ्य जाँच सभी को शामिल किया जाता है।

190. (b) अशक्तता के कारण शरीर के किसी भाग विशेष या अंग की अनुपस्थिति अथवा शरीर के किसी भाग की कार्यक्षमता में कमी से माना जाता है।

191. (a) सामाजिक हितों के लिए विशेष आवश्यकताओं वाले बच्चों को मुख्य धारा में लाने हेतु बच्चों को न्यूनतम प्रतिबन्धात्मक परिवेश में शिक्षा दी जानी चाहिए, साथ ही इसी आधार पर अपवादी बच्चों के एक शैक्षिक कार्यविधि एवं प्रक्रिया शामिल होती है।

192. (d) अभ्यास और अनुभव के लिए अधिगम एक आवश्यक तत्व है। अधिगम एक सतत एवं क्रमिक प्रक्रिया है। इसे सृजनात्मक क्षमता समृद्ध होती है। अधिगम, जीवन के प्रारम्भ से जीवन के अन्त तक बना रहा है।

193. (a) गुणसूत्रों के बाइस जोड़ों को अलिंगसूत्र (ऑटोसोम्स) कहते हैं। इससे लिंग का निर्धारण होता है।

194. (a) किसी घटना या उद्दीपन विशेष की अनुक्रिया में नवजात शिशु में होने वाले स्वचालित शारीरिक संचलन को प्रतिवर्त या प्रतिवर्ती क्रियाएँ कहा जाता है। ये क्रियाएँ अनेक प्रकार की होती हैं; जैसे— स्थिर प्रतिवर्ती क्रिया, चूसना प्रतिवर्ती क्रिया, आँख झपकना प्रतिवर्ती क्रिया, कदम उठाना प्रतिवर्ती क्रिया आदि।

195. (c) सिगमण्ड फ्राइड के मनोलैंगिक सिद्धान्त की शिक्षीय अवस्था, एरिकसन के मनोसामाजिक विकास सिद्धान्त की पहल बनाम अपराधबोध अवस्था के संगत है।

196. (c) वर्ष 1975 में आरम्भ बाल विकास सेवाओं के अन्तर्गत पूरक पोषण कार्यक्रम के लाभार्थी के अन्तर्गत 6 वर्ष से कम आयु वाले बच्चों तथा गर्भवती स्व-स्तनपान करा रही स्त्रियाँ शामिल हैं।

197. (c) आँगनवाड़ी कार्यकत्रियों, आँगनवाड़ी सहायकों, पर्यवेक्षकों, बाल विकास परियोजना अधिकारी एवं जिला कार्यक्रम अधिकारियों को मिलाकर ICDS दल का गठन किया गया है।

198. (d) पूर्व-विद्यालयी शिक्षा की आवश्यकता पर बल देने के उद्देश्य से बच्चों के जैविक, शारीरिक, भावनात्मक, सामाजिक और बौद्धिक विकास को बढ़ावा देने सम्बन्धित कार्ययोजना पर बल देना चाहिए। माता-पिता की अनुपस्थिति में संरक्षी देखभाल करती है। इससे बच्चों की सम्भावित योग्यताओं की प्राप्ति प्रदान करके प्राथमिक विद्यालयों को बीच में ही छोड़कर जाने वाले विद्यार्थियों की संख्या घटती है।

199. (b) अनौपचारिक समूहों में सामाजिक सम्बन्धों के अध्ययन के लिए इनमें समाजमिति तकनीक का उपयोग किया जाता है।

200. (d) भारत की केन्द्र सरकार द्वारा दिव्यांगजनों को अनेक सुविधाएँ प्राप्त हैं- दिव्यांगजन को धारा 80 यू के अन्तर्गत आयकर कटौती के पात्र हैं। इन्हें वृत्तिकर से भी राहत प्राप्त है। आश्रित दिव्यांगजनों के कानूनी संरक्षक अभिभावक धारा 80DD के अन्तर्गत कटौती के पात्र हैं।

मध्य प्रदेश
महिला पर्यवेक्षक (आँगनवाड़ी)
सॉल्वड पेपर 2017

27 मार्च, 2017

1. व्यक्ति के आहारीय अन्तर्ग्रहण का आकलन करने के लिए इनमें से किस विधि का उपयोग किया जाता है?
(a) 24 घण्टे की आहार स्मृति
(b) कच्चे खाद्य पदार्थों का भार मापन
(c) खाद्य बारम्बारता प्रश्नावली
(d) उपरोक्त सभी

2. एड्स एक ……… रोग है।
(a) स्थानिक (b) महामारी
(c) सर्वव्यापी (d) छिट-पुट

3. जब आयरन की कमी से पीड़ित किशोरी गर्भवती होती है, तो ……… की सम्भावना अधिक होती है।
(a) समय से पहले प्रसव
(b) जन्म के समय अधिक भार वाले शिशुओं के जन्म
(c) जुड़वाँ शिशुओं
(d) उपरोक्त में से कोई नहीं

4. गर्भावस्था से पहले एवं उसके दौरान आयोडीन की कमी होने से नवजात शिशुओं में ……… हो सकता है।
(a) क्रेटीनता (वामनता)
(b) रक्ताल्पता (एनीमिया)
(c) संक्रमण
(d) एडीमा (तरल एकत्र होने से उत्पन्न सूजन)

5. खाद्य उपयोग ……… पर निर्भर करता है।
(a) जैव उपलब्धता
(b) सुरक्षित एवं पीने योग्य जल
(c) स्वच्छता एवं अपशिष्ट निकास
(d) उपरोक्त सभी

6. 2015 वैश्विक भूख सूचकांक रिपोर्ट के अनुसार, गम्भीर भूख स्थिति वाले अग्रणी देशों में भारत का ……… वाँ स्थान है।
(a) 40वाँ (b) 15वाँ
(c) 10वाँ (d) 20वाँ

7. टाइफाइड उत्पन्न करने वाला जीव है
(a) *साल्मोनेला टायफी* (b) बोटुलिज्म
(c) शैवाल (d) कवक

8. मैरास्मस से पीड़ित बच्चे में इनमें से कौन-सा लाक्षणिक प्रकटन दिखाई नहीं देता है?
(a) अम्लीय मल के साथ पानी जैसे दस्त
(b) सामान्य से कम तापमान
(c) उदर की पतली दीवार से क्रमाकुंचन दिखाई पड़ना
(d) सामान्यीकृत एडीमा

9. गर्भावस्था के दौरान गर्भस्थ शिशु की वृद्धि को इनमें से कौन-सा कारक प्रभावित करता है?
(a) पोषण स्थिति
(b) स्वच्छता एवं अपशिष्ट निकास
(c) आनुवंशिकी
(d) उपरोक्त सभी

10. इनमें से कौन-सा रोग युग्म विषाणुओं द्वारा होता है?
(a) रेबीज एवं कर्णमूलशोथ/गलसुआ (मम्प्स)
(b) टाइफॉइड और टिटेनस
(c) हैजा और ट्यूबरकुलोसिस
(d) उपरोक्त में से कोई नहीं

11. नृमिति सम्बन्धी मापन, जैसे लम्बाई, भार, मुड़ी त्वचा की मोटाई आदि ……… के महत्त्वपूर्ण संकेतक है।
(a) पेलाग्रा (b) बायोटिन की कमी
(c) पोषण स्थिति (d) त्वचाशोथ

12. खेसारी दाल में उपस्थित ……… नामक जीवविष कलायखंज (लैथीरीरुगणता) नामक रोग उत्पन्न करता है।
(a) बीटा गामा अमीनो अम्ल
(b) बीटा ऑक्जेली अमीनो ऐलेनिन
(c) बीटा हाइड्रॉक्सिल प्रोलीन
(d) बीटा अल्फा अमीनो अम्ल

13. एक वृहद पोषक तत्व जिसका मुख्य कार्य ऊतक वृद्धि एवं रख-रखाव है
(a) वसा
(b) कार्बोहाइड्रेट
(c) प्रोटीन
(d) उपरोक्त में से कोई नहीं

14. पीयूष ग्रन्थि की कार्यक्षमता अपर्याप्त होना और प्लाज्मा में वृद्धि हॉर्मोन का स्तर सामान्य से अधिक होना ········ के साथ सम्बन्धित है।
(a) PEM (b) BMR (c) SDA (d) TEE

15. कर्णमूलशोथ/गलसुआ (मम्प्स) ········ का संक्रमण है।
(a) कर्णपूर्व (पैरोटिड) ग्रन्थि
(b) अवचिबुकीय (सबमेंडिबुलर) ग्रन्थि
(c) अधोजिह्वा (सबलिंगुअल) ग्रन्थि
(d) अधोजम्भ (सबमेक्जिलरी) ग्रन्थि

16. शरीर क्रियात्मक ईंधन कारक, एक ग्राम वसा से ········ प्राप्त होती है।
(a) 8 किलोकैलोरी (b) 9 किलोकैलोरी
(c) 7 किलोकैलोरी (d) 6 किलोकैलोरी

17. एक बच्चे की वृद्धि मन्दित है, वह चल नहीं सकता है और उसके पूरे शरीर पर नील पड़े हुए हैं। आहार सम्पूरक के रूप में इनमें से किस पोषक तत्व का सुझाव दिया जाना चाहिए?
(a) दूध
(b) अण्डे की जर्दी
(c) दाल
(d) सिट्रस परिवार के फल (मौसम्बी, सन्तरा, नींबू, आदि)

18. ट्यूबरकुलोसिस के उपचार का लक्ष्य है
(a) उच्च रोगमुक्ति दर सुनिश्चित करना
(b) पुनरावृत्ति न्यूनतम करना
(c) औषधि प्रतिरोध की उत्पत्ति रोकना
(d) उपरोक्त सभी

19. बालवाड़ी पोषण कार्यक्रम भारत सरकार द्वारा वर्ष 1970 में आरम्भ किया गया एक स्वास्थ्य देखभाल एवं शिक्षण कार्यक्रम है जो ········ का सम्पूर्ण भोजन प्रदान करता है।
(a) 300 किलोकैलोरी (b) 500 किलोकैलोरी
(c) 288 किलोकैलोरी (d) 400 किलोकैलोरी

20. गर्भधारण पूर्व एवं प्रसव-पूर्व नैदानिक (डाइग्नोस्टिक) तकनीक अधिनियम ········ पर केन्द्रित है।
(a) जन्म से पहले लिंग पहचान की रोकथाम
(b) मादा भ्रूण गर्भपात की रोकथाम
(c) दम्पत्ति को व्यापक एवं उपयुक्त परामर्श
(d) उपरोक्त सभी

21. स्वस्थ सुपोषित वयस्क की ऊर्जा आवश्यकता ········ के समतुल्य होती है।
(a) कुल ऊर्जा व्यय (b) आंशिक ऊर्जा व्यय
(c) अपूर्ण ऊर्जा व्यय (d) इनमें से कोई नहीं

22. गॉइट्रोजन वे रासायनिक पदार्थ हैं जो अवटु (थायरॉइड) ग्रन्थि में ········ के उपयोग में हस्तक्षेप करते हैं।
(a) विटामिन B1 (b) विटामिन B3
(c) आयोडीन (d) विटामिन B6

23. मध्य ऊपरी बाह की परिधि के आधार पर कुपोषण की श्रेणियों में वर्गीकरण के लिए इनमें से किस मान को गम्भीर रूप से कुपोषित की श्रेणी में रखा जाएगा?
(a) 15.5 सेमी से अधिक (b) 13.5 सेमी से अधिक
(c) 12.5 सेमी से कम (d) इनमें से कोई नहीं

24. गर्भावस्था में इनमें से किस समस्या का अनुभव नहीं होता है?
(a) उबकाई
(b) एडीमा (तरल एकत्र होने से उत्पन्न सूजन)
(c) उलटियाँ
(d) दाँतों में सड़न

25. विटामिन A या रेटिनॉल (पूर्वनिर्मित विटामिन A) केवल ········ भोज्य पदार्थों में पाया जाता है।
(a) पादप मूल के (b) जन्तु मूल के
(c) कवक (d) इनमें से कोई नहीं

26. गर्भावस्था के स्वस्थ परिणाम के लिए, गर्भवती माताओं को ········ दिया जाना चाहिए।
(a) आयरन एवं फोलिक अम्ल (b) विटामिन A
(c) विटामिन D (d) विटामिन K

27. इसे किलोग्राम में भार को मीटर में लम्बाई के वर्ग से विभाजित करके प्राप्त करते हैं, इसे क्वेटलेट सूचकांक भी कहते हैं
(a) BMI (b) BMR
(c) RDA (d) DRI

28. इनमें से कौन-सा समूह अस्थिभंग और कैल्शियम की कमी के प्रति अधिक असुरक्षित है?
(a) वयस्क (b) किशोर
(c) बुजुर्ग (d) इनमें से कोई नहीं

29. वृहद् पोषक तत्वों के अत्यधिक अन्तर्ग्रहण और निष्क्रिय जीवनशैली के कारण क्या होता है?
(a) अच्छा स्वास्थ्य (b) सम्पन्नता
(c) मोटापा (d) स्वस्थ जीवन शैली

30. क्लीनिकल दृष्टि से, विटामिन B12 की कमी के कारण ········ नामक स्थिति उत्पन्न होती है।
(a) आयरन डेफिशिएंसी एनीमिया (लौह न्यूनता रक्ताल्पता)
(b) पर्नीशियस एनीमिया
(c) साँस में दुर्गन्ध
(d) दाँतों में सड़न

31. यह अनुशंसा की जाती है कि प्रसव के बाद के आरम्भिक छः महीनों में नवजात शिशु को केवल ········ जाए।
(a) बोतल से दूध/आहार पिलाया (b) दूध छुड़ाया
(c) स्तनपान करवाया (d) डब्बे का दूध/आहार पिलाया

32. पंच भोज्य समूह योजना ········ द्वारा यथा निर्दिष्ट पोषक तत्व अन्तर्ग्रहण प्राप्त करने के लिए सूची तैयार करने की सुविधा देती है।
(a) RDA (b) UN
(c) यूनेस्को (d) इनमें से कोई नहीं

33. फॉस्फोरस ········ के निर्माण में महत्त्वपूर्ण भूमिका निभाता है।
(a) अस्थियों और दाँतों
(b) केश
(c) लाल रक्त कोशिकाओं के परिपक्वन
(d) स्वस्थ त्वचा

34. न्यूमोनिया की जटिलताएँ .... का कारण बन सकती हैं।
(a) हृदय गति में वृद्धि (b) साँस लेने में कठिनाई
(c) (a) और (b) दोनों (d) इनमें से कोई नहीं

35. कोणीय मुखपाक (एंगुलर स्टोमटाइटिस), जिह्वाशोथ (ग्लोसाइटिस) और ओष्ठविदरता (चेलोसिस) .... के लक्षण हैं।
(a) कैल्शियम की कमी (b) राइबोफ्लेविन की कमी
(c) विटामिन C की कमी (d) विटामिन D की कमी

36. इनमें से कौन एक संचरणशील रोग है?
(a) मधुमेह (b) डिफ्थीरिया
(c) क्वाशरकोर (d) मैरास्मस

37. विटामिन K की कमी का मुख्य संकेत है
(a) रक्तस्राव
(b) वजन बढ़ना
(c) पोलियो
(d) क्षय रोग (ट्यूबरकुलोसिस)

38. डेंगू की रोकथाम के लिए उठाए जाने वाले आवश्यक कदम क्या हैं?
(a) पर्यावरणीय स्वच्छता एवं अपशिष्ट निकास
(b) मच्छर भगाने वाले उत्पादों का उपयोग
(c) उचित वस्त्रों के माध्यम से सुरक्षा
(d) उपरोक्त सभी

39. शैशवकालीन ऊर्जा आवश्यकताएँ बहुत अधिक होती हैं, क्योंकि यह बहुत .... की अवधियों में से एक है।
(a) तीव्र वृद्धि (b) दाँतों के तीव्र निर्माण
(c) तेजी से चलने (d) इनमें से कोई नहीं

40. पोषक आहार लेने वाली एवं नियमित रूप से शारीरिक व्यायाम करने वाली स्वस्थ गर्भवती माता के मामले में .... की अच्छी सम्भावना होती है।
(a) सामान्य प्रसव (b) सीजेरियन प्रसव
(c) जटिल प्रसव (d) इनमें से कोई नहीं

41. ''पर्दा''/''घूँघट'' प्रथा .... की उपलब्धता घटाती है।
(a) विटामिन A (b) विटामिन C
(c) विटामिन D (d) विटामिन K

42. जन वितरण प्रणाली में वितरित होने वाली मुख्य वस्तुओं में शामिल हैं
(a) वस्त्र, औषधियाँ
(b) गेहूँ, चावल, शक्कर, मिट्टी का तेल
(c) सब्जियाँ एवं फल
(d) प्रतिरक्षीकरण

43. स्वस्थ, सुपोषित गर्भवती माता सामान्यत: .... को जन्म देती है।
(a) भारी शिशु (b) स्वस्थ शिशु
(c) अल्पविकसित शिशु (d) ये सभी

44. MMR वैक्सीन इनमें से किस रोग से सुरक्षा देती है?
(a) खसरा (b) कर्णमूलशोथ/गलसुआ (मम्प्स)
(c) रुबेला (d) ये सभी

45. इनमें से किसे छोड़कर अन्य विकल्प, खाद्य सुरक्षा के निर्धारक हैं?
(a) खाद्य उपलब्धता (b) खाद्य सुगम्यता
(c) खाद्य उपयोग (d) खाद्य विपणन (मार्केटिंग)

46. सर्वव्यापी (पेंडेमिक) रोग का अर्थ इनमें से किससे है?
(a) जब रोग पूरे विश्व में फैल जाए
(b) जब रोग गरीबी रेखा से नीचे रहने वाले जनसमूह में फैला हो
(c) जब रोग केवल वृद्ध लोगों में फैला हो
(d) जब रोग अधिकांशत: शहरी जनसंख्या में फैला हो

47. गर्भावस्थाकालीन मधुमेह के कारण .... वाले शिशु का जन्म हो सकता है।
(a) जन्म के समय अधिक भार (b) जन्म के समय कम भार
(c) जन्म के समय सामान्य भार (d) ये सभी

48. अल्पपोषित पूर्व-विद्यालयी बच्चों में .... होने की सम्भावना अधिक होती है।
(a) प्रोटीन ऊर्जा कुपोषण (b) प्रोटीन कुपोषण
(c) ऊर्जा कुपोषण (d) ये सभी

49. स्कर्वी .... की कमी के कारण होता है।
(a) विटामिन C (b) वसा
(c) कार्बोहाइड्रेट (d) विटामिन D

50. हीमोफिलस इन्फ्लुएंजी नामक जीवाणु .... में रहता है।
(a) नाक व गले (b) आँत
(c) हृदय (d) आमाशय

51. मानव शरीर में क्षीण बना दिए गए रोगजनक को प्रविष्ट कराने की प्रक्रिया को .... कहते हैं।
(a) प्रतिरक्षीकरण (b) टीकाकरण
(c) क्षीणन (d) इनमें से कोई नहीं

52. एक किलोकैलोरी .... के बराबर है।
(a) 4.184 किलोजूल (b) 4.284 किलोजूल
(c) 4.148 किलोजूल (d) इनमें से कोई नहीं

53. हालिया अध्ययनों से संकेत मिला है कि नवजात शिशुओं के भोजन में एरेकिडोनिक अम्ल और डोकोसा-हैक्सेनोइक अम्ल (DHA) को शामिल करने की आवश्यकता है, क्योंकि वे .... के लिए विशेष रूप से महत्त्वपूर्ण हैं।
(a) अस्थियों के विकास (b) यकृत के विकास
(c) मस्तिष्क के विकास (d) नेत्रों के विकास

54. किशोरावस्था में आयोडीन न्यूनता विकार होने से .... हो सकता है।
(a) किशोर अवटुअल्पक्रियता (जुवेनाइल हाइपोथायरॉयडिज्म)
(b) PEM
(c) पर्नीशियस एनीमिया
(d) स्कर्वी

55. इनमें से कौन एक मोनोसैकराइड है?
(a) लैक्टोज (b) माल्टोज
(c) गैलेक्टोज (d) रैफिनोज

56. नवीन पूर्व की ओर 20 मी चला, फिर बाएँ मुड़कर 10 मी चला, वह फिर से बाएं मुड़ा और 20 मी चला। वह अपने प्रारम्भिक बिन्दु से कितनी दूरी पर है?
(a) 10 मी (b) 50 मी
(c) 40 मी (d) 30 मी

57. दहेज निषेध अधिनियम, ... दहेज की कुप्रथा के उन्मूलन हेतु सरकारी स्तर पर किया गया प्रयास था।
(a) 1970 (b) 1971
(c) 1959 (d) 1961

58. छोटे बच्चों में चेहरे की विकृति, दोषपूर्ण हाथ-पैर, हृदय सम्बन्धी समस्याएँ, संज्ञानात्मक क्षीणता और व्यवहार सम्बन्धी समस्याएँ, गर्भावस्था के दौरान माता द्वारा किस मादक पदार्थ के कुप्रयोग का संकेत हो सकती हैं?
(a) क्लोराइड (b) एल्कोहल
(c) लवण (d) तम्बाकू

59. जिला परिषद् का मुखिया होता है
(a) अध्यक्ष (b) जिला मजिस्ट्रेट
(c) ग्राम प्रधान (d) पार्षद

60. लुप्त संख्या ज्ञात करें।

14	198
19	?

(a) 325 (b) 418
(c) 522 (d) 363

61. शिशु को जन्म देते समय, किस प्रक्रिया के दौरान गर्भाशय ग्रीवा (सर्विक्स) लगभग पूरी तरह फैल जाती है और गर्भस्थ शिशु का सिर जन्म नाल में आगे बढ़ना आरम्भ कर देता है?
(a) संक्रमण
(b) प्रसव
(c) उलट जन्म (ब्रीच)
(d) उत्तमांग/क्राउनन (क्राउनिंग)

62. एमएस ऑफिस में, वर्कशीट किससे तैयार होती है?
(a) एमएस-वर्ड
(b) एमएस-एक्सेल
(c) एमएस-एक्सेस
(d) एमएस-पावर प्वॉइण्ट

63. पंचायती राज अधिनियम में 73वां संशोधन इस वर्ष किया गया था।
(a) 1991 (b) 1992
(c) 1993 (d) 1994

64. गई आकृति का दर्पण प्रतिबिम्ब ज्ञात करें।

प्रश्न आकृति

उत्तर आकृति

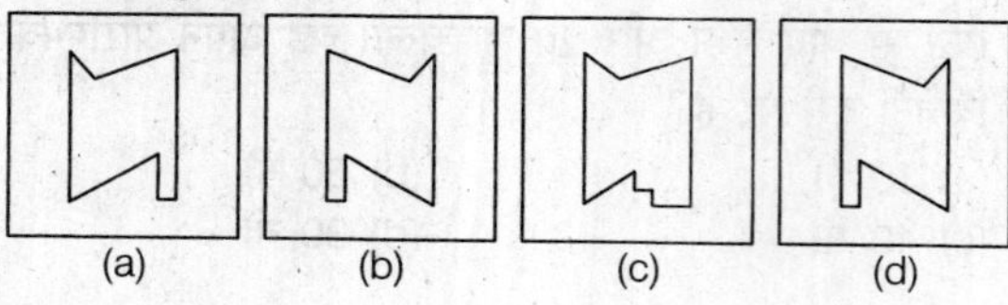

(a) (b) (c) (d)

65. FAS का अर्थ किस स्थिति से है?
(a) फेशियल एबनॉर्मेलिटी सिस्टम
(b) फादर एब्सेन्स सिण्ड्रोम
(c) फीटल अमोनिया सिण्ड्रोम
(d) फीटल एल्कोहल सिण्ड्रोम

66. पद सामाजिक न्याय का उपयोग सबसे पहले वर्ष .... में किया गया था।
(a) 1840 (b) 1856
(c) 1948 (d) 1950

67. यदि 'कुमुदिनी' को 'कमल' कहा जाता है, 'कमल' को 'गुलाब' कहा जाता है, 'गुलाब' को 'सूरजमुखी' कहा जाता है और 'सूरजमुखी' को 'गेंदा' कहा जाता है तो भारत का राष्ट्रीय फूल कौन-सा होगा?
(a) कुमुदिनी (b) कमल
(c) गुलाब (d) गेंदा

68. एक आदमी अपने घर से कार्यालय को पैदल x_1 किमी/घण्टा की गति से जाता है और उसी रास्ते से x_2 किमी/घण्टा की गति से वापस आता है। उसकी औसत गति है।
(a) $\frac{x_1 + x_2}{2}$ (b) $\frac{x_1 + x_2}{3}$
(c) $\frac{3}{4}\left(\frac{x_1 x_2}{x_1 + x_2}\right)$ (d) $\frac{2x_1 \cdot x_2}{x_1 + x_2}$

69. ₹ 4200 की एक राशि कमल, देव और रजत के मध्य क्रमश: 7 : 8 : 6 के अनुपात मे विभाजित की जाती है। यदि उनमें से प्रत्येक की राशि में ₹ 200 जोड़ दिए जाएँ तो उनकी राशियों का नया अनुपात ज्ञात कीजिए।
(a) 8 : 5 : 2 (b) 7 : 9 : 5
(c) 7 : 8 : 6 (d) 8 : 9 : 7

70. दिए गए विकल्पों में से लुप्त पद ज्ञात करें।
a – cd – b – dabc – abc – abc –
(a) acbdbb (b) abddbd
(c) adbcad (d) bacddd

71. भारत में प्रशिक्षण व यात्रा प्रणाली की शुरुआत किस वर्ष से हुई?
(a) 1974 (b) 1975
(c) 1976 (d) 1977

72. ICT का पूरा नाम है।
(a) इण्टीग्रेटेड कम्प्यूटर टेक्नोलॉजी (एकीकृत कम्प्यूटर प्रौद्योगिकी)
(b) इन्फॉर्मेशन एण्ड कम्युनिकेशन टेक्नोलॉजी (सूचना एवं संचार प्रौद्योगिकी)
(c) इण्डियन कम्प्यूटर टेक्नोलॉजी (भारतीय कम्प्यूटर प्रौद्योगिकी)
(d) उपरोक्त में से कोई नहीं

73. एक छेद टंकी को 8 घण्टे में खाली कर देता है। यदि एक नल जो टंकी में पानी भरता है, खुला हो तो छेद टंकी को 12 घण्टे में खाली करता है। टंकी को भरने में नल के द्वारा लिया गया समय ज्ञात करें, यदि छेद बन्द हो?
(a) 20 घण्टे (b) 24 घण्टे
(c) 30 घण्टे (d) 45 घण्टे

74. 50 संख्याओं का औसत 45 है। बाद में देखा गया कि दो संख्याएँ क्रमश: 21 और 91 की जगह गलती से 12 और 19 पढ़ ली गई है। सही औसत ज्ञात कीजिए।
(a) 48.15 (b) 47.15
(c) 46.62 (d) 45.52

75. एक तस्वीर की ओर इशारा करते हुए एक महिला कहती है कि, 'वह मेरे पति के पिता की पत्नी का पुत्र है। वह आदमी उस महिला से किस प्रकार सम्बन्धित है?
(a) बेटा (b) दामाद
(c) पिता (d) इनमें से कोई नहीं

76. घरेलू हिंसा से महिलाओं की सुरक्षा अधिनियम वर्ष .... में पारित हुआ था।
(a) 2000 (b) 2005
(c) 2010 (d) 2015

77. राष्ट्रीय ग्रामीण स्वास्थ्य मिशन की शुरुआत किस वर्ष हुई?
(a) 2003 (b) 2004
(c) 2005 (d) 2006

78. निम्न में से कौन-सी उत्तर आकृति प्रश्न आकृति को पूर्ण करेगी?

प्रश्न आकृति

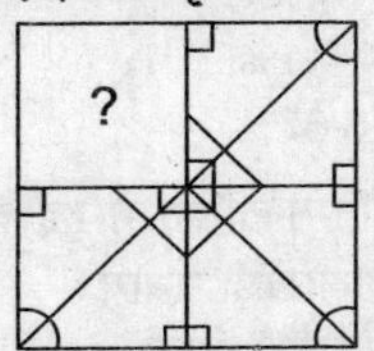

उत्तर आकृतियाँ

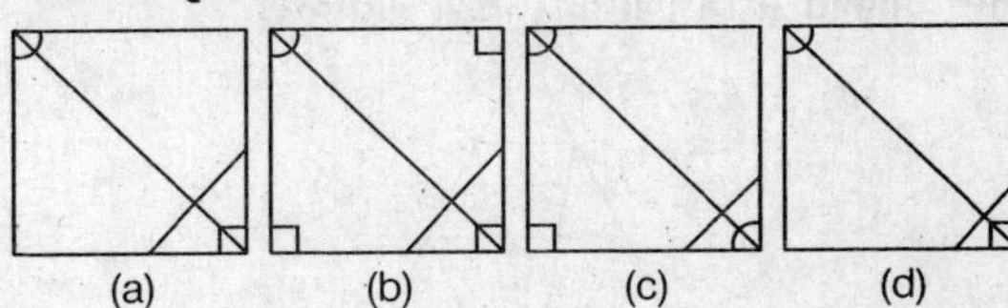

79. महिलाओं एवं बच्चों की उन्नति के लिए भारत सरकार का नोडल मन्त्रालय है
(a) समाज कल्याण मन्त्रालय
(b) महिला एवं बाल विकास मन्त्रालय
(c) राष्ट्रीय महिला आयोग
(d) उपरोक्त में से कोई नहीं

80. बाल विवाह निरोध अधिनियम 1929 का स्थान .... ने लिया था।
(a) बाल विवाह निषेध अधिनियम, 1978
(b) बाल विवाह निषेध अधिनियम, 2006
(c) बाल विवाह निषेध अधिनियम, 1974
(d) उपरोक्त सभी

81. 'Ctrl + X' प्रदर्शित करता है।
(a) कट (b) कॉपी (c) क्लियर (d) सेव

82. NAIP की शुरुआत इस वर्ष में हुई।
(a) 2011 (b) 2012 (c) 2013 (d) 2014

83. 'Ctrl + B' प्रदर्शित करता है
(a) अनग्रुप (b) बोल्ड
(c) बैकस्पेस (d) सेव

84. नीचे दिए गए प्रश्न में कुछ कथन और उसके बाद कुछ निष्कर्ष दिए गए हैं। आपको दिए गए कथनों को सत्य मानना है, भले ही वे सर्वज्ञात तथ्यों से भिन्न प्रतीत होते हों। सभी निष्कर्षों को पढ़िए फिर तय कीजिए की दिए गए निष्कर्षों में से कौन-सा तर्कसंगत रूप से अनुसरण करता है, चाहे सर्वज्ञात तथ्य कुछ भी हों।

कथन
सभी खिड़कियाँ दरवाजे हैं।
सभी इमारतें दरवाजे हैं।
सभी दरवाजे नाव हैं।

निष्कर्ष
I. सभी खिड़कियाँ नाव हैं।
II. सभी इमारतें नाव हैं।
III. कुछ नाव दरवाजे हैं।

(a) यदि केवल निष्कर्ष I अनुसरण करता है
(b) यदि केवल निष्कर्ष I और III अनुसरण करते हैं
(c) यदि केवल निष्कर्ष II और III अनुसरण करते हैं
(d) सभी अनुसरण करते हैं

85. निरन्तर आँकड़ों पर काम करने वाला कम्प्यूटर कहलाता है।
(a) डिजिटल कम्प्यूटर (b) हाइब्रिड कम्प्यूटर
(c) एनालॉग कम्प्यूटर (d) डैल कम्प्यूटर

86. सही युग्म ढूंढे।
(a) IUD सर्वाइकल कैप
(b) जीवे (इन विवो) निषेचन-ZIFT
(c) अन्तरा कोशिकाद्रव्य शुक्राणु अन्तःक्षेपण (इण्ट्रा सायटोप्लाज्मिक स्पर्म इंजेक्शन)-IUT
(d) पात्रे (इन विट्रो) निषेचन-परखनली शिशु

87. जननिक अवधि कब होती है?
(a) जब गर्भस्थ शिशु जीवनक्षम हो जाता है
(b) गर्भधारण के दो सप्ताह बाद
(c) गर्भधारण के 6 माह बाद
(d) गर्भधारण से पहले

88. निम्नलिखित प्रश्न में प्रश्नवाचक चिह्न (?) के स्थान पर लगभग कौन-सा मान आएगा?
89.988% का 699.9 + 50.002% का 999.99 − 170.015 = ?
(a) 1920 (b) 800
(c) 905 (d) 960

89. पर्सनल कम्प्यूटर या डेस्कटॉप कम्प्यूटर किसके उदाहरण हैं?
(a) मेनफ्रेम कम्प्यूटर (b) मिनी कम्प्यूटर
(c) माइक्रो कम्प्यूटर (d) सुपर कम्प्यूटर

90. डिजिटल व एनालॉग दोनों प्रणालियों का सर्वोत्तम सम्मिश्रण है।
(a) हाइब्रिड कम्प्यूटर (b) एनालॉग कम्प्यूटर
(c) डैल कम्प्यूटर (d) डिजिटल कम्प्यूटर

91. प्रसव-पूर्व विकास की अवधियों का सही क्रम चुनें।
(a) जननिक-भ्रूण-गर्भज (b) भ्रूण-गर्भज-जननिक
(c) जननिक-गर्भज-भ्रूण (d) भ्रूण-जननिक-गर्भज

92. निम्नलिखित प्रश्न में प्रश्नवाचक चिन्ह (?) के स्थान पर लगभग कौन-सा मान आएगा?
$675.456 + 12.492 \times 55.671 = ?$
(a) 1971 (b) 1071
(c) 1171 (d) 1371

93. निम्न में से डिस्काएडल अपरा पाया जाता है
(a) खरगोश (b) हिरण
(c) भेड़ (d) सूअर

94. 20%, 15% और 10% की तीन क्रमागत छूटों के बराबर एक छूट ज्ञात कीजिए।
(a) 52.6% (b) 45%
(c) 42.5% (d) 38.8%

95. निम्नलिखित पाई चार्ट का ध्यानपूर्वक अध्ययन कर नीचे दिए गए प्रश्न के उत्तर दीजिए।

विभिन्न मदों पर एक परिवार का वार्षिक व्यय

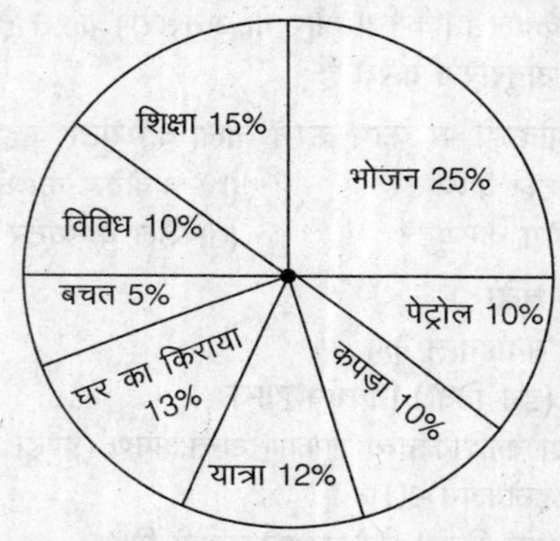

यदि प्रतिवर्ष परिवार का कुल खर्च ₹ 170000 है, तो प्रति माह घर के किराये पर लगभग कितना खर्च है?
(a) ₹ 22100 (b) ₹ 20000
(c) ₹ 1840 (d) ₹ 2000

96. कन्या विद्या धन कार्यक्रम किस कार्य के लिए धन उपलब्ध करता है?
(a) लड़कियों के विवाह (b) लड़कियों की शिक्षा
(c) शिशुओं के आहार (d) लड़कियों के जन्म

97. बोझ बिना अधिगम (लर्निंग विदाउट बरडन) ……… की रिपोर्ट थी।
(a) कोठारी आयोग (b) चट्टोपाध्याय आयोग
(c) डॉ. यशपाल समिति (d) इनमें से कोई नहीं

98. एरिकसन के अनुसार, किशोरों के सामने आने वाला सबसे महत्त्वपूर्ण संकट है
(a) पहचान भ्रम
(b) शारीरिक वृद्धि
(c) किशोर का माता-पिता से सम्बन्ध
(d) मित्रों/समकक्षों का दबाव

99. DIR का पूरा नाम है
(a) डोमस्टिक इण्टेन्सिव रिपोर्ट (घरेलू सघन रिपोर्ट)
(b) डोमस्टिक इनर रिपोर्ट (घरेलू आन्तरिक रिपोर्ट)
(c) डोमस्टिक इन्सीडेण्ट रिपोर्ट (घरेलू घटना रिपोर्ट)
(d) उपरोक्त में से कोई नहीं

100. 10% वार्षिक ब्याज की दर से दो वर्षों में एक मूलधन पर चक्रवृद्धि ब्याज और साधारण ब्याज का अन्तर ₹ 200 है। मूलधन (₹ में) ज्ञात कीजिए।
(a) 16000 (b) 25000
(c) 18000 (d) 20000

101. बोआई के मौसम से आरम्भ में जिस कीमत की घोषणा की जाती है। वह ……… कहलाता है।
(a) निर्गम मूल्य (b) उचित मूल्य
(c) बाजार मूल्य (d) न्यूनतम समर्थन मूल्य

102. भारत में सर्वप्रथम पंचायती राज की शुरुआत किस वर्ष हुई?
(a) 1957 (b) 1958
(c) 1959 (d) 1960

103. 8 पेन्सिल बेचने पर एक दुकानदार को 1 पेन्सिल के विक्रय मूल्य के बराबर का लाभ होता है। लाभ का प्रतिशत है।
(a) 9.09% (b) 11.11%
(c) 14.28% (d) 16.67%

104. मजदूर मंजिल अवधारणा की शुरुआत निम्नलिखित में हुई थी।
(a) सेवाग्राम प्रयोग (b) नीलोखेड़ी प्रयोग
(c) मर्थान्दम प्रयोग (d) गुड़गाँव प्रयोग

105. निम्न आकृति में त्रिभुजों की संख्या ज्ञात करें।

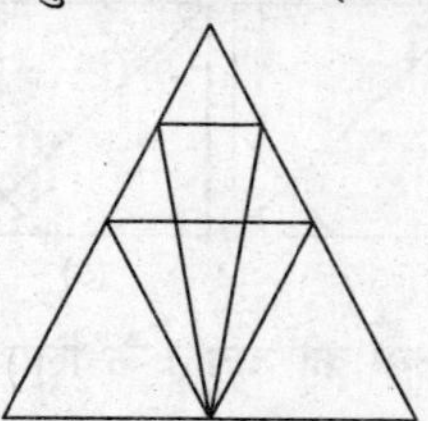

(a) 8 (b) 10
(c) 12 (d) इनमें से कोई नहीं

106. SGSY में केन्द्र व राज्यों द्वारा फण्डिंग का अनुपात था
(a) 25 : 75 (b) 50 : 50
(c) 75 : 25 (d) 80 : 20

107. स्लाइड इसमें तैयार की जाती है
(a) एमएस-वर्ड (b) एमएस-एक्सेल
(c) एमएस-एक्सेस (d) एमएस-पावर प्वॉइण्ट

108. निम्न में से कौन-सा विकल्प सही नहीं है?
(a) हिन्दू उत्तराधिकार अधिनियम, 1956 बेटियों को एक संयुक्त हिन्दू परिवार से केवल जीविका का अधिकार माँग सकती है
(b) हिन्दू उत्तराधिकार संशोधन अधिनियम, 1956 के द्वारा बेटियों को अपने भाइयों के साथ विरासत का अधिकार प्रदान किया गया

(c) 2015 में सुप्रीम कोर्ट ने यह बताया कि जिन बेटियों के पिता की मृत्यु 9 सितम्बर, २०१५ के पूर्व हुई है, वह इस संशोधन द्वारा प्रदान किए गए अधिकार के प्रयोज्य नहीं है
(d) उपरोक्त में से कोई नहीं

109. निम्न में से कौन-सी उत्तर आकृति, समचतुर्भुज, चतुर्भुज और बहुभुज के मध्य सम्बन्ध को दर्शाती है?

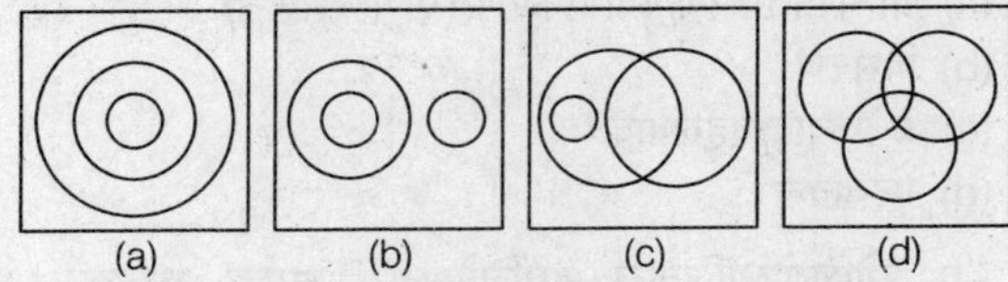

110. विरूपजन (टेराटोजेन) क्या है?
(a) प्रसव-पूर्व गतिविधि की एक माप
(b) गर्भनाल के माध्यम से संचारित हुए हानिकारक पदार्थों के कारण उत्पन्न हुई कोई शारीरिक विकृति
(c) भ्रूण की एक पर्त
(d) कोई एजेण्ट जो कोई जन्मजात दोष उत्पन्न कर सकता है या व्यवहार अथवा संज्ञान सम्बन्धी परिणामों पर नकारात्मक प्रभाव डाल सकता है।

111. सन्देश का कोडन (एनकोडिंग) करते समय इनमें से कौन नजरअन्दाज हो सकता है?
(a) भाषा (b) प्रतीक (c) संकेत (d) तालिका

112. इनमें से कौन-सा सिद्धान्त इस विचार का समर्थन करता है कि समाज को सुचारू ढंग से चलाने के लिए साझा संस्कृति होना आवश्यक है?
(a) मार्क्स (b) मीड (c) वेबर (d) दुर्खीम

113. इनमें से कौन समुदाय और समाज के बीच के अन्तर का घटक है?
(a) निश्चित स्थानीयता/स्थल
(b) व्यक्तियों का समूह
(c) रुचियों में समानता
(d) एक इकाई होने की भावना

114. समाजशास्त्र में "भूमिका" की अवधारणा का अर्थ किससे है?
(a) व्यक्ति का पद/स्थिति सम्बन्धी पहलू
(b) व्यक्ति का स्थैतिक पहलू
(c) हैसियत का व्यवहार सम्बन्धी घटक
(d) व्यवहार का मानकीय पहलू

115. समाजशास्त्र ········ का अध्ययन है।
(a) सामाजिक-राजनैतिक संस्थाओं
(b) राजनैतिक तन्त्र
(c) मानव व्यवहार
(d) समाज

116. मिशिगन नेतृत्व अध्ययन, नेतृत्व के अध्ययन की किस पद्धति पर आधारित हैं?
(a) लक्षण पद्धति (b) रवैया पद्धति
(c) व्यवहार पद्धति (d) परिस्थितिजन्य पद्धति

117. सामाजिक बीमा में ········ शामिल है।
(a) पेंशन (b) बेरोजगारी
(c) अशक्तता भत्ते (d) ये सभी

118. इनमें से कौन संचार प्रक्रिया का एक चरण नहीं है?
(a) फीडबैक (पुनर्निवेशन) (b) कोडन (एनकोडिंग)
(c) मार्ग (चैनल) चयन (d) प्राप्तकर्ता

119. समाजशास्त्र के अंग्रेजी शब्द सोशियोलॉजी को वर्ष .... में गढ़ा गया था।
(a) 1798 (b) 1829 (c) 1839 (d) 1818

120. समाजशास्त्र एक विज्ञान है, क्योंकि यह ········ ।
(a) व्यवस्थित विधियों का उपयोग करता है
(b) एक सामाजिक परिवर्तन है
(c) निष्कर्षों को तब तक अनन्तिम मानता है जब तक उनका सत्यापन न हो जाए
(d) उपरोक्त सभी

121. इनमें से कौन संचार का एक परिप्रेक्ष्य नहीं है?
(a) क्रान्तिक (b) आधुनिक
(c) आधुनिक-पश्चात (d) प्रजातान्त्रिक

122. समाज के लिए भाषा महत्त्वपूर्ण है, क्योंकि
(a) यह सामाजिक सम्पर्क आसान बनाती है
(b) इसने मनुष्य को असभ्य मनुष्य से उठाकर नेक ननुष्य बनाया है
(c) यह समाज का एक आविष्कार है
(d) यह मनुष्य की अभिव्यक्ति की आवश्यकता को सरलता से सन्तुष्ट करती है

123. ICT का पूरा नाम है
(a) इन्फॉर्मेशन कम्युनिकेशन टेक्नोलॉजी (सूचना संचार प्रौद्योगिकी)
(b) इन्फॉर्मेशन फॉर कम्युनिकेटिंग टेक्नोलॉजी (संचार प्रौद्योगिकी हेतु सूचना)
(c) इन्फॉर्मेशन एवं कम्युनिकेशन फॉर टेक्नोलॉजिस्ट्स (प्रौद्योगिकीविदों हेतु सूचना एवं संचार)
(d) इन्फॉर्मेंट्स ऑफ कम्युनिकेशन टेक्नोलॉजी (संचार प्रौद्येगिकी के सूचनादाता)

124. भारत में सामाजिक नीति पर आधारित कल्याण कार्यक्रम नीचे बताए गए में से एक क्षेत्र में प्रदान नहीं किए जाते हैं। वह कौन-सा क्षेत्र है?
(a) स्वास्थ्य (b) मनोरंजन
(c) रोजगार (d) शिक्षा

125. कुल गुणवत्ता प्रबन्धन एक ········ अभिमुख प्रकार्य है।
(a) लोग (b) गुणवत्ता
(c) उत्पादन (d) इनमें से कोई नहीं

126. इनमें से कौन शाब्दिक/मौखिक संचार का एक उदाहरण नहीं है?
(a) टेलीफोन (b) शब्द
(c) लेखन (d) साक्षात्कार

127. द्वितीयक समूह में सम्बन्ध कैसा होता है?
(a) व्यक्तिगत (b) अन्तरंग
(c) औपचारिक (d) अनौपचारिक

128. टीम निर्णय लेने का कौन-सा जोड़ा है?
(a) अनुक्रिया और मतैक्य का अभाव
(b) अनुक्रिया और अल्पसंख्यक नियम का अभाव
(c) सभी मत समान हैं एवं भर्ती
(d) प्रतिपुष्टि एवं मतैक्य

129. इनमें से कौन सामाजिक समूह कार्य का एक सिद्धान्त नहीं है?
(a) गोपनीयता
(b) मार्गदर्शित समूह अन्तर्क्रियाएँ
(c) प्रगतिशील कार्यक्रम विकास
(d) समूह द्वारा की गई प्रगति का मूल्यांकन

130. सामाजिक वर्ग का सबसे आम संकेतक है।
(a) जाति (b) व्यवसाय (c) शिक्षा (d) कौशल

131. सामाजिक सुरक्षा में .... शामिल नहीं है।
(a) खाद्य आर्थिक सहायताएँ (b) लोक निर्माण परियोजनाएँ
(c) सम्पूरक आहार (d) दान

132. प्रभावी भाषण .... पर निर्भर करता है।
(a) मौखिक संचार के सन्दर्भ
(b) प्रदायगी चक्र के पूर्व ग्रहण
(c) प्रतिपुष्टि की अनुपस्थिति
(d) सामने रखे जाने वाले मुख्य बिन्दुओं की पहचान

133. केन्द्रीय समाज कल्याण बोर्ड की स्थापना वर्ष .... में की गई थी।
(a) 1980 (b) 1970
(c) 1950 (d) 1953

134. सामाजिक सेवाओं में .... शामिल नहीं होगा।
(a) असुरक्षित समूहों का संरक्षण
(b) अपेक्षाकृत कमजोर तबके का संरक्षण
(c) धनवानों का संरक्षण
(d) जरूरतमन्दों का संरक्षण

135. ''सामाजिक समूह, सामाजिक अन्तर्क्रिया की एक प्रणाली है'' यह परिभाषा .... द्वारा दी गई थी।
(a) एच.एम. जॉनसन (b) मार्शल जोन्स
(c) बोगार्डस (d) सिमेल

136. प्रदर्शन मानक .... के स्तर को परिभाषित करता है।
(a) कार्य प्रयास एवं रवैये
(b) रवैये और योगदान प्रदर्शन
(c) रचनात्मक समालोचना
(d) योगदान प्रदर्शन और कार्य प्रयास

137. समाजशास्त्री 'समूह' शब्द को .... के रूप में वर्णित करते हैं।
(a) लोगों के संकलन
(b) अन्तर्क्रिया के संगठित पैटर्न में संलग्न लोगों
(c) किसी स्थान पर अन्तर्क्रिया कर रहे लोगों
(d) किसी सभा/सम्मेलन में भाग लेने

138. सामाजिक समूह कार्य में क्षेत्र कार्य, ... अर्जित करने में सहयोग करता है।
(a) ज्ञान (b) कौशल
(c) रवैया (d) ये सभी

139. .... के बीच संचार की क्षैतिज प्रणाली संचालित होती है।
(a) समान लोगों
(b) वरिष्ठ अधिकारियों और अधीनस्थों
(c) केवल अधीनस्थों
(d) केवल वरिष्ठ अधिकारियों

140. इनमें से कौन, प्रबन्धक की चार महत्त्वपूर्ण भूमिकाओं में से एक नहीं है?
(a) पर्यवेक्षक (सुपरवाइजर) (b) सुकारक (फ्रेसिलिटेटर)
(c) आन्तरिक प्रशिक्षक (d) बाह्य प्रशिक्षक

141. जब एक समाज के सामाजिक लक्षण दूसरे समाज में तेजी से जाते हैं, तो इस प्रक्रिया को क्या कहा जाता है?
(a) आत्मसातकरण/स्वांगीकरण (एसिमिलेशन)
(b) विसरण
(c) अनेकवाद/बहुलवाद
(d) मूल्यांकन

142. ''द सोशियोलॉजिकल इमेजिनेशन'' नामक पुस्तक .... ने लिखी है।
(a) पारसन्स (b) ब्रूअर
(c) एलियट (d) राइट मिल्स

143. सामाजिक अधिकारों में .... शामिल नहीं होंगे।
(a) बच्चे
(b) श्रमिक/मजदूर
(c) महिलाओं के अधिकार
(d) राजनैतिक तबके का संरक्षण

निर्देश (प्र. सं. 144-149) *निम्नलिखित गद्यांश को ध्यानपूर्वक पढ़कर उसके नीचे दिए गए बहुविकल्पी प्रश्नों में सही विकल्प का चयन करें।*

इण्टरनेट पर विचरण बहुत सरल है। इण्टरनेट लगभग हर देश के सभी प्रमुख गाँवों, कस्बों और शहरों में उपलब्ध है। विण्डोज एक्सप्लोरर, गूगल क्रोम आदि इण्टरनेट ब्राउजरों की मदद से इण्टरनेट में विचरण किया जा सकता है। अन्त उपयोक्ताओं को इण्टरनेट सेवा देने वाले संगठन को इण्टरनेट सेवा प्रदाता (ISP) कहते हैं। सूचना, इण्टरनेट की सफलता की कुँजी है। दुनिया भर से सूचनाएँ एकत्र करने के लिए इण्टरनेट का प्रयोग किया जा सकता है। ये सूचनाएँ शिक्षा, चिकित्सा, साहित्य, सॉफ्टवेयर, कम्प्यूटर, व्यापार, मनोरंजन, मित्रता, पर्यटन एवं फुरसती गतिविधियों से सम्बन्धित हो सकती हैं। लोग विभिन्न खोज इंजनों के होम पेज पर जाकर सूचनाओं की खोज कर सकते हैं। दुनिया के सभी समाचार-पत्र, पत्रिकाएँ एवं जरनल इण्टरनेट पर उपलब्ध हैं। ब्रॉडबैंड और उन्नत मोबाइल दूरसंचार प्रौद्योगिकियाँ जैसे 3G (तीसरी पीढ़ी) और 4G (चौथी पीढ़ी) आ जाने से इण्टरनेट सेवा की गति में नाटकीय वृद्धि हुई है। अब हमें मात्र कुछ सेकण्डों में दुनिया भर के समाचार मिल सकते हैं। इण्टरनेट ने सभी को संचार की सर्वाधिक रोमांचक विधा प्रदान की है। हम दुनिया के किसी भी कोने में ई-मेल (इलेक्ट्रॉनिक मेलिंग सिस्टम का संक्षिप्तीकरण) भेज सकते हैं। ऐसे कई चैटिंग सॉफ्टवेयर उपलब्ध हैं जिनसे इण्टरनेट के जरिए रियल-टाइम सन्देश भेजे और पाए जा सकते हैं। हम किसी भी चैटिंग सॉफ्टवेयर का उपयोग करके अपने मित्रों और सम्बन्धियों से बात कर सकते हैं। लोग सोशल नेटवर्किंग साइटों पर अपने पुराने मित्रों से जुड़ सकते हैं। उनके ऑनलाइन होने पर वे उनसे बातचीत भी कर सकते हैं। सोशल नेटवर्किंग साइटें हमें दूसरों के साथ चित्र साझा करने की सुविधा भी देती हैं। हम छुट्टी पर होने के दौरान अपने प्रियजनों के साथ चित्र साझा कर सकते हैं। लोग तो इन सोशल नेटवर्किंग साइटों पर व्यापारिक सौदे भी कर रहे हैं।

144. इस गद्यांश में किस इण्टरनेट ब्राउजर की चर्चा की गई है?
(a) विण्डोज एक्सप्लोरर (b) गूगल
(c) क्रोम (d) ये सभी

145. .... इण्टरनेट की सफलता की कुंजी है।
(a) सूचना (b) दर्शकगण
(c) टेलीविजन (d) समाचार-पत्र

146. दुनिया भर से कौन-सी सूचना एकत्र की जाती है?
(a) शिक्षा (b) चिकित्सा
(c) साहित्य (d) ये सभी

147. 3G का पूरा नाम क्या है?
(a) थ्री जनरेशन (तीन पीढ़ी)
(b) थर्ड जनरेशन (तीसरी पीढ़ी)
(c) थर्ड ग्रुप (तीसरा समूह)
(d) थ्री ग्रुप (तीन समूह)

148. ऐसे कई .... उपलब्ध है, जिनसे इण्टरनेट के जरिए रियल-टाइम सन्देश भेजे और पाए जा सकते हैं।
(a) चैटिंग सॉफ्टवेयर (b) ग्रुपिंग सॉफ्टवेयर
(c) इण्टरनेट सॉफ्टवेयर (d) इनमें से कोई नहीं

149. लोग पुराने मित्रों से कैसे जुड़ सकते हैं?
(a) सोशल नेटवर्किंग साइटों से (b) सोशल टीचिंग साइटों से
(c) सोशल लर्निंग साइटों से (d) ये सभी

निर्देश (प्र. सं. 150-155) *निम्नलिखित गद्यांश को ध्यानपूर्वक पढ़कर उसके नीचे दिए गए बहुविकल्पी प्रश्नों में सही विकल्प का चयन करें।*

समाचार-पत्र मानव-जाति को मुद्रण मशीन के आविष्कार के साथ मिला सबसे महान और उपयोगी उपहार है। समाचार-पत्र व्यक्ति को उपयोगी ढंग से व्यस्त रखता है। वह उसे दुनिया की घटनाओं के बारे में सूचित रखता है। यह इससे कहीं अधिक है। यह एक शक्तिशाली जनसंचार माध्यम और एक शक्तिशाली बल है। यह सत्य का संरक्षक और मानवाधिकारों एवं स्वतन्त्रता का प्रहरी है। इसे अच्छे कार्य के लिए भी प्रयोग किया जा सकता है और बुरे कार्य के लिए भी। यह विचारों का वाहक है। यह विचारों, सिद्धान्तों, उन पर की गई टिप्पणियों को फैलाता है, सरकारों, लोगों और उनकी गतिविधियों की समालोचना करता है। यह जनमत का एक शक्तिशाली अवयव है। यही कारण है कि यह जनता की स्वतन्त्रता है। समाचार-पत्र हमारे दैनिक जीवन का अभिन्न अंग बन चुके हैं। समाचार-पत्र हमें हमारे देश और विदेशों के बारे में सभी प्रकार के समाचार देता है। समाचार-पत्रों का पाठक सार्वजनिक मामलों के सम्पर्क में रहता है। समाचार-पत्र ज्ञान की कई शाखाओं में उसे शिक्षित करता है और उसे ढेर सारी सूचनाएँ प्रदान करता है। समाचार-पत्र बढ़ने से ज्ञान का विकास होता है। इससे हम सभी नई खोजों और आविष्कारों के बारे में जान सकते हैं। यह हमें हमारे अधिकारों और उनकी सुरक्षा कैसे करनी है इसके बारे में भी बताता है। इससे हम घर बैठे-बैठे भी जान सकते हैं कि दुनिया में क्या हो रहा है। समाचार-पत्र लोगों को दुनिया के सभी विभिन्न कोनों से सम्पर्क में रखता है। व्यापारी अपनी वस्तुओं की बिक्री बढ़ाने के लिए समाचार-पत्रों में विज्ञापन देते हैं। चूँकि समाचार-पत्रों में बाजार की रिपोर्ट होती है, इससे व्यापारियों को विभिन्न शहरों में वस्तुओं के मूल्य एकसमान रखने में मदद मिलती है। समाचार-पत्र धार्मिक विषयों, खेलों, कलाओं एवं संगीत के बारे में ढेर सारी सूचनाएँ देते हैं और राष्ट्र की आवाज भी रिकॉर्ड करता है। समाचार-पत्र का नियमित पाठक सार्वजनिक मामलों के बारे में ढेर सारा ज्ञान अर्जित कर सकता है। समाचार-पत्र महान विचारकों और दार्शनिकों के विचार हम तक लाते हैं। वे जनमत को आकार देते हैं। और उसे प्रतिबिम्बि करते हैं।

150. मुद्रण मशीन की सहायता से किसका आविष्कार किया गया था?
(a) रेडियो (b) टेलीविजन
(c) समाचार-पत्र (d) ये सभी

151. समाचार-पत्र को क्या कहा जाता है?
(a) एक शक्तिशाली माध्यम (b) एक अनुपयोगी माध्यम
(c) एक नीरस माध्यम (d) ये सभी

152. समाचार-पत्र .... का वाहक है।
(a) पिक्चर (b) विचार
(c) धन (d) ये सभी

153. समाचार-पत्रों का पाठक .... के सम्पर्क में रहता है।
(a) लोगों के मामलों (b) सार्वजनिक मामलों
(c) पार्टियों के मामलों (d) इनमें से कोई नहीं

154. व्यापारी समाचार-पत्र में किसका विज्ञापन देते हैं?
(a) अपने समाचारों का (b) अपने विचारों का
(c) अपने रवैयों का (d) अपनी वस्तुओं का

155. समाचार-पत्र धार्मिक विषयों और .... के बारे में ढेर सारी सूचनाएँ देते हैं।
(a) खेलकूद (b) आर्ट्स
(c) संगीत (d) ये सभी

156. किसमें विशेष शिक्षण पद्धतियाँ, विशेष शिक्षण सामग्रियाँ और विशेष प्रकार के डिजाइन की गई कक्षाएँ या खेल कक्ष किसी असामान्य बच्चे की अद्वितीय आवश्यकताएँ पूरी करने के लिए उपयोग किए जाते हैं?
(a) अनिवार्य शिक्षा (b) विशेष शिक्षा
(c) अन्तर्राष्ट्रीय शिक्षा (d) इनमें से कोई नहीं

157. यदि आप नवजात के मुँह के कोने से स्ट्रोक करें, तो उसका सिर उधर मुड़ जाता है जिधर आप स्ट्रोक कर रहे हैं, वह अपने होंठ खोलता है, अपनी जीभ बाहर निकालता है और वस्तु को अपने मुँह में ले जाने का प्रयास करता है ताकि चूस सके, शिशु क्या प्रदर्शित करता है?
(a) मोरो प्रतिवर्त (b) बेबिन्स्की प्रतिवर्त
(c) ग्राही प्रतिवर्त (d) मूलोत्पत्ति प्रतिवर्त

158. निम्न में से कौन, अधिगम नि:शक्तता का एक प्रकार है?
(a) डिसलेक्सिया (b) डिसग्राफिया
(c) डिसकैल्कुलिया (d) ये सभी

159. इस अवधि के बाद भ्रूण का लिंग ज्ञात किया जा सकता है।
(a) 2 महीने (b) 3 महीने
(c) 4 महीने (d) 5 महीने

160. बच्चों की देखभाल और संरक्षण के कानून क्रियान्वित करते समय किशोर न्याय अधिनियम, केन्द्र/राज्य सरकार व अन्य एजेन्सियों का मार्गदर्शन करने वाला निम्न में से कौन सिद्धान्त नहीं है?
(a) इस पूर्वमान्यता का सिद्धान्त कि बच्चा कोई अपराध करने का दोषी है
(b) गरिमा और योग्यता का सिद्धान्त
(c) सर्वोत्तम हित का सिद्धान्त
(d) नई शुरुआत का सिद्धान्त

161. कौन–सी अवधि निषेचन से प्रारम्भ होकर युग्मनज के गर्भाशय की दीवार पर भली–भाँति चिपक जाने तक रहती है?
(a) अण्डाणु अवधि (b) भ्रूण अवधि
(c) गर्भ अवधि (d) इनमें से कोई नहीं

162. निम्न में से कौन अधिनियम, समस्त व्यवसायों में बच्चों को नियोजित किए जाने का निषेध करता है और खतरनाक व्यवसायों में किशोरों को नियोजित किए जाने का निषेध करता है?
(a) किशोर न्याय अधिनियम
(b) बाल श्रम (निषेध एवं नियमन) अधिनियम
(c) अनैतिक व्यापार निरोधक अधिनियम
(d) संरक्षक एवं प्रतिपाल्य अधिनियम

163. निम्न में से कौन, समाजीकरण प्रक्रिया का एक चरण है?
(a) अनुमोदित सामाजिक भूमिकाएँ निभाना सीखना
(b) सामाजिक रूप से अनुमोदित तरीकों से व्यवहार करना सीखना
(c) सामाजिक दृष्टिकोणों का विकास
(d) उपरोक्त सभी

164. निम्न में से किसमें विशिष्ट सूचनाओं, कौशलो और कार्यनीतियों का भण्डारण सम्मिलित है, जो लोग अनुभव के माध्यम से अर्जित करते हैं?
(a) ग्रहणशक्ति समझबोध (b) तरल/गतिशील आसूचना
(c) क्रिस्टलीकृत आसूचना (d) इनमें से कोई नहीं

165. निम्न में से कौन–सा कथन, भारत में स्कूल–पूर्व शिक्षा की आवश्यकता और महत्त्व पर बल देता है?
(a) अनेक माताएँ स्वयं अशिक्षित होने के कारण बच्चों को पालने की उचित विधियों से अनभिज्ञ हैं, अतएव स्कूल-पूर्व शिक्षा सहायक है।
(b) स्कूल-पूर्व वर्षों में विकास दर इतनी तीव्र होती है कि बच्चे को अधिकाधिक अनुभव दिए जा सकते हैं।
(c) भारत में कक्षा 1 और 2 में अत्यधिक व्यर्थता/अपव्यय और ठहराव होता है जिसे नर्सरी स्कूल शिक्षा द्वारा रोका जा सकता है।
(d) उपरोक्त सभी

166. अधिगम (सीखने) का वह चरण जिसमें कोई कार्य करने वाले व्यक्ति को किए जाने वाले कार्य के विविध पहलुओं पर विचार करने की भी आवश्यकता नहीं होती, क्योंकि कार्य स्व–नियमित हो जाता है और आसानी से किया जाता है, कहलाता है।
(a) बोधात्मक चरण (b) सहयोगात्मक चरण
(c) स्वचालन चरण (d) यथार्थवादी चरण

167. प्रजाति के सामान्य प्रकार्य जैसे कि रेंगना, सरकना, बैठना और चलना, इस रूप में जाने जाते हैं।
(a) व्यक्तिवृत्तीय कार्य (b) जातिवृत्तीय कार्य
(c) प्रगतिशील आनुवांशिक कार्य (d) इन्द्रिय ग्राही कार्य

168. यूनिसेफ का मुख्यालय स्थित है
(a) पेरिस (b) स्विट्जरलैण्ड
(c) न्यूयॉर्क (d) म्यूनिख

169. बच्चों के लिए नि:शुल्क और अनिवार्य शिक्षा का अधिकार अधिनियम किस वर्ष लागू किया गया?
(a) 1980 (b) 1990
(c) 2009 (d) 2014

170. शिक्षार्थी, लक्ष्य और हस्तक्षेप करने वाली रूकावट के बीच आकस्मिक सम्बन्ध बोध, कहलाता है।
(a) अनुकरण (b) अन्तर्दृष्टि
(c) हस्तक्षेप (d) यन्त्रीकरण

171. किस मनोवैज्ञानिक ने बोधात्मक विकास निर्देशन में संस्कृति और सामाजिक अन्तर्क्रियाओं की भूमिका पर बल दिया है?
(a) पियाजे (b) वाइगोत्स्की
(c) मॉस्लो (d) कोलबर्ग

172. निम्न में से कौन विकास अवधि की विशिष्टता यह है कि स्कूल हेतु तैयारी कौशल विकसित होते हैं और अधिकांश खाली समय मित्रों के साथ खेल में व्यतीत होता है?
(a) शैशवावस्था (b) आरम्भिक बाल्यावस्था
(c) मध्य बाल्यावस्था (d) उत्तर बाल्यावस्था

173. आईसीडीएस के अन्तर्गत पोषण और स्वास्थ्य शिक्षा प्रदान की जाती है।
(a) 3-6 वर्ष आयु समूह के बच्चों को
(b) बेरोजगार युवाओं को
(c) 15-45 वर्ष आयु समूह की महिलाओं को
(d) सभी पुरुषों को

174. निम्न में से कौन, अन्त: स्रावी ग्रन्थियों द्वारा स्रावित शक्तिशाली रासायनिक पदार्थ है जो रुधिर प्रवाह द्वारा शरीर में परिवहन किया जाता है?
(a) जीन (b) गुणसूत्र
(c) हॉर्मोन (d) डी.एन.ए.

175. 'बाल अधिकार सन्धिपत्र' में उल्लेखित चार मुख्य क्षेत्रों में निम्न अधिकार शामिल है
(a) उत्तरजीविता, विकास, संरक्षण और सहभागिता
(b) उत्तरजीविता, मनोरंजन, संरक्षण और देखभाल
(c) उत्तरजीविता, देखभाल, पालन-पोषण और प्रेम
(d) उत्तरजीविता, देखभाल, संरक्षण और खेल

176. एचआईवी (HIV) का अर्थ है
(a) ह्यूमन इम्यूनोडेफिशिएंसी वायरस
(b) ह्यूमन इन्फेक्शिअस वायरस
(c) हाइली इन्फेक्शिअस वायरस
(d) हाई इंटेंसिटी वायरस

177. निम्न में से कौन–सी योजना, नि:शक्तों को एमफिल और पीएचडी जैसी उच्च शिक्षा प्राप्त करने के लिए छात्रवृत्तियाँ प्रदान करती हैं?
(a) नि:शक्त व्यक्तियों हेतु छात्रवृत्ति की राष्ट्रीय योजना
(b) नि:शक्त बच्चों हेतु समग्र शिक्षा योजना
(c) राजीव गाँधी अध्येतावृत्ति योजना
(d) माध्यमिक स्तर पर नि:शक्तों हेतु समावेशी शिक्षा

178. केयर (CARE) का पूरा नाम है
(a) कोऑपरेटिव ऑफ ऑलवेज रेंडरिंग इन इमर्जेन्सीज
(b) कोऑपरेटिव ऑफ असिस्टेंस एण्ड रिलीफ एव्रीव्हेयर
(c) कंसल्टिंग एजेन्सी फॉर रिलीफ एव्रीव्हेयर
(d) कंसल्टिंग एजेन्सी फॉर टू एव्रीवन

179. प्रतिवर्त, प्राथमिक, द्वितीयक, तृतीयक वृत्तीय प्रतिक्रियाएँ और आरम्भिक प्रतिनिधित्व विचार, पियाजे के सिद्धान्त के किस चरण के उप-चरण हैं?
(a) ज्ञानेन्द्रिय/संवेदी प्रेरक चरण
(b) पूर्व संक्रियात्मक चरण
(c) मूर्त संक्रियात्मक चरण
(d) औपचारिक संक्रियात्मक चरण

180. अस्थि मेरुस्तम्भ के पूर्णत: बन्द होने में विफलता से उत्पन्न जन्मजात मध्यरेखीय दोष, कहलाता है।
(a) प्रमस्तिष्क अंगघात (सेरेब्रल पाल्सी)
(b) मेरुरज्जु की हड्डी में चोट (स्पाइना बाइफिडा)
(c) कशेरुक-मेरु अस्थि (सेरेब्रो-स्पाइनल) की चोट
(d) उपरोक्त में से कोई नहीं

181. मस्कुलर डिस्ट्रॉफी, आर्थराइटिस, क्लब फुट, क्लेफ्ट पैलेट आदि किसके उदाहरण हैं?
(a) तन्त्रिकीय असमर्थताएँ
(b) दृष्टि सम्बन्धी असमर्थताएँ
(c) पेशीय-कंकालीय असमर्थताएँ
(d) श्रवण एवं वाक् असमर्थताएँ

182. स्कूल-पूर्व शिक्षा के तीन आर (R) का अर्थ है
(a) पढ़ना, लिखना और गणित
(b) पढ़ना, दोहराना, प्रतिक्रिया
(c) पढ़ना, दौड़ना, विश्राम करना
(d) पढ़ना, दोहराना और मनोरंजन

183. शरीर के किसी अनुपस्थित अंग का कृत्रिम प्रत्यारोपण, कहलाता है।
(a) प्रॉस्थीसस (b) आर्थोसिस
(c) अनुकूलन युक्ति (d) इनमें से कोई नहीं

184. सूक्ष्मप्रणाली, मध्यप्रणाली, बहिप्रणाली, वृहद् प्रणाली और काल प्रणाली किसके द्वारा प्रतिपादित सिद्धान्त के भाग हैं?
(a) मॉस्लो (b) वाइगोत्स्की
(c) ब्रोनफनब्रेनर (d) पियाजे

185. कौन-सी पद्धति, क्लाइण्ट का गहन विश्लेषण करती है?
(a) प्रेक्षण (b) प्रश्नावली
(c) साक्षात्कार (d) प्रकरण का अध्ययन

186. निम्न में से कौन, आईसीडीएस स्कीम का उद्देश्य नहीं है?
(a) 0-6 वर्ष आयु समूह के बच्चों के पोषण एवं स्वास्थ्य स्तर में सुधार करना
(b) बच्चे के समुचित मनोवैज्ञानिक, शारीरिक और सामाजिक विकास का आधार निर्मित करना
(c) मरणशीलता, मृत्यु-दर, कुपोषण तथा स्कूल छोड़ने की दरों में कमी करना
(d) उपरोक्त सभी

187. निम्न में से कौन-सा कथन गलत है?
(a) असमर्थता के कारण नि:शक्तता हो या नहीं हो सकती है।
(b) नि:शक्तता के कारण विकलांगता हो या नहीं हो सकती है।
(c) ऐसा व्यक्ति जिसका शरीर सामान्य न हो, उसका मस्तिष्क भी सामान्य नहीं होता।
(d) कोई नि:शक्त व्यक्ति कुछ क्षेत्रों/परिस्थितियों में विकलांग हो सकता है, लेकिन अन्य में नहीं।

188. निम्न में से किस मन्त्रालय के पास आईसीडीएस स्कीम की निगरानी का समग्र दायित्व है?
(a) महिला एवं बाल विकास मन्त्रालय
(b) मानव संसाधन विकास मन्त्रालय
(c) स्वास्थ्य एवं परिवार कल्याण मन्त्रालय
(d) सामाजिक न्याय एवं अधिकारिता मन्त्रालय

189. निम्न में से कौन, रचनात्मकता विकास हेतु महत्त्वपूर्ण हैं?
(a) 5 से 6 वर्ष जब बच्चे स्कूल जाने के लिए तैयार होते हैं और वे प्राधिकार सत्ता स्वीकार करना तथा नियमों व विनियमों का यथानुरूप पालन करना सीखते हैं।
(b) 8 से 10 वर्ष जब दल के सदस्य के रूप में स्वीकृत किए जाने की आकांक्षा होती है।
(c) 13 से 15 वर्ष जब बच्चे साथियों से अनुमोदन, विशेषकर विपरीत लिंग वाले सदस्यों से अनुमोदन हेतु प्रयास करते हैं।
(d) उपरोक्त सभी

190. बोधात्मक विकास के किस चरण में बच्चे पर्यावरण, कारणता, समय और दिक्स्थान् से पृथक् और विशिष्ट स्वयं की समझ विकसित करना प्रारम्भ कर देते हैं?
(a) संवेदी प्रेरक (b) पूर्व-संक्रियात्मक
(c) ठोस संक्रियात्मक (d) औपचारिक संक्रियात्मक

191. अधिगम (सीखना) प्रक्रिया निर्माणक तत्वों का क्रम है।
(a) उद्दीपक, शिक्षार्थी और प्रतिक्रिया
(b) शिक्षार्थी, उद्दीपक और प्रतिक्रिया
(c) प्रतिक्रिया, उद्दीपक और शिक्षार्थी
(d) उद्दीपक, प्रतिक्रिया और शिक्षार्थी

192. असामान्य पुनरावृत्तियाँ और वाक् ध्वनियों का दीर्घीकरण कब होता है?
(a) हकलाहट (b) क्षिप्रोच्चारण दोष
(c) विरूपण (d) इनमें से कोई नहीं

193. वह अवधारणा, जो आरम्भिक बाल्यावस्था के वर्षों के दौरान विकसित नहीं होती है
(a) आपेक्षिक अवस्थिति (b) आपेक्षिक आकार
(c) वर्गीकरण (d) अमूर्त सोच

194. विकासात्मक दिशा के किस नियम के अनुसार, विकास सिर से पाँव तक विस्तृत होता है?
(a) सिफैलोस्यूडल नियम
(b) प्रॉक्सिमोडिस्टल नियम
(c) पैटर्न का नियम
(d) सिर से पाँव का नियम

195. व्यक्तियों की स्वयं की 'कौन' और 'क्या' की अवधारणा, कहलाती है।
(a) स्व प्रतिष्ठा
(b) वास्तविक स्व अवधारणा
(c) आदर्श स्व अवधारणा
(d) सामाजिक मान्यता

196. भ्रूण स्वयं को तीन विशिष्ट परतों में विभेदित करता है जो कहलाती हैं।
(a) बाह्य त्वचा, मध्यजनस्तर और अन्तर्जनस्तर
(b) सूक्ष्मप्रणाली, मध्यप्रणाली, बहिर्प्रणाली
(c) पूर्व रूढ़िगत, रूढ़िगत और स्तम्भ रूढ़िगत
(d) चर्म, बाह्यत्वचा (अधिचर्म) और अन्तस्त्वचा (अन्तश्चर्म)

197. प्री-स्कूलर (स्कूल पूर्व आयु के बच्चे), कोलबर्ग के नैतिकता के सिद्धान्त के किस चरण से सम्बन्धित हैं?
(a) बाध्यता से नैतिकता
(b) सामाजिक प्रणाली नैतिकता
(c) सामाजिक संविदा या उपयोगिता और व्यक्तिगत अधिकार
(d) सार्वभौम नैतिक सिद्धान्त

198. संयुक्त राष्ट्र बाल अधिकार सन्धि-पत्र का अनुच्छेद 19 क्या प्रावधान करता है?
(a) विशिष्ट आवश्यकताओं वाले बच्चों को छात्रवृत्ति
(b) बच्चों हेतु सूचनाओं एवं जनसंचार माध्यमों तक पहुँच
(c) सभी प्रकार की हिंसा, उत्पीड़न, उपेक्षा और दुर्व्यवहार से बच्चों का संरक्षण
(d) बच्चों हेतु संगठन की स्वतन्त्रता

199. निम्नलिखित में से कौन-सा संस्थान देहरादून में स्थित है?
(a) राष्ट्रीय दृष्टिबाधित विकलांग संस्थान
(b) राष्ट्रीय मानसिक स्वास्थ्य एवं तन्त्रिका विज्ञान संस्थान (एनआईएमएचएएनएस)
(c) राष्ट्रीय शारीरिक विकलांग संस्थान
(d) राष्ट्रीय श्रवण विकलांग संस्थान

200. निम्न में से किसे श्रवधबाधित व्यक्ति हेतु एक प्रभावी सचल सहायक के रूप में उपयोग किया जाता है?
(a) हूवर केन (b) स्नेलेन चार्ट
(c) कुत्ते (d) इनमें से कोई नहीं

उत्तरमाला

1.	(d)	2.	(c)	3.	(a)	4.	(a)	5.	(d)	6.	(*)	7.	(a)	8.	(d)	9.	(d)	10.	(a)
11.	(c)	12.	(b)	13.	(c)	14.	(a)	15.	(a)	16.	(b)	17.	(d)	18.	(d)	19.	(a)	20.	(d)
21.	(a)	22.	(c)	23.	(c)	24.	(d)	25.	(b)	26.	(a)	27.	(a)	28.	(c)	29.	(c)	30.	(b)
31.	(c)	32.	(a)	33.	(a)	34.	(c)	35.	(b)	36.	(b)	37.	(a)	38.	(d)	39.	(a)	40.	(a)
41.	(c)	42.	(b)	43.	(b)	44.	(d)	45.	(d)	46.	(a)	47.	(a)	48.	(d)	49.	(a)	50.	(a)
51.	(b)	52.	(a)	53.	(c)	54.	(a)	55.	(c)	56.	(a)	57.	(d)	58.	(b)	59.	(b)	60.	(d)
61.	(a)	62.	(b)	63.	(c)	64.	(a)	65.	(d)	66.	(a)	67.	(c)	68.	(d)	69.	(d)	70.	(d)
71.	(a)	72.	(b)	73.	(b)	74.	(c)	75.	(d)	76.	(b)	77.	(c)	78.	(b)	79.	(b)	80.	(b)
81.	(a)	82.	(*)	83.	(b)	84.	(d)	85.	(a)	86.	(d)	87.	(b)	88.	(d)	89.	(c)	90.	(a)
91.	(c)	92.	(d)	93.	(a)	94.	(d)	95.	(c)	96.	(b)	97.	(c)	98.	(a)	99.	(c)	100.	(d)
101.	(d)	102.	(c)	103.	(c)	104.	(b)	105.	(d)	106.	(c)	107.	(d)	108.	(d)	109.	(a)	110.	(d)
111.	(d)	112.	(d)	113.	(c)	114.	(c)	115.	(d)	116.	(c)	117.	(d)	118.	(d)	119.	(*)	120.	(d)
121.	(d)	122.	(a)	123.	(a)	124.	(b)	125.	(a)	126.	(c)	127.	(c)	128.	(d)	129.	(a)	130.	(b)
131.	(d)	132.	(*)	133.	(d)	134.	(c)	135.	(a)	136.	(d)	137.	(b)	138.	(d)	139.	(a)	140.	(d)
141.	(a)	142.	(d)	143.	(d)	144.	(d)	145.	(a)	146.	(d)	147.	(b)	148.	(a)	149.	(a)	150.	(c)
151.	(a)	152.	(b)	153.	(b)	154.	(d)	155.	(d)	156.	(b)	157.	(d)	158.	(d)	159.	(b)	160.	(a)
161.	(a)	162.	(b)	163.	(d)	164.	(b)	165.	(d)	166.	(c)	167.	(b)	168.	(c)	169.	(c)	170.	(b)
171.	(b)	172.	(b)	173.	(c)	174.	(c)	175.	(d)	176.	(a)	177.	(c)	178.	(b)	179.	(a)	180.	(b)
181.	(c)	182.	(a)	183.	(a)	184.	(c)	185.	(d)	186.	(*)	187.	(c)	188.	(a)	189.	(d)	190.	(a)
191.	(b)	192.	(a)	193.	(d)	194.	(a)	195.	(b)	196.	(a)	197.	(a)	198.	(c)	199.	(a)	200.	(a)

नोट (*) *दिए गए विकल्पों में से कोई भी विकल्प सही नहीं है।*

संकेत एवं हल

1. (d) व्यक्ति के आहारीय अन्तर्ग्रहण का आकलन करने के लिए 24 घण्टे की आहार स्मृति, कच्चे खाद्य पदार्थों का भार मापन, खाद्य बारम्बारता प्रश्नावली, आदि विधियों का उपयोग किया जाता है। आहार सेवन मूल्यांकन सक्रिय अनुसन्धान क्षेत्रों में से एक है, जिसे विशेष रूप से मानव शरीर पर आहार का प्रभाव, कम वजन, अधिक वजन और मोटापे से सम्बन्धित शारीरिक निगरानी करके प्राप्त किया जा सकता है।

2. (c) एड्स एक सर्वव्यापी (Pandemic) रोग है। एड्स एक ऐसी जानलेवा बीमारी है जो संक्रमण के कारण होती है। ह्यूमन इम्यूनोडि फिशिसएन्सी वायरस (HIV) के संक्रमण के पश्चात् शरीर की प्रतिरोधक क्षमता घटने लगती है। एड्स की महामारी की शुरुआत के बाद से 70 मिलियन से अधिक लोग HIV वायरस से संक्रमित हो चुके हैं और लगभग 35 मिलियन लोगों की मृत्यु हो चुकी है।

3. (a) जब आयरन की कमी से पीड़ित किशोरी गर्भवती होती है, तो समय से पहले प्रसव की सम्भावना अधिक होती है। विशेष रूप से गर्भावस्था के दूसरे भाग में बढ़ते भ्रूण बनाए रखने के लिए आयरन की माँग में गर्भावस्था के दौरान होने वाले विभिन्न शारीरिक, प्रणालीगत और चयापचय परिवर्तनों में से एक है।

4. (a) गर्भावस्था से पहले एवं उसके दौरान आयोडीन की कमी होने से नवजात शिशुओं में क्रेटीनता (वामनता) हो सकता है। आयोडीन की कमी होने से बच्चे का विकास रूक जाता है। गर्भावस्था के दौरान आयोडीन की कमी होने से जन्म के बाद बच्चे का शारीरिक एवं मानसिक विकास तेजी से नहीं होगा। इससे बच्चे का मानसिक और शारीरिक विकास दोनों ही रूक सकता है। यह समस्या शिशु के गर्भ में होने से ही शुरू हो जाती है।

5. (d) खाद्य उपयोग जैव उपलब्धता, सुरक्षित एवं पीने योग्य जल, स्वच्छता एवं अपशिष्ट निकास, आदि पर निर्भर करता है।

6. (*) वैश्विक भूख सूचकांक 2015 में भारत का स्थान 80वाँ था जो 2022 में बढ़कर 107वें पर पहुँच गया है। यह सूचकांक वैश्विक, क्षेत्रीय और राष्ट्रीय स्तर पर भूख को व्यापक रूप से मापने का एक साधन है। इस सूचकांक की गणना चार आधारों; (अल्पपोषण, चाइल्ड वेस्टिंग, चाइल्ड स्टंटिग (बौनापन), बाल मृत्यु दर) पर की जाती है।

7. (a) टाइफाइड उत्पन्न करने वाला जीव *साल्मोनेला टायफी* जीवाणु है। टाइफाइड बुखार को मोतीझरा, रैथ फीवर, रुक-रुक कर होने वाला बुखार, आन्त्र बुखार आदि नामों से जाना जाता है। इस रोग में 2-3 सप्ताह तक 101°F तक ज्वर, सिरदर्द, कब्ज, आँतों में सूजन व रक्तस्राव हो सकता है।

8. (d) मैरास्मस से पीड़ित बच्चे में सामान्यीकृत एडीमा प्रकटन दिखाई नहीं देता है। मैरास्मस प्रोटीन एवं ऊर्जा के कुपोषण का एक रूप है। इसमें अम्लीय मल के साथ पानी जैसे दस्त, सामान्य से कम तापमान एवं उदर की पतली दीवार से क्रमांनुचन आदि लक्षण दिखाई पड़ते हैं।

9. (d) गर्भावस्था के दौरान गर्भस्थ शिशु की वृद्धि को पोषण स्थिति, स्वच्छता एवं अपशिष्ट निकास, आनुवंशिकी, आदि कारक प्रभावित करते हैं।

10. (a) रेबीज एवं कर्णमूलशोथ/गलसुआ (मम्प्स) रोग विषाणुओं द्वारा होता है। मम्प्स को गलसुआ और कण्ठमाला भी कहते हैं। यह गले से सम्बन्धित रोग होता है।
यह रोग पैरामिक्सों विषाणु से वायु या रोगी के सम्पर्क में आता है। रेबीज कुत्तों, भेड़ियों, चमगादड़ों आदि के काटने से उत्पन्न केन्द्रीय तन्त्रिका का रोग है। इसका कारक रैहब्जो विषाणु है। इस रोग को हाइड्रोफोबिया भी कहते हैं।

11. (c) नृमिति सम्बन्धी मापन, जैसे लम्बाई, भार, मुड़ी (वलित) त्वचा की मोटाई आदि पोषण स्थिति के महत्त्वपूर्ण संकेतक हैं।

12. (b) खेसारी दाल में उपस्थित बीटा ऑक्जेली अमीनो ऐलेनिन नामक जीवविष कलायखंज (लैथीरीरुग्णता) नामक रोग उत्पन्न करता है। यह एक दलहन है जो मानक उपभोग और पशुओं के चारे के लिए दक्षिण एशिया और पूर्वी अफ्रीका में व्यापक रूप से उगाई जाती है।

13. (c) प्रोटीन वह वृहद पोषक तत्व है, जिसका मुख्य कार्य शरीर में ऊतक वृद्धि एवं रख-रखाव है। प्रोटीन में अमीनो एसिड नामक यौगिकों की लम्बी श्रृंखला होती है। ये शरीर के बिल्डिंग ब्लॉक होने के कारण ऊतकों की वृद्धि, विकास, मरम्मत और रख-रखाव में आवश्यक भूमिका निभाते हैं।

14. (a) पीयूष ग्रन्थि की कार्यक्षमता अपर्याप्त होना और प्लाज्मा में वृद्धि हॉर्मोन का स्तर सामान्य से अधिक होना PEM के साथ सम्बन्धित है। प्रोटीन-ऊर्जा कुपोषण (PEM) वृद्धि को अवरूद्ध कर बौनापन प्रेरित कर पीयूष ग्रन्थि को प्रभावित करता है। प्रोटीन ग्रन्थि मस्तिष्क में स्थित एक अन्तःस्रावी ग्रन्थि है जिसका आकार एक मटर के दाने जैसा होता है।

15. (a) कर्णमूलशोथ/गलसुआ (मम्प्स) कर्णपूर्व (पैरोटिड) लार ग्रन्थि का संक्रमण है। इसे मम्प्स कण्ठमाला भी कहते हैं यह गले से सम्बन्धित रोग होता है, ये ज्यादातर गाल के नीचे जबड़ों के पास स्थित पैरोटिड ग्रन्थियों में पैरामिक्सो विषाणु के संक्रमण के फैलने से होता है।

16. (b) शरीर क्रियात्मक ईंधन कारक, एक ग्राम वसा से 9 किलोकैलोरी से अधिक ऊर्जा प्राप्त होती है। कैलोरी भोजन द्वारा मुक्त ऊर्जा की मात्रा है। एक भोजन जितनी अधिक कैलोरी प्रदान करता है, शरीर के लिए उतनी ही अधिक ऊर्जा मुक्त होती है।

17. (d) एक बच्चे की वृद्धि मन्दित है, वह चल नहीं सकता है और उसके पूरे शरीर पर नील पड़े हुए हैं। आहार सम्पूरक के रूप में इसे सिट्रस परिवार के फल (मौसम्बी, सन्तरा, नींबू आदि) खाने का सुझाव दिया जाना चाहिए। इन फलों में विटामिन की प्रचुर मात्रा होती है जो वृद्धि को बढ़ावा देती है, शीघ्र घाव भरती है एवं कौलेजन का निर्माण करती है।

18. (d) ट्यूबरकुलोसिस के उपचार का लक्ष्य उच्च रोगमुक्ति दर सुनिश्चित करना, पुनरावृत्ति दर न्यूनतम करना, औषधि प्रतिरोध की उत्पत्ति रोकना, आदि हैं। क्षय रोग (TB) एक गम्भीर, संक्रानक और *माइकोबैक्टीरियम ट्यूबरकुलोसिस* जीवाणु से होने वाली बीमारी है, जो मुख्य रूप से फेफड़ों को प्रभावित करती है।

19. (a) बालवाड़ी पोषण कार्यक्रम भारत सरकार द्वारा वर्ष 1970 में आरम्भ किया गया एक स्वास्थ्य देखभाल एवं शिक्षण कार्यक्रम है जो 300 किलोकैलोरी का सम्पूर्ण भोजन प्रदान करता है। एकीकृत बाल विकास सेवा कार्यक्रम में कार्यान्वयन के कारण बालवाड़ी को चरणबद्ध तरीके से समाप्त किया जा रहा है।

20. (d) गर्भधारण पूर्व एवं प्रसव-पूर्व नैदानिक (डाइग्नोस्टिक) तकनीक अधिनियम, जन्म से पहले लिंग पहचान की रोकथाम, मादा भ्रूण के गर्भपात की रोकथाम, दम्पत्ति को व्यापक एवं उपयुक्त परामर्श देना आदि पर केन्द्रित है।

21. (a) स्वस्थ सुपोषित वयस्क की ऊर्जा आवश्यकता कुल ऊर्जा व्यय के समतुल्य होती है। ऊर्जा को किलोकैलोरी या कैलोरी के रूप में पाया जाता है। शरीर के आकार, लिंग, शरीर संरचना, आनुवांशिकी और गतिविधि स्तर के आधार पर कुल दैनिक ऊर्जा व्यय प्रत्येक व्यक्ति का अलग-अलग हो सकता है।

22. (c) गॉइट्रोजन वे रासायनिक पदार्थ हैं जो अवटु (थायरॉइड) ग्रन्थि में आयोडीन के उपयोग मे हस्तक्षेप करते हैं। थायरॉइड गर्दन के यह आयोडीन

के अवशोषण द्वारा थायेरोक्सिन हॉर्मोन का संश्लेषण करती है जिसमें गाइट्रोजन (घेंघ प्रेरक)

23. (c) मध्य-ऊपरी बाँह की परिधि की माप के आधार पर 12.5 सेमी से कम मान को गम्भीर रूप से पोषित श्रेणी में रखा जाता है।

24. (d) गर्भावस्था में दाँतों में सड़न की समस्या का अनुभव नहीं होता है, 'परन्तु उबकाई, एडीमा, उल्टियों आदि का अनुभव होता है। गर्भावस्था का सबसे सामान्य लक्षण उल्टी है। बार-बार पेशाब आना, भोजन की लालसा या घृणा, शरीर का अधिक तापमान, चक्कर आना आदि लक्षण हैं।

25. (b) विटामिन A या रेटिनॉल (पूर्वनिर्मित विटामिन A) केवल जन्तु मूल के भोज्य पदार्थों (माँस, यकृत, आदि) में पाया जाता है। टमाटर, आदि में ये B-कैरोटिन (विटामिन-A का प्रीकर्सर के रूप में पाया जाता है जो यकृत में विटामिन में परिवर्तित होता है। विटामिन A एक महत्त्वपूर्ण विटामिन है जो हमारी आँखों की रोशनी में प्रमुख भूमिका निभाता है।

26. (a) गर्भावस्था के स्वस्थ परिणाम के लिए, गर्भवती माताओं को आयरन एवं फोलिक अम्ल को सम्पूर्ण दिया जाना चाहिए। आयरन फोलिक एसिड की गोलियाँ-एनीमिया को दूर करने का एक प्रभावी तरीका है।

27. (a) बॉडी माँस इण्डेक्स (BMI) भार (किलोग्राम में) को लम्बाई (मीटर में) के वर्ग से विभाजित करके प्राप्त करते हैं। इसे क्वेटलेट सूचकांक भी कहते हैं। विश्व स्वास्थ्य संगठन के दिशा-निर्देश सामान्य (बॉडी मास इण्डेक्स) को 18.5 से 24.9, अधिक वजन को 25 या अधिक और मोटापे को 30 या अधिक के रूप में परिभाषित करते हैं।

28. (c) बुजुर्ग अस्थिभंग और कैल्शियम की कमी के प्रति अधिक असुरक्षित है। कैल्शियम मानव स्वास्थ्य के लिए बेहद जरूरी है। वृद्धावस्था में जीर्णता एवं कैल्शियम के अवशोषण में कमी के कारण शरीर में कैल्शियम की कमी हो जाती है। इसकी कमी होने से ऑस्टियोपोरोसिस, मांसपेशियों में दर्द, जोड़ों में जकड़न और हृदय रोग जैसी कई बीमारियाँ हो सकती हैं।

29. (c) वृहद पोषक तत्वों के अत्यधिक अन्तर्ग्रहण और निष्क्रिय जीवनशैली के कारण मोटापा उत्पन्न होता है। मोटापा बढ़ने की सबसे बड़ी वजह ज्यादा खाना और शारीरिक गतिशीलता न के बराबर होना है। इसके साथ ही बहुत ज्यादा मात्रा में फैटी एवं जंक फूड्स और कार्बोनेटेड ड्रिंक्स का सेवन भी वजन बढ़ाने का काम करते हैं।

30. (b) क्लीनिकल दृष्टि से, विटामिन B_{12} की कमी के कारण पर्नीशियस एनीमिया नामक स्थिति उत्पन्न होती है। विटामिन B_{12} पानी में घुलनशील विटामिन है, जो मानव शरीर की कोशिकाओं, ऊतकों और अन्य अंग प्रणालियों के समुचित कार्य के लिए आवश्यक है। यह RBCs निर्माण मांसपेशियों, तन्त्रिकाओं और आनुवांशिकी सामग्री के निर्माण में सहायक होता है।

31. (c) यह अनुशंसा की जाती है कि प्रसव के बाद के आरम्भिक छः महीनों में नवजात शिशु को केवल स्तनपान करवाया जाए। स्तनपान शिशु के लिए सर्वोत्तम आहार है। स्तनपान से न केवल शिशु को पर्याप्त पोषण मिलता है, बल्कि यह कई रोगों से शिशु को बचाता है।

32. (a) पंच भोज्य समूह योजना अनुशंसित आहार भत्ता (RDA) द्वारा यथा निर्दिष्ट पोषक तत्व के अन्तर्ग्रहण प्राप्त करने के लिए सूची तैयार करने की सुविधा देती है।

33. (a) फॉस्फोरस अस्थियों और दाँतों के निर्माण में महत्त्वपूर्ण भूमिका निभाता है। कैल्शियम के बाद फॉस्फोरस दूसरा ऐसा खनिज है जो हड्डियों और दाँतों को मजबूत करने के लिए बेहद जरूरी होता है।

34. (c) न्यूमोनिया की जटिलताएँ हृदय गति में वृद्धि एवं साँस लेने में कठिनाई दोनों का कारण बन सकती हैं। न्यूमोनिया फेफड़ों को प्रभावित करने वाली एक गम्भीर बीमारी है। इससे पीड़ित होने पर फेफड़ों में सूजन आ जाती है। न्यूमोनिया के पाँच प्रकार होते हैं—बैक्टेरियल न्यूमोनिया, वायरल न्यूमोनिया, माइकोप्लाज्मा न्यूमोनिया, एस्पिरेशन न्यूमोनिया और फंगल न्यूमोनिया।

35. (b) कोणीय मुखपाक (एंगुलर स्टोमटाइटिस), जिह्वाशोथ (ग्लोसाइटिस) और ओष्ठविदरता (चेलोसिस) राइबोफ्लेविन की कमी के लक्षण हैं। राइबोफ्लेविन (विटामिन B_2) की कमी से तन्त्रिका सम्बन्धी बीमारियाँ, एनीमिया और हृदय रोगों से जुड़ी बीमारियाँ होती हैं। साथ ही इसकी कमी से त्वचा का फटना और आँखों का लाल होना जैसी समस्याएँ उत्पन्न हो जाती हैं।

36. (b) डिफ्थीरिया एक संचरणशील संक्रामक रोग है। संक्रामक रोग वह रोग होता है जो एक व्यक्ति या जानवर से दूसरे स्वस्थ व्यक्ति में फैलता है। गले का यह रोग *कॉरिनेबैक्टीरियम डिफ्थीरी* जीवाणु के

37. (a) विटामिन K की कमी का मुख्य संकेत रक्तस्राव है। विटामिन K वसा में घुलनशील होता है एवं चोट लगने पर रक्त का थक्का (स्कंदन) बनाता है। इसकी कमी से चोट लगने पर शीघ्र

38. (d) डेंगू की रोकथाम के लिए उठाए जाने वाले आवश्यक कदम पर्यावरणीय स्वच्छता एवं अपशिष्ट निकास, मच्छर भगाने वाले उत्पादों का उपयोग, उचित वस्त्रों के माध्यम से सुरक्षा आदि हैं, क्योंकि यह रोग *एडीज* मच्छर के काटने से फैलता है।

39. (a) शैशवकालीन ऊर्जा आवश्यकताएँ बहुत अधिक होती हैं, क्योंकि यह बहुत तीव्र वृद्धि की अवधियों में से एक है। नवजात शिशु के पहले वर्ष में तेजी से शारीरिक विकास की विशेषता होती है। एक सामान्य बच्चा छः महीने में अपने जन्म के वजन को दोगुना कर देता है और एक साल में इसे तीन गुना कर देता है।

40. (a) पोषक आहार लेने वाली एवं नियमित रूप से शारीरिक व्यायाम करने वाली स्वस्थ गर्भवती माता के मामले में सामान्य प्रसव की अच्छी सम्भावना होती है। चलने तैराकी और ऐरोबिक व्यायाम के साथ-साथ, मांसपेशियों को मजबूत करने वाले व्यायाम गर्भावस्था के दौरान महत्त्वपूर्ण होते हैं।

41. (c) पर्दा/घूँघट प्रथा विटामिन D की उपलब्धता घटाती है। विटामिन D वसा में घुलनशील सूर्य का प्रकाश स्टेरॉयड है। विटामिन D का सबसे अच्छा स्राव है, क्योंकि सूर्य के प्रकाश के कारण त्वचा में विटामिन-D का संश्लेषण होता है। विटामिन D की कमी के कारण हड्डियों का घनत्व कम हो सकता है।

42. (b) जन वितरण प्रणाली में वितरित होने वाली मुख्य वस्तुओं में गेहूँ, चावल, शक्कर, मिट्टी का तेल आदि शामिल हैं। जन वितरण प्रणाली, उचित मूल्यों पर खाद्यान्नों के वितरण के माध्यम से अभाव की स्थिति का प्रबन्धन करने की प्रणाली के रूप में विकसित की गई थी।

43. (b) स्वस्थ, सुपोषित गर्भवती माता सामान्यतः स्वस्थ शिशु को जन्म देती है। गर्भस्थ शिशु का विकास माता के आहार पर निर्भर होता है। गर्भवती महिला को ऐसा आहार करना चाहिए जो उसके गर्भस्थ शिशु के पोषण की आवश्यकताओं को पूरा कर सके। सामान्य महिला को प्रतिदिन 2100 कैलोरी की आवश्यकता होती है, परन्तु गर्भावस्था के दौरान उसे 2400 कैलोरी की आवश्यकता पड़ती है।

44. (d) MMR वैक्सीन, खसरा कर्णमूलशोथ/गलसुआ (मम्प्स) और रुबेला रोग से सुरक्षा देती है। MMR बच्चों को दी जाने वाली महत्त्वपूर्ण वैक्सीन है। एमएमआर एक जीवित क्षीण टीका है। इसकी पहली खुराक 12 महीने की उम्र में दी जाती है एवं इसकी दूसरी खुराक 6 वर्ष की आयु में दी जाती है।

45. (d) खाद्य विपणन (मार्केटिंग) को छोड़कर अन्य सभी विकल्प खाद्य सुरक्षा के निर्धारक हैं। गरीबों हेतु खाद्य उपलब्धता, खाद्य सुगम्यता एवं खाद्य उपयोग आदि खाद्य सुरक्षा के निर्धारक हैं।

46. (a) सर्वव्यापी (पेंडेमिक) रोग वह रोग होता है जो पूरे विश्व में फैल चुका होता है, उदाहरण—कोविड-19। महामारी शब्द का प्रयोग तब किया जाता है जब बीमारी का प्रसार स्थानीय स्तर पर हो। महामारी तेजी से फैलती है और आबादी के बड़े हिस्से को प्रभावित करती है। प्रायः चिकनगुनिया, इबोला।

47. (a) गर्भावस्थाकालीन मधुमेह के कारण जन्म के समय अधिक भार वाले शिशु का जन्म हो सकता है। गर्भकालीन मधुमेह के कारण रक्त में शर्करा का स्तर बढ़ जाता है जो माँ व शिशु दोनों के स्वास्थ्य को प्रभावित करता है।

48. (d) अल्पपोषित पूर्व-विद्यालयी बच्चों में ऊर्जा कुपोषण, प्रोटीन कुपोषण एवं प्रोटीन-ऊर्जा कुपोषण होने की सम्भावना है। बच्चों में अल्पपोषण मस्तिष्क को सीधे संरचनात्मक क्षति पहुँचती है जिससे शिशु के बौद्धिक एवं शारीररिक विकास एवं बाधित होते हैं।

49. (a) स्कर्वी विटामिन C की कमी के कारण होता है, जिसमें मसूड़ों से जुड़ी समस्याएँ होने की सम्भावना होती है। इसके अतिरिक्त विटामिन C की कमी से प्रतिरक्षा तन्त्र कमजोर हो सकता है, थकान, माँसपेशियों और जोड़ों में दर्द या कमजोरी, मसूड़ों से खून आना और पैरों में खुजली जैसी समस्याएँ हो सकती हैं।

50. (a) हीमोफिलस इन्फ्लुएन्जी नामक जीवाणु प्रायः नाक व गले में रहता है। हीमोफिइलस इन्फ्लुएन्जी टाइप B निमोनिया, सेप्टिसीमिया, मैनिन्जाइटिस, एपिग्लोटाइटिस, सेप्टिक गठिया आदि का कारण बनता है।

51. (b) मानव शरीर में क्षीण बना दिए गए रोगजनक को प्रवष्टि कराने की प्रक्रिया को टीकाकरण कहते हैं। किसी संक्रामक बीमारी के विरुद्ध प्रतिरोधात्मक क्षमता विकसित करने के लिए जो प्रतिजन इंजेक्शन या किसी अन्य रूप में दिया जाता है उसे टीका कहते हैं तथा यह क्रिया टीकाकरण कहलाती है।

52. (a) एक किलोकैलोरी 4.184 किलोजूल के बराबर होती है। कैलोरी और जूल दोनों ऊर्जा के मापन की इकाइयाँ हैं। ऊर्जा की SI (मानक) इकाई जूल है जिसे ऊर्जा की उस मात्रा के रूप में परिभाषित किया जाता है, जब एक मीटर के विस्थापन के लिए एक न्यूटन बल का उपयोग किया जाता है।

53. (c) हालिया अध्ययनों से संकेत मिला है कि नवजात शिशुओं के भोजन में एरेकिडोनिक अम्ल और डोकोसा-हैक्सेनोइक अम्ल (DHA) को शामिल करने की आवश्यकता है, क्योंकि वे मस्तिष्क के विकास के लिए महत्त्वपूर्ण हैं।

54. (a) किशोरावस्था में आयोडीन न्यूनता विकार होने से किशोर अवटुअल्पक्रियता (जुवेनाइल हाइपोथायरायडिज्म) हो सकता है। नवजात शिशुओं में घेंघापन, किशोरावस्था में अवरुद्ध शारीरिक विकास तथा प्रौढ़ावस्था में विकृत घेंघापन एवं मानसिक दुर्बलता आयोडीन न्यूनता के कारण होती है।

55. (c) गैलेक्टोज एक मोनोसैकराइड है। मोनोसैकराइड कार्बोहाइड्रेट का सबसे आधारभूता। गैलेक्टोज स्तनधारियों द्वारा दूध में उत्पादित लैक्टोस शर्करा का घटक है।

56. (a) प्रश्नानुसार,

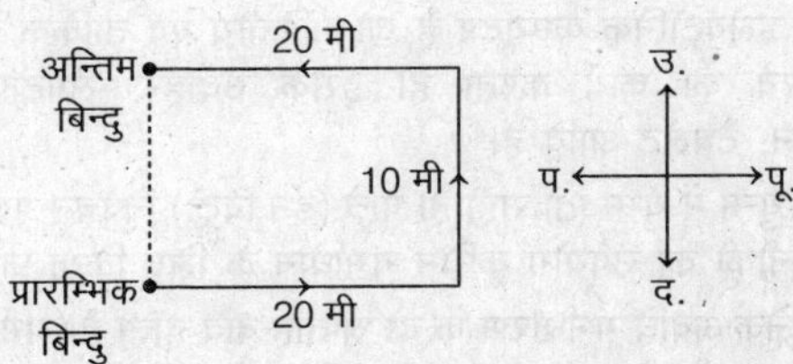

अतः प्रारम्भिक बिन्दु से अन्तिम बिन्दु की दूरी = 10 मी

57. (d) दहेज निषेध अधिनियम, 1961 दहेज की कुप्रथा के उन्मूलन हेतु सरकारी स्तर पर किया गया प्रयास था। दहेज की प्रथा को रोकने और खत्म करने के मकसद से ही इस अधिनियम को लाया गया था। इस अधिनियम की धारा 3 के अनुसार दहेज लेने-देने, दहेज की माँग करने पर 5 वर्ष तक का कारावास और ₹ 5000 का जुर्माना हो सकता है।

58. (b) छोटे बच्चों में चेहरे की विकृति, दोषपूर्ण हाथ-पैर, हृदय सम्बन्धी समस्याएँ, संज्ञानात्मक क्षीणता और व्यवहार सम्बन्धी समस्याएँ, गर्भावस्था के दौरान माता द्वारा एल्कोहल के कुप्रयोग का संकेत हो सकती हैं। गर्भावस्था के दौरान शराब के सेवन से गर्भपात, समय से पहले प्रसव और मृत शिशु के जन्म का खतरा बढ़ जाता है।

59. (b) जिला परिषद् का मुखिया जिला मजिस्ट्रेट होता है। जिला परिषद्, एक उच्च परिषद् के तौर पर कार्य करती है। इसका कार्य ग्राम पंचायत समिति के कार्यों की निगरानी रखना एवं आवश्यकता पड़ने पर इनका मार्गदर्शन करना है। इस परिषद् का कार्यक्षेत्र सम्पूर्ण जिला होता है। जिला परिषद् पंचायती राज की उच्च इकाई के रूप में कार्य करती है। इस परिषद् का मुख्य कार्य निम्न समितियों के कार्यों एवं योजनाओं में समन्वय स्थापित करना होता है।

60. (d) जिस प्रकार, $(14)^2 + 2 = 196 + 2 = 198$

उसी प्रकार, $(19)^2 + 2 = 361 + 2 = \boxed{363}$

61. (a) शिशु को जन्म देते समय, संक्रमण प्रक्रिया के दौरान गर्भाशय ग्रीवा (सर्विक्स) लगभग पूरी तरह फैल जाती है और गर्भस्थ शिशु का सिर जन्म नाल में आगे बढ़ना आरम्भ कर देता है।

62. (b) एमएस ऑफिस में, वर्कशीट एमएस-एक्सेल तैयार होती है। एमएस एक्सेल एक स्प्रेडशट अनुप्रयोग है जिसकी रचना और विवरण माइक्रोसॉफ्ट ने अपनी माइक्रोसॉफ्ट विण्डोज और मैक ओएस एक्स के लिए किया है।

63. (c) पंचायती राज अधिनियम में 73वाँ संशोधन वर्ष 1993 में किया गया था। इस अधिनियम द्वारा भारतीय संविधान में एक नया भाग-9 जोड़ा गया और इसमें अनुच्छेद 243 से 243 O' तक के प्रावधान शामिल हैं। इस अधिनियम द्वारा संविधान में एक नई अनुसूची 11वीं अनुसूची भी शामिल की गई है।

64. (a) दी गई प्रश्न आकृति का सही दर्पण प्रतिबिम्ब उत्तर आकृति (a) है।

65. (d) FAS का अर्थ फीटल एल्कोहल सिण्ड्रोम है। यह सिण्ड्रोम माँ की गर्भावस्था के दौरान शराब के सम्पर्क से बच्चे की एक स्थाई और अपरिवर्तनीयता जन्मजात विकलांगता है। यह मस्तिष्क क्षति और विकास सम्बन्धी समस्याओं का कारण बनता है।

66. (a) पद सामाजिक न्याय का उपयोग सबसे पहले 1840 ई. में किया गया था। इसके अनुसार किसी के साथ सामाजिक, धार्मिक और सांस्कृतिक पूर्वग्रहों के आधार पर भेदभाव नहीं होना चाहिए। हर किसी के लिए न्यूनतम संसाधन उपलब्ध होने चाहिए।

67. (c) हम जानते हैं कि भारत का राष्ट्रीय फूल कमल है। यहाँ प्रश्नानुसार कमल को गुलाब कहा जाता है। इसलिए भारत का राष्ट्रीय फूल गुलाब होगा।

68. (d) माना व्यक्ति के घर से कार्यालय की दूरी = d किमी

∴ x_1 चाल से d दूरी तय करने में लगा समय = $\frac{d}{x_1}$ घण्टा

तथा x_2 चाल से d दूरी तय करने में लगा समय = $\frac{d}{x_2}$ घण्टा

$$\therefore \quad \text{औसत चाल} = \frac{\text{कुल दूरी}}{\text{कुल समय}}$$

$$= \frac{d+d}{\frac{d}{x_1}+\frac{d}{x_2}} = \frac{2}{\frac{x_2+x_1}{x_1x_2}} = \frac{2x_1x_2}{x_1-x_2}$$

69. (d) दिया है, कुल राशि = ₹ 4200

माना कमल, देव और रजत को प्राप्त राशि क्रमशः $7x$, $8x$ और $6x$ है।

$$\therefore \quad 7x + 8x + 6x = 4200$$

$$21x = 4200$$

$$x = 200$$

अब प्रत्येक की राशि में ₹200 जोड़ने पर नया अनुपात

$= (7x + 200) : (8x + 200) : (6x + 200)$

$= (1400 + 200) : (1600 + 200) : (1200 + 200)$

$= 1600 : 1800 : 1400$

$= 16 : 18 : 14$

$= 8 : 9 : 7$

70. (d) दी गई शृंखला निम्न प्रकार है

a b c d / a b c d / a b c d / a b c d / a b c d

⇒ b a c d d d

71. (a) भारत में प्रशिक्षण व यात्रा प्रणाली की शुरुआत वर्ष 1974 से हुई। इस प्रणाली की शुरुआत राजस्थान एवं मध्य प्रदेश से की गई थी। वर्ष 1985 से इस प्रणाली का विस्तार सभी राज्यों में किया गया था।

72. (b) ICT का पूर्ण रूप इन्फॉर्मेशन एण्ड कम्युनिकेशन टेक्नोलॉजी (सूचना एवं संचार प्रौद्योगिकी) है। यह प्रौद्योगिकी के उन रूपों को सन्दर्भित करती है जिनका उपयोग इलेक्ट्रॉनिक माध्यमों से सूचना प्रसारित करने संग्रहित करने, निर्माण करने, प्रदर्शित करने, साझा करने या विनिमय करने के लिए किया जाता है।

73. (b) प्रश्नानुसार,

छेद 1 घण्टे में टंकी का भाग खाली करेगा $= \frac{1}{8}$

माना छेद बन्द हो तब नल टंकी को x घण्टे में भरेगा।

∴ नल 1 घण्टे में टंकी का भाग भरेगा $= \frac{1}{x}$

चूँकि यदि नल खुला हो, तो टंकी को 12 घण्टे में खाली करता है।

$$\therefore \quad \frac{1}{8} - \frac{1}{x} = \frac{1}{12}$$

$$\Rightarrow \quad \frac{1}{x} = \frac{1}{8} - \frac{1}{12} = \frac{3-2}{24} = \frac{1}{24}$$

$$\therefore \quad x = 24 \text{ घण्टे}$$

74. (c) दिया है,

50 संख्याओं का योग $= 50 \times 45 = 2250$

अब पुनः 12 और 19 के बजाय 21 और 91 करने पर सही औसत

$$= \frac{2250 - (12 + 19) + (21 + 91)}{50}$$

$$= \frac{2250 - 31 + 112}{50} = \frac{2331}{50} = 46.62$$

75. (d) प्रश्नानुसार,

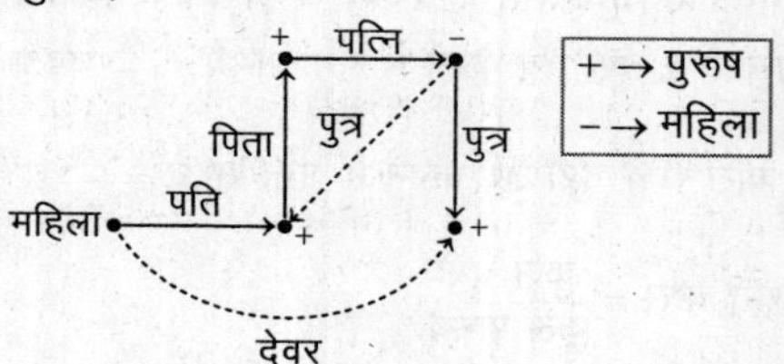

अतः आदमी उस महिला का पति या पति का भाई है।

76. (b) घरेलू हिंसा से महिलाओं की सुरक्षा अधिनियम वर्ष 2005 में पारित हुआ था। यह अधिनियम घरेलू हिंसा से पीड़ित महिलाओं को 'साझा घर' में रहने का अधिकार प्रदान करता है, भले ही पीड़ित महिला के पति के पास घर का कोई कानूनी अधिकार न हो तथा यह ससुर या सास के स्वामित्व में हो।

77. (c) राष्ट्रीय ग्रामीण स्वास्थ्य मिशन की शुरुआत वर्ष 2005 में हुई। यह ग्रामीण क्षेत्रों में स्वास्थ्य सुरक्षा में केन्द्र सरकार की एक प्रमुख योजना है।

78. (b) दी गई प्रश्न आकृति को उत्तर आकृति (b) पूर्ण करेगी।

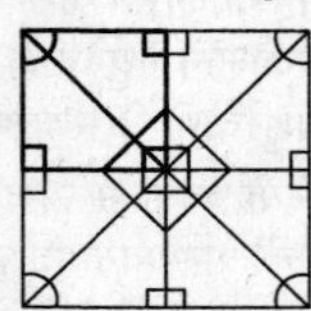

79. (b) महिलाओं एवं बच्चों की उन्नति के लिए भारत सरकार का नोडल मन्त्रालय महिला एवं बाल विकास मन्त्रालय है। इसकी शुरुआत महिलाओं एवं बच्चों के शारीरिक एवं मानसिक विकास के लिए इस विभाग की स्थापना की गई थी।

80. (b) बाल विवाह निरोध अधिनियम 1929 का स्थान बाल विवाह निषेध अधिनियम, 2006 ने लिया था। सर्वोच्च न्यायालय के अनुसार, यह अधिनियम न तो विवाह करने वाले किसी अवयस्क पुरुष को दण्ड देता है और न ही अवयस्क पुरुष के विवाह करने वाली महिला के लिए दण्ड का प्रावधान करता है।

81. (a) 'Ctrl + X' कट प्रदर्शित करता है तथा पेस्ट करने के लिए Ctrl + V का उपयोग किया जाता है।

82. (*) राष्ट्रीय कृषि नवाचार परियोजना (NAIP) 2006 में शुरू की गई थी। यह भारतीय कृषि अनुसन्धान परिषद् द्वारा शुरू की गई कृषि प्रौद्योगिकी में नवाचारों को बढ़ावा देने के लिए यह योजना भारत सरकार तथा विश्व बैंक द्वारा वित्त पोषित है। जबकि राष्ट्रीय गर्भाधान प्रोग्राम (National Artificial Insemination Programme), 2019 में शुरू की गई योजना है।

83. (b) 'Ctrl + B' बोल्ड प्रदर्शित करता है, परन्तु अगर टेक्स्ट (लिखा हुआ) पहले से ही बोल्ड है, तो यह बटन दबाने से अनबोल्ड हो जाएगा।

84. (d) कथनानुसार,

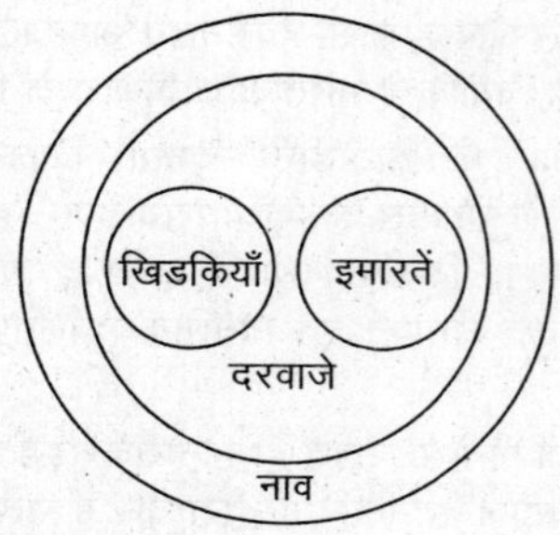

निष्कर्ष I. (✓) II. (✓) III. (✓)

85. (a) निरन्तर आँकड़ों पर काम करने वाला डिजिटल कम्प्यूटर कहलाता है। यह एक इलेक्ट्रॉनिक कम्प्यूटर है जो गणितीय एवं तार्किक समस्याओं को हल करने का कार्य करता है। इसके उदाहरण-लैपटॉप, डेस्कटॉप, स्मार्टफोन, टैबलेट आदि हैं।

86. (d) दिए युग्म में युग्म (d) सही है। पात्रे (इन विट्रो) निषेचन-परखनली शिशु। इस तकनीकी का उपयोग कृत्रिम गर्भाधान के लिए किया जाता है।

87. (b) जननिक अवधि गर्भधारण के दो सप्ताह बाद होती है। गर्भधारण के बाद पहले सप्ताह के दौरान, युग्मनज विभाजित होता है और गुणा होता है, एक कोशिका संरचना से दो संरचना, फिर चार कोशिकाओं में, फिर आठ कोशिकाओं में। इसी तरह कोशिका विभाजन प्रक्रिया को माइटोसिस कहा जाता है।

88. (d) 89.988% का 699.9 + 50.002% का 999.99 − 170.015 = ?

⇒ ? ≈ 90% का 700 + 50% का 1000 − 170

$$\approx \frac{90}{100} \times 700 + \frac{50}{100} \times 1000 - 170$$

$$\approx 630 + 500 - 170$$

$$\approx 1130 - 170 \approx 960$$

89. (c) पर्सनल कम्प्यूटर या डेस्कटॉप कम्प्यूटर माइक्रो कम्प्यूटर के उदाहरण हैं। माइक्रो कम्प्यूटर वह कम्प्यूटर होते हैं जिसमें माइक्रो प्रोसेसर इसके सेण्ट्रल प्रोसेसिंग यूनिट के रूप में होता है।

90. (a) डिजिटल व एनालॉग दोनों प्रणालियों का सर्वोत्तम सम्मिश्रण हाइब्रिड कम्प्यूटर है। इस कम्प्यूटर सिस्टम के अन्तर्गत डिजिटल मशीन और एनालॉग मशीन दोनों एकसाथ काम करते हैं।

91. (c) प्रसव-पूर्व विकास की अवधियों का सही क्रम जननिक-गर्भज-भ्रूण है। भ्रूण प्राणी के विकास की प्रारम्भिक अवस्था को कहते हैं। स्त्री में तीन माह की गर्भावस्था के पश्चात भ्रूण को गर्भ (Fetus) की संज्ञा दी जाती है।

92. (d) $? \approx 675.456 + 12.492 \times 55.671$

$$? \approx 675 + 12 \times 56$$
$$\approx 675 + 672 \approx 1347 \approx 1371$$

93. (a) खरगोश में डिस्काएडल अपरा पाया जाता है। गर्भावस्था एक महत्त्वपूर्ण समय होता है जब बढ़ता हुआ बच्चा माँ के रक्तप्रवाह से ऑक्सीजन और आवश्यक पोषक तत्त्व प्राप्त करने के लिए प्लेसेण्टा (अपरा) पर निर्भर होता है।

94. (d) प्रश्नानुसार,

20% और 15% के समतुल्य छूट $= 20 + 15 - \frac{20 \times 15}{100}$

$= 35 - 3 = 32\%$

अब 32% और 10% के समतुल्य छूट $= 32 + 10 - \frac{32 \times 10}{100}$

$= 42 - 3.2 = 38.8\%$

अतः 20%, 15% और 10% की तीन क्रमागत छूट के बराबर एकल छूट 38.8% है।

95. (c) प्रश्नानुसार,

प्रतिवर्ष परिवार का कुल खर्च = ₹ 170000

पाई चार्ट से घर के किराये पर वार्षिक खर्च = 13%

$\therefore$ प्रतिमाह घर के किराए पर खर्च

$= 170000 \times \frac{13}{100} \times \frac{1}{12} = 1841.66 =$ ₹ 1840

96. (b) कन्या विद्या धन कार्यक्रम लड़कियों की शिक्षा कार्य के लिए धन उपलब्ध करता है। इस योजना के माध्यम से बालिकाओं को ₹ 30000 की आर्थिक मदद दी जाती है। योजना की मदद से लड़कियाँ 12वीं कक्षा उत्तीर्ण करने के बाद बिना किसी रुकावट के उच्च शिक्षा की पढ़ाई कर पाएगी।

97. (c) बोझ बिना अधिगम (लर्निंग विदाउट बरडन) डॉ. यशपाल समिति की रिपोर्ट थी। यशपाल समिति की रिपोर्ट वर्ष 1993 में आई थी। राष्ट्रीय पाठ्यक्रम ढाँचा 2005 जो पाठ्यपुस्तकों, पाठ्यक्रम और सभी शिक्षण प्रक्रियाओं के लिए एक दिशा-निर्देश के रूप में कार्य करता है।

98. (a) एरिकसन के अनुसार, किशोरों के सामने आने वाला सबसे महत्त्वपूर्ण संकट पहचान भ्रम है। यह संकट तब उत्पन्न होता है जब व्यक्ति की पहचान की भावना असुरक्षित और अस्थिर हो जाती है।

99. (c) DIR का पूरा नाम डोमस्टिक इन्सीडेण्ट रिपोर्ट (घरेलू घटना रिपोर्ट) है। यह एक पीड़ित व्यक्ति से घरेलू हिंसा की शिकायत प्राप्त होने पर निर्धारित प्रपत्र में की गई रिपोर्ट है।

100. (d) हम जानते हैं कि दो वर्षों के लिए चक्रवृद्धि ब्याज और साधारण ब्याज का अन्तर $= P\left(\frac{r}{100}\right)^2$

जहाँ P = मूलधन तथा r = ब्याज की दर

$$\therefore \quad 200 = P\left(\frac{10}{100}\right)^2$$

$$P = 200 \times 100 \Rightarrow P = ₹\ 20000$$

101. (d) बोआई के मौसम से आरम्भ में जिस कीमत की घोषणा की जाती है। वह न्यूनतम समर्थन मूल्य कहलाता है। न्यूनतम समर्थन मूल्य वह मूल्य है जिससे कम मूल्य देकर किसान से सीधे वह उपज नहीं खरीदी जा सकती। वर्तमान में न्यूनतम समर्थन मूल्य के अन्तर्गत 24 फसलें सम्मिलित हैं।

102. (c) भारत में सर्वप्रथम पंचायती राज की शुरुआत वर्ष 1959 से हुई। पंचायती राज भारत में पहली बार 2 अक्टूबर, 1959 को राजस्थान के नागौर में पेश किया गया था।

103. (c) प्रश्नानुसार, 8 पेन्सिल बेचने पर 1 पेन्सिल के विक्रय मूल्य के बराबर लाभ होता है।

माना 8 पेन्सिल का विक्रय मूल्य = 8

$\therefore$ लाभ = 1

$\therefore$ 8 पेन्सिल का क्रय मूल्य $= 8 - 1 = 7$

$\therefore$ लाभ प्रतिशत $= \frac{1}{7} \times 100 = 14.28\%$

104. (b) मजदूर मंजिल अवधारणा की शुरुआत नीलोखेड़ी प्रयोग में हुई थी। नीलोखेड़ी हरियाणा राज्य के करनाल जिले में स्थित एक नगर है।

105. (d) दी गई आकृति में त्रिभुज है

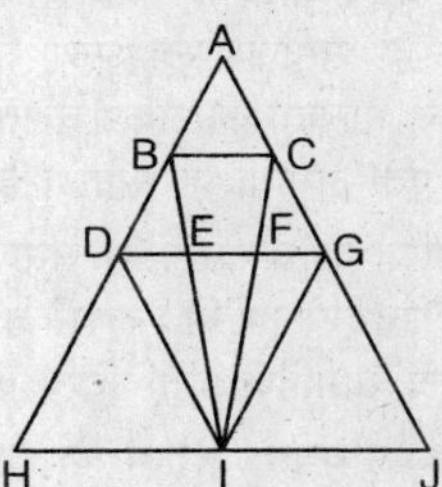

ΔABC, ΔBDE, ΔCFG, ΔDEI, ΔFGI, ΔEIF, ΔDHI, ΔGIJ, ΔDIB, ΔBIC, ΔCIG, ΔBHI, ΔCIJ, ΔDFI, ΔEGI, ΔDIG, ΔABC और ADG

अतः कुल 18 त्रिभुज है।

106. (c) SGSY में केन्द्र व राज्यों द्वारा फण्डिंग का अनुपात 75 : 25 था स्वर्ण जयन्ती ग्राम स्वरोजगार योजना का उद्देश्य ग्रामीण गरीबों को स्थायी आय प्रदान करना है। स्वर्ण जयन्ती ग्राम स्वरोजगार योजना (SGSY) 1 अप्रैल, 1999 को शुरू की गई थी।

107. (d) स्लाइड एमएस-पावर प्वॉइण्ट में तैयार की जाती है। इसका प्रथम संस्करण 22 मई, 1990 को आया। इसके माध्यम से फोटो, वीडियो, आडियो के साथ ओपन, क्रिएट, एडिट, फॉर्मेटिंग, शेयर और प्रिण्ट ये सब काम करने में सक्षम हैं।

108. (d) दिए विकल्पों में सभी विकल्प है। हिन्दू उत्तराधिकार अधिनियम, 1956 बेटियों को एक संयुक्त हिन्दू परिवार से केवल जीविका का अधिकार माँग सकती है। हिन्दू उत्तराधिकार संशोधन अधिनियम, 1956 के द्वारा बेटियों को अपने भाइयों के साथ विरासत का अधिकार प्रदान किया गया। वर्ष 2015 में सुप्रीम कोर्ट ने यह बताया कि जिन बेटियों के पिता की मृत्यु 9 सितम्बर, 2015 के पूर्व हुई है, वह इस संशोधन द्वारा प्रदान किए गए अधिकार के प्रयोज्य नहीं है।

109. (a) प्रश्नानुसार,

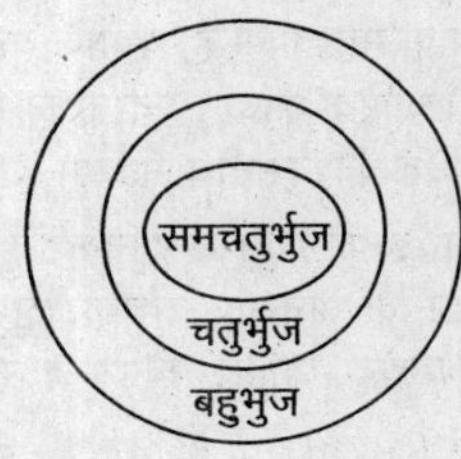

110. (d) विरूपजन (टेराटोजेन), कोई एजेण्ट जो कोई जन्मजात दोष उत्पन्न कर सकता है या व्यवहार अथवा संज्ञान सम्बन्धी परिणामों पर नकारात्मक प्रभाव डाल सकता है। टेराटोजेनिकिटी जन्म दोष पैदा करने के लिए एक रसायन की क्षमता है, यह भ्रूण के हानिकारक प्रभाव से उत्पन्न होती है।

111. (d) सन्देश का कोडन (एनकोडिंग) करते समय तालिका नजरअन्दाज हो सकता है। एनकोडिंग और डिकोडिंग अशाब्दिक संचार में उपयोग की जाने वाली संचेत और अचेतन प्रक्रियाएँ हैं।

112. (d) दुर्खीम सिद्धान्त इस विचार का समर्थन करता है कि समाज को सुचारू ढंग से चलाने के लिए साझा संस्कृति होना आवश्यक है। डेविड इमाइल दुर्खीम फ्रांस के महान समाजशास्त्री थे।

113. (c) निश्चित स्थानीयता/स्थल समुदाय और समाज के बीच के अन्तर का घटक है। समाज मानव सभ्यता का एक मूलभूत कार्य है, यह अरबों वर्षों से एक अनिवार्य हिस्सा रहा है। मनुष्य समूहों में रहने की प्रवृत्ति रखता है। समाज और समुदाय आने वाली पीढ़ियों को महत्त्वपूर्ण जानकारी स्थानान्तरित करना आसान बनाते हैं।

114. (c) समाजशास्त्र में ''भूमिका'' की अवधारणा का अर्थ हैसियत का व्यवहार सम्बन्धी घटक से है। वह स्थिति या स्थिति जो व्यक्ति समाज में व्याप्त होता है, स्थिति कहलाती है। समाजशास्त्र अन्य सभी वैज्ञानिक दृष्टिकोणों या परिप्रेक्ष्य के समान इस मान्यता को लेकर चलता है कि प्रकृति में सभी जगह व्यवस्था है जिसका पता लगाया जा सकता है।

115. (d) समाजशास्त्र समाज का अध्ययन है। समाजशास्त्र वह विज्ञान है जोकि सामाजिक क्रिया का उद्देश्यपूर्ण बोध कराने का प्रयत्न करता है। दुर्खीम के अनुसार, समाजशास्त्र सामूहिक प्रतिनिधित्व का विज्ञान है।

116. (c) मिशिगन नेतृत्व अध्ययन, नेतृत्व के अध्ययन व्यवहार पद्धति पर आधारित है। यह एक ऐसा प्रभावशाली राजनीतिक सिद्धान्त है जिसने राजनीतिक अध्ययन करने में मूल्यों को तरजीह देने का विरोध किया है।

117. (d) सामाजिक बीमा में पेंशन, बेरोजगारी एवं अशक्तता भत्ते शामिल हैं। सामाजिक बीमा सामाजिक कल्याण का एक रूप है जो आर्थिक जोखिमों के विरुद्ध बीमा प्रदान करता है।

118. (d) प्राप्तकर्त्ता, संचार प्रक्रिया का चरण नहीं है जबकि प्रेषक द्वारा भेजी गई सूचना का अन्तिम स्रोत है। संचार प्रक्रिया में पाँच चरण होते हैं–प्रेषक द्वारा विचार निर्माण, कूट लेखन (कोडन) मार्ग (चैनल) चयन, विकूटीकरण (डिकोडिंग), प्राप्त कर्त्ता द्वारा प्रतिपुष्टि।

119. (*) समाजशास्त्र के अंग्रेजी शब्द सोशियोलॉजी (Sociology) का पहली बार प्रयोग 1780 ई. में फ्रांसीसी निबन्धकार इमेनुअल जोसेफ सीयस द्वारा अप्रकाशित पांडुलिपि में किया गया था। बाद में ऑगस्ट कॉम्ट द्वारा 1838 में इसका प्रयोग किया गया। कॉम्ट को 'समाजशास्त्र का पिता' कहा जाता है।

120. (d) समाजशास्त्र एक विज्ञान है, क्योंकि यह व्यवस्थित विधियों का उपयोग करता है। एक सामाजिक परिवर्तन है एवं निष्कर्षों को तब तक अनन्तिम मानता है जब तक उनका सत्यापन न हो जाए आदि सभी को सम्मिलित करता है।

121. (d) प्रजातान्त्रिक, संचार का एक परिप्रेक्ष्य नहीं है। इसके अतिरिक्त क्रान्तिक, आधुनिक और आधुनिक-पश्चात आदि संचार के परिप्रेक्ष्य हैं।

122. (a) समाज के लिए भाषा महत्त्वपूर्ण है, क्योंकि यह सामाजिक सम्पर्क आसान बनाती है। भाषा को वैचारिक आदान-प्रदान का माध्यम कहा जाता है। भाषा अभिव्यक्ति का सर्वाधिक विश्वसनीय माध्यम है।

123. (a) ICT का पूरा नाम, इन्फॉर्मेशन कम्यूनिकशन टेक्नोलॉजी (सूचना संचार प्रौद्योगिकी) है। कार्टर के अनुसार सूचना का तात्पर्य उस बहु उपयोगी जानकारी से है जो प्रत्येक व्यक्ति, विषय व स्थान विशेष के लिए सदैव प्रस्तुत रहती है।

124. (b) भारत में सामाजिक नीति पर आधारित कल्याण कार्यक्रम मनोरंजन क्षेत्र में प्रदान नहीं किए जाते हैं। जबकि स्वास्थ्य, रोजगार और शिक्षा के लिए कल्याण आधारित कार्यक्रम चलाए जाते हैं।

125. (a) कुल गुणवत्ता प्रबन्धन एक लोग अभिमुख प्रकार्य है। कुल गुणवत्ता प्रबन्धन वह अवधारणा प्रदान करता है, जो किसी संगठन में निरन्तर सुधार सुनिश्चित करता है।

126. (c) लेखन मौखिक संचार का उदाहरण नहीं है। जबकि टेलीफोन, शब्द एवं साक्षात्कार आदि मौखिक संचार के उदाहरण हैं। मौखिक संचार औपचारिक एवं अनौपचारिक दो प्रकार का होता है।

127. (c) द्वितीयक समूह में सम्बन्ध औपचारिक होता है। औपचारिक संगठन में जब दो या दो से अधिक व्यक्ति एकसमान उद्देश्य को पूरा करने के लिए एकसाथ आते, तब वे एक औपचारिक सम्बन्ध का पालन करते हैं।

128. (d) टीम निर्णय में प्रतिपुष्टि एवं मतैक्य आवश्यक है। प्रतिपुष्टि को आसान भाषा में समझें, तो यह लोगों को यह बताने के बारे में है कि हम प्रदर्शन के बारे में क्या सोचते हैं। मतैक्य किसी भी विषय पर एकमत होना है।

129. (a) गोपनीयता सामाजिक समूह कार्य का एक सिद्धान्त नहीं है जबकि मार्गदर्शित समूह अन्तर्क्रियाएँ प्रगतिशील कार्यक्रम विकास और समूह द्वारा की गई प्रगति का मूल्यांकन आदि समूह कार्य का सिद्धान्त है।

130. (b) व्यवसाय, सामाजिक वर्ग का सबसे आम संकेतक है, इसके अतिरिक्त जाति, शिक्षा एवं कौशल भी वर्ग हैं, परन्तु यह सामाजिक रूप में इतना आम नहीं है।

131. (d) सामाजिक सुरक्षा में दान शामिल नहीं है। खाद्य आर्थिक सहायताएँ लोक निर्माण परियोजनाएँ तथा सम्पूरक आहार आदि सामाजिक सुरक्षा में शामिल हैं।

132. (*) Cancelled

133. (d) केन्द्रीय समाज कल्याण बोर्ड की स्थापना वर्ष 1953 में की गई थी। इसकी स्थापना यक संकल्प के माध्यम से स्वैच्छिक कार्य को बढ़ावा देने, महिलाओं और बच्चों के कल्याण हेतु स्वैच्छिक संगठनों को तकनीकी और वित्तीय सहायता उपलब्ध कराने के उद्देश्य से की गई थी।

134. (c) सामाजिक सेवाओं में धनवानों का संरक्षण शामिल नहीं होगा। जबकि असुरक्षित समूहों का संरक्षण, अपेक्षाकृत कमजोर तबके (वर्गों) का संरक्षण और जरूरतमन्दों का संरक्षण आदि सामाजिक सेवाओं के अन्तर्गत आता है।

135. (a) सामाजिक समूह, सामाजिक अन्तर्क्रिया की एक प्रणाली है। यह परिभाषा एच.एम. जॉनसन द्वारा दी गई थी। समाजशास्त्र की उनकी परिभाषा समाज की सामाजिक संरचना और व्यक्तिगत व्यवहार को आकार देने वाली सामाजिक शक्तियों को समझने पर केन्द्रित है।

136. (d) प्रदर्शन मानक योगदान प्रदर्शन और कार्य प्रयास के स्तर को परिभाषित करता है। कुछ कार्य करने के लिए प्रदर्शन स्तर या गति को मानक के रूप में चुना जाता है। सामान्य प्रदर्शन का सन्दर्भ ऐसा चाहिए कि इकाई में अधिकांश श्रमिकों के काम करने की क्षमता के भीतर से निर्धारित समय मानक होना चाहिए।

137. (b) समाजशास्त्री 'समूह' शब्द को अन्तर्क्रिया के संगठित पैटर्न में संलग्न लोगों के रूप में वर्णित करते हैं। समूह समाज की ईकाई है जिसमें समाज की सभी विशेषताएँ विद्यमान रहती हैं सिवाय केवल इस सत्य के कि समूह का अस्तित्व एक मूर्त (सकार) रूप में होता है। समाजशास्त्रियों ने सामाजिक समूह को समूहों के विज्ञान के रूप में वर्णित किया।

138. (d) सामाजिक समूह कार्य में क्षेत्र कार्य, ज्ञान, कौशल, रवैया आदि अर्जित करने में सहयोग करता है। समूह को अपने हितों के अनुसार अपने लक्ष्यों, कार्यक्रमों, क्रियाओं और गतिविधियों को व्यवस्थित और संगठित करने का अधिकार है, यह व्यक्तियों की समानता में विश्वास करता है।

139. (a) समान लोगों के बीच संचार की क्षैतिक प्रणाली संचालित होती है। यह अन्योन्योश्रित विभागों के समन्वय की प्राथमिक विधि है। संगठन को

कुशलतापूर्वक चलाने के लिए इसकी सभी इकाइयों के साथ समन्वय करना आवश्यक है। इसे पार्श्विक संचार भी कहते हैं।

140. (d) बाह्य प्रशिक्षक, प्रबन्धन की चार महत्त्वपूर्ण भूमिकाओं में से एक नहीं है जबकि पर्यवेक्षक, सुकारक आन्तरिक, प्रशिक्षक आदि प्रबन्धन की महत्त्वपूर्ण भूमिकाओं में से है। प्रबन्धन, उपलब्ध संसाधनों का दक्षतापूर्वक तथा प्रभावपूर्ण तरीके से उपयोग हुए लोगों के कार्यों में समन्वय करना ताकि लक्ष्यों की प्राप्ति सुनिश्चित की जा सके।

141. (a) जब एक समाज के सामाजिक लक्षण दूसरे समाज में तेजी से जाते हैं, तो इस प्रक्रिया को आत्मसातकरण/स्वांगीकरण (एसिमिलेशन) कहा जाता है। आत्मसातकरण एक ऐसी प्रक्रिया है जिसमें बालक किसी समस्या का समाधान करने के लिए पहले से सीखी हुई योजनाओं या मानसिक प्रक्रियाओं का सहारा लेता है। यह एक जीव वैज्ञानिक प्रक्रिया है।

142. (d) ''द सोशियोलॉजिकल इमेजिनेशन'' नामक पुस्तक राइट मिल्स ने लिखी है। मिल्स द्वितीय विश्वयुद्ध के बाद समाज में बुद्धिजीवियों की जिम्मेदारियों से चिन्तित थे और उन्होंने निस्वार्थ अवलोकन के बजाए सार्वजनिक और राजनीतिक जुड़ाव की वकालत है।

143. (d) सामाजिक अधिकारों में राजनैतिक तबके का संरक्षण शामिल नहीं होंगे जबकि बच्चे, श्रमिक/मजदूर एवं महिलाओं के अधिकार आदि सामाजिक संरक्षण में शामिल होंगे। सामाजिक संरक्षण से अभिप्राय सामाजिक सुरक्षा से है, यह व्यक्ति के जीवन में कुछ जोखिमों और आकस्मिक घटनाओं के बोझ से बचाता है।

144. (d) दिए अनुच्छेद में विण्डोज एक्सप्लोरर, गूगल, क्रोम आदि ब्राउजरों की चर्चा की गई है। इन ब्राउजरों की मदद से इण्टरनेट में विचरण किया जा सकता है। अन्त उपयोक्ताओं को इण्टरनेट सेवा देने वाले संगठन को इण्टरनेट सेवा प्रदाता (ISP) कहते हैं। इण्टरनेट की मदद से आप ब्राउज कर सकते हैं।

145. (a) सूचना इण्टरनेट की सफलता की कुँजी है। दुनिया भर से सूचनाएँ एकत्र करने के लिए इण्टरनेट का प्रयोग किया जा सकता हैं। ये सूचनाएँ शिक्षा, चिकित्सा, साहित्य, सॉफ्टवेयर, कम्प्यूटर, व्यापार, मनोरंजन, मित्रता, पर्यटन एवं फुरसती गतिविधियों से सम्बन्धित हो सकती हैं।

146. (d) दुनिया भर से शिक्षा, चिकित्सा एवं साहित्य आदि की सूचनाएँ एकत्र की जाती हैं। लोग इण्टरनेट के माध्यम से ऐसी सूचनाएँ एकत्र करते हैं जोकि लगभग हर देश के सभी प्रमुख गाँवों, कस्बों और शहरों में उपलब्ध हैं।

147. (b) 3G का पूरा नाम थर्ड जनरेशन (तीसरी पीढ़ी) है। ब्राडबैण्ड और उन्नत मोबाइल दूरसंचार प्रौद्योगिकियाँ जैसे 3G और 4G आ जाने से इण्टरनेट सेवा की गति में नाटकीय वृद्धि हुई है। अब हमें मात्र कुछ सेकण्डों में दुनिया भर के समाचार मिल सकते हैं। इण्टरनेट ने सभी को संचार की सर्वाधिक रोमांचक विधा प्रदान की है।

148. (a) ऐसे कई चैटिंग सॉफ्टवेयर उपलब्ध है जिससे इण्टरनेट के जरिए रियल टाइम सन्देश भेजे और पाए जा सकते हैं। किसी भी चैटिंग सॉफ्टवेयर का उपयोग करके अपने मित्रों और सम्बन्धियों से बात कर सकते हैं।

149. (a) सोशल नेटवर्किंग साइटों से लोग पुराने मित्रों से जुड़ सकते हैं। उनके ऑनलाइन होने पर वे बातचीत भी कर सकते हैं। सोशल नेटवर्किंग साइटें हमें दूसरे के साथ चित्र साझा करने की सुविधा देती हैं। हम छुट्टी पर होने के दौरान अपने प्रियजनों के साथ चित्र साझा कर सकते हैं। लोग तो इन सोशल नेटवर्किंग साइटों पर व्यापारिक सौदे भी कर रहे हैं।

150. (c) मुद्रण मशीन की सहायता से समाचार-पत्र का आविष्कार किया गया था। समाचार-पत्र मानव जाति को मुद्रण मशीन से मिला महान एवं उपयोगी उपहार है। समाचार-पत्र व्यक्ति को उपयोगी ढंग से व्यस्त रखता है। वह उसे दुनिया की घटनाओं के बारे में सूचित करता है।

151. (a) समाचार-पत्र को एक शक्तिशाली जनसंचार माध्यम कहा जाता है। यह सत्य का संरक्षक और मानवाधिकारों एवं स्वतन्त्रता का प्रहरी है। इसे अच्छे कार्य के लिए भी प्रयोग किया जाता है और बुरे कार्य के लिए भी। यह विचारों का वाहक है।

152. (b) समाचार-पत्र विचार का वाहक है। यह विचारों, सिद्धान्तों, उन पर की गई टिप्पणियों को फैलाता है, सरकारों, लोगों और उनकी गतिविधियों की समालोचना करता है। यह जनमत का एक शक्तिशाली अवयव है। यही कारण है कि यह जनता की स्वतन्त्रता है। समाचार हमारे दैनिक जीवन का अभिन्न अंग बन चुके हैं।

153. (b) समाचार-पत्रों का पाठक, सार्वजनिक मामलों के सम्पर्क में रहता है। समाचार-पत्र ज्ञान की कई शाखाओं में उसे शिक्षित करता है और उसे ढेर सारी सूचनाएँ प्रदान करता है। समाचार-पत्र पढ़ने से ज्ञान का विकास होता है। इससे हम सभी नई खोजों और आविष्कारों के बारे में जान सकते हैं।

154. (d) व्यापारी समाचार-पत्रों में अपनी वस्तुओं का विज्ञापन देते हैं। चूँकि समाचार-पत्रों में बाजार की रिपोर्ट होती है, इससे व्यापारियों को विभिन्न शहरों में वस्तुओं के मूल्य एक-समान रखने में मदद मिलती है। व्यापारी समाचार-पत्रों में विज्ञापन अपनी बिक्री बढ़ाने हेतु देते हैं।

155. (d) समाचार-पत्र धार्मिक विषयों और खेलकूद, आर्ट्स और संगीत आदि के बारे में ढेर सारी सूचनाएँ देते हैं। समाचार-पत्र का नियमित पाठक सार्वजनिक मामलों के बारे में ढेर सारा ज्ञान अर्जित कर सकता है। समाचार-पत्र महान विचारकों और दार्शनिकों के विचार हम तक लाते हैं। वे जनमत को आकार देते हैं और उसे प्रतिबिम्बित करते हैं।

156. (b) **विशेष शिक्षा** (Special Education) में विशेष शिक्षण पद्धतियाँ, विशेष शिक्षण सामग्रियाँ और विशेष प्रकार के डिजाइन की गई कक्षाएँ या खेल कक्ष किसी असामान्य बच्चे की अद्वितीय आवश्यकताएँ पूरी करने के लिए उपयोग की जाती हैं। ऐसे बच्चे अपनी सहायता स्वयं नहीं कर पाते हैं। विशेष शिक्षा के माध्यम से बच्चों को मुख्य धारा में लाने वाली गतिविधियों की योजना निर्माण में सहयोगी बनाना है।

157. (d) यदि आप नवजात के मुँह के कोने में स्ट्रोक करें, तो उसका सिर उधर मुड़ जाता है जिधर आप स्ट्रोक कर रहे हैं, वह अपने होंठ खोलता है, अपनी जीभ बाहर निकालता है और वस्तु को अपने मुँह में ले जाने का प्रयास करता है ताकि चूस सके, शिशु मूलोत्पत्ति प्रतिवर्त (rooting reflex) प्रदर्शित करता है। यह बच्चे को दूध पिलाने के लिए स्तन या बोतल खोजने में मदद करता है। मूलोत्पत्ति रिफ्लेक्स लगभग 4 महीने रहता है।

158. (d) **डिसलेक्सिया, डिसग्राफिया और डिसकैल्कुलिया** अधिगम निःशक्तता का एक प्रकार है। अधिगम निःशक्तता को वाक्, भाषा, पठन, लेखन, अंकगणितीय प्रक्रियाओं में से किसी एक या अधिक प्रक्रियाओं में मंदन, विकृति अथवा अवरुद्ध विकास के रूप में परिभाषित किया जा सकता है। अधिगम निःशक्तता का प्रयोग सर्वप्रथम वर्ष 1963 में सैमुअल किर्क द्वारा किया गया था।

159. (b) भ्रूण का लिंग 3 महीने में ज्ञात किया जा सकता है। गर्भ में पल रहे एम्ब्रियो को आठ हफ्ते बाद यानी 57वें दिन से बच्चा पैदा होने तक कानून की दृष्टि से 'फीटस' यानी 'भ्रूण' माना जाता है। वर्ष 1994 में जब गर्भ में पल रहे भ्रूण की लिंग जाँच को गैर कानूनी बनाने वाला पीसीपीएनडीटी कानून लाया गया, तब भ्रूण पहली बार परिभाषित हुआ।

160. (a) बच्चों की देखभाल और संरक्षण के कानून क्रियान्वित करते समय किशोर न्याय अधिनियम, केन्द्र/राज्य सरकार व अन्य एजेन्सियों का मार्गदर्शन करने वाला सिद्धान्त गरिमा और योग्यता का सिद्धान्त, सर्वोत्तम हित का सिद्धान्त एवं नई शुरुआत का सिद्धान्त सम्मिलित है। पूर्वमान्यता का सिद्धान्त कि बच्चा कोई अपराध करने का दोषी है, इस सिद्धान्त के अन्तर्गत सम्मिलित नहीं है।

161. (a) **अण्डाणु अवधि** (Period of Ovum) निषेचन से प्रारम्भ होकर युग्मनज के गर्भाशय की दीवार पर भली-भाँति चिपक जाने तक रहती है। ओवुलेशन की प्रक्रिया की शुरुआत शरीर में फॉलिकल स्टिमुलेटिंग हार्मोन यानी एफएसएच के रिलीज से होती है। ये मासिक चक्र के 6 से 14वें दिन के बीच होता है एफएसएच ओवरी के अन्दर अण्डे को मैच्योर होने में मदद करता है, ताकि वो आगे जाकर भ्रूण का रूप ले सकें।

162. (b) **बाल श्रम** (निषेध एवं नियमन) अधिनियम समस्त व्यवसायों में बच्चों को नियोजित किए जाने का निषेध करता है और खतरनाक व्यवसायों में किशोरों को नियोजित किए जाने का निषेध करता है। वर्ष 2016 में कानून लाकर बाल श्रम (निषेध एवं नियमन) अधिनियम 1986 मं संशोधन किया गया। बालश्रम के इस नए कानून के तहत किसी भी काम के लिए 14 वर्ष से कम उम्र के बच्चों को नियुक्त करना गैर-कानूनी माना गया है।

163. (d) अनुमोदित सामाजिक भूमिकाएँ निभाना सीखना, सामाजिक रूप से अनुमोदित तरीकों से व्यवहार करना सीखना तथा सामाजिक दृष्टिकोणों का विकास, समाजीकरण प्रक्रिया का एक चरण है। समाजीकरण की प्रक्रिया बाल्यावस्था से आरम्भ होकर मृत्यु तक निरन्तर चलने वाली एक घटना है। नवजात शिशु को सामाजिक प्राणी के रूप में परिवर्तित करने के अनेक स्तर होते हैं। ये स्तर विभिन्न आयुखण्डों में विभक्त रहते हैं।

164. (b) तरल/गतिशील आसूचना (Fluid Intelligence) के अन्तर्गत विशिष्ट सूचनाओं, कौशलों और कार्यनीतियों का भण्डारण सम्मिलित है, जो लोग अनुभव के माध्यम से अर्जित करते हैं।

तरल आसूचना को मापने के लिए उपयोग की जाने वाली मुख्य दशताएँ अमूर्त तर्क, स्थानिक तर्क और दृश्य तर्क है। तरल आसूचना के माध्यम से महत्त्वपूर्ण सोंच और तार्किक तर्क का उपयोग करके अपरिचित समस्याओं को हल करने की क्षमता है।

165. (d) अनेक माताएँ स्वयं अशिक्षित होने के कारण बच्चों को पालने की उचित विधियों से अनभिज्ञ हैं, स्कूल-पूर्व वर्षों में विकास दर इतनी तीव्र होती है कि बच्चे को अधिकाधिक अनुभव दिए जा सकते हैं तथा भारत में कक्षा 1 और 2 में अत्यधिक व्यर्थता/अपव्यय और ठहराव होता है जिसे नर्सरी स्कूल शिक्षा द्वारा रोका जा सकता है, आदि भारत में स्कूल-पूर्व शिक्षा की आवश्यकता और महत्व पर बल देता है। जब बच्चे शान्त मन से किसी खेल में व्यस्त होते हैं, तब वे चीजों को बड़े ही रचनात्मकता के साथ ज्ञान खोजते हैं।

166. (c) अधिगम (सीखने) का वह चरण है जिसमें कोई कार्य करने वाले व्यक्ति को किए जाने वाले कार्य के विविध पहलुओं पर विचार करने की भी आवश्यकता नहीं होती, क्योंकि कार्य स्व-नियमित हो जाता है और आसानी से किया जाता है, स्वचालन चरण कहलाता है। जब हम किसी कार्य को करना सीखते हैं, तो एक निश्चित क्रम से गुजरना होता है। किसी भी उद्दीपन के प्रति क्रमबद्ध प्रतिक्रिया की खोज करना ही अधिगम का सिद्धान्त होता है।

167. (b) प्रजाति के सामान्य प्रकार्य जैसे कि रेंगना, सरकना, बैठना और चलना जातिवृत्तीय कार्य (Phylogenetic Functions) के रूप में जाने जाते हैं। जातिवृत्तीय कार्य इस बात की गहन समझ प्रदान करता है कि आनुवंशिक परिवर्तनों के माध्यम से प्रजातियाँ कैसे विकसित होती हैं। जातिवृत्तीय का उपयोग करके वैज्ञानिक उस प्रश्न का मूल्यांकन कर सकते हैं जो वर्तमान जीव को उसके पैतृक मूल से जोड़ता है, साथ ही भविष्य में होने वाला आनुवंशिक विचलन की भविष्यवाणी कर सकता है।

168. (c) यूनिसेफ का मुख्यालय न्यूयॉर्क (New York) में स्थित है। संयुक्त राष्ट्र बाल कोष या यूनिसेफ की स्थापना का आरम्भिक उद्देश्य द्वितीय विश्व युद्ध में ग्रसित हुए बच्चों को खाना और स्वास्थ्य सेवाएँ उपलब्ध कराना था। इसकी स्थापना संयुक्त राष्ट्र की महासभा ने 11 दिसम्बर, 1946 को की थी। वर्ष 1953 में यूनीसेफ, संयुक्त राष्ट्र का स्थाई सदस्य बन गया।

169. (c) बच्चों के लिए निःशुल्क और अनिवार्य शिक्षा का अधिकार अधिनियम वर्ष 2009 में लागू किया गया। इस अधिनियम के तहत 6 से 18 वर्ष आयु के बच्चों को निःशुल्क और अनिवार्य शिक्षा प्रदान की जा रही हैं। यह अधिनियम 1 अप्रैल, 2010 से लागू हुआ। इस अधिनियम में 7 अध्याय तथा 38 खण्ड हैं।

170. (b) शिक्षार्थी, लक्ष्य और हस्तक्षेप करने वाली रूकावट के बीच आकस्मिक सम्बन्ध बोध, अन्तर्दृष्टि (Insight) कहलाता है। अन्तर्दृष्टि अधिगम संज्ञानात्मक अधिगम का एक रूप है। एण्डरसन के अनुसार ''अन्तर्दृष्टि से तात्पर्य समस्या के हल को यकायक प्राप्त कर लेने से है'' अर्थात् अधिगमकर्ता प्रत्यक्षीकरण और विचारों को संगठित करके किसी समस्या का उपयुक्त समाधान प्रस्तुत करता है।

171. (b) वाइगोत्स्की (Vygotsky) ने बोधात्मक विकास निर्देशन में संस्कृति और सामाजिक अन्तर्क्रियाओं की भूमिका पर बल दिया है। वाइगोत्स्की एक रूसी मनोवैज्ञानिक थे। इन्होंने मनोविज्ञान के क्षेत्र में विकास मनोविज्ञान पर मुख्य कार्य किया। वाइगोत्स्की के अनुसार भाषा समाज द्वारा दिया गया प्रमुख सांकेतिक उपकरण है जोकि बालक के विकास में विशेष रूप से महत्त्वपूर्ण है।

172. (b) **आरम्भिक बाल्यावस्था** विकास अवधि की विशिष्टता यह है कि स्कूल हेतु तैयारी कौशल विकसित होते हैं और अधिकांश खाली समय मित्रों के साथ खेल में व्यतीत होता है। इन बच्चों में संज्ञानात्मक, भाषा, भावनात्मक और सामाजिक कौशल बेहतर होने की, स्वस्थ बड़े होने की और आत्मविश्वास से पूर्ण होने की सम्भावना अधिक होती है।

173. (c) आईसीडीएस के अन्तर्गत पोषण और स्वास्थ्य शिक्षा 15-45 वर्ष आयु समूह की महिलाओं को प्रदान की जाती है। 1975 में प्रारम्भ की गई एकीकृत बाल विकास योजना (ICDS) एक अद्वितीय प्रारम्भिक बचपन विकास कार्यक्रम है। आँगनबाड़ी सेवा योजना, प्रधानमन्त्री मातृ वन्दना योजना, राष्ट्रीय शिशु गृह योजना, किशोरियों के लिए योजना, बाल संरक्षण योजना एवं पोषण अभियान, आईसीडीएस के अन्तर्गत प्रमुख योजनाएँ हैं।

174. (c) हॉर्मोन (Hormones) अन्तः स्रावी ग्रन्थियों द्वारा स्रावित शक्तिशाली रासायनिक पदार्थ हैं जिनका रूधिर प्रवाह द्वारा शरीर में परिवहन किया जाता है। हॉर्मोन रासायनिक सन्देशवाहक होते हैं जो वृद्धि और विकास, चयापचय, प्रजनन और तनाव प्रतिक्रिया जैसी कई अलग-अलग शारीरिक प्रतिक्रियाओं को नियन्त्रित और समन्वयित करने के लिए जिम्मेदार होते हैं।

175. (d) 'बाल अधिकार सन्धिपत्र' में उल्लेखित चार मुख्य क्षेत्र उत्तरजीविता, देखभाल, संरक्षण और खेल के अधिकार शामिल हैं। इस अभिसमय के अन्तर्गत सदस्य देशों को बच्चों की सभी प्रकार की शारीरिक और मानसिक यातनाओं तथा आर्थिक शोषण और मादक द्रव्यों के अवैध प्रयोग से रक्षा करने के लिए उपयुक्त कदम उठाने पड़ते हैं।

176. (a) एचआईवी (HIV) का अर्थ है, ह्यूमन इम्यूनो डेफिशिएन्सी (Human Immune Deficiency Virus) इसमें शरीर की प्रतिरक्षा को गम्भीर नुकसान पहुँचता है तथा इसके कारण किसी व्यक्ति की संक्रमण से लड़ने की क्षमता कम हो जाती है। एचआईवी का वायरस शरीर की प्रतिरक्षा प्रणाली में सीडी 4 (CD4) नामक श्वेत रक्त कोशिका (टी-सेल्स) पर हमला करता है।

177. (c) राजीव गाँधी अध्येतावृत्ति योजना के तहत निःशक्तों को एमफिल और पीएचडी जैसी उच्च शिक्षा प्राप्त करने के लिए छात्रवृत्तियाँ प्रदान करती हैं। राजीव गाँधी स्कॉलरशिप फॉर एकेडमिक एक्सीलेंस योजना में ₹8 लाख से कम आय वाले विद्यार्थियों को प्राथमिकता दी जा रही है। इस योजना के अन्तर्गत ₹25 लाख तक की पारिवारिक आय वाले विद्यार्थी भी आवेदन कर सकते हैं।

178. (b) केयर (CARE) का पूरा नाम कोऑपरेटिव ऑफ असिस्टेंस एण्ड रिलीफ एव्रीव्हेयर है। CARE दुनिया के सबसे बड़े निजी मानवीय संगठनों में से एक है। द्वितीय विश्व युद्ध के बचे लोगों को राहत प्रदान करने के लिए वर्ष 1945 में इसे स्थापित किया गया था।

179. (a) प्रतिवर्त, प्राथमिक, द्वितीयक, तृतीयक वृत्तीय प्रतिक्रियाएँ और आरम्भिक प्रतिनिधित्व विचार, पियाजे के ज्ञानेन्द्रिय/संवेदी प्रेरक के उप-चरण है। पियाजे के विकासात्मक चरण के ज्ञानेन्द्रिय/संवेदीप्रेरक चरण में जन्म से 2

वर्ष तक के बच्चे आते हैं। इस दौरान होने वाला संज्ञानात्मक विकास अपेक्षाकृत कम समय में होता है।

180. (b) अस्थि मेरुस्तम्भ के पूर्णतः बन्द होने में विफलता से उत्पन्न जन्मजात मध्यरेखीय दोष, मेरुरज्जु की हड्डी में चोट (स्पाइना बाइफिडा) कहलाता है। स्पाइना बाइफिडा को आमतौर पर जन्म से पहले या जन्म के समय पहचाना जाता है। वयस्कता में निदान की घटनाएँ होती हैं।

181. (c) मस्कुलर डिस्ट्रॉफी, आर्थराइटिस, क्लब फुट, क्लेफ्ट पैलेट आदि पेशीय-कंकालीय असमर्थताएँ किसके उदाहरण हैं। चोटें और स्थितियाँ जो मानव शरीर या कंडरा, स्नायुबन्धन, माँसपेशियों, डिस्क, रक्त वाहिकाओं आदि से युक्त गति को प्रभावित करती हैं उन्हें मस्कुलोस्केलेटर विकार के रूप में जाना जाता है।

182. (a) स्कूल-पूर्व शिक्षा के तीन आर (R) पढ़ना, लिखना और गणित हैं। प्री स्कूल में बच्चों की गतिविधियों की संरचना कुछ इस तरह होती है कि जिसके अन्तर्गत बच्चे खुद के विकास व शिक्षा में सक्रिय भागीदार होते हैं।

183. (a) शरीर के किसी अनुपस्थित अंग का कृत्रिम प्रत्यारोपण, प्रॉस्थीसस (Prosthesis) कहलाता है। कृत्रिम अंग कई प्रकार के होते हैं। कुछ को शरीर के बाहर पहना जाता है और अन्य को सर्जरी (प्रत्यारोपण) के दौरान डाला जाता है।

184. (c) सूक्ष्मप्रणाली, मध्यप्रणाली, बहिप्रणाली, वृहद प्रणाली और काल प्रणाली ब्रोनफनब्रेनर के द्वारा प्रतिपादित किया गया था। ब्रोनफनब्रेनर, रूसी अमेरिकी विकास मनोवैज्ञानिक थे जो अपनी 'इकोलॉजिकल सिस्टम्स थियरी' के लिए प्रसिद्ध है।

185. (d) **प्रकरण का अध्ययन** क्लाइण्ट का गहन विश्लेषण करती है। केस स्टडी से तात्पर्य किसी वस्तु, स्थिति का भलीभाँति बारीकी से जाँच पड़ताल करना और जानना है। इसका बुनियादी आधार विद्यार्थी की जिज्ञासु प्रवृत्ति को माना जाता है।

186. (*) Cancelled

187. (c) ऐसा व्यक्ति जिसका शरीर सामान्य न हो, उसका मस्तिष्क भी सामान्य नहीं होगा, यह कथन गलत है। शरीर सामान्य न रहने के बावजूद, व्यक्ति का मस्तिष्क पूर्वरूपेण स्वस्थ रह सकता है। स्टीफन हॉकिंग, मोटर न्यूरोन नामक बीमारी से पीड़ित थे, इसमें शरीर के अधिकतर अंगों ने काम करना बन्द कर दिया था, फिर भी उनकी दिमाग की कुशलता अद्वितीय थी।

188. (a) महिला एवं बाल विकास मन्त्रालय के पास आईसीडीएस स्कीम की निगरानी का समग्र दायित्व है। एकीकृत बाल विकास कार्यक्रम, एक अद्वितीय प्रारम्भिक बचपन का विकास कार्यक्रम है, जिसका उद्देश्य कुपोषण, स्वास्थ्य और युवा बच्चों, गर्भवती महिलाओं से सम्बन्धित है।

189. (d) 5 से 6 वर्ष जब बच्चे स्कूल जाने के लिए तैयार होते हैं और वे प्राधिकार सत्ता स्वीकार करना तथा नियमों व विनियमों का यथानुरूप पालन करना सीखते हैं।, 8 से 10 वर्ष जब दल के सदस्य के रूप में स्वीकृत किए जाने की आकांक्षा होती है एवं 13 से 15 वर्ष जब बच्चे साथियों से अनुमोदन, विशेषकर विपरीत लिंग वाले सदस्यों से अनुमोदन हेतु प्रयास करते हैं इत्यादि रचनात्मक विकास हेतु महत्त्वपूर्ण हैं।

190. (a) बोधात्मक विकास के संवेदीप्रेरक चरण में बच्चे पर्यावरण, कारणता, समय और दिक्स्थान से पृथक् और विशिष्ट स्वयं की समेझ विकसित करना प्रारम्भ कर देते हैं। संवेदीप्रेरक चरण के अन्तर्गत विकास का महत्त्वपूर्ण आधार प्रदान करता है। बच्चों को आगे बढ़ाने के लिए आवश्यक क्षमताएँ प्रदान करता है।

191. (b) अधिगम (सीखना) प्रक्रिया निर्माणक तत्वों का क्रम शिक्षार्थी, उद्दीपक और प्रतिक्रिया है।

गिलफोर्ड के अनुसार, सीखने की प्रक्रिया का मुख्य लक्षण मानवीय व्यवहार में होने वाला परिवर्तन एवं परिपक्वता है।

192. (a) असामान्य पुनरावृत्तियाँ और वाक् ध्वनियों का दीर्घीकरण हकलाहट (Stuttering) में होता है। दिमाग के स्पीच प्रोडक्शन केन्द्र में खून के कम प्रवाह के कारण ही लोगों में हकलाने की परेशानी पैदा होती है।

193. (d) अमूर्त सोच (Abstract thinking) वह अवधारणा, जो आरम्भिक बाल्यावस्था के वर्षों के दौरान विकसित नहीं होती है। आपेक्षिक अवस्थित, आपेक्षिक आकार एवं वर्गीकरण आरम्भिक बाल्यावस्था के दौरान विकसित होते हैं।

194. (a) विकासात्मक दिशा के सिफैलोस्यूडल नियम के अनुसार, विकास सिर से पाँव तक विस्तृत होता है। विकास की दर और गति अलग-अलग मामलों में भिन्न हो सकती है, लेकिन सभी बच्चों में विकास के स्वरूप का क्रम लगभग समान होता है।

195. (b) व्यक्तियों की स्वयं की 'कौन' और 'क्या' की अवधारणा, वास्तविक स्व अवधारणा (Real Self Concept) कहलाती है। वह वास्तविक स्व है जो व्यक्ति के वास्तविक गुणों, योग्यताओं, झुकावों और विशेषताओं को दर्शाता है।

196. (a) भ्रूण स्वयं को तीन विशिष्ट परतों में विभेदित करता है, जो बाह्य त्वचा, मध्यजनस्तर और अन्तर्जनस्तर कहलाती हैं। भ्रूण अपने विकास के शुरुआती चरण में प्रथम कोशिका विभाजन से लेकर जन्म एवं प्रसव तक एक बहुकोशिकीय डिप्लॉयड यूक्रापोट होता है।

197. (a) प्री-स्कूलर (स्कूल पूर्व आयु के बच्चे), कोलबर्ग के नैतिकता के सिद्धान्त के बाध्यता से नैतिकता चरण से सम्बन्धित है। लॉरेन्स कोलबर्ग के नैतिक विकास के छः चरण हैं। यह बच्चों के न्यायिक निर्णय के बारे में जीन पियाजे के विचार पर आधारित है।

198. (c) बाल अधिकार सन्धि-पत्र का अनुच्छेद 19 सभी प्रकार की हिंसा, उत्पीड़न, उपेक्षा और दुर्व्यवहार से बच्चों को संरक्षण का प्रावधान करता है। सन्धि-पत्र का अनुच्छेद-2 गैर भेदभाव का अधिकार प्रदान करता है, जिसका अर्थ है कि बच्चों को राष्ट्रीय मूल या बच्चे या उसके माता-पिता या कानूनी अभिभावकों की स्थिति की परवाह किए बिना सुरक्षा का अधिकार है।

199. (a) राष्ट्रीय दृष्टिबाधित विकलांग संस्थान देहरादून में स्थित है। यह संस्थान विकलांग व्यक्तियों के अधिकारिता विभाग (दिव्यांगजन), सामाजिक न्याय एवं अधिकारिता मन्त्रालय, भारत सरकार के प्रशासनिक नियन्त्रण में काम करता है। इसकी स्थापना वर्ष 1950 में की गई थी।

200. (a) हूवर केन (Hoover Cane) श्रवधबाधित व्यक्ति हेतु एक प्रभावी सचल सहायक के रूप में उपयोग किया जाता है। यह किसी कम दृष्टि वाले व्यक्ति को नेविगेट करने और सड़कों पर आने वाली बाधाओं से बचने में मदद करती है। यह उनकी दृश्य सहायता है जो डेंट, प्लेटफर्म किनारों, कदमों, असमान सतहों की पहचान करने में मदद करती है।

मध्य प्रदेश
महिला पर्यवेक्षक (आँगनवाड़ी)
सॉल्वड पेपर 2017

26 मार्च, 2017

1. इनमें से कौन, व्यापक जनसमूह हेतु आहारीय लक्ष्य हैं?
(a) न्यूनताजन्य रोगों और विकारों की रोकथाम
(b) उपयुक्ततम प्रदर्शन तथा BMI कायम रखना
(c) सकारात्मक स्वास्थ्य कायम रखना
(d) उपरोक्त सभी

2. प्रसवकालीन देखभाल के सम्बन्ध में इनमें से क्या सत्य है?
(a) यह प्रसव आरम्भ होने के बाद आरम्भ होती है और प्रसव के बाद तक चलती है जिसमें माता और शिशु की जाँच करना शामिल है।
(b) यह गर्भावस्था की अन्तिम तिमाही के दौरान की जाती है
(c) उपरोक्त दोनों
(d) यह गर्भावस्था की दूसरी तिमाही के दौरान की जाती है

3. हेपेटाइटिस B ………… के कारण होता है।
(a) मल सन्दूषण (b) जल सन्दूषण
(c) आन्त्रेतर मार्ग (d) भोजन सन्दूषण

4. किसी विशिष्ट भौगोलिक क्षेत्र में किसी रोग या संक्रामक अभिकर्ता की लगातार उपस्थिति को ………… कहते हैं, जैसे हैजा, मलेरिया आदि।
(a) महामारी (b) स्थानिक/विशेषक्षेत्री रोग
(c) वाहक (d) संचरणशीलता की अवधि

5. एक विटामिन जो आयरन अवशोषण में सहायक है
(a) एस्कॉर्बिक अम्ल (b) थायमिन
(c) राइबोफ्लेविन (d) पैंटोथेनिक अम्ल

6. छोटी चेचक (चिकनपॉक्स) की संक्रामकता ………… रहती है।
(a) ददोरे दिखने के 3 दिन बाद तक
(b) आखिरी पपड़ी गिर जाने तक
(c) जब तक बुखार रहे तब तक
(d) ददोरे दिखने के 6 दिन बाद तक

7. भोजन को पचाने, शरीर में पोषक तत्वों के अवशोषण, परिवहन और भण्डारण करने में लगने वाली ऊर्जा को ………… कहते हैं।
(a) कुल आवश्यक ऊर्जा
(b) कुल ऊर्जा व्यय
(c) बॉडी मास इण्डेक्स
(d) तापजनन

8. नवजात में निर्जलीकरण के मामले मे ग्लूकोज ………… के लिए/के रूप में देते हैं।
(a) सोडियम के अवशोषण (b) ऊर्जा के स्रोत
(c) स्वाद (d) इनमें से कोई नहीं

9. महिलाओं के मामले में 25 (किग्रा/मी^{2}) से अधिक के BMI का अर्थ है
(a) सामान्य से अधिक पोषण (b) सामान्य से कम पोषण
(c) सन्तुलित पोषाण (d) इनमें से कोई नहीं

10. कोणीय मुखपाक (एंगुलर स्टोमटाइटिस) जिह्वाशोथ (ग्लॉसाइटिस) और ओष्ठविदरता (चेलोसिस) ………… की कमी के कारण होते हैं।
(a) नियासिन (b) राइबोफ्लेविन
(c) सायनोबालामिन (d) थायमिन

11. जनसमूह में आयोडीन की कमी से होने वाली रोगों पर नियन्त्रण करने की एक सुपरीक्षित पद्धति है उनमें ………… का वितरण।
(a) आयोडीनयुक्त जल
(b) आयोडीन वातित पेय
(c) आयोडीनयुक्त नमक
(d) आयोडीनयुक्त मसाले

12. राष्ट्रीय प्रतिरक्षीकरण कार्यक्रम के अन्तर्गत खसरे का वैक्सीन ………… की आयु पर दिया जाता है।
(a) 6 सप्ताह (b) 9 सप्ताह (c) 6 माह (d) 18 माह

13. ………… में शिक परीक्षण किया जाता है।
(a) मेनिंजाइटिस (मस्तिष्कावरणशोध)
(b) डिफ्थीरिया
(c) पर्ट्यूसिस
(d) पोलियो मायलाइटिस

14. माँस, मछली, अण्डे और दूध ………… वाले प्रोटीनों के महत्त्वपूर्ण स्रोत हैं।
(a) उच्च जैविक मान
(b) उच्च प्रतिधारण मान
(c) उच्च अवशोषण मान
(d) उपरोक्त में से कोई नहीं

15. मध्य-पूर्व जाने वाले तीर्थ यात्रियों को सामान्यत: कौन-सा वैक्सीन दिया जाता है?
(a) मेनिंजाइटिस (मस्तिष्कावरणशोथ)
(b) पीत ज्वर
(c) इन्फलुएंजा
(d) DPT

16. *माइकोबैक्टीरियम ट्यूबरकुलोसिस और विब्रियो कोलेरी* की पहचान ………… ने की थी।
(a) रॉबर्ट कोच (b) लुइस पाश्चर
(c) न्यूटन (d) आइन्सटाइन

17. नवजात शिशुओं में DPT लगाने का अनुशंसित स्थान है
(a) ग्लूटियल पेशी (b) डेल्टॉइड पेशी
(c) अग्रबाहु (d) जाँघ का पार्श्व भाग

18. थायमिन की कमी आमतौर पर ………… के कारण होती है।
(a) लोगों द्वारा पॉलिश किए हुए चावल का सेवन अधिक लिए जाने
(b) खाना पकाने की अनुचित प्रथाएँ अपनाने
(c) चावल पकाने के बाद बचे अतिरिक्त पानी को फेंक देने
(d) उपर्युक्त सभी

19. राष्ट्रीय स्वास्थ्य नीति कब सूत्रबद्ध की गई थी?
(a) 1983 (b) 1987
(c) 2002 (d) 2004

20. इनमें से कौन एक आवश्यक वसा अम्ल है?
(a) लिनोलेनिक अम्ल (b) एस्कॉर्बिक अम्ल
(c) फोलिक अम्ल (d) इनमें से कोई नहीं

21. मलेरिया ………… के कारण होता है।
(a) *प्लाज्मोडियम* (b) *लीशमेनिया*
(c) *एण्टअमीबा हिस्टोलिटिका* (d) *क्लोस्ट्रीडियम*

22. वृद्धि मन्दन और पेशियों एवं अधोत्वचीय वसा का गम्भीर क्षय, ये पोषण सम्बन्धी ………… की दो सतत विशेषताएँ हैं।
(a) मैरास्मस (b) पेलाग्रा
(c) स्कर्वी (d) मुखपाक (स्टोमटाइटिस)

23. कंजंक्टाइवल ज़ीरोसिस का अर्थ नेत्रश्लेष्मला (कंजंक्टाइवा) के/की ………… से है।
(a) सूखेपन (b) अन्धता
(c) मृदुता (d) कठोरता

24. गर्भावस्था के दौरान आवश्यक अतिरिक्त प्रोटीन ………… के लिए आवश्यक होता है।
(a) गर्भाशय की आकार वृद्धि
(b) गर्भस्थ शिशु की तीव्र वृद्धि
(c) उपरोक्त दोनों
(d) उपरोक्त में से कोई नहीं

25. प्रोटीन, वसा और कार्बोहाइड्रेट को कभी-कभी ………… कहा जाता है।
(a) निकटस्थ मूल तत्व (प्रॉक्सिमेट प्रिन्सिपल्स)
(b) महत्त्वपूर्ण मूल तत्व
(c) प्राथमिक मूल तत्व
(d) उपरोक्त में से कोई नहीं

26. फेफड़े को छोड़कर अन्य किसी अंग के क्षय रोग (ट्यूबरकुलोसिस) से पीड़ित रोगियों का ………… कहा जाता है।
(a) एक्स्ट्रापल्मोनरी टीबी केस (b) फेफ्ड़ों की टीबी
(c) उपरोक्त सभी (d) एल्कोहली टीबी

27. RDA की सीमाएँ क्या हैं?
(a) केवल स्वस्थ व्यक्ति हेतु अनुशंसाएँ
(b) कुपोषित, मोटापाग्रस्त या बीमार लोगों के लिए अनुशंसाएँ नहीं
(c) व्यक्तियों और उनकी पोषण सम्बन्धी आवश्यकताओं के बीच अन्तर होते हैं
(d) उपरोक्त सभी

28. व्यक्ति की पोषण स्थिति का आकलन करने के लिए इनमें से किस विधि को अपनाया जा सकता है?
(a) पोषण सम्बन्धी नृमिति
(b) पोषण सम्बन्धी संकेतों की नैदानिक (क्लीनिकल) जाँच
(c) जैव-रासायनिक आकलन
(d) उपरोक्त सभी

29. ICDS योजना के अन्तर्गत 6 वर्ष तक की अयु वाले बच्चों को दिए जाने वाले प्रोटीन की मात्रा है
(a) 8-10 ग्राम प्रोटीन (b) 15 ग्राम प्रोटीन
(c) 12 ग्राम प्रोटीन (d) 20 ग्राम प्रोटीन

30. दस्त पर तर्कसंगत प्रतिक्रिया
(a) अन्त:शिरीय (इण्ट्रावीनस) चिकित्सा
(b) नमक व शक्कर का घोल
(c) घरेलु भोजन
(d) उपरोक्त सभी

31. गर्भावस्था के दौरान फोलिक अम्ल युक्त अनुपूरकों का सेवन ………… का जोखिम घटाता है।
(a) तन्त्रिका नाल दोष (न्यूरल ट्यूब डिफेक्ट)
(b) घेंघा (गॉइटर)
(c) मधुमेह
(d) उपरोक्त में से कोई नहीं

32. संचरणशील रोगों के नियन्त्रण में, किसी रोग के सम्बन्ध में संगरोध की अवधि का निर्धारण ………… द्वारा होता है।
(a) रोग की अवधि
(b) वाहक अवस्था
(c) रोगोद्भवन अवधि
(d) संक्रमणशीलता/संक्रामकता अवधि

33. विटामिन E वह मुख्य लिपिड घुलनशील विटामिन है, जिसमें ………… होता है।
(a) एण्टीऑक्सीडेण्ट गुण (b) जरण गुण
(c) विनाशकारी गुण (d) इनमें से कोई नहीं

34. इनमें से किसे छोड़कर अन्य कारकों के कारण चेचक (स्मॉलपॉक्स) का उन्मूलन हो पाया था?
(a) लम्बी रोगोद्भवन अवधि
(b) अतिरिक्त मानव भण्डार नियन्त्रण
(c) पहचान में सरलता
(d) शक्तिशाली वैक्सीन

35. राष्ट्रीय पोषण सम्बन्धी रक्ताल्पता नियन्त्रण कार्यक्रम .... में रक्ताल्पता की रोकथाम एवं उपचार करने पर लक्षित है।
(a) स्वस्थ व्यक्ति (b) वयस्क पुरुष
(c) गर्भवती महिलाओं (d) इनमें से कोई नहीं

36. गर्भावस्था से पहले तथा उसके दौरान पोषण स्थिति खराब होने के गम्भीर दीर्घकालीन प्रभाव होते हैं और .... का जोखिम मौजूद रहता है।
(a) मातृ रुग्णशीलता (b) शीघ्र/समय-पूर्व प्रसव
(c) जन्म के समय वजन कम (d) ये सभी

37. ऊर्जा असन्तुलन से उत्पन्न होने वाली दो स्थितियाँ बताइए
(a) मोटापा और दीर्घकालिक ऊर्जा न्यूनता
(b) हैजा और डिफ्थीरिया
(c) टायफॉइड और मलेरिया
(d) खसरा और ट्यूबरकुलोसिस

38. .... एक सरल शर्करा जो शरीर की सभी कोशिकाओं के लिए ऊर्जा का प्रमुख स्त्रोत है।
(a) गन्ने की शर्करा (b) सुक्रोज़
(c) ग्लूकोज (d) फ्रक्टोज़

39. स्तनपान, कुछ विषाणु संक्रमाणों; जैसे .... के विरुद्ध प्राकृतिक प्रतिरक्षा की अवधि को लम्बा कर देता है।
(a) कुछ प्रकार के न्यूमोनिया और दस्त
(b) पोलियो
(c) (a) एवं (b) दोनों
(d) मधुमेह

40. समुदाय में बच्चों की स्वास्थ्य स्थिति की माप है
(a) नवजात मृत्यु दर (b) मातृ मृत्यु दर
(c) अशोधित जन्म दर (d) अशोधित मृत्यु दर

41. गर्भवती स्त्री को अपने आंहार में इनमें से किस प्रकार के भोजन से बचना चाहिए?
(a) बासी भोजन (b) जंक फूड
(c) मसालेदार और तैलीय रसा (ग्रेवी)
(d) उपरोक्त सभी

42. ICMR 2010 के अनुसार स्त्रियों के लिए कैल्शियम की अनुशंसित अनुमति कितनी है?
(a) 600 मिग्रा/दिन (b) 400 मिग्रा/दिन
(c) 300 मिग्रा/दिन (d) 700 मिग्रा/दिन

43. आयरन की कमी से होने वाले एनीमिया के कार्यात्मक प्रभावों में शामिल है
(a) निढालता, बेचैनी और क्षीण कार्य प्रदर्शन
(b) ताप नियन्त्रण में गडबड़ी
(c) मातृ और प्रसव-पूर्व मरणशीलता एवं रुग्णशीलता में वृद्धि
(d) उपरोक्त सभी

44. गर्भावस्था के दौरान .... के कारण आधारी चयापचय में वृद्धि होती है।
(a) त्वरित ऊतक संश्लेषण
(b) सक्रिय ऊतक द्रव्यमान में वृद्धि
(c) हृदयवाहिकीय एवं फुफ्फुसीय कार्य में वृद्धि
(d) उपरोक्त सभी

45. गर्भावस्था के दौरान आयोडीन न्यूनता विकार किस-किस प्रकार से गर्भस्थ शिशु को प्रभावित कर सकते हैं?
(a) तन्त्रिकीय क्रेटीनता (वामनता)
(b) मूक बधिरता
(c) भैंगापन
(d) उपरोक्त सभी

46. शाकाहारी माता में .... की कमी होने की सम्भावना अधिक होती है।
(a) विटामिन B12 (b) विटामिन C
(c) विटामिन A (d) आयरन

47. अन्त्योदय अन्न योजना एक अनुपूरक खाद्य सुरक्षा योजना है जो निर्धनतम व्यक्तियों को .... भोजन प्रति माह प्रति परिवार के लिए पात्र बनाती है।
(a) 40 किग्रा (b) 35 किग्रा
(c) 30 किग्रा (d) 38 किग्रा

48. प्रसव पूर्व विकास में शामिल है
(a) गर्भधारण-पूर्व अवधि (b) भ्रूणीय अवधि
(c) गर्भज अवधि (d) ये सभी

49. कर्णमूलशोथ/गलसुआ (मम्प्स) में अधिकतम संक्रामकता की अवधि .... के दौरान होती है।
(a) सूजन की शुरुआत (b) सूजन दिखने के बाद
(c) रोगोद्भवन अवधि (d) रोगपूर्व लक्षण अवधि

50. फ्रिनोडर्मा .... के कारण होता है।
(a) खनिजों की कमी
(b) B कॉम्प्लेक्स विटामिनों की कमी
(c) अनावश्यक (नॉन-इसेन्शियल) वसा अम्लों की कमी
(d) उपरोक्त में से कोई नहीं

51. इनमें से कोई-सा रोग आक्रमण के बाद जीवन-पर्यन्त प्रतिरक्षा दे जाता है?
(a) कर्णमूलशोथ/गलसुआ (मम्प्स) (b) टायफॉइड
(c) डिफ्थीरिया (d) टिटनस

52. भोजन के मुख के पिछले भाग में पहुँच जाने के बाद निगलने की प्रक्रिया .... हो जाती है।
(a) ऐच्छिक (b) अनैच्छिक
(c) स्वचालित (d) गतिशील

53. हरी पत्तेदार सब्जियाँ और ताज़े फल .... का अच्छा स्रोत नहीं है।
(a) आहारीय रेशे (b) प्रोटीन
(c) विटामिन K (d) विटामिन A

54. कोलोस्ट्रम एक पीला गाढ़ा तरल होता है जो ...... में समृद्ध होता है।
(a) प्रोटीन (b) इम्युनोग्लोबुलिन
(c) इलेक्ट्रोलाइट (d) ये सभी

55. इनमें से कौन, व्यक्ति की पोषण स्थिति का आकलन करने की अप्रत्यक्ष विधि है?
(a) BMI
(b) MUAC
(c) आयु विशिष्ट मृत्युदर/मरणशीलता
(d) जैव-रासायनिक आकलन

56. माइक्रोसॉफ्ट पावरप्वॉइण्ट में अधिकतम ज़ूम प्रतिशत है
(a) 100% (b) 200%
(c) 300% (d) 400%

57. निम्न आकृति में वर्गों की संख्या कितनी हैं?

(a) 16 (b) 17
(c) 26 (d) 30

58. बाल विवाह अधिनियम किस वर्ष से लागू किया गया?
(a) 2006 (b) 2007
(c) 2008 (d) 2009

59. निम्न में से कौन-सा प्रोटोकॉल कहलाता हैं
(a) एचटीटीपी (b) //
(c) WWW (d) .कॉम

60. वर्ष 2019 के पश्चात् वर्ष 2024 तक साँझी योजना के अन्तर्गत कितने ग्रामों का विकास करना पड़ेगा?
(a) 3 (b) 4
(c) 5 (d) 6

61. जनजातीय कार्य मन्त्रालय को कौन-से वर्ष में सामाजिक न्याय और अधिकारिता मन्त्रालय से अलग किया गया?
(a) 1999 (b) 2000
(c) 2001 (d) 2002

62. सती समिति (रोकथाम) अधिनियम, 1987 के अन्तर्गत निम्न में कौन-सी महिलाओं को 'सती' की श्रेणी में रखा नहीं जा सकता है?
(a) एक महिला जिनको अपने मृतक पति के देह के साथ जबरदस्ती जला दिया जा रहा है
(b) एक महिला जिनको अपने मृतक पति के देह के साथ उनके स्वेच्छापूर्वक जला दिया जा रहा है
(c) उपरोक्त दोनों
(d) इनमें से कोई नहीं

63. निःशुल्क एवं अनिवार्य शिक्षा विधेयक किस वर्ष में पारित किया गया?
(a) 2008 (b) 2009
(c) 2010 (d) 2011

64. एमएस-वर्ड टैक्स्ट को जब इसे ………… कहा जाता है।
(a) एण्टर (b) वर्ड रैप
(c) ऑटो स्क्रॉल (d) कैरिज रिटर्न

65. ₹ 15000 का 2 वर्ष में 5% प्रतिवर्ष ब्याज की दर से छमाही गणना करने पर चक्रवृद्धि ब्याज (रुपये में) लगभग क्या होगा?
(a) 1557.20 (b) 1829.35
(c) 2163.85 (d) 1975.75

66. पावर प्वॉइण्ट शो में कौन-सा फ़ाइल स्वरूप जोड़ा जा सकता है?
(a) .jpg (b) .gif
(c) .wav (d) ये सभी

67. निम्न में से कौन-सी आकृति क़मीज़, चादर और तौलिये के बीच सम्बन्ध को दर्शाती है?

(a) (b) (c) (d)

68. निम्न में से कौन-सा विकल्प सही नहीं है?
(a) हिन्दू उत्तराधिकार अधिनियम, 1956 बेटियों को एक संयुक्त हिन्दू परिवार से केवल जीविका का अधिकार माँग सकती है।
(b) हिन्दू उत्तराधिकार संशोधन अधिनियम, 1956 के द्वारा बेटियों को अपने भाइयों के साथ विरासत का अधिकार प्रदान किया गया।
(c) उपरोक्त सभी
(d) इनमें से कोई नहीं

69. एण्ड्रॉइड स्टैक के आधार पर कौन-सा ऑपरेटिंग का उपयोग किया जाता है?
(a) लिनक्स (b) विण्डोज
(c) जावा (d) एक्सएमएल

70. निम्न में से कौन-सी उत्तर आकृति प्रश्न आकृति का दर्पण प्रतिबिम्ब होगी। यदि एक दर्पण रेखा MN पर रखा जाए?

M

N

(a) (b) (c) (d)

71. नीचे दी गई आकृति में लुप्त अक्षर ज्ञात कीजिए

B N	I ?
214	918

(a) R (b) T
(c) F (d) O

72. किस वर्ष में हिन्दू उत्तराधिकार अधिनियम लागू किया गया?
(a) 1954 (b) 1955
(c) 1956 (d) 1957

73. निम्नलिखित पाई चार्ट का ध्यान से अध्ययन कर नीचे दिए गए प्रश्न का उत्तर दीजिए।

एक विश्वविद्यायल के अध्ययन कर रहे छात्रों का विभाजन

कुल छात्रों की संख्या = 1500

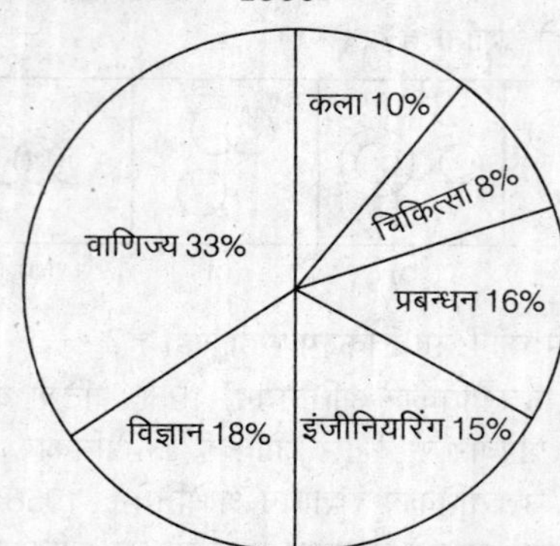

इंजीनियरिंग और विज्ञान में पढ़ रहे विद्यार्थियों की संख्या का क्रमशः अनुपात है

(a) 1:3 (b) 2:7 (c) 5:6 (d) 3:5

74. अमन, आदित्य और संजय की गति का अनुपात क्रमशः 4:5:6 है। यदि सभी समान दूरी तय करते हैं, तो अमन, आदित्य और संजय द्वारा लिए गए समय का अनुपात क्रमशः है

(a) 16: 17: 9 (b) 15: 12: 10
(c) 2: 7: 9 (d) 1: 3: 5

75. निम्न में से कौन-से जनजातीय कार्य मन्त्रालय की योजना प्रत्यक्ष लाभ अन्तरण के अन्तर्गत आने के लिए चुना नहीं गया है?

(a) अनुसूचित जनजाति के छात्रों के लिए पोस्ट-मैट्रिक छात्रवृत्ति
(b) अनुसूचित जनजाति के छात्रों के लिए टॉप क्लास शिक्षा
(c) राजीव गाँधी राष्ट्रीय फ़ेलोशिप योजना
(d) अनुसूचित जनजातियों के लिए राष्ट्रीय प्रवासी छात्रवृत्ति योजना

76. ओएसआई मॉडल में ट्रांसमिशन डाटा दर का निर्णय लिया जाता है

(a) फिजिकल लेयर (b) ट्रांसपोर्ट लेयर
(c) डेटालिंक लेयर (d) नेटवर्क लेयर

77. IVF में स्थानान्तरित किया जाता है

(a) 16 कोरकखण्डों वाले भ्रूण को फैलोपियन नली में
(b) अण्डाणु को फैलोपियन नली में
(c) युग्मनज को फैलोपियन नली में
(d) युग्मनज को गर्भाशय में

78. स्वस्थ्य बच्चे स्वस्थ भारत योजना का आरम्भ कौन-से वर्ष से हुआ?

(a) 2013 (b) 2014 (c) 2015 (d) 2017

79. वनबन्धु कल्याण योजना कौन-से वर्ष में आरम्भ की गई?

(a) 2013 (b) 2014 (c) 2015 (d) 2016

80. ललित पूर्व दिशा में 9 किमी चलता है, फिर दक्षिण दिशा में मुड़ता है और 4 किमी चलता है। फिर वह दाएँ मुड़ता है और 6 किमी चलता है। अब वह प्रारम्भिक बिन्दु के कितनी दूरी पर खड़ा है?

(a) 7 किमी (b) 12 किमी
(c) 5 किमी (d) 10 किमी

81. स्तानियों के किस अंग में ग्लीसस कैप्सूल पाया जाता है?

(a) अमाशय (b) वृक्क
(c) वृषक (d) यकृत

82. राष्ट्रीय सफाई कर्मचारी वित्त ईवा विकास निगम कौन-से मन्त्रालय के अन्तर्गत औद्योगिक संस्थान है?

(a) मानव संसाधन विकास मन्त्रालय
(b) वित्त मन्त्रालय
(c) सामाजिक न्याय और अधिकारिता मन्त्रालय
(d) उपरोक्त में से कोई नहीं

83. खाद्य सुरक्षा अधिनियम, 2013 के अनुसार निम्न में से कौन-सा ''खाद्यान्न'' के अन्तर्गत आता है?

(a) चावल, गेहूँ, दाल
(b) गेहूँ, दाल, स्थूल अनाज
(c) स्थूल अनाज, दाल, चावल
(d) चावल, गेहूँ, स्थूल अनाज

84. सर्वप्रथम राष्ट्रीय महिला आयोग किस वर्ष में गठित किया गया था?

(a) 1990 (b) 1991
(c) 1992 (d) 1993

85. मानव पसीने में होता है

(a) शुद्ध जल
(b) जल, लवण और अपशिष्ट पदार्थ
(c) फॉस्फोरिक अम्ल
(d) कैल्शियम फॉस्फेट और जल

86. श्यामा प्रसाद मुखर्जी रुर्बन मिशन के पहले चरण में कितने क्लस्टारों का विकास किया जाएगा?

(a) 100 (b) 125
(c) 150 (d) 175

87. राष्ट्रीय अनुसूचित जाति आयोग को कब गठित किया गया?

(a) 2004 (b) 2005
(c) 2006 (d) 2007

88. ₹ 8900 को X, Y और Z के मध्य इस प्रकार विभाजित किया गया है कि X और Y के हिस्से का अनुपात क्रमशः 4:5 तथा Y और Z के हिस्से का अनुपात क्रमशः 6:7 है। Y का हिस्सा (₹ में) है

(a) 2800 (b) 3000
(c) 2600 (d) 2500

89. निम्नलिखित प्रश्न में प्रश्नवाचक चिन्ह (?) के स्थान पर लगभग कौन-सा मान आएगा?

$\sqrt{11130.25} = ?$

(a) 105 (b) 125
(c) 115 (d) 135

90. वे लोग जो उथले हैण्डपम्प से पानी पीते हैं, उन्हें कौन-से रोग हो सकते हैं?

(i) हैजा (ii) टाइफाइड
(iii) पीलिया (iv) फ्लुओरोसिस

(a) i, ii और iv (b) i, ii और iii
(c) ii, iii और iv (d) i और iii

91. 120 छात्रों की एक कक्षा में, 40% केवल मराठी बोल सकते हैं, 25% केवल गुजराती बोल सकते हैं और शेष छात्र दोनों भाषाएँ बोल सकते हैं। कुल कितने छात्र गुजराती बोल सकते हैं?
(a) 50 (b) 75
(c) 72 (d) 55

92. गर्भधारण काल की अवस्था कहलाती है
(a) निषेचन
(b) अण्डे वृद्धि एवं ओव्यूलेशन के बीच
(c) निषेचन एवं सन्ततिजनन के मध्य
(d) इनमें से कोई नहीं

93. एक स्लाइड में हाइपरलिंक सम्मिलित करने के लिए
(a) इन्सर्ट >> हाइपरलिंक चुनें
(b) Ctrl+K दबाएँ
(c) उपरोक्त दोनों
(d) स्लाइड में हाइपरलिंक सम्मिलित नहीं किया जा सकता

94. पवन किसी वस्तु को राजेश से 5% लाभ लेकर बेच देता है, राजेश, उर्मिला से 10% लाभ लेकर वह वस्तु बेच देता है। यदि उर्मिला को ₹ 6930 भुगतान करना पड़े, तो पवन का क्रय मूल्य (₹ में) क्या था
(a) 5080 (b) 6250
(c) 6000 (d) 5750

95. नीचे दिए प्रश्न में कुछ कथन और उसके बाद कुछ निष्कर्ष दिए गए हैं। आपको दिए गए कथनों को सत्य मानना है, भले ही वे सर्वज्ञात तथ्यों से भिन्न प्रतीत होते हैं। सभी निष्कर्षों को पढ़िए फिर तय कीजिए कि दिए गए निष्कर्षों में से कौन-सा तर्कसंगत रूप से अनुसरण करता है, चाहे सर्वज्ञात तथ्य कुछ भी हों।

कथन
सभी पतंगें, चमगादड़ हैं
सभी चमगादड़, मेज हैं

निष्कर्ष
I. सभी मेज, चमगादड़ हैं।
II. कुछ मेज पतंगें हैं।
(a) यदि केवल निष्कर्ष I अनुसरण करता है
(b) यदि केवल निष्कर्ष II अनुसरण करता है
(c) यदि या तो निष्कर्ष I या II अनुसरण करता है
(d) यदि निष्कर्ष I और II दोनों अनुसरण करते हैं

96. यदि a, b, c, d, e और f का औसत 30 है, तो $a/3, b/3, c/3, d/3, e/3$ और $f/3$ का औसत क्या होगा?
(a) 18 (b) 15
(c) 12 (d) इनमें से कोई नहीं

97. A, B और C द्वारा किसी काम को पूरा करने के लिए ₹ 13000 में ठेका लिया गया। A अकेला उस काम को 2 दिनों, B अकेला उसे 3 दिनों में तथा C अकेला उसे 4 दिनों में कर सकता है। यदि वे तीनों एक साथ कार्य करें, तो C का हिस्सा (₹ में) क्या होगा?
(a) 3000 (b) 2200
(c) 4000 (d) 6000

98. निम्न में से कौन-सी उत्तर आकृति प्रश्न आकृति को पूर्ण करेगी?

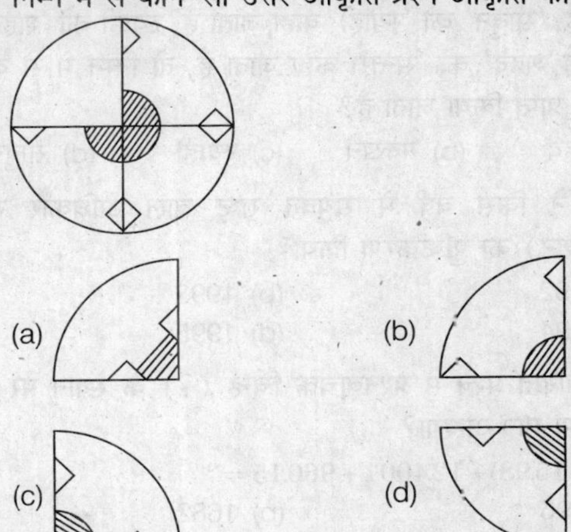

(a) (b) (c) (d)

99. एक लड़की की ओर इशारा करते हुए अरुण ने कहा कि वह मेरे दादाजी के एकमात्र पुत्र की एकमात्र पुत्री है। वह लड़की अरुण से किस प्रकार सम्बन्धित है?
(a) बहन (b) माँ (c) पुत्री (d) पुत्रवधु

100. कायाकल्प योजना निम्नलिखित में से कौन-सी श्रेणी के लिए सर्वप्रथम आरम्भ किया गया था?
(a) सामुदायिक स्वास्थ्य केन्द्र
(b) प्राथमिक स्वास्थ्य केन्द्र
(c) उप-मण्डल अस्पताल
(d) जिला अस्पताल

101. स्वप्रतिरक्षी थाइरोडाइटिस का अन्य नाम है
(a) एडिसन रोग (b) साइमण्ड रोग
(c) कुशिंग रोग (d) हिशीमोटो रोग

102. घरेलू हिंसा से महिला संरक्षण अधिनियम, 2005 के अन्तर्गत निम्न में से कौन-सी क्रिया घरेलू हिंसा की व्याख्या में आ सकता है?
(a) बच्चा ना होने के कारण अपमानित करना
(b) दहेज के लिए जबरदस्ती करने पर उसके रिश्तेदारों को हानि पहुँचाना।
(c) शारीरिक पीड़ा पहुँचाने की बार-बार धमकी देना
(d) उपरोक्त सभी

103. पाचन की क्रिया निम्न में से किसका कार्य नहीं है?
(a) बायोटिन (b) पेप्सिन
(c) रेनिन (d) आमयलेस

104. महिला का अभद्र प्रतिनिधित्व (निषेध) अधिनियम, 1987 सम्बन्धी कौन-सा विकल्प सही है?
(a) यह अधिनियम जम्मू और कश्मीर के अलावा पूरे भारत में लागू है
(b) किसी प्राचीन स्मारक में की गई कोई प्रतिनिधित्व इस अधिनियम के अन्तर्गत नहीं आ सकती है
(c) उपरोक्त सभी
(d) उपरोक्त में से कोई नहीं

105. यदि 'सन्तरे' को 'मक्खन' कहा जाता है, 'मक्खन' को 'साबुन' कहा जाता है, 'साबुन' को 'स्याही' कहा जाता है, स्याही को 'शहद' कहा जाता है,'शहद' को 'सन्तरा कहा जाता है, तो निम्न में से कौन-सा दूध से प्राप्त किया जाता है?

(a) शहद (b) मक्खन (c) स्याही (d) साबुन

106. भारत ने किस वर्ष में संयुक्त राष्ट्र बाल अधिकार सम्मेलन (कन्वेंशन) का पुष्टिकरण किया?

(a) 1992 (b) 1993
(c) 1994 (d) 1995

107. निम्नलिखित प्रश्न में प्रश्नवाचक चिन्ह (?) के स्थान पर लगभग कौन-सा मान आएगा?

$(560 \times 15.98) \div 12.4001 + 960.15 = ?$

(a) 1596 (b) 1682
(c) 1605 (d) 1865

108. सूची I को सूची II से मिलाए

	सूची I		सूची II
A.	हीमोफीलिया	1.	कुपोषण रोग
B.	मधुमेह	2.	आनुवांशिक रोग
C.	रिकेट्स	3.	हार्मोनल अनियमितता
D.	रिंगवार्म	4.	फफूँद संक्रमण

	A	B	C	D		A	B	C	D
(a)	2	3	4	1	(b)	2	3	1	4
(c)	3	2	1	4	(d)	3	2	4	1

109. दिए गए विकल्पों में से लुप्त पदों को ज्ञात करें।

L_NOO_ML_MNO_NML

(a) MNLO (b) ONML
(c) NLMO (d) LOMN

110. एक बालिका के कितने वर्ष की आयु तक उसके नाम का सुकन्या समृद्धि खाता खोला जा सकता है?

(a) 6 (b) 10
(c) 12 (d) 15

111. किस सामाजिक दार्शनिक ने समाजशास्त्र को "सामाजिक भौतिकी" कहा था?

(a) अगस्त कॉम्टे (b) बोल्फेड परेटो
(c) मैक आइवर (d) हरबर्ट स्पेंसर

112. एक टीम के सदस्यों को इस प्रकार पार-प्रशिक्षित (क्रॉस-ट्रैण्ड) किया गया है कि हर व्यक्ति अन्य सभी टीम सदस्यों के दायित्वों को निर्वहन करने में सक्षम है।

(a) कार्यात्मक (b) पार-कार्यात्मक
(c) बहुकार्यात्मक (d) स्व-निर्देशित

113. इनमें से कौन-सा 'द्वितीयक समूह' है?

(a) एकल परिवार
(b) मित्र/समकक्ष समूह
(c) संघ
(d) संयुक्त परिवार

114. समस्या हल करने की एक विधि जिसमें समूह के सभी सदस्य एक निर्णय को पूरी तरह स्वीकार कर लेते हैं और उसे समर्थन देते हैं

(a) मानदण्ड (b) समझौता
(c) लक्ष्य (d) आम-सहमति

115. संचार, ………… प्रदान करने का कार्य है।

(a) प्रशिक्षण (b) सूचना
(c) ज्ञान (d) सन्देशों

116. "मनुष्य एक सामाजिक प्राणी है।" यह किसने कहा था?

(a) कॉम्टे (b) अरस्तू
(c) प्लेटो (d) कार्ल मार्क्स

117. सामाजिक क्षेत्र में ………… शामिल है।

(a) स्वास्थ्य व शिक्षा (b) आर्थिक नीति
(c) आवास (d) ये सभी

118. लक्ष्य ………… में मदद करते हैं।

(a) संचार करने (b) सफल होने
(c) कार्य करने (d) प्रेरित करने

119. सामाजिक समूह कार्य में क्षेत्र कार्य, ………… अर्जित करने में सहयोग करता है।

(a) ज्ञान (b) कौशल (c) रवैया (d) ये सभी

120. केन्द्र सरकार के विकास व्यय में ……… शामिल नहीं होता है।

(a) रक्षा व्यय
(b) आर्थिक सेवाओं पर होने वाला व्यय
(c) सामाजिक और सामुदायिक सेवाओं पर होने वाला व्यय
(d) राज्यों को अनुदान

121. निम्नांकित में कौन अशाब्दिक संचार है?

(a) चेहरे के हाव-भाव (b) दिखावट/रूपरंग
(c) मुद्रा (d) ये सभी

122. इनमें से कौन, समूह चिन्तन का एक लक्षण नहीं है?

(a) असुरक्षितता के भ्रम
(b) अन्तर्निहित समूह नैतिकता में विश्वास
(c) पथ से विचलित होने वालों पर सीधा दबाव डालना
(d) सदस्यों द्वारा आत्म-वर्जन (सेल्फ-सेन्सरशिप)

123. इनमें से कौन, टीम विकास का एक चरण नहीं है?

(a) रचना (फॉर्मिंग) (b) निर्णय
(c) स्थगन (d) धावा

124. इनमें से कौन संचार का सबसे प्रभावशाली तरीका है?

(a) शाब्दिक (b) अशाब्दिक
(c) लिखित (d) ये सभी

125. सामाजिक न्याय ………… के बीच का सन्तुलन है।

(a) व्यक्ति के अधिकारों और सामाजिक नियन्त्रण
(b) समाज और व्यक्ति
(c) मौलिक अधिकारों और न्यायिक तन्त्र
(d) व्यक्ति और परिवार

126. विमुक्त जनजातियाँ हैं

(a) पूर्व-अपराधी जनजातियाँ (b) अस्पृश्य
(c) खानाबदोश/बंजारा समुदाय (d) कारीगर/शिल्पी

127. सामाजिक नीति के उद्देश्य क्या हैं?
(a) सामाजिक परिवर्तन (b) सामाजिक एकीकरण
(c) जीवन गुणवत्ता में सुधार (d) उपर्युक्त सभी

128. समाज का मूल किस अवधारणा में है?
(a) कार्य/क्रिया (b) अन्तर्क्रिया
(c) भूमिकाएँ (d) संवर्धन (कल्चर)

129. इनमें से कौन, संचार प्रक्रिया का एक प्रकार है?
(a) एक-तरफा (b) दो-तरफा
(c) तीन-तरफा (d) इनमें से कोई नहीं

130. सामाजिक नीति .... का भाग है।
(a) स्वास्थ्य व शिक्षा (b) आर्थिक नीति
(c) आवास (d) ये सभी

131. समूह कार्य का आधारभूत उद्देश्य है।
(a) व्यक्तित्व विकास (b) समस्या हल करना
(c) पुनर्समायोजन (d) उपचार

132. .... एक टीम अवधारणा का प्रकट रूप है, तथा नियोक्ता एवं कर्मचारियों द्वारा परस्पर योगदान के सिद्धान्त पर आधारित है।
(a) निरंकुश/एकतन्त्रीय मॉडल (b) अभिरक्षी मॉडल
(c) अनुपोषक मॉडल (d) बहुल/मण्डली मॉडल

133. संगठनात्मक व्यवहार को प्रभावित करने वाले बल हैं
(a) लोग (b) पर्यावरण
(c) प्रौद्योगिकी (d) ये सभी

134. समाजशास्त्री 'समूह' शब्द को .... के रूप में परिभाषित करते हैं।
(a) लोगों के संकलन
(b) अन्तर्क्रिया के संगठित पैटर्न में संलग्न लोगों
(c) किसी स्थान पर अन्तर्क्रिया कर रहे लोगों
(d) किसी सभा/सम्मेलन में भाग लेने

135. सामाजिक नीतियाँ .... आदि मुद्दों से सम्बन्धित होती हैं।
(a) निर्धनता (b) खराब आवास व्यवस्था
(c) अशक्तता (d) ये सभी

136. इनमें से कौन, संचार की एक विशेषता नहीं है।
(a) इसमें एक से अधिक व्यक्ति शामिल होते हैं
(b) इसमें सूचना का सम्प्रेषण किया जाता है
(c) यह बोलने की कला तक सीमित नहीं है
(d) यह अच्छे मानवीय सम्बन्धों को बढ़ावा देता है

137. न्यूमेन एवं समर के अनुसार, संचार .... का आदान-प्रदान है।
(a) तथ्यों (b) मत
(c) भावनाओं (d) ये सभी

138. सामाजिक समस्याओं का हल समाज सुधार एवं .... से किया जाता है।
(a) सामाजिक विधान (b) सामाजिक कार्य
(c) समाज विज्ञान (d) समाज सेवा

139. समूह कार्य में उत्तम अभिलेखन को .... पर केन्द्रित होना चाहिए।
(a) सक्रिय संगठन (b) प्रयुक्त कौशल
(c) समूह प्रक्रिया (d) सदस्यों की विशेषताओं

140. आपको दूसरों पर विश्वास करना आसान लगता है
(a) गलत (b) स्ही
(c) कह नहीं सकते (d) इनमें से कोई नहीं

141. सामाजिक समूह कार्य में कार्यक्रम, ... पर आधारित होता है।
(a) रुचि एवं संसाधनों
(b) कर्मी की रुचि एवं संसाधनों
(c) समूह की रुचि एवं संसाधनों
(d) उपरोक्त में से कोई नहीं

142. अपेक्षा को वास्तविकता बनाने की प्रक्रिया
(a) विचार-मंथन (b) समस्या हल करना
(c) मानदण्ड (d) लक्ष्य

143. .... भारतीय संविधान में "न्याय" के पृथक् रूप हैं।
(a) सामाजिक, आर्थिक व राजनैतिक
(b) सामाजिक, मनोवैज्ञानिक एवं भावनात्मक
(c) सामाजिक, शैक्षिक एवं न्यायिक
(d) उपरोक्त में से कोई नहीं

निर्देश (प्र.सं. 144-149) *निम्नलिखित गद्यांश को ध्यानपूर्वक पढ़कर उसके नीचे दिए गए बहुविकल्पी प्रश्नों में सही विकल्प का चयन करें।*

अधिगम को बहुत प्रभावशाली बनाने के लिए न केवल अधिगम को सुगम बनाने वाले कारकों और तकनीकों का प्रयोग आवश्यक है, वरन् अध्यापकों को कक्षा में ऐसी स्थितियाँ भी बनानी होती हैं जो अधिगम को बेहतर बनाएं। इन स्थितियों में शामिल हैं अध्यापन सहायक-सामग्रियाँ प्रदान करना, प्रतिस्पर्धा और परस्पर सहयोग की भावना उत्पन्न करना, प्रगति और सफलता का ज्ञान देना, प्रशंसा करना या डाँटना और अधिगम का मार्गदर्शन करना। दृश्य सहायक सामग्रियाँ अधिगम को ठोस और अर्थपूर्ण बनाती हैं। आप सिन्धु-गांगेय मैदानों की भौतिक विशेषताओं का वर्णन कर सकते हैं, पर चलचित्र, फिल्मस्ट्रिप, मानचित्र, चार्ट, आरेख और चित्र आपके शाब्दिक वर्णन को ठोस बना देंगे। जब अध्यापन सहायक सामग्रियाँ प्रयोग की जाती हैं, तो शाब्दिक अनुदेश के साथ एवं अतिरिक्त अर्थ जुड़ जाता है। ये सामग्रियाँ बस सम्पूरक यन्त्र होती हैं अध्यापक जो कर सकते हैं उन चीज़ों का स्थान लेने वाली नहीं। ऐसा माना जाता है कि कुछ विद्यार्थी देख कर सीखते हैं, कुछ सुनकर और कुछ शब्दों से। जो शब्दों से सीखते हैं उन्हे शाब्दिक अनुदेशों के जरिए आसानी से सिखाया जा सकता है, पर बाकियों के लिए दृश्य सहायक सामग्रियाँ आवश्यक हैं। चाहे उपर्युक्त मान्यता सही हो या नहीं, असल प्रश्न यह है कि विद्यार्थियों में इतना तीक्ष्ण विभेदन किया जा सकता है यह नहीं। तथ्य यह है कि अधिगम में जितने अधिक अंगों का उपयोग होगा, अधिगम संवेदना उतनी ही अधिक प्रभावशाली हो जाएगी। अमूर्त धारणाओं को चलचित्रों, टीवी या ऐसी ही अन्य अध्यापन सहायक सामग्रियों के जरिए प्रस्तुत करने पर उन्हें समझना आसान हो जाता है। अनुदेशन सहायक सामग्रियाँ ऐसी वस्तुओं और परिस्थितियों का विकल्प प्रदान करती हैं जिन्हें कक्षा में प्रस्तुत नहीं किया जा सकता है। कहीं दूर स्थान पर आयोजित विज्ञान प्रदर्शनी को विज्ञान कक्ष में नहीं लाया जा सकता है पर किसी टीवी कार्यक्रम के जरिए उस पूरी प्रदर्शनी को छोटी-सी अवधि में देखा जा सकता है।

144. अध्यापकों को कक्षा में कुछ स्थितियाँ क्यों निर्मित करनी चाहिए?
(a) उनसे अधिगम में सुधार हो सकता है।
(b) उनसे अध्यापन में सुधार हो सकता है।
(c) उनसे विद्यार्थियों में सुधार हो सकता है।
(d) उनसे अध्यापकों में सुधार हो सकता है।

145. अध्यापकों को कौन-सी स्थितियाँ प्रदान करनी चाहिए?
(a) अध्यापन सहायक सामग्रियाँ
(b) प्रतिस्पर्धा की भावना उत्पन्न करना
(c) परस्पर सहयोग की भावना उत्पन्न करना
(d) उपरोक्त सभी

146. दृश्य सहायक सामग्रियाँ अधिगम को ·········· बनाती हैं।
(a) नीरस और फीका
(b) ठोस और अर्थपूर्ण
(c) खीझ उत्पन्न करने वाला और अतार्किक
(d) उपरोक्त में से कोई नहीं

147. विद्यार्थियों के सम्बन्ध में क्या मान्यता प्रचलित है?
(a) कुछ देख कर समझते हैं (b) कुछ सुन कर समझते हैं
(c) कुछ शब्दों सें समझते हैं (d) ये सभी

148. अमूर्त धाराणाओं को ·········· के जरिए प्रस्तुत करने पर उन्हें समझना आसान हो जाता है।
(a) चलचित्रों (b) स्थिर चित्रों
(c) घूर्णनशील चित्रों (d) इनमें से कोई नहीं

149. प्रदर्शनी के स्थान पर क्या प्रयोग किया जा सकता है?
(a) रेडियो (b) कठपुतली
(c) टेलीविज़न (d) ये सभी

निर्देश (प्र. सं. 150-155) *निम्नलिखित गद्यांश को ध्यानपूर्वक पढ़कर उसके नीचे दिए गए बहुविकल्पी प्रश्नों में सही विकल्प का चयन करें।*

रेडियो दुनिया के लगभग सभी देशों में एक लोकप्रिय जनसंचार माध्यम है। इसकी पहुँच सर्वाधिक है। लगभग हर व्यक्ति रेडियो सेट खरीदने की हैसियत रखता है, चाहे वह कैसी भी आर्थिक पृष्ठभूमि का हो। इसमें गति और तात्कालिकता की अनूठी विशेषता है। वर्ष 1917 में ऐसा सोचा गया था कि प्रसारणों के माध्यम से बड़े पैमाने पर शिक्षा दी जा सकती है। भारत में जुलाई 1927 में बम्बई में पहला रेडियो स्टेशन स्थापित हुआ था। अगला रेडियो स्टेशन कलकत्ता में स्थापित हुआ और दिल्ली में यह वर्ष 1936 में स्थापित हुआ। भारत में ऑल इण्डिया रेडियो (AIR) सेवाओं के माध्यम से रेडियो प्रसारण किया जाता है। विद्यालय प्रसारण का आरम्भ 1937 में कलकत्ता से हुआ था। तब से, विद्यालय प्रसारण में वृद्धि होती आ रही है। अधिकांश AIR स्टेशन विद्यालयों के लिए शैक्षिक कार्यक्रम प्रसारित करते हैं। रेडियो माध्यम प्रसिद्ध शिक्षाविदों, वैज्ञानिकों, इतिहासकारों के व्याख्यानों के प्रसारण के लिए बहुत प्रभावशाली है। यह नाटकों, कहानियाँ, कमेण्टरी, खेल समाचारों शैक्षिक समाचारों और शैक्षिक कार्यक्रमों में प्रसारण के लिए एक समृद्ध माध्यम है। रेडियो माध्यम शहरी और ग्रामीण, दोनों इलाकों में लोकप्रिय कार्यक्रम आमतौर पर ऐसे विषयों पर तैयार किए जाते हैं जो शाब्दिक संचार के लिए अधिक उपयुक्त हैं। श्रव्य कार्यक्रमों को अधिक प्रभावशाली बनाने के लिए उनमें ध्वनि, संगीत एवं विशेष ध्वनि प्रभावों का प्रयोग किया जा सकता है ये तकनीकें ध्वनि के माध्यम से दृश्य चित्र बनाने में मदद करती हैं।

150. वर्ष ऐसा सोचा गया था कि रेडियो प्रसारणों के माध्यम से बड़े पैमाने पर शिक्षा दी जा सकती है?
(a) 1917 (b) 1927 (c) 1937 (d) 1947

151. ·········· में बम्बई में पहला रेडियो स्टेशन स्थापित हुआ था।
(a) जून 1947 (b) जुलाई 1927
(c) मई 1927 (d) जून 1927

152. भारत में रेडियो प्रसारण ········ के माध्यम से किया जाता है।
(a) ऑल इण्डिया रिपोर्टरों (b) ऑल इण्डिया रिसर्चरों
(c) ऑल इण्डिया रीडरों (d) ऑल इण्डिया रेडियो

153. रेडियो माध्यम प्रसिद्ध ·········· के व्याख्यानों के प्रसारण के लिए बहुत प्रभावी है।
(a) शिक्षाविदों (b) वैज्ञानिकों
(c) ऐतिहासिक विवरणों (d) ये सभी

154. रेडियो कार्यक्रम आमतौर पर ऐसे विषयों पर तैयार किए जाते हैं जो ·········· के लिए अधिक उपयुक्त हैं।
(a) शाब्दिक संचार (b) लिखित संचार
(c) दृश्य संचार (d) मुद्रित संचार

155. ध्वनि के माध्यम से कौन-से चित्र बनाए जाते हैं?
(a) लिखित चित्र (b) मौखिक चित्र
(c) दृश्य चित्र (d) इनमें से कोई नहीं

156. निम्न में से कौन बाल कल्याण योजना है/हैं?
(a) राष्ट्रीय बाल बोर्ड
(b) समन्वित बाल विकास सेवा योजना
(c) राष्ट्रीय बाल नीति
(d) उपरोक्त सभी

157. शिशु के जीवन क्षमता की किस माह में आती है?
(a) 7 माह (b) 5 माह
(c) 6 माह (d) 4 माह

158. नेत्रहीन, गूँगे एवं बहरे किस श्रेणी में आते हैं?
(a) शारीरिक विकलांगता (b) मानसिक विकलांगता
(c) सामाजिक विकलांगता (d) भावनात्मक विकलांगता

159. समाजीकरण के आवश्यक तत्व क्या हैं?
(a) पर्याप्त अवसर (b) प्रेरणा
(c) प्रयास एवं भूल (d) ये सभी

160. बच्चों का शैक्षिक प्रावधान है
(a) प्रशासनिक स्तर (b) शैखिक स्तर पर
(c) अन्य प्रावधान (d) ये सभी

161. पूर्व प्राथमिक शिक्षा का उद्देश्य क्या होता है?
(a) सीखने के प्रति रुचि जाग्रत करना
(b) सौन्दर्य बोध का विकास
(c) सृजनात्मकता का विकास
(d) उपरोक्त सभी

162. पर्यावरण शब्द का अर्थ है
(a) चारों तरफ से (b) मुखौटा
(c) प्रभावित (d) ये सभी

163. श्रवण दोष के कारण क्या होते हैं?
(a) जन्मजात कारण (b) आनुवांशिक कारण
(c) दैहिक कारण (d) ये सभी

164. सीखने के सिद्धान्त क्या होते हैं?
(a) प्रयत्न और भूल का सिद्धान्त (b) सूझ का सिद्धान्त
(c) अनुकरण का सिद्धान्त (d) ये सभी

165. इनमें से कौन विकास का सिद्धान्त है?
(a) समान प्रतिमान (b) परस्पर सम्बन्ध
(c) भिन्नता (d) ये सभी

166. यूनिसेफ क्या कार्य करती है?
(a) शिशु पोषण (b) शिशु स्वास्थ्य
(c) शिशु शिक्षा (d) ये सभी

167. हड्डी और दाँत के लिए क्या आवश्यक है?
(a) कैल्शियम (b) सोडियम (c) विटामिन (d) लोहा

168. अनाथ बच्चों हेतु विशेष सुविधाएँ क्या हैं?
(a) पूर्व-स्कूल योजना (b) पठन सुधार योजना
(c) व्यापक योजना (d) उपरोक्त सभी

169. अनाथालय ·········· सेवाएं होती हैं।
(a) संस्थात्मक सेवाएँ
(b) असंस्थात्मक सेवाएँ
(c) संस्थात्मक एवं असंस्थात्मक सेवाएँ
(d) उपरोक्त में से कोई नहीं

170. विशिष्ट बालकों को मुख्य धारा में शामिल करने के लिए आवश्यक तीन परिस्थितियाँ क्या हैं?
(a) समेकित शिक्षा
(b) शिक्षा नियोजन
(c) उत्तरदायित्वों का स्पष्टीकरण
(d) उपरोक्त सभी

171. समेकित शिक्षा योजना को ·········· में प्रारम्भ किया गया था।
(a) वर्ष 1981 (b) वर्ष 1982 (c) वर्ष 1994 (d) वर्ष 2001

172. निम्न में से कौन संक्रामक बीमारी कौन है?
(a) टायफाइड (b) खाँसी (c) बुखार (d) एड्स

173. एड्स संक्रमित व्यक्ति की ·········· अवस्था होती है।
(a) 6 (b) 4 (c) 5 (d) 2

174. सीखने के पठार के कारण
(a) दूषित वातावरण (b) बुद्धिलब्धि का कम होना
(c) ध्यान न लगाना (d) ये सभी

175. विश्लेषण और संश्लेषण उपागम किससे सम्बन्धित है?
(a) भाषा वाचन (b) श्रवण प्रशिक्षण
(c) व्यावसायिक प्रशिक्षण (d) वाणी प्रशिक्षण

176. जन्म के पश्चात् शिशु निम्नलिखित में से कौन-सी शारीरिक क्रियाएँ करता है?
(a) ताप पर नियन्त्रण
(b) रोग प्रतिरोधक क्षमता का विकास
(c) पाचन क्रिया
(d) उपरोक्त सभी

177. पूर्व टोली की आयु क्या होती है?
(a) 3 से 6 वर्ष (b) 2 से 5 वर्ष
(c) 0 से 10 वर्ष (d) 6 से 12 वर्ष

178. 3-6 वर्ष की आयु कहलाती है
(a) पूर्व टोली (b) टोली
(c) मित्र टोली (d) समूह

179. गर्भस्थ शिशु का जीवन निर्भर करता है
(a) फैलोपियन नलिक (b) अपरा
(c) स्नायु मण्डल (d) ये सभी

180. शैशवावस्था में बालिका का भार बालक से ·········· होता है।
(a) कम (b) ज्यादा
(c) बराबर (d) इनमें से कोई नहीं

181. भाषा विकास की अवस्थाएँ कौन-सी हैं?
(a) पूर्व सम्प्रेषण
(b) वास्तविक भाषा की अभिव्यक्तियाँ
(c) उपरोक्त दोनों
(d) दोषपूर्ण भाषा

182. समाजीकरण की प्रक्रिया क्या होती है?
(a) सामाजिक रूप से अनुमोदित व्यवहार को सीखना
(b) सामाजिक मान्यता प्राप्त भूमिका को निभाना
(c) सामाजिक अभिवृत्तियों का विकास
(d) उपरोक्त सभी

183. परिपक्वता तथा सीखना दोनों ही ·········· के उत्तरदायी परिस्थितियाँ हैं।
(a) संज्ञानात्मक विकास (b) संवेगात्मक विकास
(c) सृजनात्मक विकास (d) इनमें से कोई नहीं

184. 2 से 6 वर्ष को क्या पहचाना जाता है?
(a) पूर्व बाल्यावस्था (b) बाल्यावस्था
(c) किशोरावस्था (d) प्रौढ़ावस्था

185. NIPCDD का पूरा नाम क्या है?
(a) राष्ट्रीय जनसहयोग एवं बाल विकास संस्थान
(b) राष्ट्रीय बाल नीति
(c) राष्ट्रीय बाल बोर्ड
(d) उपरोक्त में से कोई नहीं

186. NIPCCD क्या है?
(a) सरकारी संगठन (b) गैर-सरकारी संगठन
(c) स्वायत्त संगठन (d) अर्धशासकीय संगठन

187. विशेष शिक्षा की विशेषताएँ क्या होती हैं?
(a) संसाधान अध्यापक (b) आवासी विद्यालय
(c) विशेष स्वयं परिपूर्ण कक्षाएँ (d) ये सभी

188. सृजनात्मकता के सहायक कारक क्या होते हैं?
(a) धनात्मक सामाजिक अभिवृत्तियाँ
(b) सामाजिक सुगमता
(c) ज्ञान
(d) उपरोक्त सभी

189. परिवीक्षा गृह किसके लिए होता है?
(a) HIV ग्रस्त बालक (b) समस्यात्मक बालक
(c) बाल अपराध (d) विकलांग बच्चे

190. सृजनात्मकता के विरोधी कारण क्या होते हैं?
(a) कल्पना शक्ति को निरुत्साहित करना
(b) अति संरक्षण
(c) रुचि में कमी
(d) उपरोक्त सभी

191. बालक संवेगों पर नियन्त्रण किस उम्र से करता है?

(a) 3 वर्ष (b) 2 वर्ष
(c) 5 वर्ष (d) 6 वर्ष

192. गर्भपात किससे सम्बन्धित है?

(a) बीजावस्था (b) पिण्ड अवस्था
(c) युक्ता अवस्था (d) गर्भस्थ शिशु की अवस्था

193. इनमें से कौन-सा बाल कल्याण कार्यक्रम नहीं है?

(a) आई.सी.डी.एस
(b) केयर
(c) यूनिसेफ
(d) जनसंख्या उन्मूलन

194. दोषपूर्ण भाषा किससे सम्बन्धित है?

(a) शब्द के अर्थ में दोष (b) उच्चारण में दोष
(c) वाक्य संरचना मे दोष (d) उपरोक्त सभी

195. मा मा चा चा ध्वनियाँ किससे सम्बन्धित हैं?

(a) बबलाना (b) हावभाव
(c) आंकलन शक्ति (d) इनमें से कोई नहीं

196. भाषा क्या है?

(a) पैतृक सम्पत्ति (b) सामान्य व्यवहार
(c) अर्जित गुण (d) विशिष्ट गुण

197. केन्द्रीय समाज कल्याण बोर्ड के कार्य क्या होते हैं?

(a) अनुपूरक पोषण कार्यक्रम
(b) पालन घर
(c) कल्याण विस्तार योजना
(d) उपरोक्त सभी

198. नेत्रहीन की शिक्षा हेतु विशेष उपकरण क्या हैं?

(a) ब्रेल लिपि (b) वाणी चिकित्सा
(c) प्रशिक्षित शिक्षक (d) इनमें से कोई नहीं

199. एड्स जीवाणु का कोई जीवन चक्र नहीं होता?

(a) सत्य (b) असत्य
(c) आंशिक सत्य (d) आंशिक असत्य

200. रोपण किससे सम्बन्धित है?

(a) पर्यावरण (b) वंशानुक्रम
(c) गर्भस्थ शिशु (d) शारीरिक विकास

उत्तरमाला

1.	(d)	**2.**	(a)	**3.**	(c)	**4.**	(b)	**5.**	(a)	**6.**	(d)	**7.**	(d)	**8.**	(d)	**9.**	(a)	**10.**	(b)
11.	(c)	**12.**	(b)	**13.**	(b)	**14.**	(a)	**15.**	(a)	**16.**	(a)	**17.**	(d)	**18.**	(d)	**19.**	(a)	**20.**	(a)
21.	(a)	**22.**	(a)	**23.**	(a)	**24.**	(c)	**25.**	(a)	**26.**	(a)	**27.**	(d)	**28.**	(d)	**29.**	(a)	**30.**	(d)
31.	(a)	**32.**	(c)	**33.**	(a)	**34.**	(b)	**35.**	(c)	**36.**	(d)	**37.**	(a)	**38.**	(c)	**39.**	(c)	**40.**	(a)
41.	(d)	**42.**	(a)	**43.**	(d)	**44.**	(d)	**45.**	(d)	**46.**	(a)	**47.**	(b)	**48.**	(d)	**49.**	(a)	**50.**	(b)
51.	(a)	**52.**	(b)	**53.**	(b)	**54.**	(d)	**55.**	(d)	**56.**	(d)	**57.**	(d)	**58.**	(b)	**59.**	(a)	**60.**	(c)
61.	(a)	**62.**	(d)	**63.**	(b)	**64.**	(b)	**65.**	(a)	**66.**	(d)	**67.**	(a)	**68.**	(d)	**69.**	(a)	**70.**	(d)
71.	(a)	**72.**	(c)	**73.**	(c)	**74.**	(b)	**75.**	(d)	**76.**	(a)	**77.**	(d)	**78.**	(d)	**79.**	(b)	**80.**	(c)
81.	(d)	**82.**	(c)	**83.**	(d)	**84.**	(c)	**85.**	(b)	**86.**	(a)	**87.**	(a)	**88.**	(b)	**89.**	(a)	**90.**	(b)
91.	(c)	**92.**	(c)	**93.**	(b)	**94.**	(c)	**95.**	(b)	**96.**	(d)	**97.**	(a)	**98.**	(b)	**99.**	(a)	**100.**	(d)
101.	(d)	**102.**	(d)	**103.**	(a)	**104.**	(c)	**105.**	(d)	**106.**	(a)	**107.**	(b)	**108.**	(b)	**109.**	(a)	**110.**	(b)
111.	(a)	**112.**	(c)	**113.**	(c)	**114.**	(d)	**115.**	(b)	**116.**	(b)	**117.**	(d)	**118.**	(b)	**119.**	(d)	**120.**	(a)
121.	(d)	**122.**	(a)	**123.**	(b)	**124.**	(c)	**125.**	(a)	**126.**	(a)	**127.**	(d)	**128.**	(b)	**129.**	(b)	**130.**	(a)
131.	(b)	**132.**	(d)	**133.**	(d)	**134.**	(b)	**135.**	(d)	**136.**	(d)	**137.**	(d)	**138.**	(a)	**139.**	(c)	**140.**	(b)
141.	(c)	**142.**	(b)	**143.**	(b)	**144.**	(a)	**145.**	(d)	**146.**	(b)	**147.**	(d)	**148.**	(a)	**149.**	(c)	**150.**	(a)
151.	(b)	**152.**	(d)	**153.**	(d)	**154.**	(a)	**155.**	(c)	**156.**	(d)	**157.**	(c)	**158.**	(a)	**159.**	(d)	**160.**	(a)
161.	(d)	**162.**	(a)	**163.**	(c)	**164.**	(d)	**165.**	(d)	**166.**	(d)	**167.**	(a)	**168.**	(d)	**169.**	(c)	**170.**	(d)
171.	(a)	**172.**	(d)	**173.**	(b)	**174.**	(d)	**175.**	(a)	**176.**	(d)	**177.**	(a)	**178.**	(a)	**179.**	(b)	**180.**	(a)
181.	(c)	**182.**	(d)	**183.**	(a)	**184.**	(a)	**185.**	(a)	**186.**	(c)	**187.**	(d)	**188.**	(d)	**189.**	(c)	**190.**	(d)
191.	(b)	**192.**	(b)	**193.**	(d)	**194.**	(d)	**195.**	(a)	**196.**	(c)	**197.**	(d)	**198.**	(a)	**199.**	(a)	**200.**	(c)

संकेत एवं हल

1. (d) दिए गए सभी कथन व्यापक रूप से जनसमूह हेतु आहारीय लक्ष्य हैं, उचित पोषण एवं सन्तुलित आहार द्वारा ही न्यूनताजन्य रोगों और विकारों की रोकथाम की जा सकती है, उपयुक्त प्रदर्शन BWI और सकारात्मक बनाए रखा जा सकता है।

2. (a) प्रसवकालीन देखभाल के सम्बन्ध में कथन (a) सत्य है, क्योंकि यह प्रसव आरम्भ होने के बाद आरम्भ होती है और प्रसव के बाद तक चलती है जिसमें माता और नवजात शिशु की जाँच करना शामिल हैं। सुरक्षित प्रसव, रक्तस्राव का नियन्त्रण, चिकित्सकीय देखभाल, प्रसव के पश्चात् शिशु का जन्म होते ही उसे स्तनपान कराना, आदि इसके प्रमुख घटक हैं।

3. (c) हेपेटाइटिस- B आन्त्रेतर मार्ग (Parental route) के अर्थात् संक्रमित रक्त या संक्रमित शारीरिक तरल के सम्पर्क में आने के कारण होता है। हेपेटाइटिस- B एक विषाणुजनित रोग है, इसके विषाणु में वृत्ताकार द्विरज्जुक DNA पाया जाता है। यह माँ के दूध से शिशु में, रोगी की लार, सीमन, योनि स्राव, आदि के द्वारा स्वस्थ व्यक्ति में प्रवेश कर उसे संक्रमित करता है। इसके लक्षण पीलिया, भूख न लगना, हल्का बुखार, जोड़ों में दर्द, आदि होते हैं।

4. (b) किसी विशिष्ट भौगोलिक क्षेत्र में किसी रोग या संक्रामक अभिकर्ता की लगातार उपस्थिति को स्थानिक/विशेष क्षेत्री रोग कहते हैं; जैसे हैजा, मलेरिया आदि। हैजा जीवाणुजनित रोग है जो जल के द्वारा फैलता है। इससे गम्भीर दस्त और जल की कमी हो जाती है। मलेरिया रोग एककोशिकीय प्रोटोजोअन परजीवी *प्लाज्मोडियम* द्वारा होता है तथा इस रोग का वाहक मादा *एनॉफिलीज* मच्छर होता है।

5. (a) एस्कॉर्बिक अम्ल (ascorbic acid) अर्थात् विटामिन-C आयरन के अवशोषण में सहायक होता है। यह आन्तरकोशिकीय सीमेंट, कोलैजन तन्तुओं, हड्डियों के मैट्रिक्स एवं दाँतों के केन्टीन का निर्माण करता है। इसकी कमी से स्कर्वी रोग हो जाता है तथा नींबू, टमाटर, सब्जियाँ आदि इसके मुख्य स्रोत हैं।

6. (d) छोटी चेचक (चिकनपॉक्स) की संक्रामकता ददोरे दिखने के 6 दिन बाद तक रहती है। यह रोग प्रत्यक्ष शारीरिक सम्पर्क से फैलता है तथा *वैरीसेला जोस्टर* नामक विषाणु के द्वारा इसका संचरण होता है। यह रोग उनके लिए संक्रमक है, जिन लोगों को यह रोग पहले नहीं हुआ हो या इसका टीका नहीं लगा हो।

7. (d) भोजन को पचाने, शरीर में पोषक तत्वों के अवशोषण, परिवहन और भण्डारण करने में लगने वाली ऊर्जा को तापजनन (Thermogenesis) कहते हैं। यह भोजन के पाचन, पोषक तत्त्वों के अवशोषण, परिवहन एवं स्वांगीकरण में व्यय ऊर्जा है।

8. (d) दिए गए विकल्पों में से विकल्प (d) सही है, क्योंकि नवजात में निर्जलीकरण के मामले में ग्लूकोज इलेक्ट्रोलाइट रूप में देते हैं। ग्लूकोज-इलेक्ट्रोलाइट विलयन पुनर्जलीकरण अर्थात् निर्जलीकरण को रोकने में उपयोगी होता है।

9. (a) महिलाओं के मामले में 25 (किग्रा/मी^{2}) से अधिक के BMI का अर्थ सामान्य से अधिक पोषण है शरीर द्रव्यमान सूचकांक (BMI) एक व्यक्ति के द्रव्यमान (kg में) और ऊँचाई (m में) के वर्ग के अनुपात से प्राप्त होता है। इसे kg/m^2 की इकाइयों में व्यक्त किया जाता है। एक सामान्य महिला का BMI 18.5-24.9 तक होता है।

10. (b) कोणीय मुखपाक (एंगुलर स्टोमटाइटिस) जिह्वाशोथ (ग्लॉसाइटिस) और ओष्ठविदरता (चेलोसिस) राइबोफ्लेविन की कमी के कारण होते हैं। राइबोफ्लेविन एक कार्बनिक यौगिक है। इसे विटामिन-B_2 के नाम से भी जाना जाता है। यह कई खाद्य पदार्थों विशेष रूप से दूध, यकृत, अण्डे और हरी सब्जियों में उपस्थित होता है और आँतों में रहने वाले जीवाणु द्वारा भी संश्लेषित किया जाता है।

11. (c) जनसमूह में आयोडीन की कमी से होने वाले रोगों पर नियन्त्रण करने की एक सुपरीक्षित पद्धति, उनमें आयोडीन युल्त नमक का वितरण है। इसमें पोटैशियम, आयोडाइड उपस्थित होता है। आयोडीन का सेवन शरीर में आयोडीन की कमी को रोकता है। विश्व भर नें आयोडीन की कमी लगभग दो अरब लोगों को प्रभावित करती है और यह बौद्धिक और विकासात्मक अक्षमताओं का प्रमुख रोकथाम योग्य कारण है। इसकी कमी से थॉयरायड ग्रन्थि की समस्याएँ होती हैं जिससे घेंघा रोग उत्पन्न होता है।

12. (b) राष्ट्रीय प्रतिरक्षीकरण कार्यक्रम के अन्तर्गत खसरे का वैक्सीन 9 माह (Month) की आयु पर दिया जाता है। खसरा पैरामाइक्सो वायरस के कारण होता है जिसका संचरण मानव शरीर में सीधे सम्पर्क या वायु के माध्यम से फैलता है। यह रोग श्वसन तन्त्र को संक्रमित करता है जिससे श्वसन में परेशानी होती है। इससे सुरक्षा के लिए PCV (न्यूमोकोकल कॉन्जूगेट वैक्सीन) बूस्टर खुराक दी जाती है।

13. (b) डिफ्थीरिया में शिक परीक्षण किया जाता है। यह त्वचीय नैदानिक परीक्षण है। यह रोग *कॉरीनेबैक्टीरियम डिफ्थीरी* नामक जीवाणु से होता है। वैसे यह 3-5 वर्ष तक के बच्चों में अधिक होता है, परन्तु वयस्कों में भी यह रोग हो सकता है। यह रोग संक्रमित व्यक्ति के खांसने व छींकने से वायु द्वारा फैलता है। इसमें वायुमार्ग अवरुद्ध हो जाता है एवं सांस लेने में तकलीफ होती है। इससे बचने के लिए बच्चों को DPT नामक टीका लगवाना चाहिए जो इन्हें डिफ्थीरिया, टिटनेस तथा कुकर खाँसी से बचाता है।

14. (a) माँस, मछली, अण्डे और दूध उच्च जैविक मान वाले प्रोटीनों के महत्त्वपूर्ण स्रोत हैं। इनमें प्रोटीन की उच्च मात्रा पाई जाती है। यह भोजन से अवशोषित प्रोटीन है जो जीव के जैवभार में वृद्धि करता है। इसे अवशोषित नाइट्रोजन प्रतिशत के रूप में व्यक्त करते हैं।

15. (a) मध्य-पूर्व देशों में जाने वाले तीर्थ यात्रियों को सामान्यतः मेनिन्जाइटिस का टीका दिया जाता है। यह जीवाणु या विषाणुजनित रोग है, जिसके कारण मस्तिष्क एवं मेरुदण्ड के आवरण में सऊदी अरब में मक्का-मदीना की यात्रा करने वाले हाजियों को पड़ता है।

16. (a) *माइकोबैक्टीरियम ट्यूबरकुलोसिस* और *विब्रियो कोलेरी* की पहचान रॉबर्ट कोच वैज्ञानिक ने की थी। माइकोबैक्टीरियम ट्यूबरकुलोसिस एक जीवाणु TB या क्षय रोग का कारक है। इस रोग का संक्रमण रोगी के थूक, खाँसी, छींक द्वारा सीधे-सम्पर्क या भोजन, जल तथा वायु के माध्यम से होता है। यह जीवाणु सामान्यतः फेफड़ों पर आक्रमण करता है। कभी-कभी यह शरीर के दूसरे अंगों को प्रभावित करता है। जिसमें मस्तिष्क भी शामिल है। इसके उपचार के लिए बच्चों को BCG का टीका दिया जाता है। *विब्रियो कॉलेरी* जीवाणु हैजा रोग का कारक है। इसका आकार छड़ी जैसा होता है, जो सन्दूषित भोजन एवं जल के द्वारा होता है।

17. (d) 2 वर्ष की आयु तक के नवजात शिशुओं में DPT टीका लगाने का अनुशंसित स्थान जाँघ की पार्श्व वैसटस लेटरेलिस पेशी होती है। नवजात शिशुओं में यह पहला टीका 9 माह पर, दूसरा $1\frac{1}{2}$ वर्ष, तीसरा $2\frac{1}{2}$ वर्ष एवं $3\frac{1}{2}$ वर्ष के बच्चे की उम्र में दिया जाता है। यह टीका डिफ्थीरिया, टिटनेस एवं काली खाँसी से शिशु की रक्षा करता है।

18. (d) थायमिन की कमी आमतौर पर लोगों द्वारा पॉलिश किए हुए चावल का सेवन अधिक किए जाने से, खाना पकाने की अनुचित प्रथाओं अपनाने से एवं

चावल पकाने के बाद बचे हुए अतिरिक्त जल को फेंक देने से होती है, क्योंकि चावल का छिलका विटामिन B_1 (थाइमिन) का प्रमुख स्रोत होता है। इसकी कमी से बेरी-बेरी रोग होता है।

19. (a) राष्ट्रीय स्वास्थ्य नीति वर्ष 1983 में सूत्रबद्ध की गई थी। इसे प्राथमिक स्वास्थ्य देखभाल सुविधाओं और एक रेफरल प्रणाली स्थापित करने के लक्ष्य के साथ बनाया गया था। वर्ष 2002 में अद्यतन एन.एच.पी ने स्वास्थ्य प्रणाली की व्यावहारिकता और पहुँच में सुधार के साथ-साथ निजी और सार्वजनिक क्लिनिकों को स्वास्थ्य क्षेत्र में शामिल करने पर ध्यान केन्द्रित किया।

20. (a) लिनोलेनिक अम्ल (Linolenic acid) एक आवश्यक वसीय अम्ल है। यह दो असंतृप्त वसा अम्ल लिनोलिक और *d*-लिनोलेनिक अम्ल को आवश्यक वसा अम्ल कहा जाता है। मानव शरीर में सामान्य वृद्धि और विकास के लिए दोनों पदार्थों की आवश्यकता होती है। हमारा शरीर कई अन्य असंतृप्त वसा अम्लों को संश्लेषित करने के लिए लिनोलिक अम्ल का उपयोग करता है। इसके अलावा यह कॉलेस्ट्रॉल के कुशल परिवहन और उपापचय के लिए आवश्यक है। औसतः दैनिक आहार में लगभग 4-6 ग्राम आवश्यक वसीय अम्ल होना चाहिए।

21. (a) मलेरिया *प्लाज्मोडियम* नामक प्रोटोजोअन परजीवी के कारण होता है। इस रोग का वाहक मादा *एनाफिलीज* मच्छर होता है। मानव में इसका संक्रमण *प्लाज्मोडियम स्पोरोजोइट* अवस्था के कारण होता है। स्पोरोजोइट मादा एनॉफिलीज मच्छर की लार में उपस्थित होता है जैसे ही मच्छर काटता है, तो यह मानव के रुधिर में पहुँच जाता है। रुधिर में यह लाल रुधिर कणिकाओं पर आक्रमण करता है। जिससे ये फटकर एक अविषालु हीमोजोइन स्त्रावित करती है, जो ठिठुरन व ज्वर के लिए उत्तरदायी होता है। इसके मुख्य लक्षण भूख न लगना, कब्ज, सिर, पेशियाँ और जोड़ों में-दर्द रहता है।

22. (a) वृद्धि मन्दन और पेशियों एवं अधोत्वचीय वसा का गम्भीर क्षय, ये पोषण सम्बन्धी मैरास्मस की दो सतत विशेषताएँ हैं। कार्बोहाइड्रेटों तथा प्रोटीनों की कमी के कारण मैरास्मस रोग होता है। इसे सूखा रोग भी कहते हैं। इस रोग में शरीर पतला हो जाता है, त्वचा झुर्रीदार हो जाती है अतिसार हो जाता है, एवं शरीर की वृद्धि बाधित हो जाती है।

23. (a) कंजंक्टाइवल जीरोसिस का अर्थ नेत्रश्लेष्मला (कंजंक्टाइवा) के सूखेपन से है। जीरोसिस विटामिन- A की कमी के कारण होने वाली स्थिति है, और यह आँख के कंजंक्टाइवा के असामान्य सुखेपन की विशेषता है। इसके मुख्य लक्षण-आँख से अत्यधिक पानी आना, आँखों में सूखापन महसूस होना, दृष्टि का धुँधला होना आदि हैं।

24. (c) नीचे दिए गए विकल्पों में से विकल्प (c) सही है, क्योंकि गर्भावस्था के दौरान आवश्यक अतिरिक्त प्रोटीन गर्भाशय के आकार में वृद्धि और गर्भस्थ शिशु की तीव्र वृद्धि के लिए आवश्यक होता है। गर्भावस्था के 9 माह के दौरान भ्रूण के विकास के लिए प्रतिदिन 75 ग्राम से 100 ग्राम तक प्रोटीन देना जरूरी होता है। यह रक्त की मात्रा के बढ़ोत्तरी और मातृ ऊतकों की वृद्धि के लिए भी पर्याप्त मात्रा में जरूरी होता है।

25. (a) प्रोटीन, वसा और कार्बोहाइड्रेट को कभी-कभी निकटस्थ मूलतत्व (प्रॉक्सिमेट प्रिन्सिपल्स) कहा जाता है, क्योंकि भोजन के अधिकांश भाग का निर्माण करते हैं। ये हमारे शरीर के ऊतकों के निर्माण व ऊर्जा उत्पन्न करने के लिए ऑक्सीकृत होते हैं, जिसकी हमारे शरीर को आवश्यकता होती है।

26. (a) फेफड़ों को छोड़कर अन्य किसी अंग के क्षय रोग (ट्यूबरक्लोसिस) से पीड़ित रोगियों को एक्स्ट्रापल्मोनरी टीबी केस कहा जाता है, क्योंकि जब T.B. के जीवाणु फेफड़ों के अलावा शरीर के दूसरे अंग जैसे मस्तिष्क, यकृत, उदर, गला, आदि को प्रभावित करते हैं, तो इन्हें एक्स्ट्रापल्मोनरी (T.B.) कहा जाता है। एक्स्ट्रापल्मोनरी T.B. का एक रूप लिम्फ नोड (Lymph node) TB भी कहलाता है।

27. (d) दिए गए कथनों में सभी विकल्प सही हैं। एक स्वस्थ व्यक्ति द्वारा प्रतिदिन की पोषण आवश्यकताओं की पूर्ति हेतु लिए जाने वाले आहार में पोषकों की औसत मात्रा को अनुशासित आहारीय भत्ता (Recommended Dietary Allowance) (RDA) कहा जाता है। भारत में RDA की मात्रा का निर्धारण विश्व स्वास्थ्य संगठन तथा राष्ट्रीय पोषण संस्थान द्वारा किया जाता है। एवं RDA की सीमाएँ केवल स्वस्थ्य व्यक्तियों हेतु अनुशंसित, कुपोषित, मोटापाग्रस्त या बीमार लोगों के लिए अनुशंसित होती है। ये प्रायः अधिकांश व्यक्तियों हेतु मानक RDA एवं उनकी वास्तविक पोषण सम्बन्धी आवश्यकताओं के बीच अन्तर होता है।

28. (d) किसी व्यक्ति की पोषण स्थिति का आंकलन करने के लिए दी गई सभी विधियों को अपनाया जा सकता है; जैसे-पोषण सम्बन्धी नृमिति और पोषण सम्बन्धी संकेतों की नैदानिक (क्लीनिकल) जाँच एवं जैव-रासायनिक आकलन।

29. (a) एकीकृत बाल विकास योजना (ICDS) के अन्तर्गत 6 वर्ष तक की आयु वाले बच्चे को दिए जाने वाले प्रोटीन की मात्रा 8-10 ग्राम होती है एवं 6 वर्ष से कम उम्र के सभी बच्चों को 300 कैलोरी प्रोटीन दिया जाता है जिसमें हल्के (ग्रेड 1 और 2) कुपोषण वाले बच्चे भी शामिल हैं।

30. (d) दिए गए विकल्पों में से विकल्प (d) सही है, क्योंकि दस्त पर तर्कसंगत प्रतिक्रिया अन्तःशिरीय (इंट्रावीनस) चिकित्सा नमक और शक्कर का घोल तथा घरेलू तरल एवं हल्के भोजन का स्वच्छ तरीके से उपयोग करना है।

31. (a) गर्भावस्था के दौरान फोलिक अम्ल युक्त अनुपूरकों का सेवन तन्त्रिका नाल दोष (न्यूरल ट्यूब डिफेक्ट) का जोखिम घटाता है। गर्भावस्था के दौरान कुछ कारणों से न्यूरल ट्यूब में असामान्यता आने लगती है जिसकी वजह से गर्भस्थ शिशु का मस्तिष्क, व मेरूरज्जु ठीक से विकसित नहीं हो पाती जिससे इनमें विकार उत्पन्न हो जाता है। यह रोग गर्भवती महिलाओं में फोलिक या (विटामिन B-9) की कमी के कारण होता है।

32. (c) संचरणशील रोगों के नियन्त्रण में, किसी रोग के सम्बन्ध में संगरोध की अवधि का निर्धारण रोगोद्भवन अवधि द्वारा होता है। संक्रमण के बाद इस अवधि में रोगजनक जीव अपनी संख्या बढ़ाकर उस स्तर तक पहुँचता है कि रोगी के शरीर में रोग के लक्षण जैसे-ज्वर, दर्द, सूजन, उल्टी आदि दिखने लगते हैं।

33. (a) विटामिन-E वह मुख्य लिपिड घुलनशील विटामिन है, जिसमें एण्टीऑक्सीडेण्ट गुण होता है। यह हमारे शरीर की कोशिकाओं को मुक्त मूलकों से होने वाले क्षति से सुरक्षा प्रदान करता है जब मुक्त मूलकों कणों का स्तर एण्टीऑक्सीडेण्ट स्तर से अधिक हो जाता है, तो शरीर में ऑक्सीडेण्ट तनाव उत्पन्न होता है। विटामिन- E को सौन्दर्य का विटामिन भी कहते हैं। यह ऑक्सीकारक के रूप में कार्य करता है तथा लाल रुधिर कणिकाओं के निर्माण में सहायक है। यह नर एवं मादा दोनों में प्रजनन तन्त्र के सामान्य कार्यान्वयन हेतु आवश्यक होता है। इसके स्रोत वनस्पति तेल, गेहूँ, बिनौला आदि है। इसकी कमी से पेशियाँ नष्ट होने लगती हैं तथा प्रजनन तन्त्र असामान्य हो जाता है।

34. (b) अतिरिक्त मानव भण्डार नियन्त्रणों को छोड़कर अन्य कारकों के कारण चेचक (स्मॉलपोक्स) का उन्मूलन हो पाया था। भारत को अन्ततः वर्ष 1977 में चेचक से मुक्त घोषित किया गया था और विश्व स्वास्थ्य संगठन ने वर्ष 1980 में विश्व में चेचक के उन्मूलन की घोषणा की है। **वेरिओला** विषाणु से उत्पन्न। यह रोग 10 वर्ष से कम उम्र के बच्चों में सामान्य तथा वयस्कों में कम, परन्तु घातक होता है।

संक्रमण मुखीय, नासा, कोष्ठीय पदार्थों के मुक्त होने, फोड़े तथा चकतों से फैलता है। लाल रंग के चकतों घावों (scabs) में बदल जाते हैं। निशान सर्वप्रथम चेहरे पर तथा बाद में सम्पूर्ण शरीर पर फैलते हैं। इन चकतों के समाप्त होने पर स्थायी निशान रह जाते हैं। चेचक के टीके की खोज **एडवर्ड जेनर** ने 1798 में की थी।

35. (c) राष्ट्रीय पोषण सम्बन्धी रक्ताल्पता नियन्त्रण कार्यक्रम गर्भवती महिलाओं में रक्ताल्पता की रोकथाम एवं उपचार करने पर लक्षित है। प्राथमिक स्वास्थ्य केन्द्रों और उसके उपकेन्द्रों के माध्यम से क्रार्यान्वित इस कार्यक्रम का उद्देश्य प्रजनन आयु की महिलाओं में रक्ताल्पता (एनीमिया) की व्यापकता और घटनाओं को कम करना है। इस नियन्त्रण में आयरन से भरपूर खाद्य-पदार्थों की नियमित खपत को बढ़ावा देना, आयरन और फोलिक की खुराक का प्रावधान एवं गम्भीर रूप से रक्ताल्पता के मामलों की पहचान और उपचार को बढ़ावा देना है।

36. (d) दिए गए विकल्पों में से विकल्प (d) सही है, क्योंकि गर्भावस्था से पहले तथा उसके दौरान पोषण स्थिति खराब होने से गम्भीर दीर्घकालिक प्रभाव होते हैं और मातृ रुग्णशीलता, शीघ्र या समय से पूर्व प्रसव एवं जन्म के समय शिशु के वजन कम होने का जोखिम मौजूद रहता है।

37. (a) ऊर्जा असन्तुलन से उत्पन्न होने वाली दो स्थितियाँ मोटापा और दीर्घकालिक ऊर्जा न्यूनता है।
मोटापा को शरीर में अत्यधिक वसा के संचय की स्थिति के रूप में परिभाषित किया जाता है जो स्वास्थ्य के लिए हानिकारक है। यह समय के साथ निरन्तर सकारात्मक ऊर्जा सन्तुलन का परिणाम है।
दीर्घकालिक ऊर्जा न्यूनता भोजन में प्रयुक्त कैलोरी युक्त पोषक तत्त्वों की कमी का परिणाम हैं, उदाहरण–मैरास्मस।

38. (c) ग्लूकोज एक सरल शर्करा है जो शरीर की सभी कोशिकाओं के लिए ऊर्जा का प्रमुख स्रोत है। ग्लूकोज (Glucose) या द्राक्ष शर्करा सबसे सरल कार्बोहाइड्रेट है। यह जल में घुलनशील होता है तथा इसका रासायनिक सूत्र $C_6H_{12}O_6$ है। स्वाद में यह मीठा होता है। यह प्रमुख श्वसनीय क्रियाधार है।

39. (c) स्तनपान कुछ प्रकार के न्यूमोनिया और दस्त एवं कुछ विषाणु संक्रमण जैसे पोलियों के विरूद्ध प्राकृतिक प्रतिरक्षा की अवधि को लम्बा कर देता है। मधुमेह रोग में इंसुलिन हॉर्मोन की कमी के कारण रक्त में ग्लूकोज की मात्रा बढ़ जाती है।

40. (a) नवजात मृत्युदर समुदाय में बच्चों की स्वास्थ्य स्थिति की माप होती है। जन्म और मृत्यु दर, जीवन प्रत्याशा, जीवन की गुणवत्ता, विशिष्ट रोगों और स्थितियों से रुग्णता आदि से समुदाय में स्वास्थ्य की परिस्थितियों का आंकलन किया जाता है।

41. (d) दिए गए विकल्पों में से विकल्प (d) सही है, क्योंकि गर्भवती महिला को अपने आहार में दूषित भोजन, जंक फूड एवं मसालेदार और तली हुई रसा (ग्रेवी) जैसे भोजनों से बचना चाहिए। ये भोजन स्वास्थ्य के लिए हानिकारक होते हैं।

42. (a) ICMR 2010 के अनुसार स्त्रियों के लिए कैल्शियम की अनुशंसित अनुमति 600 mg/दिन है। 1 से 9 वर्ष के बच्चों के लिए प्रतिदिन 600 मिलीग्राम कैल्शियम आवश्यक होता है। 10 वर्ष के बच्चों के लिए यह बढ़कर 800 मिलीग्राम प्रतिदिन हो जाती हैं एवं 17 वर्ष तक के किशोरों के लिए भी यही बनी रहती है।

43. (d) दिए गए विकल्पों में से विकल्प (d) सही हैं, क्योंकि आयरन की कमी से होने वाले एनीमिया के कार्यात्मक प्रभावों में निढालता, बेचैनी और क्षीण कार्यशीलता, ताप नियन्त्रण में गड़बड़ी, मातृ व प्रसव पूर्व मरणशीलता एवं रुग्णशीलता में वृद्धि, इत्यादि शामिल हैं।

44. (d) दिए गए विकल्पों में से विकल्प सत्य है, क्योंकि गर्भावस्था के दौरान त्वरित ऊतक संश्लेषण, सक्रिय ऊतक द्रव्यमान में वृद्धि एवं हृदयवाहिकीय एवं फुफ्फुसीय कार्य में वृद्धि के कारण आधारी चयापचय दर (BMR) में वृद्धि होती है।

45. (d) दिए गए विकल्पों में से विकल्प (d) सही है, गर्भावस्था के दौरान आयोडीन न्यूनता विकार तन्त्रिकीय क्रेटीनता (वामनता) मूक बधिरता एवं भैंगापन उत्पन्न कर शिशु को प्रभावित कर सकते हैं।

46. (a) शाकाहारी माता में विटामिन B_{12} की कमी होने की सम्भावना अधिक होती है।
विटामिन-B_{12} (सायनोकोबालएमीन) लाल रुधिर कणिकाओं (RBCs) के निर्माण एवं तन्त्रिका तन्त्र के कार्य में सहायता करता है। इसके मुख्य स्रोत माँसाहार जैसे-यकृत का तेल, पनीर, दूध, मांस, मछली, अण्डा, वृक्क आदि हैं। इसकी अल्पता से **पर्नीसियस एनीमिया** (Pernicious anaemia) हो जाता है।

47. (b) अन्त्योदय अन्न योजना एक अनुपूरक खाद्य सुरक्षा योजना है जो निर्धनतम व्यक्तियों को 35 किग्रा राशन जन प्रतिमाह प्रति परिवार के लिए पात्र बनाती है। जिसमें अन्त्योदय कार्ड धारकों को हर महीने 20 किलो गेहूँ और 15 किलो चावल देना शामिल हैं। इसमें प्रत्येक कार्ड धारक प्रतिमाह राशन के लिए एक परिवार हैं।

48. (d) दिए गए विकल्पों में से विकल्प (d) सही हैं, क्योंकि प्रसव-पूर्व विकास में गर्भधारण-पूर्व अवधि, भ्रूणीय अवधि तथा गर्भज अवधि शामिल हैं।

49. (a) कर्णमूल शोथ/गलासुआ (मम्प्स) में अधिकतम संक्रामकता की अवधि सूजन की शुरुआत के दौरान होती है। यह रोग *पैरामिक्सो* विषाणु के कारण होता है। यह सीधे सम्पर्क, बिन्दु के तरीके (droplet method) एवं सन्दूषित पदार्थों के द्वारा स्थानान्तरित होता है।
इसमें रोगी निगलने तथा मुख खोलने में परेशानी महसूस करता है। उच्च ज्वर, ठण्डापन, सिरदर्द, शरीर में दर्द, भूख में कमी इसके लक्षण हैं।

50. (b) फ्रिनोडर्मा विटामिन-B कॉम्प्लेक्स की कमी के कारण होता है। यह रोग मुख्यत: विटामिन-A की कमी के कारण होता है, जो कि स्वास्थ्य हड्डियों के विकास के लिए जरूरी है। विटामिन-A एवं B के अलावा शरीर में आवश्यक वसीय अम्लों व विटामिन-E की कमी भी इस परिस्थिति को बढ़ावा दे सकती है।

51. (a) कर्णमूलशोथ या गलसुआ या मम्प्स रोग के आक्रमण के बाद जीवन-पर्यन्त प्रतिरक्षा उत्पन्न हो जाती है।
पैरामिक्सो विषाणु के द्वारा उत्पन्न होता है तथा इसमें पैरोटिड लार ग्रन्थियों में सूजन उत्पन्न होती है।

52. (b) भोजन को मुख के पिछले भाग में पहुँच जाने के बाद निगलने की प्रक्रिया अनैच्छिक हो जाती है।
इस दौरान ग्रासनली की भित्ति में अनैच्छिक तरंग गति ग्रासनली (oesophagus) से होकर आमाशय (stomach) में प्रवेश करता है। मुख गुहा में लार के मिलने एवं दाँतों में पीसने के बाद भोजन कण्ठ से होता है।

53. (b) हरी पत्तेदार सब्जियाँ और ताजे फल प्रोटीन का अच्छा स्रोत नहीं है। इनके अन्दर कई प्रकार की विटामिन्स जैसे–A, B, K, C एवं आहारीय रेशे उपस्थित होते हैं।
प्रोटीन के मुख्य स्रोत दालें, मछली, अण्डा, दूध, सोयाबीन, मटर, सेम, पनीर, दही आदि हैं।

54. (d) दिए गए विकल्पों में से विकल्प (d) सही है, क्योंकि कोलोस्ट्रम प्रसव पश्चात् माता द्वारा स्त्रावित प्रथम दुग्ध एक पीला गाढ़ा तरल पदार्थ होता है जो प्रोटीन, इम्यूनोग्लोब्युलिन्स एवं इलेक्ट्रोलाइट तीनों में समृद्ध होता है। इसमें अनेक प्रकार की वृहद् प्रोटीन होती है जैसे–प्रतिरक्षी प्रोटीन्स इम्यूनोग्लोब्युलिन्स एवं इलेक्ट्रोलाइट्स; जैसे–सोडियम और पोटैशियम उपस्थित होते हैं।

55. (d) जैव-रासायनिक आकलन व्यक्ति की पोषण स्थिति का आकलन करने की अप्रत्यक्ष विधि है। हीमोग्लोबिन आकलन सबसे महत्त्वपूर्ण जैव-रासायनिक परीक्षण है जो किसी व्यक्ति की सम्पूर्ण पोषण स्थिति का आकलन करने के लिए एक उपयोगी सूचकांक है। एनीमिया के अलावा, यह दृष्टिकोण प्रोटीन और ट्रेस तत्त्व की मात्रा को भी निर्धारित करता है।

56. (d) माइक्रोसॉफ्ट पावरप्वॉइण्ट में अधिकतम ज़ूम प्रतिशत 400% है तथा न्यूनतम ज़ूम प्रतिशत 10% है। पावरप्वॉइण्ट उपयोगकर्ताओं को विशिष्ट

अनुभागों पर ध्यान केन्द्रित करने में मदद करने के लिए स्लाइड से जूम इन और जूम आउट करने की अनुमति देता है।

57. (d)

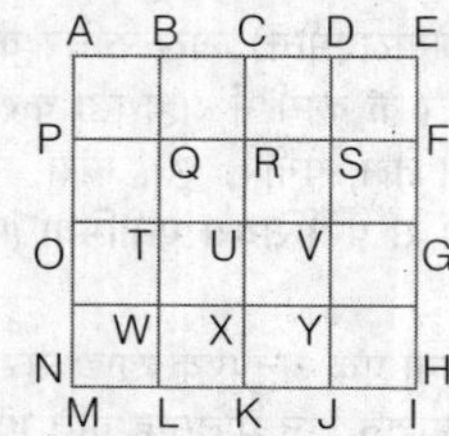

वर्गों की संख्या निम्न प्रकार हैं

ABQP, BCRQ, CDSR, DEFS, PQTO, QRUT, RSVU, SFGV, OTWN, TUXW, UVYX, VGHY, NWLM, WXKL, XYJK, YHIJ, ACUO, BDVT, CEGV, PRXN, QSYW, RFHX, OUKM, TVJL, UGIK, ADYN, BEHW, PSJM, QRIL, AEIM

अतः दी गई आकृति में कुल 30 वर्ग हैं,

58. (b) बाल विवाह अधिनियम 2006, भारत में 1 नवम्बर, 2007 को लागू हुआ। इस अधिनियम का उद्देश्य बाल विवाह और इससे जुड़े आकस्मिक मामलों पर पूर्ण प्रतिबन्ध लगाना है। यह सुनिश्चित करना है कि समाज के भीतर बाल-विवाह का उन्मूलन किया जाता है। भारत सरकार ने बाल विवाह निरोधक अधिनियम, 1929 के पहले कानून के स्थान पर बाल विवाह निषेध अधिनियम, 2006 को अधिनियमित किया। यह नया अधिनियम बाल-विवाह पर रोक लगाने, पीड़ितों को राहत देने और इस तरह के विवाह को बढ़ावा देने या इसे बढ़ावा देने वालों के लिए सजा बढ़ाने के जैसे प्रावधानों को उपलब्ध करवाता है।

59. (a)- http/एच. टी. टी. पी. प्रोटोकॉल कहलाता है। HTTP का पूरा नाम हाइपरटेक्ट ट्रांसफर प्रोटोकॉल है जिसका उपयोग वेब पर डेटा ट्रांसफर करने के लिए किया जाता है। यह इण्टरनेट सूट का हिस्सा है और वेबपेज डेटा ट्रांसमिट करने के लिए इस्तेमाल की जाने वाली कमाण्ड और सेवाओं को परिभाषित करता है।

60. (c) 2019 के पश्चात् वर्ष 2024 तक साँझी योजना अन्तर्गत 5 ग्रामों का विकास करना पड़ेगा। माननीय प्रधानमन्त्री, नरेन्द्र मोदी ने 11 अक्टूबर, 2014 को लोकनायक जयप्रकाश नारायण की जयन्ती पर विज्ञान भवन, नई दिल्ली में 'संसद आदर्श ग्राम योजना (साँझी)' का शुभारम्भ किया। मार्च 2019 तक तीन आदर्श ग्राम विकसित करने का लक्ष्य था, जिनमें से एक को वर्ष 2016 तक हासिल किया जाना था। इसके बाद, 2014 तक पाँच ऐसे आदर्श ग्राम (प्रति वर्ष एक) का चयन और विकास किया जाएगा।

61. (a) जनजातीय कार्य मन्त्रालय को वर्ष 1999 में सामाजिक न्याय और अधिकारिता मन्त्रालय के द्विविभाजन के उपरान्त अलग किया गया था और इसका उद्देश्य एक समन्वित और सुनियोजित तरीके से भारतीय समाज के अत्यन्त शोषित वर्ग अर्थात् अनुसूचित जनजातियों (एस. टी.) के समेकित सामाजिक-आर्थिक विकास पर अधिक ध्यान केन्द्रित करना है। इस मन्त्रालय के गठन से पहले जनजातीय मामले अलग-अलग समय में विभिन्न मन्त्रालयों द्वारा निटाए जाते थे।

62. (d) सती (रोकथाम) अधिनियम, 1987 राजस्थान सरकार द्वारा 1987 में अधिनियमित एक कानून है। वर्ष 1988 में सती आयोग (रोकथाम) अधिनियम, 1987 के अधिनियम के साथ वह भारत की संसद का एक अधिनियम बन गया। अधिनियम सती, स्वैच्छिक या विधवा को जबरन जलाने या जिन्दा दफनाने को रोकने का प्रयास करता है और सती होने वाली विधवा की स्मृति को मनाने या सम्मान करने की क्रिया किसी भी समारोह, किसी भी जुलूस में भाग लेने, वित्तीय ट्रस्ट के निर्माण, या किसी भी समारोह के पालन के माध्यम से इस कार्य के महिमामण्डल पर रोक लगाने का प्रयास करता है।

63. (b) निःशुल्क एवं अनिवार्य शिक्षा विधेयक 2009 में पारित किया गया। यह अधिनियम 6 से 14 वर्ष के आयु वर्ग के सभी बच्चों को निःशुल्क और अनिवार्य शिक्षा प्रदान करने हेतु विभिन्न प्रावधानों एवं उन प्रावधानों को सफलतापूर्वक पूर्ण करने के लिए कर्त्तव्य एवं दायित्वों का निर्धारण करता है। इस विधेयक के अनुसार सभी राज्य सरकारों और स्थानीय निरूपों के लिए यह अनिवार्य होगा कि उस क्षेत्र विशेष के सभी बालकों को विद्यालय भेजें। यह 1 अप्रैल, 2010 के जम्मू कश्मीर को छोड़कर सम्पूर्ण भारत में लागू हुआ।

64. (b) एमएस वर्ड टेक्स्ट को जब स्क्रीन के दाहिने किनारे तक पहुँच जाते हैं, तो उन्हें अपने आप अगली लाइन पर स्थानान्तरित करता है। इसे वर्ड रैप कहा जाता है। वर्ड रैप एक वर्ड प्रोसेसिंग फीचर है जो सभी पाठों को परिभाषित मार्जिन के भीतर सीमित रखने के लिए मजबूत करता है। जब पाठ की एक पंक्ति भर जाती है, तो शब्द प्रोसेसर स्वचालित रूप से पाठ की अगली पंक्ति में ले जाता है, इसलिए उपयोगकर्ता को हर पंक्ति में वापस कुँजी नहीं दबानी पड़ती है।

65. (a) दिया है, मूलधन (P) = ₹ 15000

समय $(t) = 4$ अर्द्ध-वर्ष

ब्याज दर $(r) = \frac{5}{2}$ % छमाही

हम जातने है कि,

चक्रवृद्धि ब्याज, $CI = P\left[\left(1+\frac{r}{100}\right)^t - 1\right]$

$$= 15000\left[\left(1+\frac{5}{200}\right)^4 - 1\right]$$

$$= 15000\left[\left(\frac{41}{40}\right)^4 - 1\right] = 15000\left[\frac{2825761}{2560000} - 1\right]$$

$$= 15000\left[\left(\frac{265761}{2560000}\right)\right] = ₹\ 1557.20$$

66. (d) पावर प्वॉइण्ट शो में, jpg, .gif, .wap सभी फाइल स्वरूप जोड़े जा सकते हैं। एक सॉफ्टवेयर माइक्रोसॉफ्ट का महत्त्वपूर्ण भाग है। यह फाइल को टेक्स्ट इमेज, शेप आदि की सहायता से किसी वस्तु या विषय को समझने के लिए बनाया जा सकता है।

67. (a)

कमीज़   चादर

तौलिए

अतः कमीज, चादर और तौलिए तीनों अलग-अलग वस्तुएँ हैं, जो की कपड़े से बनते हैं।

68. (d) उपर्युक्त प्रश्न में हिन्दू उत्तराधिकार अधिनियम, 1956 और हिन्दू उत्तराधिकार संशोधन अधिनियम, 1956 के दोनों कथन उचित हैं। हिन्दू उत्तराधिकार अधिनियम, 1956 बेटियों को एक संयुक्त हिन्दू परिवार से केवल जीविका का अधिकार माँग सकती है तथा हिन्दू उत्तराधिकार संशोधन अधिनियम, 1956 के द्वारा बेटियों को अपने भाइयों के साथ विरासत का अधिकार प्रदान किया गया।

69. (a) एण्ड्रॉइड स्टैक के आधार पर 'लिनक्स' ऑपरेटिंग सिस्टम का उपयोग किया जाता है। सिनक्स ऑपरेटिंग सिस्टम को भविष्य का ऑपरेटिंग सिस्टम कहा जाता है। लिनक्स को मुख्य रूप से एम्बेडेड सिस्टम्स की एप्लीकेशन्स को बनाना और मेन्टेन करने के लिए इस्तेमाल किया जाता है।

नई टेक्नोलॉजी जैसे क्लाउड कम्प्यूटिंग, वर्चुअलाइजेशन, वीएमवेयर, डेटाबेस एडमिनिस्ट्रेशन को सीखने के लिए लिनक्स की जानकारी होना आवश्यक है।

70. (d) विकल्प (d) में दी गई आकृति, प्रश्न आकृति का सही दर्पण प्रतिबिम्ब है।

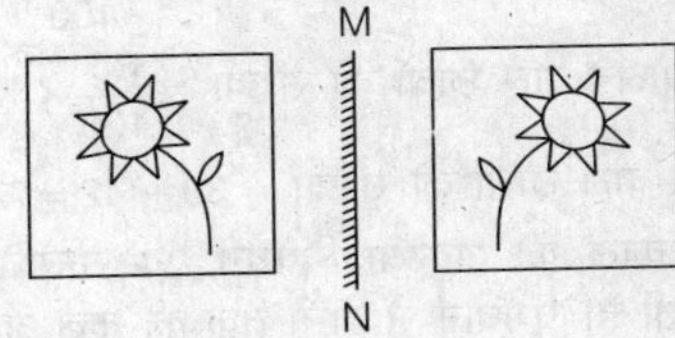

71. (a) जिस प्रकार, पहली आकृति में

B → 2, N → 14 ← वर्णमाला क्रम

उसी प्रकार, दूसरी आकृति में

I → 9, R → 18 ← वर्णमाला क्रम

∴ ? = R

72. (c) हिन्दू उत्तराधिकार अधिनियम, 1956 में लागू हुआ। यह सम्पत्ति के उत्तराधिकार और विरासत से सम्बन्धित अधिनियम है। यह अधिनियम एक व्यापक और समान प्रणाली स्थापित करता है जिसमें उत्तराधिकार और विरासत दोनों शामिल हैं। यह अधिनियम निर्वसीयत या अनिच्छुक उत्तराधिकार से भी सम्बन्धित है। इसलिए यह अधिनियम हिन्दू उत्तराधिकार के सभी पहलुओं को जोड़ता है और उन्हें अपने दायरे में लाता है।

73. (c) इंजीनियरिंग में पढ़ने वाले विद्यार्थियों की संख्या $= \frac{15}{100} \times 1500 = 225$

विज्ञान में पढ़ने वाले विद्यार्थियों की संख्या $= \frac{18}{100} \times 1500 = 270$

∴ अभीष्ट अनुपात $= \frac{225}{270} = \frac{5}{6} = 5:6$

74. (b) माना अमन, आदित्य और संजय की गति क्रमशः $4x$ किमी/ घण्टा, $5x$ किमी/घण्टा और $6x$ किमी/घण्टा है।

माना तीनों द्वारा तय की गई दूरी y किमी है।

तब तीनों द्वारा y किमी दूरी तय करने में लगा समय $\frac{y}{4x}$ घण्टा, $\frac{y}{5x}$ घण्टा और $\frac{y}{6x}$ घण्टा है।

$$\therefore \text{समय का अनुपात} = \frac{y}{4x} : \frac{y}{5x} : \frac{y}{6x} = \frac{1}{4} : \frac{1}{5} : \frac{1}{6}$$

$$= \frac{60}{4} : \frac{60}{5} : \frac{60}{6} = 15 : 12 : 10$$

75. (d) अनुसूचित जनजातियों के लिए राष्ट्रीय प्रवासी योजना को जनजातीय कार्य मन्त्रालय के योजना प्रत्यक्ष लाभ अन्तरण के अन्तर्गत नहीं चुना गया है। जनजातीय कार्य मन्त्रालय की स्थापना वर्ष 1999 में सामाजिक न्याय और अधिकारिता मन्त्रालय के विभाजन के बाद अनुसूचित जनजातियों (एस. टी.) के एकीकृत सामाजिक-आर्थिक विकास पर अधिक दृष्टिकोण प्रदान करने के उद्देश्य से की गई थी।

76. (a) ओ. एस. आई मॉडल में ट्रांसमिशन डेटा दर का निर्णय 'फिज़िकल लेयर' से लिया जाता है। ओ. एस. आई मॉडल एक स्तरित ढाँचा है जो सभी प्रकार के कम्प्यूटर सिस्टम के बीच संचार की अनुमति देता है। फिजिकल लेयर OSI मॉडल की सबसे निचली परत है और यह बिट्स या सिग्नल के रूप में डेटा से सम्बन्धित है। उत्पन्न होने वाले सिग्नल का प्रकार ट्रांसमिशन माध्यम पर निर्भर करता है। फिजिकल लेयर की कार्यक्षमताएँ निम्नलिखित हैं–

1. यह दो कनेक्टिंग डिवाइसों के बीच ट्रांसमिशन मीडिया को परिभाषित करता है।
2. यह परिभाषित मीडिया पर डेटा दर भी निर्दिष्ट करता है।
3. यह डेटा ट्रांसमिशन मोड को परिभाषित करता है।
4. यह नेटवर्क की टोपोलॉजी को परिभाषित करता है।
5. यह ट्रांसमिशन में प्रयुक्त डेटा एन्कोडिंग के प्रकार को परिभाषित करता है।

77. (d) IVF में युग्मनज को गर्भाशय में स्थानान्तरित किया जाता है। IVF का अर्थ इन विट्रो फर्टिलाइजेशन होता है। जब शरीर अण्डों को निषेचित करने में विफल रहता है, तो उन्हें प्रयोगशाला में निषेचित किया जाता है। एक बार जब अण्डे निषेचित हो जाते हैं, तो भ्रूण को माँ के गर्भाशय में स्थानान्तरित कर दिया जाता है। IVF प्रक्रिया में शुक्राणु और अण्डे का मिश्रण शामिल होता है।

78. (d) स्वच्छ बच्चे स्वस्थ भारत योजना का आरम्भ वर्ष 2017 में हुआ। यह कार्यक्रम केन्द्रीय विद्यालय संगठन की एक पहल है। इस कार्यक्रम के तहत, केन्द्रीय विद्यालय स्कूलों में पढ़ने वाले 12 लाख से अधिक छात्रों के लिए एक शारीरिक स्वास्थ्य और फिटनेस प्रोफाइल कार्ड तैयार किया जाता है। केन्द्रीय मानव संसाधन विकास मन्त्री प्रकाश जावेड़कर ने 2017 में इस कार्यक्रम की शुरुआत की थी। यह कार्यक्रम छात्रों के लिए सन्तुलित आहार, योग और दैनिक दिनचर्या पर जोर देता है। गुणवत्तापूर्ण शिक्षा सुनिश्चित करने के लिए शारीरिक फिटनेस भी स्कूलों का हिस्सा होना चाहिए।

79. (b) वनबन्धु कल्याण योजना 28 अक्टूबर, 2014, से आरम्भ की गई। यह योजना वन क्षेत्रों में रह रहे स्थानीय निवासियों के कल्याण के लिए चालायी गयी है। केन्द्र सरकार द्वारा विभिन्न राज्यों में आदिवासियों के कल्याण के लिए वन बन्धु कल्याण योजना को पायलट आधार पर शुरू किया गया है। यह योजना आदिवासी मामलों के मन्त्रालय द्वारा चलाई जा रही है। गुजरात राज्य को मिलाकर अन्य 9 राज्यों; जैसे आन्ध्रप्रदेश, हिमाचल प्रदेश, ओडिशा, तेलंगाना, झारखंड, छत्तीसगढ़, राजस्थान, महाराष्ट्र, मध्य प्रदेश राज्यों के एक विकासखण्ड में इसे चलाया जा रहा है। केन्द्र सरकार की इस योजना में इन राज्यों में निवास कर रही आदिवासी क्षेत्रों के निवासियों के जल, बिजली, शिक्षा आदि कई सेवाओं और कई आवश्यक वस्तुओं को उपलब्ध कराया जाएगा।

80. (c) प्रश्नानुसार,

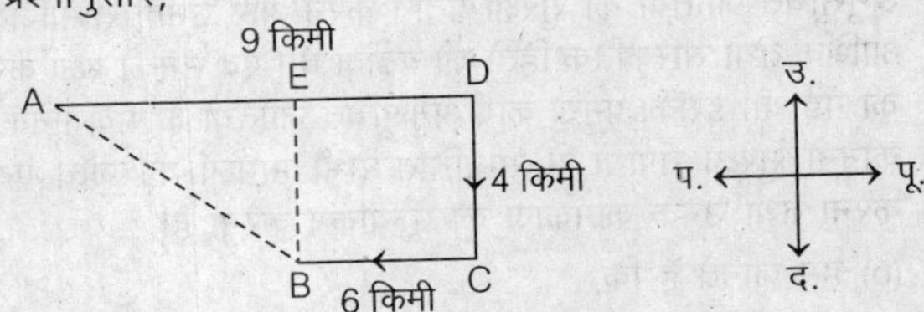

A = प्रारंभिक बिन्दु; B = अन्तिम बिन्दु

अभीष्ट दूरी = AB

$$= \sqrt{AE^2 + BE^2} = \sqrt{3^2 + 4^2}$$

$$= \sqrt{9 + 16} = \sqrt{25} = 5 \text{ किमी}$$

81. (d) स्तानियों के यकृत/लीवर में ग्लीसस कैप्सूल पाया जाता है। प्रत्येक यकृतकी पालि षठष्कोणीय पालियों से मिलकर बनी होती है, जोकि संयोजी ऊतक के आवरण द्वारा घिरी रहती है जिसे ग्लीसन्स कैप्सूल कहते हैं।

82. (c) राष्ट्रीय सफाई कर्मचारी वित्त एवं विकास निगम सामाजिक न्याय और अधिकारिता मन्त्रालय के अन्तर्गत स्थापित मन्त्रालय है। इस मन्त्रालय के तहत भारत के उपक्रम की स्थापना 24 जनवरी, 1997 को कम्पनी

अधिनियम, 1956 की धारा 25 के तहत 'लाभ के लिए नहीं' कम्पनी के रूप में की गई थी। यह अक्टूबर 1997 से परिचालन में है। यह पूरे भारत में सफाई कर्मचारियों, सफाईकर्मियों और उनके आश्रितों के सर्वांगीण सामाजिक-आर्थिक उत्थान के लिए एक सर्वोच्य निगम के रूप में परिचालित है।

83. (d) खाद्य, सुरक्षा अधिनियम, 2013 के अनुसार चावल, गेहूँ, स्थूल अनाज, ''खाद्यान्न''के अन्तर्गत आते हैं। राष्ट्रीय खाद्य सुरक्षा अधिनियम 10 सितम्बर, 2013 को अधिसूचित किया गया था। इस अधिनियम का उद्देश्य एक गरिमापूर्ण जीवन जीने के लिए लोगों को वहनीय मूल्यों पर अच्छी गुणवत्तापूर्ण खाद्यान्न की पर्याप्त मात्रा उपलब्ध कराते हुए उन्हें खाद्य और पोषण प्रदान करना है। राष्ट्रीय खाद्य सुरक्षा अधिनियम (NFSA) समग्र तौर पर देश की कुल आबादी के 67% हिस्से को कवर करता है।

84. (c) सर्वप्रथम राष्ट्रीय महिला आयोग का गठन 31 जनवरी, 1992 को हुआ, जिसकी अध्यक्ष श्रीमती जानकी पटनायक थी। राष्ट्रीय महिला आयोग, भारतीय संसद द्वारा 1990 में पारित अधिनियम के तहत् गठित एक सांविधिक निकाय है। यह एक ऐसी इकाई है जो शिकायत या स्वतः संज्ञान के आधार पर महिलाओं के संवैधानिक हितों और उनके लिए कानूनी सुरक्षा उपायों को लागू कराती है। राष्ट्रीय महिला आयोग का उद्देश्य भारत में महिलाओं के अधिकारों का प्रतिनिधित्व करने के लिए और उनके मुद्दों और चिन्ताओं के लिए आवाज प्रदान करना है।

85. (b) मानव पसीने में जल, लवण और अपशिष्ट पदार्थ पाए जाते हैं। पसीना या-स्वेद स्तनधारियों की त्वचा में स्थित ग्रन्थियों से निकलने वाला एक तरल पदार्थ है, जिसमें पानी मुख्य रूप से शामिल है और साथ ही विभिन्न क्लोराइड तथा यूरिया की थोड़ी सी मात्रा होती है। मनुष्यों में पसीना मुख्य रूप से तापमान नियन्त्रक का कार्य करता है।

86. (a) श्यामा प्रसाद मुखर्जी रुर्बन मिशन के पहले चरण में 100 क्लस्टरों का विकास किया जाएगा। इस मिशन की शुरुआत 21 फरवरी, 2016 को हुई थी। केन्द्रीय ग्रामीण विकास मन्त्रालय द्वारा किए गए श्यामा प्रसाद मुखर्जी रुर्बन मिशन के तहत स्थान सम्बन्धी नियोजन के जरिये क्लस्टर आधारित एकीकृत विकास पर फोकस किया जाता है। इस मिशन का उद्देश्य स्थानीय स्तर पर आर्थिक विकास को नई गति प्रदान करने के साथ-साथ बुनियादी सेवाओं में बढ़ोत्तरी और सुव्यवस्थित ग्रामीण क्लस्टरों का सृजन करके इन ग्रामीण क्लस्टरों में व्यापक बदलाव लाना है। इससे सम्बन्धित क्षेत्र का समग्र विकास होगा और एकीकृत एवं समावेशी ग्रामीण विकास को बढ़ावा मिलेगा।

87. (a) राष्ट्रीय अनुसूचित जाति आयोग का गठन 19 फरवरी, 2004 को किया गया था। यह एक संवैधानिक निकाय है जिसकी स्थापना शोषण के खिलाफ अनुसूचित जातियों को सुरक्षा प्रदान करने और उनके सामाजिक, शैक्षिक, आर्थिक तथा सांस्कृतिक हितों को बढ़ावा देने एवं उनकी रक्षा करने के लिए की गई थी। इसका प्रमुख कार्य अनुसूचित जातियों के संवैधानिक और अन्य कानूनी सुरक्षा उपायों से सम्बन्धित सभी मामलों की जाँच एवं निगरानी करना तथा उनके कामकाज का मूल्यांकन करना है।

88. (b) हम जानते हैं कि,

$$X : Y = 4 : 5$$

$$Y : Z = 6 : 7$$

$$\Rightarrow X : Y : Z = 4 \times 6 : 6 \times 5 : 7 \times 5 = 24 : 30 : 35$$

$\therefore$ Y का हिस्सा $= \frac{30}{24 + 30 + 35} \times 8900$

$$= \frac{30}{89} \times 8900 = ₹\,3000$$

89. (a) $\sqrt{11130.25} = ?$

$$\therefore \sqrt{\frac{1113025}{100}} = ? \Rightarrow \frac{1055}{10} = ?$$

$$\therefore \quad ? = 105.5 \approx 105$$

90. (b) जो लोग उथले हैंडपम्प से पानी पीते हैं उन्हें हैजा, टाइफायड और पीलिया जैस बीमारियाँ हो सकती हैं।

91. (c) केवल मराठी बोलने वाले छात्रों की संख्या $= \frac{40}{100} \times 120 = 48$

केवल गुजराती बोलने वाले छात्रों की संख्या $= \frac{25}{100} \times 120 = 30$

दोनों भाषाएँ बोलने वाले छात्रों की संख्या $= \frac{35}{100} \times 120 = 42$

गुजराती बोलने वाले छात्रों की संख्या $= 30 + 42 = 72$

92. (c) गर्भधारण काल की अवस्था निषेचन एवं सन्ततिजनन के मध्य की अवस्था कहलाती है। गर्भधान से जन्म तक की कुल अवधि को गर्भकालीन अवस्था कहा जाता है। गर्भकालीन अवस्था वह समय है जो 40 सप्ताह या 9 महीने तक चलती है।

93. (b) एक स्लाइड में हाइपरलिंक सम्मिलित करने के लिए Ctrl+K शॉर्टकट कुंजी का उपयोग किया जाता है। हाइपरलिंक आपके कम्प्यूटर पर एक फाइल में छवि होती है जिस पर आप क्लिक कर सकते हैं जो किसी अन्य दस्तावेज या छवि तक पहुँचाने में मदद करता है।

94. (c) माना पवन का क्रय मूल्य ₹x है।

तब, प्रश्नानुसार

$$6930 = \left(\frac{100 + 5}{100}\right) \times x \left(\frac{100 + 10}{100}\right) x$$

$$6930 = \frac{105}{100} \times \frac{110}{100} x$$

$$\Rightarrow \quad x = \frac{6930 \times 100 \times 100}{105 \times 110}$$

$$\Rightarrow \quad x = ₹\,6000$$

95. (b) कथनानुसार,

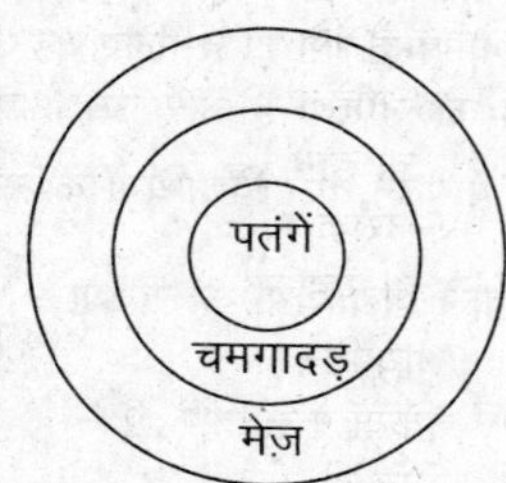

निष्कर्ष I. ✗ II. ✓

$\therefore$ केवल निष्कर्ष II अनुसरण करता है।

96. (d) दिया है, $\frac{a + b + c + d + e + f}{6} = 30$

$$\Rightarrow a + b + c + d + e + f = 30 \times 6 = 180 \quad \ldots(i)$$

$$\therefore \text{अभीष्ट औसत} = \left(\frac{\frac{a}{3} + \frac{b}{3} + \frac{c}{3} + \frac{d}{3} + \frac{e}{3} + \frac{f}{3}}{6}\right)$$

$$= \frac{a + b + c + d + e + f}{18} \quad \text{[समी (i) से]}$$

$$= \frac{180}{18} = 10$$

97. (a) A, B और C के हिस्सों का अनुपात $= \frac{1}{2} : \frac{1}{3} : \frac{1}{4}$

$$= 6 : 4 : 3$$

$\therefore$ C का हिस्सा $= \frac{3}{6 + 4 + 3} \times 13000$

$$= \frac{3}{13} \times 13000 = ₹\,3000$$

98. (b) विकल्प (b) की आकृति प्रश्न आकृति को पूरा करेगी।

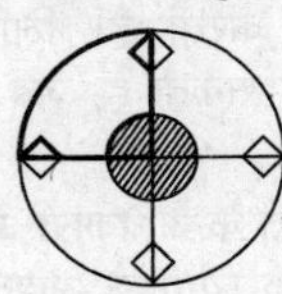

99. (a) प्रश्नानुसार,

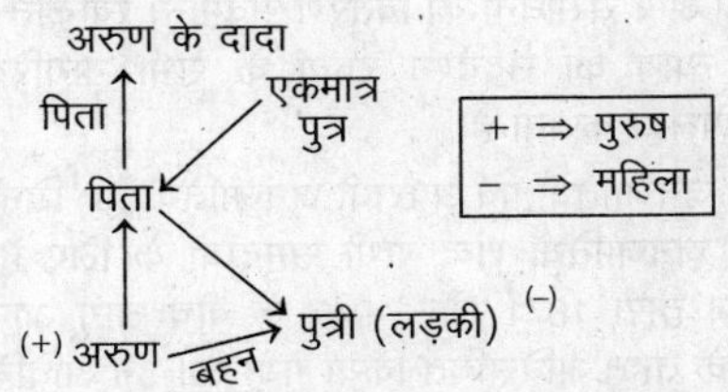

अतः दिए गए चित्र से स्पष्ट है कि वह लड़की अरुण की बहन है।

100. (d) काया कल्प योजना जिला अस्पताल स्तर पर सर्वप्रथम शुरू किया गया था। इस योजना को 2015 में प्रारम्भ किया गया। था। जिसका उद्देश्य सार्वजनिक स्वास्थ्य सुविधाओं में स्वच्छता तथा साफ-सफाई सुनिश्चित करना है।

101. (d) स्वप्रतिरक्षी थाइरोडाइटिस का अन्य नाम हिशीमोटो रोग है। यह एक ऑटोइम्यून थॉयरॉयड रोग है। शरीर की प्रतिरक्षा एण्टीबॉडी का उत्पादन करती है जो थायरॉयड कोशिकाओं को लक्षित करती है, यह मानते हुए कि वे बैक्टीरिया, वायरस या एक विदेशी शरीर है। यह थॉयरॉयड ग्रन्थि की पर्याप्त थायरॉयड हार्मोन का उत्पादन करने की क्षमता को कम कर देता है।

102. (d) घरेलू हिंसा महिला संरक्षण अधिनियम, 2005 भारत की संसद द्वारा पारित एक अधिनियम है जिसका उद्देश्य घरेलू हिंसा से महिलाओं को बचाना है और पीड़ित महिलाओं को विधिक सहायता उपलब्ध कराना है। इसके अन्तर्गत बच्चा ना होने के कारण अपमानित करना, दहेज के लिए जबरदस्ती करने पर उसके रिश्तेदारों को हानि पहुँचाना घरेलू हिंसा की व्याख्या में आ सकते हैं। यह 26 अक्टूबर, 2006 को लागू हुआ था।

103. (a) पाचन की क्रिया बायोटिन का कार्य नहीं है। जबकि पेप्सिन, रेनिन और आमयलेस पाचन की क्रिया में सहयोग देते हैं। बायोटिन, विटामिन-B का एक प्रकार है, जिसे विटामिन-बी 7 के नाम से भी जाना जाता है। यह शरीर में एंजाइम के एक महत्त्वपूर्ण हिस्से के रूप में काम करता है, जो फैट, कार्बोहाइड्रेट जैसे अन्य पदार्थों को तोड़ता है। इसकी कमी से बाल झड़ने, नाखून टूटने जैसी समस्या हो सकती है। यह मुख्य रूप से अण्डे, दूध और केले जैसे खाद्य पदार्थों में पाया जाता है।

104. (c) महिला का अभद्र प्रतिनिधित्व (निबेध) अधिनियम, 1987 के संबंध में निम्नलिखित कथन पूर्णतः सत्य हैं

1. यह अधिनियम जम्मू और कश्मीर के अलावा पूरे भारत में लागू है।
2. किसी प्राचीन स्मारक में की गई कोई प्रतिनिधित्व इस अधिनियम के अन्तर्गत नहीं आ सकती।

यह वह अधिनियम है जिसे फिल्म, वेब श्रृंखला, पेंटिंग, आँकड़ो या किसी अन्य तरीके से महिलाओं के अभद्र प्रतिनिधित्व पर रोक लगाने के लिए अधिनियमित किया गया था। यदि कोई OTT प्लेटफॉर्म महिलाओं के प्रति नग्नता और अश्लीलता दिखाता है,तो यह एक दण्डनीय अपराध होगा और इसके कारण श्रृंखला या उसके OTT प्लेटफॉर्म पर प्रतिबन्ध लगाया जा सकता है।

105. (d) हम जानते हैं कि दूध से मक्खन प्राप्त होता है और प्रश्न में मक्खन को साबुन कहा गया है। अतः दूध से साबुन प्राप्त होता है।

106. (a) भारत ने वर्ष 1992 में संयुक्त राष्ट्र बाल अधिकार सम्मेलन का पुष्टिकरण किया। बाल अधिकारों पर संयुक्त राष्ट्र कन्वेंशन एक अन्तर्राष्ट्रीय मानवाधिकार सन्धि है जो बच्चों के नागरिकों, राजनीतिक, आर्थिक, सामाजिक, स्वास्थ्य और सांस्कृतिक अधिकारों को निर्धारित करती है। कन्वेंशन एक बच्चे को अठारह वर्ष से कम आयु के किसी भी इंसान के रूप में परिभाषित करता है, जब तक कि राष्ट्रीय कानून के तहत वयस्कता की आयु पहले प्राप्त न हो जाए।

107. (b) $(560 \times 15.98) \div 12.4001 + 960.15$

$$= 8948.8 \div 12.4001 + 960.15$$
$$= \frac{8948.8}{12.4001} + 960.15$$
$$= 721.671 + 960.15$$
$$= 1681.52 = 1682$$

108. (b) सही सुमेलन निम्न प्रकार है

A-2, B-3, C-1 एवं D-4

	सूची I		सूची II
A.	हीमोफीलिया	2.	आनुवांशिक रोग
B.	मधुमेह	3.	हार्मोनल अनियमितता
C.	रिकेट्स	1.	कुपोषण रोग
D.	रिंगवार्म	4.	फफूँद संक्रमण

109. (a) विकल्प (a) से,

L<u>M</u>NO/O<u>N</u>ML/<u>L</u>MNC/<u>O</u>NML

⇒ MNLO

110. (b) सुकन्या समृद्धि खाता योजना में 10 वर्ष की आयु होने तक खाता खोला जा सकता है। केन्द्र सरकार द्वारा 2015 में यह योजना शुरू की गई। यह योजना बेटी बचाओ बेटी पढ़ाओ अभियान के हिस्सा के रूप में संचालित की गई योजना है।

111. (a) अगस्त कॉम्टे ने समाजशास्त्र को 'सामाजिक भौतिकी' कहा है। अगस्त कॉम्टे ने ही सर्वप्रथम सामाजिक विज्ञान की आवश्यकता को अनुभव किया और उस विज्ञान का नामकरण पहले 'सामाजिक भौतिक शास्त्र' और बाद में 1838 ई. में समाजशास्त्र रखा। इसलिए अगस्त कॉम्टे को 'समाजशास्त्र का पिता अथवा जनक' कहा जाता है। समाजशास्त्र की एक विज्ञान के रूप में स्थापना के बाद उन्होंने यह बताया कि इसकी प्रगति विकास मार्ग में जो कठिनाइयाँ इस समय विद्यमान हैं, वे भविष्य में नहीं रहेगीं।

112. (c) एक टीम के सदस्यों को इस प्रकार पार-प्रशिक्षित किया गया है कि हर व्यक्ति अन्य सभी टीम सदस्यों के दायित्वों का निर्वहन करने में सक्षम हैं। यह बहुकार्यात्मक का उदाहरण है।

113. (c) संघ एक द्वितीयक समूह है। वे सभी समूह द्वितीयक हैं जिनमें प्राथमिक समूह के लक्षण नहीं पाए जाते हैं। ये समूह प्राथमिक समूहों की तुलना में बहुत बड़े होते हैं और उनके सदस्य एक-दूसरे से सैकड़ों मील दूर भी सम्बन्ध बनाए रख सकते हैं। नतीजतन, द्वितीयक समूहों के सदस्यों के बीच सीधा सम्बन्ध होना आवश्यक नहीं है, लेकिन अनेक सम्बन्ध आमतौर पर दूर-संचार के माध्यम से स्थापित होते हैं।

114. (d) समस्या हल करने की विधि जिसमें समूह के सभी सदस्य एक निर्णय को पूरी तरह स्वीकार कर लेते हैं और उसे समर्थ न देते हैं उसे आम-सहमति कहा जाता है। आम-सहमति निर्णय लेने का एक प्राथमिक मार्ग है और इसे हमारे लक्ष्यों को प्राप्त करने के सबसे अच्छे तरीके के रूप में माना गया है।

115. (b) संचार सूचना प्रदान करने का कार्य है। संचार का अर्थ अपने भाव, विचार, सन्देश, ज्ञान, सूचना को दूसरों तक पहुचाँना एवं अपने अनुभवों का परस्पर आदान-प्रदान करना। संचार दो या दो से अधिक व्यक्तियों के बीच

विचारों के आदान-प्रदान पर लागू होता है। यह लेखन, भाषण, इशारों, प्रतीकों या लिखित संचार के माध्यम से किया जा सकता है।

116. (b) ''मनुष्य एक सामाजिक प्राणी है।'' यह अरस्तू ने कहा था। अरस्तू (384 ई. पू.-322 ई. पू.) प्राचीन यूनानी दार्शनिक व बहुश्रुत थे। उनका जन्म स्टेगेरिया नामक नगर में हुआ था और वे प्लेटो के शिष्य थे। अरस्तू का कहना है कि अनुनय के तीन सिद्धान्त हैं, जिनका पालन किसी अन्य विचार वाले व्यक्ति को मापने के लिए जाना चाहिए, वे सिद्धान्त हैं

1. प्रकृति 2. भावना 3. तर्क।

117. (d) सामाजिक क्षेत्र में स्वास्थ्य, शिक्षा, आर्थिक नीति और आवास शामिल हैं। समाज एक से अधिक लोगों के समुदाय से मिलकर बने एक वृहद् समूह को कहते हैं। जिसमें सभी व्यक्ति मानवीय क्रियाकलाप करते हैं। व्यक्तियों का एक सामूहिक समूह, समाज में एक-दूसरे के लिए एकसमान आर्थिक और सामाजिक सम्बन्धों को साझा करता है। सामाजिक क्षेत्र में मुख्य रूप से सेवा क्षेत्र (शिक्षा, संस्कृति, स्वास्थ्य देखभाल, सामाजिक सुरक्षा, भौतिक संस्कृति, सार्वजनिक खानपान, सार्वजनिक सेवाएँ, यात्री परिवहन संचार) शामिल हैं।

118. (b) लक्ष्य सफल होने में मदद करते हैं। लक्ष्य एक ऐसा कार्य है, जिसे हम सिद्ध करने की मंशा रखते हैं। एक भविष्य की कामना करना तथा उसे पूरा करने के लिए निरन्तर प्रयास करते रहना ही लक्ष्य कहलाता है।

119. (d) सामाजिक समूह कार्य में क्षेत्र कार्य, ज्ञान, कौशल, रवैया अर्जित करने में सहयोग करता है। सामाजिक समूह कार्य समाज कार्य की एक ऐसी प्रणाली है तो व्यक्तियों की सामाजिक कार्यात्मकता बढ़ाने में सहायता प्रदान करती है। उद्देश्यपूर्ण सामूहिक अनुभव द्वारा व्यक्तिगत सामूहिक तथा सामुदायिक समस्याओं की ओर प्रभावकारी ढंग से सुलझाने में सहायता प्रदान करती है।

120. (a) केन्द्र सरकार के विकास व्यय में, सामाजिक और सामुदायिक सेवाओं पर होने वाला व्यय, आर्थिक सेवाओं पर होने वाला व्यय, राज्यों का अनुदान शामिल होता है। इसमें रक्षा व्यय शामिल नहीं होता है। वह खर्च जिसका सीधा सम्बन्ध देश के आर्थिक और सामाजिक विकास से होता है, वह विकास व्यय कहलाता है।

121. (d) चेहरे के हाव-भाव, दिखावट/ रंगरुप एवं मुद्रा अशाब्दिक संचार हैं। अशाब्दिक सम्प्रेषण को शारीरिक हाव-भाव एवं स्पर्श, शारीरिक भाषा एवं भावभंगिमा, चेहरे की अभिव्यक्ति या आँखों के सम्पर्क से भी सम्प्रेषित किया जा सकता है।

122. (a) असुरक्षितता को भ्रम समूह चिन्तन का एक लक्षण नहीं है। हमारा जीवन हमारे समूह सदस्यता की प्रकृति से प्रभावित होता है। इसलिए किसी ऐसे समूह का अंग बनना आवश्यक है जो हमें सकारात्मक तरीके से प्रभावित करे और अच्छे नागरिक बनने में हमारी सहायता करें। समूह ऐसे व्यक्तियों का एक समुच्चय है जिसमें सभी की एक जैसी अभिप्रेरणाएँ एवं लक्ष्य होते हैं। समूह निर्धारित लक्ष्य को प्राप्त करने या समूह को किसी खतरे से दूर करने के लिए कार्य करते हैं। समूह ऐसे व्यक्तियों को एकत्रीकरण या समूहन है जो एक-दूसरे से प्रत्यक्ष या अप्रत्यक्ष रूप से अन्तः क्रिया करते हैं।

123. (b) निर्णय, टीम विकास का एक चरण नहीं है। टीम के विकास का चरण स्पष्ट दृष्टिकोण रखने में मदद करता है और यह तय करता है कि क्या किया जाना चाहिए ताकि प्रत्येक चरण की प्रभावी शैली को जान सके, आसानी से संघर्षों को हल कर सकें, सर्वोत्तम परिणाम प्राप्त कर सकें और टीम की क्षमता में लगातार सुधार कर सकें। टीम विकास के 5 चरण इस प्रकार हैं

1. गठन (रचना) 2. स्टॉर्मिंग (धावा)
3. नॉर्मिंग 4. प्रदर्शन करना
5. स्थगित करना (स्थगन)

124. (c) लिखित रूप संचार का सबसे प्रभावशाली तरीका है। लिखित संकेत और प्रतीक , मुद्रित या हस्तलिखित दोनों रूपों में उपयोग किए जा सकते हैं। चित्र, रेखांकन आदि का उपयोग लिखित पाठ के पूरक के लिए किया जाता है। एक प्रेषक जटिल जानकारी देना चाहता है, तो लिखित संचार मौखिक संचार से बेहतर कार्य करता है। लिखित दस्तावेज होने के बाद, रिसीवर इसे बार-बार पढ़ सकता है, जब तक कि वह सम्पूर्ण सन्देश को नहीं समझता है।

125. (a) सामाजिक न्याय व्यक्ति के अधिकारों और सामाजिक नियन्त्रण के बीच का सन्तुलन है। सामाजिक न्याय से आश्य एक ऐसे न्यायपूर्ण समाज की स्थापना में है जिसमें सामाजिक-आर्थिक विषमताएँ न्यूनतम हो, समाज समावेशी हो और संसाधनों का वितरण सर्वमान्य स्वीकृति के आधार पर हो। सामाजिक न्याय का उद्देश्य राज्य के सभी नागरिकों को सामाजिक समानता उपलब्ध कराना है।

126. (a) विमुक्त जनजातियाँ,पूर्व अपराधी जनजातियाँ हैं। 'डिनोटिफाइड ट्राइब्स' या विमुक्त जनजातियाँ शब्द सभी समुदायों के लिए है, जिन्हें एक बार ब्रिटिश राज द्वारा 1871 और 1947 के बीच लागू आपराधिक जनजाति अधिनियम के तहत अधिसूचित किया गया था। इन अधिनियमों को 1952 में स्वतन्त्र भारतीय सरकार द्वारा निरस्त कर दिया गया था और इन समुदायों को 'अधिसूचित' कर दिया गया था।

127. (d) सामाजिक नीति के उद्देश्य निम्नलिखित हैं

1. सामाजिक परिवर्तन 2. सामाजिक एकीकरण
3. जीवन गुणवत्ता में सुधार

भारत में भारतीय संविधान, सामाजिक नीति का मुख्य स्रोत है। संविधान को ध्यान में रखकर ही सामाजिक नीति बनाई जाती है। सामाजिक नीति विशेष सामाजिक उद्देश्यों को समाप्त करने के लिए उपलब्ध संसाधनों पर सामाजिक उद्देश्यों को समाप्त करने के लिए बनाई जाती है।
सामाजिक नीति के उद्देश्य सामाजिक न्याय, सामाजिक परिवर्तन, सामाजिक समस्याओं का समाधान, सामाजिक एकता तथा मानव जीवन की गुणवत्ता में सुधार हैं।

128. (b) समाज की मूल अवधारणा 'अन्तर्क्रिया' में निहित है। समाज एक से अधिक लोगों के समुदायों से मिलकर बने एक वृहद समूह को कहते हैं, जिसमें सभी व्यक्ति मानवीय क्रियाकलाप करते हैं। मानवीय क्रियाकलाप में आचरण, सामाजिक सुरक्षा और निर्वाह आदि की क्रियाएँ सम्मिलित होती हैं। समाज एक बहुत बड़ा समूह है जिसका कोई भी व्यक्ति सदस्य हो सकता है। समाज जनसंख्या, संगठन, समय, स्थान और स्वार्थों से बना होता है। समाज के मुख्य तत्वों में रितियाँ, अधिकार, स्वतन्त्रता, कार्यप्रणाली, पारस्परिक सहयोग, समूह और उपसमूह, मानव व्यवहार पर नियन्त्रण आदि शामिल हैं। संक्षेप में यह कहा जा सकता है कि समाज एक उद्देश्यपूर्ण समूह होता है जो किसी क्षेत्र में बनता, उसके सदस्य एकत्व एवं अपनत्व में बन्धे होते हैं।

129. (b) दो-तरफा संचार, संचार प्रक्रिया का एक प्रकार है। संचार प्रकार का अर्थ है एक व्यक्ति से दूसरे व्यक्ति तक अर्थपूर्ण सन्देश का सम्प्रेषण। हमारे अनुभवों, विचारों, सन्देश, दृष्टिकोण, मत, सूचना, ज्ञान आदि का परस्पर मौखिक, लिखित या सांकेतिक आदान-प्रदान संचार के अन्तर्गत आता है। संचार की प्रक्रिया में चार घटक होते हैं

(i) प्रेषक या स्रोत (ii) सन्देश या संकेत
(iii) संचार का माध्यम या चैनल (iv) रिसीवर या गन्तव्य

संचार हमेशा किसी उद्देश्य से किया जाता है। संचार का यह उद्देश्य सन्देश में एन्कोड किया गया है और अपने गन्तव्य पर प्रेषित किया जाता है जहाँ इसे डिकोड किया जाता है और प्रतिक्रिया की जाती है।

130. (a) सामाजिक नीति, स्वास्थ्य व शिक्षा का भाग है। सामाजिक नीति का अर्थ समाज के सभी सदस्यों के व्यक्तिगत और सामूहिक हितों में सामंजस्य स्थापित करना होता है। यह वह माध्यम है जिसके जरिए समाज के सभी सदस्यों का हितवर्धन होता है। यह सामाजिक संरचना में विद्यमान कमियों को पहचानने, उत्पन्न करने वाले तत्वों को कम दूर करने का प्रयास करते

हैं। सामाजिक नीति को सामाजिक विज्ञानों के अनुशासन और अध्ययन क्षेत्र के रूप में या वास्तविक जगत में सामाजिक क्रिया के रूप में परिभाषित किया जा सकता है।

131. (b) समूह कार्य का आधारभूत उद्देश्य समस्या हल करना है। समूह कार्य, समाज कार्य की एक ऐसी विधि है जिसके द्वारा व्यक्तियों की समस्याओं के समाधान में उनकी सहायता की जाती है तथा इसका उद्देश्य व्यक्तिगत विकास करना, सामाजिक क्रियाशीलता में अभिवृद्धि करना तथा सामाजिक रूप से वांछित लक्ष्यों को उपलब्ध कराया जाना है। समूह कार्य का प्रयोग समाज कार्य के समस्त व्यवस्थापनों के अन्तर्गत किया जाता है। व्यावसायिक समाज कार्यकर्ता उनके समूह संस्थान की सम्पूर्ण जानकारी तथा कार्यप्रणाली का उपयोग किसी व्यक्ति के समायोजन तथा समाधान को प्रभावित किए जाने हेतु करते हैं। उनका मुख्य ध्यान सदैव एक व्यक्ति पर केन्द्रित होता है तथा परिवर्तन लाए जाने हेतु समूह ही एक माध्यम होता है।

132. (d) बहुल/मण्डली मॉडल, एक टीम अवधारणा का प्रकट रूप है तथा नियोक्ता एवं कर्मचारियों द्वारा परस्पर योगदान के सिद्धान्त पर आधारित है।

133. (d) संगठनात्मक व्यवहार को प्रभावित करने वाले बलों में लोग, पर्यावरण प्रौद्योगिकी आदि सम्मिलित है। संगठनात्मक व्यवहार में व्यक्तियों के व्यवहार का समूह स्तर पर अध्ययन किया जाता है। एक संगठन में अनेक समूह कार्यरत रहते हैं, जिनमें तनाव, संघर्ष, प्रतिस्पर्धा तथा मतभेद चलते रहते हैं तथा जिनका संगठन की कार्य प्रणाली एवं आपसी सम्बन्धों पर गहन प्रभाव होता है।

134. (b) समाजशास्त्री 'समूह' शब्द को अन्तर्क्रिया के संगठित पैटर्न में संलग्न लोगों के रूप में परिभाषित करते हैं। समाजशास्त्रीय दृष्टिकोण से जब दो या दो से अधिक व्यक्ति सामान्य उद्देश्यों के लिए एक-दूसरे से सम्बन्ध स्थापित करते हैं और प्रभावित होते हैं, तो व्यक्तियों के ऐसे समूह को सामाजिक समूह कहा जाता है।

135. (d) सामाजिक नीतियाँ, निर्धनता, खराब आवास व्यवस्था, अशक्तता आदि मुद्दों से सम्बन्धित होती हैं। सामाजिक नीति विभिन्न भेदभावों, बाधाओं और अन्यायों को समाप्त कर समाज को एकजुट रखते हुए उन्नति का मार्ग प्रशस्त करती है।

136. (d) संचार अच्छे मानवीय सम्बन्धों को बढ़ावा देता है, यह कथन संचार की एक विशेषता नहीं है। संचार एक प्रक्रिया है जिसमें किसी सूचना, विचार, दृष्टिकोण, ज्ञान या भावनाओं इत्यादि का सम्प्रेषण संकेतों, शब्दों, चित्र, ग्राफ इत्यादि के माध्यम से किया जाता है। संचार प्रबन्धन के निर्देशन कार्य की कुँजी है।

137. (d) न्यूमेन एवं समर के अनुसार, संचार तथ्यों, मत एवं भावनाओं का आदान-प्रदान है। संचार मनुष्य के साथ-साथ किसी संगठन के अस्तित्व और अस्तित्व के लिए मौलिक है।

138. (a) सामाजिक समस्याओं का हल समाज सुधार एवं सामाजिक विधान से किया जाता है। सामाजिक समस्या वास्तव में वे दशाएँ, जो सामाजिक मूल्यों को चुनौती देती है, समाज का महत्त्वपूर्ण भाग उससे दबाव या तनाव महसूस करता है, वे उस दबाव के कारण को जानते हैं और यह विश्वास करते हैं कि सामूहिक प्रयासों से इस दबाव को दूर किया जा सकता है।

139. (c) समूह कार्य में उत्तम अभिलेखन को समूह प्रक्रिया पर केन्द्रित होना चाहिए। समूह के समान उद्देश्यों के फलस्वरूप सदस्यों में सहकारिता की भावना स्थापित हो जाती है। यद्यपि समूह के सदस्य जीवन के विभिन्न क्षेत्रों में कार्य करते हैं, पर वे अपने समूह के उद्देश्यों की प्राप्ति के लिए एक-दूसरे पर आश्रित रहते हैं और सहकारिता की भावना से प्रेरित होकर उद्देश्यों की प्राप्ति के लिए प्रयत्नशील रहते हैं।

140. (b) 'आपको दूसरों पर विश्वास करना आसान लगता है। यह कथन सर्वथा उचित है।

141. (c) सामाजिक समूह कार्य में कार्यक्रम समूह की रुचि एवं संसाधनों पर आधारित होता है। सामाजिक समूह कार्य, समाज कार्य की एक ऐसी प्रणाली है जो व्यक्तियों की सामाजिक कार्यात्मकता बढ़ाने में सहायता प्रदान करती है। उद्देश्यपूर्ण सामूहिक अनुभव द्वारा व्यक्तिगत, सामूहिक तथा सामुदायिक समस्याओं की ओर प्रभावकारी ढंग से सुलझाने में सहायता प्रदान करती है।

142. (b) अपेक्षा को वास्तविकता बनाने की प्रक्रिया समस्या हल करना होता है। तनावपूर्ण और समस्याग्रस्त स्थितियों पर पूर्व नियन्त्रण से सामाजिक समस्याओं का समाधान किया जा सकता है। हमारे समाज के कई अन्तर -समूह सम्बन्धों की समस्याएँ भेद-भाव की भावना, भ्रामक विश्वासों और अपमानजनक प्रवृत्तियों का परिणाम है।

143. (b) सामाजिक, मनोवैज्ञानिक एवं भावनात्मक रूप, भारतीय संविधान में 'न्याय' के पृथक् रूप हैं। संविधान में सामाजिल न्याय के अर्थ को व्यापक रूप में समझाया गया है। भारतीय संविधान की प्रस्तावना में 'न्याय' शब्द तीन अलग-अलग रूपों को अपनाता है-सामाजिक, आर्थिक और राजनीतिक, जो मौलिक अधिकारों और निर्देशक सिद्धातों के विभिन्न प्रावधानों के माध्यम से सुरिक्षत है।

144. (a) अध्यापकों को कक्षा में कुछ स्थितियाँ इसलिए निर्मित करनी चाहिए, क्योंकि उनसे अधिगम में सुधार हो सकता है। जिसके परिणामस्वरूप अधिगमन प्रभावशाली हो सके।

145. (d) अध्यापकों को अधिगमन को बेहतर बनाने के लिए अध्यापक सहायक सामग्रियाँ, प्रतिस्पर्धा की भावना उत्पन्न करना, परस्पर सहयोग की भावना उत्पन्न करना आदि स्थितियाँ प्रदान करनी चाहिए। इसके अतिरिक्त उन्हें प्रगति और सफलता का ज्ञान देना, प्रशंसा करना और अधिनियम का मार्गदर्शन करना चाहिए।

146. (b) दृश्य सहायक सामग्रियाँ अधिगम को ठोस और अर्थपूर्ण बनाती हैं। जब अध्यापन सहायक सामग्रियाँ प्रयोग की जाती हैं, तो शाब्दिक अनुदेश के साथ अतिरिक्त अर्थ जुड़ जाता है।

147. (d) विद्यार्थियों के सम्बन्ध में यह मान्यता प्रचलित है कि कुछ देख कर समझते हैं, कुछ सुन कर समझते हैं तथा कुछ शब्दों से समझते हैं। यह विद्यार्थियों की समझने की प्रक्रिया का विभेदन है।

148. (a) अमूर्त धारणाओं को चलचित्रों के जरिए प्रस्तुत करने पर उन्हें समझना आसान हो जाता है। दृश्य सहायक सामग्रियाँ अधिगम को ठोस और अर्थपूर्ण बनाती हैं।

149. (c) प्रदर्शनी के स्थान पर टेलीविजन का प्रयोग किया जा सकता है, क्योंकि चलचित्र एवं अन्य सहायक सामग्रियाँ अधिगम को ठोस बना देती हैं।

150. (a) वर्ष 1917 में ऐसा सोचा गया था कि रेडियो प्रसारणों के माध्यम से बड़े पैमाने पर शिक्षा दी जा सकती है जिसके तहत् 1927 में बम्बई में पहला रेडियो स्टेशन स्थापित हुआ।

151. (b) जुलाई 1927 में बम्बई में भारत का पहला रेडियो स्टेशन स्थापित किया गया।

152. (d) भारत में रेडियो प्रसारण ऑल इण्डिया रेडियो के माध्यम से किया जाता है। रेडियो माध्यम प्रसिद्ध शिक्षाविदों, वैज्ञानिकों, इतिहासकारों के व्याख्यानों के प्रसारण के लिए बहुत प्रभावशाली है।

153. (d) रेडियो माध्यम प्रसिद्ध शिक्षाविदों, वैज्ञानिकों, इतिहासकारों के व्याख्यानों के प्रसारण के लिए भी बहुत प्रभावशाली है। रेडियो कार्यक्रम आमतौर पर ऐसे विषयों पर तैयार किए जाते हैं जो शाब्दिक संचार के लिए अधिक उपयुक्त हैं।

154. (a) रेडियो कार्यक्रम आमतौर पर ऐसे विषयों पर तैयार किए जाते हैं, जो शाब्दिक संचार के लिए अधिक उपयुक्त हैं। इसमें कहानियाँ, कमेंटरी, खेल समाचार, शैक्षिक समाचार आदि सम्मिलित हैं।

155. (c) ध्वनि के माध्यम से दृश्य चित्र बनाए जाते हैं। श्रव्य कार्यक्रमों को अधिक प्रभावशाली बनाने के लिए उनमें ध्वनि, संगीत एवं विशेष ध्वनि प्रभावों का प्रयोग किया जा सकता है।

156. (d) राष्ट्रीय बाल बोर्ड, समन्वित बाल विकास सेवा योजना और राष्ट्रीय बाल नीति, बाल कल्याण योजना है। बालकों/बालिकाओं की मौलिक आवश्यकताओं की पूर्ति करना और उनके विकास के अधिकाधिक अवसर उपलब्ध करना ही बाल कल्याण योजनाओं का लक्ष्य है।

157. (c) शिशु की जीवन क्षमता 6 माह में आती है। भ्रूण व्यवहार्यता मानव भ्रूण की गर्भाशय के बाहर जीवित रहने की क्षमता है। चिकित्सीय व्यवहार्यता आमतौर पर 23 से 24 सप्ताह की गर्भकालीन आयु के बीच मानी जाती है।

158. (a) नेत्रहीन, गूंगे एवं बहरे शारीरिक विकलांगता की श्रेणी में आते हैं। एक व्यक्ति जिसमें कोई ऐसा शारीरिक दोष हो जो किसी भी प्रकार से उसको सामान्य क्रियाओं में भाग लेने से रोकता है अथवा उसको सीमित रखना है उसे हम शारीरिक न्यूनताग्रस्त या विकलांगता कहते हैं।

159. (d) समाजीकरण के आवश्यक तत्त्व पर्याप्त अवसर, प्रेरणा और प्रयास एवं भूल हैं। समाजशास्त्रियों ने समाजीकरण की प्रक्रिया का बड़ी गहनता से अध्ययन किया है। उनके अनुसार समाजीकरण की प्रक्रिया के चार तत्व होते हैं

(i) मनुष्य की जैविकीय विशेषता

(ii) सामाजिक अन्तः क्रियाएँ

(iii) सामाजिक अन्तः क्रियाओं के निश्चित परिणाम

(iv) परिणामों के प्रति स्वीकृति

160. (a) बच्चों का शैक्षिक प्रावधान प्रशासंनिक स्तर होता है। शैक्षिक प्रशासन शिक्षा के अन्तर्गत एक अनुशासन है जो सामान्य रूप से शिक्षा के प्रशासनिक सिद्धान्त व व्यवहार और विशेष गतिविधियों में शैक्षिक संस्थानों और शिक्षकों की जाँच करता है।

161. (d) सीखने के प्रति रुचि जाग्रत करना, सौन्दर्य बोध का विकास, सृजनात्मकता का विकास, यह सभी प्राथमिक शिक्षा के उद्देश्य हैं। प्राथमिक शिक्षा का उद्देश्य जन शिक्षा का प्रसार और व्यावहारिक जीवन की शिक्षा है। इसका मुख्य उद्देश्यों छात्र को बुनियादी शिक्षा प्रदान करती, छात्र के व्यवहार में अभीष्ट परिवर्तन लाना है।

162. (a) पर्यावरण शब्द का अर्थ 'चारो तरफ से' है। पर्यावरण शब्द दो शब्दों से मिलकर बना है। 'परि' जो हमारे चारो ओर है तथा 'आवरण' अर्थात् जो हमें चारों ओर से घेरे हुए है, अर्थात् पर्यावरण का शाब्दिक अर्थ होता है चारो ओर से घेरे हुए।

163. (c) श्रवण दोष दैहिक कारण की वजह से होता है। जब कोई व्यक्ति सामान्य ध्वनि को सुनने में असक्षम पाया जाता है, तो हम उसे अक्षम कह सकते हैं और इस अवस्था को श्रवण दोष कहा जाता है। श्रवण दोष एक अदृश्य एवं छुपी हुइी विकलांगता है, जो देखने से नहीं दिखाई देती है।

164. (d) प्रयत्न और भूल का सिद्धान्त, सूझ का सिद्धान्त और अनुकरण का सिद्धान्त, यह सभी सीखने के सिद्धान्त में परिभाषित होते हैं। सीखने की प्रक्रिया में हम प्रयत्न करते हैं और बाधाओं का कारण भूलें भी होती हैं। लगातार प्रयत्न करने से सीखने में प्रगति होती है और भूलें कम होती जाती हैं। अतः किसी के प्रति बार-बार प्रयास करने से भूलों का ह्रास होता है, तो इसको प्रयत्न और भूल का सिद्धान्त कहते हैं। अधिगम सीखना एक प्रक्रिया है। जब हम किसी कार्य को करना सीखते हैं, तो एक निश्चित क्रम से गुजरना होता है। विभिन्न मनोवैज्ञानिकों ने सीखना कैसे होता है, इस पर कुछ सिद्धान्तों को निर्धारित किया है।

(i) प्रयत्न और भूल का सिद्धान्त

(ii) सम्बद्ध प्रतिक्रिया का सिद्धान्त

(iii) ऑपरेन्ट कण्डीशनिंग

(iv) अन्तर्दृष्टि या सूझ का सिद्धान्त

(v) अनुकरण का सिद्धान्त

165. (d) समान प्रतिमान, परम्परा सम्बन्ध, भिन्नता आदि विकास के सिद्धान्त हैं। विकास के अर्थ को हम सामान्यतः एक बदलाव के रूप में देखते हैं। अर्थात् किसी भी स्थिति में जो एक चरण से दूसरे चरण में जाता है, अर्थात् उसकी स्थिति में जो बदलाव आता है, हम उसे विकास कहते हैं। विकास के निम्न सिद्धान्त हैं

1. विकास की दिशा का सिद्धान्त
2. निरन्तर विकास का सिद्धान्त
3. व्यक्तिगत भिन्नता का सिद्धान्त
4. विकास क्रम का सिद्धान्त
5. परम्पर सम्बन्ध का सिद्धान्त
6. समान प्रतिमान का सिद्धान्त
7. वंशानुक्रम सिद्धान्त
8. पर्यावरणीय सिद्धान्त

166. (d) शिशु पोषण, शिशु स्वास्थ्य एवं शिशु शिक्षा के जैसे कार्य UNICEF करती है। यूनिसेफ सम्पूर्ण विश्व में बाल-अधिकारों के कार्यों के प्रोत्साहित एवं संरक्षित करने के लिए कार्य करता है। वर्तमान में यूनिसेफ, मुख्यतः पाँच प्राथमिकताओं पर केन्द्रित है-बच्चों का विकास, बुनियादी शिक्षा, लिंग के आधार पर समानता (इससे लड़कियों की शिक्षा शामिल है), बच्चों का हिंसा से बचाव, शोषण-बाल श्रम के विरोध में , एच आई वी एड्स और बच्चों, बच्चों के अधिकारों के वैधानिक संघर्ष के लिए काम करता है।

167. (a) हड्डी और दाँत के लिए कैल्शियम आवश्यक होता है। हड्डियों और दाँतों में मौजूद रासायनिक पदार्थ कैल्शियम फॉस्फेट होता है। यह हड्डी और दाँतों के निर्माण के लिए एक आधार है। यह जीवन के पहले 2-3 वर्षों में अस्थि पुंज के ईष्टतम शिखर को प्राप्त करने और बाद के जीवन में हड्डी के रखरखाव के लिए आवश्यक है।

168. (d) पूर्व-स्कूल योजना, पठन-सुधार योजना, व्यापक योजना आदि अनाथ बच्चों हेतु विशेष सुविधाएँ हैं। भारतीय संविधान के भाग III के तहत सभी को मौलिक अधिकारों की गारण्टी दी जाती है। अनाथों को भी जीवन का अधिकार, समानता, शिक्षा, भाषण और अभिव्यक्ति की स्वतन्त्रता, शोषण के खिलाफ अधिकार, संवैधानिक उपचार का अधिकार, आदि।

169. (c) संस्थात्मक एवं असंस्थात्मक सेवाएँ अनाथालय की सेवाएँ होती हैं।

170. (d) समेकित शिक्षा, शिक्षा नियोजन और उत्तरदायित्वों का स्पष्टीकरण, विशिष्ट बालकों को मुख्य धारा में शामिल करने के लिए आवश्यक परिस्थितियाँ हैं।

171. (a) समेकित शिक्षा योजना को वर्ष 1981 में प्रारम्भ किया गया था। समेकित शिक्षा के अन्तर्गत विशिष्ट आवश्यकता वाले (दिव्यांग) बच्चों को समावेशी विद्यालयों में अतिरिक्त सपोर्ट प्रदान कर शिक्षा की मुख्य धारा में जोड़ा जाता है। इसके तहत शिक्षा के अतिरिक्त दिव्यांग छात्राओं की सम्प्राप्ति स्तर को बढ़ाने तथा उन्हें सशक्त बनाने के उद्देश्य से दिव्यांग छात्राओं को स्टाइपेण्ट उपलब्ध कराए जाने की व्यवस्था है।

172. (d) एड्स एक संक्रामक बीमारी नहीं है। एचआईवी एक वायरस है और इसे छूने से संक्रमण नहीं फैलता है। यह बीमारी, उपचार और देखभाल की लगातार उच्च लागत, बड़ी संख्या में मौतें और कम जीवन प्रत्याशा से जुड़ा संक्रमण है। इसका मुख्य कारण असुरक्षित यौन सम्बन्ध बनाना, एक ही इंजेक्शन का कई लोगों में प्रयोग करना इत्यादि है।

173. (b) एड्स संक्रमित व्यक्ति की 4 अवस्था होती है। उष्मायन काल, तीव्र संक्रमण, विलम्ब चरण और एड्स।

174. (d) सीखने के पठार के कारणों में दूषित वातावरण, बुद्धिलब्धि का कम होना, ध्यान न लगाना आते हैं। सीखने की प्रक्रिया में प्रगति समान रूप से नहीं होती तथा सीखने में कुछ समय तक प्रगति रूक सी जाती है। सीखने की इस रूकावट की अवस्था को अधिगम का पठार कहते हैं जब सीखने के प्रयास का सीखने की मात्रा पर प्रभाव नहीं पड़ता, उसे अधिगम का पठार कहते हैं।

सीखने के पठार के अन्य कारण

(i) रुचि का भाव

(ii) शारीरिक शक्ति कम होना

(iii) समझने में कठिनाई और कमी
(iv) अप्रभावकारी विधियों का प्रयोग
(v) बुरी आदतें

175. (a) विश्लेषण और संश्लेषण उपागम भाषा वचन से सम्बन्धित है। संश्लेषण उपागम का अर्थ है एक को अनेक करना एवं विश्लेषण उपागम का अर्थ है अनेक विषयों को एक करना।

176. (d) जन्म के पश्चात शिशु, रोग प्रतिरोधक क्षमता का विकास, पाचन क्रिया का विकास एवं ताप पर नियन्त्रण आदि शारीरिक क्रियाएँ करता है।

177. (a) पूर्व टोली की आयु 3 से 6 वर्ष होती है। इस उम्र में बच्चे शब्दों और चित्रों के साथ चीजों का प्रतिनिधित्व करना सीख जाते हैं, किन्तु उनमें तार्किक तर्क का अभाव होता है।

178. (a) 3-6 वर्ष की आयु पूर्व टोली कहलाती है।

179. (b) गर्भस्थ शिशु का जीवन प्लेसेण्टा/अपरा पर निर्भर करता है। अपरा वह अंग है जिसके द्वारा गर्भाशय में स्थित भ्रूण के शरीर में माता के रक्त का पोषण पहुँचता रहता है और जिससे भ्रूण की वृद्धि होती है। यह अंग माता और भ्रूण के शरीरों में सम्बन्ध स्थापित करने वाला है।

180. (a) शैशावस्था में बालिका का भार बालक से कम होता है।

181. (c) पूर्व-सम्प्रेषण एवं वास्तविक भाषा की अभिव्यक्तियाँ, भाषा विकास की अवस्थाएँ हैं। ज्ञानार्जन का आधार होने के कारण भाषा, शिक्षा के समस्त क्रियाकलापों का आधार है। सम्प्रेषण का माध्यम-भाषा के माध्यम से ही विचारों, भावों, इच्छाओं तथा आकांक्षाओं को प्रकट किया जाता है तथा दूसरों द्वारा व्यक्त भावों और विचारों द्वारा इच्छाओं को ग्रहण किया जाता है।

182. (d) सामाजिक रूप से अनुमोदित व्यवहार को सीखना, सामाजिक मान्यता प्राप्त भूमिका को निभाना और सामाजिक अभिवृत्तियों का विकास, समाजीकरण की प्रक्रिया होती है।

183. (a) परिपक्वता तथा सीखना दोनों ही संज्ञानात्मक विकास की उत्तरदायी परिस्थितियाँ हैं। संज्ञानात्मक विकास, संज्ञान विचार, अनुभव और ज्ञानेंद्रियों के माध्यम से ज्ञान प्राप्त करने और चीजों को समझने की मानसिक प्रक्रिया है। इसके माध्यम से हमारे मन में विचार पैदा होते हैं और किसी चीज के बारे में पूर्वानुमान भी लगा पाते हैं।

184. (a) 2 से 6 वर्ष की अवस्था को पूर्व बाल्यावस्था कहा जाता है। विकास प्रक्रिया विभिन्न चरणों से गुजरती है। विकास के प्रत्येक चरण में कुछ अलग और विशिष्ट विशेषताएँ हैं।

2 से 6 वर्ष की अवस्था में शब्दों और चित्रों के साथ चीजों का प्रतिनिधित्व करना लेकिन तार्किक तर्क का अभाव होता है।

185. (a) NIPCDD का पूरा नाम है-राष्ट्रीय जनसहयोग एवं बाल विकास संस्थान। यह एक प्रमुख स्वैच्छिक कार्रवाई अनुसंधान, प्रशिक्षण और महिला एवं बाल विकास के समग्र डोमेन में प्रलेखन को बढ़ावा देने के लिए समर्पित संगठन है।

186. (c) NIPCCD एक स्वायत्त संगठन है। इसकी स्थापना सोसाइटी रजिस्ट्रेशन अधिनियम 1860 अन्तर्गत वर्ष 1966 में नई दिल्ली में हुई थी। यह संस्था महिला एवं बाल विकास मन्त्रालय के संरक्षण में कार्य करती है।

187. (d) संसाधन अध्यापक, आवासी विद्यालय एवं विशेष स्वयं परिपूर्ण कक्षाएँ, विशेष शिक्षा की विशेषताएँ हैं। विशिष्ट शिक्षा, शिक्षा शास्त्र की एक ऐसी शाखा है जिसके अन्तर्गत उन बच्चों को शिक्षा दी जाती है जो सामान्य बच्चों से शारीरिक, मानसिक एवं सामाजिक विशेषताओं में थोड़े अलग होते है।

188. (d) धनात्मक सामाजिक अभिवृत्तियाँ, सामाजिक सुगमता और ज्ञान सृजनात्मकता के सहायक कारक होते हैं। सृजन की प्रक्रिया में कल्पना सहित मनुष्य की समस्त आत्मिक शक्तियाँ और साथ ही वह दक्षता भाग लेती है जो प्रशिक्षण तथा अभ्यास से हासिल होती है तथा यह सृजनशील चिन्तन को मूर्त रूप देने के लिए आवश्यक होती है।

189. (c) परिवीक्षा गृह बाल अपराध के लिए होता है। परिवीक्षा किसी अपराध के सम्बन्ध में लिए जाने वाले अन्तिम निर्णय के कुछ समय के लिए टाल देने की प्रक्रिया है। बच्चों की जेलों को भी सुधारात्मक संस्थानों के रूप में विकसित किया गया है।

190. (d) कल्पना शक्ति को निरुत्साहित करना, अति संरक्षण, रुचि में कमी, सृजनात्मकता के विरोधी कारण होते हैं।

191. (b) बालक 2 वर्ष से संवेगों पर नियंत्रण करता है। यह उसके विकास चरण की विशिष्टता है। इसके अतिरिक्त वे शब्दों और चित्रों के साथ चीजों का प्रतिनिधित्व करना सीख जाते हैं।

192. (b) गर्भपात पिण्ड अवस्था से सम्बन्धित है। गर्भपात परिपक्वता अवधि अथवा व्यवहार्यता से पूर्व गर्भ के समापन की अवस्था है जिसमें गर्भाशय से भ्रूण स्वतः निष्कासित हो जाता है या कर दिया जाता है। इसके परिणामस्वरूप गर्भावस्था की समाप्ति हो जाती है। सामान्यतः गर्भपात मानव गर्भ को जबरन समाप्त किए जाने को इंगित करता है।

193. (d) जनसंख्या उन्मूलन बाल कल्याण का कार्यक्रम नहीं है। बच्चों के लिए राष्ट्रीय नीति 22 अगस्त, 1974 को अंगीकृत की गई थी। इसके अंतर्गत प्रावधान है कि शासन बच्चों को उनके जन्म से पूर्व और उसके बाद तथा उनके पूरे शारीरिक, मानसिक और सामाजिक विकास के लिए बढ़ती उम्र के दौरान उपयुक्त सेवाएँ उपलब्ध कराएगा।

194. (d) शब्दों के अर्थ में दोष, उच्चारण में दोष, वाक्य संरचना में दोष, दोषपूर्ण भाषा से सम्बन्धित है। भाषा के विकास में शब्दावली, व्याकरण, वाक्य विन्यास, ध्वनिविज्ञान और व्यावहारिकता सहित भाषा का अधिग्रहण और उपयोग शामिल हैं।

195. (a) मा मा चा चा ध्वनियाँ बबलाना से सम्बन्धित हैं। छ से दस महीने के बीच शिशु बड़बड़ाना शुरू कर देता है। वह 'मा', 'दा', 'की', जैसे अक्षरों को बार-बार दोहराता है। इस प्रक्रिया में वह धीरे-धीरे दा-दा, मा-मा जैसे शब्द बोलने लगता है। इसे ही बबलाना कहा जाता है।

196. (c) भाषा एक अर्जित गुण है। भाषा वह साधन है, जिसके द्वारा मनुष्य बोलकर, सुनकर, लिखकर व पढ़कर अपने मन के भावों या विचारों का आदान-प्रदान करता है। सार्थक शब्दों के समूह या संकेत को भाषा कहते हैं। भाषा को सार्थक और स्पष्ट होना चाहिए।

197. (d) अनुपूरक पोषण कार्यक्रम, पालन घर, कल्याण विस्तार योजना, ये सभी केन्द्रीय समाज कल्याण बोर्ड के कार्य होते हैं।

केन्द्रीय समाज कल्याण कार्यक्रम बोर्ड की स्थापना भारत सरकार के एक संकल्प के माध्यम में स्वैच्छिक कार्य को बढ़ावा देने, महिलाओं और बच्चों के कल्याण हेतु स्वैच्छिक संगठनों को तकनीकी और वित्तीय सहायता उपलब्ध कराने के उद्देश्य से की गई थी।

198. (a) ब्रेल लिपि नेत्रहीन की शिक्षा हेतु विशेष उपकरण है। ब्रेल पद्धति एक तरह की लिपि है, जिसको विश्व भर में नेत्रहीन को पढ़ने और लिखने में छूकर व्यवहार में लाया जाता है। इस पद्धति का आविष्कार 1821 ई. में एक नेत्रहीन फ्रांसीसी लेखक लुई ब्रेल ने किया था। यह अलग-अलग अक्षरों, संख्याओं और विराम चिह्नों को दर्शाते है।

199. (a) एड्स जीवाणु का कोई जीवन चक्र नहीं होता, यह कथन सत्य है। एड्स एक ऐसी जानलेवा बीमारी है जो मानवीय प्रतिरक्षी अपूर्णता विषाणु (HIV) संक्रमण के बाद होती है। इसके संक्रमग के पश्चात् मानवीय शरीर की प्रतिरोध क्षमता घटने लगती है। एड्स का पूर्ण रूप से उपचार अभी तक सम्भव नहीं हो सका है।

200. (c) बीजाण्डासन / अपरा / रोपण वह अंग है जिसके द्वारा गर्भाशय में स्थित भ्रूण के शरीर में माता के रक्त का पोषण पहुँचता रहता है जिससे भ्रूण की वृद्धि होती है। यह अंग माता और भ्रूण के शरीरों में सम्बन्ध स्थापित करने वाला होता है।

मध्य प्रदेश
महिला पर्यवेक्षक (आँगनवाड़ी)
सॉल्वड पेपर 2017

25 मार्च, 2017

1. बाद की आयु में सर्वोच्च अस्थि द्रव्यमान एवं घनत्व प्राप्त करने और ऑस्टियोपोरोसिस के कारण होने वाले अस्थिभंग के जोख़िम को घटाने के लिए ········ की पर्याप्त मात्रा आवश्यक है।
(a) आयरन एवं विटामिन C
(b) आयरन एवं फ़ोलिक अम्ल
(c) कैल्शियम एवं व्यायाम
(d) सोडियम एवं क्लोराइड

2. ············ के दौरान खनिजों की अपेक्षा विटामिनों, विशेषकर जल घुलनशील बी समूह के विटामिनों की ह्रास अधिक होता है।
(a) खाना पकाने (b) खाने
(c) छूने (d) इनमें से कोई नहीं

3. जन वितरण प्रणाली एक भारतीय ·········· है।
(a) खाद्य प्रबन्धन प्रणाली (b) खाद्य उत्पादन प्रणाली
(c) खाद्य सुरक्षा प्रणाली (d) खाद्य व्यय प्रणाली

4. आहार में वसा की कमी से ········ हो सकती है।
(a) लिनोलिक अम्ल की कमी
(b) एरेकिडोनिक अम्ल की कमी
(c) उपरोक्त दोनों
(d) उपरोक्त में से कोई नहीं

5. लगभग सभी लोगों का स्वास्थ्य अच्छा बनाए रखने वाले आहार से प्राप्त पोषक तत्वों के अन्तर्ग्रहण को किस नाम से परिभाषित किया गया है?
(a) कैलोरी सघन आहार
(b) प्रोटीन समृद्ध आहार
(c) अनुशंसित आहरीय अनुमतियाँ
(d) उपरोक्त में से कोई नहीं

6. इनमें से किसे अवशोषण के लिए नैज (इण्ट्रिंजिक) कारक की आवश्यकता होती है?
(a) विटामिन C (b) विटामिन E
(c) विटामिन B12 (d) फ़ोलिक अम्ल

7. व्रण (अल्सर) से पीड़ित रोगियों को ········ से बचना चाहिए।
(a) धूम्रपान (b) एल्कोहल (c) कॉफी (d) ये सभी

8. फोलेट का अपर्याप्त अन्तर्ग्रहण, मेगालोब्लास्टिक एनीमिया के अतिरिक्त अन्य किस चीज से सम्बन्धित है?
(a) गर्भावस्था के खराब परिणाम
(b) गर्भावस्था के अच्छे परिणाम
(c) स्वास्थ्यकर परिणाम
(d) उपरोक्त में से कोई नहीं

9. किशोरों को उनके वयस्कावस्था के भार का 30% और उनकी वयस्कावस्था की लम्बाई का 20% से भी अधिक, ········ के दौरान प्राप्त होता है।
(a) 10 से 19 वर्ष (b) 10 से 12 वर्ष
(c) 9 से 12 वर्ष (d) 10 से 15 वर्ष

10. महिलाओं के मामले में 18.5 (किग्रा/मी^{2}) से कम के बी.एम. आई. का अर्थ है
(a) सामान्य से अधिक पोषण
(b) सामान्य से कम पोषण
(c) सन्तुलित पोषण
(d) उपरोक्त सभी

11. घेंघा और क्रेटीनता (जड़वामनता) का कारण बनने वाली प्रमुख पोषक तत्व न्यूनता है
(a) आयरन की कमी (b) फ़्लोराइड की कमी
(c) आयोडीन की कमी (d) सोडियम की कमी

12. हेपेटाइटिस सी का दीर्घकालिक संक्रमण ········ का कारण बनता है।
(a) दीर्घकालिक यकृत संक्रमण (b) ल्यूकीमिया
(c) अग्न्याशय शोथ (d) हृदय रोग

13. वर्ष ········ से सार्वत्रिक प्रतिरक्षीकरण कार्यक्रम में हेपेटाइटिस बी वैक्सीन को शामिल कर लिया गया था।
(a) 2002-2003 (b) 2000-2001
(c) 2011-2013 (d) 2014-2015

14. कुछ कैरोटेनॉइड, जैसे लायकोपीन, एकल-ऑक्सीजन के भक्षक होते हैं और शक्तिशाली ········ प्रदान करते हैं।
(a) एण्टीऑक्सीडेण्ट गतिविधि (b) हानिकारक गतिविधि
(c) ऑक्सीडेण्ट गतिविधि (d) ये सभी

15. राष्ट्रीय अन्धता नियन्त्रण कार्यक्रम के अनुसार अन्धता का मुख्य कारण है
(a) मोतियाबिन्द
(b) बेरी-बेरी
(c) विटामिन B_{12} की कमी
(d) उपरोक्त में से कोई नहीं

16. राष्ट्रीय ट्यूबरकुलोसिस कार्यक्रम का मुख्य उद्देश्य है
(a) निगरानी तन्त्र स्थापित करना
(b) टीबी का उचित निदान (पहचान) एवं केस प्रबन्धन सुनिश्चित करना
(c) टीबी संचरण की गति-वृद्धि को घटाना
(d) उपरोक्त सभी

17. इनमें से कौन विटामिन बी 12 की कमी से उत्पन्न मेगालोब्लास्टिक एनीमिया को ठीक कर देता है?
(a) फोलिक अम्ल (b) विटामिन B6
(c) आयरन . (d) थायमिन

18. तेल किसका समृद्ध स्रोत है?
(a) पीयूएफए
(b) संतृप्त वसा
(c) अनावश्यक (नॉन-इसेन्शियल) वसा अम्ल
(d) उपरोक्त में से कोई नहीं

19. इनमें से कौन-सा रोग श्वसन मार्ग के माध्यम से फैलता है?
(a) इन्फ्लुएन्जा
(b) खसरा
(c) कर्णमूलशोथ/गलसुआ (मम्प्स)
(d) उपरोक्त सभी

20. इनमें से किसे छोड़कर अन्य सभी आहारीय विटामिन डी आवश्यकता को बढ़ा सकते हैं?
(a) लिपिड समृद्ध आहार
(b) बुर्का पहनने की धार्मिक प्रथा
(c) सनस्क्रीन का उपयोग
(d) व्यवसाय

21. गर्भवती महिलाओं को ········ से बचना चाहिए।
(a) एल्कोहल (b) कैफीन (c) कृत्रिम रंगों (d) ये सभी

22. इनमें से कौन एक संक्रामक रोग नहीं है?
(a) हिस्टीरिया (b) खसरा
(c) इन्फ्लुएन्जा (d) टायफाइड

23. कैल्शियम, फॉस्फेट एवं मैग्नीशियम ········ के अन्दर पाए जाने वाले महत्त्वपूर्ण खनिज हैं।
(a) त्वचा (b) हड्डियों
(c) नाखूनों (d) बालों

24. गर्भावस्था के दौरान, ऊतक संश्लेषण की गति बढ़ने, सक्रिय ऊतक द्रव्यमान में वृद्धि होने और हृदयवाहिकीय एवं श्वसन कार्य में वृद्धि होने के कारण ········ में वृद्धि होती है।
(a) आधारिक चयापचय (b) लम्बाई
(c) विशिष्ट गतिक क्रिया (d) इनमें से कोई नहीं

25. एसएएम का पूरा नाम है
(a) सीवियर एटॉपिक मालन्यूट्रीशन (गम्भीर एटॉपिक कुपोषण)
(b) सीवियर एक्यूट मालन्यूट्रीशन (गम्भीर तीक्ष्ण कुपोषण)
(c) सीवियर एल्बुमिन मेनिफ़ेस्टेशन (गम्भीर एल्बुमिन प्रकटन)
(d) उपरोक्त में से कोई नहीं

26. मलेरिया नामक रोग ········ को प्रभावित करता है।
(a) हृदय (b) वृक्कों (गुर्दों)
(c) प्लीहा (d) फेफड़ों

27. काली खाँसी के लक्षण क्या हैं?
(a) भूख बढ़ना
(b) कब्ज
(c) खाँसी, छींकें और बहती नाक
(d) वजन बढ़ना

28. आयरन न्यूनता के सर्वाधिक जोखिम नें मौजूद जनसमूह है
(a) नवजात शिशु एवं बच्चे
(b) गर्भवती हो सकने वाली आयु की महिलाएँ
(c) गर्भवती महिलाएँ
(d) उपरोक्त सभी

29. गर्भावस्था में ऊर्जा की आवश्यकता बढ़ जाती है, क्योंकि ········ के लिए अतिरिक्त ऊर्जा चाहिए होती है।
(a) गर्भस्थ शिशु और गर्भनाल की वृद्धि
(b) मातृ ऊतकों की वृद्धि
(c) उपरोक्त दोनों
(d) उपरोक्त में से कोई नहीं

30. घेंघा (गॉइटर) ········ से सम्बन्धित है।
(a) अवटु (थायरॉइड) ग्रन्थि
(b) थायमस ग्रन्थि
(c) पीयूष ग्रन्थि
(d) परावटु (पैराथायरॉइड ग्रन्थि)

31. खराब आहार और अस्वास्थ्यकर परिवेशी स्वच्छता ········ के प्रमुख कारण हैं।
(a) मधुमेह (b) डिसलिपिडीमिया
(c) मलेरिया (d) मोटापा

32. राष्ट्रीय टीकाकरण कार्यक्रम के अनुसार गर्भवती माता के लिए कौन-सा टीका (वैक्सीन) अनुशंसित है?
(a) बीसीजी
(b) रोटा वायरस वैक्सीन
(c) टिटेनस टॉक्साइड
(d) मीजेल्स (खसरे का) वैक्सीन

33. पौष्टिक व पोषक आहार जो सभी वृहद एवं सूक्ष्म पोषक तत्वों एवं खाद्य समूहों की दृष्टि से सम्पूर्ण होता है, ········ कहलाता है।
(a) सन्तुलित आहार (b) असन्तुलित आहार
(c) अपूर्ण आहार (d) ये सभी

34. मच्छर वाहित रोग नहीं है
(a) फाइलेरियासिस (b) डेंगू ज्वर
(c) नींद की बीमारी (d) मलेरिया

35. इनमें से कौन-सा रोग जीवाणु संक्रमण होता है?
(a) टिटेनस (b) रेबीज
(c) मलेरिया (d) कर्क रोग (कैंसर)

36. वे आहारीय कारक जो आयरन अवशोषण घटा देते हैं
(a) आँतों की गतिशीलता अधिक होना
(b) फायलेट और ऑक्ज़ेलेट की उपस्थिति
(c) हायपोक्लोरहायड्रिया
(d) उपरोक्त सभी

37. ········ स्वास्थ्य पेशेवरों द्वारा पंच भोजन समूह प्रणाली का उपयोग किया जा सकता है।
(a) पोषण सम्बन्धी आकलन एवं जाँच (स्क्रीनिंग) के साधन के रूप में
(b) पोषण सम्बन्धी परामर्श के साधन के रूप में
(c) रोगी को उपचारात्मक आहार समझाने के लिए
(d) उपरोक्त सभी

38. आयोडीन न्यूनता विकार की रोकथाम के लिए आयोडीन सम्पूर्ण की न्यूनतम सुझावित मात्रा ········ प्रतिदिन है।
(a) 100-150 माइक्रोग्राम (b) 190-210 माइक्रोग्राम
(c) 350-375 माइक्रोग्राम (d) 400-435 माइक्रोग्राम

39. अर्धवार्षिक कृमि-मुक्ति योजना, जो साप्ताहिक आयरन एवं फ़ोलिक अम्ल सम्पूर्ण योजना का घटक है, एल्बेण्डाजोल की ········ मात्रा प्रदान करती है।
(a) 400 मिग्रा (b) 800 मिग्रा
(c) 100 मिग्रा (d) 750 मिग्रा

40. इनमें से कौन-सा पोषक तत्व अधिक ऊर्जा प्रदान करता है?
(a) प्रोटीन (b) कार्बोहाइड्रेट
(c) वसा (d) खनिज

41. एमएमआर का प्रतिरक्षीकरण देने के लिए आवश्यक न्यूनतम आयु है
(a) 12 माह से 18 माह
(b) जन्म के तुरन्त बाद
(c) 3 माह से 5 माह
(d) 6 सप्ताह से 8 सप्ताह

42. आहार में अत्यधिक सरल कार्बोहाइड्रेट होने से ········ हो सकता है।
(a) मोटापा
(b) रक्ताल्पता (एनीमिया)
(c) जल असन्तुलन
(d) इलेक्ट्रोलाइट असन्तुलन

43. मेगालोब्लास्टिक एनीमिया ········ की कमी के कारण होता है।
(a) फोलिक अम्ल
(b) निकोटिनिक अम्ल
(c) पैण्टोथेनिक अम्ल
(d) उपरोक्त सभी

44. आईसीएमआर 2010 के अनुसार गर्भवती महिलाओं के लिए कैल्शियम की आरडीए है
(a) 1200 मिग्रा प्रतिदिन
(b) 1000 मिग्रा प्रतिदिन
(c) 1400 मिग्रा प्रतिदिन
(d) 1800 मिग्रा प्रतिदिन

45. प्रोटीन कुपोषण का उपचार प्रोटोकॉल ········ से आरम्भ होता है।
(a) संक्रमण से लड़ने की क्षमता में वृद्धि के लिए प्रतिरक्षीकरण
(b) भार-वहन व्यायाम
(c) तरल पदार्थों की पुनः पूर्ति, तत्पश्चात् उच्च गुणवत्ता वाले प्रोटीन और कैलोरी में क्रमशः वृद्धि
(d) उपरोक्त में से कोई नहीं

46. विश्व स्वास्थ्य संगठन का भारत के लिए वर्ष 2015 का टीबी का आँकड़ा है
(a) टीबी के 22 लाख मामले
(b) टीबी के 28 लाख मामले
(c) टीबी के 31 लाख मामले
(d) टीबी के 11 लाख मामले

47. आईसीडीएस खाद्य सम्पूर्ण योजना के अन्तर्गत गर्भवती और स्तनपान करा रही महिलाओं के लिए 'राशन घर ले जाओ' योजना ········ प्रदान करती है।
(a) 600 किलोकैलोरी
(b) 350 किलोकैलोरी
(c) 900 किलोकैलोरी
(d) 950 किलोकैलोरी

48. अन्तराकाशी स्थान में जल के संचय को ········ कहते हैं।
(a) एडीमा (b) त्वचाशोथ (डर्मटाइटिस)
(c) शोथ (इन्फ़्लामेशन) (d) व्रण (अल्सर)

49. तानिकाशोथ/मस्तिष्कावरणशोथ (मेनिंजाइटिस) ········ के कारण होता है।
(a) *साल्मोनेला* (b) कवक
(c) मेनिन विषाणु (d) मेनिंजोकोकस

50. इसे "धूप से मिलने वाला विटामिन" भी कहते हैं
(a) विटामिन A (b) विटामिन D (c) विटामिन K (d) विटामिन E

51. मोटापे की जटिलताओं में इनमें से किसे छोड़कर अन्य सभी शामिल हैं?
(a) हृदय धमनी के रोग
(b) अर्थराइटिस (गठिया)
(c) ऑब्स्ट्रक्टिव स्लीप एप्नि (अवरोधी निद्रा श्वासरोध)
(d) टाइप 1 मधुमेह

52. पोषण स्थिति की इनमें से किस जैव-रासायनिक माप के द्वारा सामान्य से अधिक पोषण की अवस्था का पता लग जाने की सम्भावना सर्वाधिक है?
(a) सीरम एल्बुमिन (b) नाइट्रोजन सन्तुलन
(c) सीरम एलडीएल (d) उपरोक्त में से कोई नहीं

53. जन्म के समय कम भार न केवल उच्च नवजात मृत्यु दर से बल्कि ········ से भी सम्बन्धित है।
(a) दीर्घकालिक स्वास्थ्य दुष्परिणामों
(b) प्रतिरक्षा शक्ति के घटने
(c) पोषक तत्वों की कमी
(d) उपरोक्त सभी

54. चन्द्र मुख ········ का लक्षण है।
(a) वीएडी (b) क्वाशरकोर
(c) मेरास्मस (d) पीईएम

55. स्वस्थ बच्चे का भार ········ की आयु तक उसके जन्म के समय के भार का दोगुना हो जाता है।

(a) 6 माह (b) 12 माह
(c) 18 माह (d) 24 माह

56. निम्न में से कौन-सी योजना के अन्तर्गत 'पूर्ण शक्ति केन्द्र' नामक पायलट प्रोजेक्ट आरम्भ किया गया था?

(a) राष्ट्रीय बाल स्वास्थ्य कार्यक्रम
(b) समन्वित बाल विकास योजना
(c) समेकित बाल संरक्षण योजना
(d) राष्ट्रीय महिला सशक्तिकरण मिशन

57. ट्राईफेड (टी. आर. आई. एफ. ई.डी.) का पूर्ण रूप क्या है?

(a) ट्राइबल क्युमुलेटिव मार्केटिंग डेवलपमेण्ट फेडरेशन ऑफ़ इण्डिया लिमिटेड
(b) ट्राइबल कॉर्पोरेशन फॉर मार्केटिंग एण्ड डेवलपमेण्ट फेडरेशन
(c) ट्राइबल कोऑपरेटिव मार्केटिंग डेवलपमेण्ट फेडरेशन ऑफ़ इण्डिया लिमिटेड
(d) ट्राइबल कलेक्टिव मार्केटिंग डेवलपमेण्ट फेडरेशन ऑफ़ इण्डिया लिमिटेड

58. जैव तन्त्र में उपस्थित निम्न यौगिकों पर विचार कीजिए

(i) हार्मोन (ii) विकर (iii) लिपिड

उपरोक्त तीनों में से कौन जैविक तन्त्र में कार्यात्मक इकाई के रूप में कार्य करते हैं?

(a) i और iii (b) i, ii और iii
(c) i और ii (d) ii और iii

59. 9 वस्तु का विक्रय मूल्य 12 वस्तु के क्रय मूल्य के बराबर है। लाभ या हानि का प्रतिशत ज्ञात कीजिए।

(a) $33\frac{1}{3}$% लाभ (b) $35\frac{1}{3}$% हानि
(c) 32% लाभ (d) 29% हानि

60. जीएसएम सिस्टम है

(a) ग्लोबल सिंकोनाइसेशन मॉड्यूल
(b) जनरल सिस्टम मोबाइल
(c) ग्लोबल सिस्टम फॉर मोबाइल कम्युनिकेशन
(d) उपरोक्त में से कोई नहीं

61. एक पेज से दूसरे पेज पर कर्सर जाने के लिए

(a) Ctrl+PgUp (b) Ctrl+PgDn
(c) उपरोक्त दोनों (d) इनमें से कोई नहीं

62. संयुक्त राष्ट्र द्वारा बच्चों के जीवन रक्षा, संरक्षण और विकास पर घोषणा को किस वर्ष अपनाया गया?

(a) 1989 (b) 1990
(c) 1991 (d) 1992

63. यदि एक भिन्न के अंश में 200% और हर में 350% की वृद्धि की जाए, तो परिणामी भिन्न $\frac{5}{12}$ हो जाती है। मूल भिन्न क्या थी?

(a) $\frac{5}{9}$ (b) $\frac{5}{8}$
(c) $\frac{11}{12}$ (d) $\frac{11}{14}$

64. निम्न में से कौन-सी उत्तर आकृति प्रश्न आकृति को पूर्ण करेगी?

प्रश्न आकृति

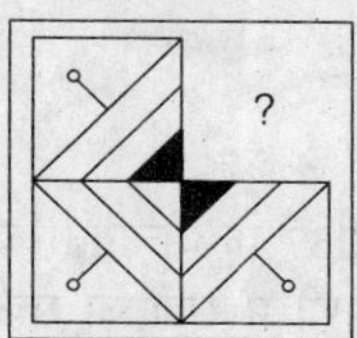

उत्तर आकृतियाँ

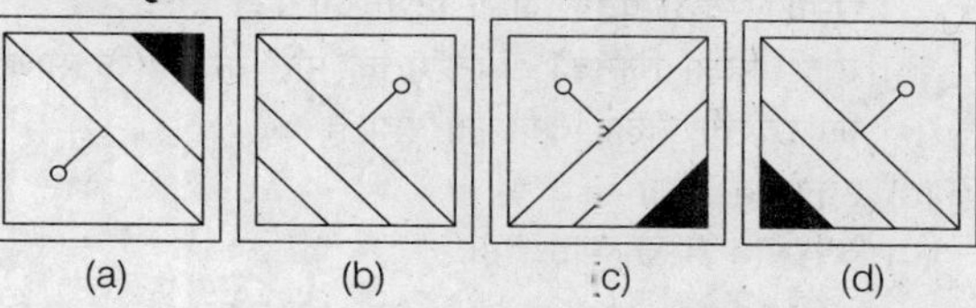

65. राष्ट्रीय महिला आयोग अधिनियम किस वर्ष में पारित किया गया?

(a) 1990 (b) 1991
(c) 1992 (d) 1993

66. डेटाबेस भाषा जो आपको डेटाबेस में डाटा तक पहुँचने और उसे बनाए रखने की अनुमति प्रदान करती है

(a) DCL (b) DDL
(c) DML (d) इनमें से कोई नहीं

67. पेप्सिन किसका उदाहरण है?

(a) एन्जाइम का (b) विटामिन्स का
(c) हार्मोन्स का (d) लिपिड का

68. किसी राशि पर चक्रवृद्धि ब्याज तथा साधारण ब्याज का अन्तर 2 वर्षों में 4% प्रतिवर्ष की दर से ₹ 56 है। मूलधन ज्ञात करें।

(a) ₹ 26000 (b) ₹ 35000
(c) ₹ 12000 (d) ₹ 19000

69. निम्न में से कौन-से योजना के साथ सार्वजनिक स्वास्थ्य सुविधाओं के लिए स्वच्छता दिशा-निर्देश भी जारी किया गया था?

(a) कायाकल्प
(b) स्वच्छ स्वस्थ सर्वत्र
(c) स्वच्छ बच्चे स्वस्थ भारत
(d) स्वच्छ भारत अभियान

70. यदि .net को '.com' कहा जाता है, '.com' को .org कहा जाता है और '.org' को '.in' कहा जाता है। तो 'flipkart' की वेबसाइट का नाम क्या होगा?

(a) flipkart.com (b) flipkart.net
(c) flipkart.in (d) flipkart.org

71. राष्ट्रीय स्वास्थ्य बीमा योजना के लाभार्थियों को एक वर्ष में पन्जीयन शुल्क के लिए कितनी राशि देनी पड़ती है?

(a) ₹ 20 (b) ₹ 30
(c) ₹ 40 (d) ₹ 50

72. ड्रैग और ड्राप के द्वारा सेल कन्टेण्ट की प्रतिलिपि बनाने के लिए दबाएँ

(a) End कुँजी (b) Shift कुँजी
(c) Ecs कुँजी (d) इनमें से कोई नहीं

73. एक्सोप्थैल्मिक गोइटर का कारण है
(a) थाईरॉएड का अतिस्त्रवण
(b) थाईरॉएड का अल्पस्त्रावण
(c) पैराथाईरॉएड का अतिस्त्रवण
(d) पैराथाईरॉएड का अल्पस्त्रावण

74. सती समिति (रोकथाम) अधिनियम, 1987 के अन्तर्गत निम्न में से कौन-से/सी महिलाओं को 'सती' की श्रेणी में रखा जा सकता है?
(a) एक महिला जिनको अपने मृतक सम्बन्धी के देह के साथ उनकी स्वेच्छापूर्वक जला दिया जा रहा है
(b) एक महिला जिनको अपने मृतक पति के देह के साथ जबरदस्ती जला दिया जा रहा है
(c) उपरोक्त दोनों
(d) उपरोक्त में से कोई नहीं

75. निम्न में से कौन-सी उत्तर आकृति, दी गई प्रश्न आकृति का सही दर्पण प्रतिबिम्ब होगी जब दर्पण को रेखा MN पर रखा जाए?

प्रश्न आकृति

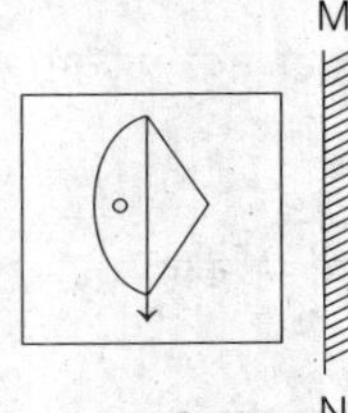

उत्तर आकृतियाँ

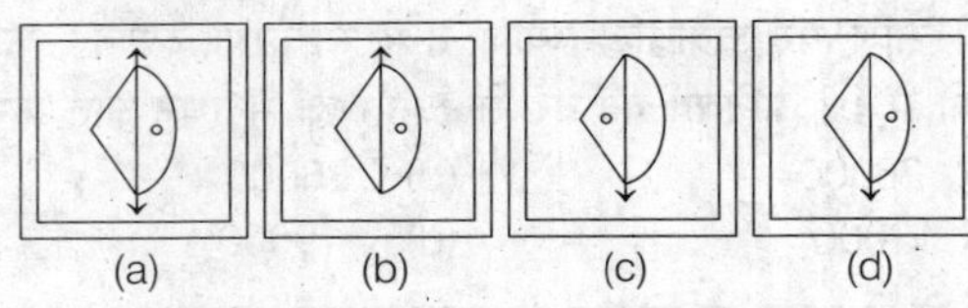

76. कौन-से वित्तीय वर्ष में स्वर्ण-जयन्ती ग्राम स्वरोजगार योजना को राष्ट्रीय ग्रामीण आजीविका मिशन के रूप में लागू किया गया?
(a) 2008-09 (b) 2009-10
(c) 2010-11 (d) 2011-12

77. पैनेथ कोशिकाएँ पाई जाती हैं
(a) पेयर्स पैचेज
(b) लीबरकु की क्रिप्ट में
(c) लैंगरहैंस के द्वीपों में
(d) ब्रूनर की ग्रन्थियों में

78. एक बालिका की 18 वर्ष की उम्र होने के पश्चात् उसके सुकन्या समृद्धि खाता से कितना प्रतिशत जमा उठाया जा सकता है?
(a) 25 (b) 30
(c) 40 (d) 50

79. राघव, बिन्दु A से चलना आरम्भ करता है और उत्तर दिशा में 6 किमी चलता है, उसके बाद बाएँ मुड़ता है और 8 किमी चलता है। वह फिर बाँए मुड़ता है और 12 किमी चलता है और बिन्दु D तक पहुँचता है। अब वह अपने प्रारम्भिक बिन्दु से कितनी दूर है?
(a) 8 किमी (b) 10 किमी
(c) 6 किमी (d) 2 किमी

80. कोलेस्ट्रॉल एक प्रकार का
(1) क्लोरोफिल है
(2) क्लोरोफॉर्म का व्युत्पन्न है
(3) एक वसीय अम्ल है जो जन्तु वसा में पाया जाता है
(4) उच्च रक्त दाब का कारण है
सही उत्तर
(a) 1 और 2 (b) 1, 2 और 4 (c) 3 और 4 (d) 1 और 4

81. दिए गए विकल्पों में से लुप्त पदों को ज्ञात करें।
_aa_ba_bb_ab_aab
(a) aaabb (b) babab (c) bbaab (d) bbbaa

82. निम्न में से कौन-सा महिलाओं का कार्यस्थल पर लैंगिक उत्पीड़न (निवारण, प्रतिषेध और प्रतितोप) अधिनियम, 2013 सम्बन्धी विकल्प सही है?
(a) आन्तरिक शिकायत समिति के कुल सदस्य संख्या कम-से-कम 5 हैं
(b) शिकायत समिति के कुल सदस्य संख्या 6 हैं
(c) 'कार्यस्थल' में खेलकूद संकुल शामिल नहीं हैं
(d) उपरोक्त सभी

83. यदि मैं 3 किमी/घण्टे की गति से चलता हूँ, तो एक रेलगाड़ी 2 मिनट से छूट जाती है, लेकिन यदि मैं 4 किमी/घण्टे की गति से चलता हूँ तो रेलगाड़ी के स्टेशन पहुँचने से 2 मिनट पहले मैं पहुँच जाता हूँ। स्टेशन पहुँचने के लिए मैं कितनी दूरी तय करता हूँ?
(a) $\frac{3}{4}$ किमी (b) $\frac{4}{5}$ किमी
(c) $\frac{5}{4}$ किमी (d) 1 किमी

84. घरेलू हिंसा से महिला संरक्षण अधिनियम, 2005 के अन्तर्गत निम्न में से कौन-सी क्रिया घरेलू हिंसा की व्याख्या में नहीं आ सकती है?
(a) बच्चा ना होने के कारण अपमानित करना
(b) दहेज के लिए जबरदस्ती करने पर उसके रिश्तेदारों को हानि पहुँचाना
(c) शारीरिक पीड़ा पहुँचाने की बार-बार धमकी देना
(d) उपरोक्त में से कोई नहीं

85. महिलाओं का कार्यस्थल पर लैंगिक उत्पीड़न (निवारण, प्रतिषेध और प्रतितोप) अधिनियम, 2013 सम्बन्धी निम्न में से कौन-सा विकल्प सही नहीं है?
(a) यह अधिनियम जम्मू और कश्मीर में लागू नहीं है
(b) यह आन्तरिक शिकायत समिति का गठन करने का निर्देश देता है
(c) उपरोक्त दोनों
(d) उपरोक्त में से कोई नहीं

86. सभी स्लाइड्स पर बैकग्राउण्ड इमेज जोड़कर, आप सबका एक समान रूप कैसे बना सकते हैं?
(a) एक टेम्पलेट बनाएँ
(b) ऑटोकरेक्ट विजार्ड का उपयोग करें
(c) स्लाइड मास्टर को सम्पादित करें
(d) उपरोक्त सभी

87. घरेलू हिंसा से महिला संरक्षण अधिनियम, 2005 सम्बन्धी निम्न में से कौन-सा विकल्प सही है?
(a) इस अधिनियम में मानसिक एवं शारीरिक अपहानि दोनों शामिल हैं
(b) यह अधिनियम जम्मू और कश्मीर को छोड़कर पूरे भारत में लागू है
(c) उपरोक्त दोनों
(d) उपरोक्त में से कोई नहीं

88. आप अपने लोकल होस्ट (IPv6 के साथ) का लूपबैक पता पिंग करना चाहते हैं आप क्या टाइप करेंगे?
(a) Ping 127.0.0.1 (b) Ping ::1
(c) Ping 0.0.0.0.1 (d) trace 0.0.::1

89. निम्नलिखित में से कौन-सा वेन आरेख मित्र, पथप्रदर्शक तथा दार्शनिक के मध्य सम्बन्ध दर्शाता है?

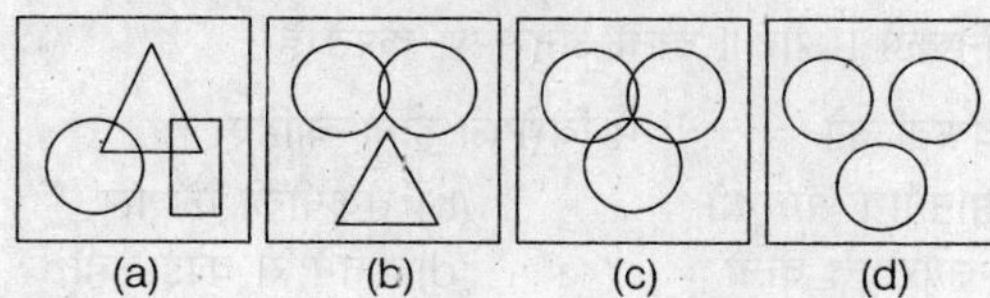

90. निम्न में से कौन-सा विकल्प सही नहीं है?
(a) हिन्दू उत्तराधिकार अधिनियम, 1956 बेटियों को एक संयुक्त हिन्दू परिवार से केवल जीविका का अधिकार माँग सकती है
(b) हिन्दू उत्तराधिकार संशोधन अधिनियम, 1956 के द्वारा बेटियों को अपने भाइयों के साथ विरासत का अधिकार प्रदान किया गया।
(c) 2015 में सुप्रीम कोर्ट ने यह बताया की जिन बेटियों के पिता की मृत्यु 9 सितम्बर, 2015 के पूर्व हुई है, वह इस संशोधन द्वारा प्रदान किए गए अधिकार के प्रयोज्य नहीं हैं
(d) उपरोक्त में से कोई नहीं

91. एक कक्षा में लड़कों और लड़कियों की संख्या का क्रमशः अनुपात 6:5 है। यदि 8 और लड़के कक्षा में शामिल हों तथा दो लड़कियाँ कक्षा छोड़ दें, तो अनुपात क्रमशः 11:7 हो जाता है। अब कक्षा में कितने लड़के हैं?
(a) 28 (b) 38 (c) 44 (d) 36

92. 20 पुरुष एक कार्य को प्रतिदिन 6 घण्टे करके 7 दिनों में कर सकते हैं। 10 पुरुषों को उसी कार्य को 12 दिन में पूर्ण करने हेतु प्रतिदिन कितने घण्टे कार्य करना चाहिए?
(a) 4 (b) 5 (c) 6 (d) 7

93. नीचे दी गई आकृतियों में लुप्त संख्या ज्ञात कीजिए।

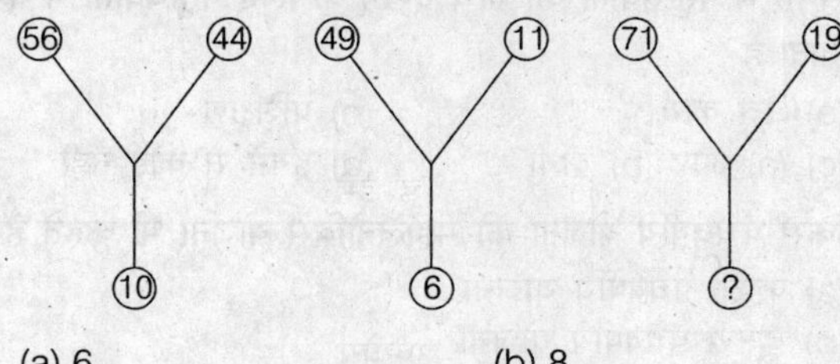

(a) 6 (b) 8
(c) 7 (d) 9

94. मरुभूमि, पर्वतीय या जनजातीय क्षेत्रों के रुर्बन क्लस्टर की आबादी कितनी होनी चाहिए?
(a) 5000-10,000
(b) 5000-15,000
(c) 10,000-20,000
(d) 10,000-25000

95. एक शादी समारोह में, अनीता ने कहा, वह मेरी माँ के पुत्र के पिता की बहन है। वह महिला अनीता से किस प्रकार सम्बन्धित है?
(a) बहन (b) आण्टी
(c) भतीजी (d) माँ

96. DNA एवं RNA में कौन-सी शर्करा पाई जाती है?
(i) ग्लूकोस (ii) राइबोसोम
(iii) फ्रक्टोस (iv) डिऑक्सिराइबोस
सही उत्तर चुनिए
(a) i, ii और iv (b) i, ii, iii और iv
(c) ii, iii और iv (d) ii और iv

97. मेक एड्रेस का साइज है
(a) 16 बिट्स (b) 32 बिट्स
(c) 48 बिट्स (d) 64 बिट्स

98. निम्नलिखित प्रश्न में प्रश्नवाचक चिह्न (?) के स्थान पर लगभग कौन-सा मान आएगा?
$175 \times 28 + 275 \times 27.98 = ?$
(a) 11800 (b) 12595 (c) 12800 (d) 11600

99. मैन्युअल स्कावेन्जर्स के पुनर्वास के लिए स्व-रोजगार योजना कब से शुरू की गई?
(a) 2007 (b) 2008
(c) 2009 (d) 2010

100. भारत में कितने जनजातीय अनुसन्धान संस्थानों की स्थापना की गई है?
(a) 12 (b) 14
(c) 16 (d) 18

101. शिक्षा का अधिकार अधिनियम के अन्तर्गत निम्न में कौन-सा प्रतिबन्धित है?
(a) शारीरिक दण्ड
(b) बच्चों के प्रवेश के लिए अनुवीक्षण प्रक्रियाएँ
(c) उपरोक्त दोनों
(d) उपरोक्त में से कोई नहीं

102. मानव प्लेसेण्टा है
(a) हीमोकोरियल
(b) सिनडेस्मोकोरियल
(c) योक सैक
(d) हीमोएण्डोथीरियल

103. निम्नलिखित प्रश्न में प्रश्नवाचक चिह्न (?) के स्थान पर लगभग कौन-सा मान आएगा?
$? = (2.5)^2 \times 15.003 + 25.78$
(a) 100 (b) 120
(c) 130 (d) 145

104. एक गाँव में n व्यक्तियों की औसत आयु 42 वर्ष है। लेकिन सत्यापन के बाद यह ज्ञात हुआ कि एक व्यक्ति की आयु उसकी वास्तविक आयु से 20 वर्ष कम ली गई है, तो सुधार करने के बाद नया औसत 1 से बढ़ गया। n का मान है

(a) 21 (b) 20
(c) 22 (d) इनमें से कोई नहीं

105. महिला का अभद्र प्रतिनिधित्व (निषेध) अधिनियम, 1987 सम्बन्धी कौन-सा विकल्प सही है?

(a) यह अधिनियम पूरे भारत में लागू है
(b) किसी प्राचीन स्मारक में की गई कोई प्रतिनिधित्व इस अधिनियम के अन्तर्गत नहीं आ सकती
(c) उपरोक्त सभी
(d) उपरोक्त में से कोई नहीं

106. कौन-से वर्ष से राजीव गाँधी पंचायत सशक्तिकरण अभियान ने अपने पूरे जोर से कार्यान्वयन का आरम्भ किया?

(a) 2011 (b) 2012 (c) 2013 (d) 2014

107. नीचे दी गई आकृति में कितनी सरल रेखाएँ हैं?

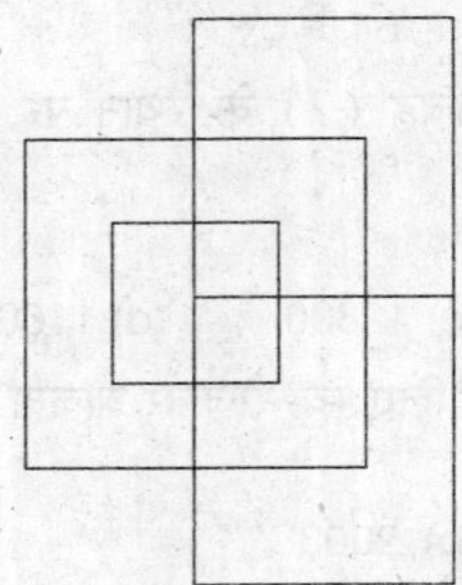

(a) 12 (b) 13
(c) 14 (d) 15

108. निम्नलिखित पाई चार्ट का ध्यानपूर्वक अध्ययन कर नीचे दिए गए प्रश्न का उत्तर दीजिए।

विभिन्न संस्थानों A, B, C, D, E, F और G में पढ़ रहें छात्रों की कुल संख्या = 3800

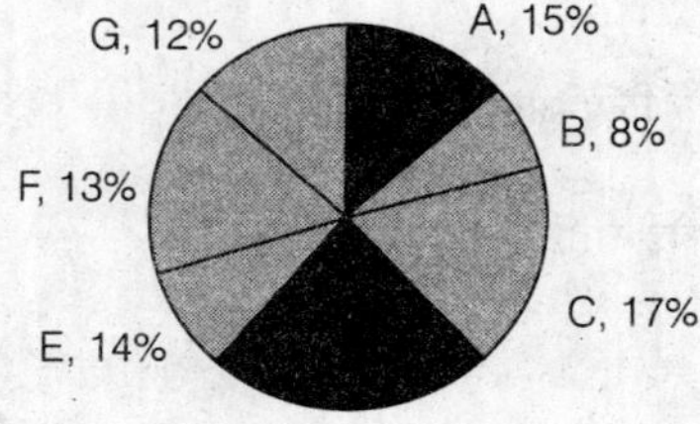

संस्थान E में पढ़ रहें छात्रों और संस्थान D में पढ़ रहे छात्रों की संख्या का क्रमशः अनुपात है

(a) 2 : 7 (b) 2 : 5
(c) 2 : 3 (d) 7 : 9

109. निम्न में से कौन-सा लिंग आधारित रोग है?

(a) निकट दृष्टि दोष (b) मलेरिया
(c) वर्णहीनता (d) रतौंधी

110. दिए गए प्रश्न में कुछ कथन और उसके बाद कुछ निष्कर्ष दिए गए हैं। आपको दिए गए कथनों को सत्य मानना है, भले ही वे सर्वज्ञात तथ्यों से भिन्न प्रतीत होते हैं। सभी निष्कर्षों को पढ़िए। फिर तय कीजिए कि दिए गए निष्कर्षों में से कौन-सा तर्कसंगत रूप से अनुसरण करता है चाहे सर्वज्ञात तथ्य कुछ भी हो।

कथन

सभी पक्षी, मोर हैं।
सभी मोर, किसान हैं।

निष्कर्ष

I. कुछ किसान, पक्षी हैं।
II. कुछ मोर, पक्षी हैं।

(a) केवल निष्कर्ष I अनुसरण करता है
(b) केवल निष्कर्ष II अनुसरण करता है
(c) या तो निष्कर्ष I या II अनुसरण करता है
(d) निष्कर्ष I और II दोनों अनुसरण करते हैं

111. नेतृत्वकर्ता को ……… में विशेषज्ञ होना चाहिए।

(a) मानवीय सम्बन्धों (b) तकनीकी कौशल
(c) उपरोक्त दोनों (d) इनमें से कोई नहीं

112. किस प्रकार का नियोजन लम्बी समयावधि में होने वाले विकास का ब्लू प्रिण्ट होता है?

(a) केन्द्रीकृत नियोजन (b) विकेन्द्रीकृत नियोजन
(c) वार्षिक नियोजन (d) परिप्रेक्ष्य नियोजन

113. स्थानीय नेतृत्वकर्ताओं के चयन का निर्णय ……… पर निर्भर करता है।

(a) नेतृत्वकर्ताओं/नेताओं (b) समूह
(c) सरकार (d) विस्तार कर्मियों

114. फ्लिप बुक ……… का उदाहरण है।

(a) फ्लैश कार्ड (b) नारों (c) चार्ट (d) पोस्टर

115. भारत के 14 प्रमुख बैंकों का ……… के दौरान राष्ट्रीयकरण हुआ था।

(a) दूसरी पंचवर्षीय योजना
(b) चौथी पंचवर्षीय योजना
(c) छठी पंचवर्षीय योजना
(d) आठवी पंचवर्षीय योजना

116. आक्रामक समूह का विपरीत क्या हो सकता है?

(a) निष्क्रिय समूह (b) विशाल समूह
(c) स्वयंसेवी समूह (d) अनैच्छिक समूह

117. समूह में नेतृत्वकर्ता की रुचि देखने के लिए नेतृत्वकर्ता में क्या देखा जाता है?

(a) क्षेत्र कार्य (b) प्रशिक्षण
(c) (a) और (b) दोनों (d) इनमें से कोई नहीं

118. किस पंचवर्षीय योजना को महालनोबिस योजना भी कहते हैं?

(a) पहली पंचवर्षीय योजना
(b) दूसरी पंचवर्षीय योजना
(c) तीसरी पंचवर्षीय योजना
(d) चौथी पंचवर्षीय योजना

119. उपलब्धि/ प्राप्ति सिद्धान्त ……… से सम्बन्ध रखता है।
(a) सम्बद्धता (b) शक्ति
(c) उपलब्धि (d) ये सभी

120. कौन-सी पंचवर्षीय योजना हेरॉल्ड डोमर मॉडल पर आधरित थी?
(a) पहली पंचवर्षीय योजना (b) तीसरी पंचवर्षीय योजना
(c) पाँचवीं पंचवर्षीय योजना (d) सातवीं पंचवर्षीय योजना

121. जब सूचनाएँ शाखाओं के रूप में प्रवाहित होती है, तो इसे ……… कहते हैं।
(a) दण्ड संचित्र (बार चार्ट)
(b) वृक्ष संचित्र (ट्री चार्ट)
(c) आलेख संचित्र (ग्राफ चार्ट)
(d) वृत्तखण्ड संचित्र (पाई चार्ट)

122. अप्रक्षेपित अध्यापन सहायकों में शामिल हैं
(a) चॉक बोर्ड (b) चित्र
(c) फ्लैश कार्ड (d) ये सभी

123. नेतृत्व में ……… के बीच आमने-सामने का सम्पर्क होता है।
(a) नेतृत्वकर्ता एवं अनुयायियों
(b) सरकार एवं नेतृत्वकर्ताओं
(c) ग्रामीणों एवं वैज्ञानिकों
(d) विस्तार कर्मियों एवं वैज्ञानिकों

124. ग्रामीणों में ……… का विरोध करने की प्रवृत्ति होती है।
(a) नेतृत्वकर्ताओं/नेताओं (b) सरकार
(c) परिवर्तन (d) रबैया

125. भारत में योजना अवकाश की अवधि थी
(a) 1966-1969 (b) 1996-1999
(c) 1960-1990 (d) इनमें से कोई नहीं

126. जब किसी गुच्छ (क्लस्टर) में लोगों की संख्या 3-50 होती है, तो वह ……… कहलाता है।
(a) भीड़ (b) समूह
(c) जन (सार्वजनिक) (d) इनमें से कोई नहीं

127. किस सामाजिक समूह में सम्पर्क व्यक्तिगत होता है?
(a) द्वितीयक (b) तृतीयक
(c) प्राथमिक (d) ये सभी

128. इनमें से किस अवधि को आयोजना इतिहास कहा जाता है?
(a) 1969-1948 (b) 1966-1969
(c) 1965-1968 (d) 1961-1966

129. नेतृत्व का जीवन चक्र सिद्धान्त ……… ने विकसित किया था।
(a) हाउस एवं मिशेल
(b) पी. हर्जबी एवं के ब्लेनहेड
(c) अब्राह्म मैस्लो
(d) उपरोक्त में से कोई नहीं

130. आस-पड़ोस किस प्रकार के सामाजिक समूह में आता है?
(a) प्राथमिक (b) द्वितीयक
(c) तृतीयक (d) ये सभी

131. समूह का/के मुख्य वर्गीकरण है/हैं
(a) प्राथमिक (b) द्वितीयक
(c) तृतीयक (d) ये सभी

132. मूवी प्रोजेक्टर ……… का उदाहरण है।
(a) मौखिक सहायक उपकरण
(b) लिखित सहायक उपकरण
(c) प्रक्षेपित सहायक उपकरण
(d) अप्रक्षेपित सहायक उपकरण

133. पोस्टर में अमूर्त चित्र प्रयोग नहीं किए जाने चाहिए, क्योंकि
(a) वे नीरस होते हैं
(b) वे भ्रामक होते हैं
(c) उन्हें बनाने में समय लगता है
(d) उपरोक्त में से कोई नहीं

134. "शृंखला" किसका घटक है?
(a) प्रवाह संचित्र (फ्लो चार्ट)
(b) वृत्तखण्ड संचित्र (पाई चार्ट)
(c) उत्सुकताजनक संचित्र (स्ट्रिप टीज चार्ट)
(d) उपरोक्त में से कोई नहीं

135. कौन-सा सामाजिक समूह पसन्द के अनुसार होता है?
(a) प्राथमिक
(b) बहिर्समूह (आउट-ग्रुप)
(c) स्वयंसेवी समूह
(d) उपरोक्त में से कोई नहीं

136. कौन-सी पंचवर्षीय योजना तीव्र औद्योगिकीकरण पर केन्द्रित थी?
(a) दूसरी पंचवर्षीय योजना
(b) चौथी पंचवर्षीय योजना
(c) छठी पंचवर्षीय योजना
(d) आठवीं पंचवर्षीय योजना

137. औपचारिक सामाजिक समूह ……… पर आधारित होते हैं।
(a) कानूनों (b) नियम
(c) विनियमों (d) ये सभी

138. भारत की एकमात्र महिला मुख्य निर्वाचन आयुक्त का नाम बताएँ।
(a) रमा देवी (b) लीला सेठ
(c) फातिमा बीवी (d) अन्ना चाण्डी

139. स्थानीय नेता/नेतृत्वकर्ता ……… की भूमिका निभाते हैं।
(a) शिक्षक (b) मार्गदर्शन करना
(c) प्रशिक्षक (d) ये सभी

140. ……… में अनुशीर्षक (कैप्शन) एवं क्रिया (एक्शन)की आवश्यकता होती है।
(a) पोस्टर (b) रेडियो
(c) फिल्म (d) टेलीविजन

141. राष्ट्रीय ……… की सलाह पर राज्यपाल की नियुक्ति करते हैं।
(a) प्रधानमन्त्री
(b) उपाध्यक्ष
(c) मुख्यमन्त्री
(d) मुख्य न्यायाधीश

142. अपनत्व की भावना किस सामाजिक्र समूह का घटक है?
(a) प्राथमिक
(b) द्वितीयक
(c) विधि (कानून) समूह
(d) उपरोक्त में से कोई नहीं

143. भारत के पहले पाँच IIT's ……… के दौरान आरम्भ हुए थे।

(a) पहली पंचवर्षीय योजना
(b) तीसरी पंचवर्षीय योजना
(c) पाँचवीं पंचवर्षीय योजना
(d) सातवीं पंचवर्षीय योजना

निर्देश (प्र.सं. 144-149) *निम्नलिखित गद्यांश को ध्यानपूर्वक पढ़कर उसके नीचे दिए गए बहुविकल्पी प्रश्नों में सही विकल्प का चयन करें।*

संचार राष्ट्र के विकास में महत्त्वपूर्ण भूमिका निभाता है। यह विकास का एक अभिन्न अंग है। समाज को संचार के बिना बदल नहीं सकते और विकास भी नहीं कर सकते, क्योंकि यह सामाजिक अन्तर्क्रिया की एक ऐसी प्रक्रिया है जिसके जरिए लोग एक-दूसरे के विचारों, रवैयों, ज्ञान तथा व्यवहार से प्रभावित होते हैं। विकास कार्यक्रमों में संचार ने बहुत महत्त्व हासिल कर लिया है। संचार की प्रक्रिया के जरिए ही लोगों को कार्यक्रमों की प्रकृति और उनके उद्देश्यों से अवगत कराया जाता है। विभिन्न संचार पद्धतियों के जरिए उपयोगी विकास सम्बन्धी सन्देश लक्ष्य समूहों तक पहुँचाए जाते हैं। इससे जनता को तेजी से बदलते समाज के साथ-साथ चलने के लिए आवश्यक नया ज्ञान अर्जित करने में सहायता मिलती है।

यह लोगों की प्रथाओं, विधियों एवं जीवन की गुणवत्ता में सुधार लाने के लिए नवप्रवर्तनों को अपनाने में लोगों की मदद् करता है। एक उद्देश्य के रूप में विकास का अर्थ, समाज के ऐसे नियोजन परिवर्तन से है जिसमें जीवन एवं निर्वाह की एक अवस्था से एक सुपरिभाषित एवं ज्ञात लक्ष्य तक पहुँचा जाता है। यह एक ऐसी प्रक्रिया है, जिसमें मनुष्य उद्देश्य भी है और विकास का साधन भी। परिवर्तन के सभी उद्देश्य मनुष्य को बेहतर वस्त्रों, भोजन, आश्रय, स्वास्थ्य एवं शिक्षा के साथ एक मनुष्य की भाँति रहने में सक्षम बनाने के लिए हैं। इन्हें मनुष्य की संलग्नता के बिना हासिल नहीं किया जा सकता है।

144. समाज ……… के बिना बदल नहीं सकते और विकास नहीं कर सकतें हैं।

(a) सम्प्रेषण (b) विकास
(c) शोध (d) इनमें से कोई नहीं

145. संचार, सामाजिक अन्तर्क्रिया की एक प्रक्रिया है जिसके जरिए लोग ……… से प्रभावित होते हैं।

(a) विचारों (b) रवैयों
(c) ज्ञान (d) ये सभी

146. विभिन्न ……… के जरिए उपयोगी विकास सम्बन्धी सन्देश लक्ष्य समूहों तक पहुँचाए जाते हैं।

(a) संचार कौशलों
(b) संचार पद्धतियों
(c) संचार माध्यमों
(d) उपरोक्त में से कोई नहीं

147. संचार ……… अपनाने में लोगों की मदद करता है।

(a) कौशल (b) विधियाँ
(c) नवाचार (d) इनमें से कोई नहीं

148. संचार की प्रक्रिया में उद्देश्य कौन है?

(a) मनुष्य (b) पशु
(c) परग्रही (d) इनमें से कोई नहीं

149. लोगों के/की ……… के बिना संचार हासिल नहीं हो सकता है।

(a) सहभागिता (b) सहायता
(c) धन (d) विचार

निर्देश (प्र.सं. 150-155) *निम्नलिखित गद्यांश को ध्यानपूर्वक पढ़कर उसके नीचे दिए गए बहुविकल्पी प्रश्नों में सही विकल्प का चयन करें।*

संचार मानव जीवन का एक आवश्यक अंग है। लोग नृजातीय पृष्ठभूमि की भिन्नताओं, रवैयों और विश्वासों आदि के कारण चीजों को अलग-अलग ढंग से देखते-समझते हैं। ये अन्तर दूसरों से संचार करने की हमारी योग्यता को प्रभावित कर सकते हैं। इसलिए यह आवश्यक है कि हम अपना मन खुला रखें, ताकि हम संचार भंग होने के जोखिम को घटा सकें। हर कोई जानता है कि पुरुष और महिलाएँ अलग होते हैं। लेकिन, उनके अन्तर केवल शरीर-क्रिया और शरीर-रचना से जुड़े नहीं हैं। हालिया अनुसन्धानों से निष्कर्ष निकला है कि दोनों लिंगों में मस्तिष्क द्वारा सूचनाओं का प्रक्रमण किए जाने के तरीके, भाषा, भावनाओं और संज्ञान आदि में उल्लेखनीय अन्तर होते हैं। वैज्ञानिकों ने पुरुषों और महिलाओं द्वारा मानसिक कार्यों; जैसे- गति का अनुमान लगाने, समय का अनुमान लगाने, स्थानिक दृश्यमानीकरण, मानसिक गणना आदि, करने के तरीके में अन्तर खोजे हैं। पुरुष और महिलाएँ ने केवल इन कार्यों में, बल्कि उनके मस्तिष्क द्वारा भाषा का प्रक्रमण किए जाने के तरीके में भी आश्चर्यजनक रूप से भिन्न हैं। महिलाओं की तुलना में पुरुष गणितज्ञ, पायलट, यान्त्रिक इंजीनियर, रेस कार चालक एवं अन्तरिक्ष वैज्ञानिक बहुत अधिक होने के पीछे यह कारण हो सकता है। वहीं दूसरी ओर ऐसे बहुत से क्षेत्र हैं जिनमें महिलाएँ पुरुषों को पीछे छोड़ देती हैं। महिलाओं में प्राकृतिक रूप से बेहतर संचार एवं मौखिक योग्यताएँ होती हैं। वे कुछ कार्यों; जैसे- भावनात्मक समानुभूति दर्शाने, मानवीय सम्बन्ध स्थापित करने, पूर्व-नियोजित कार्य करने और अभिव्यक्तियाँ निर्मित करने आदि में भी पुरुषों से अधिक प्रभावशाली हैं।

150. ……… के कारण लोग चीजों को अलग-अलग ढंग से देखते-समझते हैं।

(a) नृजातीय पृष्ठभूमि की भिन्नताओं
(b) रवैयों
(c) विश्वासों
(d) उपरोक्त सभी

151. संचार भंग का जोखिम घटाने के लिए क्या किया जाना चाहिए?

(a) अपना मन खुला रखें (b) अपनी पुस्तकें खुली रखें
(c) अपना घर खुला रखें (d) अपने थैले खुले रखें

152. दोनों लिंगों की/के ……… के बीच उल्लेखनीय अन्तर होते हैं।

(a) भाषा (b) भावनाओं
(c) संज्ञान (d) ये सभी

153. किसने खोजा है कि पुरुषों और महिलाओं में अन्तर मौजूद हैं?

(a) लोग (b) शिक्षक (c) वैज्ञानिक (d) सरकार

154. महिलाओं में प्राकृतिक रूप से बेहतर संचार एवं ……… होती हैं।

(a) मौखिक योग्यताएँ (b) खाना पकाने की योग्यताएँ
(c) नृत्य योग्यताएँ (d) इनमें से कोई नहीं

155. ……… के कार्य में महिलाएँ पुरुषों से अधिक प्रभावशाली हैं।

(a) मानवीय सम्बन्ध स्थापित करने
(b) पूर्व-नियोजित कार्य करने
(c) अभिव्यक्तियाँ निर्मित करने
(d) उपरोक्त सभी

156. अनुवांशिक रोगी किससे सम्बन्धित है?

(a) हिमोफिलिया (b) हाइपरटेन्शन
(c) फाइब्रोसिस (d) इनमें से कोई नहीं

157. एड्स किससे सम्बन्धित होता है?
(a) जीवाणु
(b) बीमारी
(c) अनुवांशिक रोग
(d) इनमें से कोई नहीं

158. प्रतिभावान बालक की बुद्धि-लब्धि ……… होती है।
(a) 120 आई.क्यू
(b) 125 आई.क्यू
(c) 130 आई. क्यू
(d) 140 आई.क्यू

159. WHO का पूरा नाम
(a) विश्व स्वास्थ्य संगठन
(b) विस्तृत स्वास्थ्य संगठन
(c) सम्पूर्ण स्वास्थ्य संगठन
(d) ये सभी

160. किण्डर गार्टन पद्धति की शिक्षण सामग्री कौन-सी है?
(a) उपहार (b) मातृ खेल (c) गीत (d) ये सभी

161. सृजनात्मकता की विशेषताएँ कौन-सी हैं?
(a) प्रक्रिया
(b) लक्ष्य निर्देशित
(c) सृजन
(d) ये सभी

162. अतिक्रियाशीलता तथा अवधान की अस्त-व्यस्तता किस विशिष्ट बालक की विशेषता है?
(a) अधिगम निरोग्य
(b) पिछले बालक
(c) प्रतिभावन बालक
(d) बाल अपराधी

163. सूझ का सिद्धान्त किसने दिया था?
(a) कोहलर (b) लेविन (c) हरलाक (d) स्किनर

164. नवजात शिशु में रक्त जमने के लिए मुख्य तत्व कौन-सा है?
(a) विटामिन A
(b) प्रोटीन
(c) विटामिन K
(d) ऊर्जा

165. भाषा सीखने के साधन कौन-से होते हैं?
(a) अनुकरण
(b) खेल
(c) कहानी सुनना
(d) ये सभी

166. असामान्य गुण वाला बालक क्या कहलाता है?
(a) विशिष्ट बालक
(b) असामान्य बालक
(c) सामान्य बालक
(d) इनमें से कोई नहीं

167. अनुभव एवं प्रशिक्षण के द्वारा व्यवहार में परिवर्तन होने को ……… कहते हैं।
(a) सीखना
(b) संज्ञानात्मक
(c) सृजनात्मक
(d) मानसिक

168. समाजीकरण में बाधक तत्व कौन-से हैं?
(a) माता-पिता व्यवहार
(b) असुरक्षा
(c) अनुशासन
(d) ये सभी

169. विकास किससे प्रभावित होता है?
(a) अभिभावक
(b) समाज
(c) वंशानुक्रम
(d) वंशानुक्रम और वातावरण

170. बीजावस्था किस अवस्था से सम्बन्धित है?
(a) डिम्ब अवस्था
(b) पिण्ड अवस्था
(c) गर्भस्थ शिशु अवस्था
(d) ये सभी

171. वंशानुक्रम का प्रभाव कौन-सा है?
(a) शारीरिक लक्षण
(b) सामाजिक स्तर
(c) चरित्र
(d) ये सभी

172. कुपोषण पर नियन्त्रण किस योजना का उद्देश्य है?
(a) जननी सुरक्षा योजना
(b) ग्रामीण स्वास्थ्य योजना
(c) बाल शक्ति योजना
(d) ये सभी

173. मनोअभियान का उपयोग ……… अपराध के लिए किया जाता है।
(a) बाल अपराध
(b) असामान्य बालक
(c) समस्यात्मक बालक
(d) मन्द बुद्धि बालक

174. बाल विकास के मूलभूत सम्प्रत्यय कौन-से हैं?
(a) विकास की विशेषताएँ
(b) विकास एवं वृद्धि में अन्तर
(c) विकास के नियम
(d) ये सभी

175. कोलेस्ट्रम किससे सम्बन्धित है?
(a) माता का दूध
(b) डिब्बा बन्द दूध
(c) कृत्रिम दूध
(d) इनमें से कोई नहीं

176. संज्ञानात्मक विकास का अध्ययन किसके द्वारा प्रारम्भ किया गया?
(a) जीन पियाजे
(b) फ्रायड
(c) कोलबर्ग
(d) ये सभी

177. पल्स पोलियो अभियान की शुरुआत कब की गई?
(a) 2 अक्टूबर, 1999
(b) 10 नवम्बर, 1980
(c) 3 जनवरी, 1998
(d) 10 अप्रैल, 1997

178. इनमें से कौन पैरों के कौशल है?
(a) दौड़ना
(b) सीढ़ी चढ़ना
(c) कूदना
(d) ये सभी

179. बालक के सीखने की प्रकिया को प्रभावित करने वाले तत्व कौन-से हैं?
(a) प्रेरणा (b) पुरस्कार (c) प्रशंसा (d) ये सभी

180. जननी सुरक्षा योजना कब प्रारम्भ की गई?
(a) वर्ष 2011
(b) वर्ष 2012
(c) वर्ष 2014
(d) वर्ष 2016

181. अन्धे बालकों को शिक्षित करने हेतु विशिष्ट तरीका कौन-सा है?
(a) चिह्न
(b) ब्रेल लिपि
(c) स्पर्श विधि
(d) इनमें से कोई नहीं

182. समस्या बालक है ………
(a) चोरी करने वाला
(b) झूठ बोलने वाला
(c) माता-पिता का कहना न मानना
(d) उपरोक्त सभी

183. पूर्व शालेय शिक्षा के जन्मदाता कौन हैं?
(a) मदर टेरेसा
(b) मैकमिलन बहन
(c) गाँधी जी
(d) बण्डूरा

184. नवजात का शब्दिक अर्थ क्या होता है?
(a) नया
(b) बच्चा
(c) सुन्दर
(d) चेहरा

185. नवजात शिशु की आयु कितनी होती है?
(a) 10 दिन
(b) 20 दिन
(c) 33 दिन
(d) 45 दिन

186. विशेष शिक्षाविद् तथा स्कूल ……… बालकों के लिए है।
(a) सामान्य बालक
(b) विशिष्ट बालक
(c) स्कूल बालक
(d) इनमें से कोई नहीं

187. व्यक्तित्व सम्बन्धित होता है
(a) शारीरिक (b) क्रियात्मक
(c) परसोना (d) संवेग

188. चेतना केन्द्र विद्यालय शारीरिक विकलांग बालकों की शिक्षा हेतु कहाँ स्थित है?
(a) दिल्ली (b) भोपाल
(c) लखनऊ (d) मुम्बई

189. गर्भास्थ में प्लासेन्टा का निर्माण कौन-से साप्ताह में प्रारम्भ होता है?
(a) 6 सप्ताह (b) 8 सप्ताह
(c) 10 सप्ताह (d) 12 सप्ताह

190. हस्तशिप्ल की शिक्षा दी जानी चाहिए
(a) सामान्य बालक को (b) पिछड़े बालक को
(c) मन्द बुद्धि बालक को (d) प्रखर बुद्धि बालक को

191. स्वयं खाना, स्वयं कपड़े पहनना ········· का कौशल है।
(a) पैर के कौशल (b) हस्त कौशल
(c) अन्य कौशल (d) ये सभी

192. प्रारम्भिक बाल्यावस्था में बच्चा सीखता है ·········
(a) अनुकरण (b) सूझ
(c) सम्बन्ध (d) प्रेरक

193. बाल विकास का विषय क्षेत्र कौन-सा है?
(a) बाल विकास के सिद्धान्तों का अध्ययन
(b) बाल विकास के विभिन्न पहलुओं का अध्ययन
(c) बाल विकास को प्रभावित करने वाले तत्व
(d) उपरोक्त सभी

194. मन्द बालक ········· से सीखता है।
(a) विलम्ब से (b) तेजी से
(c) तार्किक (d) ये सभी

195. नवजात शिशु की अवधि कितनी होती है?
(a) जन्म से 2 सप्ताह (b) जन्म से 6 सप्ताह
(c) जन्म से 5 सप्ताह (d) जन्म से 8 सप्ताह

196. विकास की विशेषताएँ कौन-सी हैं?
(a) दिशात्मक (b) प्रगातिशील शृंखला
(c) क्रमबद्ध (d) ये सभी

197. क्या DWCRA विशिष्ट बालकों एवं महिलाओं की देखभाल हेतु राष्ट्रीय स्तर का कार्यक्रम है?
(a) सही (b) गलत
(c) आंशिक सत्य (d) आंशिक असत्य

198. नवजात शिशु में लगभग कितनी हड्डियाँ होती हैं?
(a) 206 (b) 270 (c) 350 (d) 205

199. स्थूल गतिविधियाँ तथा सूक्ष्म क्रियात्मक कौशल किससे सम्बन्धित है?
(a) क्रियात्मक विकास
(b) शारीरिक विकास
(c) सामाजिक विकास
(d) संवेगात्मक विकास

200. सृजनात्मक विकास हेतु आवश्यक तत्व कौन-सा है?
(a) संवेदन (b) चिन्तन
(c) कल्पना (d) ये सभी

उत्तरमाला

1.	(c)	2.	(a)	3.	(c)	4.	(c)	5.	(c)	6.	(c)	7.	(d)	8.	(a)	9.	(a)	10.	(b)
11.	(c)	12.	(a)	13.	(a)	14.	(a)	15.	(a)	16.	(d)	17.	(a)	18.	(a)	19.	(a)	20.	(a)
21.	(d)	22.	(a)	23.	(b)	24.	(a)	25.	(b)	26.	(c)	27.	(c)	28.	(d)	29.	(c)	30.	(a)
31.	(c)	32.	(c)	33.	(a)	34.	(c)	35.	(a)	36.	(d)	37.	(d)	38.	(a)	39.	(a)	40.	(c)
41.	(a)	42.	(a)	43.	(a)	44.	(a)	45.	(c)	46.	(b)	47.	(a)	48.	(a)	49.	(d)	50.	(b)
51.	(d)	52.	(c)	53.	(d)	54.	(b)	55.	(a)	56.	(d)	57.	(c)	58.	(b)	59.	(a)	60.	(c)
61.	(c)	62.	(b)	63.	(b)	64.	(b)	65.	(a)	66.	(c)	67.	(a)	68.	(b)	69.	(a)	70.	(d)
71.	(b)	72.	(d)	73.	(a)	74.	(c)	75.	(d)	76.	(c)	77.	(b)	78.	(d)	79.	(b)	80.	(c)
81.	(c)	82.	(a)	83.	(b)	84.	(d)	85.	(a)	86.	(c)	87.	(a)	88.	(b)	89.	(c)	90.	(d)
91.	(c)	92.	(d)	93.	(d)	94.	(b)	95.	(b)	96.	(d)	97.	(c)	98.	(b)	99.	(a)	100.	(d)
101.	(c)	102.	(a)	103.	(b)	104.	(b)	105.	(b)	106.	(c)	107.	(b)	108.	(c)	109.	(c)	110.	(d)
111.	(c)	112.	(d)	113.	(b)	114.	(a)	115.	(b)	116.	(a)	117.	(c)	118.	(b)	119.	(d)	120.	(a)
121.	(b)	122.	(d)	123.	(a)	124.	(c)	125.	(a)	126.	(b)	127.	(c)	128.	(b)	129.	(b)	130.	(a)
131.	(d)	132.	(c)	133.	(b)	134.	(a)	135.	(c)	136.	(a)	137.	(d)	138.	(a)	139.	(d)	140.	(a)
141.	(a)	142.	(a)	143.	(a)	144.	(a)	145.	(d)	146.	(b)	147.	(c)	148.	(a)	149.	(a)	150.	(d)
151.	(a)	152.	(d)	153.	(c)	154.	(a)	155.	(d)	156.	(a)	157.	(b)	158.	(d)	159.	(a)	160.	(d)
161.	(d)	162.	(a)	163.	(a)	164.	(c)	165.	(d)	166.	(a)	167.	(a)	168.	(d)	169.	(d)	170.	(a)
171.	(a)	172.	(c)	173.	(a)	174.	(d)	175.	(a)	176.	(a)	177.	(*)	178.	(d)	179.	(d)	180.	(a)
181.	(b)	182.	(d)	183.	(b)	184.	(a)	185.	(a)	186.	(b)	187.	(c)	188.	(c)	189.	(*)	190.	(c)
191.	(b)	192.	(b)	193.	(d)	194.	(a)	195.	(a)	196.	(d)	197.	(a)	198.	(b)	199.	(a)	200.	(d)

नोट (*) *दिए गए विकल्पों में से कोई भी विकल्प सही नहीं है।*

संकेत एवं हल

1. (c) बाद ही आयु (वृद्धावस्था) में सर्वोच्च अस्थि द्रव्यमान एवं घनत्व प्राप्त करने और ऑस्टियोपोरोसिस के कारण्या होने-वाले अस्थि भंग के जोखिम को घटाने के लिए कैल्शियम और व्यायाम की पर्याप्त मात्रा आवश्यक है। कैल्शियम अस्थि एवं दाँतों के निर्माण में सहायक होता है तथा व्यायाम अस्थियों के लिए अत्यधिक सेहतमन्द है। यह अस्थि के द्रव्यमान को बढ़ावा देता है।

2. (a) खाना पकाने के दौरान खनिजों की अपेक्षा विटामिनों विशेषकर जल घुलनशील-B समूह के विटामिनों की ग्रस अधिक होता है।
ये विटामिन जल के घुलनशील होने के कारण तथा ताप संवेदी होने के कारण क्रमशः भोजन को धोते एवं पकाते समय नष्ट हो जाता है।

3. (c) जन वितरण प्रणाली एक भारतीय खाद्य सुरक्षा प्रणाली है। जन वितरण प्रणाली (PDS) समय के साथ देश में खाद्य अर्थव्यवस्था के प्रबन्धन के लिए सरकार की नीति का एक महत्त्वपूर्ण अंग बन गई है। PDS पूरक प्रकृति की है और किसी भी कमोडिटी की समग्र आवश्यकता को उपलब्ध कराने का इरादा रखती है। PDS के तहत वर्तमान में वितरण के लिए राज्यों/केन्द्रशासित प्रदेशों को गेहूँ, चावल, चीनी और कैरोसिन तेल जैसी उपयोगी वस्तुओं का आवण्टन किया जा रहा है। PDS का उद्देश्य सस्ती कीमतों पर खाद्यान्न के वितरण के माध्यम से निर्धनतम व्यक्ति को भोजन उपलब्ध कराकर खाद्य और पोषक सुरक्षा सुनिश्चित करना है।

4. (c) आहार में वसा की कमी से लिनोलिक अम्ल तथा एरेकिडोनिक अम्ल की कमी हो सकती है। लिनोलिक अम्ल तथ एरेकिडोनिक अम्ल। वे आवश्यक बहुअसंतृप्त वसीय अम्ल (PUFA) है जिसका शरीर में संश्लेषण नहीं होता है तथा इन्हें भोजन में वसा के रूप में ग्रहण किया जाता है।

5. (c) लगभग सभी लोगों का स्वास्थ्य अच्छा बनाए रखने वाले आहार से प्राप्त पोषक तत्वों के अन्तर्ग्रहण को अनुशंसित आहरीय अनुमतियाँ (RDA) के नाम से परिभाषित किया गया है।
यह एक व्यक्ति के द्वारा स्वस्थ बने रहने एवं सामान्य कार्य करने हेतु प्रतिदिन आवश्यक पोषक तत्वों की मात्रा होती है। जो व्यक्ति भोजन के मानक (RDA) स्तरों का पालन नहीं करते हैं, वे कुपोषण से प्रभावित हो जाते हैं।

6. (c) विटामिन B_{12}को अवशोषण के लिए नैज-(इण्टिंजिक) कारक की आवश्यकता होती है। विटामिन B_{12}जल में घुलनशील विटामिन है जो क्षुद्रान्त्र के अन्तिम भाग में अवशोषित होता है। इसके अवशोषण को आमाशय की ऑक्सिन्टिक कोशिकाओं द्वारा स्त्रावित नैज कारक प्रभावित करता है।

7. (d) व्रण (अल्सर) से पीड़ित रोगियों को धूम्रपान एल्कोहॉल एवं कॉफी से बचना चाहिए।
अल्सर प्रायः हेलिकोबेस्टर पाइलोरी नामक बैक्टीरिया के संक्रमण के कारण उत्पन्न होता है। धूम्रपान, एल्कोहॉल एवं कॉफी के कारण आमाशय में जलन होती है तथा HCl अम्ल का स्त्रावण भी अधिक होता है।

8. (a) फोलेट का अपर्याप्त अन्तर्ग्रहण मेगालोब्लास्टिक एनीमिया के अतिरिक्त गर्भावस्था के खराब परिणाम से सम्बन्धित है। फोलेट या विटामिन-B_9स्वस्थ RBC के निर्माण में महत्त्वपूर्ण भूमिका निभाते हैं तथा यह गर्भवती महिलाओं में तन्त्रिका तन्त्र के विकास के लिए अत्यधिक महत्त्वपूर्ण होता है। इसकी कमी से भ्रूण में न्यूरल ट्यूब विकार उत्पन्न होता है।

9. (a) किशोरों को उनके वयस्कावस्था के भार का 30% और उनकी वयस्कावस्था की लम्बाई का 20% से भी अधिक 10 से 19 वर्ष के दौरान प्राप्त होता है। विश्व स्वास्थ्य संगठन (WHO) के अनुसार किशोर 10 से 19 वर्ष की आयु के लोग है।

10. (b) महिलाओं के मामले में 18.5 (किग्रा/मी^{2}) से कम के BMI का अर्थ सामान्य से कम पोषण का होना है। पुरुष एवं महिला दोनों के लिए 18.5 से 24.9 की रेंज में BMI को सामान्य माना जाता है। बॉडी मास इण्डेक्स (BMI) बॉडी फैट नापने का तरीका है जो किसी व्यक्ति के भार (Kg. में) एवं लम्बाई (m. में) के वर्ग का अनुपात होता है।

11. (c) घेंघा और केटीनता (जड़वामनता) का कारण आयोडीन की कमी है। आयोडीन थायरॉइड ग्रन्थि की सामान्य कार्यिकी अर्थात् थायरोक्सिन हॉर्मोन के संश्लेषण हेतु आवश्यक होता है। इस हॉर्मोन के स्त्रावण में की कमी से थायरॉइड ग्रन्थि का आकार बढ़ जाता है एव गला फूल जाता है, जिसे घेंघा रोग कहते हैं। इस हॉर्मोन के अल्पस्त्रावण नवजात एवं गर्भस्थ शिशुओं में शारीरिक एवं बौद्धिक विकास प्रभावित होता है, जिसे जड़वामनता कहते हैं।

12. (a) हेपेटाइटिस-C का दीर्घकालिक संक्रमण. दीर्घकालिक यकृत संक्रमण का कारण बनता है। हेपेटाइटिस-C विषाणु के कारण मानव के यकृत में सूजन (Infiammation) उत्पन्न होती है। इसके कारण यकृत का आकार बढ़ जाता है। हिपेटाइटिस-C का विषाणु एक रेखीय एकलरज्जुक RNA का बना होता है। इसकी उष्मायन अवधि 2-22 सप्ताह की होती है एवं इसका विषाणु घाव दूषित सूई, दाँतों के उपकरण, लैंगिक सम्बन्ध दूषित रुधिर आदि के द्वारा स्थानान्तरित होता है।

13. (a) वर्ष 2002-2003 से सार्वत्रिक प्रतिरक्षीकरण कार्यक्रम में हेपेटाइटिस बी वैक्सीन को शामिल कर लिया गया था। सार्वभौमिक टीकाकरण कार्यक्रम (U/P) के तहत उपलब्ध सभी टीकों के साथ आबादी के उस हिस्से तक पहुँचना जहाँ टीकों के वितरण का अभाव है और जिससे सभी बच्चों एवं गर्भवती महिलाओं में टीकाकरण किया जा सके, साथ ही टीकाकरण कवरेज कार्यक्रम में तीव्रता लाई जा सके। भारत में वर्ष 1985 में सार्वभौमिक टीकाकरण कार्यक्रम शुरू किया गया। प्रारम्भ में इसे विस्तृत टीकाकरण कार्यक्रम के नाम से जाना जाता था। इसके तहत मिशन इन्द्रधनुष में 12 प्रकार के वैक्सीन को शामिल किया गया है।

14. (a) कुछ कैरोटेनॉइड, जैसे लायकोपीन, एकल-ऑक्सीजन के भक्षक होते हैं और शक्तिशाली एण्टीऑक्सीडेण्ट गतिविधि प्रदान करते हैं। एण्टीऑक्सीडेण्ट गतिविधि-प्रोटीन, लिपिड, डी.एन.ए. या अन्य अणुओं के ऑक्सीकरण की एक सीमा के रूप में परिभाषित किया है, जो ऑक्सीडेटिव श्रृंखला प्रतिक्रियाओं में प्रसार चरण को अवरूद्ध करके होता है।
एण्डीऑक्सीडेण्ट वे रसायन या यौगिक होते हैं जो शरीर में होने वाली विभिन्न उपापचयी अभिक्रियाओं के फलस्वरूप उत्पन्न हुए ऑक्सीजन के मुक्त मूलकों को ग्रहण करते हैं। ये मुक्त मूलक शरीर में जीर्णता, ऊतक क्षय, कोशिका मृत्यु आदि के कारण होते हैं।

15. (a) राष्ट्रीय अन्धता नियन्त्रण कार्यक्रम के अनुसार अन्धता का मुख्य कारण मोतियाबिन्द है। जब आँख का प्राकृतिक लेन्स अपारदर्शी हो जाए तो उसे कैटरेक्ट (Cataract) या मोतियाबिन्द कहते हैं। राष्ट्रीय अन्धता नियन्त्रण कार्यक्रम, भारत सरकार के स्वास्थ्य मन्त्रालय के सहयोग से केन्द्रीय परिवर्तिता योजना के अन्तर्गत वर्ष 1976 से चलाया जा रहा है, इसमें भारत सरकार द्वारा सामग्री, मशीनरी, औजार व उपकरण एवं स्वयंसेवी संगठनों को मोतियाबिन्द ऑपरेशनों हेतु अनुदान राशि का केन्द्रीय सरकार एवं राज्य सरकार द्वारा 60 : 40 के अनुपात मे वहन किया जाता है।

16. (d) राष्ट्रीय क्षय रोग (ट्यूबरकुलोसिस) कार्यक्रम का मुख्य उद्देश्य निगरानी तन्त्र की स्थापना, टीबी का उचित निदान (पहचान), केस प्रबन्धन सुनिश्चित करना, टीबी संचरण की गति-वृद्धि को घटाना, आदि है। भारत सरकार द्वारा वर्ष 1962 से राष्ट्रीय क्षय नियन्त्रण कार्यक्रम को चलाया जा रहा है।

17. (a) फोलिक अम्ल विटामिन-B_{12} की कमी से उत्पन्न मेगालोब्लास्टिक एनीमिया को ठीक कर सकता है। मेगालोब्लास्टिक एनीमिया में RBCs संख्या में कम, किन्तु आकार में बड़ी व अण्डाकार हो जाती है। फोलिक अम्ल (विटामिन B_9) लाल-रुधिर कणिकाओं की वृद्धि एवं परिपक्वन हेतु आवश्यक है। इसके मुख्य स्रोत हरी-पत्तीदार सब्जियाँ, यीस्ट, केला दालें फूलगोभी मीस यकृत तेल आदि हैं।

18. (a) तेल-पॉलीअनसेचुरेटेड फैटीएसिड (P.U.F.A) के समृद्ध स्रोत हैं। PUFA दो से अधिक दोहरे या त्रिहरे कार्बन-बन्धन युक्त वसीय अम्ल होते हैं, जो वसा से प्राप्त होते हैं।
ये अच्छे स्वास्थ्य हेतु आवश्यक वसीय अम्ल हैं जो नारियल के तेल, आदि में पाए जाते हैं।

19. (a) इन्फ्लुएन्ज़ा, खसरा एवं कर्णमूलशोथ/गलसुआ (मम्प्स) रोग श्वसन मार्ग के माध्यम से फैलते हैं। ये विषाणुजनित रोग है, जो खाँसने-छींकने से मुक्त बिन्दुओं और लार के द्वारा तथा वायु में नाक के स्राव के द्वारा स्वस्थ मानव के शरीर में फैलते हैं।

20. (a) लिपिड समृद्ध आहार को छोड़कर अन्य सभी-जैसेः बुर्का, पहनने की धार्मिक प्रथा, सनस्क्रीन का उपयोग करके एवं व्यवसाय आहारीय विटामिन-D की आवश्यकता को बढ़ा सकते हैं, विटामिन-D सूर्य के प्रकाश की उपस्थिति में त्वचा के नीचे बनता है, जो उक्त स्थितियों में सम्भव नहीं होगा। यह DNA संश्लेषण और कैल्शियम एवं फॉस्फोरस के अवशोषण में सहायक है।

21. (d) गर्भवती महिला को एल्कोहॉल, कैफीन एवं कृत्रिम रंगों से बचना चाहिए, क्योंकि एल्कोहॉल के सेवन से शिशु में शारीरिक एवं मानसिक विकृति उत्पन्न हो सकती है। कैफीन गर्भाशय ओर प्लेसेंटा में रक्त वाहिकाओं को संकुचित कर देता है जिससे भ्रूण को रक्त की आपूर्ति कम होती है एवं कृत्रिम रंग एलर्जी का कारण बनते हैं। ये रंग शिशुओं में अतिसक्रियता पैदा करने के लिए जिम्मेदार होते हैं।

22. (a) हिस्टीरिया एक संक्रामक रोग नहीं है। यह एक प्रकार का मानसिक विकार है, जिसमें कंपकपी लगना, चक्कर आना, साँस लेने में परेशानी या मुख में जकड़न जैसे लक्षण हो सकते हैं। यह रोग एक प्रकार से साइकोन्युरोसिस है और यह किसी जैविक या संरचनात्मक विकृति पर आधारित नहीं हैं।

23. (b) कैल्शियम, फॉस्फेट एवं मैग्नीशियम हड्डियों में पाए जाने वाले महत्त्वपूर्ण खनिज हैं। हड्डियाँ मुख्यतया कैल्शियम फॉस्फेट ($CaPO_4$) लवण की बनी होती हैं। इनमें कुछ मात्रा में मैग्नीशियम फॉस्फेट ($MgPO_4$) भी पाया जाता है।

24. (a) गर्भावस्था के दौरान, ऊतक संश्लेषण की गति बढ़ने, सक्रिय ऊतक द्रव्यमान में वृद्धि होने और हृदयवाहिकीय एवं श्वसन कार्य में वृद्धि होने के कारण आधारीय चयापचय में वृद्धि होती है। गर्भावस्था के दौरान नए ऊतकों के निर्माण के कारण प्रोटीन, कार्बोहाइड्रेट एवं वसा के उपापचय की दर बढ़ जाती है। इससे आवश्यक पोषण एवं ऑक्सीजन स्तर में भी बढ़ोत्तरी होती है।

25. (b) SAM का पूरा नाम गम्भीर तीक्ष्ण कुपोषण (Severe acute Malnutrition) है। SAM कुपोषण का गम्भीर स्तर है जिसमें कुपोषण का Z स्कोर –3 से कम या बराबर होता है। यह अपर्याप्त कैलोरी एवं कम पोषक तत्वों युक्त भोजन करने या लम्बे समय तक पर्याप्त भोजन न करने के कारण होता है।

26. (c) मलेरिया रोग में प्लीहा प्रभावित होता है। प्लीहा का कार्य रक्त में से जीर्ण या क्षतिग्रस्त RBCs तथा प्लाज्मोडियम (मलेरिया का रोगकारक प्रोटोजोअन परजीवी)द्वारा संक्रमित RBCs को निस्पंदित करना होता है। मलेरिया में रक्त में अचानक से क्षतिग्रस्त एवं संक्रमित RBCs की संख्या बढ़ जाती है। जिससे प्रतिरक्षा अनुक्रिया के फलस्वरूप प्लीहा का आकार बढ़ जाता है एवं यह क्षतिग्रस्त भी हो सकता है।

27. (c) काली खाँसी के लक्षण खाँसी, छींके और नाक बहना है।
यह रोग प्रायः बच्चों में बोर्डीटेला पेस्टिस (Bordetella pestis) नामक जीवाणु द्वारा होता है। यह रोग ग्रसनी की कोशिकाओं में वायु द्वारा जीवाणु के संक्रमण से होता है।
इसमें बच्चों को बहुत देर तक कष्टदायक खाँसी आती हैं तथा गला शुष्क हो जाता है। यहाँ तक कि खाँसते-खाँसते बच्चे मल-मूत्र तक त्याग देते हैं। खाँसी तब बन्द होती है, जब खाँसते-खाँसते थोड़ा-सा स्राव निकल आता है।

28. (d) आयरन (लौह) न्यूनता के सर्वाधिक जोखिम में मौजूद जनसमूह गर्भवती हो सकने वाली आयु की महिलाएँ (मासिक स्राव में रक्त की हानि एवं पोषण हीनता के कारण), गर्भवती महिलाएँ (रुधिरोत्पादन में वृद्धि एवं पोषण हीनता के कारण) तथा नवजात शिशु एवं बच्चे (गर्भवती माँ में एनीमिया के कारण) होते हैं। आयरन की कमी से एनीमिया होता है।

29. (c) गर्भावस्था में ऊर्जा की आवश्यकता बढ़ जाती है, क्योंकि शिशु, गर्भनाल और मातृ ऊतकों की वृद्धि के लिए अतिरिक्त ऊर्जा एवं पोषण की आवश्यकता होती है।

30. (a) घेंघा (गॉइटर) अवटु (थायरॉइड) ग्रन्थि से सम्बन्धित है। यह रोग भोजन में आयोडीन की कमी के कारण होता है जो गले के स्थित थायरॉइड ग्रन्थि की कार्यिकी अर्थात, थायरोक्सिन हॉर्मोन के स्रावण हेतु आवश्यक होता है। अतः आयोडीन की कमी होने पर घेंघा रोग में थायरॉइड ग्रन्थि एवं गला फूल कर फैल जाते हैं।

31. (c) खराब आहार और अस्वास्थ्यकर परिवेशी स्वच्छता मलेरिया के प्रमुख कारण हैं। खराब या असन्तुलित आहार के कारण शरीर की रोगों से लड़ने की प्रतिरक्षा क्षमता घट जाती है तथा अस्वास्थ्यकर (अस्वस्छ या गन्दा) परिवेश (पर्यावरण) मलेरिया के वाहक मादा *एनोफीलिज* मच्छर को पनपने का स्थान (ठहरा हुआ पानी) प्रदान करता है जिससे मलेरिया रोग होने की सम्भावना बढ़ जाती है।

32. (c) राष्ट्रीय टीकाकरण कार्यक्रम के अनुसार गर्भवती माता के लिए टिटेनस टॉक्साइड टीका (वैक्सीन) अनुशंसित है। गर्भवती महिलाओं को टिटेनस टॉक्साइड (टीटी) के दो टीके लगाए जाने चाहिए। इन टीकों को टीटी-1 एवं टीटी-2 कहा जाता है। इन दोनों टीकों के बीच 4 सप्ताह का अन्तर रखना आवश्यक है। राष्ट्रीय टीकाकरण कार्यक्रम के अन्तर्गत 15 वर्ष तक की आयु के बच्चों तथा गर्भवती महिलाओं को घातक रोगों के विरुद्ध टीके दिए जाते हैं।

33. (a) पौष्टिक व पोषक आहार जो सभी वृहद् एवं सूक्ष्म पोषक तत्वों एवं खाद्य समूहों की दृष्टि से सम्पूर्ण होता है, सन्तुलित आहार कहलाता है। सन्तुलित भोजन में कार्बोहाइड्रेट से कुल 60-70% कैलोरी, 10-12% प्रोटीन से तथा वसा से 20-25% कैलोरी प्राप्त होनी चाहिए।

34. (c) निद्रा रोग या नींद की बीमारी का वाहक सी-सी मक्खी (ग्लोसीना) होती है। यह रोग *ट्रिपैनोसोमा* प्रोटोजोअन के संक्रमण के कारण होता है। फाइलेरियासिस, डेंगू ज्वर एवं मलेरिया के वाहक क्रमशः *क्यूलेस*, एडीज एवं एनोफीलिज मच्छर होते हैं।

35. (a) टिटेनस रोग क्लोस्ट्रिडियम टिटेनी जीवाणु के संक्रमण के कारण होता है। यह रोग घाव के जीवाणु के बीजाणु के सम्पर्क में होने से होता है। लगभग 14 दिन के उष्मायन काल काल के बाद माँसपेशियों में अकड़न, जबड़ा बन्द होना, दौरे पड़ना, सिरदर्द, ज्वर, आदि इसके प्रमुख लक्षण हैं।

36. (d) आँतों की गतिशीलता (क्रमाकुंचन गति) का अधिक होना, फायलेट और ऑक्जेलेट की उपस्थिति तथा हाइपोक्लोरीड्रिया (आमाशय में HCl का कम स्रावण) आयरन (Fe) के अवशोषण को घटा देता है।

37. (d) पोषण सम्बन्धी आकलन एवं जाँच (स्क्रीनिंग) के साधन के रूप में, पोषण सम्बन्धी परामर्श के साधन के रूप में और रोगी को उपचारात्मक आहार समझाने के लिए स्वास्थ्य पेशेवरों द्वारा पंच भोजन समूह प्रणाली का उपयोग किया जा सकता है।

38. (a) आयोडीन न्यूनता विकार की रोकथाम के लिए आयोडीन सम्पूर्ण की न्यूनतम सुझावित मात्रा 100-150 माइक्रोग्राम प्रतिदिन है। भारत में लगभग 7 करोड़ व्यक्ति आयोडिन की कमी से होने वाले विकारों से पीड़ित हैं। आयोडिन की कमी से बच्चे मन्दबुद्धि, शारीरिक रूप से कमजोर, गूंगे-बहरे अथवा अपंग, महिलाओं में गर्भपात, वयस्कों में ऊर्जा की कमी, जल्दी थकावट आदि विकार हो सकते हैं। आयोडीन की पूर्ति नियमित रूप से आयोडीन युक्त नमक के सेवन से हो सकती है।

39. (a) अर्धवार्षिक कृमि-मुक्ति योजना, जो साप्ताहिक आयरन एवं फोलिक अम्ल सम्पूर्ण योजना का घटक है, एल्बेण्डाजोल की 400 मिग्रा मात्रा प्रदान करती है। प्रत्येक वर्ष 10 फरवरी को राष्ट्रीय कृमि-मुक्ति दिवस मनाया जाता है। वर्ष 2015 में राष्ट्रीय कृमि निवारण दिवस की शुरुआत की गई। अर्धवार्षिक कृमि-मुक्ति योजना को 1 से लेकर 19 वर्ष की आयु के बच्चों को ध्यान में रखकर क्रियान्वित किया जा रहा है।

40. (c) वसा अधिक ऊर्जा प्रदान करता है। 1gm वसा में 9.3 किलौकैलोरी ऊर्जा प्राप्त होती है। 1 gm कार्बोहाइड्रेट एवं प्रोटीन से क्रमशः 4.2 एवं 4.65 किलोकैलोरी ऊर्जा प्राप्त होती है।

41. (a) MMR का प्रतिरक्षीकरण या टीका देने के लिए आवश्यक न्यूनतम आयु 12-18 माह होती है। यह टीका मम्प्स, खसरा एवं रुबेला के प्रति प्रतिरक्षी प्रदान करता है।

42. (a) आहार में अत्यधिक सरल कार्बोहाइड्रेट होने से मोटापा हो सकता है। यह टाइप-2 मधुमेह, हृदय रोग, LDL (निम्न घनत्व लिपिड) स्तर में वृद्धि, आदि का भी कारण बन सकता है।

43. (a) मेगालोब्लास्टिक एनीमिया फोलिक अम्ल की कमी के कारण होता है। इसे विटामिन-B_9 कहते हैं। इस स्थिति में RBCs अण्डाकार एवं आकार में बड़ी हो जाती हैं, किन्तु इनकी संख्या कम हो जाती है।

44. (a) आईसीएमआर (ICMR) 2010 के अनुसार गर्भवती महिलाओं के लिए कैल्शियम की अनुशंसित आहारीय भत्त (RDA) 1200 मिलीग्राम प्रतिदिन है। विश्व स्वास्थ्य संगठन (WHO) और संयुक्त राष्ट्र के खाद्य और कृषि संगठन (FAO) गर्भवती महिलाओं के लिए 1200 मिलीग्राम/ दिन और गैर-गर्भवती वयस्कों (19-50 वर्ष) के लिए 1000 मिलीग्राम/दिन कैल्शियम के सेवन की सलाह देते हैं।

45. (c) प्रोटीन कुपोषण का उपचार प्रोटोकॉल तरल पदार्थों की पुनःपूर्ति, तत्पश्चात् उच्च गुणवत्ता वाले प्रोटीन और कैलोरी में क्रमशः वृद्धि से आरम्भ होता है। कुपोषण (Malnutrition) वह अवस्था है जिसमें पौष्टिक पदार्थ और भोजन, अव्यवस्थित रूप से ग्रहण करने के कारण शरीर को पूरा पोषण नहीं मिल पाता है। यदि भोजन में प्रोटीन, कार्बोहाइड्रेट, वसा, विटामिन तथा खनिजों सहित पर्याप्त पोषक तत्व नहीं होते हैं, तो हम कुपोषण के शिकार हो सकते हैं।

46. (b) विश्व स्वास्थ्य संगठन (WHO) भारत में वर्ष 2015 में टीबी के 28 लाख मामले दर्ज किए गए हैं। WHO ने 27 अक्टूबर, 2022 को ग्लोबल टीबी रिपोर्ट 2022 जारी की। इस रिपोर्ट के अनुसार भारत में वर्ष 2021 में राष्ट्रीय टीबी उन्मूलन कार्यक्रम में 21.4 लाख से अधिक टीबी मामलों को अधिसूचित किया गया।

47. (a) आईसीडीएस खाद्य सम्पूर्ण योजना के अन्तर्गत गर्भवती और स्तनपान करा रही महिलाओं के लिए 'राशन घर ले जाओ' योजना के तहत 600 किलोकैलोरी प्रदान करती है। वर्ष 1975 में एकीकृत बाल विकास योजना (ICDS) एक अद्वितीय छोटे शिशुओं का विकास कार्यक्रम है, जिसका उद्देश्य कुपोषण, छोटे शिशुओं, गर्भवती और नर्सिंग माताओं की विकास आवश्यकताओं को सम्बोधित करता है। 'राशन घर ले जाओ' योजना के तहत 6-36 महीने की आयु के बच्चों और गर्भवती/स्तनपान कराने वाली महिलाओं को घर पर उपयोग के लिए टेक-होम राशन (टीएचआर) वितरित किया जाता है।

48. (a) अन्तरकाशी स्थान में जल के संचय को एडीमा कहते हैं। शरीर के किसी भाग के ऊतकों के अन्तरकाक्षी स्थान में जल के संचय से त्वचा के फूल जाने को एडीमा कहते हैं।

49. (d) तानिकाशोथ/मस्तिष्कावरणशोथ / मेनिनजाइटिस प्रमुखतया जीवाणुओं एवं विषाणुओं के संक्रमण के कारण होता है। इनमें एन्टेरो विषाणु प्रमुख हैं। यह रोग मस्तिष्क एवं मेरुरज्जु के आवरणों (मेनिनजेस) का शोथ/ सूजन होता है जो जीवाणु संक्रमण के कारण भी हो सकता है। इनमें मेनिनजोकोकस जीवाणु *नीसेरिया मेनिनजाइटिडीस* प्रमुख है।

50. (b) विटामिन-D को 'धूप से मिलने वाला विटामिन भी कहते हैं, क्योंकि यह धूप में त्वचा के नीचे संश्लेषित होता है। इसका रासायनिक नाम कैल्सीफेरॉल होता है।

51. (d) मोटापे की जटिलताओं में टाइप-1 मधुमेह शामिल नहीं है। इसमें अग्न्याशय बहुत कम या नगण्य मात्रा में इन्सुलिन स्रावित करता है। प्रायः इसका कारण विषाणु या आनुवंशिक कारक होता है। हृदय धमनी के रोग, गठिया एवं ऑब्सट्रक्टिव स्लीप एप्नि मोटापे की जटिलताएँ हैं।

52. (c) सीरम LDL (निम्न घनत्व लिपिड) की मात्रा जोकि एक जैव-रासायनिक माप है, के द्वारा पोषण स्थिति की सामान्य से अधिक पोषण अवस्था का पता लगा पाना सर्वाधिक सम्भव है। LDL या कोलेस्टॉल की अधिक मात्रा मोटापे, उच्च रक्त दाब एवं हृदयाघात का कारण बनती है।

53. (d) जन्म के समय कम भार न केवल उच्च नवजात मृत्यु दर से, बल्कि दीर्घकालिक स्वास्थ्य दुष्परिणामों, प्रतिरक्षा शक्ति / क्षमता के घटने एवं शरीर में पोषक तत्वों की कमी से भी सम्बन्धित है।

54. (b) चन्द्र मुख क्वाशियोरकोर का लक्षण है। यह छोटे बच्चों में प्रोटीन की कमी से उत्पन्न रोग है। इस रोग में एडीम के कारण बच्चे का चेहरा फूल कर गोल हो जाता है, जिसे चन्द्र मुख कहते हैं।

55. (a) स्वस्थ बच्चे का भार, 6 माह की आयु तक उसके जन्म के समय के भार का दोगुना हो जाता है तथा एक वर्ष में तीन गुना हो जाता है।

56. (d) राष्ट्रीय महिला सशक्तिकरण मिशन योजना के अन्तर्गत 'पूर्ण शक्ति केन्द्र' नामक पायलट प्रोजेक्ट आरम्भ किया गया था। यह योजना राष्ट्रीय महिला सशक्तिकरण मिशन योजना के तहत चयनित जिलों में पायलट मोड में लागू की जा रही है। इस परियोजना में जिला, ब्लॉक और ग्राम पंचायत (जीपी) स्तर पर अभिसरण केन्द्र स्थापित करना शामिल है। अभिसरण केन्द्रों का उद्देश्य महिलाओं को सरकारी योजनाओं, कार्यक्रमों तक अधिक पहुँच प्रदान करना, लैंगिक मुद्दे पर जागरुकता उत्पन्न करना और जरूरतमन्द/हिंसा से प्रभावित महिलाओं की सहायता करना है। यह भारत के 12 राज्यों में पायलट मोड में संचालित हो रहा है।

57. (c) ट्राइफेड (TRIFED) का पूर्ण रूप (Tribal Cooperative Marketing Development Federation of India Limited) ट्राइबल कोऑपरेटिव मार्केटिंग डेवलपमेण्ट फेडरेशन ऑफ इण्डिया है। भारतीय जनजातीय सहकारी विपणन विकास महासंघ (TRIFED) वर्ष 1987 में अस्तित्व में आया। यह जनजातिय मामलों के मन्त्रालय के प्रशासनिक नियन्त्रण के तहत कार्य करने वाला राष्ट्रीय स्तर का शीर्ष संगठन है। वर्ष 2021 में जनजातीय मामलों के मन्त्रालय द्वारा 'संकल्प से सिद्धि गाँव और 'डिजिटल कनेक्ट ड्राइव' लॉन्च किया है।

59. (a) माना 12 वस्तुओं का क्रय मूल्य = ₹ 12

1 वस्तु का क्रय मूल्य = ₹ 1

9 वस्तुओं का विक्रय मूल्य = ₹ 12

1 वस्तु का विक्रय मूल्य = ₹ $\frac{12}{9}$ = ₹ $\frac{4}{3}$

लाभ = विक्रय मूल्य – क्रय मूल्य = $\frac{4}{3} - 1$ = ₹ $\frac{1}{3}$

$$\therefore \quad \text{लाभ प्रतिशत} = \frac{\text{लाभ}}{\text{क्रय मूल्य}} \times 100$$

$$= \frac{\left(\frac{1}{3}\right)}{1} \times 100 = 33\frac{1}{3}\%$$

60. (c) जीएसएम सिस्टम का अर्थ है, ग्लोबल सिस्टम फॉर मोबाइल कम्युनिकेशन (Global System for Mobile communication)। जीएसएम तकनीक को संचार उद्देश्यों के लिए टाइम डिवीजन मल्टीपल एक्सेस (TDMA) तकनीक का उपयोग करके एक डिजिटल प्रणाली के रूप में विकसित किया गया था। एक जीएसएम डेटा को डिजिटाइज और कम करता है। फिर इसे क्लाइण्ट डेटा की दो अलग-अलग स्ट्रीम के साथ एक चैनल के माध्यम से भेजता है। जीएसएम सेवा का उद्देश्य रोमिंग सेवा सहित बुनियादी से लेकर उन्नत वॉयस और डेटा सेवाएँ प्रदान करता है।

61. (c) एक पेज से दूसरे पेज पर कर्सर जाने के लिए Ctrl + PgUp और Ctrl + PgDn दोनों का प्रयोग किया जाता है।

62. (b) संयुक्त राष्ट्र द्वारा बच्चों के जीवन रक्षा, संरक्षण और विकास पर घोषणा को वर्ष 1990 में अपनाया। इस सम्मेलन में बच्चों से सम्बन्धित एक संयुक्त प्रतिबद्धता लेने और एक तत्काल सार्वभौमिक अपील करने के लिए एकत्र किए हुए हैं। इसमें दुनिया के बच्चे मासूम, कमजोर और आश्रित हैं। वे जिज्ञासु, सक्रिय और आज्ञा से भरे हुए हैं। भारत ने संयुक्त राष्ट्र के बाल संरक्षण अधिकार पर वर्ष 1992 में हस्ताक्षर किया।

63. (b) माना मूल भिन्न $\frac{x}{y}$ है,

प्रश्नानुसार,

$$\frac{x + \frac{200}{100}x}{y + \frac{350}{100}y} = \frac{5}{12} \Rightarrow \frac{\left(\frac{300x}{100}\right)}{\left(\frac{450y}{100}\right)} = \frac{5}{12}$$

$$\Rightarrow \quad \frac{300}{450} \times \frac{x}{y} = \frac{5}{12} \Rightarrow \frac{x}{y} = \frac{5 \times 450}{12 \times 300}$$

$$\Rightarrow \quad \frac{x}{y} = \frac{5}{8}$$

64. (b) विकल्प आकृति (b), प्रश्न आकृति के पैटर्न को पूरा करेगी।

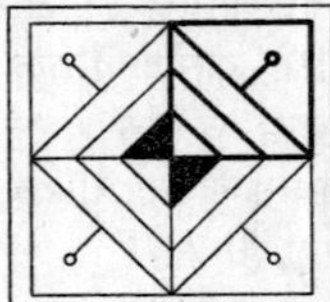

65. (a) राष्ट्रीय महिला आयोग अधिनियम वर्ष 1990 में पारित किया गया। राष्ट्रीय महिला आयोग की सांविधिक निकाय के रूप में स्थापना महिलाओं के लिए संवैधानिक और विधायी सुरक्षापायों की समीक्षा करने, उपचारी विधापी उपायों की सिफारिश करने, शिकायतों के निवारण को सुगम बनाने और महिलाओं को प्रभावित करने वाले सभी नीतिगत मामलों पर सरकार को सलाह देने के लिए राष्ट्रीय महिला आयोग अधिनियम, 1990 के तहत वर्ष 1992 में राष्ट्रीय महिला आयोग का गठन किया गया।

66. (c) डेटाबेस भाषा DML जो डेटाबेस में डाटा तक पहुँचने और उसे बनाए रखने की अनुमति प्रदान करती है। डीएमएल (DML) एक ऐसी भाषा है जो उपयोगकर्ताओं को तालिका में डाटा तक पहुँचने और हेर-फेर करने में सक्षम बनाती है। DML एक कम्प्यूटर प्रोग्रामिंग भाषा है।

67. (a) पेप्सिन एन्जाइम का उदाहरण है। इसका उपयोग प्रोटीन को पेप्टोन और प्रोटीज में तोड़ने के लिए किया जाता है। यह पेट की परत के गैस्ट्रिक मुख्य कोशिकाओं में उत्पन्न होता है और मनुष्यों और कई अन्य जानवरों के पाचन तन्त्र में मुख्य पाचन एन्जाइमों में से एक है, जहाँ यह भोजन में प्रोटीन को पचाने में सहायता करता है।

68. (b) दिया है, समय = 2 वर्ष

ब्याज दर (R) = 4% प्रति वर्ष

चक्रवृद्धि ब्याज और साधारण ब्याज का अन्तर = ₹ 56

$$CI - SI = ₹\ 56$$

माना मूलधन ₹ P है।

हम जानते हैं, 2 वर्ष के लिए,

$$CI - SI = P\left[\frac{R}{100}\right]^2 \Rightarrow 56 = P\left(\frac{4}{100}\right)^2$$

$$\Rightarrow \quad P = \frac{56 \times 100 \times 100}{4 \times 4}$$

$$P = ₹\ 35000$$

69. (a) कायाकल्प योजना के साथ सार्वजनिक स्वास्थ्य सुविधाओं के लिए स्वच्छता दिशा-निर्देश भी जारी किया गया था। कायाकल्प योजना का क्रियान्वयन, अस्पतालों में साफ-सफाई एवं स्वच्छता को बढ़ाने तथा संक्रमण रोकने के लिए महत्त्वपूर्ण योजना है। भारत के ग्रामीण और शहरी क्षेत्रों में प्राथमिक स्वास्थ्य केन्द्र, उप केन्द्र और सरकारी अस्पताल सहित कई प्रजातियाँ स्थापित हैं। इन कार्यक्रमों को भारतीय सार्वजनिक स्वास्थ्य मानक दस्तावेजों द्वारा निर्धारित मानकों का पालन करना होगा, जिन्हें जरूरत पड़ने पर संशोधित किया जाता है।

70. (d) Flipkart की वेबसाइट का नाम Flipkart.com है। परन्तु प्रश्न में '.com' को '.org' कहा गया है।

अतः 'Flipkart .com' को 'Flipkart.org' कहा जाएगा।

71. (b) राष्ट्रीय स्वास्थ्य बीमा योजना के लाभार्थियों को एक वर्ष में पंजीयन शुल्क के लिए ₹ 30 की राशि देनी पड़ती है। राष्ट्रीय स्वास्थ्य बीमा योजना को 1 अप्रैल, 2008 को प्रारम्भ किया गया। यह योजना श्रम एवं रोजगार मन्त्रालय, भारत सरकार द्वारा गरीबी रेखा से नीचे (BPL) रहने वाले परिवारों को स्वास्थ्य बीमा कवरेज प्रदान करने हेतु आरम्भ की गई है।

72. (d) ड्रैग और ड्रॉप के द्वारा सेल कन्टेण्ट की प्रतिलिपि बनाने के लिए Ctrl+C कुँजी दबाते हैं। ड्रैग एण्ड ड्रॉप किसी ऑब्जेक्ट को चुनने, उसे स्थानान्तरिक करने और फिर उसे एक वैकल्पिक क्षेत्र में रखने की क्रिया का वर्णन करता है।

73. (b) एक्सोष्थैल्मिक गोइटर (घेंघा रोग) थाईरॉएड के अल्पस्त्रावण के कारण होता है जिसमें गला फूल जाता है यह शरीर में आयोडीन की कमी के कारण होता है। आयोडिन की कमी के कारण थायरॉइड ग्रन्थि में सूजन का आ जाती हैं यह युवा से लेकर मध्यम आयु वर्ग के मनुष्यों में होता है।

74. (c) सती समिति (रोकथाम) अधिनियम, 1987 के अन्तर्गत उन महिलाओं को सती के अन्तर्गत रखा जा सकता है, जिस महिला जिनको अपने मृतक सम्बन्धी के देह के साथ उनको स्वेच्छापूर्वक जला दिया जा रहा है तथा एक महिला जिनको अपने मृतक पति के देह के साथ जबरदस्ती जला दिया जा रहा है।

75. (d) विकल्प (d) की आकृति प्रश्न आकृति का सही दर्पण प्रतिबिम्ब है।

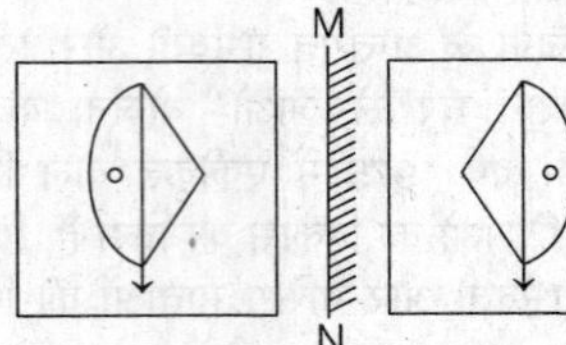

76. (c) वित्तीय वर्ष 2010-11 में स्वर्ण-जयन्ती ग्राम स्वरोजगार योजना को राष्ट्रीय ग्रामीण आजीविका मिशन के रूप में लागू किया गया। राष्ट्रीय ग्रामीण आजीविका मिशन की शुरुआत ग्रामीण विकास मन्त्रालय द्वारा वर्ष 2011 में देश के गरीब परिवारों को आजीविका हेतु रोजगार प्रदान करने और उन्हें आत्मनिर्भर बनाने के लिए की गई है।

78. (d) एक बालिका की 18 वर्ष की उम्र होने के पश्चात्, उसके सुकन्या समृद्धि खाता से 50% जमा को निकाला जा सकता है। सुकन्या समृद्धि योजना भारत की एक छोटी बचत योजना है, जिसकी शुरुआत 'बेटी बचाओ बेटी पढ़ाओ' अभियान के तहत की गई। जिसके अन्तर्गत माता-पिता या कानूनी अभिभावक कन्या के नाम से खाता खोल सकते हैं। इस योजना के अन्तर्गत खाता खुलवाने के लिए बच्ची की आयु सीमा 10 वर्ष से कम होनी चाहिए।

79. (b) प्रश्नानुसार,

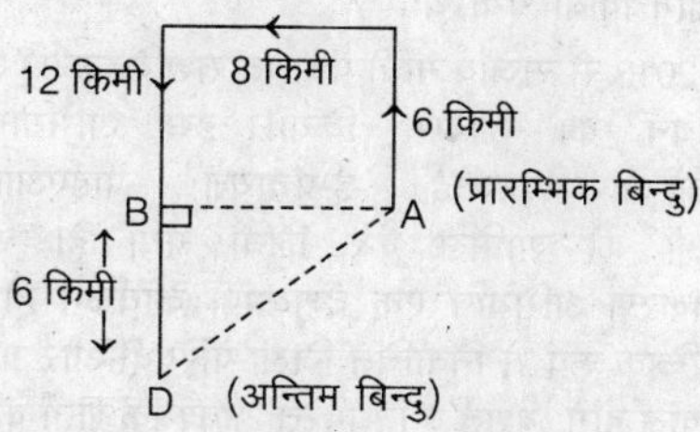

$\therefore$ अभीष्ट दूरी $= AC = \sqrt{AB^2 + BD^2} = \sqrt{8^2 + 6^2}$

$= \sqrt{64 + 36} = \sqrt{100} = 10$ किमी

81. (c) विकल्प (c) से, श्रृंखला का क्रम निम्न प्रकार है।

b a ab/b a ab/b a ab/ b a ab

$\Rightarrow$ b b a a b

82. (a) महिलाओं का कार्यस्थल पर लैंगिक उत्पीड़न [निवारण, प्रतिषेध और प्रतितोप (रोकथाम)] अधिनियम 2013 के तहत गठित आन्तरिक शिकायत समिति के कुल सदस्यों की संख्या कम-से-कम 5 हो। कार्यस्थल पर महिलाओं के यौन उत्पीड़न (रोकथाम, निषेध और निवारण) अधिनियम 2013 भारत सरकार द्वारा अधिनियमित एक कानून है। इस अधिनियम का उद्देश्य महिलाओं के लिए एक सुरक्षित और अनुकूल कार्य वातावरण बनाना और यौन उत्पीड़न के विरुद्ध सुरक्षा प्रदान करना है।

83. (b) माना स्टेशन पहुँचने में तय की गई दूरी x किमी है।

प्रश्नानुसार,

$$\frac{x}{3} - \frac{x}{4} = \frac{4}{60} \quad \left[\because 4 \text{ मिनट} = \frac{4}{60} \text{ घण्टे}\right]$$

$$\Rightarrow \frac{x}{3} - \frac{x}{4} = \frac{1}{15}$$

$$\Rightarrow \frac{4x - 3x}{12} = \frac{1}{15}$$

$$\Rightarrow \frac{x}{12} = \frac{1}{15}$$

$$x = \frac{12}{15} = \frac{4}{5} \text{ किमी}$$

84. (d) दिए गए विकल्पों में से विकल्प (d) सही है।

घरेलू हिंसा से महिला संरक्षण अधिनियम, 2005 के अन्तर्गत घरेलू हिंसा की व्याख्या में बच्चा न होने के कारण अपमानित करना, दहेज के लिए जबरदस्ती करने पर उसके रिश्तेदारों को हानि पहुँचाना, एवं शारीरिक पीड़ा पहुँचाने की बार-बार धमकी देना, यौन हिंसा, भावनात्मक रूप से हानि पहुँचाना एवं किसी व्यक्ति को उसके परिवार एवं दोस्तों से अलग करना आदि।

85. (a) महिलाओं का कार्यस्थल पर लैंगिक उत्पीड़न (निवारण, प्रतिषेध, रोकथाम) अधिनियम, 2013 सम्पूर्ण भारत में लागू है। इस अधिनियम के तहत महिलाओं को संरक्षण प्रदान करने के लिए और कार्यस्थल पर उसके अधिकारों की रक्षा करने के लिए इसमें प्रावधान किया गया है। यह अधिनियम उन संस्थानों पर लागू होता है जहाँ 10 से अधिक लोग काम करते हैं। इसके तहत वहाँ पर एक आन्तरिक शिकायत समिति का गठन किया गया।

87. (a) घरेलू हिंसा से महिला संरक्षण अधिनियम, 2005 में मानसिक एवं शारीरिक दोनों प्रकार की हिंसा को शामिल किया गया है तथा यह अधिनियम जम्मू और कश्मीर को छोड़कर पूरे भारत में लागू था। किन्तु जम्मू-कश्मीर पुनर्गठन अधिनियम 2019, के पश्चात् जम्मू-कश्मीर को इसमें शामिल कर लिया गया। प्रश्न काल में विकल्प (c) होगा किन्तु वर्तमान में विकल्प (a) को सही माना जाएगा। इस अधिनियम के तहत विभिन्न प्रकार की हिंसा को घरेलू महिलाओं के विरुद्ध होने वाले अपराधों में मुख्य रूप से - यौन हिंसा, शारीरिक हिंसा, अपमानित करना, भावनात्मक रूप से हानि पहुँचाना आदि को शामिल किया जाता है।

89. (c)

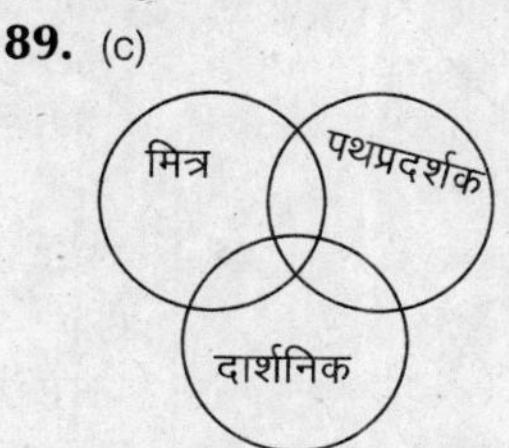

कुछ मित्र पथप्रदर्शक और दार्शनिक हो सकते हैं।

90. (d) दिए गए प्रश्न के अनुसार सभी विकल्प सही हैं। हिन्दू उत्तराधिकार अधिनियम, 1956 बेटियों को एक संयुक्त हिन्दू परिवार में केवल जीविका का अधिकार माँग सकती है। इस अधिनियम के द्वारा बेटियों को अपने भाइयों के साथ विरासत का अधिकार प्रदान किया गया है। वर्ष 2015 में सुप्रीम कोर्ट ने हिन्दू उत्तराधिकार अधिनियम, 1956 के आलोक में कहा कि जिन बेटियों के पिता की मृत्यु 9 सितम्बर, 2015 से पूर्व हुई है। वह इस संशोधन द्वारा प्रदान किए गए अधिकार के प्रयोज्य नहीं है।

91. (c) माना कक्षा में लड़के और लड़कियों की संख्या क्रमशः $6x$ और $5x$ है।

प्रश्नानुसार,

$$\Rightarrow \frac{6x + 8}{5x - 2} = \frac{11}{7}$$

$$\Rightarrow 42x + 56 = 55x - 22$$

$$\Rightarrow 13x = 78$$

$$\therefore x = 6$$

$\therefore$ कक्षा में अब लड़कों की संख्या $= 6x + 8$

$= 6 \times 6 + 8$

$= 44$

92. (d) दिया है, $M_1 = 20, D_1 = 7, H_1 = 6$

$M_2 = 10, D_2 = 12, H_2 = ?$

हम जानते हैं कि,

$$M_1D_1H_1 = M_2D_2H_2$$

$$20 \times 7 \times 6 = 10 \times 12 \times H_2$$

$$\therefore H_2 = \frac{20 \times 7 \times 6}{10 \times 12}$$

$$H_2 = 7$$

$\therefore$ अभीष्ट समय = 7 घण्टे

93. (d) जिस प्रकार,

पहली आकृति में, $\frac{56 + 44}{10} = 10$

दूसरी आकृति में, $\frac{49 + 11}{10} = 6$

उसी प्रकार, तीसरी आकृति में,

$$\frac{71 + 19}{10} = 9$$

$$\therefore ? = \boxed{9}$$

94. (b) मरुभूमि, पर्वतीय या जनजातिय क्षेत्रों के रुर्बन क्लस्टर की आबादी 5000 से 15000 के मध्य होनी चाहिए। शहरों की तरह गाँवों के विकास के लिए सरकार द्वारा राष्ट्रीय रुर्बन मिशन के तहत गाँवों के क्लस्टरों को रुर्बन क्लस्टर के रूप में विकसित किया जाएगा। रुर्बन क्लस्टर के तहत मैदानी एवं तटीय क्षेत्रों की आबादी 25000 से 50000 होती है।

95. (b) प्रश्नानुसार रक्त सम्बन्ध आरेख बनाने पर,

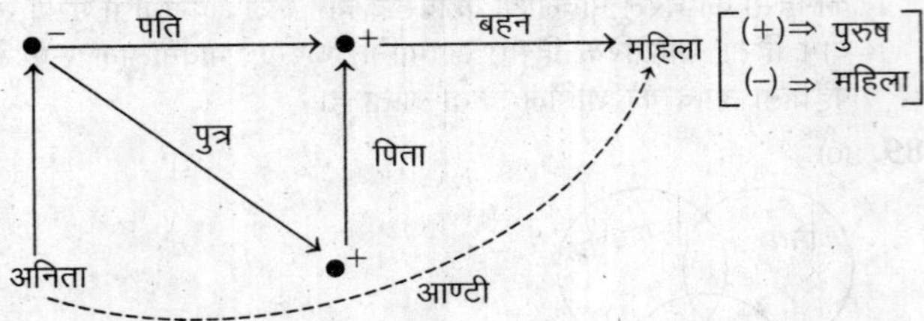

∴ वह महिला, अनिता की आण्टी है।

98. (b) $175 \times 28 + 275 \times 27.98$

$= 4900 + 7694.5 = 12594.5$

≈ 12595

99. (a) मैन्युअल स्कावेन्जर्स के पुनर्वास के लिए स्व-रोजगार योजना जनवरी, 2007 से प्रारम्भ की गई। जिसका उद्देश्य मार्च, 2009 तक शेष मैन्युअल स्कावेन्जर्स और उनके आश्रितों को वैकल्पिक व्यवसायों में पुनर्वास करना था। इस योजना को वर्ष 2010 तक के लिए बढ़ा दिया गया। इस योजना के शुभारम्भ के बाद योजना के कार्यान्वयन के लिए 18 राज्यों/केन्द्रशासित प्रदेशों में 1.18 लाख मैन्युअल मैला ढोने वालों और उनके आश्रितों की पहचान की गई।

100. (d) भारत में 18 जनजातीय अनुसन्धान संस्थानों की स्थापना की गई है। जनजातीय अनुसन्धान संस्थान (टीआरआई) राज्य स्तर पर जनजातीय कार्य मन्त्रालय का शोध निकाय है। यह परिकल्पना की गई है कि टीआरआई को आदिवासियों के विकास के लिए ज्ञान और शोध निकाय के रूप में कमोबेग थिंक टैंक के रूप में अपनी मुख्य जिम्मेदारियों पर ध्यान देना चाहिए और जनजातीय विकास के लिए साक्ष्य आधारित योजना और उपयुक्त विधान, आदिवासियों की क्षमता निर्माण और जनजातीय मामलों से जुड़े व्यक्तियो/संस्थानों सूचना का प्रसार और जागरुकता के सृजन के लिए राज्यों को इनपुट प्रदान करना चाहिए। वर्तमान में जनजातीय कार्य मन्त्रालय, भारत सरकार द्वारा समर्थित 27 जनजातीय अनुसन्धान संस्थान (टीआरआई) हैं।

101. (c) शिक्षा के अधिकार अधिनियम, 2009 में शारीरिक दण्ड तथा बच्चों के प्रवेश के लिए अनुवीक्षण प्रक्रियाएँ आदि प्रतिबन्धित है। शिक्षा के अधिकार अधिनियम, 2009 का सर्वाधिक महत्त्वपूर्ण उद्देश्य सभी बच्चों को प्राथमिक स्तर की निःशुल्क एवं अनिवार्य शिक्षा प्रदान करना है। सभी अभिभावकों को अनिवार्य रूप से 6 वर्ष के अपने बच्चों का नामांकन विद्यालय में करवाना अनिवार्य है।

103. (b) $? = (2.5)^2 \times 15.003 + 25.78$

$? = 6.25 \times 15.003 + 25.78$

$? = 93.76875 + 25.78$

$? = 119.54875$

$\therefore ? = 120$

104. (b) n व्यक्तियों की कुल आयु $= 42 \times n = 42n$ वर्ष

प्रश्नानुसार,

$$\Rightarrow \frac{42n + 20}{n} = 42 + 1 \Rightarrow 42n + 20 = 43n$$

$$\therefore \quad n = 20$$

105. (b) महिला का अभद्र प्रतिनिधित्व (निषेध) अधिनियम, 1986 के अन्तर्गत किसी प्राचीन स्मारक में की गई कोई प्रतिनिधित्व इस अधिनियम के अन्तर्गत नहीं आ सकती है। यह अधिनियम महिलाओं के अशिष्ट और अभ्रद्र प्रतिनिधित्व, को प्रतिबन्धित करता है और इस तरह के अपराध करने वालों को दण्डित करता है। वर्ष 1986 में महिलाओं के अभद्र प्रतिनिधित्व के विरुद्ध राज्यसभा में विधेयक की शुरुआत एक महिला आन्दोलन के जवाब में हुई। जिसमे देश में महिलाओं के नकारात्मक चित्रण के विरुद्ध विधाय। कार्रवाई का आह्वान किया गया था।

106. (c) वर्ष 2013 से राजीव गाँधी पंचायत सशक्तिकरण अभियान ने पूरे जोर से कार्यान्वयन का आरम्भ किया। इस अभियान में चार पूर्ववर्ती योजनाओं-आरजीएसवाई, ई-पंचायत, पीईएआईएस, पीएमईएसए, योजनाओं को शामिल कर लिया गया है। राजीव गाँधी पंचायत सशक्तिकरण अभियान एक देशव्यापी कार्यक्रम होगा। पूर्वोत्तर राज्य भी लोकतान्त्रिक रूप से निर्वाचित जिला परिषदों और ग्राम परिषदों को समर्थन देने के पात्र होंगे, बशर्ते वे निर्धारित आवश्यक शर्तो को भी पूरा करते हो।

107. (b) दी गई आकृति का नामकरण करने पर,

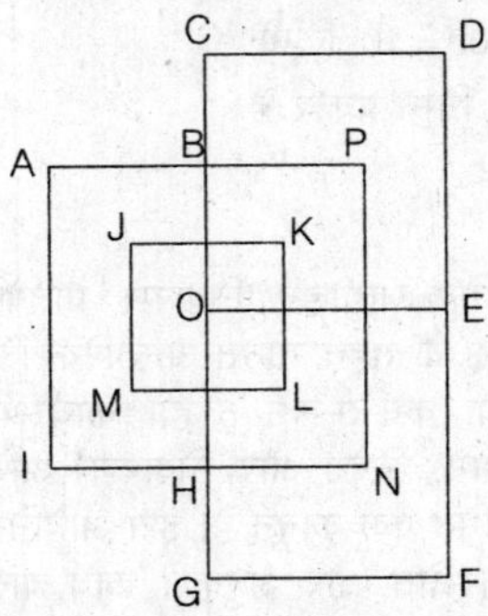

रेखाएँ निम्न प्रकार हैं, CD, AP, JK, ML, IN, GF, OE, JM, CG, PN, DF, KL, AI

अतः दी गई आकृति में 13 सीधी रेखाएँ है।

108. (c) संस्थान E में पढ़ने वाले छात्रों की संख्या

$$= \frac{14}{100} \times 3800 = 532$$

संस्थान D में पढ़ने वाले छात्रों की संख्या

$$= \frac{21}{100} \times 3800 = 798$$

$$\therefore \text{ अभीष्ट अनुपात} = \frac{532}{798} = \frac{2}{3} = 2 : 3$$

110. (d) कथनानुसार,

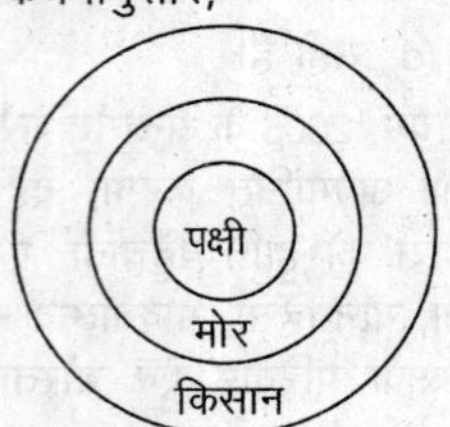

निष्कर्ष I. (✓) II. (✓)

∴ दोनों निष्कर्ष I और II अनुसरण करते हैं।

111. (c) नेतृत्वकर्त्ता को मानवीय सम्बन्धों और तकनीकी कौशल में विशेषज्ञ होना चाहिए। मजबूत मानवीय सम्बन्ध कौशल वाले लोग दूसरों के साथ बेहतर तरीके से काम करने में सक्षम होते हैं और उनके करियर और जीवन में सफल होने की सम्भावना अधिक होती है।

112. (d) परिप्रेक्ष्य नियोजन लम्बी समयावधि में होने वाले विकास का ब्लू प्रिण्ट होता है। परिप्रेक्ष्य नियोजन से तात्पर्य किसी भी प्रकार की छोटी या बड़ी योजना के लिए परिप्रेक्ष्य अथवा केन्द्र बिन्दु निर्धारित करना। ये योजनाएँ अपनी क्रियाओं द्वारा निश्चित रूप से दीर्घकालीन परिणाम देती हैं। ये योजनाएँ कुछ परिस्थितियों में प्रभावकारी होती हैं एवं कुछ परिस्थितियों में प्रभावहीन, परन्तु दोनों ही परिस्थितियों में उनसे जुड़े परिप्रेक्ष्य की प्राप्ति में कुछ सीमा तक सफलता प्राप्त हो जाती है।

113. (b) स्थानीय नेतृत्वकर्ताओं के चयन का निर्णय समूह पर निर्भर करता है। नेतृत्व एक मूल्यपरक अवधारणा है। परम्परागत अवधारणा के अनुसार नेतृत्व एक व्यक्तिगत योग्यता है। नेता अलौकिक शक्तियों द्वारा बनते थे, जिनमें मानव मस्तिष्क को पढ़ने की योग्यता होती थी।

वर्तमान समय में नेतृत्व को एक व्यक्तिगत योग्यता के रूप में देखा जाता है।

114. (a) फ्लिप बुक फ्लैश कार्ड का उदाहरण है। फ्लिप बुक किनेओग्राफ छवियों की एक श्रृंखला वाली एक पुस्तिका है जो बहुत धीरे-धीरे एक पृष्ठ से दूसरे पृष्ठ पर बदलती है, ताकि जब पृष्ठों को त्वरित उत्तराधिकार में देखा जाए, तो छवियाँ गति का अनुकरण करके चेतन प्रतीत होती है या कुछ अन्य परिवर्तन।

115. (b) भारत के 14 प्रमुख बैंकों का चौथी पंचवर्षीय योजना के दौरान राष्ट्रीयकरण हुआ था। इन 14 प्रमुख बैंकों का राष्ट्रीयकरण वर्ष 1969 में किया गया तथा अन्य 6 बैंकों का राष्ट्रीयकरण वर्ष 1980 में कर दिया गया।

116. (a) आक्रामक समूह का विपरीत निष्क्रिय समूह हो सकता है। व्यक्तियों की संख्या या वे वस्तुएँ जिनके माध्यम से एक ईकाई का निर्माण होता है जब वे किसी भी प्रकार के पारस्परिक या सामान्य सम्बन्ध या समानता के सामान्य स्तर के आधार पर विशिष्ट रूप से एकीकृत होते हैं, तो समूह कहलाते हैं।

117. (c) समूह में नेतृत्वकर्ता की रुचि देखने के लिए नेतृत्वकर्ता में क्षेत्र कार्य एवं प्रशिक्षण देखा जाता है। नेतृत्व सावधानीपूर्वक योजना, दृष्टि और रणनीति के माध्यम से सकारात्मक गैर-वृद्धिशील परिवर्तन का निर्माण है। कार्यबल सशक्तिकरण और अनुकूली निर्णय लेने की क्षमता भी नेतृत्व के महत्त्वपूर्ण गुणों को बढ़ाती है।

118. (b) दूसरी पंचवर्षीय योजना को महालनोबिस योजना भी कहते हैं। इस योजना की अवधि वर्ष 1956-61 तक थी। यह योजना महालनोबिस मॉडल पर आधारित थी। इस योजना में उद्योगों के तीव्र विकास को सर्वोच्च प्राथमिकता प्रदान की गई। दूसरी पंचवर्षीय योजना में राष्ट्रीय आय में 25% की वृद्धि करना, असमानताओं को कम करके रोजगार के अवसर का सृजन करना भी लक्ष्य था।

119. (d) उपलब्धि/प्राप्ति सिद्धान्त का सम्बन्ध सम्बद्धता, शक्ति और उपलब्धि से है। उपलब्धि/प्राप्ति सिद्धान्त का प्रतिपादन डेविड सी मैकक्लीलैण्ड द्वारा किया गया। इस सिद्धान्त के अनुसार मानव व्यवहार तीन आवश्यकताओं से प्रभावित होता है- शक्ति की आवश्यकता, उपलब्धि और सम्बद्धता। उपलब्धि की आवश्यकता उत्कृष्टता प्राप्त करने, मानको में एक से सम्बन्ध में पूरा करने, सफलता प्राप्त करने के लिए संघर्ष करने की इच्छा है। शक्ति की आवश्यकता दूसरे व्यक्ति के व्यवहार को अपनी इच्छानुसार प्रभावित करने की इच्छा है। वहीं सम्बद्धता की आवश्यकता खुले और मिलनसार पारस्परिक सम्बन्धों की आवश्यकता है।

120. (a) पहली पंचवर्षीय योजना (1951-56) हेरॉल्ड-डोमर मॉडल पर आधारित है। इस पंचवर्षीय योजना में कृषि क्षेत्र को सर्वोच्च प्राथमिकता प्रदान करके उसका विकास करना, सामुदायिक विकास कार्यक्रम की शुरुआत करना, निवेश की मात्रा 5 से 7% तक बढ़ाना, खाद्यान्न में आत्मनिर्भरता प्राप्त करना और शरणार्थियों का पुनर्वास करना था।

121. (b) जब सूचनाएँ शाखाओं के रूप में प्रवाहित होती हैं तो इसे वृक्ष संचित्र (ट्री चार्ट) कहते हैं। वृक्ष आरेख जिन्हें सम्भाव्यत वृक्ष या निर्णय वृक्ष के रूप में भी जाना जाता है। ट्री चार्ट डेटा का एक पदानुक्रमित दृश्य प्रदान करता है और पैटर्न को पहचानना आसान बनाता है, जैसे कि स्टोर में कौन-से आइटम सबसे ज्यादा बिकने वाले हैं।

122. (d) अप्रक्षेपित अध्यापन सहायकों में चॉक बोर्ड, चित्र, फ्लैश बोर्ड को शामिल किया जाता है। शिक्षा में सहायक सामग्री का महत्त्वपूर्ण स्थान है। शिक्षक सहायक सामग्री शिक्षण प्रक्रिया को जीवन्त रूप प्रदान करती है। शिक्षण अधिगम सहायक सामग्री वह साधन है जिनसे विद्यार्थी का सीखना सहज हो जाता है। चॉक बोर्ड शिक्षण अध्ययन की दृश्य सहायक सामग्री है। इसी प्रकार से चित्र तथा फ्लैश बोर्ड भी शिक्षण अधिगम की दृश्य सामग्री हैं।

123. (a) नेतृत्व में नेतृत्वकर्ता और अनुयायियों के बीच आमने-सामने का सम्पर्क होता है। नेतृत्व का लोकतान्त्रिक दृष्टि से अर्थ उस स्थिति से समझा जाता है, जिसमें कुछ व्यक्ति स्वेच्छा से दूसरे व्यक्तियों के आदर्शों का पालन कर रहे हैं। कभी-कभी यदि कोई व्यक्ति शक्ति के आधार पर दूसरों से मनचाहा व्यवहार करवा लेने की क्षमता रखते हो तो उसे भी नेतृत्व के अन्तर्गत सम्मिलित किया जाता है।

124. (c) ग्रामीणों में परिवर्तन का विरोध करने की प्रवृति होती है। ग्रामीण समाज पुरानी परम्पराओं से जुड़े होते हैं तथा नए परिवर्तन को मानने या अपनाने से इनकार करते हैं। ग्रामीण समाज एक बन्द प्रकार का समाज है तथा वे परम्पराओं से गहराई तक जुड़े रहते हैं।

125. (a) भारत में योजना अवकाश की अवधि वर्ष 1966-1969 थी। योजना अवकाश के पीछे मुख्य कारण भारत-पाकिस्तान युद्ध और भारत-चीन युद्ध था, जो तीसरी पंचवर्षीय योजना की विफलता के कारण थे। इस योजना के दौरान, वार्षिक योजनाएँ बनाई गईं और कृषि को उसके सम्बद्ध क्षेत्रों और उद्योग क्षेत्र को समान प्राथमिकता दी गई।

126. (b) जब किसी गुच्छे (क्लस्टर) में लोगों की संख्या 3-50 होती है, तो वह समूह कहलाता है।

127. (c) जब किसी सामाजिक समूह में सम्पर्क व्यक्तिगत होता है, तो वह प्राथमिक समूह कहलाता है। प्राथमिक समूह छोटे आकार का वह समूह है जिसके सदस्य आपस में निकट, वैयक्तिक, चिरस्थायी सम्बन्ध रखते हैं। इसके विपरीत द्वितीयक समूह वे समूह हैं जिनके सदस्यों के बीच अन्तःक्रियाएँ अधिक अवैयक्तिक होती हैं और वे साझे हित पर आधारित होते हैं।

128. (b) वर्ष 1966-1969 तक की अवधि को आयोजना इतिहास कहा जाता है। वर्ष 1966-1969 तक की अवधि में भारत में तीन वर्ष के लिए एक वर्षीय योजना तैयार की गई थी। इस अवधि में भारत-पाकिस्तान तथा भारत-चीन युद्ध के कारण तीन वार्षिक योजनाएँ संचालित की गई थीं।

129. (b) नेतृत्व का जीवन चक्र सिद्धान्त पी. हर्जबी एवं के ब्लेनहेड ने विकसित किया था। हर्जबी-ब्लेनहेड मॉडल सुझाव देता है कि कोई भी एक नेतृत्व शैली दूसरे से बेहतर नहीं है। कार्यस्थल कारकों पर ध्यान केन्द्रित करने के बजाए, मॉडल सुझाव देता है कि नेताओं को अपनी तकनीकों को उन नेतृत्वों और अपनी क्षमताओं के अनुरूप समायोजित करना चाहिए। मॉडल के तहत सफल नेतृत्व कार्य-प्रासंगिक और सम्बन्ध-प्रासंगिक दोनों है।

130. (a) आस-पड़ोस प्राथमिक प्रकार के सामाजिक समूह में आता है। प्राथमिक समूह वे होते हैं, जिनमें व्यक्ति लम्बे समय तक घनिष्ठ रूप से बातचीत और सहयोग करते हैं। प्राथमिक समूह के उदाहरण- परिवार, मित्र, सहकर्मी, पड़ोसी, सहपाठी, बिरादरी के सदस्य आदि आते हैं।

131. (d) समूह के मुख्य वर्गीकरण में प्राथमिक समूह, द्वितीयक समूह तथा तृतीयक समूह शामिल होते हैं। प्राथमिक समूह में निकट सम्बन्धी या वैयक्तिक सम्बन्ध वाले समूह शामिल होते हैं। वहीं द्वितीयक समूह के सदस्यों के बीच अन्तः क्रियाएँ अधिक अवैयक्तिक होती हैं और वे साझे हित पर

आधारित होते हैं। इसी प्रकार तृतीयक समूह में वे लोग शामिल होते हैं, जो संचार माध्यम द्वारा एक-दूसरे से सम्पर्क में रहते हैं।

132. (c) मूवी प्रोजेक्टर प्रक्षेपित सहायक उपकरण का उदाहरण है। विज्ञापन सम्प्रेषण का वह प्रकार है जोकि उत्पादक अथवा कार्य को उन्नत करने, जनमत को प्रभावित करने, राजनैतिक सहयोग प्राप्त करने, एक विशिष्ट कार्य को आगे बढ़ाने अथवा विज्ञापन दाता द्वारा कुछ इच्छित प्रतिक्रियाओं को प्रकाशित करने का उद्देश्य रखता है।

133. (b) पोस्टर में अमूर्त चित्र प्रयोग नहीं किए जाने चाहिए, क्योंकि वे भ्रामक होते हैं। अमूर्त चित्र का अर्थ है जिसका कोई मूर्त रूप न हो। किसी वस्तु के सच्चे चित्रण या यथार्थवादी नकल पर ध्यान केन्द्रित करने के बजाए अमूर्त चित्र आकार, रूप, रंग और रेखा के अन्य गैर-उद्देश्यपूर्ण कलात्मक तत्वों पर ध्यान देती है।

134. (a) शृंखला प्रवाह संचित्र (फ्लो चार्ट) का घटक है। किसी एल्गोरिथम या प्रोग्राम को चित्रों के रूप में प्रदर्शित करना फ्लो चार्ट कहलाता है। यह क्रमदर्शी आरेख या प्रवाह तालिका वस्तुतः कलन विधि का चित्रात्मक प्रदर्शन है। इसमें विभिन्न रेखाओं एवं आकृतियों का प्रयोग किया जाता है जोकि विभिन्न प्रकार के निर्देशों के लिए प्रयोग की जाती है।

135. (c) स्वयंसेवी सामाजिक समूह पसन्द के अनुसार होता है। स्वयं समूह लोगों का एक समूह होता है जो आपस में अपनापन रखने वाले एक जैसे लोगों का समूह है। इस समूह के लोग किसी भी कार्य को आपसी समझ से एक-दूसरे की सहायता से सम्पन्न करते हैं।

136. (a) दूसरी पंचवर्षीय योजना तीव्र औद्योगिकीकरण पर केन्द्रित थी। दूसरी पंचवर्षीय योजना की अवधि वर्ष 1956-1961 थी। इस योजना के दौरान ही भारत में इस्पात कारखाने की स्थापना हुई।

137. (d) औपचारिक सामाजिक समूह नियम, कानूनों और विनियमों पर आधारित होते हैं। औपचारिक सामाजिक समूह को ही द्वितीयक समूह कहा जाता है, क्योंकि इनके सदस्यों का पारस्परिक सम्बन्ध कुछ निश्चित नियमों व उपनियमों के अनुसार नियन्त्रित होता है।

यदि ये नियम नहीं हो तो इन समूहों में अव्यवस्था फैल जाएगी। इन नियमों के कारण ही सदस्यों का सम्बन्ध औपचारिक होता है।

138. (a) भारत की एकमात्र महिला मुख्य निर्वाचन आयुक्त का नाम रमा देवी है। वी.एस. रमादेवी 26 नवम्बर, 1990 से 11 दिसम्बर, 1990 तक भारत की पहली महिला मुख्य निर्वाचन आयुक्त रही। इनके बाद भारत के मुख्य चुनाव आयुक्त टी.एम. शेषन बने।

139. (d) स्थानीय नेता/नेतृत्वकर्ता के रूप में शिक्षक गाइड तथा प्रशिक्षक भूमिका निभाते हैं। स्थानीय स्तर पर मूलतः वे विषय आते हैं जिससे स्थानीय लोग भलि-भाँति परिचित होते हैं।

इनकी समस्या के निराकरण के लिए स्थानीय स्तर पर शिक्षक एवं प्रशिक्षक द्वारा नेतृत्व प्रदान किया जाता है।

140. (a) पोस्टर में अनुशीर्षक (कैप्शन) एवं क्रिया (एक्शन) की आवश्यकता होती है।

141. (a) राष्ट्रपति द्वारा प्रधानमन्त्री की सलाह पर राज्यपाल की नियुक्ति की जाती है। भारत के संविधान के अनुच्छेद 153 के तहत प्रत्येक राज्य के लिए एक राज्यपाल को एवं संवैधानिक प्रहरी और संघ और राज्य के बीच एक महत्त्वपूर्ण कड़ी की भूमिका प्रदान करता है।

142. (a) अपनत्व की भावना प्राथमिक सामाजिक समूह का घटक है। प्राथमिक समूह में निकट सम्बन्धी या वैयक्तिक सम्बन्ध बनाने वाले समूह शामिल होते हैं।

143. (a) भारत के पहले पाँच IIT's पहली पंचवर्षीय योजना के दौरान आरम्भ हुए थे। वर्ष 1956 में पहली पंचवर्षीय योजना के अन्त में पाँच भारतीय प्रौद्योगिकी संस्थान (IIT) प्रमुख तकनीकी संस्थानों के रूप में शुरू किए गए थे। पहली पंचवर्षीय योजना वर्ष 1951 से 1956 की अवधि के लिए थी।

144. (a) समाज सम्प्रेषण के बिना बदल नहीं सकते और विकास नहीं कर सकते हैं।

145. (d) संचार, सामाजिक अन्तर्क्रिया की एक प्रक्रिया है जिसके जरिए लोग एक-दूसरे के विचारों, रवैयों, ज्ञान तथा व्यवहार से प्रभावित होते हैं।

146. (b) विभिन्न संचार पद्धतियों के जरिए उपयोगी विकास सम्बन्धी सन्देश लक्ष्य समूहों तक पहुँचाए जाते हैं।

147. (c) संचार नवाचार अपनाने में लोगों की मदद करता है, क्योंकि यह लोगों की प्रथाओं, विधियों और जीवन की गुणवत्ता में सुधार लाने के लिए नवप्रवर्तनों को अपनाने की सलाह देता है।

148. (a) संचार की प्रक्रिया में मनुष्य उद्देश्य भी है, और विकास का साधन भी।

149. (a) लोगों की सहभागिता के बिना संचार हासिल नहीं हो सकता है।

150. (d) नृजातीय पृष्ठभूमि की भिन्नताओं, रवैयों और विश्वासों के कारण लोग चीजों को अलग-अलग ढंग से देखते-समझते हैं। ये अन्तर दूसरो से संचार करने की हमारी योग्यता को प्रभावित कर सकते हैं।

151. (a) संचार भंग का जोखिम घटाने के लिए अपने मन को खुला रखना चाहिए। संचार मानव जीवन का एक आवश्यक अंग है।

152. (d) दोनों लिंगों के भाषा, भावनाओं एवं संज्ञान के बीच उल्लेखनीय अन्तर होता है। दोनों लिंगो में अन्तर केवल शरीर क्रिया और शरीर रचना से जुड़े नहीं है, बल्कि दोनों लिंगों में मस्तिष्क द्वारा सूचनाओं का प्रक्रमण किए जाने के तरीके, भाषा, भावनाओं और संज्ञान आदि में उल्लेखनीय अन्तर होता है।

153. (c) वैज्ञानिकों द्वारा पुरुषों और महिलाओं द्वारा मानसिक कार्यों जैसे गति का अनुमान लगाने, समय का अनुमान लगाने, स्थानिक दृश्यमानीकरण, मानसिक गणना आदि करने के तरीके में अन्तर खोजे हैं।

154. (a) महिलाओं में प्राकृतिक रूप से बेहतर संचार एवं मौखिक योग्यताएँ होती हैं।

155. (d) मानवीय सम्बन्ध स्थापित करने, भावनात्मक सहानुभूति दर्शाने पूर्व-नियोजित कार्य करने और अभिव्यक्तियाँ निर्मित करने आदि में भी पुरुषों से अधिक प्रभावशाली है।

158. (d) प्रतिभावान बालक की बुद्धि-लब्धि 140 आई.क्यू. होती है। बुद्धि परीक्षण के द्वारा व्यक्ति के व्यक्तित्व की विशेषताओं का पता लगाया जाता है। पाश्चात्य मनोवैज्ञानिकों ने बुद्धि के प्रमाणिक मापन की विधियों की खोज की। इस सन्दर्भ में सर्वप्रथम जर्मन मनोवैज्ञानिक वुण्ट का नाम आता है जिसने 1879 ई. में बुद्धि के मापन के लिए मनोवैज्ञानिक प्रयोगशाला की स्थापना की।

159. (a) WHO का पूरा नाम विश्व स्वास्थ्य संगठन (World Health Organization) है। विश्व स्वास्थ्य संगठन की स्थापना वर्ष 1948 में की गई थी। इसका मुख्यालय जेनेवा (स्विट्जरलैण्ड) में स्थित है। यह संयुक्त राष्ट्र अभिकरणों में से एक है जो स्वास्थ्य एवं परिवार स्वास्थ्य के बारे में विश्व में सहयोग की भावना से कार्य करता है।

160. (d) किण्डर गार्टन पद्धति की शिक्षण सामग्रियों में उपहार, मातृ खेल व गीत को भी शामिल किया जाता है। किण्डर गार्टन शिक्षा विधि का उद्देश्य सहयोगात्मक वातावरण में अपनी गति से उचित गतिविधियों के माध्यम से बच्चों को एक समृद्धि, सार्थक और सन्तुलित शिक्षा प्रदान करना है। यह बच्चे को स्वस्थ्य रखने के लिए विकास और वृद्धि के शारीरिक सिद्धान्त पर आधारित है।

161. (d) सृजनात्मकता की विशेषताओं में प्रक्रिया, लक्ष्य निर्देशित और सृजन को शामिल किया जाता है। सृजनात्मकता की विशेषताओं में मौलिकता नवीनता, उच्च बौद्धिक योग्यता, समस्या की उपस्थिति का ज्ञान, लोचता कल्पना करने तथा कल्पना की सत्यता की जाँच करने की शक्ति होती है।

162. (a) अतिक्रियाशीलता तथा अवधान की अस्त-व्यस्तता अधिगम निरोग्य बालक की विशेषता है। इस प्रकार के बालक पढ़ने, लिखने, मौखिक अभिव्यक्ति, शब्दों की वर्तनी करने, गणित एवं तर्कशक्ति को समझने आदि

में अशक्त अथवा कमजोर होते हैं। इस प्रकार की अशक्तता को ही अधिगम अशक्तता कहा जाता है।

163. (a) सूझ का सिद्धान्त कोहलर (Kohler) द्वारा दिया गया। इस सिद्धान्त के अनुसार किसी भी वस्तु, स्थिति एवं क्रिया के पूर्ण रूप में प्रत्यक्षीकरण पर बल देता है। यह सिद्धान्त समस्या के समाधान पर बल देता है। यह सिद्धान्त पूर्ण में अंश की ओर चलने पर बल देता है।

165. (d) भाषा सीखने के साधनों में अनुकरण, खेल और कहानी सुनना शामिल है। अनुकरण के द्वारा बच्चों को नकल करके भाषा को सिखाया जाता है जिसमें परिवार के सदस्यों द्वारा बच्चों को भाषा सिखाई जाती है। इसमें अतिरिक्त खेल के द्वारा भी बच्चे टेढ़ी-मेढ़ी रेखाएँ खिंचना और अक्षर बनाना भी सीखते हैं। इसके साथ-साथ कहानियाँ सुनना, बातचीत और प्रश्नोत्तरी के माध्यम से भी बच्चों को भाषा सिखाई जाती है।

166. (a) असामान्य गुण वाला बालक विशिष्ट बालक कहलाता है। विशिष्ट बालक वह है जो सामान्य अथवा औसत बालक से मानसिक, शारीरिक तथा सामाजिक विशेषताओं में इतना अधिक भिन्न है कि वह विद्यालय व्यवस्थाओं में संशोधन अथवा विशेष सेवाएँ चाहता है, जिससे वह अपनी अधिकतम क्षमता का विकास कर सकें।

167. (a) अनुभव एवं प्रशिक्षण के द्वारा व्यवहार में परिवर्तन होने को सीखना कहते हैं। सीखना एक प्रक्रिया है, जो जीवनपर्यन्त चलती रहती है एवं जिसके द्वारा हम कुछ ज्ञान अर्जित करते हैं या जिसके द्वारा हमारे व्यवहार में परिवर्तन होता है। फ्रेण्डसन के अनुसार सीखना अनुभव या व्यवहार में परिवर्तन है।

168. (d) समाजीकरण में बाधक तत्वों में सभी शामिल हैं। मनुष्य एक सामाजिक प्राणी है। बिना समाज के किसी भी व्यक्ति के सर्वांगीण विकास की कल्पना नहीं की जा सकती। समाजीकरण केवल कौशल क्षमता प्राप्त करना, अनुकरण करना ही नहीं, अपितु इसके माध्यम से व्यक्ति जीवन से सम्बन्धित विभिन्न प्रकार के व्यवहार को सीखता है।

169. (d) विकास वंशानुक्रम और वातावरण से प्रभावित होता है। मनुष्य समाज में रहकर अपना विकास करता है। बालक के ढंग, रूप, आकार, शारीरिक गठन, ऊँचाई इत्यादि के निर्धारण में उसके आनुवंशिक गुणों का महत्त्वपूर्ण योगदान होता है। बालक के आनुवंशिक गुण उसकी वृद्धि एवं विकास को भी प्रभावित करते हैं। बालक का जन्म किस परिवेश में हुआ यह किस परिवेश में किन लोगों के साथ रह रहा है, इसका प्रभाव पड़ता है।

171. (a) वंशानुक्रम का प्रभाव शारीरिक लक्षणों को माना जाता है, क्योंकि वंशानुक्रम से बालक अपने पूर्वजों के शारीरिक गुणों को स्वीकार करता है। उसकी शारीरिक संरचना, गठन, रंग इत्यादि वह शारीरिक लक्षण हैं जो उसे वंश परम्परा से हासिल होते हैं। जबकि सामाजिक स्तर और चरित्र उसे बाह्य वातावरण से मिलता है।

172. (c) कुपोषण पर नियन्त्रण बाल शक्ति योजना का उद्देश्य है। मध्य प्रदेश सरकार ने राज्य में गम्भीर रूप से कुपोषित बच्चों के उपचार और पोषण पुनर्वास के लिए बाल शक्ति योजना शुरू की है। इस योजना का उद्देश्य ऐसे बच्चों के परिवारों को पोषण के महत्त्व के बारे में शिक्षित किया जाएगा और उन्हें पोषण से भरपूर भोजन तैयार करने में प्रशिक्षित किया जाएगा।

173. (a) मनोअभियान का उपयोग बाल अपराध के लिए किया जाता है। साइकोड्रामा (मनोअभियान) एक प्रकार की रिलेशनशिप थेरेपी है जो समस्याओं, मुद्दों, चिन्ताओं और कठिनाइयों की पड़ताल करती है जो एक समूह सेटिंग में रोल प्ले के माध्यम से लोग अपने दैनिक जीवन में कर सकते हैं।

174. (d) बाल विकास के मूलभूत सम्प्रत्यय में सभी शामिल हैं। बाल विकास का सामान्य अर्थ होता है- बालकों का मानसिक व शारीरिक विकास। विकास शारीरिक, मानसिक, सामाजिक, संज्ञानात्मक, भाषायी तथा धार्मिक इत्यादि होता है। विकास का सम्बन्ध गुणात्मक (कार्यकुशलता, ज्ञान, तर्क, नवीन विचारधारा) एवं परिमाणात्मक (लम्बाई में वृद्धि, भार मे वृद्धि) दोनों से है।

176. (a) संज्ञानात्मक विकास का अध्ययन जीन पियाजे द्वारा प्रारम्भ किया गया। संज्ञानात्मक विकास का तात्पर्य बच्चों के सीखने और सूचनाएँ एकत्रित करने के तरीके से है। इसमें अवधाटन (Attention) में वृद्धि प्रत्यक्षीकरण, भाषा, चिन्तन, स्मरण शक्ति और तर्क शामिल हैं।

177. (*) भारत में पल्स पोलियो अभियान की शुरुआत 2 अक्टूबर, 1995 से शुरू किया गया। दो दशक के अन्दर भारत ने 27 मार्च, 2014 को विश्व स्वास्थ संगठन से 'पोलियो मुक्त प्रमाण-पत्र' कर लिया । यह कार्यकम भारत सरकर द्वारा वैश्विक पोलयो उन्मूलन वहल 1988 के अन्तर्गत चलाया गया।

178. (d) दौड़ना, सीढ़ी चढ़ना, कूदना आदि पैरों के कौशल हैं।

179. (d) बालक के सीखने की प्रक्रिया को प्रभावित करने वाले तत्व प्रेरणा, पुरस्कार, प्रशंसा है। सीखना एक प्रक्रिया है, जो जीवनपर्यन्त चलती रहती है जिसके द्वारा हम कुछ ज्ञान अर्जित करते हैं या जिसके द्वारा हमारे व्यवहार में परिवर्तन होता है। फ्रेण्डसन के अनुसार सीखना, अनुभव या व्यवहार में परिवर्तन है।

180. (a) भारत सरकार द्वारा 1 जून, 2011 को जननी शिशु सुरक्षा कार्यक्रम संचालित किया गया। यह योजना राष्ट्रीय ग्रामीण स्वास्थ्य मिशन के अन्तर्गत संचालित की गई। इस योजना का उद्देश्य संस्थागत प्रसव को बढ़ावा देना है जिससे मातृ तथा शिशु मृत्युदर को कम किया जा सके।

181. (b) अन्धे बालकों को शिक्षित करने हेतु विशिष्ट तरीका ब्रेल लिपि है। ब्रेल पद्धति एक तरह की लिपि है, जिसको विश्व भर में नेत्रहीनों को पढ़ने और लिखने में छूकर व्यवहार में लाया जाता है। इस पद्धति का आविष्कार 1821 ई. में एक नेत्रहीन फ्रांसीसी लेखक लुई ब्रेल ने किया था।

182. (d) समस्या बालक, चोरी करने वाला, झूठ बोलने वाला व माता-पिता का कहना न मानने वाला होता है। इस प्रकार के बालकों में अनेक प्रकार कुरुतियाँ होती हैं जिनसे ये ग्रसित होते हैं। ये बालक समान में अशान्ति फैलाते हैं। वेलेन्टाइन के अनुसार, समस्यात्मक बालक शब्द का प्रयोग साधारणतः उन बालकों का वर्णन करने के लिए किया जाता है जिनका व्यवहार या व्यक्तित्व किसी बात में गम्भीर रूप से असामान्य होता है।

183. (b) पूर्व शालेय शिक्षा के जन्मदाता मैकमिलन बहन है। मैकमिलन शालेय और मैकमिलन मार्गरेट बहनें गरीब बच्चों के लिए नर्सरी शिक्षा और स्वास्थ्य देखभाल में अग्रणी थीं और इन्होंने ही पूर्व शालेय शिक्षा का प्रचार-प्रसार किया था।

184. (a) नवजात का शाब्दिक अर्थ नया होता है। जन्म से एक माह की आयु तक का शिशु नवजात कहलाता है।

185. (a) गर्भनाल को काटने के बाद दो सप्ताह तक की अवस्था नवजात शिशु अवस्था मानी जाती है। अतः विकल्प (a) सही होगा। नवजात काल में बच्चा उपजीवी अवस्था से हटकर स्वतन्त्र हो जाता है तथ स्वयं को वातावरण से समायोजित करने का प्रयास करता है।

186. (b) विशेष शिक्षाविद् तथा स्कूल विशिष्ट बालकों के लिए है। क्रिक के अनुसार, विशिष्ट बालक वह है जो सामान्य अथवा औसत बालक से मानसिक, शारीरिक तथा सामाजिक विशेषताओं से इतना अधिक भिन्न होता है कि वह विद्यालय व्यवस्थाओं में संशोधन अथवा विशेष सेवाएँ चाहता है जिससे वह अपनी अधिकतम क्षमता का विकास कर सकें।

187. (c) व्यक्तित्व परसोना (Persona) से सम्बन्धित होता है। व्यक्तित्व से अभिप्राय व्यक्ति के रूप, रंग, कद, लम्बाई, चौड़ाई, मोटाई, पतलापन अर्थात् शारीरिक संरचना व्यवहार तथा मृदुभाषि होने से लगाया जाता है। ये समस्त गुण व्यक्ति के समस्त व्यवहार का दर्पण होता है।

188. (c) चेतना केन्द्र विद्यालय, लखनऊ में स्थित है। जिसकी स्थापना 1964 में श्रीमती एस कमल द्वारा की गई थी। वर्तमान में यह राज्य का एक महत्त्वपूर्ण मानसिक/शारीरिक विकलांग संस्थान है। इस संस्था को 2015 में विकलांग जन सशक्तिकरण हेतु राष्ट्रीय पुरस्कार भी मिल चुका है।

189. (*) गर्भास्थ के चौथे सप्ताह में प्लेसेन्टा बहुत जल्दी विकसित होना शुरू हो जाता है। शुक्राणु द्वारा अण्डे का निषेचन करने के बाद सात या आठ दिन बाद कोशिका का समूह भ्रूण का सबसे प्रारम्भिक रूप गर्भाशय की दीवार में प्रत्यारोपित होता है।

190. (c) हस्तशिल्प की शिक्षा 'मन्द बुद्धि' बालकों को दी जानी चाहिए, क्योंकि हस्तशिल्प का कौशल उनके बुद्धिलब्धता को अनुकूल रूप से प्रभावित करता है। 'मन्द बुद्धि' बालक मानसिक रूप से कमजोर होते हैं, हस्तशिल्प से उनमें आत्मविश्वास का संचार सम्भव है।

191. (b) स्वयं खाना, स्वयं कपड़े पहनना हस्त कौशल की पहचान है। बच्चे सीखने के क्रम में जब अपना काम स्वयं करने लगते हैं- जैसे कपड़े पहना, जूते पहनना अपने सामानों की रक्षा करना या व्यवस्थित तरके से सम्भालना आदि, तो बच्चों को हस्तकौशल श्रेणी के अन्तर्गत रखा जाता है।

192. (b) प्रारम्भिक बाल्यावस्था में बच्चा अपने सूझ से सीखता है। प्रारम्भिक बाल्यावस्था का अर्थ जन्म से 6 वर्ष तक के शुरुआती जीवन से है। इन वर्षों को बालकों के निर्माण का वर्ष कहते हैं, क्योंकि इन्हीं वर्षों में शारीरिक, संज्ञानात्मक, सामाजिक-संवेगात्मक और भाषा के विकास की नींव पड़ती है। इस समय के बच्चे अपने आस-पास के लोगों की नकल के द्वारा, दूसरों की बातों को सुनने तथा भावनाओं की अभिव्यक्ति के अवसरों द्वारा भाषा सीखते है।

193. (d) बाल विकास के विषय क्षेत्र में बाल विकास के सिद्धान्तों का अध्ययन करना, बाल विकास के विभिन्न पहलुओं का अध्ययन करना और बाल विकास को प्रभावित करने वाले तत्वों को शामिल किया जाता है। बाल विकास के सिद्धान्तों के ज्ञान के फलस्वरूप शिक्षकों को बालकों की स्वभावगत विशेषताओं, रुचियों एवं क्षमताओं के अनुरूप सफलतापूर्वक अध्यापन में सहायता मिलती है। रिक के अनुसार, ''विकास एक क्रमिक एवं मन्दगति से चलने वाली प्रक्रिया है।''

194. (a) मन्द बालक विलम्ब से सीखता है। मन्द बालक या मानसिक रूप से विकलांग बालक विशेष रूप से कम बुद्धि के होते हैं। वे मानसिक रूप से इतने कमजोर होते हैं कि कक्षा में शिक्षक द्वारा दिए गए निर्देशन को सुगमता से समझ नहीं पाते। मानसिक रूप से पिछड़ेपन या मन्दबुद्धि बालक से अभिप्राय उन बालकों से है जो किसी भी शारीरिक तथा मानसिक रोग के कारण मन्दबुद्धि का प्रदर्शन करते हैं और अपनी आयु के स्तर के अनुसार किसी भी कार्य को करने में असमर्थ होते हैं। इस दोष के कारण इनमें कई प्रकार की हीन भावनाएँ पैदा हो जाती हैं।

195. (a) नवजात शिशु की अवधि जन्म से 2 सप्ताह तक होती है।

196. (d) विकास की विशेषताओं में दिशात्मक विकास, प्रगतिशील शृंखला तथा क्रमबद्ध विकास शामिल होते हैं। विकास दिशात्मक रूप में सामान्य रूप से होता है तथा विकास प्रगतिशीलता को दर्शाता है। इसके साथ ही इसमें क्रमबद्धता पाई जाती हैं। इस प्रकार विकास की विशेषताओं में सभी शामिल हैं।

197. (a) हाँ, दिया गया DWCRA विशिष्ट बालकों एवं महिलाओं की देखभाल हेतु राष्ट्रीय स्तर का कार्यक्रम है। DWCRA का पूरा नाम ग्रामीण क्षेत्रों में महिलाओं और बच्चों का विकास है। इसकी शुरुआत भारत सरकार ने वर्ष 1980 में की थी। इसका मुख्य उद्देश्य ग्रामीण क्षेत्रों में महिलाओं एवं बच्चों का विकास करना है। इसे वर्ष 1982 में जिला स्तर पर ग्रामीण विकास कार्यक्रम IRDP की उपयोजना के रूप में शुरू किया गया थीं।

198. (b) नवजात शिशु में लगभग 270 हड्डियाँ होती हैं। हालाँकि बाल्यावस्था में हड्डियों की संख्या 350 तक होती है। वहीं किशोरावस्था तथा प्रौढ़ावस्था में कुछ हड्डियों की संख्या संगलित होकर 206 हो जाती है।

199. (a) स्थूल गतिविधियाँ तथा सूक्ष्म क्रियात्मक कौशल क्रियात्मक विकास से सम्बन्धित है। यह बच्चों की गामक तथा क्रियात्मक शक्तियों, क्षमताओं तथा योग्यताओं से सम्बन्धित होता हैं।

इसमें क्रियाओं को करने में माँसपेशियों तथा तन्त्रिकाओं की गतिविधियों की आवश्यकता होती है।

200. (d) सृजनात्मक विकास हेतु आवश्यक तत्व क्रमशः संवेदन, चिन्तन, कल्पना आदि हैं। सृजनात्मकता मनुष्य की वह योग्यता अथवा क्षमता होती है जिसके द्वारा वह किसी समस्या के मौलिक हल को खोजता है। यह नए विचारों को प्रस्तुत करने में सहायक होते हैं।

मध्य प्रदेश
महिला पर्यवेक्षक (आँगनवाड़ी)
भर्ती परीक्षा
सॉल्वड पेपर 2014

1. पूर्ण अवधि से पूर्व जन्मे शिशुओं की प्रोटीन की आवश्यकता कितनी होती है?
(a) 3-4 ग्राम प्रति किग्रा वजन प्रतिदिन
(b) 1-2 ग्राम प्रति किग्रा वजन प्रतिदिन
(c) 5-6 ग्राम प्रति किग्रा वजन प्रतिदिन
(d) 6-7 ग्राम प्रति किग्रा वजन प्रतिदिन

2. ग्रामीण एवं शहरी महिलाओं को स्वास्थ्य सम्बन्धी शिक्षा में जिसमें स्तनपान की भी शिक्षा सम्मिलित हो, WHO एवं UNICEF द्वारा निम्न में से किसे शामिल किया गया?
(a) टीकाकरण योजना (b) प्रसवपूर्व शिविर
(c) मातृ देख-भाल केन्द्र (d) शिशु अनुकूल अस्पताल

3. शिशु को ठोस आहार देने एवं दूध छुड़ाई की अनुशंसा किए जाने हेतु उसकी आदर्श आयु कितनी होनी चाहिए?
(a) 6 माह (b) 3 माह (c) 9 माह (d) 12 माह

4. खसरे का संक्रमण किस प्रकार से होता है?
(a) त्वचा के स्पर्श से
(b) भोजन से
(c) पानी से
(d) नाक, गला एवं श्वसन नली के स्रावण से

5. काली खाँसी का चिकित्सीय नाम क्या है?
(a) परट्यूसिस (b) डेन्गू (c) इन्फ्लूएन्जा (d) डिफ्थीरिया

6. प्रथम बार डी.पी.टी.का टीका नवजात शिशु में किस आयु पर लगाया जाता है?
(a) 4 सप्ताह (b) 6 सप्ताह
(c) 8 सप्ताह (d) 10 सप्ताह

7. ग्लूकोमा बीमारी किस अंग से सम्बन्धित है?
(a) आँख (b) अग्नाशय
(c) यकृत (d) पित्ताशय

8. बच्चों में तीव्र ध्वनियुक्त श्वसन होना, खाँसी तथा छाती का अन्दर धँसना, किस बीमारी के लक्षण होते हैं?
(a) टी बी रोग के (b) डिफ्थीरिया रोग के
(c) दस्त रोग के (d) निमोनिया रोग के

9. खसरा रोग को फैलने से बचाने के लिए, अति आवश्यक सावधानी है
(a) रोगी को अलग रखना
(b) रोगी को समय समय पर खिलाते/पिलाते रहना
(c) रोगी का प्रकाश से बचाव करना
(d) रोगी के कमरे की खिड़कियाँ-रोशनदान खुले रखना

10. परट्यूसिस का अन्य दूसरा नाम किसके लिए है?
(a) टायफाइड बुखार (b) डिफ्थीरिया
(c) काली खाँसी (d) जन्मजात शिशु का टिटेनस

11. विटामिन डी की कमी से किस खनिज तत्व की जैविक उपलब्धता में व्यवधान आता है?
(a) मैग्नीशियम (b) ताँबा
(c) कैल्शियम (d) जस्ता

12. कोलीकैल्सीफेरोल किसका रासायनिक नाम है?
(a) विटामिन डी-1 (b) विटामिन डी-2
(c) विटामिन डी-3 (d) कैल्शियम

13. निम्नलिखित में से कौन-सा ऐसा विटामिन है, जो सह-एन्ज़ाइम की भूमिका नहीं निभाता?
(a) एस्कॉर्बिक अम्ल (b) थायमिन
(c) नियासिन (d) राइबोफ्लेविन

14. अण्डे की ज़र्दी निम्नलिखित में से किस पोषक तत्व का प्रचुर स्रोत है?
(a) नायसिन (b) शर्करा
(c) बायोटिन (d) थायमिन

15. रिकेट्स नाम की बीमारी निम्नलिखित में से किस खनिज लवण की कमी के कारण होती है?
(a) आयरन (b) कैल्शियम
(c) पोटैशियम (d) सोडियम

16. एक वयस्क महिला की प्रोटीन की आवश्यकता कितनी है?
(a) 55 ग्राम प्रतिदिन (b) 50 ग्राम प्रतिदिन
(c) 60 ग्राम प्रतिदिन (d) 70 ग्राम प्रतिदिन

17. 600 μg रेटिनॉल कितने μg बीटा कैरोटीन के समान है?
(a) 1200 μg (b) 1800 μg
(c) 3600 μg (d) 4800 μg

18. एक वयस्क पुरुष, जो मध्यम श्रेणी का कार्य करता है, उसकी ऊर्जा की आवश्यकता कितनी है?
(a) 2230 किलोकैलोरी प्रतिदिन
(b) 3490 किलोकैलोरी प्रतिदिन
(c) 2730 किलोकैलोरी प्रतिदिन
(d) 2320 किलोकैलोरी प्रतिदिन

19. विटामिन ए की कमी का क्या परिणाम होगा?
(a) रतौंधी (b) रक्तअल्पता
(c) स्कर्वी (d) गलघोंटू

20. निम्नलिखित में से कौन-सा एक ऑक्सीकरण विरोधी नहीं है?
(a) एस्कॉर्बिक अम्ल (b) ट्रिप्टोफेन
(c) विटामिन ई (d) सीलेनियम

21. ''मेगेलोब्लास्टिक'' प्रकार की रक्तअल्पता मुख्यत: किसकी कमी से होती है?
(a) विटामिन ए एवं थायमिन
(b) विटामिन बी 6 एवं थायमिन
(c) आयरन एवं कॉपर (ताँबा)
(d) विटामिन बी 12 एवं फोलिक अम्ल

22. प्राणिज आधारित खाद्य पदार्थों से बी-समूह का निम्नलिखित विटामिन प्राप्त किया जाता है
(a) पिरीडोक्सीन (b) फोलिक अम्ल
(c) सायनोकोबालएमिन (d) थायमीन

23. निम्नलिखित में से एक उपकरण खाद्य पदार्थों के ऊर्जा मान ज्ञात करने के काम आता है
(a) बेनेडिक्ट रोट उपकरण (b) स्पेक्ट्रोफोटोमीटर
(c) ग्रेफाइट भट्टी (d) बॉम्ब कैलोरीमीटर

24. वृद्धि चरण में उतक निर्माण हेतु मानव शरीर को निम्न पोषक तत्वों की अतिरिक्त आवश्यकता होती है
(a) केवल प्रोटीन
(b) केवल प्रोटीन तथा ऊर्जा
(c) प्रोटीन, ऊर्जा तथा सूक्ष्म पोषक तत्व
(d) प्रोटीन, ऊर्जा तथा खाद्य रेशे

25. निम्नलिखित में से किसी एक विधि के द्वारा, दालों में विटामिन-सी की मात्रा में वृद्धि की जा सकती है
(a) पेषण (b) ब्लांचिंग
(c) अंकुरण (d) छिलका निकाल कर

26. बालिकाओं में किशोरावस्था की द्रुत वृद्धि अवधि होती है
(a) 11-14 वर्ष (b) 13-16 वर्ष
(c) 14-17 वर्ष (d) 15-18 वर्ष

27. नवदुग्ध (खीस) में पाए जाने वाले पोषक तत्वों में से निम्नलिखित में से कौन सा, सामान्य मानव दूध की तुलना में दोगुने से अधिक मात्रा में होता है?
(a) लैक्टोज (b) प्रोटीन
(c) वसा (d) कैल्शियम

28. एक वर्ष की आयु का होने पर, किसी सामान्य स्वस्थ शिशु का भार हो जाता है
(a) उसके जन्म के भार का दोगुना
(b) उसके जन्म के भार का डेढ़ (1.5) गुना
(c) उसके जन्म के भार का तीन गुना
(d) उसके जन्म के भार का ढाई (2.5) गुना

29. सामान्य वयस्क के लिए, आईसीएमआर द्वारा स्वीकृत दैनिक आहारीय प्रोटीन की मात्रा है
(a) 0.8 ग्रा./ कि.ग्रा.शारीरिक भार
(b) 1.0 ग्रा./ कि.ग्रा.शारीरिक भार
(c) 1.75 ग्रा./ कि.ग्रा. शारीरिक भार
(d) 1.5 ग्रा./ कि.ग्रा.शारीरिक भार

30. पालक, निम्नलिखित में से किसका सर्वोत्तम स्रोत है?
(a) विटामिन ए (b) लौह तत्व
(c) कैल्शियम (d) थायमिन

31. धात्री स्त्रियों की पोषक तत्व आवश्यकताएँ भी गर्भवती स्त्रियों के समान ही बढ़ती हैं, केवल एक अपवाद के साथ
(a) ऊर्जा (b) प्रोटीन (c) कैल्शियम (d) लौह तत्व

32. निम्नलिखित में से किस पोषक तत्व की आवश्यकता गर्भावस्था में नहीं बदलती?
(a) प्रोटीन (b) मैग्नीशियम (c) आयरन (d) कैल्शियम

33. गर्भावस्था में उच्च रक्तचाप, सूजन एवं मूत्र में प्रोटीन का निष्कासन होना क्या कहलाता है?
(a) सुबह का जी मिचलाना (b) मातृ असंगति
(c) सीने में जलन (d) गर्भावस्था की विषाक्तता

34. मधुमेह, जो केवल गर्भावस्था की अवधि में देखा जाता है, वह क्या कहलाता है?
(a) टाइप I मधुमेह (b) टाइप II मधुमेह
(c) गर्भावधि मधुमेह (d) किशोर मधुमेह

35. प्रसव पूर्व स्वास्थ्य जाँच के दौरान माँ को किस टीके को लगवाने की सलाह दी जाती है?
(a) धनुस्तंभ (टिटनेस) (b) यकृत-शोथ
(c) तानिका-शोथ (d) दस्त

36. एक गर्भवती माँ को उत्तम स्वास्थ्य हेतु प्रसव पूर्व परामर्श में क्या बताया जाना चाहिए?
(a) विकिरण अनाश्रयता से बचाव
(b) मदिरा एवं धूम्रपान से बचना
(c) कब्ज से बचना एवं स्वास्थ्यवर्धक आहार लेना
(d) उपरोक्त सभी

37. बी.सी.जी. का टीका शिशुओं को निम्नलिखित में से कौन-सी बीमारी से बचाता है?
(a) चेचक (b) क्षयरोग (c) हैज़ा (d) छोटी माता

38. डी.पी.टी के टीके में ''पी'' शब्द का प्रयोग किसके लिए किया गया है?
(a) परट्यूसिस (b) पायरिया (c) पोलियो (d) प्लेग

39. निम्नलिखित में से कौन-सा टीका मुख से दिया जाता है?
(a) एम.एम.आर (b) बी.सी.जी. (c) पोलियो (d) हिपेटाइटिस

40. वर्तमान में निम्नलिखित बीमारियों में से किस बीमारी के लिए टीका उपलब्ध नहीं है?
(a) खसरा (b) तानिका-शोथ (c) क्षय रोग (d) डेन्गू

41. रोटा-वायरस टीका निम्नलिखित में से किस बीमारी से बचाता है?
(a) हैज़ा (b) दस्त (c) मनोभ्रंश (d) त्वचाशोथ

42. टीकाकरण के लिए प्रयुक्त सिरिंज एवं सुईयों को विसंक्रमित करने का उपकरण कहलाता है
(a) सोक्सलेट (b) होमोजिनाइजर
(c) सैन्ट्रीफ्यूज (d) ऑटोक्लेव

43. निम्नलिखित में से सामान्य टीकाकरण द्वारा बचाव न होने वाली बीमारी है
(a) निमोनिया (b) काली खाँसी
(c) डिफ्थीरिया (गलघोंटू) (d) बाल्यकाल का टी.बी. रोग

44. क्रय स्थल से लेकर बच्चे को टीका देने के बिन्दु तक, शीतल शृंखला टीकों का तापक्रम रखती है
(a) 0°C पर (b) 0 से 4°C के बीच
(c) 2 से 8°C के बीच (d) 3 से 6°C के बीच

45. 'जननी शिशु सुरक्षा योजना' निम्नलिखित में से एक के अन्तर्गत चलाई गई है
(a) एन आर एच एम (b) आई सी डी एस
(c) पी एम जे डी वाई (d) एस ए जी वाई

46. एम एम आर (माता मृत्यु दर), सम्बन्धित है
(a) माता प्रजनन स्वास्थ्य एवं जीवन
(b) माता कुपोषण
(c) माता-शिशु स्वास्थ्य एवं जीन
(d) माता-शिशु कुपोषण

47. निम्नलिखित में से कौन आई सी डी एस के लाभान्वितों में नहीं है?
(a) गर्भधारक स्त्रियाँ (b) धात्री स्त्रियाँ
(c) किशोर बालाएँ (d) 6 वर्ष के अधिक बच्चे

48. आई सी डी एस के अन्तर्गत, 'पोषण एवं स्वास्थ्य शिक्षा' के लिए लाभान्वित समूह है
(a) केवल धात्री स्त्रियाँ (b) केवल गर्भवती स्त्रियाँ
(c) 15-44 वर्ष की स्त्रियाँ (d) ये सभी

49. आई सी डी एस पदाधिकारियों के प्रशिक्षण हेतु देश की प्रमुख संस्था है
(a) एन आई एन हैदराबाद (b) सी एफ टी आर आई मैसूर
(c) एन आई पी सी सी डी दिल्ली (d) सी डी आर आई लखनऊ

50. बौनापन, निम्नलिखित में से किस एक की कमी के कारण होता है?
(a) कैल्शियम (b) जस्ता (c) आयोडीन (d) मैग्नीशियम

51. आवश्यक वसीय अम्लों की कमी के कारण होता है
(a) किरेटोमलेशिया
(b) त्वचा के लक्षण तथा बालों का झड़ना
(c) काली जिव्हा
(d) मरास्मस

52. आदर्श रूप से जब एक शिशु अपने जीवन का एक वर्ष पूर्ण कर लेता है, तो उसके शरीर का वज़न एक वर्ष की आयु पर कितना होना चाहिए?
(a) जन्म के वज़न से दोगुना (b) जन्म के वज़न से तिगुना
(c) जन्म के वज़न से चौगुना (d) इनमें से कोई नहीं

53. एक स्वस्थ शिशु के पास पर्याप्त मात्रा में विटामिन ए कहाँ संगृहीत होता है?
(a) मस्तिष्क में (b) आँखों में (c) फेफड़ों में (d) यकृत में

54. एक गर्भवती माँ के आहार में विटामिन 'के' की कमी से किसका खतरा हो सकता है?
(a) कम शारीरिक वज़न का शिशु (b) ऑक्सीजन की कमी होना
(c) नवजात में रक्तस्राव (d) श्वसन सम्बन्धित परेशानी

55. नव दुग्ध एवं माँ के दुग्ध में पाया जाने वाला आयरन युक्त प्रोटीन क्या कहलाता है?
(a) एरिथ्रोपोइटिन (b) लैक्टाफेरिन
(c) केल्सीटोनिन (d) लिम्फोकाइन

56. पंचायती-राज में, कुल सीटों में से, महिलाओं के लिये, कितनी सीटें आरक्षित होती हैं?
(a) दो तिहाई (b) आधी
(c) तीन चौथाई (d) एक तिहाई

57. भारतवर्ष में, आदिवासी अनुसन्धान संस्थान कितने हैं?
(a) 14 (b) 15 (c) 16 (d) 17

58. इनमें से कौन सी योजना, 'भारतीय सामाजिक सहयोग कार्यक्रम' (एन.एस.ए.पी.) के अन्तर्गत नहीं आती है?
(a) इंदिरा गाँधी राष्ट्रीय वृद्धावस्था पेंशन योजना
(b) राष्ट्रीय पारिवारिक लाभ योजना
(c) अन्नपूर्णा
(d) मध्यान्ह भोजन

59. शिशुओं को, हेपेटाइटिस 'बी' का चौथा टीका, किस आयु में लगाया जाता है?
(a) 12 सप्ताह (b) 14 सप्ताह
(c) 16 सप्ताह (d) 18 सप्ताह

60. 50 संख्याओं का औसत 38 है। इनमें से दो संख्याएँ 45 और 55 को निकाल दिया जाए तो बाकी संख्याओं का औसत है
(a) 36.5 (b) 37 (c) 37.5 (d) 38

61. तीन वर्ष पूर्व, एक परिवार के पाँच सदस्यों की औसत आयु 17 वर्ष थी। परिवार में बालक के जन्म के बाद आज भी औसत आयु परिवार की वही है। बच्चे की आयु आज है
(a) 2 वर्ष (b) 2.4 वर्ष (c) 3 वर्ष (d) 3.4 वर्ष

62. सूजाक एक बीमारी है, जो इससे फैलती है
(a) वायु (b) पानी
(c) यौन क्रिया (d) खाद्य सामग्री

63. विटामीन B_{12} का रासायनिक नाम है
(a) बायोटिन (b) थायमिन
(c) फोलिक एसिड (d) राइबोफ्लेविन

64. वेस्टिजियल अंग का उदाहरण है
(a) संयोजी ऊतक (b) कान सतह
(c) पित्ताशय (d) बड़ी आँत

65. लोकसभा के द्वारा, बलात्कार के विरुद्ध संशोधित अधिनियम-2013 कब पारित किया गया?
(a) 02 अक्टूबर (b) 19 मार्च (c) 15 अगस्त (d) 26 जनवरी

66. भारतीय दण्ड विधान की, 375 धारा के अन्तर्गत, किस अपराध के लिये, किसी व्यक्ति को गिरफ्तार किया जा सकता है?
(a) यौन प्रताड़ना (b) शारीरिक कष्ट
(c) द्विविवाह (d) बलात्कार

67. राष्ट्रीय खाद्य सुरक्षा अधिनियम 2013 के अन्तर्गत, राशन कार्ड धारक को गेहूँ किस दर पर प्राप्त होता है?
(a) ₹ 1 प्रति किलो (b) ₹ 2 प्रति किलो
(c) ₹ 3 प्रति किलो (d) ₹ 4 प्रति किलो

68. भारतीय संविधान के किस अनुच्छेद के अन्तर्गत, 14 वर्ष से कम आयु के किसी भी बच्चे से, खतरनाक रोजगार नहीं करवाया जा सकता?
(a) 24 (b) 23 (c) 25 (d) 26

69. किन स्थितियों में, पति से अलग होने पर, पत्नी का उसकी सम्पत्ति पर कोई अधिकार नहीं रहता?
(a) पति को कोढ़ हो
(b) पति के दुर्व्यवहार के कारण पत्नी अलग रहने लगी हो
(c) पत्नी अपना धर्म परिवर्तन कर ले
(d) पति अपना धर्म परिवर्तन कर ले

70. उमा ई-मेल प्राप्त कर सकती है, परन्तु ई-मेल भेज नहीं सकती। यह समस्या किसकी वजह से है?
(a) पीओपी3 (b) एसएमटीपी
(c) आईएमएपी (d) यूएआरटी

71. GPS का मतलब है
(a) ग्लोबल पोसिशन सर्विस (b) ग्लोबल पोसिशनिंग सिस्टम
(c) जनरल पोसिशन सर्विस (d) जिओ पोसिशन सर्विस

72. यह जाँच करने के लिए कि वेब सर्वर उपलब्ध है या नहीं, कौन-सी लाइन उपयोगिता कमाण्ड काम में लेंगे?
(a) PING (b) ICS (c) Telnet (d) NNTP

73. इनमें से कौन-सी फॉन्ट शैली नहीं है?
(a) बोल्ड (b) इटैलिक
(c) रेग्यूलर (d) सुपरस्क्रिप्ट

74. फॉन्ट उपकरण पट्टी पर फॉन्ट आकार उपकरण में उपलब्ध सबसे छोटे और सबसे बड़े अक्षरों का आधार क्या है?
(a) 8 और 72 (b) 8 और 68
(c) 6 और 72 (d) 6 और 68

75. इनमें से किस पोषक तत्व के पाचन से, इरेप्सिन एन्जाइम का सम्बन्ध है?
(a) स्टार्च (b) वसा
(c) डायसैकेराइडस (d) प्रोटीन

76. किन रक्त नलिकाओं के रक्तस्राव को रोकने के लिये, दबाव-बिन्दुओं को दबाया जाता है?
(a) केशवाहिनियाँ (b) शिराएँ
(c) धमनियाँ (d) इनमें से कोई नहीं

77. किशोरावस्था के प्रारम्भ होते ही कौन-से हॉर्मोन्स का स्राव शारीरिक वृद्धि को बढ़ा देता है?
(a) लैंगिक (b) वृद्धि
(c) कार्टिकोयडस (d) थायरॉक्सिन

78. एम.एस.-डॉस के साथ कार्य करते हुये कौन-सा कमाण्ड विशेष फाइल को एक डिस्क से दूसरी डिस्क में स्थानान्तरित करता है?
(a) कॉपी (b) डिस्क-कॉपी (c) कट (d) रिनेम

79. किस कमाण्ड का प्रयोग, फाइल को किसी अन्य नाम से, अथवा किसी अन्य प्रारूप (फॉरमेट) में सेव करने के लिये किया जाता है?
(a) सेव ऑल (b) सेव (c) सेव ऐस (d) न्यू

80. रोहन का कक्षा में ऊपर से सातवाँ एवं नीचे से छब्बीसवाँ स्थान है। कक्षा में कितने विद्यार्थी हैं?
(a) 31 (b) 32 (c) 33 (d) 34

81. जी, एन की बहन है
डी, एन की माँ है
एस, जी के पिता है
टी, एस की माँ है
टी और जी का क्या रिश्ता है?
(a) बेटी (b) बहन
(c) माँ (d) दादी/नानी

82. अगर अमेरिकास (AMERICAS) को 56178250 लिखा जाए और यूरोप (EUROPE) को 137491 तो प्रीसाइस (PRECISE) का क्या कोड है?
(a) 1287105 (b) 9258706 (c) 9712801 (d) 4827580

83. निम्न में से कौन-सा सही है?
I. कोई गाडियाँ स्कूटर नहीं हैं। सभी टैक्सियाँ कार हैं। कोई टैक्सी स्कूटर नहीं है।
II. कुछ लड़कियाँ रोती हैं। कुछ लड़के रोते हैं। कुछ लड़कियाँ लड़के हैं।
III. सभी तारे चमकते हैं। मार्स चमकता है। मार्स एक तारा है
(a) केवल पहला (b) केवल दूसरा
(c) केवल तीसरा (d) पहला एवं दूसरा

84. अगर 'पुस्तक' को 'घड़ी' कहा जाता है , 'घड़ी' को 'थैला', 'थैले' को 'शब्दकोष' और 'शब्दकोष' को 'खिड़की', 'किताबों' को ले जाने के लिए किसे इस्तेमाल करेंगे?
(a) शब्दकोष (b) थैला (c) पुस्तक (d) घड़ी

85. वह अंक बताइये जिसे 4 से गुणा करने पर वह अपने से, 36 अधिक हो जाता है।
(a) 10 (b) 12
(c) 14 (d) 16

86. आरिफ ने एक बैंक से ₹ 80,000 का ऋण लिया। यदि 10% प्रतिवर्ष चक्रवृद्धि ब्याज की दर है, तो $1\frac{1}{2}$ वर्ष की अवधि के पश्चात् उसे कुल कितनी राशि का भुगतान करना पड़ेगा?
(a) ₹ 92,400 (b) ₹ 92,600
(c) ₹ 92,800 (d) ₹ 93,000

87. यदि चमेली के पास 75% राशि खर्च करने के बाद ₹ 600 बच गये हैं, तो प्रारम्भ में उसके पास कितने थे?
(a) ₹ 2300 (b) ₹ 2400
(c) ₹ 2500 (d) ₹ 2600

88. मल्लिका ने ₹ 267.85 कपड़े खरीदने; ₹ 138.04 फल खरीदने तथा ₹ 59.66 परिवहन पर व्यय किये। यदि उसके पर्स में, ₹ 1000 का नोट था, तो उसके पास कितनी राशि बची?
(a) ₹ 532.45 (b) ₹ 533.25
(c) ₹ 534.35 (d) ₹ 534.45

89. एक बस की पंक्ति में राम का आगे की ओर से 7वाँ स्थान है और पीछे की ओर से 33वाँ स्थान है और यदि इसी बस की पंक्ति में राम का आगे की ओर 20वाँ स्थान हो, तो पीछे की ओर से उसका कौन-सा स्थान होगा?
(a) 18वाँ (b) 19वाँ
(c) 20वाँ (d) 21वाँ

90. निम्न में से कौन-सा पुरस्कार सामाजिक न्याय एवं अधिकारिता मन्त्रालय द्वारा दिया जाता है?
(a) गार्गी पुरस्कार (b) अम्बेडकर शिक्षा पुरस्कार
(c) ज्ञानपीठ पुरस्कार (d) आस्था पुरस्कार

91. राष्ट्रीय स्वास्थ्य बीमा योजना किस मन्त्रालय द्वारा संचालित है?
(a) स्वास्थ्य एवं चिकित्सा मन्त्रालय
(b) श्रम एवं रोजगार मन्त्रालय
(c) मानव संसाधन मन्त्रालय
(d) महिला एवं बाल विकास मन्त्रालय

92. कौन-सी स्थिति प्रजातन्त्र की जड़ मानी जाती है?
(a) अन्तर्राष्ट्रीय समिति
(b) पंचायती राज
(c) महान्यायवादी (नियन्त्रक एवं महालेखा परीक्षक)
(d) राष्ट्रपति

93. ग्रामीण विकास हेतु संचालित योजना में कौन-सी योजना शामिल नहीं है?
(a) अन्त्योदय योजना (b) भूदान योजना
(c) मनरेगा योजना (d) जननी शिशु योजना

94. हाल ही में प्रारम्भ की गई प्रधानमन्त्री द्वारा 'जन धन योजना' का सम्बन्ध किससे है?
(a) आर्थिक सुधार (b) कृषि एवं संस्थागत सुधार
(c) सामुदायिक सुधार (d) बैंकिंग सुधार

95. पृथ्वी का सबसे गहरा बिन्दु, किस महासागर में स्थित है?
(a) पैसेफिक (b) अटलांटिक (c) आर्कटिक (d) हिन्द

96. कौन-सा शहर 'भारत के इलेक्ट्रॉनिक शहर' के नाम से जाना जाता है?
(a) मुम्बई (b) हैदराबाद
(c) गुड़गाँव (d) बंगलुरु

97. भारतवर्ष में सिंचित भूमि का प्रतिशत कितना है?
(a) 25 (b) 35 (c) 40 (d) 45

98. भारत ने पहला ओलम्पिक स्वर्ण पदक हॉकी में, किस सन् में प्राप्त किया?
(a) 1928 (b) 1932
(c) 1936 (d) 1944

99. खाद्य एवं कृषि संगठन (एफ.ए.ओ.) का मुख्यालय कहाँ है?
(a) वाशिंगटन (b) पेरिस
(c) मैडरिड (d) रोम

100. हिन्दू विवाह अधिनियम कब पारित हुआ?
(a) वर्ष 1950 (b) वर्ष 1965
(c) वर्ष 1955 (d) वर्ष 1957

101. दहेज निषेध अधिनियम कब पारित हुआ था?
(a) वर्ष 1960 (b) वर्ष 1961
(c) वर्ष 1984 (d) वर्ष 1988

102. राष्ट्रीय खाद्य सुरक्षा अधिनियम कब पारित हुआ था?
(a) सितम्बर, 2013 (b) जुलाई, 2013
(c) दिसम्बर, 2011 (d) जुलाई, 2011

103. यौन प्रताड़ना में शामिल है
(a) जबरदस्ती यौन सम्पर्क (b) यौन पर टिप्पणी करना
(c) अवधितित शारीरिक सम्पर्क (d) ये सभी

104. बाल विवाह निरोधक अधिनियम 1929 संशोधन हुआ था
(a) वर्ष 1980 में (b) वर्ष 1975 में
(c) वर्ष 1979 में (d) वर्ष 1985 में

105. विशिष्ट बालक एक नए विद्यालय में दाखिला लेते हैं। शिक्षकों की अलग-अलग प्रतिक्रियाएँ होती हैं। निम्न में से कौन-सा समावेशी शिक्षा को दर्शाता है?
(a) अच्छा है। बच्चों को एक-दूसरे की सहायता करने का और सहायक बनने का अवसर मिलेगा
(b) ऐसे बालकों को विशिष्ट विद्यालय जाना चाहिए जहाँ वो बेहतर सीख सकते हैं
(c) आह। मैं उन बच्चों को कैसे सिखा सकती हूँ जिन्हें पढ़ना भी नहीं आता
(d) मुझे चिन्ता है कि मेरी कक्षा के बच्चे इन बच्चों को स्वीकृत नहीं करेंगे और कुछ शैतान बच्चे इनको नुकसान भी पहुँचा सकते हैं

106. नि:शुल्क और अनिवार्य शिक्षा अधिनियम, 2009 में अधिगम होना चाहिए
(a) बच्चे के अनुकूल तरीके से
(b) अतिरिक्त कोचिंग
(c) सह शैक्षिक गतिविधियों तक प्रतिबन्धित
(d) सावधानीपूर्वक निगरानी

107. हिन्दू-अरबी संख्या पद्धति में 4 अंकों की संख्या कितनी है?
(a) 9999 (b) 9000 (c) 99 (d) 8999

108. 407928 को इस रूप में पढ़ सकते हैं
(a) चालीस हजार नौ सौ अट्ठाइस
(b) चार लाख सात हजार नौ सौ अट्ठाइस
(c) चार लाख उन्नासी हजार अट्ठाइस
(d) सैंतालीस हजार नौ सौ अट्ठाइस

109. निम्न में से सबसे बड़ी संख्या कौन-सी है?
(a) $[(2+2)^2]^2$ (b) $(2+2+2)^2$ (c) $(4)^2$ (d) $(2\times2\times2)^2$

110. 'मध्यान्ह भोजन' (एम डी. एम.) के राष्ट्रीय कार्यक्रम का क्रियान्वयन, मध्यप्रदेश में प्रारम्भ हुआ
(a) वर्ष 1994 में (b) वर्ष 1995 में (c) वर्ष 1996 में (d) वर्ष 1997 में

111. 'विकास से मेरा अभिप्राय किसी भी प्रकार की प्रगति से है, जिससे कि मनुष्य सम्बन्धित है'—इस परिभाषा के लेखक निम्न में से कौन हैं?
(a) मूरे (b) हॉबहाऊस (c) पारसन्स (d) किम

112. न्यूनतम आवश्यकता कार्यक्रम (मिनीमम नीड्स प्रोग्राम) किस पंचवर्षीय योजना में चलाया गया?
(a) तृतीय पंचवर्षीय योजना (b) पाँचवी पंचवर्षीय योजना
(c) नौवीं पंचवर्षीय योजना (d) चौथी पंचवर्षीय योजना

113. भारत में 0-6 वर्ष के बच्चों के कल्याण एवम् सुरक्षा से जुड़े सभी मामले कौन-सा मन्त्रालय देखता है?
(a) ग्रामीण विकास मन्त्रालय (b) महिला एवं बाल विकास
(c) योजना आयोग (d) सामाजिक न्याय

114. प्रथम पंचवर्षीय योजना किस तिथि को तत्कालीन प्रधानमन्त्री द्वारा संसद में प्रस्तुत की गई?
(a) 8 दिसम्बर, 1951 (b) 1 अप्रैल, 1950
(c) 1 अप्रैल, 1951 (d) 1 जनवरी, 1951

115. सर्वप्रथम राष्ट्रीय नियोजन समिति का गठन किसकी अध्यक्षता में किया गया था?
(a) श्रीमती इन्दिरा गाँधी (b) जवाहरलाल नेहरू
(c) जगजीवनराम (d) गुलजारीलाल नंदा

116. किस पंचवर्षीय योजना में शिशु मृत्युदर को 45 प्रति हजार करने का लक्ष्य रखा गया?
(a) पाँचवीं (b) सातवीं (c) दसवीं (d) नौवीं

117. महिलाओं के संरक्षण एवम् सहायता के लिए घरेलू हिंसा महिला संरक्षण अधिनियम एवम् नियम किस वर्ष में बनाया गया?
(a) अधिनियम 2005 एवं नियम 2006
(b) अधिनियम 2005 एवं नियम 2005
(c) अधिनियम 2004 एवं नियम 2005
(d) अधिनियम 2005 एवं नियम 2004

118. योजना आयोग द्वारा दसवीं पंचवर्षीय योजना में निम्न में से कौन सदस्य नहीं था?
(a) यशवंत सिन्हा (b) सोमपाल
(c) मोन्टेकसिंह अहलूवालिया (d) डॉ. एस. पी. गुप्ता

119. 'भारत में आर्थिक नियोजन' पर पुस्तक निम्न में से किसके द्वारा लिखी गई?
(a) जगदीश चन्द्र बोस (b) सी. वी रमन
(c) आइन्स्टीन (d) सर एमं. विश्वेश्वरैया

120. प्रथम पंचवर्षीय योजना निम्न में से किस मॉडल पर आधारित थी?
(a) हेरॉड-डोमर मॉडल (b) क्रिक एवं वाटसन मॉडल
(c) अरस्तू मॉडल (d) गणितीय मॉडल

121. नेतृत्व के लिए निम्न में से कौन-सा गुण आवश्यक है?
(a) बुद्धिमत्ता (b) कठोरता
(c) अपरिपक्वता (d) आत्मकेन्द्रिता

122. ग्रामीण महिलाओं के समूह के नेता में निम्न में से कौन-सा प्रमुख गुण होना चाहिए?
(a) लचीलापन (b) समूह का हित
(c) स्वयं का हित (d) ये सभी गुण

123. एक अच्छा नेता होता है
(a) अपने अनुयायियों के बीच आपसी स्नेह एवं सौहार्दपूर्ण वातावरण बनाए
(b) अपने अनुयायियों के बीच तनावपूर्ण वातावरण पैदा करे
(c) अपने अनुयायियों को आपस में झगड़ने दे
(d) अपने अनुयायियों के बीच आपसी सम्बन्धों को न बनने दे

124. आप एक समूह के नेता हैं, जिसमें एक सदस्य को छोड़कर सभी सदस्य एक ही जाति व धर्म के हैं, उस सदस्य के प्रति आपका व्यवहार कैसा होना चाहिए?
(a) भेदभावपूर्ण (b) तनावपूर्ण
(c) निष्पक्ष (d) उदासीनतापूर्ण

125. समूह कार्य कहलाता है
(a) कार्यक्रम तैयार करना
(b) व्यक्तिगत कार्य प्रक्रिया
(c) लोगों के साथ मिल जुलकर कार्य करने की विधि
(d) मनोरंजन का एक प्रकार

126. आप जिस कम्पनी में कार्य करते हैं, उसकी उन्नति के लिए आपको अपने अधीनस्थों से किस प्रकार का व्यवहार करना चाहिए?
(a) कठोरता से (b) विनम्रता से
(c) उदासीनता से (d) चिड़चिड़ापन से

127. कोई विधायक अथवा सांसद नेता का निम्न में से कौन-सा प्रकार होता है?
(a) संस्थात्मक नेतृत्व (b) पेशेवर नेतृत्व
(c) प्रजातन्त्रीय नेतृत्व (d) एकतन्त्रीय नेतृत्व

128. 'बोगार्डस' ने नेतृत्व के लक्षणों को बताया है
(a) अस्थिरता, अहंकार (b) धैर्य, मित्रता, चेतना
(c) हठीलापन, लालचीपन (d) कठोरता, चिड़चिड़ापन

129. जाँच पड़ताल के प्रश्न (साक्षात्कारकर्ता (interviewer)) द्वारा पूछे जाने वाले)
(a) प्राथमिक प्रश्न के बाद पूछे जाते हैं
(b) व्यक्ति की ईमानदारी का परीक्षण करने के लिए उपयोग किए जाते हैं
(c) साक्षात्कारकर्ता में अनुभव और संवेदनशीलता की आवश्यकता
(d) (a), (b) एवं (c) तीनों सही हैं

130. एक स्पष्टीकरण जब सवाल में क्यों? का जवाब देता है, उसे कहते हैं
(a) व्याख्यान विवरण
(b) वर्णनात्मक विवरण
(c) कारण द्वारा स्पष्टीकरण
(d) उपरोक्त में से कोई भी सही नहीं है

131. निम्नलिखित परीक्षणों में से कौन–सा सुनने की क्षमता को इंगित करता है?
(a) ब्राउन कार्लसन परीक्षण
(b) एस. टी. ई. पी. परीक्षण (सीक्वनशियल टेस्ट आफ़ एडुकेंश्नल प्रोगेस)
(c) (a) एवं (b) दोनों सही हैं
(d) (a) एवं (b) दोनों गलत हैं

132. संरचित चयन साक्षात्कार
(a) साक्षात्कारकर्ता के निर्णयों में पूर्वाग्रहों और त्रुटियों को कम कर देता है
(b) साक्षात्कार की विश्वसनीयता और वैधता को बढ़ाता है
(c) उम्मीदवारों को उनकी अद्वितीय विशेषताओं का खुलासा करने से प्रतिबन्ध करता है
(d) उपरोक्त सभी सही हैं

133. संचार अनुसंधान प्रशिक्षण (Communication Research Training) के चरण निम्नलिखित हैं
(a) तैयारी, प्रशिक्षण, मूल्यांकन (b) प्रशिक्षण, मूल्यांकन, तैयारी
(c) मूल्यांकन, तैयारी, प्रशिक्षण (d) ये सभी गलत हैं

134. 'परसन् सेन्टरड एप्रोच' के संस्थापक कौन हैं?
(a) कार्ल रोजर्स (b) फ्रायड
(c) डस्टिन और जॉर्ज (d) क्रमबोल्टज

135. निम्नलिखित में से कौन–सा परामर्श के नैतिक सिद्धान्तों के अन्तर्गत नहीं आता है?
(a) न्याय (या निष्पक्षता) (b) स्वायत्तता के लिए सम्मान
(c) पक्षपात (d) गैर हानिकारता (हानिरहित)

136. मानसिक विश्लेषणात्मक पहुँच का प्रारम्भ इन्होंने किया था
(a) कोहलबर्ग (b) कार्ल रोजर्स
(c) पियाजे (d) सिगमंड फ्रायड

137. निम्नलिखित में से कौन–से तथ्य एक परामर्शदाता के लिए सही हैं?
(a) परामर्शदाता निदान के लिए साक्षात्कार स्क्रीनिंग का उपयोग नहीं करते
(b) परामर्शदाता निदान के लिए कभी भी मामले-इतिहास (case history) का प्रयोग नहीं करते
(c) परामर्शदाता परामर्श के लिए प्रोत्साहन और सलाह का उपयोग करते हैं
(d) (a) और (b) सही हैं

138. निम्नलिखित में से कौन–सा परामर्श का लक्ष्य नहीं है?
(a) व्यवहार बदलने की सुविधा
(b) निर्णय लेने की प्रक्रिया को बढ़ावा देना
(c) मुकाबला– कौशल बढ़ाना
(d) पारस्परिक सम्बन्धों को भंग करना

139. परामर्श का तरीका जिसमें परामर्शदाता की भूमिका ग्राहक की भूमिका से अधिक सक्रिय हो, उसे .... कहते हैं।
(a) निर्देश परामर्श
(b) गैर-निर्देश परामर्श
(c) उदार परामर्श
(d) उपरोक्त में से कोई भी सही नहीं है

140. निम्नलिखित में से कौन–सा समूह परामर्श का लाभ नहीं है?
(a) विवृत होने का अवसर प्रदान करता है
(b) हिस्सा लेने के वातावरण का अवसर प्रदान करता है
(c) इसका उपयोग नशीली दवाओं के दुरुपयोग जैसे मुद्दों के लिए नहीं कर सकते हैं
(d) (a) और (b) सही हैं

141. ग्रामीण व्यवस्था में विस्तार सेवा के लिए इनमें से कौन से जरूरी हैं?
(a) स्रोत से नया ज्ञान लेना
(b) ग्रामीण लोगों के लिए ज्ञान की व्याख्या करना
(c) जानकारी का प्रभावी ढंग से संचरण करना ताकि लोग उसका उपयोग कर सके
(d) उपरोक्त सभी

142. राष्ट्रीय योजना समिति जिसका गठन वर्ष 1938 में हुआ था, उसके पहले अध्यक्ष .... थे।
(a) महात्मा गाँधी
(b) जवाहरलाल नेहरू
(c) सरदार पटेल
(d) उपरोक्त में से कोई नहीं

143. इस योजना में तेजी से औद्योगिकीकरण (rapid industrialisation) पर जोर दिया गया और उसमें बुनियादी और भारी उद्योग विकास पर विशेष जोर दिया गया
(a) पहली पंचवर्षीय योजना
(b) दूसरी पंचवर्षीय योजना
(c) तीसरी पंचवर्षीय योजना
(d) उपरोक्त में से कोई नहीं

निर्देश (प्र.सं. 144-155) *नीचे लिखे गद्यांश को पढ़ और समझ कर प्रश्नों के उत्तर दीजिए*

गद्यांश

प्रभावी संचार के लिए व्यक्ति को सम्बन्ध क्षेत्र का वास्तविक रूप से ज्ञान होना चाहिए। ऐसा कहा जाता है कि विभिन्न लिखित एवं मौखिक साधनों से जो सूचनाएँ हम एकत्रित करते हैं, उन्हें हमारा मस्तिष्क संसाधित कर ज्ञान में बदल देता है तथा तत्पश्चात् चिन्तन मनन के उपरान्त यह बुद्धिमता का स्वरूप ले लेती है। जो व्यक्ति अपने मनोमस्तिष्क में, दक्षता से सूचना → ज्ञान → बुद्धिमता परिवर्तन करते हैं, सक्षम संचारक बन जाते हैं। संचारक को न केवल सन्देश के सार तत्व का अपितु पावक समूह के शैक्षणिक एवं सामाजिक स्तर का भी ध्यान रखना होता है। शिक्षा शास्त्रियों ने संचार के विभिन्न मॉडल बनाए हैं तथा मनोवैज्ञानिकों ने भी संचार प्रक्रिया के संप्रत्ययों की व्याख्या की है। इसी प्रकार संचार के विभिन्न रूप प्रचलन में आए हैं। प्रभावोत्पादक संचार करने के लिए हमें संचार चैनल का भी विवेकपूर्ण चयन करना होता है। सामुदायिक संगठनों में प्रभावशाली संचार करने वाले व्यक्ति को भावी नेता के रूप में देखा जाता है।

144. शिक्षा, भावना एवं कल्पना को इस प्रकार बाँटना कि वह सभी लोगों के लिये महत्त्वपूर्ण जानकारी हो जाए, इसको कहते हैं
(a) प्रसार शिक्षा (b) सामुदायिक विकास
(c) संचार (d) भाषण

145. वह व्यक्ति जो संदेश देता है
(a) पावक (b) संदेश (c) भेजने वाला (d) उपचार

146. लीगन के मॉडल में संचार के तत्व हैं
(a) स्पीकर – स्पीच – श्रोता
(b) सेंडर – एन्कोडर – चैनल – डिकोडर – रिसीवर
(c) वाहक – संदेश – चैनल – उपचार – श्रोता – श्रोता पर प्रभाव
(d) स्रोत – वाहक – संदेश – चैनल – डिकोडर – संदेश पावक

147. हमारा 70% समय संचार के इस माध्यम के उपयोग में बीतता है
(a) मौखिक (b) अमौखिक
(c) लिखित संचार (d) दृश्य, श्रव्य

148. संचार का मुख्य लक्ष्य है
(a) व्यवहार पर असर
(b) अन्य लोगों के व्यवहार पर असर
(c) अन्य लोगों के व्यवहार पर इस प्रकार परिवर्तन लाना कि वे कुछ उपयोगी कार्य करें
(d) उपरोक्त में से कोई नहीं

149. संचार वाहक एवं पाने वाले के बीच का भौतिक पुल है
(a) एन्कोडर (b) डिकोडर
(c) चैनल (d) पाने वाला (पावक)

150. अनपढ़ लोगों से संचार को हितकर बनाने के लिये किसका उपयोग करना चाहिये?
(a) रेडियो (b) फोटो व मौखिकी
(c) पैम्फलेट (d) फोल्डर

151. मीटिंग व नुमाइश के विषय में सूचना देने हेतु उपयुक्त तरीका है
(a) लीफलेट (b) पोस्टर
(c) पैम्फलेट (d) रेडियो, टी.वी. व अखबार

152. अपने व्यक्तित्व को दूसरे के व्यक्तित्व में दर्शाने की प्रक्रिया को साइकोलोजिस्ट कहते हैं
(a) सिम्पैथी (b) इम्पैथी (c) इन्टरैक्शन (d) होमोफिली

153. संचार का जवाब है
(a) एक दूसरे से विचारों का आदान-प्रदान
(b) समझना
(c) प्रतिपुष्टि
(d) एक दूसरे पर निर्भर होना

154. संचार के लिये सिखाने का सबसे सशक्त माध्यम है
(a) आमने सामने मिलना
(b) कार्य करके दिखाना
(c) कार्य करने का तरीका दिखाना
(d) दो तरीकों से किये कार्य का नतीजा फिल्म द्वारा दिखाना

155. सामुदायिक संगठन में नेता को किस प्रकार चिन्हित किया जा सकता है?
(a) बातचीत के द्वारा (b) शक्ल (सूरत) से
(c) उसका उत्साह (d) इनमें से कोई नहीं

156. विशिष्ट बालकों के लिए 'नया शब्द' कौन-सा उपयोग में लाया गया है?
(a) अभावग्रस्त योग्यता (b) कुक्रियान्वयन योग्यता
(c) विभिन्न योग्यतावाले (d) कुरूप योग्यता

157. बालकों के कल्याण के संगठन का क्या उद्देश्य है?
(a) मुद्रा एवं कोष प्राप्त करना
(b) समस्त को अच्छी सुविधा प्रदान करना
(c) शासकीय सेवाओं हेतु अपील
(d) कर्मचारियों की नियुक्ति

158. राष्ट्रीय स्तर पर बाल देखभाल किस सिद्धान्त पर आधारित है?
(a) बालक समस्यात्मक है (b) बालक अवयस्क है
(c) बालक राष्ट्रीय सम्पदा है (d) बालक सामाजिक प्राणी है

159. मध्यप्रदेश एवं उत्तरप्रदेश बाल नियम में, बालकों की अधिकतम आयु कितनी है?
(a) दस वर्ष (b) बारह वर्ष
(c) अठारह वर्ष (d) सोलह वर्ष

160. शोषणशील बालकों के लिये सुरक्षा में प्रथम क्या सम्मिलित है?
(a) शिक्षा (b) मनोरंजनात्मक
(c) सामाजिक (d) आहारीय

161. एसओएस ग्राम की अवधारणा क्या है?
(a) सामाजिक असन्तुलन (b) वरिष्ठ नागरिकों की देखभाल
(c) बालक के अधिकार (d) सामाजिक स्वीकृति सेवा

162. आईसीडीएस परियोजना कब प्रारम्भ की गई थी?
(a) 14 नवम्बर, 1962 (b) 15 अगस्त, 1980
(c) 2 अक्टूबर, 1975 (d) 26 जनवरी, 1976

163. भारतवर्ष में केन्द्रीय एवं राज्य सरकारों के स्तर पर विभिन्न योजनाओं में बाल एवं महिला हितों को समाविष्ट किया गया है। निम्नांकित में से कौन-सी योजना अत्यन्त विस्तृत है?
(a) समेलित बाल विकास सेवा योजना
(b) राष्ट्रीय ग्राम स्वास्थ्य मिशन
(c) राष्ट्रीय टीकाकरण कार्यक्रम
(d) राष्ट्रीय किशोरी शक्ति योजना कार्यक्रम

164. वह कौन-सा एपैक्स संस्थान है, जहाँ बच्चों एवं महिलाओं सम्बन्धित आँकड़े लेना, कार्यकताओं एवं प्रशिक्षकों को प्रशिक्षित करना तथा जन सहयोग एवं प्रकाशन कार्य करता है?
(a) एनसीईआरटी (b) एससीईआरटी
(c) निपसिड (d) इनमें से कोई नहीं

165. वह कौन-सा मन्त्रालय है, जिसके अन्तर्गत विशेष आवश्यकता वाले बच्चों एवं वयस्कों के कल्याण कार्यक्रम, प्रशिक्षण एवं संस्थान प्रबन्धित होते हैं?
(a) महिला एवं बाल विकास मन्त्रालय
(b) मानव संसाधन मन्त्रालय
(c) सामाजिक न्याय एवं सशक्त मन्त्रालय
(d) विज्ञान एवं तकनीकी विभाग

166. मानव संसाधन विकास मन्त्रालय किस सन् में स्थापित हुआ ?
(a) 1985 (b) 1980 (c) 1995 (d) 2005

167. निम्न में से कौन-सी अन्तर्राष्ट्रीय संस्था नहीं है?
(a) आईपीपीएफ (b) यूनीसैफ
(c) डब्लूएफपी
(d) इन्स्टीट्यूट ऑफ हैल्थ एण्ड फैमिली वैलफेयर

168. शिशु की प्रारम्भिक देख-रेख हेतु इनमें से क्या देना आवश्यक है?
(a) माँ का दूध (b) ऊपर का दूध (c) मिश्रित दूध (d) गाढ़ा दूध

169. बच्चों में भाषा सीखने की योग्यता अथवा भाषा नियमों को जानने की, जन्मजात क्षमता होती है।
(a) सहमत (b) अंशतः सहमत
(c) असहमत (d) अब तक प्रमाणित नहीं

170. बच्चे की प्रथम भाषा, अधिकांशतः माँ की भाषा, क्या कहलाती है?
(a) प्रथम भाषा (b) शिशु भाषा
(c) मातृ भाषा (d) पूर्व का कोई नहीं

171. किस शोधकर्ता ने दिखाया कि प्रत्येक आयु स्तर पर उच्च बुद्धिलब्धि वाले बच्चे सामान्य बुद्धि के बच्चों की तुलना में अधिक रचनात्मकता रखते हैं?
(a) जे. पियाजे (b) इरिक इरिक्सन
(c) वैश्लर (d) ऐल्बर्ट एवं एलियन्ट

172. मनोविश्लेषण से बच्चों की सहायता के सम्बन्ध में इन विशेषज्ञों में से किसने कहा है?
(a) इरिक इरिक्सन (b) मौन्टेसरी
(c) फ्रायड (d) वाटसन

173. 'बच्चे पुरस्कार एवं दण्ड से सीखते हैं' यह किस सिद्धान्तवादी ने कहा है?
(a) मनोविश्लेषणवादी (b) ज्ञानात्मक सिद्धान्तवादी
(c) व्यवहार सिद्धान्तवादी (d) उपचारात्मक सिद्धान्तवादी

174. 'बच्चों का विकास वंशानुक्रम से प्रभावित होता है' यह किसके द्वारा ज्ञात किया गया?
(a) गाल्टन (b) मैकड्गल (c) मेण्डल (d) पूर्व के समस्त

175. बाल विकास में वंशानुक्रम एवं वातावरण के समानान्तर प्रत्यय क्या है?
(a) वृद्धि और विकास (b) प्रकृति एवं मनुष्यकृत वातावरण
(c) प्रकृति एवं पालन पोषण (d) वृद्धि और परिपक्वता

176. एक नवजात शिशु अपनी माँ की आवाज को जन्म के कुछ ही दिनों के अन्दर पहचान लेता है।
(a) सत्य (b) असत्य
(c) अंशतः सत्य (d) पूर्व का कोई नहीं

177. मानवीय मस्तिष्क का विकास मानसिक योग्यता का आधार है। यह अत्यन्त तीव्र गति से किस आयु तक वृद्धि करता है?
(a) प्रथम वर्ष तक (b) द्वितीय वर्ष तक
(c) पाँच वर्ष तक (d) पूर्व शाला पूरे वर्षों तक

178. प्रथम तीन वर्षों में वृद्धि एवं विकास क्यों महत्त्वपूर्ण होता है?
(a) तीव्र शारीरिक वृद्धि होती है
(b) औसत क्रियात्मक विकास होता है
(c) वसा ऊतक विकसित होते हैं
(d) सभी वृद्धि एवं विकास होते हैं

179. 3 से 6 वर्ष की आयु में बच्चे इनमें से क्या सीख सकते हैं?
(a) अभिभावकीय भूमिका (b) शालेय समायोजन
(c) समुदाय कल्याण (d) परमअहम् मूल्य

180. इनमें से कौन-सा बालवाड़ी एवं आँगनवाड़ी कार्यक्रम का प्रकार है?
(a) निपसिड कार्यक्रम
(b) अभिभावकों के लिए शिक्षा का स्थान
(c) औपचारिक शिक्षा शाला
(d) अनौपचारिक शिक्षा शाला

181. पूर्व शालेय शिक्षा किसके द्वारा प्रारम्भ की गई थी?
(a) मैकमिलन बहनों द्वारा
(b) विचारक रूसो द्वारा
(c) व्यवहारवादी थार्नडाइक द्वारा
(d) सामाजिक कार्यकर्ता मदर टेरेसा द्वारा

182. पूर्व शालेय शिक्षा का क्या प्रयोग है?
(a) गणित सीखना (b) हिन्दी भाषा को सीखना
(c) प्रत्यय निर्माण (d) समाज की अवधारणा

183. पूर्व शाला में बालकों की सीखने की क्षमता किन पर आधारित होती है?
(a) वैयक्तिक आधारित क्षमता
(b) पाठ्यक्रम आधारित रचना
(c) शासकीय आधारित कार्यक्रम
(d) शिक्षक आधारित क्षमता

184. पूर्व शालेय आयु के दौरान सीखने की क्या प्रक्रिया है?
(a) स्मरण द्वारा सीखना
(b) लिखने द्वारा सीखना
(c) अनुकरण द्वारा सीखना
(d) दण्ड द्वारा सीखना

185. संज्ञानात्मक विकास का अध्ययन किसके द्वारा प्रारम्भ किया गया था?
(a) जीन पियाजे (b) हरबर्ट स्पेन्सर
(c) वाटसन (d) मेयर एवं ब्रिग्स

186. प्रारम्भिक बाल्यावस्था में शारीरिक वृद्धि किसके अनुपात में होती है?
(a) मानसिक आयु (b) सामाजिक आयु
(c) अस्थि आयु (d) परिपक्वता आयु

187. बाल्यावस्था के दौरान मित्रता किस प्रकृति की होती है?
(a) संस्कृति विज्ञानी (b) समवेशी
(c) अभिभावकीय (d) विषमवेशी

188. शिशु के दूध-पिलाने (फीडिंग) को व्यवस्थित करने के लिए शिशु को डकार दिलाना आवश्यक है।
(a) सहमत (b) असहमत
(c) आंशिक सहमत (d) इनमें से कोई नहीं

189. आई.सी.डी.एस. में कार्यकर्ताओं एवं प्रशिक्षकों को विविध स्तर पर उनके कौशल एवं क्षमताओं को बनाने के लिए किसके माध्यम से प्रशिक्षित किया जाता है?
(a) एडब्लूटीसी (b) एमएलटीसी
(c) एनसीईआरटी (d) ये सभी

190. आँगनवाड़ियों में भ्रमणकर्ता चिकित्सकों की टीम द्वारा समेलित बाल विकास सेवा योजना में विशेष आवश्यकता के बच्चों को प्रारम्भिक पहचान हेतु क्या प्रावधान किया गया है?
(a) शीघ्र पहचान
(b) परामर्श एवं सरकारी प्रावधानों का लाभ
(c) विशिष्ट कार्यक्रमों हेतु
(d) उपरोक्त सभी

191. बच्चों को कहानी सुनाने के लिए कठपुतलियाँ किन वस्तुओं से बनाई जा सकती हैं?
(a) चार्ट शीट्स (b) कागजों की प्लेट
(c) कागज के लिफाफों से (d) इन सभी वस्तुओं से

192. क्या बाल देखरेख केन्द्र में देखरेख प्रदायक एक शिक्षक एवं अभिभावक का पूरक है?
(a) सहमत (b) असहमत
(c) नहीं हो सकता (d) केवल शिक्षक

193. विशेष आवश्यकता के बच्चे को मुख्य धारा में लाने से पूर्व उसकी पहचान करना आवश्यक नहीं है।
(a) सहमत (b) असहमत
(c) अंशतः सहमत (d) परिस्थिति पर आधारित

194. यदि प्रतिभावान बालकों को मुख्य धारा में लाते हैं, तो स्कूल शिक्षिकाओं को विशेष शिक्षा का किस माध्यम से प्रशिक्षण चाहिए?
(a) विशेष पाठ्यक्रम प्रशिक्षण
(b) अंगीकृत कार्यक्रम के साथ नियमित बी.एड.
(c) विशेष शिक्षा के साथ बी.एड.
(d) पूर्वोक्त में से जो भी प्रशिक्षण उपलब्ध हो

195. बाल पालन-पोषण एवं शिक्षण की एक अत्यन्त महत्त्वपूर्ण तथा आवश्यक पूर्व तैयारी के रूप में क्या जानना आवश्यक है?
(a) बच्चे की क्षमता (b) बच्चे की रूचि
(c) बच्चे का झुकाव (d) बच्चे का बौद्धिक स्तर

196. परिवार कल्याण सेवा में क्या-क्या है?
(a) संरक्षण सेवाएँ (b) पूरक सेवाएँ
(c) विकल्प सेवाएँ (d) ये सभी

197. बच्चों के मध्य विभेद से बचाव हेतु किन शब्दों/प्रत्ययों का अब अधिक प्रयोग हो रहा है?
(a) सम्मिलित करना एवं मुख्य धारा
(b) पृथक्कीकरण
(c) विशेष कक्षाएँ एवं मुख्य धारा
(d) एकीकरण एवं संस्थागत

198. विशिष्ट बालकों एवं महिला की देखभाल हेतु राष्ट्रीय स्तर का कार्यक्रम क्या है?
(a) DMCAR (b) DCRAW
(c) DWCRA (d) DRACW

199. केन्द्रीय सरकार द्वारा 6-11 वर्ष के बालकों के लिए मध्यान्ह भोजन कार्यक्रम का प्रारम्भ कब हुआ?
(a) 1954-55 (b) 1956-57
(c) 1960-61 (d) 1962-63

200. श्रवण बाधित युक्त विशिष्ट आवश्यकता वाले बालकों की पहचान किसके द्वारा की जाती है?
(a) स्नेलन चार्ट (b) डीबी तकनीक
(c) पठन-पाठन परीक्षण (d) लैन्स

उत्तरमाला

1. (a)	2. (c)	3. (a)	4. (d)	5. (a)	6. (b)	7. (a)	8. (d)	9. (a)	10. (c)
11. (d)	12. (c)	13. (a)	14. (a)	15. (b)	16. (b)	17. (c)	18. (d)	19. (a)	20. (c)
21. (d)	22. (c)	23. (d)	24. (c)	25. (c)	26. (a)	27. (b)	28. (c)	29. (b)	30. (b)
31. (a)	32. (b)	33. (d)	34. (c)	35. (a)	36. (d)	37. (b)	38. (a)	39. (c)	40. (d)
41. (b)	42. (d)	43. (a)	44. (c)	45. (a)	46. (c)	47. (d)	48. (d)	49. (c)	50. (c)
51. (b)	52. (b)	53. (d)	54. (c)	55. (b)	56. (d)	57. (d)	58. (d)	59. (d)	60. (c)
61. (a)	62. (c)	63. (*)	64. (b)	65. (b)	66. (d)	67. (a)	68. (a)	69. (c)	70. (b)
71. (b)	72. (a)	73. (d)	74. (a)	75. (d)	76. (b)	77. (a)	78. (a)	79. (c)	80. (b)
81. (d)	82. (c)	83. (a)	84. (a)	85. (b)	86. (a)	87. (b)	88. (d)	89. (c)	90. (b)
91. (b)	92. (b)	93. (c)	94. (a)	95. (a)	96. (d)	97. (d)	98. (a)	99. (d)	100. (c)
101. (b)	102. (a)	103. (d)	104. (c)	105. (a)	106. (a)	107. (a)	108. (b)	109. (a)	110. (b)
111. (c)	112. (b)	113. (b)	114. (a)	115. (b)	116. (c)	117. (a)	118. (c)	119. (d)	120. (a)
121. (a)	122. (a)	123. (a)	124. (c)	125. (c)	126. (b)	127. (c)	128. (b)	129. (c)	130. (c)
131. (a)	132. (d)	133. (a)	134. (a)	135. (c)	136. (d)	137. (c)	138. (d)	139. (a)	140. (c)
141. (d)	142. (b)	143. (b)	144. (c)	145. (c)	146. (b)	147. (a)	148. (c)	149. (c)	150. (b)
151. (c)	152. (d)	153. (c)	154. (a)	155. (d)	156. (c)	157. (b)	158. (c)	159. (d)	160. (c)
161. (c)	162. (c)	163. (a)	164. (c)	165. (a)	166. (a)	167. (d)	168. (a)	169. (a)	170. (c)
171. (a)	172. (b)	173. (c)	174. (d)	175. (c)	176. (a)	177. (c)	178. (d)	179. (d)	180. (a)
181. (*)	182. (d)	183. (a)	184. (c)	185. (a)	186. (d)	187. (d)	188. (a)	189. (a)	190. (d)
191. (d)	192. (a)	193. (b)	194. (a)	195. (b)	196. (d)	197. (a)	198. (c)	199. (d)	200. (b)

नोट (*) *कोई भी विकल्प सही नहीं है।*

संकेत एवं हल

1. पूर्ण अवधि से पूर्व जन्मे शिशु को लगभग 3-4 ग्राम प्रति किग्रा प्रोटीन की प्रतिदिन आवश्यकता होती है।

2. WHO एवं UNICEF ने मातृ देखभाल केन्द्र की शुरूआत की है। इसका उद्देश्य ग्रामीण तथा शहरी महिलाओं को स्वास्थ्य सम्बन्धी शिक्षा देना है।

3. शिशु के छः माह पूर्ण होने पर उसे माँ के दूध के अतिरिक्त ठोस आहार; **जैसे**—फल, दलिया आदि दिया जाना चाहिए।

4. खसरा रोग पैरामिक्सो विषाणु के कारण होता है। यह रोग वायु द्वारा संचरित होता है एवं इससे श्वसन तन्त्र नाक, गला एवं श्वास नली प्रभावित होते हैं।

5. काली खाँसी या परट्यूसिस जीवाणु बैसिलस परट्यूसिस द्वारा उत्पन्न एक श्वसनीय रोग हैं, जिसमें खाँसी एवं ज्वर उत्पन्न होता है।

6. $1\frac{1}{2}$ माह या 6 सप्ताह के होने पर नवजात शिशु को DPT-1 का टीका लगाया जाता है, जो डिफ्थीरिया, परट्यूसिस एवं टिटेनस से शिशु की सुरक्षा करता है।

7. ग्लूकोमा एक नेत्र रोग विकार है, जिसमें उच्च दाब के कारण नेत्र की आकृति असामान्य हो जाती है तथा दृक् तन्त्रिका के नष्ट होने के कारण अन्धापन उत्पन्न हो सकता है।

8. बच्चों में तीव्र ध्वनि युक्त श्वसन, खाँसी तथा छाती का अन्दर धँस जाना निमोनिया के लक्षण हैं।

9. खसरे को फैलने से रोकने हेतु रोगी को अलग रखना चाहिए तथा उसे एक साल की आयु में MMR का टीका दिया जाना चाहिए।

10. परट्यूसिस या काली खाँसी ग्राम ऋणात्मक जीवाणु बैसिलस परट्यूसिस द्वारा होने वाला श्वसनी रोग है।

11. विटामिन D या कैल्सीफेरॉल कैल्शियम एवं फॉस्फोरस उपापचय द्वारा हड्डियों एवं दाँतों की वृद्धि हेतु आवश्यक होता है।

12. कोलीकैल्सीफेरॉल या विटामिन D_3 भोजन में ग्रहण किया जाता है, जो अस्थियों के विकास हेतु आवश्यक होता है।

13. एस्कॉर्बिक अम्ल या विटामिन C सह-एन्जाइम की भूमिका नहीं निभाता है, शेष विटामिन B- संकुल के सदस्य हैं, जो अनेक सह-एन्जाइमों के आवश्यक घटक होते हैं।

14. नियासिन या विटामिन B_3 अण्डे की जर्दी में लगभग 15% मात्रा में उपस्थित होता है।

15. कैल्शियम की कमी से टिटेनी एवं रिकेट्स रोग उत्पन्न हो जाते हैं। रिकेट्स रोग में त्वचा शुष्क हो जाती है।

16. एक व्यस्क महिला को प्रतिदिन लगभग 50 ग्राम प्रोटीन की आवश्यकता होती है।

17. 1 μ gm रेटिनॉल 6 μgm β- कैरोटिन के समतुल्य होता है, अतः 600 μ gm रेटिनॉल 3600 μ gm. β- कैरोटिन के समान होता है।

18. एक व्यस्क पुरुष जो मध्यम श्रेणी का कार्य करता है, उसे प्रतिदिन 2230 किलोकैलोरी ऊर्जा की आवश्यकता होती है।

19. विटामिन-A की कमी से रतौंधी रोग हो जाता है, जिसमें रोगी को रात में दिखाई नहीं देता है।

20. विटामिन E या टोकोफेरॉल एक ऑक्सीकारक की भाँति कार्य करता है। इसे सौन्दर्य या जनन विटामिन भी कहते हैं।

21. विटामिन B_{12} एवं B_9 या फॉलिक अम्ल की कमी से मेगालोब्लास्टिक रक्ताल्पता उत्पन्न होती है।

22. विटामिन B_{12} या सायनोकोबालामिन के स्रोत मीट, अण्डे, यकृत, मछली आदि हैं।

23. बॉम्ब कैलोरीमीटर के द्वारा खाद्य पदार्थों की ऊर्जा का मान ज्ञात किया जाता है।

24. ऊतक निर्माण हेतु विभाजनशील कोशिकाओं को प्रोटीन, सूक्ष्म पोषक तत्वों एवं ऊर्जा की अतिरिक्त आवश्यकता होती है।

25. अंकुरण की प्रक्रिया द्वारा सुप्त बीज के अनेक एन्जाइम सक्रिय हो जाते हैं जिससे बढ़ी हुई उपापचयी क्रियाओं के कारण अनेक पोषक तत्वों की मात्रा में वृद्धि हो जाती है।

26. बालिकाओं में किशोरावस्था की द्रुत वृद्धि अवधि लगभग 11-14 वर्ष के मध्य होती है।

27. नवदुग्ध (खीस) में प्रोटीन की मात्रा सामान्य दूध की तुलना में दोगुनी होती है, जो नवजात की रोग प्रतिरोधक क्षमता बढ़ाती है।

28. सामान्य स्वस्थ शिशु का भार उसके जन्म से 1 वर्ष पश्चात् लगभग तीन गुना होता है।

29. ICMR द्वारा स्वीकृत दैनिक आहारीय प्रोटीन की मात्रा 1 ग्राम/किग्रा शारीरिक भार है।

30. पालक लौह तत्व का सर्वोत्तम स्रोत होता है।

31. ऊर्जा के अतिरिक्त प्रोटीन, कैल्शियम एवं लौह तत्व हेतु स्तनपान करवाने वाली स्त्री की आवश्यकताएँ, गर्भवती महिला के समान ही होती हैं।

32. मैग्नीशियम के अतिरिक्त प्रोटीन, कैल्शियम की आवश्यकता गर्भवती स्त्री को अधिक होती है, क्योंकि ये तत्व भ्रूण के परिवर्धन एवं पोषण हेतु अत्यावश्यक होते हैं।

33. गर्भावस्था में भ्रूण के परिवर्धन एवं पोषण हेतु बढ़ी हुई आधारीय उपापचयी दर के कारण उच्च रक्तचाप, सूजन एवं मूत्र में प्रोटीन गर्भावस्था की विषाक्तता कहलाते हैं।

34. गर्भावस्था में उच्च रक्त शर्करा के कारण उत्पन्न मधुमेह, जेस्टेशनल मधुमेह कहलाता है।

35. प्रसव पूर्व गर्भवती महिला को टिटेनस के दो टीके लगाए जाते हैं।

36. गर्भवती महिला को समुचित पौष्टिक आहार लेना चाहिए तथा अधिक श्रम, कब्ज, विकिरणों, मदिरा, धूम्रपान आदि से परहेज करना चाहिए।

37. BCG का टीका शिशुओं को क्षय रोग से बचाता है। यह टीका $1\frac{1}{2}$ माह के शिशु को लगाया जाता है।

38. DPT टीका; D- डिफ्थीरिया, P-परट्यूसिस एवं T-टिटेनस से सुरक्षा प्रदान करता है।

39. पोलियों से बचाव हेतु शॉल्क का टीका मुँह से दिया जाता है।

40. डेन्गू रोग हेतु वर्तमान में टीका उपलब्ध नहीं है। इस विषाणुजन्य रोग का वाहक एडिज एजिप्टी मच्छर है।

41. रोटावायरस टीका अतिसार या दस्त से नवजात शिशुओं की रक्षा करता है।

42. ऑटोक्लेव में 121-134°C की गर्न जलवाष्प का उपयोग कर उपकरणों का निजर्मीकरण किया जाता है।

43. निमोनिया के अतिरिक्त शेष रोगों जैसे—काली खाँसी एवं डिफ्थीरिया के बचाव हेतु DPT टीका एवं शिशुओं में TB से बचाव हेतु BCG का टीका उपलब्ध है।

44. शीतल शृंखला टीकों का परिरक्षण 2°–8°C तापमान पर किया जाता है।

45. जननी सुरक्षा योजना का क्रियान्वयन राष्ट्रीय ग्रामीण स्वास्थ्य मिशन के अन्तर्गत किया जा रहा है। इसका शुभारम्भ 12 अप्रैल, 2015 में किया गया था। इसका उद्देश्य गर्भवती महिलाओं को स्वास्थ्य सुरक्षा प्रदान करना है।

46. मातृ मृत्यु दर (MMR) का सम्बन्ध गर्भवती महिला के सुरक्षित प्रसव एवं जीवन से है।

47. समेकित बाल विकास सेवाओं (ICDs) के अन्तर्गत 6 वर्ष से कम आयु के बच्चे एवं उनकी माताएँ लाभान्वित होती हैं।

48. समेकित बाल विकास सेवाओं में 15-44 वर्ष की सभी स्त्रियाँ सम्मिलित हैं।

49. NIPCCD दिल्ली एवं गुवाहाटी में ICDs पदाधिकारियों का प्रशिक्षण होता है।

50. आयोडीन की कमी से थॉयरोक्सीन (T_4) हॉर्मोन के स्त्रावण में कमी आ जाती है, जोकि बौनापन का कारण है।

51. आवश्यक वसीय अम्लों की कमी से त्वचा सम्बन्धी रोग या विकार उत्पन्न हो जाते हैं, जिनमें बालों का झड़ना भी शामिल है।

52. प्रश्न संख्या 28 की व्याख्या देखें।

53. विटामिन-A रेटिनॉल में परिवर्तित होकर यकृत में संचित रहता है।

54. विटामिन-K को स्कंदनकारक भी कहते हैं। अतः इसकी कमी से गर्भवती महिला में शिशु या भ्रूण में रक्तस्त्राव हो सकता है।

55. माँ के दूध में लौह युक्त प्रोटीन लैक्टोफैरिन पाया जाता है, जो लौह अवशोषण एवं प्रतिरक्षा तन्त्र हेतु आवश्यक होता है।

56. पंचायती राज में महिलाओं की भागीदारी बढ़ाने के लिए $\frac{1}{3}$ सीटों को सभी स्तर पर महिलाओं के लिए अनिवार्य रूप से आरक्षित कर दिया गया है। यदि राज्य चाहे तो महिलाओं के लिए आरक्षण को 50% तक कर सकता है।

57. भारत में कुल 18% आदिवासी अनुसन्धान संस्थान हैं। अतः दिए गए विकल्प में सबसे उपयुक्त उत्तर d है।

58. भारतीय सामाजिक सहयोग प्रोग्राम के अन्तर्गत आते हैं
- इन्दिरा गाँधी राष्ट्रीय वृद्धा पेंशन योजना
- राष्ट्रीय परिवार लाभ योजना
- अन्नपूर्णा योजना
- इन्दिरा गाँधी राष्ट्रीय अपंगता पेंशन योजना

59. 18 माह या $1\frac{1}{2}$ वर्ष का होने पर शिशु को हीपेटाइटिस -B का चौथा टीका देना चाहिए।

60. 50 संख्याओं का योग = 50 × 38 = 1900
दो संख्याओं (45, 55) को निकालने पर शेष 48 संख्याओं का योग
$$= 1900 - (45 + 55) = 1800$$
शेष 48 संख्याओं का औसत $= \frac{1800}{48} = 37.5$

61. माना बच्चे की आयु x वर्ष है
तीन वर्ष पूर्व पाँच सदस्यों की आयु का योग
$$= (5 \times 17) \text{ वर्ष} = 85 \text{ वर्ष}$$
वर्तमान में पाँच सदस्यों की आयु का योग = 85 + (5 × 3) = 100 वर्ष
वर्तमान औसत = 17 वर्ष
$$\frac{100 + x}{6} = 17$$
$$l = 102 - 100 = 2 \text{ वर्ष}$$

62. सूजाक एक यौन संचरित रोग (STD) है, जो जीवाणु *नीसोरिया गोनेरी* द्वारा लैंगिक सम्बन्धों से फैलता है।

63. विटामिन B_{12} का रासायनिक नाम सायनोकोबालएमीन ($C_{63}H_{88}CoN_{14}O_{14}P$) है।

64. वे अंग जिनका शरीर में कोई भी उपयोग नहीं होता है, अवशोषी अंग कहलाते हैं। **उदाहरण**-मानव के कर्ण पिन्ना

65. 19 मार्च 2013 को लोक सभा द्वारा बलात्कार संशोधन अधिनियम 2013 पारित किया गया।

66. भारतीय दण्ड विधान की धारा 375 में 'रेप' शब्द का उल्लेख है, जिसका शाब्दिक अर्थ बलात्कार होता है।

67. राष्ट्रीय खाद्य सुरक्षा अधिनियम 2013 में गेहूँ के लिए निर्धारित कीमत ₹ 1 प्रति किग्रा तथा चावल के लिए ₹ 2 प्रति किग्रा है।

68. संविधान के अनु. 24 में बाल मजदूरी का निषेध किया गया है। इसमें 14 वर्ष से कम आयु के बच्चे आते हैं।

75. इरेप्सिन एन्जाइम आन्त्र में प्रोटीन का पाचन कर इसे अमीनों अम्लों में तोड़ता है।

77. किशोरावस्था में द्वितीयक लैंगिक लक्षणों एवं सहायक जननांगों के विकास हेतु लैंगिक हॉर्मोनों का स्त्रावण बढ़ जाता है।

80. कक्षा में विद्यार्थियों की अभीष्ट संख्या
$$= 7 + 26 - 1 = 33 - 1 = 32$$

81. प्रश्नानुसार,

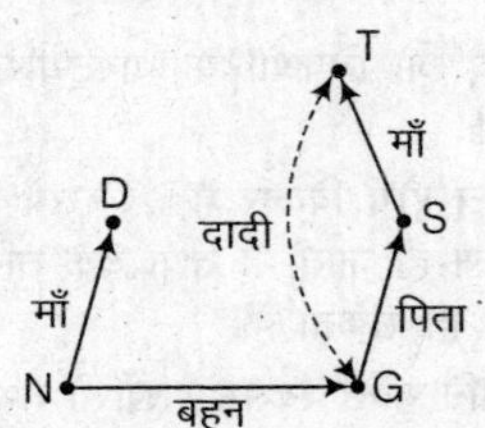

उपरोक्त से स्पष्ट है कि 'T', G की 'दादी' हैं।

82. ∵

A	M	E	R	I	C	A	S
5	6	1	7	8	2	5	0

तथा

E	U	R	O	P	E
1	3	7	4	9	1

∴

P	R	E	C	I	S	E
9	7	1	2	8	0	1

83.

T C × ×S

T = टैक्सी
S = स्कूटर
C = गाड़ी

84. चूँकि किताबों को ले जाने के लिए थैले का प्रयोग किया गया है तथा प्रश्न में थैले को 'शब्दकोश' कहा गया है। अतः किताबों को ले जाने के लिए शब्दकोश का इस्तेमाल होगा।

85. माना अंक x है।
प्रश्नानुसार, $4x - x = 36$
$$3x = 36$$
$$x = 12$$

86. कुल ऋण = ₹ 80,000
चक्रवृद्धि ब्याज दर = 10% वार्षिक
समय = $1\frac{1}{2}$ वर्ष

$$\text{कुल राशि} = 80,000\left(1+\frac{10}{100}\right)^{1\frac{1}{2}}$$

$$= 80,000\left(\frac{11}{10}\right)^{\frac{3}{2}} = ₹\ 92,400$$

87. माना प्रारम्भ में चमेली के पास ₹ x थे तब
प्रश्नानुसार,
x का $(100-75)\% = 600$
$\Rightarrow$ x का $25\% = 600$
$\Rightarrow$ $\frac{x \times 25}{100} = 600$
$\therefore$ $x = \frac{600 \times 100}{25} = ₹\ 2400$

88. मल्लिका के पास बची अभीष्ट राशि
$= 1000 - (267.85 + 138.04 + 59.66)$
$= 1000 - 465.55 = ₹\ 534.45$

89. पंक्ति में कुल सदस्य = (7 + 33) – 1 = 39
यदि राम आगे से 20वें स्थान पर है, तो पीछे से भी 20वें स्थान पर होगा।

90. अम्बेडकर शिक्षा पुरस्कार सामाजिक न्याय एवं अधिकारिता मन्त्रालय द्वारा दिया जाता है।

91. राष्ट्रीय स्वास्थ्य बीमा योजना श्रम एवं रोजगार मन्त्रालय द्वारा संचालित किया जाता है।

92. पंचायती राज को लोकतन्त्र की जड़ माना जाता है। इससे लोकतन्त्र का विस्तार निचले स्तर पर होता है।

93. मनरेगा योजना का संचालन ग्रामीण विकास हेतु ग्रामीण विकास मन्त्रालय द्वारा किया जा रहा है।

94. प्रधानमन्त्री जनधन योजना का सम्बन्ध वित्तीय समावेशन से है, जो आर्थिक कल्याण से सम्बन्धित है।

95. प्रशान्त महासागर में सबसे गहरा गर्त मैरियाना ट्रैंच है।

96. बंगलुरु को इलेक्ट्रॉनिक शहर कहा जाता है। भारत में सर्वाधिक IT कम्पनियाँ यहीं स्थित हैं।

97. विश्व बैंक के अनुसार भारत में 35% भूमि पर सिंचाई की सुविधा उपलब्ध है, जबकि भारत सरकार के अनुसार 45% भूमि सिंचित है।

98. भारत ने सर्वप्रथम ओलम्पिक स्वर्णपदक हॉकी में 1928 में जीता था।

99. खाद्य एवं कृषि संगठन की स्थापना 16 अक्टूबर, 1945 को हुई इसका मुख्यालय इटली की राजधानी रोम में है।

100. हिन्दू विवाह अधिनियम, 1955 में पारित किया गया। इसमें समय-समय पर संशोधन किया गया है।

101. दहेज निषेध अधिनियम 27 मई, 1961 को पारित किया गया था। 1988 में इसमें व्यापक संशोधन किए गए।

102. 12 सितम्बर, 2013 को राष्ट्रीय खाद्य सुरक्षा अधिनियम, पारित किया गया है।

103. यौन प्रताड़ना के अन्तर्गत शामिल हैं
1. जबरदस्ती यौन सम्पर्क 2. यौन पर टिप्पणी करना
3. अवधितित शारीरिक सम्पर्क 4. गलत इशारे करना
5. लगातार घूरना

104. बाल विवाह निरोधक अधिनियम, 1929 को 1978 में संशोधित किया गया। दिए गए विकल्प के अनुसार, उपयुक्त उत्तर (c) होगा।

105. विशिष्ट बालकों के लिए शिक्षकों की अलग-अलग प्रतिक्रियाएँ नवीन विचारों से सम्बन्धित हो सकती हैं। ये विचार एक-दूसरे के पूरक भी हो सकते हैं।

106. नि: शुल्क और अनिवार्य शिक्षा अधिनियम, 2009 में सर्वाधिक बल सहशिक्षा, बच्चों के अनुकूल शिक्षा पाठ्यक्रम आदि पर दिया गया है।

108. चार लाख सात हजार नौ सौ अट्ठाइस

109. $[(2+2)^2]^2$
$[(2+2)^2]^2 = (4^2)^2 = 4^4 = 256$
$(2+2+2)^2 = 6^2 = 36$
$(4)^2 = 16$
$(2 \times 2 \times 2)^2 = 8^2 = 64$
$256 > 64 > 36 > 16$

110. मध्याह्न भोजन कार्यक्रम की शुरूआत 1 जुलाई, 1995 को हुई थी। इसे सबसे पहले उड़ीसा तथा मध्य प्रदेश में शुरू किया गया था।

111. पारसन्स एक महान समाजशास्त्री था। उन्होंने मानव विकास के सभी पक्षों पर समान रूप से बल दिया।

112. न्यूनतम आवश्यकता कार्यक्रम की शुरूआत पाँचवी पंचवर्षीय योजना के दौरान की गई।

113. महिला एवं बाल विकास मन्त्रालय महिलाओं तथा बालकों से सम्बन्धित कल्याण की योजनाओं का क्रियान्वयन करता है।

114. प्रथम पंचवर्षीय योजना को जवाहरलाल नेहरू द्वारा 8 दिसम्बर, 1951 को संसद में प्रस्तुत किया गया था।

115. राष्ट्रीय नियोजन समिति की स्थापना वर्ष 1938 में जवाहर लाल नेहरू की अध्यक्षता में की गई थी।

116. दसवीं पंचवर्षीय योजना में शिशु मृत्यु दर को 45 प्रति हजार करने का लक्ष्य निर्धारित किया गया था।

117. घरेलू हिंसा महिला संरक्षण अधिनियम 2005 को 2006 में लागू किया गया। इसका उद्देश्य महिलाओं को घरेलू स्तर पर शोषण से बचाना है।

118. मोन्टेक सिंह अहलूवालिया दसवीं पंचवर्षीय योजना के सदस्य नहीं थे।

119. एम. विश्वेश्वरैया ने प्रसिद्ध पुस्तक '' भारत में आर्थिक नियोजन'' लिखी।

120. प्रथम पंचवर्षीय योजना (1951-56) हेरॉड-डोमर मॉडल पर आधारित थी।

121. दिए गए विकल्प में सर्वाधिक उपयुक्त विकल्प बुद्धिमत्ता है।

122. लचीलापन नेताओं का प्रमुख गुण होना चाहिए ताकि सामंजस्य बनाया जा सके।

123. अनुयायियों के बीच आपसी स्नेह एवं सौहार्द का वातावरण बनाए रखना कुशल नेतृत्व का आवश्यक लक्षण है।

124. निष्पक्षता नेता के लिए आवश्यक गुण है।

125. समूह कार्य में अनेक लोगों के साथ मिलकर कार्य किया जाता है।

126. कम्पनी के उच्चस्थ अधिकारियों का व्यवहार विनम्र होना चाहिए।

127. विधायक/सांसद को प्रजातन्त्रीय नेतृत्व का सहारा लेना चाहिए।

128. बोगार्ड्स ने नेतृत्व के लक्षणों में धैर्य, मित्रता तथा चेतना को महत्वपूर्ण माना है।

129. दिए गए सभी विकल्प उपयुक्त हैं।

130. जब स्पष्टीकरण के प्रश्न में क्यों लाया जाता है, तो इसमें कारण के साथ-साथ स्पष्टीकरण भी शामिल होता है।

131. ब्राउन कार्लसन परीक्षण का सम्बन्ध सुनने की क्षमता से है।

132. संरचित चयन साक्षात्कार में साक्षात्कार के स्तर प्रश्न विधि आदि का चयन पहले कर लिया जाता है।

133. संचार के चरण हैं–तैयारी-प्रशिक्षण-मूल्यांकन

134. कार्ल रोजर्स 'परसन सेंण्टर्ड एप्रोच'' के संस्थापक हैं।

135. पक्षपात को परामर्श के नैतिक सिद्धान्त के अन्तर्गत् नहीं रखा जाता है।

136. मानसिक विश्लेषणात्मक पहुँच की शुरूआत सिगमण्ड फ्रायड ने की थी।

137. परामर्शदाता परामर्श के लिए प्रोत्साहन और सलाह का उपयोग करते हैं।

138. पारस्परिक सम्बन्धों को भंग करना परामर्श का लक्ष्य नहीं है।

139. प्रश्न संख्या 137 की व्याख्या देखें

140. समूह परामर्श का सामूहिक हितों के पक्षों जैसे नशाखोरी, जुआ आदि के लिए भी किया जाता है।

141. ग्रामीण व्यवस्था में विस्तार सेवा हेतु आवश्यक है

(i) स्रोतों से नया ज्ञान लेना

(ii) ग्रामीण लोगों के लिए ज्ञान की व्याख्या करना

(iii) जानकारी का प्रभावी ढंग से संचारण करना ताकि लोग उसका उपयोग कर सकें।

142. प्रश्न संख्या 115 की व्याख्या देखें

143. दूसरी पंचवर्षीय योजना में मुख्य बल तेजी से औद्योगिकीरण पर दिया गया है।

156. विशिष्ट बालकों के लिए प्रयुक्त 'नया' शब्द विभिन्न योग्यता को बताता है।

157. बालकों के कल्याण के लिए संगठन का उद्देश्य सभी को आवश्यक सुविधा उपलब्ध कराना है।

158. मानव संसाधन के महत्व को देखते हुए बालकों को वर्तमान में राष्ट्रीय सम्पदा माना जा रहा है।

159. मध्य प्रदेश तथा उत्तर प्रदेश में बालकों की अधिकतम आयु 14 वर्ष है। परन्तु दिए गए विकल्प के अनुसार निकटम उत्तर 16 वर्ष होगा।

160. शोषणशील बालकों की सुरक्षा का प्रथम उपाय सामाजिक रूप से किया जाना चाहिए।

161. एस ओ एस ग्राम की अवधारणा बाल अधिकारों से सम्बन्धित है। इसमें बालकों के सर्वांगीण विकास पर बल दिया जाता है।

162. समन्वित बाल विकास कार्यक्रम की शुरूआत 2 अक्टूबर, 1975 में की गई थी।

163. समेकित बाल विकास सेवा योजना में बालकों एवं महिलाओं के हितों को समाविष्ट किया गया है।

164. निपसिड एक सर्वोच्च संस्थान है, जो बच्चों तथा महिलाओं से सम्बन्धित आँकड़े लेता है तथा प्रकाशित करवाता है।

165. महिला एवं बाल विकास मन्त्रालय विशेष आवश्यकता वाले बच्चों के कल्याण से सम्बन्धित कार्य करता है।

166. 26 सितम्बर, 1985 में मानव संसाधन विकास मन्त्रालय की स्थापना की गई।

167. इन्स्टीट्यूट ऑफ हैल्थ एण्ड फैमिली वेलफेयर भारत सरकार का संस्थान है।

168. माँ का दूध शिशु की प्रारम्भिक देखरेख हेतु अति आवश्यक है।

169. बच्चों में भाषा सीखने की योग्यता अथवा भाषा नियमों को जानने की जन्मजात क्षमता होती है।

170. बच्चे की भाषात्मक शुरूआत मातृभाषा से होती है।

171. पियाजे सिद्धान्त के अनुसार प्रत्येक स्तर पर उच्च बुद्धिलब्धि वाले बच्चे सामान्य बुद्धि के बच्चों की तुलना में अधिक रचनात्मकता रखते हैं।

172. मौण्टेसरी ने बच्चों को सीखने में सहायता पर विशेष बल दिया।

173. व्यवहारवादी सिद्धान्त पुरस्कार तथा दण्ड दोनों को सीखने में महत्त्वपूर्ण प्रेरक मानते हैं।

174. गाल्टन, मैक्डूगल तथा मैण्डल तीनों ने विकास में वंशानुगत प्रभाव को स्वीकार किया है।

175. दिए गए विकल्प में सर्वाधिक उपयुक्त उत्तर विकल्प (c) में है।

176. एक नवजात शिशु अपनी माँ की पहचान आवाज तथा हॉर्मोन के स्रावित होने वाले गन्ध से करता है।

177. मानवीय मस्तिष्क का तीव्र विकास 5 से 7 वर्ष तक होता है।

178. प्रथम तीन वर्षों में सभी पक्षों का तीव्र वृद्धि एवं विकास होता है।

179. 3 से 6 वर्ष की आयु के बच्चे दिए गए विकल्पों में सर्वाधिक परम अहम् मूल्यों को सीखते हैं।

180. बालवाड़ी तथा आँगनवाड़ी कार्यक्रम निपसिड कार्यक्रम का एक अंग है।

181. पूर्व शालेय शिक्षा को किण्डरगार्टन ने शुरू किया था।

182. पूर्व शालेय शिक्षा का प्रयोग समाज की अवधारणा को स्पष्ट करने में किया जाता है।

183. पूर्वशाला में बालकों के व्यक्तित्व तथा क्षमता को विकसित करने का पर्याप्त अवसर दिया जाता है।

184. पूर्व शालेय आयु के दौरान सीखने की प्रक्रिया में सर्वाधिक बल अनुकरण को दिया जाता है।

185. संज्ञानात्मक विकास के सिद्धान्त का प्रतिपादन जीन पियाजे ने किया था।

186. प्रारम्भिक बाल्यावस्था में शारीरिक वृद्धि की माप परिपक्वता आयु से की जाती है।

187. बाल्यावस्था के दौरान मित्रता की प्रकृति विषमवेशी होती है। इसमें समरूपता, समान विचार, समान प्रवृत्ति आदि पर बल नहीं दिया जाता है।

188. डकार से गैस निकलती है, ताकि उसे दूध आसानी से पिलाया जा सके।

189. आँगनवाड़ी वर्किंग ट्रैनिंग सेन्टर (AWTC) में ICDS के कार्यकर्ताओं को प्रशिक्षित किया जाता है।

190. आँगनवाड़ी की भूमिका निम्नलिखित हैं

(i) लाभार्थी की पहचान में

(ii) परामर्श एवं सरकारी योजना के क्रियान्वयन में

(iii) विशिष्ट कार्यक्रम में

191. कठपुतलियों का निर्माण लकड़ी, चार्ट, कागज आदि से किया जाता है।

192. बाल देखरेख केन्द्र में प्रदायक शिक्षक तथा अभिभावक की भूमिका निभाता है।

193. बिना पहचान किए विशेष आवश्यकता के बच्चों को मुख्य धारा में लाना सम्भव नहीं है।

194. दिए गए विकल्प में विकल्प (a) सर्वाधिक उपयुक्त है, क्योंकि इसके लिए अलग से B.Ed करवाना उचित नहीं है।

195. दिए गए विकल्प में सर्वाधिक महत्त्वपूर्ण बच्चे की रूचि है।

196. परिवार कल्याण के अन्तर्गत संरक्षण सेवा, पूरक सेवा विकल्प सेवा आदि सम्मिलित हैं।

197. सम्मिलित प्रत्ययों का प्रयोग करके वैचारिक मतभेद को समाप्त किया जा सकता है।

198. DWCRA का मुख्य उद्देश्य ग्रामीण क्षेत्रों में महिलाओं तथा बालकों का सर्वांगीण विकास करना है।

199. प्रश्न संख्या 110 की व्याख्या देखें

200. डीबी तकनीक श्रवण बाधित बालकों के लिए उपयोगी होती है। स्नेलन चार्ट दृष्टि बाधित छात्रों के लिए उपयोगी होता है।

Unit-I

पोषण एवं स्वास्थ्य

अध्याय
01

पोषण

भोजन जीवन की परम आवश्यकता है। प्राचीन काल से ही मानव की उत्सुकता भोजन की खपत तथा शरीर में इसके पाचन एवं प्रभाव जैसे विषयों पर बनी रही है। जिसके परिणामस्वरूप 'पोषण विज्ञान' (Science of Nutrition) का जन्म हुआ। लवोसियर (Lavosiar) को पोषण विज्ञान का पिता माना जाता है। नर्सों के लिए इस विषय की जानकारी अत्यन्त महत्त्वपूर्ण मानी जाती है क्योंकि रोगियों को स्वस्थ बनाने के लिए उन्हें पर्याप्त मात्रा में ऊर्जा देना आवश्यक है।

पोषक Nutritents

वे पदार्थ जो हमारे भोजन में मौजूद हैं तथा शरीर की महत्त्वपूर्ण क्रियाओं के लिए जिनकी खपत की जाती है, उन्हें 'पोषक' कहा जाता है। पोषक पदार्थों में विभिन्न प्रकार के महत्त्वपूर्ण तत्व होते हैं। जिनको नीचे दिए गए चार्ट के माध्यम से आसानी से समझा जा सकता है।

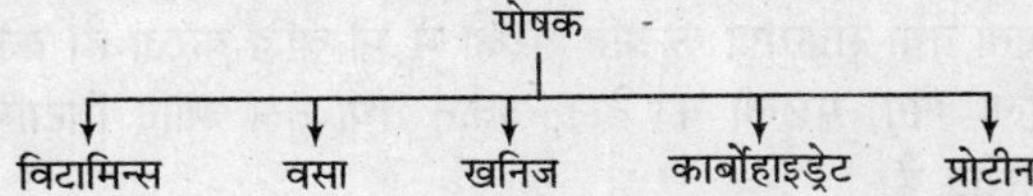

भोजन का वर्गीकरण Classification of Food

भोजन में सभी समूहों के पोषक तत्व आवश्यक अनुपातों में पाए जाते हैं। यदि कोई पोषक तत्व अधिक मात्रा में प्रयोग कर लिया जाए, अथवा उसकी कमी हो जाए तो इससे शरीर का उपापचय बदल सकता है और विभिन्न प्रकार की असमानताएँ पैदा हो सकती हैं। इसलिए ऐसी स्थिति से बचने के लिए अनेकों भोजन करने की सिफारिश की जाती है। खुराक सम्बन्धी उचित नियोजन से पोषकों की कमी से होने वाले रोगों से बचा जा सकता है। *भोजन का वर्गीकरण मुख्यत: दो आधार पर किया जा सकता है*

मूल स्रोतों के आधार पर भोजन का वर्गीकरण Classification of Food Based on Basic Sources

मूल स्रोतों के आधार पर भोजन को मूलत: दो भागों में विभाजित किया जा सकता है

वनस्पति से प्राप्त भोजन

वह भोजन जिसे वनस्पति से प्राप्त कर उपयोग में लाया जाता है जैसे- अनाज, चावल, फल, सब्जियाँ, शक्कर, तेल, बीज आदि।

पशुओं से प्राप्त भोजन

वह भोजन जिसे पशुओं से प्राप्त कर उपयोग में लाया जाता है जैसे- मांस, दूध, दही, संतृप्त वसा, अण्डा आदि।

रासायनिक रचना एवं स्रोतों के आधार पर भोजन का वर्गीकरण Classification of Food Based on Chemical Structure and Sources

किसी भी सन्तुलित खुराक में सभी पोषक तत्वों का उचित मात्रा में होना जरूरी है। इनकी शरीर की जरूरत से कम अथवा अधिक मात्रा समस्थिति (Homeostasis) में विकार पैदा कर सकती है। इसके बचाव हेतु भोजन के रासायनिक संगठन की जानकारी आवश्यक है *जिसका वर्णन निम्नवत् है*

कार्बोहाइड्रेट Carbohydrates

कैलोरी की जरूरत को पूरा करने के लिए कार्बोहाइड्रेट प्राथमिक स्रोत है, इसलिए इसे ऊर्जा देने वाला भोजन भी कहा जाता है। कार्बोहाइड्रेट की रासायनिक रचना में कार्बन, हाइड्रोजन और ऑक्सीजन शामिल हैं।

कार्बोहाइड्रेट के स्रोत Sources of Carbohydrates

सभी प्रकार की शर्करा, शक्कर शहद, अनाज, दालें, जड़ें और कन्द जैसे-आलू, अरबी तथा शकरकन्दी आदि कार्बोहाइड्रेट के महत्त्वपूर्ण स्रोत हैं। कार्बोहाइड्रेट की मात्रा बढ़ने पर कब्ज, भूख में विकार अथवा मोटापा हो जाता है। जबकि इसकी कमी से प्रोटीन का ग्लूकोनेयोजेनेसिस में विघटन, ऊर्जा का कम होना, पाचन प्रणाली पर अतिरिक्त भार तथा कीटोसिस आदि हो सकता है।

मानव शरीर में कार्बोहाइड्रेट के कार्य Functions of Carbohydrates in Human Body

- **ऊर्जा की आपूर्ति** ऊतक ऊर्जा की जरूरतों को पूरा करने के लिए कार्बोहाइड्रेट का प्रयोग ग्लूकोस के रूप में किया जाता है। यह दिमाग और नाड़ी ऊतकों के लिए एकमात्र ऊर्जा स्रोत है।
- **आवश्यक प्रोटीन बचाना** जब खुराक में कार्बोहाइड्रेट की पर्याप्त आपूर्ति हो जाती है, तो शरीर उसका ऊर्जा के स्रोत के रूप में प्रयोग कर लेता है। इससे संश्लेषण क्रिया के लिए प्रोटीन बच जाती है।
- **वसा का ऑक्सीडेशन** वसा के ऑक्सीडेशन के लिए कार्बोहाइड्रेट जरूरी है। जब आहार में कार्बोहाइड्रेट पर प्रतिबन्ध हो, तो वसा का उपापचय तेजी से

होता है जबकि पदार्थों के अपूर्ण ऑक्सीकरण से एसिडोसिस अथवा कीटोसिस हो जाता है।

- **आन्तरिक गतियों को आसान करना** आमाशय एवं आँत सम्बन्धी नली में सेलुलोज और प्रोटीन पुर:सरण गति को बढ़ाते हैं। वे पर्याप्त पानी के अवशोषण द्वारा आन्तरिक सामग्री में वृद्धि करते हैं।

प्रोटीन Protein

ये नाइट्रोजन युक्त खाद्य पदार्थ हैं जिनमें अमीनो अम्ल पूरक का काम करते हैं। छोटी आँत के अंकुरों में प्रोटीन का अवशोषण अमीनो अम्ल के रूप में होता है। अमीनो अम्लों में कार्बन, हाइड्रोजन, ऑक्सीजन और नाइट्रोजन अपनी रासायनिक रचना में पाए जाते हैं। कुछ अमीनो में जिंक, आयोडीन, सल्फर, ताँबा तथा आयरन आदि अन्य तत्व भी पाए जाते हैं। अमीनो अम्लों को आवश्यक और अनावश्यक अमीनो अम्लों के रूप में वर्गीकृत किया जाता है। जैसे-

- **आवश्यक अमीनो अम्ल** ल्यूसीन, लाइसिन, वैलीन, हिस्टीडीन, आइसोल्यूसीन आदि।
- **अनावश्यक अमीनो अम्ल** एलानाइन, सिस्टेन, सिस्टाइन, सीराइन, ग्लिसाइन आदि।

प्रोटीन के स्रोत Sources of Protein

मुख्यत: पशुओं से प्राप्त, जैसे- अण्डे, दूध और दूध-उत्पाद, मछली सोयाबीन और फलीदार दालें प्रोटीन के अच्छे स्रोत हैं। प्रोटीन शरीर को मजबूत बनाने वाला तत्व है और इसके अभाव में सूखा रोग हो जाता है।

मानव शरीर में प्रोटीन के कार्य Functions of Protein in Human Body

- प्रोटीन पाचक रसों, इम्यूनोग्लोबुलिन, प्लाज्मा प्रोटीन तथा हॉर्मोनों के संश्लेषण में सहायता करती है।
- प्रोटीन शरीर की वृद्धि और शरीर के ऊतकों की मरम्मत में सहायता करती है।
- प्रोटीन सैल प्रोटीनों के निर्माण और निरन्तर प्रतिस्थापना के लिए सामग्री प्रदान करती है।
- प्रोटीन इण्डोक्राइन ग्लैण्ड अर्थात् अन्त: स्रावी ग्रन्थियों के पेशीय अंगों के एकमात्र मुख्य पदार्थ हैं। वे त्वचा, नाखूनों, बालों, ब्लड सैलों, सीरम तथा हड्डियों और दाँतों के मैट्रिक्स के घटक भी हैं।
- प्रोटीन शरीर की नियमन कार्य प्रणाली (Regulatory mechanisms) के लिए भी जरूरी है जैसे- वे हीमोग्लोबिन के निर्माण करते हैं जो ऊतकों में ऑक्सीजन ले जाता है।

वसा Fats

वसा शरीर में वसीय ऊतकों (Adipose tissue) के रूप में इकट्ठी हो जाती है तथा शरीर में महत्त्वपूर्ण काम करती है। वसा की रासायनिक रचना में कार्बन, हाइड्रोजन और ऑक्सीजन शामिल हैं। खुराक में लिए गए वसा का पाचन छोटी आँत के अंकुरों में होता है तथा लैक्टीयल में इनका अवशोषण होकर परिसंचरण में जाते हैं। शारीरिक कोशिकाओं द्वारा आवश्यक वसा का प्रयोग कर लिया जाता है जबकि शेष जिगर और वसीय कोशिकाओं में इकट्ठा हो जाता है। शरीर से प्रोटीनों और कार्बोहाइड्रेट के विकास के बाद वसा ऊर्जा का साधन होते हैं।

वसा को मुख्यतया दो भागों में बाँटा जा सकता है

1. संतृप्त वसा (Saturated Fat)
2. असंतृप्त वसा (Unsaturated Fat)

वसा के मुख्य स्रोत Sources of Fat

हाइड्रोजिनेटिड वसा, तेल, मक्खन, मीट, अण्डे, दूध तथा दूध-उत्पाद, गिरीदार फल, तेल, बीज आदि।

मानव शरीर में वसा के कार्य

Functions of Fats in Human Body

- वसा जिगर और गुर्दों जैसे अंगों को सहारा देती हैं।
- वसा शरीर में लगभग 9 किलो कैलोरी ऊर्जा प्रदान करती है।
- वसा शरीर में रोधन प्रदान करती है।
- वसा शरीर में विशेष प्रकार के स्टेरॉयड और हॉर्मोनों के निर्माण में सहायता करती है।
- वसा उदर की सामग्री को खाली करने में देरी करके परिपूर्णता मूल्य को अपरिवर्तनशील रखती है।
- यह वसा में घुलनशील विटामिनों के वहन में सहायता करती है।

विटामिन Vitamins

विटामिन रासायनिक यौगिक होते हैं जिनकी बहुत थोड़ी-सी मात्रा में जरूरत होती है। ये सामान्य उपापचय के लिए जरूरी हैं।

घुलनशीलता के आधार पर इन्हें दो वर्गों में बाँटा जाता है

वसा में घुलनशील विटामिन

वसा में घुलनशील विटामिन शरीर में लम्बे समय तक संग्रहीत रहते हैं और वसा के शरीर में उत्सर्जन से, इनका उत्सर्जन भी हो जाता है

- **विटामिन** A (रेटिनॉल) आँख के रेटीना में प्रकाश के प्रति संवेदनशील रंजक (रोडोस्पिन) के उत्पादन में सहायता करता है। यह कोशिकाओं की वृद्धि और विभेदीकरण में सहायता करता है। यह हड्डियों के विकास और रोगक्षमता तथा संक्रमण के प्रति सुरक्षा में भी वृद्धि करता है। क्रीम, अण्डे का पीला भाग, मछली का तेल, यकृत तथा तेल आदि विटामिन A के अच्छे स्रोत हैं।

  शरीर में विटामिन A की कमी होने से रतौंधी और जीरोफ्थैल्मिया हो सकता है।
- **विटामिन** D हड्डियों के विकास के लिए विटामिन D जरूरी है। मनुष्यों में इसका संश्लेषण धूप द्वारा होता है। यह कैल्शियम और फॉस्फेट के अवशोषण को बढ़ाकर उनके उपापचय को नियमित करता है। शरीर में विटामिन D की कमी होने से बच्चों की हड्डियाँ टेढ़ी हो जाती हैं जबकि वयस्कों की हड्डियाँ मुलायम हो जाती हैं।
- **विटामिन** E यह कुछ झिल्ली लिपिड्स की सुरक्षा में सहायता करता है जोकि ऑक्सीकरणी प्रतिक्रिया से नष्ट हो सकते हैं क्योंकि खाने के तेल के रूप में यह शरीर को रोज प्राप्त होता रहता है इसलिए इसकी कमी से होने वाले रोग कम ही होते हैं। विटामिन E प्रतिरक्षीकरण प्रतिक्रिया को भी बढ़ाता है। इसकी दैनिक जरूरत 8-10 मिग्रा है। इसके स्रोत गेहूँ का आटा, साबुत अनाज, दूध, गिरीदार फल, अण्डे की जर्दी तथा मक्खन आदि हैं।
- **विटामिन** K यह रुधिर जमाव के लिए एक महत्त्वपूर्ण तत्व है। इसका संश्लेषण बड़ी आँत में होता है। लवणों की सहायता से इसका अवशोषण छोटी आंत में होता है। इसके प्रमुख स्रोत हरी पत्तेदार सब्जियाँ, मछली, यकृत, सब्जियाँ आदि हैं। रुधिर का थक्का (जमाव) बनने की प्रणाली पर प्रभाव पड़ता है जिसे रुधिर-स्राव (Hemorrhage) हो सकता है।

पानी में घुलनशील विटामिन

विटामिन B कॉम्पलैक्स (Vitamin B Complex) यह पानी में घुलनशील विटामिनों का समूह है जो विभिन्न पाचक रसों के काम में सहायता करता है।

- **विटामिन B_1** (थायमिन) कार्बोहाइड्रेट से ऊर्जा प्राप्त करने के लिए यह विटामिन जरूरी है। इसके अभाव में लैक्टिक अम्ल और पाइरुविक अम्ल जमा हो जाते हैं थायमिन से भरपूर पदार्थों में अण्डे की जर्दी, यकृत, मांस, गिरीदार फल तथा खमीर आदि शामिल हैं। इसके अभाव से बेरी-बेरी रोग हो जाता है जिससे पेशियों का क्षय होता है।
- **विटामिन B_2** (रिबोफ्लेविन) रिबोफ्लेविन कार्बोहाइड्रेट और प्रोटीन के उपापचय में सहायता करता है, विशेषकर आँखों और त्वचा में। इसकी कमी से धुँधला दिखाई देना, कार्नियल अल्सरेशन शुष्क और फटी हुई त्वचा, मुखपाक, आन्त्रिक श्लेष्मा में घाव आदि हो सकते हैं। इसके स्रोत खमीर, हरी सब्जियाँ दूध, यकृत तथा अण्डे आदि हैं।
- **फोलिक एसिड** यह विटामिन DNA संश्लेषण और कोशिका विभाजन के लिए जरूरी है। इसका संश्लेषण बैक्टीरिया द्वारा बड़ी आँत में किया जाता है। फोलिक अम्ल की कमी से कोशिकाओं का विभाजन तेजी से होने लगता है।
- **नियासिन** वसा के उपापचय के समय नियासिन कोलेस्ट्रोल के उत्पादन को रोकता है। जिससे वसा के विघटन में सहायता मिलती है। नियासिन पनीर, खमीर, साबुत अनाजों, मछली, गिरीदार फलो और अण्डों आदि में पाया जाता है। इसकी कमी से भूख न लगना, उबकाई, निगलने में कठिनाई, त्वचा का लाल होना तथा मानसिक विकार सम्भव हैं।
- **विटामिन** B_6 (पाइरीडोक्सिन) यह विटामिन अमीनो अम्लों के उपापचय और न्यूक्लिक अम्ल, अणुओं तथा अनावश्यक अमीनो अम्लों के संश्लेषण में सहायता करता है। यह विटामिन अण्डे की जर्दी, सोयाबीन, मांस, यकृत तथा खमीर आदि में पाया जाता है।
- **विटामिन B_{12}** यह जठर श्लेष्मता से रिलीज होने वाले आन्तरिक कारक की मौजूदगी में अन्तिम क्षुद्रांत्र में अवशोषित होता है। यह माइलिन के आवरण को बनाने और उसे कायम रखने में सहायता करता है जो नाड़ियों की सुरक्षा करता है यह DNA के संश्लेषण में भी एक महत्त्वपूर्ण घटक है। इसकी कमी से तन्त्रिका विकृति मेरुरज्जु का क्षय तथा मेगालोब्लास्टिक एनीमिया हो सकता है। यकृत, मांस, अण्डों, खमीर किए हुए तरल पदार्थ इसके प्रमुख स्रोत हैं।
- **बायोटिन** इसका सम्बन्ध कार्बोहाइड्रेट के उपापचय से है। यह खमीर, अण्डे के पीले भाग, वृक्क और टमाटर आदि में पाया जाता है और इसका संश्लेषण छोटी आँत में होता है।
- **पैंटोथैनिक एसिड** यह विटामिन अमीनो अम्ल के उपापचय में सहायता करता है।
- **विटामिन** C (एस्कोर्बिक एसिड) यह बॉडी ऊतकों को ऑक्सीडेशन रिएक्शन से बचाकर एण्टिऑक्सीडेण्ट का काम करता है। इसकी दैनिक जरूरत 40 मिग्रा है। इसकी कमी से रुधिर वाहिकाएँ भुरभुरी हो जाती हैं, जख्म भरने में देर लगती है। इसके अलावा मुखपाक और मवादयुक्त पदार्थ का स्राव (Pyorrhea) भी हो सकता है। मुँह के चारों ओर त्वचा के फटने को स्कर्वी कहते हैं। यह विटामिन नींबू जाति के फलों जैसे सन्तरे, हरी सब्जियों से प्राप्त होता है।

खनिज लवण Mineral Salts

ये अकार्बनिक पदार्थ बहुत थोड़ी मात्रा में शरीर की आवश्यक प्रणालियों के लिए जरूरी हैं। *कुछ आवश्यक खनिज लवण निम्नवत् हैं*

सोडियम Sodium

सोडियम शरीर की कई आवश्यक क्रियाओं के लिए जरूरी है। यह तन्त्रिका-संवेदों के प्रसारण, पेशियों के संकुचन तथा शरीर में इलैक्ट्रोलाइट स्थिरता को बनाए रखने में सहायता करती है। यह लवण अर्थात् सोडियम क्लोराइड के रूप में खुराक में मिलता है। ये कुछ खाद्य पदार्थों जैसे- मछली, मीट, अण्डों, टेबल साल्ट तथा मौसमी भोजनों में पाया जाता है। एक मनुष्य को इसकी 5-20 ग्राम दैनिक जरूरत में मात्रा की आवश्यकता होती है।

पोटैशियम Potassium

यह कोशिकाओं के अन्दर पाया जाने वाला कैटन है और कोशिकाओं की विभिन्न जैव-रासायनिक क्रियाएँ करता है। यह तन्त्रिका-संवेदों के परिवहन, इलेक्ट्रोलाइट स्थिरता को कायम रखने और पेशियों के सकुंचन में सहायता करता है। एक मनुष्य को दैनिक जरूरत में इसकी 3.5 ग्राम मात्रा की अवश्यकता होती है।

फॉस्फेट Phosphate

फॉस्फेट, कैल्शियम के साथ मिलकर हड्डियों और दाँतों में इनेमल का निर्माण करता है। फॉस्फेट के स्रोत लिवर, जई का आटा तथा पनीर आदि हैं। फॉस्फेट एडनोसाइन, थ्रीफॉस्फेट का महत्त्वपूर्ण घटक है जोकि शारीरिक कोशिकाओं के एनर्जी स्टोर हैं।

कैल्शियम Calcium

कैल्शियम हड्डियों और दाँतों के इनेमल का महत्त्वपूर्ण तत्व है। यह पेशियों के संकुचन और रुधिर के जमाव के लिए भी जरूरी है। कैल्शियम दूध, अण्डे, पनीर, हरी सब्जियों आदि से प्राप्त होता है। कैल्शियम बच्चों और गर्भवती स्त्रियों के लिए बहुत जरूरी है। यह सन्तुलित भोजन में मिल सकता है। कैल्शियम शरीर में विटामिन D के संश्लेषण में सहायता करता है।

आयोडीन Iodine

आयोडीन, थायरॉइड हॉर्मोन के संश्लेषण के लिए जरूरी है। इस प्रकार अप्रत्यक्ष रूप से यह मैटाबोलिक रेट को कायम रखने में सहायता करता है। शरीर में आयोडीन की कमी से थायरॉइड ग्रन्थि बढ़ जाती है जिसे गलगण्ड कहते हैं। मानव शरीर में इसकी पूर्ति आयोडीन युक्त नमक, मछली और कुछ सब्जियों से प्राप्त की जा सकती है।

आयरन Iron

आयरन हीमोग्लोबिन के निर्माण में महत्त्वपूर्ण भूमिका निभाता है। यह कार्बोहाइड्रेट के ऑक्सीडेशन के और कुछ न्यूरोट्रांस्मीटर और हॉर्मोनों के संश्लेषण के लिए जरूरी है। स्त्रियों और गर्भवती स्त्रियों में आयरन की कमी के कारण एनीमिया रोग हो जाता है। आयरन कुछ प्रकार के सेम, ऑर्गन मीट, हरी पत्तेदार सब्जियों तथा ब्रैड आदि नें पाया जाता है।

पानी Water

पानी हमारे शरीर के कुल भार का 70% है। शरीर में इसका सन्तुलन एण्टिडाइयूरेटिक हॉर्मोनों द्वारा किया जाता है जो गुर्दों की छोटी नली में

पानी के पुन: संचरण अवशोषण में सहायता करता है। निर्जलीकरण से बचने के लिए पर्याप्त मात्रा में पानी पीना चाहिए नहीं तो इसके गम्भीर परिणाम निकल सकते हैं। पानी शरीर की आवश्यक प्रणालियों में महत्त्वपूर्ण भूमिका निभाता है, इसलिए यह सन्तुलित भोजन का एक अंग है।

मानव शरीर में पानी के कार्य Functions of Water in Human Body

- यह रुधिर और ऊतकों के द्रव का मुख्य भाग है।
- यह शरीर के एक भाग से दूसरे भागों में कई पदार्थों का वहन करता है।
- नमीयुक्त आन्तरिक पर्यावरण का प्रबन्ध करना, जिसकी सभी सजीव कोशिकाओं को जरूरत होती है।
- कोशिकाओं के अन्दर और बाहर से होने वाली सभी रासायनिक प्रतिक्रियाओं में पानी की महत्त्वपूर्ण भूमिका होती है।
- पसीना आने के समय शरीर के तापमान को नियमित करना।

नोट दस्त और अधिक उल्टी आदि आने से शरीर में पानी की कमी हो सकती है। हालत के गम्भीर होने पर अल्परक्तता (Acidosis) तथा क्षार-रक्तता (Alkalosis) हो सकती है।

भोजन का भण्डारण Storage of Food

भोजन को तैयार करने के बाद उसे उचित ढंग से रखना चाहिए ताकि वह खराब न हों और उनकी पौष्टिकता भी बनी रहे। भोजन के उचित भण्डारण से भोजन स्वच्छ रहता है, तथा भोजन विषाक्तता से उसका बचाव होता है। जब पके हुए भोजन को लम्बी अवधि के लिए अस्वच्छ हालतों में रखा जाता है, तो उसमें हानिकारक विषजीव (Toxins) पैदा हो जाते हैं। घरेलू स्तर पर अधिकांश खाद्य वस्तुएँ फ्रिज के ठण्डे तापमान में रखी जाती हैं। *प्रमुख खाद्य वस्तुओं को उचित ढंग से भण्डारण करने की विभिन्न विधियाँ निम्नवत् हैं*

दूध एवं दूध-उत्पाद Milk and Milk Product

दूध को निम्न ताप पर स्टोर करना चाहिए लेकिन इसे थोड़ी देर बाद खपत कर लेना चाहिए। सूखे दूध को नमी से दूर एयर टाइट डिब्बों में रखना चाहिए और इसे तैयार करने की तिथि से छ: महीने के अन्दर प्रयोग कर लेना चाहिए।

दूध-उत्पादों को ठण्डे, साफ और अच्छी प्रकार से ढके हुए स्थान पर रखना चाहिए। आइसक्रीम तथा अन्य जमे हुए खाद्य पदार्थों को फ्रीजर में रखना चाहिए। पनीर तथा मक्खन को भी फ्रीजर में सुरक्षित रखा जा सकता है।

फल Fruits

अधिकांश फलों को फ्रिज में रखा जाता है। छिलके वाले फलों को लम्बी अवधि तक स्टोर नहीं करना चाहिए। तथा स्ट्रॉबेरी, चेरी और अंगूर आदि फलों को स्टोर करने से पहले धोना नहीं चाहिए। फ्रोजन (Frozen) फलों को एक सप्ताह से अधिक फ्रीजर में नहीं रखना चाहिए। डिब्बा बन्द फल कमरे के तापमान पर रखे जा सकते हैं। यदि फलों के जूस में नमक अथवा अन्य मसाले मिले हुए हों, तो उन्हें तुरन्त प्रयोग में लाना चाहिए।

सब्जियाँ Vegetables

सब्जियों को अधिक ठण्डे तापमान पर स्टोर किया जाता है। सब्जियों को खरीदते समय ध्यान रखना चाहिए कि वे ताजी और दाग-धब्बों से रहित हों। इन्हें स्टोर करने से पहले छाँट लेना चाहिए जैसे-साफ और ताजी सब्जियाँ, बासी, नर्म और सड़ी-गली सब्जियों से अलग कर लेनी चाहिए। हरी पत्तेदार सब्जियों को धोना नहीं चाहिए लेकिन उन्हें स्टोर करने से पहले साफ कर लेना चाहिए।

मांस और मछली Meat and Fish

यदि बन्द और नम वातावरण में सूक्ष्म जीवाणु पैदा हो जाए, तो माँस और मछली आदि खराब हो सकते हैं। इसलिए इन्हें फ्रिज में ढक कर नहीं रखना चाहिए। पके हुए मांसाहारी भोजन को तुरन्त खा लेना चाहिए। स्मोकिंग (Smoking) मांस को स्टोर करने का सबसे अच्छा ढंग है, क्योंकि इसमें प्रतिरक्षक के रूप में होता है। स्मोक्ड मांस को लपेट कर स्टोर किया जा सकता है। साथ ही कच्चे मांस और मछली को नमी रोधक कागज में लपेट कर फ्रीजर में रख सकते हैं।

भोजन का प्रतिरक्षण Preservation of Food

भोजन को नष्ट होने से बचाने के व्यावहारिक नियन्त्रण के लिए लागू किए जाने वाले वैज्ञानिक और इंजीनियरिंग सिद्धान्तों के विज्ञान को भोजन प्रतिरक्षण कहते हैं। *भोजन के प्रतिरक्षण की विभिन्न विधियाँ निम्नवत् हैं*

- रासायनिक प्रतिरक्षण (Chemical Preservation)
- जैविक प्रतिरक्षण (Biological Preservation)
- भौतिक प्रतिरक्षण (Physical Preservation)

रासायनिक प्रतिरक्षण Chemical Preservation

इस विधि में सूक्ष्म जीवाणुओं के विकास को रोकने के लिए रासायनिक पदार्थ मिला दिए जाते हैं जैसे- नमक मिलाना, अचार डालना, स्मोक आदि। यदि इन रासायनों को अधिक मात्रा में मिला दिया जाए, तो इससे रासायनिक बिगाड़ (Chemical spoilage) हो सकता है जो ऑक्सीडेटिव रिएक्शन के कारण होता है। इससे संरक्षित की गई वस्तु का रंग, स्वरूप तथा गन्ध आदि बदल जाती है। इस विधि से अचार, सूखी सब्जियों, मुरब्बों तथा नमक लगी हुई सूखी मछली आदि का संरक्षण किया जाता है।

जैविक प्रतिरक्षण Biological Preservation

इस विधि में एन्ज़ाइमेटिक एक्शन, एल्कोहॉलिक एक्शन, एसिडिक खमीरण (Fermentation) द्वारा किया जाता है। सूक्ष्म जीवों को भोजन के संरक्षण के लिए प्रयोग किया जाता है। इस विधि द्वारा स्टोर किए गए खाद्य पदार्थों की पौष्टिकता तथा स्वाद बढ़ता है और उन्हें देर तक संरक्षित रखा जा सकता है। ब्रेड, वाइन, चाय कॉफी तथा एल्कोहॉलिक ड्रिंक्स आदि इस विधि से तैयार और सुरक्षित रखी जाती हैं।

विटामिनों के स्रोत, कार्य एवं कमी के प्रभाव

नाम	स्रोत	कार्यिकी पर प्रभाव	कमी का प्रभाव
वसा में घुलनशील विटामिन			
विटामिन-A (रेटिनॉल)	कैरोटिन रंगाओं से, जिगर व आंत्रीय श्लेष्मा की कोशिकाओं में संश्लेषित, दूध, मक्खन, अण्डा, जिगर, मछली का तेल।	दृष्टि रंगाओं का संश्लेषण, एपिथीलियमी स्तरों की वृद्धि एवं विकास।	कॉर्निया व त्वचा की कोशिकाओं का शल्कीभवन, रतौंधी, कुंठित वृद्धि जीरोपथैल्मिया
विटामिन-D (कैल्सीफेरॉल)	मक्खन, जिगर, मछली का तेल, गुर्दों, अण्डे, त्वचा और यीस्ट में, सूर्य प्रकाश में संश्लेषण।	कैल्शियम व फॉस्फोरस का उपापचय, हड्डियों और दाँतों की वृद्धि।	सूखा रोग, ऑस्टियोमैलेसिया।
विटामिन-E (टोकोफेरॉल)	तेल, गेहूँ , अण्डों की जर्दी, सोयाबीन	कोशिकाकला की सुरक्षा, जननिक एपिथीलियम की वृद्धि, पेशियों की क्रियाशीलता।	जनन क्षमता की कमी, जननांग तथा पेशियाँ कमजोर।
विटामिन-K (नैफ्थोक्विनोन)	हरी पत्तियाँ, अण्डा, जिगर, टमाटर, गोभी, सोयाबीन, आँत के बैक्टीरिया।	जिगर-में प्रोथ्रॉम्बिन का संश्लेषण।	चोट पर रुधिर का थक्का न जमने से अधिक रुधिर स्राव।
जल में घुलनशील विटामिन			
विटामिन-B_1 (थायमीन)	अनाज, फलियाँ, सोयाबीन, दूध, यीस्ट, अण्डे, मांस।	कार्बोहाइड्रेट एवं अमीनो अम्ल उपापचय के लिए आवश्यक एन्जाइमों का सहएन्जाइम।	बेरी-बेरी।
विटामिन-B_2(G) (राइबोफ्लैविन)	पनीर, अण्डे, यीस्ट, हरी पत्तियाँ, मांस, जिगर।	उपापचय में महत्त्वपूर्ण सहएन्जाइमों, FAD तथा FMN का घटक।	कीलोसिस।
निकोटिनिक अम्ल	यीस्ट, मांस, जिगर, मछली, अण्डे, दूध, मटर, मेवा, फलियाँ।	उपापचय में महत्त्वपूर्ण सहएन्जाइमों, NAD तथा NADP का घटक।	मानसिक एवं त्वचा विकार (पेलाग्रा)
विटामिन-B_6 (पाइरीडॉक्सिन)	दूध, यीस्ट, अनाज, मांस, जिगर, मछली।	प्रोटीन उपापचय में आवश्यक एन्जाइमों का सहएन्जाइम।	रक्तक्षीणता, चर्म रोग, पेशीय ऐंठन।
पैन्टोथीनिक अम्ल	अण्डे, जिगर, मांस, दूध, टमाटर, मूँगफली, गन्ना।	अपचय के सहएन्जाइम-A का घटक।	चर्म रोग, वृद्धि कम, बाल सफेद, जनन क्षमता कम।
विटामिन-H (बायोटिन)	मांस, गेहूँ, अण्डा, मूँगफली, चॉकलेट, सब्जी, फल, यीस्ट।	वसीय एवं अमीनो अम्लों सहित कई अन्य पदार्थों की संश्लेषण अभिक्रियाओं से सहएन्जाइम।	चर्म रोग, बालों का झड़ना।
फोलिक अम्ल समूह	हरी पत्तियाँ, जिगर, सोयाबीन, यीस्ट, गुर्दे, फलियाँ, आँत के जीवाणु।	वृद्धि, रुधिराणुओं का निर्माण, DNA का संश्लेषण।	मेगालोब्लास्टिक एनीमिया, कुंठित वृद्धि।
विटामिन-B_{12} (सायनोकोबालएमीन)	मांस, मछली, जिगर, अण्डा, दूध, आँत के जीवाणु।	वृद्धि, रुधिराणुओं का निर्माण, न्यूक्लिक अम्लों का संश्लेषण।	परनिसियस एनीमिया, तन्त्रिका तन्त्र की गड़बड़ियाँ।
विटामिन-C एस्कॉर्बिक अम्ल	नींबू-वंश के फल, टमाटर, सब्जियाँ, आलू, अन्य फल।	आन्तरकोशिकीय सीमेण्ट, कोलैजन तन्तुओं, हड्डियों के मैट्रिक्स, दाँतों के डेन्टीन का निर्माण।	स्कर्वी रोग।

बेरी-बेरी रोग पॉलिश किए हुए चावल खाने से होता है।

खनिज लवण Minerals

ये भोजन के अकार्बनिक अवयव हैं, जो शरीर के उपापचयी क्रिया को नियन्त्रित करते हैं। यह शरीर के ऊतकों के निर्माण के लिए कच्चा पदार्थ है और एन्जाइम तथा विटामिन के आवश्यक अंग हैं।

खनिज पदार्थ	मुख्य स्रोत	कार्य
आयोडीन	समुद्र से प्राप्त होने वाली खाद्य वस्तुएँ, जल एवं आयोडीन युक्त नमक।	थायरॉइड ग्रन्थि में थायरॉक्सिन हॉर्मोन के निर्माण हेतु।
फॉस्फोरस	दूध, मांस, सब्जियाँ तथा अनाज।	अस्थियों व दाँतों तथा जीवद्रव्य के निर्माण हेतु।
सल्फर	मांस, दूध, अण्डा, मक्खन व दही।	प्रोटीन संश्लेषण और को-एन्जाइम के रूप में।
पोटैशियम	सब्जियाँ।	पाचन, जल सन्तुलन एवं मुख्य ऋणात्मक आयन के रूप में।
क्लोरीन	साब्जियाँ, नमक ।	वृद्धि तथा रुधिर एवं कोशिकीय गतिविधियों हेतु।
जस्ता	यकृत, मछली एवं अन्य भोज्य पदार्थ।	इन्सुलिन कार्यिकी के लिए
ताँबा	मांस, मछली, यकृत एवं अनाज।	हीमोग्लोबिन तथा अस्थियों के निर्माण एवं इलेक्ट्रॉन संवाहक के रूप में।
कोबाल्ट	मांस, मछली तथा जल।	RBCs तथा विटामिन-B_{12} के संश्लेषण हेतु।
सोडियम	हरी सब्जियाँ तथा नमक।	रुधिर एवं शरीर के अन्य ऊतकों के निर्माण हेतु।
मैग्नीशियम यौगिक	सब्जियाँ।	पेशी तन्त्र एवं तन्त्रिका की क्रिया हेतु।
लौह	हरी पत्तीदार सब्जियाँ, मांस, यकृत, सलाद, किशमिश इत्यादि।	लाल रक्त कणिकाओं के निर्माण हेतु।
कैल्शियम	दूध, सब्जी, मांस तथा अनाज।	अस्थियों व दाँतों के निर्माण, रुधिर का थक्का बनने एवं हृदय व तन्त्रिका तन्त्र के विभिन्न कार्यों हेतु।

सन्तुलित भोजन Balanced Diet

वह भोजन, जिसमें सभी पोषक तत्व उचित अनुपात में सम्मिलित होते हैं सन्तुलित भोजन कहलाते हैं। इसका निर्धारण प्रत्येक व्यक्ति की आयु, स्वास्थ्य और कार्य के अनुरूप होता है।

पोषक तत्वों के स्रोत : एक दृष्टि में

पोषक पदार्थ	स्रोत
कार्बोहाइड्रेट	चीनी, शहद, दूध, अनाज, आलू आदि
वसा	घी, तेल, दूध, मांस आदि
प्रोटीन	अण्डा, दूध, पनीर, दाल, मछली आदि
विटामिन	मांस, मछली, दूध, गाजर, हरी सब्जी आदि
खनिज लवण	मांस, दूध, अनाज, हरी सब्जी आदि

कुपोषण Malnutrition

भोजन की आवश्यक मात्रा तथा आवश्यक तत्त्वों का समावेश न होना कुपोषण की स्थिति पैदा करती है। सामान्यतया कुपोषण की स्थिति प्रोटीन की कमी के परिणामस्वरूप उत्पन्न होती है, जिसके कारण शरीर के वृद्धि एवं विकास में बाधा उत्पन्न होती है।

अपोषण Under-Nutrition

इसका आशय भोजन में आवश्यक तत्वों का सर्वथा अभाव होना है, जिसके परिणामस्वरूप शरीर की आवश्यकता की पूर्ति नहीं हो पाती है।

पोषण की अधिकता के परिणाम
Result of Plethora of Nutrition

- संतृप्त वसा की अधिकता से रुधिर में कॉलेस्टरॉल की मात्रा बढ़ जाती है, जो रुधिर वाहिनियों की दीवार पर जम जाती है। फलत: रुधिर की गति कम हो जाती है एवं रुधिर दाब बढ़ जाता है एवं हृदय सम्बन्धी रोग हो जाते हैं।
- अधिक कैलोरी वाले भोजन, जैसे-घी, शक्कर आदि के सेवन से मोटापा तथा डायबिटीज की समस्या आती है।
- संतृप्त वसा की अधिकता से रुधिर में कॉलेस्टरॉल की मात्रा बढ़ जाती है, जो रुधिर वाहिनियों की दीवार पर जम जाती है। फलत: रुधिर की गति।

प्रैक्टिस जोन

1. हीमोग्लोबिन की मात्रा का सामान्य स्तर से नीचे गिरना कहलाता है
(a) थैलेसीमिया (b) एनीमिया
(c) थैलेसीमिया मेजर (d) ये सभी

2. नेत्र पलकों की सूजन कहलाती है
(a) मोतियाबिन्द (b) ब्लैफेराइटिस
(c) ग्लूकोमा (d) इनमें से कोई नहीं

3. भारत की स्वास्थ्य समस्याओं को वर्गीकृत किया जा सकता है
(a) पर्यावरण स्वच्छता के आधार पर
(b) संक्रामक रोग के आधार पर
(c) पोषण के आधार पर
(d) उपरोक्त सभी के आधार पर

4. निम्न में से विश्व स्वास्थ्य संगठन द्वारा परिकल्पित सर्वोत्तम स्वास्थ्य का आयाम है
(a) आध्यात्मिक स्वास्थ्य (b) शारीरिक स्वास्थ्य
(c) मानसिक स्वास्थ्य (d) ये सभी

5. पोलियो किसका संक्रमण है?
(a) श्वसन मार्ग का (b) केन्द्रीय तन्त्रिका-तन्त्र का
(c) आहारनाल का (d) जनन तन्त्र का

6. मानव शरीर में सबसे कम मात्रा में आवश्यक पोषक तत्व है
(a) विटामिन (b) प्रोटीन
(c) वसा (d) खनिज लवण

7. ऐसा कौन-सा पदार्थ है, जो शरीर में पहुँचकर विटामिन A में बदल जाता है?
(a) राइबोफ्लेविन (b) क्रिप्टोजेन्थिन
(c) पेटाजेनाथिक अम्ल (d) इनमें से कोई नहीं

8. निम्न में से किस बीमारी को विश्व स्वास्थ्य संगठन ने विश्व से उन्मूलित घोषित किया है?
(a) पोलियो (b) ह्यूमैन मंकी पॉक्स
(c) पॉक्स वायरस (d) चेचक

9. भोजन का कार्य है
(a) ऊतकों की क्रियाशीलता और नियन्त्रण
(b) ऊर्जा उपलब्ध कराना
(c) शरीर का गठन और सुधार
(d) उपरोक्त सभी

10. विटामिन B_{12} को क्या कहते हैं?
(a) थायमीन (b) फॉलिक अम्ल
(c) बायोटिन (d) सायनोकोबालेमाइन

11. निम्न में से आयरन का भरपूर स्रोत है
(a) दूध (b) अण्डे
(c) हरी पत्तेदार सब्जियाँ (d) सोयाबीन

12. बच्चों को प्रतिदिन कितनी ऊर्जा की आवश्यकता होती है?
(a) 500 -1000 किलो कैलोरी (b) 1000 -1200 किलो कैलोरी
(c) 2500 -3500 किलो कैलोरी (d) 1800 -2000 किलो कैलोरी

13. भोजन में पाए जाने वाले सेलुलोज का कार्य होता है
(a) यह रुक्षांश के रूप में कब्ज को रोकता है
(b) भोजन के पोषक तत्वों के अवशोषण को बढ़ाता है
(c) यह भोजन के पाचन में सहायता करता है
(d) उपरोक्त सभी

14. निम्न में से प्रोटीन का कार्य है
(a) एंजाइम व हॉर्मोन का संश्लेषण
(b) वृद्धि व विकास
(c) शरीर के ऊतकों की मरम्मत व रख-रखाव
(d) उपरोक्त सभी

15. निम्न में से कौन-सा विटामिन वसा में विलेय नहीं है?
(a) विटामिन C (b) विटामिन K
(c) विटामिन A (d) विटामिन D

16. विटामिन A की कमी से होने वाला रोग है
(a) बेरी-बेरी (b) बिटोट्स स्पॉट्स
(c) स्कर्वी (d) ये सभी

17. नियेसिन की कमी से होने वाला रोग है
(a) बेरी-बेरी (b) पैलाग्रा
(c) स्कर्वी (d) एनीमिया

18. एक मरीज प्राथमिक स्वास्थ्य केन्द्र पर रुधिर के थक्का की समस्या के साथ आता है। वहाँ एक सामुदायिक स्वास्थ्य नर्स किस कमी का संशय करती है?
(a) विटामिन C (b) विटामिन K
(c) विटामिन E (d) विटामिन A

19. विटामिन C की कमी से होने वाला रोग है
(a) स्कर्वी (b) पैलाग्रा
(c) बेरी-बेरी (d) परनिसियस एनीमिया

20. ऑस्टियोपोरोसिस नामक रोग किस विटामिन की कमी के कारण होता है?
(a) विटामिन A (b) विटामिन B
(c) विटामिन C (d) विटामिन D

21. एक वयस्क को विटामिन C की प्रतिदिन कितनी आवश्यकता है?
(a) 20-30 मिग्रा (b) 8-10 मिग्रा
(c) 40-60 मिग्रा (d) 10-20 मिग्रा

22. भारत में पोषण की राष्ट्रीय संस्था (NIN) कहाँ पर स्थित है?
(a) हैदराबाद (b) गोवा
(c) मुम्बई (d) पुणे

23. विटामिन A का रासायनिक नाम है
(a) पेटरोथेनिक अम्ल (b) रेटिनॉल
(c) थियॉमाइन (d) रिबोफ्लेविन

24. न्यूराइटिस किस विटामिन की कमी के कारण हो सकती है?
(a) विटामिन C (b) विटामिन D
(c) विटामिन B (d) विटामिन K

25. निम्न में से कौन-सा रोग आयोडीन की कमी के कारण होता है?
(a) अन्धापन (b) पेलाग्रा
(c) गॉइटर (d) ये सभी

26. जल में विलेय विटामिन है
(a) विटामिन A (b) विटामिन D
(c) विटामिन E (d) विटामिन B

27. विटामिन A की कमी से होने वाला रोग है
(a) फायनोडर्मा (b) जिरोफ्थैल्मिया
(c) रतौंधी (d) ये सभी

28. भारत सरकार द्वारा राष्ट्रीय गोइटर नियन्त्रण प्रोग्राम कब प्रारम्भ किया गया था?
(a) वर्ष 1962 (b) वर्ष 1958
(c) वर्ष 1975 (d) वर्ष 1988

29. विटामिन B_{12} की कमी से होने वाला रोग है
(a) स्कर्वी (b) परनीसियस एनीमिया
(c) एप्लास्टिक एनीमिया (d) सिकल सेल एनीमिया

30. निम्न में से कौन-सा पदार्थ है, जो शरीर में पहुँचकर विटामिन A में बदल जाता है?
(a) पाइरूविक (b) थायमिन
(c) क्रिप्टोजेन्थिन (d) पेन्टॉथेनिक

31. गरीब व्यक्ति का 'मांस' कहा जाता है
(a) गेहूँ को (b) अनाज को
(c) दालों को (d) मक्का को

32. 1 ग्राम कार्बोहाइड्रेट में कितनी ऊर्जा होती है?
(a) 2 किलो कैलोरी (b) 4 किलो कैलोरी
(c) 6 किलो कैलोरी (d) 8 किलो कैलोरी

33. जल में घुलनशील विटामिन है
(a) विटामिन A (b) विटामिन C
(c) विटामिन K (d) विटामिन D

34. कार्बोहाइड्रेट के चयापचय व स्नायु ऊतक की स्वस्थता के लिए किस विटामिन की आवश्यकता होती है?
(a) विटामिन D (b) विटामिन C
(c) विटामिन A (d) विटामिन B

35. विटामिन का मुख्य कार्य होता है
(a) भोजन के उत्प्रेरक के रूप में
(b) भोजन के पाचन में
(c) भोजन के उत्सर्जन में
(d) भोजन के अवशोषण में

36. राष्ट्रीय आयोडीन की कमी के विकारों का नियन्त्रण कार्यक्रम प्रारम्भ किया था
(a) शिक्षा मन्त्रालय द्वारा
(b) स्वास्थ्य एवं परिवार कल्याण मन्त्रालय द्वारा
(c) समाज कल्याण मन्त्रालय द्वारा
(d) उपरोक्त में से कोई नहीं

37. भोजन में प्रोटीन की कमी से क्या होता है?
(a) क्वाशियोरकोर (b) मेरेस्मस
(c) रिकेट्स (d) ये सभी

38. ऊर्जा का सबसे सस्ता स्रोत है
(a) विटामिन (b) प्रोटीन
(c) वसा (d) कार्बोहाइड्रेट

39. प्रोटीन अन्य आहार घटकों से भिन्न है
(a) इसमें नाइट्रोजनयुक्त पदार्थ उपस्थित होता है
(b) यह अन्य भोज्य पदार्थों के पाचन में सहायक है
(c) यह सबसे जल्दी पचित होता है
(d) यह सबसे अधिक ऊर्जा प्रदान करता है

40. निम्न में से ऊर्जा नहीं प्रदान करने वाला पोषक तत्व है
(a) कार्बोहाइड्रेट (b) वसा
(c) प्रोटीन (d) विटामिन

41. भारतीय भोजन में किस पोषक तत्व की अधिकता होती है?
(a) विटामिन (b) कार्बोहाइड्रेट
(c) प्रोटीन (d) वसा

42. निम्न में से वह विटामिन जो amniotic fluid में अनुपस्थित होता है
(a) विटामिन E (b) विटामिन B_{12}
(c) विटामिन A (d) विटामिन C

43. निम्न में से कौन-सा विटामिन DNA संश्लेषण में सहायक होता है?
(a) विटामिन B_{12} और फॉलिक एसिड (b) विटामिन A
(c) विटामिन D (d) विटामिन E

44. निम्न में से कौन-सा विटामिन बैक्टीरिया द्वारा आँत्र में स्रावित होता है?
(a) B_1 (b) D (c) K (d) C

45. वयस्क में ओस्टिओमैलेसिया (osteomalacia) किसकी कमी से होता है?
(a) विटामिन K (b) विटामिन D
(c) विटामिन C (d) विटामिन E

46. किसकी अनुपस्थिति में अस्थियों में Ca की कमी हो जाती है?
(a) विटामिन B (b) विटामिन E
(c) विटामिन C (d) विटामिन D

उत्तरमाला

1. (b)	**2.** (b)	**3.** (d)	**4.** (d)	**5.** (c)	**6.** (a)	**7.** (b)	**8.** (d)	**9.** (d)	**10.** (d)
11. (c)	**12.** (b)	**13.** (a)	**14.** (c)	**15.** (a)	**16.** (b)	**17.** (b)	**18.** (b)	**19.** (a)	**20.** (d)
21. (c)	**22.** (a)	**23.** (b)	**24.** (c)	**25.** (c)	**26.** (d)	**27.** (d)	**28.** (a)	**29.** (b)	**30.** (c)
31. (c)	**32.** (b)	**33.** (b)	**34.** (d)	**35.** (a)	**36.** (b)	**37.** (a)	**38.** (d)	**39.** (a)	**40.** (d)
41. (b)	**42.** (a)	**43.** (a)	**44.** (a)	**45.** (b)	**46.** (d)				

अध्याय
02

जीवन की विभिन्न अवस्थाओं में पोषण का महत्त्व

शैशवावस्था में पोषण Nutrition in Infancy

संसार का प्रत्येक प्राणी अपनी भ्रूण अवस्था से लेकर वृद्धावस्था तक जीवन के भिन्न-भिन्न चरणों से गुजरता है तथा प्रत्येक चरण में उसको पोषक तत्वों की आवश्यकता भी भिन्न-भिन्न होती है। इन पोषक तत्वों की आवश्यकता प्राणी के शारीरिक विकास तथा उसकी क्रियाशीलता पर निर्भर करती है। प्रत्येक प्राणी के जीवनकाल में मुख्य रूप से तीन अवस्थाएँ ऐसी होती हैं जो सर्वाधिक शारीरिक एवं मानसिक वृद्धि को प्रदर्शित करती हैं। ये अवस्थाएँ हैं—जन्म के पूर्व की अवस्था, शिशु अवस्था तथा प्रारम्भिक किशोरावस्था। बालक के जन्म लेने के पश्चात् ही शिशु अवस्था प्रारम्भ हो जाती है।

शैशवावस्था में पोषक तत्वों की आवश्यकता

लेवरटन के अनुसार, "शिशु का आहार सभी प्रकार से पूर्णत: पौष्टिक होना चाहिए। उनके अनुसार बालक को अपने सम्पूर्ण जीवन में शैशवावस्था को छोड़कर फिर कभी-भी उसके शरीर के भार, आकार व नाप की दृष्टि से इतने पौष्टिक आहार की आवश्यकता नहीं होगी, विशेषत: खनिज लवणों तथा विटामिनों की।"

शिशु के प्रथम छ: माह में शरीर के विकास की गति इतनी तीव्र होती है कि उसकी पूर्ति के लिए शिशु की ऊर्जा की आवश्यकता एक कठिन परिश्रम करने वाले व्यक्ति की ऊर्जा के बराबर होती है। छ: माह के पश्चात् शिशु की कैलोरी की आवश्यकता क्रमश: घटती जाती है। प्रथम वर्ष के प्रारम्भिक महीनों में शिशु को प्राय: 108 कैलोरी / किग्रा प्रतिदिन (शरीर के भार के अनुसार कैलोरी) की आवश्यकता पड़ती है तथा वर्ष के अन्तिम छ: महीनों में ऊर्जा की आवश्यकता घटकर 98 कैलोरी / किग्रा प्रतिदिन हो जाती है। शिशु को यह ऊर्जा माँ के दूध में उपस्थित प्रोटीन, वसा व कार्बोहाइड्रेट से प्राप्त होती है।

प्रोटीन Protien

शिशु को प्रोटीन की आवश्यकता एक सामान्य व्यक्ति से कहीं अधिक होती है। शिशु का शारीरिक भार छ: माह की अवस्था पर जन्म के भार का दोगुना तथा एक वर्ष की अवस्था पर जन्म के भार का तीन गुना हो जाता है। शिशु के शारीरिक भार में यह वृद्धि, सम्मिलित रूप से माँसपेशियों के बढ़ने, मस्तिष्क के विकास, हड्डियों की लम्बाई व मोटाई में बढ़ने के कारण होती है। इन सभी की वृद्धि के लिए प्रोटीन की ज्यादा मात्रा में आवश्यकता होती है।

- 1 माह से 6 माह तक की आयु पर—2.05 ग्राम प्रोटीन/किग्रा/दिन
- 6 माह से 1 वर्ष तक की आयु पर—1.65 ग्राम प्रोटीन/किग्रा/दिन

शिशु को यह प्रोटीन दूध से प्राप्त होता है। गाय, भैंस, बकरी के दूध में प्रोटीन की मात्रा माता के दूध में पाई जाने वाली प्रोटीन की मात्रा की तुलना में तीन गुना होती है लेकिन माता के दूध में पाई जाने वाली प्रोटीन की मात्रा का कुल खाद्यान्न उपयोग (NPU) बहुत अधिक होता है, जबकि गाय के दूध का कुल खाद्यान्न उपयोग बहुत कम हो जाता है। इसलिए माता के दूध को शिशु के लिए उत्तम आहार माना जाता है। माँ के दूध में पाई जाने वाली प्रोटीन लेक्टोएल्ब्युमिन के रूप में होती है।

कार्बोहाइड्रेट Carbohydrates

सभी प्रकार के दूध में कार्बोहाइड्रेट लेक्टोज के रूप में पाया जाता है। माता के दूध में कार्बोहाइड्रेट की मात्रा गाय के दूध से अधिक पाई जाती है इसलिए जो शिशु माता का दूध नहीं पीते हैं तथा उन्हें गाय का दूध दिया जाता है, तो उसमें थोड़ी-सी शक्कर मिला दी जाती है। शिशु कुल कैलोरी का 40% कार्बोहाइड्रेट से पूरा करता है। कार्बोहाइड्रेट की कमी को पूरा करने के लिए अन्य कार्बोहाइड्रेट में ग्लूकोज या सुक्रोज ऊपर से मिला दिया जाता है। ग्लूकोज तथा सुक्रोज लेक्टोज की अपेक्षा जल्दी घुल जाते हैं।

वसा Fats

शिशु को आवश्यकतानुसार वसा की मात्रा दूध से प्राप्त हो जाती है। माता के दूध में वसा की मात्रा गाय व बकरी के दूध में पाई जाने वाली वसा की मात्रा के बराबर होती है, लेकिन भैंस के दूध में वसा की मात्रा कुछ ज्यादा ही होती है। शिशु के उचित पोषण के लिए 'लिनोलिक अम्ल' की अधिक आवश्यकता होती है जोकि माता के दूध में अधिक पाया जाता है। जो शिशु जानवरों के दूध पर निर्भर रहते हैं, उन्हें वनस्पति वसा के माध्यम से आवश्यक वसीय अम्ल देना आवश्यक होता है। जैसे मक्का, बिनौले का तेल, सोयाबीन।

खनिज लवण Minerals

शिशु को मुख्य रूप से कैल्शियम, फॉस्फोरस व लौह लवण की अधिक आवश्यकता होती है। कैल्शियम तथा फॉस्फोरस शिशु में अस्थियों तथा दाँतों के निर्माण में सहायता करते हैं जबकि लौह लवण रक्त में हीमोग्लोबिन के निर्माण में सहायक होते हैं। सिर्फ लौह लवण को छोड़कर बाकी सभी खनिज

लवणों की आवश्यकता की पूर्ति शिशु को माता के दूध से ही हो जाती है तथा लौह लवण की पूर्ति के लिए शिशु को आयरन ड्रॉप्स कें रूप में दिया जाता है।

शिशु के लिए निर्धारित कैल्शियम और लवण की मात्राएँ

आयु	कैल्शियम	लौह लवण
एक माह से छः माह की आयु तक	0.5 ग्राम/दिन	3.0 मिग्रा/दिन
छः माह से एक साल तक की आयु तक	0.5 ग्राम/दिन	7.0 मिग्रा/दिन

विटामिन्स

माता तथा पशु-दूध में सभी प्रकार के विटामिन्स पाए जाते हैं। शिशु अपने लिए आवश्यक विटामिन्स की मात्रा माँ के दूध से ही कर लेता है।

शिशु के लिए निर्धारित विटामिन्स की मात्राएँ

आयु (महीनों में)	विटामिन A	विटामिन D	विटामिन C
जन्म से 6 माह	1400 I.U.	350 I.U.	25 मिग्रा
6 माह से 12 माह	1400 I.U.	350 I.U	25 मिग्रा

विटामिन 'B' कॉम्पलैक्स

आयु (महीनों में)	थायमिन	राइबोफ्लेविन	नायसिन	फोलिक एसिड	B_6
जन्म से 6 माह	55μg/Kg	65μg/Kg	71 μg/Kg	25 माइक्रोग्राम	0.1 मिग्रा
6 माह से 12 माह	50μg/Kg	60μg/Kg	65μg/Kg	25 माइक्रोग्राम	0.4 मिग्रा

विटामिन A

माँ के दूध में विटामिन A की पूर्ण मात्रा पाई जाती है। दूध में यह पूर्व निर्मित विटामिन A तथा कैरोटिनॉयड वर्णक के रूप में विद्यमान रहता है।

शिशु को प्रतिदिन 1400 I.U. विटामिन A की आवश्यकता पड़ती है।

विटामिन B समूह

विटामिन B समूह पर्याप्त मात्रा में माता तथा गाय के दूध में विद्यमान रहता है इसलिए शिशुओं में विटामिन B समूह की आवश्यकता दूध से पूरी हो जाती है। लेकिन जो शिशु कमजोर माँ से पैदा होते हैं तथा जो कमजोर होते हैं, उन्हें अतिरिक्त विटामिन B समूह की आवश्यकता पड़ती है।

विटामिन C

शैशवावस्था में विटामिन C की अधिक आवश्यकता पड़ती है। दो माह के शिशु को विटामिन C की 15 से 25 मिग्रा/दिन की आवश्यकता होती है जोकि माता के दूध से पूरी हो जाती है जबकि छः माह के शिशु को 25 मिग्रा/दिन की आवश्यकता होती है जिसकी पूर्ति करने के लिए विटामिन C की बूँद बच्चे को दी जाती है। जिनमें विटामिन C की कमी पाई जाती है उन बच्चों को स्कर्वी नामक रोग हो जाता है।

विटामिन D

विटामिन D कैल्शियम तथा फॉस्फोरस के अवशोषण के लिए विशेष महत्त्वपूर्ण है। यह माता एवं गाय के दूध में पाया जाता है लेकिन माँ का दूध शिशु को आवश्यक विटामिन D की पूर्ति नहीं कर पाता है इसलिए विटामिन D को बाह्य रूप से देना आवश्यक होता है। विटामिन D की आवश्यकता 300 से 400 I.U. प्रतिदिन होती है। विटामिन D की कमी से 'रिकेट्स' (सूखा रोग) हो जाता है।

जल

बहुत-सी माताओं को यह गलत जानकारी है कि "शिशु को पानी की ज्यादा आवश्यकता नहीं होती है तथा जितनी भी पानी की आवश्यकता होती है, वह दूध से ही पूरी हो जाती है।" जबकि शिशु को उसके शरीर के भार के अनुपात में वयस्क की अपेक्षा जल की अधिक आवश्यकता होती है तथा इसकी आपूर्ति केवल दूध से नहीं हो पाती है। अत: उसे अलग से जल देना पड़ता है। शिशु को प्राय: शरीर के भार के 10 से 15% जल की आवश्यकता होती है।

शैशवावस्था में विभिन्न पौष्टिक तत्वों की दैनिक आवश्यकता

आयु 0-6 महीना (भार 5.4 किग्रा)	पौष्टिक तत्व	आयु 6-12 महीना (8.6 किग्रा)
108 कैलोरी/किग्रा	ऊर्जा	98 कैलोरी/किग्रा
2.05 कैलोरी/किग्रा	प्रोटीन	1.65 ग्राम/किग्रा
0.5 ग्राम	कैल्शियम	0.5 ग्राम
1 मिग्रा/किग्रा	आयरन	1 मिग्रा/किग्रा
350 माइक्रोग्राम (μg)	विटामिन A	350 माइक्रोग्राम (μg)
200 I.U.-400 I.U.	विटामिन D	200 I.U.-400 I.U.
25 मिग्रा	विटामिन C	25 मिग्रा
55 μg/kg/d	थायमिन	50 μg/kg/d
65 μg/kg/d	राइबोफ्लेविन	60 μg/kg/d
71 μg/kg/d	नायसिन	65 μg/kg/d
2.5 माइक्रोग्राम (μg)	फोलिक अम्ल	2.5 माइक्रोग्राम (μg)
0.2 माइक्रोग्राम (μg)	विटामिन B_{12}	0.2 माइक्रोग्राम (μg)

शिशु का शैशवावस्था के प्रारम्भिक महीनों में आहार

शिशु अपने जीवन के प्रारम्भिक 3-4 महीनों तक केवल माँ के दूध पर निर्भर रहता है तथा जो बच्चे माँ का दूध नहीं ले सकते हैं, उन्हें बोतल का दूध या फार्मूला दूध दिया जाता है। *इस प्रकार शिशु के जीवन के प्रारम्भिक महीनों में दिए जाने वाले आहार को दो भागों में विभाजित किया जा सकता है*

1. स्तनपान **2.** बोतल का दूध

स्तनपान

स्तनपान का वर्णन हम निम्नलिखित भागों में कर सकते हैं

(i) स्तनपान का महत्त्व (ii) स्तनपान के लाभ

स्तनपान का महत्त्व

माता का दूध शिशु के लिए सबसे उत्तम आहार है जिस पर कि प्रत्येक शिशु का जन्मसिद्ध अधिकार है। यह प्रकृति का अद्‌भुत नियम है कि शिशु के जन्म लेने के तुरन्त बाद से ही माता के स्तनों में दूध आ जाता है। माँ के दूध के महत्त्व को केवल इसी बात से समझा जा सकता है कि हमारे देश की सरकार ने सभी दुग्ध पाउडर बनाने वाली कम्पनियों को निम्नलिखित नारा अपने ब्राण्ड के डिब्बे पर लिखने का आदेश दिया है

"माता का दूध ही सर्वोत्तम दूध है—Mothers milk is the best milk."

माँ का दूध शिशु के लिए अमृत के समान होता है। शैशवावस्था के प्रारम्भिक महीनों में शिशु के पाचन अंग बिल्कुल ही अपरिपक्व अवस्था में होते हैं। वे केवल माता के दूध को छोड़कर कोई अन्य वस्तु सरलता से नहीं पचा पाते हैं, इसलिए स्तनपान ही बच्चे के लिए सबसे उत्तम आहार होता है। माँ का दूध प्रारम्भ में पतला होता है लेकिन जैसे-जैसे शिशु के पाचन अंगों में मजबूती आती जाती है, दूध में भी गाढ़ापन बढ़ता जाता है। जो

माताएँ अपने शिशुओं को स्तनपान नहीं कराती हैं, उनके बच्चे कमजोर तथा अधिकांशत: बीमार रहते हैं।

स्तनपान के लाभ

- माता का दूध स्वच्छ एवं जीवाणुरहित होता है जिससे शिशु में किसी भी प्रकार की विषाक्तता का भय नहीं रहता है।
- माता के दूध में शिशु के लिए आवश्यक सभी प्रकार के पौष्टिक तत्व सरलता से मिल जाते हैं।
- माता का दूध शिशु को सही तापक्रम पर प्राप्त हो जाता है तथा दूध को गर्म नहीं करना पड़ता है।
- माँ का दूध शिशु आसानी से पचा लेते हैं।
- स्तनपान के द्वारा गरीब माँ भी अपने बच्चों का पालन कर सकती है।
- स्तनपान कराने से माता को मानसिक तृप्ति मिलती है। शिशु भी सन्तुष्टि का अनुभव करता है। इस प्रकार दोनों का भावात्मक सम्बन्ध सुदृढ़ होता है।
- स्तनपान कराने से बच्चे में सकिंग रिफ्लेक्स सन्तुष्ट होता है तथा शिशु के मुँह का व्यायाम भी होता रहता है जिससे जबड़ों, मुँह तथा गाल की माँस पेशियों के निर्माण में सहायता मिलती है तथा दाँत भी सही प्रकार से निकलते हैं।
- स्तनपान कराने से माता के शरीर में गर्भाशय तथा स्तन की माँसपेशियाँ, जोकि गर्भ के समय बढ़ जाती हैं, संकुचित होकर सही स्थिति में आ जाती हैं।
- माता की वात्सल्य ममता बढ़ती है और शिशु को माता के संरक्षण व आरक्षण की अनुभूति होती है।
- माता के दूध में लैक्टोफेरिन नामक प्रोटीन होती है जोकि शिशु को आँत से सम्बन्धित रोगों से लड़ने के लिए क्षमता प्रदान करती है।
- माँ के दूध में लैक्टोज की मात्रा अधिक रहती है जिससे शिशु को कब्ज नहीं होता है।
- स्तनपान शिशु की मृत्यु-दर को कम करता है।
- माता के दूध में प्रोटीन एवं एण्टीबॉडीज होते हैं जोकि शिशु को कुपोषण से बचाते हैं तथा अनेक गम्भीर रोगों से रक्षा करते हैं।

बोतल का दूध

इसे शिशु के लिए कृत्रिम आहार भी कहा जाता है। वह शिशु जिनको हम माता का दूध नहीं दे सकते तथा जो माताएँ अपने शिशु को स्तनपान द्वारा पर्याप्त दूध नहीं पिला पाती हैं, उन शिशुओं को बोतल द्वारा दूध देना आवश्यक हो जाता है। *शिशु को बोतल द्वारा निम्न दो प्रकार का दूध दिया जाता है*

(i) पशु दूध (ii) पाउडर दूध

पशु दूध अधिकांश माताएँ अपने शिशु को भैंस या गाय का दूध पिलाना पसन्द करती हैं लेकिन बकरी, भेड़ आदि का दूध भी बच्चे को दिया जा सकता है। माता के दूध के पश्चात् गाय का दूध शिशु के लिए सबसे उत्तम आहार माना जाता है। यद्यपि गाय का दूध शिशु की आवश्यकताओं के अनुरूप नहीं होता है लेकिन उसमें कुछ ऐसे पौष्टिक तत्व होते हैं जो माता के दूध से अधिक मात्रा में पाए जाते हैं। इसलिए शिशु को गाय का दूध पानी मिलाकर दिया जाता है। गाय का दूध देते समय शिशु की आयु को भी ध्यान में रखा जाता है, जैसे—दो माह के शिशु को छ: माह के शिशु की अपेक्षा पतला दूध दिया जाता है।

गाय के दूध को देने से पहले उसे अच्छी तरह उबाल लेना चाहिए जिससे दूध कीटाणुरहित हो जाता है तथा दूध में उपस्थित प्रोटीन भी मुलायम हो जाती है। गाय के दूध से शिशु को कब्ज की शिकायत हो जाती है।

आयु के अनुसार शिशु को गाय का दूध निम्नलिखित अनुपात में पानी मिलाकर दिया जा सकता है

आयु	दूध व पानी का अनुपात
0 से 15 दिन	1 भाग दूध +1 भाग पानी
2 से 6 सप्ताह	2 भाग दूध +1 भाग पानी
$1\frac{1}{2}$ से 3 माह	3 भाग दूध +1 भाग पानी
3 माह से अधिक	बिना पानी वाला दूध

पाउडर दूध इसे दुग्ध फॉर्मूला भी कहते हैं क्योंकि बहुत-से शिशु गाय के दूध को नहीं पचा पाते हैं तथा गाय के दूध में विषाक्तता की भी सम्भावना अधिक होती है इसलिए आजकल शिशु रोग विशेषज्ञ बाजार में मिलने वाले बन्द डिब्बों में पाउडर का दूध देने की सलाह माताओं को देते हैं। *पाउडर के दूध की निम्नलिखित विशेषताएँ हैं*

- फॉर्मूला दूध या पाउडर के दूध की संरचना तथा माता के दूध की संरचना का अनुपात एक जैसा ही होता है।
- नवजात शिशुओं तथा अन्य शिशुओं के लिए अलग-अलग फार्मूले होते हैं।
- पाउडर का दूध कीटाणुरहित होता है।
- शिशु दुग्ध पाउडर में उपस्थित प्रोटीन को आसानी से पचा सकता है।
- दुग्ध पाउडर को बनाना काफी आसान होता है तथा उसको तैयार करने की विधि डिब्बों पर ही लिखी होती है।
- शिशु को दुग्ध पाउडर देने की मात्रा शिशु की आयु तथा भार के अनुसार डिब्बे पर निर्देशित होती है।
- फॉर्मूला दूध को लम्बी अवधि तक संगृहीत किया जा सकता है।

दूध बनाने की विधि

दूध तैयार करने से पहले दूध की बोतल, निप्पल, चम्मच, छलनी को उबालकर विसंक्रमित कर लें तथा निप्पल को गर्म पानी में अच्छी तरह रगड़कर साफ कर लें एक बर्तन में पानी उबाल लें। शिशु को दी जाने वाली आवश्यक मात्रा में दूध पाउडर की बोतल में ले लें, तथा डिब्बे पर दिए गए निर्देशों के अनुसार उसमें गुनगुना पानी मिला दें और फिर बोतल को निप्पल सहित ढक्कन लगाकर अच्छी तरह हिलाएँ। इस प्रकार दूध तैयार हो जाता है। अब दूध को शरीर के तापक्रम तक ठण्डा होने दें और फिर शिशु को पिलाएँ।

बोतल द्वारा दूध देते समय कुछ ध्यान देने योग्य बातें

- दूध बनाने वाले बर्तनों तथा बोतल और निप्पल को उबालकर प्रतिदिन अच्छी तरह से साफ कर लेना चाहिए। बोतल को हमेशा खोलकर ही उबालना चाहिए।
- बने हुए दूध का तापमान शिशु के शारीरिक तापमान के बराबर होना चाहिए।
- बोतल को हमेशा सही ढंग से पकड़ना चाहिए।
- दूध पिलाने से पहले निप्पल को देख लेना चाहिए। कभी-कभी निप्पल का छिद्र बन्द हो जाता है।
- दूध पिलाने के पश्चात् बोतल तथा निप्पल को गर्म पानी में डाल देना चाहिए।
- शिशु पर कभी-भी बोतल खाली करने के लिए अत्यधिक दबाव नहीं डालना चाहिए तथा न ही शेष बचे दूध को दोबारा पिलाएँ।

दूध की मात्रा

शिशु को प्रत्येक आहार में 30 मिली/किग्रा दूध की आवश्यकता होती है तथा अधिकतम 240 मिली दूध एक बार में दिया जा सकता है।

अनुपूरक भोज्य पदार्थ

जब शिशु चार महीने का हो जाता है, तब उसकी पौष्टिकता भी बढ़ जाती है। उसकी पूर्ति करने के लिए शिशु को दूध के साथ-साथ तरल एवं ठोस आहार की भी जरूरत होती है, ऐसे आहार को अनुपूरक आहार या पूरक भोज्य पदार्थ कहते हैं। दूसरे शब्दों में, शिशु को माता का या ऊपरी दूध पिलाने पर जो भी पोषण सम्बन्धी कमियाँ रह जाती हैं, उनको दूर करने के लिए दूध के अतिरिक्त जो भी आहार शिशु को दिया जाता है, उसे पूरक भोजन कहते हैं।

शिशु को पूरक आहार प्रारम्भ करना एक क्रमिक प्रक्रिया है जिसके द्वारा एक शिशु पूर्णत: दूध्र आहार की जगह विविधतापूर्ण पारिवारिक भोजन लेने लगता है। शिशु को व्यक्ति-विशेष की तरह मानकर उसकी इच्छा तथा सहनशक्ति के अनुसार इसका प्रयोग करना चाहिए।

पूरक भोज्य पदार्थ देते समय ध्यान रखने योग्य आवश्यक बातें

- आहार शिशु के विकास के लिए आवश्यक मात्रा में और पर्याप्त पोषक तत्वों से युक्त होना चाहिए।
- एक बार में केवल एक ही नया पदार्थ खिलाना चाहिए। जब शिशु इस पदार्थ को आसानी से लेंने लगे, तब दूसरा पदार्थ शुरू करना चाहिए।
- नये आहार की मात्रा एक समय में बहुत ही थोड़ी होनी चाहिए अर्थात् एक चम्मच या उससे भी कम।
- शुरू में शिशु को तरल भोज्य पदार्थ ही देना चाहिए, जैसे- फलों का रस आदि। फिर धीरे-धीरे अर्द्ध ठोस पदार्थ तथा ठोस पदार्थ देना चाहिए। ठोस आहार देना शुरू करते समय प्रारम्भ में उसे पतला करके देना चाहिए।
- यदि माता को ऐसा लगे कि उसका शिशु किसी भोजन में अरुचि दिखा रहा है तो उसे कुछ दिन के लिए उस भोजन को बन्द कर देना चाहिए। यदि अरुचि निरन्तर बनी रहती है तो उस पदार्थ को बिल्कुल बन्द कर देना चाहिए तथा दूसरे अन्य खाद्य पदार्थ देने चाहिए।
- जब शिशु कुछ चबाने योग्य हो जाए, तो उसे फलों के छोटे-छोटे टुकड़े करके देने चाहिए।
- खाते समय शिशु को टोकना या डाँटना नहीं चाहिए। इससे शिशु भोजन करना छोड़ देता है।
- यदि शिशु अपने आप खाने की कोशिश करे तो उसके हाथ में चम्मच पकड़ा देनी चाहिए और उसे स्वत: खाने देना चाहिए।

आयु के अनुसार शिशु को देने योग्य भोज्य पदार्थों की तालिका

आयु	भोज्य पदार्थ
1 से 4 माह	फलों का रस
4 से 6 माह	सूजी की खीर, दलिया, चावल की खीर, नेस्टम, सेरेलक, कुचला हुआ केला, आम, पपीता, उबला आलू, फलों का रस, दाल का पानी, सब्जियों का सूप, दही, अर्द्ध उबला अण्डा।
6 से 9 माह	खिचड़ी, उबली कुचली सब्जियाँ, बिस्कुट, माँस का सूप, सूजी का हलवा, टोस्ट, मठरी, कुरकुरे पदार्थ।
9 से 12 माह	ब्रेड जेम, ब्रेड मक्खन, चीज स्प्रेड, दाल में भीगी रोटी, उबली मछली का गूदा, बेसन का लड्डू।

छः माह के शिशु के लिए एक दिन की आहार तालिका

समय	आहार
प्रात: 6 बजे	माता का दूध
प्रात: 8 बजे	बोतल का दूध 200 मिली
प्रात: 10 बजे	फलों का रस
दोपहर 11 बजे	सूजी की खीर या दलिया या दाल का पानी
दोपहर 12 बजे	माता का दूध
दोपहर 2 बजे	बोतल का दूध
सायं 4 बजे	कुचला हुआ फल या सब्जी
सायं 6 बजे	फेरेक्स, नेस्टम या सेरेलक (दूध में)
रात्रि 9 बजे	माता का दूध

बारह माह के शिशु के लिए एक दिन की आहार तालिका

	प्रस्तावित मात्रा
कैलोरी	900 से 1000
प्रोटीन	17 ग्राम
कैल्शियम	0.4 से 0.5 ग्राम
आयरन	15 मिग्रा

समय	आहार
प्रात: 6 बजे	दूध माता का या बोतल का
प्रात: 8 बजे (नाश्ता)	सूजी का हलवा, ब्रेड जेम या मक्खन के साथ, आधा उबला अण्डा
दोपहर 11 बजे	फलों का रस तथा बिस्कुट
दोपहर 1 बजे (भोजन)	दाल से भीगी रोटी, मूँग की दाल, आलू, दही, दाल, चावल आदि।
सायं 4 बजे	दूध
सायं 6 बजे	केला, पपीता, बिस्कुट, कॉर्न फ्लेक्स, नेस्टम आदि।
रात्रि 8 बजे	दूध

आयु	दूध की मात्रा प्रति आहार	
	औंस	मिलीलीटर
0 से 2 सप्ताह	2 से 3	60 से 90
3 सप्ताह से 2 महीना	4 से 5	120 से 150
3 से 4 महीना	5 से 6	150 से 180
4 से 5 महीना	6 से 7	180 से 210
6 से 12 महीना	7 से 8	210 से 240

प्रतिदिन की आहार संख्या

शिशु को प्रतिदिन दी जाने वाली आहार की संख्या उसकी आयु पर निर्भर करती है। शिशु की आयु जैसे-जैसे बढ़ती जाती है, प्रतिदिन आहार की संख्या भी घटती जाती है।

आयु	संख्या
पहला सप्ताह	5 से 10
दूसरे सप्ताह से 1 महीना	6 से 8
2 से 3 महीना	5 से 6
4 से 6 महीना	4 से 5
7 से 9 महीना	3 से 4
9 से 12 महीना	3

शिशु का शैशवावस्था के मध्य एवं अन्तिम महीनों में आहार

शिशु का शैशवावस्था के प्रथम चार महीनों में आहार स्तनपान या बोतल द्वारा दूध के रूप में ही होता है। शुरू के महीनों में माता का दूध ही शिशु के लिए सभी पौष्टिक तत्वों की पूर्ति कर देता है लेकिन जैसे-जैसे शिशु की आयु बढ़ती जाती है, शिशु के लिए कैलोरी तथा पौष्टिक तत्वों की आवश्यक मात्रा भी बढ़ती चली जाती है। यह बढ़ी हुई मात्रा केवल माता के दूध से पूरी नहीं हो पाती है। इसकी पूर्ति करने के लिए माता के दूध के अतिरिक्त कुछ तरल पदार्थ तथा अर्द्ध तरल पदार्थ देना आवश्यक हो जाता है जिन्हें पूरक आहार कहते हैं तथा पूरक पदार्थों के देने की विधि को स्तनत्याग कहा जाता है।

वयस्क स्त्री और पुरुष का श्रम के आधार पर सन्तुलित आहार (ग्राम में)

भोज्य पदार्थ	वयस्क पुरुष			वयस्क स्त्री		
	बैठे हुए	मध्यम श्रम	कठोर श्रम	बैठी हुई	मध्यम श्रम	कठोर श्रम
अन्न	460	520	670	410	440	575
दालें	40	50	60	40	45	50
दूध	150	200	250	100	150	200
तेल और वसा	40	45	65	20	25	40
हरी पत्तेदार सब्जियाँ	40	40	40	100	100	50
अन्य सब्जियाँ	60	70	80	40	40	100
कन्दमूल	50	60	80	50	50	60
चीनी और गुड़	30	35	55	20	20	40

स्तनपान कराने वाली स्त्री के लिए आहार

स्तनपान वह अवस्था होती है जिसमें कि स्त्री अपने स्तनों से निकला हुआ दूध अपने नवजात शिशु को पिलाती है। यह अवस्था एक सामान्य शारीरिक प्रक्रिया है। सामान्यत: यह अवस्था एक वर्ष तक ही रहती है लेकिन कुछ स्त्रियाँ अपने बच्चे को तीन वर्ष की आयु तक दूध पिलाती रहती हैं।

स्तनपान कराने वाली स्त्री के लिए पौष्टिक तत्वों की आवश्यकता

शिशु पहले वर्ष में अपनी माता के दूध पर ही निर्भर रहता है, इसलिए माता को अपने लिए तथा शिशु के शारीरिक एवं मानसिक विकास के लिए पर्याप्त आहार लेना आवश्यक है। माता के दूध से शिशु लगभग 8 ग्राम प्रोटीन, 0.25 ग्राम कैल्शियम तथा 450 कैलोरी ऊर्जा प्रतिदिन प्राप्त करता है। माता भोजन से जितने पोषक तत्व प्राप्त करती है, उसका 1/4 भाग दूध में पाया जाता है। इसलिए स्तनपान की अवस्था में स्त्री को सभी पौष्टिक तत्वों की अतिरिक्त मात्राओं की आवश्यकता पड़ती है।

कैलोरी

स्तनपान की अवस्था में माँ को सामान्य स्त्री से 550 कैलोरी अतिरिक्त ऊर्जा प्रारम्भ के 6 महीनों में तथा बाद के 6 महीनों में 400 कैलोरी अतिरिक्त ऊर्जा की आवश्यकता होती है क्योंकि आहारीय ऊर्जा की 60% ऊर्जा दुग्ध ऊर्जा में परिवर्तित हो जाती है।

उदाहरण मध्यम कार्य करने वाली स्त्री को 2225 कैलोरी ऊर्जा की आवश्यकता होती है तो स्तनपान अवस्था में 2225 + 550 =2775 कैलोरी ऊर्जा की आवश्यकता पड़ेगी।

प्रोटीन

स्तनपान कराने वाली स्त्री को अधिक मात्रा में प्रोटीन की आवश्यकता होती है। पोषण विशेषज्ञों के अनुसार (25 से 18 ग्राम) प्रतिदिन अतिरिक्त प्रोटीन की आवश्यकता होती है। यह प्रोटीन उच्चकोटि की होनी चाहिए।

कैल्शियम

स्तनपान अवस्था में दूध बनने के कारण अधिक कैल्शियम की आवश्यकता पड़ती है। एक ग्राम कैल्शियम प्रतिदिन लेने से यह आवश्यकता पूरी हो जाती है।

लौह लवण

600 मिली दूध में 0.73 मिग्रा लोहा होता है, जबकि स्तनपान कराने वाली स्त्री केवल 20% आहारीय आयरन ही शरीर में अवधारित कर पाती है इसलिए प्रतिदिन आहार में कम-से-कम 30 मिग्रा लौह-लवण दिया जाना चाहिए।

विटामिन्स

पोषण विशेषज्ञों के द्वारा विभिन्न विटामिन्स की निम्नलिखित मात्रा आवश्यक बताई गई है

- **विटामिन A** इस अवस्था में स्त्री को सामान्य से 350 μg ज्यादा विटामिन A की आवश्यकता होती है।
- **थायमीन** यह कार्बोहाइड्रेट के उपापचय के काम में आता है। इसकी सामान्य मात्रा से 0.03 से 0.2 मिग्रा अधिक की आवश्यकता इन दिनों पड़ती है।
- **राइबोफ्लेविन** यह भी उपापचय की क्रियाओं में काम आता है। इन दिनों सामान्य मात्रा से 0.3 से 0.2 मिग्रा अधिक की आवश्यकता होती है।
- **निकोटिनिक अम्ल** इसकी सामान्य से 4 से 3 मिग्रा अधिक की आवश्यकता पड़ती है।
- **फोलिक अम्ल** यह लाल रक्त कणिकाओं के निर्माण में सहायक होते हैं इसलिए स्तनपान कराने वाली स्त्री को 50 μg प्रतिदिन अधिक फोलिक अम्ल की आवश्यकता होती है।
- **विटामिन C एस्कोर्बिक एसिड** 30 मिग्रा अतिरिक्त विटामिन C लेने से इसकी आवश्यकता पूरी होती है।
- **विटामिन D** यह शिशु की हड्डियों व दाँतो के उचित विकास के लिए आवश्यक होता है तथा शिशु इसे माँ के आहार से ही प्राप्त करता है इसलिए स्तनपान कराने वाली स्त्री को 400 I. U. या 10 μg/ प्रतिदिन विटामिन D लेना आवश्यक होता है।

स्तनपान कराने वाली स्त्री के लिए भोज्य पदार्थों की मात्रा (सन्तुलित आहार)

भोज्य पदार्थ	साधारण श्रम करने वाली		मध्यम श्रम श्रेणी		भारी श्रम श्रेणी (मजदूर)	
	शाकाहारी (ग्राम)	माँसाहारी (ग्राम)	शाकाहारी (ग्राम)	माँसाहारी (ग्राम)	शाकाहारी (ग्राम)	माँसाहारी (ग्राम)
अनाज	400	400	450	450	575	575
दालें	60	55	80	65	80	65
हरी पत्तेदार सब्जियाँ	150	150	150	150	150	150
अन्य सब्जियाँ	75	75	75	75	100	100
जड़ वाली सब्जियाँ	50	50	75	75	100	100
फल	30	30	30	30	30	30
दूध	325	225	325	225	325	225
घी, तेल	45	50	50	55	55	60
शक्कर, गुड़	50	50	50	50	60	60
माँस, मछली	—	30	—	30	—	30
अण्डा	—	30	—	30	—	30
मूँगफली/घी/तेल	—	—	—	—	40	40

उपचारात्मक आहार Therapeutic Diet

प्राय: यह कहा जाता है कि आहार मनुष्य का सर्वोत्तम डॉक्टर है। जोनाथन स्विफ्ट के अनुसार, ''विश्व में सबसे अच्छे चिकित्सक हैं आहार चिकित्सक, शान्त चिकित्सक तथा खुशमिजाज चिकित्सक।''

"The best doctors in the world are Doctor diet, Doctor quiet and Doctor merriman."

आहार तथा स्वास्थ्य का आपस में घनिष्ठ सम्बन्ध है। सन्तुलित भोजन मनुष्य के स्वास्थ्य के लिए ही नहीं बल्कि रोगों से बचाए रखने व रोगावस्था में उपचार को शीघ्रता प्रदान करने के लिए भी आवश्यक है। विभिन्न रोगों में अलग-अलग प्रकार व मात्रा में विभिन्न प्रकार के आहार की आवश्यकता होती है। कुछ स्थितियों में सामान्य आहार की मात्रा में परिवर्तन करके रोगी को दिया जा सकता है, पर कुछ स्थितियों में रोगी के लिए आहार का रूप ही पूर्णत: बदलना पड़ता है क्योंकि सामान्य आहार उसकी पाचन क्षमता के अनुरूप नहीं होता है। कुछ रोगों में पोषक तत्व भोजन से पूर्ण रूप से अलग करने होते हैं जबकि कुछ रोगों में, आहार में पोषक तत्व सम्मिलित किए जाते हैं। उदाहरणार्थ, कम-भारिता वाले व्यक्ति के लिए अधिक कैलोरी तथा अधिक प्रोटीन आवश्यक होती है जबकि अधिक भारिता वाले व्यक्ति के लिए कम कैलोरी तथा अधिक प्रोटीनयुक्त आहार लेना आवश्यक होता है।

मधुमेह में सीमित कार्बोहाइड्रेट आहार प्रस्तावित किया जाता है तो यकृतीय रोगों के उपचार के लिए अधिक कार्बोजयुक्त आहार देना होता है। बाल्यावस्था में निर्धन तथा अशिक्षित परिवारों में आमतौर पर पाए जाने वाले रोग जैसे- क्वाशिओरकर के उपचार के लिए अधिक प्रोटीन देना अनिवार्य है तो कुपोषण (मेरास्मस) के उपचार का आधार अधिक कैलोरी तथा अधिक प्रोटीन है।

जहाँ अतिसार में इलेक्ट्रोलाइट सन्तुलन बनाए रखने के लिए नमक का घोल देना लाभदायक होता है, वहीं उच्च रक्तचाप में इसकी मात्रा नगण्य देनी होती है । कब्ज की स्थिति में अधिक रेशेयुक्त पदार्थ कब्ज निवारण में सहायक होते हैं तो अतिसार तथा पेचिश की दशा में अत्यन्त कम अवशेषयुक्त आहार देना अत्यन्त आवश्यक होता है। घेंघा के रोगी को नमक में आयोडीन मिलाकर देने से काफी हद तक इसका उपचार किया जा सकता है।

संक्षेप में यह कहा जा सकता है कि, ''किसी व्यक्ति को रोग की स्थिति में या रोग के पश्चात् उसके स्वास्थ्य लाभ के लिए जो आहार दिया जाता है, उसे उपचारात्मक आहार कहते हैं।''

आहार चिकित्सा

रोग से मुक्ति, स्वास्थ्य लाभ एवं रोगों को बढ़ने से रोकने के लिए सामान्य आहार को रोगों से मुक्ति के लिए रोगी की अवस्था एवं रोग की अवस्थानुसार परिवर्तित करने की प्रक्रिया आहार चिकित्सा कहलाती है।

आहार चिकित्सा का महत्त्व

हमें आहार में परिवर्तन लाना पड़ता है और इसलिए हमें उपचारात्मक आहार की भी आवश्यकता पड़ती है। *आहार चिकित्सा के निम्नलिखित उद्देश्य हैं*

- रोगावस्था में पोषण सम्बन्धी कमी को दूर करना।
- शरीर के भार में परिवर्तन के लिए, कम या अधिक कैलोरीयुक्त आहार प्रदान करना।
- आहार को इस प्रकार से सन्तुलित करना, जिससे शरीर कुछ पौष्टिक तत्वों को ग्रहण कर सके।
- पाचन तन्त्रों की स्थिति को देखते हुए आहार प्रदान करना जैसे- सुपाच्य।
- कोमल, तरल एवं कम कैलोरी का आहार देकर शरीर को पूर्ण आराम देना।

बाल्यावस्था में पोषण
Nutrition in Childhood

बाल्यावस्था में विकास एवं वृद्धि अति तीव्र गति से होती है। शरीर के उचित विकास व वृद्धि के लिए इस अवस्था में खान-पान पर विशेष ध्यान रखने की आवश्यकता होती है। उसे उचित मात्रा व अनुपात में सभी खाद्य पदार्थों का सेवन करना अति आवश्यक होता है। परन्तु इस अवस्था में उसके खान-पान का पूरा दायित्व उसके संरक्षकों पर होता है। इस अवस्था में उसके खाने में फल, दूध, दही, मांस, मछली, अण्डा व प्रोटीन युक्त अन्य खाद्य पदार्थों का मिश्रण उचित मात्रा में होना चाहिए साथ-ही-साथ उसके भोज्य पदार्थों में खनिज लवणों से भरपूर हरी पत्तीदार सब्जियों, फलों व अनाजों का मिश्रण भी होना चाहिए क्योंकि कहा गया है कि स्वस्थ शरीर में ही स्वस्थ मस्तिष्क का वास होता है।

बाल्यावस्था में आवश्यक पोषक पदार्थों की मात्रा

आहार	भोज्य समूह	उचित मात्रा (प्रतिशत में)
कार्बोहाइड्रेट	अनाज और दाने इत्यादि	33
विटामिन और खनिज लवण	विभिन्न फल एवं सब्जियाँ	33
मांस प्रोटीन	मांस, मछली एवं अण्डा	12
दूध प्रोटीन	दुग्ध पदार्थ	15
वसा एवं शर्करा	वसा युक्त भोज्य पदार्थ, शर्करा, मिठाई इत्यादि	7

पानी की मात्रा

आयु	मात्रा
4-8 वर्ष	1.1-2 लीटर (लगभग 5 गिलास)
9-13 वर्ष	1.4-1.6 लीटर (लगभग 5 या 6 गिलास)
14 और अधिक	1.6-2 लीटर (लगभग 5 से 8 गिलास)

इन सब पदार्थों के अलावा बच्चे को उपयुक्त मात्रा में लौह, ओमेगा-3 और 6 वसा अम्लों और अमीनो अम्लों की आवश्यकता भी होती है।

किशोरावस्था में पोषण Nutrition in Adolescence

किशोरावस्था बालक के विकास की एक महत्त्वपूर्ण एवं प्रगतिशील अवस्था है। इस अवस्था में बालक का विकास बड़ी तेजी से होता है, अत: उसके उचित विकास व अभिवृद्धि के लिए उसे उचित पोषक तत्वों की आवश्यकता होती है। *अत: उसकी वृद्धि एवं विकास को ध्यान में रखते हुए उसे निम्नलिखित पोषक तत्वों की आवश्यकता होती है*

1. कार्बोहाइड्रेट **2.** प्रोटीन **3.** वसा **4.** विटामिन
5. खनिज लवण इत्यादि

इन सब पोषक तत्वों को ध्यान में रखते हुए उसके भोजन में प्रोटीनयुक्त भोज्य पदार्थों व खनिज लवणों से भरपूर भोज्य पदार्थों का सम्मिलन आवश्यक है **जैसे** दाल, मांस, मछली, अण्डा, योक, हरी पत्तीदार सब्जियाँ इत्यादि।

किशोरावस्था में बालक के खाद्य पदार्थों में सभी पदार्थों को एक सन्तुलित मात्रा में दिया जाता है जिससे विकास में कोई बाधा न आए।

किशोरावस्था में सन्तुलित आहार

आहार	**किशोर** (आदमी)	**किशोर** (औरत)
प्रोटीन (ग्राम)	55	45
कार्बोहाइड्रेट (ग्राम)	300	230
शर्करा (ग्राम)	120	90
वसा (ग्राम)	95	70
लवण (ग्राम)	30	20
रेशे (ग्राम)	24	24
नमक (ग्राम)	6	6

वयस्कावस्था में पोषण Nutrition in Adulthood

वयस्कावस्था में शरीर को स्वस्थ एवं मजबूत रखने के लिए पोषण की आवश्यकता होती है। यह पोषण हमें अपने भोजन से प्राप्त होता है। भोजन में विभिन्न अवयवों का मिश्रण होता है जिससे शरीर स्वस्थ बना रहता है और अन्य शारीरिक क्रियाओं के लिए उचित मात्रा में ऊर्जा की पूर्ति होती रहती है।

वयस्कावस्था में पोषक तत्वों का मिश्रण

भोज्य पदार्थ	वयस्क (आदमी)	वयस्क (औरत)
अनाज	520	440
दाल	50	45
मांस/मछली	30	30
अण्डा	1	1
दूध	200	150
वसा/तेल	45	25
शर्करा	35	20
जड़ और तने (आलू आदि)	60	50
हरी पत्तीदार सब्जियाँ (पालक आदि)	40	100
अन्य सब्जियाँ (गोभी आदि)	70	40

प्रैक्टिस जोन

1. अधिक पौष्टिक भोजन की आवश्यकता किन परिस्थितियों में होती है?
(a) गर्भवती स्त्रियों को (b) कठोर श्रम करने वालों को
(c) वृद्धि कर रहे बच्चों को (d) इन सभी को

2. निम्नलिखित में मनुष्य के लिए उपयोगी पोषक तत्व है/हैं
(a) जल (b) लोहा (c) वसा (d) ये सभी

3. सन्तुलित आहार को प्रभावित नहीं करते हैं
(a) स्वास्थ्य (b) पर्यावरण
(c) उम्र एवं क्रियाशीलता (d) जलवायु

4. एक वयस्क को प्रतिदिन कितने ग्राम प्रोटीन की आवश्यकता है?
(a) 50 ग्राम (b) 60 ग्राम
(c) 80 ग्राम (d) 100 ग्राम

5. एक वयस्क के लिए आवश्यक वसा है
(a) 20 ग्राम (b) 40 ग्राम
(c) 50 ग्राम (d) 10 ग्राम

6. स्तनपान से
(a) बच्चे को साफ तथा कीटाणुरहित दूध प्राप्त होता है
(b) माँ के दूध का एण्टीबॉडीज बच्चे को संक्रामक रोग से बचाता है
(c) माँ के दूध में उपस्थित लेक्टोफेरिन बच्चे को आँत के रोगों से बचाता है
(d) उपरोक्त सभी

7. शैशवावस्था में सर्वाधिक आवश्यकता होती है
(a) प्रोटीन की (b) वसा की
(c) कार्बोहाइड्रेट की (d) इन सभी की

8. नपुंसकता में उपयोगी विटामिन है
(a) विटामिन E (b) विटामिन K (c) विटामिन C (d) विटामिन D

9. 'धात्री माँ योजना' का सम्बन्ध है
(a) अनाथ बालकों की सुविधा से (b) घरेलू हिंसा से
(c) कामकाजी महिला से (d) अनौपचारिक शिक्षा से

10. 'किशोरी बालिका दिवस' प्रत्येक आँगनवाड़ी केन्द्र में किस दिन मनाया जाता है?
(a) प्रत्येक माह के दूसरे मंगलवार को
(b) प्रत्येक माह के चौथे मंगलवार को
(c) प्रत्येक माह के प्रथम बुधवार को
(d) प्रत्येक माह के तीसरे बुधवार को

11. माँ के दूध में पाया जाने वाला वह विशिष्ट पदार्थ, जो बच्चे की आँतों में लेक्टोबेसलिसबाईफिडस बैक्टीरिया की वृद्धि को प्रेरित करता है वह है
(a) मिकोनियम (b) विफिडस कारक
(c) कोलोस्ट्रम (d) इनमें से कोई नहीं

12. निम्न में से कौन-से आयु-समूह को संक्रमणों के प्रति सबसे ज्यादा संवेदनशील माना जाता है?
(a) बुढ़ापा (b) युवा (c) बच्चा (d) शिशु

13. स्तनपान कराने वाली महिला को प्रतिदिन कितना कैल्शियम लेना आवश्यक होता है?
(a)1500 किग्रा (b) 1250 किग्रा (c) 500 किग्रा (d) 1000 किग्रा

14. यशोदा का मुख्य कार्य क्या है?
(a) गर्भवती महिला और उसके नवजात की देखभाल करना
(b) वृद्ध व्यक्ति की देखभाल करना
(c) आपातकालीन स्थिति जैसे कि भूकम्प में लोगों को स्वास्थ्य सेवाएँ प्रदान करना
(d) उपरोक्त सभी

15. अपरा (Placenta) का वजन प्रसव के समय उत्पन्न शिशु के वजन का कौन-सा भाग होता है?
(a) 3/4वाँ भाग (b) 1/6वाँ भाग (c) 1/8वाँ भाग (d) 1/12वाँ भाग

16. स्वस्थ सुपोषित माताओं के शिशुओं का वजन कितना होता है?
(a) 3.5 किग्रा (b) 2.5 किग्रा (c) 4.5 किग्रा (d) 2.0 किग्रा

17. गर्भस्थ शिशु का हृदय अपरा द्वारा प्रति मिनट कितना रुधिर पम्प करता है?
(a) 580 मिली (b) 640 मिली (c) 500 मिली (d) 520 मिली

18. एक वयस्क को प्रतिदिन लगभग कितने कैल्शियम की आवश्यकता होती है?
(a) 40-50 मिग्रा (b) 120-180 मिग्रा
(c) 400-500 मिग्रा (d) 480-780 मिग्रा

19. नवजात शिशु की त्वचा पर उपस्थित मक्खन जैसा पदार्थ क्या कहलाता है?
(a) लेनूगो (b) मीकोनियम द्रव
(c) एम्निओटिक द्रव (d) वनिक्सि केजिओसा

20. शरीर में पाए जाने वाले खनिज लवणों की संख्या लगभग है
(a) 12 (b) 8 (c) 24 (d) 28

21. वह जन्मजात विकार जिसमें शिशु का टखना व पाँव सामान्य आकृति में भिन्न व मुड़ा होता है, कहलाता है
(a) मुद्ररपाद (Club-feet) (b) प्लास्टर कास्ट
(c) ट्रेक्शन (d) ये सभी

22. विटल सांख्यिकी में पोषण स्तर के सूचक के रूप में उपयोग में लाया जाता है
(a) शिशु मृत्यु दर (b) जीवन प्रत्याशा
(c) बच्चों की निम्न जन्म दर (d) ये सभी

23. जब एक व्यक्ति के समूह को पोषण शिक्षा दी जाती है, तो निम्नलिखित में से कौन-सा कारक मस्तिष्क में रखना चाहिए?
(a) विशेष समूह का सामाजिक, आर्थिक और शिक्षा का स्तर
(b) रीति-रिवाज, धर्म, संस्कृति, खाने की आदतें
(c) भोजन के प्रभाव
(d) उपरोक्त सभी

24. वह पोषक तत्व जिसकी कमी से गर्भस्थ शिशु के मस्तिष्क की कोशिकाएँ नष्ट हो जाती हैं
(a) विटामिन्स (b) खनिज लवण
(c) प्रोटीन्स (d) वसा

25. किसी जले हुए बालक को भोजन में किस पोषक तत्व की मात्रा अधिक रूप से देनी चाहिए?
(a) वसा की (b) विटामिन्स की
(c) कार्बोहाइड्रेट्स की (d) प्रोटीन्स की

26. मिड डे मील प्रोग्राम में एक दिन में कितनी कैलोरी और प्रोटीन मिलते हैं?
(a) 300 कैलोरी व 6-12 ग्राम प्रोटीन
(b) 800 कैलोरी व 6-12 ग्राम प्रोटीन
(c) 300 कैलोरी व 8-12 ग्राम प्रोटीन
(d) 800 कैलोरी व 8-12 ग्राम प्रोटीन

27. मेरेस्मस रोग किस पोषक तत्व की कमी से होता है?
(a) प्रोटीन (b) विटामिन्स
(c) खनिज लवण (d) इनमें से कोई नहीं

28. स्वास्थ्य शिक्षण का मुख्य उद्देश्य है
(a) मित्र बनाना व प्रभावित करना
(b) लोगों को उत्तम स्वास्थ्य प्रदान करना
(c) स्वास्थ्य सम्बन्धी ज्ञान देना
(d) उपरोक्त सभी

29. निम्न में से कौन-सा कारक स्वास्थ्य शिक्षा के सिद्धान्त में से नहीं है?
(a) रुचि (b) सहभागिता (c) अभिप्रेरण (d) प्रतियोगिता

30. स्वास्थ्य शिक्षा की अवस्थाओं में से नहीं है
(a) बोध (b) मानसिक स्वास्थ्य
(c) क्रिया अपनाना (d) अभिप्रेरण

उत्तरमाला

1. (d)	**2.** (d)	**3.** (b)	**4.** (b)	**5.** (a)	**6.** (d)	**7.** (a)	**8.** (a)	**9.** (a)	**10.** (b)
11. (b)	**12.** (d)	**13.** (c)	**14.** (a)	**15.** (b)	**16.** (a)	**17.** (c)	**18.** (c)	**19.** (d)	**20.** (c)
21. (a)	**22.** (d)	**23.** (d)	**24.** (a)	**25.** (d)	**26.** (c)	**27.** (a)	**28.** (d)	**29.** (d)	**30.** (b)

अध्याय
03

गर्भवती की देखभाल

मातृ एवं शिशु स्वास्थ्य नर्सिंग
Maternal and Child Health Nursing

मासिक धर्म प्रारम्भ होने की अवस्था से 30 से 35 वर्ष तक स्त्रियों का प्रजनन काल होता है। गर्भावस्था का प्रारम्भ गर्भाधान कहलाता है। गर्भाधान निषेचन से प्रारम्भ होता है। डिम्ब गर्भाशय में स्थानान्तरित होता है तथा उसकी दीवार से लगकर पूर्ण शिशु का विकास होता है।

निषेचन Fertilization

निषेचन वह प्रक्रिया है जिसमें शुक्राणु का परिपक्व डिम्ब से सम्मिलित होता है। डिम्ब, फैलोपियन नलिका में लगे रोए द्वारा डिम्ब ग्रन्थि से ग्रहण कर लिया जाता है जोकि गर्भाधान से पहले गर्भाशय को घेरे रहता है। योनि में व्याप्त हजारों शुक्राणुओं में से केवल 300-500 शुक्राणु ही डिम्ब तक पहुँच पाते हैं। इस स्थिति में पहुँचने में उन्हें एक घण्टा लगता है। इतने अधिक शुक्राणुओं में से केवल एक शुक्राणु व डिम्ब दोनों में 23-23 गुणसूत्र होते हैं। निषेचन के पश्चात्, अब एक ही कोशिका में 46 गुणसूत्र हो जाते हैं।

निषेचित डिम्ब का विकास Development of Fertile Ovum

निषेचन के पश्चात् एकमात्र डिम्ब, विभाजित होने लगता है तथा 12 हफ्तों तक यह इतनी तीव्र गति से विकसित होता है कि इस काल में इसका छोटा चेहरा, मेरुदण्ड व हाथ-पैर देखे जा सकते हैं।

अपरा Placenta

इसका निर्माण निषेचन के 6 हफ्तों के पश्चात् प्रारम्भ होता है तथा 10-12 हफ्तों तक पूर्ण हो जाता है। *अपरा के निम्न कार्य हैं*

- भ्रूण को गर्भाशय की दीवार से दृढ़ता से जोड़ना।
- माँ के रुधिर से पोषण व ऑक्सीजन भ्रूण को प्रदान कराना।
- कार्बन डाइऑक्साइड तथा अन्य बाहर निकालने योग्य पदार्थों को भ्रूण से माँ के तन्त्र में पहुँचाना।

भ्रूण का विकास Development of Embryo

गर्भाशय के अन्दर विकसित होने वाले बालक को भ्रूण कहते हैं। *गर्भशय के अन्दर भ्रूण के विकास कीं अवस्थाएँ निम्नवत् हैं*

- गर्भस्थ शिशु के हृदय का निर्माण 20वें दिन हो जाता है तथा वह 21वें दिन धड़कने भी लगता है।
- पाँचवें हफ्ते तक हाथ-पैरों का निर्माण तथा एक बड़े से सिर का विकास हो जाता है।
- सातवें हफ्ते में शिशु के हाथ-पैरों की अँगुलियों तथा नाक का विकास हो जाता है। मुँह व कान का निर्माण हो जाता है। इस समय शिशु का आकार एक इंच से कम होता है।
- 12वें हफ्ते तक शिशु पूर्ण आकार प्राप्त कर लेता है तथा इसकी लम्बाई तीन इंच तक होती है।
- 14वें हफ्ते तक मांसपेशियाँ व्यवस्थित हो जाती हैं तथा लिंग का निर्धारण व उसकी पहचान सम्भव हो जाती है।
- 18वें हफ्ते तक माँ भ्रूण की गति का अनुभव करने में समर्थ हो जाती है।
- 20वें हफ्ते तक बालक की अँगुलियों की छाप का विकास हो जाता है।
- सातवें महीने के दौरान, शिशु की त्वचा के नीचे वसा एकत्र होने लगती है। वह अपनी आँख खोलने में समर्थ हो जाता है तथा आँख की भौहों, पलकों व सिर के बालों का विकास हो जाता है।
- 9वें महीने में शिशु, उत्पन्न होने की स्थिति लेने लगता है।

गर्भावस्था Pregnancy

भ्रूण पूर्ण रूप से विकसित होने तथा स्वतन्त्र रूप से अपने जीवन को विकसित करने में समर्थ होने के लिए नौ महीने का समय लेता है।

गर्भावस्था की अवधि 40 हफ्ते अथवा 280 दिन अथवा 9 महीने व 7 दिन निर्धारित की गई है। जिसकी गणना अन्तिम मासिक धर्म के पहले दिन से की जाती है। गर्भावस्था को 3 अवस्थाओं में बाँटा जा सकता है जिसमें प्रत्येक अवस्था का समय लगभग 12 सप्ताह का होता है। *जिसका विवरण निम्नवत् है*

प्रथम अवस्था (12 हफ्ते) First Stage

गर्भावस्था की प्रथम अवस्था के सामान्य लक्षण निम्न हैं

- मासिक धर्म का बन्द होना।
- प्रात: काल में जी मिचलाना व उल्टी होना (मॉर्निंग सिकनेस)।
- जल्दी-जल्दी मूत्र त्यागने की इच्छा होना।
- स्तनों के आकार में वृद्धि तथा तनाव उत्पन्न होना।
- थकान का अनुभव होना।
- स्तन के निपिल का गाढ़े रंग का हो जाना।

द्वितीय अवस्था (13-28 हफ्ते) Second Stage

गर्भावस्था की द्वितीय अवस्था के सामान्य लक्षण निम्न हैं

- भ्रूण की गतियों का अनुभव होना।
- पेट के निचले भाग के आकार का विकास होना।
- स्तन के आकार में वृद्धि व फैलाव होना।
- माथे व गालों पर भूरे रंग के धब्बों का होना।
- पेट के निचले भाग पर काले रंग के धब्बे व लकीरें विकसित होना।

तृतीय अवस्था (29-40 हफ्ते) Third Stage

गर्भावस्था की तीसरी अवस्था के सामान्य लक्षण निम्न हैं

- भ्रूण के अंगों के स्पर्श को स्पष्ट रूप से (पेट की सतह पर) महसूस कर सकना।
- बार-बार मूत्र-त्याग की इच्छा होना।
- भ्रूण के हृदय की धड़कन को अधिक स्पष्ट रूप से सुन पाना।

गर्भावस्था का परीक्षण Test of Pregnancy

गर्भावस्था का परीक्षण मूत्र से किया जाता है तथा यह बढ़ते भ्रूण से उत्पन्न होने वाले हॉर्मोन्स पर निर्भर करता है। इस परीक्षण का सभी सामान 'परीक्षण किट' में उपलब्ध होता है जिसमें टेस्ट घोल आदि होते हैं।

रोगी को यह सलाह दी जाती है कि वह शाम से जल ग्रहण करना बन्द कर दे तथा अगले दिन सुबह किसी साफ बोतल में, मूत्र एकत्र कर प्रयोगशाला में भेज देना चाहिए। परीक्षण 12 घण्टे के भीतर कर लेना चाहिए।

गर्भवती महिला की देखभाल

- गर्भवती महिलाओं में जच्चा-बच्चा के लिए खतरे अधिक होते हैं इसलिए गर्भवती को पूर्व-प्रसव (Prenatal) देखभाल की आवश्यकता होती है। *महिलाओं को गर्भ काल में निम्नलिखित पूर्व-प्रसव देखभाल प्रदान करनी चाहिए*
- गर्भवती महिला की पूर्ण शारीरिक जाँच और पैल्विक जाँच करनी चाहिए।

गर्भावस्था में महिला की प्रयोगशाला जाँच अवश्य करवानी चाहिए, जिसमें निम्नलिखित परीक्षण शामिल हैं

- मूत्र-जाँच (Urinalysis)
- रुधिर समूह और प्रकार (Blood Group and Type)
- सम्पूर्ण रुधिर संख्या (Complete Blood Count)
- एचआईवी परीक्षण (HIV Test)
- वीडीआरएल (VDRL)
- हेपेटाइटिस-B सेरोलॉजी (Hepatitis B Serology)
- *पूर्व-प्रसव देखभाल के दौरान गर्भवती महिला को निम्नलिखित विषयों पर जानकारी प्रदान करनी चाहिए*
- मातृत्व पोषण के बारे में महिला को जानकारी देना।
- STD और HIV संक्रमण के विषय में जानकारी देना।
- माँ द्वारा शिशु को स्तनपान कराने सम्बन्धी जानकारी देना।
- नवजात शिशु की देखभाल और विकास सम्बन्धी जानकारी देना।
- महिलाओं को गर्भावस्था में विटामिन, आयरन और कैल्शियम आदि की अधिक आवश्यकता होती है, अतः उसके भोजन में यह सभी पूरक आहार अवश्य शामिल होने चाहिए।
- गर्भवती महिलाओं को मानसिक रूप से स्वस्थ रखने के लिए उनकी काउन्सलिंग करते रहना चाहिए और प्रसव के उपरान्त आने वाले पारिवारिक परिवर्तनों के बारे में जानकारी प्रदान करनी चाहिए।
- गर्भकाल में किसी प्रकार की कोई भी दवा नहीं लेनी चाहिए क्योंकि दवाओं से भ्रूण पर हानिकारक प्रभाव हो सकते हैं।
- गर्भकाल में महिलाओं को शराब, सिगरेट, कोकीन, हैरोइन आदि के दुष्प्रभावों के सम्बन्ध में जानकारी देनी चाहिए और इनके माँ और बच्चे पर होने वाले भयानक प्रभावों के सम्बन्ध में समझाना चाहिए।
- गर्भवती महिला, जो HIV से पीड़ित हो, उसे विशेष इलाज के लिए रैफर करना चाहिए और HIV पॉजिटिव माताओं को बच्चों को अपना दूध न पिलाने के सम्बन्ध में स्वास्थ्य शिक्षा प्रदान करें।

प्रसवावस्था एवं देखभाल Delivery and Care

बच्चे को जन्म देने की प्रक्रिया माँ के लिए बहुत कष्टदायक है। यह माँ का भी दूसरा जन्म होता है क्योंकि कोई भी पेचीदगी पैदा हो सकती है। माँ को उस समय बहुत चिन्ता होती है। प्रायः प्रसव पीड़ा कई घण्टों तक रहती है और उस दौरान अस्पताल ले जाने के लिए प्रबन्ध करने अथवा दाई या डॉक्टर को बुलाने के लिए काफी समय होता है।

बच्चे के जन्म में देरी करने की कभी कोशिश न करें। बिना हस्तक्षेप के प्रसव को होने दें, बच्चे के सिर का ध्यान रखें। कई बार बच्चा उल्टी हालत में होता है। ऐसी स्थिति में डॉक्टर की सहायता लेना बहुत जरूरी हो जाता है।

बच्चे के जन्म की अवस्थाएँ

Stages of Child Birth

बच्चे के जन्म की अवस्था अथवा प्रसव पीड़ा को चार अवस्थाओं में बाँटा जाता है

- **पहली अवस्था** यह अवस्था लगभग 12-14 घण्टों की है। इसमें गर्भाशय सिकुड़ कर बच्चे को बाहर निकालने की कोशिश करता है। यह अवस्था अन्य अवस्थाओं की अपेक्षा लम्बी अवधि की होती है।
- **दूसरी अवस्था** यह अवस्था लगभग 2 घण्टों की होती है। इस हालत में बच्चा योनि द्वार के निकट खिसक आता है। इसमें बच्चा बाहर आ जाता है।
- **तीसरी अवस्था** यह लगभग 30 मिनट की होती है। इस अवस्था में अपरा (Placenta) बाहर आ जाती है। बाद में गर्भाशय को साफ करके यदि गर्भ का कोई अवशेष अन्दर रह गया हो, तो उसे बाहर निकाल दें।
- **चौथी अवस्था** इस अवस्था में माँ की ओर ध्यान देना होता है ताकि और रुधिरस्राव से प्रसवोत्तर रुधिरस्राव (Post-partum Haemorrhage) का खतरा पैदा न हो जाए।

प्रसव को बेहतर ढंग से करवाने के लिए आवश्यक वस्तुएँ Essential Things for Better Performed for Delivery

- रोगाणु रोधक साबुन जैसे-डिटॉल, सेवलोन।
- बहुत से साफ कपड़े अथवा फटे पुराने कपड़े।
- हाथ और नाखून साफ करने के लिए एक साफ ब्रुश।

- स्वच्छ रुई।
- एक नया रेजर ब्लेड।
- गर्भनाल को बाँधने के लिए मोटा धागा या दो रिबन।
- कीटाणु रहित सिरिंज और सुइयाँ।
- दो प्याले, एक हाथ धोने के लिए और दूसरा जेर (After birth) को सम्भालने और उसके निरीक्षण के लिए।
- माँ के पेट में से बच्चे के दिल की धड़कन को सुनने के लिए फीटोस्कोप अथवा भ्रूण सम्बन्धी स्टैथोस्कोप।
- दो हीमोस्टेट (Hemostats) गर्भनाल को पकड़ने के लिए अथवा रुधिरस्राव वाली नाड़ियों के लिए।
- कीटाणुरहित सुई, बच्चे के जन्म के बाद योनि द्वार को सिलने के लिए।
- बच्चे की आँखों के लिए सिल्वर नाइट्रेट ड्रॉप्स।

प्रसव के दौरान संक्रमण को रोकना

To Stop Infection During Delivery

यदि प्रसव घर पर करवाया गया है, तो महिलाओं में संक्रमण का खतरा अधिक होता है, *इसलिए प्रसव की तैयारी और प्रसव के दौरान निम्न तथ्यों पर ध्यान देना जरूरी है*

- सर्दी, जुकाम, टी.बी., खाँसी आदि से प्रभावित लोगों को जच्चा से दूर रखें।
- प्रसव करवाते समय मास्क पहनना चाहिए। रूमाल को भी त्रिकोणाकार में बाँधा जा सकता है।
- अपने फालतू कपड़े उतार दें, यदि उपलब्ध हो, तो प्लास्टिक ऐप्रन पहन लें ताकि संक्रमण से बचाव हो सके।
- अपनी शर्ट के बाजू ऊपर चढ़ाकर रखें।
- अपने हाथों को अच्छी प्रकार धोकर, अँगुलियों और नाखूनों को ब्रुश की सहायता से साफ करें। यदि सम्भव हो, तो डिस्पोजेबल दस्ताने पहनें।

प्रसव की प्रक्रिया Process of Delivery

- प्रसव वाले बैड या टेबल को ढक दें ताकि ये दूषित न हों।
- दूसरी अवस्था के दौरान गर्भवती को नीचे की ओर जोर लगाने के लिए कहें।
- बच्चे के बाहर आने पर अपनी अँगुली के इर्द-गिर्द एक जाली का टुकड़ा या कोई साफ कपड़ा लपेट कर बच्चे का मुँह साफ करें।
- देखें कि बच्चा रोया है या नहीं।
- माँ की तरफ वाली कोर्ड (Cord) को क्लैम्प करके इसे बच्चे की ओर दबाकर दूसरा क्लैम्प लगा दें।
- कुछ देर तक अपरा के बाहर आने की प्रतीक्षा करें। अपरा के बाहर आने पर गर्भाशय को साफ करें और गर्भ के अवशेष निकाल दें।
- बच्चे के सिर को नीचा करके रखें, जब तक कि बच्चे के कन्धे दिखाई न दें।
- नवजात बच्चे हाथ से बहुत जल्दी फिसल जाते हैं इसलिए उनका ध्यान रखना चाहिए।

प्रसव के बाद रुधिरस्राव Haemorrahage After Delivery

बच्चे के जन्म के बाद होने वाले रुधिरस्राव को लोकिया कहते हैं। यह चौदह दिनों तक होता है। *लोकिया को निम्न तीन श्रेणियों में बाँटा जा सकता है*

1. **लोकिया रुबरा** (Locia Rubra) यह प्रसव के चार दिनों तक रहता है। इसमें RBC's, और WBC's होते हैं। अन्त: कला (Endothelium) इसका रंग लाल होता है।
2. **लोकिया सीरोसा** (Locia Serosa) इसका स्राव पाँचवें से नौवें दिन होता है और इसमें WBC's, अन्त:कला कोशिकाएँ और श्लेष्मा होते हैं। इसका रंग गहरा भूरा अथवा कुछ-कुछ पीला होता है।
3. **लोकिया एलबा** (Locia Alba) यह स्राव नौवें से चौदहवें दिन तक होता है। इसमें WBC's, अन्त:कला कोशिकाएँ होती हैं। इसका रंग सफेद होता है।

नोट यदि रुधिरस्राव इससे ज्यादा हो, तो यह बहुत हानिकारक होता है। समय-समय पर बच्चे की माँ के पेट का निरीक्षण करते रहें। *यदि रुधिरस्राव न रुके, तो निम्नलिखित उपाय करने चाहिए*

- माँ को मानसिक सहारा दें। साथ ही उसे घबराहट का अनुभव न होने दें।
- प्रभावित क्षेत्र को साफ करके माँ को पैड रखने के लिए दें। उसे टाँगें इकट्ठी करके रखने के लिए कहें।
- माँ को पर्याप्त मात्रा में पानी पीना चाहिए। यदि आघात के चिह्न दिखाई दे रहे हों और नब्ज धीमी चल रही हो तो जच्चा को टाँगें ऊँची और सिर नीचा कर दें तथा जल्द-से-जल्द डॉक्टरी सहायता लें।

गर्भपात Miscarriage

छ: महीने से पहले भ्रूण के नष्ट होने को गर्भपात कहते हैं। *यह कई प्रकार से हो सकता है जिसका विवरण निम्नवत् है*

- **सम्भावित गर्भपात** इसमें माँ के उचित आराम न करने से गर्भपात हो सकता है। यदि योनि मार्ग से रुधिरस्राव होने लगता है, तो उसको रोके और गर्भवती को डॉक्टर के पास ले कर जाएँ।
- **अनिवार्य गर्भपात** जब गर्भावस्था ऐसी स्थिति में पहुँच जाती है जब उसे जारी रखना असम्भव हो।
- **समाप्त गर्भपात** ऐसी स्थिति में भ्रूण गर्भ में नर जाता है।
- **अपूर्ण गर्भपात** ऐसी हालत में भ्रूण की मृत्यु हो जाती है। गर्भ के कुछ अवशेष बाहर आ जाते हैं जबकि कुछ अन्दर ही रह जाते हैं।
- **पूर्ण गर्भपात** इसमें भ्रूण समाप्त हो जाता है और गर्भ के सारे भाग बाहर आ जाते हैं।

पूर्व-प्रसव एवं बचपन के रोगों का सम्पूर्ण प्रबन्धन

Integrated Management of Neonatal and Childhood Illness (IMNCI)

बचपन के रोगों का सम्पूर्ण प्रबन्धन (IMNCI) योजना को विश्व स्वास्थ्य संगठन (WHO) और UNICEF द्वारा अन्य अनेक शाखाओं की सहभागिता द्वारा 1990 के मध्य अस्तित्व में लाया गया।

IMNCI योजना के तत्व Elements of IMNCI Plant

इस योजना के मुख्य तत्व निम्नवत् हैं

- सम्पूर्ण स्वास्थ्य प्रणाली में सुधार लाना।
- पारिवारिक और सामुदायिक स्वास्थ्य सेवाओं में सुधार लाना।
- रोगी प्रबन्धन और स्वास्थ्य कर्मचारियों के काम करने के ढंगों में सुधार लाना।

IMNCI योजना के उद्देश्य Objectives of IMNCI Plan

- IMNCI योजना का मुख्य उद्देश्य रोगों का इलाज, रोकथाम और स्वास्थ्य सेवाओं को बढ़ावा देना है।
- बच्चों की रोगों के कारण होने वाली मृत्यु-दर, विकलांगता और भयानक रोगों को फैलने से रोकना।
- पाँच वर्ष से कम आयु के बच्चों के पौष्टिक आहार और वृद्धि में सुधार लाना है।

मातृत्व लाभ (संशोधन) **विधेयक, 2016**

- 10 अगस्त, 2016 को प्रधानमन्त्री नरेन्द्र मोदी की अध्यक्षता में केन्द्रीय मन्त्रिमण्डल द्वारा मातृत्व लाभ (संशोधन) विधेयक, 2016 को संसद में प्रस्तुत किए जाने को पूर्वव्यापी स्वीकृति प्रदान की गई। इस विधेयक के द्वारा मातृत्व लाभ अधिनियम, 1961 में संशोधन का प्रस्ताव हे।
- 11 अगस्त, 2016 को यह विधेयक राज्यसभा द्वारा पारित किया गया।
- मातृत्व लाभ अधिनियम, 1961 के तहत् माँ बनने पर बच्चे की देखभाल के लिए महिलाओं को पूर्ण वेतन के साथ ही 12 सप्ताह के मातृत्व अवकाश का भी प्रावधान था।
- संशोधन विधेयक में इस अवधि को बढ़ाकर 26 हफ्ते किए जाने का प्रस्ताव है।
- वर्ष 1961 के अधिनियम के तहत् मातृत्व अवकाश का लाभ प्रसव की सम्भावित तिथि से 6 सप्ताह पहले नहीं उठाया जा सकता, संशोधन विधेयक में इस अवधि को बढ़ाकर 8 हफ्ते किए जाने का प्रावधान है।
- हालाँकि दो या दो से अधिक बच्चे होने पर मातृत्व अवकाश का लाभ 12 सप्ताह के लिए ही प्रदान किया जाएगा जोकि सम्भावित प्रसव की तिथि से 6 हफ्ते पहले नहीं लिया जा सकता।

प्रैक्टिस जोन

1. निम्न में से कौन-सी वैक्सीन गर्भवती महिला को दी जाती है?
(a) DPT (b) OPV
(c) टिटेनस (d) ये सभी

2. बारहवें सप्ताह में गर्भस्थ शिशु की लम्बाई तथा वजन क्रमश: होता है
(a) 10 सेमी, 60 ग्राम (b) 18 सेमी, 50 ग्राम
(c) 15 सेमी, 50 ग्राम (d) 20 सेमी, 60 ग्राम

3. आदतन गर्भपात का क्या कारण है?
(a) गर्भाशयिक असामान्यताएँ (b) मधुमेह
(c) हाइपोथायरॉइडिज्म (d) ये सभी

4. बत्तीसवें सप्ताह में गर्भस्थ शिशु का वजन कितना होता है?
(a) 1.2 किग्रा (b) 1.5 किग्रा
(c) 2.0 किग्रा (d) 1.8 किग्रा

5. प्रसव के समय स्त्री को किस स्थिति में रखा जाता है?
(a) सिम्स (b) सुपाइन
(c) टेडेलेनबर्ग (d) लिथाटॉमी

6. गर्भस्थ शिशु के अंग कौन-से सप्ताह में महसूस किए जा सकते हैं?
(a) 20वें सप्ताह में (b) 12वें सप्ताह में
(c) 17वें सप्ताह में (d) 14वें सप्ताह में

7. स्तन्यकाल के प्रथम छ: माह के दौरान महिलाएँ लगभग कितना दुग्ध स्रावित करती हैं?
(a) 1200 मिली (b) 1500 मिली
(c) 600 मिली (d) 800 मिली

8. वह विधि जिसमें स्तनपान की कमी को पूर्ण करने के लिए तुरन्त बाद ही शिशु को अतिरिक्त दूध दिया जाता है, कहलाती है
(a) सम्पूरक पोषण (b) पूरक पोषण
(c) पोषण (d) इनमें से कोई नहीं

9. समय से पूर्व होने वाले शिशु का चिह्न है
(a) सन्धि रेखाएँ व फॉन्टेनेल्स चौड़ी
(b) लम्बाई 45 सेमी या इससे कम
(c) वजन 2500 ग्राम या इससे कम
(d) उपरोक्त सभी

10. गर्भावस्था के दौरान प्रतिदिन कैल्शियम की कितनी मात्रा लेना आवश्यक है?
(a) 1.5 ग्राम (b) 2.5 ग्राम
(c) 3.0 ग्राम (d) 1.0 ग्राम

11. गर्भावस्था के दौरान प्रतिदिन कितने ग्राम प्रोटीन लेना चाहिए?
(a) 90 ग्राम (b) 70 ग्राम
(c) 20 ग्राम (d) 80 ग्राम

12. मातृक व गर्भस्थ शिशु के अधिक जोखिम के मामले किसके द्वारा ज्ञात किए जा सकते हैं?
(a) पारटोग्राम (b) सरवाइकोग्राम
(c) कार्डियोटोकोग्राफ (d) ये सभी

13. गर्भावस्था के दौरान प्रतिदिन आयरन की कितनी मात्रा आवश्यक होती है?
(a) 38 मिग्रा (b) 24 मिग्रा
(c) 12 मिग्रा (d) 48 मिग्रा

14. गर्भावस्था के दौरान स्तनों में परिवर्तन के लिए कौन-सा हॉर्मोन जिम्मेदार होता है?
(a) प्रोजेस्टेरॉन हॉर्मोन (b) ओवरियन हॉर्मोन
(c) गोनेडोट्रॉफिन हॉर्मोन (d) इनमें से कोई नहीं

15. निषेचित डिम्ब कितना समय बीत जाने पर अन्त: स्थापना के लिए जिम्मेदार रहता है?
(a) 8-10 दिन (b) 10-12 दिन
(c) 6-7 दिन (d) 12-14 दिन

16. गर्भावस्था के आरम्भ के 20 सप्ताहों के दौरान गर्भवती स्त्री का वजन औसतन कितना बढ़ जाता है?
(a) 3.8 किग्रा (b) 4.2 किग्रा
(c) 2.5 किग्रा (d) 5.0 किग्रा

17. नवजात शिशु की त्वचा पर उपस्थित मक्खन जैसा पदार्थ क्या कहलाता है?
(a) लेनूगो (b) मीकोनियम द्रव
(c) एम्निओटिक द्रव (d) वनिक्सि केजिओसा

18. माँ के भ्रूण में किसी संक्रामक रोग के फैलने को क्या कहते हैं?
(a) ड्रोपलेट संक्रमण (b) फोमाइट बोर्न संक्रमण
(c) व्हीकल बोर्न संक्रमण (d) वर्टीकल ट्रांसमिशन

19. चौबीसवें सप्ताह में गर्भस्थ शिशु का वजन लगभग कितना होता है?
(a) 750 ग्राम (b) 550 ग्राम
(c) 600 ग्राम (d) 700 ग्राम

20. निम्न में से किस शिशु में हाइपोकैल्शिमिया की स्थिति पैदा हो सकती है?
(a) मधुमेही माता के शिशु में (b) स्तनपान नहीं करने वाले शिशु
(c) समय के मान से हल्के शिशु (d) ये सभी

21. प्रसव पश्चात् रुधिर स्राव के चिह्न हैं
(a) नरम गर्भाशय (b) बड़ा गर्भाशय
(c) (a) एवं (b) दोनों (d) इनमें से कोई नहीं

22. गर्भावस्था के निश्चयात्मक चिह्नों में शामिल है
(a) गर्भस्थ शिशु के अंग (b) गर्भस्थ शिशु का हृदय
(c) गर्भस्थ शिशु की हलचलें (d) ये सभी

23. गर्भावस्था के दौरान अस्थि बन्धनों में कुछ नरमपन व फैलाव किस प्रभाव के कारण होता है?
(a) वजन बढ़ना (b) अन्तःस्रावी क्रिया
(c) अस्थि बन्धनों पर प्रभाव (d) इनमें से कोई नहीं

24. निम्न में से गर्भावस्था के अनुमानित चिह्न व लक्षण हैं
(a) स्तनों में परिवर्तन (b) गर्भ की हलचल
(c) एमेनारीआ (d) ये सभी

25. निम्न में से कौन-सी मेडिसिन जन्मजात विकलांगता प्रकट कर सकती है?
(a) टेट्रासाइक्लिन (b) थैलिडोमाइड
(c) बारबीट्यूरेट्स (d) ये सभी

26. नवजात में अतिसार होने का कारण है
(a) सेप्सिस
(b) आंत्र की संरचनात्मक अनियमितता
(c) परिगलनकारी आंत्रशोथ
(d) उपरोक्त सभी

27. पूर्ण गर्भावस्था के दौरान स्त्री के वजन में लगभग कितनी वृद्धि होती है?
(a) 15 किग्रा (b) 12 किग्रा (c) 18 किग्रा (d) 20 किग्रा

28. प्रसव के बाद की अवधि कहलाती है
(a) गेस्टेशन
(b) बहिगर्भाशयिक गर्भावस्था
(c) जेनेटेलिआ
(d) सूतिकावस्था

29. प्रसव के पूर्ण होने पर गर्भाशय का वजन कितना होता है?
(a) 850 ग्राम (b) 750 ग्राम
(c) 900 ग्राम (d) 650 ग्राम

30. गर्भवर्तन व नीचे की ओर खिंचाव के संयोजन वाली विधि है
(a) लॉवसेट विधि (b) ग्रागियन विधि
(c) मारिशियु-स्मेंली वैट विधि (d) ये सभी

31. नवजात शिशु में कौन-कौन से प्रतिवर्त होते हैं?
(a) मोरो प्रतिवर्त (b) मुखीय प्रतिवर्त
(c) ग्रास्प प्रतिवर्त (d) ये सभी

32. गर्भ की हलचल माता के द्वारा पहली बार किस सप्ताह के बीच महसूस की जाती है?
(a) 15-16 (b) 16-18
(c) 16-20 (d) 12-14

33. गर्भाशय के चारों ओर पाया जाने वाला संयोजी ऊतक कहलाता है
(a) मायोमिट्रियम (b) पेरिमिट्रियम
(c) एण्डोमिट्रियम (d) इनमें से कोई नहीं

34. अपरिपक्व शिशुओं के सम्बन्ध में कौन-सा कथन असत्य है?
(a) इनके कानों में कमजोर कर्ण उपस्थियाँ पाई जाती हैं
(b) इनमें पेशीय तनाव बहुत कमजोर रहता है
(c) इनके जन्म के बाद तुरन्त स्नान व तेल की मालिश करते रहना चाहिए
(d) इनमें परिपक्वता तथा विकास की दर जन्म के बाद बढ़ जाती है

35. प्रसव पूर्व क्लीनिक में दूसरी भेंट गर्भावस्था के कौन-से महीने में की जानी चाहिए?
(a) 3 (b) 6
(c) 9 (d) 8

36. गर्भावस्था में टिटेनस टॉक्साइड की दूसरी खुराक किस सप्ताह में देनी चाहिए?
(a) 14-16 (b) 16-20
(c) 20-24 (d) 28-30

37. एक वर्ष के अन्त तक शिशु का वजन उसके जन्म के वजन से कितना गुना हो जाता है?
(a) 2 (b) 3
(c) 4 (d) 6

38. MCH "माताओं व बच्चों के लिए उन्नायक, निरोधक, उपचारात्मक और पुनर्वास सुविधा या देखभाल है" यह परिभाषा कब और किसके द्वारा प्रस्तुत की गई?
(a) WHO ने 1976 में (b) FAO ने 1980 में
(c) UNICEF ने 1972 में (d) CARE ने 1985 में

उत्तरमाला

1. (c)	**2.** (a)	**3.** (d)	**4.** (b)	**5.** (d)	**6.** (b)	**7.** (c)	**8.** (a)	**9.** (d)	**10.** (d)
11. (d)	**12.** (c)	**13.** (a)	**14.** (a)	**15.** (c)	**16.** (c)	**17.** (d)	**18.** (c)	**19.** (d)	**20.** (d)
21. (d)	**22.** (d)	**23.** (b)	**24.** (d)	**25.** (d)	**26.** (d)	**27.** (b)	**28.** (d)	**29.** (c)	**30.** (a)
31. (d)	**32.** (c)	**33.** (b)	**34.** (c)	**35.** (b)	**36.** (c)	**37.** (b)	**38.** (a)		

अध्याय

04

टीकाकरण

टीका Vaccine

स्वस्थ तन से स्वस्थ मन तक के सफर में विकसित देशों में जहाँ, प्रति हजार नवजात शिशुओं में से 10 से 20 बच्चे अपनी आँखें खोलने के एक माह के भीतर मौत का ग्रास बनते हैं, वहाँ अधिकांश विकासशील देशों में प्रति हजार में से लगभग 100 से 200 शिशु जन्म के पहले वर्ष ही काल के गाल में समा जाते हैं। हमारा भारत भी इससे अछूता नहीं रहा है। भारत में कुल मौतों में से 47 % तो 0-4 वर्ष के आयु वर्ग वालों की होती हैं और इस 47% में भी एक तिहाई तो जीवन के प्रथम वर्ष में ही काल कवलित हो जाते हैं।

भारत में हर तीन में से दो गर्भवती माताएँ रक्तहीनता और कुपोषण की शिकार होती हैं। कम वजन वाले शिशुओं को औसत स्वास्थ्य वाले शिशुओं की अपेक्षा संक्रामक रोग होने का चौगुना या छह गुना अधिक खतरा रहता है। जन्म के पहले दो या तीन वर्ष में बार-बार बीमार पड़ने वाले बच्चों को कई ऐसी मानसिक और शारीरिक बीमारियाँ हो जाती हैं जो दिखती तो नहीं हैं लेकिन बच्चों के स्वास्थ्य पर प्रतिकूल प्रभाव डालती हैं।

मानव संसाधन विकास मन्त्रालय के 'महिला एवं बाल विकास विभाग' के लिए संयुक्त रूप से 'इण्टरनेशनल इन्स्टीट्यूट फॉर पापुलेशन साइंस' और 'राष्ट्रीय परिवार स्वास्थ्य' द्वारा अप्रैल, 2004 में किए गए एक सर्वेक्षण के अनुसार 6 से 35 महीने के बच्चों में रक्त अल्पता की अधिकता पाई गई। गुजरात में जहाँ 84 % बच्चे खून की कमी से जूझ रहे हैं वहीं बिहार में 81.3 % ओडिशा में 80 % और पंजाब में 82% है। केरल, मध्य प्रदेश एवं राजस्थान में जहाँ 75, 76 और 76.5% बच्चे खून की कमी के शिकार हैं वहीं पूर्वोत्तर के राज्यों की स्थिति तो और भी भयावह है।

अकेले सिक्किम सरीखे छोटे-से राज्य में 99 % बच्चों के शरीर में खून की मात्रा न के बराबर है। नागालैण्ड में ऐसे बच्चों की संख्या लगभग 73% है जबकि त्रिपुरा और आन्ध्र प्रदेश में इस कतार ऐसे बच्चों की संख्या 74% है। बच्चों में 70% से अधिक रक्त अल्पता का सामना करने वाले राज्यों में उत्तर प्रदेश, जम्मू-कश्मीर, हिमाचल प्रदेश, गोवा और हरियाणा शामिल हैं। पूर्वोत्तर में असोम, मेघालय, अरुणाचल प्रदेश, ओडिशा, पश्चिम बंग, सिक्किम और देश के मानचित्र पर जन्नत मनाने वाले जम्मू-कश्मीर आदि कुछ ऐसे राज्य हैं, जहाँ 15 से 49 वर्ष आयु की महिलाओं में 60-70% रक्त अल्पता पाई गई है।

जिन बच्चों को शैशवावस्था में माँ का दूध पर्याप्त मात्रा में नहीं मिलता, उनकी रोग प्रतिरोधक क्षमता क्षीण होती है। माँ के दूध में कुछ ऐसे प्रतिरोधक तत्त्व होते हैं जो उसे बीमारी के विरुद्ध सुरक्षा प्रदान करते हैं। इसके अलावा बच्चों में आधे-से-अधिक बीमारियाँ दूषित पेयजल की वजह से होती हैं। उल्टी, दस्त, पेचिश, पीलिया, टायफॉइड आदि दूषित पानी की वजह से होते हैं। संक्रामक रोगों की भी सूची लम्बी है, लेकिन इनमें निम्न रोग प्रमुख हैं, जिनसे बच्चों का बचाव करना नितान्त आवश्यक है—खसरा, कालरा, टायफॉइड, कंजक्टीवाइटिस, ब्रोंकाइटिस, डायरिया, टिटेनस, टी बी, मेनिन्जाइटिस, न्यूमोनिया, गेस्ट्रोएंट्राइटिस, पेचिश, चिकन पॉक्स, वर्म, रेबीज आदि। इसी प्रकार पीलिया, कुकुरखाँसी, मलेरिया आदि भी संक्रामक रोग हैं।

भारत में जिन छह बीमारियों के खिलाफ प्रतिरोधक टीके उपलब्ध हैं, वे हैं—टी बी, डिफ्थीरिया, टिटेनस, काली खाँसी, पोलियो और खसरा।

टीके का औचित्य Value of Vaceine

कुछ ऐसे रोग हैं जिनसे बचाव के लिए शैशवकाल में ही टीके लगाए जाते हैं। ऐसे टीकों को प्राथमिक टीके (primary vaccination) कहते हैं। ये या तो सुई या अन्य विधि द्वारा रक्त में पहुँचा दिए जाते हैं या मुँह में टपका दिए जाते हैं।

टीके क्यों, कब और कैसे लगवाएँ?

- **टीके क्यों लगवाए जाएँ?** बहुत-से रोग रोगजनक जीवाणुओं द्वारा उत्पन्न होते हैं। इन रोगों से बचने के लिए अभी तक कोई ऐसी औषधि नहीं निकली है, जो शरीर को बिना कोई हानि पहुँचाए इन रोगजनक जीवाणुओं का नाश कर सके। अतः, वैज्ञानिकों ने ऐसे रोगों की चिकित्सा करने के बजाए इनसे बचने की विधियाँ खोज निकाली हैं। इनमें कुछ रोगों से बचने के लिए टीके, कुछ के लिए सुई (injection), कुछ के लिए टिकिया और कुछ के लिए बूँदों के रूप में, शरबत के रूप में या मीठी गोलियों, कैप्सूल आदि के रूप में औषधियाँ दी जाती हैं। रोगविशेष के टीके लगवा लेने से रोग होने का भय कम रहता है। टीके लगाकर बच्चों में रोग-निरोधक क्षमता उत्पन्न कर दी जाती है। यदि रोग हो भी जाता है तो यह घातक सिद्ध नहीं होता। अत: रोगों से बचने के लिए टीके जरूर लगवा लेने चाहिएँ।
- **टीके कब लगवाए जाएँ?** चेचक, डिप्थीरिया, पोलियो, कुकुरखाँसी-जैसे रोगों से अधिकतर बच्चे ही आक्रांत होते हैं। अत: रोग से बचाव के लिए उन्हें बचपन में ही टीका लगवा देना चाहिए या सुई लगवा देनी चाहिए। समय पर टीका लगवा देने से किसी भयंकर और जानलेवा रोग के होने का भय नहीं रहता। यदि रोग हो भी जाता है, तो वह उतना भयानक सिद्ध नहीं होता और रोगी शीघ्र स्वस्थ हो जाता है। अतः, जहाँ तक सम्भव हो, एक साल की आयु के अन्दर चेचक, खसरा, क्षय, डिप्थीरिया, टिटेनस,

कुकुरखाँसी, पोलियो, टायफॉइड आदि के टीके या सुई बचपन में ही जरूर लग जाने चाहिएँ।

- **टीके कब नहीं लगवाए जाएँ?** यदि बच्चों को बुखार, खाँसी, दस्त आदि होते हों तो ऐसी अवस्था में तब तक टीका नहीं लगवाना चाहिए, जब तक कि बच्चा रोगमुक्त न हो जाए। यदि किसी बच्चे के दाद, एक्जिमा आदि हो, तो चेचक का टीका नहीं लगवाना चाहिए।

चेचक का टीका

बच्चे के जन्म के एक सप्ताह बाद से किसी भी समय टीका लगवाया जा सकता है। बच्चों को एक साल की आयु होते-होते कई टीके लगवाने पड़ते हैं। अतः, टीके लगवाने में अधिक विलम्ब नहीं करना चाहिए। कम आयु में, जब बच्चा उलट-पलट नहीं सकता, टीका लगवाना सुविधाजनक होता है। टीका लगने के बाद बच्चों को प्रायः ज्वर हो जाता है। जिस स्थान पर टीका लगाया जाता है, वह प्रायः फूल जाता है, वहाँ दाने निकल आते हैं और प्रायः वहाँ घाव भी हो जाता है। ऐसी अवस्था में करवट बदलने पर टीके के स्थान पर चोट लग जाने का भय रहता है। टीके के स्थान को जल से बचाना चाहिए तथा ध्यान रखना चाहिए कि छाले फूटें नहीं। छाले फूटने पर डॉक्टर की राय से उपयुक्त मलहम का व्यवहार करना चाहिए। चोट न लगने पर छाला स्वयं सूखकर गिर पड़ता है, लेकिन स्थान विशेष के चर्म में दाग पड़ जाता है। चेचक का टीका प्रत्येक तीन वर्ष पर या जब रोग फैल रहा हो, तब जरूर लगवा देना चाहिए।

क्षय का टीका

साधारणतः एक माह की आयु से पूर्व ही बच्चों को बी सी जी तथा चेचक का टीका लगवा देना चाहिए। पर तीन माह की आयु में भी बच्चों को बी सी जी का टीका लगवाया जा सकता है। यदि किसी कारणवश उस आयु में टीका नहीं लग सका हो, तो बाद में भी उपयुक्त जाँच के बाद बी सी जी का टीका जरूर लगवा देना चाहिए।

डिप्थीरिया, कुकुरखाँसी, टिटेनस आदि के मिश्रित टीके

इन रोगों से बचाव के अलग-अलग और इन तीनों के मिले टीके ट्रिपल वैक्सीन (triple vaccine) या ट्रिपल एंटिजेन के रूप में सुई (injection) द्वारा दिए जाते हैं। इस टीके की तीन सुइयाँ एक-एक महीने के अन्तर पर दी जाती हैं। सुई देने के बाद प्रायः हल्का बुखार भी हो जाता है, लेकिन इससे घबराना नहीं चाहिए। बुखार स्वयं बिना दवा के छूट जाता है। जब कभी भी चोट लगने से जख्म हो जाए, तब टिटेनस का टीका लगवा देना चाहिए।

एम एम आर वैक्सीन

खसरा, जर्मन मिजल्स और कर्णफेर से बचाव के लिए उक्त वैक्सीन, डॉक्टर की सलाह के अनुसार बच्चे को लगवा देनी चाहिए। यह 12 से 15 महीने के अन्तराल पर दिया जाता है। इसका प्रभाव 10-15 साल तक रहता है।

खसरे का टीका

खसरे से बचने के लिए जन्म के छह महीने के बाद शिशु को कभी भी इसके टीके लगवाये जा सकते हैं, लेकिन एक महीने के बच्चे को भी टीका लगाने में कोई खतरा नहीं रहता है।

टायफॉइड का टीका

टायफॉइड के टीके की पूरी खुराक बड़ों को एक बार दे दी जाती है, लेकिन बच्चों को देने के लिए खुराक को दो-तीन हिस्सों में बाँटकर सुई द्वारा दिया जाता है। सुई लगने पर बाँह में सूजन और दर्द होता है। अक्सर इसके साथ ज्वर, सिरदर्द और बेचैनी भी होती है। लेकिन, ये सब लक्षण धीरे-धीरे दूर हो जाते हैं। टायफॉइड के टीके का असर केवल एक साल तक रहता है। अतः बीच-बीच में इसे अवश्य लगवाते रहना चाहिए।

पोलियो ड्रॉप्स

पोलियो एक भयंकर रोग है। इसमें बच्चों के अंगों में लकवा मार जाता है, अतः इससे बचाव के लिए बच्चों को पोलियो ड्रॉप्स समय पर पिलवा देना चाहिए। बच्चे की आयु दो माह होते ही ड्रॉप्स आरम्भ कर देना चाहिए और 6 से 8 सप्ताह के अन्तराल में 3 बार पिलवाना चाहिए। इसके बाद हर साल पोलियो का 'बूस्टर डोज' दिलाना चाहिए। इसे पाँच साल तक दिलाते रहना चाहिए।

टीका कहाँ लगवाना चाहिए?

हैजा, चेचक आदि के टीके नगरपालिका या गाँव नें जिला-परिषद् की ओर से मुफ्त लगाएँ/दिएँ जाते हैं। महामारी के रूप में फैलने पर टीका देने वाले घर-घर जाकर हैजे की सुई और चेचक के टीके लगा देते हैं। ट्रिपल वैक्सीन आदि की सुई दवा बेचने वालों के यहाँ मिलती है। डॉक्टरों की सलाह से इन्हें समय पर सुयोग्य कम्पाउण्डर या डॉक्टर से लगवा लेना चाहिए। किसी-किसी शहर में कभी-कभी डॉक्टरों की संस्थाओं द्वारा पोलियो की दवा मुफ्त दी जाती है। जब कभी ऐसा सुअवसर मिले, तो इसे चूकना नहीं चाहिए। रोग होने पर इलाज कराने की अपेक्षा टीका लगवाकर रोग से बचने में ही बुद्धिमानी है।

टीके के नाम	आरम्भिक टीका	दोबारा लगाने की अवधि
बी सी जी (तपेदिक)	एक से तीन महीने तक।	10 वर्ष की आयु में
बड़ी माता	1-6 महीने तक	प्रत्येक तीन साल बाद
डी पी टी ट्रिपल ऐंटिजेन (डिप्थीरिया, टिटेनस तथा कुकुरखाँसी)	जन्म से दो महीने बाद तीन इंजेक्शन दें जिनके मध्य अन्तर चार से आठ हफ्ते तक होता है।	पहला इंजेक्शन डेढ़ साल में, दूसरा इंजेक्शन पाँच साल की आयु में
पोलियो (पिलाने की बूँद)	जन्म के दो सप्ताह बाद दो से चार खुराक देनी चाहिए। दो खुराकों के बीच चार से आठ सप्ताह का अन्तर होना चाहिए।	पाँच वर्ष तक प्रत्येक वर्ष
टायफॉइड	दो वर्ष की अवस्था में शुरू करें। एक महीने के अन्तर पर दो खुराकें दी जाएँगी।	हर दूसरे साल

राष्ट्रीय स्वास्थ्य नीति, 2002

National Health Policy, 2002

वर्ष 1983 की राष्ट्रीय स्वास्थ्य नीति में स्वास्थ्य सेवाओं के वर्ष 2000 तक प्राप्त किए जाने वाले लक्ष्यों के नियोजन, क्रियान्वयन एवं निगरानी के लिए व्यापक ढाँचों को तैयार किया गया था।

स्वास्थ्य विभाग ने वर्ष 1983 के बाद के स्वास्थ्य सेवा परिदृश्य की समीक्षा की तथा राष्ट्रीय स्वास्थ्य नीति 2002 तैयार की। राष्ट्रीय स्वास्थ्य नीति 2002 में इस बात पर जोर दिया गया है कि नागरिकों को दी जाने वाली स्वास्थ्य सेवाओं और उनकी स्वास्थ्य नीति की गुणवत्ता में उल्लेखनीय सुधार तभी होगा जब उसके लिए अधिक वित्तीय और सामग्री संसाधन उपलब्ध कराएँ जाएँगे।

निर्धारित लक्ष्य : राष्ट्रीय स्वास्थ्य नीति-2002

उन्मूलन/उपलब्धि	वर्ष
पोलियो और 'याज' का उन्मूलन	2005
कुष्ठ रोग उन्मूलन	2005
कालाजार उन्मूलन	2010
लिम्फैटिक फाइलेरिएसिस उन्मूलन	2015
एच आई वी/एड्स की शून्य वृद्धि दर	2007
क्षय रोग, मलेरिया और अन्य वाहक तथा जल-जन्म रोगों से होने वाली मौतों में 50%की कमी	2010
अंधता को 0.5% तक घटाना	2010
आई एम आर को घटाकर प्रति हजार जन्म 30 तथा एम एस आर को प्रति लाख 100 करना	2010
जन स्वास्थ्य सुविधाओं का उपयोग 20% के वर्तमान स्तर से बढ़ाकर 75% पर लाना	2010
निगरानी, राष्ट्रीय स्वास्थ्य लेखा और स्वास्थ्य सांख्यिकी की एक समन्वित प्रणाली की स्थापना	2005

स्वास्थ्य क्षेत्र पर किया जाने वाला व्यय सकल घरेलू उत्पाद का 5.2 % है, जिसमें जन-स्वास्थ्य निवेश 0.9 % है। केंद्रीय आयोजना परिव्यय का लगभग 55 % हिस्सा मलेरिया, क्षय रोग, कुष्ठ रोग, एड्स, अंधता इत्यादि के नियन्त्रण के लिए केन्द्रीय प्रायोजित रोग नियन्त्रण कार्यक्रमों पर खर्च किया जाता है। देश में प्रमुख रोगों की व्यापकता को देखते हुए उन्हें नियन्त्रित करने के प्रयास किये।

राष्ट्रीय क्षयरोग नियन्त्रण कार्यक्रम

National TB Control Programme

राष्ट्रीय क्षयरोग नियन्त्रण कार्यक्रम का प्रारम्भ सरकार द्वारा वर्ष 1962 में किया गया। जिला स्तरीय क्षयरोग कार्यक्रम, राष्ट्रीय क्षयरोग नियन्त्रण कार्यक्रम की रीढ़ की हड्डी है। इस कार्यक्रम के अन्तर्गत जिला क्षयरोग केन्द्र, अपने लिए एक कार्यप्रणालीय यूनिट का निर्माण करता है, जिसका सर्वेसर्वा जिला क्षयरोग अधिकारी होता है। राष्ट्रीय क्षयरोग नियन्त्रण कार्यक्रम के दो मुख्य उद्देश्य थे—(क) क्षयरोग से पीड़ित रोगियों की पहचान कर उन्हें उचित इलाज प्रदान करना, (ख) क्षय रोग से पीड़ित व्यक्तियों की संख्या स्तर में गिरावट पैदा करना, जिससे यह समाज में एक गम्भीर नागरिक स्वास्थ्य समस्या न बन जाए। राष्ट्रीय क्षयरोग नियन्त्रण कार्यक्रम केन्द्र प्रायोजित कार्यक्रम है, जिसमें 50 % राज्य सरकार की भी भागीदारी होती है। राज्य सरकार द्वारा चलाई जा रही क्षयरोग क्लीनिकों में रोगियों को मुफ्त दवाइयाँ दी जाती थीं। 1992 ई. में एक विशेषज्ञ समिति द्वारा राष्ट्रीय क्षयरोग नियन्त्रण कार्यक्रम की समीक्षा की गई तथा इस समिति की सिफारिशों के आधार पर संशोधित राष्ट्रीय क्षयरोग नियन्त्रण कार्यक्रम डॉट्स प्रणाली के साथ **26 मार्च 1997 ई.** को प्रारम्भ किया गया। इस कार्यक्रम को विश्व बैंक, डी ए एन आई डी ए, डी एफ आई डी, यू एस ए आई डी, जी डी एफ और जी एफ ए टी एम की सहायता से देश में चरणबद्ध तरीके से क्रियान्वित किया जा रहा है। वर्तमान में संशोधित क्षयरोग नियन्त्रण कार्यक्रम 500 जिलों/ईकाइयों में लागू किया जा रहा है। इस कार्यक्रम में इलाज का औसत 84% रहता है, जोकि एक अच्छा संकेत है। क्षयरोग नियन्त्रण के अन्तर्राष्ट्रीय लक्ष्य को हासिल करने के लिए सन् 2005 तक पूरे देश को संशोधित राष्ट्रीय क्षय रोग नियन्त्रण कार्यक्रम के अन्तर्गत लाने का लक्ष्य रखा गया था।

पल्स पोलियो अभियान Pulse Polio Campaign

पोलियो एक ऐसा रोग है जो लोगों को विकलांग बनाकर उन्हें जिन्दगी भर के लिए असामान्य बना देता है। बचपन में होने वाली इस बीमारी में आमतौर पर टांगों का विकास रुक जाता है और वे छोटी व पतली रह जाती हैं। यह बीमारी '*पोलियोमलाइटिस*' नामक वायरस से होती है।

पल्स पोलियो कार्यक्रम सबसे पहले 1994-95 ई. में प्रयोग के तौर पर दिल्ली में शुरू किया गया। दिल्ली में पल्स पोलियो को मिले समर्थन से उत्साहित होकर इस कार्यक्रम को (1995-96) पूरे भारत में लागू किया गया। इस कार्यक्रम का मुख्य उद्देश्य यह है कि पहाड़ी, रेगिस्तानी, द्वीपीय, जंगली अथवा किसी भी दूर-दराज के इलाके में कोई भी बच्चा पोलियो वैक्सीन पीने से वंचित न रह जाए। यह कार्यक्रम अभी चालू रहेगा।

पोलियो रोगी को वैक्सीन के अन्तर्गत '*सॉबिन वैक्सीन*' की दो बूँद खुराक मुँह के माध्यम से तथा 'साल्क वैक्सीन' की खुराक इंजेक्शन के माध्यम से दी जाती है। पोलियो उन्मूलन के लिए चलाए जा रहे इस व्यापक अभियान के परिणामस्वरूप पोलियो का काफी हद तक नियन्त्रण किया जा चुका है।

'मिशन इन्द्रधनुष' के द्वितीय चरण का शुभारम्भ

- 5 अक्टूबर, 2015 को केन्द्रीय स्वास्थ्य एवं परिवार कल्याण मन्त्री जे. पी. नड्डा द्वारा सार्वभौमिक टीकाकरण हेतु समयबद्ध रूप से लक्षियत कार्यक्रम 'मिशन इन्द्रधनुष' के द्वितीय चरण का शुभारम्भ किया गया।
- मिशन इन्द्रधनुष के तहत् वर्ष 2020 तक देश के 90% से अधिक बच्चों का पूर्ण टीकाकरण कराने का लक्ष्य रखा गया है। इस कार्यक्रम के जरिए सभी बच्चों को आवश्यक 7 टीके लगाना सुनिश्चित किया जाएगा जिसमें
- डिप्थीरिया (Diptheria), काली खाँसी (Whooping cough), टिटेनस (Tetanus), पोलियो (Polio), तपेदिक (Tuberculosis), खसरा (Measles) और हेपेटाइटिस बी (Hepatitis B) शामिल हैं।
- मिशन इन्द्रधनुष का अनावरण 25 दिसम्बर, 2014 को प्रथम राष्ट्रीय सुशासन दिवस के अवसर पर किया गया था तथा इसके प्रथम चरण का पहला दौर देश के सभी राज्यों के 201 उच्च प्राथमिकता जिलों में 7 अप्रैल, 2015 (विश्व स्वास्थ्य दिवस) से एक सप्ताह से अधिक समय के लिए चलाया गया था। तत्पश्चात् इसके तीन और दौर मई, जून एवं जुलाई, 2015 में 7 तारीख से एक सप्ताह से अधिक समय तक क्रियान्वित हुए थे।
- मिशन इन्द्रधनुष के द्वितीय चरण में देश के 352 जिलों को चयनित किया गया है जिसमें 279 मध्य प्राथमिकता जिले, उत्तर-पूर्वी राज्यों के 33 जिले तथा प्रथम चरण के 40 जिले शामिल हैं, जिनमें टीकाकरण से छूट गए बच्चों की एक बड़ी संख्या का पता चला था। इस चरण में 2 वर्ष से छोटे बच्चों और गर्भवती महिलाओं की सात टीका निवारणीय रोगों से प्रतिरक्षा दी हेतु पूर्ण टीकाकरण का लक्ष्य रखा गया है।

विशिष्ट तथ्य

- उल्लेखनीय है कि देश में जहाँ 2009 में 61इ बच्चों का टीकाकरण हुआ था, वहीं वर्ष 2013 में बच्चों में टीकाकरण कवरेज बढ़कर 65इ के स्तर पर ही पहुँचा जोकि मात्र 1 प्रतिशतांक की वार्षिक कवरेज वृद्धि दर्शाता है।
- इसे देखते हुए वर्ष 2020 तक बच्चों के पूर्ण टीकाकरण कवरेज को प्राप्त करने के लिए इसमें 5 प्रतिशतांक और अधिक की त्वरित वृद्धि दर प्राप्त करने हेतु मिशन मोड में इन्द्रधनुष कार्यक्रम चलाया जा रहा है। इसके माध्यम से 65इ के कवरेज को 90इ से ऊपर पहुँचाने का लक्ष्य है तथा इसमें भारत के 'सार्वभौमिक टीकाकरण कार्यक्रम' के तहत् सभी टीके निःशुल्क उपलब्ध कराए जाएँगे।
- फरवरी, 2022 में गहन मिशन इन्द्रधनुष-4.0 शुरू किया गया। इसके तहत् लगभग 33 राज्य व 416 क्रेन्द्रशासित प्रदेशों के जिलों को चिन्हित कर 3 करोड़ महिलाएँ व 2.5 करोड़ बच्चों को युद्ध स्तर पर टीकाकरण करके उनके स्वास्थ्य सम्बन्धी परेशानियों को दूर करने का लक्ष्य निर्धारित किया गया।

प्रैक्टिस जोन

1. बी सी जी (BCG) का टीका किस रोग के लिए असरकारी है?
(a) पोलियो (b) तपेदिक (क्षय रोग)
(c) हैजा (d) कैंसर

2. बी सी जी टीका निर्माण प्रयोगशाला कहाँ स्थित है?
(a) चेन्नई (b) नई दिल्ली (c) जबलपुर (d) हैदराबाद

3. 'ट्यूबरक्यूलिन' किस रोग में प्रभावकारी है?
(a) तपेदिक (b) कुष्ठ रोग (c) पोलियो (d) डेंगू ज्वर

4. 'फ्लूओरिसिस' नामक रोग जल में किसकी उपस्थिति के कारण होता है?
(a) फ्लोरीन (b) क्लोरीन (c) ऑर्सेनिक (d) लोहा

5. 'टायफॉइड' ज्वर किस कारण होता है?
(a) जीवाणु के (b) विषाणु के (c) प्रोटोजोआ के (d) कवक के

6. 'टायफॉइड' में असरकारी दवा है
(a) क्लोराम्फेनिकोल (b) एम्पिसिलीन
(c) ट्राइमेथेप्रिम (d) ये सभी

7. 'विब्रिओ कॉलेरी' नामक जीवाणु के कारण मनुष्य को कौन-सा रोग होता है?
(a) हेपेटाइटिस (b) हैजा (c) तपेदिक (d) पोलियो

8. 'हेपेटाइटिस' रोग मनुष्य के किस अंग को क्षतिग्रस्त करता है?
(a) यकृत (b) वृक्क (c) हृदय (d) फेफड़ा

9. 'बीवेक' किस रोग को नियन्त्रित करने में सक्षम वैक्सीन है?
(a) हैजा (b) पोलियो (c) हेपेटाइटिस (d) तपेदिक

10. 'भारत बोयोटेक इण्टरनेशनल' कहाँ स्थित है?
(a) नई दिल्ली (b) हैदराबाद (c) मुम्बई (d) भोपाल

11. 'प्लेग' नामक संक्रामक रोग के जीवाणु का वाहक है
(a) मुर्गा (चिकेन) (b) चूहा (c) कुत्ता (d) बकरी

12. विश्वव्यापी टीकाकरण कार्यक्रम (UIP) कब प्रारम्भ हुआ?
(a) 1984 ई. (b) 1985 ई. (c) 1990 ई. (d) 1992 ई.

13. विश्वव्यापी टीकाकरण कार्यक्रम में निम्न में से किस रोग को शामिल नहीं किया गया?
(a) टिटेनस (b) पोलियो (c) हेपेटाइटिस (d) डिफ्थीरिया

14. डी टी पी (DTP) टीकाकरण में किस रोग को शामिल नहीं किया गया है?
(a) डिफ्थीरिया (b) पोलियो (c) खसरा (d) क्षय रोग

15. राष्ट्रीय टीकाकरण सारणी के अनुसार, शिशु में कितने रोगों के लिए टीकाकरण किया जाता है?
(a) 4 (b) 5 (c) 6 (d) 7

16. पल्स पोलियो टीकाकरण का प्रथम चरण कब शुरू हुआ था?
(a) दिसम्बर, 1994 (b) दिस्म्बर, 1995
(c) मई, 1994 (d) मई, 1996

17. BCG वैक्सीन को घोलने के लिए किस तरल पदार्थ को उपयोग में लाया जाता है?
(a) टैप वाटर (b) डिसटिल्ड वाटर
(c) सामान्य खारा पानी (d) आर एल

18. BCG वैक्सीन कब दी जाती है?
(a) जन्म के समय (b) 9 महीने का होने पर
(c) 6 महीने का होने पर (d) 18 महीने का होने पर

19. टीकाकरण रोकथाम के किस स्तर में आता है?
(a) प्राथमिक (b) द्वितीयक
(c) चतुर्थ (d) इनमें से कोई नहीं

20. BCG के टीकों का प्रकार है
(a) मृत टीका (b) तीन टीका (c) जीवित टीका (d) मिश्रित टीका

21. खसरा (measles) का टीका प्राय: किस आयु में लगाया जाता है?
(a) 3 महीने में (b) 6 महीने में (c) 18 म्हीने में (d) 9 महीने में

22. निम्न में से किस बीमारी की रोकथाम के लिए टीकाकरण सारणी में कोई टीका नहीं है?
(a) क्षय रोग (b) पोलियो (c) टायफॉइड (d) खसरा

23. यदि एक माँ 18 महीने के एक बच्चे को अस्पताल लेकर आती है जिसका अभी तक कोई टीकाकरण नहीं हुआ है। निम्न में से उस बच्चे को कौन-सी वैक्सीन नहीं दी जा सकती है?
(a) डी टी पी (DTP) (b) ओ पी वी (OPV)
(c) बी सी जी (BCG) (d) ये सभी

24. BCG का टीका बाईं भुजा पर ही क्यों लगते हैं?
(a) हृदय स्नदहे के निकट होने के कारण असर जल्दी करता है
(b) यहाँ भविष्य में इसके निशान को आसानी से पहचाना जा सकता है
(c) यहाँ दर्द कम होता है
(d) उपरोक्त में से कोई नही

25. हिब [H. influenzae Type B] वैक्सीन निम्न में से किस बीमारी की रोकथाम के लिए लगाया जाता है?
(a) Maningitis (b) Epiglotitis (c) Pneumonia (d) ये सभी

26. किस परिस्थिति में टीकाकरण करना अनिर्देशित रहता है?
(a) यदि बच्चे का एड्स का इलाज चल रहा हो
(b) यदि बच्चा ब्लड कैंसर से पीड़ित हो
(c) रक्ताधान तथा गामाग्लोब्यूलिन के चढ़ने के 3 माह के अन्दर
(d) उपरोक्त सभी

उत्तरमाला

1. (b)	**2.** (a)	**3.** (a)	**4.** (a)	**5.** (a)	**6.** (d)	**7.** (b)	**8.** (a)	**9.** (c)	**10.** (b)
11. (b)	**12.** (b)	**13.** (c)	**14.** (d)	**15.** (c)	**16.** (b)	**17.** (c)	**18.** (a)	**19.** (a)	**20.** (c)
21. (d)	**22.** (c)	**23.** (c)	**24.** (b)	**25.** (d)	**26.** (d)				

अध्याय

05

स्वास्थ्य के विभिन्न राष्ट्रीय कार्यक्रम

स्वास्थ्य अभिकरण Health Agencies

स्वास्थ्य, विश्व समुदाय के लिए अत्यन्त महत्त्वपूर्ण विषय है। कोई एक राष्ट्र विशेषकर विकासशील अथवा अविकसित राष्ट्र, सम्पूर्ण रूप से स्वास्थ्य विषयक उत्तरदायित्वों को अपने ही संसाधनों के बलबूते पर पूर्ण नहीं कर सकता है तथा प्रत्येक राष्ट्र स्वास्थ्य समस्याओं के समाधान के लिए अन्य राष्ट्रों से सहायता की अपेक्षा करता है। इस सन्दर्भ में अन्तर्राष्ट्रीय स्वास्थ्य अभिकरणों की महत्त्वपूर्ण भूमिका है। इसी प्रकार राष्ट्रीय स्तर पर नागरिकों की स्वास्थ्य आवश्यकताओं की पूर्ति हेतु स्वैच्छिक स्वास्थ्य संस्थाओं का योगदान अत्यन्त महत्त्वपूर्ण होता है। *कुछ महत्त्वपूर्ण अन्तर्राष्ट्रीय स्वास्थ्य अभिकरणों तथा भारत में कार्यरत स्वैच्छिक स्वास्थ्य अभिकरणों का संक्षिप्त विवरण निम्न प्रकार हैं*

अन्तर्राष्ट्रीय अभिकरण International Agencies

कुछ प्रमुख अन्तर्राष्ट्रीय अभिकरण निम्नवत् हैं

विश्व स्वास्थ्य संगठन

WHO-World Health Organization

विश्व स्वास्थ्य संगठन, संयुक्त राष्ट्र की गैर-राजनीतिक, विशिष्टीकृत स्वास्थ्य संस्था या अभिकरण है जिसका मुख्यालय जेनेवा में है। इसकी स्थापना 7 अप्रैल, 1948 को हुई। यह दिन 'विश्व स्वास्थ्य दिवस' (World Health Day) के रूप में मनाया जाता है। यह संगठन संयुक्त राष्ट्र का भाग होते हुए भी उसके अधीन नहीं है। यह संगठन स्वयं के संविधान, सदस्यता, संचालन बोर्ड तथा बजट के कारण एक अनुपम संस्था है।

उद्देश्य Objectives

विश्व स्वास्थ्य संगठन का मुख्य उद्देश्य समस्त व्यक्तियों के द्वारा स्वास्थ्य के उच्चतम स्तर को प्राप्त करना है। संगठन का यह मानना है कि जाति, धर्म, राजनीतिक, आर्थिक एवं सामाजिक स्थितियों के भेदभाव के बिना स्वास्थ्य की उच्चतम स्तर की प्राप्ति, प्रत्येक व्यक्ति का मौलिक अधिकार है। वर्तमान में विश्व स्वास्थ्य संगठन का लक्ष्य प्राथमिक स्वास्थ्य की देखभाल के द्वारा 'सबके लिए स्वास्थ्य' (Health for All) है।

विश्व स्वास्थ्य संगठन के कार्य Functions of WHO

विश्व स्वास्थ्य संगठन (WHO) के कार्यों का विवरण निम्नवत् हैं

- सम्पूर्ण विश्व में स्वास्थ्य कार्यक्रमों को निर्देशित एवं समन्वित करना।
- संक्रामक एवं अन्य विशिष्ट रोगों से बचाव एवं नियन्त्रण करना।
- सदस्य राष्ट्रों के स्वास्थ्य कार्यक्रमों एवं सेवाओं के विकास में सहायता प्रदान करना।
- पारिवारिक स्वास्थ्य के स्तर में सुधार करने सम्बन्धी कार्यक्रमों की सहायता करना।
- पर्यावरण स्वास्थ्य में वृद्धि करना।
- स्वास्थ्य सांख्यिकी (Health Statistics) हेतु तथ्य एकत्रीकरण, सूचनाओं का सम्प्रेषण तथा प्रकाशन करना।
- जैव चिकित्सीय अनुसन्धान कार्यों को बढ़ावा देना तथा प्रशिक्षण संस्थानों को समृद्ध बनाने में सहयोग करना।

यूनिसेफ UNICEF

यूनिसेफ (United Nations International Children's Emergency Fund), संयुक्त राष्ट्र की एक विशिष्ट एजेन्सी है। इसकी स्थापना सन् 1946 में विश्व युद्ध की विभीषिका से प्रभावित बच्चों के पुनर्वास हेतु की गई थी। इसका मुख्यालय न्यूयॉर्क में है। यह संस्था विश्व स्वास्थ्य संगठन, यूनेस्को एवं संयुक्त राष्ट्र के अन्य संगठनों के सहयोग से अपना कार्य सम्पादित करती है। इसका मुख्य लक्ष्य माताओं एवं शिशुओं के स्वास्थ्य की उन्नति करना है। साथ ही बाल स्वास्थ्य को प्रत्यक्ष एवं अप्रत्यक्ष तरीके से लाभ पहुँचाने वाले सभी कार्यक्रमों में भूमिका निभाता है।

यूनिसेफ का ध्येय वाक्य है; हर बच्चे के लिए स्वास्थ्य, शिक्षा, समानता, संरक्षण एवं उन्नत मानवता।

अन्तर्राष्ट्रीय रेडक्रॉस International Redcross

रेडक्रॉस गैर-राजनीतिक, गैर सरकारी, अन्तर्राष्ट्रीय मानवतावादी स्वैच्छिक संगठन है जोकि युद्ध एवं शान्ति दोनों ही स्थितियों में मानवता की सेवा में समर्पित रहता है। इसकी स्थापना सन् 1864 में स्विस व्यापारी हेनरी डुनेंट द्वारा की गई थी। सन् 1919 में रेडक्रॉस सोसायटी की लीग का गठन किया गया। यह विभिन्न राष्ट्रों की

रेडक्रॉस सोसायटी के कार्यों में समन्वय का कार्य देखती है। अन्तर्राष्ट्रीय रेडक्रॉस सोसायटी का मुख्यालय जेनेवा में है। रेडक्रॉस का मुख्य उद्देश्य पीड़ित मानवता की सेवा करना है। इसके कार्यों में युद्ध, प्राकृतिक प्रकोप जैसे बाढ़, भूकम्प, इत्यादि के शिकार व्यक्तियों को मानवीय आधार पर सहायता प्रदान करना है। यह संस्था प्राथमिक सहायता, गृह-नर्सिंग, स्वास्थ्य शिक्षा, मातृ एवं शिशु कल्याण सेवाएँ भी प्रदान करती है।

खाद्य एवं कृषि संगठन

Food and Agriculture Organization

खाद्य एवं कृषि संगठन (FAO) की स्थापना सन् 1945 में हुई थी। यह संयुक्त राष्ट्र का ऐसा प्राथमिक संगठन है जिसका निर्माण विश्व में सहयोग के विभिन्न क्षेत्रों की देखभाल के लिए किया गया। इस संगठन का मुख्यालय रोम में है। *खाद्य एवं कृषि संगठन के उद्देश्य निम्नवत् हैं*

- नागरिकों के जीवन स्तर में बढ़ोत्तरी हेतु राष्ट्रों को सहायता देना।
- सभी देशों के पोषण स्तर में सुधार करना।
- कृषि, मत्स्य एव वानिकी क्षमता में वृद्धि करना
- ग्रामीण व्यक्तियों की स्थिति में सुधार करना।

अन्तर्राष्ट्रीय श्रम संगठन

International Labour Organization

अन्तर्राष्ट्रीय श्रम संगठन (ILO) की स्थापना सन् 1919 में समस्त विश्व में कार्यरत श्रमिकों की श्रम एवं आवास की स्थितियों में सुधार करने हेतु राष्ट्र संघ से सम्बद्ध इकाई के रूप में की गई है। इस संगठन का मुख्यालय जेनेवा में है। *इसके मुख्य उद्देश्य निम्नवत् हैं*

- अन्तर्राष्ट्रीय गतिविधियों के द्वारा श्रमिकों की आवास एवं कार्य स्थितियों में सुधार करना।
- सामाजिक न्याय को बढ़ावा देते हुए प्रतिष्ठानों में शान्ति बनाए रखने में सहयोग देना।
- आर्थिक एवं सामाजिक स्थिरता को बढ़ाना।

विश्व बैंक World Bank

यह संयुक्त राष्ट्र का विशिष्टीकृत अभिकरण है। इसका उद्देश्य अपेक्षाकृत गरीब अथवा कम विकसित देशों में जीवन स्तर को ऊँचा उठाने में सहायता प्रदान करना है। बैंक आर्थिक उन्नति की परियोजनाओं हेतु वित्तीय तथा तकनीकी सहायता प्रदान करता है। विश्व स्वास्थ्य संगठन एवं विश्व बैंक जलापूर्ति, विश्व खाद्य कार्यक्रम, जनसंख्या नियन्त्रण, एड्स नियन्त्रण आदि अनेक परियोजनाओं को संयुक्त तौर पर संचालित करते हैं। विश्व बैंक सामान्य ऊर्जा, यातायात, रेलवे, उद्योग, कृषि, शिक्षा, परिवार नियोजन, स्वास्थ्य एवं पर्यावरण इत्यादि की परियोजनाओं से विशेष सरोकार रखता है।

संयुक्त राष्ट्र विकास कार्यक्रम

United Nations Development Programme

संयुक्त राष्ट्र विकास कार्यक्रम (UNDP) की स्थापना, गरीब राष्ट्रों के मानवीय एवं प्राकृतिक संसाधनों के विकास में सहायता प्रदान करने के उद्देश्य से सन् 1966 में की गई थी। यह तकनीकी सहयोग हेतु आर्थिक साधनों का मुख्य स्रोत है। संयुक्त राष्ट्र विकास कार्यक्रम की परियोजनाएँ आर्थिक एवं सामाजिक क्षेत्रों जैसे-कृषि, उद्योग, विज्ञान, स्वास्थ्य, हॉस्पिटल प्रबन्धन, नर्सिंग सेवाएँ एवं प्रशिक्षण तथा सामाजिक कल्याण आदि को सम्मिलित करती हैं तथा आवश्यक सहायता प्रदान करती हैं। संयुक्त राष्ट्र के सदस्य देश वार्षिक बैठक में मिलकर इस कार्यक्रम के बजट हेतु अंशदान करते हैं।

यूसेड United States Agency for International Development-USAID

अन्तर्राष्ट्रीय विकास के लिए संयुक्त राज्य अभिकरण (USAID) एक तकनीकी सहयोग मिशन है। यूसेड, भारत की मलेरिया नियन्त्रण एवं उन्मूलन, फाइलेरिया नियन्त्रण, जनरल नर्सिंग, प्राथमिक स्वास्थ्य केन्द्रों, चिकित्सा शिक्षा तथा सम्बद्ध संस्थानों, स्वास्थ्य क्षेत्रों और जलापूर्ति एवं स्वच्छता हेतु सहयोग प्रदान करता है। वर्तमान में यूसेड कृषि तथा परिवार नियोजन कार्यक्रमों में भी सहायता दे रहा है।

राष्ट्रीय स्वैच्छिक स्वास्थ्य अभिकरण

National Voluntary Health Agencies of India

कुछ प्रमुख राष्ट्रीय स्वैच्छिक स्वास्थ्य अभिकरण निम्नवत् हैं

भारतीय रेडक्रॉस सोसायटी

Indian Redcross Society

सन् 1920 में स्थापना के समय से ही भारतीय रेडक्रॉस ने मानव पीड़ा को कम करने की दिशा में कार्य किया है। भारतीय रेडक्रॉस सोसायटी एक राष्ट्रीय संघ है जिसकी शाखाएँ राज्य, जिला एवं उपखण्ड स्तर तक देश भर में फैली हैं। सोसायटी के मुख्य कार्यकलाप आपदा राहत, स्वैच्छिक रक्तदान को बढ़ावा देना, रक्तदान के लिए रक्त-संग्रहण, अस्पताल सेवाएँ मातृ एवं शिशु कल्याण, परिवार कल्याण, सामुदायिक सेवाएँ, एम्बुलेन्स तथा नर्सिंग सेवाएँ और जूनियर रेडक्रॉस हैं।

बाढ़, चक्रवात, भूचाल, सूखा और महामारी जैसी प्राकृतिक आपदा के शिकार व्यक्तियों को तत्काल राहत देना भारतीय रेडक्रॉस सोसायटी के प्रमुख कार्यों में से एक है। रेडक्रॉस विनाश प्रबन्ध पर कार्यकर्ताओं के लिए कार्यशालाएँ आयोजित करती है। सोसायटी ने ओडिशा के चक्रवात, कारगिल संघर्ष, गुजरात भूकम्प, सुनामी एवं बाढ़ के समय उल्लेखनीय सेवाएँ दी हैं, भारतीय रेडक्रॉस सोसायटी का राष्ट्रीय मुख्यालय दिल्ली में है।

भारतीय तपेदिक संघ

Tuberculosis Association of India

भारतीय तपेदिक संघ की स्थापना सन् 1939 में हुई थी। यह क्षय रोग विरोधी कार्यक्रमों तथा स्वास्थ्य शिक्षा को बढ़ावा देने हेतु चिकित्सक, नर्स, हेल्थ विजिटर और अन्य स्वास्थ्य कार्यकर्ताओं को प्रशिक्षित करता है। संघ द्वारा धनसंग्रहण हेतु प्रतिवर्ष अभियान चलाया जाता है। इसका मुख्यालय दिल्ली में है।

भारत सेवक समाज Bharat Sevak Samaj

भारत सेवक समाज (BSS) का गठन सन् 1952 में किया गया। यह एक गैर राजनीतिक, गैर सरकारी, स्वायत्तशासी संगठन है। संगठन का मुख्य उद्देश्य व्यक्तियों को, अपने स्वयं के प्रयासों से स्वास्थ्य प्राप्ति में सहायता प्रदान करना है। संगठन की प्रमुख गतिविधियों में ग्रामीण क्षेत्रों में पर्यावरणीय स्वच्छता में सुधार लाना सम्मिलित है। भारत सेवक समाज की सभी राज्यों तथा लगभग सभी जिलों में शाखाएँ कार्यरत हैं।

हिन्द कुष्ठ निवारण संघ Hind Kusht Nivaran Sangh

इसकी स्थापना सन् 1950 में हुई थी। संघ की गतिविधियों में विभिन्न कुष्ठ घरों क्लीनिकों को सहायता प्रदान करना, प्रचार एवं प्रकाशनों द्वारा स्वास्थ्य शिक्षण, स्वास्थ्य कार्यकर्ताओं को प्रशिक्षण, क्षेत्रीय निदान एवं अनुसन्धान, कुष्ठ

कार्यकर्ताओं के सम्मेलन का आयोजन तथा 'लेप्रोसी इन इण्डिया' नामक त्रैमासिक पत्रिका का प्रकाशन मुख्य है। संघ का मुख्यालय दिल्ली में है।

कस्तूरबा स्मारक निधि Kasturba Memorial Fund

कस्तूरबा स्मारक निधि (KMF) का गठन सन् 1944 में कस्तूरबा गाँधी की स्मृति में, उनकी मृत्यु के पश्चात् किया गया था। इस कोष की सहायता से गाँवों में ग्राम सेविकाओं के माध्यम से भारतीय नारियों का स्तर ऊँचा उठाने का प्रयास किया जाता है। स्मारक निधि का उपयोग नारी कल्याण की कई परियोजनाओं के लिए किया जाता है।

केन्द्रीय समाज कल्याण मण्डल

Central Social Welfare Fund

यह एक अर्द्ध सरकारी, स्वायत्तशासी संगठन है। जिसका गठन भारत सरकार द्वारा सन् 1953 में किया गया था। *इसके कार्य निम्नलिखित हैं*

- स्वैच्छिक कल्याणकारी संगठनों की आवश्यकताओं एवं महत्त्व का पता लगाना।
- स्वैच्छिक समाज कल्याण संगठनों के निर्माण तथा उन्नति को बढ़ावा देना।
- योग्य संगठनों एवं संस्थाओं को वित्तीय सहायता प्रदान करना।

भारतीय परिवार नियोजन संघ

Family Planning Association of India

भारतीय परिवार नियोजन संघ (FPAI) का गठन सन् 1949 में हुआ था। संघ सरकार से प्राप्त सहायता से पूरे देश में परिवार नियोजन सम्बन्धी कार्यों को बढ़ावा देती है। इनमें परिवार नियोजन क्लीनिकों का संचालन, परिवार नियोजन कार्यक्रमों हेतु चिकित्सक, नर्स एवं सामाजिक कार्यकर्ताओं को प्रशिक्षण तथा परिवार नियोजन गतिविधियों हेतु पत्र व्यवहार अथवा व्यक्तिगत जानकारी उपलब्ध कराना शामिल है। इसका मुख्यालय मुम्बई में है।

अखिल भारतीय नेत्रहीन जनसमूह

All India Blind Relief Society

अखिल भारतीय नेत्रहीन मुक्ति जनसमूह की स्थापना सन् 1946 में नेत्रहीन व्यक्तियों के लिए कार्यरत विभिन्न संस्थाओं में समन्वयन के उद्देश्य से की गई थी। जनसमूह नेत्र शिविरों के संचालन तथा नेत्रहीनों को सामाजिक-आर्थिक राहत प्रदान करने के लिए कार्य करती है। यह अन्धता निवारण के अन्य कार्यों में भी सहयोग प्रदान करती है।

अखिल भारतीय महिला सम्मेलन

All India Women's Conference

अखिल भारतीय महिला सम्मेलन (AIWC) महिलाओं का स्वैच्छिक संगठन है। जिसकी स्थापना सन् 1926 में हुई थी। मातृ एवं शिशु सम्मेलन स्वास्थ्य क्लीनिक, चिकित्सा केन्द्र और परिवार नियोजन क्लीनिकों के संचालन में विशेष योगदान देती है। यह प्रौढ़ शिक्षा तथा दुग्ध केन्द्रों की व्यवस्था भी करती है।

भारतीय बाल कल्याण परिषद्

Indian Council for Child Welfare-ICCW

भारतीय बाल कल्याण परिषद् (ICCW) की स्थापना सन् 1952 में हुई थी यह अन्तर्राष्ट्रीय बाल कल्याण संघ से सम्बद्ध है। परिषद् का मुख्य उद्देश्य कानून अथवा किसी भी अन्य माध्यम से बच्चों के विकास के अवसरों तथ सुविधाओं को बढ़ाना है। यह बच्चों के शारीरिक, सामाजिक तथा मानसिक स्वास्थ्य की उन्नति को सुनिश्चित करने का प्रयास करती है।

प्रैक्टिस जोन

1. खाद्य व कृषि संगठन का मुख्यालय है
(a) रोम में (b) न्यूयॉर्क में
(c) जेनेवा में (d) पेरिस में

2. राजस्थान में प्राथमिक स्वास्थ्य केन्द्रों की अनुमानित संख्या कितनी है?
(a) 1000 (b) 1500 (c) 2000 (d) 3500

3. अन्तर्राष्ट्रीय स्वास्थ्य अधिनियम की स्थापना किस संगठन द्वारा की गई?
(a) FAO (b) UNO (c) ILO (d) WHO

4. रेड क्रॉस सोसायटी का जन्मदाता कौन था?
(a) हेनरी फोर्ड (b) हेनरी डूरान्ट
(c) हेनरी ब्राउन (d) हेनरी क्लाइड

5. राष्ट्रीय ग्रामीण स्वास्थ्य मिशन का लक्ष्य है
(a) शिशु मृत्युदर को कम करना
(b) संक्रामक और असंक्रामक बीमारियों को नियन्त्रित करना
(c) शत-प्रतिशत टीकाकरण को प्राप्त करना
(d) उपरोक्त सभी

6. परिवार नियोजन शिविरों की सफलता हेतु आवश्यक है
(a) अभियान का समुचित प्रचार
(b) अधिकांश समुदाय की सहभागिता
(c) लक्ष्य व उद्देश्यों की स्पष्टता
(d) उपरोक्त सभी

7. निम्न में से वह स्वैच्छिक स्वास्थ्य अभिकरण जो भूकम्प, बाढ़ एव महामारी में सेवाएँ प्रदान करता है
(a) इण्डियन रेड क्रॉस सोसायटी
(b) हिन्द कुष्ठ निवारण संघ
(c) इण्डियन नर्सिंग काउन्सलिंग
(d) उपरोक्त सभी

8. निम्न में से वह स्वैच्छिक स्वास्थ्य अभिकरण जो महिलाओं की स्थिति सुधारने का कार्य करता है
(a) इण्डियन रेड क्रॉस सोसायटी
(b) कस्तूरबा मेमोरियल फण्ड
(c) भारत सेवक समाज
(d) अखिल भारतीय महिला सम्मेलन

9. इण्डियन रेड क्रॉस सोसायटी कब स्थापित की गई थी?
(a) वर्ष 1920 में (b) वर्ष 1930 में
(c) वर्ष 1935 में (d) वर्ष 1926 में

10. स्वास्थ्य की केन्द्रीय परिषद् की स्थापना किस वर्ष में की गई?
(a) सन् 1947 में (b) सन् 1963 में
(c) सन् 1964 में (d) सन् 1952 में

11. निम्नलिखित में से अभिकरण एक स्वैच्छिक स्वास्थ्य अभिकरण नहीं है
(a) इण्डियन रेड क्रॉस सोसायटी
(b) हिन्द कुष्ठ निवारण संघ
(c) टी. बी. एसोसिएशन ऑफ इण्डिया
(d) इण्डियन नर्सिंग काउन्सलिंग

12. गर्भावस्था के अन्तिम महीनों में गर्भवती स्त्री को चलने पर दर्द होता है। यह किस जोड़ की सीमित हलचल के कारण होता है?
(a) सेक्रो-इलियक जोड़ (b) सेक्रो-काक्सिजियल जोड़
(c) सिम्फिसिस प्यूबिस (d) ये सभी

13. बाल दुरुपयोग निरोधन एवं उपचार अधिनियम किस वर्ष में पारित किया गया?
(a) वर्ष 1980 में (b) वर्ष 1974 में
(c) वर्ष 1956 में (d) वर्ष 1976 में

14. हिन्द कुष्ठ निवारण संघ की स्थापना कब हुई थी?
(a) वर्ष 1920 में (b) वर्ष 1950 में
(c) वर्ष 1939 में (d) वर्ष 1926 में

15. ऐसे विशिष्ट आवास, जहाँ बच्चों के लालन-पालन की अनेकानेक सुविधाएँ होती हैं, जो उनके प्राकृतिक घर में नहीं पाई जातीं, कहलाते हैं
(a) सुलभ आवास (b) दत्तक ग्रहण
(c) फोस्टर होम्स (d) अनांथालय

16. त्रि आयामी कार्यनीति में शामिल है
(a) बालक के विकास स्तर व व्यवहार की समझ
(b) सुरक्षित-परिवेश प्रदान करना
(c) लालन-पालन की गुणवत्ता में वृद्धि
(d) उपरोक्त सभी

17. विश्व स्वास्थ्य दिवस मनाया जाता है
(a) 12 मई (b) 7 अप्रैल
(c) 9 नवम्बर (d) 12 फरवरी

18. 'मातृ व बाल स्वास्थ्य सेवा' का उद्देश्य है
(a) माताओं और बालकों को विशेष स्वास्थ्य सेवा उपलब्ध कराना
(b) माँ व बच्चों के स्वास्थ्य और पोषण स्थिति को उन्नत करना
(c) प्रत्येक गर्भवती माँ को स्वस्थ शिशु का जन्म सुनिश्चित करना
(d) उपरोक्त सभी

19. ग्राम स्वास्थ्य योजना का उद्देश्य है
(a) शिशु मृत्यु दर और मातृ मृत्यु दर को कम करना
(b) जन्म एवं मृत्यु पंजीकरण को बढ़ावा देना
(c) छोटी आयु में होने वाली शादियों को रोकना
(d) उपरोक्त सभी

20. किस वर्ष में विश्व स्वास्थ्य संगठन की रिपोर्ट में दुनिया से बड़ी माता के पूर्ण उन्मूलन को प्रमाणित कर दिया था?
(a) 1979 (b) 1982
(c) 1984 (d) 1988

21. बाधित व्यक्तियों को विविध प्रशिक्षण देकर उच्चतम कार्यिकी योग्यता का विकास करना कहलाता है
(a) निरोधन (b) सामाजिक पुनर्वास
(c) मनोवैज्ञानिक पुनर्वास (d) पुनर्वास

22. संयुक्त राष्ट्र की बाल अधिकार घोषणा कब की गई?
(a) 20 नवम्बर, 1989 (b) 20 नवम्बर, 1985
(c) 20 नवम्बर, 1992 (d) 20 नवम्बर, 1997

23. स्वास्थ्य सर्वेक्षण एवं योजना समिति को किस नाम से जाना जाता है?
(a) भोर कमेटी (b) मुदालियर कमेटी
(c) चड्ढा कमेटी (d) मुखर्जी कमेटी

24. भारत सरकार द्वारा राष्ट्रीय स्वास्थ्य नीति का अनुमोदन किस वर्ष में किया गया?
(a) वर्ष 1980 (b) वर्ष 1981
(c) वर्ष 1982 (d) वर्ष 1983

25. वर्ष 1988 में WHO की सदस्यता में कितने देश जुड़े हुए थे?
(a) 56 (b) 122
(c) 188 (d) 166

26. निम्न में से किस देश में WHO का सचिवालय स्थित है?
(a) भारत (b) न्यूयॉर्क
(c) जेनेवा (d) लन्दन

27. यूनिसेफ की स्थापना किस वर्ष में की गई?
(a) 1946 (b) 1948
(c) 1988 (d) 1975

28. यूनिसेफ का क्षेत्रीय कार्यालय भारत के कौन-से राज्य में स्थित है?
(a) पंजाब (b) तनिलनाडु
(c) दिल्ली (d) चेन्नई

29. WHO का मुख्य उद्देश्य है
(a) सब लोगों द्वारा स्वास्थ्य के उच्चतम स्तर को प्राप्त करना
(b) माताओं और शिशुओं के स्वास्थ्य को उन्नत करना
(c) कृषि, आधुनिकी और मत्स्य पालन की क्षमता में वृद्धि करना
(d) ग्रामीण लोगों की स्थिति में सुधार करना

30. विश्वव्यापी भूख से मुक्ति अभियान किस संगठन के द्वारा संघटित किया गया है?
(a) UNICEF (b) FAO
(c) USAID (d) The Colombo Plan

31. USAID के अन्तर्गत भारत को सहायता किस वर्ष से मिलना प्रारम्भ हुई थी?
(a) 1952 से (b) 1959 से
(c) 1955 से (d) 1965 से

32. राष्ट्रीय मलेरिया उन्मूलन कार्यक्रम कब प्रारम्भ किया गया?
(a) वर्ष 1955 (b) वर्ष 1958
(c) वर्ष 1960 (d) वर्ष 1968

33. संशोधित कार्य योजना किस सन् में लागू की गई
(a) वर्ष 1978 (b) वर्ष 1972
(c) वर्ष 1977 (d) वर्ष 1980

34. निम्न में से मलेरिया परजीवी की कौन-सी जाति भारत में सबसे अधिक संक्रमण करती है?
(a) पी. फॉल्सीपॉरम (b) पी. क्वारटन
(c) पी. ओवेल (d) पी. वाइवेक्स

35. ''प्रतिरक्षण पर विस्तारित कार्यक्रम'' कब प्रारम्भ किया गया?
(a) वर्ष 1972 (b) वर्ष 1977
(c) वर्ष 1978 (d) वर्ष 1982

36. विश्व स्वास्थ्य दिवस मनाया जाता है
(a) 12 मई (b) 14 नवम्बर
(c) 7 अप्रैल (d) 6 फरवरी

37. स्वास्थ्य की केन्द्रीय परिषद् में स्थापना किस वर्ष में की गई?
(a) वर्ष 1947 में (b) वर्ष 1963 में
(c) वर्ष 1952 में (d) वर्ष 1974 में

38. निम्न में से कौन-सी कमेटी द्वारा परामर्श सेवा समूह का विकास किया गया है?
(a) श्रीवास्तव कमेटी (b) मुदालियर कमेटी
(c) भोर कमेटी (d) मुखर्जी कमेटी

39. 'चिकित्सा शिक्षा और मानव शक्ति पर बल' के लिए भारत सरकार द्वारा किस कमेटी का गठन किया गया?
(a) करतार सिंह कमेटी
(b) मुदालियर कमेटी
(c) भोर कमेटी
(d) श्रीवास्तव कमेटी

40. ''राष्ट्रीय परिवार कल्याण कार्यक्रम'' का मुख्य लक्ष्य है
(a) जनसंख्या का नियन्त्रण रखना
(b) लोगों के जीवन की गुणवत्ता में सुधार करना
(c) लोगों तक उपयुक्त चिकित्सा सुविधा पहुँचाना
(d) उपरोक्त में से कोई नहीं

41. एक प्राथमिक स्वास्थ्य केन्द्र कितनी जनसंख्या पर स्थापित किया जाता है?
(a) 5000 (b) 17000
(c) 30000 (d) 10000

42. भारतीय फैक्ट्री अधिनियम कब लागू किया गया?
(a) सन् 1975 (b) सन् 1976
(c) सन् 1983 (d) सन् 1985

43. व्यावसायिक स्वास्थ्य सेवा का मुख्य उद्देश्य है
(a) शारीरिक रूप से स्वस्थ रखना
(b) आध्यात्मिक रूप से स्वस्थ रखना
(c) मानसिक रूप से स्वस्थ रखना
(d) उपरोक्त सभी

44. सामुदायिक स्वास्थ्य परिचर्या के सिद्धान्तों में से नहीं है
(a) अभिज्ञान (b) आकलन
(c) प्रभाविकता (d) मूल्यांकन

45. निम्न में से परिवार स्वास्थ्य सेवाओं का भाग नहीं है
(a) परिवार नियोजन (b) पोषण
(c) स्वास्थ्य शिक्षा (d) अनुसन्धान

46. राष्ट्रीय मलेरिया नियन्त्रण कार्यक्रम कब लागू किया गया?
(a) वर्ष 1953 में (b) वर्ष 1956 में
(c) वर्ष 1968 में (d) वर्ष 1975 में

47. जन स्वास्थ्य परिचर्या की रीढ़ कहा जाता है
(a) स्वास्थ्य शिक्षा (b) घर की मुलाकात
(c) बैग तकनीक (d) परामर्श प्रणाली

उत्तरमाला

1.	(a)	**2.**	(b)	**3.**	(d)	**4.**	(b)	**5.**	(d)	**6.**	(d)	**7.**	(a)	**8.**	(b)	**9.**	(a)	**10.**	(d)
11.	(d)	**12.**	(c)	**13.**	(b)	**14.**	(b)	**15.**	(c)	**16.**	(d)	**17.**	(b)	**18.**	(d)	**19.**	(d)	**20.**	(a)
21.	(d)	**22.**	(a)	**23.**	(b)	**24.**	(d)	**25.**	(d)	**26.**	(c)	**27.**	(a)	**28.**	(c)	**29.**	(a)	**30.**	(b)
31.	(a)	**32.**	(b)	**33.**	(c)	**34.**	(a)	**35.**	(c)	**36.**	(c)	**37.**	(c)	**38.**	(a)	**39.**	(d)	**40.**	(b)
41.	(c)	**42.**	(b)	**43.**	(d)	**44.**	(c)	**45.**	(d)	**46.**	(a)	**47.**	(b)						

अध्याय

06

कुपोषण तथा सामान्य बीमारियों की जानकारी

कुपोषण Malnutrition

शरीर के लिए आवश्यक सन्तुलित आहार लम्बे समय तक नहीं मिलना ही कुपोषण है। कुपोषण के कारण बच्चों और महिलाओं की रोग प्रतिरोधक क्षमता कम हो जाती है, जिससे वे आसानी से कई तरह की बीमारियों के शिकार बन जाते हैं। अतः कुपोषण की जानकारियाँ होना अत्यन्त जरूरी है। कुपोषण प्रायः पर्याप्त सन्तुलित आहार के अभाव में होता है। बच्चों और स्त्रियों के अधिकांश रोगों की जड़ में कुपोषण ही होता है। स्त्रियों में रक्ताल्पता या घेंघा रोग अथवा बच्चों में सूखा रोग या रतौंधी और यहाँ तक कि अन्धत्व भी कुपोषण के ही दुष्परिणाम हैं। इसके अलावा ऐसे पचासों रोग हैं जिनका कारण अपर्याप्त या असन्तुलित भोजन होता है।

कुपोषण को कैसे पहचाने?
How to recognize malnutrition?

यदि मानव शरीर को सन्तुलित आहार के जरूरी तत्व वाले लम्बे समय न मिलें तो *निम्नलिखित लक्षण दिखते हैं, जिनसे कुपोषण का पता चल जाता है*

- शरीर की वृद्धि रुकना।
- मांसपेशियाँ ढीली होना अथवा सिकुड़ जाना।
- झुर्रियाँ युक्त पीले रंग की त्वचा।
- कार्य करने पर शीघ्र थकान आना।
- मन में उत्साह का अभाव चिड़चिड़ापन तथा घबराहट होना।
- बाल रुखे और चमक रहित होना।
- चेहरा कान्तिहीन, आँखे धँसी हुई तथा उनके चारों और काला वृत्त बनना।
- शरीर का वजन कम होना तथा कमजोरी।
- नींद तथा पाचन क्रिया का गड़बड़ होना।
- हाथ पैर पतले और पेट बढ़ा होना या शरीर में सूजन आना (अक्सर बच्चों में)। डॉक्टर को दिखलाना चाहिए। वह पोषक तत्वों की कमी का पता लगाकर आवश्यक दवाइयाँ और खाने में सुधार के बारे में बताएगा।

कुपोषण के कारण Causes of Malnutrition

विकसित राष्ट्रों की अपेक्षा विकासशील देशों में कुपोषण की समस्या विकराल है। इसका प्रमुख कारण है गरीबी धन के अभाव में गरीब लोग पर्याप्त, पौष्टिक चीजें जैसे दूध, फल, घी इत्यादि नहीं खरीद पाते। कुछ तो केवल अनाज से मुश्किल से पेट भर पाते हैं। लेकिन गरीबी के साथ ही एक बड़ा कारण अज्ञानता तथा निरक्षरता भी है। अधिकांश लोगों, विशेषकर गाँव, देहात में रहने वाले व्यक्तियों को सन्तुलित भोजन के बारे में जानकारी नहीं होती, इस कारण वे स्वयं अपने बच्चों के भोजन में आवश्यक वस्तुओं का समावेश नहीं करते, इस कारण वे स्वयं तो इस रोग से ग्रस्त होते हैं साथ ही अपने परिवार को भी कुपोषण का शिकार बना देते हैं। *इनके अलावा कुछ और कारण निम्न हैं*

गर्भावस्था के दौरान लापरवाही

भारत में हर तीन गर्भवती महिलाओं में से एक कुपोषण की शिकार होने के कारण खून की कमी अर्थात् रक्ताल्पता की बीमारी से ग्रस्त हो जाती हैं। हमारे समाज में स्त्रियाँ अपने स्वयं के खान-पान पर ध्यान नहीं देती हैं। जबकि गर्भवती स्त्रियों को ज्यादा पौष्टिक भोजन की आवश्यकता होती है। उचित पोषण के अभाव में गर्भवती माताएँ स्वयं तो रोग ग्रस्त होती ही हैं साथ ही होने वाले बच्चे को भी कमजोर और रोग ग्रस्त बनाती हैं। अक्सर महिलाएँ पूरे परिवार को खिलाकर स्वयं बचा हुआ रूखा-सूखा खाना खाती हैं, जो उनके लिए अपर्याप्त होता है।

क्या है कुपोषण? What is Malnutrition?

यह एक ऐसा चक्र है जिसके चंगुल में बच्चे अपनी माँ के गर्भ में ही फँस जाते हैं। उनके जीवन की नियति दुनिया में जन्म लेने के लिए पहले ही तय हो जाती है। यह नियति लिखी जाती है गरीबी और भुखमरी की स्याही से। इसका रंग स्याह उदास होता है और स्थिति गम्भीर होने पर जीवन में आशा की किरणें भी नहीं पनप पाती हैं। कुपोषण के मायने होते हैं आयु और शरीर के अनुरूप पर्याप्त शारीरिक विकास न होना, एक स्तर के बाद यह मानसिक विकास की प्रक्रिया को भी अवरुद्ध करने लगता है। बहुत छोटे बच्चों खासतौर पर जन्म से लेकर 5 वर्ष की आयु तक के बच्चों को भोजन के जरिए पर्याप्त पोषण आहार न मिलने के कारण उनमें कुपोषण की समस्या जन्म ले लेती है। इसके परिणाम स्वरूप बच्चों में रोग प्रतिरोधक क्षमता का हास होता है और छोटी-छोटी बीमारियाँ उनकी मृत्यु का कारण बन जाती हैं।

कुपोषण वास्तव में घरेलू खाद्य असुरक्षा का सीधा परिणाम है। सामान्य रूप में खाद्य सुरक्षा का अर्थ है ''सब तक खाद्य ही पहुँच, हर समय खाद्य की पहुँच और सक्रिय और स्वस्थ जीवन के लिए पर्याप्त खाद्य''। जब इनमें से एक या

सारे घटक कम हो जाते हैं तो परिवार खाद्य असुरक्षा में डूब जाते हैं। खाद्य सुरक्षा सरकार की नीतियों और प्राथमिकताओं पर निर्भर करती है। भारत का उदाहरण ले जहाँ सरकार खाद्यान्न के ढेर पर बैठती है (अनुमान के अनुसार यदि बोरियों को एक के ऊपर एक रखा जाए तो चाँद तक पैदल आ जा सकते हैं।) पर उपयुक्त नीतियों के अभाव में यह जरूरत मन्दों तक नहीं पहुँच पाता है। अनाज भण्डारण के अभाव में सड़ता है, चूहों द्वारा नष्ट होता है या समुद्रों में डुबाया जाता है पर जनसंख्या का बड़ा भाग भूखे पेट सोता है।

कुपोषण बच्चों को सबसे अधिक प्रभावित करता हैं। यह जन्म या उससे भी पहले शुरू होता और 6 महीने से 3 वर्ष की अवधि में तीव्रता से बढ़ता है। इसके परिणाम स्वरूप वृद्धि बाधिता, मृत्यु, कम दक्षता और 15 पॉइण्ट तक आईक्यू का नुकसान होता है। सबसे भयंकर परिणाम इसके द्वारा जनित आर्थिक नुकसान होता है। कुपोषण के कारण मानव उत्पादकता 10-15% तक कम हो जाती है जो सकल घरेलू उत्पाद को 5-10% तक कम कर सकता है। कुपोषण के कारण बड़ी तादाद में बच्चे स्कूल छोड़ देते हैं। कुपोषित बच्चे घटी हुई सिखने की क्षमता के कारण खुद को स्कूल में रोक नहीं पाते। स्कूल से बाहर व सामाजिक उपेक्षा तथा घटी हुई कमाऊ क्षमता तथा जीवन पर्यन्त शोषण के शिकार हो जाते हैं। इस कारण बड़ी संख्या में बच्चें बाल श्रमिक या बाल वैश्यावृत्ति के लिए मजबूर हो जाते हैं। बड़े होने पर वे अकुशल मजदूरों की लम्बी कतार में जुड़ जाते हैं जो राष्ट्रीय अर्थव्यवस्था पर भारी बोझ बनता है।

- कुपोषण जन्म या उससे भी पहले शुरू होता है और 6 माह से 3 वर्ष की अवधि में तीव्रता से बढ़ता है।
- 6 माह से 3 वर्ष की उम्र में बच्चें के लिए माँ का दूध पर्याप्त नहीं होता।
- बच्चा खुद खा पाने या माँग पाने में असमर्थ होता है। उसको बार-बार नरम भोजन की जरूरत होती है जो उसे कोई वयस्क ही खिला सकता है।
- माताओं को अजीविका कमाने के साथ-साथ और भी कई घरेलू काम करने पड़ते हैं जैसे—खाना पकाना, पानी लाना, सफाई करना आदि। उनमें इतनी ऊर्जा या समय नहीं बचता कि वह बच्चे को बार-बार खिला सके। परिवार में भी अन्य वयस्क इसे सिर्फ माँ की जिम्मेदारी समझते हैं।
- बचपन में कुपोषित बच्चे को बाद में सुधार की सम्भावना बहुत कम होती है। मध्याह्न भोजन, छात्रवृत्ति, बाल श्रमिकों के लिए विशेष स्कूल आदि सहायक तो है किन्तु पहले 6 वर्षों के नुकसान भी भरपाई नहीं कर सकते।

कुपोषण मुख्यत: छ: रूपों में नजर आता है जो क्रमश:

1. जन्म के समय कम वजन 2. बचपन में बाधित विकास 3. अल्प रक्तता 4. विटामिन ए की कमी 5. आयोडीन कमी सम्बन्धित बीमारियाँ 6. मोटापा।

बच्चों में कुपोषण मुख्यत: दो प्रकार का होता है

- सूखे वाला कुपोषण
- सूजन वाला कुपोषण

कुपोषण के सूचक Indicator of Malnutrition

- बच्चे की उम्र एवं ऊँचाई के अनुरूप उसका वजन कम होना।
- उसके हाथ-पैर पतले और कमजोर होना पेट बढ़ा होना।
- बच्चे को बार-बार संक्रमण होना और बीमार होना।

कुपोषण और स्वास्थ्य के सम्बन्ध

Relation between Malnutrition and Health

500 लाख से ज्यादा ऐसे परिवार हैं जो अति ग़रीब की श्रेणी में आते हैं। इसका मतलब यह है कि आधी आबादी को दो वक्त की रोटी भी नसीब हो पाती है। यह सिद्ध हो चुका है कि पर्याप्त भोजन नहीं मिलने पर शरीर को रोगों से लड़ने की क्षमता कम हो जाती है और वह शीघ्र ही बीमारियों की चपेट में आ जाता है। जन्म के समय ढाई किलो से कम वजन होने पर बच्चे के बहुत कम उम्र में मरने की सम्भावना तीन गुना बढ़ जाती है। जबकि जहाँ कुपोषण ज्यादा होता है। वहाँ खसरा से होने वाली मौतों की दर सामान्य से चार सौ गुना ज्यादा होती है।

3 वर्ष पूर्व राष्ट्रीय पोषण संस्थान द्वारा किए गए अध्ययन से पता चलता है कि मध्य प्रदेश भारत में कुपोषण का सबसे ज्यादा शिकार राज्य है और यहाँ बच्चों की रोग प्रतिरोधक क्षमता बहुत क्षीण हो चुकी है। कुपोषित बच्चों पर दस्त का प्रकोप सामान्य से 4 गुना अधिक होता है। खून की कमी की शिकार औरतों में मातृत्व सम्बन्धी मौतें स्वस्थ औरतों की तुलना में पाँच गुना ज्यादा होती हैं। अध्ययनों से पता चलता है कि कुल मरीजों में से करीब तीन-चौथाई की रूग्णता का कारण कुपोषण या उससे जुड़ी अन्य दिक्कतें हो सकती हैं।

बच्चों में कुपोषण के कारण एक दुष्चक्र शुरू हो जाता है। जो बच्चे इसके चंगुल में फँस जाते हैं वे दस्त, खसरा, बुखार, खाँसी, टीबी और निमोनिया जैसे संक्रामक रोगों की चपेट में आ जाते हैं। कुपोषित बच्चों में ये बीमारियाँ ज्यादा गम्भीर होती हैं और उनकी अवधि लम्बी होने की सम्भावना बहुत ज्यादा होती है। दस्त की समस्या से कुपोषण की गम्भीरता को सही ढंग से समझा जा सकता हैं वैसे तो दस्त एक सामान्य बीमारी है जिसके बारे में माना जाता था कि पानी में गन्दगी के कारण यह बीमारी फैलती है परन्तु बाद में पता चला कि दस्त का समय दूध छुड़ाने की अवधि से मेल खाता है। यह अवधि बच्चों को तरल आहार देने से लेकर स्तनपान समाप्त होने के तीन महीने बाद तक चलती है। यही वह समय होता है जब आत तौर पर बच्चे कुपोषण के शिकार होते हैं। यह भी देखा गया है कि दूध छुड़ाने में दस्त के तीन गुना अधिक शिकार होते हैं। कम पोषित बच्चे दस्त के अधिक शिकार क्यों होते हैं, जब इसका जैविक अध्ययन किया गया तो पता चला कि बच्चों की दोटी आँत की अन्दरूनी सतह पर प्रतिरोधक क्षमता कम होने के कारण बैक्टीरिया की संख्या बढ़ जाती है। इन बैक्टीरिया के कारण उत्पन्न जहरीले पदार्थों से सोडियम को सोखने की प्रक्रिया धीमी पड़ जाती है। बच्चा इसे सहन नहीं कर पाता है और दस्त की समस्या जन्म ले लेती है। यह पाया गया है कि दस्त के दौरान बच्चा प्रतिदिन 600 कैलोरी तक गँवा सकता है। ऐसी स्थिति में कम पोषित बच्चे की स्थिति तो और भी ज्यादा खराब हो जाती है। महाराष्ट्र में किए गए एक अध्ययन से पता चला है कि कुपोषण स्वयं भी रोगों और मृत्यु का बड़ा कारण है। वहाँ कुपोषण और एनीमिया 31.9 % ब्रोंकोन्यूमोनिया 21.3 % आँतशोथ 20.2 % मृत्यु के सबसे बड़े कारण थे।

इसी तरह जन्म के समय कम वजन जीवन भर अस्वस्थता का बड़ा कारण कुपोषण होता है। गर्भावस्था के समय उचित आहार न मिलने और अब घरेलू हिंसा की शिकार होने के कारण महिलाओं के साथ-साथ बच्चों की स्थिति भी खराब हो रही है। स्त्री के प्रति घरेलू हिंसा के कारण बच्चों में स्नायु तन्त्र से सम्बन्धित रोगों को प्रतिशत बढ़ा है। राष्ट्रीय पोषण संस्थान की एक रपट के अनुसार वे सभी बच्चे जिनका जन्म के समय वजन कम था, अधिकांश गरीब परिवारों से आते हैं। एक तिहाई बच्चों की मौत जन्म के समय कम वजन के कारण ही होती है। इसी तरह कमजोरी के कारण बच्चों पर तपेदिक (टीबी) जैसे संक्रामक रोगों के बढ़ते प्रभाव को भी स्पष्ट रूप से देखा जा सकता है।

खसरे के सन्दर्भ में गरीबी और कुपोषण के परस्पर सम्बन्धों को ज्यादा स्पष्ट किया गया है। यह एक आम रोग है, और कभी ही जानलेवा साबित होता है परन्तु गरीबी में यह अक्सर जानलेवा होता है। जब यह रोग होता है तब बुखार और खाँसी होती है, चौथे दिन त्वचा पर लाल दाने दिखने लगते हैं। इलाज होने पर दसवें दिन तक यह दाने ठीक हो जाते हैं। परन्तु कुपोषित बच्चे

के सन्दर्भ में खसरा दूसरा ही रूप दिखाता है। उन बच्चों में लालदाने बढ़कर चकत्तों का रूप ले लेते हैं और उनका रंग बैंगनी तक हो जाता है। कुछ दिनों में त्वचा पपड़ीदार हो जाती है और झड़ने लगती है। चमड़ी के झड़ने की यह प्रक्रिया इस हद तक बढ़ सकती है कि कुपोषित बच्चे को प्योडर्मा नामक छूत की बीमारी हो जाती है। बच्चे को ब्रोन्काइटिस और निमोनिया भी हो सकता है। अध्ययनों से पता चलता है कि कम पोषित बच्चे के लिए खसरे के कारण मृत्यु का खतरा 400 गुना ज्यादा होता है। हम यदि यह भी स्वीकार कर रहे हैं कि गाँवों में दस्त, खाँसी, निमोनिया, बुखार और टीबी के कारण बच्चे मर रहे हैं तो इसका अर्थ यह है कि इन कारणों की बुनियाद में भुखमरी से उत्पन्न हुआ कुपोषण ही है, और कुछ नहीं।

मध्य प्रदेश में कुपोषण
Malnutrition in Madhya Pradesh

जहाँ तक मध्य प्रदेश का सन्दर्भ है कुपोषण की स्थिति काफी चिन्ताजनक है। सरकारी आँकड़ों के अनुसार 55 % बच्चे कम वजन के है और 55 % बच्चों की मौते कुपोषण के कारण होती है। (स्रोत-यूनिसेफ और महिला एवं बाल विकास विभाग के प्रकाशन-बाल संजीवनी के अनुसार) कुछ और महत्त्वपूर्ण बिन्दु हैं जैसे मध्य प्रदेश में देश में सर्वाधिक कम वजन के बच्चे हैं और यह स्थिति 1990 से यथावत है।

मध्य प्रदेश में बच्चों की स्थिति

- कुपोषण की दर 64 % से बढ़कर 75 % हो गई है। (1 से 3 वर्ष)
- 3 वर्ष की आयु के बच्चों में 4 में से 3 बच्चे एनीमिया से ग्रसित हैं।
- 5 वर्ष से कम आयु के बच्चों में 1000 में से 4 बच्चे रतौंधी से ग्रसित है।

कुपोषण की मध्य प्रदेश की एक गम्भीर जन स्वास्थ्य समस्या है।

- सारे राज्यों में से सर्वाधिक कम वजन के बच्चे यहाँ पर है।
- सर्वाधिक कम वजन के बच्चों की संख्या सन् 1990 से नहीं बदली है।
- कुपोषण विकास और सीखने की क्षमता के लिए एक खतरा है।
- बच्चों में कुपोषण की स्थिति राज्य की अर्थव्यवस्था पर भारी बोझ है।

स्रोत—*महिला एवं बाल विकास विभाग मध्य प्रदेश/युनिसेफ भोपाल*

कुपोषण नियन्त्रण पर प्रस्तावित पहल

कुपोषण के निहित कारण	प्रस्तावित पहल
घरों में खाद्य संकट	▪ कृषि को अधिक उत्पादक बनाना ताकि बेहतर पोषण उपलब्ध हो सके। ▪ आय वर्द्धन कार्यक्रमों को गरीबों एवं कुपोषितों के लिए और अधिक लक्षित करना। ▪ खाद्यान्न के दरों को नियन्त्रित रखना। खाद्य असुरक्षा की सतत् निगरानी करना।
महिला और बच्चों की देख-रेख	▪ समाज और घर में महिलाओं की भूमिका को मजबूत करना।
स्वास्थ्य जल और स्वच्छता	▪ लोक स्वास्थ्य का विस्तार करना स्वास्थ्य सेवाओं की गुणवत्ता बढ़ना। ▪ स्वास्थ्य सेवाओं के साथ पोषण को भी सम्मिलित करना। ▪ उचित मात्रा में गुणवत्ता पूर्ण पानी की पहुँच बढ़ाना। ▪ अच्छे स्तर की स्वच्छता सुनिश्चित करना।
आर्थिक विकास	▪ गरीबी कम करने वाली आर्थिक वृद्धि के प्रभाव को बढ़ाना। ▪ लोकतन्त्र को बढ़ावा देना और मानव अधिकारों की रक्षा करना।
वैश्वीकरण	▪ वैश्वीकरण के खतरों से गरीबों की रक्षा करना और उन्हें अधिक अवसर और दक्षता प्रदान करना।

कुपोषण नियन्त्रण में समेकित बाल विकास सेवा की भूमिका ICDS role in Controlling Malnutrition

भारत में समेकित बाल विकास सेवा एक मात्र कार्यक्रम है जो सीधे कुपोषण निवारण के लिए जिम्मेदार है। यह आँगनवाड़ियों के एक विस्तृत नेटवर्क द्वारा संचालित होता है जिसमें पूरक पोषण, स्कूल पूर्व शिक्षा और स्वास्थ्य सेवाओं को बच्चों, गर्भवती एवं धात्री महिलाओं ओर कुपोषित बालिकाओं तक पहुँचाना अपेक्षित है। किन्तु आँगनबाड़ियों की प्रभावित कई कारणों से बाधित होती है। केन्द्रों की अपर्याप्त संख्या, कम मानदेय प्राप्त आँगनवाड़ी कार्यकर्ता 3 वर्ष से कम उम्र से बच्चों के लिए झूलाघर की उपलब्धता जैसी समस्याएँ धरातल पर नजर आती हैं। वृहद् स्तर पर राजनीतिक इच्छा शक्ति और बजट प्रावधान में कम प्राथमिकता इसे प्रभावित करती है। वर्तमान में सकल घरेलू उत्पाद का ₹ 3000 करोड़ का प्रावधान सकल घरेलू उत्पाद का 1/10वाँ हिस्सा भी नहीं है। यह तथ्य और स्पष्ट होता है जब हम इसकी तुलना रक्षा के लिए किए गए आवण्टन से करते हैं। यदि संसद में बच्चों के लिए उठाए जाने वाले प्रश्नों को देखते तो यह दोनों सदनों में उठाए गए प्रश्नों का मात्र 3 % होता है। आश्चर्य की बात नहीं है—*बच्चे मतदाता नहीं होते।*

मध्य प्रदेश में आदिवासी क्षेत्रों में मात्र 49784 आँगनवाड़ी केन्द्र है जबकि वास्तविक आवश्यकता 1.10 लाख केन्द्रों की है। इसी प्रकार शहरी क्षेत्रों में अब भी 16849 केन्द्रों की जरूरत है।

कुपोषण इस प्रकार एक जटिल समस्या है। घरेलू खाद्य सुरक्षा सुनिश्चित करना आवश्यक है और यह तभी सम्भव है जब गरीब समर्थक नीतियाँ बनाई जाए जो कुपोषण और भूख को समाप्त करने के प्रति लक्षित हों। हम ब्राजील से सीख सकते हैं जहाँ भूख और कुपोषण को राष्ट्रीय लज्जा माना जाता है। वर्तमान वैश्वीकरण के दौर में जहाँ गरीबों के कल्याण को नजर अन्दाज किया जाता है, खाद्य असुरक्षा बढ़ने के आसार नजर आते हैं हम किस प्रकार सरकार के निर्णय को स्वीकार कर सकते हैं। जब वह लाखों टन अनाज पशु आहार के लिए निर्यात करती है और महाराष्ट्र और मध्य प्रदेश जैसे राज्यों में कुपोषण से मौतों की मूक दर्शक बनी रहती है। आज के समय में किसानों को खाद्यान्न से हटकर नगदी फसलों के उत्पादन को बढ़ावा देने के कारण खाद्य संकट और गहरा सकता और देश को फिर से खाद्यान्नों के लिए दूसरों पर निर्भर होना पड़ता सकता है। हाल ही में जनवितरण प्रणाली को समाप्त करने के सरकार के प्रयास इस और इशारा करते हैं।

कुपोषण कार्यक्रमों और गतिविधियों से नहीं रुक सकता है। एक मजबूत जन सर्म्पण और पहल जरूरी है। जब तक खाद्य सुरक्षा के लिए दूरगामी नीतियाँ निर्धारित न हो और बच्चों को नीति निर्धारण तथा बजट आवण्टन में प्राथमिकता न दी जाए तो कुपोषण के निवारण में अधिक प्रगति सम्भव नहीं है।

सन् 1975 में यह मानते हुए कि कुपोषण और सतत् बरकार रहने वाली भुखमरी की स्थिति को मिटाए बिना स्वास्थ्य सत उत्पादक और समता मूलक समाज स्थापित नहीं किया जा सकता है, समकित बाल विकास परियोजना

शुरू की गई। तब तक व्यापक नजरिए को आधार बनाकर आँगनवाड़ी कार्यक्रम की शुरुआत की गई थी। एक लम्बे दौर तक इस कार्यक्रम को दोयम दर्जे का महत्त्व दिया जाता रहा है। 31 वर्ष गुजर गए किन्तु बचपन की भुखमरी को समाप्त नहीं किया जा सका है।

बचपन में होने वाले सामान्य रोग
Common Diseases During Childhood

वयस्कों के मुकाबले बच्चों में रोगों के विरुद्ध लड़ने की शक्ति कम होती है। जब बच्चा रोगग्रस्त हो जाए, तो खाना-पीना बन्द कर देता है। कुछ माताओं का मानना है कि रोगी बच्चे को भोजन नहीं देना चाहिए परन्तु भोजन न देने से बच्चे को कुपोषण (Malnutrition) रोग हो जाता है। जिसके परिणामस्वरूप रोगों के विरुद्ध लड़ने की शक्ति और भी कम हो जाती है। ऐसे में बच्चे की मृत्यु भी हो सकती है। बचपन में अधिकांश रोग रोगाणुओं (Germs) के शरीर के भीतर प्रवेश करने के कारण होते हैं। बच्चे को संक्रमण से बचाने के लिए अनेक ढंग अपनाए जा सकते हैं, जैसे- टीकाकरण। इसके अतिरिक्त जिस मार्ग से संक्रमण शरीर को प्रभावित करता है उसकी रोकथाम करनी साथ ही बच्चे को खुराक देते रहना चाहिए। *रोगों की रोकथाम के लिए स्वास्थ्य कार्यकर्ता को निम्नलिखित बातों के सम्बन्ध में ज्ञान होना चाहिए*

- बचपन में होने वाले सामान्य रोगों के चिह्न और लक्षण पहचानने की क्षमता।
- रोग हो जाने की स्थिति में इलाज करना और माताओं को स्वास्थ्य शिक्षा प्रदान करना।
- यह जानना कि किन स्थितियों में बच्चे को प्राथमिक स्वास्थ्य केन्द्र पर भेजना है?

बचपन में होने वाले आम रोगों की सूची निम्नलिखित है

- जुकाम (Common Cold)
- खाँसी (Cough)
- आँख का संक्रमण (Eye Infection)
- श्लेष्मिक झिल्ली का प्रदाह (Conjuctivitis)
- ट्रैकोमा (कुकरे) (Trachoma)
- कान का संक्रमण (Ear Infection)
- त्वचा का संक्रमण (Skin Infection)
- एलर्जी (Allergy)
- त्वचा का संक्रमण दद्रु (Ringworm Infection)
- दाद (Eczema)
- दस्त (Diarrhoea) ✱ निर्जलीकरण (Dehydration)
- कब्ज (Constipation) ✱ अपच (Indigestion)
- कृमि (Worms) ✱ उल्टियाँ (Vomiting)
- निमोनिया (Pneumonia) ✱ नितम्बों के फोड़े (Sore Buttocks)

बचपन में होने वाले कुछ प्रमुख रोगों का वर्णन निम्नवत् है

खाँसी Cough

श्वास प्रणाली और गले से सम्बन्धित यह रोग सामान्यतया सर्दी के मौसम में ही होते हैं, अत: सितम्बर से मार्च तक खाँसी के रोगी अधिक मिलते हैं। *खाँसी मुख्यतया दो प्रकार की होती है*

1. **तीव्र खाँसी** Acute Cough

यह शीघ्र आरम्भ होती है। इससे अन्य रोगों के चिह्न भी प्रकट होते हैं। जैसे- गले में सूजन (Tonsillitis), काली खाँसी (Whooping Cough), निमोनिया या दमा। जब रोगों के खतरे की सम्भावना कम हो जाती है, तो खाँसी भी धीरे-धीरे कम होती जाती है।

2. **पुरानी खाँसी** Chronic Cough

यह धीरे-धीरे बढ़ती है और स्थिति बिगड़ती चली जाती है। यह तपेदिक, पुरानी श्वास नली की जलन में देखी जाती है।

स्केबीज Scabies

यह जुँओं (Mite) से होने वाला संक्रमण है, जो चमड़ी की परत के अन्दर चली जाती है। शरीर के ऊपर छोटे-छोटे दाने निकल आते हैं। यह अँगुलियों के बीच, कलाई के सीधी ओर कुहनियों और बगलों में, कमर और रानों तथा बाहरी जननांगों पर फोड़े के समान या बारीक दरारों के रूप में प्रकट होती है।

दाद Eczema

यह त्वचा की एलर्जी से होती है। प्रारम्भ में चमड़ी पर लाल दाने (Leisons) निकल आते हैं और फिर हट जाते हैं। त्वचा खुरदरी-सी हो जाती है और उस पर जलन होती है। यह नवजात शिशुओं के चेहरे और यदि वह कुछ महीने का हो जाए, तो शरीर से शुरू होती है। एक वर्ष से अधिक आयु के बच्चों की कुहनियों और घुटनों के जोड़ों के निकट होती है।

दस्त Diarrhoea

दस्त से तात्पर्य है पतली टट्टियाँ आना। इसका यह अर्थ नहीं है कि अधिक टट्टियाँ आएँ, एक बार पतली टट्टी आने पर ही दस्त रोग (Diarrhoea) हो सकता है। दस्त एक ऐसा चिह्न है, जिससे यह पता चलता है कि आँत्र ठीक तरह से काम नहीं कर रहीं। बड़ी आँत्र तरल पदार्थ नहीं चूसती। सम्भवत: बड़ी आँत्र की सूजन हो या बड़ी आँत्र की गति (bowel movement) बहुत तीव्र हो, जिसके कारण तरल पदार्थ सोखा न जा रहा हो।
दस्त निम्न कारणों से हो सकते हैं

- बासी या अशुद्ध भोजन खाने से। ✱ अशुद्ध पानी पीने से।
- बिना हाथ धोए खाना खाने से।
- भोजन पकाते या खाते समय गन्दे बर्तनों का प्रयोग।

उल्टियाँ Vomiting

उल्टियाँ आना आमाशय या आँत्रों (Intestine) के रोग होने का चिह्न है। यदि केवल आमाशय का रोग हो, तो उल्टियों के साथ टट्टियाँ नहीं आती परन्तु यदि रोग आँत्रों में हो, तो टट्टियों के साथ उल्टियाँ भी आ सकती हैं। बच्चे का आमाशय (मेहदा) अत्यन्त कोमल होता है और अपाचक भोजन या अधिक भोजन खाने से उल्टियाँ आ सकती हैं क्योंकि यह आमाशय द्वारा भोजन को अस्वीकार करने का चिह्न है।
बच्चों में उल्टियों के निम्नलिखित कारण हो सकते हैं

- आमाशय द्वारा नये भोजन को अस्वीकार करना।
- दूध में अधिक चिकनाई का होना और बच्चे द्वारा इसका पाचन न कर पाना।
- भोजन का अधिक तेजाबी होना। भोजन में अधिक मिर्च और चीनी का प्रयोग।

- उत्तरोत्तर खुराक देना और बच्चे द्वारा दूध के साथ हवा निगलना, जिससे पेट में हवा भर जाती हैं और उल्टी आ जाती है।
- गन्दे भोजन या गन्दे पानी द्वारा भी संक्रमण (Infection) के कारण उल्टियाँ आ सकती हैं।

निर्जलीकरण Dehydration

निर्जलीकरण या जल-सोख का अर्थ है पानी की कमी। शरीर में तीन भाग पानी होता है अत: पानी शरीर के लिए अत्यन्त आवश्यक है। यदि उल्टियाँ या टट्टियाँ लगने पर शरीर में से अधिक पानी निकल जाए, तो इन परिस्थितियों को निर्जलीकरण कहा जाता है। बच्चे को निर्जलीकरण कई दिनों में या एकाएक भी हो सकता है। टट्टियाँ लगने के कारण कई बच्चे मर जाते हैं क्योंकि शरीर में पानी की मात्रा कम हो जाती है। टट्टियाँ होने पर शरीर में टट्टी के साथ पानी और नमक निकल जाते हैं। इस कमी को तुरन्त पूरा कर देना चाहिए ताकि निर्जलीकरण न हो। विश्व स्वास्थ्य संगठन *(WHO) द्वारा निर्जलीकरण को दूर करने हेतु निम्न सुझाव दिए गए हैं*

- नमक (Sodium Chloride) 3.5 ग्राम
- खाने का सोडा (Sodium Bicarbonate) 2.5 ग्राम
- पोटैशियम क्लोराइड (Potassium Chloride) 1.5 ग्राम
- चीनी (Glucose) 20.0 ग्राम
- पानी (Potable Water) 1 लीटर

मानव में जीवाणुओं द्वारा होने वाले रोग, उससे प्रभावित अंग तथा लक्षण

क्र.सं.	रोग	जीवाणु	प्रभावित अंग	रोग के लक्षण
1.	निमोनिया (Pneumonia)	*डिप्लोकोकस न्यूमोनी (Diplococcus pneumoniae)*	फेफड़े	फेफड़ों में संक्रमण, फेफड़ों में जल भर जाना, तीव्र ज्वर, श्वास लेने में पीड़ा होना।
2.	टिटेनस (Tetanus)	*क्लॉस्ट्रीडियम टिटेनी (Clostridium tetani)*	तन्त्रिका तन्त्र तथा मांसपेशियाँ	शरीर में झटके लगना, जबड़ा न खुलना, बेहोशी आदि।
3.	मियादी बुखार (Typhoid fever)	*सालमोनेला टाइफी (Salmonella typhi)*	आँत्र	ज्वर दुर्बलता, अधिक प्रकोप होने पर आँतों में छेद हो जाना।
4.	कुष्ठ रोग (Leprosy)	*माइकोबैक्टीरियम लेप्री (Mycobacterium leprae)*	त्वचा तथा तन्त्रिकाएँ	वर्णों तथा गाँठों का बन जाना, हाथ तथा पैर की उँगलियों के ऊतकों का धीरे-धीरे नष्ट होना।
5.	क्षयरोग (Tuberculosis)	*माइकोबैक्टीरियम ट्यूबरकुलोसिस (Mycobacterium tuberculosis)*	शरीर का कोई भी अंग, विशेषकर फेफड़े	ज्वर, खाँसी, दुर्बलता, श्वास फूलना, बलगम आना तथा थूक में रुधिर का आना।
6.	हैजा (Cholera)	*विब्रिओ कोमा (Vibrio comma)*	आँत्र या आहारनाल	निर्जलीकरण, वमन, दस्त।
7.	काली खाँसी (Whooping cough)	*हेमोफिलस परटूसिस (Haemophilous pertussis)*	श्वसन तन्त्र	निरन्तर आने वाली तेज खाँसी, खाँसी के साथ वमन।
8.	प्लेग (Plague)	*पास्ट्यूरेला पेस्टिस (Pasteurella pestis)*	बगलें या काँखें (armpits), फेफड़े, लाल रुधिर कणिकाएँ	तीव्र ज्वर, काँखों में गिलटी का निकलना, बेहोशी।

मनुष्य में विषाणुओं द्वारा होने वाले कुछ प्रमुख रोग Some Viral Diseases in Humans

क्र.सं.	रोग	प्रभावित अंग	रोग का लक्षण
1.	गलसुआ (Mumps)	पेरोटिड लार ग्रन्थियाँ	लार ग्रन्थियों में सूजन, अग्न्याशय, अण्डाशय और वृषण में सूजन, ज्वर, सिर-दर्द तथा इस रोग से बंध्यता होने का भय रहता है।
2.	रोहे या ट्रेकोमा (Trachoma)	नेत्र	नेत्रों में सूजन, जलन तथा पानी का बहना।
3.	डेंगू (Dengue)	मांसपेशी एवं जोड़	सिर-दर्द, जोड़ों में दर्द, तेज बुखार।
4.	फ्लू या इन्फ्लुएंजा (Flu or influenza)	श्वसन तन्त्र	ज्वर, शरीर में पीड़ा, सिर-दर्द, जुकाम, खाँसी।
5.	रेबीज या हाइड्रोफोबिया (Rabies or Hydrophobia) पागल कुत्ते के काटने से होने वाला रोग	तन्त्रिका तन्त्र	पीड़ा, ज्वर, पानी से अत्यधिक भय, मांसपेशियो तथा श्वसन तन्त्र में लकवा, बेहोशी, बेचैनी।
6.	खसरा (Measles)	सम्पूर्ण शरीर	ज्वर, पीड़ा, सम्पूर्ण शरीर में खराश, नेत्रों में जलन, आँख और नाक से पानी का बहना।
7.	चेचक (Small pox)	सम्पूर्ण शरीर विशेषकर चेहरा तथा हाथ-पाँव	ज्वर, पीड़ा, जलन व बेचैनी, सम्पूर्ण शरीर पर फफोले।
8.	पोलिया (Polio) भोजन व पानी के साथ शरीर में प्रवेश करने वाला विषाणु	तन्त्रिका तन्त्र (स्पाइनल कॉर्ड के मोटर तन्त्रिका की क्षति)	माँसपेशियों के संकुचन में अवरोध तथा हाथ व पैरों में लकवा।
9.	हर्पीस (Herpes)	त्वचा, श्लेष्मकला	त्वचा में जलन, बेचैनी, शरीर पर फोड़े।
10.	मस्तिष्क शोथ या एन्सेफेलाइटिस (Encephalitis)	तन्त्रिका तन्त्र	ज्वर, बेचैनी, दृष्टि-दोष, अनिद्रा, बेहोशी।

प्रैक्टिस जोन

1. बालक की शारीरिक अक्षमता को प्रदर्शित करना कहलाता है
(a) अपंगता (b) प्लास्टर कास्ट
(c) ट्रेक्शन (d) ये सभी

2. निम्न में से पाचन-तन्त्र का विकार है
(a) विदर-तालु (b) पायलोरिक-स्टेनोसिस
(c) विदर-ओष्ठ (d) ये सभी

3. बड़ी माता (chiken pox) रोग किस वायरस से होता है?
(a) पैरामिक्सो वायरस (b) रूबेओला
(c) *विब्रियो कॉलेरी* (d) वेरिसेला-जोस्टर वायरस

4. माँ के दूध में कितनी वसा पाई जाती है?
(a) 4.0-6.5 ग्राम (b) 3.5-4.0 ग्राम
(c) 4.0-5.5 ग्राम (d) 2.0-3.5 ग्राम

5. पेशीय क्षीणता, वृद्धि में रुकावट और त्वचा के नीचे वसा की मात्रा कम होना, किस बीमारी के लक्षण हैं?
(a) क्वाशियोरकोर (b) बेरी-बेरी
(c) स्कर्वी (d) मेरेस्मस

6. कुपोषण से बचाव हेतु आवश्यक उपाय है
(a) माँ को पोषण सम्बन्धी शिक्षा
(b) स्तनपान को प्रोत्साहन
(c) माँ की समुचित प्रसवपूर्व देखभाल
(d) उपरोक्त सभी

7. निम्न में से अण्डा किसका अच्छा स्रोत है?
(a) अनिवार्य अमीनो अम्ल का (b) अनिवार्य वसीय अम्ल का
(c) विटामिन्स का (d) खनिज तत्वों का

8. निम्न में से कौन-सा संक्रमण जल के द्वारा उत्पन्न होता है?
(a) हेपेटाइटिस D (b) हेपेटाइटिस A
(c) हेपेटाइटिस E (d) हेपेटाइटिस B

9. टिटेनस रोग होता है
(a) *डिफ्थीरिया बेसीलाइ* (b) *क्लास्ट्रीडियम टेटनी*
(c) *विब्रियो कॉलेरी* (d) इनमें से कोई नहीं

10. निम्न में से किस शिशु के हाइपोग्लाइसीमिया होने की सम्भावना अधिक होती है?
(a) अपरिपक्व और LBW
(b) Rh हीमोलाइटिक शिशु
(c) हेपेटाइटिस ग्रस्त शिशु
(d) एनीमिया ग्रस्त शिशु

11. निम्न में से कौन-सा दुग्ध संचारित नहीं होता है?
(a) हैजा (b) टिटेनस
(c) एन्थ्रेक्स (d) डिफ्थीरिया

12. बड़ी माता का संक्रमण काल होता है
(a) चकतों के उद्भव होने के 2 दिन बाद तक
(b) चकतों के उद्भव होने के 8 दिन बाद तक
(c) चकतों के उद्भव होने तक
(d) उपरोक्त में से कोई नहीं

13. खसरा निम्न में से किस आयु वर्ग को सर्वाधिक प्रभावित करता है?
(a) 0-6 महीने (b) 6 महीने से 3 वर्ष
(c) 6 महीने से 1 वर्ष (d) 0-5 वर्ष

14. शिशुओं में दस्त होने का निम्नलिखित में से कौन-सा कारण नहीं है?
(a) बैक्टीरियल और वायरल संक्रमण
(b) वसा और प्रोटीन्स को अधिक मात्रा में लेना
(c) एलर्जी
(d) उपरोक्त सभी

15. टीबी की प्राथमिक रोकथाम में शामिल है
(a) डोट्स (b) बी सी जी वैक्सीन
(c) एम डी टी (d) ये सभी

16. निम्न में से कौन-सी वायरस से होने वाली संक्रामक बीमारी नहीं है?
(a) पोलियो (b) खसरा
(c) टिटेनस (d) एड्स

17. पूरक आहार देने की सही आयु कौन-सी होती है?
(a) 4-6 माह (b) 12 माह
(c) 15 माह (d) 18 माह

उत्तरमाला

1. (a) **2.** (d) **3.** (d) **4.** (b) **5.** (d) **6.** (d) **7.** (a) **8.** (b) **9.** (b) **10.** (d)
11. (b) **12.** (b) **13.** (b) **14.** (b) **15.** (b) **16.** (c) **17.** (a)

Unit-II

सामान्य ज्ञान एवं तर्कशक्ति

अध्याय

01

प्रमुख विभागों की महत्त्वपूर्ण योजनाएँ

महिला एवं बाल विकास विभाग की योजनाएँ

Plans of Women and Child Development Department

महिला सम्मान बचत पत्र योजना

यह एक छोटी बचत योजना है जिसे केन्द्र सरकार द्वारा वर्ष 2023 में सभी वर्ग की महिलाओं व बालिकाओं के लिए शुरू किया गया। इस योजना के अन्तर्गत महिलाएँ ₹ 2 लाख निवेश कर सकती हैं। इस योजना में महिलाएँ व बालिकाएँ पोस्ट ऑफिस/बैंकों में खाता खोलकर उसमें न्यूनतम ₹ 1000 व अधिकतम ₹ 2 लाख का निवेश कर सकती हैं। इसमें जमा राशि पर 7.5% का ब्याज निर्धारित किया गया है। इस योजना की मैच्योरिटी अवधि 2 वर्ष है।

इस योजना का उद्देश्य महिलाओं में निवेश की प्रवृत्ति को बढ़ावा देकर उनके भविष्य को सुरक्षित करना है।

सुकन्या समृद्धि योजना

प्रधानमन्त्री नरेन्द्र मोदी ने 22 जनवरी, 2015 को बालिकाओं के लिए लघु बचत स्कीम के तहत् 'सुकन्या समृद्धि योजना' की शुरुआत पानीपत (हरियाणा) में की। यह योजना 'बेटी बचाओ—बेटी पढ़ाओ' अभियान का हिस्सा है। सुकन्या समृद्धि योजना का उद्देश्य बालिकाओं के प्रति परिवार के दृष्टिकोण में परिवर्तन तथा उसके नाम से बचत को प्रोत्साहन प्रदान करना है। इसके तहत 10 वर्ष से कम आयु की बालिकाओं के लिए बैंक खाता खोला जाना है।

सुकन्या समृद्धि योजना की विशेषताएँ निम्न हैं

- इस योजना के तहत जमा राशि पर 9.1% वार्षिक ब्याज प्रदान किया जाएगा तथा जमा राशि पर आयकर की छूट भी दी जाएगी।
- इस योजना के अन्तर्गत बालिका शिशु का बैंक खाता 10 वर्ष की आयु तक कभी भी खोला जा सकेगा। यह बैंक खाता न्यूनतम ₹1000 से खोला जा सकेगा।
- ₹ 1.5 लाख की अधिकतम राशि एक वित्तीय वर्ष में जमा की जा सकेगी। यह खाता किसी भी वाणिज्यिक बैंक तथा डाकघर की शाखाओं में खोला जा सकेगा। इस योजना के तहत खोले गए खाते 21 वर्ष तक चालू रखे जा सकेंगे, वैसे बालिका अपनी 18 वर्ष की आयु के बाद 50% तक राशि निकालने को स्वतन्त्र होगी।

जननी सुरक्षा योजना (JSY)

इस योजना की शुरुआत 12 अप्रैल, 2005 को की गई। यह एन आर एच एम के अन्तर्गत है। इस योजना का उद्देश्य गरीबी रेखा से नीचे रहने वाले परिवार में **मातृ मृत्यु** दर और **शिशु मृत्यु** दर को कम करना है। इस योजना का लाभ 19 वर्ष से अधिक उम्र की महिलाओं को दो जीवित प्रसव के समय दिया जाता है। यह **राष्ट्रीय ग्रामीण स्वास्थ्य मिशन** का एक घटक है।

पीएम-केयर्स फॉर चिल्ड्रेन योजना

इस योजना की शुरुआत कोविड-19 महामारी के दौरान मई, 2021 में की गई। इसके अन्तर्गत कोविड-19 महामारी के दौरान अनाथ हुए बच्चों को 18 वर्ष की आयु तक प्रत्येक महीने स्टाइपेंड के रूप में ₹ 4 हजार की आर्थिक सहायता दी जाएगी तथा 23 वर्ष की आयु पूरी होने के बाद सरकार द्वारा ₹ 10 लाख की आर्थिक मदद भी प्रदान की जाएगी।

सुरक्षित मातृत्व आश्वासन योजना (SUMAN)

इस योजना की शुरुआत 10 अक्टूबर, 2019 को केन्द्र सरकार द्वारा की गई। इस योजना के तहत गर्भवती महिलाओं व नवजात शिशुओं को प्रसव के 6 माह बाद तक स्वास्थ्य लाभ देना है। इस योजना का लक्ष्य महिला व नवजात शिशु की मृत्यु दरों को कम करना है।

प्रधानमन्त्री मातृत्व वन्दना योजना

इस कार्य की शुरुआत केन्द्र सरकार द्वारा मई, 2017 में की गई। इस योजना के अन्तर्गत गर्भवती व स्तनपान कराने वाली माताओं को नकद प्रोत्साहन प्रदान किया जाता है। इस योजना में लाभ राशि (₹ 6 हजार, 3 किश्तों में) DBT के माध्यम से सीधे लाभार्थी के बैंक खाते में हस्तान्तरित की जाती है।

राष्ट्रीय मध्याह्न भोजन कार्यक्रम (MDM)

इस कार्यक्रम की शुरुआत 15 अगस्त, 1995 को की गई। पूर्वोत्तर राज्यों को छोड़कर अन्य राज्यों में यह योजना चलाई जा रही है, इस योजना में केन्द्र तथा राज्य की भागीदारी 75 : 25 के अनुपात में है।

इस कार्यक्रम के तहत प्राथमिक स्तर के बच्चों को 450 कैलोरी एवं 12 ग्राम प्रोटीनयुक्त भोजन उपलब्ध कराए जाने का प्रावधान है।

सर्वशिक्षा अभियान (SSA)

इस योजना की शुरुआत वर्ष 2001 में की गई। इसका उद्देश्य प्राथमिक शिक्षा के स्तर पर लैंगिक एवं सामाजिक अन्तर को दूर करके प्रारम्भिक शिक्षा सभी को सुलभ कराना है।

कस्तूरबा गाँधी बालिका विद्यालय

इस योजना की शुरुआत जुलाई, 2004 में की गई। इसके तहत मुख्य रूप से अनुसूचित जाति, अनुसूचित जनजाति व अन्य पिछड़े वर्गों और अल्पसंख्यक समुदायों से सम्बन्धित बालिकाओं को उच्च प्राथमिक स्तर आवासीय विद्यालय

उपलब्ध कराए जाते हैं। 1 अप्रैल, 2007 से इस योजना का विलय **सर्वशिक्षा अभियान** के अन्तर्गत कर दिया गया है।

समन्वित बाल विकास कार्यक्रम (ICDS)

शिशुओं या 6 वर्ष की आयु तक के बच्चों एवं उनकी माताओं के स्वास्थ्य, पोषण, अधिगम (Learning) के अवसरों में वृद्धि के लिए ये कार्यक्रम चलाए गए।

स्वाधार

महिलाओं को विचारों, कार्यों में स्वतन्त्र बनाने एवं उन्हें अपने जीवन के प्रत्येक पक्ष का नियन्त्रण स्वयं करने के योग्य बनाने हेतु वर्ष 1995 में यह कार्यक्रम चलाया गया।

नेशनल मिशन फॉर एम्पावरमेण्ट ऑफ वूमेन (NMEW) महिलाओं के आर्थिक, सामाजिक, शैक्षिक सशक्तीकरण से सम्बद्ध यह मिशन 2010 में प्रारम्भ हुआ।

महिला स्वयं सिद्धा योजना

पहले से चली आ रही 'इन्दिरा महिला योजना' और 'महिला समृद्धि योजना' के स्थान पर इस योजना की शुरुआत 12 जुलाई, 2001 को की गई। इस योजना का मुख्य उद्देश्य महिलाओं का सामाजिक-आर्थिक सशक्तीकरण करना है। इस योजना को महिलाओं के लिए स्वयं सहायता समूह के माध्यम से संचालित किया जाएगा।

राष्ट्रीय बालश्रम उन्मूलन परियोजना

बालश्रम के उन्मूलन के लक्ष्य को ध्यान में रखकर 9 फरवरी, 2004 को इस परियोजना की शुरुआत की गई। भारत में कुल जनसंख्या का 5.2% बालश्रमिक हैं।

किशोरी शक्ति योजना

गरीब परिवारों की बालिकाओं के उचित पालन-पोषण, स्वास्थ्य एवं शिक्षा तथा समाज में लड़के एवं लड़कियों में हो रहे भेदभाव को दूर करने के उद्देश्य से इस योजना की शुरुआत की गई।

इस योजना को दो भागों में बाँटकर चलाया जा रहा है

प्रथम, गर्ल टू एप्रोज, जोकि 11 से 15 वर्ष तक की बालिकाओं के लिए है और **दूसरी** बालिका मण्डल योजना, जोकि 15 से 18 वर्ष तक की बालिकाओं के लिए है। बालिका मण्डल योजना के तहत किशोरियों को व्यावसायिक प्रशिक्षण भी प्रदान किया जाता है।

उज्ज्वला योजना

महिलाओं की खरीद-बिक्री पर रोक लगाने के उद्देश्य से इस योजना की शुरुआत 4 दिसम्बर, 2007 को की गई।

इस योजना के तहत पाँच स्तरीय कार्य किए जाते हैं, ये निम्नलिखित हैं

1. महिलाओं की खरीद-बिक्री की रोकथाम
2. पीड़ितों का बचाव
3. उनका पुनर्वास
4. उन्हें समाज की मुख्य धारा में लाना
5. उन्हें स्वदेश भेजना शामिल है।

धन-लक्ष्मी

लड़कियों की शिक्षा को बढ़ावा देने एवं बाल विवाह को हतोत्साहित करने के उद्देश्य से परिवारों को सशर्त धन उपलब्ध करने से सम्बन्धित यह कार्यक्रम वर्ष 2008 में प्रारम्भ हुआ।

इन्दिरा गाँधी मातृत्व सहयोग योजना

20 अक्टूबर, 2010 को इस योजना की शुरुआत की गई। इस योजना का उद्देश्य देश के दूर-दराज के क्षेत्रों में गर्भवती महिलाओं एवं छोटे बच्चों की उचित देखभाल के लिए आर्थिक सहायता प्रदान करना है।

राजीव गाँधी किशोरी अधिकारिता योजना (सबला)

इस योजना का शुभारम्भ 19 नवम्बर, 2010 को किया गया। इस योजना के अन्तर्गत 11 से 18 वर्ष तक की किशोरियो को शामिल किया जाता है। इसमें किशोरियों के सही मानसिक और शारीरिक विकास के लिए उन्हें रियायती दर पर पौष्टिक आहार उपलब्ध कराए जाते हैं। यह 200 चुनिन्दा जिलों में फिलहाल शुरू किया गया है।

राष्ट्रीय बाल नीति, 2012

केन्द्रीय मन्त्रिमण्डल ने 18 अप्रैल, 2013 को राष्ट्रीय बाल नीति, 2012 को मंजूरी दी है। इस नीति से देश में सभी बच्चों के अधिकारों को व्यावहारिक रूप देने की सरकार ने प्रतिबद्धता दिखाई है। इसमें 18 वर्ष से कम आयु के प्रत्येक व्यक्ति को बच्चा माना गया है और बचपन को पूरा महत्त्व देने के साथ जीवन का आन्तरिक अंग माना गया है।

स्वास्थ्य विभाग की योजनाएँ Plans of Health Department

स्वास्थ्य योजनाएँ

भारत सरकार द्वारा भारतीयों के लिए स्वास्थ्य से सम्बन्धित महत्त्वपूर्ण योजनाएँ चलाई गई हैं। वे निम्नलिखित हैं

राष्ट्रीय आरोग्य निधि

वर्ष 1997 में स्वास्थ्य एवं परिवार कल्याण द्वारा राष्ट्रीय आरोग्य निधि का गठन किया गया, इसका उद्देश्य गरीबी रेखा से नीचे रह रहे उन लोगों की सहायता करना है, जो अत्यधिक गम्भीर रोगों से ग्रस्त हैं।

राष्ट्रीय स्वास्थ्य नीति, 2002

इस नीति के तहत गरीब एवं वंचित वर्ग के लोगों के व्यक्तिगत स्वास्थ्य में सुधार करना, पीने के लिए स्वच्छ पानी की उपलब्धता सुनिश्चित करना, खाद्य पदार्थों तक पहुँच सुनिश्चित करना आदि लक्ष्य निर्धारित किए गए। राष्ट्रीय स्वास्थ्य नीति, 2002 में निर्धारित लक्ष्यों को प्राप्त करने के लिए वर्ष 2012 तक कुल जी डी पी का 3% भाग स्वास्थ्य पर खर्च करने का लक्ष्य निर्धारित किया गया।

राष्ट्रीय ग्रामीण स्वास्थ्य मिशन (NRHM)

राष्ट्रीय ग्रामीण स्वास्थ्य मिशन (NRHM) का संचालन केन्द्रीय स्वास्थ्य एवं परिवार कल्याण मन्त्रालय द्वारा किया जा रहा है। 1 मई, 2013 को राष्ट्रीय स्वास्थ्य मिशन (NHM) के तहत 12वीं योजनावधि के दौरान भी राष्ट्रीय ग्रामीण स्वास्थ्य मिशन प्रारम्भ रहेगा। राष्ट्रीय शहरी स्वास्थ्य मिशन (NUHM) भी NHM का ही एक उप-मिशन होगा। NRHM की मूल अवधि 2012 तक थी, जिसे 12वीं पंचवर्षीय योजनावधि के लिए बढ़ा दिया गया है।

इसके अन्तर्गत विशेष रूप से प्राथमिक स्वास्थ्य पर ध्यान केन्द्रित किया जा रहा है। इसके अन्तर्गत अनेक प्रकार के कार्यक्रमों का संचालन किया जा रहा है, जो समग्र रूप से देश में स्वास्थ्य परिदृश्य को सुधारने से सम्बद्ध है।

11वीं योजना के दौरान स्वास्थ्य सेवाओं पर कुल सार्वजनिक व्यय जी डी पी का 1.04% रहा है, जिसे 12वीं योजनावधि के अन्त तक 1.87% के स्तर तक पहुँचाने का लक्ष्य रखा गया है।

ग्रामीण क्षेत्र के गरीबों को गुणवत्तापूर्ण स्वास्थ्य सेवा उपलब्ध कराने के उद्देश्य से 12 अप्रैल, 2005 से इस मिशन की शुरुआत की गई। पूरे देश में लागू इस कार्यक्रम में 18 राज्यों पर विशेष ध्यान दिया जा रहा है। NRHM के अन्तर्गत ही राष्ट्रीय बाल स्वास्थ्य कार्यक्रम की शुरुआत की गई है।

इस मिशन के मुख्य उद्देश्य हैं

1. राष्ट्रीय जनसंख्या नीति, 2002 के लक्ष्यों को प्राप्त करना।
2. राष्ट्रीय स्वास्थ्य नीति, 2002 के लक्ष्यों को प्राप्त करना।
3. शिशु मृत्यु दर को 30/1000 जीवित जन्म के नीचे लाना।
4. मातृत्व मृत्यु दर को वर्ष 100/1,00,000 जीवित जन्म से नीचे लाना।
5. कुल प्रजनन दर को 2012 तक 2 बच्चे प्रति महिला के स्तर पर लाना।

आशा (ASHA)

आशा वस्तुतः राष्ट्रीय ग्रामीण स्वास्थ्य मिशन के अन्तर्गत कार्यकर्त्री को कहा जाता है। एन आर एच एम के अन्तर्गत प्रत्येक गाँव को एक प्रशिक्षित सामुदायिक स्वास्थ्य कार्यकर्त्री उपलब्ध कराने का प्रावधान है।

यह कार्यकर्त्री (आशा) उसी गाँव की महिला होनी चाहिए, जिसने कम-से-कम कक्षा आठ तक औपचारिक शिक्षा प्राप्त की हो। आशा समुदाय में स्वास्थ्य के प्रति जागरूकता बढ़ाने एवं उपलब्ध स्वास्थ्य सुविधाओं के बेहतर प्रयोग एवं उत्तरदायित्व को सुनिश्चित करती है।

आयुष्मान भारत : प्रधानमन्त्री जन-आरोग्य योजना

यह पूर्णतः केन्द्र प्रायोजित योजना है, जिसकी शुरुआत सितम्बर, 2018 में की गई। इस योजना के अन्तर्गत आर्थिक रूप से कमजोर वर्ग को स्वास्थ्य सुविधाओं का लाभ देना है। इस योजना के अन्तर्गत प्रत्येक बीपीएल धारक परिवार को ₹ 5 लाख तक स्वास्थ्य बीमा उपलब्ध कराने का लक्ष्य निर्धारित किया गया है।

प्रधानमन्त्री स्वास्थ्य सुरक्षा योजना (PMSSY)

स्वास्थ्य सुविधाओं में क्षेत्रीय असन्तुलन को दूर करने तथा उच्च स्तरीय मेडिकल शिक्षा उपलब्ध कराने के उद्देश्य से मार्च, 2006 में यह योजना शुरू की गई। इस योजना के दो घटक हैं

1. अखिल भारतीय आयुर्विज्ञान संस्थान (एम्स) की तर्ज पर अन्य राज्यों में 6 संस्थान स्थापित करना। पटना (बिहार), भोपाल (मध्य प्रदेश), भुवनेश्वर (ओडिशा), जोधपुर (राजस्थान), रायपुर (छत्तीसगढ़) और ऋषिकेश (उत्तराखण्ड)।
2. दस राज्यों में स्थित 13 सरकारी मेडिकल कॉलेजों का उन्नयन करना

राष्ट्रीय स्वास्थ्य बीमा योजना (NHIY)

इस योजना की शुरुआत 1 अक्टूबर, 2007 को की गई। इस योजना का उद्देश्य असंगठित क्षेत्र के गरीबी रेखा से नीचे रहने वाले कामगार एवं उनके परिवार के सदस्यों को स्वास्थ्य बीमा सुरक्षा कवर उपलब्ध कराना है।

इस योजना में बीमाधारी को नकदीरहित लेन-देन के लिए एक स्मार्ट कार्ड जारी किया जाता है। इसमें प्रति परिवार को प्रतिवर्ष ₹ 30,000 तक की चिकित्सा सहायता प्रदान की जा सकती है। इस योजना का 75% अंश केन्द्र द्वारा तथा 25% अंशदान राज्य द्वारा किए जाने का प्रावधान है।

नवजात शिशु सुरक्षा कार्यक्रम

नवजात शिशुओं की देखभाल एवं शिशु मृत्यु दर में कमी लाने के उद्देश्य से 30 सितम्बर, 2009 को इस कार्यक्रम की शुरुआत की गई। इस कार्यक्रम का मुख्य लक्ष्य वर्ष 2012 तक शिशु मृत्यु दर को 55/1000 से घटाकर 30/1000 तक करना है।

एन पी सी डी सी एस (NPCDCS)

यह कैंसर, मधुमेह, हृदयरोग और स्ट्रोक नियन्त्रण के लिए राष्ट्रीय कार्यक्रम से सम्बन्धित है। 11वीं पंचवर्षीय योजना के तहत की गई यह नई पहल है, जो प्रमुख गैर-संचारी रोगों पर रोकथाम करने और भरी नुकसान को कम करने के लिए क्रियान्वित है।

राष्ट्रीय शहरी स्वास्थ्य मिशन (NUHM)

12वीं योजनावधि के दौरान राष्ट्रीय शहरी स्वास्थ्य मिशन (NUHM) का प्रारम्भ किए जाने की स्वीकृति केन्द्रीय मन्त्रिमण्डल द्वारा प्रदान की गई। NUHM के तहत निम्नलिखित प्रस्ताव स्वीकृत किए गए।

कुछ महत्त्वपूर्ण तथ्य हैं

- प्रत्येक 50 से 60 हजार जनसंख्या पर एक शहरी प्राथमिक स्वास्थ्य केन्द्र।
- बड़े शहरों में 5 से 6 शहरी प्राथमिक स्वास्थ्य केन्द्र पर एक सामुदायिक प्राथमिक स्वास्थ्य केन्द्र।
- प्रत्येक 10,000 जनसंख्या के लिए एक प्रसूति सहायिका।
- प्रत्येक 200 से 500 परिवारों के लिए एक 'आशा'।
- केन्द्र और राज्यों का वित्तीयन भागीदारी पैटर्न (जम्मू एवं कश्मीर, हिमाचल प्रदेश और उत्तराखण्ड के लिए 90:10) 75:25 के अनुपात में होगा।

व्यापक रोग प्रतिरक्षण कार्यक्रम

बच्चों को घातक रोगों से बचाने के लिए वर्ष 1978 में विस्तारित रोग प्रतिरक्षण कार्यक्रम के रूप में यह कार्यक्रम प्रारम्भ हुआ।

वर्ष 1952 में भारत ने परिवार नियोजन के लिए विश्व का प्रथम राष्ट्रीय कार्यक्रम प्रारम्भ किया, जिसमें "राष्ट्रीय अर्थव्यवस्था के अनुरूप जनसंख्या को स्थिर करने के लिए" जन्म दरों को कम करने हेतु आवश्यक सीमा तक परिवार नियोजन पर जोर दिया।

पंचायत एवं ग्रामीण विकास विभाग की योजनाएँ

Plans of Panchyat and Rural Development

प्रधानमन्त्री कौशल विकास योजना

प्रधानमन्त्री कौशल विकास योजना (PMKVY) युवाओं के कौशल प्रशिक्षण के लिए एक प्रमुख योजना है। इसके तहत पाठ्यक्रमों में सुधार, बेहतर शिक्षण और प्रशिक्षित शिक्षकों पर विशेष जोर दिया गया है।

प्रधानमन्त्री कौशल विकास योजना के उद्देश्य निम्नलिखित हैं

- प्रशिक्षण में अन्य पहलुओं के साथ व्यवहार कुशलता और व्यवहार में परिवर्तन भी शामिल है। इसके अन्तर्गत 24 लाख युवाओं को प्रशिक्षण के दायरे में लाया जाएगा।
- कौशल प्रशिक्षण नेशनल स्किल क्वालिफिकेशन फ्रेमवर्क (National Skill Qualification Framework, NSQF) और उद्योग द्वारा तय मानदण्डों पर आधारित होगा।
- कार्यक्रम के तहत तृतीय पक्ष आकलन संस्थाओं द्वारा मूल्यांकन और प्रमाण-पत्र के आधार पर प्रशिक्षुओं को नकद पारितोषिक दिया जाएगा। नकद पारितोषिक औसतन ₹ 8000 प्रति प्रशिक्षु होगा।
- प्रधानमन्त्री कौशल विकास योजना के अन्तर्गत मुख्य रूप से श्रम बाजार में पहली बार प्रवेश कर रहे व्यक्तियों पर ध्यान केन्द्रित होगा और विशेषकर

कक्षा 10 व 12 के दौरान स्कूल छोड़ गए छात्रों पर ध्यान केन्द्रित किया जाएगा। योजना का क्रियान्वयन राष्ट्रीय कौशल विकास निगम (National Skill Development Corporation, NSDC) के प्रशिक्षण साझेदारों द्वारा किया जाएगा।

कौशल ऋण योजना

प्रधानमन्त्री नरेन्द्र मोदी ने कौशल ऋण योजना (Skill Loan Scheme, SLS) की शुरुआत की, जिसके तहत देश में 34 लाख युवाओं को अगले पाँच वर्ष में कौशल विकास कार्यक्रमों में भाग लेने वालों को ₹ 5000 से 1.5 लाख उपलब्ध कराए जाएँगे।

प्रधानमन्त्री रोजगार योजना (PMRY)

2 अक्टूबर, 1993 को ही शिक्षित बेरोजगार युवाओं को व्यापारिक कारोबार के लिए आर्थिक सहायता देने के लिए योजना की शुरुआत की गई। इसके तहत 18 से 35 वर्ष तक के युवाओं को, जो आठवीं तक शिक्षित हों उन्हें व्यापारिक कारोबार के लिए एक लाख रुपये ऋण प्रदान करने की व्यवस्था की गई। इसमें दो-या-दो से अधिक लोगों की सम्मिलित परियोजना के लिए ₹ 10 लाख तक ऋण प्रदान करने की व्यवस्था थी। PMRY को वर्ष 2008 से शुरू PMEGP में मिला दिया गया।

स्वर्णजयन्ती ग्राम स्वरोजगार योजना (SGSY)

ग्रामीण निर्धनों को स्वरोजगार के लिए सहायता प्रदान करने के उद्देश्य से इस योजना की शुरुआत 1 अप्रैल, 1999 में की गई। पहले से चल रही 6 योजनाओं का इसमें विलय कर दिया गया।

ये हैं,

समन्वित ग्रामीण विकास कार्यक्रम (IRDP), स्वरोजगार के लिए ग्रामीण युवाओं का प्रशिक्षण कार्यक्रम (TRYSEM), ग्रामीण क्षेत्र में महिला एवं बाल विकास कार्यक्रम (DWCRA), ग्रामीण कारीगरों को उन्नत औजार की किट आपूर्ति का कार्यक्रम (SITRA), गंगा कल्याण योजना (GKY) तथा दस लाख कुँआ योजना (MWS)।

सम्पूर्ण ग्रामीण रोजगार योजना (SGRY)

रोजगार आश्वासन योजना और जवाहर ग्राम समृद्धि योजना को मिलाकर 25 सितम्बर, 2001 को यह योजना प्रारम्भ की गई, इसका उद्देश्य ग्रामीण क्षेत्रों में खाद्य सुरक्षा के साथ-साथ दिहाड़ी रोजगार का अवसर बढ़ाना था, इस कार्यक्रम का मुख्य लक्ष्य समाज के कमजोर वर्गों पर ध्यान देना था।

इस योजना में खर्च की जाने वाली धनराशि केन्द्र और राज्य सरकारों द्वारा 75 : 25 के अनुपात में वहन किए जाने का प्रावधान था। इस योजना को **मनरेगा** के अन्तर्गत शामिल कर लिया गया।

महात्मा गाँधी राष्ट्रीय रोजगार गारण्टी अधिनियम (मनरेगा)

महात्मा गाँधी राष्ट्रीय रोजगार गारण्टी अधिनियम (मनरेगा) 2 फरवरी, 2006 को आन्ध्र प्रदेश के अनन्तपुर जिले से इसकी शुरुआत की गई। प्रथम चरण में (2006-07) देश के 27 राज्यों के 200 जिलों में इसकी शुरुआत की गई। 1 अप्रैल, 2008 से पूरे देश में इस योजना को लागू कर दिया गया है। **काम के बदले अनाज योजना** और **सम्पूर्ण ग्रामीण** रोजगार योजना का विलय इसमें कर दिया गया है।

2 अक्टूबर, 2009 में इस योजना का नाम नरेगा की जगह मनरेगा कर दिया गया। इसके तहत काम के इच्छुक व्यक्ति (जिनमें कम-से-कम एक-तिहाई स्त्रियाँ होंगी) को 100 दिन के रोजगार (वर्ष में) की गारण्टी दी गई है। 5 सदस्यीय परिवार के एक सदस्य को 15 दिनों के अन्दर अपने घर से 5 किमी के दायरे में काम दिया जाएगा, नहीं तो वह व्यक्ति बेरोजगारी भत्ता पाने का हकदार होगा।

1 जनवरी, 2011 से इस योजना के तहत दी जाने वाली मजदूरी को खेतिहर मजदूरों के लिए 'उपभोक्ता मूल्य सूचकांक' से सम्बद्ध कर दिया गया। **प्रणब सेन समिति** को मनरेगा के लिए अलग उपभोक्ता सूचकांक तैयार करने के लिए नियुक्त किया गया। इस योजना के तहत सम्बन्धित मजदूर को एक जॉब कार्ड जारी किया जाता है। मजदूरी का भुगतान बैंक एवं डाकघर से करने की व्यवस्था है। विकासक्रम का **सामाजिक लेखा परीक्षण** (Social Audit) किया जाता है।

इस योजना के तहत जारी कुल राशि का 6% भाग प्रशासनिक व्यय, निगरानी प्रशिक्षण, लेखा परीक्षण आदि में किए जाने का प्रावधान है। इसके तहत प्रत्येक जिले में मनरेगा सम्बन्धित शिकायतों के लिए **लोकपाल** नियुक्त किए जाने का भी प्रावधान है। अनुमानित रूप से कुल मजदूरी में महिलाओं की भागीदारी लगभग 47% है।

मनरेगा का संचालन ग्रामीण विकास मन्त्रालय द्वारा किया जा रहा है। इस योजना में होने वाले व्यय को केन्द्र तथा राज्य सरकार 90 : 10 में वहन करती हैं। वर्ष 2012 में **मिहिर शाह समिति** की सिफारिशों को अंगीकृत करके मनरेगा-2 का आरम्भ किया गया। मनरेगा-2 के अन्तर्गत उत्पादकता में वृद्धि, कार्य कुशलता में सुधार व भुगतान व्यवस्था को सुचारु करने का प्रयास किया जाएगा।

इन्दिरा आवास योजना (IAY)

मई, 1985 में इस योजना की शुरुआत की गई। इस योजना के तहत कुल लाभार्थियों में से 60% अनुसूचित जाति/जनजाति के लोगों को शामिल करना अनिवार्य है। कुल लाभार्थी में से 3% ग्रामीण क्षेत्र में रहने वाले गरीबी रेखा से नीचे के अपंग एवं मानसिक रूप से अक्षम व्यक्तियों के लिए आरक्षित है। इस योजना में मकान का आवण्टन महिला सदस्य अथवा पति-पत्नी के संयुक्त नाम पर किया जाता है।

इस योजना के तहत 1 अप्रैल, 2013 से मैदानी क्षेत्रों में ₹ 70000 और पहाड़ी क्षेत्रों के लिए ₹ 75,000 की राशि आवण्टित किए जाने का निर्णय लिया गया है। लाभार्थी के चयन का अधिकार ग्रामसभा को दिया गया है। स्वच्छ शौचालय और धुआँरहित चूल्हा इस योजना का अभिन्न अंग है।

योजना के लिए राशि का आवण्टन केन्द्र एवं राज्यों के बीच 75 : 25 रखा गया है। वर्ष 2013-14 के बजट में इन्दिरा आवास योजना के लिए 15184 करोड़ आवण्टित किए गए हैं।

ग्रामीण क्षेत्रों में शहरी सुविधाओं के प्रावधान की योजना (PURA)

ग्रामीण-शहरी अन्तर को दूर करने और सन्तुलित सामाजिक-आर्थिक विकास प्राप्त करने के उद्देश्य को ध्यान में रखकर 15 अगस्त, 2003 को प्रधानमन्त्री द्वारा इस योजना की घोषणा की गई। इस योजना को कार्यान्वित करने के लिए ग्रामीण विकास मन्त्रालय को नोडल एजेन्सी बनाया गया है।

इस योजना में पहचान की गई उन ग्रामीण बसावटों में वास्तविक एवं सामाजिक आधारभूत सुविधाओं के बीच अन्तर को दूर करना है, जहाँ शहरों के इर्द-गिर्द एक लाख या कम आबादी वाले 10-15 गाँव हैं। इन गाँवों से कार्यकलाप सम्बन्धी सम्पर्कता के लिए चार क्षेत्रों का चयन किया गया है।

1. सड़क परिवहन और विद्युत सम्पर्कता।
2. विश्वसनीय दूरसंचार, इण्टरनेट तथा सूचना प्रौद्योगिकी सेवाओं के रूप में इलेक्ट्रॉनिक सम्पर्कता।

3. बेहतर शैक्षणिक तथा प्रशिक्षण संस्थाओं के माध्यम से ज्ञान उपलब्ध कराना।
4. बाजार सम्पर्कता जिससे किसान अपने उत्पादों के लिए अधिकतम मूल्य प्राप्त कर सकें।

स्वच्छ भारत अभियान

प्रधानमन्त्री नरेन्द्र मोदी ने राष्ट्रपिता महात्मा गाँधी के जन्मदिन पर 2 अक्टूबर, 2014 को स्वच्छ भारत अभियान की शुरुआत की। स्वच्छ भारत अभियान की संकल्पना प्रत्येक व्यक्ति तक शौचालयों, ठोस और तरल कचरा निपटारा प्रणालियों सहित स्वच्छता सुविधाओं की पहुँच का मार्ग प्रशस्त करने, ग्राम स्वच्छता और सुरक्षित तथा पर्याप्त पेयजल आपूर्ति करने के लिए की गई। पेयजल और स्वच्छता मन्त्रालय द्वारा इस कार्यक्रम को लागू किया गया।

दीनदयाल उपाध्याय ग्राम ज्योति योजना

यह योजना 25 जुलाई, 2015 में शुरू की गई। आर्थिक विकास के लिए ऊर्जा एक महत्त्वपूर्ण घटक है, इसलिए सरकार '24×7' ऊर्जा उपलब्ध कराने के लिए प्रतिबद्ध है। गाँवों में ऊर्जा पहुँचाने के लिए सरकार द्वारा इस योजना की शुरुआत की गई।

प्रधानमन्त्री आदर्श ग्राम योजना

बजट 2009-10 में इस योजना के शुरुआत की घोषणा की गई। इस योजना के तहत उन गाँवों का चयन किया जाता है जहाँ की 50% जनसंख्या अनुसूचित जनजाति की है। इन गाँवों को ग्रामीण विकास एवं निर्धनता निवारण स्कीमों के तहत जारी की जाने वाली राशि के अतिरिक्त ₹ 10 लाख दिए जाते हैं।

राजीव गाँधी ग्रामीण विद्युतीकरण योजना (RGGVY)

वर्ष 2005 में यह कार्यक्रम प्रारम्भ हुआ, इसका लक्ष्य सभी गाँवों एवं अधिवासों का विद्युतीकरण करना है। इसके अन्तर्गत बी पी एल परिवारों को निःशुल्क विद्युत कनेक्शन दिए जाते हैं।

राजीव गाँधी एल पी जी योजना

ग्रामीण क्षेत्रों में बी पी एल परिवारों को कम कीमत पर एलपीजी कनेक्शन देने के उद्देश्य से 14 मार्च, 2010 को इस योजना की शुरुआत की गई। इस योजना को आठ राज्यों में कार्यान्वित किया जाना है, जिनमें से फिलहाल सात राज्यों-राजस्थान, बिहार, झारखण्ड, उत्तर प्रदेश, छत्तीसगढ़, पश्चिम बंग और मध्य प्रदेश में एजेन्सियों के लिए ड्रॉ निकाले जा चुके हैं।

राष्ट्रीय ग्रामीण आजीविका मिशन (NRLM)

ग्रामीण क्षेत्रों में निर्धनता निवारण के लिए राष्ट्रीय ग्रामीण आजीविका मिशन (NRLM) की शुरुआत 3 जून, 2011 को राजस्थान के बाँसवाड़ा जिले से की गई। इस मिशन के तहत ग्राम स्तर पर स्वयं सहायता समूहों (SHGs) को फेडरेशन के रूप में गठित करके उनके माध्यम से लाभप्रद स्वरोजगार के अवसर उपलब्ध कराना है तथा उन्हें बेहतर जीवन-यापन का स्थायी आधार प्रदान करने की सरकार की योजना है।

विशेष रूप से अनुसूचित जाति, जनजाति, अल्पसंख्यकों, विकलांगों एवं महिलाओं पर केन्द्रित इस योजना में प्रत्येक चिह्नित निर्धन परिवार से कम-से-कम एक महिला सदस्य को स्वयं सहायता समूह में शामिल किए जाने का प्रावधान है।

- **राष्ट्रीय बाल स्वास्थ्य कार्यक्रम** का शुभारम्भ 6 फरवरी, 2013 को महाराष्ट्र के थाणे जिले के जनजातीय ब्लॉक पालधर से किया गया।
- इन्दिरा आवास योजना के तहत अभी तक मैदानी इलाकों में मकान निर्माण के लिए ₹ 45000 दिए जाते थे, जिसे बढ़ाकर ₹ 75000 गया है।
- 1 अप्रैल, 2008 से सम्पूर्ण ग्रामीण रोजगार योजना (SGRY) को राष्ट्रीय ग्रामीण रोजगार गारण्टी योजना (NREGS) में समन्वित कर दिया गया है।
- अप्रैल, 1999 से सरकार ने ग्रामीण विकास की 6 प्रमुख योजनाओं—IRDP, TRYSEM, DWCRA, गंगा कल्याण योजना तथा दस लाख कुँआ योजना (MWS) के स्थान पर 'स्वर्ण जयन्ती ग्राम स्वरोजगार योजना' (SGSY) नाम की योजना को प्रारम्भ किया।
- **राष्ट्रीय शहरी स्वास्थ्य मिशन** (NUHM) 50000 से अधिक आबादी वाले 779 शहरों एवं कस्बों में क्रियान्वित किया जाएगा तथा यह लगभग 7.75 करोड़ लोगों को आच्छादित करेगा।

6 मई, 2013 को NRLM के मानकों को लचीला किया गया, ये परिवर्तन हैं

1. अब बी पी एल का प्रावधान NRLM में समाप्त हो गया है तथा सभी के लिए इसे खोल दिया गया है।
2. 150 जिलों में महिला स्वयं सहायता समूहों को अब 7% पर ही बैंकों द्वारा ऋण उपलब्ध कराया जाएगा। समय पर भुगतान करने वालों को 4% पर ऋण दिया जाएगा।
3. बाजार व सस्ती दर के ब्याज अन्तर का वहन केन्द्र सरकार करेगी।

निर्मल भारत अभियान (NBA)

समग्र स्वच्छता अभियान को वर्ष 2012 में निर्मल भारत में परिवर्तित कर दिया गया है। इस अभियान के अन्तर्गत 2020 में देश में खुले में शौच करने से शत-प्रतिशत मुक्त करने का लक्ष्य निर्धारित किया गया है।

12वीं पंचवर्षीय योजना में एन बी ए के अन्तर्गत पहले वर्ष में ग्रामीण क्षेत्रों में स्वच्छता के निर्माण और उपयोग में महत्त्वपूर्ण परिवर्तन लाने का प्रयास किया गया। यह न केवल बी पी एल परिवारों को बल्कि अनुसूचित जातियों और जनजातियों, छोटे और सीमान्त किसानों, भूमिहीन मजदूरों और विकलांग आदि को प्रोत्साहन राशि देने के लिए प्रावधान किया गया है।

सामाजिक न्याय विभाग की योजनाएँ

Plans of Social Justice Department

प्रधानमन्त्री गति शक्ति योजना

यह एक नेशनल मास्टर प्लान है, जिसकी शुरुआत केन्द्र सरकार द्वारा अक्टूबर, 2021 में की गई। इस योजना का उद्देश्य जमीनी स्तर पर काम में तेजी लाना, लॉजिस्टिक लागत में कमी करना तथा बुनियादी अवसंरचनाओं को एकीकृत करके उनका कार्यान्वयन सुनिश्चित करना है। लॉजिस्टिक लागत में कटौती के अतिरिक्त इस योजना का उद्देश्य कार्गो हैण्डलिंग क्षमता को बढ़ाना व व्यापार को बढ़ावा देने हेतु बन्दरगाहों पर टर्नअराउण्ड समय को कम करना भी है।

सर्वप्रिय योजना

देश की आम जनता को बुनियादी आवश्यकताओं की वस्तुएँ सस्ते मूल्य पर उपलब्ध कराने के लिए 'सर्वप्रिय' नाम से एक राष्ट्रीय योजना की घोषणा 21 जुलाई, 2000 को केन्द्र सरकार द्वारा की गई है, इसके तहत राशन की दुकानों से खाद्यान्नों के अतिरिक्त 11 अन्य वस्तुएँ उपलब्ध कराई जाएँगी।

इनमें दालें, नमक, चाय, नहाने का साबुन, तेल व टूथपेस्ट जैसी वस्तुएँ शामिल हैं। राशन की दुकानों पर ये वस्तुएँ अपेक्षाकृत कम मूल्य पर आम जनता को बिना राशन कार्ड के ही उपलब्ध होंगी तथा इन सभी 11 वस्तुओं के लिए कोई सब्सिडी नहीं दी जाएगी। सर्वप्रिय योजना के कार्यान्वयन के लिए **राष्ट्रीय उपभोक्ता सहकारिता महासंघ** (NCCF) नोडल एजेन्सी के रूप में कार्य करेगी तथा कम्पनियों से थोक में माल खरीदकर न लाभ न हानि के आधार पर

उन्हें राज्य सरकारों को देगी, जहाँ से सार्वजनिक वितरण विभाग या किसी अन्य एजेन्सी के माध्यम से इस सामान को राशन की दुकानों तक पहुँचाया जाएगा। दिल्ली में यह योजना 21 जुलाई, 2000 से ही लागू की गई थी तथा अन्य राज्यों के मुख्यमन्त्रियों को भी इसके लिए सूचित कर दिया गया था।

प्रधानमन्त्री रोजगार सृजन कार्यक्रम

15 अगस्त, 2008 को इस कार्यक्रम की शुरुआत की गई। प्रधानमन्त्री रोजगार योजना तथा ग्रामीण रोजगार सृजन कार्यक्रम का इसमें विलय कर दिया गया। इसके द्वारा सूक्ष्म लघु उद्योगों की स्थापना के लिए सब्सिडी युक्त साख उपलब्ध कराकर ग्रामीण तथा शहरी क्षेत्रों में रोजगार के नए अवसरों का सृजन किया जाएगा। खादी एवं ग्रामोद्योग आयोग को इसकी नोडल एजेन्सी बनाया गया है।

इस योजना के अन्तर्गत सामान्य श्रेणियों के अभ्यर्थियों को परियोजना लागत का 10% स्वयं वहन करना होगा जबकि विशेष वर्गों (अनुसूचित जाति/जनजाति, अन्य पिछड़े वर्ग, अल्पसंख्यक, महिला, विकलांग, एक्स सर्विसमैन तथा पूर्वोत्तर पर्वतीय एवं सीमावर्ती क्षेत्र) के अभ्यर्थियों के लिए यह राशि 5% होगी। शहरी क्षेत्रों में सामान्य श्रेणी के लोगों को 15% तथा विशेष वर्ग के लाभार्थियों को 25% सब्सिडी दी जाएगी।

साक्षर भारत मिशन

राष्ट्रीय साक्षरता मिशन को पुनर्गठित करके 8 दिसम्बर, 2009 को इसकी शुरुआत की गई। इस मिशन का मुख्य उद्देश्य शिक्षा के क्षेत्र में लिंग असमानता को दूर करना है। इसमें 85% लाभार्थी महिलाएँ होंगी तथा कुल लक्ष्य का 50% अनुसूचित जाति/जनजाति अल्पसंख्यक समुदायों के लिए आरक्षित होगा।

अल्पसंख्यकों के कल्याण हेतु प्रधानमन्त्री का 15 सूत्रीय कार्यक्रम

भारत में राष्ट्रीय अल्पसंख्यक आयोग अधिनियम, 1992 की धारा 2(C) के अन्तर्गत मुस्लिम, ईसाई, सिख, बौद्ध, जैन एवं पारसी समुदायों को अल्पसंख्यक के रूप में अधिसूचित किया गया है। अल्पसंख्यकों के कल्याण हेतु वर्ष 2006 में प्रारम्भ किए गए।

इस कार्यक्रम के मुख्य उद्देश्य निम्नलिखित हैं

- अल्पसंख्यकों के शैक्षणिक अवसरों में वृद्धि करना।
- सरकारी नौकरियों एवं आर्थिक गतिविधियों में अल्पसंख्यकों की भागीदारी सुनिश्चित करना।
- विभिन्न योजनाओं एवं स्वरोजगार के लिए ऋण सहायता में वृद्धि करना।
- आधारभूत संरचना विकास योजनाओं में इनकी भागीदारी सुनिश्चित करते हुए अल्पसंख्यकों का जीवन-स्तर सुनिश्चित करना।
- साम्प्रदायिक दंगों को रोकना एवं उनसे निपटना।

कृषि मजदूर सामाजिक सुरक्षा योजना

1 जुलाई, 2001 को शुरू की गई इस योजना के तहत कृषि मजदूरों को जीवन बीमा सुरक्षा, सर्वाधिक एकमुश्त जीवन लाभ तथा पेंशन का लाभ दिए जाने का प्रावधान है। इस योजना के तहत 18 से 50 वर्ष तक के लोगों को शामिल किया जाता है। समूह की शुरुआत के लिए न्यूनतम सदस्य संख्या 20 होनी चाहिए। इसमें सदस्यों को ₹ 1 प्रतिदिन के हिसाब से ₹ 365 वार्षिक प्रीमियम का भुगतान करना पड़ता है।

सरकार इसके दोगुनी राशि का इसमें अंशदान करती है। यदि 60 वर्ष से पहले व्यक्ति की स्वाभाविक मृत्यु होती है, तो परिवार के सदस्य को ₹ 20000 दिए जाएँगे, दुर्घटना के कारण मृत्यु होने पर ₹ 50000 तथा आंशिक विकलांगता की स्थिति में ₹ 50000 दिए जाएँगे। प्रत्येक दस वर्ष पर सदस्य को एकमुश्त उत्तरजीवी लाभ का भुगतान किया जाता है। 60 साल के बाद सदस्य को पेंशन प्रदान की जाती है।

अन्नपूर्णा योजना

सभी के लिए खाद्य सुरक्षा सुनिश्चित करने एवं अगले 5 वर्षों में भारत को भूख मुक्त करने के उद्देश्य से वर्ष 2000 में अन्नपूर्णा योजना प्रारम्भ की गई।

असंगठित क्षेत्र के कामगारों के लिए राष्ट्रीय सामाजिक सुरक्षा निधि (NSSF)

जुलाई, 2011 को इसकी मंजूरी दी गई है, इसके अन्तर्गत बुनकरों, ताड़ी विक्रेता, रिक्शा चालकों और बीड़ी मजदूरों आदि को शामिल करते हुए उन्हें सामाजिक सुरक्षा सम्बन्धी योजनाओं के लिए सहायता दी जाएगी। वर्तमान में कुल श्रमशक्ति का लगभग 94% भाग असंगठित क्षेत्र के अन्तर्गत आता है, जोकि संख्या के अनुसार लगभग 43.3 करोड़ है। इस निधि से इनको सहायता प्रदान की जाएगी।

सामाजिक सुरक्षा कार्यक्रम

गरीबों तथा असंगठित श्रमिकों को एक न्यूनतम स्तर तक सामाजिक सुरक्षा सुनिश्चित करने के लिए जिससे ये वृद्धावस्था, बीमारी, अपंगता, दुर्घटना तथा आकस्मिक मृत्यु से उत्पन्न अनिश्चितता तथा जोखिम को वहन कर सकें, सरकार ने समय-समय पर अनेक योजनाएँ चलाई हैं। इनमें से प्रमुख इस प्रकार हैं

राष्ट्रीय सामाजिक सहायता कार्यक्रम

- **इन्दिरा गाँधी राष्ट्रीय वृद्धावस्था पेंशन योजना** इस योजना के तहत गरीबी रेखा से नीचे रहने वाले 65 वर्ष से अधिक के लोगों को ₹ 200 प्रतिमाह की दर से केन्द्र की ओर से सहायता दी जाती है, जिन्हें उतनी ही राशि (₹ 200) की सहायता राज्य सरकार द्वारा दी जाती है।
- **इन्दिरा गाँधी राष्ट्रीय विधवा पेंशन योजना** इस योजना के तहत केन्द्र सरकार द्वारा गरीबी रेखा से नीचे रहने वाली 65 वर्ष से अधिक उम्र की विधवाओं को ₹ 200 प्रतिमाह की दर से वित्तीय सहायता प्रदान की जाती है। राज्य सरकार से भी ₹ 200 प्रदान करने की अपेक्षा रखी जाती है।
- **इन्दिरा गाँधी राष्ट्रीय विकलांगता योजना** इस योजना के तहत 18 से 64 वर्ष के आयु समूह में गरीबी रेखा से नीचे रहने वाले विकलांग लोगों को ₹ 200 प्रतिमाह की दर से वित्तीय सहायता दी जाती है।

जनश्री बीमा योजना

सामूहिक बीमा की एक नई योजना है, जिसे 10 अगस्त, 2000 से प्रारम्भ किया गया, जिसके अन्तर्गत बीमित व्यक्ति को स्वाभाविक मृत्यु की स्थिति में ₹ 20000, दुर्घटना में मृत्यु या स्थायी अपंगता की स्थिति में ₹ 50000 तथा आंशिक अपंगता की स्थिति में ₹ 25000 प्राप्त होंगे।

राजीव गाँधी श्रमिक कल्याण योजना

नौकरी खोने के बाद जीवन यापन करने तथा रोजमर्रा की जरूरतों की पूर्ति के लिए यह योजना बनी है। इस योजना के प्रमुख लाभ एवं शर्तें निम्नलिखित हैं

1. फैक्ट्री व स्थापनाओं के स्थायी रूप से बन्द होने अथवा छँटनी के कारण रोजगार की अस्वैच्छिक हानि होने की स्थिति में बीमाकृत व्यक्ति 12 महीने तक बेरोजगारी भत्ता पाने के हकदार हैं।
2. गैर-रोजगार चोट के कारण हुई स्थायी रूप से विकलांग हो गए कामगारों को भी 12 महीने तक बेरोजगारी भत्ता प्रदान किया जाता है।

3. बीमाकृत व्यक्ति एवं उनके आश्रित जनों को 12 महीने तक मुक्त चिकित्सा सुविधाएँ भी मिलती हैं।
4. बेरोजगारी भत्ता हेतु आवेदन प्रस्तुत करने की अवधि, बेरोजगार होने की तिथि से 9 माह है और बीमाकृत व्यक्ति को रोजगार की हानि से पूर्व बीमा योग्य रोजगार में रहने की शर्त 3 वर्ष है।

आम आदमी बीमा योजना

यह योजना 2 अक्टूबर, 2007 को लागू की गई। इस योजना के तहत देश ग्रामीण भूमिहीन परिवार के मुखिया या आय अर्जित करने वाले किसी एक सदस्य को स्वाभाविक मौत एवं दुर्घटना से हुई मौत और आंशिक या स्थायी रूप से विकलांगता के लिए बीमा सुरक्षा प्रदान की जाएगी।

इसके सम्बन्ध में ₹ 200 प्रतिव्यक्ति प्रतिवर्ष प्रीमियम देय होगा। प्रीमियम का 50% केन्द्र सरकार वहन करेगी तथा शेष बीमित व्यक्ति द्वारा वहन किया जाएगा, पर केन्द्र सरकार शेष प्रीमियम राशि वहन करने के लिए राज्य सरकारों से आग्रह करेगी।ाक अपंगता की स्थिति में ₹ 25000 प्राप्त होगा।

राष्ट्रीय सामाजिक सुरक्षा फण्ड

असंगठित क्षेत्रीय कामगारों सामाजिक सुरक्षा अधिनियम, 2008 के अनुपालन में इस फण्ड को ₹ 1000 करोड़ के व्यय के साथ वर्ष 2010-11 बजट से चालू किया गया है। यह फण्ड धुनियों, रिक्शा चालकों, बीड़ी कामगारों आदि से सम्बन्धित स्कीमों को सहायता देगा।

स्वावलम्बन

असंगठित क्षेत्र के लिए **स्वावलम्बन** नामक एक नई पेंशन योजना की शुरुआत 27 सितम्बर, 2010 को वित्तमन्त्री प्रणब मुखर्जी ने की। इस स्कीम का प्रशासन पेंशन फण्ड रेगुलेटरी एण्ड डेवलपमेण्ट अथॉरिटी तथा LIC द्वारा होगा।

यह स्कीम 60 वर्ष से अधिक आयु के लोगों के लिए शुरू की गई है पर 18 से 55 वर्ष वर्ष के लोग भी इससे लाभान्वित हो सकते हैं। इसमें प्रति सदस्य ₹ 100 न्यूनतम मासिक तथा ₹ 1000 वार्षिक अंशदान देय होगा। अधिकतम वार्षिक अंशदान ₹ 12000 होगा।

प्रधानमन्त्री जन सुरक्षा योजना

प्रधानमन्त्री नरेन्द्र मोदी द्वारा 9 मई, 2015 को कोलकाता (पश्चिम बंगाल) में सामाजिक सुरक्षा के उद्देश्य से 'प्रधानमन्त्री जन सुरक्षा योजना' की शुरुआत की गई। इन तीन महत्त्वपूर्ण योजनाओं को आरम्भ करने की बात आम बजट 2015-16 में वित्त मन्त्री अरुण जेटली ने की थी। इन योजनाओं को 1 जून, 2015 से लागू किया जाना है। ये योजनाएँ हैं

1. प्रधानमन्त्री जीवन ज्योति बीमा योजना
2. प्रधानमन्त्री सुरक्षा बीमा योजना
3. अटल पेंशन योजना

प्रधानमन्त्री जीवन ज्योति बीमा योजना

इस योजना का उद्देश्य लोगों को सस्ती दर पर जीवन बीमा का लाभ देना है, जो कम-से-कम प्रीमियम में लोगों को पारिवारिक सुरक्षा लाभ देने में सक्षम हो। इस योजना के तहत सभी बचत बैंक खाताधारक, जिनकी आयु न्यूनतम 18 वर्ष तथा अधिकतम 50 वर्ष होगी, लाभ अर्जित कर सकते हैं।

योजना की मुख्य विशेषताएँ निम्न हैं

- इस योजना के अन्तर्गत बचत खाताधारकों को वार्षिक ₹330 के प्रीमियम पर जीवन बीमा प्रदान किया जाना है। बीमा कराने वाले व्यक्ति की मृत्यु की स्थिति में ₹2 लाख का जीवन बीमा कवर प्रदान किया जाएगा।
- इस बीमा के पात्र व्यक्ति को खाते में स्वत: डेबिट सुविधा द्वारा प्रीमियम जमा कर दिया जाएगा।
- सरकार ने भारतीय जीवन बीमा निगम (एल आई सी) के साथ अन्य निजी बीमा कम्पनियों को इससे जुड़ने को कहा है। यह योजना 1 जून, 2015 को आरम्भ होगी और 31 मई, 2016 तक चलेगी, जिसके बाद वार्षिक आधार पर यह पुन: जारी रहेगी।

प्रधानमन्त्री सुरक्षा बीमा योजना

जीवन सुरक्षा से जुड़ी इस योजना को 'दुर्घटना बीमा योजना' के रूप में देखा जा रहा है, जिसमें व्यक्ति को 'प्रधानमन्त्री सुरक्षा बीमा योजना' ₹12 के वार्षिक प्रीमियम पर प्रदान की जाएगी। इस योजना में दुर्घटना के कारण मृत्यु अथवा स्थायी विकलांगता की स्थिति में भी बीमा कवर प्रदान किया जाएगा।

अस्थायी अपंगता की स्थिति में ₹1 लाख का बीमा कवर प्रदान किया जाएगा। यह योजना न्यूनतम 18 वर्ष तथा अधिकतम 70 वर्ष की आयु तक के व्यक्ति के लिए उपलब्ध है।

इस योजना में शुरुआती अनुभव के आधार पर प्रीमियम राशि में बढ़ोतरी का प्रावधान है, किन्तु पहले तीन वर्षों में यह बढ़ोतरी नहीं होगी।

अटल पेंशन योजना

इस पेंशन योजना का उद्देश्य असंगठित क्षेत्र के श्रमिकों, जिनकी न्यूनतम आयु 18 वर्ष तथा अधिकतम आयु 40 वर्ष हो, को सरकार की पेंशन लाभ गारण्टी प्रदान करना है।

इस योजना से जुड़ने वाले व्यक्ति को 60 वर्ष की आयु के बाद कम-से-कम ₹1000 तथा अधिकतम ₹5000 तक की पेंशन राशि प्रत्येक महीने दी जा सकेगी।

इस योजना के अन्तर्गत केन्द्र सरकार द्वारा पात्र अंशदाता के बैंक खाते में कुल अंशदान का आधा हिस्सा अथवा ₹1000 (जो कम हो) प्रत्येक महीने जमा किए जाएँगे। सरकार द्वारा पाँच वर्षों तक ही राशि जमा की जाएगी। सरकार का अंशदान उन्हीं व्यक्तियों के लिए होगा, जो 31 दिसम्बर, 2015 तक इस योजना से जुड़ेंगे। कोई भी व्यक्ति, जो अन्य सामाजिक सुरक्षा योजना से जुड़ा है अथवा आयकर दाता है, इस योजना का लाभार्थी नहीं बन सकता है।

अटल पेंशन योजना के अन्तर्गत किसी भी व्यक्ति को 20 वर्ष से अधिक धनराशि जमा नहीं करनी होगी। 'अटल पेंशन योजना', स्वावलम्बन योजना के अन्तर्गत 'पेंशन कोष नियामक तथा विकास प्राधिकरण' द्वारा संचालित राष्ट्रीय पेंशन प्रणाली के माध्यम से ग्राहक इस योजना में नामांकन करा सकेंगे।

मुस्कान (SMILE) योजना

इस योजना की शुरुआत केन्द्रीय सामाजिक न्याय व अधिकारिता मन्त्रालय द्वारा फरवरी, 2022 में की गई। इस योजना के अन्तर्गत ट्रांसजेण्डर समुदाय व भीख माँगने के कार्य में लगे व्यक्तियों का आर्थिक कल्याण व उनका व्यापक पुर्नवास करना है। इस योजना का फोकस बड़े पैमाने पर पुनर्वास, चिकित्सा सुविधाओं का प्रावधान, परामर्श, बुनियादी दस्तावेजीकरण, कौशल विकास व आर्थिक सम्बन्ध स्थापित करना है।

आदिवासी योजनाएँ

जनजातीय कार्य मन्त्रालय की प्रमुख योजनाओं/कार्यक्रमों को संक्षेप में नीचे दिया गया है, संविधान के अनुच्छेद 275(1) के अन्तर्गत विशेष केन्द्रीय सहायता तथा अनुदान जनजातीय उप-योजना के माध्यम से राज्यों/संघ राज्य

क्षेत्रों को जनजातीय विकास हेतु किए गए प्रयासों को पूरा करने के लिए विशेष केन्द्रीय सहायता प्रदान की गई। इस सहायता का मूल प्रयोजन पारिवारिक आय सृजन की निम्न योजनाओं जैसे कृषि, बागवानी, लघु सिंचाई, मृदा संरक्षण, पशुपालन, वन, शिक्षा, सहकारिता, मत्स्य पालन, गाँव, लघु उद्योगों तथा न्यूनतम आवश्यकता सम्बन्धी कार्यक्रमों से है।

जनजातीय विकास हेतु परियोजनाओं की लागत को पूरा करने तथा अनुसूचित क्षेत्र के प्रशासन स्तर को राज्यों/संघ राज्य क्षेत्रों के बराबर लाने के लिए संविधान के अनुच्छेद 275(1) के पहले प्रावधान के अन्तर्गत राज्यों/संघ राज्य क्षेत्रों को भी अनुदान दिया जाता है। जनजातीय विद्यार्थियों को गुणवत्तापरक शिक्षा प्रदान करने के लिए आवासीय विद्यालय स्थापित करने हुते निधियों के कुछ हिस्से का प्रयोग किया जाता है।

आदिम जनजातीय समूह (पी. टी. जी) के विकास की योजना 17 राज्यों तथा 1 संघ राज्य क्षेत्र अण्डमान और निकोबार द्वीप समूह में कृषि हेतु पूर्व तकनीक, कम साक्षरता दर तथा घट रही या स्थिर आबादी के आधार पर 75 आदिम जनजातीय समूह (पीटीजी) के रूप में पहचाना गया है। इन समूहों की असुरक्षा को देखते हुए, पी. टी. जी. के सम्पूर्ण विकास के लिए एक केन्द्रीय क्षेत्र योजना वर्ष 1998-99 में शुरु की गई थी। यह योजना बहुत लचीली है और इसमें आवास, बुनियादी ढाँचे का विकास, शिक्षा, स्वास्थ्य, भूमि संवितरण/विकास, कृषि विकास, पशु विकास, सामाजिक सुरक्षा, बीमा, आदि शामिल हैं। 2007-08 के दौरान, ग्यारहवीं पंचवर्षीय योजना अवधि के लिए सम्बन्धित राज्य सरकारों/संघ राज्य क्षेत्रों द्वारा किए गए आधारभूत सर्वेक्षणों के माध्यम से व्यापक दीर्घकालिक "संरक्षण एवं विकास (सीसीडी) योजना" पी.टी.जी. हेतु तैयार की गई। इन योजनाओं में राज्य सरकारों तथा गैर-सरकारी संगठनों के प्रयासों के बीच तालमेल हेतु की परिकल्पना की गई थी।

जनजातीय अनुसन्धान संस्थान आन्ध्र प्रदेश, असोम, बिहार, गुजरात, केरल, मध्य प्रदेश, महाराष्ट्र, ओडिशा, राजस्थान, तमिलनाडु, पश्चिम बंग, उत्तर प्रदेश, मणिपुर तथा त्रिपुरा में चौदह जनजातीय अनुसन्धान संस्थान (टीआरआई) स्थापित किए गए हैं। ये संस्थान राज्य सरकारों को योजना सम्बन्धी जानकारियाँ जैसे—अनुसन्धान एवं मूल्यांकन अध्ययन, आँकड़ों का संग्रह, प्रथागत कानून का संहिताकरण तथा प्रशिक्षण, संगोष्ठियाँ तथा कार्यशालाओं का आयोजन में संलग्न है। इनमें से कुछ संस्थानों का संग्रहालय भी है जिसमें जनजातीय कलाकृतियों का प्रदर्शन किया जाता है।

अनुसूचित जनजाति की लड़कियों/लड़कों हेतु छात्रावास जनजातीय लड़कियों की शिक्षा हेतु उनको बेहतर आवासीय सुविधा प्रदान करने के उद्देश्य से छात्रावास योजना तीसरी पंचवर्षीय योजना में शुरू की गई थी। इस योजना के तहत निर्माण कार्य हेतु राज्यों को लागत का 50% तथा संघ राज्य क्षेत्रों को 100% केन्द्रीय सहायता प्रदान की जाती है।

टीएसपी क्षेत्र में आश्रम विद्यालय केन्द्र द्वारा प्रायोजित यह योजना 1990-91 में सम्बन्धित राज्यों तथा संघ राज्य क्षेत्रों को क्रमश: 50% एवं 100% आधार पर केन्द्रीय सहायता प्रदान करने के लिए शुरू की गई थी।

जनजातीय क्षेत्रों में व्यावसायिक प्रशिक्षण केन्द्र इस परियोजना का उद्देश्य विभिन्न पारम्परिक/आधुनिक व्यवसाय में उनके शैक्षिक योग्यता के अनुसार, वर्तमान आर्थिक रुझानों तथा बाजार क्षमता के आधार पर जनजातियों के कौशल का उन्नयन करना है जिससे वे लाभकारी रोजगार हासिल कर सकेंगे या स्व-रोजगार कर सकेंगे। यह योजना 100% अनुदान उपलब्ध कराती है तथा इस राज्य सरकारों, संघ राज्य क्षेत्रों एवं गैर-सरकारी संगठनों के माध्यम से कार्यान्वित किया जाता है। इस योजना में वित्तीय मानदण्ड तय हैं। कोई निर्माण लागत प्रदान नहीं की जाती।

भारतीय जनजातीय सहकारी विपणन विकास संघ लिमिटेड जनजाति समुदायों को उनके लघु वनोपज और लघु वन उत्पाद के लिए विपणन सहायता और लाभकारी मूल्य प्रदान करने और उन्हें शोषक निजी व्यापारियों एवं बिचौलियों से बचाने के मुख्य उद्देश्य लिए भारतीय जनजातीय सहकारी विपणन विकास संघ लिमिटेड (ट्राइफेड) की स्थापना 1987 में भारत सरकार द्वारा की गई। बहुराज्य सहकारी समिति अधिनियम, 1984 के अन्तर्गत कार्यरत यह एक राष्ट्रीय स्तर की सर्वोच्च सहकारी संस्था है। इसकी प्राधिकृत शेयर पूँजी ₹ 100 करोड़ है और प्रदत्त पूँजी ₹ 99.98 करोड़ है। जिसमें भारत सरकार का योगदान ₹ 99.75 करोड़ और बाकी ₹ 0.23 करोड़ का योगदान अन्य शेयरधारकों का है।

अनुसूचित जनजातियों के लिए कोचिंग वंचित और सुविधाहीन परिवारों से आने वाले अनुसूचित जनजाति के छात्रों को सामाजिक और आर्थिक रूप से लाभप्रद पृष्ठभूमि वाले उम्मीदवारों के साथ प्रतिस्पर्द्धा करने में मुश्किल होती है। अनुसूचित जनजाति के उम्मीदवारों के लिए एक से अधिक स्तरों पर खेल के मैदानों को बढ़ावा देने और उन्हें प्रतियोगी परीक्षाओं में सफल होने के बेहतर मौके देने के लिए, जनजातीय कार्य मन्त्रालय वंचित अनुसूचित जनजाति के उम्मीदवारों के लिए गुणवत्ता प्रशिक्षण संस्थानों योजनाओं का समर्थन करता है ताकि वे सफलतापूर्वक नौकरियों/व्यावसायिक पाठ्यक्रमों के लिए प्रतिस्पर्द्धा परीक्षाओं में प्रवेश के सक्षम बन सके।

इस योजना के तहत अनुसूचित जनजाति के छात्रों के लिए विभिन्न प्रतियोगी परीक्षाओं जैसे सिविल सेवाएँ/राज्य सिविल सेवाएँ/यू.पी.एस.सी. द्वारा ली जाने वाली अन्य परीक्षाएँ जैसे सी.डी.एस., एन.डी.ए. आदि/व्यावसायिक पाठ्यक्रम जैसे चिकित्सा, इन्जीनियरिंग, व्यवसाय प्रशासन/बैंकिंग/कर्मचारी चयन आयोग/रेलवे भर्ती बोर्ड/बीमा कम्पनियों आदि के लिए मुफ्त कोचिंग दी जाती है। वर्ष 2007-08 के दौरान योजना के वित्तीय मानदण्डों को संशोधित किया गया है। यह योजना कोचिंग अवधि के लिए प्रत्येक अनुसूचित जनजाति के छात्र को ₹ 1000 का मासिक वजीफा और बाहरी प्रत्येक अनुसूचित जनजाति छात्र को ₹ 2000 का भोजन व्यवस्था/अस्थायी आवास शुल्क कवर करती है।

अनुसूचित जनजातियों के कल्याण के लिए कार्यरत स्वैच्छिक संगठनों को सहायता अनुदान इस योजना का मुख्य उद्देश्य स्वैच्छिक संगठनों (वी.ओ.)/गैर-सरकारी संगठनों (एन.जी.ओ.) के माध्यम से शिक्षा, स्वास्थ्य, पीने का पानी, कृषि उद्यान उत्पादकता, सामाजिक सुरक्षा आदि सरकार की कल्याणकारी योजनाओं की पहुँच बढ़ाने और कम सेवा वाले आदिवासी क्षेत्रों में इन सेवाओं के अन्तर को समाप्त करने, सामाजिक-आर्थिक उत्थान और अनुसूचित जनजातियों (अजजा) के समग्र विकास के लिए परिवेश प्रदान करना है। कोई अन्य नया सामाजिक-आर्थिक विकास या अनुसूचित जनजातियों की आजीविका सृजन पर प्रत्यक्ष प्रभाव को भी स्वैच्छिक प्रयास माना जा सकता है।

इस योजना के तहत मन्त्रालय 90% अनुदान प्रदान करता है और 10% लागत गैर-सरकारी संगठनों को स्वयं के संसाधनों से वहन करनी होती है, ऐसे अनुसूचित क्षेत्रों को छोड़कर जहाँ 100% लागत सरकार वहन करनी हो। यह योजना आवासीय विद्यालयों, गैर-आवासीय विद्यालयों, 10 या उससे अधिक बिस्तरों वाले अस्पतालों, मोबाइल औषधालयों, कम्प्यूटर प्रशिक्षण केन्द्र आदि जो इस योजना के तहत कवर होते हैं निम्नलिखित परियोजनाओं को प्रदान करती है एवं तय वित्तीय मानदण्डों को निर्धारित करती है। यह योजना कोई भी निर्माण लागत प्रदान नहीं करती है।

अनुसूचित जनजाति के छात्रों हेतु मैट्रिकोत्तर छात्रवृत्ति इस योजना का उद्देश्य मान्यता प्राप्त संस्थानों से मान्य मैट्रिकोत्तर पाठ्यक्रम कर रहे अनुसूचित जनजाति के छात्रों को वित्तीय सहायता प्रदान करना है। इस योजना में व्यावसायिक, गैर-व्यावसायिक, तकनीकी, गैर-तकनीकी पाठ्यक्रमों तथा दूरस्थ एवं सतत् शिक्षा पत्राचार पाठ्यक्रम भी शामिल हैं, यह योजना राज्य सरकार और संघ राज्य क्षेत्र प्रशासनों द्वारा कार्यान्वित की जाती है जो प्रतिबद्धदेयता के अतिरिक्त 100% केन्द्रीय सहायता प्राप्त करते हैं जिसे इन्हें अपने बजटीय प्रावधानों से पूरा करना होता है। प्रतिबद्धदेयता योजना अवधि के अन्तिम वर्ष में व्यय के बराबर होती है।

मौजूदा छात्रवृत्ति मूल्य में रख-रखाव भत्ता, दृष्टिहीन छात्रों का पाठक, प्रभार, अध्ययन दौरे का शुल्क, शोध-प्रबन्ध की टाइपिंग/मुद्रण शुल्क, पत्राचार पाठ्यक्रम के छात्रों हेतु पुस्तक भत्ता तथा शैक्षिक संस्थाओं द्वारा अनिवार्य अप्रतिदेय शुल्क प्रभार शामिल है। छात्रावास में रहने वाले छात्रों हेतु पाठ्यक्रमों के अनुसार प्रति माह रख-रखाव भत्ता ₹ 235 से ₹ 740, दिवा छात्रों हेतु ₹ 140 से 330 प्रतिमाह है। योजना के अन्तर्गत 1-4-2007 से दोनों छात्रवृत्तियों में माता-पिता/संरक्षकों की निर्धारित वार्षिक आय की उच्चतम सीमा, ₹ 108000 है। आय की उच्चतम सीमा को औद्योगिक श्रमिकों हेतु उपभोक्ता मूल्य सूचकांक के साथ जोड़ दिया गया है।

अनुसूचित जनजाति के छात्रों की प्रतिभा उन्नयन इस योजना का उद्देश्य अनुसूचित जनजाति के IX से XII तक के छात्रों को विशेष तथा सुधारात्मक प्रशिक्षण देकर इनकी प्रतिभा का उन्नयन करना है। सुधारात्मक प्रशिक्षण का प्रयोजन विभिन्न विषयों में कमियों को दूर करना है जबकि विशेष प्रशिक्षणों में इन्जीनियरिंग तथा चिकित्सा विषयों जैसे व्यावसायिक पाठयक्रमों में प्रवेश प्राप्त करने हेतु प्रतियोगी परीक्षाओं के लिए छात्रों को तैयार करना शामिल है। यह योजना राज्यों/संघ राज्य क्षेत्रों को 100% केन्द्रीय सहायता प्रदान करती है। प्रति छात्र प्रति वर्ष ₹ 15000 का अनुदान उपलब्ध कराया जाता है तथा राज्य/संघ राज्य क्षेत्रों को कोई भी वित्तीय बोझ का वहन करने की आवश्यकता नहीं होती है। छात्रवृत्ति की राशि के अतिरिक्त, विकलांग छात्र निम्नलिखित सहायता के भी पात्र हैं

(i) IX से XII तक के दृष्टिहीन छात्रों हेतु प्रति माह ₹ 100 का पाठक भत्ता

(ii) शैक्षिक संस्थान के परिसर के भीतर छात्रावास में न रहने वाले विकलांग छात्रों को प्रतिमाह ₹ 50 का परिवहन भत्ता। कथित अधिनियम के अनुसार परिभाषित कि गई विकलांगता जैसे—दृष्टिहीनता, कम दृष्टि, उपचारित कुष्ठरोग, श्रवण दुर्बलता, लोकमीटर विकलांगता, मानसिक मन्दता तथा मानसिक बीमारी।

(iii) राज्य/संघ राज्य क्षेत्र प्रशासन या शैक्षणिक द्वारा प्रबन्धित छात्रावास के किसी भी कर्मचारी को प्रतिमाह ₹ 100 की विशेष वेतन ग्राह्य है जो छात्रावास में रहने वाले गम्भीर रूप से विकलांग छात्र की इच्छा से मदद करने को तैयार हो, या उस छात्र को एक सहायक की सहायता की जरूरत हो।

(iv) गम्भीर विकलांगता वाले दिवाछात्र हेतु प्रति माह ₹ 50 का अनुरक्षक भत्ता।

(v) कक्षा IX से XII तक के मानसिक रूप से अविकसित तथा मानसिक रूप से बीमार छात्रों को अतिरिक्त कोचिंग हेतु प्रति माह ₹ 100 भत्ता ऊपर दिए गए (i) से लेकर (v) तक के प्रावधान उपचारित कुष्ठरोगी छात्रों पर भी लागू हैं।

राजीव गाँधी राष्ट्रीय अध्येतावृत्ति योजना (आरजीएनएफ) यह योजना 2005-06 में आरम्भ की गई थी, इस योजना के तहत, एम. फिल. एवं पीएच डी. कर रहे छात्रों को अध्येतावृत्ति प्रदान की जाती है। अध्येतावृत्ति की अधिकतम अवधि 5 साल है। हर साल अनुसूचित जनजाति के छात्रों के लिए 667 अध्येतावृत्तियाँ प्रदान की जाती हैं। यह योजना जनजातीय मन्त्रालय की तरफ से विश्वविद्यालय अनुदान आयोग (यूजीसी) द्वारा कार्यान्वित की जा रही है। कोई भी अनुसूचित जनजाति का छात्र जिसने अपनी स्तानक यूजीसी स्वीकृत विश्वविद्यालय से की हो वह इस योजना के तहत आवेदन कर सकता है।

प्रति छात्र छात्रवृत्ति की राशि

क्र.स.	विषय	राशि
1.	अध्येतावृत्ति	प्रारम्भिक दो वर्षों हेतु ₹ 8000/प्रति माह (जेआरएफ)
		शेष कार्यकाल हेतु ₹ 9000/ प्रति माह (एसआरएफ)
		प्रारम्भिक दो वर्षों हेतु ₹ 10000/ प्रति वर्ष
2.	सामाजिक विज्ञान तथा मानविकी हेतु आकस्मिक भत्ता	शेष कार्यकाल हेतु ₹ 20500/ प्रति वर्ष प्रारम्भिक दो वर्षों हेतु ₹ 12000/ प्रति वर्ष
3.	विज्ञान हेतु आकस्मिक भत्ता	शेष कार्यकाल हेतु ₹ 25000/ प्रति माह वर्ष बुनियादी सुविधाएँ उपलब्ध कराने हेतु
4.	विभागीय सहायता	सम्बन्धित संस्था को प्रति छात्र ₹ 3000/ प्रति वर्ष
5.	अनुरक्षक/पाठक सहायता	शारीरिक रूप से तथा नेत्रहीन विकलांग छात्रों को ₹ 1000/ प्रति वर्ष
6.	आवास किराया भत्ता	यूजीसी पद्धति के अनुसार

अनुसूचित जनजातियों के लिए राष्ट्रीय समुद्रपारीय छात्रवृत्ति योजना
यह योजना इन्जीनियरिंग, प्रौद्योगिकी और विज्ञान के क्षेत्र में विदेशों में मास्टर स्तर के पाठ्यक्रम पी. एच. डी. और पोस्ट डॉक्टरेट अनुसन्धान कार्यक्रम स्तर के प्रतिभाशाली अनुसूचित जनजाति छात्रों को वित्तीय सहायता प्रदान करती है। चुने गए छात्रों को शिक्षण और अन्य शैक्षिक शुल्क, विदेशी विश्वविद्यालय आदि द्वारा लिया जाने वाला, रख-रखाव और यात्रा व्यय के साथ-साथ अन्य अनुदान आदि दिया जाता है।

साथ ही मैरिट छात्रवृत्ति में स्नातकोत्तर अध्ययन, अनुसन्धान या विदेशों में प्रशिक्षण (सेमिनार, कार्यशालाओं, सम्मेलनों आदि में भग लेने को छोड़कर) हेतु विदेशी सरकार/संस्थान या उनके तहत किसी भी योजना में यात्रा लागत नहीं प्रदान की जाती हो, ऐसे अनुसूचित छात्रों के लिए यात्रा (पैसिज) अनुदान भी उपलब्ध है। ओपन स्कूल योजना को वर्ष 2007-08 में योजना स्कीम के रूप में संशोधित किया गया। 15 अवार्ड प्रति वर्ष अनुसूचित जनजाति के छात्रों हेतु स्वीकृत किए जाते हैं।

डीएनडी (सीड) योजना

यह योजना डी-नोटिफाइड, खानाबदोश व अर्द्ध घूमन्तु समुदायों के आर्थिक कल्याण से सम्बन्धित है। इस योजना की शुरुआत फरवरी, 2022 में केन्द्रीय सामाजिक न्याय व अधिकारिता मन्त्रालय द्वारा की गई। इस योजना का उद्देश्य अनुसूचित जाति/जनजातियों/अर्द्ध घूमन्तु समुदायों के आर्थिक कल्याण हेतु आवास व स्वास्थ्य बीमा व अन्य वित्तीय सहायता प्रदान करना है।

प्रधानमन्त्री उज्ज्वला योजना

प्रधानमन्त्री नरेन्द्र मोदी ने 1 मई, 2016 को उत्तर प्रदेश के बलिया जिले से 'प्रधानमन्त्री उज्ज्वला योजना' का शुभारम्भ किया।

- इस योजना का उद्देश्य अगले तीन वर्षों में गरीबी रेखा से नीचे के पाँच करोड़ परिवारों की महिलाओं को नि:शुल्क रसोई गैस का कनेक्शन प्रदान करना है।
- योजना के अन्तर्गत बीपीएल परिवारों को 5 करोड़ एलपीजी कनेक्शन प्रदान करने के लिए ₹ 8 हजार करोड़ का प्रावधान किया गया है।
- बीपीएल परिवारों को प्रत्येक एलपीजी कनेक्शन के लिए ₹1600 की वित्तीय सहायता प्रदान की जाएगी।
- कनेक्शन महिला लाभार्थी के नाम पर दिया जाएगा।
- योजना का कार्यान्वयन वित्तीय वर्ष 2016-17, 2017-18 और 2018-19 में किया जाएगा।
- देश के इतिहास में यह पहला अवसर है जब केन्द्रीय पेट्रोलियम एवं प्राकृतिक गैस मन्त्रालय गरीब परिवारों की करोड़ों महिलाओं के लाभार्थ एक कल्याणकारी योजना कार्यान्वित करेगा।
- प्रधानमन्त्री उज्ज्वला योजना 1 अप्रैल, 2016 से प्रभावी है।

प्रधानमन्त्री फसल बीमा योजना

- 13 जनवरी, 2016 को सरकार द्वारा 'प्रधानमन्त्री फसल बीमा योजना' (PMFBY) को मंजूरी प्रदान की गई।
- यह योजना खरीफ वर्ष 2016 से लागू हुई।
- यह योजना वर्ष 1999 में शुरू की गई 'राष्ट्रीय कृषि बीमा योजना' (NAIS), जिसको वर्ष 2010 में 'संशोधित राष्ट्रीय कृषि बीमा योजना' (MNAIS) के नाम से लागू किया गया था, का स्थान लेगी।
- यह योजना फसल बीमा के क्षेत्र में 'एक देश-एक योजना' के आधार पर लागू की जाएगी।
- PMFBY के चार प्रमुख उद्देश्य हैं
  (i) प्राकृतिक आपदाओं, कीटों एवं बीमारियों के परिणामस्वरूप फसलों की क्षति की स्थिति में किसानों को वित्तीय सहयोग एवं बीमा प्रदान करना।
  (ii) किसानों की कृषि में निरन्तरता सुनिश्चित करने हेतु उनकी आय में स्थायित्व लाना।
  (iii) किसानों का उन्नत एवं आधुनिक कृषि विधियों को अपनाने हेतु प्रेरित करना।
  (iv) कृषि क्षेत्र में साख प्रवाह को सुनिश्चित करना।

प्रधानमन्त्री फसल बीमा योजना के अन्तर्गत किसानों द्वारा देय प्रीमियम राशि

फसल	प्रीमियम राशि (बीमित राशि या अनुमानित भावी क्षति जो दोनों में कम हो, का प्रतिशत)
खरीफ	2.0%
रबी	1.5%
वार्षिक वाणिज्यिक एवं बागवानी फसलें	5%

- इस योजना के माध्यम से बीमित किसान यदि प्राकृतिक आपदा के कारण बुआई नहीं कर पाता है, तो उसे दावा राशि प्राप्त होगी।
- इस योजना के अन्तर्गत फसल कटने के बाद की क्षति (Post-harvest Losses) को भी शामिल किया जाएगा।
- फसल कटने के बाद अधिकतम 14 दिन की अवधि तक फसल खेत में रहने की स्थिति में किसी विशिष्ट आपदा द्वारा हुई क्षति पर किसानों को दावा राशि प्रदान की जाएगी।

इस योजना का क्रियान्वय कृषि एवं किसान कल्याण मन्त्रालय के कृषि, सहकारिता एवं किसान कल्याण विभाग एवं सम्बन्धित राज्य की सम्बन्धित एजेन्सियों के निर्देशन एवं नियन्त्रण में चयनित बीमा कम्पनियों द्वारा मल्टी-एजेन्सी ढाँचे के माध्यम से किया जाएगा।

मध्य प्रदेश : प्रमुख योजनाएँ

Madhya Pradesh : Main Plans

मुख्यमन्त्री लाड़ली बहना आवास योजना

प्रदेश में मध्यम वर्गीय महिलाओं को आवास उपलब्ध कराने के उद्देश्य से राज्य सरकार द्वारा इसी योजना की शुरुआत सितम्बर, 2023 में की गई। इसके अन्तर्गत राज्य की सभी महिलाओं को ₹ 1,20,000 की राशि उनके बैंक खातों में प्रदान की जाएगी। यह राशि दो किस्तों में प्रदान की जाएगी, जिसमें पहली किस्त ₹ 25 हजार व दूसरी किस्त ₹ 50 हजार की राशि प्रदान की जाएगी।

लाड़ली लक्ष्मी योजना

प्रदेश में बालिकाओं के शैक्षणिक तथा स्वास्थ्य की स्थिति में सुधार लाने, अच्छे भविष्य की आधारशिला रखने, बालिका भ्रूण हत्या रोकने और बालिकाओं के जन्म के प्रति जनता में सकारात्मक सोच लाने एवं बाल विवाह रोकने के उद्देश्य से लाड़ली लक्ष्मी योजना आरम्भ की गई है। योजना 1 जनवरी, 2006 के उपरान्त जन्मी बालिकाओं के लिए है। योजना के प्रमुख लाभ निम्न हैं

- हितग्राही के नाम पर लगातार 5 वर्षों तक ₹ 6000 के राष्ट्रीय बचत-पत्र क्रय किए जाएँगे।
- बालिका के कक्षा 6ठी में प्रवेश लेने पर ₹ 2000, कक्षा 9वीं में प्रवेश लेने पर ₹ 4000 तथा कक्षा 11वीं में प्रवेश लेने पर ₹ 7500 का एक मुश्त भुगतान किया जाएगा।
- कक्षा 11वीं में प्रवेश लेने के पश्चात् आगामी 2 वर्ष तक ₹ 200 प्रतिमाह का भुगतान बालिका को किया जाएगा।
- बालिका की आयु 21 वर्ष होने पर तथा कक्षा 12वीं परीक्षा में सम्मिलित होने पर शेष एक मुश्त राशि का भुगतान किया जाएगा, किन्तु शर्त यह होगी कि बालिका का विवाह 18 वर्ष की आयु के पश्चात् हुआ हो।
- योजना के मध्य अर्थात् 21 वर्ष की आयु पूर्ण होने से पूर्व बालिका के आवेदन पर उस दिनांक तक देय राशि का समय पूर्व भुगतान किया जाएगा, शर्त यह होगी कि बालिका की आयु 18 वर्ष की हो, कक्षा 12वीं की परीक्षा में सम्मिलित हो एवं 18 वर्ष उपरान्त उसका विवाह हुआ हो।
- योजना का लाभ लेने के लिए क्षेत्र की आँगनवाड़ी कार्यकर्ता, सेक्टर पर्यवेक्षक, बाल विकास परियोजना अधिकारी एवं जिला महिला एवं बाल विकास अधिकारी से सम्पर्क किया जा सकता है।

निःशुल्क साइकिल वितरण योजना

इस योजना का मुख्य उद्देश्य बालिकाओं को प्राइमरी स्तर से आगे शिक्षा के लिए प्रोत्साहित करना है। इस योजना में सभी वर्गों की ऐसी बालिकाओं को मुफ्त साइकिल दी जाती है, जिन्होंने किसी दूसरे गाँव के स्कूल में कक्षा 9 में

प्रवेश लिया हो। यह योजना राज्य सरकार द्वारा चलाई जा रही है। अभी तक 16.50 लाख साइकिलें इस योजना के तहत वितरित हो चुकी हैं।

खेत-तालाब योजना

इस योजना का मुख्य उद्देश्य कृषि विकास के लिए सतही एवं भूमिगत जल की उपलब्धता सुनिश्चित करना है। सभी वर्गों के किसानों को यह योजना लाभ पहुँचाती है। राज्य सरकार की तरफ से 50% सब्सिडी दी जाती है। योजना के तहत किसान अपनी जमीन पर तालाब बनवाकर वर्षा जल का संचय करते हैं। जिससे भूमिगत एवं सतही जल की उपलब्धता बनी रहती है। अभी तक प्रदेश में एक लाख तालाब इस योजना के तहत बनाए जा चुके हैं।

बलराम ताल योजना

इस योजना का मुख्य उद्देश्य वर्षा जल का कृषि कार्यों हेतु संचय करना है। इस योजना में बलराम ताल बनवाने हेतु सरकार द्वारा कुल लागत का 25% या अधिकतम ₹ 50 हजार तक सब्सिडी दी जाती है। इस योजना का लाभ 25 मई, 2007 के बाद नामांकन कराने वाले किसानों को दिया जाता है। एक बलराम ताल के द्वारा 50 हेक्टेयर भूमि पर सिंचाई की जा सकती है। अभी तक प्रदेश में 7158 बलराम तालों का निर्माण हो चुका है।

कपिलधारा योजना

इस योजना का उद्देश्य किसानों की आजीविका में सुधार लाना तथा कृषि उत्पादन में स्थिरता लाना है। इस योजना के लाभार्थी परिवारों को सिंचाई की सुविधा प्रदान की जाती है। इस योजना में सिंचाई सुविधा के लिए नए कुएँ, तालाबों की खुदाई, चेक डैम, आदि का निर्माण किया जाता है। इस योजना के फलस्वरूप किसानों के कृषि उत्पादन की अनिश्चितता एक हद तक समाप्त हो जाती है।

गाँव की बेटी योजना

इस योजना का मुख्य उद्देश्य ग्रामीण प्रतिभाशाली लड़कियों को उच्च शिक्षा के लिए प्रेरित कर सहायता करना है। इस योजना के तहत 12वीं कक्षा को प्रथम श्रेणी से पास करने वाली ग्रामीण लड़कियों को 10 महीने तक ₹ 500 प्रति महीने दिए जाते हैं। अभी तक ₹ 60 हजार ग्रामीण लड़कियाँ इस योजना से लाभान्वित हो चुकी हैं। इस योजना से लड़कियों को आगे अध्ययन करने में मदद मिलती है।

प्रतिभा किरण योजना

इस योजना का उद्देश्य ऐसे शहरी बीपीएल परिवारों की बालिकाओं के शैक्षिक स्तर में सुधार लाना है, जिन्होंने कक्षा 12वीं प्रथम श्रेणी में पास करने के बाद उसी वर्ष उच्च कक्षा में प्रवेश ले लिया है।

इस योजना में पात्र बालिका को दस महीनों के लिए ₹ 300 प्रति माह तथा तकनीकी पाठ्यक्रम में प्रवेश लेने पर ₹ 750 प्रति माह प्रोत्साहन राशि के रूप में दिए जाते हैं। अब तक इस योजना से 3224 शहरी लड़कियाँ लाभ प्राप्त कर चुकी हैं।

विक्रमादित्य निःशुल्क शिक्षा योजना

इस योजना का उद्देश्य सामान्य वर्ग के गरीब परिवारों के छात्रों को उच्च शिक्षा बिना लागत के प्राप्त करने में मदद करना है। इस योजना का लाभ ऐसे बीपीएल परिवार के छात्रों को दिया जाता है, जिन्होंने कक्षा 12वीं कम-से-कम 60% अंकों से पास की हो तथा उनके पालकों की वार्षिक आय ₹ 42 हजार से कम हो। इस योजना से अभी तक 5433 छात्र लाभ प्राप्त कर चुके हैं।

दीनदयाल अन्त्योदय उपचार योजना

इस योजना की शुरुआत सितम्बर, 2004 में सभी श्रेणी के बीपीएल परिवारों से सम्बन्धित रोगियों के लिए चिकित्सा उपचार उपलब्ध कराने के उद्देश्य से की गई। इस योजना में एक वित्तीय वर्ष में एक परिवार को ₹ 20 हजार मूल्य तक की चिकित्सा जाँच और उपचार की सुविधा प्रदान की जाती है। प्रत्येक लाभार्थी परिवार को एक व्यवसाय कार्ड दिया जाता है, जिसमें परिवार एवं रोगी का विवरण दर्ज होता है। अभी तक प्रदेश में इस योजना से लाभ लेने वाले लाभार्थियों की संख्या 97220 है।

बीमारी सहायता योजना

इस योजना के तहत एक बीपीएल परिवार से सम्बन्धित रोगी को ₹ 1.50 लाख तक की निःशुल्क चिकित्सा सुविधां उपलब्ध कराई जाती है। इस योजना में ₹ 25 हजार से लेकर ₹ 75 हजार तक की सहायता राशि प्रभारी मन्त्री एवं कलेक्टर के द्वारा तथा ₹ 75 हजार से लेकर ₹ 1.50 लाख तक की राशि स्वास्थ्य मन्त्री द्वारा मंजूर की जाती है। इस योजना से गरीबों को बड़ी राहत मिली है।

दीनदयाल चालित अस्पताल योजना

इस योजना की शुरुआत जून 2006 में, राज्य के दूरदराज के क्षेत्रों में बेहतर चिकित्सा सुविधा उपलब्ध कराने हेतु की गई। इस योजना के तहत एक मोबाइल वैन जो एक डॉक्टर, स्टाफ एवं आवश्यक चिकित्सा उपकरणों से युक्त रहती है, आदिवासी बहुल गाँवों में रोगियों को चिकित्सा उपचार प्रदान करती है।

मुख्यमन्त्री कन्यादान योजना

योजना का उद्देश्य गरीब, जरूरतमन्द, निराश्रित परिवारों को अपनी बेटियों, विधवाओं या तलाकशुदा के विवाह के लिए वित्तीय मदद उपलब्ध कराना है। यह वित्तीय मदद सामूहिक विवाह समारोह द्वारा विवाह की सही उम्र में लड़की का विवाह करने पर दी जाती है। वित्तीय मदद के तहत ₹ 10 हजार दिए जाते हैं, जिसमें से ₹ 9 हजार घर के सामान खरीदने के लिए दिए जाते हैं। इस योजना में सभी धर्मों के विवाह एक ही सामूहिक विवाह समारोह में सम्पन्न कराए जाते हैं, जोकि साम्प्रदायिक सौहार्द को भी बढ़ावा देता है

मुख्यमन्त्री मजदूर सुरक्षा योजना

इस योजना का उद्देश्य कृषि मजदूरों के जीवन स्तर में सुधार लाना तथा उन्हें जरूरत और संकट के समय सुरक्षा प्रदान करना है। इस योजना का लाभ 18 से 60 वर्ष तक के कृषि मजदूरों को दिया जाता है। इस योजना में मजदूर परिवार की गर्भवती महिला को प्रसव खर्च के साथ-साथ 6 मजदूरी सप्ताह भी दिए जाते हैं, तथा गर्भवती महिला के पति को 2 सप्ताह का पितृत्व अवकाश दिया जाता है। मजदूरों के बच्चों को कक्षा एक से स्नातकोत्तर तक की शिक्षा के लिए छात्रवृत्ति दी जाती है।

मुख्यमन्त्री पिछड़ा वर्ग स्वरोजगार योजना

यह योजना वर्ष 2008-09 में पिछड़ा वर्ग एवं अल्पसंख्यक कल्याण विभाग ने इन वर्गों को कृषि, औद्योगिक और सेवा क्षेत्र में स्वरोजगार उपलब्ध कराने के लिए की। इस योजना में इन वर्गों द्वारा स्वरोजगार स्थापना हेतु ₹ 25 लाख तक की वित्तीय मदद दी जाती है।

मुख्यमन्त्री अन्नपूर्णा योजना

इस योजना का उद्देश्य बीपीएल परिवारों को उचित मूल्य पर खाद्यान्न उपलब्ध करवाना है। इस योजना में नीले राशन कार्ड धारकों को उचित मूल्य की दुकान से

प्रति परिवार 20 किग्रा खाद्यान्न प्रति माह दिया जाता है। ऐसे कार्ड धारकों को गेहूँ ₹ 3 प्रति किलो तथा चावल ₹ 4.50 प्रति किग्रा दिए जाते हैं। वर्तमान में राज्य सरकार द्वारा 65 लाख परिवारों को इसका लाभ दिया जा रहा है।

मुख्यमन्त्री आवास योजना

यह योजना राज्य के बेघर परिवारों को आवास उपलब्ध कराने के उद्देश्य से वर्ष 2007 में शुरू की गई थी। यह योजना उन लोगों के लिए है, जो इन्दिरा आवास योजना के दायरे में नहीं आते हैं।

मुख्यमन्त्री पेयजल योजना

मुख्यमन्त्री पेयजल योजना का उद्देश्य 500 से अधिक और 1000 से कम आबादी वाले ऐसे गाँवों को पेयजल सुविधा उपलब्ध कराना है, जो किसी भी पीने के पानी के स्रोत से रहित हैं। इस योजना के तहत अभी तक 1500 गाँवों में ₹ 5 करोड़ की लागत से 1200 पीने के पानी के स्रोतों का विकास किया गया है। यह योजना राज्य के सभी 50 जिलों में क्रियान्वित है।

मुख्यमन्त्री ग्राम सड़क योजना

यह योजना वर्ष 2010-11 में शुरू की गई है। इस योजना का मुख्य उद्देश्य सामान्य श्रेणी के 500 से कम आबादी वाले गाँवों और आदिवासी बाहुल्य 250 से कम आबादी वाले गाँवों को सड़क मार्ग से जोड़ना है। इस योजना का लक्ष्य वर्ष 2013 तक सभी गाँवों को हर मौसम में परिवहन योग्य सड़कों से जोड़ना है। यह योजना ऐसे गाँवों के लिए शुरू की गई है, जो प्रधानमन्त्री ग्राम सड़क योजना में शामिल नहीं हैं।

अटल बाल आरोग्य एवं पोषण मिशन

इस मिशन की शुरुआत 24 दिसम्बर, 2010 को बच्चों में कुपोषण की समस्या से निपटने हेतु की गई है। इसका उद्देश्य वर्ष 2015 तक 5 वर्ष से कम आयु के बच्चों की मृत्यु दर 94.2 से घटाकर 60 प्रति हजार जीवित बच्चे करना है।

इसके अतिरिक्त वर्ष 2015 तक 5 वर्ष से कम आयु के बच्चों में गम्भीर कुपोषण की दर को 12.6% से 5% तक लाना तथा वर्ष 2020 तक इसको नगण्य करना है।

राम रोटी योजना

प्रदेश के शहरी गरीबों को भरपेट भोजन उपलब्ध कराने के लिए 25 सितम्बर, 2010 को राम रोटी योजना की शुरुआत की गई। यह योजना इन्दौर, भोपाल, जबलपुर एवं ग्वालियर में चलाई जा रही है। नगर निगम द्वारा इस योजना के तहत गरीबों को मात्र पाँच रुपए में भरपेट भोजन उपलब्ध कराया जाएगा।

श्यामा प्रसाद मुखर्जी छात्रवृत्ति योजना

इस योजना की शुरुआत 21 सितम्बर, 2010 को की गई। इस योजना में 12वीं कक्षा की परीक्षा में 80% से अधिक अंक पाने वाले सभी वर्गों के विद्यार्थियों को छात्रवृत्ति प्रदान की जाएगी। इसके तहत कृषि संकाय में प्रथम 500, विज्ञान में प्रथम 2500, वाणिज्य में प्रथम 1000 तथा कला संकाय में प्रथम 1000 तक स्थान पाने वाले 80% से अधिक अंक प्राप्त करने वाले विद्यार्थियों को उच्च शिक्षा के लिए प्रोत्साहित करने हेतु छात्रवृत्ति प्रदान की जाएगी। यह छात्रवृत्ति उन विद्यार्थियों को मिलेगी, जिनके माता-पिता की वार्षिक आय तीन लाख रुपए से कम होगी।

एकलव्य शिक्षा विकास योजना

इस योजना की शुरुआत 15 नवम्बर, 2010 को तेन्दूपत्ता व्यवसाय से जुड़े परिवारों के बच्चों को बेहतर शिक्षा प्रदान करने हेतु की गई है। इस योजना का लाभ प्रदेश के तेन्दूपत्ता संग्राहकों, फड़मुन्शियों एवं प्राथमिक वनोपज समितियों के प्रबन्धकों के बच्चों को प्राप्त हो सकेगा। इस योजना के अन्तर्गत लाभ उन्हीं विद्यार्थियों को दिया जाएगा, जिन्होंने पिछले शिक्षा सत्र में कम-से-कम 60% अंक या समकक्ष ग्रेड अर्जित किया हो।

इस योजना में कक्षा 9वीं एवं 10वीं के छात्रों को ₹ 12 हजार तथा कक्षा 11वीं एवं 12वीं के छात्रों को ₹ 15 हजार, गैर तकनीकी स्नातक छात्रों को ₹ 20 हजार तथा व्यावसायिक कोर्स के छात्रों को ₹ 15 हजार वार्षिक छात्रवृत्ति प्रदान की जाएगी।

खुशबू परियोजना

इस परियोजना की शुरुआत प्रदेश की केन्द्रीय जेल में कैदियों के सामाजिक पुनर्वास और उनके व्यक्तित्व सुधार के लिए की गई है। इस परियोजना का उद्देश्य सरल और व्यावहारिक मनोवैज्ञानिक तरीकों से कैदियों की आपराधिक प्रवृत्ति को बदलना है। इसके तहत धार्मिक साहित्य, महापुरुषों की जीवनियाँ आदि प्रेरणादायी माध्यमों के द्वारा कैदियों के दृष्टिकोण में परिवर्तन किया जाता है। इस परियोजना में कैदी का चयन उसके स्वास्थ्य, रुचि, अभिव्यक्ति तथा इसके दृष्टिकोण के परीक्षण के आधार पर किया जाता है।

माता की रसोई योजना

ग्रामीण क्षेत्रों के बेसहारा, गरीब लोगों के लिए जो अपने भोजन का प्रबन्ध नहीं कर सकते हैं। ऐसे लोगों को सामाजिक सुरक्षा प्रदान करने के उद्देश्य से माता की रसोई योजना का प्रारम्भ शहडोल जिले के कुदराटोला गाँव ने प्रारम्भ कर एक उदाहरण प्रस्तुत किया है।

मुख्यमन्त्री निकाह योजना

मुस्लिम कन्याओं के विवाह कराने के लिए मुख्यमन्त्री कन्यादान योजना की तरह ही मुस्लिम समुदाय के लिए मुख्यमन्त्री निकाह योजना का शुभारम्भ किया गया है।

जंगल सराय परियोजना

यह योजना वनक्षेत्र से प्रकृति प्रेमियों को जोड़ने के उद्देश्य को लेकर 1 नवम्बर, 2011 से मध्य प्रदेश ईको पर्यटन विकास बोर्ड द्वारा शुरू की गई है। मध्य प्रदेश इस योजना को प्रारम्भ करने वाला देश का पहला राज्य है।

पंच परमेश्वर योजना

गाँव की आधारभूत संरचना तथा बुनियादी सुविधाओं का तेजी से और अधिक प्रभावी ढंग से विकास करने के उद्देश्य को लेकर 10 फरवरी, 2012 को इस योजना का शुभारम्भ किया गया है। यह योजना पंचायत एवं ग्रामीण विकास विभाग द्वारा संचालित की जा रही है।

प्रैक्टिस जोन

1. महात्मा गाँधी राष्ट्रीय ग्रामीण रोजगार गारण्टी योजना बनाने, सम्पादन करने और क्रियान्वयन की जिम्मेदारी निम्न में से किसकी है?

(a) ग्राम सभा (b) ग्राम पंचायत
(c) राज्य सरकार (d) जिला ग्रामीण विकास अभिकरण

2. सुमेलित कीजिए।

सूची I (योजना)	सूची II (वर्ष)
A. सामुदायिक विकास योजना	1. 1957
B. ग्रामीण जनशक्ति कार्यक्रम	2. 1970
C. बालवाड़ी पोषाहार कार्यक्रम	3. 1952
D. ग्रामीण आवासीय योजना	4. 1960

कूट

	A	B	C	D		A	B	C	D
(a)	3	4	2	1	(b)	3	2	1	4
(c)	1	2	3	4	(d)	4	1	2	3

3. सुमेलित कीजिए।

सूची I (योजना)	सूची II (वर्ष)
A. महिला स्वशक्ति योजना	1. 1997
B. स्वास्थ्य सखी योजना	2. 1996
C. ग्रामीण महिला विकास योजना	3. 1998
D. बालिका समृद्धि योजना	4. 1997

कूट

	A	B	C	D		A	B	C	D
(a)	3	4	2	1	(b)	3	2	1	4
(c)	1	2	3	4	(d)	4	1	2	3

4. सुमेलित कीजिए।

सूची I (योजना)	सूची II (वर्ष)
A. अन्त्योदय योजना	1. 1999
B. अन्नपूर्णा योजना	2. 1995
C. मध्याह्न भोजन योजना	3. 1993
D. महिला समृद्धि योजना	4. 1977

कूट

	A	B	C	D		A	B	C	D
(a)	3	4	2	1	(b)	3	2	1	4
(c)	1	2	3	4	(d)	4	1	2	3

5. स्वावलम्बन योजना निम्नलिखित में से किस उद्देश्य की पूर्ति करती है?

(a) ग्रामीण महिलाओं को रोजगार
(b) शहरी महिलाओं को रोजगार
(c) विकलांग व्यक्तियों को रोजगार
(d) महिलाओं को प्रशिक्षण एवं कौशल प्रदान करना

6. 'अपना गाँव अपना काम' योजना का उद्देश्य है

(a) स्वच्छ जल प्रदान करना तथा गाँव में उसका प्रबन्धन करना
(b) गाँव में प्रत्येक के लिए रोजगार उत्पन्न कर गरीबी दूर करना
(c) गाँव में स्वास्थ्य तथा परिवार नियोजन के सम्बन्ध में जागरूकता उत्पन्न करना
(d) गाँव में प्रत्येक को साक्षर बनाना

7. 'DWCRA' योजना सम्बन्धित है

(a) गरीबी रेखा के नीचे रहने वाली महिला सदस्यों को ऊपर उठाना
(b) गरीबी रेखा के नीचे रहने वाले बच्चों को ऊपर उठाना
(c) प्राथमिक पाठशालाओं में बच्चों को खाना उपलब्ध कराना
(d) पाठशालाओं में बच्चों के ठहराव के लिए निःशुल्क गेहूँ का वितरण

8. निर्मल ग्राम पुरस्कार योजना का उद्देश्य है

(a) शौच स्वच्छता
(b) तालाब एवं अन्य जल संकुल की स्वच्छता
(c) पीने के लिए स्वच्छ जल व्यवस्था
(d) पर्यावरण स्वच्छता

9. संगम योजना का उद्देश्य है

(a) शुद्ध पीने के पानी की व्यवस्था (b) नदियों की सफाई की व्यवस्था
(c) साम्प्रदायिक सद्भाव को बढ़ावा (d) विकलांगों की सहायता

10. जवाहर रोजगार योजना के विषय में निम्नलिखित में से क्या सही है?

(a) यह इन्दिरा गाँधी के प्रधानमन्त्रित्व काल में आरम्भ की गई थी
(b) इसका लक्ष्य प्रतिवर्ष दस लाख लोगों के लिए रोजगार उपलब्ध कराना है
(c) जवाहर रोजगार योजना का लक्ष्य समूह गरीबी रेखा के नीचे रहने वाले नगर निवासी हैं
(d) इस योजना के अधीन जनित रोजगार का 30% स्त्रियों के लिए आरक्षित है

11. राष्ट्रीय ग्रामीण रोजगार गारण्टी कार्यक्रम अन्य रोजगार कार्यक्रमों से अलग है, क्योंकि

(a) यह शहरी क्षेत्रों में भी लागू होता है
(b) एक वित्तीय वर्ष में इसमें 200 दिन के रोजगार की गारण्टी है
(c) रोजगार के आवेदन से एक महीने में रोजगार देना होता है
(d) यह रोजगार की एक योजना न होकर कानूनी व्यवस्था है

12. रोजगार गारण्टी योजना ग्रामीण क्षेत्रों में रोजगार प्रत्याभूत करने के लिए वित्तीय सहायता देने का विचार करती है

(a) ग्रामीण क्षेत्रों में काम ढूँढने वाले पुरुषों और स्त्रियों में से कम-से-कम 50% को
(b) ग्रामीण क्षेत्रों में काम ढूँढने वाले पुरुषों में से कन-से-कम 50% को
(c) गरीबी रेखा के नीचे रहने वाले ग्रामीण परिवार के कम-से-कम एक पुरुष और एक महिला को
(d) गरीबी रेखा के नीचे रहने वाले ग्रामीण भूमिहीन परिवार के कम-से-कम, एक व्यक्ति को

13. जवाहर रोजगार योजना का उद्देश्य है

(a) ग्रामीण क्षेत्रों के युवाओं को रोजगार उपलब्ध कराना
(b) बेरोजगार युवकों को रोजगार उपलब्ध कराना
(c) ग्रामीण सामाजिक और आर्थिक ढाँचे को सुदृढ़ करना
(d) उपरोक्त सभी

14. 'प्रधानमन्त्री ग्रामोदय योजना' (PMGY) को प्रारम्भ करने का मुख्य उद्देश्य निम्नलिखित में से क्या उपलब्ध करना है?

(a) मूलभूत ग्रामीण आवश्यकताएँ (b) केवल ग्रामीण सड़कें
(c) केवल पीने का पानी (d) कृषि आधारित औद्योगिक विकास

15. स्वर्ण जयन्ती ग्राम स्वरोजगार योजना (SGSY)
1. के अन्तर्गत उस समय मौजूद छः कार्यक्रमों की समाप्ति हो गई।
2. समूह रीति अपनाने पर बल देती है।
3. चयनित स्वरोजगारों के हुनर की उन्नति करने का प्रयास करती है।
4. ग्रामीण युवकों को गरीबी की रेखा से ऊपर खींचने पर संकेन्द्रित है।

निम्नलिखित कूट के आधार पर सही विकल्प का चयन करें।
(a) 1 और 2 (b) 1, 2 और 3 (c) 2, 3 और 4 (d) ये सभी

16. प्रधानमन्त्री ग्राम सड़क योजना है
(a) ग्रामों के सड़क सम्पर्क में वृद्धि तथा निर्धनों में सर्वाधिक निर्धनों को सस्ती दरों पर खाद्यान्न उपलब्ध कराना
(b) अनाधिकृत व्यक्तियों द्वारा बिजली का दुरुपयोग रोकने हेतु क्षेत्र में गश्त की व्यवस्था कराना
(c) पुलिस को अपराधों की वृद्धि पर नियन्त्रण पाने हेतु घटनास्थल पर तेजी से पहुँचाना
(d) उन गाँवों में, जो सड़क से भली-भाँति सम्बद्ध नहीं हैं, सामुदायिक जीवन का विकास करने हेतु

17. सुमेलित कीजिए।

	सूची I		सूची II
A.	कृषि श्रमिक सामाजिक सुरक्षा योजना	1.	2000
B.	स्वर्णजयन्ती ग्राम स्वरोजगार योजना	2.	2006
C.	रोजगार गारण्टी योजना	3.	1999
D.	प्रधानमन्त्री ग्रामोदय योजना	4.	2001

कूट

	A	B	C	D		A	B	C	D
(a)	1	3	4	2	(b)	3	2	1	4
(c)	3	4	2	1	(d)	4	3	2	1

18. नरेगा (NREGA) के सम्बन्ध में जो असत्य है, उस पर चिह्न लगाइए।
(a) इस कानून में अनुमोदित कार्यों के प्रकार का उल्लेख है
(b) सरकार के अन्य कार्यक्रमों की भाँति इस कार्यक्रम में भी पारदर्शिता एवं जवाबदेही सम्भव नहीं है
(c) इस कानून में व्यक्तिगत कार्यों का भी विशेष वर्णन है यदि वे गरीबी रेखा से नीचे अनुसूचित जाति एवं जनजाति से सम्बन्धित हैं
(d) इस कानून की एक महत्त्वपूर्ण विशेषता एक वर्ष में 274 दिनों के रोजगार की गारण्टी है

19. राष्ट्रीय ग्रामीण रोजगार गारण्टी अधिनियम (नरेगा) नहीं करता है
(a) समावेशी समावृष्टि प्रोत्साहन
(b) प्रत्येक ग्रामीण परिवार के हर एक वयस्क को एक वर्ष में 100 दिन रोजगार की गारण्टी
(c) ग्रामीण परिवारों की जीविकोपार्जन की सुरक्षा में वृद्धि
(d) मजदूरी रोजगार गारण्टी

20. सार्वजनिक वितरण प्रणाली को बनाए रखने और सुरक्षित भण्डार के निर्माण के लिए जिन कीमतों पर सरकार खाद्यान्न खरीदती है, वे
(a) न्यूनतम समर्थन कीमतों के नाम से जानी जाती हैं
(b) वसूली कीमतों के नाम से जानी जाती हैं
(c) निर्गम कीमतों के नाम से जानी जाती हैं
(d) उच्चतम (सीलिंग) कीमतों के नाम से जानी जाती हैं

21. स्वर्ण जयन्ती शहरी रोजगार योजना का जो 1-12-1997 से लागू हुई, उद्देश्य शहरी बेरोजगारी अथवा अल्प रोजगार गरीबों को लाभकारी रोजगार उपलब्ध कराना है, किन्तु इसमें शामिल नहीं है
(a) नेहरू रोजगार योजना
(b) शहरी बुनियादी सेवा कार्यक्रम
(c) प्रधानमन्त्री समेकित शहरी गरीबी उन्मूलन कार्यक्रम
(d) प्रधानमन्त्री रोजगार योजना

22. सामुदायिक विकास कार्यक्रम (जिसे 2 अक्टूबर, 1952 में प्रारम्भ किया गया) ने रास्ता तैयार किया
(a) आर्थिक योजना के संगठन का
(b) पंचायतीराज के संगठन का
(c) अनुसूचित जाति एवं जनजाति के विकास का
(d) बालिका शिशु के संरक्षण का

23. राजीव आवास योजना का मुख्य उद्देश्य है
(a) गरीबी की रेखा के नीचे के परिवारों को निःशुल्क मकान प्रदान करना
(b) अनुसूचित जाति व जनजाति के परिवारों को निःशुल्क आवास प्रदान करना
(c) ग्रामीण क्षेत्रों में मकान बनाने के लिए ब्याज मुफ्त ऋण प्रदान करना
(d) भारत को कच्ची बस्ती मुक्त करना

24. आम भारतीय बीमा योजना सामाजिक सुरक्षा प्रदान करती है
(a) ग्रामीण क्षेत्र के सभी श्रमिकों को
(b) ग्रामीण क्षेत्र में निर्धनता की रेखा से नीचे रहने वाले सभी भूमिहीन श्रमिकों को
(c) शहरी क्षेत्र के सभी श्रमिकों को
(d) ग्रामीण व शहरी दोनों क्षेत्रों के सभी श्रमिकों को

25. निम्न में कौन-सा एक 'राष्ट्रीय ग्रामीण स्वास्थ्य मिशन' के सम्बन्ध में सही नहीं है?
(a) यह कार्यक्रम ग्यारहवीं पंचवर्षीय योजना में आरम्भ किया गया
(b) ग्राम स्तर से जिला स्तर तक प्रकार्यात्मक स्वास्थ्य पद्धति इस कार्यक्रम का केन्द्रबिन्दु है
(c) पीने का पानी तथा सफाई इस कार्यक्रम के मुख्य घटक हैं
(d) राज्यों में स्वास्थ्य तथा परिवार कल्याण विभागों का इस कार्यक्रम में विलय कर लिया गया है

26. कापार्ट का सम्बन्ध है
(a) कम्प्यूटर हार्डवेयर से
(b) निर्यात वृद्धि हेतु परामर्शी सेवा से
(c) बड़े उद्योगों में प्रदूषण के नियन्त्रण से
(d) ग्रामीण कल्याण कार्यक्रमों की सहायता व मूल्यांकन से

27. राष्ट्रीय सामाजिक सहायता प्रोग्राम का उद्देश्य है
(a) गरीबों हेतु बीमा
(b) अति गरीबों हेतु वृद्धावस्था पेन्शन
(c) अनुसूचित जाति एवं जनजाति हेतु वित्तीय सहायता
(d) उपरोक्त सभी

28. 'न्यूनतम आवश्यकता कार्यक्रम' की संकल्पना निम्नलिखित में से किस एक की पर्यायवाची है?
(a) अन्त्योदय दृष्टिकोण
(b) भूख से मुक्ति दृष्टिकोण
(c) मानव में विनियोजन दृष्टिकोण
(d) अधोसंरचना-विकास दृष्टिकोण

29. निम्नलिखित में से कौन-सा युग्म सुमेलित नहीं है?

	कार्यक्रम	प्रारम्भ का वर्ष
(a)	ट्राइसेम	अगस्त, 1979
(b)	एन आर ई पी	अक्टूबर, 1980
(c)	जे आर वाई	अप्रैल, 1995
(d)	एस जी एस वाई	अप्रैल, 1999

30. समेकित ग्रामीण विकास कार्यक्रम (आई आर डी पी) का प्रमुख लक्ष्य है
(a) छोटे एवं सीमान्त कृषकों को आर्थिक सहायता प्रदान करना
(b) ग्रामीण क्षेत्रों में चयनित परिवारों को गरीबी की रेखा को पार करने में समर्थ बनाना
(c) कृषि श्रमिकों को आर्थिक सहायता प्रदान करना
(d) ग्रामीण क्षेत्र की अर्थव्यवस्था का विकास करना

31. प्राथमिक शिक्षा कोष (पी एस के) की स्थापना वर्ष 2005 में निम्न में से किस प्राप्ति हेतु की गई थी?
(a) जनता तथा गैर-सरकारी संस्थाओं से प्राप्त दान हेतु
(b) ग्राम सभाओं द्वारा जनित आय हेतु जिसका प्रयोग प्राथमिक शिक्षा के विकास के लिए किया जाए
(c) केन्द्र सरकार द्वारा लगाए गए शिक्षा उपकर हेतु
(d) प्राथमिक शिक्षा के विकास के लिए विश्व बैंक से प्राप्त अंशदान हेतु

32. सर्व शिक्षा अभियान निम्नलिखित में से किस आयु वर्ग के लिए है?
(a) 3-10 आयु वर्ग के सभी बच्चे (b) 4-8 आयु वर्ग के सभी बच्चे
(c) 5-15 आयु वर्ग के सभी बच्चे (d) 6-14 आयु वर्ग के सभी बच्चे

33. विजन 2020 है
(a) एशियान का एक कार्यक्रम किसी एक क्षेत्र में शान्तिपूर्ण समग्र विकास का
(b) संयुक्त राष्ट्र संघ का विश्व की जनसंख्या नियन्त्रण का एक कार्यक्रम
(c) पाकिस्तान का एक कार्यक्रम इसके जीवन-स्तर को ऊँचा करने का
(d) भारत सरकार का एक कार्यक्रम सभी क्षेत्रों में पूर्ण आत्मनिर्भरता प्राप्त करने का

34. रूडसेट संस्थान के प्रारम्भ करने का उद्देश्य है
(a) ग्रामीण विकास के लिए बैंकों द्वारा ऋणों का विस्तार करना
(b) ग्रामीण क्षेत्रों में सीमेण्ट की सड़कों का निर्माण करना
(c) बेरोजगार ग्रामीण युवकों को स्वयं का उद्यम लगाने के लिए दक्षता एवं उद्यमिता प्रशिक्षण देना
(d) सेवा क्षेत्र में अवसर उत्पन्न करना

35. निम्नलिखित में से किस वर्ष में असंगठित क्रमिक सामाजिक सुरक्षा अधिनियम पारित हुआ?
(a) 2004 में (b) 2006 में (c) 2008 में (d) 2010 में

36. मध्य प्रदेश की 11वीं पंचवर्षीय योजना में लक्षित विकास दर कितनी थी?
(a) 7.6% (b) 8.6% (c) 9.6% (d) 10.6%

37. मध्य प्रदेश की 12वीं पंचवर्षीय योजना का अनुमोदित परिव्यय कितना निर्धारित किया गया है?
(a) ₹ 101862 करोड़ (b) ₹ 201862 करोड़
(c) ₹ 69788 करोड़ (d) ₹ 85698 करोड़

38. राज्य की 12वीं पंचवर्षीय योजना में सर्वाधिक परिव्यय किस क्षेत्र को आवण्टित किया गया है?
(a) सामाजिक सेवाएँ (b) सामान्य सेवाएँ
(c) ऊर्जा (d) परिवहन

39. राज्य की 12वीं पंचवर्षीय योजना में न्यून्तम परिव्यय किस क्षेत्र को आवण्टित किया गया है?
(a) सामाजिक सेवाएँ (b) सामान्य सेवाएँ
(c) ऊर्जा (d) विज्ञान प्रौद्योगिकी एवं पर्यावरण

40. मध्य प्रदेश योजना आयोग का गठन कब किया गया था?
(a) वर्ष 1972 (b) वर्ष 1976
(c) वर्ष 1978 (d) वर्ष 1980

41. मध्य प्रदेश सरकार ने लाडली लक्ष्मी योजना की शुरुआत कब की थी?
(a) 7 जनवरी, 2006 (b) 1 फरवरी, 2006
(c) 1 मार्च, 2006 (d) 1 मई, 2006

42. जननी सुरक्षा योजना कब प्रारम्भ की गई थी?
(a) वर्ष 2005 (b) वर्ष 2006
(c) वर्ष 2008 (d) वर्ष 2009

43. बलराम ताल योजना किस क्षेत्र से सम्बन्धित है?
(a) वर्षा जल का कृषि हेतु संचय (b) मछली पालन हेतु जल संचय
(c) (a) एवं (b) दोनों (d) इनमें से कोई नहीं

44. इन्दिरा आवास योजना में पात्रता मापदण्ड कौन निर्धारित करता है?
(a) राज्य सरकार (b) केन्द्र सरकार
(c) ग्राम पंचायत (d) इनमें से कोई नहीं

45. दीनदयाल अन्त्योदय उपचार योजना की शुरुआत कब की गई थी?
(a) वर्ष 2004 (b) वर्ष 2008
(c) वर्ष 2010 (d) वर्ष 2012

46. मुख्यमन्त्री ग्राम सड़क योजना कब प्रारम्भ की गई थी?
(a) 2010-11 (b) 2011-12 (c) 2012-13 (d) 2013-14

47. राम रोटी योजना किसके लिए चलाई गई है?
(a) ग्रामीण गरीबों के लिए
(b) शहरी गरीबों के लिए
(c) (a) एवं (b) उपरोक्त दोनों के लिए
(d) उपरोक्त में से कोई नहीं

48. श्यामा प्रसाद मुखर्जी छात्रवृत्ति योजना किस वर्ग के विद्यार्थियों को लक्षित करके चलाई गई है?
(a) अन्य पिछड़े वर्ग के विद्यार्थियों के लिए
(b) सभी वर्ग के विद्यार्थियों के लिए
(c) अनुसूचित जाति के विद्यार्थियों के लिए
(d) अनुसूचित जनजाति के विद्यार्थियों के लिए

49. राज्य के बजट 2012-13 में सिंचाई के लिए कितनी राशि अनुमोदित की गई है?
(a) ₹ 3911 करोड़ (b) ₹ 4911 करोड़
(c) ₹ 3811 करोड़ (d) ₹ 2911 करोड़

50. साक्षर भारत योजना कब शुरू की गई थी?
(a) वर्ष 2010 (b) वर्ष 2011
(c) वर्ष 2012 (d) वर्ष 2013

उत्तरमाला

1. (b)	**2.** (a)	**3.** (a)	**4.** (d)	**5.** (d)	**6.** (a)	**7.** (a)	**8.** (a)	**9.** (d)	**10.** (d)
11. (c)	**12.** (d)	**13.** (a)	**14.** (a)	**15.** (c)	**16.** (d)	**17.** (d)	**18.** (d)	**19.** (b)	**20.** (b)
21. (d)	**22.** (b)	**23.** (d)	**24.** (b)	**25.** (d)	**26.** (d)	**27.** (d)	**28.** (b)	**29.** (b)	**30.** (b)
31. (d)	**32.** (d)	**33.** (d)	**34.** (d)	**35.** (c)	**36.** (a)	**37.** (b)	**38.** (a)	**39.** (c)	**40.** (a)
41. (a)	**42.** (a)	**43.** (a)	**44.** (c)	**45.** (a)	**46.** (a)	**47.** (b)	**48.** (b)	**49.** (a)	**50.** (a)

अध्याय

02

नियम, अधिनियम एवं अधिकार

किशोर न्याय (बालकों की देख-रेख एवं संरक्षण) अधिनियम 2000

धारा 1

संक्षिप्त नाम, विस्तार एवं प्रारम्भ

उपधारा 1 इस अधिनियम का संक्षिप्त नाम **किशोर न्याय (बालकों की देख-रेख एवं संरक्षण) अधिनियम**, 2000 है।

उपधारा 2 इसका विस्तार जम्मू-कश्मीर राज्य के सिवाय सम्पूर्ण भारत पर होगा।

उपधारा 3 यह उस तारीख को प्रवृत्त होगा जो केन्द्रीय सरकार राजपत्र में अधिसूचना द्वारा नियत करे।

धारा 2

परिभाषाएँ इस अधिनियम में, जब तक कि सन्दर्भ से अन्यथा अपेक्षित न हो

(क) 'सलाहकार परिषद्' से धारा 62 के अधीन गठित, यथास्थिति, केन्द्रीय या राज्य सलाहकार परिषद् या जिला और नगर स्तर का सलाहकार परिषद् अभिप्रेत है।

(ख) 'भीख माँगना' से अभिप्रेत है

(i) सार्वजनिक स्थान में भिक्षा की याचना करना या प्राप्त करना या किसी निजी परिसर में भिक्षा की याचना या प्राप्त करने के प्रयोजन से प्रवेश करना, चाहे वह किसी बहाने से हो।

(ii) भिक्षा अभिप्राप्त या उद्दीपित करने के उद्देश्य से, अपना या किसी अन्य व्यक्ति या जीव जन्तु का कोई वर्ण, घाव, क्षति, विरूपता या रोग अभिदर्शित या प्रदर्शित करना।

धारा 3

ऐसे किशोर के सम्बन्ध में जाँच की अनवरतता जो किशोर नहीं रह गया है

जहाँ अपचारी किसी किशोर या देख-रेख और संरक्षण के लिए जरूरतमन्द बालक के विरुद्ध जाँच आरम्भ कर दी गई है और उस जाँच के दौरान वह किशोर या बालक, किशोर या बालक नहीं रह गया हैं वहाँ इस अधिनियम में या तत्समय प्रवृत्त किसी अन्य विधि में किसी बात के होते हुए भी उस व्यक्ति के बारे में जाँच ऐसे चालू रखी जा सकेगी और आदेश ऐसे किए जा सकेंगे मानो ऐसा व्यक्ति किशोर या बालक होना जारी है।

धारा 5

परिषद् के सम्बन्ध में प्रक्रिया आदि

उपधारा 1 परिषद ऐसे समयों पर बैठक करेगा और ऐसी बैठकों में कारोबार के संव्यवहार के सम्बन्ध में प्रक्रिया के ऐसे नियमों का पालन करेगा जो विहित किए जाएँ।

उपधारा 2 किसी अपचारी बालक को जब परिषद् की बैठक नहीं हो रही हो, परिषद् के व्यष्टिक सदस्य के समक्ष पेश किया जा सकेगा।

धारा 6

किशोर न्याय परिषद् की शक्तियाँ

उपधारा 1 जहाँ किसी जिले के लिए परिषद् गठित किया गया है वहाँ, ऐसे परिषद् को, तत्समय प्रवृत्त किसी अन्य विधि में किसी बात के होते हुए भी किन्तु जैसा इस अधिनियम में अभिव्यक्तत: अन्यथा उपबन्धित है उसके सिवाय, अपचारी किशोर से सम्बन्धित इस अधिनियम के अधीन सभी कार्यवाहियों के सम्बन्ध में अनन्यत: कार्य करने की शक्तियाँ प्राप्त होंगी।

उपधारा 2 इस अधिनियम द्वारा या इसके अधीन परिषद् को प्रदत्त शक्तियों का प्रयोग उच्च न्यायालय और सत्र न्यायालय द्वारा भी किया जा सकेगा जब कार्यवाही अपील, पुनरीक्षण में अन्यथा उनके समक्ष आए।

धारा 7

मजिस्ट्रेट द्वारा ऐसी प्रक्रिया का पालन किया जाना जिसके अधिनियम के अधीन उसे सशक्त नहीं किया गया हो

उपधारा 1 जब किसी ऐसे मजिस्ट्रेट की, जो इस अधिनियम के अधीन परिषद् की शक्तियों का प्रयोग करने के लिए सशक्त नहीं है, यह राय है कि इस अधिनियम के किन्हीं उपबन्धों के अधीन (उसके समक्ष साक्ष्य देने के प्रयोजन से भिन्न) लाया गया कोई व्यक्ति किशोर या बालक है तब वह उस राय तथा को अविलम्ब अभिलिखित करेगा और उस किशोर या बालक को उस कार्यवाही के अभिलेख को उस कार्यवाही पर अधिकारिता रखने वाले सक्षम प्राधिकारी को भेजेगा।

उपधारा 2 वह सक्षम प्राधिकारी जिसे उपधारा 1 के अधीन कार्यवाही भेजी गई है, इस प्रकार जाँच करेगा मानो वह किशोर या बालक मूलत: उसके समक्ष लाया गया हो।

धारा 8

सम्प्रेक्षण गृह

उपधारा 1 कोई राज्य सरकार, प्रत्येक जिले या जिलों के समूह में या तो स्वयं अथवा स्वैच्छिक संगठनों के साथ करार के अधीन ऐसे सम्प्रेक्षण गृह स्थापित कर सकेगी और उनका अनुरक्षण कर सकेगी जो इस अधिनियम के अधीन अपचारी किशोरों को, उनसे सम्बन्धित किसी जाँच के लम्बित रहने के दौरान अस्थायी रूप से रखने के लिए अपेक्षित हो।

उपधारा 2 जहाँ राज्य सरकार की यह राय है कि उपधारा 1 के अधीन स्थापित या अनुरक्षित गृह से भिन्न कोई संस्था इस अधिनियम के अधीन अपचारी किशोर को उनसे सम्बन्धित किसी जाँच के लम्बित रहने के दौरान अस्थायी रूप से रखने के लिए ठीक है, वहाँ वह उस संस्था को इस अधिनियम के प्रयोजन के लिए सम्प्रेक्षण गृह के रूप में प्रमाणित कर सकेगी।

धारा 13

माता-पिता, संरक्षक अथवा परिवीक्षा अधिकारी को सूचना जहाँ कोई किशोर गिरफ्तार किया जाता है, वहाँ उस पुलिस थाने या विशेष किशोर पुलिस एकक का भारसाधक अधिकारी, जिसके पास वह किशोर लाया जाता है, गिरफ्तारी के पश्चात् यथाशक्य शीघ्र

- उस किशोर के माता-पिता या संरक्षक को, यदि उसका पता चलता है, ऐसी गिरफ्तारी की सूचना देगा और यह निर्देश देगा कि वह उस परिषद् के समक्ष उपस्थित हों जिसके समक्ष किशोर उपसंजात होगा और
- परिवीक्षा अधिकारी को ऐसी गिरफ्तारी की सूचना देगा जिससे कि वह किशोर के पूर्ववृत्त और कौटुम्बिक पृष्ठभूमि के बारे में तथा अन्य ऐसी तात्विक परिस्थितियों के बारे में जानकारी अभिप्राप्त कर सके, जिनके बारे में यह सम्भाव्य है कि वे जाँच करने में परिषद् के लिए सहायक होंगी।

धारा 22

बचकर भागे किशोर के सम्बन्ध में प्रावधान तत्समय प्रवृत्त किसी अन्य विधि में इसके प्रतिकूल किसी बात के होते हुए भी, कोई पुलिस अधिकारी, विधि का उल्लंघन करने वाले ऐसे किशोर का बिना वारण्ट के प्रभार ले सकेगा जो विशेष गृह या सम्प्रेक्षण गृह या किसी ऐसे व्यक्ति की देख-रेख से भाग निकला है जिसके अधीन वह इस अधिनियम के अधीन रखा गया था और उसे, यथास्थिति, उस विशेष गृह या सम्प्रेक्षण गृह या उस व्यक्ति को वापस किया जाएगा और उस किशोर के विरुद्ध ऐसे भाग निकलने के कारण कोई कार्यवाही संस्थित नहीं की जाएगी, किन्तु विशेष गृह या सम्प्रेक्षण गृह या वह व्यक्ति उस परिषद् को सूचना देने के पश्चात् जिसने किशोर के सम्बन्ध में आदेश पारित किया था, किशोर के सम्बन्ध में ऐसे कदम उठा सकेगा जो इस अधिनियम के अधीन आवश्यक प्रतीत हो।

धारा 23

किशोर अथवा बालक के प्रति क्रूरता हेतु दण्ड जो कोई किशोर या बालक का वास्तविक भारसाधक या उस पर नियन्त्रण रखते हुए ऐसी रीति से, जिससे उस किशोर या बालक को अनावश्यक मानसिक या शारीरिक कष्ट होना सम्भाव्य हो, उस किशोर या बालक पर हमला करेगा, उसका परित्याग करेगा, उसे उच्छन्न करेगा या जानबूझकर उसकी उपेक्षा करेगा या उस पर हमला या उसका परित्यक्त, उच्छन्न या उपेक्षित किया जाना कारित या उपाप्त करेगा, वह कारावास से, जिसकी अवधि छह मास तक हो सकेगी या जुर्माने से या दोनों से दण्डनीय होगा।

धारा 25

किशोर अथवा बालक को मदिरा पान कराने स्वापक औषधि अथवा मन:प्रभावी पदार्थ देने के लिए शास्ति जो कोई, सम्यक् रूप से अर्हित चिकित्सा व्यवसायी के आदेश या बीमारी से अन्यथा किसी किशोर या बालक को लोक-स्थान में कोई मादक लिकर या कोई स्वापक औषधि या मन:प्रभावी पदार्थ देगा या दिलवाएगा वह कारावास से, जिसकी अवधि तीन वर्ष तक की हो सकेगी और जुर्माने से भी दण्डनीय होगा।

धारा 28

वैकल्पिक दण्ड जहाँ कोई कार्य या लोप ऐसा अपराध गठित करता है जो इस अधिनियम के अधीन या किसी केन्द्रीय या राज्य अधिनियम के अधीन भी दण्डनीय है, वहाँ तत्समय प्रवृत्त किसी विधि में किसी बात के होते हुए भी, ऐसे अपराध का दोषी पाया गया अपराधी ऐसे अधिनियम के अधीन हो, जो किसी दण्ड का उपबन्ध करता है, ऐसे दण्ड का भागी होगा जो मात्रा में अधिक हो।

धारा 29

बाल कल्याण समिति

उपधारा 1 राज्य सरकार, इस अधिनियम के अधीन देख-रेख और संरक्षण के लिए जरूरतमन्द बालक के सम्बन्ध में एक या अधिक बाल कल्याण समितियों का, ऐसी समितियों को प्रदत्त शक्तियों का प्रयोग और कर्त्तव्यों का निर्वहन करने के लिए गठन कर सकेगी।

उपधारा 2 समिति, एक अध्यक्ष और चार ऐसे अन्य सदस्यों से मिलकर बनेगी जिन्हें नियुक्त करना राज्य सरकार ठीक समझे और उनमें कम से कम एक महिला होगी और दूसरा अन्य, बालकों से सम्बन्धित विषयों का विशेषज्ञ होगा।

उपधारा 3 अध्यक्ष और सदस्यों की अर्हताएँ और पदावधि जिसके लिए उन्हें नियुक्त किया जाए, ऐसी होगी जो विहित की जाए।

धारा 31

समिति की शक्ति

उपधारा 1 समिति का बालकों की देख-रेख, संरक्षण, उपचार, विकास और पुनर्वास के मामलों का निपटारा करने तथा साथ ही साथ उनकी मूलभूत आवश्यकताओं और मानव अधिकारों के संरक्षण के लिए उपबन्ध करने का अन्तिम प्राधिकार होगा।

उपधारा 2 जहाँ किसी क्षेत्र के लिए समिति का गठन किया गया है, वहाँ तत्समय प्रवृत्त किसी अन्य विधि में किसी बात के होते हुए भी, किन्तु अधिनियम में अभिव्यक्त रूप में जैसा उपबन्धित है, उसके सिवाय, ऐसी समिति की देख-रेख और संरक्षण के जरूरतमन्द बालकों से सम्बन्धित, इस अधिनियम के अधीन सभी कार्यवाहियों के सम्बन्ध में अनन्यत: कार्य करने की शक्ति होगी।

धारा 40

पुनर्वास एवं सामाजिक पुनर्एकीकरण की प्रक्रिया बालक का पुनर्वास और समाज में पुन: मिलाना बालगृह या विशेष गृह मे बालक के ठहरने के दौरान आरम्भ होगा और बालकों के पुनर्वास और सामाजिक पुनर्एकीकरण वैकल्पिक रूप से **(i)** दत्तक ग्रहण द्वारा, **(ii)** पोषक देख-रेख, **(iii)** धर्मज किए जाने तथा **(iv)** पश्चातवर्ती देख-रेख संगठन मे बालक को भेजकर किया जाएगा।

धारा 46

किशोर अथवा बालक के पिता या संरक्षक की उपस्थिति कोई सक्षम प्राधिकारी जिसके समक्ष किशोर या बालक इस अधिनियम के किसी उपबन्ध के अधीन लाया जाता है, जब भी वह ऐसा करना ठीक समझे, किशोर या बालक का वास्तविक भारसाधन या उस पर नियन्त्रण रखने वाले माता-पिता या संरक्षक से अपेक्षा कर सकेगा कि वह किशोर या बालक के बारे में किसी कार्यवाही में उपस्थित हो।

धारा 47

किशोर अथवा बालक की उपस्थिति से अभिमुक्ति प्रदान करना यदि जाँच के अनुक्रम में किसी प्रक्रम पर सक्षम प्राधिकारी का समाधान हो जाता है कि किशोर या बालक की उपस्थिति जाँच के प्रयोजनार्थ आवश्यक नहीं है, तो सक्षम प्राधिकारी उसको हाजिरी से अभिमुक्ति प्रदान कर सकेगा और किशोर या बालक की अनुपस्थिति में जाँच में अग्रसर हो सकेगा।

किशोर न्याय (बालकों की देख-रेख एवं संरक्षण) अधिनियम, 2000 की प्रमुख धाराएँ एवं सम्बन्धित तथ्य

धारा	सम्बन्धित तथ्य	धारा	सम्बन्धित तथ्य
धारा 1	संक्षिप्त नाम, विस्तार एवं प्रारम्भ	धारा 35	निरीक्षण
धारा 2	परिभाषाएँ	धारा 36	सामाजिक सम्परीक्षा
धारा 3	ऐसे किशोर के सम्बन्ध में जाँच की अनवरतता जो किशोर नहीं रह गया है	धारा 37	आश्रय गृह
		धारा 38	अन्तरण
धारा 4	किशोर न्याय परिषद	धारा 39	प्रत्यावर्तन
धारा 5	परिषद के सम्बन्ध में प्रक्रिया आदि	धारा 40	पुनर्वास एवं सामाजिक पुनर्एकीकरण की प्रक्रिया
धारा 6	किशोर न्याय परिषद की शक्तियाँ	धारा 41	दत्तक ग्रहण
धारा 7	मजिस्ट्रेट द्वारा ऐसी प्रक्रिया का पालन किया जाना जिसके अधिनियम के अधीन उसे सशक्त नहीं किया गया हो	धारा 42	छात्रेय देख-रेख
		धारा 43	धर्मजता
धारा 8	सम्प्रेक्षण गृह	धारा 44	पश्चातवर्ती देख-रेख संगठन
धारा 9	विशेष गृह	धारा 45	सम्पर्क तथा समन्वय
धारा 10	अपचारी किशोर की गिरफ्तारी	धारा 46	किशोर अथवा बालक के पिता या संरक्षक की उपस्थिति
धारा 11	किशोर पर अभिरक्षक का नियन्त्रण	धारा 47	किशोर अथवा बालक की उपस्थिति से अभिमुक्ति प्रदान करना
धारा 12	किशोर की जमानत	धारा 48	खतरनाक रोग से पीड़ित किशोर अथवा बालक को अनुमोदित स्थान पर सुपुर्द करना तथा उसकी भावी व्यवस्था करना
धारा 13	माता-पिता, संरक्षक अथवा परिवीक्षा अधिकारी को सूचना		
धारा 14	किशोर के बारे में परिषद् द्वारा जाँच	धारा 49	आयु की उपधारणा एवं अवधारण
धारा 15	आदेश जिसे किशोर के सम्बन्ध में पारित किया जा सकेगा	धारा 50	किशोर अथवा बालक को अधिकारिता से बाहर भेजना
धारा 16	आदेश जिसे किशोर के विरुद्ध पारित नहीं किया जा सकेगा	धारा 51	रिपोर्टों का गोपनीय समझा जाना
धारा 17	दण्ड प्रक्रिया संहिता के अध्याय 8 के अधीन की कार्यवाही का किशोर के विरुद्ध सक्षम नहीं है	धारा 52	अपीलें
		धारा 53	पुनरीक्षण
धारा 18	किशोर तथा व्यक्ति जो किशोर नहीं है, की संयुक्त कार्यवाही नहीं	धारा 54	जाँच, अपील तथा पुनरीक्षण सम्बन्धी कार्यवाहियों में प्रक्रिया
धारा 19	दोष सिद्ध से सम्बन्ध अनर्हता का उपसारण	धारा 55	आदेशों को संशोधित करने की शक्ति
धारा 20	लम्बित वादों के सम्बन्ध में विशेष प्रावधान	धारा 56	किशोर या बालक को उन्मोचित तथा स्थानान्तरित करने की सक्षम प्राधिकारी की शक्ति
धारा 22	बचकर भागे किशोर के सम्बन्ध में प्रावधान		
धारा 23	किशोर अथवा बालक के प्रति क्रूरता हेतु दण्ड	धारा 59	स्थानन पर किशोर अथवा बालक की मुक्ति तथा अनुपस्थिति
धारा 24	भिक्षावृत्ति हेतु किशोर अथवा बालक का नियोजन	धारा 60	माता-पिता द्वारा अभिदाय
धारा 25	किशोर अथवा बालक को मदिरा पान कराने स्वापक औषधि अथवा मनः प्रभावी पदार्थ देने के लिए शास्ति	धारा 61	निधि
		धारा 62	केन्द्रीय, राज्य, जिला तथा नगर सलाहकार परिषद्
धारा 26	किशोर अथवा बालक कर्मचारी का शोषण	धारा 63	विशेष किशोर पुलिस ईकाई
धारा 27	विशेष अपराध	धारा 64	इस अधिनियम के प्रारम्भ के समय दण्डादेश भोग रहा अपचारी किशोर
धारा 28	वैकल्पिक दण्ड		
धारा 29	बाल कल्याण समिति	धारा 65	बन्ध पत्रों के सम्बन्ध में प्रक्रिया
धारा 30	समिति के सम्बन्ध में प्रक्रिया आदि	धारा 66	शक्तियों का प्रत्यायोजन
धारा 31	समिति की शक्ति	धारा 67	सद्भाव से की गई कार्यवाही का संरक्षण
धारा 32	समिति के समक्ष पेश किया जाना	धारा 68	नियम बनाने की शक्ति
धारा 33	जाँच	धारा 69	निरसन तथा व्यावृत्तियाँ
धारा 34	बालगृह	धारा 70	कठिनाइयों के उपासरण की शक्ति

शिक्षा का अधिकार अधिनियम
Right to Education Act-2009

भारत सरकार ने सबके लिए शिक्षा को अनिवार्य करने के उद्देश्य से शिक्षा का अधिकार अधिनियम पारित करने का एक प्रशंसनीय कार्य किया है। शिक्षा का अधिकार अधिनियम-2009 राज्य, परिवार और समुदाय की सहायता से 6 से 14 वर्ष तक के सभी बच्चों के लिए मुफ्त एवं अनिवार्य गुणवत्तापूर्ण प्राथमिक शिक्षा सुनिश्चित करता है। यह अधिनियम मूलत: वर्ष 2005 के शिक्षा के अधिकार विधेयक का संशोधित रूप है। सन् 2002 में संविधान के 86वें संशोधन द्वारा अनुच्छेद 21ए के भाग 3 के माध्यम से 6 से 14 वर्ष तक के सभी बच्चों को मुफ्त एवं अनिवार्य शिक्षा उपलब्ध कराने का प्रावधान किया गया था, इसको प्रभावी बनाने के लिए 4 अगस्त, 2009 को लोकसभा में यह अधिनियम पारित किया गया, जो 1 अप्रैल, 2010 से पूरे देश में लागू हो गया।

इस अधिनियम की मुख्य विशेषताएँ निम्नलिखित हैं

- भारत के 6 से 14 वर्ष आयु वर्ग वाले सभी बच्चों को मुफ्त एवं आधारभूत शिक्षा उपलब्ध कराना अनिवार्य है।
- इस उद्देश्य की पूर्ति के लिए बच्चों से किसी प्रकार का कोई शुल्क नहीं लिया जाएगा और न ही उन्हें शुल्क अथवा किसी खर्च की वजह से आधारभूत शिक्षा लेने से वंचित किया जाएगा।
- यदि 6 से अधिक आयु का कोई भी बच्चा किन्हीं कारणों से विद्यालय नहीं जा पाता है, तो उसे शिक्षा के लिए उसकी आयु के अनुसार उचित कक्षा में प्रवेश दिलाया जाएगा।
- इस अधिनियम के प्रावधानों को क्रियान्वित करने के लिए सम्बन्धित सरकार तथा स्थानीय प्रशासन को यदि आवश्यक हुआ, तो विद्यालय भी खोलना होगा। अधिनियम के तहत यदि किसी क्षेत्र में विद्यालय नहीं है, तो वहाँ पर तीन वर्ष की तय अवधि में विद्यालय का निर्माण करवाया जाना आवश्यक है।
- सत्र के दौरान छात्र कभी भी प्रवेश पा सकता है।
- आयु प्रमाण-पत्र नहीं होने की स्थिति में भी किसी बच्चे को प्रवेश लेने से वंचित नहीं किया जा सकता।
- प्राथमिक शिक्षा पूरी कर लेने वाले छात्र को एक प्रमाण-पत्र दिया जाएगा।
- राज्य सरकारों को बच्चों की आवश्यकता का ध्यान रखते हुए लाइब्रेरी, क्लासरूम, खेल का मैदान और अन्य जरूरी चीज उपलब्ध करानी होगी।
- शिक्षा की गुणवत्ता में अनिवार्य सुधार के लिए एक शिक्षक पर अधिकतम 40 छात्र सुनिश्चित करना एवं इसके लिए 15 लाख नये शिक्षकों की भर्ती कर उन्हें 1 अक्टूबर 2010 तक प्रशिक्षित करना।
- स्कूल शिक्षक को पाँच वर्षों के भीतर समुचित व्यावसायिक डिग्री प्राप्त नहीं होने की स्थिति में उन्हें उनकी नौकरी से वंचित किया जा सकता है।
- स्कूल का बुनियादी ढाँचा 3 वर्षों के भीतर नहीं सुधारने की स्थिति में उनकी मान्यता रद्द की जा सकती है।
- जम्मू-कश्मीर को छोड़कर यह समूचे देश में लागू होगा।
- सभी निजी स्कूलों के कक्षा 1 में प्रवेश देने में आर्थिक रूप से कमजोर समुदायों (गरीबों) के लिए 25% आरक्षण का प्रावधान किया गया है।
- इस अधिनियम के प्रावधानों को प्रभावी बनाने की जिम्मेदारी केन्द्र एवं राज्य सरकार दोनों की है। वित्तीय खर्च भी दोनों सरकार द्वारा वहन किया जाएगा।

शिक्षा का अधिकार अधिनियम 2009 की खामियाँ
Lacks of Right to Education Act 2009

इस अधिनियम में निम्नलिखित खामियाँ हैं

- इस अधिनियम की सबसे बड़ी खामी यह है कि इसमें 0-6 वर्ष आयु वर्ग और 14-18 वर्ष आयु वर्ग के बच्चों की बात नहीं की गई है।
- अन्तर्राष्ट्रीय बाल अधिकार समझौते के अनुसार, 18 साल तक की आयु तक के बच्चों को बच्चा माना गया है, जिसे भारत सहित 142 देशों ने स्वीकृति प्रदान की है फिर भी 14-18 वर्ष आयु वर्ग की शिक्षा की बात इस अधिनियम में नहीं की गई है।

इस अधिनियम में खामियाँ कम हैं और खूबियाँ ज्यादा। अत: इसकी महत्ता से इन्कार नहीं किया जा सकता। इसमें 6-14 साल आयु वर्ग के सभी बच्चों को अनिवार्य रूप से प्रारम्भिक से माध्यमिक स्कूल तक की शिक्षा देने पर जोर दिया गया है। इससे इस आयु वर्ग के बच्चों का भविष्य उज्ज्वल होगा। इस अधिनियम का सर्वाधिक लाभ श्रमिकों के बच्चे, बाल मजदूर, विशेष आवश्यकता वाले बच्चे या फिर ऐसे बच्चों को मिलेगा जो सामाजिक, सांस्कृतिक, आर्थिक, भौगोलिक, भाषाई अथवा अन्य कारणों से शिक्षा से वंचित रह जाते हैं। इस अधिनियम के लागू होने के बाद यह आशा की जा सकती है कि विद्यालय छोड़ने वाले तथा पहले विद्यालय न जाने वाले बच्चों को अब प्रशिक्षित शिक्षकों द्वारा गुणवत्तापूर्ण शिक्षा प्राप्त हो सकेगी।

घरेलू हिंसा से महिलाओं का संरक्षण अधिनियम, 2005
Protection of Women form Domestic Violence Act, 2005

धारा 1

संक्षिप्त नाम, विस्तार और आरम्भ

उपधारा 1 यह अधिनियम घरेलू हिंसा से महिलाओं का संरक्षण अधिनियम, 2005 कहा जा सकेगा।

उपधारा 2 यह जम्मू-कश्मीर के सिवाय सम्पूर्ण भारत पर लागू होगा।

उपधारा 3 यह उस तिथि से प्रभावी होगा जिसे केन्द्रीय सरकार शासकीय राजपत्र में अधिसूचना द्वारा निर्धारित करे।

धारा 2

परिभाषाएँ इस अधिनियम में, जब तक सन्दर्भ से अन्यथा अपेक्षित न हो

- 'पीड़ित व्यक्ति' से कोई महिला जो प्रत्यर्थी से घरेलू सम्बन्धों में है, या रह चुकी है और जो आक्षेप लगाती है कि प्रत्यर्थी द्वारा किसी प्रकार के घरेलू हिंसा के कार्य के अधीन की गई है, अभिप्रेत है।
- 'बच्चे' से अट्ठारह वर्ष से नीचे की आयु का कोई व्यक्ति अभिप्रेत है और इसके अन्तर्गत कोई दत्तक, सौतेला या धाय पालित सन्तान भी आती है।
- 'प्रतिकर आदेश' से धारा 22 के अधीन अनुदत्त आदेश अभिप्रेत है।
- 'अभिरक्षा आदेश' से धारा 21 के अधीन अनुदत्त आदेश अभिप्रेत है।
- 'घरेलू घटना रिपोर्ट' से व्यथित व्यक्ति से विहित प्रारूप में घरेलू हिंसा को किए गए परिवाद की प्राप्ति अभिप्रेत है।
- 'घरेलू सम्बन्ध' से दो व्यक्तियों के मध्य सम्बन्ध अभिप्रेत है, जो समय के किसी क्षण में, सहभागी गृह में एक साथ रहते हैं या रह चुके हैं या रहे थे, जब वे रक्त सम्बन्ध, विवाह अथवा विवाह की प्रकृति के किसी सम्बन्ध, दत्तक या संयुक्त परिवार के सदस्य की भाँति एकसाथ रहते हों।

- 'घरेलू हिंसा' का वही अर्थ है जो इसे धारा 3 में प्रदान किया गया है।
- 'दहेज' का वही अर्थ होगा जो इसे दहेज प्रतिषेध अधिनियम, 1961 (1961 का 28) की धारा 2 में प्रदान किया गया है।

धारा 3

घरेलू हिंसा की परिभाषा इस अधिनियम के प्रयोजनार्थ, प्रत्यर्थी का कोई कार्य या कृत्या या आचरण घरेलू हिंसा गठित करेगा अगर यह

- व्यथित व्यक्ति के स्वास्थ्य सुरक्षा, जीवन, अंग अथवा भलाई के प्रति क्षति या उपहति या खतरा, चाहे मानसिक अथवा शारीरिक कारित करना हो या ऐसा करना प्रयासित हो और जिसके अन्तर्गत शारीरिक दुर्व्यवहार, लैंगिक दुर्व्यवहार मौखिक या भावनात्मक दुर्व्यवहार और आर्थिक दुर्व्यवहार आता है, या
- व्यथित व्यक्ति को हतोत्साहित करना, क्षति कारित करना, उपहति पहुँचाना या संकटापन्न करना इस दृष्टि से उसको या उससे सम्बन्धित किसी व्यक्ति को प्रपीड़ित करना कि वह किसी दहेज या अन्य सम्पत्ति या मूल्यवान प्रतिभूति की अवैध माँग को पूरा करे, या
- जिसका प्रभाव किसी आचरण द्वारा जो खण्ड (क) या खण्ड (ख) में उल्लिखित है व्यथित व्यक्ति या उससे सम्बन्धित किसी व्यक्ति को भयोपरत करना है, या
- व्यथित व्यक्ति को, अन्यथा उपहति या क्षति, चाहे शारीरिक या मानसिक हो कारित करता हो।

धारा 4

संरक्षण अधिकारियों को सूचना और सूचनार्थी के दायित्व का अपवर्जन

उपधारा 1 कोई व्यक्ति जिसके पास विश्वास करने का कारण है कि घरेलू हिंसा का कोई कृत्य किया गया है, किया जा रहा है, किए जाने की सम्भावना है, इसके बारे में सूचना-सम्बन्धित संरक्षण अधिकारी को दे सकेगा।

उपधारा 2 किसी व्यक्ति द्वारा उपधारा 1 के प्रयोजनार्थ सद्भावनय दी गई सूचना हेतु कोई दीवानी या आपराधिक दायित्व उपगत नहीं होगा।

धारा 5

पुलिस अधिकारियों, सेवा प्रदाताओं और मजिस्ट्रेट के कर्त्तव्य पुलिस अधिकारी, संरक्षण अधिकारी, सेवा प्रदाता या मजिस्ट्रेट जिसने घरेलू हिंसा का परिवाद प्राप्त किया है या अन्यथा घरेलू हिंसा के घटना स्थल पर उपस्थित है या जब उसको घरेलू हिंसा की घटना की रिपोर्ट प्राप्त होती है, व्यथित व्यक्ति को सूचित करेगा।

- इस अधिनियम के अधीन अनुतोष प्राप्त करने हेतु संरक्षण आदेश, आर्थिक अनुतोष का आदेश, अभिरक्षण आदेश, निवास आदेश, प्रतिकर आदेश या एक से अधिक ऐसे आदेश हेतु निवेदन करने उसके अधिकारों के बारे में।
- सेवा प्रदाताओं की सेवाओं की उपलब्धता के बारे में।
- संरक्षण अधिकारियों की सेवाओं की उपलब्धता के बारे में।
- विधिक सेवा प्राधिकरण अधिनियम, 1987 (1987 का 39) के अध्यधीन नि:शुल्क विधिक सेवाओं के उसके अधिकार के बारे में।
- भारतीय दण्ड संहिता (1860 का 45) की धारा 498 क के अधीन परिवाद दायर करने के उसके अधिकार के बारे में, जहाँ कहीं सुसंगत हो।

धारा 7

चिकित्सा सुविधाओं के कर्त्तव्य अगर व्यथित व्यक्ति या उसकी ओर से संरक्षण अधिकारी या सेवा प्रदाता चिकित्सा सुविधा के भारसाधक से उसको किसी चिकित्सीय सहायता का निवेदन करता है, ऐसे चिकित्सा सुविधा का भारसाधक व्यक्ति, व्यथित व्यक्ति को चिकित्सा सुविधा में चिकित्सीय सहायता उपलब्ध कराएगा।

धारा 8

संरक्षण अधिकारियों की नियुक्ति

उपधारा 1 राज्य सरकार, अधिसूचना द्वारा, इतनी संख्या में, संरक्षण अधिकारियों को प्रत्येक जिले में नियुक्त करेगी जितना वह आवश्यक समझे और उन क्षेत्र या क्षेत्रों को भी अधिसूचित करेगी जिसमें संरक्षण अधिकारी को इस अधिनियम द्वारा या के अधीन उसको अनुदत शक्तियों के प्रयोग और कर्त्तव्यों का निवर्हन करेगा।

उपधारा 2 संरक्षण अधिकारी जहाँ तक सम्भव हो महिलाएँ होंगी और ऐसी योग्यताओं और अनुभव को धारित करेगी जैसा विहित किया जा सकेगा।

उपधारा 3 संरक्षण अधिकारी और उसके अधीनस्थ अन्य अधिकारियों की सेवा के निबन्धन और शर्तें ऐसी होंगी जैसा विहित किया जा सकेगा।

धारा 11

सरकार के दायित्व केन्द्रीय सरकार और प्रत्येक राज्य सरकार सभी मानदण्डों को निम्न हेतु आश्वस्त करने के लिए लेगी

- अधिनियम के उपबन्धों का व्यापक प्रचार जन संचार माध्यम से जिसके अन्तर्गत दूरदर्शन, आकाशवाणी और प्रिन्ट मीडिया सम्मिलित है, नियमित अन्तराल पर किया जाए।
- केन्द्रीय सरकार और राज्य सरकार के अधिकारियों जिसके अन्तर्गत पुलिस अधिकारी और न्यायिक सेवाओं के सदस्य सम्मिलित हैं, को आवर्तिक भावबोध (Sensitization) और जागरूकता प्रशिक्षण अभियान द्वारा सम्बन्धित मुद्दों पर दिया जाए।
- सम्बन्धित मन्त्रालयों और विभागों द्वारा प्रदान की जाने वाली सेवाओं के मध्य प्रभावी समन्वय जो विधि, घरेलू मामलों जिसके अन्तर्गत कानून और व्यवस्था, स्वास्थ्य और मानव संसाधनों के घरेलू हिंसा के मुद्दों को सम्बोधित हो अवस्थापित की गई है और उसका आवर्ती अवलोकन किया जाए।
- इस अधिनियम के अधीन महिलाओं को सेवा प्रदान करने हेतु विभिन्न सम्बन्धित मन्त्रालयों हेतु प्रोटोकालों जिसके अन्तर्गत न्यायालयों का गठन किया जाए और अवस्थापित किया जाए।

धारा 14

परामर्श (Counselling)

उपधारा 1 मजिस्ट्रेट, इस अधिनियम के अन्तर्गत कार्यवाहियों के किसी भी चरण में, प्रत्यर्थी या व्यथित व्यक्ति को निर्देश या तो एकलत: या संयुक्त, सेवा प्रदाता के किसी सदस्य से परामर्श लेने के लिए जो विहित किए जा सकने वाले परामर्श में योग्यताओं और अनुभव को धारित करता हो भेज सकेगा।

उपधारा 2 जहाँ मजिस्ट्रेट उपधारा 1 के अधीन कोई निर्देश जारी किया है, वहाँ वह वाद की सुनवाई की अगली तिथि दो मास से अधिक के भीतर नियत करेगा।

धारा 15

कल्याण विशेषज्ञ को सहायता इस अधिनियम के अन्तर्गत किसी कार्यवाही में, मजिस्ट्रेट ऐसे व्यक्ति की सेवाएँ, जिसमें महिला को वरीयता होगी, जो व्यथित व्यक्ति से सम्बन्धित हो अथवा नहीं, जिसके अन्तर्गत एक व्यक्ति जो परिवार कल्याण के उन्यन में लगा हो जैसा वह ठीक समझता है, उसके कार्यों के निर्वहन में सहायता देने के उद्देश्यार्थ सुनिश्चित कर सकेगा।

धारा 16

कार्यवाहियों का कैमरे में होना अगर मजिस्ट्रेट समझता है कि वाद की परिस्थितियाँ ऐसी अपेक्षा करती हैं और अगर वाद के दोनों पक्षकार ऐसा चाहें, वह कार्यवाहियों को इस अधिनियम के अन्तर्गत कैमरे में संचालित कर सकेगा।

धारा 17

सहभागी गृहस्थ गृह में निवास का अधिकार

उपधारा 1 तत्समय प्रभावी किसी अन्य विधि में किसी बात के होते हुए भी, प्रत्येक महिला जो घरेलू सम्बन्ध में हो को सहभागी गृहस्थ गृह में निवास का अधिकार होगा, चाहे उसको उस गृहस्थ गृह में कोई अधिकार, स्वत्व या फायदाप्रद हित हो या न हो।

उपधारा 2 व्यथित व्यक्ति सिवाय विधि द्वारा स्थापित प्रक्रिया के अग्रसरण के बिना गृहस्थ गृह या उसके किसी भाग से प्रत्यर्थी द्वारा निष्काषित या अपवर्जित नहीं किया जाएगा।

धारा 21

अभिरक्षा आदेश तत्समय प्रवृत्त किसी अन्य विधि में किसी बात के होते हुए भी, मजिस्ट्रेट, आवेदन के सुनवाई के किसी भी स्तर पर इस अधिनियम के अधीन संरक्षण आदेश हेतु या किसी अन्य आदेश हेतु किसी बच्चा या बच्चे की अस्थायी अभिरक्षा व्यथित व्यक्ति या उसकी ओर से आवेदन करने वाले व्यक्ति को अनुदत्त कर सकेगा और विशेष रूप से, अगर आवश्यक हो, प्रत्यर्थी द्वारा ऐसे बच्चे या बच्चों से मिलने हेतु व्यवस्था करने हेतु कह सकेगा।

परन्तु यह कि अगर मजिस्ट्रेट की यह राय है कि प्रत्यर्थी का बच्चे या बच्चों से मिलना उनके हितों के क्षतिकर हो सकेगा, मजिस्ट्रेट ऐसे मिलने की अनुमति देने से इन्कार करेगा।

धारा 22

प्रतिकर आदेश इस अधिनियम के अधीन अनुदत्त किए जा सकने वाले अन्य अनुतोषों के अतिरिक्त, व्यथित व्यक्ति द्वारा किए जाने वाले निवेदन पर मजिस्ट्रेट, प्रत्यर्थी को अनुदेश करते हुए आदेश पारित कर सकता है कि उस प्रत्यर्थी द्वारा किए गए घरेलू हिंसा के कृत्य द्वारा कारित चोटों हेतु, जिसके अन्तर्गत मानसिक संताप और भावनात्मक कष्ट सम्मिलित है, प्रतिकर और क्षतिपूर्ति प्रदान करे।

धारा 24

न्यायालय आदेश की प्रतियों को निःशुल्क देगा मजिस्ट्रेट, सभी मामलों में जहाँ वह इस अधिनियम के अधीन कोई आदेश दिया है, आवेदन के पक्षकारों को, पुलिस थाने के भारसाधक अधिकारी को जिसके क्षेत्राधिकार में मजिस्ट्रेट के पास पहुँच गया है और किसी सेवा प्रदाता को जो न्यायालय के स्थानीय सीमाओं के क्षेत्राधिकार में स्थित है और अगर कोई सेवा प्रदाता किसी घरेलू घटना रिपोर्ट का पंजीकरण किया है, तो उस सेवा प्रदाता को, ऐसे आदेश की प्रति, निःशुल्क प्रदान करेगा।

धारा 25

आदेश की अवधि और बदलना

उपधारा 1 धारा 18 के अधीन दिया गया संरक्षण आदेश तब तक प्रभावी रहेगा जब तक कि व्यथित व्यक्ति मुक्ति हेतु निवेदन करे।

उपधारा 2 मजिस्ट्रेट, व्यथित व्यक्ति या प्रत्यर्थी से आवेदन की प्राप्ति पर, सन्तुष्ट है कि परिस्थितियों में परिवर्तन होने से इस अधिनियम के अन्तर्गत दिए गए किसी आदेश में परिवर्तन, प्रवर्द्धन या अभिखण्डन की अपेक्षा है, वह, कारणों को लेखबद्ध करते हुए वैसा आदेश, जैसा वह समुचित समझे, दे सकेगा।

धारा 26

दूसरे वादों और न्यायिक कार्यवाहियों में अनुतोष

उपधारा 1 धाराओं 18, 19, 20, 21 और 22 में उपलब्ध कोई अनुतोष किसी न्यायिक कार्यवाहियों में भी वांछित हो सकेगा जो दीवानी न्यायालय, परिवार न्यायालय या दाण्डिक न्यायालय के समक्ष जो व्यथित व्यक्ति और प्रत्यर्थी को प्रभावित करे जहाँ ऐसी कार्यवाही इस अधिनियम के लागू होने के पूर्व या बाद में आरम्भ की गई थी।

उपधारा 2 उपधारा 1 के अधीन निर्दिष्ट कोई अनुतोष व्यथित व्यक्ति को दीवानी या दाण्डिक न्यायालय के समक्ष ऐसे वाद या न्यायिक कार्यवाहियों में चाहे जा सके अनुतोष के अतिरिक्त और उसके साथ वांछित हो सकेगा।

उपधारा 3 किसी कार्यवाही में जो इस अधिनियम के अन्तर्गत की कार्यवाही से भिन्न हो व्यथित व्यक्ति द्वारा कोई अनुतोष प्राप्त किया जा चुकने की स्थिति में, वह मजिस्ट्रेट को सूचित करने के लिए बाध्य होगा कि उसे ऐसा अनुतोष प्राप्त हुआ।

धारा 29

अपील तीस दिन के भीतर सत्र न्यायालय को अपील की जाएगी उस दिन से जिस दिन मजिस्ट्रेट द्वारा दिया गया आदेश व्यथित व्यक्ति या प्रत्यर्थी पर, जैसी भी स्थिति हो, उनमें से जो बाद का हो, तामील हुआ है।

धारा 30

संरक्षण अधिकारियों और सेवा प्रदाताओं के सदस्यों का लोक सेवक होना संरक्षण अधिकारियों और सेवा प्रदाताओं के सदस्यगण, जब इस अधिनियम या उसके अधीन बनाए गए किसी नियमों या आदेशों के उपबन्धों के अग्रसरण में कार्य करते हैं या कार्य करने के लिए तात्पर्यित हैं, भारतीय दण्ड संहिता (1860 का 45) की धारा 21 के अर्थ में लोक सेवक समझे जाएँगे।

धारा 33

संरक्षण अधिकारी द्वारा कर्त्तव्य के अपालन हेतु दण्ड अगर कोई संरक्षण अधिकारी बिना किसी पर्याप्त कारण के संरक्षण आदेश में मजिस्ट्रेट द्वारा निर्देशित अपने कर्त्तव्यों के पालन करने में असफल रहता है या इन्कार करता है, वह दोनों में से किसी भाँति के कारावास से जिसकी अवधि एक वर्ष तक की हो सकेगी या जुर्माने से जो बीस हजार रुपये तक का हो सकेगा या दोनों से दण्डित किया जाएगा।

धारा 34

संरक्षण अधिकारी द्वारा किए गए अपराध का संज्ञान कोई अभियोजन या अन्य न्यायिक कार्यवाही संरक्षण अधिकारी के विरुद्ध तब तक नहीं की जाएगी जब तक राज्य सरकार या इसके द्वारा इस हेतु अधिकृत अधिकारी द्वारा दायर परिवाद पर पूर्वानुमति नहीं दे दी जाती।

धारा 35

सद्भाव में की गई कार्यवाही का संरक्षण किसी भी व्यक्ति के विरुद्ध किसी ऐसी चीज के लिए, जिसे इस अधिनियम या उसके अधीन बनाए गए किसी नियम के अधीन सद्भाव में किया गया हो अथवा किया जाना आशयित हो, कोई वाद, अभियोजन या अन्य न्यायिक कार्यवाही नहीं की जाएगी।

धारा 36

अधिनियम का किसी अन्य विधि के असंगत न होना इस अधिनियम के उपबन्ध तत्समय प्रवृत्त किसी विधि के अनुकूल होंगे और किसी अन्य विधि के उपबन्धों के असंगत न होंगे।

घरेलू हिंसा से महिलाओं का संरक्षण अधिनियम, 2005 से सम्बन्धित धारा तथा महत्त्वपूर्ण तथ्य

धारा	सम्बन्धित तथ्य
धारा 1	संक्षिप्त नाम, विस्तार और आरम्भ
धारा 2	परिभाषाएँ
धारा 3	घरेलू हिंसा की परिभाषा
धारा 4	संरक्षण अधिकारियों को सूचना और सूचनार्थी के दायित्व का अपवर्जन
धारा 5	पुलिस अधिकारियों, सेवा प्रदाताओं और मजिस्ट्रेट के कर्त्तव्य
धारा 6	आश्रय गृहों के कर्त्तव्य
धारा 7	चिकित्सा सुविधाओं के कर्त्तव्य
धारा 8	संरक्षण अधिकारियों की नियुक्ति
धारा 9	संरक्षण अधिकारियों के कर्त्तव्य और कृत्य
धारा 10	सेवा प्रदाता
धारा 11	सरकार के दायित्व
धारा 12	मजिस्ट्रेट को आवेदन
धारा 13	सूचना की तामील
धारा 14	परामर्श
धारा 15	कल्याण विशेषज्ञ को सहायता
धारा 16	कार्यवाहियों का कैमरे में होना
धारा 17	सहभागी गृहस्थ गृह में निवास का अधिकार
धारा 18	संरक्षण आदेश
धारा 19	निवास आदेश
धारा 20	आर्थिक अनुतोष
धारा 21	अभिरक्षा आदेश
धारा 22	प्रतिकर आदेश
धारा 23	अन्तरिम और एकपक्षीय आदेश अनुदत्त करने की शक्ति
धारा 24	न्यायालय आदेश की प्रतियों को निःशुल्क देगा
धारा 25	आदेश की अवधि और बदलना
धारा 26	दूसरे वादों और न्यायिक कार्यवाहियों में अनुतोष
धारा 27	क्षेत्राधिकारी
धारा 28	प्रक्रिया
धारा 29	अपील
धारा 30	संरक्षण अधिकारियों और सेवा प्रदाताओं के सदस्यों का लोक सेवक होना
धारा 31	प्रत्यर्थी द्वारा संरक्षण आदेश के भंग हेतु दण्ड
धारा 32	संज्ञान और प्रमाण
धारा 33	संरक्षण अधिकारी द्वारा कर्त्तव्य के अपालन हेतु दण्ड
धारा 34	संरक्षण अधिकारी द्वारा किए गए अपराध का संज्ञान
धारा 35	सद्भाव में की गई कार्यवाही का संरक्षण
धारा 36	अधिनियम का किसी अन्य विधि के असंगत न होना
धारा 37	केन्द्र सरकार की नियम बनाने की शक्ति

अभियान राष्ट्रीय खाद्य सुरक्षा अधिनियम
National Food Security Act

भारत विकसित देश के रूप में अग्रणी देशों की श्रेणी में सम्मिलित होने की अपेक्षा कर रहा है जबकि कृषि एवं विकास से सम्बन्धित आँकड़ों पर नजर डालें तो ज्ञात होता है कि भारत की एक बहुत बड़ी आबादी को हर रोज भर-पेट भोजन भी उपलब्ध नहीं हो पा रहा है। भारतीय शहरों में आई प्रगति से अलग ग्रामीण क्षेत्रों की हालत आज भी शोचनीय है। यहाँ के अधिकतर लोग भुखमरी के शिकार हैं। इस समस्या से निपटने के लिए एवं भारत की बड़ी आबादी को हर रोज पर्याप्त भोजन उपलब्ध कराने के लिए '**राष्ट्रीय खाद्य सुरक्षा अभियान**' की शुरूआत की गई थी।

खाद्य सुरक्षा का तात्पर्य ऐसी स्थिति से है, जिसमें देश के प्रत्येक नागरिक को जीवन के लिए आवश्यक खाद्य पदार्थों की समुचित आपूर्ति हो सके। भारत में खाद्य सुरक्षा इसलिए महत्त्वपूर्ण है क्योंकि भारत की जनसंख्या तेजी से बढ़ रही है और जिस गति से हमारी जनसंख्या में वृद्धि हो रही है यदि यह ऐसे ही जारी रही, तो वर्ष 2020 तक यह 1 अरब 30 करोड़ को भी पार कर जाएगी। ऐसी स्थिति में विशाल जनसंख्या का पेट भरने के लिए देश को अपने उत्पादन एवं उत्पादन क्षमता दोनों को बढ़ाने के लिए एक व्यापक रणनीति पर काम करने की आवश्यकता पड़ेगी।

इन्टरनेशनल फूड पॉलिसी रिसर्च इंस्टीट्यूट द्वारा अक्टूबर 2010 में जारी ग्लोबल हंगर इण्डेक्स रिपोर्ट (वैश्विक भुखमरी सूचकांक रिपोर्ट) में विश्व के 84 देशों की सूची में भारत का स्थान 67वाँ है। यह सूचकांक तीन मूल्यों बाल कुपोषण, बाल-मृत्यु-दर एवं कुल जनसंख्या; में कैलोरी डेफीशियन्ट लोगों के प्रतिशत के आधार पर तैयार किया जाता है। इस सूची में श्रीलंका (39वाँ), पाकिस्तान (52वाँ) एवं नेपाल (56वाँ) जैसे देशों की स्थिति भी भारत से बेहतर बताई गई है। इसका तात्पर्य है कि भारत में बाल कुपोषण, बाल-मृत्यु-दर एवं भूखे लोगों का प्रतिशत श्रीलंका, पाकिस्तान एवं नेपाल से भी ज्यादा है।

वर्तमान सर्वेक्षण के अनुसार, भारत के लगभग 37% लोग गरीबी रेखा से नीचे जीवन-यापन कर रहे हैं। इन लोगों के पास जीवन के लिए अनिवार्य खाद्य-पदार्थ खरीदने के लिए भी पर्याप्त धन नहीं है। बीसवीं सदी में साठ के दशक में आई हरित क्रान्ति के बाद भारत खाद्यान्न के मामले में आत्मनिर्भर हो गया था, किन्तु अब इस बात को पचास वर्ष बीत चुके हैं और भारत की जनसंख्या में भी तीव्रगति से वृद्धि हुई है। इसलिए वर्तमान में भारत की एक अरब से अधिक आबादी हेतु पर्याप्त मात्रा में खाद्य पदार्थों की आपूर्ति के लिए राष्ट्रीय खाद्य सुरक्षा अभियान के तहत एक और हरित क्रान्ति की आवश्यकता है।

गरीबी रेखा से नीचे जीवन-यापन कर रहे परिवारों को खाद्यान्न की न्यूनतम मात्रा की उपलब्धता सुनिश्चित करने के उद्देश्य से 1997 में लक्षित सार्वजनिक वितरण प्रणाली की शुरूआत की गई। इसके अन्तर्गत देश के लगभग छह करोड़ निर्धन परिवारों को लाभान्वित किया जाना था। उस समय

इन परिवारों को 10 किलोग्राम प्रति परिवार प्रति माह की दर से खाद्यान्न की आपूर्ति की गई। 1 अप्रैल, 2000 से यह आवंटन 10 किलोग्राम से बढ़ाकर 20 किलोग्राम कर दिया गया। तब गेहूँ का केन्द्रीय निर्गम मूल्य ₹ 4.15 प्रति किलोग्राम एवं चावल का ₹ 5.65 प्रति किलोग्राम रखा गया था। लक्षित सार्वजनिक वितरण प्रणाली को प्रभावी बनाने के लिए सरकार द्वारा निर्धनों में भी निर्धनतम व्यक्तियों के लिए 25 दिसम्बर, 2000 को अन्त्योदय अन्न योजना की शुरूआत की गई थी। इस योजना के अन्तर्गत प्रत्येक पात्र परिवार को ₹ 2 प्रति किलोग्राम गेहूँ तथा ₹ 3 प्रति किलोग्राम चावल के अत्यन्त रियायती दर पर 25 किलोग्राम खाद्यान्न उपलब्ध करवाने का लक्ष्य रखा गया था। 1 अप्रैल, 2002 से इसमें और वृद्धि की गई और इसे 35 किलोग्राम प्रति परिवार प्रति माह कर दिया गया। प्रारम्भ में देश में लगभग एक करोड़ अन्त्योदय परिवार की पहचान की गई थी। वर्ष 2003-04 में सरकार ने अन्त्योदय अन्न योजना का विस्तार किया और इसमें 50 लाख अतिरिक्त बी.पी.एल. परिवारों को शामिल किया गया। 1 अगस्त, 2004 से अन्त्योदय अन्न योजना को ऐसे 50 लाख अतिरिक्त बी.पी.एल. परिवारों तक बढ़ा दिया गया, जो भुखमरी के कगार पर हों। वर्ष 2005-06 के केंद्रीय बजट में की गई घोषणा के अनुसार इस योजना के अन्तर्गत 50 लाख अतिरिक्त बी पी एल परिवारों को लाया गया।

राष्ट्रीय खाद्य सुरक्षा मिशन के अन्तर्गत 11वीं पंचवर्षीय योजना के अन्त तक चावल, गेहूँ और दालों के उत्पादन को क्रमश: 10 मिलियन टन, 8 मिलियन टन और 2 मिलियन टन तक बढ़ाने का लक्ष्य रखा गया है। इसे देश के 17 राज्यों के 312 जिलों में लागू किया गया है। योजना के अन्तर्गत चयनित राज्यों में आन्ध्र प्रदेश, असोम, बिहार, छत्तीसगढ़, गुजरात, हरियाणा, कर्नाटक, केरल, मध्य प्रदेश, महाराष्ट्र, ओडिशा, पंजाब, तमिलनाडु, उत्तर प्रदेश, पश्चिम बंगाल, झारखण्ड एवं राजस्थान हैं।

देश में खाद्य सुरक्षा को सुनिश्चित करने के लिए राष्ट्रीय खाद्य सुरक्षा अधिनियम पारित किया जाना प्रस्तावित है। सोनिया गाँधी की अध्यक्षता वाली राष्ट्रीय सलाहकार परिषद् ने इसकी रूपरेखा को अक्टूबर, 2010 में अन्तिम रूप दे दिया, जिससे निर्धनों के लिए खाद्य सुरक्षा उपलब्ध करवाने के लिए राष्ट्रीय खाद्य सुरक्षा अधिनियम का मार्ग प्रशस्त हो गया। उम्मीद की जाती है कि शीघ्र ही इस अधिनियम को पारित कर दिया जाएगा। खाद्य सुरक्षा की रूपरेखा में देश की 75% जनसंख्या को खाद्य सुरक्षा उपलब्ध करवाने के लिए सार्वजनिक वितरण प्रणाली में आमूल–चूल परिवर्तन की संस्तुति राष्ट्रीय सलाहकार परिषद् ने की है, जिसमें सार्वजनिक वितरण प्रणाली के लाभान्वितों के मामले में 'निर्धनता रेखा से नीचे' के स्थान पर 'प्राथमिकता वाले परिवार' व 'सामान्य परिवार' शब्दों का प्रयोग कर इनके लिए रियायती दर पर खाद्यान्न उपलब्ध करवाने के वैधानिक अधिकार देने की चर्चा की गई है। इनमें ग्रामीण क्षेत्रों की 90% तथा शहरी क्षेत्रों की 50% जनसंख्या शामिल होगी। 75% जनसंख्या की दो श्रेणियों में से प्राथमिकता वाले परिवारों को प्रतिमाह 35 किलोग्राम खाद्यान्न विशेष रियायती मूल्य (बाजरा ₹ 1 प्रति किलोग्राम, गेहूँ ₹ 2 प्रति किलोग्राम तथा चावल ₹ 3 प्रति किलोग्राम तथा शेष सामान्य परिवारों को प्रतिमाह 20 किलोग्राम खाद्यान्न न्यूनतम समर्थन नूल्य के 50% पर उपलब्ध करवाने की संस्तुति की गई है। राष्ट्रीय सलाहकार परिषद् के अनुसार, ग्रामीण क्षेत्रों की 46% एवं शहरी क्षेत्रों की 28% जनसंख्या 'प्राथमिकता वाले परिवार' की श्रेणी में तथा ग्रामीण क्षेत्रों की 44% एवं शहरी क्षेत्रों की 22% जनसंख्या 'सामान्य परिवारों' की श्रेणी में आएगी। राष्ट्रीय सलाहकार परिषद् के आकलन के अनुसार, उपरोक्त तरीके से देश की 40% जनसंख्या ₹ 1-3 प्रति किलोग्राम की दर से तथा 35% जनसंख्या न्यूनतन समर्थन मूल्य के 50% मूल्य पर खाद्यान्न प्राप्त कर सकेगी। प्रस्तावित संरचना से देश के 1806 करोड़ परिवार रियायती दर पर खाद्यान्न प्राप्त कर सकेंगे। राष्ट्रीय सलाहकार परिषद् की संस्तुति के अनुसार प्रस्तावित खाद्य सुरक्षा अधिनियम का पहला चरण 2011-12 में लागू करने के बाद इसे 2014 तक पूरे देश में लागू कर दिया जाएगा।

खाद्य सुरक्षा भारत की प्रमुख चुनौतियों में से एक है। यदि भारत को विकसित राष्ट्रों की श्रेणी में शामिल होना है, तो इसे अपनी खाद्य सुरक्षा को सुनिश्चित करना होगा। इसके लिए भारत को अपनी सार्वजनिक वितरण प्रणाली में सुधार लाना होगा एवं इसकी खामियों को दूर करना होगा। इसके साथ ही राष्ट्रीय कृषि नीति, 2000 में लक्षित 4 प्रतिशत कृषि वृद्धि दर को प्राप्त करने के लिए हर सम्भव प्रयास करना होगा। खाद्य सुरक्षा के लिए जैविक खेती पर भी बल दिया जाना चाहिए। इसके साथ ही कृषि विकास एवं औद्योगिक विकास के बीच सन्तुलन स्थापित करना होगा। आशा है राष्ट्रीय खाद्य सुरक्षा अधिनियम शीघ्र ही पारित हो जाएगा, जिससे देश की 75 प्रतिशत जनसंख्या को रियायती मूल्य पर खाद्यान्न उपलब्ध हो सकेगा और सही मायने में देश में शान्ति एवं खुशहाली व्याप्त हो पाएगी।

प्रैक्टिस जोन

1. किशोर न्याय (बालकों की देख-रेख एवं संरक्षण) अधिनियम, 2000 का विस्तार होगा
   (a) सम्पूर्ण भारत पर
   (b) सम्पूर्ण उ.प्र. पर
   (c) सम्पूर्ण उत्तराखण्ड पर
   (d) जम्मू और कश्मीर को छोड़कर सम्पूर्ण भारत पर
2. किशोर न्याय (बालकों की देख-रेख एवं संरक्षण) अधिनियम, 2000 में कुल धाराएँ हैं
   (a) 68 (b) 69 (c) 70 (d) 71
3. किशोर न्याय अधिनियम, 2000 की धारा 16 के अनुसार किशोर को कौन-सी सजा नहीं दी जा सकती?
   (a) मृत्युदण्ड या आजीवन कारावास
   (b) 10 वर्ष का कारावास
   (c) 7 वर्ष का कारावास
   (d) 5 वर्ष का कारावास
4. घरेलू हिंसा से स्त्री का संरक्षण अधिनियम, 2005 में कुल कितने अध्याय और धाराएँ हैं?
   (a) 5 अध्याय और 37 धाराएँ (b) 6 अध्याय और 38 धाराएँ
   (c) 7 अध्याय और 40 धाराएँ (d) 4 अध्याय और 35 धाराएँ
5. घरेलू हिंसा से स्त्री का संरक्षण अधिनियम, 2005 का विस्तार कहाँ तक है?
   (a) इसका विस्तार केन्द्रशासित राज्यों को छोड़कर समस्त भारत पर है
   (b) इसका विस्तार जम्मू-कश्मीर राज्य के सिवाय समस्त भारत पर है
   (c) इसका विस्तार सम्पूर्ण भारत पर है
   (d) इसका विस्तार जम्मू-कश्मीर, नागालैण्ड और असोम राज्यों के सिवाय समस्त भारत पर है
6. घरेलू हिंसा से महिलाओं का संरक्षण अधिनियम, 2005 की किस धारा के अधीन अपील के बारे में प्रावधान है?
   (a) धारा 28 (b) धारा 29
   (c) धारा 30 (d) धारा 31
7. घरेलू हिंसा से महिलाओं का संरक्षण अधिनियम, 2005 कब पारित हुआ था?
   (a) 2 अक्टूबर, 2005 (b) 30 जनवरी, 2006
   (c) 13 सितम्बर, 2005 (d) 26 अक्टूबर, 2006
8. घरेलू हिंसा से महिलाओं का संरक्षण अधिनियम, 2005 की धारा 12 के अन्तर्गत कौन आवेदन पत्र प्रस्तुत कर सकता है?
   (a) व्यथित व्यक्ति
   (b) संरक्षण अधिकारी
   (c) व्यथित व्यक्ति के निमित्त कोई भी अन्य व्यक्ति
   (d) उपरोक्त सभी
9. घरेलू हिंसा से स्त्री का संरक्षण अधिनियम, 2005 की कौन-सी धारा के अन्तर्गत 'घरेलू हिंसा' को पारिभाषित किया गया है?
   (a) धारा 2 (b) धारा 3
   (c) धारा 4 (d) धारा 5
10. घरेलू हिंसा से महिलाओं का संरक्षण अधिनियम, 2005 की किस धारा के अन्तर्गत सद्भावपूर्वक की गई कार्यवाहियों के लिए संरक्षण अधिकारी को वाद, अभियोजन एवं अन्य विधिक कार्यवाहियों से संरक्षण प्रदान किया गया है?
    (a) धारा 30 (b) धारा 33
    (c) धारा 35 (d) धारा 36
11. राष्ट्रीय खाद्य सुरक्षा अधिनियम किस वर्ष पारित हुआ?
    (a) 2011 (b) 2012
    (c) 2013 (d) 2009
12. राष्ट्रीय खाद्य सुरक्षा अधिनियम के तहत देश की कितने प्रतिशत जनसंख्या को खाद्य सुरक्षा उपलब्ध कराई जाएगी?
    (a) 65% (b) 67%
    (c) 77% (d) 78%
13. किस आयु वर्ग के बालक को मिड-डे-मिल के तहत खाद्य सुरक्षा प्रदान की जाएगी?
    (a) 6-12 वर्ष (b) 6-14 वर्ष
    (c) 6-16 वर्ष (d) 6-18 वर्ष
14. शिक्षा का अधिकार अधिनियम लागू हुआ
    (a) वर्ष 2008 में (b) वर्ष 2009 में
    (c) वर्ष 2011 में (d) वर्ष 2012 में
15. छ से चौदह वर्ष के बच्चों के लिए नि: शुल्क शिक्षा का प्रवाधान है
    (a) अनुच्छेद 11 में (b) अनुच्छेद 21 (क) में
    (c) अनुच्छेद 31 में (d) अनुच्छेद 51 (क) में
16. शिक्षा का अधिकार अधिनियम, 2009 भारत के किस राज्य से लागू नहीं है?
    (a) जम्मू व कश्मीर (b) नागालैण्ड
    (c) मिजोरम (d) आन्ध्र प्रदेश
17. शिक्षा के अधिकार अधिनियम, 2009 में अलाभप्रद समूह से सम्बन्धित बालक माने गए है
    (a) पिछड़ी वर्ग के (b) अनुसूचित जाति के
    (c) अनुसूचित जनजाति के (d) ये सभी
18. शिक्षा के अधिकार अधिनियम, 2009 के अनुसार स्कूल में प्रवेश के समय कितनी फीस (प्रतिव्यक्ति)निर्धारित की गई है
    (a) ₹ 10 (b) ₹ 8
    (c) ₹ 12 (d) कोई फीस नहीं

उत्तरमाला

1. (d) **2.** (c) **3.** (a) **4.** (a) **5.** (b) **6.** (b) **7.** (c) **8.** (d) **9.** (b) **10.** (c)
11. (c) **12.** (b) **13.** (b) **14.** (b) **15.** (b) **16.** (a) **17.** (d) **18.** (d)

अध्याय

03

शारीरिक संरचना (सामान्य ज्ञान)

शारीरिक संरचना Physical Structure

शरीर-रचना विज्ञान Anatomy

शरीर-क्रिया विज्ञान को भली-भाँति समझने के लिए शरीर-रचना का भी ज्ञान होना अति आवश्यक है। यह वह विज्ञान है, जिसमें शरीर के भिन्न-भिन्न अंगों की रचना का ज्ञान होता है। शरीर के बाह्य एवं आन्तरिक अंगों की बनावट स्थिति का ज्ञान हमें शरीर-रचना विज्ञान से ही होता है। हृदय संकुचन, हृदय गति, हड्डियों की बनावट, ऊतकों का निर्माण, रुधिर का बनना इसका ही कार्य क्षेत्र है। आदि का अध्ययन, शरीर-रचना विज्ञान उसके आकार, आकृति भार, स्थिति, अन्य अंगों से उसका सम्बन्ध तथा बनावट का वर्णन करता है।

मानव पाचन तन्त्र Human Digestive System

जटिल भौतिक एवं रासायनिक प्रक्रियाएँ, जिनके द्वारा जटिल एवं अघुलनशील भोज्य कणों को सरल, घुलनशील एवं अवशोषण योग्य भोज्य कणों में परिवर्तित किया जाता है, **पाचन** कहलाता है। भोजन के पाचन की क्रिया पाँच चरणों; जैसे—अन्तर्ग्रहण, पाचन, अवशोषण, स्वांगीकरण तथा मल त्याग में पूर्ण होती है। मनुष्य के पाचन तन्त्र में आहारनाल और सहयोगी ग्रन्थियाँ होती हैं।

आहारनाल मुख, मुखगुहा, ग्रसनी, ग्रसिका, आमाशय, क्षुद्रान्त्र (छोटी आँत), वृहदान्त्र (बड़ी आँत), मलाशय और मल द्वारा से बनी होती है। सहायक पाचन ग्रन्थियों में लार ग्रन्थि, यकृत और अग्न्याशय हैं।

मुखगुहा में पाचन Digestion in Buccal Cavity

मुख के अन्दर दाँत भोजन को चबाते हैं। जीभ स्वाद को पहचानती है और भोजन को लार के साथ मिलाकर इसे अच्छी तरह से चबाने के लिए सुगम बनाती है। लार में उपस्थित टायलिन या एमाइलेज एन्जाइम स्टार्च पर कार्य करता है और स्टार्च को माल्टोज शर्करा में अपघटित कर देता है तथा माल्टेज एन्जाइम माल्टोज शर्करा को ग्लूकोज में बदल देता है।

$$\text{स्टार्च} \xrightarrow{\text{टायलिन}} \text{माल्टोज}$$

मनुष्य के ऊपरी व निचले जबड़ों में कुल 32 दाँत होते हैं। मनुष्य के दाँत गर्तदन्ती (thecodont), द्विवारदन्ती (diphyodcnt) तथा विषमदन्ती (heterodont) तीन प्रकार के होते हैं। मनुष्य के जबड़े में दो कृन्तक, एक रदनक, दो अग्रचवर्णक तथा तीन चवर्णक दाँत पाए जाते हैं।

जीभ

यह मुखगुहा के निचले भाग पर स्थित एक मोटी मांसल रचना होती है, जिसकी ऊपरी सतह पर कई छोटे-छोटे अंकुर (papillae) होते हैं, जिन्हें स्वाद कलियाँ (taste buds) कहते हैं। जीभ के अग्रभाग से मीठे स्वाद का पश्च भाग से कड़वे स्वाद का तथा बगल के भाग से खट्टे स्वाद का आभास होता है। टायलिन एन्जाइम के कारण भोजन के स्वाद में मिठास आ जाती है।

आमाशय में पाचन Digestion in Stomach

मुखगुहा से लार से सना हुआ भोजन निगल द्वार के द्वारा ग्रासनली (Oesophagus) में पहुँचता है, जहाँ से क्रमाकुंचन की प्रक्रिया द्वारा ग्रासनली से आमाशय में भोजन पहुँचता है। आमाशय में प्रोटीन एवं वसा का पाचन प्रारम्भ हो जाता है, परन्तु कार्बोहाइड्रेट का पाचन नहीं होता है। आमाशय में पाइलोरिक ग्रन्थियों से जठर रस (gastric juice) न्किलता है, जबकि ऑक्सिन्टिक या भित्तिय कोशिकाओं से HCl निकलता है।

जठर रस में पेप्सिन और रेनिन एन्जाइम होते हैं, जिसमें से पेप्सिन प्रोटीन को पाचन कर उसे पेप्टोन्स में बदल देती है, जबकि रेनिन दूध में घुली हुई प्रोटीन केसीन को ठोस प्रोटीन कैल्शियम पैराकेसीनेट में परिवर्तित कर देती हैं। इस प्रकार दूध फट जाता है। अब पेप्सिन इस प्रोटीन (केसीन) को पेप्टोन्स में परिवर्तित कर देती है। आमाशय में वसा पाचक एन्जाइम जठर लाइपेज वसीय पदार्थों पर क्रिया कर उसे छोटे-छोटे अणुओं में तोड़ देता है।

आमाशय में स्रावित HCl मुख्य रूप से भोजन के माध्यम को अम्लीय बनाता है, जिससे लार के टाइलिन की क्रिया समाप्त हो जाती है। यह अम्ल भोजन के साथ आए जीवाणुओं को नष्ट कर देता है तथा एन्जाइम की क्रिया को तीव्र कर देता है।

छोटी आँत में पाचन Digestion in Small Intestine

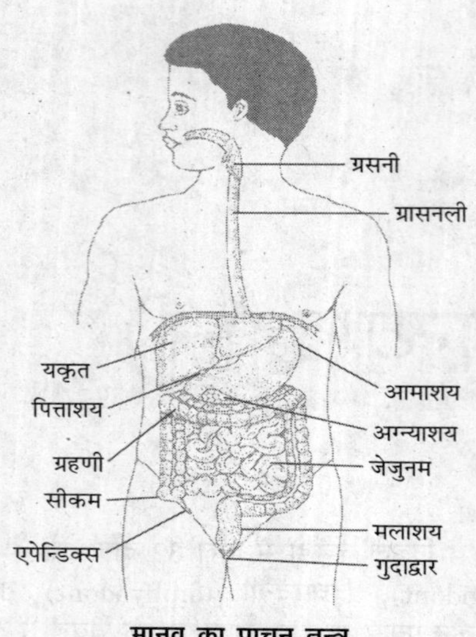

मानव का पाचन तन्त्र

छोटी आँत में पित्त, अग्न्याशयी रस तथा आँत रस आकर मिलते हैं तथा भोजन का पाचन पूर्ण करते हैं। पित्त एवं अग्न्याशयी रस आँत के pH को क्षारीय करते हैं। इसमें तीन एन्जाइम होते हैं, जिसमें ट्रिप्सिन, प्रोटीन को पॉलीपेप्टाइड एवं अमीनो अम्ल में, एमाइलेज स्टार्च को सरल शर्करा में, जबकि लाइपेज वसीय पदार्थों को ग्लिसरॉल एवं वसीय अम्ल (fatty acid) में तोड़ देता है। छोटी आँत आहारनाल का सबसे लम्बा भाग होता है। आहारनाल के इसी भाग में पाचन की क्रिया पूर्ण होती है।

बड़ी आँत में पाचन Digestion in Large Intestine

बड़ी आँत में उपस्थित चूषक कोशिकाएँ (goblet cells) श्लेष्मा का स्रावण करती हैं। यहाँ पर अपचे भोजन से जल का अवशोषण होता है फलत: मल गाढ़ा हो जाता है। शाकाहारी जन्तुओं के भोजन में उपस्थित **सेलुलोज का पाचन** यहीं पर होता है, जहाँ विद्यमान सहजीवी जीवाणु (symbiotic bacteria) इस सेलुलोज को शर्करा में बदल देती है।

पचे हुए भोजन का अवशोषण एवं स्वांगीकरण
Absorption and Assimilation of Digestive Food

छोटी आँत में ही पचे भोजन का अवशोषण मुख्य रूप से होता है। छोटी आँत की सतह पर अंगुलीनुमा उभार पाए जाते हैं, जिन्हें आँत रसांकुरों (intestinal villi) कहते हैं। इन्हीं रसांकुरों पर रुधिर केशिकाएँ और लिम्फ वाहिनियों का जाल बिछा होता है, जो पचे भोजन के अवशोषण में सहायक होती हैं। **रुधिर केशिकाओं** से **ग्लूकोज** तथा **अमीनो अम्ल** का अवशोषण, जबकि वसा अम्ल एवं ग्लिसरोल का अवशोषण लसीका (lymph) द्वारा होता है।

अपचित भोजन का बहिष्करण Egestion of Indigested Food

बड़ी आँत में जल का अवशोषण होने के बाद शेष बचा अपचित भोजन मलाशय के माध्यम से मलद्वार द्वारा बाहर निकल जाता है। अन्तत: इसी प्रक्रिया के साथ पाचन की क्रिया समाप्त होती है।

पाचन से सम्बन्धित ग्रन्थियाँ Glands Related to Digestion

पाचन से सम्बन्धित ग्रन्थियाँ इस प्रकार हैं

लार ग्रन्थि Salivary Glands

तीन जोड़ी; जैसे—(i) अधोजिह्वा ग्रन्थि (sublingual glands) जिह्वा के दोनों ओर एक-एक (ii) अधोजम्भ ग्रन्थि (sub-maxillary gland) निचले जबड़े के मध्य एक-एक (iii) कर्ण पूर्व ग्रन्थि (parotid gland) कर्णों के नीचे-दोनों ओर एक-एक स्थित होते हैं। लार में लगभग 99% जल, लगभग 1% एन्जाइम होते हैं। इसमें टायलिन एवं लाइसोजाइम नामक एन्जाइम होता है। लार कुछ तत्व; जैसे-लैड शीशा (Pb), मर्करी (Hg) व आयोडाइड (I_2) का स्रावण करती हैं।

यकृत Liver

यह सबसे बड़ी ग्रन्थि है। मनुष्य में इसका भार लगभग 1.5 किग्रा होता है। यकृत के शिरापात्रों (sinusoids) में कुप्फर कोशिकाएँ पाई जाती हैं, जो मृत RBCs व जीवाणुओं का भक्षण करती हैं।

यकृत के कार्य Functions of Liver

यकृत के कार्य निम्नलिखित हैं

- यकृत पित्त का स्रावण करता है, जो पित्ताशय (gall bladder) में संचित होता है तथा ग्लाइकोजन संग्रह करता है।
- हिपेरिन, फाइब्रिनोजन तथा प्रोथ्रॉम्बिन का स्रावण करता है।
- यकृत प्रोटीन उपापचय में भाग लेता है, जिसके फलस्वरूप अमोनिया, यूरिया आदि उत्पन्न होते हैं। यकृत अमोनिया को यूरिया में बदल देता है।
- यूरिया का संश्लेषण करता है तथा विटामिन-A, D तथा B_{12} का निर्माण करता है।
- अमीनो अम्लों का डीऐमीनेशन तथा विषैले पदार्थों का विषहरण (detoxification) करता है।
- फैगोसाइटोसिस क्रिया द्वारा जीवाणुओं का भक्षण करता है।
- भ्रूणावस्था में लाल रुधिराणुओं का निर्माण करता है।

पाचन का सारांश

आहारनाल का भाग	ग्रन्थि	पाचन रस	pH	एन्जाइम	खाद्य पदार्थ, जिन पर क्रिया होती है	अन्तिम उत्पाद
मुखगुहा	लार ग्रन्थि	लार रस	6.8 (अम्लीय)	टायलिन या एमाइलेज	स्टार्च	माल्टोज एवं डेक्सट्रीन (जटिल शर्करा)
आमाशय	जठर ग्रन्थियाँ कार्डियक फण्डिक पाइलोरिक	जठर रस	1.8-3.2 (अम्लीय)	1. पेप्सिन 2. रेनिन 3. गैस्ट्रिक लाइपेस	1. प्रोटीन 2. दूध का प्रोटीन (केसीन) 3. वसा	1. पेप्टोन्स एवं प्रोटीओसेस 2. पैराकेसीन 3. वसा का इमल्सिफिकेशन

आहारनाल का भाग	ग्रन्थि	पाचन रस	pH	एन्जाइम	खाद्य पदार्थ, जिन पर क्रिया होती है	अन्तिम उत्पाद
ड्यूओडिनम	अग्न्याशय	अग्न्याशय रस	7.1-8.2 7.6 (क्षारीय)	1. ट्रिप्सिन व काइमोट्रिप्सिन 2. एमीलोप्सिन 3. कार्बोक्सिपेप्टिडेस 4. स्टिऐप्सिन या लाइपेस	1. प्रोटीन 2. मण्ड एवं जटिल शर्करा अणु 3. प्रोटीन के पॉलीपेप्टाइड अणुओं पर 4. वसा	1. पॉलीपेप्टाइड अणु 2. डाइसैकेराइड्स 3. अमीनो अम्ल 4 वसा, अम्ल व ग्लिसरॉल
यकृत	पित्त रस		7.1-8.2 (क्षारीय)	कोई नहीं	–	–
क्षुदान्त्र	आन्त्रीय ग्रन्थियाँ	आन्त्र रस	7.6 (क्षारीय)	1. ऐन्टेरोकाइनेज 2. इरोप्सिन 3. माल्टेज 4. सुक्रेज 5. लाइपेज 6. लैक्टेज 7. न्यूक्लियेस	1. ट्रिप्सिनोजन 2. पॉली, ट्राइपेप्टाइड्स 3. ग्लूकोज (मोनोसैकेराइड) 4. डाइसैकेराइड सुक्रोज 5. बची हुई वसा 6. लैक्टोज 7. न्यूक्लिक अम्ल, न्यूक्लियोटाइड्स	1. ट्रिप्सिन 2. अमीनो अम्ल 3. ग्लूकोज (मोनोसैकेराइड) 4. ग्लूकोज एवं फ्रक्टोज 5. वसा अम्ल एवं ग्लिसरॉल 6. ग्लूकोज व गैलेक्टोज 7. न्यूक्लियोसाइड्स

अग्न्याशय (Pancreas)

यह शरीर की दूसरी बड़ी मिश्रित ग्रन्थि (mixed gland) है। *इसके अन्त:स्रावी भाग में निम्न प्रकार की कोशिकाएँ होती हैं*

एल्फा कोशिकाएँ (α-cells), ये ग्लूकेगॉन हॉर्मोन स्रावित करती हैं।

बीटा कोशिकाएँ (β-cells), ये इन्सुलिन हॉर्मोन स्रावित करती हैं। इन्सुलिन रुधिर में शर्करा की मात्रा को नियन्त्रित करने का काम करता है। इन्सुलिन के अल्प स्रावण से मधुमेह (diabetes) नामक रोग हो जाता है।

डेल्टा कोशिकाएँ (δ-cells), ये सोमेटोस्टेटिन हॉर्मोन स्रावित करती हैं। अग्न्याशय का बाह्य या एक्सोक्राइन भाग जिसे **एसीनी कोशिकाएँ** कहते हैं। अग्न्याशयी रस का स्रावण करता है, जो भोजन के पाचन में सहायक है।

- लार में उपस्थित **टायलिन एन्जाइम** का स्रावण पेरोटिड ग्रन्थियों द्वारा होता है।
- छोटी आँत में **बुनर्स ग्रन्थियों** द्वारा अग्न्याशयी रस निकलता है।
- बड़ी आँत में उपस्थित *सैलोबायोपैरस* एवं *क्लॉस्ट्रिडियम* जीवाणु तथा *एन्टोडोनियम* नामक प्रोटोजोआ सीकम में सेलुलोज के पाचन में सहायता करते हैं।
- बिलिरुबिन एवं बिलीवर्डिन वर्णक पित्त रस में पाए जाते हैं।

अन्तः स्रावी तन्त्र Endocrine System

शरीर के विभिन्न भागों में उपस्थित नलिकाविहीन ग्रन्थियों के समूह को अन्त:स्रावी तन्त्र कहा जाता है। इनसे हॉर्मोन का स्राव होता है तथा इन्हीं हॉर्मोनों के द्वारा शरीर की सभी रासायनिक क्रियाओं का नियन्त्रण होता है, जहाँ बहि:स्रावी ग्रन्थियाँ स्राव वाहिनियों (ducts) द्वारा विसर्जित करती है; जैसे—लार ग्रन्थियाँ वहीं अन्त:स्रावी ग्रन्थियाँ वाहिनी विहीन (ductless) ग्रन्थियाँ होती हैं, जो अपना स्राव रुधिर में मुक्त करती है और यह स्राव रुधिर के माध्यम से निर्धारित अंगों में पहुँचकर रासायनिक क्रियाओं का समन्वय करता है। मिश्रित ग्रन्थियाँ दोनों तरह की (बहि:स्रावी एवं अन्त:स्रावी) होती है; जैसे—अग्न्याशय।

मनुष्य की अन्तःस्रावी ग्रन्थियाँ

Endocrine System of Human

मनुष्य के शरीर में कुल 9 अन्त:स्रावी ग्रन्थियाँ पाई जाती हैं, जिनमें से अधिकांश नर एवं मादा में समान होती हैं, *जो निम्न हैं*

1. पिट्यूटरी ग्रन्थि (मास्टर ग्रन्थि)
2. पैराथायरॉइड
3. अग्न्याशय
4. पिनियल ग्रन्थि
5. हाइपोथैलेमस
6. थायरॉइड
7. एड्रिनल (सुपरएड्रिनल)
8. थाइमस
9. जनद

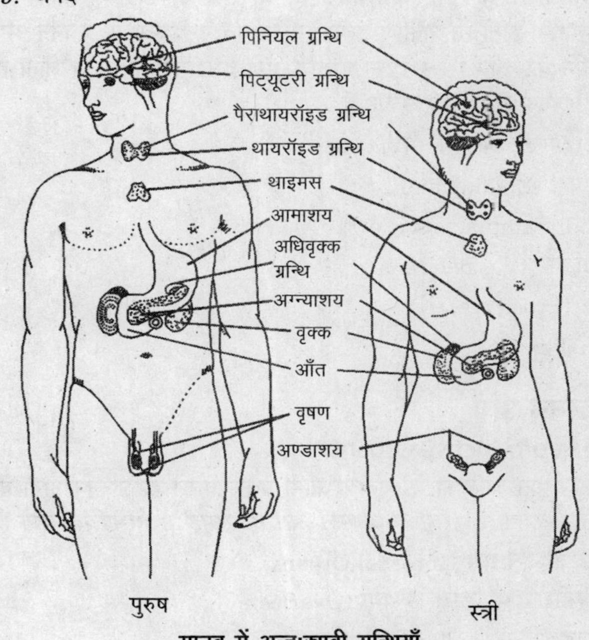

मानव में अन्तःस्रावी ग्रन्थियाँ

प्रजनन संस्थान
Reproductive System

वंशक्रम को चलाए रखने के लिए प्रत्येक प्रजाति को अपने जैसे जीव को जन्म देना पड़ता है। प्रत्येक सजीव प्राणी में प्रजनन के रूप में एक विशेष गुण विद्यमान होता है, जिसके द्वारा वह अपनी जाति के अन्य जीव को उत्पन्न करने की क्षमता रखता है। प्रजनन के इस गुण के परिणामस्वरूप ही मनुष्य, पशु, पक्षी, पौधे आदि सभी सजीव जातियाँ अपना अस्तित्व बनाए हुए हैं। ये सभी प्रजातियाँ निरन्तर सन्तति उत्पन्न करने में लगी हुई हैं ताकि उनका अस्तित्व बना रहे। *अमीबा* और बैक्टीरिया आदि जीवों में लिंग का विभाजन न होने के कारण प्रजनन के लिए नर और मादा के सहवास की आवश्यकता नहीं होती है। ये एककोशीय जीव होते हैं जोकि द्वि-विभाजन (binary fission) के द्वारा जनन करते हैं।

उभयलिंगी प्राणियों में नर और मादा दोनों जननांग (sexual organs) एक ही शरीर में होते हैं जिनके द्वारा स्वत: ही जनन क्रिया सम्पन्न कर सकते हैं। केंचुआ, जोंक आदि इस वर्ग के उदाहरण हैं। इसके विपरीत सर्वोच्च स्तर के प्राणियों में नर और मादा लिंग अलग होते हैं अत: प्रजनन क्रिया सम्पन्न करने के लिए लैंगिक सहवास अनिवार्य है। इस वर्ग के प्राणी एकलिंगी (unisexual) कहलाते हैं। इस वर्ग में सर्प, छिपकली, मेंढक, पक्षी, पशु, मनुष्य आदि प्राणी आते हैं।

नर व मादा के वे अंग जो नये जीव के निर्माण व विकास में सहायक होते हैं, प्रजनन अंग कहलाते हैं एवं इनकी कार्यविधि को प्रजनन संस्थान कहते हैं।

पुरुष प्रजनन अंग Male Reproductive Organs

बालक के युवावस्था में प्रवेश करने के साथ ही शरीर के अन्य अंगों के साथ-साथ प्रजनन अंगों का भी विकास होने लगता है। इस अवस्था को प्राप्त करते ही पुरुष प्रजनन योग्य हो जाता है। पुरुष प्रजनन अंग शुक्राणुओं को उत्पन्न कर, उस स्थान पर जमा करते हैं, जहाँ पर अण्डाणु से मिलने की प्रबल सम्भावना होती है। शुक्राणु उत्पन्न करने एवं उन्हें स्त्री के प्रजनन अंगों तक पहुँचाने का कार्य भिन्न-भिन्न प्रजनन अंगों द्वारा सम्पन्न किया जाता है। *पुरुष के प्रजनन अंग निम्न प्रकार हैं*

- वृषण (अण्ड) ग्रन्थियाँ (Testes)
- अधिवृषण (Epididymis)
- शुक्राशय (Seminal vescicle)
- शुक्रवाहिका (Vas deferens)
- पुर:स्थ (Prostrate)
- शिशन (Penis)

स्त्री प्रजनन अंग
Female Reproductive Organs

बालक के समान बालिका के युवावस्था में प्रवेश करते ही प्रजनन अंगों का विकास होने लगता है। *स्त्री के प्रजनन अंग दो समूह में विभाजित रहते हैं*

1. **आन्तरिक जननांग** (Internal Organs)
   - अण्डाशय या डिम्ब ग्रन्थियाँ (Ovaries),
   - अण्डवाहिनी (Fallopian tubes),
   - गर्भाशय (Uterus),
   - योनि मार्ग (Vagina)
2. **बाह्य अंग** (External Organs)
   - रति प्यूबिस जघनशैल (Moms pubis),
   - वृहत् भगोष्ठ (Labium majora),
   - लघु भगोष्ठ (Labia minor),
   - भगशिश्निका (Clitoris)।

मूत्र Urine

सामान्य स्थिति में मूत्र पारदर्शी एवं हल्का पीला होता है। इसमें एक विशेष प्रकार की दुर्गन्ध होती है। मूत्र की मात्रा कम होने पर उसमें विलेय पदार्थ अधिक सान्द्रित रहते हैं फलत: मूत्र का रंग अधिक पीला हो जाता है। अनेक औषधियाँ भी इसके रंग को प्रभावित करती हैं। इसका रंग वातावरण से भी प्रभावित होता है। मूत्र में 85% जल एवं शेष भाग कार्बनिक और अकार्बनिक पदार्थों का होता है। *मनुष्य के मूत्र में जल तथा ठोस पदार्थों की मात्रा निम्न प्रकार होती है*

1. जल 96%   2. ठोस पदार्थ 4%

टिप्पणी ठोस पदार्थों में 2% यूरिया तथा 2% यूरिक एसिड तथा लवण होते हैं।

मूत्र का निर्माण Formation of Urine

मूत्र का निर्माण तीन प्रक्रियाओं द्वारा होता है

1. **छनन** (Filtration) छनन ग्लोमेरूलस के दबाव के अन्तर्गत होता है। यहाँ जल, नमक तथा अन्य पदार्थ छनकर वृक्क नलिका में चले जाते हैं। ग्लोमेरूलस में से करीब 600 मिली रुधिर प्रति मिनट गुजरता है और इसमें से लगभग 125 मिली ही छनता है।
2. **स्रावण** (Secretion) स्रावण की क्रिया वृक्क नलिका में होती है। स्रावण वृक्क नलिका की उपकला की कोशिकाओं के द्वारा सम्पन्न होने वाली सक्रिय प्रक्रिया है। ये कोशिकाएँ रुधिर में से सामान्य अथवा असामान्य पदार्थों को चुनकर वृक्क नलिका के ल्यूमेन (lumen) में पहुँचा देती हैं।
3. **अवशोषण** (Absorpition) अवशोषण की क्रिया द्वारा छनित आवश्यक पदार्थों को रुधिर में डाला जाता है। सामान्य अवस्था में सम्पूर्ण ग्लूकोस पुन: शोषित हो जाता है और मूत्र में बिल्कुल उत्सर्जित नहीं होता है। अधिकांश पानी और लवण का भी अवशोषण हो जाता है। परिणामस्वरूप 1.5 लीटर द्रव जो संचयिक नलिकाओं में चला जाता है, में सामान्यत: 2% यूरिया रहता है।

मूत्र के निर्माण को प्रभावित करने वाले तत्त्व
Factors Affecting the Formation of Urine

- अधिक जल, शर्बत, चाय, एल्कोहॉल के सेवन से मूत्र-मात्रा में वृद्धि होती है। इनकी अधिक मात्रा लेने पर 15- 20 मिनट पश्चात् मूत्र की इच्छा उत्पन्न हो जाती है।
- नमक मूत्र की मात्रा निर्माण को प्रभावित करता है। यह पानी के अन्तर्ग्रहण को बढ़ा देता है। अधिक नमक की मात्रा वृक्कों की छनन क्रिया में वृद्धि कर देती है।
- शीतकाल या बरसात में जल की मात्रा अधिक होने और लवण की मात्रा कम होने से मूत्र का घनत्व भी कम हो जाता है।
- व्यायाम मूत्र के आयतन को कम करता है। व्यायाम करने से अनावश्यक पदार्थ पसीने के रूप में बाहर निकल जाते हैं। इस कारण मूत्र की मात्रा में कमी हो जाती है।

- व्यक्ति की आयु मूत्र मात्रा को प्रभावित करती है। छोटे बच्चों की अपेक्षा एक वयस्क व्यक्ति में अधिक मूत्र निर्माण होता है।
- कुछ इंजेक्शन प्रचलन में हैं, जिनसे मूत्र का निर्माण तेजी से होता है।
- भय की अवस्था में भी मूत्र त्याग अधिक होता है जबकि हैजे की बीमारियों में मूत्र की मात्रा बिल्कुल कम हो जाती है। मधुमेह में मूत्र की मात्रा बढ़ जाती है।

किशोरावस्था में विराम

Adolescence and Learning in this stage

- इस अवस्था में किशोरों की लम्बाई एवं भार दोनों में वृद्धि होती है, साथ ही माँसपेशियों में भी वृद्धि होती है
- 12-14 वर्ष की आयु के बीच लड़कों की अपेक्षा लड़कियों की लम्बाई एवं माँसपेशियों में तेजी से वृद्धि होती है एवं 14-18 वर्ष की आयु के बीच लड़कियों की अपेक्षा लड़कों की लम्बाई एवं माँसपेशियाँ तेजी से बढ़ती हैं।
- इस काल में प्रजनन अंग विकसित होने लगते हैं एवं उनकी काम की मूल प्रवृत्ति जाग्रत होती है।
- इस अवस्था में किशोर-किशोरियों की बुद्धि का पूर्ण विकास हो जाता है, उनके ध्यान केन्द्रित करने की क्षमता बढ़ जाती है, स्मरण शक्ति बढ़ जाती है एवं उनमें स्थायित्व आने लगता है।
- इस अवस्था में मित्र बनाने की प्रवृत्ति तीव्र होती है एवं मित्रता में प्रगाढ़ता भी इस दौरान सामान्य-सी बात है। इस तरह इस अवस्था में व्यक्ति के सामाजिक सम्बन्धों में वृद्धि होती है।
- यौन समस्या इस अवस्था की सबसे बड़ी समस्या होती है।
- इस अवस्था में नशा या अपराध की ओर उन्मुख होने की अधिक सम्भावना रहती है, इसलिए इस अवस्था को **जीवन के तूफान का काल** भी कहा जाता है।
- किशोरावस्था के शारीरिक बदलावों का प्रभाव किशोर जीवन के सामाजिक और मनोवैज्ञानिक पहलुओं पर पड़ता है। अधिकतर किशोर इन परिवर्तनों का सामना बिना पूर्ण ज्ञान एवं समझ के करते हैं जो उन्हें खतरनाक स्थितियों जैसे—यौन रोगों, यौन दुर्व्यवहार, एचआईवी संक्रमण एवं नशीली दवाओं के सेवन का शिकार बना सकती हैं। अत: इस अवस्था में उन्हें शिक्षकों, मित्रों एवं अभिभावकों के सही मार्गदर्शन एवं सलाह की आवश्यकता पड़ती है।

प्राथमिक स्वास्थ्य केन्द्र Primary Health Centre

प्राथमिक स्वास्थ्य केन्द्र, ग्रामीण समुदाय एवं चिकित्सक के मध्य पहला सम्पर्क बिन्दु होता है, इनकी स्थापना एवं रख-रखाव राज्य सरकारों के न्यूनतम बुनियादी आवश्यकता कार्यक्रम (Minimum Basic Need Programme) के अन्तर्गत किया जाता है। प्राथमिक स्वास्थ्य केन्द्र के काम की देख-रेख एक चिकित्सा अधिकारी करता है इसमें रोगियों के लिए 4-6 बिस्तर होते हैं तथा रोगों के निदान सम्बन्धी कुछ सुविधाएँ भी उपलब्ध होती हैं।

प्राथमिक स्वास्थ्य केन्द्र के कार्य

Functions of Primary Health Centre

- चिकित्सा देखभाल
- स्वच्छ आपूर्ति एवं आधारभूत स्वच्छता
- स्थानिक बीमारियों (Endemic diseases) की रोकथाम एवं उनका उपचार
- प्रजनन एवं बाल स्वास्थ्य, परिवार नियोजन सहित जैविक सांख्यिकी का संग्रहण एवं रिपोर्ट करना।
- स्वास्थ्य शिक्षा
- रेफरल सेवाएँ
- आधारभूत प्रयोगशाला सेवाएँ
- राष्ट्रीय स्वास्थ्य कार्यक्रम
- ग्राम स्वास्थ्य मार्गदर्शक (VHG), स्थानीय दाई, स्वास्थ्य कार्यकर्ताओं तथा स्वास्थ्य सहायकों को प्रशिक्षण देना।

प्राथमिक स्वास्थ्य केन्द्र पर कार्यरत महिला स्वास्थ्य सहायक के कार्य Functions of FHA/LHV Working at Primary Health Centre

- उपकेन्द्रों पर कार्यरत महिला स्वास्थ्य कार्यकर्ताओं का पर्यवेक्षण एवं पथ-प्रदर्शन।
- स्वास्थ्य दल के सदस्य के रूप में कार्य करना।
- उपकेन्द्रों के लिए सामग्री, उपकरण आदि की व्यवस्था करना।
- रिकॉर्डों की जाँच एवं रिपोर्ट करना।
- दाइयों के लिए प्रशिक्षण देना।
- उपकेन्द्र में साप्ताहिक एण्टीनेटल एवं शिशु क्लीनिकों के संचालन में सहायता करना।
- प्रजनन एवं बाल स्वास्थ्य तथा गर्भ के चिकित्सीय समापन हेतु परामर्श सेवाएँ प्रदान करना।
- परिवार नियोजन सेवाएँ प्रदान करना।
- पोषण सेवाएँ, कुपोषण के मामलों को आगे रेफर करना।
- टीकाकरण कार्य की देख-रेख करना
- प्राथमिक चिकित्सा प्रदान करना।
- स्वास्थ्य शिक्षा देना।

प्रैक्टिस जोन

1. भीमकायता का कारण होता है
(a) एड्रोजन की अधिकता
(b) थायरॉइड ग्रन्थि की अतिसक्रियता
(c) पीयूष ग्रन्थि की क्षीणता
(d) उपरोक्त सभी

2. मानव शरीर के लिए आवश्यक अमीनो अम्ल को अति आवश्यक कहा जाता है क्योंकि
(a) ये सभी भोज्य पदार्थों में उपस्थित नहीं होते हैं
(b) ये अधिक ऊर्जा प्रदान करते हैं
(c) ये मानव शरीर में पर्याप्त मात्रा में संश्लेषित नहीं होते हैं
(d) उपरोक्त सभी

3. बीमारी को बढ़ने से रोकने के लिए किया जाने वाला उपाय कहलाता है
(a) प्राइमरी रोकथाम (b) सेकण्डरी रोकथाम
(c) टरशियरी रोकथाम (d) इनमें से कोई नहीं

4. यूस्टैकिअन नलिकाएँ ग्रसनी से प्रारम्भ होकर कहाँ खुलती हैं?
(a) कान के बाहरी भाग में
(b) कान के मध्य भाग में
(c) कान के अन्दरूनी भाग में
(d) उपरोक्त में से कोई नहीं

5. वयस्क व्यक्तियों में सामान्य नाड़ी स्पन्दन दर होती है
(a) 75 प्रति मिनट (b) 76 प्रति मिनट
(c) 74 प्रति मिनट (d) 72 प्रति मिनट

6. मासिक चक्र के लगभग कितने दिन बाद डिम्ब ग्रन्थि से डिम्ब का उत्सर्जन होता है?
(a) 8 दिन (b) 21 दिन
(c) 14 दिन (d) 28 दिन

7. भारत में महिला प्रजनन आयु कितनी निर्धारित की गई है?
(a) 18-54 वर्ष (b) 15-44 वर्ष
(c) 21-55 वर्ष (d) 23-56 वर्ष

8. पुरुषों में की जाने वाली नसबन्दी कहलाती है
(a) Tubactomy (b) Prostactomy
(c) Vasectomy (d) Laparoscopy

9. दूध का स्कन्दन (coagulation of milk) होता है
(a) केसीन द्वारा (b) रेनिन द्वारा
(c) पेप्सिन द्वारा (d) ट्रिप्सिन द्वारा

10. मानव का यकृत होता है
(a) पाँच पालीयुक्त (b) तीन पालीयुक्त
(c) द्विपालीयुक्त (d) चार पालीयुक्त

11. ब्रूनर्स ग्रन्थियाँ पाई जाती हैं
(a) छोटी आँत्र में (b) आमाशय में
(c) मलाशय में (d) मुख गुहा में

12. लार में पाया जाने वाला एंजाइम है
(a) पेप्सिन (b) टायलिन
(c) ट्रिप्सिन (d) काइमोट्रिप्सिन

13. सबसे बड़ी लार ग्रन्थियाँ हैं
(a) सबलिंग्युअल ग्रन्थियाँ (b) सबमैण्डीबुलर ग्रन्थियाँ
(c) पैरोटिड ग्रन्थियाँ (d) सबमैक्सिलरी ग्रन्थियाँ

14. आहारनाल में गति (पेशी संकुचन) कहलाती है
(a) सिस्टोल (b) डायस्टोल
(c) पेरिस्टेल्सिस (d) मेटाक्रोनल

15. मानव शरीर में सबसे बड़ी ग्रन्थि होती है
(a) अग्न्याशय (b) यकृत
(c) पीयूष (d) थायरॉइड

16. मानव शरीर में अमीनो अम्लों के प्रकार होते हैं
(a) 15 (b) 20
(c) 4 (d) 10

17. भोजन निगलते समय भोजन को श्वासनाल में जाने से रोकने वाली संरचना होती है
(a) ग्रसनी (b) कण्ठद्वार
(c) घाँटीढापन (d) निगलद्वार

18. सक्कस एन्टेरिकस का स्रावण करने वाली ग्रन्थियाँ होती हैं
(a) जठर ग्रन्थियाँ (b) लिबरकुहन की दरारें
(c) अग्न्याशय (d) बार्थोलियन की ग्रन्थियाँ

19. वसाओं, कार्बोहाइड्रेट्स तथा प्रोटीन्स का पाचन कहाँ होता है?
(a) छोटी आंत में (b) बड़ी आंत में
(c) आमाशय में (d) यकृत में

20. आमाशय में किस प्रकार की कोशिकाएँ HCl का स्रावण करती हैं?
(a) मुख्य कोशिकाएँ (b) अम्लजन कोशिकाएँ
(c) कुप्फर कोशिकाएँ (d) श्लेष्मल कोशिकाएँ

21. लाइसोजाइम्स (lysozymes) कहाँ पाए जाते हैं?
(a) लार में (b) आँसुओं में
(c) (a) और (b) दोनों में (d) माइटोकॉण्ड्रिया में

22. शशक के दाँत होते हैं
(a) गर्तदन्ती (Thecodont) (b) द्विदन्ती (Diphyodont)
(c) विषमदन्ती (Heterodont) (d) ये सभी

23. हमारे शरीर में यकृत में संग्रहित होता है
(a) विटामिन B_{12} (b) विटामिन A
(c) विटामिन D (d) ये सभी

24. रसांकुरों (villi) का कार्य होता है
(a) पाचन (b) स्रावण
(c) अवशोषण (d) स्वांगीकरण

25. वह हॉर्मोन जो अग्न्याशयी रस के स्रावण को प्रेरित करता है
(a) सिक्रिटिन (b) गैस्ट्रिन
(c) एन्ट्रोकाइनेस (d) एण्ट्रोगैस्ट्रॉन

26. मनुष्य के जीवनकाल में कितने दाँत दो बार उगते हैं?
(a) 32 (b) 20
(c) 16 (d) 30

27. यकृत कोशिकाएँ किसका स्रावण करती हैं?
(a) लाइपेस (b) पित्त
(c) ट्रिप्सिन (d) ऐमाइलॉप्सिन

28. मनुष्य के आमाशय के दूरस्थ भाग को कहते हैं
(a) फन्डिक (b) पाइलोरिक
(c) कार्डियक (d) आमाशय काय

29. केसीन क्या है?
(a) दुग्ध जीवाणु (b) दुग्ध प्रोटीन
(c) दुग्ध शर्करा (d) दुग्ध वसा

30. पित्त द्वारा वसा का इमल्सीकरण होता है
(a) इलियम में (b) आमाशय में
(c) यकृत में (d) ग्रहणी में

31. किशोर ···का अनुभव कर सकते हैं।
(a) बचपन में किए गए अपराधों के प्रति डर के भाव
(b) आत्मसिद्धि के भाव
(c) जीवन के बारे में परितृप्ति
(d) दुश्चिन्ता और स्वयं से सरोकार

32. किशोरावस्था होती है
(a) 13-14 वर्ष (b) 13-18 वर्ष
(c) 13-16 वर्ष (d) 17-20 वर्ष

33. कौन-सा कथन सर्वाधिक उपयुक्त है?
(a) किशोरावस्था काष्ठावस्था है
(b) किशोरावस्था सर्वाधिक रचनात्मक विकास की अवस्था है
(c) किशोरावस्था झंझावतों की आयु है
(d) किशोरावस्था झंझावतों की आयु होते हुए भी रचनात्मक विकास की भी अवस्था है

34. यौवन की आयु कहते हैं
(a) पूर्ण किशोरावस्था को (b) किशोरावस्था को
(c) बाल्यावस्था को (d) ये सभी

35. किस आयु वर्ग की लड़कियाँ तेजी से बढ़ती हैं?
(a) 12 से 14 वर्ष (b) 13 से 15 वर्ष
(c) 10 से 12 वर्ष (d) 11 से 14 वर्ष

36. किशोरावस्था में किशोरों में कौन-से गुण आते हैं?
(a) वीर पूजा की भावना (b) विपरीत लिंग के प्रति आकर्षण
(c) कल्पना की प्रधानता (d) ये सभी

37. विकास के किस काल को 'अत्यधिक दबाव और तनाव का काल' कहा गया है?
(a) किशोरावस्था (b) प्रौढ़ावस्था
(c) मध्यावस्था (d) वृद्धावस्था

38. पूर्वाग्रही किशोर/किशोरी अपनी ········· के प्रति कठोर होंगे।
(a) समस्या (b) जीवनशैली
(c) सम्प्रत्यय (d) वास्तविकता

39. यदि किसी व्यक्ति को बिच्छू काट ले, तो आप उसे निम्न में से क्या प्राथमिक उपचार नहीं देंगें?
(a) एस्प्रीन देगे
(b) एन्टी हिस्टैमाइन की गोलियाँ देंगे
(c) बर्फ से दन्त की सिकाई करेंगे
(d) गर्म पानी से दन्त की सिकाई करेगें

40. निम्नलिखित में से घाव का प्रकार नहीं है
(a) कटा घाव (b) फटा घाव
(c) कुचला घाव (d) इनमें से कोई नहीं

41. कटने से लगे घाव, खरोंच आदि के लिए प्राथमिक उपचार है
(a) साबुन से धोना
(b) उबले पानी को ठण्डा कर उससे धोना
(c) घाव में से गन्दगी निकालना
(d) उपरोक्त सभी

42. निम्न में से सबसे खतरनाक रूधिर स्राव का उदाहरण है
(a) धमनी रूधिर स्राव (b) मृदुतकीय रुधिर स्राव
(c) शिरीय रुधिर स्राव (d) कोशिकी रुधिर स्राव

43. किस अंग के रूधिर स्राव हेतु "फी मोरल दबाव बिन्दु" को प्राथमिक उपचार के रूप में इस्तेमाल किया जाता है?
(a) हाथ (b) पैर
(c) चेहरा (d) कन्धा

उत्तरमाला

1.	(c)	**2.**	(c)	**3.**	(b)	**4.**	(b)	**5.**	(d)	**6.**	(c)	**7.**	(b)	**8.**	(c)	**9.**	(b)	**10.**	(c)
11.	(a)	**12.**	(b)	**13.**	(c)	**14.**	(c)	**15.**	(b)	**16.**	(b)	**17.**	(c)	**18.**	(b)	**19.**	(a)	**20.**	(b)
21.	(c)	**22.**	(d)	**23.**	(d)	**24.**	(c)	**25.**	(a)	**26.**	(b)	**27.**	(b)	**28.**	(b)	**29.**	(b)	**30.**	(c)
31.	(d)	**32.**	(b)	**33.**	(d)	**34.**	(a)	**35.**	(a)	**36.**	(d)	**37.**	(a)	**38.**	(a)	**39.**	(d)	**40.**	(d)
41.	(d)	**42.**	(a)	**43.**	(b)														

अध्याय

04

कम्प्यूटर जागरूकता

कम्प्यूटर एक स्वचालित तथा निर्देशों के अनुसार कार्य करने वाला इलेक्ट्रॉनिक डिवाइस है, जो डेटा ग्रहण करता है तथा सॉफ्टवेयर या प्रोग्राम के अनुसार, किसी परिणाम के लिए डेटा को प्रोसेस, संग्रहीत अथवा प्रदर्शित करता है।

'कम्प्यूटर' शब्द की उत्पत्ति लैटिन भाषा के 'computare' शब्द से हुई है। परन्तु कुछ विशेषज्ञों का मानना है कि 'कम्प्यूटर' शब्द की उत्पत्ति 'compute' शब्द से हुई है। सामान्यत: दोनों का ही अर्थ 'गणना करना' है।

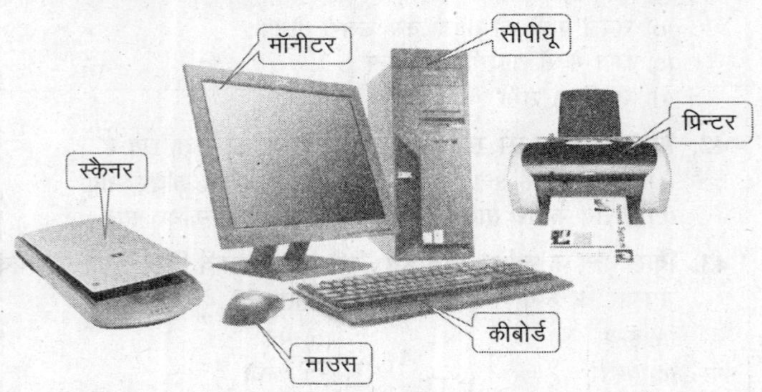

एक कम्प्यूटर सिस्टम

'कम्प्यूटर' शब्द अंग्रेजी के आठ अक्षरों से मिलकर बना है, जो इसके अर्थ को और भी अधिक व्यापक बना देते है

C	—	Commonly	(कॉमनली)
O	—	Operated	(ऑपरेटिड)
M	—	Machine	(मशीन)
P	—	Particularly	(पर्टिक्युलर्ली)
U	—	Used for	(यूस्ड फॉर)
T	—	Technical	(टैक्निकल)
E	—	Education and	(एजुकेशन एण्ड)
R	—	Research	(रिसर्च)

अत: 'कम्प्यूटर' का तात्पर्य एक ऐसे यन्त्र से है; जिसका उपयोग गणना, प्रक्रिया, यान्त्रिकी, अनुसन्धान, शोध आदि कार्यों में किया जाता है। कम्प्यूटर, हार्डवेयर और सॉफ्टवेयर का संयोजन है, जो डेटा (Data) को सूचना (Information) में बदलता है।

कम्प्यूटर प्रणाली की कार्य पद्धति

Functioning of a Computer System

कम्प्यूटर के द्वारा निम्न चार कार्य किए जा सकते हैं

1. **इनपुट** (Input) कम्प्यूटर में डेटा या सूचना को भेजना, इनपुट कहा जाता है। यह सेन्ट्रल प्रोसेसिंग यूनिट (Central Processing Unit) के लिए डेटा और निर्देश भेजता है।
2. **प्रोसेसिंग** (Processing) सेन्ट्रल प्रोसेसिंग यूनिट कम्प्यूटर के निर्देशों को एक्जिक्यूट करता है।
3. **आउटपुट** (Output) यह उपयोगकर्ता को संसाधित डेटा उपलब्ध कराता है।
4. **स्टोरेज** (Storage) यह डेटा और प्रोग्राम को स्थायी रूप से स्टोर करते हैं।

कम्प्यूटर की विशेषताएँ Features of Computer4

कम्प्यूटर की मुख्य विशेषताएँ निम्न हैं

गति (Speed) कम्प्यूटर एक सेकण्ड में लाखों गणनाएँ करता है। वर्तमान समय में, कम्प्यूटर नैनो सेकण्ड (10^{-9} सेकण्ड) में भी गणनाएँ कर सकता है।

त्रुटि रहित कार्य (Accuracy) कम्प्यूटर कठिन-से- कठिन प्रश्न का बिना किसी त्रुटि (Error) के परिणाम निकाल देता है। गणना के दौरान अगर कोई त्रुटि पाई भी जाती है तो वह प्रोग्राम या डेटा में मानवीय गलतियों के कारण होती है।

भण्डारण क्षमता (Storage Capacity) कम्प्यूटर अपनी मैमोरी में सूचनाओं का विशाल भण्डार संचित कर सकता है। इसमें अथाह आँकड़ों एवं प्रोग्रामों के भण्डारण की क्षमता होती है। कम्प्यूटर के बाह्य (External) तथा आन्तरिक (Internal) संग्रहण माध्यमों (हार्ड डिस्क, फ्लॉपी डिस्क, मैग्नेटिक टेप, सीडी रॉम) में असीमित डेटा और सूचनाओं का संग्रहण किया जा सकता है।

बहुउद्देशीय (Versatile) कम्प्यूटर की सहायता से विभिन्न प्रकार के कार्य सम्पन्न किए जा सकते हैं। आधुनिक कम्प्यूटरों में, अलग-अलग प्रकार के कार्य एकसाथ करने की क्षमता है।

गोपनीयता (Secrecy) पासवर्ड (Password) के प्रयोग द्वारा कम्प्यूटर के कार्य को गोपनीय बनाया जा सकता है।

सक्षमता (Diligence) एक मशीन होने के कारण कम्प्यूटर पर बाहरी वातावरण का कोई प्रभाव नहीं पड़ता। वह किसी भी कार्य को बिना रुके लाखों-करोड़ों बार कर सकता है।

स्वचालित (Automatic) कम्प्यूटर एक स्वचालित मशीन है जिसमें गणना के दौरान मानवीय हस्तक्षेप की सम्भावना नगण्य रहती है। हालाँकि कम्प्यूटर को कार्य करने के लिए निर्देश मनुष्य द्वारा ही दिए जाते हैं।

कम्प्यूटर विकास का इतिहास

History of Computer Evolution

आधुनिक कम्प्यूटरों को अस्तित्व में आए हुए मुश्किल से 50 वर्ष ही हुए हैं, लेकिन उनके विकास का इतिहास बहुत पुराना है। कम्प्यूटर हमारे जीवन के हर पहलू में किसी-न-किसी तरह से सम्मिलित है। पिछले लगभग चार दशक में कम्प्यूटर ने हमारे समाज के रहन-सहन व काम करने के तरीके को बदल दिया है

कम्प्यूटर की पीढ़ियाँ Generations of Computer

दूसरे विश्व युद्ध के बाद कम्प्यूटरों का विकास बहुत तेजी से हुआ और उनके आकार-प्रकार मे भी बहुत परिवर्तन हुए। आधुनिक कम्प्यूटरों के विकास के इतिहास को तकनीकी विकास के अनुसार कई भागों में बाँटा जाता है; जिन्हें कम्प्यूटरों की पीढ़ियाँ कहा जाता है।

कम्प्यूटर से सम्बन्धित शब्द Terms Related to Computer

हार्डवेयर (Hardware) कम्प्यूटर के सभी भाग (Parts), जिन्हें हम हाथों से छू सकते हैं एवं देख भी सकते हैं, उन्हें हार्डवेयर कहते हैं। यान्त्रिक, विद्युत तथा इलेक्ट्रॉनिक भाग कम्प्यूटर हार्डवेयर के नाम से जाने जाते हैं। आधुनिक कम्प्यूटर के हार्डवेयर मदर बोर्ड, मॉनीटर, की-बोर्ड, माउस, प्रिण्टर आदि होते हैं।

सॉफ्टवेयर (Software) एक निश्चित कार्य को सम्पन्न करने के लिए निर्देशों का समूह प्रोग्राम या सॉफ्टवेयर प्रोग्राम कहलाता है। प्रोग्राम कम्प्यूटर को इनपुट क्रियाओं, डेटा की प्रक्रिया और परिणामों को दर्शाने का निर्देश देता है; जैसे—नोटपैड, एम एस ऑफिस, गेम आदि।

डेटा (Data) डेटा तथ्यों और अव्यवस्थित आँकड़ों का समूह है। *डेटा को दो भागों में विभाजित किया जा सकता है*

1. **संख्यात्मक डेटा** (Numerical Data) इसमें 0 से 9 तक के अंकों का प्रयोग किया जाता है; जैसे—परीक्षा में प्राप्त अंक, रोल नम्बर आदि।
2. **चिह्नात्मक डेटा** (Alphanumeric Data) इसमें अंकों, अक्षरों तथा चिह्नों का प्रयोग किया जाता है; जैसे—कर्नचारियों का पता, पैन कार्ड नम्बर आदि।

प्रोसेसिंग (Processing) डेटा पर की जाने वाली उन क्रियाओं को जिनसे सूचना प्राप्त होती है, प्रोसेसिंग कहा जाता है। डेटा प्रोसेसिंग (Data Processing) का मुख्य लक्ष्य अव्यवस्थित डेटा (Raw Data) से व्यवस्थित डेटा (Information) प्राप्त करना है, जिसका उपयोग निर्णय लेने के लिए होता है।

सूचना (Information) जब डेटा को उपयोगी बनाने के लिए इसे संसाधित (व्यवस्थित), संगठित तथा संरचित किया जाता है, तो प्राप्त डेटा सूचना कहलाता है।

पीढ़ी	वर्ष	स्विचिंग डिवाइस	स्टोरेज डिवाइस	गति	ऑपरेटिंग सिस्टम	भाषा	विशेषताएँ	उपयोग
प्रथम	1940-56	वैक्यूम ट्यूब	मैग्नेटिक ड्रम	333 माइक्रो सेकण्ड	बैच ऑपरेटिंग सिस्टम	मशीनी भाषा (बाइनरी नम्बर 0's और 1's)	• सीमित मुख्य भण्डारण क्षमता • मन्द गति से इनपुट-आउटपुट	• मुख्यतया वैज्ञानिक बाद में सामान्य व्यापार सिस्टम • जैसे—ENIAC, UNIVAC, MARK-1, आदि।
द्वितीय	1956-63	ट्रांजिस्टर	मैग्नेटिक कोर टेक्नोलॉजी	10 माइक्रो सेकण्ड	मल्टी बैग, रिमेनिंग, टाइम शेयरिंग	एसेम्बली भाषा, उच्च स्तरीय	• ट्रांजिस्टर का उपयोग आरम्भ • आकार और ताप में कमी • तीव्र और विश्वसनीय	• व्यापक व्यावसायिक प्रयोग • इंजीनियरिंग डिजाइन • इनवेन्टरी फाइल का अपडेशन।
तृतीय	1964-71	इण्टिग्रेटेड सर्किट (IC)	मैग्नेटिक कोर	100 नैनो सेकण्ड्स	वास्तविक समय / टाइम शेयरिंग	फोरट्रॉन, कोबोल आदि	• चुम्बकीय कोर और सॉलिड स्टेट मुख्य भण्डारण के रूप में उपयोग • रिमोट प्रोसेसिंग • इनपुट-आउटपुट को नियन्त्रित करने के लिए सॉफ्टवेयर उपलब्ध	• डेटाबेस मैनेजमेन्ट सिस्टम, ऑनलाइन सिस्टम, रिजर्वेशन सिस्टम आदि। • जैसे—IBM System/360, NCR 395, B6500
चतुर्थ	1971 वर्तमान	बड़े पैमाने पर इण्टिग्रेटेड सर्किट/ माइक्रो-प्रोसेसर्स	सेमीकण्डक्टर मैमोरी, विंचेस्टर डिस्क	300 नैनो सेकण्ड	टाइम शेयरिंग नेटवर्क्स	फोरट्रान 77, पास्कल, एडीए, कोबोल 74	• मिनी कम्प्यूटर के उपयोग में वृद्धि • भिन्न-भिन्न हार्डवेयर निर्माता के यन्त्रों के बीच एक अनुकूलता ताकि उपभोक्ता किसी एक विक्रेता से बँधा न रहे।	• इलेक्ट्रॉनिक फण्ड ट्रांसफर, व्यावसायिक उत्पादन और व्यक्तिगत उपयोग। • जैसे—IBM, PC-XT, एप्पल II, इनटेल 4004 चिप।
पंचम	वर्तमान-आगे तक	सबसे बड़े पैमाने पर इण्टिग्रेटेड सर्किट	ऑप्टिकल डिस्क	—	नॉलेज इन्फॉर्मेशन प्रोसेसिंग सिस्टम		• आर्टिफिशियल इण्टेलिजेंस	• इन्फोर्मेशन मैनेजमेण्ट नैचुरल लैंग्वेज, प्रसेसिंग स्पीच कैरेक्टर, इमेज रिकॉगनिशन (Image Recognition)

- चार्ल्स बैबेज को **कम्प्यूटर का जनक** कहा जाता है।
- 2 दिसम्बर प्रतिवर्ष विश्व **कम्प्यूटर साक्षरता दिवस** (Computer Literacy Day) के रूप में मनाया जाता है।
- आधुनिक कम्प्यूटर का जनक **एलन ट्यूरिंग** को कहा जाता है।
- पहला **कम्प्यूटर आर्किटेक्चर** जॉन वॉन न्यूमैन द्वारा 1948 में प्रस्तुत किया गया।
- **सिद्धार्थ** भारत में निर्मित पहला पर्सनल कम्प्यूटर है।
- **एडसैक** वह प्रारम्भिक ब्रिटिश कम्प्यूटर था, जो डिजिटल संग्रहीत प्रोग्राम पर आधारित था।
- **पैकमेन** नामक प्रसिद्ध कम्प्यूटर खेल के लिए निर्मित हुआ था।

माइक्रोसाफ्ट ऑफिस Microsoft Office

माइक्रोसॉफ्ट ऑफिस का आविष्कार वर्ष 1988 में माइक्रोसॉफ्ट कम्पनी (अमेरिका) ने किया था। मुख्य रूप से यह एक पैकेज है, जो विभिन्न प्रकार के सॉफ्टवेयर के संगठन से बना है। ये सॉफ्टवेयर किसी कार्यालय या किसी स्कूल आदि में विशेष रूप से प्रयोग किया जाता है। इसीलिए इसका नाम MS-OFFICE है।

MS-OFFICE के प्रथम-संस्करण (1990) में मुख्य रूप से तीन सॉफ्टवेयर जोड़े गए थे। जो क्रमश: **MS-Word, MS-Power** Point और MS-Excel थे। बाद में इसमें सुधार करके कुछ अन्य सॉफ्टवेयर; जैसे MS-Access Database, MS-Picture Manager, Spell Checker, VBA Scripting Language, MS-Outlook आदि जोड़े गए। आजकल सभी कम्प्यूटरों में इन सॉफ्टवेयरों का प्रयोग बहुत ज्यादा हो रहा है। आजकल एण्ड्रॉयड (Android) फोन, आइफोन (iphone), विण्डो फोन आदि पर भी MS-OFFICE का एक संस्करण MS-OFFICE **MOBILE** नाम से उपलब्ध है।

MS-OFFICE *के पाँच प्रमुख सॉफ्टवेयर निम्नलिखित हैं*

1. MS-Word (Word Processing Software)
2. MS-Excel (Tabular Data Formatting Software)
3. MS-Powerpoint (Presentation Software)
4. MS-Access (Database Management Software)
5. MS-Outlook (E-mail Client)

माइक्रोसॉफ्ट वर्ड Microsoft Word

माइक्रोसॉफ्ट वर्ड एक प्रकार का वर्ड प्रोसेसिंग सॉफ्टवेयर है जिसका प्रयोग किसी डॉक्यूमेन्ट को बनाने, उसमें कुछ सुधार करने के लिए किया जाता है। यह एक बहुत महत्त्वपूर्ण सॉफ्टवेयर है, जो लगभग सभी कम्प्यूटर में MS-OFFICE पैकेज के अन्दर पाया जाता हैं। इसमे अनेक प्रकार के टूल्स पाए जाते हैं जो 45kb से कम साइज के डॉक्यूमेन्ट को बनाने, उसमें बदलाव करने, डॉक्यूमेन्ट की प्रिन्टिंग करने, उसमें एडिटिंग करने आदि कार्यों के लिए प्रयोग किए जाते हैं।

इस सॉफ्टवेयर के प्रयोग से विभिन्न प्रकार के टेक्स स्टाइल डॉक्यूमेन्ट और डॉक्यूमेन्ट में चित्र आदि लगाकर एक आकर्षक डॉक्यूमेन्ट तैयार किया जाता है। वर्ष 1983 में MS-DOS ऑपरेटिंग सिस्टम के लिए प्रथम Word Processing Software तैयार किया गया था। 1985 में Mac ऑपरेटिंग सिस्टम के लिए माइक्रोसॉफ्ट वर्ड का एक ग्राफिकल संस्करण तैयार किया गया। और वर्ष 1990 में MS ऑफिस के प्रथम संस्करण में यह सॉफ्टवेयर जोड़ा गया।

MS Word को प्रारम्भ करना To Start MS Word

MS Word *खोलने या प्रारम्भ करने की तीन विधियाँ हैं*

1. टास्कबार में स्टार्ट (Start) बटन पर क्लिक करते हैं उसके बाद रन विकल्प पर क्लिक करते हैं। क्लिक करने के बाद एक टेक्स्ट बॉक्स आता है। उस टेक्स्ट बाक्स में Winword टाइप करके Enter Key दबाते हैं।
2. डेस्कटॉप पर उपलब्ध माइक्रोसॉफ्ट आइकन पर Double क्लिक करते हैं।
3. स्टार्ट पर क्लिक करते हैं। स्टार्ट मेन्यू खुलने पर प्रोग्राम विकल्प का चयन करते हैं। तत्पश्चात् प्राप्त मेन्यू से MS-OFFICE का चयन करने के बाद MS-Word को चयन कर क्लिक करते हैं।
   अर्थात् Start→All Programs → MS-Office → MS-Word

माइक्रोसॉफ्ट एक्सेल Microsoft Excel

माइक्रोसॉफ्ट एक्सेल एक पावरफुल स्प्रैडशीट प्रोग्राम है जो आपके डेटा को व्यवस्थित करने, कैलकुलेशन पूरी करने, निर्णय तक पहुँचने, ग्राफ, डेटा प्रोफेशन दिखाने वाली रिपोर्ट तैयार करने, व्यवस्थित डेटा को वेब पर पब्लिश करने तथा रीयल टाइम डेटा को एक्सेस करने की सुविधा देता है। माइक्रोसॉफ्ट कम्पनी ने वर्ष 1985 में Mac OS के लिए, MS-Excel का प्रथम संस्करण बनाया था। वर्ष 1990 में यह MS-Excel पैकेज के साथ कम्बाइन्ड हो गया।

इसमें एक इलेक्ट्रॉनिक स्प्रेडशीट होती है, जिसका प्रयोग एकाउंटिंग उद्देश्य (Accounting Purpose) के लिए, गणितीय कार्यों में, बजट बनाने तथा बिल बनाने में करते हैं। इसे **वर्कशीट** भी कहते हैं। इसके अलावा आप स्प्रेडशीट में दूसरे प्रोग्रामों द्वारा बनाए गए अथवा आयात (Import) किए गए फोटोग्राफ, ड्राइंग, क्लिपआर्ट, लोगो (Logo) आदि भी जोड़ सकते हैं। MS-Excel में स्प्रेडशीट या वर्क शीट बहुत से खानों या सैलों (Cells) का एक समूह होता है जिन्हें पंक्तियों (Lines) तथा कॉलमों (Columns) में व्यवस्थित किया जाता है। पंक्तियाँ दाएँ से बाएँ अर्थात् क्षैतिज (Horizontal) होती हैं, जबकि कॉलम ऊपर से नीचे अर्थात् ऊर्ध्वाधर (Vertical) होते हैं। पंक्तियों को क्रम संख्याओं से पहचानते हैं तथा कॉलमों को A, B, C अक्षर से पहचानते हैं। MS-Excel के अलावा कुछ अन्य स्प्रेडशीट, जैसेकि स्नोबाल (Snowball), Lotus 1-2-3, एप्पल नम्बर्स (Apple Numbers) आदि हैं। इसे डेटा बेस की तरह प्रयोग कर सकते हैं जो सम्बन्धित डेटा को स्टोर करता है। इसके द्वारा किसी विशेष डेटा को एक पैटर्न के आधार पर ढूँढा जा सकता है।

MS-Excel को प्रारम्भ करना To Start MS-Excel

आप MS-Excel *को प्रारम्भ करने के लिए निम्न में से कोई भी एक विधि प्रयोग कर सकते हैं*

1. डेस्कटॉप पर उपलब्ध MS-Excel के शार्टकट पर डबल क्लिक करके MS-Excel को प्रारम्भ कर सकते हैं।
2. Start → All Programs → MS-OFFICE → Microsoft OFFICE Excel 2007 पर क्लिक करके भी MS-Excel को प्रारम्भ कर सकते हैं।
3. स्टार्ट बटन पर क्लिक करने के बाद रन कमान्ड पर क्लिक करें। क्लिक करने के बाद रन विन्डो में Excel टाइप करके एण्टर की दबाने से भी MS-Excel की विन्डो खुल जाती है।

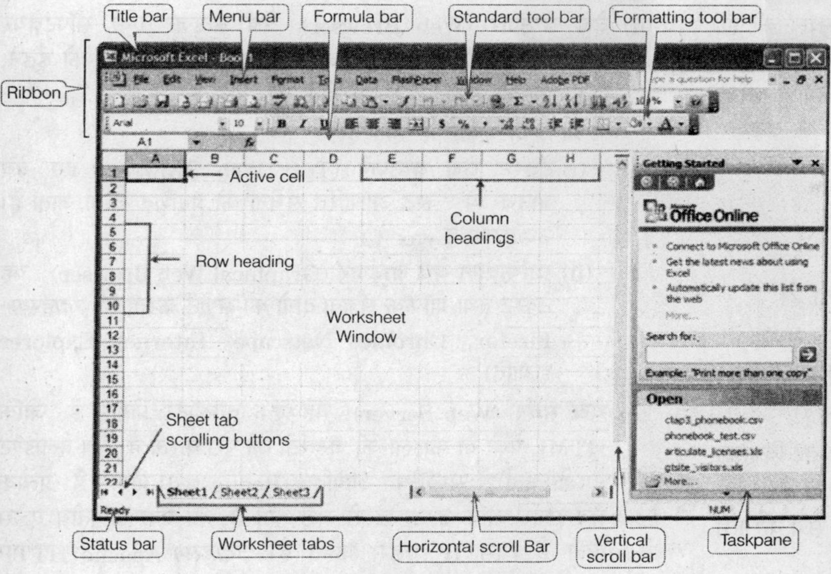

माइक्रोसॉफ्ट एक्सेल विण्डो

माइक्रोसॉफ्ट पावर पॉइण्ट Microsoft Power Point

पावर पॉइण्ट एमएस-ऑफिस पैकेज के अन्तर्गत एक प्रस्तुतीकरण (Presentation) सॉफ्टवेयर है जिसे माइक्रोसॉफ्ट कम्पनी ने विकसित किया था। पावर पॉइन्ट प्रोग्राम, विभिन्न प्रकार के प्रेजेन्टेशन को सरलता और शीघ्रता से तैयार करने, उन्हें सुधारने, छाँटने तथा प्रेजेन्टेशन का अभ्यास करने में हमारी सहायता करता है।

पावर पॉइण्ट एक पूर्ण प्रेजेन्टेशन ग्राफिक प्रोग्राम है जो आपको प्रोफेशन तरीके से प्रेजेन्टेशन की सुविधा देता है। पावर पॉइण्ट आपको लचीलापन (Flexibility) प्रदान करता है जिससे आप चाहें तो अपने प्रेजेन्टेशन को पूरी तरह पारदर्शिता (Transparancy) अपनाकर अनौपचारिक (Informal) बना लें या पर्सनल कम्प्यूटर से जोड़कर उसे इलेक्ट्रॉनिक बना लें।

माइक्रोसॉफ्ट पावर पॉइण्ट में आप आसानी से प्रेजेन्टेशन को डायनामिक (Dynamic) बना सकते हैं जिसमें मल्टीमीडिया फीचर, जैसेकि मूवी और पिक्चर शामिल रहते हैं।

एमएस पावर पॉइण्ट को प्रारम्भ करना

To Start MS Power Point

एमएस पावर प्वाइण्ट को निम्नलिखित दो तरीके से प्रारम्भ कर सकते हैं

1. डेस्कटॉप पर उपलब्ध एमएस पावर पॉइण्ट की आइकन पर डबल क्लिक करके इसे खोला जा सकता है।
2. स्टार्ट मीनू पर क्लिक करें। स्टार्ट मीनू की विण्डों में ऑल प्रोग्राम्स पर क्लिक करें। ऑल प्रोग्राम्स में से माइक्रोसॉफ्ट पावर पॉइण्ट को चुनकर उस पर क्लिक करें।

   Start → All Programs → Microsoft Office → Microsoft Power Point

पावर पॉइण्ट के अवयव Components of Power Point

1. **स्लाइड** (Slide) प्रेजेन्टेशन के प्रत्येक पेज को स्लाइड कहते हैं। प्रेजेन्टेशन में आप स्लाइड बनाते हैं या उसमें सुधार करते हैं। प्रत्येक स्लाइड किसी विशेष बात को प्रस्तुत करने के लिए बनाई जाती है।
2. **वक्ता नोट** (Speaker's Notes) ये ऐसी सूचनाएँ हैं जो वक्ता (Speaker) को प्रेजेन्टेशन के समय कुछ बातें याद दिलाने के लिए दी जाती हैं। ये सामान्यत: कागज पर छपे हुए साधारण वाक्य या सूचनाएँ होती हैं। प्रेजेन्टेशन के समय ये बातें स्लाइड पर दिखाई नहीं देती हैं।
3. **प्रजेन्टेशन फाइल** (Presentation file) किसी विशेष विषय पर प्रजेन्टेशन की सभी स्लाइडों को एक विशेष फाइल में रखा जाता है, जिसे प्रजेन्टेशन फाइल कहते हैं। प्रजेन्टेशन की इन फाइलों का एक्स्टेन्शन सामान्यत:.PPT होता है; जैसेकि Proj1.PPT।
4. **मास्टर स्लाइड** (Master Slide) यह ऐसी स्लाइड होती है, जिसमें ऐसी सूचनाएँ या सामग्री दी जाती हैं, जो प्रजेन्टेशन की प्रत्येक स्लाइड में शामिल की जाती है।

इण्टरनेट Internet

इसका पूरा नाम इण्टरनेशनल नेटवर्क है जिसे वर्ष 1950 में **विंट कर्फ** ने शुरू किया। इन्हें इण्टरनेट का पिता कहा जाता है। इण्टरनेट "नेटवर्कों का नेटवर्क" है, जिसमें लाखों निजी व सार्वजनिक, लोकल से ग्लोबल स्कोप वाले नेटवर्क होते हैं। सामान्यत:, "नेटवर्क दो या दो से अधिक कम्प्यूटर सिस्टमों को आपस में जोड़कर बनाया गया एक समूह है।"

इण्टरनेट

इण्टरनेट पर उपलब्ध डेटा, प्रोटोकॉल द्वारा नियन्त्रित किया जाता है। TCP/IP द्वारा एक फाइल को कई छोटे भागों में फाइल सर्वर द्वारा बाँटा जाता है। जिन्हें **पैकेट्स** कहा जाता है। इण्टरनेट पर सभी कम्प्यूटर आपस में इसी प्रोटोकॉल का प्रयोग करके वार्तालाप करते हैं।

इन्टरनेट का इतिहास History of Internet

सन् 1969 में, लास एंजेल्स् (Los Angeles) में यूनिवर्सिटी ऑफ कैलिफोर्निया (University of California) तथा यूनिवर्सिटी ऑफ यूटा (University of Utah) अरपानेट (ARPANET- Advanced Research Projects Agency Network) की शुरुआत के रूप में जुड़े। इस परियोजना का मुख्य लक्ष्य विभिन्न विश्वविद्यालयों तथा अमेरिकी रक्षा मन्त्रालय के कम्प्यूटरों को आपस में कनेक्ट करना था। यह दुनिया का पहला पैकेट स्विचिंग नेटवर्क था।

मध्य 80 के दशक में, एक और संघीय एजेंसी राष्ट्रीय विज्ञान फाउंडेशन (National Science Foundation) ने एक नया उच्च क्षमता वाला नेटवर्क NSFnet बनाया जो ARPANET से अधिक सक्षम था। NSFnet मे केवल

यही कमी थी कि यह अपने नेटवर्क पर केवल शैक्षिक अनुसन्धान की ही अनुमति देता था, किसी भी प्रकार के निजी व्यापार की अनुमति नहीं। इसी कारण निजी संगठनों, तथा लोगों ने अपने खुद के नेटवर्क का निर्माण करना शुरू कर दिया। जिसने बाद में ARPANET तथा NSFnet से जुड़कर इण्टरनेट का निर्माण किया।

इन्टरनेट के लाभ Advantages of Internet

इण्टरनेट के लाभ निम्नलिखित हैं

- दूसरे व्यक्तियों से आसानी से सम्पर्क बनाने की अनुमति देता है।
- इसके माध्यम से दुनिया में कहीं भी, किसी से भी सम्पर्क बनाया जा सकता है।
- इण्टरनेट पर डॉक्यूमेन्ट को प्रकाशित करने पर पेपर इत्यादि की बचत होती है।
- यह कम्पनियों के लिए कीमती संसाधन है। जिस पर वे व्यापार का विज्ञापन तथा लेन-देन भी कर सकते हैं।
- एक ही जानकारी को कई बार एक्सेस करने के बाद उसे पुन: सर्च करने में कम समय लगता है।

इन्टरनेट की हानियाँ Disadvantages of Internet

इण्टरनेट की हानियाँ निम्नलिखित हैं

- कम्प्यूटर में वायरस के लिए यह सर्वाधिक उत्तरदायी है।
- इण्टरनेट पर भेजे गए सन्देशों को आसानी से चुराया जा सकता है।
- बहुत-सी जानकारी जाँची नहीं जाती। वह गलत या असंगत भी हो सकती है।
- अनैच्छिक तथा अनुचित डॉक्यूमेन्ट/तत्व कभी-कभी गलत लोगों (आतंकवादी) द्वारा इस्तेमाल कर लिए जाते हैं।
- साइबर धोखेबाज क्रेडिट/डेबिट कार्ड की समस्त जानकारी को चुराकर उसे गलत तरीके से इस्तेमाल कर सकते हैं।

इण्टरनेट से सम्बन्धित जानकारी Internet Related Terms

(a) **वर्ल्ड वाइड वेब** (World Wide Web) वर्ल्ड वाइड वेब (www) विशेष रूप से स्वरूपित डॉक्यूमेन्टस का समर्थन करने वाले इंटरनेट सर्वर की एक प्रणाली है। यह 13 मार्च 1989 को पेश किया गया था। डॉक्यूमेन्टस मार्कअप लैंग्वेज HTML में फॉर्मेटिड होते हैं तथा दूसरे डॉक्यूमेण्टस के लिए लिंक, साथ ही ग्राफिक्स, ऑडियो और वीडियो फाइल का समर्थन भी करते है। उपयोगकर्ता फ्रेण्डली, इण्टरएक्टिव, मल्टीमीडिया डॉक्यूमेन्टों (ग्राफिक्स, ऑडियो, वीडियो, एनिमेशन और टेक्स्ट) इत्यादि इसके विशिष्ट फीचर्स हैं।

(b) **वेब पेज** (Web Page) वेब बहुत सारे कम्प्यूटर डॉक्यूमेन्टों या वेब पेजों का संग्रह है। ये डॉक्यूमेण्टस HTML में लिखे जाते हैं तथा वेब ब्राउजर द्वारा प्रदर्शित किए जाते हैं। ये दो प्रकार के होते हैं— स्टैटिक (Static) तथा डायनेमिक (Dynamic)। स्टैटिक वेब पेज हर बार एक्सेस करने पर एक ही सामग्री दिखाते हैं तथा डायनेमिक वेब पेज की सामग्री हर बार बदल सकती है।

(c) **वेबसाइट** (Website) एक वेबसाइट वेब पेजों का संग्रह होता है, जिसमें सभी वेब पेज हाइपरलिंक द्वारा एक-दूसरे से जुड़े होते हैं। किसी भी वेबसाइट का पहला पेज **होमपेज** कहलाता है। *उदाहरण*– Http ://iete.org इत्यादि।

(d) **वेब ब्राउजर** (Web Browser) वेब ब्राउजर एक सॉफ्टवेयर एप्लीकेशन है, जिसका प्रयोग वर्ल्ड वाइड वेब के कंटेण्ट को ढूँढने, निकालने व प्रदर्शित करने में होता है।

ये प्राय: दो प्रकार के होते हैं

(i) **टेक्स्ट वेब ब्राउजर** (Text Web Browser) इस वेब ब्राउजर में टेक्स्ट आधारित सूचना को प्रदर्शित किया जाता है। *उदाहरण*– Lynx

(ii) **ग्राफिकल वेब ब्राउजर** (Graphical Web Browser) यह टेक्स्ट तथा ग्राफिक सूचना दोनों को सपोर्ट करता है। *उदाहरण*– Firefox, Chrome, Netscape, Internet Explorer इत्यादि।

(e) **वेब सर्वर** (Web Server) यह एक कम्प्यूटर प्रोग्राम है, जोकि HTML पेजों या फाइलों की जरूरतों को पूरा करता है। वेब क्लाइण्ट उपयोगकर्ता से सम्बन्धित आग्रहित (Requested) प्रोग्राम है। प्रत्येक वेब सर्वर जोकि इण्टरनेट से जुड़े होते हैं, का एक अद्वितीय एड्रेस होता है जिसे IP एड्रेस कहते हैं। *उदाहरण*–Apache HTTP Server, Internet Information Services इत्यादि।

(f) **वेब एड्रेस** (Web Address) इण्टरनेट पर वेब एड्रेस किसी विशिष्ट वेब पेज की लोकेशन को पहचानता है। वेब एड्रेस को URL (Uniform Resource Locater) भी कहते हैं। URL इण्टरनेट से जुड़े होस्ट कम्प्यूटर पर फाइलों के इण्टरनेट एड्रेस को दर्शाते हैं। टिम बर्नर्स ली (Tim Berners lee) ने वर्ष 1991 में पहला URL बनाया, जोकि वर्ल्ड वाइड वेब पर हाइपरलिंक्स को प्रकाशित करने में इस्तेमाल होता है।

उदाहरण– "http://www. google. com/services/index.htm"

http	—	प्रोटोकॉल आइडेण्टिफायर (Protocol Identifier)
www	—	वर्ल्ड वाइड वेब
google.com	—	डोमेन नेम
/services/	—	डायरेक्टरी
index.htm	—	वेब पेज

(g) **डोमेन नेम** (Domain Name) डोमेन नेटवर्क संसाधनों का एक समूह है, जिसे उपयोगकर्ता के समूह को आवण्टित किया जाता है। डोमेन नेम इण्टरनेट पर जुड़े हुए कम्प्यूटरों को पहचानने व लोकेट करने के काम में आता है। डोमेन नेम सदैव अद्वितीय होना चाहिए। इसमें हमेशा डॉट (.) द्वारा अलग किए गए दो या दो से अधिक भाग होते हैं।

उदाहरण– google.com, yahoo.com इत्यादि।

डोमेन संगठनों तथा देशों के प्रकार द्वारा व्यवस्थित किए जाते हैं। डोमेन नेम में अन्तिम भाग संगठन या देश के प्रकार को अंकित करता है। *उदाहरण के लिए,*

info — सूचना संगठन (Informational Organisation)
com — वाणिज्यिक (Commercial) संस्थान
gov — सरकारी (Government) संस्थान
edu — शैक्षणिक (Educational) संस्थान
mil — सैन्य (Military) संस्थान
net — नेटवर्क संसाधन (Network Resources)
org — गैर लाभकारी संगठन (Non-profit Organisation)

in — भारत (India)
an — ऑस्ट्रेलिया (Australia)
fr — फ्रांस (France)
nz — न्यूजीलैण्ड (New Zealand)
uk — यूनाइटेड किंगडम (United Kingdom)

सामान्यत:, यदि डोमेन नेम के अन्तिम भाग में तीन अक्षर है तो वह संगठन को दर्शाता है तथा दो अक्षर है तो वह देश का दर्शाता है।

(h) **डोमेन नेम सिस्टम** (Domain Name System) यह डोमेन नेम को आई पी एड्रेस में अनुवादित करता है। सर्वर्स को पहचानने के लिए डोमेन नेम सिस्टम का प्रयोग होता है। सर्वर्स की ऐड्रेसिंग, नम्बरों पर भी आधारित होती है।

उदाहरण–204.157.54.9 इत्यादि, सभी IP एड्रेसेज हैं।

(i) **ब्लॉग्स** (Blogs) यह एक वेबपेज या वेबसाइट होती है, जिसमें किसी व्यक्ति विशेष की राय/सलाह, दूसरी साइटों के लिंक नियमित रूप से रिकॉर्ड होते हैं।

किसी भी सामान्य ब्लॉग में टेक्स्ट, इमेज्स व अन्य ब्लागों, वेबपेजों या किसी अन्य टॉपिक से सम्बन्धित मीडिया के लिंक होते हैं। इनमें मुख्य रूप से टेक्सचुअल, कलात्मक चित्र, फोटोग्राफ, वीडियो, संगीत इत्यादि सम्मिलित हैं।

(j) **न्यूज़ग्रुप्स** (Newsgroups) यह एक ऑनलाइन डिस्कशन ग्रुप होता है, जिसके अन्तर्गत इलैक्ट्रॉनिक बुलेटिन बोर्ड सिस्टम तथा चैट सेशन्स के द्वारा बातचीत करने की अनुमति प्रदान की जाती है। यह न्यूजग्रुप्स विषयों को उनके पदक्रम में संगठित करने के काम में आता है। जिसमें न्यूजग्रुप का पहला अक्षर प्रमुख विषय की श्रेणी को व उपश्रेणियाँ उपविषय द्वारा दर्शाई जाती हैं।

(k) **सर्च इंजन** (Search Engine) सर्च इंजन इण्टरनेट पर किसी भी विषय के बारे में सम्बन्धित जानकारियों के लिए प्रयोग होता है। यह एक प्रकार की ऐसी वेबसाइट होती है, जिसके सर्च बार में किसी भी टॉपिक को लिखते हैं जिसके बाद उससे सम्बन्धित सभी जानकारियाँ प्रदर्शित हो जाती हैं। *इनमें से कुछ निम्नलिखित हैं*

google - http : // www.google.com
yahoo - http : // www.yahoo.com इत्यादि।

इण्टरनेट सेवाएँ Internet Services

इण्टरनेट से उपयोगकर्ता कई प्रकार की सेवाओं का लाभ उठा सकता है, जैसे कि इलेक्ट्रॉनिक मेल, मल्टीमीडिया डिस्प्ले, शॉपिंग, रियल टाइम ब्रॉडकास्टिंग इत्यादि। *इनमें में कुछ महत्त्वपूर्ण सेवाएँ इस प्रकार हैं*

(a) **चैटिंग** (Chatting) यह वृहत स्तर पर भी उपयोग होने वाली टेक्स्ट आधारित संचारण है, जिससे इण्टरनेट पर आपस में बातचीत कर सकते हैं। इसके माध्यम से उपयोगकर्ता चित्र, वीडियो, ऑडियो इत्यादि भी एक-दूसरे के साथ शेयर कर सकते हैं।

उदाहरण – Skype, yahoo, messenger इत्यादि।

(b) **ई-मेल** (Electronic-mail) ई-मेल के माध्यम से कोई भी उपयोगकर्ता किसी भी अन्य व्यक्ति को इलेक्ट्रॉनिक रूप में सन्देश भेज सकता है तथा प्राप्त भी कर सकता है। ई-मेल को भेजने के लिए किसी भी उपयोगकर्ता का ई-मेल ऐड्रेस होना बहुत आवश्यक है, जोकि विश्व भर में उस ई-मेल सर्विस पर अद्वितीय होता है। ई-मेल में SMTP (Simple Mail Transfer Protocol) का भी इस्तेमाल किया जाता है। इसके अन्तर्गत वेब सर्वर पर कुछ मैमोरी स्थान प्रदान कर दिया जाता हैं, जिसमें सभी प्रकार के मेल संग्रहीत होते हैं। ई-मेल सेवा का उपयोग उपयोगकर्ता विश्वभर में कहीं से भी कभी भी कर सकता है। उपयोगकर्ता ई-मेल वेबसाइट पर उपयोगकर्ता नेम (जोकि सामान्यत: उसका ई-मेल एड्रेस होता है) व पासवर्ड की सहायता से लॉग इन कर सकता है और अपनी प्रोफाइल को मैनेज कर सकता है।

ई-मेल एड्रेस में दो भाग होते है जो एक प्रतीक @ द्वारा अलग होते है—पहला भाग यूजरनेम तथा दूसरा भाग डोमेन नेम होता है। उदाहरण के लिए, arihantbooks@gmail.com। यहाँ पर arihantbooks यूजरनेम तथा gmail.com डोमेन नेम है।

(c) **वीडियो कॉन्फ्रेन्सिंग** (Video Conferencing) वीडियो कॉन्फ्रेन्सिंग के माध्यम से कोई व्यक्ति या व्यक्तियों का समूह किसी अन्य व्यक्ति या समूह के साथ दूर होते हुए भी आमने-सामने रहकर वार्तालाप कर सकते हैं। इस कम्युनिकेशन में उच्च गति इण्टरनेट कनेक्शन की आवश्यकता होती है व इसके साथ एक कैमरे, एक माइक्रोफोन, एक वीडियो स्क्रीन तथा एक साउण्ड सिस्टम की भी जरूरत होती है।

(d) **ई-लर्निंग** (E-learning) इसके अन्तर्गत कम्प्यूटर आधारित प्रशिक्षण, इण्टरनेट आधारित प्रशिक्षण, ऑनलाइन शिक्षा इत्यादि सम्मिलित हैं जिसमें उपयोगकर्ता को किसी विषय पर आधारित जानकारी को इलेक्ट्रॉनिक रूप में प्रदान किया जाता है। इस जानकारी को वह किसी भी आउटपुट माध्यम पर देखकर स्वयं को प्रशिक्षित कर सकता है। यह कम्प्यूटर या इण्टरनेट से ज्ञान को प्राप्त करने का एक माध्यम है।

(e) **ई-बैंकिंग** (E-banking) इसके माध्यम से उपयोगकर्ता विश्वभर में कहीं से भी अपने बैंक अकाउण्ट को मैनेज कर सकता है। यह एक स्वचालित प्रणाली का अच्छा उदाहरण है, जिसमे उपयोगकर्ता की गतिविधियों (पूँजी निकालने, ट्रांसफर करने, मोबाइल रिचार्ज करने इत्यादि) के साथ उसका बैंक अकाउण्ट भी मैनेज होता रहता है। ई-बैंकिंग से किसी भी इलेक्ट्रॉनिक डिवाइस (पीसी, मोबाइल आदि) इत्यादि पर इण्टरनेट की सहायता की जा सकती है। *इसके मुख्य व व्यावहारिक उदाहरण हैं*- बिल पेमेण्ट सेवा, फण्ड ट्रांसफर, रेलवे रिजर्वेशन, शॉपिंग इत्यादि।

(f) **ई-शॉपिंग** (E-shopping) इसे ऑनलाइन शॉपिंग भी कहते हैं। जिसके माध्यम से उपयोगकर्ता कोई भी सामान; जैसे- किताबें, कपड़े, घरेलू सामान, खिलौने, हार्डवेयर, सॉफ्टवेयर तथा हेल्थ इन्स्योरेन्स इत्यादि को खरीद सकता है। इसमें खरीदे गए सामान की कीमत चुकाने के लिए कैश ऑन डिलीवरी व ई-बैंकिंग (कम्प्यूटर पर ही वेबसाइट से भुगतान) का प्रयोग करते हैं। यह भी विश्वभर में कहीं से भी की जा सकती है।

(g) **ई-रिजर्वेशन** (E-reservation) यह किसी भी वेबसाइट पर किसी भी वस्तु या सेवा के लिए स्वयं को या किसी अन्य व्यक्ति को आरक्षित करने के लिए प्रयुक्त होती है; जैसे- रेलवे रिजर्वेशन में, एयरवेज, टिकट बुकिंग में, होटल रूम्स की बुकिंग इत्यादि में। इसकी सहायता से उपयोगकर्ता को टिकट काउण्टर पर खड़े रहकर प्रतीक्षा नहीं करनी होती। इसे इण्टरनेट के माध्यम से किसी भी जगह से कर सकते हैं।

(h) **सोशल नेटवर्किंग** (Social Networking) यह इण्टरनेट के माध्यम से बना हुआ सोशल नेटवर्क (कुछ विशेष व्यक्ति या अन्य असम्बन्धित व्यक्तियों का समूह) होता है। इसके माध्यम से उस सोशल नेटवर्क के अन्तर्गत आने वाला कोई व्यक्ति किसी अन्य व्यक्ति से सम्पर्क साध सकता है चाहे वे दोनों कहीं भी हों। सोशल नेटवर्किंग सोशल साइट्स पर की जा सकती है तथा कम्युनिकेशन टेक्स्ट, पिक्चर्स, वीडियो इत्यादि के रूप में भी स्थापित हो सकता है। *कुछ सोशल नेटवर्किंग साइट्स इस प्रकार हैं facebook, Myspace इत्यादि।*

(i) **ई-कॉमर्स** (E-commerce) इसके अन्तर्गत सामानों का लेन-देन, व्यापारिक सम्बन्धों को बनाए रखना व व्यापारिक जानकारियों को शेयर करना इत्यादि आता है, जिसमें धनराशि का लेन-देन इत्यादि भी सम्मिलित है। दूसरे शब्दों में, यह इण्टरनेट से सम्बन्धित व्यापार है।

(j) **एम-कॉमर्स** (M-commerce) यह किसी भी वस्तु या सामान इत्यादि को वायरलेस कम्युनिकेशन के माध्यम से खरीदने तथा बेचने के लिए प्रयोग होता है। इसमें वायरलेस उपकरणों, जैसे-मोबाइल, टैबलेट इत्यादि का प्रयोग होता है। संक्षेप में, जो कार्य ई-कॉमर्स के अन्तर्गत होते हैं, वही सब कार्य मोबाइल इत्यादि पर करने को एम-कॉमर्स कहते हैं।

इन्हें भी जानें

- **गूगलिंग** (Googling) गूगल सर्च इंजन पर किसी तथ्य को सर्च करना गूगलिंग कहलाती है।
- **POP3** यह ई-मेल को निकालने के लिए प्रयोग होने वाला प्रोटोकॉल है।
- **माउस पॉटेटो** (Mouse Potato) वह व्यक्ति, जो अपना ज्यादातर समय कम्प्यूटर पर ही बिताता है उसे माउस पॉटेटो कहते हैं। इन्हें **कॉम्प हैड** (Comp head) के नाम से भी जाना जाता है।
- **पी एच पी** (PHP) यह एक कोडिंग भाषा है, जोकि इण्टरनेशनल वेब पेजों को बनाने के काम आती है। इसका नाम हाइपरटेक्स्ट प्रीप्रोसेसर है।
- **कूकी** (Cookie) कूकी एक छोटा सन्देश है जो वेब सर्वर द्वारा वेब ब्राउजर को दिया जाता है। ब्राउजर सन्देश को टेक्स्ट फाइल में संग्रहीत करता है।
- इच्छा के विरुद्ध प्राप्त हुए ई-मेल को **जंक ई-मेल** कहते हैं।

प्रैक्टिस जोन

1. कम्प्यूटर चलाने के लिए उपयोग किया जाने वाला डेटा या सूचना .... कहलाती है।
(a) हार्डवेयर (b) पेरिफेरल
(c) CPU (d) इनमें से कोई नहीं

2. बुनियादी कम्प्यूटर प्रोसेसिंग चक्र में .... शामिल होते हैं।
(a) इनपुट, प्रोसेसिंग और आउटपुट
(b) सिस्टम्स और एप्लिकेशन
(c) डेटा, सूचना और एप्लिकेशन
(d) हार्डवेयर, सॉफ्टवेयर और स्टोरेज

3. आउटपुट क्या है?
(a) वह जो प्रोसेसर उपयोगकर्ता को दे
(b) वह जो प्रोसेसर उपयोगकर्ता से ले
(c) वह जो उपयोगकर्ता प्रोसेसर को दे
(d) वह जो प्रोसेसर को उपयोगकर्ता से मिले

4. इनपुट का आउटपुट में रूपान्तरण किया जाता है
(a) पेरिफेरल्स द्वारा (b) सी पी यू द्वारा
(c) RAM द्वारा (d) मैमोरी द्वारा

5. प्रोसेस्ड डेटा को कहते हैं
(a) आउटपुट (b) इनपुट (c) प्रोसेस (d) ये सभी

6. कम्प्यूटर में जाने वाले डेटा को कहते हैं
(a) प्रोसेस (b) आउटपुट
(c) इनपुट (d) एल्गोरिथ्म

7. निम्नलिखित में से कौन-सा सबसे बड़ा, सबसे तेज और सबसे महँगा कम्प्यूटर है?
(a) पर्सनल कम्प्यूटर (b) सुपर कम्प्यूटर
(c) लैपटॉप (d) नोट बुक

8. एक छोटे सिलिकॉन चिप पर ट्रांजिस्टरों और अन्य इलेक्ट्रॉनिक उपकरणों के साथ पूर्ण इलेक्ट्रॉनिक सर्किट को .... कहते हैं।
(a) वर्क स्टेशन (b) CPU
(c) इण्टीग्रेटेड सर्किट (d) मैग्नेटिक डिस्क

9. भारत में विकसित 'परम' सुपर कम्प्यूटर का विकास किस संस्था ने किया है?
(a) BARC (b) IIT, कानपुर
(c) IIT, दिल्ली (d) C-DAC

10. प्रिन्ट के लिए कौन-सा मेन्यू सेलेक्ट किया जाता है?
(a) एडिट (b) स्पेशल
(c) फाइल (d) टूल्स

11. उपयोगकर्ता डॉक्यूमेन्ट को जो नाम देता है, उसे कहते हैं
(a) फाइल नेम (b) प्रोग्राम (c) रिकॉर्ड (d) डाटा

12. विद्यमान डॉक्यूमेन्ट को परिवर्तित करना डॉक्यूमेन्ट की कहलाता है
(a) क्रिएटिंग (b) एडिटिंग
(c) मोडीफाइंग (d) एडजस्टिंग

13. कट, कॉपी और पेस्ट करने के लिए कौन-सा मेन्यू सेलेक्ट किया जाता है?
(a) फाइल (b) टूल्स (c) स्पेशल (d) एडिट

14. एक्सेल में एक्टिव सेल के कन्टेन्ट्स को कौन डिस्प्ले करता है?
(a) नेम बॉक्स (b) रो हेडिंग्स
(c) फॉर्मूला बार (d) टास्कपेन

15. समग्र डॉक्यूमेन्ट सेलेक्ट करने के लिए निम्नलिखित में से किसे प्रयुक्त किया जा सकता है?
(a) Ctrl + A (b) ALT + F5
(c) SHIFT + A (d) Ctrl + K

16. शब्द संसाधन में डॉक्यूमेन्ट के भीतर टेक्स्ट को एक स्थान-से-दूसरे स्थान पर ले जाने को क्या कहते हैं?
(a) क्लिप आर्ट (b) सर्च एवं रिप्लेस
(c) कट एवं पेस्ट (d) ब्लॉक ऑपरेशन

17. नये नाम सहित या नये लोकेशन पर किसी विद्यमान फाइल को सेव करने के लिए आपको किस कमाण्ड का प्रयोग करना चाहिए?
(a) सेव (b) सेव एण्ड रिप्लेस
(c) सेव एज (d) न्यूफाइल

18. माइक्रोसॉफ्ट ऑफिस एक्सेल डॉक्यूमेन्ट में से प्रत्येक सेल अपने एड्रेस से रिफर किया जाता है, जो है
(a) सेल का कॉलम लेबल
(b) सेल का कॉलम लेबल और वर्कशीट टैब
(c) सेल का रो लेबल
(d) सेल का रो और कॉलम लेबल

19. रिलेशनल डेटा बेस में यह एक डेटा स्ट्रक्चर है जो एक सिंगल टॉपिक सम्बन्धी इन्फॉर्मेशन को पंक्ति और कॉलमों में ऑर्गेनाइज करता है
(a) ब्लॉक (b) रिकॉर्ड
(c) ट्यूपल (d) टेबल

20. Ctrl + Home की (Key) के प्रयोग से Cursor डॉक्यूमेन्ट के ………. में पहुँच जाता है।
(a) मध्य (b) ऊपर
(c) आरम्भ (d) अन्त

21. माइक्रोसॉफ्ट ऑफिस …..
(a) शेयरवेयर हैं (b) पब्लिक डोमेन सॉफ्टवेयर है
(c) ओपेन-सोर्स सॉफ्टवेयर है (d) एक एप्लीकेशन सूट है

22. स्प्रेडशीट में डेटा कैसे ऑर्गेनाइज होता है?
(a) लाइन्स एण्ड स्पेसेज (b) लेयर्स एण्ड प्लेन्स
(c) हाइट एण्ड विड्थ (d) पंक्ति एण्ड स्तम्भ

23. कटिंग और पेस्टिंग के साथ काटी गई मद अस्थायी रूप से ………. में स्टोर की जाती है।
(a) ROM (b) हार्डडिस्क
(c) डिस्केट (d) क्लिप बोर्ड

24. टेक्स्ट स्टाइल, एलाइनमेन्ट और साइज को चेंज करने के बटन निम्नलिखित में से कौन-सा डिस्प्ले करता है?
(a) स्टैण्डर्ड टूल बार (b) स्टेटस बार
(c) ड्राइंग टूल बार (d) फॉर्मेटिंग टूल बार

25. डेटा को लॉजिकल सिक्वेन्स में व्यवस्थित करने को ………. कहा जाता है।
(a) क्लीफाइंग (b) सर्चिंग
(c) सॉर्टिंग (d) रिप्रोड्यूसिंग

26. डॉक्यूमेन्ट के एपिअरन्स को चेंज करने से सम्बद्ध वर्ड प्रोसेसिंग टास्क को ………. कहते हैं।
(a) राइटिंग (b) फॉर्मेटिंग
(c) एडिटिंग (d) स्टोरिंग

27. किसी विद्यमान डॉक्यूमेन्ट को अलग नाम सहित सेव करने के लिए आप क्या करेंगे?
(a) डॉक्यूमेन्ट रिवाइज कर इसे अलग नाम देंगे
(b) Save as ... कमाण्ड को प्रयुक्त करेंगे
(c) मूल डॉक्यूमेन्ट से एक नये डॉक्यूमेन्ट में कॉपी करेंगे और फिर सेव करेंगे
(d) किसी अलग लोकेशन पर डॉक्यूमेन्ट कॉपी करने के लिए विण्डोज एक्सप्लोरर का उपयोग कर उसे नया नाम देंगे

28. टेक्स्ट की पंक्ति के आरम्भ में जाने के लिए ………. कुंजी (की) दबाएँ।
(a) होम (b) ESC
(c) पेज अप (d) एण्टर

29. वर्ड में टेक्स्ट की फॉर्मेटिंग करते समय किस ग्रुपिंग में कार्य किया जाता है?
(a) टेबल पैराग्राफ्स और इण्डेक्सेज
(b) पैराग्राफ, इण्डेक्सेज सेक्शन्स
(c) कैरेक्टर्स, सेक्शन्स और पैराग्राफ्स
(d) इण्डेक्सेज, कैरेक्टर्स और टेबल्स

30. नीचे दिए गए सभी पद स्प्रेडशीट सॉफ्टवेयर से सम्बद्ध हैं, सिवाय
(a) वर्कशीट (b) सेल
(c) फॉर्मूला (d) वायरस डिटेक्शन

31. वर्ड प्रोसेसिंग, स्प्रेडशीट और फोटो एडिटिंग ………. के उदाहरण हैं।
(a) एप्लीकेशन सॉफ्टवेयर (b) सिस्टम सॉफ्टवेयर
(c) ऑपरेटिंग सिस्टम (d) प्लेटफॉर्म सॉफ्टवेयर

32. एमएस-एक्सेस में, एक टेबल में ………. प्राइमरी कीज होती हैं।
(a) एक (b) दो
(c) तीन (d) चार

33. ………. सेल, दो या अधिक सेल को कम्बाइण्ड कर एक सिंगल सेल बनाता है,।
(a) फॉर्मेटिंग (b) मार्जिंग
(c) इम्बेडिंग (d) स्पिलिटिंग

34. वर्कशीट पर क्षैतिज और उर्ध्वाधर लाइनें होती हैं उन्हें ………. कहते हैं।
(a) सेल्स (b) शीट्स
(c) ब्लाक लाइन (d) ग्रिडलाइन्स

35. नेटवर्कों के नेटवर्क को कहा जाता है
(a) कम्प्यूटर नेटवर्क (b) यूजनेट
(c) इण्टरानेट (d) इण्टरनेट

36. किसी व्यक्ति को ई-मेल द्वारा मेल भेजने के लिए प्राप्तकर्ता की किस जानकारी का होना अति आवश्यक है?
(a) इण्टरनेट कनेक्शन (b) मॉडम
(c) टेलीफोन लाइन (d) ई-मेल एड्रेस

37. अनैच्छिक (इच्छा के विरुद्ध) प्राप्त किए गए ई-मेल को कहते हैं
(a) होक्सेस (Hoaxex) (b) इनबॉक्स
(c) साइबर बुली (d) जंक ई-मेल

38. किसी को ई-मेल भेजना एक प्रकार से है
(a) किसी को पत्र लिखना (b) पिक्चर को बनाना
(c) फोन पर बातें करना (d) पैकेज को भेजना

39. वह गोपनीय कोड जो किसी प्रोग्राम को एक्सेस करने की अनुमति प्रदान करता है, वह है
(a) यूजरनेम (b) वेबपेज
(c) वायरस (d) पासवर्ड

40. ई-मेल एड्रेस में दो भाग होते हैं, पहला भाग यूजरनेम होता है जो दूसरे भाग से @ के द्वारा अलग रहता है तो इसमें दूसरा भाग होता है
(a) पासवर्ड (b) मेल प्रोवाइडर
(c) वेबसाइट का नाम (d) डोमेन नेम

41. इण्टरनेट पर प्रयुक्त होने वाला मानक प्रोटोकॉल है
(a) TCP/IP (b) java (c) PHP (d) SMTP

42. किसी वेबसाइट के पहले प्रदर्शित होने वाले पेज को कहते हैं
(a) फर्स्ट पेज (b) इनीशियल पेज
(c) होम पेज (d) मेन पेज

43. निम्नलिखित में से कौन-सा कम्युनिकेशन प्रोटोकॉल प्रत्येक कम्प्यूटर के लिए मानक सेट करता है, जोकि वेब आधारित सूचनाओं को एक्सेस करती है
(a) XML (b) DML (c) HTTP (d) HTML

44. Google, Yahoo MSN, Netscape Navigator इत्यादि वेबसाइट हैं
(a) वायरस (b) हॉट बॉटस
(c) यूजर के नाम (d) सर्च इंजन

45. वेबसाइट एड्रेस एक यूनिक नाम है, जो वेब पर विशिष्ट ······ को पहचानने के काम में आता है।
(a) लिंक (b) वेबपेज (c) वेबसाइट (d) वेब ब्राउजर

46. किसी भी शैक्षणिक संस्थान को सामान्य रूप से दर्शाने के लिए निम्न में से कौन-सा डोमेन नेम प्रयुक्त होता है?
(a) .org (b) .mil (c) .in (d) .edu

47. इण्टरनेट एक्सेस करने के लिए इलेक्ट्रॉनिक एनालॉग संकेतों को डिजिटल में परिवर्तित करने तथा डिजिटल सकेंतों को एनालॉग संकेतों में पुन: बदलने की प्रक्रिया को कहते हैं।
(a) कम्पाइलिंग (b) एसेम्बलर
(c) मॉड्यूलेशन तथा डिमॉड्यूलेशन (d) ये सभी

48. वेब ब्राउजर में अंकित होने वाले वेब एड्रेस को आगे आई पी एड्रेस में अनुवादित कर लिया जाता है, यह कार्य किया जाता है
(a) ट्रांसलेटर द्वारा
(b) वेब ब्राउजर द्वारा
(c) इन्टरनेट सर्विस प्रोवाइडर द्वारा
(d) डोमेन नेम सिस्टम द्वारा

49. मॉड्यूलेशन व डिमॉड्यूलेशन के लिए प्रयोग होने वाला उपकरण है
(a) प्वांइटर (b) कनेक्टर
(c) डिमोड (d) मॉडम

50. Wi-Fi का पूरा नाम है।
(a) वायरलैस फ्लैक्सिबिलिटी (b) वायरलैस फिडेलिटी
(c) वायरड फीचर्स (d) ये सभी

51. यूजरनेम व उसके बाद डोमेन नेम निम्न में से क्या दर्शाता है?
(a) वेब एड्रेस (b) आई पी एड्रेस
(c) डोमेन नेमिंग सिस्टम (d) ई-मेल एड्रेस

52. किसी भी वेबसाइट या वेबपेज को इण्टरनेट पर पब्लिश या उपलब्ध कराने को कहते हैं
(a) वेब सर्फिंग (b) गूगलिंग
(c) सर्चिंग (d) वेब हॉस्टिंग

53. इसके माध्यम से आप ई-मेल कहीं से भी एक्सेस कर सकते हैं, यह है
(a) फोरम (b) वेबमेल इण्टरनेट
(c) मैसेज बोर्ड (d) वेबलॉग

54. यू आर एल (URL) क्या है?
(a) एक कम्प्यूटर सॉफ्टवेयर प्रोग्राम
(b) एक प्रकार का प्रोग्रामिंग ऑब्जेक्ट
(c) हार्डवेयर का भाग
(d) किसी भी डाक्यूमेण्ट या पेज का www पर एड्रेस

उत्तरमाला

1.	(d)	2.	(a)	3.	(a)	4.	(b)	5.	(a)	6.	(c)	7.	(b)	8.	(c)	9.	(d)	10.	(c)
11.	(a)	12.	(b)	13.	(d)	14.	(c)	15.	(a)	16.	(c)	17.	(c)	18.	(d)	19.	(d)	20.	(c)
21.	(d)	22.	(d)	23.	(d)	24.	(d)	25.	(c)	26.	(b)	27.	(b)	28.	(a)	29.	(c)	30.	(d)
31.	(a)	32.	(a)	33.	(b)	34.	(d)	35.	(d)	36.	(d)	37.	(d)	38.	(a)	39.	(d)	40.	(d)
41.	(a)	42.	(c)	43.	(c)	44.	(d)	45.	(a)	46.	(d)	47.	(c)	48.	(d)	49.	(d)	50.	(b)
51.	(d)	52.	(d)	53.	(b)	54.	(d)												

Unit-II

सामान्य गणित

अध्याय

01

संख्या पद्धति

संख्याएँ Numbers

दैनिक जीवन में किसी-न-किसी रूप में हम संख्याओं का प्रयोग करते हैं। ये संख्याएँ 0 से लेकर 9 तक के कुल दस अंकों में से ही बनती हैं। जैसे ₹ 15, ₹ 101, दो दर्जन, इत्यादि। हम जिन 10 अंकों (Digits) का प्रयोग करके संख्याएँ बनाते हैं वे भिन्न-भिन्न प्रकार की होती हैं। इनका संक्षिप्त विवरण निम्नवत् है

संख्याओं के प्रकार Types of Numbers

प्राकृत	वे संख्याएँ जो दैनिक जीवन में गणना करने के काम आती हैं। प्राकृत संख्याएँ कहलाती हैं। इन्हें N से व्यक्त कर सकते हैं। जैसे $N = 1, 2, 3, 4, 5, 6,..$
पूर्ण	सभी प्राकृत संख्याएँ और उनमें शामिल शून्य (0) पूर्ण संख्याओं का समुच्चय होता है। इन्हें W से व्यक्त करते हैं। जैसे $W = 0, 1, 2, 3, 4,...$
पूर्णांक	शून्य के साथ सभी धनात्मक और ऋणात्मक संख्याओं का समुच्चय पूर्णांक संख्या कहलाती है। इसे I से व्यक्त करते हैं। जैसे $I = 3, 2, 1, 0, -1, -2, -3,...$
सम	जो प्राकृत संख्याएँ 2 से पूर्णतः विभाजित हो जाएँ, उन्हें सम संख्याएँ कहते हैं। इन्हें E से व्यक्त करते हैं। जैसे $E = 2, 4, 6, 8,...$
विषम	वे सभी प्राकृत संख्याएँ जो 2 से पूर्णतः विभाजित न हों, उन्हें विषम संख्याएँ कहते हैं। इन्हें O से व्यक्त कर सकते हैं। जैसे $O = 1, 3, 5, 7, 9,...$
भाज्य	1 के अलावा, वे सभी प्राकृत संख्याएँ जो अभाज्य नहीं हैं। भाज्य संख्याएँ कहलाती हैं। इन्हें C से व्यक्त कर सकते हैं। जैसे $C = 4, 6, 8, 9, 10,...$
अभाज्य	1 और स्वयं के अतिरिक्त किसी अन्य संख्या से पूर्णतः विभाजित न हों, अभाज्य संख्याएँ कहलाती हैं। इन्हें P से व्यक्त कर सकते हैं। जैसे $P = 2, 3, 5, 7, 11,...$
परिमेय	$\frac{P}{Q}$ के रूप वाली संख्याएँ, जहाँ $Q \neq 0$ परिमेय संख्याएँ कहलाती हैं। इन्हें R से व्यक्त किया जा सकता है। जैसे $R = 7, -2, \frac{7}{5}, 0,..$
अपरिमेय	जिन संख्याओं को $\frac{P}{Q}$ के रूप में व्यक्त नहीं किया जा सकता, उन्हें अपरिमेय संख्याएँ कहते हैं। इन्हें Ir से व्यक्त कर सकते हैं। जैसे $Ir = \sqrt{2}, \sqrt{3}, \sqrt{5},....$
वास्तविक	परिमेय और अपरिमेय दोनों प्रकार की संख्याओं को वास्तविक संख्याएँ कहते हैं। इन्हें Re से व्यक्त कर सकते हैं। जैसे $Re = 0, 7, -2, \sqrt{2}, \frac{1}{2}, \frac{9}{4},...$

भाज्यता की जाँच Test of Divisibility

2 से भाज्य यदि दी गई संख्या के इकाई के स्थान पर शून्य या सम संख्या हो, तो वह संख्या 2 से भाज्य होगी।

3 से भाज्य यदि दी गई संख्या के सभी अंकों का योग 3 से विभाजित हो जाता है, तो वह संख्या 3 से भाज्य होगी।

- **4 से भाज्य** यदि दी गई संख्या के इकाई व दहाई के अंकों द्वारा बनी संख्या 4 से विभाजित है, तो वह संख्या 4 से विभाजित होगी।
- **5 से भाज्य** यदि दी गई संख्या के इकाई के स्थान पर शून्य या 5 हो, तो वह संख्या 5 से भाज्य होगी।
- **6 से भाज्य** यदि दी गई संख्या 2 तथा 3 से पूर्णत: विभाजित हो जाती है, तो वह संख्या 6 से भाज्य होगी।
- **8 से भाज्य** यदि दी गई संख्या के अन्तिम तीन अंकों द्वारा बनी संख्या 8 से विभाजित हो जाती है, तो वह संख्या 8 से भाज्य होगी।
- **9 से भाज्य** यदि दी गई संख्या के सभी अंकों का योग 9 से विभाजित हो जाता है, तो वह संख्या 9 से भाज्य होगी।
- **11 से भाज्य** यदि दी गई संख्या के विषम स्थानों के अंकों तथा सम स्थानों के अंकों के योग का अन्तर या तो शून्य है या 11 से विभाजित हो जाता है, तो वह संख्या 11 से भाज्य होगी।

प्रैक्टिस जोन

1. निम्न में से कौन-सी संख्या अपरिमेय है?
(a) $\frac{22}{7}$ (b) π (c) 1.333 .... (d) 3.14

2. निम्न में से कौन-सी संख्या परिमेय है?
(a) $\sqrt{4}$ (b) $\sqrt{3}$ (c) $2+\sqrt{3}$ (d) $5\sqrt{3}$

3. प्रथम 40 प्राकृत संख्याओं का योग कितना है?
(a) 420 (b) 840 (c) 480 (d) 820

4. 50 से 90 के बीच सभी अभाज्य संख्याओं का योग कितना है?
(a) 485 (b) 572 (c) 722 (d) 635

5. 5332624 निम्न में से किस संख्या से विभाजित होती है?
(a) 4 (b) 8
(c) 11 (d) इन सभी से

6. 100 तथा 200 के बीच आने वाले उन पूर्णांकों, जो 9 तथा 6 दोनों से विभाजित हों, की कुल संख्या होगी
(a) 5 (b) 7 (c) 6 (d) 8

7. 3453426 निम्न में से किस संख्या से विभाजित हो जाती है?
(a) 2 (b) 3
(c) 9 (d) इन सभी से

8. प्रथम 68 तक की सम प्राकृत संख्याओं का योग कितना है?
(a) 1180 (b) 1170 (c) 1190 (d) 1160

9. चार अंकों की बड़ी-से-बड़ी तथा छोटी-से-छोटी संख्याओं का योग क्या होगा?
(a) 10999 (b) 1099 (c) 10111 (d) 111101

10. भाजक, भागफल का 25 गुना है तथा शेषफल का 5 गुना है, यदि भागफल 16 हो, तो भाज्य है
(a) 6400 (b) 6480 (c) 400 (d) 480

11. दो संख्याओं का योगफल 90 है। यदि उन दोनों संख्याओं में 40 का अन्तर हो, तो संख्या ज्ञात करें।
(a) 33 और 57 (b) 37 और 53
(c) 40 और 50 (d) 25 और 65

12. किन्हीं दो संख्याओं का योगफल 79 है। यदि उन दोनों संख्याओं में 23 का अन्तर हो, तो संख्या बताएँ।
(a) 39 और 40 (b) 29 और 50
(c) 49 और 30 (d) 28 और 51

13. किन्हीं दो अंकों की संख्या के अंकों का योग 9 है। यदि संख्या से 45 घटा दिया जाए, तो अंकों के मान पलट जाते हैं, तो संख्या ज्ञात करें।
(a) 36 (b) 63 (c) 27 (d) 72

14. दो अंकों वाली एक संख्या में इकाई स्थान का अंक दहाई स्थान के अंक से 2 अधिक है। यदि दोनों अंकों का योग 12 है, तो संख्या क्या है?
(a) 57 (b) 75 (c) 84 (d) 35

15. दो अंकों वाली एक संख्या के अंकों का योग 10 है। यदि संख्या से 36 घटा दिया जाए, तो अंकों के स्थान बदल जाते हैं, तो संख्या ज्ञात करें।
(a) 73 (b) 37 (c) 36 (d) 63

16. यदि $8\times 97+325\times N=5239$, तो N के स्थान पर कौन-सी संख्या आएगी?
(a) 73.13 (b) 13.73 (c) 12.73 (d) 73.12

17. निम्न प्रश्न में तारांकित (*) के स्थान पर क्या आना चाहिए?

4827 + 5 * 2 = 5359

(a) 4 (b) 3 (c) 2 (d) 7

18. निम्नलिखित में कौन-सा कथन असत्य है?
(a) π एक अपरिमेय संख्या है
(b) 22/7 एक परिमेय संख्या है
(c) –1 सबसे बड़ी ऋणात्मक पूर्णांक है
(d) सबसे छोटी अभाज्य संख्या 3 है

19. निम्नलिखित में से कौन-सा कथन असत्य है?
(a) दो सम संख्याओं का योग सम संख्या होता है
(b) दो विषम संख्याओं का योग हमेशा सम संख्या होगा
(c) दो विषम संख्याओं का गुणनफल सदैव सम संख्या होगा
(d) सबसे छोटी प्राकृत संख्या 1 होती है

20. तीन अंकों की बड़ी-से-बड़ी संख्या, जो 35 से पूर्णत: विभाजित हो, होगी
(a) 999 (b) 990 (c) 980 (d) 995

उत्तरमाला

1. (b)	2. (a)	3. (d)	4. (d)	5. (d)	6. (c)	7. (d)	8. (c)	9. (a)	10. (b)
11. (d)	12. (d)	13. (d)	14. (a)	15. (a)	16. (b)	17. (b)	18. (d)	19. (c)	20. (c)

संकेत एवं हल

3. प्रथम 40 संख्याओं का योग $= \frac{40 \times (40+1)}{2} = 20 \times 41 = 820$

4. 50 तथा 90 के बीच अभाज्य संख्याएँ 53, 59, 61, 67, 71, 73, 79, 83 व 89 हैं।

$\therefore$ अभीष्ट योग

$= 53 + 59 + 61 + 67 + 71 + 73 + 79 + 83 + 89 = 635$

5. 5332624 के इकाई तथा दहाई के अंकों द्वारा बनी संख्या 4 से विभाजित होती है।

अतः संख्या 4 से विभाजित होती है तथा संख्या के इकाई, दहाई तथा सैकड़े से बनी संख्या 8 से विभाजित होती है।

अतः संख्या 8 से विभाजित होती है तथा संख्या के विषम स्थानों के अंकों का योग तथा सम स्थानों के अंकों का अन्तर $= (5+3+6+4)-(3+2+2) = 11$ है।

अतः संख्या 11 से विभाजित होती है।

6. 100 तक 18 से विभक्त होने वाली संख्या $= 18 \times 5 + 10 = 5$ संख्याएँ

200 तक 18 से विभक्त होने वाली संख्या $= 18 \times 11 + 2 = 11$ संख्याएँ

$\therefore$ 100 से 200 के बीच 18 से विभक्त होने वाली संख्या

$= 11 - 5 = 6$ संख्याएँ

7. 3453426 में इकाई का अंक सम संख्या है।

अतः संख्या 2 से विभाजित होती है तथा संख्या के अंकों का योग $= 3+4+5+3+4+2+6 = 27$, 3 तथा 9 से विभाजित होता है।

अतः संख्या 3 तथा 9 से विभाजित होती है।

8. प्रथम n तक की सम प्राकृत संख्याओं का योग $= \frac{n}{2}\left(\frac{n}{2}+1\right)$

प्रथम 68 तक की सम प्राकृत संख्याओं का योग

$= \frac{68}{2}\left(\frac{68}{2}+1\right) = 34\,(34+1) = 34 \times 35 = 1190$

9. चार अंकों की बड़ी-से-बड़ी संख्या = 9999

चार अंकों की छोटी-से-छोटी संख्या = 1000

अतः अभीष्ट योग = 9999 + 1000 = 10999

10. भागफल = 16, भाजक $= 16 \times 25$, शेषफल = 80

भाज्य $= (16 \times 25 \times 16) + 80 = (400 \times 16) + 80 = 6480$

11. माना संख्याएँ x तथा y हैं।

प्रश्नानुसार, $x + y = 90$

$$\frac{x - y = 40}{2x = 130}$$

$\therefore \quad x = 65$

$\therefore \quad y = 90 - 65 = 25$

$\therefore$ संख्याएँ 25 व 65 होंगी।

12. माना संख्याएँ x तथा y हैं। तब प्रश्नानुसार,

$x + y = 79$ ...(i)

$x - y = 23$ ...(ii)

समी (i) तथा (ii) को जोड़ने पर,

$x + y = 79$

$x - y = 23$

$2x = 102 \Rightarrow x = 51$

x का मान समी (i) में रखने पर,

$51 + y = 79 \Rightarrow y = 79 - 51 = 28$

$\therefore \quad x = 51$ तथा $y = 28$

13. माना संख्या के इकाई का अंक $= y$

दहाई का अंक $= x$

प्रश्नानुसार, $x + y = 9$ ...(i)

संख्याओं का अन्तर $= x - y = \frac{45}{9} \Rightarrow x - y = 5$ ...(ii)

समी (i) व (ii) को हल करने पर,

$x = 7$ व $y = 2$

$\therefore$ संख्या $= 10x + y = 72$

14. माना दहाई का अंक $= x$ तथा इकाई का अंक $= x + 2$

प्रश्नानुसार, $x + x + 2 = 12 \Rightarrow 2x = 10 \Rightarrow x = 5$

दहाई का अंक = 5

इकाई का अंक = 5 + 2 = 7

$\therefore$ संख्या = 57

15. माना इकाई का अंक x तथा दहाई का अंक y है, तो संख्या $10y + x$ होगी तथा अंक पलटने पर संख्या $10x + y$ होगी। प्रश्नानुसार,

$x + y = 10$ ...(i)

तथा $x + 10y - 36 = 10x + y \Rightarrow 9x - 9y = -36$

$\Rightarrow \quad 9(x - y) = -36 \Rightarrow x - y = -4$ ...(ii)

समी (i) तथा (ii) को जोड़ने पर,

$x + y = 10$

$$\frac{x - y = -4}{2x = 6}$$

$\therefore \quad x = 6/2 = 3$

x का मान समी (i) में रखने पर, $3 + y = 10$

$\therefore \quad y = 10 - 3 = 7$

$\therefore$ संख्या $= 10 \times 7 + 3 = 73$

16. $8 \times 97 + 325 \times N = 5239$

$\Rightarrow 776 + 325\,N = 5239 \Rightarrow N = \frac{4463}{325} \Rightarrow N = 13.73$

17. $4827 + 5*2 = 5359 \Rightarrow 5*2 = 5359 - 4827 \Rightarrow 5*2 = 532$

दोनों पक्षों की तुलना करने पर, * = 3

20. तीन अंकों की बड़ी-से-बड़ी संख्या = 999

```
    28
35)999
   70
   299
   280
    19
```

अतः तीन अंकों की सबसे बड़ी अभीष्ट संख्या = 999 − 19 = 980

अध्याय

02

भिन्न

भिन्न क्या है? What is Fraction?

वह संख्या जो p/q के रूप में व्यक्त हो तथा $q \neq 0$ हो, भिन्न कहलाती है। जहाँ, p को भिन्न का अंश तथा q को भिन्न का हर कहते हैं।

जैसे 5/9 एक भिन्न है, जिसमें 5 भिन्न का अंश तथा 9 भिन्न का हर है।

भिन्नों के प्रकार Types of Fractions

भिन्नों के प्रमुख प्रकार निम्नवत् हैं

1. **दशमलव भिन्न** Decimal Fraction वे भिन्न जिनके हर 10 या 10 की घात में हो, दशमलव भिन्न कहलाती हैं।

   जैसे $\frac{3}{10}, \frac{9}{100}, \frac{13}{1000}$ आदि।

2. **उचित भिन्न** Proper Fraction वे भिन्न जिनके अंश, हर से कम होते हैं, उचित भिन्न कहलाती हैं।

   जैसे $\frac{3}{7}, \frac{4}{9}$ आदि।

3. **अनुचित भिन्न** Improper Fraction वे भिन्न जिनके अंश, हर से अधिक होते हैं, अनुचित भिन्न कहलाती हैं।

   जैसे $\frac{10}{7}, \frac{9}{5}$ आदि।

भिन्नों की तुलना Comparison of Fractions

भिन्नों की तुलना करने में निम्न विधियों का प्रयोग करते हैं

1. **भिन्नों को दशमलव रूप में परिवर्तित करके** जब दो या दो से अधिक भिन्नों की तुलना करनी हो, तो उन्हें दशमलव रूप में परिवर्तित करके उनकी तुलना की जा सकती है।
2. **भिन्नों का हर समान करके** दिए गए भिन्नों में सभी भिन्नों के हरों का ल.स. लेकर उनके हर समान कर लिए जाते हैं, फिर उनके अंशों की तुलना की जाती है। बड़े अंश वाली भिन्न बड़ी होती है।

प्रैक्टिस जोन

1. $2 \div \frac{1}{2} + \frac{1}{3} \div \frac{2}{3} + \frac{1}{3} \div 4$ का मान है

(a) $7\frac{3}{12}$ (b) $12\frac{4}{7}$ (c) $12\frac{3}{7}$ (d) $4\frac{7}{12}$

2. $9 - \left(1\frac{3}{4} + 6\frac{2}{3}\right)$ का मान है

(a) 7/12 (b) 3/5 (c) 3 (d) 13/5

3. $\left(3\frac{2}{3} - 3\frac{1}{6}\right) + \frac{16}{9}$ का मान है

(a) $\frac{22}{9}$ (b) $\frac{20}{3}$ (c) $2\frac{5}{18}$ (d) $1\frac{5}{9}$

4. यदि $x + \frac{5}{6} + \frac{5}{7} + \frac{4}{9} = 2\frac{125}{126}$ हो, तो x का मान है

(a) 1 (b) 3 (c) 1/9 (d) 3/7

5. $\frac{1}{1 + \frac{1}{2 + \frac{1}{3}}}$ का मान है

(a) 3/7 (b) 10/7 (c) 7/10 (d) 7/9

6. $3\frac{2}{5} + 1\frac{3}{7} + 1\frac{6}{35}$ का मान है

(a) 5 (b) $7\frac{2}{7}$ (c) $5\frac{11}{35}$ (d) 6

7. दो भिन्नों का गुणनफल 14/15 है तथा उनका भागफल 35/24 है। इनमें से बड़ी भिन्न है

(a) $\frac{7}{4}$ (b) $\frac{7}{6}$ (c) $\frac{7}{3}$ (d) $\frac{4}{5}$

8. निम्न में सबसे छोटी भिन्न कौन-सी है?

$\frac{8}{15}, \frac{14}{33}, \frac{7}{13}, \frac{11}{13}$

(a) $\frac{8}{15}$ (b) $\frac{7}{13}$ (c) $\frac{11}{13}$ (d) $\frac{14}{33}$

9. किसी संख्या के $\frac{3}{4}$ का $\frac{1}{2}$, $\left(10 \text{ का } 2\frac{1}{2}\right)$ के बराबर है। वह कौन-सी संख्या है?

(a) 50 (b) 60 (c) $66\frac{2}{3}$ (d) 56

10. जब किसी लड़के से किसी भिन्न का 6/7 बताने को कहा गया, तो उसने गलती से उस भिन्न को 6/7 से भाग दे दिया और सही उत्तर से 13/70 अधिक उत्तर प्राप्त किया। वह भिन्न है

(a) 2/3 (b) 3/5 (c) 4/5 (d) 7/9

11. भिन्न 4/7 का कौन-सा भाग उसी में जोड़ा जाए, कि योग $1\frac{1}{14}$ प्राप्त हो?

(a) $\frac{7}{8}$ (b) $\frac{1}{2}$ (c) $\frac{4}{7}$ (d) $\frac{15}{14}$

12. निम्नांकित में से सबसे बड़ी भिन्न कौन-सी है?

$\frac{6}{7}, \frac{5}{6}, \frac{7}{8}, \frac{4}{5}$

(a) $\frac{6}{7}$ (b) $\frac{4}{5}$ (c) $\frac{5}{6}$ (d) $\frac{7}{8}$

13. $\frac{(2.644)^2 - (2.356)^2}{0.288}$ का मान होगा

(a) 1 (b) 4
(c) 5 (d) 6

14. $5\frac{1}{4}$ तथा $4\frac{2}{5}$ का गुणनफल है

(a) $20\frac{4}{5}$ (b) $23\frac{1}{10}$ (c) $7\frac{4}{5}$ (d) $7\frac{3}{5}$

15. $6\frac{3}{4}$ तथा $3\frac{2}{3}$ का योग है

(a) $10\frac{1}{12}$ (b) $13\frac{1}{12}$
(c) $10\frac{5}{12}$ (d) $10\frac{1}{15}$

उत्तरमाला

1. (d)	**2.** (a)	**3.** (c)	**4.** (a)	**5.** (c)	**6.** (d)	**7.** (b)	**8.** (d)	**9.** (c)	**10.** (b)
11. (a)	**12.** (d)	**13.** (c)	**14.** (b)	**15.** (c)					

संकेत एवं हल

1. $2 \div \frac{1}{2} + \frac{1}{3} \div \frac{2}{3} + \frac{1}{3} \div 4 = 2 \times 2 + \frac{1}{3} \times \frac{3}{2} + \frac{1}{3} \times \frac{1}{4}$

$= 4 + \frac{1}{2} + \frac{1}{12} = \frac{48 + 6 + 1}{12} = \frac{55}{12} = 4\frac{7}{12}$

2. $9 - \left[1\frac{3}{4} + 6\frac{2}{3}\right] = 9 - \left[\frac{7}{4} + \frac{20}{3}\right] = 9 - \left[\frac{21 + 80}{12}\right] = 9 - \frac{101}{12} = \frac{7}{12}$

3. $\left(3\frac{2}{3} - 3\frac{1}{6}\right) + \frac{16}{9} = \left(\frac{11}{3} - \frac{19}{6}\right) + \frac{16}{9}$

$= \left(\frac{66 - 57}{18}\right) + \frac{16}{9} = \frac{9}{18} + \frac{16}{9} = \frac{9 + 32}{18} = \frac{41}{18} = 2\frac{5}{18}$

5. $\frac{1}{1 + \frac{1}{2 + \frac{1}{3}}} = \frac{1}{1 + \frac{1}{7/3}} = \frac{1}{1 + \frac{3}{7}} = \frac{1}{\frac{7 + 3}{7}} = \frac{7}{10}$

6. $3\frac{2}{5} + 1\frac{3}{7} + 1\frac{6}{35} = \frac{17}{5} + \frac{10}{7} + \frac{41}{35} = \frac{119 + 50 + 41}{35} = \frac{210}{35} = 6$

7. माना एक भिन्न $\frac{x}{y}$ तथा दूसरी भिन्न $\frac{a}{b}$ है।

प्रश्नानुसार, $\frac{x}{y} \times \frac{a}{b} = \frac{14}{15} \Rightarrow \frac{x}{y} = \frac{14 \times b}{15 \times a}$ ...(i)

$\frac{x/y}{a/b} = \frac{35}{24} \Rightarrow \frac{x \times b}{a \times y} = \frac{35}{24}$

समी (i) से,

$\frac{14 \times b^2}{15 \times a^2} = \frac{35}{24} \Rightarrow \frac{b^2}{a^2} = \frac{35 \times 15}{24 \times 14} = \frac{25}{16} \Rightarrow \frac{b}{a} = \frac{5}{4} \Rightarrow \frac{a}{b} = \frac{4}{5}$

पुनः समी (i) से,

$\frac{x}{y} = \frac{14 \times 5}{15 \times 4} = \frac{7}{6}$ ∴ बड़ी संख्या $\frac{7}{6}$ होगी।

8. $\frac{8}{15} = 0.533, \frac{14}{33} = 0.424, \frac{7}{13} = 0.538, \frac{11}{13} = 0.846$

∴ स्पष्ट है सबसे छोटी भिन्न $\frac{14}{33}$ होगी।

9. माना संख्या x है।

प्रश्नानुसार, x का $\frac{3}{4}$ का $\frac{1}{2} = 10$ का $2\frac{1}{2}$

$\Rightarrow x \times \frac{3}{4} \times \frac{1}{2} = 10 \times \frac{5}{2} \Rightarrow x \times \frac{3}{8} = 25 \Rightarrow x = \frac{25 \times 8}{3} = 66\frac{2}{3}$

10. माना अभीष्ट भिन्न x है।

प्रश्नानुसार,

$\frac{x}{6/7} - \frac{6}{7}x = \frac{13}{70} \Rightarrow \frac{7x}{6} - \frac{6x}{7} = \frac{13}{70}$

$\Rightarrow \frac{49x - 36x}{42} = \frac{13}{70} \Rightarrow \frac{13x}{42} = \frac{13}{70} \Rightarrow x = \frac{42}{70} = \frac{3}{5}$

11. माना भिन्न का x भाग जोड़ना है।

∴ प्रश्नानुसार, $\frac{4}{7} + x\frac{4}{7} = 1\frac{1}{14} \Rightarrow \frac{4}{7}(1 + x) = \frac{15}{14}$

$\Rightarrow 1 + x = \frac{15 \times 7}{14 \times 4} = \frac{15}{8} \Rightarrow x = \frac{15}{8} - 1 \Rightarrow x = \frac{15 - 8}{8} = \frac{7}{8}$

12. $\frac{6}{7} = 0.857, \frac{5}{6} = 0.833, \frac{7}{8} = 0.875, \frac{4}{5} = 0.8$

∴ स्पष्ट है $\frac{7}{8}$ सबसे बड़ी भिन्न है।

13. $\frac{(2.644)^2 - (2.356)^2}{0.288}$

$= \frac{(2.644 + 2.356)(2.644 - 2.356)}{0.288} = \frac{5 \times 0.288}{0.288} = 5$

14. $5\frac{1}{4} \times 4\frac{2}{5} = \frac{21}{4} \times \frac{22}{5} = \frac{462}{20} = \frac{231}{10} = 23\frac{1}{10}$

15. $6\frac{3}{4} + 3\frac{2}{3} = \frac{27}{4} + \frac{11}{3} = \frac{81 + 44}{12} = \frac{125}{12} = 10\frac{5}{12}$

अध्याय

03

वर्ग तथा वर्गमूल

वर्ग Square

जब किसी दी गई संख्या की उसी संख्या से गुणा की जाती है, तो प्राप्त गुणनफल दी गई संख्या का वर्ग कहलाता है।

जैसे 10 का वर्ग $= (10)^2$

$= 10 \times 10 = 100$

वर्गमूल Square Root

किसी दी गई संख्या का वर्गमूल वह संख्या है, जिसका वर्ग करने पर दी गई संख्या प्राप्त होती है। इसे चिह्न '$\sqrt{\ }$' द्वारा प्रदर्शित करते हैं।

जैसे 16 का वर्गमूल $= \sqrt{16} = 4$

वर्गमूल ज्ञात करने की विधियाँ
Methods to Find Out Square Root

वर्गमूल ज्ञात करने की निम्न दो विधियाँ हैं

1. गुणनखण्ड विधि Factorization Method

उदाहरण 729 का गुणनखण्ड विधि से वर्गमूल ज्ञात कीजिए।

हल

3	729
3	243
3	81
3	27
3	9
3	3
	1

$\sqrt{\underline{3\times3}\times\underline{3\times3}\times\underline{3\times3}}$

$= 3\times3\times3 = 27$

2. भाग विधि Division Method

उदाहरण 625 का भाग विधि से वर्गमूल ज्ञात कीजिए।

हल

	25
2	625
+2	4
45	225
5	225
	×

$= 25$

प्रैक्टिस जोन

1. यदि $\dfrac{x}{\sqrt{0.09}} = 12$ हो, तो x का मान क्या होगा?

(a) 0.3 (b) 3 (c) 36 (d) 3.6

2. $\sqrt{32} - \sqrt{128} + \sqrt{50}$ का मान क्या होगा?

(a) 1.414 (b) 4.141
(c) 1.732 (d) 2.000

3. $\sqrt{15612 + \sqrt{154 + \sqrt{225}}}$ बराबर है

(a) 135 (b) 155
(c) 105 (d) 125

4. यदि $\sqrt{1 + \dfrac{25}{144}} = 1 + \dfrac{x}{12}$ हो, तो x का मान बराबर है

(a) 1 (b) 2 (c) 5 (d) 9

5. यदि $\sqrt{x} + 238 = 360$ का 4/5 हो, तो x का मान है

(a) 2500 (b) 3025 (c) 3600 (d) 6400

6. यदि $\dfrac{\sqrt{32.4}}{\sqrt{x}} = 2$ हो, तो x का मान है

(a) 9 (b) 0.9
(c) 0.09 (d) इनमें से कोई नहीं

7. $\sqrt{\frac{0.289}{0.00121}}$ बराबर है

(a) $\frac{170}{11}$ (b) $\frac{17}{110}$
(c) $\frac{17}{11}$ (d) $\frac{0.17}{11}$

8. $\sqrt{\frac{0.081 \times 0.484}{0.0064 \times 6.25}}$ बराबर है

(a) 9 (b) 0.9 (c) 99 (d) 0.99

9. यदि $\sqrt{75.24 + x} = 8.71$ हो, तो x का मान है

(a) 0.6241 (b) 6.241
(c) 62.41 (d) इनमें से कोई नहीं

10. $(\sqrt{72} - \sqrt{18}) \div \sqrt{12}$ का मान है

(a) $\sqrt{6}$ (b) $\sqrt{\frac{5}{2}}$ (c) $\sqrt{\frac{2}{3}}$ (d) $\frac{\sqrt{6}}{2}$

11. $\frac{\sqrt{24} + \sqrt{216}}{\sqrt{96}}$ का मान है

(a) $2\sqrt{6}$ (b) 2 (c) $6\sqrt{2}$ (d) $\frac{2}{\sqrt{6}}$

12. 294 को किस छोटी-से-छोटी संख्या से गुणा किया जाए, कि इस प्रकार प्राप्त संख्या एक पूर्ण वर्ग हो?

(a) 2 (b) 3 (c) 6 (d) 24

13. 269 में कौन-सी छोटी-से-छोटी संख्या जोड़ी जाए, कि इस प्रकार प्राप्त योग एक पूर्ण वर्ग हो?

(a) 31 (b) 16
(c) 7 (d) 20

14. 5 अंकों की बड़ी-से-बड़ी वह कौन-सी संख्या है, जो एक पूर्ण वर्ग हो?

(a) 99999 (b) 99764
(c) 99976 (d) 99856

15. 6 अंकों की छोटी-से-छोटी वह कौन-सी संख्या है, जो एक पूर्ण वर्ग हो?

(a) 100036 (b) 100049
(c) 100489 (d) 100169

16. सरल कीजिए।

$\frac{2707}{\sqrt{?}} = 27.07$

(a) 10 (b) 100
(c) 1000 (d) 10000

17. छात्रों के एक समूह में प्रत्येक छात्र से उतने ही पैसे लिए गए, जितने इस समूह में छात्र थे। यदि कुल धन ₹ 5929 इकट्ठा हुआ हो, तो समूह में कितने छात्र थे?

(a) 67 (b) 77 (c) 87 (d) 57

उत्तरमाला

1. (d) **2.** (a) **3.** (d) **4.** (a) **5.** (a) **6.** (d) **7.** (a) **8.** (d) **9.** (a) **10.** (d)
11. (b) **12.** (c) **13.** (d) **14.** (d) **15.** (c) **16.** (d) **17.** (b)

संकेत एवं हल

1. $\frac{x}{\sqrt{0.09}} = 12 \Rightarrow \frac{x}{0.3} = 12$

$\Rightarrow x = 3.6$

2. $\sqrt{32} - \sqrt{128} + \sqrt{50}$

$= \sqrt{4 \times 4 \times 2} - \sqrt{8 \times 8 \times 2} + \sqrt{5 \times 5 \times 2}$

$= 4\sqrt{2} - 8\sqrt{2} + 5\sqrt{2}$

$= \sqrt{2} = 1.414$

3. $\sqrt{15612 + \sqrt{154 + \sqrt{225}}} = \sqrt{15612 + \sqrt{154 + 15}}$

$= \sqrt{15612 + \sqrt{169}}$

$= \sqrt{15612 + 13}$

$= \sqrt{15625} = 125$

4. $\sqrt{1 + \frac{25}{144}} = 1 + \frac{x}{12}$

$\Rightarrow \sqrt{\frac{144 + 25}{144}} = 1 + \frac{x}{12}$

$\Rightarrow \sqrt{\frac{169}{144}} = 1 + \frac{x}{12}$

$\Rightarrow \frac{13}{12} - 1 = \frac{x}{12}$

$\Rightarrow \frac{13 - 12}{12} = \frac{x}{12}$

$\Rightarrow x = 1$

5. $\sqrt{x} + 238 = 360 \times \frac{4}{5}$

$\Rightarrow \sqrt{x} + 238 = 288$

$\Rightarrow \sqrt{x} = 50$

$\Rightarrow x = 2500$

6. $\frac{\sqrt{32.4}}{\sqrt{x}} = 2 \Rightarrow \frac{32.4}{x} = 4$

$\Rightarrow x = \frac{32.4}{4} = 8.1$

7. $\sqrt{\frac{0.289}{0.00121}} = \sqrt{\frac{289 \times 100}{121}}$

$= \frac{17 \times 10}{11} = \frac{170}{11}$

8. $\sqrt{\dfrac{0.081 \times 0.484}{0.0064 \times 6.25}} = \sqrt{\dfrac{81 \times 484}{64 \times 625}}$

$= \sqrt{\dfrac{9 \times 9 \times 22 \times 22}{8 \times 8 \times 25 \times 25}}$

$= \dfrac{9 \times 22}{8 \times 25} = \dfrac{198}{200} = 0.99$

9. $\sqrt{75.24 + x} = 8.71$

$\Rightarrow \quad 75.24 + x = 75.8641$

$\Rightarrow \quad x = 75.8641 - 75.24$

$\therefore \quad x = 0.6241$

10. $(\sqrt{72} - \sqrt{18}) \div \sqrt{12} = (6\sqrt{2} - 3\sqrt{2}) \div 2\sqrt{3}$

$= \dfrac{3\sqrt{2}}{2\sqrt{3}} = \dfrac{\sqrt{6}}{2}$

11. $\dfrac{\sqrt{24} + \sqrt{216}}{\sqrt{96}} = \dfrac{\sqrt{6 \times 4} + \sqrt{6 \times 6 \times 6}}{\sqrt{16 \times 6}}$

$= \dfrac{2\sqrt{6} + 6\sqrt{6}}{4\sqrt{6}} = \dfrac{8\sqrt{6}}{4\sqrt{6}} = 2$

12.

2	294
7	147
7	21
	3

$294 = 2 \times 3 \times 7 \times 7$

अतः स्पष्ट है कि संख्या को 6 से गुणा करने पर संख्या पूर्ण वर्ग हो जाएगी।

13.

	16
1	269
+1	1
26	169
	156
	13

$\therefore$ जोड़ी जाने वाली संख्या $= (17)^2 - 269 = 289 - 269 = 20$

14. पाँच अंकों की बड़ी-से-बड़ी संख्या = 99999

	316
3	9 99 99
+3	9
61	99
+1	61
626	3899
	3756
	143

अतः अभीष्ट संख्या = 99999 − 143 = 99856

15. 6 अंकों की छोटी-से-छोटी संख्या = 100000

	316
3	100000
+3	9
61	100
+1	61
626	3900
	3756
	144

$\therefore$ अभीष्ट संख्या $= (317)^2 = 100489$

16. $\dfrac{2707}{\sqrt{x}} = 27.07$

$\Rightarrow \quad \sqrt{x} = \dfrac{2707}{27.07} = \dfrac{2707 \times 100}{2707} = 100$

दोनों ओर का वर्ग करने पर,

$x = (100)^2 = 10000$

17. माना समूह में छात्रों की संख्या $= x$

प्रश्नानुसार,

$x \times x = 5929$

$\Rightarrow \quad x = \sqrt{5929} \Rightarrow x = 77$

$\therefore$ समूह में छात्रों की संख्या = 77

अध्याय

04

घन तथा घनमूल

घन Cube

किसी संख्या को उसके वर्ग से गुणा करने पर जो गुणनफल प्राप्त होता है, उसे उस संख्या का घन कहते हैं।

जैसे 7 का घन $= (7)^3 = 7 \times (7)^2$

$= 7 \times 49 = 343$

घनमूल Cube Root

किसी संख्या a का घनमूल b होगा, यदि $a = b^3$

घनमूल को $\sqrt[3]{\ }$ से प्रदर्शित करते हैं।

अतः: $\sqrt[3]{a} = b$

जैसे $\sqrt[3]{8} = \sqrt[3]{2 \times 2 \times 2} = 2$

घनमूल ज्ञात करने की विधि

Method to Find Out Cube Root

उदाहरण 64 का घनमूल ज्ञात कीजिए।

हल

2	64
2	32
2	16
2	8
2	4
2	2
	1

$\sqrt[3]{64} = \sqrt[3]{2 \times 2 \times 2 \times 2 \times 2 \times 2} = 2 \times 2 = 4$

प्रैक्टिस जोन

1. 2744 का घनमूल ज्ञात करो।
(a) 16 (b) 14 (c) 18 (d) 12

2. 0.000001 का घनमूल होगा
(a) 0.1 (b) 0.01 (c) 0.001 (d) 0.0001

3. $\sqrt[3]{5\frac{104}{125}}$ का मान है
(a) $1\frac{3}{5}$ (b) $1\frac{2}{5}$ (c) $1\frac{4}{5}$ (d) $2\frac{2}{5}$

4. $\sqrt[3]{\sqrt{0.000729}}$ का मान है
(a) 0.03 (b) 0.3
(c) 3 (d) इनमें से कोई नहीं

5. $2\sqrt[3]{32} - 3\sqrt[3]{4} + \sqrt[3]{500}$ बराबर है
(a) $4\sqrt[3]{6}$ (b) $3\sqrt{24}$
(c) $6\sqrt[3]{4}$ (d) 9/6

6. $\frac{\sqrt[3]{8}}{\sqrt{16}} \div \sqrt{\frac{100}{49}} \times \sqrt[3]{125}$ बराबर है
(a) 7/4 (b) 3/4 (c) -2 (d) 1

7. $\sqrt[3]{(216)^{-3} \div (343)^{-2}}$ का मान है
(a) $\frac{36}{156}$ (b) $\frac{17}{54}$ (c) $\frac{49}{216}$ (d) $\frac{49}{412}$

8. $\frac{432}{625}$ को किस संख्या से भाग दें, कि प्राप्त संख्या पूर्ण घन बन जाए?
(a) $\frac{1}{3}$ (b) $\frac{1}{5}$ (c) $\frac{2}{5}$ (d) $\frac{3}{5}$

9. $\sqrt[3]{\frac{512}{729}} + \sqrt[3]{\frac{8}{27}} + \sqrt{\frac{25}{81}}$ का मान होगा
(a) $2\frac{1}{8}$ (b) $2\frac{1}{7}$ (c) $2\frac{1}{9}$ (d) $2\frac{1}{11}$

10. $\sqrt[3]{21 + \sqrt{16} + \sqrt[3]{8}}$ का मान होगा
(a) 8 (b) 5
(c) 4 (d) 3

11. $\sqrt[3]{1.728}$ का मान होगा
(a) 1.5 (b) 0.15
(c) 1.52 (d) 1.2

12. $\sqrt[3]{1+\sqrt[3]{343}}$ का मान क्या होगा?

(a) 2 (b) 6 (c) 7 (d) 8

13. $\sqrt[3]{\sqrt[3]{512}}$ का मान है

(a) 2 (b) 4 (c) 8 (d) 12

14. $\sqrt[3]{\dfrac{72.9}{0.4096}}$ का मान है

(a) 5.625 (b) 72 (c) 9 (d) 90

15. 972 को किस छोटी-से-छोटी संख्या से गुणा किया जाए, कि गुणनफल पूर्ण घन हो?

(a) 5 (b) 6 (c) 7 (d) 8

16. 4 अंकों की बड़ी-से-बड़ी संख्या जो पूर्ण घन हो, होगी

(a) 9999 (b) 9261
(c) 8000 (d) इनमें से कोई नहीं

17. 3600 को किस छोटी-से-छोटी संख्या से भाग किया जाए, कि भागफल पूर्ण घन हो?

(a) 5 (b) 2 (c) 450 (d) 9

18. 19683 का घनमूल क्या होगा?

(a) 29 (b) 23
(c) 27 (d) इनमें से कोई नहीं

19. $\sqrt[3]{1331}\times\sqrt[3]{216}+\sqrt[3]{729}+\sqrt[3]{64}$ का मान है

(a) 13.61 (b) 79
(c) 14.82 (d) 10.88

20. निम्नलिखित प्रश्न के प्रश्नचिह्नों (?) के स्थान पर क्या आएगा?

$$\frac{(?)^{1.6}}{24}=\frac{9}{(?)^{1.4}}$$

(a) 8 (b) 14 (c) 6 (d) 12

उत्तरमाला

1. (b)	**2.** (b)	**3.** (c)	**4.** (b)	**5.** (c)	**6.** (a)	**7.** (c)	**8.** (c)	**9.** (c)	**10.** (d)
11. (d)	**12.** (a)	**13.** (a)	**14.** (a)	**15.** (b)	**16.** (b)	**17.** (c)	**18.** (c)	**19.** (b)	**20.** (c)

संकेत एवं हल

1. $\sqrt[3]{2744}=\sqrt[3]{2\times2\times2\times7\times7\times7}=2\times7=14$

2. $\sqrt[3]{0.000001}=\sqrt[3]{\dfrac{1}{1000000}}=\dfrac{1}{100}=0.01$

3. $\sqrt[3]{5\dfrac{104}{125}}=\sqrt[3]{\dfrac{729}{125}}=\dfrac{9}{5}=1\dfrac{4}{5}$

4. $\sqrt[3]{\sqrt{0.000729}}=\sqrt[3]{0.027}=0.3$

5. $2\sqrt[3]{32}-3\sqrt[3]{4}+\sqrt[3]{500}$

$=4\sqrt[3]{4}-3\sqrt[3]{4}+5\sqrt[3]{4}=6\sqrt[3]{4}$

6. $\dfrac{\sqrt[3]{8}}{\sqrt{16}}\div\sqrt{\dfrac{100}{49}}\times\sqrt[3]{125}=\dfrac{2}{4}\times\dfrac{7}{10}\times5=\dfrac{7}{4}$

7. $\sqrt[3]{(216)^{-3}\div(343)^{-2}}=\sqrt[3]{(6^3)^{-3}\times\dfrac{1}{(7^3)^{-2}}}$

$=\sqrt[3]{6^{-9}\times(7^3)^2}=\dfrac{7^2}{6^3}=\dfrac{49}{216}$

8. $\dfrac{432}{625}=\dfrac{3\times3\times2\times2\times2\times2\times3}{5\times5\times5\times5}$

उपरोक्त से स्पष्ट है, कि 2/5 से भाग करने पर संख्या पूर्ण घन बन जाएगी।

9. $\sqrt[3]{\dfrac{512}{729}}+\sqrt[3]{\dfrac{8}{27}}+\sqrt{\dfrac{25}{81}}=\dfrac{8}{9}+\dfrac{2}{3}+\dfrac{5}{9}=\dfrac{19}{9}=2\dfrac{1}{9}$

10. $\sqrt[3]{21+\sqrt{16}+\sqrt[3]{8}}=\sqrt[3]{21+4+2}=\sqrt[3]{27}=3$

11. $\sqrt[3]{1.728}=\sqrt[3]{1.2\times1.2\times1.2}=1.2$

12. $\sqrt[3]{1+\sqrt[3]{343}}=\sqrt[3]{1+7}=\sqrt[3]{8}=2$

13. $\sqrt[3]{\sqrt[3]{512}}=\sqrt[3]{\sqrt[3]{8\times8\times8}}=\sqrt[3]{8}=\sqrt[3]{2\times2\times2}=2$

14. $\sqrt[3]{\dfrac{72.9}{0.4096}}=\sqrt[3]{\dfrac{729\times1000}{4096}}=\dfrac{9\times10}{16}=5.625$

15. $\because$ $972=6\times6\times3\times3\times3$

उपरोक्त से स्पष्ट है, कि यदि 972 को 6 से गुणा किया जाए, तो गुणनफल पूर्ण घन होगा।

16. प्रश्नानुसार, $21\times21\times21=9261\Rightarrow\sqrt[3]{9261}=21$

अतः 9261 चार अंकों की वह संख्या है, जो पूर्ण घन होगी।

17. $3600=3\times3\times2\times2\times2\times2\times5\times5$

उपरोक्त से स्पष्ट है, कि 3600 को 450 से भाग देने पर भागफल पूर्ण घन बन जाएगा।

18. $\sqrt[3]{19683}=\sqrt{(3\times3\times3)\times(9\times9\times9)}=3\times9=27$

19. $\sqrt[3]{1331}\times\sqrt[3]{216}+\sqrt[3]{729}+\sqrt[3]{64}=11\times6+9+4$

$=66+13=79$

20. $\dfrac{(?)^{1.6}}{24}=\dfrac{9}{(?)^{1.4}}$

$\Rightarrow\ (?)^{1.6}\times(?)^{1.4}=9\times24$

$\Rightarrow\ (?)^{1.6+1.4}=(6)^3$

$\Rightarrow\ (?)^3=(6)^3$

$\therefore\ ?=6$

अध्याय

05

घातांक तथा करणी

घातांक Indices

यदि $a \times a \times a \times ...... \times m$ बार को a^m लिखा जाए, तो इसे a की घात m पढ़ा जाता है। a को आधार तथा m को घातांक कहते हैं।

घातांक के नियम Rules of Indices

माना a तथा b दो वास्तविक संख्याएँ हैं तथा m और n दो धनपूर्णांक हैं, तब

- $a^m \times a^n = a^{m+n}$
- $\frac{a^m}{a^n} = a^{m-n}$
- $(a^m)^n = a^{mn}$
- $a^{-m} = \frac{1}{a^m}$
- $(ab)^m = a^m b^m$
- $\left(\frac{a}{b}\right)^m = \frac{a^m}{b^m}$
- $a^0 = 1$

करणी Surds

यदि किसी संख्या के मूल का निश्चित मान ज्ञात नहीं किया जा सकता हो, तो उस मूल को करणी कहते हैं।

जैसे $\sqrt{3}, \sqrt[3]{4}, \sqrt[3]{6}$ आदि।

करणी के नियम Rules of Surds

माना a एक परिमेय संख्या है तथा m और n दो धनपूर्णांक हैं, तब

- $(\sqrt[n]{a})^n = a$
- $\sqrt[m]{ab} = \sqrt[m]{a} \cdot \sqrt[m]{b}$
- $\sqrt[m]{\frac{a}{b}} = \frac{\sqrt[m]{a}}{\sqrt[m]{b}}$
- $(\sqrt[m]{a})^n = \sqrt[m]{a^n}$
- $\sqrt[m]{\sqrt[n]{a}} = \sqrt[mn]{a}$
- $\sqrt{a} + \sqrt{b}$ का परिमेयकारी गुणक $= \sqrt{a} - \sqrt{b}$

प्रैक्टिस जोन

1. $\left(-\frac{1}{512}\right)^{-2/3}$ का मान है
   (a) $-\frac{1}{64}$ (b) $\frac{1}{64}$ (c) -64 (d) 64

2. यदि $(27)^{1/3} \times (81)^{-1/2} = 3^n$ हो, तो n का मान है
   (a) -1 (b) 0 (c) 27 (d) 81

3. यदि $\frac{(x^3)^2 \times x^4}{x^{10}} = x^p$ हो, तो p का मान है
   (a) 26 (b) 2 (c) 1 (d) 0

4. $\frac{2^{\frac{2}{3}} \times \sqrt[3]{2^7}}{\sqrt[3]{2^6}}$ का मान है
   (a) 0 (b) 2 (c) 1 (d) 4

5. यदि $3\sqrt{3} \times 3^3 \div 3^{-3/2} = 3^{a+2}$ हो, तो a का मान है
   (a) 4 (b) 5 (c) 6 (d) 8

6. यदि $\frac{9^n \times 3^5 \times (27)^3}{3 \times (81)^4} = 27$ हो, तो n बराबर है
   (a) 0 (b) 2 (c) 3 (d) 4

7. यदि $(\sqrt{3})^5 \times 9^2 = 3^x \times 3\sqrt{3}$ हो, तब x बराबर है
   (a) 2 (b) 3 (c) 4 (d) 5

8. $\sqrt{5 + \sqrt[3]{x}} = 3$ हो, तो x का मान है
   (a) 125 (b) 64 (c) 27 (d) 9

9. $\frac{3^{n+2} - 3^n}{3^{n+1} + 3^n}$ का मान, जहाँ n एक वास्तविक संख्या है, है
   (a) 2 (b) 3 (c) 4 (d) 0

10. $\sqrt{2^4} + \sqrt[3]{64} + \sqrt[4]{2^8}$ का मान है
    (a) 24 (b) 12 (c) 16 (d) 18

11. यदि $4^x - 4^{x-1} = 24$ हो, तो $(2x)^x$ का मान है
    (a) 25 (b) 125 (c) $\sqrt{5}$ (d) $25\sqrt{5}$

12. $\sqrt{\dfrac{x}{0.0064}} = \sqrt[3]{0.008}$ में x का मान है

(a) 0.256 (b) 0.0256 (c) 0.000256 (d) 0.00256

13. यदि $\sqrt[3]{32} = 2^x$, तब x का मान है

(a) 5 (b) 3

(c) $\dfrac{3}{5}$ (d) $\dfrac{5}{3}$

14. $[x^{(b-c)}]^{(b+c)} \cdot [x^{(c-a)}]^{(c+a)} \cdot [x^{(a-b)}]^{(a+b)}$ बराबर है

(a) 0 (b) x^{abc} (c) 1 (d) x^{a+b+c}

15. $\left(\dfrac{x^b}{x^c}\right)^{(b+c-a)} \times \left(\dfrac{x^c}{x^a}\right)^{(c+a-b)} \times \left(\dfrac{x^a}{x^b}\right)^{(a+b-c)}$ का मान है

(a) x^{abc} (b) x^{a+b+c}

(c) $x^{ab+bc+ca}$ (d) 1

उत्तरमाला

1. (d) **2.** (a) **3.** (d) **4.** (b) **5.** (a) **6.** (c) **7.** (d) **8.** (b) **9.** (a) **10.** (b)
11. (d) **12.** (c) **13.** (d) **14.** (c) **15.** (d)

संकेत एवं हल

1. $\left(-\dfrac{1}{512}\right)^{-2/3} = (-512)^{2/3}$

$= (-8^3)^{2/3} = (-8)^2 = 64$

2. $(27)^{1/3} \times (81)^{-1/2} = 3^n$

$\Rightarrow (3^3)^{1/3} \times (3^4)^{-1/2} = 3^n \Rightarrow 3 \times 3^{-2} = 3^n$

$\Rightarrow 3^{-1} = 3^n \Rightarrow n = -1$

3. $\dfrac{(x^3)^2 \times x^4}{x^{10}} = x^p \Rightarrow \dfrac{x^6 \times x^4}{x^{10}} = x^p$

$\Rightarrow \dfrac{x^{10}}{x^{10}} = x^p \Rightarrow x^p = x^0 \Rightarrow p = 0$

4. $\dfrac{2^{\frac{2}{3}} \times \sqrt[3]{2^7}}{\sqrt[3]{2^6}} = \dfrac{2^{\frac{2}{3}} \times 2^{\frac{7}{3}}}{2^{\frac{6}{3}}} = 2^{\left(\frac{2}{3}+\frac{7}{3}-\frac{6}{3}\right)}$

$= 2^{\left(\frac{2+7-6}{3}\right)} = 2^{\frac{3}{3}} = 2^1 = 2$

5. $3\sqrt{3} \times 3^3 \div 3^{-3/2} = 3^{a+2} \Rightarrow \dfrac{3 \cdot 3^{1/2} \cdot 3^3}{3^{-3/2}} = 3^{a+2}$

$\Rightarrow 3 \cdot 3^{1/2} \cdot 3^3 \cdot 3^{3/2} = 3^{a+2}$

$\Rightarrow 3^{1+1/2+3+3/2} = 3^{a+2} \Rightarrow 3^6 = 3^{a+2}$

$\Rightarrow 6 = a + 2 \Rightarrow a = 4$

6. $\dfrac{9^n \times 3^5 \times (27)^3}{3 \times (81)^4} = 27$

$\Rightarrow \dfrac{(3^2)^n \times 3^5 \times (3^3)^3}{3 \times (3^4)^4} = 3^3 \Rightarrow \dfrac{3^{2n} \times 3^5 \times 3^9}{3 \times 3^{16}} = 3^3$

$\Rightarrow 3^{2n+5+9-1-16} = 3^3 \Rightarrow 2n - 3 = 3 \Rightarrow n = 3$

7. $(\sqrt{3})^5 \times 9^2 = 3^x \times 3\sqrt{3} \Rightarrow (3)^{\frac{5}{2}} \times (3)^4 = 3^x \times 3 \times (3)^{\frac{1}{2}}$

$\Rightarrow 3^{\frac{5}{2}+4} = 3^{x+\frac{3}{2}} \Rightarrow \dfrac{5}{2} + 4 = x + \dfrac{3}{2} \Rightarrow x = 5$

8. $\sqrt{5+\sqrt[3]{x}} = 3 \Rightarrow 5 + \sqrt[3]{x} = 9$

$\Rightarrow \sqrt[3]{x} = 4 \Rightarrow x = 64$

9. $\dfrac{3^{n+2} - 3^n}{3^{n+1} + 3^n} = \dfrac{3^n \cdot 9 - 3^n}{3^n \cdot 3 + 3^n} = \dfrac{9-1}{3+1} = \dfrac{8}{4} = 2$

10. $\sqrt{2^4} + \sqrt[3]{64} + \sqrt[4]{2^8} = 2^2 + 4 + 2^2 = 4 + 4 + 4 = 12$

11. $4^x - 4^{x-1} = 24 \Rightarrow 4^x - 4^x \cdot 4^{-1} = 24$

$\Rightarrow 4^x \left(1 - \dfrac{1}{4}\right) = 24 \Rightarrow 4^x \left(\dfrac{3}{4}\right) = 24$

$\Rightarrow 4^x = \dfrac{24 \times 4}{3} \Rightarrow 4^x = 2^5 \Rightarrow 2^{2x} = 2^5$

$\Rightarrow 2x = 5 \Rightarrow x = \dfrac{5}{2}$

अब, $(2x)^x = (5)^{5/2} = 25\sqrt{5}$

12. $\sqrt{\dfrac{x}{0.0064}} = \sqrt[3]{0.008}$

$\Rightarrow \sqrt{\dfrac{x \times 10000}{64}} = \sqrt[3]{\dfrac{8}{1000}}$

$\Rightarrow \dfrac{100}{8} \times \sqrt{x} = \dfrac{2}{10}$

$\Rightarrow \sqrt{x} = \dfrac{8 \times 2}{100 \times 10} = 0.016$

$\therefore x = 0.000256$

13. $\sqrt[3]{32} = 2^x \Rightarrow 2^{\frac{5}{3}} = 2^x \Rightarrow x = \dfrac{5}{3}$

14. घातांक के नियम से इस प्रकार के व्यंजकों का मान अधिकांशतः 1 ही आता है।

15. घातांक के नियम से इस प्रकार के व्यंजकों का मान अधिकांशतः 1 ही आता है।

अध्याय

06

सरलीकरण

सरलीकरण क्या है? What is Simplification?

सरलीकरण के अन्तर्गत दिए गए व्यंजकों में गणितीय संक्रियाओं; जैसे जोड़, घटाव, गुणा, भाग आदि का जब एकसाथ अथवा कुछ चिह्नों के साथ प्रयोग किया जाता है, तब हम BODMAS क्रम का पालन कर क्रियाओं को सम्पन्न करते हैं।

BODMAS का प्रयोग कैसे करें?
How to use Rule of BODMAS?

BODMAS क्रम में सर्वप्रथम कोष्ठकों (Brackets) की क्रियाओं को ध्यान में रखते हैं, (यदि कोष्ठक दिए हों) जो Vi, Ci, Cu, Sq के अनुरूप होती हैं। कोष्ठकों के बाद 'का' (of) की क्रिया, फिर 'भाग' (÷) की क्रिया, फिर 'गुणा' (×) की क्रिया, फिर 'जोड़' (+) की क्रिया तथा अन्त में 'घटाव' (−) की क्रिया को सम्पन्न करते हैं।

दोनों क्रमों का संक्षिप्त रूप इस प्रकार है

B → कोष्ठक (Bracket)
Vi (रेखा कोष्ठक), Ci (छोटा कोष्ठक), Cu (मझला कोष्ठक), Sq (बड़ा कोष्ठक)

O → का (Of)

D → भाग (Division)

M → गुणा (Multiplication)

A → योग (Addition)

S → अन्तर (Subtraction)

उपरोक्त क्रम के अलावा व्यंजकों के सरलीकरण में बीजगणितीय सूत्रों का भी प्रयोग किया जाता है।

प्रैक्टिस जोन

1. सरल कीजिए।
$? + 3699 + 1985 - 2047 = 31111$
(a) 34748 (b) 27474 (c) 30154 (d) 27574

2. $19587 \times 637 + 19587 \times 363$ का मान है
(a) 16573500 (b) 23561400
(c) 19587000 (d) 14865608

3. 75219×9999 का मान है
(a) 752114718 (b) 752114781
(c) 752114871 (d) इनमें से कोई नहीं

4. $287 \times 287 - 2 \times 287 \times 269 + 269 \times 269$ का मान है
(a) 556 (b) 446 (c) 354 (d) 324

5. $\frac{(598+178)^2 - (598-178)^2}{598 \times 178}$ का मान है
(a) 1/2 (b) 4 (c) 402 (d) 209/399

6. सरल कीजिए।
$45 - [28 - \{37 - (15 - ?)\}] = 58$
(a) 19 (b) − 19 (c) 29 (d) − 29

7. $\left(5.75 - \frac{3}{7} \times 15\frac{3}{4} + 2\frac{2}{35} \div 1.44\right)$ का सरलतम मान क्या होगा?
(a) 7/3 (b) 3/8 (c) 8/3 (d) 3/7

8. $1 + \cfrac{2}{1 + \cfrac{3}{2 - \cfrac{1}{1 + \cfrac{1}{2}}}}$ का मान होगा
(a) 13/21 (b) 21/13
(c) 13/4 (d) इनमें से कोई नहीं

9. $11\frac{2}{3} \div 9\frac{3}{8} \times 5\frac{3}{5}$ का मान है
(a) 1/3 (b) 2/9
(c) 35/2 (d) इनमें से कोई नहीं

10. यदि $\frac{3}{5}$ का $\frac{4}{9}$ का $\frac{5}{8}$ का $x = 36$ है, तो x का क्या मान है?
(a) 214 (b) 260
(c) 320 (d) 216

11. $\dfrac{(589+187)^2-(589-187)^2}{589\times187}$ का मान है

(a) 1/2 (b) 4
(c) 402 (d) 201/388

12. $\dfrac{649\times649+351\times351-649\times351}{649\times649\times649+351\times351\times351}$ का मान है

(a) 1/298 (b) 1/1000
(c) 149/500 (d) इनमें से कोई नहीं

13. $\dfrac{734\times734\times734-127\times127\times127}{734\times734+734\times127+127\times127}$ का मान है

(a) 607 (b) 861
(c) $\dfrac{607}{861}$ (d) इनमें से कोई नहीं

14. सरल कीजिए।

$5\frac{1}{3}-3\frac{2}{3}\div1\frac{1}{3}\div?+3\frac{1}{5}\div1\frac{1}{5}=7$

(a) $1\frac{1}{2}$ (b) $2\frac{1}{3}$ (c) $3\frac{1}{4}$ (d) $2\frac{3}{4}$

15. $3-[8-\{7-(6-\overline{5-4})\}]$ बराबर है

(a) –5 (b) –3 (c) 8 (d) –7

16. यदि $2^{2x}=\dfrac{1}{16^{x-3}}$, तब x का मान होगा

(a) 3 (b) 5 (c) 2 (d) 6

17. $\dfrac{\frac{7}{8}\times\frac{7}{8}+\frac{5}{6}\times\frac{5}{6}+\frac{7}{8}\times\frac{5}{6}}{\frac{7}{8}\times\frac{7}{8}-\frac{5}{6}\times\frac{5}{6}}$ का मान होगा

(a) 31 (b) 51 (c) 41 (d) 42

18. $48\div12\times\left[\frac{4}{3}\text{ का }\frac{9}{8}+\frac{2}{3}\text{ का }\frac{3}{4}\right]$ का मान होगा

(a) 9 (b) 12
(c) 8 (d) 15

19. $5\frac{3}{x}\times3\frac{1}{2}=19$ में x का मान क्या होगा?

(a) 7 (b) 4
(c) 6 (d) 2

20. यदि $\dfrac{a}{b}=\dfrac{4}{3}$ हो, तो $\dfrac{6a+4b}{6a-5b}$ का मान होगा

(a) –1 (b) 3
(c) 4 (d) 5

उत्तरमाला

1. (b)	2. (c)	3. (b)	4. (d)	5. (b)	6. (a)	7. (d)	8. (b)	9. (d)	10. (d)
11. (b)	12. (b)	13. (a)	14. (d)	15. (b)	16. (c)	17. (c)	18. (c)	19. (a)	20. (c)

संकेत एवं हल

1. $?+3699+1985-2047=31111$

$\Rightarrow ?+5684-2047=31111$

$\Rightarrow ?+3637=31111$

$\Rightarrow ?=27474$

2. $19587\times637+19587\times363$

$=19587\,(637+363)$

$=19587\times1000$ $[\because ab+ac=a(b+c)]$

$=19587000$

3. $75219\times9999=75219\times(10000-1)$

$=752190000-75219=752114781$

4. $287\times287-2\times287\times269+269\times269$

माना $a=287,\ b=269$

$a^2-2ab+b^2=(a-b)^2$

$=(287-269)^2=(18)^2=324$

5. $\dfrac{(598+178)^2-(598-178)^2}{598\times178}$

$=\dfrac{4\times598\times178}{598\times178}$ $[\because (a+b)^2-(a-b)^2=4ab]$

$=4$

6. $45-[28-\{37-(15-?)\}]=58$

$\Rightarrow -[28-\{37-(15-?)\}]=58-45$

$\Rightarrow -[28-\{37-(15-?)\}]=13$

$\Rightarrow 28-\{37-(15-?)\}=-13$

$\Rightarrow 28+13=37-(15-?)$

$\Rightarrow 41=37-(15-?)$

$\Rightarrow (15-?)=37-41$

$\Rightarrow (15-?)=-4$

$\Rightarrow (15+4)=?$

$?=19$

7. $\left[5.75-\frac{3}{7}\times15\frac{3}{4}+2\frac{2}{35}\div1.44\right]$

$=\left[5.75-\frac{3}{7}\times\frac{63}{4}+\frac{72}{35}\times\frac{1}{1.44}\right]$

$=\left[5.75-\frac{27}{4}+\frac{10}{7}\right]=\left[5.75+\frac{10}{7}-\frac{27}{4}\right]$

$=\left[\frac{40.25+10}{7}-\frac{27}{4}\right]$

$=\frac{50.25}{7}-\frac{27}{4}=\frac{201-189}{28}=\frac{12}{28}=\frac{3}{7}$

8. $1+\cfrac{2}{1+\cfrac{3}{2-\cfrac{1}{1+\frac{1}{2}}}}=1+\cfrac{2}{1+\cfrac{3}{2-\frac{2}{3}}}$

$=1+\cfrac{2}{1+\frac{3}{4/3}}=1+\cfrac{2}{1+\frac{9}{4}}=1+\frac{8}{13}=\frac{13+8}{13}=\frac{21}{13}$

9. $11\frac{2}{3}\div 9\frac{3}{8}\times 5\frac{3}{5}$

$=\frac{35}{3}\div\frac{75}{8}\times\frac{28}{5}=\frac{35}{3}\times\frac{8}{75}\times\frac{28}{5}=\frac{1568}{225}$

10. $\frac{3}{5}$ का $\frac{4}{9}$ का $\frac{5}{8}$ का $x=36$

$\Rightarrow \quad \frac{3}{5}\times\frac{4}{9}\times\frac{5}{8}\times x=36$

$\Rightarrow \quad x=36\times 6=216$

11. $\frac{(589+187)^2-(589-187)^2}{589\times 187}=\frac{4\times 589\times 187}{589\times 187}$

$=4\ [\because (a+b)^2-(a-b)^2=4ab]$

12. $\frac{649\times 649+351\times 351-649\times 351}{649\times 649\times 649+351\times 351\times 351}$

माना $a=649, \quad b=351$

$\frac{a^2+b^2-ab}{a^3+b^3}=\frac{a^2+b^2-ab}{(a+b)(a^2+b^2-ab)}=\frac{1}{a+b}$

$=\frac{1}{649+351}$

$=\frac{1}{1000}$

13. $\frac{734\times 734\times 734-127\times 127\times 127}{734\times 734+734\times 127+127\times 127}$

$=\frac{(734-127)(734\times 734+734\times 127+127\times 127)}{(734\times 734+734\times 127+127\times 127)}$

$=(734-127)=607 \quad [\because a^3-b^3=(a-b)(a^2+ab+b^2)]$

14. $5\frac{1}{3}-3\frac{2}{3}\div 1\frac{1}{3}\div ?+3\frac{1}{5}\div 1\frac{1}{5}=7$

$\Rightarrow \quad \frac{16}{3}-\frac{11}{3}\div\frac{4}{3}\div ?+\frac{16}{5}\div\frac{6}{5}=7$

$\Rightarrow \quad \frac{16}{3}-\frac{11}{3}\times\frac{3}{4}\times\frac{1}{?}+\frac{16}{5}\times\frac{5}{6}=7$

$\Rightarrow \quad \frac{16}{3}-\frac{11}{4}\times\frac{1}{?}+\frac{8}{3}=7$

$\Rightarrow \quad \frac{11}{4}\times\frac{1}{?}=8-7$

$\Rightarrow \quad 4\times ?=11$

$\Rightarrow \quad ?=\frac{11}{4}=2\frac{3}{4}$

15. $3-[8-\{7-(6-\overline{5-4})\}]$

$=3-[8-\{7-(6-5+4)\}]$

$=3-[8-\{7-5\}]=3-[8-2]$

$=3-6=-3$

16. $2^{2x}=\frac{1}{16^{x-3}}\Rightarrow 2^{2x}=2^{-4(x-3)}$

$\therefore 2x=-4(x-3)\Rightarrow \quad 2x=-4x+12$

$\Rightarrow \quad 6x=12 \quad \Rightarrow \quad x=2$

17. माना $\frac{7}{8}=a$ व $\frac{5}{6}=b$

$\therefore$ व्यंजक $=\frac{a^2+b^2+2ab}{a^2-b^2}=\frac{(a+b)^2}{(a+b)(a-b)}=\frac{a+b}{a-b}$

$=\frac{\frac{7}{8}+\frac{5}{6}}{\frac{7}{8}-\frac{5}{6}}=\frac{21+20}{21-20}=41$

18. $48\div 12\times\left[\frac{4}{3}\text{ का }\frac{9}{8}+\frac{2}{3}\text{ का }\frac{3}{4}\right]$

$=\frac{48}{12}\times\left[\frac{4}{3}\times\frac{9}{8}+\frac{2}{3}\times\frac{3}{4}\right]=4\times\left[\frac{3}{2}+\frac{1}{2}\right]$

$=4\times\frac{4}{2}=8$

19. $5\frac{3}{x}\times 3\frac{1}{2}=19$

$\Rightarrow \quad \frac{5x+3}{x}\times\frac{7}{2}=19$

$\Rightarrow \quad \frac{5x+3}{x}=19\times\frac{2}{7}$

$\Rightarrow \quad 35x+21=38x\Rightarrow x=\frac{21}{3}=7$

20. $\frac{a}{b}=\frac{4}{3}$

माना $\frac{a}{4}=\frac{b}{3}=k$

$a=4k, b=3k$

$\therefore \frac{6a+4b}{6a-5b}$

$=\frac{6\times 4k+4\times 3k}{6\times 4k-5\times 3k}=\frac{24k+12k}{24k-15k}$

$=\frac{36k}{9k}=4$

अध्याय 07

महत्तम समापवर्तक तथा लघुत्तम समापवर्त्य

महत्तम समापवर्तक Highest Common Factor, HCF

दो या दो से अधिक संख्याओं का म.स. वह अधिकतम संख्या होती है जो दी गई सभी संख्याओं को पूर्णतः विभाजित करती है।

जैसे 35, 49 तथा 42 का म.स. 7 है, क्योंकि 7 वह अधिकतम संख्या है, जो इन सभी संख्याओं को पूर्णतः विभाजित करती है।

म.स. ज्ञात करने की विधि Method to Find Out HCF

माना 120, 140, 160 का म. स. ज्ञात करना है।

$$120 = ⓶ \times ⓶ \times 2 \times 3 \times ⓹$$
$$140 = ⓶ \times ⓶ \times ⓹ \times 7$$
$$160 = ⓶ \times ⓶ \times 2 \times 2 \times 2 \times ⓹$$

सर्वप्रथम दी गई संख्याओं के अभाज्य गुणनखण्ड करते हैं और उन सभी में उभयनिष्ठ संख्याओं को घेरा करते हैं।

उभयनिष्ठ संख्याओं का गुणनफल $2 \times 2 \times 5 = 20$ ही अभीष्ट म. स. है।

लघुत्तम समापवर्त्य Least Common Multiple, LCM

वह छोटी-से-छोटी संख्या, जो दो या दो से अधिक संख्याओं में से प्रत्येक से पूर्णतया विभाजित हो जाती है, उन संख्याओं का लघुत्तम समापवर्त्य कहलाती है।

जैसे 3, 5 का लघुत्तम समापवर्त्य 15 है।

ल.स. ज्ञात करने की विधि Method to Find Out LCM

माना 120, 140 व 160 का ल. स. ज्ञात करना है।

2	120, 140, 160
2	60, 70, 80
2	30, 35, 40
5	15, 35, 20
	3, 7, 4

सर्वप्रथम दी गई संख्याओं को दिए गए आरेख के अनुसार व्यवस्थित करते हैं और अभाज्य गुणनखण्ड करने हेतु सबसे पहले उस छोटी-से-छोटी संख्या से भाग-क्रिया करते हैं जो कम-से-कम दो संख्याओं को (दी गई संख्याओं में से) पूर्णतः विभाजित कर सके।

अभीष्ट ल.स. = अभाज्य संख्याओं का गुणनखण्ड

$= 2 \times 2 \times 2 \times 5 \times 3 \times 7 \times 4 = 3360$

महत्त्वपूर्ण सूत्र

- भिन्नों का ल.स. $= \dfrac{\text{अंशों का ल. स.}}{\text{हरों का म. स.}}$
- भिन्नों का म.स. $= \dfrac{\text{अंशों का म. स.}}{\text{हरों का ल. स.}}$
- पहली संख्या × दूसरी संख्या = ल.स. × म.स.

प्रैक्टिस जोन

1. $2^3 \times 3^2 \times 5^4 \times 7$ तथा $2^2 \times 3^2 \times 5 \times 11$ का म.स. होगा
(a) 180 (b) 360 (c) 540 (d) 35

2. दो संख्याओं में 11 : 7 का अनुपात है। यदि उनका म.स. 8 हो, तो वे संख्याएँ हैं
(a) 88, 56 (b) 88, 77 (c) 98, 77 (d) 98, 56

3. 28 और 32 का ल.स. तथा म.स. किस अनुपात में है?
(a) 56 : 1 (b) 52 : 3 (c) 63 : 2 (d) 67 : 2

4. $\frac{5}{6}, \frac{10}{18}, \frac{25}{36}$ का म.स. है
(a) 5/36 (b) 25/6 (c) 25/36 (d) 5/18

5. $\frac{1}{2}, \frac{2}{3}, \frac{3}{4}, \frac{4}{5}$ का ल.स. है
(a) 42 (b) 24 (c) 12 (d) 4/5

6. 1056, 1584, 2178 का म.स. है
(a) 66 (b) 56 (c) 62 (d) 64

7. 22, 54, 108, 135 का ल.स. है
(a) 5940 (b) 5490 (c) 5495 (d) 5049

8. 14 तथा 16 के ल.स. तथा म.स. का गुणनफल है
(a) 2 (b) 12
(c) 224 (d) 112

9. यदि a एक प्राकृतिक संख्या है, तो a तथा $(a+1)$ का ल.स. है
(a) $(a+1)$ (b) $a(a+1)$
(c) $(a+1)^2$ (d) a^2

10. 7200, 1050 तथा 2100 का म.स. है
(a) 1050 (b) 2100
(c) 7200 (d) इनमें से कोई नहीं

11. $2^{-7}, 2^{-4}$ तथा 2^{-9} का ल.स. है
(a) 2^{-8} (b) 2^{-7}
(c) 2^{-9} (d) इनमें से कोई नहीं

12. 11, 11.11, 0.11, 0.011 का म.स. है
(a) 0.011 (b) 1.1 (c) 0.11 (d) 0.111

13. एक डिब्बे में जब 5 या 6 दर्जन सन्तरें रखे जाते हैं, तब 3 दर्जन शेष बचते हैं और जब 8 या 9 दर्जन सन्तरें रखे जाते हैं, तब भी 3 दर्जन शेष बचते हैं कुल कितने दर्जन सन्तरों को रखा जाता है?
(a) 360 (b) 361 (c) 362 (d) 363

14. एक 15 मी 17 सेमी लम्बे तथा 9 मी 2 सेमी चौड़े कमरे के फर्श पर वर्गाकार टाइलें कम-से-कम लगेंगी
(a) 814 (b) 815 (c) 841 (d) 481

15. दो संख्याओं का ल.स. 495 तथा म.स. 5 है। यदि उन संख्याओं का योग 100 है, तो उनका अन्तर है
(a) 10 (b) 46 (c) 70 (d) 90

16. वह छोटी-से-छोटी माप ज्ञात कीजिए, जो 3 मी 50 सेमी, 4 मी 80 सेमी तथा 5 मी 60 सेमी द्वारा पूर्णतया विभाजित हो सके।
(a) 152 मी (b) 168 मी
(c) 136 मी (d) 232 मी

17. 305 में से वह कौन-सी छोटी-से-छोटी संख्या घटाई जाए, ताकि वह 4, 5, 10 और 15 से भाग देने पर प्रत्येक दशा में 2 शेष बचे?
(a) 0 (b) 1 (c) 2 (d) 3

18. एक परीक्षा में गणित, विज्ञान और इतिहास के छात्रों की संख्या क्रमश: 65, 91 और 117 है। कमरों की वह कम-से-कम संख्या ज्ञात करें, जबकि प्रत्येक कमरे में प्रत्येक विषय के समान प्रतियोगी बैठे हैं।
(a) 13 (b) 11 (c) 9 (d) 15

19. दो संख्याओं के म.स. और ल.स. का अनुपात 1 : 35 तथा उनके ल.स. और म.स. का योग 864 है। यदि उनमें से एक संख्या 120 है, तो दूसरी संख्या ज्ञात करें।
(a) 132 (b) 168 (c) 232 (d) 164

20. $\frac{12}{15}, \frac{18}{40}$ और $\frac{90}{108}$ का म.स. ज्ञात करें।
(a) $\frac{1}{180}$ (b) $\frac{1}{169}$ (c) $\frac{1}{260}$ (d) $\frac{1}{240}$

उत्तरमाला

1. (a)	**2.** (a)	**3.** (a)	**4.** (a)	**5.** (c)	**6.** (a)	**7.** (a)	**8.** (c)	**9.** (b)	**10.** (d)
11. (d)	**12.** (a)	**13.** (d)	**14.** (a)	**15.** (a)	**16.** (b)	**17.** (d)	**18.** (a)	**19.** (b)	**20.** (a)

संकेत एवं हल

1. $2^3 \times 3^2 \times 5^4 \times 7$ तथा $2^2 \times 3^2 \times 5 \times 11$ का म. स. $= 2^2 \times 3^2 \times 5$
$= 4 \times 9 \times 5 = 180$

2. माना पहली संख्या $= 11x$
तथा दूसरी संख्या $= 7x$
म.स. = 8
∴ संख्याएँ = 88, 56

3. $\because 28 = 2 \times 2 \times 7$ व $32 = 2 \times 2 \times 2 \times 2 \times 2$
28 व 32 का म.स. $= 2 \times 2 = 4$
तथा 28 व 32 का ल.स. $= 7 \times 2 \times 2 \times 2 \times 2 \times 2 = 224$
∴ अभीष्ट अनुपात $= \frac{\text{ल. स.}}{\text{म. स.}}$
$= \frac{224}{4} = \frac{56}{1} = 56 : 1$

4. $\frac{5}{6}, \frac{10}{18}, \frac{25}{36}$ का म.स. $= \frac{5, 10, 25 \text{ का म.स.}}{6, 18, 36 \text{ का ल.स.}} = \frac{5}{36}$

5. $\frac{1}{2}, \frac{2}{3}, \frac{3}{4}, \frac{4}{5}$ का ल.स. $= \frac{1, 2, 3, 4 \text{ का ल.स.}}{2, 3, 4, 5 \text{ का म.स.}} = \frac{12}{1} = 12$

6. 1056, 1584, 2178 का भाग विधि द्वारा म.स.

```
1056)1584(1            528)2178(4
     1056                  2112
     ----                  ----
      528)1056(2            66)528(8
          1056                 528
```

अभीष्ट म.स. = 66

7.

2	22, 54, 108, 135
2	11, 27, 54, 135
3	11, 27, 27, 135
3	11, 9, 9, 45
3	11, 3, 3, 15
5	11, 1, 1, 5
11	11, 1, 1, 1
	1, 1, 1, 1

अभीष्ट ल.स. $= 2 \times 2 \times 3 \times 3 \times 3 \times 5 \times 11 = 5940$

8. पहली संख्या $= 14$ तथा दूसरी संख्या $= 16$

$\because$ म.स. $\times$ ल.स. = पहली संख्या $\times$ दूसरी संख्या $= 14 \times 16 = 224$

9. $\because$ a एक प्राकृतिक संख्या है।

$\therefore a, (a+1)$ का ल.स. $= a \times (a+1) = a(a+1)$

10.

10	7200, 1050, 2100
5	720, 105, 210
3	144, 21, 42
	48, 7, 14

$\therefore$ 7200, 1050, 2100 का म.स. $= 10 \times 5 \times 3 = 150$

12. 11, 11.11, 0.11, 0.011

सभी संख्याओं में 1000 से गुणा करने पर,

11000, 11110, 110, 11

उपरोक्त संख्याओं का म.स. $= 11$

$\therefore$ अभीष्ट म.स. $= \dfrac{11}{1000} = 0.011$

13. इस प्रकार के प्रश्नों का उत्तर निम्न प्रकार से प्राप्त किया जाता है

सन्तरों की अभीष्ट संख्या = ल.स. $(5, 6, 8, 9) + 3$

$= 360 + 3 = 363$ दर्जन

14. कमरे की लम्बाई = 15 मी 17 सेमी = 1517 सेमी

कमरे की चौड़ाई = 9 मी 2 सेमी = 902 सेमी

$\because$ टाइलों की संख्या कम-से-कम है। इसलिए टाइल का आकार अधिक-से-अधिक होना चाहिए।

$\therefore$ वर्गाकार टाइल की भुजा = 1517 व 902 का म.स.

= 41 सेमी

1 वर्गाकार टाइल का क्षेत्रफल $= (\text{भुजा})^2 = 41 \times 41$

= 1681 वर्ग सेमी

$\therefore$ टाइलों की संख्या $= \dfrac{\text{कमरे का क्षेत्रफल}}{\text{टाइल का क्षेत्रफल}}$

$= \dfrac{1517 \times 902}{1681} = 814$

15. प्रश्नानुसार,

ल. स. = 495, म. स. = 5

माना पहली तथा दूसरी संख्याएँ क्रमशः x तथा y हैं।

$x + y = 100$

$xy = 495 \times 5 = 2475$

$(x - y)^2 = (x + y)^2 - 4xy$

$= (100)^2 - 4 \times 2475$

$= 10000 - 9900 = 100$

$\therefore \quad x - y = 10$

16. 3 मी 50 सेमी, 4 मी 80 सेमी तथा 5 मी 60 सेमी का ल.स. = 350 सेमी, 480 सेमी तथा 560 सेमी का ल.स.

$= 2 \times 2 \times 2 \times 2 \times 3 \times 5 \times 7 \times 5 \times 2$

= 16800 सेमी

अतः अभीष्ट माप = 168 मी

17. 4, 5, 10 व 15 का ल.स. = 60

$\therefore 60 \times 5 = 300$ भी दी गई संख्या से पूर्णतः विभाजित होगी।

अतः अभीष्ट संख्या $= 305 - (300 + 2) = 305 - 302 = 3$

18. कमरे की कुल संख्या = 65, 91, 117 का म.स.

$65 = 13 \times 5, \quad 91 = 13 \times 7$

$117 = 13 \times 9$

म.स. = 13

$\therefore$ कमरों की अभीष्ट संख्या = 13

19. माना संख्याओं का म.स. $= x$

संख्याओं का ल.स. $= 35x$

प्रश्नानुसार, $x + 35x = 864$

$x = 24$

संख्याओं का म.स. = 24

संख्याओं का ल.स. $= 35 \times 24 = 840$

$\therefore$ दूसरी संख्या $= \dfrac{24 \times 840}{120} = 168$

20. $\dfrac{12}{15}, \dfrac{18}{40}$ और $\dfrac{90}{108}$ का म.स.

$= \dfrac{\text{12, 18, 90 का म.स.}}{\text{15, 40, 108 का ल.स.}}$

$= \dfrac{6}{1080} = \dfrac{1}{180}$

अध्याय

08

औसत

औसत Average

किन्हीं समान राशियों का औसत वह संख्या है, जो उन राशियों के योगफल को उनकी कुल संख्या से भाग देने पर प्राप्त होती है,

$$\text{औसत} = \frac{\text{राशियों का योग}}{\text{कुल राशियों की संख्या}}$$

नोट औसत को मध्यमान भी कहते हैं।

महत्त्वपूर्ण सूत्र

- प्रथम n गुणजों का औसत $= \frac{\text{संख्या} \times (n+1)}{2}$
- प्रथम n सम संख्याओं का औसत $=(n+1)$
- किसी समूह में सदस्यों के शामिल होने/निकल जाने पर परिवर्तित औसत
  (i) यदि n संख्याओं का औसत x तथा उनमें से एक संख्या हटाने पर औसत y हो, तो हटाई गई संख्या $= n(x-y)+y$
  (ii) यदि कोई संख्या जोड़ी जाए और इसके जुड़ने पर औसत y हो जाता है, तो जोड़ी गई संख्या $= n(y-x)+y$
- 1 से n तक क्रमिक सम/विषम संख्याओं का औसत $= \frac{l+2}{2}$ तथा $\frac{l+1}{2}$
  जहाँ l अन्तिम संख्या है।

प्रैक्टिस जोन

1. प्रथम 8 अभाज्य संख्याओं का औसत क्या है?
(a) 4.5 (b) 9.625 (c) 7.8 (d) 6.8

2. प्रथम 88 प्राकृतिक सम संख्याओं का औसत है
(a) 178 (b) 89 (c) 79 (d) 88.5

3. 5 के प्रथम 15 गुणजों का औसत है
(a) 45 (b) 55 (c) 22 (d) 40

4. 25 छात्रों की औसत आयु 17 वर्ष है। यदि इसमें अध्यापक की आयु भी शामिल कर ली जाए, तो औसत में 1 वर्ष की वृद्धि हो जाती है। अध्यापक की आयु है
(a) 35 वर्ष (b) 43 वर्ष
(c) 48 वर्ष (d) 53 वर्ष

5. 30 विद्यार्थियों की एक कक्षा की औसत आयु 15.2 वर्ष है। यदि कक्षा में 15 लड़के और आ जाते हैं, तो पूरी कक्षा का औसत आधा वर्ष घट जाता है। नये आने वाले लड़कों की आयु का औसत है
(a) 12.5 वर्ष (b) 14.7 वर्ष
(c) 13.5 वर्ष (d) 13.7 वर्ष

6. एक क्रिकेट खिलाड़ी की 10 पारियों के रनों का औसत 32 था। खिलाड़ी अगली पारी में कितने रन बनाए, ताकि उसके रनों का औसत 4 अधिक हो जाए?
(a) 76 (b) 70 (c) 4 (d) 2

7. आठ संख्याओं का औसत 20 है। पहली दो संख्याओं का औसत $15\frac{1}{2}$ तथा अगली तीन संख्याओं का औसत $21\frac{1}{3}$ है। यदि 6ठी संख्या 7वीं से 4 कम तथा 8वीं से 7 कम हो, तो 8वीं संख्या होगी
(a) 18 (b) 22 (c) 25 (d) 27

8. A, B व C का औसत भार 45 किग्रा है। यदि A तथा B का औसत भार 40 किग्रा तथा B और C का औसत भार 43 किग्रा हो, तो B का भार होगा
(a) 17 किग्रा (b) 20 किग्रा
(c) 26 किग्रा (d) 31 किग्रा

9. 40 व्यक्तियों की औसत आय ₹ 4200 है तथा अन्य 35 व्यक्तियों की औसत आय ₹ 4000 है। पूरे समूह की औसत आय है

(a) ₹ 4100 (b) ₹ $4106\frac{1}{3}$
(c) ₹ $4106\frac{2}{3}$ (d) ₹ $4108\frac{2}{3}$

10. यदि 3, 3, 8, 6, 7 तथा x का औसत 6 हो, तो x का क्या मान है?

(a) 8 (b) 7
(c) 9 (d) 11

11. एक कक्षा में 30 छात्र हैं, इनमें से 10 छात्रों की औसत आयु 12.5 वर्ष है तथा शेष 20 छात्रों की औसत आयु 13.1 वर्ष है। पूरी कक्षा के छात्रों की औसत आयु कितनी है?

(a) 11.3 वर्ष (b) 13.7 वर्ष
(c) 12.9 वर्ष (d) 9.4 वर्ष

12. यदि 7 क्रमिक संख्याओं का औसत 20 हो, तो उन संख्याओं में सबसे बड़ी संख्या होगी

(a) 24 (b) 23 (c) 22 (d) 20

13. 14 छात्राओं और उनकी एक शिक्षिका की औसत आयु 15 वर्ष है। यदि शिक्षिका की आयु हटा दी जाए, तो औसत में 1 वर्ष की कमी हो जाती है। शिक्षिका की आयु है

(a) 35 वर्ष (b) 32 वर्ष
(c) 30 वर्ष (d) 29 वर्ष

14. 30 परिमाणों का औसत 15 है तथा अन्य 10 परिमाणों का औसत 40 है। सभी परिमाणों का औसत क्या है?

(a) 24 (b) 22.25 (c) 25 (d) 21.25

15. छः संख्याओं का औसत 30 है। यदि प्रथम चार संख्याओं का औसत 25 तथा अन्तिम तीन संख्याओं का औसत 35 हो, तो चौथी संख्या क्या है?

(a) 25 (b) 30 (c) 35 (d) 40

उत्तरमाला

1. (b)	**2.** (b)	**3.** (d)	**4.** (b)	**5.** (d)	**6.** (a)	**7.** (c)	**8.** (d)	**9.** (c)	**10.** (c)
11. (c)	**12.** (b)	**13.** (d)	**14.** (d)	**15.** (a)					

संकेत एवं हल

1. प्रथम 8 अभाज्य संख्याएँ 2, 3, 5, 7, 11, 13, 17, 19 हैं।

∴ अभीष्ट औसत

$$= \frac{2+3+5+7+11+13+17+19}{8}$$

$$= \frac{77}{8} = 9.625$$

2. प्रथम 88 प्राकृतिक सम संख्याओं का औसत $= 88 + 1$
$= 89$

3. 5 के प्रथम 15 गुणजों का औसत $= \frac{5 \times (15+1)}{2}$

$= 5 \times 8 = 40$

4. दिया है, $x = 25$ वर्ष, $y = 17$ वर्ष, $z = 18$ वर्ष

∴ अध्यापक की आयु $= 18 + 25\,(18 - 17)$
$= 18 + 25 = 43$ वर्ष

5. 30 विद्यार्थियों की औसत आयु = 15.2 वर्ष

30 विद्यार्थियों की कुल आयु = 456 वर्ष

प्रश्नानुसार,

45 विद्यार्थियों की औसत आयु = 14.7 वर्ष

45 विद्यार्थियों की कुल आयु = 661.5 वर्ष

15 विद्यार्थियों की कुल आयु = 661.5 − 456 = 205.5 वर्ष

15 विद्यार्थियों की औसत आयु $= \frac{205.5}{15} = 13.7$ वर्ष

6. 10 पारियों के रनों का औसत = 32

10 पारियों के रनों का योग = 320

माना 11वीं पारी में x रन बनाए गए।

$$\therefore \quad \frac{320 + x}{11} = 36$$

$$\Rightarrow \quad 320 + x = 396 \quad \Rightarrow \quad x = 76$$

7. 8 संख्याओं का औसत = 20

8 संख्याओं का योग = 160

2 संख्याओं का योग $= \frac{31}{2} \times 2 = 31$

3 संख्याओं का योग $= \frac{64}{3} \times 3 = 64$

माना छठी संख्या $= x$

सातवीं संख्या $= x + 4$

आठवीं संख्या $= x + 7$

$\therefore \; 3x + 11 + 31 + 64 = 160$

$$x = \frac{54}{3} = 18$$

∴ आठवीं संख्या $= 18 + 7 = 25$

8. A, B तथा C का औसत भार = 45 किग्रा

$$\therefore \quad \frac{A+B+C}{3} = 45$$

$$A + B + C = 135 \quad \text{...(i)}$$

इसी प्रकार, $A + B = 80$ ...(ii)

$B + C = 86$ ...(iii)

$\therefore$ B का भार $= (A + B + B + C) - (A + B + C)$
$= (80 + 86) - (135)$
$= 166 - 135 = 31$ किग्रा

9. 40 व्यक्तियों की औसत आय = ₹ 4200
40 व्यक्तियों की कुल आय
$= 40 \times 4200$
= ₹ 168000
35 व्यक्तियों की औसत आय = ₹ 4000
35 व्यक्तियों की कुल आय
$= 4000 \times 35 =$ ₹ 140000
कुल 75 व्यक्तियों की कुल आय
$= 168000 + 140000 =$ ₹ 308000
$\therefore$ पूरे समूह की औसत आय $= \frac{308000}{75} =$ ₹ $4106\frac{2}{3}$

10. प्रश्नानुसार,

$$\frac{3 + 3 + 8 + 6 + 7 + x}{6} = 6$$

$\Rightarrow$ $27 + x = 36$
$\therefore$ $x = 9$

11. 10 छात्रों की औसत आयु = 12.5 वर्ष
10 छात्रों की कुल आयु = 125 वर्ष
20 छात्रों की औसत आयु = 13.1 वर्ष
20 छात्रों की कुल आयु = 262 वर्ष
$\therefore$ 30 छात्रों की कुल आयु $= 125 + 262 = 387$ वर्ष
$\therefore$ 30 छात्रों की औसत आयु $= \frac{387}{30} = 12.9$ वर्ष

12. प्रश्नानुसार,

$$\frac{n + (n+1) + (n+2) + (n+3) + (n+4) + (n+5) + (n+6)}{7} = 20$$

$\Rightarrow$ $\frac{7n + 21}{7} = 20 \Rightarrow n + 3 = 20$
$\Rightarrow$ $n = 17$
$\therefore$ सबसे बड़ी संख्या $= n + 6 = 17 + 6 = 23$

13. 14 छात्राओं व 1 शिक्षिका की औसत आयु = 15 वर्ष
14 छात्राओं व 1 शिक्षिका की आयु का योग = 225 वर्ष
14 छात्राओं की औसत आयु = 14 वर्ष
14 छात्राओं की आयु का योग = 196 वर्ष
$\therefore$ शिक्षिका की आयु $= 225 - 196 = 29$ वर्ष

14. दिया है, $n_1 = 30, x_1 = 15, n_2 = 10, x_2 = 40$

$\therefore$ अभीष्ट औसत $= \frac{n_1x_1 + n_2x_2}{n_1 + n_2}$
$= \frac{30 \times 15 + 10 \times 40}{30 + 10}$
$= \frac{450 + 400}{40} = \frac{850}{40} = 21.25$

15. 6 संख्याओं का औसत = 30
6 संख्याओं का योग = 180
प्रथम चार संख्याओं का औसत = 25
प्रथम चार संख्याओं का योग = 100
अन्तिम तीन संख्याओं का औसत = 35
अन्तिम तीन संख्याओं का योग = 105
$\therefore$ चौथी संख्या $= 100 + 105 - 180 = 205 - 180 = 25$

अध्याय

09

अनुपात तथा समानुपात

अनुपात Ratio

दो समान राशियों के तुलनात्मक अध्ययन को अनुपात कहते हैं। यदि a तथा b दो अशून्य संख्याएँ हैं, तो a तथा b के अनुपात को $a : b$ द्वारा निरूपित करते हैं तथा a अनुपात b पढ़ते हैं।

समानुपात Proportion

यदि चार अशून्य संख्याएँ a, b, c तथा d इस प्रकार हैं, कि $a : b = c : d$, तो a, b, c तथा d समानुपात में हैं।

यदि $a : b :: c : d$ हो, तो $ad = bc$ इसमें a तथा d को बाह्य पद तथा b और c को मध्य पद कहते हैं।

चतुर्थानुपाती Fourth Proportional

यदि चार अशून्य राशियाँ a, b, c तथा d समानुपात में हैं, तो d को a, b, c का चतुर्थानुपाती कहते हैं।

वितत् समानुपात Continued Proportion

तीन अशून्य संख्याएँ a, b तथा c वितत् समानुपात में होंगी,

यदि $$\frac{a}{b} = \frac{b}{c}$$

यदि a, b तथा c वितत् समानुपात में हैं, तो

$$\Rightarrow \quad b^2 = ac$$

यहाँ, b को मध्यानुपाती कहते हैं तथा c को तृतीयानुपाती कहते हैं।

महत्त्वपूर्ण सूत्र

- यदि $A : B = a : b$ तथा $B : C = m : n$ हो, तो $A : B : C = am : mb : nb$ तथा $A : C = am : bn$
- यदि $A : B = a : b, B : C = c : d$ तथा $C : D = e : f$ हो, तो $A : B : C : D = ace : bce : bde : bdf$
- यदि x को $a : b$ के अनुपात में बाँटे, तो पहला भाग $= \frac{a}{a+b} \times x$ तथा दूसरा भाग $= \frac{b}{a+b} \times x$
- यदि a, b, c तथा d चार अशून्य राशियाँ हैं, तो
  (i) $a : b :: c : d \Rightarrow b : a :: d : c$ (व्युत्क्रमानुपात)
  (ii) $a : b :: c : d \Rightarrow a : c :: b : d$ (एकान्तरानुपात)
  (iii) $a : b :: c : d \Rightarrow (a + b) : b :: (c + d) : d$ (योगानुपात)
  (iv) $a : b :: c : d \Rightarrow (a - b) : b :: (c - d) : d$ (अन्तरानुपात)
  (v) $a : b :: c : d$
  $\Rightarrow (a + b) : (a - b) :: (c + d) : (c - d)$ (योगान्तरानुपात)

प्रैक्टिस जोन

1. यदि $a : b = 4 : 3$ तथा $b : c = 3 : 5$ हो, तो $a : c$ है
(a) 1 : 3 (b) 3 : 2
(c) 2 : 3 (d) 4 : 5

2. यदि $(a + b) : (b + c) : (c + a) = 6 : 7 : 8$ तथा $a + b + c = 14$ हो, तो c का मान है
(a) 6 (b) 7
(c) 8 (d) 14

3. यदि $(4x^2 - 3y^2) : (2x^2 + 5y^2) = 12 : 19$ हो, तो $x : y$ बराबर है
(a) 2 : 3 (b) 1 : 2
(c) 3 : 2 (d) 2 : 1

4. यदि $3X = 5Y$ तथा $2Y = 3Z$ हो, तो $X : Z$ बराबर है
(a) 4 : 3 (b) 8 : 15 (c) 3 : 4 (d) 5 : 2

5. यदि x का $0.5 = y$ का 0.07 हो, तो इन संख्याओं का अनुपात है
(a) 1 : 14 (b) 7 : 25
(c) 7 : 5 (d) 7 : 50

6. 12 तथा 30 के तृतीयानुपाती तथा 9 व 25 के मध्यानुपाती का अनुपात है
(a) 2 : 1 (b) 5 : 1
(c) 7 : 15 (d) 9 : 14

7. 15 : 19 के प्रत्येक पद में से क्या घटाया जाए, कि नई संख्याएँ 3 : 4 के अनुपात में बन जाएँ?

(a) 3 (b) 5 (c) 6 (d) 9

8. यदि $\frac{x}{3}=\frac{y}{5}$ हो, तो $(x+3):(y+5)$ का मान है

(a) 5 : 2 (b) 2 : 7 (c) 3 : 5 (d) 5 : 8

9. ₹ 750 को A, B तथा C में इस प्रकार बाँटा गया है, कि $A:B = 5:2$ तथा $B:C=7:13$ हो, तो A का भाग कितना होगा?

(a) ₹ 350 (b) ₹ 260 (c) ₹ 140 (d) ₹ 250

10. यदि $\frac{a}{2}=\frac{b}{3}=\frac{c}{5}$ हो, तो $\left(\frac{a+b+c}{c}\right)$ का मान है

(a) 1/2 (b) 7 (c) 2 (d) 1/3

11. यदि $a:b=c:d$ हो, तो $\frac{ma+nc}{mb+nd}$ का मान है

(a) $\frac{m}{n}$ (b) $\frac{dm}{cn}$ (c) $\frac{c}{d}$ (d) $\frac{an}{bm}$

12. यदि a का 20% = b का 3/4 का 40%, तो $a:b$ का क्या मान होगा?

(a) 3 : 4 (b) 1 : 2 (c) 2 : 3 (d) 3 : 2

13. दो संख्याएँ 5 : 6 के अनुपात में हैं। दोनों संख्याओं में से 8 घटाने पर वे 1 : 2 के अनुपात में हो जाती हैं, संख्याओं का गुणनफल कितना है?

(a) 100 (b) 120 (c) 200 (d) 150

14. एक परिवार की आय एवं व्यय का अनुपात 10 : 7 है। यदि उस परिवार का व्यय ₹ 10500 हो, तो बचत कितनी है?

(a) ₹ 4500 (b) ₹ 10000
(c) ₹ 4000 (d) ₹ 5000

15. 0.12, 0.21, 8 का चतुर्थानुपाती क्या है?

(a) 8.9 (b) 56
(c) 14 (d) 17

16. A तथा B की वर्तमान आयु 4 : 5 के अनुपात में है तथा 5 वर्ष बाद वे 5 : 6 के अनुपात में होंगी। A की वर्तमान आयु है

(a) 10 वर्ष (b) 20 वर्ष
(c) 25 वर्ष (d) 40 वर्ष

17. पिता की वर्तमान आयु अपने पुत्र की आयु के तीन गुने से 3 वर्ष अधिक है। तीन वर्ष बाद, पिता की आयु पुत्र की आयु के दोगुने से 10 वर्ष अधिक होगी, तब पिता तथा पुत्र की आयु का अनुपात है

(a) 23 : 10 (b) 33 : 10
(c) 23 : 15 (d) 33 : 15

18. A और B के पास 2 : 1 के अनुपात में धन है। यदि A, B को ₹ 2 दे देता है, तो यह धन उनके पास 1 : 1 के अनुपात में हो जाता है। प्रारम्भ में उनके पास कितना धन था?

(a) ₹ 12 और ₹ 6 (b) ₹ 16 और ₹ 8
(c) ₹ 8 और ₹ 4 (d) ₹ 6 और ₹ 3

उत्तरमाला

1. (d) **2.** (a) **3.** (c) **4.** (d) **5.** (d) **6.** (b) **7.** (a) **8.** (c) **9.** (a) **10.** (c)
11. (c) **12.** (d) **13.** (b) **14.** (a) **15.** (c) **16.** (b) **17.** (b) **18.** (c)

संकेत एवं हल

1. $\frac{a}{b}=\frac{4}{3}$ तथा $\frac{b}{c}=\frac{3}{5}$

$\therefore \quad \frac{a}{c}=\frac{a}{b}\times\frac{b}{c}=\frac{4}{3}\times\frac{3}{5} \quad \Rightarrow \quad a:c=4:5$

2. $a+b:b+c:c+a=6:7:8$

माना $a+b=6k, b+c=7k$ तथा $c+a=8k$

$\therefore \quad 2(a+b+c)=6k+7k+8k$

$(a+b+c)=\frac{21}{2}k$

$\Rightarrow \quad 14=\frac{21}{2}k \Rightarrow k=\frac{4}{3}$

अतः $c=(a+b+c)-(a+b)$

$=\frac{21k}{2}-6k=\left(\frac{21-12}{2}\right)k=\frac{9}{2}\times\frac{4}{3}=6$

3. $\frac{4x^2-3y^2}{2x^2+5y^2}=\frac{12}{19} \Rightarrow 76x^2-57y^2=24x^2+60y^2$

$\Rightarrow \quad 52x^2=117y^2 \Rightarrow \frac{x^2}{y^2}=\frac{9}{4}$

$\Rightarrow \quad \frac{x}{y}=\frac{3}{2} \quad \Rightarrow \quad x:y=3:2$

4. $3X=5Y \Rightarrow \frac{X}{Y}=\frac{5}{3}$

तथा $2Y=3Z \quad \Rightarrow \quad \frac{Y}{Z}=\frac{3}{2}$

$\therefore \quad \frac{X}{Z}=\frac{X}{Y}\times\frac{Y}{Z}=\frac{5}{3}\times\frac{3}{2}=\frac{5}{2}$

5. $x\times 0.5=y\times 0.07$

$\Rightarrow \quad \frac{x}{y}=\frac{0.07}{0.5}=\frac{7}{50} \quad \Rightarrow \quad x:y=7:50$

6. 12 तथा 30 का तृतीयानुपाती $=\frac{b^2}{a}=\frac{30\times 30}{12}=75$

9 व 12 का मध्यानुपाती $=\sqrt{9\times 25}=15$

अभीष्ट अनुपात $= \frac{75}{15} = \frac{5}{1} = 5:1$

7. माना प्रत्येक पद में से a घटाया जाए।

प्रश्नानुसार, $\frac{15-a}{19-a} = 3/4$

$\Rightarrow 60 - 4a = 57 - 3a \Rightarrow a = 3$

8. $\frac{x}{3} = \frac{y}{5} \Rightarrow \frac{x}{y} = 3/5 \Rightarrow \frac{x+3}{y+5} = \frac{3+3}{5+5} = \frac{6}{10}$

$\therefore x + 3 : y + 5 = 3 : 5$

9. $A : B = 5 : 2, B : C = 7 : 13$

$\Rightarrow A : B = 7 \times 5 : 7 \times 2,$

$B : C = \frac{14}{7} \times 7 : \frac{14}{7} \times 13$

$\Rightarrow A : B : C = 35 : 14 : 26$

$\therefore$ A का भाग $= \frac{35}{35+14+26} \times 750 = \frac{35}{75} \times 750 =$ ₹ 350

10. $\frac{a}{2} = \frac{b}{3} = \frac{c}{5} = K$ (माना)

$a = 2K, b = 3K, c = 5K$

$\therefore \left[\frac{a+b+c}{c}\right] = \frac{2K + 3K + 5K}{5K} = \frac{10K}{5K} = 2$

11. $a : b = c : d \Rightarrow \frac{a}{b} = \frac{c}{d}$

$\therefore \frac{ma + nc}{mb + nd} = \frac{mc + nc}{md + nd} = \frac{c\,(m+n)}{d\,(m+n)} = \frac{c}{d}$

12. a का 20% = b का $\frac{3}{4}$ का 40%

$\Rightarrow \frac{a \times 20}{100} = \frac{b \times 3}{4} \times \frac{40}{100} \Rightarrow a \times 20 = b \times 30$

$\Rightarrow \frac{a}{b} = \frac{30}{20}$

$\Rightarrow a : b = 3 : 2$

13. माना संख्याएँ $5x$ तथा $6x$ हैं, तब

प्रश्नानुसार, $\frac{5x-8}{6x-8} = \frac{1}{2}$

$\Rightarrow 10x - 16 = 6x - 8$

$\Rightarrow 10x - 6x = 16 - 8$

$\Rightarrow 4x = 8 \Rightarrow x = 2$

संख्याओं का गुणनफल $= 5x \times 6x = 30x^2$

$= 30 \times 4 = 120$

14. माना परिवार की आय एवं व्यय क्रमशः ₹ $10x$ तथा ₹$7x$ हैं।

$\therefore$ बचत $= 10x - 7x =$ ₹$3x$

प्रश्नानुसार, $7x = 10500$

$\Rightarrow x =$ ₹1500

$\therefore$ बचत $= 3x = 1500 \times 3 =$ ₹ 4500

15. माना 0.12, 0.21 तथा 8 का चतुर्थानुपाती x है, तब

$\frac{0.12}{0.21} = \frac{8}{x} \Rightarrow x = \frac{8 \times 21}{12} = 14$

16. माना A और B की वर्तमान आयु क्रमशः $4x$ वर्ष तथा $5x$ वर्ष है।

प्रश्नानुसार,

$\frac{4x+5}{5x+5} = \frac{5}{6}$

$\Rightarrow 24x + 30 = 25x + 25$

$\Rightarrow x = 5$

$\therefore$ A की वर्तमान आयु $= 5 \times 4 = 20$ वर्ष

17. माना पुत्र की वर्तमान आयु $= x$ वर्ष

तब, पिता की वर्तमान आयु $= (3x + 3)$ वर्ष

तीन वर्ष बाद,

$\Rightarrow (3x + 3 + 3) = 2\,(x + 3) + 10$

$\Rightarrow 3x + 6 = 2x + 16$

$\Rightarrow x = 10$

$\therefore$ पिता की वर्तमान आयु $= 3x + 3$

$= 3 \times 10 + 3 = 33$ वर्ष

$\therefore$ अभीष्ट अनुपात $= 33 : 10$

18. माना A के पास ₹ $2x$ तथा B के पास ₹ x हैं।

$2x - 2 = (x + 2)$

$x = 4$

$\therefore$ A और B के धन = ₹ 8 और ₹ 4

अध्याय

10

प्रतिशतता

प्रतिशत Per cent

वह भिन्न जिसका हर 100 होता है, प्रतिशत कहलाती है। प्रतिशत को % से निरूपित करते हैं।

जैसे $x\% = \frac{x}{100}$, $25\% = \frac{25}{100}$

प्रतिशतता से सम्बन्धित नियम

- x का $y\% = \frac{xy}{100}$
- किसी भी भिन्न या दशमलव भिन्न को प्रतिशत के रूप में बदलने के लिए उसमें 100 से गुणा करके प्रतिशत का चिह्न लगा देते हैं।

  जैसे $\frac{4}{25} = \frac{4}{25} \times 100 = 16\%$
- प्रतिशत को दशमलव भिन्न या भिन्न में परिवर्तित करने के लिए उसे 100 से भाग देकर प्रतिशत का चिह्न हटा देते हैं।

  जैसे $36\% = \frac{36}{100} = 0.36$
- किसी संख्या के मान में हुई कमी या वृद्धि का प्रतिशत

  $= \frac{\text{मान में कमी या वृद्धि}}{\text{संख्या का प्रारम्भिक मान}} \times 100\%$

प्रैक्टिस जोन

1. 70 का कितने प्रतिशत $46\frac{1}{5}$ है?

(a) 63 (b) 65 (c) 66 (d) 64

2. किस संख्या का $33\frac{1}{3}\%$, 11 होगा?

(a) 300 (b) 33 (c) 230 (d) 100

3. ₹ 1 का 10 पैसे कितने प्रतिशत है?

(a) 100 (b) 10
(c) 1 (d) 0.1

4. $3\frac{4}{7}$ का 56% बराबर है

(a) 2.25 (b) 2.40
(c) 2.50 (d) 2.00

5. $8415 \div 99 + 110$ का 25% बराबर है

(a) 112.5 (b) 102.5
(c) 110.5 (d) 105.5

6. यदि x का $7\frac{1}{2}\% = 150$ हो, तो x का मान है

(a) 4000 (b) 2000
(c) 3000 (d) इनमें से कोई नहीं

7. यदि 30 का 35% = (x का 25%) + 1 हो, तो x का मान है

(a) 28 (b) 38
(c) 42 (d) 32

8. 5% का 8% कितने प्रतिशत है?

(a) 160 (b) 150
(c) 115 (d) 130

9. 2 कुन्तल, 2.5 किग्रा का कितने प्रतिशत है?

(a) 0.8 (b) 800
(c) 8000 (d) इनमें से कोई नहीं

10. यदि x का 8% = y का 4% हो, तो x का 20% क्या है?

(a) y का 10% (b) y का 16%
(c) y का 80% (d) इनमें से कोई नहीं

11. 70 का $\frac{4}{5}$ भाग, 112 का $\frac{5}{7}$ भाग एक-दूसरे से कितने प्रतिशत कम है?
(a) 42 (b) 30 (c) 24 (d) 36

12. किसी परीक्षा में 70% परीक्षार्थी अंग्रेजी में तथा 80% परीक्षार्थी गणित में उत्तीर्ण हुए तथा 10% दोनों विषयों में अनुत्तीर्ण हुए। यदि दोनों विषयों में कुल 144 परीक्षार्थी उत्तीर्ण हुए हों, तो परीक्षार्थियों की कुल संख्या थी
(a) 125 (b) 200 (c) 240 (d) 375

13. किसी चुनाव में 8% मतदाताओं ने अपने मत नहीं डाले। इस चुनाव में केवल दो ही प्रत्याशी थे। जीतने वाले प्रत्याशी ने कुल मतों के 48% मत प्राप्त कर 1100 मतों से चुनाव में दूसरे प्रत्याशी को हरा दिया। चुनाव में कुल मत थे
(a) 21000 (b) 23500
(c) 22000 (d) 27500

14. यदि A की आय का 60%, B की आय के 75% के बराबर है तथा B की आय, A की आय के $x\%$ के बराबर है। x का मान है
(a) 70 (b) 60
(c) 80 (d) 90

15. एक परीक्षार्थी किसी परीक्षा में 20% अंक प्राप्त करके 30 अंकों से अनुत्तीर्ण हो जाता है, परन्तु अन्य परीक्षार्थी 32% अंक प्राप्त करके न्यूनतम अंकों से 42 अंक अधिक प्राप्त करता है, तब उत्तीर्ण होने के लिए न्यूनतम अंकों का प्रतिशत है
(a) 52 (b) 50
(c) 33 (d) 25

16. किसी संख्या में से 15 घटाने पर संख्या में 80% की कमी हो जाती है। संख्या का 40% क्या है?
(a) 6.4 (b) 7.5
(c) 3.5 (d) 9

17. यदि $7:8 = x\%$, तब x का क्या मान है?
(a) 85 (b) $85\frac{1}{2}$
(c) $87\frac{1}{2}$ (d) $86\frac{1}{2}$

18. यदि (x का 45%) + (90 का 30%) = (210 का 30%) + (x का 20%), तो x का मान है
(a) 144 (b) 160
(c) 155 (d) 180

उत्तरमाला

1. (c)	2. (b)	3. (b)	4. (d)	5. (a)	6. (b)	7. (b)	8. (a)	9. (c)	10. (a)
11. (b)	12. (c)	13. (d)	14. (c)	15. (d)	16. (b)	17. (c)	18. (a)		

संकेत एवं हल

1. अभीष्ट प्रतिशत $= \frac{231 \times 100}{5 \times 70} = 66\%$

2. माना x का $33\frac{1}{3}\% = 11$

$\Rightarrow \quad x \times \frac{100}{3 \times 100} = 11 \Rightarrow x = 33$

3. अभीष्ट प्रतिशत $= \frac{10}{100} \times 100 = 10\%$

4. $3\frac{4}{7}$ का 56% $= \frac{25}{7}$ का 56% $= \frac{25}{7} \times \frac{56}{100} = 2.00$

5. $8415 \div 99 + 110$ का 25%

$= \frac{8415}{99} + 110 \times \frac{25}{100} = 85 + 27.5 = 112.5$

6. x का $7\frac{1}{2}\% = 150 \Rightarrow x \times \frac{15}{2 \times 100} = 150$

$\Rightarrow \quad x = \frac{150 \times 2 \times 100}{15} \Rightarrow x = 2000$

7. 30 का 35% = (x का 25%) +1

$\Rightarrow \quad 30 \times \frac{35}{100} = x \times \frac{25}{100} + 1$

$\Rightarrow \quad 30 \times 35 = 25x + 100 \Rightarrow 25x = 950$

$\therefore \quad x = 38$

8. अभीष्ट प्रतिशत $= \left(\frac{8\%}{5\%} \times 100\right)$

$= \left(\frac{8/100}{5/100} \times 100\right) = \left(\frac{8}{5} \times 100\right) = 160\%$

9. 2.5 किग्रा का $x\% = 2$ कुन्तल

$\Rightarrow \quad 2.5 \times \frac{x}{100} = 200$

$\Rightarrow \quad x = \frac{200 \times 100}{2.5} = 8000\%$

10. x का 8% = y का 4%

$\Rightarrow \quad x \times \frac{8}{100} = y \times \frac{4}{100}$

$\Rightarrow \quad \frac{x}{y} = \frac{4}{8} = \frac{1}{2}$

$\therefore \quad x = y/2$

अतः x का 20% $= \frac{y}{2} \times \frac{20}{100} = y$ का 10%

11. 70 का $\frac{4}{5} = 70 \times \frac{4}{5} = 56$

112 का $\frac{5}{7} = 112 \times \frac{5}{7} = 80$

$\therefore$ प्रतिशत कमी $= \frac{\text{कमी}}{\text{मूलमान}} \times 100 = \frac{24}{80} \times 100 = 30\%$

12. अंग्रेजी में अनुत्तीर्ण परीक्षार्थी $= 100 - 70 = 30\%$

गणित में अनुत्तीर्ण परीक्षार्थी $= 100 - 80 = 20\%$

दोनों विषयों में अनुत्तीर्ण परीक्षार्थी $= 10\%$

दोनों विषयों में कुल उत्तीर्ण परीक्षार्थी

$= [100 - (30 + 20 - 10)]\%$

$= (100 - 40)\% = 60\%$

माना कुल परीक्षार्थियों की संख्या x है।

$\therefore$ x का $60\% = 144$

$\Rightarrow \frac{x \times 60}{100} = 144$

$\Rightarrow x = \frac{144 \times 100}{60}$

$\Rightarrow x = 240$

13. माना कुल मतदाता x थे। 8% मतदाताओं ने अपने मत नहीं डाले।

जीतने वाले उम्मीदवार को प्राप्त मत $= 48\%$

हारने वाले उम्मीदवार को प्राप्त मत

$= [100 - (48 + 8)]\% = 44\%$

मतों का अन्तर $= 1100$

$\therefore$ कुल मतों की संख्या $= \frac{\text{मतों में अन्तर}}{\text{प्रतिशत अन्तर}} \times 100$

$= \frac{1100}{48 - 44} \times 100 = \frac{1100 \times 100}{4} = 27500$

14. माना A की आय ' A तथा B की आय ' B है।

प्रश्नानुसार,

A की आय का $60\% = B$ की आय का 75%

$\Rightarrow \frac{A \times 60}{100} = \frac{B \times 75}{100}$

$\Rightarrow A = \frac{B \times 75}{60} = \frac{5B}{4}$ ...(i)

तथा B की आय $= A$ की आय का $x\%$

$\Rightarrow B = A \times \frac{x}{100}$

$\Rightarrow B = \frac{5B}{4} \times \frac{x}{100}$ [समी (i) से]

$\Rightarrow x = \frac{4 \times 100}{5} = 80$

15. प्रतिशत अन्तर = अंकों का योग

$\Rightarrow (32 - 20)\% = 30 + 42$

$\Rightarrow 12\% = 72$

$\therefore 1\% = \frac{72}{12} = 6$

अतः $100\% = 600$

$\therefore$ न्यूनतम उत्तीर्ण प्रतिशत $= 600$ का $20\% + 30$

$= 120 + 30 = 150$

$\therefore$ अभीष्ट प्रतिशत $= \frac{150 \times 100}{600} = 25\%$

16. $x - 15 = x - x \times \frac{80}{100} \Rightarrow x - 15 = \frac{20x}{100}$

$\Rightarrow 5x - 75 = x \Rightarrow x = 75/4$

$\therefore$ अभीष्ट उत्तर $= \frac{75}{4} \times \frac{40}{100} = 7.5$

17. $\frac{7}{8} = \frac{x}{100}$

$\therefore x = \frac{7 \times 100}{8} = \frac{175}{2} = 87\frac{1}{2}$

18. $\left[x \times \frac{45}{100}\right] + \left[90 \times \frac{30}{100}\right] = \left[210 \times \frac{30}{100}\right] + \left[x \times \frac{20}{100}\right]$

$\Rightarrow \frac{45x}{100} + \frac{2700}{100} = \frac{6300}{100} + \frac{20x}{100}$

$\Rightarrow 45x + 2700 = 6300 + 20x$

$\Rightarrow 25x = 3600$

$\therefore x = 144$

अध्याय

11

साधारण एवं चक्रवृद्धि ब्याज

ब्याज क्या है? What is Interest?

जब कोई व्यक्ति किसी बैंक आदि से कुछ धन उधार लेता है, तो इस धन का प्रयोग करने के लिए उस व्यक्ति द्वारा बैंक आदि को कुछ अतिरिक्त धन देना पड़ता है। इस अतिरिक्त धन को ब्याज कहते हैं। ब्याज दो प्रकार का होता है

1. साधारण ब्याज

2. चक्रवृद्धि ब्याज

साधारण ब्याज Simple Interest

वह ब्याज जो केवल मूलधन पर एक निश्चित समय के लिए एकसमान दर से लगाया जाता है, साधारण ब्याज कहलाता है।

मूलधन Principal

जो धन बैंक आदि से उधार लिया जाता है, उसे मूलधन कहते हैं। इसे P से निरूपित करते हैं।

मिश्रधन Amount

मूलधन व साधारण ब्याज के योग को मिश्रधन कहते हैं। इसे A से निरूपित करते हैं।

साधारण ब्याज एवं मिश्रधन ज्ञात करने सम्बन्धी सूत्र
Find Out the Related Formulae to Simple Interest and Amount

माना मूलधन ₹ P, ब्याज दर $r\%$ वार्षिक, समय t वर्ष, साधारण ब्याज SI तथा मिश्रधन ₹ A है।

- मिश्रधन (A) = मूलधन (P) + साधारण ब्याज (SI)
- साधारण ब्याज (SI) $= \dfrac{P \times r \times t}{100}$
- $A = P\left(1 + \dfrac{rt}{100}\right)$

चक्रवृद्धि ब्याज Compound Interest

जब एक निश्चित समय के बाद मूलधन के साथ-साथ ब्याज पर भी ब्याज की गणना की जाती है, तो इस प्रकार प्राप्त ब्याज को चक्रवृद्धि ब्याज कहते हैं। यह समय अवधि साधारणतया वार्षिक, छमाही या तिमाही होती है। यदि प्रश्न में अवधि न दी गई हो, तब समय अवधि को वार्षिक मान लेना चाहिए।

चक्रवृद्धि मिश्रधन Compound Amount

मूलधन तथा चक्रवृद्धि ब्याज के योग को चक्रवृद्धि मिश्रधन कहते हैं।

चक्रवृद्धि मिश्रधन = मूलधन + चक्रवृद्धि ब्याज

चक्रवृद्धि ब्याज एवं मिश्रधन ज्ञात करने सम्बन्धी सूत्र
Find Out the Related Formulae to Compound Interest and Amount

यदि मूलधन ₹ P, ब्याज की दर $r\%$, समय n वर्ष तथा मिश्रधन A हो, तब

- $A = P\left(1 + \dfrac{r}{100}\right)^n$
- $A = P + \text{CI}$
- $\text{CI} = P\left[\left(1 + \dfrac{r}{100}\right)^n - 1\right]$

प्रैक्टिस जोन

1. साधारण ब्याज की एक निश्चित दर से कोई धन 10 वर्ष में अपने से 3/2 गुना हो जाता है। ब्याज की दर है
(a) 5% (b) 8% (c) 10% (d) 12%

2. किसी धन पर 10% वार्षिक दर से 10 वर्ष का साधारण ब्याज मूलधन से आधा है। मूलधन है
(a) ₹ 4800 (b) ₹ 6000
(c) ₹ 8000 (d) आँकड़े पर्याप्त नहीं हैं

3. 10% वार्षिक साधरण ब्याज की दर से कोई धन कितने समय में दोगुना हो जाएगा?
(a) 6 वर्ष 9 माह (b) 10 वर्ष
(c) 8 वर्ष 3 माह (d) 9 वर्ष

4. ₹ 800 का 2 वर्ष का मिश्रधन ₹ 920 है, यदि ब्याज की दर में 3% की वृद्धि कर दी जाए, तो मिश्रधन होगा
(a) ₹ 968 (b) ₹ 1056 (c) ₹ 1112 (d) ₹ 1182

5. साधारण ब्याज की किसी दर से कोई धनराशि $2\frac{1}{2}$ वर्ष में ₹ 1012 तथा 4 वर्ष में ₹ 1067.20 होती है, तो ब्याज की वार्षिक दर होगी
(a) 2.5% (b) 3% (c) 4% (d) 5%

6. एक व्यक्ति ने एक बैंक से साधारण ब्याज की 12% वार्षिक दर से ऋण लिया। 3 वर्ष के पश्चात् उसने ₹ 5400 उस समयावधि के लिए केवल ब्याज के रूप में लौटाए। ऋणस्वरूप ली गई मूल धनराशि थी
(a) ₹ 2000 (b) ₹ 10000 (c) ₹ 15000 (d) ₹ 20000

7. ₹ 1600 का 2 वर्ष 3 महीनों में साधारण ब्याज ₹ 2.52 है। ब्याज की वार्षिक दर क्या है?
(a) $5\frac{1}{2}$ % (b) 8% (c) 7% (d) 6%

8. ₹ 400 की राशि 4 वर्षों में ₹ 480 हो जाती है। यदि ब्याज की दर 2% बढ़ा दी जाए, तो वह कितनी हो जाएगी?
(a) ₹ 484 (b) ₹ 560
(c) ₹ 512 (d) इनमें से कोई नहीं

9. कौन-सी धनराशि साधारण ब्याज से 5 वर्षों में ₹ 520 तथा 7 वर्षों में ₹ 568 हो जाएगी?
(a) ₹ 400 (b) ₹ 120
(c) ₹ 510 (d) ₹ 220

10. ₹ 1000 की एक धनराशि 10% वार्षिक साधारण ब्याज की दर से निवेशित की जाती है तथा एक अन्य धनराशि 8% वार्षिक साधारण ब्याज की दर से निवेशित की जाती है। यदि 4 वर्ष बाद, दोनों धनराशियों पर प्राप्त कुल ब्याज ₹ 480 है, तो अन्य धनराशि है
(a) ₹ 450 (b) ₹ 250
(c) ₹ 600 (d) ₹ 550

11. यदि किसी धन पर 10% वार्षिक दर से 3 वर्ष का साधारण ब्याज ₹ 1500 हो, तो इतने ही धन का इत्ती दर पर इतने ही समय का चक्रवृद्धि ब्याज क्या होगा?
(a) ₹ 1550 (b) ₹ 1655
(c) ₹ 1700 (d) ₹ 1650

12. किसी धन पर 10% वार्षिक दर से 3 वर्ष के अन्त में चक्रवृद्धि ब्याज व साधारण ब्याज का अन्तर ₹ 620 है। मूलधन है
(a) ₹ 10000 (b) ₹ 20000
(c) ₹ 40000 (d) ₹ 120000

13. ₹ 12000 पर 10% वार्षिक दर से 1 वर्ष के छमाही देय व तिमाही देय चक्रवृद्धि ब्याजों का अन्तर होगा
(a) कुछ नहीं (b) ₹ 20.25
(c) ₹ 15.75 (d) इनमें से कोई नहीं

14. कोई धन चक्रवृद्धि ब्याज की एक निश्चित दर से 4 वर्ष में दोगुना हो जाता है। इसी दर से यह 16 गुना कितने वर्षों में होगा?
(a) 12 (b) 16 (c) 24 (d) 30

15. कोई धन चक्रवृद्धि ब्याज पर 2 वर्ष में ₹ 8820 तथा 4 वर्ष में ₹ 12005 हो जाता है, मूलधन क्या है?
(a) ₹ 5660 (b) ₹ 6250 (c) ₹ 6480 (d) ₹ 6375

16. किसी धन का चक्रवृद्धि ब्याज पर 2 वर्ष का मिश्रधन ₹ 3840 तथा 3 वर्ष का मिश्रधन ₹ 4096 है। ब्याज की दर क्या है?
(a) $7\frac{1}{2}$% (b) $8\frac{1}{3}$% (c) $6\frac{2}{3}$% (d) $6\frac{1}{4}$%

17. ₹ 50000 का 3 वर्ष का चक्रवृद्धि ब्याज क्या होगा, जबकि ब्याज की दर पहले वर्ष 8%, दूसरे वर्ष 9% तथा तीसरे वर्ष 10% हो?
(a) ₹ 14746 (b) ₹ 14400
(c) ₹ 13300 (d) ₹ 12000

18. कितने समय में ₹ 800 का 10% वार्षिक दर से चक्रवृद्धि मिश्रधन ₹ 926.10 हो जाएगा, जबकि ब्याज छमाही देय हो?
(a) $1\frac{1}{3}$ वर्ष (b) $1\frac{1}{2}$ वर्ष
(c) $2\frac{1}{2}$ वर्ष (d) $2\frac{1}{3}$ वर्ष

19. कितने समय में ₹ 1000 की राशि 20% वार्षिक की दर से ₹ 1331 हो जाएगी, जबकि ब्याज प्रति छमाही संयोजित होता है?
(a) $1\frac{1}{2}$ वर्ष (b) 2 वर्ष
(c) 1 वर्ष (d) $2\frac{1}{2}$ वर्ष

20. किसी राशि पर 4% वार्षिक ब्याज की दर से 2 वर्षों के साधारण ब्याज तथा चक्रवृद्धि ब्याज का अन्तर ₹ 1 है, जबकि ब्याज प्रतिवर्ष संयोजित होता है। वह धनराशि है
(a) ₹ 650 (b) ₹ 630 (c) ₹ 625 (d) ₹ 640

उत्तरमाला

1. (a)	**2.** (d)	**3.** (b)	**4.** (a)	**5.** (c)	**6.** (c)	**7.** (c)	**8.** (c)	**9.** (a)	**10.** (b)
11. (b)	**12.** (b)	**13.** (c)	**14.** (b)	**15.** (c)	**16.** (c)	**17.** (a)	**18.** (b)	**19.** (a)	**20.** (c)

संकेत एवं हल

1. यहाँ, $n=\frac{3}{2}, t=10$ वर्ष

$\therefore \frac{3}{2}$ गुना होने में दर, $r\% = \frac{(n-1)\times 100}{t}$

$$= \left(\frac{1}{2}\times\frac{100}{10}\right) = 5\%$$

2. माना मूलधन ₹ a है।

साधारण ब्याज = ₹ $\frac{a}{2}$

$\therefore \quad \frac{a}{2} = \frac{a\times 10\times 10}{100}$

स्पष्ट है आँकड़े पर्याप्त नहीं हैं।

3. यहाँ, $r=10\%, n=2$

$\therefore$ अभीष्ट समय $= \frac{(n-1)\times 100}{r} = \frac{1\times 100}{10} = 10$ वर्ष

4. $P=$ ₹ 800, $t=2$ वर्ष, $A=$ ₹ 920

$\therefore \quad A = P\left(1+\frac{rt}{100}\right) \Rightarrow 920 = 800\left(1+\frac{2\times r}{100}\right)$

$\Rightarrow \quad \frac{r}{50} = \frac{3}{20} \quad \Rightarrow \quad r = 7\frac{1}{2}\%$

नई दर, $r_1 = 10\frac{1}{2}\%$

$\therefore A = P\left(1+\frac{rt}{100}\right) = 800\left(1+\frac{21\times 2}{2\times 100}\right)$

$= 800\times\frac{121}{100} =$ ₹ 968

5. माना मूलधन = ₹ P

$\therefore$ ₹ $P + 2\frac{1}{2}$ वर्ष का ब्याज = ₹ 1012 ...(i)

तथा ₹ P + 4 वर्ष का ब्याज = ₹ 1067.20 ...(ii)

समी (ii) में से समी (i) को घटाने पर,

$1\frac{1}{2}$ वर्ष का ब्याज = ₹ 55.20

$\therefore \quad 2\frac{1}{2}$ वर्ष का ब्याज $= \frac{55.20}{1.5}\times 2.5 =$ ₹ 92

समी (i) से, ₹ $P = 1012 - 92 =$ ₹ 920

$\therefore \quad r = \frac{92\times 100\times 2}{5\times 920} = 4\%$

6. दिया है, $r=12\%$, SI = ₹ 5400, $t=3$ वर्ष

$SI = \frac{P\times r\times t}{100} \Rightarrow 5400 = \frac{P\times 12\times 3}{100}$

$\therefore P = \frac{5400\times 100}{12\times 3} =$ ₹ 15000

7. दिया है, $P=$ ₹ 1600, $t = 2$ वर्ष 3 माह $= \frac{9}{4}$ वर्ष

SI = ₹ 252, $r = ?$

$\therefore \quad r = \frac{SI\times 100}{P\times t} = \frac{252\times 100\times 4}{1600\times 9} = 7\%$

8. मूलधन = ₹ 400, मिश्रधन = ₹ 480

समय = 4 वर्ष, ब्याज = 480 − 400 = ₹ 80

$80 = \frac{400\times \text{दर}\times 4}{100} \Rightarrow$ दर = 5%

प्रश्नानुसार, दर बढ़ने पर = 7%

$\therefore$ ब्याज $= \frac{400\times 7\times 4}{100} =$ ₹ 112

अतः मिश्रधन = 400 + 112 = ₹ 512

9. माना मूलधन = ₹ P

$\therefore$ ₹ P + 5 वर्षों का ब्याज = ₹ 520 ...(i)

तथा ₹ P + 7 वर्षों का ब्याज = ₹ 568 ...(ii)

समी (ii) में से समी (i) को घटाने पर,

2 वर्षों का ब्याज = ₹ 48

$\therefore$ 5 वर्षों का ब्याज $= \frac{48}{2}\times 5 =$ ₹ 120

समी (i) से, $P = 520 - 120 =$ ₹ 400

10. $P_1 =$ ₹ 1000, $r_1 = 10\%, t_1 = 4$ वर्ष

$P_2 =$ ₹ x, $r_2 = 8\%, t_2 = 4$ वर्ष

प्रश्नानुसार, $\frac{1000\times 10\times 4}{100} + \frac{x\times 8\times 4}{100} = 480$

$\Rightarrow \quad 400 + 0.32x = 480 \quad \Rightarrow \quad x =$ ₹ 250

11. $r=10\%, n=3$ वर्ष, SI = ₹ 1500

$\therefore \quad P = \frac{SI\times 100}{r\times n} = \frac{1500\times 100}{10\times 3} =$ ₹ 5000

$\therefore \quad CI = P\left[\left(1+\frac{r}{100}\right)^n - 1\right] = 5000\left[\left(1+\frac{10}{100}\right)^3 - 1\right]$

$= 5000\left[\left(\frac{11}{10}\right)^3 - 1\right] = 5000\times\frac{331}{1000} =$ ₹ 1655

12. $r=10\%, n=3$ वर्ष, CI − SI = ₹ 620

$620 = \frac{P(10)^2(300+10)}{(100)^3}$

$\Rightarrow \quad 620 = \frac{P(100)(310)}{(100)^3}$

$\therefore \quad P = \frac{62\times 100\times 100}{31} =$ ₹ 20000

13. छमाही के लिए,

$P=$ ₹ 12000, $A=?$, $r=\frac{10}{2}=5\%$, $n = 2\times 1 = 2$

$\therefore \quad A = 12000\left(1+\frac{5}{100}\right)^2$

$= 12000\times\frac{105}{100}\times\frac{105}{100} =$ ₹ 13230

ब्याज = 13230 − 12000 = ₹ 1230

तिमाही के लिए,

$P = ₹\ 12000,\ A = ?,\ r = \frac{10}{4} = 2.5\%,\ n = 4 \times 1 = 4$

$\therefore \quad A = 12000\left(1 + \frac{2.5}{100}\right)^4$

$= 12000 \times \left(\frac{102.5}{100}\right)^4 = ₹\ 13245.75$

$\therefore$ ब्याज = ₹ 1245.75

$\therefore$ ब्याजों में अन्तर = 1245.75 − 1230 = ₹ 15.75

14. $\because$ कोई धन 4 वर्ष में दोगुना हो जाता है।

$\therefore$ $16 = 2^4$ गुना होने में लगा समय = 4 × 4 = 16 वर्ष

15. $A_1 = ₹\ 8820,\ n_1 = 2$ वर्ष

तथा $A_2 = ₹\ 12005,\ n_2 = 4$ वर्ष

$\therefore \quad 8820 = P\left(1 + \frac{r}{100}\right)^2 \quad \text{...(i)}$

तथा $\quad 12005 = P\left(1 + \frac{r}{100}\right)^4 \quad \text{...(ii)}$

समी (ii) को समी (i) से भाग देने पर,

$\frac{12005}{8820} = \left(1 + \frac{r}{100}\right)^2$

$\Rightarrow \frac{49}{42} = 1 + \frac{r}{100} \Rightarrow r = \left(\frac{49 - 42}{42}\right) \times 100 = 16\frac{2}{3}\%$

r का मान समी (i) में रखने पर,

$8820 = P\left(1 + \frac{50}{300}\right)^2 \Rightarrow P = \frac{8820 \times 6 \times 6}{7 \times 7} = ₹\ 6480$

16. प्रश्नानुसार,

चक्रवृद्धि ब्याज पर 2 वर्ष का मिश्रधन $X_1 = ₹\ 3840$

चक्रवृद्धि ब्याज पर 3 वर्ष का मिश्रधन $X_2 = ₹\ 4096$

चक्रवृद्धि ब्याज की दर $= \frac{X_2 - X_1}{X_2} \times 100$

$= \frac{4096 - 3840}{4096} \times 100 = \frac{20}{3} = 6\frac{2}{3}\%$

17. $P = ₹\ 50000,\ r_1 = 8\%,\ r_2 = 9\%,\ r_3 = 10\%$

$A = P\left(1 + \frac{r_1}{100}\right)\left(1 + \frac{r_2}{100}\right)\left(1 + \frac{r_3}{100}\right)$

$= 50000\left(1 + \frac{8}{100}\right)\left(1 + \frac{9}{100}\right)\left(1 + \frac{10}{100}\right)$

$= 50000 \times \frac{27}{25} \times \frac{109}{100} \times \frac{11}{10} = ₹\ 64746$

$\therefore \quad CI = A - P = 64746 - 50000 = ₹\ 14746$

18. छमाही के लिए,

$P = ₹\ 800$	$= ₹\ 800$
$A = ₹\ 926.10$	$= ₹\ 926.10$
$r = 10\%$	$= 5\%$
$n = n$	$= 2n$ छमाही

$\therefore \quad A = P\left(1 + \frac{r}{100}\right)^n$

$926.10 = 800\left(1 + \frac{5}{100}\right)^{2n}$

$\Rightarrow \frac{926.10}{800} = \left(\frac{21}{20}\right)^{2n} \Rightarrow \left(\frac{21}{20}\right)^3 = \left(\frac{21}{20}\right)^{2n}$

$\Rightarrow 3 = 2n \quad \Rightarrow n = \frac{3}{2} = 1\frac{1}{2}$ वर्ष

19. मूलधन = ₹ 1000, चक्रवृद्धि मिश्रधन = ₹1331

दर = 20% छमाही

माना t वर्ष समय लगेगा।

$1331 = 1000 \times \left(1 + \frac{20}{2 \times 100}\right)^{2n}$

$\Rightarrow \frac{1331}{1000} = \left[\frac{11}{10}\right]^{2n} \Rightarrow \left[\frac{11}{10}\right]^3 = \left[\frac{11}{10}\right]^{2n}$

$\Rightarrow \quad 2n = 3 \quad \Rightarrow n = \frac{3}{2} = 1\frac{1}{2}$ वर्ष

20. $r = 4\%,\ n = 2$ वर्ष, $CI - SI = ₹\ 1$

$\because \quad \frac{Pr^2}{(100)^2} = 1 \quad \Rightarrow \quad \frac{P \times 4 \times 4}{100 \times 100} = 1$

$\therefore \quad P = \frac{100 \times 100}{4 \times 4} = ₹\ 625$

अध्याय

12

लाभ एवं हानि

किसी वस्तु के लाभ/हानि की गणना करने के लिए क्रय मूल्य और विक्रय मूल्य की जानकारी होना आवश्यक है।

क्रय मूल्य Cost Price

वह मूल्य जिस पर कोई वस्तु खरीदी जाती है, वस्तु का क्रय मूल्य कहलाता है।

नोट वस्तुओं को लाने व ले जाने में तथा अन्य व्यय उपरिव्यय (Overhead) में आते हैं। यदि प्रश्न में उपरिव्यय दिए गए हो, तो उन्हें क्रय मूल्य में सम्मिलित कर लेते हैं।

क्रय मूल्य ज्ञात करना To Find Out Cost Price

- यदि किसी वस्तु को बेचने पर $x\%$ लाभ हो, तो

$$\text{वस्तु का क्रय मूल्य} = \frac{\text{विक्रय मूल्य} \times 100}{(100 + x)}$$

- यदि किसी वस्तु को बेचने पर $x\%$ की हानि हो, तो

$$\text{वस्तु का क्रय मूल्य} = \frac{\text{विक्रय मूल्य} \times 100}{(100 - x)}$$

विक्रय मूल्य Selling Price

वह मूल्य जिस पर कोई वस्तु बेची जाती है, वस्तु का विक्रय मूल्य कहलाता है।

विक्रय मूल्य ज्ञात करना To Find Out Selling Price

- यदि किसी वस्तु को बेचने पर $x\%$ लाभ हो, तो

$$\text{वस्तु का विक्रय मूल्य} = \frac{\text{क्रय मूल्य} \times (100 + x)}{100}$$

- यदि किसी वस्तु को बेचने पर $x\%$ हानि हो, तो

$$\text{वस्तु का विक्रय मूल्य} = \frac{\text{क्रय मूल्य} \times (100 - x)}{100}$$

लाभ Profit

यदि किसी वस्तु का विक्रय मूल्य वस्तु के क्रय मूल्य से अधिक हो, तो वस्तु को बेचने पर लाभ होता है।

लाभ = विक्रय मूल्य – क्रय मूल्य

प्रतिशत लाभ ज्ञात करना To Find Out Per cent Profit

$$\text{प्रतिशत लाभ} = \frac{\text{लाभ} \times 100}{\text{क्रय मूल्य}}\%$$

हानि Loss

यदि किसी वस्तु का विक्रय मूल्य वस्तु के क्रय मूल्य से कम हो, तो वस्तु को बेचने पर हानि होती है।

हानि = क्रय मूल्य – विक्रय मूल्य

नोट लाभ तथा हानि की गणना क्रय मूल्य पर की जाती है।

प्रतिशत हानि ज्ञात करना To Find Out Per cent Loss

$$\text{प्रतिशत हानि} = \frac{\text{हानि} \times 100}{\text{क्रय मूल्य}}\%$$

प्रैक्टिस जोन

1. किसी वस्तु को ₹ 1024 में बेचने से दुकानदार को 20% हानि होती है, इस वस्तु को ₹ 1472 में बेचने से उसे कितने प्रतिशत लाभ होगा?
   (a) 15 (b) 20
   (c) 10 (d) 25

2. यदि 12 वस्तुओं का क्रय मूल्य 9 वस्तुओं के विक्रय मूल्य के बराबर हो, तो लाभ प्रतिशत ज्ञात कीजिए।
   (a) 30 (b) $33\frac{1}{3}$
   (c) 40 (d) $41\frac{1}{3}$

3. किसी वस्तु को ₹ 100 में बेचने पर एक दुकानदार को ₹ 15 का लाभ होता है, उसका लाभ प्रतिशत कितना है?

(a) 15 (b) $12\frac{2}{3}$ (c) $17\frac{1}{4}$ (d) $17\frac{11}{17}$

4. किसी वस्तु को ₹ 950 में खरीदा जाता है तथा उसे ₹ 760 में बेचा जाता है, तो प्रतिशत हानि कितनी होगी?

(a) 20 (b) 25
(c) 40 (d) इनमें से कोई नहीं

5. किसी वस्तु को ₹ 48 में बेचने पर 20% की हानि होती है, इस वस्तु पर 20% लाभ कमाने के लिए इसका विक्रय मूल्य क्या होगा?

(a) ₹ 52 (b) ₹ 56 (c) ₹ 68 (d) ₹ 72

6. किसी वस्तु को ₹ 45 में बेचने से 10% हानि होती है। इस वस्तु पर 20% लाभ कमाने के लिए विक्रय मूल्य क्या होगा?

(a) ₹ 52 (b) ₹ 56 (c) ₹ 60 (d) ₹ 72

7. किसी वस्तु का विक्रय मूल्य इसके क्रय मूल्य का 3/2 गुना है। लाभ प्रतिशत कितना है?

(a) 50 (b) $20\frac{1}{2}$ (c) $25\frac{1}{4}$ (d) $33\frac{1}{3}$

8. किसी वस्तु को ₹ 560 में बेचने से हुई हानि ₹ 720 में बेचने पर हुए लाभ से ₹ 50 अधिक है। वस्तु का क्रय मूल्य क्या है?

(a) ₹ 625 (b) ₹ 600
(c) ₹ 650 (d) ₹ 665

9. यदि कोई व्यक्ति एक वस्तु को ₹ 480 में बेचता है, तो उसे 20% की हानि होती है, 30% का लाभ प्राप्त करने के लिए उसे वह वस्तु कितने में बेचनी पड़ेगी?

(a) ₹ 800 (b) ₹ 760
(c) ₹ 720 (d) ₹ 780

10. राम ने एक गाय रहीम को 20% लाभ पर बेच दी तथा रहीम ने इसे रॉबर्ट को 25% लाभ पर बेच दिया। यदि रॉबर्ट ने ₹ 900 दिए हो, तो राम ने गाय कितने रुपये में खरीदी?

(a) ₹ 600 (b) ₹ 700
(c) ₹ 750 (d) ₹ 800

11. A एक साइकिल 20% लाभ पर B को बेचता है। B उसे 25% लाभ पर C को बेच देता है। यदि C, ₹ 225 का भुगतान करता है, तो A ने उस साइकिल को कितने रुपये में खरीदा?

(a) ₹ 110 (b) ₹ 125 (c) ₹ 120 (d) ₹ 150

12. एक फल विक्रेता आम ₹ 9 प्रति किग्रा बेचता है, तब उसे 20% हानि होती है। 5% लाभ कमाने के लिए उसे 1 किग्रा आम किस दर से बेचने होंगे?

(a) ₹ 11.81 (b) ₹ 12.31 (c) ₹ 15 (d) ₹ 16

13. एक व्यक्ति ₹ 380 में एक वस्तु खरीदता है और वह विक्रय मूल्य का 20% मरम्मत पर खर्च करता है, फिर भी उसे 20% लाभ होता है, तो उस वस्तु का विक्रय मूल्य क्या होगा?

(a) ₹ 600 (b) ₹ 660 (c) ₹ 760 (d) ₹ 330

14. एक व्यक्ति ने दो गायों को ₹ 4200 में खरीदा। उसने एक गाय को 15% लाभ पर तथा दूसरी गाय को 10% हानि पर बेचा। परन्तु इस व्यवसाय में उसे न तो लाभ होता है और न ही हानि होती है, तो पहली गाय का क्रय मूल्य क्या है?

(a) ₹ 1250 (b) ₹ 1680 (c) ₹ 2000 (d) ₹ 2500

15. यदि 24 वस्तुओं का क्रय मूल्य 18 वस्तुओं के विक्रय मूल्य के बराबर है, तो लाभ प्रतिशत है

(a) 25 (b) 20 (c) 15 (d) $33\frac{1}{3}$

16. 10 मी कपड़े का क्रय मूल्य ₹ 11 है तथा 11 मी कपड़े का विक्रय मूल्य ₹ 10 है, तो प्रतिशत लाभ अथवा हानि क्या होगी?

(a) लाभ 16.5% (b) हानि 16.5%
(c) लाभ 12.5% (d) हानि 12.5%

17. यदि एक फल विक्रेता ₹ 1 के 5 नींबू की दर से नींबू बेचता है तथा उसको 40% लाभ होता है, तो उसने ₹ 1 के कितने नींबू की दर से खरीदे?

(a) 9 (b) 8 (c) 7 (d) 6

18. 5 वस्तुओं का विक्रय मूल्य 3 वस्तुओं के क्रय मूल्य के बराबर है। लाभ या हानि है

(a) 20% लाभ (b) 25% लाभ
(c) 40% हानि (d) 30% हानि

उत्तरमाला

1. (a)	**2.** (b)	**3.** (d)	**4.** (a)	**5.** (d)	**6.** (c)	**7.** (a)	**8.** (d)	**9.** (d)	**10.** (a)
11. (d)	**12.** (a)	**13.** (a)	**14.** (b)	**15.** (d)	**16.** (b)	**17.** (c)	**18.** (c)		

संकेत एवं हल

1. माना अभीष्ट लाभ x% है, तब

$$(100-20):1024 = (100+x):1472$$

$$\Rightarrow \quad 1024 \times (100+x) = 80 \times 1472$$

$$\Rightarrow \quad 100 + x = \frac{80 \times 1472}{1024} = 115$$

$$\therefore \quad x = 15\%$$

2. 12 वस्तुओं का क्रय मूल्य = 9 वस्तुओं का विक्रय मूल्य

प्रतिशत लाभ $= \frac{a-b}{b} \times 100\%$ [यहाँ, $a = 12, b = 9$]

$$= \frac{12-9}{9} \times 100$$

$$= 33\frac{1}{3}\%$$

3. प्रश्नानुसार, क्रय मूल्य = 100 − 15 = ₹ 85

$\therefore$ लाभ प्रतिशत $= \left[\frac{15}{85} \times 100\right] = \frac{300}{17} = 17\frac{11}{17}\%$

4. क्रय मूल्य = ₹ 950, विक्रय मूल्य = ₹ 760

हानि = 950 − 760 = ₹ 190

हानि प्रतिशत $= \frac{190}{950} \times 100 = 20\%$

5. विक्रय मूल्य = ₹ 48, हानि = 20%

क्रय मूल्य $= 48 \times \frac{100}{80} =$ ₹ 60

पुनः लाभ = 20%

विक्रय मूल्य $= 60 \times \frac{120}{100} =$ ₹ 72

6. $r = -10\%$, $A =$ ₹ 45, $R = 20\%$

$\therefore$ 20% लाभ पर बेचने पर विक्रय मूल्य $= \frac{A(100+R)}{(100+r)}$

$= \frac{45 \times (100+20)}{(100-10)} =$ ₹ 60

7. माना वस्तु का क्रय मूल्य = ₹ x

$\therefore$ वस्तु का विक्रय मूल्य = ₹ $\frac{3}{2}x$

लाभ = विक्रय मूल्य − क्रय मूल्य $= \frac{3}{2}x - x =$ ₹ $\frac{x}{2}$

अतः लाभ प्रतिशत $= \frac{\text{लाभ} \times 100}{\text{क्रय मूल्य}} = \left(\frac{\frac{x}{2} \times 100}{x}\right) = \frac{100}{2} = 50\%$

8. माना वस्तु का क्रय मूल्य = ₹ x

प्रश्नानुसार, $(x - 560) - (720 - x) = 50$

$x - 560 - 720 + x = 50$

$\Rightarrow$ $2x = 50 + 1280 \Rightarrow 2x = 1330$

$\therefore$ $x =$ ₹ 665

9. वस्तु का क्रय मूल्य $= 480 \times \frac{100}{100-20} =$ ₹ 600

$\therefore$ 30% लाभ वाला विक्रय मूल्य $= 600 \times \frac{(100+30)}{100}$

= ₹ 780

10. माना राम ने गायें ₹ x में खरीदी।

गाय का प्रथम विक्रय मूल्य $= x + \frac{20x}{100} =$ ₹ $\frac{6x}{5}$

गाय का द्वितीय विक्रय मूल्य $= \frac{6x}{5} + \frac{25}{100} \times \frac{6x}{5}$

$= \frac{6x}{5} + \frac{3x}{10} =$ ₹ $\frac{3x}{2}$

$\therefore$ $\frac{3x}{2} = 900 \Rightarrow x = \frac{900 \times 2}{3} =$ ₹ 600

11. माना A ने साइकिल को ₹ x में खरीदा,

तब $x \times \frac{(100+20)}{100} \times \left(\frac{100+25}{100}\right) = 225$

$\therefore$ $x = 225 \times \frac{100}{120} \times \frac{100}{125} =$ ₹ 150

12. यहाँ, $r = -20\%$, $A =$ ₹ 9, $R = 5\%$

('−' चिह्न हानि को प्रदर्शित करता है।)

5% लाभ पर बेचने के लिए विक्रय मूल्य

$= \frac{A(100+R)}{(100+r)} = \frac{9 \times 105}{80} =$ ₹ 11.81

13. माना वस्तु का विक्रय मूल्य = ₹ x

वस्तु का क्रय मूल्य = ₹ 380

मरम्मत पर खर्च $= \frac{x \times 20}{100} =$ ₹ $\frac{x}{5}$

प्रश्नानुसार,

$\left(380 + \frac{x}{5}\right) + \left(380 + \frac{x}{5}\right) \times \frac{20}{100} = x$

$\Rightarrow$ $380 + \frac{x}{5} + 76 + \frac{x}{25} = x \Rightarrow 456 = \frac{19x}{25}$

$\therefore$ $x = \frac{456 \times 25}{19} =$ ₹ 600

14. पहली गाय का क्रय मूल्य = ₹ x

दूसरी गाय का क्रय मूल्य = ₹ $(4200 - x)$

प्रश्नानुसार,

$\frac{x \times 115}{100} + \frac{(4200-x) \times 90}{100} = 4200$

$\Rightarrow$ $115x + 378000 - 90x = 420000$

$\Rightarrow$ $25x = 42000$

$\therefore$ $x =$ ₹ 1680

अतः पहली गाय का क्रय मूल्य = ₹ 1680

15. यहाँ, $x = 24$, $y = 18$

प्रतिशत लाभ $= \left(\frac{x-y}{y} \times 100\right)$

$= \left(\frac{24-18}{18} \times 100\right)$

$= \frac{100}{3} = 33\frac{1}{3}\%$

16. विक्रय मूल्य $= 10 \times 10 =$ ₹ 100

क्रय मूल्य $= 11 \times 11 =$ ₹ 121

$\therefore$ अभीष्ट प्रतिशत हानि

$= \frac{121-100}{121} \times 100$

$= \frac{21}{121} \times 100 = \frac{2100}{121} = 16.5\%$

17. 1 नींबू का विक्रय मूल्य = ₹ $\frac{1}{5}$

$\therefore$ 1 नींबू का क्रय मूल्य $= \frac{\frac{1}{5} \times 100}{100+40}$

$= \frac{100}{5 \times 140} =$ ₹ $\frac{1}{7}$

अतः ₹ 1 के 7 नींबू की दर से खरीदें।

18. अभीष्ट हानि प्रतिशत $= \frac{5-3}{5} \times 100$

$= 40\%$

अध्याय

13

समय एवं कार्य

समय एवं कार्य गणितीय योग्यता परीक्षण का एक अति महत्त्वपूर्ण अध्याय है। इस अध्याय से प्रतियोगी परीक्षा में व्यक्ति तथा कार्य, नल एवं हौज तथा पाइप व टंकी से सम्बन्धित प्रश्न पूछे जाते हैं।

यहाँ कुछ महत्त्वपूर्ण नियम दिए गए हैं।

महत्त्वपूर्ण नियम Important Rules

- यदि किसी व्यक्ति द्वारा एक कार्य पूरा करने में x दिन का समय लगे, तो व्यक्ति द्वारा 1 दिन में किया गया कार्य $1/x$ होगा।
- यदि किसी व्यक्ति द्वारा 1 दिन में $1/x$ भाग कार्य किया जाता है, तो व्यक्ति द्वारा पूरा कार्य समाप्त करने में x दिन लगेंगे।
- यदि किसी कार्य को करने के लिए व्यक्तियों की संख्या बढ़ाई जाए, तो कार्य समाप्त होने में उसी अनुपात में समय कम लगता है।
- यदि किसी व्यक्ति A की कार्य करने की क्षमता, किसी अन्य व्यक्ति B की कार्य करने की क्षमता की x गुनी हो, तो किसी कार्य को करने में A को B के समय का $1/x$ गुना समय लगेगा।
- यदि A तथा B किसी कार्य को भिन्न-भिन्न समय में करते हों, तो
  (A का कार्य) : (B का कार्य)
  = (B द्वारा लिया समय) : (A द्वारा लिया समय)
- यदि m_1 व्यक्ति, h_1 घण्टे/दिन कार्य करके d_1 दिनों में w_1 कार्य करते हैं, तो m_2 व्यक्ति, h_2 घण्टे/दिन कार्य करके d_2 दिनों में w_2 कार्य करने के लिए $\frac{m_1 d_1 h_1}{w_1} = \frac{m_2 d_2 h_2}{w_2}$

प्रैक्टिस जोन

1. यदि 15 व्यक्ति एक कुएँ को 20 दिन में खोद सकें, तो 12 दिन में इस कुएँ को खोदने के लिए कितने व्यक्ति चाहिए?

(a) 15 (b) 16
(c) 18 (d) 25

2. यदि A व B एक कार्य को क्रमशः 20 दिन तथा 30 दिन में समाप्त कर सकें, तो दोनों मिलकर उस कार्य को कितने दिन में समाप्त कर सकेंगे?

(a) $17\frac{1}{7}$ (b) $27\frac{1}{7}$
(c) 12 (d) 15

3. यदि A किसी कार्य का $2/5$ भाग 10 दिन में तथा B इसी कार्य का $1/3$ भाग 5 दिन में पूरा कर सके, तो A तथा B मिलकर इस कार्य को समाप्त करेंगे

(a) $8\frac{4}{5}$ दिन में (b) $9\frac{3}{8}$ दिन में
(c) $9\frac{4}{5}$ दिन में (d) 10 दिन में

4. A एक कार्य को 15 दिन में तथा B उसी कार्य को 10 दिन में पूरा कर सकता है। B ने 5 दिन कार्य करके छोड़ दिया। शेष कार्य A पूरा करेगा

(a) $6\frac{1}{2}$ दिन में (b) $7\frac{1}{2}$ दिन में
(c) 8 दिन में (d) 9 दिन में

5. A के कार्य करने की क्षमता B के कार्य करने की क्षमता की तीन गुनी है। अत: एक कार्य को पूरा करने में A, B से 60 दिन कम लेता है। B अकेला इस कार्य को पूरा करने में समय लेगा

(a) 80 दिन (b) 90 दिन
(c) 75 दिन (d) 150 दिन

6. यदि A, B तथा C मिलकर किसी कार्य को 4 दिन में समाप्त कर देते हैं। A अकेला इस कार्य को 18 दिन में तथा B इस कार्य को अकेला 12 दिन में पूरा कर सकता है, तो C अकेला इस कार्य को पूरा करेगा

(a) 14 दिन में (b) 21 दिन में
(c) 16 दिन में (d) 9 दिन में

7. A तथा B एक कार्य को 36 दिन में, B तथा C इसे 24 दिन में व A तथा C इसे 18 दिन में पूरा कर सकते हैं। तीनों मिलकर इस कार्य को पूरा करेंगे
(a) 26 दिन में (b) 16 दिन में
(c) 18 दिन में (d) 12 दिन में

8. 5 व्यक्ति 7 घण्टे प्रतिदिन कार्य करके एक प्रवेश सूची 8 दिन में तैयार कर सकते हैं। यदि इस कार्य को 4 दिन में पूरा कराने के उद्देश्य से उनमें 2 व्यक्ति और सम्मिलित किए जाएँ, तो उन्हें प्रतिदिन कार्य करना होगा
(a) 10 घण्टे (b) 9 घण्टे (c) 12 घण्टे (d) 8 घण्टे

9. दो नल A और B एक हौज को 12 घण्टे में भरते हैं तथा A उसे 18 घण्टे में भरता है, तब B उसे कितने घण्टे में भरेगा?
(a) 32 (b) 36 (c) 38 (d) 30

10. 4 बुनकर 4 चटाई 4 दिन में बुन सकते हैं। इसी गति से 8 बुनकरों द्वारा 8 दिन में कितनी चटाई बुनी जा सकेंगी?
(a) 4 (b) 8 (c) 12 (d) 16

11. दो नल एक हौज को क्रमशः 3 घण्टे व 4 घण्टे में भर सकते हैं तथा एक निकास नल उसे 2 घण्टे में खाली कर सकता है। यदि तीनों नलों को खोल दिया जाए, तो हौज भरेगा
(a) 5 घण्टे में (b) 8 घण्टे में
(c) 10 घण्टे में (d) 12 घण्टे में

12. 20 लड़के प्रतिदिन 8 घण्टे कार्य करके 9 मी सड़क 18 दिन में खोद देते हैं, तब 16 लड़के 10 मी सड़क 25 दिन में कितने घण्टे प्रतिदिन कार्य करके खोद देंगे?
(a) 10 (b) 8
(c) 6 (d) 4

13. एक आदमी किसी कार्य को 5 दिन में कर सकता है, किन्तु अपने पुत्र की सहायता से वह इसे 3 दिन में पूरा कर सकता है। उसका पुत्र अकेले कार्य को पूरा करने में समय लेगा
(a) 7 दिन (b) 8 दिन
(c) $7\frac{1}{2}$ दिन (d) $6\frac{1}{2}$ दिन

14. यदि 3 पुरुष या 6 स्त्रियाँ एक कार्य को 16 दिनों में सम्पन्न कर सकती हैं, तो 12 पुरुष तथा 8 स्त्रियाँ मिलकर उस कार्य को करेंगे
(a) 4 दिन में (b) 5 दिन में
(c) 3 दिन में (d) 2 दिन में

15. एक पुरुष, एक स्त्री तथा एक लड़का किसी कार्य को क्रमशः 3 दिन, 4 दिन तथा 12 दिन में पूरा करते हैं, तब एक पुरुष तथा एक स्त्री की सहायता के लिए कितने लड़के कार्य पर लगाए, कि वह कार्य 1/4 दिन में पूरा हो जाए?
(a) 1 (b) 4
(c) 19 (d) 41

उत्तरमाला

1. (d) 2. (c) 3. (b) 4. (b) 5. (b) 6. (d) 7. (b) 8. (a) 9. (b) 10. (d)
11. (d) 12. (b) 13. (c) 14. (c) 15. (d)

संकेत एवं हल

1. 20 दिन में कुएँ को खोदने के लिए आवश्यक व्यक्तियों की संख्या = 15
1 दिन में कुएँ को खोदने के लिए आवश्यक व्यक्तियों की संख्या
$= 15 \times 20$
12 दिन में कुएँ को खोदने के लिए आवश्यक व्यक्तियों की संख्या
$= \frac{15 \times 20}{12} = 25$

2. A का 1 दिन का कार्य $= \frac{1}{20}$
B का 1 दिन का कार्य $= \frac{1}{30}$
दोनों का 1 दिन का कार्य $= \frac{1}{20} + \frac{1}{30} = \frac{3+2}{60} = \frac{5}{60}$
$\therefore$ कुल दिनों की संख्या $= \frac{60}{5} = 12$ दिन

3. A, 10 दिन में करता है $= \frac{2}{5}$ भाग
A का 1 दिन का कार्य $= \frac{2}{5 \times 10} = \frac{1}{25}$
B, 5 दिन में करता है $= \frac{1}{3}$ भाग
B का 1 दिन का कार्य $= \frac{1}{3 \times 5} = \frac{1}{15}$
दोनों का 1 दिन का कार्य $= \frac{1}{25} + \frac{1}{15} = \frac{8}{75}$
$\therefore$ कुल दिनों की संख्या $= \frac{75}{8} = 9\frac{3}{8}$ दिन

4. B, 10 दिन में करता है = 1 भाग
B का 1 दिन का कार्य = 1/10
B का 5 दिन का कार्य = 1/2
शेष कार्य $= 1 - \frac{1}{2} = \frac{1}{2}$ भाग
$\therefore$ A, 1 कार्य करता है = 15 दिन में
अतः A, $\frac{1}{2}$ कार्य करता है $= \frac{15}{2} = 7\frac{1}{2}$ दिन में

5. माना A किसी कार्य को x दिन में करता है।
$\therefore$ B उसी कार्य को $3x$ दिन में करेगा।
प्रश्नानुसार, $3x - x = 60 \Rightarrow x = 30$ दिन

अतः A उस कार्य को 30 दिन में तथा B उस कार्य को 90 दिन में पूरा करेगा।

6. A का 1 दिन का कार्य $= \frac{1}{18}$

B का 1 दिन का कार्य $= \frac{1}{12}$

तीनों का 1 दिन का कार्य $= \frac{1}{4}$

अकेले C का 1 दिन का कार्य

$$= \frac{1}{4} - \left(\frac{1}{18} + \frac{1}{12}\right)$$

$$= \frac{1}{4} - \frac{10}{72}$$

$$= \frac{8}{72} = \frac{1}{9}$$

अतः C उस कार्य को 9 दिन में करता है।

7. A तथा B का 1 दिन का कार्य $= \frac{1}{36}$

B तथा C का 1 दिन का कार्य $= \frac{1}{24}$

C तथा A का 1 दिन का कार्य $= \frac{1}{18}$

$\therefore (A + B + B + C + C + A)$ का 1 दिन का कार्य $= \frac{1}{36} + \frac{1}{24} + \frac{1}{18}$

$2(A + B + C)$ का 1 दिन का कार्य $= \frac{2 + 3 + 4}{72}$

$A + B + C$ का 1 दिन का कार्य $= \frac{9}{72} \times \frac{1}{2} = \frac{1}{16}$

अर्थात तीनों मिलकर 16 दिन में कार्य पूरा कर सकते हैं।

8.

व्यक्ति	घण्टे (प्रतिदिन)	दिन
5 ↑	7 ↓	8 ↑
7	x	4

$$\left.\begin{matrix} 7:5 \\ 4:8 \end{matrix}\right\} :: 7 : x \Rightarrow x = \frac{5 \times 8 \times 7}{7 \times 4} = 10 \text{ घण्टे/दिन}$$

9. A तथा B हौज को 1 घण्टे में भरते हैं $= \frac{1}{12}$

A हौज को 1 घण्टे में भरता है $= \frac{1}{18}$

B हौज को 1 घण्टे में भरता है $= \left(\frac{1}{12} - \frac{1}{18}\right)$

$$= \frac{6-4}{72} = \frac{2}{72} = \frac{1}{36}$$

$\therefore B$ हौज को 36 घण्टे में भरता है।

10. माना x चटाई बनाई जाएँगी।

बुनकर	दिन	चटाई
4 ↓	4 ↓	4 ↓
8	8	x

$$\therefore \left.\begin{matrix} 4:8 \\ 4:8 \end{matrix}\right] :: 4 : x$$

$$\Rightarrow \quad x = \frac{8 \times 8 \times 4}{4 \times 4} = 16 \text{ चटाई}$$

11. तीनों नलों द्वारा हौज का 1 घण्टे में भरा भाग

$$= \frac{1}{3} + \frac{1}{4} - \frac{1}{2}$$

$$= \frac{1}{12}$$

$\therefore$ हौज भरने में लगा समय = 12 घण्टे

12. सूत्र $\frac{M_1 D_1 H_1}{W_1} = \frac{M_2 D_2 H_2}{W_2}$ से,

जहाँ, $M_1 = 20, D_1 = 18, H_1 = 8, W_1 = 9$

तथा $M_2 = 16, D_2 = 25, H_2 = x, W_2 = 10$

$$\Rightarrow \frac{(20 \times 18 \times 8)}{9} = \frac{16 \times 25 \times x}{10}$$

$$\Rightarrow \quad x = \frac{20 \times 18 \times 8 \times 10}{9 \times 16 \times 25} = 8 \text{ घण्टे}$$

13. पिता तथा पुत्र का 1 दिन का कार्य $= \frac{1}{3}$

अकेले पिता का 1 दिन का कार्य $= \frac{1}{5}$

पुत्र का 1 दिन का कार्य $= \frac{1}{3} - \frac{1}{5} = \frac{2}{15}$

$\therefore$ पुत्र कार्य को $\frac{15}{2}$ दिन अर्थात् $7\frac{1}{2}$ दिन में करेगा।

14. 3 पुरुषों का 1 दिन का कार्य = 6 स्त्रियों का 1 दिन का कार्य

1 पुरुष का 1 दिन का कार्य = 2 स्त्रियों का 1 दिन का कार्य

12 पुरुषों व 8 स्त्रियों का 1 दिन का कार्य

= 32 स्त्रियों का 1 दिन का कार्य

स्त्रियाँ	दिन
6 ↑	16 ↓
32	x

$32 : 6 :: 16 : x$

$$\therefore \quad x = \frac{6 \times 16}{32} = 3 \text{ दिन}$$

15. 1 पुरुष तथा 1 स्त्री का $\frac{1}{4}$ दिन का कार्य $= \left[\frac{1}{3} + \frac{1}{4}\right] \times \frac{1}{4} = \frac{7}{48}$

शेष कार्य $= 1 - \frac{7}{48} = \frac{41}{48}$

प्रश्नानुसार,

यह कार्य लड़का करेगा जिससे वह कार्य $\frac{1}{4}$ दिन में पूरा होगा।

12 दिन में 1 कार्य को करने के लिए लड़कों की आवश्यक संख्या = 1

1 दिन में 1 कार्य को करने के लिए लड़कों की आवश्यक संख्या = 12

$\frac{1}{4}$ दिन में $\frac{41}{48}$ कार्य को करने के लिए लड़कों की आवश्यक संख्या

$$= 12 \times 4 \times \frac{41}{48} = 41$$

$\therefore$ 41 लड़कों की सहायता से 1 पुरुष तथा 1 स्त्री इस कार्य को $\frac{1}{4}$ दिन में पूरा कर सकते हैं।

अध्याय
14

चाल, समय एवं दूरी

चाल Speed

किसी व्यक्ति/यातायात के साधन द्वारा इकाई समय में चली गई दूरी, चाल कहलाती है।

$$\text{चाल} = \frac{\text{दूरी}}{\text{समय}}$$

चाल का मात्रक Unit of Speed

चाल का मात्रक मी/से अथवा किमी/घण्टा होता है

- यदि चाल मी/से में है, तो

$\Rightarrow$ $\text{किमी/घण्टा} = \frac{18}{5} \times \text{मी/से}$

- यदि चाल किमी/घण्टा में है, तो

$\Rightarrow$ $\text{मी/से} = \frac{5}{18} \times \text{किमी/घण्टा}$

दूरी Distance

किसी व्यक्ति/यातायात के साधन द्वारा स्थान परिवर्तन को तय की गई दूरी कहा जाता है।

दूरी = चाल × समय

समय Time

किसी व्यक्ति/यातायात के साधन द्वारा इकाई चाल से चली गई दूरी, उसके समय को निर्धारित करती है।

$$\text{समय} = \frac{\text{दूरी}}{\text{चाल}}$$

सापेक्ष चाल Relative Speed

यदि दो वस्तुएँ क्रमशः a किमी/घण्टा व b किमी/घण्टा की चाल से चल रही हैं, तब

- दोनों विपरीत दिशा में हो, तो सापेक्ष चाल $= (a + b)$ किमी/घण्टा
- दोनों समान दिशा में हो, तो सापेक्ष चाल $= (a - b)$ किमी/घण्टा

रेलगाड़ी और प्लेटफॉर्म Train and Platform

जब कोई रेलगाड़ी किसी लम्बी वस्तु/स्थान (प्लेटफॉर्म/पुल/दूसरी रेलगाड़ी) को पार करती है, तो रेलगाड़ी को अपनी लम्बाई के साथ-साथ उस वस्तु की लम्बाई के बराबर अतिरिक्त दूरी भी तय करनी पड़ती है।

अर्थात् कुल दूरी = रेल की लम्बाई + प्लेटफॉर्म/पुल की लम्बाई

प्रैक्टिस जोन

1. 25 मी/से की चाल से जा रही गाड़ी 60 मिनट में कितने किमी दूरी तय करेगी?
(a) 112.5 (b) 11.25 (c) 90 (d) 67.5

2. एक निश्चित दूरी को 6 किमी/घण्टा की चाल से 1 घण्टे 45 मिनट में तय किया जाता है। इस दूरी को 10 किमी/घण्टा की चाल से तय करने में समय लगेगा
(a) 48 मिनट (b) 55 मिनट
(c) 63 मिनट (d) 77 मिनट

3. एक व्यक्ति किसी निश्चित दूरी को 30 किमी/घण्टा की चाल से तय करता है तथा वापस उसी दूरी को 20 किमी/घण्टा की चाल से आता है, तो पूरी यात्रा में उसकी औसत चाल है
(a) 25 किमी/घण्टा (b) 28.8 किमी/घण्टा
(c) 24 किमी/घण्टा (d) इनमें से कोई नहीं

4. एक व्यक्ति किसी दूरी को 42 मिनट में तय करता है। इस दूरी का दो-तिहाई वह 4 किमी/घण्टा की चाल से तथा शेष 5 किमी/घण्टा की चाल से तय करता है। कुल दूरी है
(a) 4.6 किमी (b) 4 किमी (c) 3 किमी (d) 2.5 किमी

5. अपनी वास्तविक चाल की 3/4 चाल से चलकर एक व्यक्ति अपने गन्तव्य स्थान पर नियत समय से 20 मिनट देरी से पहुँचता है। इस दूरी को तय करने में वास्तविक समय लगता है
(a) 30 मिनट (b) 60 मिनट (c) 75 मिनट (d) 90 मिनट

6. 45 किमी/घण्टा की चाल से जा रही 130 मी लम्बी रेलगाड़ी एक पुल को 30 सेकण्ड में पार कर जाती है। पुल की लम्बाई है

(a) 200 मी (b) 225 मी
(c) 245 मी (d) 250 मी

7. एक रेलगाड़ी 162 मी लम्बे प्लेटफॉर्म को 18 सेकण्ड में तथा एक-दूसरे 120 मी लम्बे प्लेटफॉर्म को 15 सेकण्ड में पार कर जाती है। रेलगाड़ी की लम्बाई है

(a) 70 मी (b) 80 मी (c) 90 मी (d) 100 मी

8. 84 किमी/घण्टा की चाल से चल रही एक रेलगाड़ी 6 किमी/घण्टा की चाल से विपरीत दिशा में दौड़ रहे व्यक्ति को 4 सेकण्ड में पार कर जाती है। रेलगाड़ी की लम्बाई है

(a) 75 मी (b) 80 मी
(c) 100 मी (d) 150 मी

9. दो रेलगाड़ियाँ जिनकी लम्बाई क्रमशः 120 मी तथा 80 मी हैं, एक ही दिशा में क्रमशः 40 किमी/घण्टा तथा 50 किमी/घण्टा की चाल से गतिमान हैं। एक-दूसरे को पार करने में लगा समय होगा

(a) 60 सेकण्ड (b) 72 सेकण्ड
(c) 75 सेकण्ड (d) 80 सेकण्ड

10. दो रेलगाड़ियाँ एक-दूसरे की ओर क्रमशः 54 किमी/घण्टा तथा 48 किमी/घण्टा की चाल से गतिमान है। यदि पहली रेलगाड़ी की लम्बाई 250 मी हो तथा वे एक-दूसरे को 18 सेकण्ड में पार कर ले, तो दूसरी रेलगाड़ी की लम्बाई होगी

(a) 145 मी (b) 180 मी
(c) 230 मी (d) 260 मी

11. एक नाव धारा के विरुद्ध 7 किमी जाने में 42 मिनट लेती है। यदि धारा का वेग 3 किमी/घण्टा हो, तो शान्त जल में नाव की चाल होगी

(a) 4.2 किमी/घण्टा (b) 9 किमी/घण्टा
(c) 13 किमी/घण्टा (d) 21 किमी/घण्टा

12. एक तैराक धारा के विरुद्ध 750 मी दूरी 675 सेकण्ड में तय करता है तथा $7\frac{1}{2}$ मिनट में वापिस आ जाता है। शान्त जल में तैराक की चाल है

(a) 3 किमी/घण्टा (b) 4 किमी/घण्टा
(c) 5 किमी/घण्टा (d) 6 किमी/घण्टा

13. 240 मी लम्बी एक रेलगाड़ी किसी 3 किमी/घण्टा की चाल से रेलवे लाइन के साथ-साथ विपरीत दिशा में चलने वाले आदमी को 10 सेकण्ड में पार करती है। रेलगाड़ी की चाल होगी

(a) 63 किमी/घण्टा (b) 75 किमी/घण्टा
(c) 83.4 किमी/घण्टा (d) 86.4 किमी/घण्टा

14. एक रेलगाड़ी 800 मी और 400 मी लम्बे दो पुलों को क्रमशः 100 सेकण्ड और 60 सेकण्ड में पार कर जाती है। रेलगाड़ी की लम्बाई है

(a) 80 मी (b) 90 मी (c) 200 मी (d) 150 मी

15. 800 मी लम्बी एक रेलगाड़ी 78 किमी/घण्टा की चाल से चल रही है, यदि वह किसी सुरंग को 1 मिनट में पार कर जाती है, तो सुरंग की लम्बाई (मीटर में) है

(a) 77200 (b) 500 (c) 1300 (d) 13

उत्तरमाला

1. (c) **2.** (c) **3.** (c) **4.** (c) **5.** (b) **6.** (c) **7.** (c) **8.** (c) **9.** (b) **10.** (d)
11. (c) **12.** (c) **13.** (c) **14.** (c) **15.** (b)

संकेत एवं हल

1. अभीष्ट दूरी = चाल × समय

$= 25 \times 60 \times 60 = 90000$ मी

$= 90$ किमी

2. दूरी = चाल × समय $= 6 \times \frac{7}{4} = 10.5$ किमी

10 किमी/घण्टा की चाल से 10.5 किमी चलने में लगा समय

$= \frac{10.5}{10}$ घण्टे = 63 मिनट

3. $x = 30$ किमी/घण्टा तथा $y = 20$ किमी/घण्टा

औसत चाल $= \frac{2 \times 30 \times 20}{30 + 20} = 24$ किमी/घण्टा

4. माना कुल दूरी = x किमी

4 किमी/घण्टा की चाल से $\frac{2x}{3}$ किमी चलने में लगा समय

$= \frac{\frac{2x}{3}}{4} = \frac{x}{6}$ घण्टा

5 किमी/घण्टा की चाल से $\frac{x}{3}$ किमी चलने में लगा समय

$= \frac{\frac{x}{3}}{5} = \frac{x}{15}$ घण्टा

$\therefore \quad \frac{x}{6} + \frac{x}{15} = \frac{42}{60} \Rightarrow \frac{5x + 2x}{30} = \frac{42}{60}$

$\Rightarrow \quad 7x = 21 \Rightarrow x = 3$ किमी

5. माना व्यक्ति की वास्तविक चाल = x किमी/घण्टा

तथा दूरी = y किमी

$\therefore \quad \frac{y}{x} + \frac{20}{60} = \frac{4y}{3x} \Rightarrow \frac{4y}{3x} - \frac{y}{x} = \frac{1}{3}$

$\Rightarrow \quad \frac{4y-3y}{3x}=\frac{1}{3} \Rightarrow \frac{y}{x}=1$

अर्थात् वास्तविक समय 1 घण्टा (60 मिनट) है।

6. माना पुल की लम्बाई x मी है।

रेलगाड़ी की चाल = 45 किमी/घण्टा = $\frac{25}{2}$ मी/से

प्रश्नानुसार,

$$\frac{25}{2}=\frac{x+130}{30}$$

$\Rightarrow \quad x+130=375$

$x=245$ मी

7. माना रेलगाड़ी की लम्बाई = x मी

प्रथम शर्त से,

रेलगाड़ी की चाल = $\frac{x+162}{18}$ ...(i)

द्वितीय शर्त से,

रेलगाड़ी की चाल = $\frac{x+120}{15}$ ...(ii)

समी (i) व समी (ii) से, $\frac{x+162}{18}=\frac{x+120}{15}$

$\therefore \quad x=90$ मी

8. सापेक्षिक चाल = 84 + 6 = 90 किमी/घण्टा

$=90\times\frac{5}{18}=25$ मी/से

माना रेलगाड़ी की लम्बाई = x मी

$\therefore \quad 25=\frac{x}{4} \quad \Rightarrow \quad x=100$ मी

9. रेलगाड़ियों की सापेक्षिक चाल = 10 किमी/घण्टा

$=10\times\frac{5}{18}=\frac{25}{9}$ मी/से

एक-दूसरे को पार करने में लगा समय

$=\frac{(120+80)\times 9}{25}=\frac{200\times 9}{25}=72$ सेकण्ड

10. पहली रेलगाड़ी की चाल = 54 किमी/घण्टा

= 15 मी/से

दूसरी रेलगाड़ी की चाल = 48 किमी/घण्टा

$=\frac{40}{3}$ मी/से

माना दूसरी गाड़ी की लम्बाई = x मी

दोनों की सापेक्ष चाल = $15+\frac{40}{3}=\frac{85}{3}$ मी/से

$\because \quad 18=\frac{250+x}{\frac{85}{3}}$

$\Rightarrow \quad 250+x=510$

$\therefore \quad x=510-250=260$ मी

11. माना नाव की चाल = x किमी/घण्टा

$\because \quad \frac{7}{x-3}=\frac{42}{60}$

$\Rightarrow \quad \frac{7\times 60}{42}=x-3$

$\therefore \quad x=13$ किमी/घण्टा

12. तैराक की धारा के विरुद्ध चाल

$=\frac{750}{675}\times\frac{18}{5}$ किमी/घण्टा

= 4 किमी/घण्टा

तैराक की धारा की दिशा में चाल

$=\frac{750}{15\times 30}\times\frac{18}{5}$ किमी/घण्टा

= 6 किमी/घण्टा

$\therefore$ शान्त जल में तैराक की चाल = $\frac{1}{2}(4+6)$

= 5 किमी/घण्टा

13. आपेक्षिक चाल = $\frac{240}{10}$ मी/से

= 24 मी/से

$=24\times\frac{18}{5}$ किमी/घण्टा

= 86.4 किमी/घण्टा

$\therefore$ रेलगाड़ी की चाल = 86.4 − 3

= 83.4 किमी/घण्टा

14. माना रेलगाड़ी की लम्बाई = x मी

तब, $\frac{(800+x)}{100}=\frac{(400+x)}{60}$

$\frac{(800+x)}{5}=\frac{(400+x)}{3}$

$\Rightarrow \quad 2400+3x=2000+5x$

$\therefore \quad x=200$ मी

15. 78 किमी/घण्टा = $\frac{78\times 1000}{60}=1300$ मी/मिनट

$\therefore$ 1 मिनट में चली गई दूरी = 1300 मी

तब, सुरंग की लम्बाई = 1300 − 800 = 500 मी

अध्याय

15 समंकों का विश्लेषण

इस अध्याय के अन्तर्गत समंकों की व्याख्या एवं विश्लेषण से सम्बन्धित प्रश्न पूछे जाते हैं। समंको का निरूपण चित्र, सारणी अथवा ग्राफ द्वारा किया जाता है। इस प्रकार के प्रश्नों को हल करने के लिए प्रतिशत, औसत, अनुपात-समानुपात आदि से सम्बन्धित प्रमुख सूत्र एवं अवधारणाओं की जानकारी आवश्यक है। प्रतियोगी परीक्षाओं की दृष्टि से यह अध्याय अति महत्त्वपूर्ण है।

समंक क्या है? What is Data?

किन्हीं विशेष गुणों से युक्त तथ्यों का संख्यात्मक रूप समंक कहलाता है। *तथ्यों (facts) को सामान्यतः दो रूपों में व्यक्त किया जाता है*

1. गुणात्मक
2. संख्यात्मक

इनमें केवल वे ही तथ्य/तथ्य-समूह समंक हो सकते हैं, जो संख्या में व्यक्त किए जाते हैं।

समंकों का प्रदर्शन Representation of Data

समंकों को निम्नलिखित तीन विधियों द्वारा प्रदर्शित किया जा सकता है

1. सारणीयन प्रदर्शन
2. चित्रमय प्रदर्शन
3. बिन्दुमय प्रदर्शन

समंकों का विश्लेषण Data Interpretation

समंकों का अध्ययन कर निष्कर्ष ज्ञात करना और भविष्य के परिणामों का अनुमान लगाना 'समंकों का विश्लेषण' कहलाता है। इसके अन्तर्गत समंकों से सम्बन्धित या तो कोई सारणी अथवा कोई ग्राफ दिया हुआ होता है। इसका विश्लेषण करके प्रश्न का उत्तर ज्ञात किया जाता है।

यहाँ हम निम्नलिखित चार शीर्षकों (खण्डों) का अध्ययन करेंगे

1. सारणीयन
2. रेखाचित्र
3. दण्ड चित्र
4. वृत्त चित्र

1. सारणीयन

समंकों की स्तम्भों एवं पंक्तियों में क्रमबद्ध व्यवस्था 'सारणीयन' कहलाती है।

सारणी के प्रकार

रचना के आधार पर सारणी मुख्य रूप से दो प्रकार की होती है

1. सरल सारणी
2. जटिल सारणी

सरल सारणी

सरल सारणी में विभिन्न समंकों के केवल एक ही गुण या विशेषता का विवेचन किया जाता है। सरल सारणी में केवल दो ही भाग होते हैं।

जटिल सारणी

जटिल सारणी में सरल सारणी की तरह केवल एक गुण या लक्षण का विवेचन न होकर एक से अधिक गुणों या लक्षणों का विवेचन होता है।

जटिल सारणी तीन प्रकार की होती है

1. द्विगुण सारणी
2. त्रिगुण सारणी
3. बहुगुण सारणी

2. रेखाचित्र

समंकों के विश्लेषण में रेखाचित्र आँकड़ों को व्यक्त करने का एक चित्रमय प्रदर्शन है यह प्रदर्शन बिन्दु रेखीय चित्रों से प्रस्तुत किया जाता है। बिन्दु रेखीय चित्र समंकों की विशेषताओं को स्पष्ट रूप से व्यक्त करते हैं। इन चित्रों के क्षैतिज (X-अक्ष) व ऊर्ध्वाधर (Y-अक्ष) रेखीय झुकाव किन्हीं दो क्रमिक बिन्दुओं के मध्य होने वाले मात्रात्मक परिवर्तन की तुलना करने में सहायक होते हैं। रेखीय झुकावों का उच्चतम बिन्दु किसी परिमाण की अधिकतम मात्रा दर्शाता है जबकि निम्नतम बिन्दु उसकी न्यूनतम मात्रा को दर्शाता है, (**जैसे** दिए गए चित्र में बिन्दु P एक उत्पाद की अधिकतम मात्रा को दर्शाता है जबकि बिन्दु a उसकी न्यूनतम मात्रा को।

एक कम्पनी द्वारा वर्षों में किया गया बिस्कुट उत्पाद

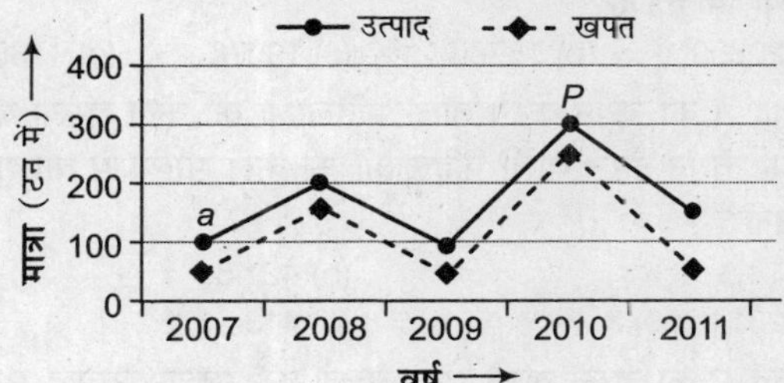

3. दण्ड चित्र

दण्ड चित्र और रेखाचित्र में बहुत साधारण अन्तर होता है और वह यह है कि दण्ड चित्र में रेखाओं को मोटा बना देते हैं। मोटा बनाते समय मूल्य का कोई ध्यान नहीं रखा जाता है। सभी दण्डों की मोटाई समान रहती है। दण्डों के बीच

की दूरियाँ भी समान रहती हैं। दण्ड चित्रों को आकर्षक बनाने के लिए दण्डों को रंग दिया जाता है।

दण्ड चित्र के प्रकार

दण्ड चित्र मुख्य रूप से चार प्रकार के होते हैं

1. सरल दण्ड चित्र
2. बहुगुणी दण्ड चित्र
3. अन्त:विभक्त दण्ड चित्र
4. मिश्रित दण्ड चित्र

4. वृत्त चित्र

समंकों को तुलनात्मक अध्ययन करने के लिए वृत्त चित्रों का प्रयोग किया जाता है। जिस प्रकार, तथ्यों के उपविभागों को प्रदर्शित करने के लिए दण्ड और आयत को विभक्त किया जाता है, उसी प्रकार, जब गुणों के दो मानों को समग्र रूप में प्रस्तुत करने के साथ-साथ इसके भागों को भी दिखाना होता है, तब हम वृत्त चित्रों अथवा कोणीय चित्रों का प्रयोग करते हैं।

वृत्त चित्र के प्रकार एवं संरचना

वृत्त चित्र मुख्यत: दो प्रकार के होते हैं

1. सरल वृत्त चित्र
2. अन्त:विभक्त वृत्त चित्र

ग्राफीय विश्लेषण में हम प्राय: अन्त:विभक्त वृत्त चित्रों का अध्ययन करते हैं। अन्त:विभक्त वृत्त चित्रों में सरल वृत्त चित्र को, मदों के अनुसार प्रतिशत अथवा अनुपातिक रूप में अन्त:विभक्त किया जाता है।

नोट *इन चित्रों की संरचना में समंकों के कुल योग को 360° मानते हुए विभिन्न मदों या विभागों के कोणों की माप निकाली जाती है।*

प्रैक्टिस जोन

निर्देश (प्र. सं. 1-5) *नीचे दिएं प्रश्नों का उत्तर देने के लिए इस सारणी को ध्यान से पढ़िए।*

छः विभिन्न उत्पादों का चयन करने वाले लोगों की संख्या और इन उत्पादों का चयन करने वाले पुरुषों, महिलाओं और बच्चों का प्रतिशत

उत्पाद	लोगों की कुल संख्या	प्रतिशत		
		पुरुष	महिलाएँ	बच्चे
A	46280	35	25	40
B	45540	25	35	40
C	32240	25	55	20
D	60430	20	50	30
E	36230	10	20	70
F	53990	40	40	20

1. उत्पाद E का चयन करने वाले बच्चों की कुल संख्या कितनी है?
(a) 27172 (b) 25361 (c) 23413 (d) 21781

2. सभी उत्पादों को मिलाकर चयन करने वाली महिलाओं की औसत संख्या कितनी है?
(a) 20859 (b) 18765 (c) 19076 (d) 17383

3. उत्पाद A का चयन करने वाली महिलाओं की कुल संख्या को, उत्पाद D का चयन करने वाली महिलाओं की कुल संख्या से क्रमश: अनुपात कितना है?
(a) 1 : 3 (b) 42 : 51
(c) 2314 : 6043 (d) 413 : 678

4. उत्पाद C का चयन करने वाले बच्चों की संख्या, उत्पाद B का चयन करने वाले बच्चों की संख्या का कितने प्रतिशत है? (दशमलव के बाद दो अंकों तक पूर्णांकित)
(a) 35.40 (b) 287.10 (c) 59.71 (d) 185.40

5. उत्पाद F का चयन करने वाले पुरुषों की कुल संख्या का सभी उत्पादों को मिलाकर चयन करने वाले लोगों की कुल संख्या का लगभग कितने प्रतिशत है?
(a) 19 (b) 14 (c) 3 (d) 8

निर्देश (प्र. सं. 6-10) *निम्नलिखित सारणी को ध्यान से पढ़िए और नीचे दिए गए प्रश्नों के उत्तर दीजिए।*

पाँच विभिन्न कॉलेजों के विभिन्न संकायों में छात्रों के वितरण का प्रतिशत

कॉलेज	संकाय			छात्रों की कुल संख्या
	कला	वाणिज्य	विज्ञान	
A	25	35	40	17500
B	15	45	40	25000
C	15	30	55	35300
D	28	48	24	23000
E	29	30	41	32400

6. कॉलेज A के कला और वाणिज्य संकायों को मिलाकर छात्रों की संख्या का कॉलेज B के उन्हीं संकायों को मिलाकर छात्रों की संख्या से क्रमश: अनुपात कितना है?
(a) 6 : 11 (b) 7 : 9 (c) 2 : 3 (d) 7 : 10

7. सभी कॉलेजों को मिलाकर कला संकाय के छात्रों की कुल संख्या और सभी कॉलेजों को मिलाकर विज्ञान संकाय के छात्रों की कुल संख्या के बीच कितना अन्तर है?
(a) 22874 (b) 23863 (c) 22963 (d) 27803

8. सभी कॉलेजों को मिलाकर वाणिज्य संकाय में छात्रों की औसत संख्या कितनी हैं?
(a) 9745 (b) 9735 (c) 9720 (d) 9750

9. विज्ञान संकाय में किस कॉलेज के छात्रों की संख्या न्यूनतम है?
(a) A (b) C (c) E (d) D

10. कॉलेज D के कला संकाय के छात्रों की संख्या उसी कॉलेज के वाणिज्य संकाय के छात्रों की संख्या की लगभग कितने प्रतिशत है?
(a) 61 (b) 58 (c) 53 (d) 63

निर्देश (प्र. सं. 11-15) *निम्नलिखित ग्राफ का ध्यानपूर्वक अध्ययन कीजिए तथा दिए गए प्रश्नों के उत्तर दीजिए।*

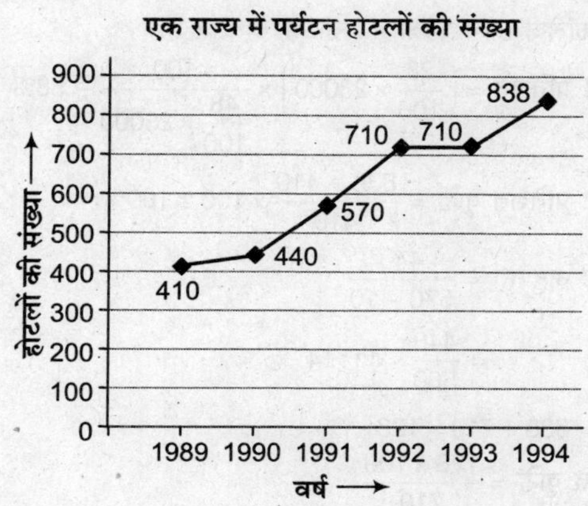

11. वर्ष 1994 में वर्ष 1989 की अपेक्षा पर्यटन होटलों में वृद्धि का आसन्नत: प्रतिशत क्या था?
(a) 175 (b) 100
(c) 125 (d) 112

12. वर्ष 1991 में नवनिर्मित होटलों की संख्या 10 कम हो, तो वर्ष 1990 और वर्ष 1991 में नवनिर्मित होटलों के मध्य अनुपात क्या रहा होगा?
(a) 11 : 14 (b) 13 : 14
(c) 14 : 15 (d) 15 : 14

13. वर्ष 1993 से 1994 तक हुई वृद्धि का प्रतिशत 1995 में भी चलता रहा हो, तो वर्ष 1995 में न्यूनतम कितने नए होटल स्थापित हुए?
(a) 75 (b) 70
(c) 50 (d) 150

14. दिए हुए वर्षों के मध्य किस वर्ष में होटलों की संख्या में पहले वर्ष की अपेक्षा सर्वाधिक वृद्धि हुई थी?
(a) 1990 (b) 1991
(c) 1992 (d) 1993

15. वर्ष 1991 से 1992 तक पर्यटन होटलों में वृद्धि $P\%$ हुई तथा वर्ष 1992-1994 तक उक्त होटलों में $Q\%$ वृद्धि हुई, तो P और Q के मध्य सम्बन्ध में निम्न में से कौन-सा कथन सत्य है?
(a) $P > Q$ (b) $P < Q$
(c) $P = Q$ (d) इनमें से कोई नहीं

निर्देश (प्र.सं. 16-20) *नीचे दिए गए ग्राफ का ध्यानपूर्वक अध्ययन कर निम्नलिखित प्रश्नों के उत्तर दीजिए।*

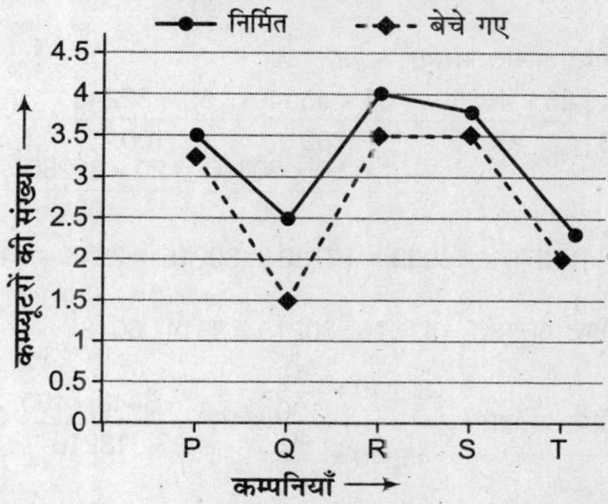

16. सभी कम्पनियों द्वारा मिलाकर निर्मित कम्प्यूटरों की औसत संख्या और सभी कम्पनियों द्वारा मिलकर बेचे गए कम्प्यूटरों की औसत संख्या के बीच क्या अन्तर है?
(a) 45000 (b) 40000 (c) 50000 (d) 35000

17. निम्नलिखित में से कौन-सा कथन सत्य है?
(a) कम्पनी R द्वारा बेचे गए कम्प्यूटरों की संख्या उसके द्वारा निर्मित कम्प्यूटरों की संख्या का 50% है
(b) कम्पनी R, S और T द्वारा मिलकर निर्मित कम्प्यूटरों की औसत संख्या 475000 है
(c) कम्पनी P द्वारा बेचे गए कम्प्यूटरों की संख्या का कम्पनी Q द्वारा बेचे गए कम्प्यूटरों की संख्या से क्रमश: अनुपात 3 : 7 है
(d) सभी कम्पनियों द्वारा मिलकर बेचे गए कम्प्यूटरों की कुल संख्या 1375000 है

18. कम्पनी R और S द्वारा मिलकर निर्मित कम्प्यूटरों की संख्या का उनके द्वारा मिलकर बेचे गए कम्प्यूटरों की संख्या से क्रमश: अनुपात क्या है?
(a) 29 : 26 (b) 9 : 10 (c) 31 : 28 (d) 11 : 13

19. कम्पनी T द्वारा निर्मित कम्प्यूटरों की संख्या कम्पनी R द्वारा निर्मित कम्प्यूटरों की संख्या का लगभग कितना प्रतिशत है?
(a) 58 (b) 52 (c) 60 (d) 56

20. कम्पनी Q द्वारा बेचे गए कम्प्यूटरों की संख्या उसके द्वारा निर्मित कम्प्यूटरों की संख्या का कितना प्रतिशत है?
(a) 65 (b) 60
(c) 75 (d) 50

उत्तरमाला

1. (b)	**2.** (d)	**3.** (c)	**4.** (a)	**5.** (d)	**6.** (d)	**7.** (d)	**8.** (a)	**9.** (d)	**10.** (b)
11. (b)	**12.** (a)	**13.** (d)	**14.** (c)	**15.** (a)	**16.** (a)	**17.** (d)	**18.** (c)	**19.** (d)	**20.** (b)

संकेत एवं हल

1. अभीष्ट बच्चों की कुल संख्या $= \frac{36230 \times 70}{100} = 25361$

2. अभीष्ट औसत संख्या

$$= \frac{1}{6}\left[\frac{25 \times 46280}{100} + \frac{35 \times 45540}{100} + \frac{55 \times 32240}{100} + \frac{50 \times 60340}{100} + \frac{20 \times 36230}{100} + \frac{40 \times 53990}{100}\right]$$

$$= \frac{1}{6}[11570 + 15939 + 17732 + 30215 + 7246 + 21596] = 17383$$

3. अभीष्ट अनुपात $= 11570 : 30215 = 2314 : 6043$

4. अभीष्ट प्रतिशत $= \dfrac{32240 \times \frac{20}{100}}{45540 \times \frac{40}{100}} \times 100 = \dfrac{6448 \times 100}{18216} = 35.40\%$

5. अभीष्ट प्रतिशत $= \dfrac{53990 \times \frac{40}{100} \times 100}{46280 + 45540 + 32240 + 60430 + 36230 + 53990}$

$$= \frac{21596 \times 100}{274710} = 8\%$$

6. अभीष्ट अनुपात $= \dfrac{\frac{25+35}{100} \times 17500}{\frac{15+45}{100} \times 25000} = 7 : 10$

7. अभीष्ट अन्तर $= \dfrac{(40-25)}{100} \times 17500 + \dfrac{(40-15)}{100} \times 25000 + \dfrac{(55-15)}{100} \times 35300 + \dfrac{(28-24) \times 23000}{100} + \dfrac{(41-29)}{100} \times 32400$

$$= 2625 + 6250 + 14120 + 920 + 3888 = 27803$$

8. अभीष्ट औसत $= \left[\dfrac{35}{100} \times 17500 + \dfrac{45}{100} \times 25000 + \dfrac{30}{100} \times 35300 + \dfrac{48}{100} \times 23000 + \dfrac{30}{100} \times 32400\right] \times \dfrac{1}{5}$

$$= \frac{6125 + 11250 + 10590 + 11040 + 9720}{5}$$

$$= \frac{48725}{5} = 9745$$

9. कॉलेज A में विज्ञान संकाय में छात्रों की संख्या

$$= \frac{40 \times 17500}{100} = 7000$$

कॉलेज B में विज्ञान संकाय में छात्रों की संख्या

$$= \frac{40 \times 25000}{100} = 10000$$

कॉलेज C में विज्ञान संकाय में छात्रों की संख्या

$$= \frac{55 \times 35300}{100} = 19415$$

कॉलेज D में विज्ञान संकाय में छात्रों की संख्या

$$= \frac{24 \times 23000}{100} = 5520$$

कॉलेज E में विज्ञान संकाय में छात्रों की संख्या

$$= \frac{41 \times 32400}{100} = 13284$$

अतः कॉलेज D में छात्रों की संख्या न्यूनतम है।

10. अभीष्ट प्रतिशत $= \left(\dfrac{28}{100} \times 23000\right) \times \dfrac{100}{\frac{48}{100} \times 23000} \simeq 58\%$

11. अभीष्ट प्रतिशत वृद्धि $= \dfrac{838 - 410}{410} \times 100 \cong 100\%$

12. अभीष्ट अनुपात $= \dfrac{440}{570 - 10}$

$$= \frac{440}{560} = 11 : 14$$

13. वृद्धि $= 838 - 710 = 128$

प्रतिशत वृद्धि $= \dfrac{128 \times 100}{710}$

$$= \frac{1280}{71} = 18\%$$

$\therefore$ 1995 में स्थापित नए होटलों की संख्या

$$= \frac{18}{100} \times 838 = 150$$

14.

1990	$440 - 410 = 30$
1991	$570 - 440 = 130$
1992	$710 - 570 = 140$
1993	$710 - 710 = 0$
1994	$838 - 710 = 128$

अतः सर्वाधिक वृद्धि 1992 में रही।

15. 1991 से 1992 तक होटलों में प्रतिशत वृद्धि $(P) = \dfrac{140 \times 100}{570} = 24.56\%$

1992 से 1994 तक होटलों में प्रतिशत वृद्धि (Q)

$$= \frac{128}{710} \times 100 = 18.03\%$$

अतः उपरोक्त से स्पष्ट है कि $Q < P$

16. अभीष्ट अन्तर $= \dfrac{3.5 + 2.5 + 4 + 3.75 + 2.25}{5}$

$$\simeq \frac{3.25 + 1.5 + 3.5 + 3.5 + 2}{5}$$

$= (3.2 \sim 2.75)$ लाख

$= 0.45$ लाख $= 45000$

17. सभी कम्पनियों द्वारा बेचे गए कम्प्यूटरों की संख्या

$= (3.25 + 1.5 + 3.5 + 3.5 + 2)$ लाख $= 1375000$

18. अभीष्ट अनुपात $= (4 + 3.75) : (3.5 + 3.5) = 7.75 : 7.00 = 31 : 28$

19. अभीष्ट प्रतिशत $= \dfrac{2.25 \times 100}{4} = 56.25 \simeq 56\%$

20. अभीष्ट प्रतिशत $= \dfrac{1.5 \times 100}{2.5} = 60\%$

Unit-II

सामान्य तर्कशक्ति

अध्याय

01

वर्गीकरण

किसी समूह में दिए गए तत्वों को उनके सामान्य गुणधर्म के आधार पर समूहबद्ध करते हुए विषम तत्व को छाँटने की प्रक्रिया 'वर्गीकरण' कहलाती है। इसके अन्तर्गत पूछे जाने वाले प्रश्नों में चार तत्वों का एक समूह दिया होता है, जिनमें से तीन तत्व किसी-न-किसी रूप से समान गुण दर्शाते हैं जबकि एक तत्व भिन्न गुण दर्शाता है। परीक्षार्थियों से यह आशा की जाती है कि वह इस भिन्न तत्व को दिए गए समूह से वर्गीकृत करें। ये प्रश्न प्रायः शब्दों, अक्षरों या संख्याओं पर आधारित होते हैं।

इन्हें स्मरण रखें!

- प्रश्न में दिए गए तत्वों को समूहबद्ध करते समय याद रखें कि जिस समूह का चुनाव आप उन तत्वों के लिए कर रहे हैं, वह सर्वमान्य धारणाओं पर उपयुक्त हो।

जैसे भिन्न शब्द चुनिए।

(a) मेरठ (b) इलाहाबाद (c) नोएडा (d) देहरादून

धारणा I *'इलाहाबाद' को छोड़कर अन्य किसी भी शहर में उच्च न्यायालय नहीं है।*

धारणा II *'देहरादून' को छोड़कर अन्य सभी शहरों में से कोई भी शहर किसी प्रदेश की राजधानी नहीं है जबकि 'देहरादून', उत्तराखण्ड राज्य की राजधानी है।*

धारणा III *'नोएडा' को छोड़कर अन्य किसी शहर में फॉर्मुला 1 का स्टेडियम नहीं है।*

उपरोक्त तीन धारणाओं में से धारणा II अधिक सर्वमान्य है। अतः यही आपका उत्तर होगा।

- शब्दों को समूहबद्ध करने हेतु निम्नलिखित कुछ प्रमुख समानताओं को याद रखें

(i) अर्थ समानता; **जैसे** घूमना, दौड़ना, चलना, प्रस्थान

(ii) कार्यात्मक समानता; **जैसे** चाकू, कुल्हाड़ी, हँसुआ, सुई

(iii) संरचनात्मक समानता; **जैसे** कार, बस, स्कूटर, जीप

(iv) संख्यात्मक समानता; **जैसे** मुँह, कान, नाक, जीभ

(v) स्थान समानता; **जैसे** मेरठ, बरेली, लखनऊ, हरदोई

(vi) पद समानता; **जैसे** मेजर, कर्नल, अधीक्षक, बिग्रेडियर

(vii) विशेष क्षेत्र सम्बन्ध समानता; **जैसे** गीता, बाईबिल, रामायण, महाभारत

(viii) तकनीकी समानता; **जैसे** कम्प्यूटर, कैलकुलेटर, कूलर, सुपर कम्प्यूटर

***नोट** उपरोक्त शब्दों में जो बॉक्स के अन्दर है अन्य से भिन्न (असमान) है।*

- अंग्रेजी अक्षर/अक्षर समूह का वर्गीकरण करते समय अंग्रेजी वर्णमाला के अक्षरों की रेखीय क्रम में दोनों ओर (दाएँ से बाएँ तथा बाएँ से दाएँ) की स्थिति को भली-भाँति ध्यान रखें, जो निम्नलिखित हैं

बाएँ से दाएँ

1	2	3	4	5	6	7	8	9	10	11	12	13
A	B	C	D	E	F	G	H	I	J	K	L	M
26	25	24	23	22	21	20	19	18	17	16	15	14
14	15	16	17	18	19	20	21	22	23	24	25	26
N	O	P	Q	R	S	T	U	V	W	X	Y	Z
13	12	11	10	9	8	7	6	5	4	3	2	1

दाएँ से बाएँ

- संख्याओं पर आधारित वर्गीकरण करते समय विभिन्न प्रकार की संख्याओं की जानकारी का होना आवश्यक है, जिनमें से संख्याओं के कुछ प्रमुख प्रकार निम्नलिखित हैं

(i) **सम संख्याएँ** वे संख्याएँ जो 2 से पूर्णतः विभक्त हों;
जैसे 8, 16, 18, 20, ...

(ii) **विषम संख्याएँ** वे संख्याएँ जो 2 से पूर्णतः विभक्त न हों;
जैसे 3, 5, 9, 15, ...

(iii) **अभाज्य संख्याएँ** वे संख्याएँ जो स्वयं से या केवल 1 से पूर्णतः विभक्त हों; **जैसे** 2, 3, 5, 7, 11, ...

(iv) **पूर्ण वर्ग संख्याएँ** वे संख्याएँ जो किसी संख्या का वर्ग हों;
जैसे 4, 9, 16, 25, ...

(v) **पूर्ण घन संख्याएँ** वे संख्याएँ जो किसी संख्या का घन हों;
जैसे 8, 27, 64, 125,...

साधित उदाहरण

1. निम्नलिखित चार में से तीन किसी-न-किसी प्रकार से एक से हैं और इस प्रकार से ये अपना एक समूह का निर्माण करते हैं। वह एक कौन-सा है, जो इस समूह में नहीं आता है?
(a) क्रीम (b) मक्खन (c) रस (d) घी

हल (c) 'रस' को छोड़कर, अन्य सभी दूध से बनाए जाने वाले पदार्थ हैं।

2. निम्नलिखित चार में से तीन किसी प्रकार समान हैं। अतः इनका एक समूह बनता है। वह एक कौन-सा है, जो इस समूह में नहीं आता है?
(a) MU (b) DE (c) PQ (d) TU

हल (a) MU को छोड़कर, अन्य सभी समूह के अक्षर क्रमागत हैं।

3. निम्नलिखित चार में से तीन किसी प्रकार समान हैं। अतः इनका एक समूह बनता है। वह एक कौन-सा है, जो इस समूह में नहीं आता है?
(a) 12-35-23 (b) 17-40-24 (c) 25-40-15 (d) 8-40-32

हल (b) '17-40-24' को छोड़कर, अन्य सभी में बीच वाली संख्या, दोनों किनारों की संख्या के योग के बराबर है।

निर्देश (प्र. सं. 4-6) *निम्न प्रश्नों में विषम जोड़े का पता लगाएँ।*

4. (a) कप्तान-टीम (b) बॉस-गैंग
(c) प्रधानमन्त्री-कैबिनेट (d) आर्टिस्ट-ट्रप (Troupe)

हल (d) 'आर्टिस्ट-ट्रप' को छोड़कर अन्य सभी जोड़ों में पहला, दूसरे का प्रधान मुख्य है।

5. (a) बर्फ का टुकड़ा : ठण्डा (b) लोहा : सख्त
(c) पर्स : धन (d) संगमरमर : चिकना

हल (c) 'पर्स : धन' को छोड़कर अन्य सभी जोड़ों में दूसरा, पहले की विशेषता बता रहा है।

6. (a) पानी : प्यास (b) प्रतिभा : शिक्षा
(c) भोजन : भूख (d) हवा : घुटन

हल (b) 'प्रतिभा : शिक्षा' को छोड़कर अन्य सभी जोड़ों में पहला, दूसरे की आवश्यकता है।

प्रैक्टिस जोन

1. नीचे दिए विकल्पों में से तीन में किसी प्रकार की समानता है, जबकि चौथा भिन्न है। विषम का चयन करें।
(a) बकरी (b) पिल्ला
(c) गाय (d) भैंस

2. नीचे दिए विकल्पों में से तीन में किसी प्रकार की समानता है, जबकि चौथा भिन्न है। विषम का चयन करें।
(a) आँख (b) कान
(c) नाक (d) दिमाग

3. यहाँ दिए चार शब्दों में एक को छोड़कर सभी, कुछ दृष्टि में एकसमान हैं टमाटर, बैंगन, खीरा, आलू, तो विषम शब्द ज्ञात करें।
(a) टमाटर (b) बैंगन
(c) खीरा (d) आलू

4. दिए गए विकल्पों में से कौन-सी संख्या इस कड़ी के प्रश्नचिह्न (?) के स्थान पर आएगी?

8, 27, 64, ?

(a) 81 (b) 121
(c) 125 (d) 316

निर्देश (प्र.सं. 5-8) *नीचे दिए विकल्पों में से तीन में किसी प्रकार की समानता है, जबकि चौथा भिन्न है। विषम का पता लगाएँ।*

5. (a) गारो (b) खासी
(c) कांगड़ा (d) जयन्तिया

6. (a) त्रिभुज (Triangle)
(b) स्पर्श रेखा (Tangent)
(c) वर्ग (Square)
(d) समचतुर्भुज (Rhombus)

7. (a) अप (Up)
(b) डाउन (Down)
(c) एबव (Above)
(d) स्मॉल (Small)

8. (a) दौड़ना (b) चलना
(c) सोचना (d) कूदना

9. कौन-सा शब्द अन्य के साथ सम्बन्धित नहीं है?
(a) इंच (b) औंस
(c) सेण्टीमीटर (d) गज

10. कौन-सा शब्द अन्य के साथ सम्बन्धित नहीं है?
(a) भारत (b) पाकिस्तान
(c) भूटान (d) काठमाण्डू

निर्देश (प्र.सं. 11 और 12) *दोनों प्रश्नों में, अक्षरों के चार समूह दिए गए हैं, जिसमें से तीन किसी प्रकार समान हैं जबकि एक भिन्न है। एक चुनिए जो भिन्न है।*

11. (a) MINP (b) FCED
(c) DEFG (d) ILKJ

12. (a) SSTO (b) OOTU
(c) TTOU (d) USTO

13. असंगत को ज्ञात कीजिए।
(a) एमीटर : धारा
(b) हाइग्रोमीटर : दाब
(c) ऑडोमीटर : गति
(d) सिस्मोग्राफ : भूकम्प

14. असंगत को ज्ञात कीजिए।
(a) अप्रैल (b) जून
(c) अगस्त (d) सितम्बर

15. असंगत को ज्ञात कीजिए।
(a) पिस्तौल (तमंचा)
(b) तलवार
(c) गन (बन्दूक)
(d) राइफल

निर्देश (प्र.सं. 16-18) *विकल्प के रूप में नीचे चार शब्द दिए गए हैं जिनमें से तीन में किसी प्रकार की समानता है जबकि चौथा भिन्न है। विषम का पता लगाएँ।*

16. (a) IMF (b) SAARC
(c) UNICEF (d) WHO

17. (a) मैगजीन (b) उपन्यास
(c) शब्दकोष (d) थीसिस

18. (a) पणजी (b) भोपाल
(c) पुणे (d) शिलांग

19. इस श्रृंखला में विषम बताएँ।

1, 3, 6, 9, 11, 13

(a) 3 (b) 5
(c) 9 (d) 13

निर्देश (प्र.सं. 20-26) नीचे दिए गए शब्दों में से तीन में किसी प्रकार की समानता है और चौथा उनसे भिन्न है। विषम का चयन करें।

20. (a) हरा (Green) (b) गुलाबी (Pink) (c) नील (Indigo) (d) बैंगनी (Violet)

21. (a) प्लेटफॉर्म (b) गोदी (c) बस स्टैण्ड (d) पार्क

22. (a) दल (Troop) (b) समूह (Group) (c) भीड़ (Mob) (d) कक्षा (Class)

23. (a) गोरैया (b) कबूतर (c) चमगादड़ (d) तोता

24. (a) डोंगा (Canoe) (b) इग्लू (Igloo) (c) यॉट (Yatch) (d) बेड़ा (Raft)

25. (a) विक्रमादित्य (b) चन्दगुप्त (c) हर्षवर्द्धन (d) चाणक्य

26. (a) नामे (Debit)
(b) जमा (Deposit)
(c) काटना (Deduction)
(d) निकासी (Withdrawal)

27. बेमेल को चुनिए।
(a) लन्दन (b) पेरिस (c) न्यूयॉर्क (d) केनबरा

निर्देश (प्र.सं. 28-31) विषम का चयन करें जो समूह से सम्बन्धित नहीं है।

28. (a) म्याऊँ (Mew) (b) भौंकना (Bark) (c) चीखना (Shout) (d) गुर्राना (Howl)

29. (a) टमाटर (b) भिण्डी (c) खीरा (d) प्याज

30. (a) BCDE (b) JKLM (c) STVU (d) WXYZ

31. (a) प्रिंसिपल : स्कूल
(b) सिपाही : बैरक
(c) कलाकार : मण्डली
(d) गायक : कोरस

निर्देश (प्र.सं. 32-34) नीचे दिए गए प्रश्नों में उस विषम शब्द का चयन करें जो समूह से सम्बन्धित नहीं है।

32. (a) कैटरेक्ट (Cataract)
(b) हाइपर्मेट्रोपिया (Hypermetropia)
(c) उकवत (Eczema)
(d) मोतियाबिन्द (Glaucoma)

33. (a) लहसुन (b) मिर्च (c) अदरक (d) आलू

34. (a) छड़ी (b) सुई (c) काँटा (d) पिन

35. असंगत का पता लगाइए।
(a) आइजॉल ऐजावाल (b) हैदराबाद (c) भुवनेश्वर (d) डिब्रूगढ़

36. उस अक्षरों के समूह को चुनिए जो अन्य अक्षर समूहों से भिन्न है।
(a) ACEG (b) BDFG (c) SUWY (d) RTVX

37. असंगत का पता लगाइए।
(a) गाजर (b) टमाटर (c) आलू (d) अदरक

38. अक्षरों के उस समूह को चुनिए, जो अन्य अक्षर समूहों से भिन्न है।
(a) BAC (b) POQ (c) STU (d) YXZ

39. निम्नलिखित में से कौन-सा समूह सम्बन्धित नहीं है?
(a) सोना (b) निकेल (c) प्लेटिनम (d) हीरा

40. इनमें से विषम को चुनिए।
तन्त्रिका, धमनी, शिरा, वाल्व
(a) तन्त्रिका (b) धमनी (c) शिरा (d) वाल्व

41. शब्दों की विषम जोड़ी को चुनिए।
(a) फैलना : सुकड़ना
(b) भेद करना : वर्गीकृत करना
(c) विस्तरण : अभिसरण
(d) दैवीय : स्वर्गीय

42. निम्नलिखित में से विषम को चुनिए।
(a) भूगोल
(b) भौतिकशास्त्र
(c) रसायनशास्त्र
(d) प्राणीशास्त्र

43. निम्नलिखित में कौन-सा एक अलग है?
ऋग्वेद, यजुर्वेद, आयुर्वेद, अथर्ववेद
(a) यजुर्वेद (b) अथर्ववेद (c) आयुर्वेद (d) ऋग्वेद

44. निम्नलिखित में से विषम को चुनिए।
(a) आम (b) अमरूद (c) पपीता (d) नीम

45. निम्नलिखित में से विषम को चुनिए।
(a) अदरक (b) फूलगोभी (c) आलू (d) अरूई

46. निम्नलिखित में से विषम को चुनिए।
(a) कुत्ता (b) बिल्ली (c) गाय (d) बाघ

47. निम्नलिखित में से विषम को चुनिए।
(a) घड़ी
(b) अँगूठी
(c) हार (माला)
(d) टाई

उत्तरमाला

1. (b)	**2.** (d)	**3.** (d)	**4.** (c)	**5.** (c)	**6.** (b)	**7.** (d)	**8.** (c)	**9.** (b)	**10.** (d)
11. (c)	**12.** (d)	**13.** (b)	**14.** (c)	**15.** (b)	**16.** (b)	**17.** (c)	**18.** (c)	**19.** (c)	**20.** (b)
21. (d)	**22.** (d)	**23.** (c)	**24.** (b)	**25.** (d)	**26.** (b)	**27.** (c)	**28.** (c)	**29.** (d)	**30.** (c)
31. (a)	**32.** (c)	**33.** (b)	**34.** (a)	**35.** (d)	**36.** (b)	**37.** (b)	**38.** (c)	**39.** (d)	**40.** (a)
41. (a)	**42.** (a)	**43.** (c)	**44.** (d)	**45.** (b)	**46.** (d)	**47.** (d)			

संकेत एवं हल

1. 'पिल्ला' अन्य से भिन्न है क्योंकि यह एक बच्चा (कुत्ते का) है।

2. 'दिमाग' को छोड़कर अन्य सभी शरीर की बाहरी ज्ञानेद्रियाँ हैं।

4. 8 27 64 125

↓ ↓ ↓ ↓

2^3 3^3 4^3 5^3

5. 'कांगड़ा' को छोड़कर अन्य सभी जनजातिया हैं।

6. 'स्पर्श रेखा' को छोड़कर अन्य सभी रेखाओं से निर्मित आकृतियाँ हैं।

7. 'स्मॉल' अन्य तीनों से भिन्न है।

8. 'सोचना' को छोड़कर अन्य सभी बाह्य शारीरिक क्रियाएँ हैं जबकि 'सोचना' एक मानसिक क्रिया है।

9. 'औंस' को छोड़कर अन्य सभी दूरी के मात्रक हैं जबकि 'औंस' द्रव्यमान का मात्रक है।

10. 'काठमाण्डू' को छोड़कर अन्य सभी देश के नाम हैं जबकि 'काठमाण्डू' नेपाल की राजधानी है।

11. DEFG को छोड़कर अन्य कोई भी अक्षर समूह क्रमागत नहीं है।

12. USTO को छोड़कर अन्य सभी समूह का प्रथम तथा द्वितीय अक्षर समान है।

13. 'हाइग्रोमीटर : दाब' को छोड़कर अन्य सभी सुमेलित हैं। जबकि दाब मापने का यन्त्र बैरोमीटर है तथा हाइग्रोमीटर 'आर्द्रता' मापता है।

14. 'अगस्त' को छोड़कर अन्य सभी माह 30 दिन के होते हैं जबकि अगस्त माह 31 दिन का होता है।

15. 'तलवार' को छोड़कर अन्य सभी से 'गोली' दागी जाती है।

16. SAARC को छोड़कर अन्य सभी अन्तरर्राष्ट्रीय संगठन हैं जबकि SAARC एक क्षेत्रीय संगठन है।

17. अन्य सभी का निर्माण शब्दकोष से होता है।

18. 'पुणे' को छोड़कर अन्य सभी अलग-अलग प्रदेशों की राजधानियाँ हैं।

19. केवल 9 एक पूर्ण वर्ग संख्या है।

20. 'गुलाबी' को छोड़कर अन्य सभी इन्द्रधनुष के रंग हैं।

21. 'पार्क' को छोड़कर अन्य सभी यातायात के साधनों के ठहराव स्थल हैं।

22. 'कक्षा' अन्य सभी से अलग है क्योंकि इसमें केवल विद्यार्थियों का समूह होता है। जबकि अन्य सभी में अलग-अलग प्रकार के लोग सम्मिलित होते हैं।

23. 'चमगादड़' को छोड़कर अन्य सभी पक्षी हैं जबकि चमगादड़ स्तनधारी है।

24. 'इग्लू' एस्कीमो प्रजाति द्वारा बर्फ पर बनाया गया निवास स्थान है जबकि अन्य सभी नाव तथा जल से सम्बन्धित शब्द हैं।

25. 'चाणक्य' को छोड़कर अन्य सभी राजा थे।

26. 'जमा' को छोड़कर अन्य सभी पैसे के निकासी से सम्बन्धित हैं जबकि जमा में पैसा जमा किया जाता है।

28. 'चीखना' को छोड़कर अन्य सभी विभिन्न प्रकार के जानवरों के द्वारा निकाली जाने वाली ध्वनियाँ हैं।

29. 'प्याज' को छोड़कर अन्य सभी फल हैं जबकि 'प्याज' एक तना है।

30. STVU को छोड़कर अन्य सभी अंग्रेजी वर्णमाला में क्रमागत अक्षरों का समूह है।

31. 'प्रिंसिपल', 'स्कूल' का मुखिया होता है जबकि अन्य में ऐसा सम्बन्ध नहीं है। अतः प्रिंसिपलः स्कूल अन्य से भिन्न है।

32. 'उकवत' (Eczema) को छोड़कर अन्य सभी आँख से सम्बन्धित रोग हैं जबकि 'उकवत' एक त्वचा रोग है।

33. 'मिर्च' को छोड़कर अन्य सभी जड़/तना है जबकि 'मिर्च' एक फल है।

34. 'छड़ी' को छोड़कर अन्य सभी नुकीली वस्तुए हैं।

35. 'डिब्रूगढ़' को छोड़कर अन्य सभी भारतीय राज्यों की राजधानियाँ हैं।

36. 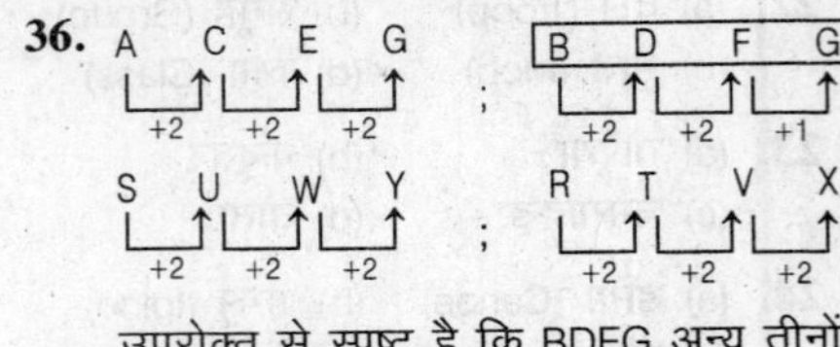

उपरोक्त से स्पष्ट है कि BDFG अन्य तीनों से भिन्न है।

37. 'टमाटर' को छोड़कर अन्य सभी जड़/तना है जबकि 'टमाटर' एक फल है।

38. 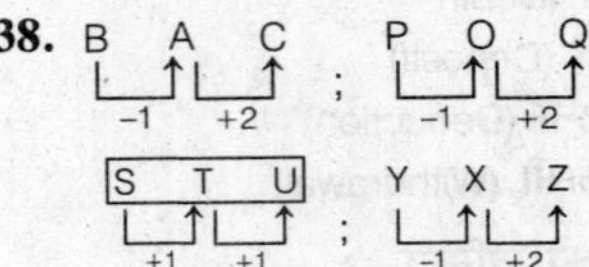

उपरोक्त से स्पष्ट है कि STU अन्य तीनों से भिन्न है।

39. 'हीरा' को छोड़कर अन्य सभी तत्व हैं।

40. 'तन्त्रिका' को छोड़कर अन्य सभी हृदय से सम्बन्धित हैं।

41. 'फैलना-सुकड़ना' को छोड़कर अन्य सभी जोड़ों में समानार्थी शब्द हैं।

42. 'भूगोल' को छोड़कर अन्य सभी 'विज्ञान' विषय के अन्तर्गत आते हैं जबकि भूगोल सामाजिक विज्ञान विषय का एक भाग है।

43. 'आयुर्वेद' को छोड़कर अन्य सभी वेद हैं जबकि आयुर्वेद एक उपवेद है।

44. 'नीम' को छोड़कर अन्य सभी स्वाद में मीठे होते हैं।

45. 'फूलगोभी' को छोड़कर अन्य सभी जड़ हैं।

46. 'बाघ' को छोड़कर अन्य सभी पालतू जानवर हैं।

47. 'टाई' को छोड़कर अन्य सभी धातुओं से निर्मित वस्तुएँ हैं।

अध्याय
02
सादृश्यता परीक्षण

सादृश्यता का अर्थ होता है 'समानता' अर्थात् किन्हीं दो तत्वों का उनमें अन्तर्निहित गुणों के आधार पर परस्पर समान होना। इसके अन्तर्गत किन्हीं दो शब्दों, अक्षरों या अंकों के सम्बन्धों पर विचार करते हुए दिए गए विकल्पों में से ठीक एक शब्द, अक्षर या अंक ज्ञात करना होता है, जिसका सम्बन्ध तीसरे शब्द, अक्षर या अंकों के साथ स्थापित हो। इस प्रश्न के अन्तर्गत समानुपात चिह्न (::) के पहले दो तत्व होते हैं जो आपस में किसी विशेष प्रकार से सम्बन्धित होते हैं। समानुपात चिह्न के पश्चात् एक तत्व और प्रश्नवाचक चिह्न (?) होता है। परीक्षार्थी को यह ज्ञात करना होता है कि दिए गए उत्तर विकल्पों में से कौन-सा विकल्प प्रश्नवाचक चिह्न (?) के स्थान पर आ सकता है जैसा कि पहले दो तत्वों के बीच सम्बन्ध है?

सादृश्यता के नियम Rules of Analogy

प्रश्न में दिए गए तत्वों के अन्तर्निहित गुणों की जाँच करने हेतु सादृश्यता के नियमों की जानकारी होना आवश्यक है। जो निम्नलिखित हैं

नियम I. आधारभूत सम्बन्ध

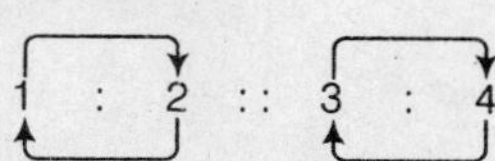

1 : 2 :: 3 : 4 में, 1 से 2 या 2 से 1 में जिस प्रकार का सम्बन्ध होगा, उसी प्रकार का सम्बन्ध 3 से 4 या 4 से 3 में होगा।

नियम II. विकसित सम्बन्ध

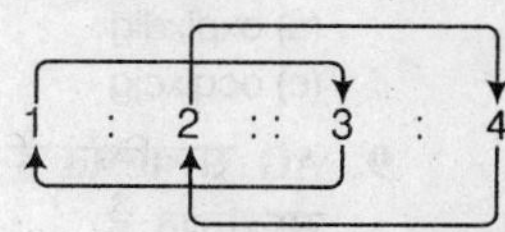

1 : 2 :: 3 : 4 में, 1 से 3 या 3 से 1 में जिस प्रकार का सम्बन्ध होगा, उसी प्रकार का सम्बन्ध 2 से 4 या 4 से 2 में होगा।

इन्हें स्मरण रखें!

शब्दों पर आधारित प्रश्न में उनके मध्य अन्तर्निहित सम्बन्धों की जाँच करने हेतु कुछ प्रमुख निम्नलिखित शब्द-सम्बन्ध सादृश्यता की जानकारी भली-भाँति याद रखें

- विपरीतार्थक शब्द-सम्बन्ध सादृश्यता **जैसे** जय-पराजय, जीवन-मरण आदि।
- समानार्थक शब्द-सम्बन्ध सादृश्यता **जैसे** अपराध-पाप, अवस्था-आयु आदि।
- पर्यायवाची शब्द-सम्बन्ध सादृश्यता **जैसे** गगन-अम्बर, धरा-धरणी आदि।
- पुल्लिंग और स्त्रीलिंग शब्द-सम्बन्ध सादृश्यता **जैसे** राजा-रानी, नायक-नायिका आदि।
- देश और महाद्वीप शब्द-सम्बन्ध सादृश्यता **जैसे** भारत-एशिया, घाना-अफ्रीका आदि।
- देश और राजधानी शब्द-सम्बन्ध सादृश्यता **जैसे** चीन - बीजिंग, दिल्ली-भारत आदि।
- देश और राष्ट्रीय मुद्रा शब्द-सम्बन्ध सादृश्यता **जैसे जापान-येन, चीन-युआन आदि।**
- देश और संसद शब्द-सम्बन्ध सादृश्यता **जैसे** अफगानिस्तान-शोरा, जापान-डायट आदि।

साधित उदाहरण

निर्देश (प्र. सं. 1-5) *नीचे दिए गए प्रश्नों में सम्बन्धित शब्द/संख्या/अक्षर ज्ञात कीजिए।*

1. भोपाल : मध्य प्रदेश : : भुवनेश्वर : ?

(a) गुजरात (b) ओडिशा
(c) राजस्थान (d) अरुणाचल प्रदेश

हल (b) जिस प्रकार, 'भोपाल', 'मध्य प्रदेश' की राजधानी है, उसी प्रकार, 'भुवनेश्वर', 'ओडिशा' की राजधानी है।

2. 6 : 13 : : 11 : ?

(a) 27 (b) 30
(c) 23 (d) 25

हल (c) जिस प्रकार, $6 \times 2 + 1 = 13$

उसी प्रकार, $11 \times 2 + 1 = \boxed{23}$

अत: प्रश्नवाचक चिह्न के स्थान पर 23 होगा।

3. RAGS : QYDO : : DREG : ?

(a) CPBC (b) BCPC
(c) CQCD (d) PCCB

हल (a) जिस प्रकार,

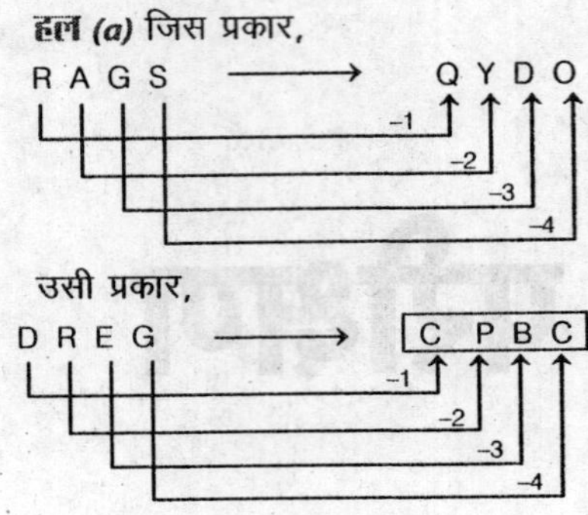

अत: प्रश्नवाचक चिह्न के स्थान पर CPBC होगा।

4. BD : CI :: DP : ?

(a) EZ (b) EY (c) DF (d) EX

हल (b) जिस प्रकार,

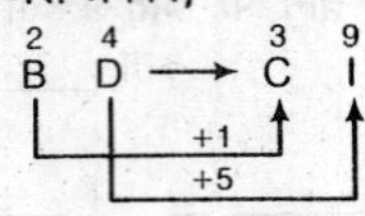

उसी प्रकार,

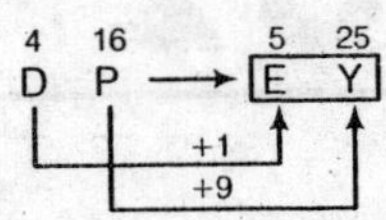

5. $12 : 36 : : \frac{1}{3} : ?$

(a) 9 (b) 1
(c) 2 (d) 6

हल (b) जिस प्रकार, $12 \times 3 = 36$

उसी प्रकार, $\frac{1}{3} \times 3 = \boxed{1}$

6. 'देश' का जो सम्बन्ध 'राष्ट्रपति' से है, 'राज्य' का वही सम्बन्ध किससे है?

(a) मुख्यमन्त्री (b) केन्द्रीय मन्त्री
(c) राज्यपाल (d) राज्यमन्त्री

हल (c) जिस प्रकार, 'देश' का प्रधान 'राष्ट्रपति' होता है, उसी प्रकार, 'राज्य' का प्रधान 'राज्यपाल' होता है।

प्रैक्टिस जोन

1. जिस प्रकार 'चेहरे' (Face) का सम्बन्ध 'अभिव्यक्ति' (Expression) से है, उसी प्रकार 'हाथ' का सम्बन्ध किससे है?

(a) हाथ हिलाना (Waving)
(b) हाथ मिलाना (Handshake)
(c) कार्य (Work)
(d) इशारा करना (Gesture)

2. जिस प्रकार 'फैक्ट्री' का सम्बन्ध 'उत्पादन' से है, उसी प्रकार 'स्कूल' का सम्बन्ध किससे है?

(a) अनुशासन (b) इमारत
(c) शिक्षा (d) अध्यापक

निर्देश (प्र.सं. 3 और 4) *निम्न प्रश्नों में तीन शब्द दिए गए हैं, जिनमें कुछ समानता है। दिए गए चार विकल्पों में से इन तीन शब्दों के बारे में सर्वाधिक उपयुक्त व्याख्या चुनिए।*

3. इलाहाबाद : वाराणसी : पटना

(a) ये देश की राजधानियाँ हैं
(b) ये बृहद् बिहार का भाग हैं
(c) इनकी धार्मिक पृष्ठभूमि है
(d) ये गंगा नदी के तट पर स्थित हैं

4. प्रेस : टेलीविजन : सिनेमा

(a) ये मनोरंजन के साधन हैं
(b) ये जनसंचार के माध्यम हैं
(c) ये विश्वव्यापी खबरें देते हैं
(d) सभी सार्वजनिक उपक्रम हैं

निर्देश (प्र.सं. 5-7) *निम्न प्रश्नों में परस्पर सम्बन्धित तीन शब्दों का समूह दिया गया है। दिए गए विकल्पों में से वह शब्द चुनिए जो दिए गए शब्दों के समान हो और वह उस समूह से सम्बन्धित हो।*

5. पटना : लखनऊ : शिमला

(a) जयपुर (b) मैसूर
(c) बंगलुरु (d) इन्दौर

6. जवाहरलाल नेहरू : अटल बिहारी वाजपेयी : लालबहादुर शास्त्री

(a) लालकृष्ण आडवाणी
(b) पी वी नरसिम्हा राव
(c) नरेन्द्र मोदी
(d) डॉ. राजेन्द्र प्रसाद

7. प्रतापगढ़ : कौशाम्बी : फतेहपुर

(a) पटियाला (b) चण्डीगढ़
(c) हरिद्वार (d) नोएडा

8. जिस प्रकार 'computer' सम्बन्धित है 'fqprxvht' से, उसी प्रकार 'language' सम्बन्धित है

(a) oxpixdig (b) ocqicyig
(c) ocqixcjg (d) ocqixcig

9. AG सम्बन्धित है IO से, उसी प्रकार EK सम्बन्धित है

(a) LR से (b) MS से
(c) PV से (d) SY से

10. 'कोंकणी' का जो सम्बन्ध 'गोवा' से है, 'डोगरी' का वही सम्बन्ध होता है

(a) ओडिशा से
(b) मध्य प्रदेश से
(c) जम्मू व कश्मीर से
(d) बिहार से

11. यहाँ दिए गए विकल्पों में शहरों से रिक्त स्थान भरें, जोकि निम्न शहरों के समरूप हैं।
कोलकाता, मुम्बई, मंगलौर, ...

(a) दिल्ली
(b) लखनऊ
(c) कोच्चि
(d) हैदराबाद

12. जिस प्रकार, 'फूल' का सम्बन्ध 'सुगन्ध' से है, उसी प्रकार, 'ओवन' का सम्बन्ध किससे है?
(a) वाष्प (b) आग (c) ताप (d) भाप

13. जिस प्रकार, 'गुरुत्व' का सम्बन्ध 'खिंचाव' (Pull) से है, उसी प्रकार, 'चुम्बकत्व' का सम्बन्ध किससे है?
(a) प्रतिकर्षण (Repulsion)
(b) पृथक्करण (Separation)
(c) आकर्षण (Attraction)
(d) धकेलना (Push)

14. 'बैंक' मुद्रा से उसी तरह सम्बन्धित है, जैसे 'परिवहन' का सम्बन्ध
(a) यातायात से है
(b) माल से है
(c) गति से है
(d) सड़क से है

15. सही उत्तर ज्ञात कीजिए।
खिड़की : परदा :: ?
(a) दरवाजा : चौखट
(b) पुस्तक : जैकेट
(c) सी पी यू : कैबिनेट
(d) आवरण : तार

16. प्रदत्त अनुरूपता में से उचित का निर्णय करें।
बुध : ग्रह : : चन्द्रमा :?
(a) पृथ्वी (b) सूर्य
(c) उपग्रह (d) तारा

17. जिस प्रकार, 'डॉक्टर' का सम्बन्ध 'रोग पहचान' (Diagnosis) से है, उसी प्रकार, 'जज' का सम्बन्ध किससे है?
(a) अदालत (b) सजा
(c) वकील (d) फैसला

18. जिस प्रकार, 'धान' का सम्बन्ध 'खेत' से है, उसी प्रकार, 'स्टील' का सम्बन्ध किससे है?
(a) खान (b) फैक्ट्री
(c) लोहा (d) अयस्क

19. जिस प्रकार, 'गुलदस्ते' का सम्बन्ध 'फूलों' से है, उसी प्रकार, 'वाक्य' का सम्बन्ध किससे है?
(a) रचना (b) शब्द (c) अक्षर (d) पैराग्राफ

20. सही उत्तर ज्ञात कीजिए।
महल : झोपड़ी :: हाथी : ?
(a) गाय (b) कार (c) चूहा (d) बस

21. सही उत्तर ज्ञात कीजिए।
ABC : ZYX :: CBA : ?
(a) BCA (b) XYZ
(c) YZX (d) ZXY

22. 'मूर्ति' जिस प्रकार आकार से सम्बन्धित है, उसी प्रकार 'गीत' सम्बन्धित है
(a) सुन्दरता से (b) गाने से
(c) धुन से (d) कविता से

23. प्रथम दो शब्दों के मध्य सम्बन्ध ज्ञात कीजिए और दिए गए विकल्पों में से उस शब्द का चयन कीजिए, जिसका तीसरे शब्द से वही सम्बन्ध हो जो प्रथम दो शब्दों के मध्य है।
रुपया : भारत :: येन : ?
(a) टर्की (b) बांग्लादेश
(c) पाकिस्तान (d) जापान

24. उस शब्द-युग्म का चयन कीजिए जिनके मध्य वही सम्बन्ध हो जो शब्दों के मूल युग्म में है।
हिटलर : जर्मनी ::?
(a) शेक्सपियर : इंग्लैण्ड
(b) मुसोलिनी : इटली
(c) तुलसीदास : भारत
(d) बोरिस येल्तसिन : रूस

25. तीन अन्तर्सम्बन्धित शब्दों का एक समूह दिया गया है। दिए गए विकल्पों में से उस एक शब्द का चयन कीजिए जो उसी समूह से सम्बन्धित हो।
जड़ : तना :: शाखा : ?
(a) काष्ठ (b) पत्ती (c) वृक्ष (d) उर्वरक

26. निम्नलिखित में से कौन-सा कुश्ती, कराटे, मुक्केबाजी के समान है?
(a) तैराकी (b) पोलो
(c) पोल बाल्ट (d) जूड़ो

27. तीन अन्तर्सम्बन्धित शब्दों का एक समूह दिया गया है। दिए गए विकल्पों में से उस एक शब्द का चयन कीजिए जो उसी समूह से सम्बन्धित हो
पटना : मुम्बई :: दिसपुर :?
(a) कोचीन (b) ट्रॉम्बे
(c) उदयपुर (d) चेन्नई

28. निम्नलिखित में से कौन बीहू, गरबा के समान है?
(a) कथकली (b) पोंगल
(c) भाँगड़ा (d) भरतनाट्यम

29. 'हँसना' जिस प्रकार 'खुशी' से सम्बन्धित है, उसी प्रकार 'रोना' सम्बन्धित है
(a) बच्चे से (b) खुशी से
(c) दण्ड से (d) दुःख से

30. प्रथम दो शब्दों के मध्य सम्बन्ध ज्ञात कीजिए और दिए गए विकल्पों में से उस शब्द का चयन कीजिए जिसका तीसरे शब्द से वही सम्बन्ध हो जो प्रथम दो शब्दों के मध्य है।
आयात : निर्यात :: व्यय : ?
(a) घाटा (b) आय (c) ऋण (d) कर

31. 'चाय' का सम्बन्ध जैसे पत्तियों से है, 'कॉफी' का वही सम्बन्ध ...... से है।
(a) पौधे (b) पत्तियों
(c) पेय (d) बीजों

32. सही उत्तर ज्ञात कीजिए।
Concave : Convex : : Concede : ?
(a) Proceed (b) Deny
(c) Recede (d) Precede

33. जिस प्रकार एटम (Atom) का सम्बन्ध मॉलिक्यूल (Molecule) से है उसी प्रकार सैल (Cell) का सम्बन्ध किससे है?
(a) मैटर (Matter)
(b) न्यूक्लियस (Nucleus)
(c) ऑर्गेनिजम (Organism)
(d) बैटरी (Battery)

34. जिस प्रकार 'साबुन' का सम्बन्ध 'धोने' से है उसी प्रकार 'झाड़ू' का सम्बन्ध किससे है?
(a) सफाई (Clean) (b) धूल (Dust)
(c) बुहारना (Sweep) (d) फर्श (Floor)

35. जिस प्रकार 'शहर' का सम्बन्ध 'गाँव' से है उसी प्रकार 'शहरी' का सम्बन्ध किससे है?
(a) ग्रामीण (b) नगर
(c) महानगर (d) अर्द्धशहरी

36. जिस प्रकार 'फूल' का सम्बन्ध 'पंखुड़ी' से है, उसी प्रकार 'पुस्तक' का सम्बन्ध किससे है?
(a) पृष्ठ (b) विषय-सूची
(c) लेखक (d) पुस्तकालय

37. जिस प्रकार 'मजदूर' का सम्बन्ध 'मजदूरी' से है,उसी प्रकार 'उद्यमी' का सम्बन्ध किससे है?
(a) ऋण (b) ब्याज (c) टैक्स (d) लाभ

38. जिस प्रकार, 'ताल' का सम्बन्ध 'संगीत' से है, उसी प्रकार, 'डिजाइन' का सम्बन्ध किससे है?
(a) समरूपता (b) वास्तुकार
(c) सौन्दर्य (d) भवन

39. जिस प्रकार, 'गर्दन' का सम्बन्ध 'टाई' से है, उसी प्रकार, 'कमर' का सम्बन्ध किससे है?
(a) घड़ी (b) बैल्ट (c) रिबन (d) कमीज

40. जिस प्रकार, 'कॉलेज' का सम्बन्ध 'विद्यार्थी' से है, उसी प्रकार, 'अस्पताल' का सम्बन्ध किससे है?
(a) डॉक्टर (b) नर्स
(c) उपचार (d) रोगी

41. दिए गए शब्द के अक्षरों का उपयोग करते हुए विकल्पों में दिए गए किस शब्द को बनाया जा सकता है?
CORRESPONDING
(a) DISCERN (b) RESPONSE
(c) REPENT (d) CORRECT

42. विषम जोड़ें का चयन करें।
(a) बांग्लादेश : टका
(b) चीन : युआन

(c) भारत : रुपया
(d) इंग्लैण्ड : डॉलर

43. जिस प्रकार, 'फर्नीचर' का सम्बन्ध 'टेबल' से है उसी प्रकार, 'स्टेशनरी' का सम्बन्ध किससे है?
(a) पेन्सिल (b) कुर्सी
(c) ऑफिस (d) स्टोर

44. जिस प्रकार, 'पौधे' का सम्बन्ध 'वृक्ष' से है उसी प्रकार, 'लड़की' का सम्बन्ध किससे है?
(a) औरत (b) बहन (c) माँ (d) पत्नी

45. जिस प्रकार, 'टेनिस' का सम्बन्ध 'कोर्ट' से है उसी प्रकार 'मुक्केबाजी' का सम्बन्ध किससे है?
(a) पूल (b) रिंग
(c) अखाड़ा (d) कोर्स

46. जिस प्रकार, 'डॉक्टर' का सम्बन्ध 'रोगी' से है उसी प्रकार, 'वकील' का सम्बन्ध किससे है?
(a) ग्राहक (b) आरोपी
(c) मजिस्ट्रेट (d) मुवक्किल

47. सही उत्तर ज्ञात कीजिए।
मुसलमान : मस्जिद :: सिख : ?
(a) स्वर्ण मन्दिर (b) मदीना
(c) अग्नि मन्दिर (d) गुरुद्वारा

48. जिस प्रकार पारिस्थितिकी (Ecology) का सम्बन्ध पर्यावरण से है, उसी प्रकार ऊतक विज्ञान (Histology) का सम्बन्ध ……… से है।
(a) जीवाश्म (Fossils)
(b) इतिहास (History)
(c) ऊतक (Tissues)
(d) हॉर्मोन (Hormones)

49. सही उत्तर ज्ञात कीजिए।
सम्मेलन : अध्यक्ष :: समाचार-पत्र : ?
(a) रिपोर्टर/संवाददाता (Reporter)
(b) वितरक (Distributer)
(c) मुद्रक (Printer)
(d) सम्पादक (Editor)

50. जिस प्रकार 'रुपये' का सम्बन्ध 'भारत' से है, उसी प्रकार 'टका' (Taka) का सम्बन्ध है
(a) पाकिस्तान से (b) जापान से
(c) बांग्लादेश से (d) चीन से

निर्देश (प्र.सं. 51 और 52) *निम्न प्रश्नों में दिए गए विकल्पों में से कौन-सा विकल्प अन्य के वर्ग का नहीं है?*

51. विधानसभा : संविधान :: पार्लियामेण्ट : ?
(a) संविधि (b) विधान प्रस्ताव
(c) अध्यक्ष (d) प्रधानमन्त्री

52. हक्क : फर्ज :: सत्ता : ?
(a) गलत (b) कमजोर
(c) सत्ताहीन (d) जिम्मेदारी

उत्तरमाला

1. (c)	2. (c)	3. (d)	4. (b)	5. (a)	6. (b)	7. (d)	8. (c)	9. (b)	10. (c)
11. (c)	12. (c)	13. (c)	14. (b)	15. (c)	16. (c)	17. (d)	18. (d)	19. (b)	20. (c)
21. (b)	22. (c)	23. (d)	24. (b)	25. (b)	26. (d)	27. (d)	28. (c)	29. (d)	30. (b)
31. (d)	32. (b)	33. (b)	34. (c)	35. (a)	36. (a)	37. (d)	38. (d)	39. (b)	40. (d)
41. (a)	42. (d)	43. (a)	44. (a)	45. (b)	46. (d)	47. (d)	48. (c)	49. (d)	50. (c)
51. (a)	52. (d)								

संकेत एवं हल

1. जिस प्रकार 'चेहरे' के द्वारा 'अभिव्यक्ति' प्रकट की जाती है, उसी प्रकार 'हाथ' से 'कार्य' किया जाता है।

2. जिस प्रकार किसी 'फैक्ट्री' का मुख्य उद्देश्य 'उत्पादन' करना होता है, उसी प्रकार एक 'स्कूल' का मुख्य उद्देश्य 'शिक्षा' देना होता है।

3. इलाहाबाद, वाराणसी तथा पटना तीनों ही शहर गंगा नदी के तट पर अवस्थित है।

4. प्रेस, टेलीविजन तथा सिनेमा तीनों ही जनसंचार के माध्यम है।

5. पटना (बिहार), लखनऊ (उ.प्र.) तथा शिमला (हिमाचल प्रदेश) की भाँति ही जयपुर (राजस्थान) भी एक राजधानी है।

6. जवाहरलाल नेहरू, अटल बिहारी वाजपेयी तथा लालबहादुर शास्त्री की भाँति पी वी नरसिम्हा राव भी भारत के पूर्व प्रधानमन्त्री हैं।

7. प्रतापगढ़, कौशाम्बी तथा फतेहपुर की भाँति नोएडा भी उत्तर प्रदेश का एक शहर है।

8. जिस प्रकार,

c	o	m	p	u	t	e	r
+3↓	+2↓	+3↓	+2↓	+3↓	+2↓	+3↓	+2↓
f	q	p	r	x	v	h	t

उसी प्रकार,

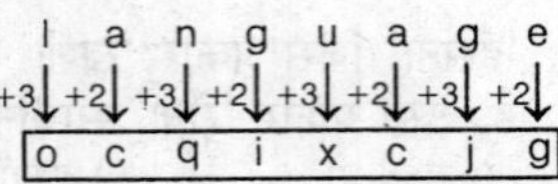

9. जिस प्रकार,

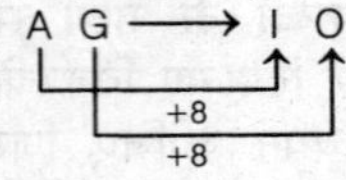

उसी प्रकार,

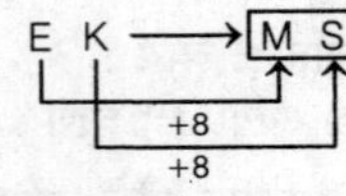

10. जिस प्रकार, 'गोवा' में 'कोंकणी' भाषा बोली जाती है उसी प्रकार, 'जम्मू व कश्मीर' में 'डोगरी' बोली जाती है।

11. कोच्चि की भाँति प्रश्नोक्त सभी शहर में बन्दरगाह है।

12. जिस प्रकार 'फूल' से 'सुगन्ध' निकलती है, उसी प्रकार 'ओवन' से 'ताप' निकलता है।

13. जिस प्रकार 'गुरुत्व' में खिंचाव होता है, उसी प्रकार 'चुम्बकत्व' में 'आकर्षण' होता है।

14. जिस प्रकार 'बैंक' के माध्यम से 'मुद्रा' का विनिमय किया जाता है, उसी प्रकार, 'यातायात' के माध्यम से माल का विनिमय किया जाता है।

15. जिस प्रकार 'खिड़की' पर 'परदा' लगा होता है उसी प्रकार 'सी पी यू' पर 'कैबिनेट' लगा होता है।

16. जिस प्रकार 'बुध' एक 'ग्रह' है। उसी प्रकार 'चन्द्रमा' एक 'उपग्रह' है।

17. जिस प्रकार, 'डॉक्टर' का काम 'रोग' का इलाज करना है। उसी प्रकार 'जज' का काम 'फैसला' सुनाना है।

18. जिस प्रकार, 'धान' का सम्बन्ध 'खेत' से है। उसी प्रकार 'स्टील' का सम्बन्ध 'अयस्क' से है।

19. जिस प्रकार 'गुलदस्ता', 'फूलों' से मिलकर बनता है। उसी प्रकार, 'वाक्य', 'शब्दों' से मिलकर बनता है।

20. जिस प्रकार 'महल' का सम्बन्ध 'झोपड़ी' से है। उसी प्रकार 'हाथी' का सम्बन्ध 'चूहा' से है।

21. जिस प्रकार,

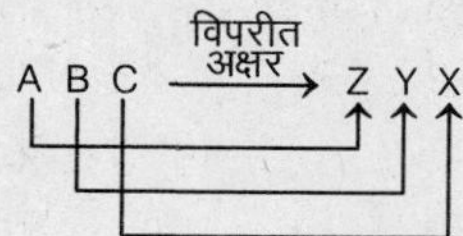

उसी प्रकार,

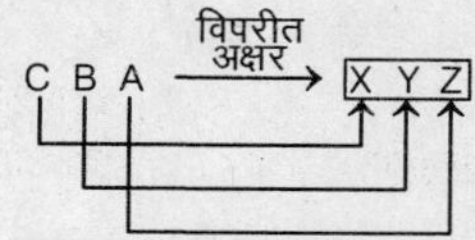

22. जिस प्रकार, 'मूर्ति' को 'आकार' दिया जाता है। उसी प्रकार 'गीत' में 'धुन' दी जाती है।

23. जिस प्रकार 'रुपया', 'भारत' की मुद्रा है। उसी प्रकार 'येन', 'जापान' की मुद्रा है।

24. जिस प्रकार 'हिटलर', 'जर्मनी' देश का शासक था। उसी प्रकार 'मुसोलिनी' 'इटली' देश का शासक था।

25. जिस प्रकार, 'जड़' का सम्बन्ध 'तना' से है। उसी प्रकार 'शाखा' का सम्बन्ध 'पत्ती' से है।

26. 'जूड़ो', कुश्ती, करांटे तथा मुक्केबाजी के समान है।

27. जिस प्रकार, 'पटना' बिहार की तथा 'मुम्बई' महाराष्ट्र की राजधानी है। उसी प्रकार 'दिसपुर' असोम की तथा 'चेन्नई' तमिलनाडु की राजधानी है।

28. बीहू ,गरबा के समान ही भाँगड़ा भी एक लोकनृत्य है जबकि कथकली, पोंगल, भरतनाट्यम एक शास्त्रीय नृत्य है।

29. जिस प्रकार, 'हँसने' में 'खुशी' का भाव परिलक्षित होता है। उसी प्रकार, 'रोने' में 'दुःख' का भाव परिलक्षित होता है।

30. जिस प्रकार, 'आयात' का विपरीतार्थक शब्द 'निर्यात' है। उसी प्रकार, 'व्यय' का विपरीतार्थक शब्द 'आय' है।

32. जिस प्रकार, 'Concave' का विपरीतार्थक शब्द 'Convex' होता है। उसी प्रकार, 'Concede' का विपरीतार्थक शब्द 'Deny' होता है।

33. जिस प्रकार, 'एटम' का निर्माण 'मॉलिक्यूल' से होता है। उसी प्रकार, 'सैल' का निर्माण 'न्यूक्लियस' से होता है।

34. जिस प्रकार, 'साबुन' का प्रयोग कपड़े 'धोने' में होता है। उसी प्रकार, 'झाड़ू' का प्रयोग धूल 'बुहारने' में होता है।

35. जिस प्रकार, 'शहर' का विपरीतार्थक शब्द 'गाँव' होता है। उसी प्रकार, 'शहरी' का विपरीतार्थक शब्द 'ग्रामीण' होता है।

36. जिस प्रकार 'फूल' का निर्माण अनेक 'पंखुड़ियाँ' मिलकर करती हैं। उसी प्रकार 'पुस्तक' का निर्माण अनेक 'पृष्ठ' मिलकर करते हैं।

37. जिस प्रकार, 'मजदूर' अपनी मेहनत से 'मजदूरी' प्राप्त करता है। उसी प्रकार 'उद्यमी' अपने उद्यम से 'लाभ' प्राप्त करता है।

38. जिस प्रकार, 'संगीत' में 'ताल' होती है उसी प्रकार, 'भवन' में डिजाइन होता है।

39. जिस प्रकार, 'गर्दन' में 'टाई' बाँधी जाती है उसी प्रकार, 'कमर' में 'बैल्ट' बाँधी जाती है।

40. जिस प्रकार, 'कॉलेज' में 'विद्यार्थी' होते हैं उसी प्रकार, 'अस्पताल' में 'रोगी' होते हैं।

41. दिए गए शब्द 'CORRESPONDING' के अक्षरों का प्रयोग करके शब्द DISCERN बनाया जा सकता है।

42. इंग्लैण्ड की मुद्रा 'पाउण्ड' स्टालैंग है न कि डॉलर।

43. जिस प्रकार 'टेबिल' 'फर्नीचर' का भाग है उसी प्रकार, 'पेन्सिल' 'स्टेशनरी' का भाग है।

44. जिस प्रकार 'पौधे' बड़े होने पर 'वृक्ष' बन जाते हैं उसी प्रकार 'लड़की' भी बड़े होने पर 'औरत' बन जाती है।

45. जिस प्रकार 'टेनिस' के मैदान को 'कोर्ट' कहते हैं उसी प्रकार 'मुक्केबाजी' जहाँ होती है उस स्थान को 'रिंग' कहा जाता है।

46. जिस प्रकार 'डॉक्टर,' रोगी की जाँच करता है उसी प्रकार 'वकील', मुवक्किल के केस की जाँच करता है।

47. जिस प्रकार 'मुसलमानों' के पूजा स्थल को 'मस्जिद' कहा जाता है उसी प्रकार 'सिखों' के पूजा स्थल को 'गुरुद्वारा' कहा जाता है।

48. जिस प्रकार 'पारिस्थितिकी' में 'पर्यावरण' का अध्ययन किया जाता है उसी प्रकार 'ऊतक विज्ञान' में 'ऊतकों' का अध्ययन किया जाता है।

49. जिस प्रकार 'सम्मेलन' में सर्वोच्च 'अध्ययन' होता है, उसी प्रकार 'समाचार-पत्र' में सर्वोच्च 'सम्पादक' होता है।

50. जिस प्रकार 'भारत' की मुद्रा 'रुपया' है, उसी प्रकार 'बांग्लादेश' की मुद्रा 'टका' है।

51. जिस प्रकार 'विधानसभा' संविधान से सम्बन्धित है उसी प्रकार 'पार्लियामेण्ट' संविधि से सम्बन्धित है।

52. जिस प्रकार 'हक्क' फर्ज से सम्बन्धित है उसी प्रकार 'सत्ता' जिम्मेदारी से सम्बन्धित है।

अध्याय

03

अंग्रेजी वर्णमाला एवं शब्द रचना परीक्षण

अंग्रेजी भाषा में प्रयुक्त होने वाले 26 अक्षरों के क्रम को हम ' वर्णमाला' कहते हैं जिसमें 5 स्वर (A, E, I, O, U) तथा 21 व्यंजक्र होते हैं तथा इन्हीं अक्षरों के विभिन्न समूह से कोई अर्थपूर्ण शब्द बनाने की प्रक्रिया 'शब्द निर्माण' कहलाती है। इस परीक्षण के प्राय: अंग्रेजी शब्दकोष, शब्द निर्माण तथा अंग्रेजी वर्णमाला की सापेक्ष स्थिति पर आधारित प्रश्न पूछे जाते हैं। इस पर आधारित प्रश्नों को हल क़रने हेतु अंग्रेजी वर्णमाला के क्रमांकिक मानों के साथ-साथ विपरीत अक्षरों की जानकारी होना भी आवश्यक है।

इन्हें स्मरण रखें!

- अंग्रेजी वर्णमाला के विपरीत अक्षरों की संगत संख्याओं का योगफल सदैव 27 होता है **जैसे**

A	Z	→	1 + 26 = 27
B	Y	→	2 + 25 = 27
C	X	→	3 + 24 = 27
D	W	→	4 + 23 = 27
E	V	→	5 + 22 = 27
F	U	→	6 + 21 = 27
G	T	→	7 + 20 = 27
H	S	→	8 + 19 = 27
I	R	→	9 + 18 = 27
J	Q	→	10 + 17 = 27
K	P	→	11 + 16 = 27
L	O	→	12 + 15 = 27
M	N	→	13 + 14 = 27

- अंग्रेजी वर्णमाला को यदि दो भागों में बाँटा जाए, तो पहले भाग को 'प्रथम अर्द्धांश' तथा दूसरे भाग को 'द्वितीय अर्द्धांश' कहा जाता है अर्थात्

(i) **प्रथम अर्द्धांश** अंग्रेजी वर्णमाला के अक्षर A से M तक के तेरह अक्षरों के सुव्यवस्थित क्रम को अंग्रेजी वर्णमाला का प्रथम अर्द्धांश कहते हैं।

A	B	C	D	E	F	G	H	I	J	K	L	M
1	2	3	4	5	6	7	8	9	10	11	12	13

(ii) **द्वितीय अर्द्धांश** अंग्रेजी वर्णमाला के अक्षर N से Z तक के तेरह अक्षरों के सुव्यवस्थित क्रम को अंग्रेजी वर्णमाला का द्वितीय अर्द्धांश कहते हैं।

N	O	P	Q	R	S	T	U	V	W	X	Y	Z
14	15	16	17	18	19	20	21	22	23	24	25	26

बायाँ तथा दायाँ

अंग्रेजी वर्णमाला के अक्षरों का अपना कोई बायाँ या दायाँ नहीं होता है, बल्कि अक्षरों के दाएँ या बाएँ को हम अपने दाएँ या बाएँ से प्रदर्शित करते हैं। दूसरे शब्दों में, हम यह कह सकते हैं कि जिस ओर हमारा दायाँ होता है, उसी ओर अक्षरों का दायाँ होता है और जिस ओर हमारा बायाँ होता है, उसी ओर अक्षरों का बायाँ होता है। **जैसे**

यदि N के बाईं ओर 5वाँ अक्षर निकालना हो, तो N के सामने खड़े हो बाएँ।

A B C D E F G H [I] J K L M N O P Q R S T U V W X Y Z

5वाँ ← बाईं ओर प्रेक्षक

याद रखें कि अंग्रेजी वर्णमाला में आपके

बाएँ से mवें अक्षर के दाईं ओर nवाँ अक्षर	बाएँ से $(m + n)$वाँ अक्षर
दाएँ से mवें अक्षर के बाईं ओर nवाँ अक्षर	दाएँ से $(m + n)$वाँ अक्षर
बाएँ से mवें अक्षर के बाईं ओर nवाँ अक्षर	बाएँ से $(m - n)$वाँ अक्षर
दाएँ से mवें अक्षर के दाईं ओर nवाँ अक्षर	दाएँ से $(m - n)$वाँ अक्षर

साधित उदाहरण

1. नीचे दिए गए शब्दों को वर्णमाला क्रम में सजाइए तथा उस शब्द को ज्ञात कीजिए जो वर्णमाला या शब्दकोष में तीसरे स्थान पर आएगा।

(a) Lack (b) Later (c) Layer (d) Laser

हल *(b)* दिए गए शब्दों को शब्दकोष के अनुसार व्यवस्थित करने पर शब्दों का क्रम निम्न प्रकार होगा

Lack, Laser, Later, Layer

अतः 'Later' शब्द, शब्दकोष में तीसरे स्थान पर आएगा।

2. निम्न में से किसे एक उपसर्ग के रूप में 'quency, quent, sco' प्रत्येक के साथ जोड़ने पर अर्थपूर्ण शब्द प्राप्त होंगे?

(a) Tell (b) Fre
(c) Tell (d) Tem

हल *(b)* 'Fre' शब्द को उपसर्ग के रूप में जोड़ने पर, 'Frequency, Ferquent तथा Fresco' शब्द प्राप्त होंगे।

3. यदि TADPTENREM को व्यवस्थित करके एक अर्थपूर्ण शब्द बनाया जाए, तो दाएँ से दूसरा अक्षर कौन-सा होगा?

(a) M (b) T (c) R (d) N

हल *(d)* प्रश्न में दिए गए अक्षरों से बनने वाला अर्थपूर्ण शब्द

DEPARTMENT

अतः दाएँ से दूसरा अक्षर N होगा।

4. अंग्रेजी वर्णमाला में अक्षर K और S के मध्य में स्थित अक्षर के दाईं ओर तीसरा अक्षर कौन-सा होगा?

(a) O (b) R (c) P (d) Q

हल *(b)* K L M N O P Q [R] S

दाईं ओर तीसरा अक्षर

K तथा S के बीच O अक्षर है तथा O के दाईं ओर तीसरा अक्षर R होगा।

5. दिए गए वैकल्पिक शब्दों में से उस शब्द को चुनिए, जो दिए गए शब्द के अक्षरों का प्रयोग करके नहीं बनाया जा सकता है।

REASONING

(a) NOSE (b) RISING (c) REASON (d) NEAR

हल *(b)* दिए गए शब्द REASONING में I अक्षर एक बार है परन्तु RISING शब्द में I दो बार है।

प्रैक्टिस जोन

1. निम्नलिखित अक्षरों को व्यवस्थित करने से जो शब्द बनेगा उसका अन्तिम अक्षर क्या होगा?

ROPEALD (एक जानवर)

(a) R (b) D
(c) A (d) इनमें से कोई नहीं

2. शब्द MEASUREMENTED के अक्षरों का उपयोग करते हुए निम्न में से कौन-सा शब्द बन सकता है?

(a) MAESTRO (b) RENT
(c) TENANT (d) INSURANCE

3. शब्द 'serve, side, set' में किस विकल्प वाले उपसर्ग को जोड़ने पर तात्पर्यपूर्ण शब्द प्राप्त होगा?

(a) Fre (b) Pre
(c) Mind (d) ये सभी

4. इनमें से किस शब्द को पुनर्व्यवस्थित करने पर PRESENT शब्द प्राप्त होगा?

(a) REETEPS (b) REETNPS
(c) SEERENPT (d) PREENSL

5. DICTIONARY के अक्षरों से नहीं बनने वाला शब्द है

(a) DICTION (b) DAIRY
(c) NATION (d) RAIN

6. एक शब्दकोष में इनमें से कौन-सा शब्द दूसरे स्थान पर आएगा?

(a) Preside
(b) Presidency
(c) Presidentship
(d) President

7. THOUSAND के अक्षरों से इनमें से कौन-सा शब्द नहीं बनाया जा सकता है?

(a) SAND (b) DATE
(c) HAND (d) THOU

8. निम्न में से कौन-सा शब्द शब्दकोष में अन्त में आएगा?

(a) Deficient (b) Defiance
(c) Definition (d) Defiant

9. निम्न में से किसे एक उपसर्ग के रूप में 'vision, phone, scope' प्रत्येक के साथ जोड़ने पर तात्पर्यपूर्ण शब्द प्राप्त होंगे?

(a) Tell (b) Tele
(c) Tel (d) ये सभी

10. निम्न में से किस शब्द को पुनर्व्यवस्थित करने पर GRAPHIC शब्द प्राप्त होगा?

(a) APHICRG (b) HIPARGA
(c) RGIPHIC (d) IAHPCRA

11. नीचे दिए गए शब्दों को एक सार्थक अनुक्रम में व्यवस्थित करें।

1. घर 2. गली
3. कमरा 4. शहर
5. जिला

(a) 3, 2, 1, 4, 5 (b) 3,1, 4, 2, 5
(c) 3, 1, 2, 4, 5 (d) 3, 1, 2, 5, 4

12. नीचे दिए गए शब्दों को एक सार्थक अनुक्रम में व्यवस्थित करें।

1. इन्द्रधनुष 2. वर्षा
3. सूर्य 4. खुश
5. बच्चा

(a) 4, 2, 3, 5, 1 (b) 2, 3, 1, 5, 4
(c) 4, 5, 1, 2, 3 (d) 2, 1, 4, 5, 3

13. EQUATION अक्षरों से नहीं बनने वाला शब्द है

(a) TEAM (b) QUIT
(c) NEAT (d) TONE

14. शब्दकोष में निम्न में से कौन-सा शब्द तीसरे स्थान पर आएगा?

(a) Eight (b) Eighth
(c) Eighteen (d) Eighty

15. 'cast, father, hand' के प्रत्येक के साथ निम्न में से कौन-सा उपसर्ग जोड़ने पर तात्पर्यपूर्ण शब्द प्राप्त होगा?

(a) Pro (b) Fore
(c) Re (d) ये सभी

16. निम्न में से किस शब्द को पुनर्व्यवस्थित करने पर DIAMOND शब्द प्राप्त होगा?
(a) MDDIAON (b) NDNIADO
(c) MOANDIA (d) NDOMADA

17. निम्न अनुक्रम को एक अर्थपूर्ण अनुक्रम में व्यवस्थित कीजिए।
1. परामर्श 2. बीमारी
3. डॉक्टर 4. चिकित्सा
(a) 1, 2, 3, 4 (b) 2, 1, 3, 4
(c) 2, 3, 1, 4 (d) 3, 1, 2, 4

18. निम्न अनुक्रम को एक अर्थपूर्ण अनुक्रम में व्यवस्थित कीजिए।
1. माता 2. बालक
3. दूध 4. रोना
(a) 2, 4, 1, 3 (b) 1, 2, 3, 4
(c) 2, 4, 3, 1 (d) 4, 3, 2, 1

19. दिए गए शब्दों का वर्णानुक्रम में व्यवस्थित कीजिए और सबसे अन्त में आने वाले का चयन कीजिए।
(a) Cover (b) Collect
(c) Caught (d) Callous

20. DONATE शब्द में अक्षरों के ऐसे कितने युग्म हैं जिनके बीच में उतने ही अक्षर हैं जितने कि वर्णमाला में होते हैं?
(a) शून्य (b) एक
(c) दो (d) तीन

21. एक शब्द का चयन कीजिए जोकि दिए गए शब्द के अक्षरों से बनाया जा सकता है।
MEASUREMENT
(a) MASTER (b) MANTLE
(c) SUMMIT (d) ASSURE

22. दिए गए शब्दों को वर्णानुक्रम में व्यवस्थित कीजिए और जो शब्द अन्त में आता हो उसे चुनिए।
(a) Finger (b) Flourish
(c) Formal (d) Forget

23. शब्द CHAIRS में अक्षरों के ऐसे कितने युग्म हैं जिनके मध्य में उतने ही अक्षर हैं जितने वर्णमाला में होते हैं?
(a) शून्य (b) एक
(c) दो (d) तीन

24. उस एक शब्द का चयन कीजिए जो दिए गए शब्द के अक्षरों से बनाया जा सकता है।
RHINOCEROS
(a) RENAL (b) HIND
(c) SURE (d) HORSE

25. POLYNOMIAL के अक्षरों से नहीं बनने वाला शब्द है
(a) NAME (b) MAIN
(c) PLAY (d) LION

26. इनमें से कौन-सा शब्द शब्दकोष में तीसरे स्थान पर आएगा?
(a) Supplement (b) Situation
(c) Solution (d) Surprising

27. इनमें से किस शब्द के साथ 'en' और 'epi' दोनों को उपसर्ग के रूप में जोड़ा जा सकता है?
(a) demic (b) dow
(c) dermis (d) dorse

28. इनमें से किस शब्द को पुनर्व्यवस्थित करने पर UNIVERSAL शब्द प्राप्त होगा?
(a) RVISUALNE
(b) RVISAELNA
(c) RVISOALNE
(d) RVISUELNE

29. शब्द NUMKIPP अक्षर सही क्रम में नहीं हैं। यदि उन्हें उचित क्रम में व्यवस्थित किया जाएगा, तो एक सब्जी का नाम बनेगा। बताएँ कि इस प्रकार बने शब्द का अन्तिम अक्षर क्या होगा?
(a) K (b) M
(c) N (d) P

30. MACHINE शब्द के अक्षरों से कितने शब्द बन सकते हैं, ताकि स्वर (Vowels) हमेशा विषम स्थान में ही रहें?
(a) 210 (b) 576
(c) 1444 (d) 1728

31. निम्न दिए गए शब्दों में से कौन-सा शब्द CARPENTER शब्द के अक्षर से नहीं बनाया जा सकता?
(a) CAR (b) PAINTER
(c) CARPET (d) REPENT

32. शब्द EDUCATIONAL के अक्षरों का उपयोग करते हुए निम्न में से कौन-सा शब्द नहीं बन सकता?
(a) NATIONAL (b) NEAT
(c) DEAN (d) LION

33. यदि निम्न बेतरतीब अक्षरों को एक फल के नाम के लिए व्यवस्थित किया जाए, तो बताएँ कि मध्य में कौन-सा अक्षर आएगा?
PALEPPINE
(a) L (b) A
(c) I (d) P

34. प्रत्येक अक्षर का प्रत्येक शब्द में केवल एक बार उपयोग करते हुए AER अक्षरों से अंग्रेजी के कितने अर्थपूर्ण शब्द बनाए जा सकते हैं?
(a) तीन (b) एक
(c) दो (d) इनमें से कोई नहीं

उत्तरमाला

1. (b)	2. (b)	3. (b)	4. (b)	5. (c)	6. (b)	7. (b)	8. (c)	9. (b)	10. (a)
11. (c)	12. (b)	13. (a)	14. (b)	15. (b)	16. (a)	17. (c)	18. (a)	19. (a)	20. (c)
21. (a)	22. (c)	23. (c)	24. (d)	25. (a)	26. (a)	27. (a)	28. (a)	29. (c)	30. (b)
31. (b)	32. (a)	33. (b)	34. (a)						

संकेत एवं हल

1. अर्थपूर्ण शब्द LEOPARD बनेगा, जिसका अर्थ है, तेन्दुआ।

2. दिए गए शब्द MEASUREMENTED के अक्षरों का प्रयोग करके शब्द RENT बनाया जा सकता है।

3. विकल्प (b) को जोड़ने पर,
* Preserve – मुरब्बा, रक्षा-स्थान।
* Preside – अधिकारपद पर बैठना।
* Preset – पूर्व निर्धारित।

4. 1 2 3 4 5 6 7 PRESENT ⟶ 2 3 5 7 6 1 4 REETNPS

5. शब्द DICTIONARY के अक्षरों का प्रयोग करके शब्द NATION नहीं बनाया जा सकता है क्योंकि शब्द NATION में दो बार अक्षर N का प्रयोग हुआ है।

6. विकल्प में दिए गए शब्दों को अंग्रेजी शब्दकोष के अनुसार व्यवस्थित करने पर,
Preside → Presidency → President → Presidentship
उपरोक्त से स्पष्ट है कि शब्द Presidency शब्दकोष में दूसरे स्थान पर आएगा।

7. THOUSAND के अक्षरों का प्रयोग करके शब्द DATE नहीं बनाया जा सकता है।

8. विकल्प में दिए गए शब्दों को अंग्रेजी शब्दकोष के अनुसार व्यवस्थित करने पर,
Defiance → Defiant → Deficient → Definition
उपरोक्त से स्पष्ट है कि शब्द Definition अंग्रेजी शब्दकोष में अन्त में आएगा।

9. Tele vision
Tele phone
Tele scope

10. 1 2 3 4 5 6 7 APHICRG ⟶ 7 6 1 2 3 4 5 GRAPHIC

11. शब्दों का व्यवस्थित क्रम निम्नवत् होगा
3. कमरा → 1. घर → 2. गली → 4. शहर → 5. जिला
⇒ 3, 1, 2, 4, 5

12. शब्दों का सार्थक क्रम निम्नवत् होगा
2. वर्षा → 3. सूर्य → 1. इन्द्रधनुष → 5. बच्चा → 4. खुश
⇒ 2, 3, 1, 5, 4

13. चूँकि दिए गए शब्द EQUATION में अक्षर M नहीं है। अतः शब्द TEAM मूल शब्द के अक्षरों का प्रयोग करके नहीं बनाया जा सकता है।

14. दिए गए शब्दों को अंग्रेजी शब्दकोष के अनुसार व्यवस्थित करने पर,
Eight → Eighteen → Eighth → Eighty
अभीष्ट शब्द = Eighth

15. उपसर्ग Fore लगाने पर,
Forecast → भविष्यवाणी
Forefather → पूर्वज
Forehand → भुजा

16. विकल्प (a) से,
1 2 3 4 5 6 7 MDDIAON → 2 4 5 1 6 7 3 DIAMOND

17. 2. बीमारी → 3. डॉक्टर → 1. परामर्श → 4. चिकित्सा
⇒ 2, 3, 1, 4

18. 2. बालक → 4. रोना → 1. माता → 3. दूध
⇒ 2, 4, 1, 3

19. शब्दों का वर्णानुक्रम के अनुसार क्रम निम्नवत् है
Callous, Caught, Collect, Cover
अतः Cover शब्द सबसे अन्त में आएगा।

20. D O N A T E
अतः ऐसे जोड़े हैं ⇒ AD, ON

21. दिए गए मूल शब्द से MASTER शब्द बनाया जा सकता है क्योंकि इसके सभी अक्षर मूल शब्द में मौजूद हैं।

22. वर्णानुक्रम के अनुसार शब्दों का क्रम निम्नवत् है
Finger, Flourish, Forget, Formal
अतः Formal शब्द सबसे अन्त में आता है।

23. C H A I R S
अतः अभीष्ट जोड़े हैं ⇒ RS, AC

24. दिए गए शब्द के अक्षरों से HORSE शब्द बनाया जा सकता है क्योंकि इसके सभी अक्षर मूल शब्द में मौजूद हैं।

25. दिए गए POLYNOMIAL शब्द में E अक्षर नहीं है। अतः NAME शब्द नहीं बनाया जा सकता।

26. *शब्दकोष के अनुसार शब्दों का क्रम निम्नवत् है*
Situation, Solution, Supplement, Surprising
अतः Supplement शब्द तीसरे स्थान पर आएगा।

27. endemic— स्थानिक;
epidemic → महामारी

28. 1 2 3 4 5 6 7 8 9 RVISUALNE → 5 8 3 2 9 1 4 6 7 UNIVERSAL

29. NUMKIPP अक्षरों से PUMPKIN (सीताफल) बनता है जिसका अन्तिम अक्षर N है।

30. अभीष्ट शब्द = 4! × 4! = 24 × 24 = 576

31. दिए गए मूल शब्द CARPENTER में अक्षर I नहीं है। अतः शब्द PAINTER नहीं बनाया जा सकता है।

32. दिए गए शब्द EDUCATION के अक्षरों का प्रयोग करके शब्द NATIONAL नहीं बनाया जा सकता है क्योंकि दिए गए शब्द में N केवल एक बार आया है।

33. फल है PINEAPPLE (अनानास)।

34. तीन अर्थपूर्ण शब्द ARE, EAR तथा ERA।

अध्याय
04
सांकेतिक भाषा

'सांकेतिक भाषा' से हमारा तात्पर्य शब्दों/अक्षरों/संख्याओं को पहले कोडिंग तत्पश्चात् डिकोडिंग करने से है। जब किसी अर्थपूर्ण शब्द/अक्षर/संख्या को एक विशेष नियमानुसार अर्थविहीन शब्द/अक्षर/संख्या में परिवर्तन कर लिखने से है जिसे सामान्यतया कोडिंग कहा जाता है। इसके ठीक विपरीत इन्हीं अर्थविहीन शब्द/अक्षर/संख्या को उसी नियमानुसार, जिस नियम में उन्हें परिवर्तित किया गया था वापस अर्थगत रूप में परिवर्तित करना डिकोडिंग कहलाता है।

इन्हें स्मरण रखें!

- सांकेतिक भाषा परीक्षण पर आधारित प्रश्नों को हल करने हेतु अंग्रेजी वर्णमाला के अक्षरों की वर्णमाला क्रम में स्थिति निम्नलिखित होती है

अंग्रेजी अक्षर	A	B	C	D	E	F	G	H	I	J	K	L	M
संगत संख्या	1	2	3	4	5	6	7	8	9	10	11	12	13

अंग्रेजी अक्षर	N	O	P	Q	R	S	T	U	V	W	X	Y	Z
संगत संख्या	14	15	16	17	18	19	20	21	22	23	24	25	26

- EJOTY अक्षर समूह के प्रत्येक अक्षर की बीच में चार अक्षरों का अन्तराल होता है इसके माध्यम से अंग्रेजी वर्णमाला के सीधे क्रम में स्थित अक्षरों की संगत संख्याओं की पहचान आसानी से याद की जा सकती है।

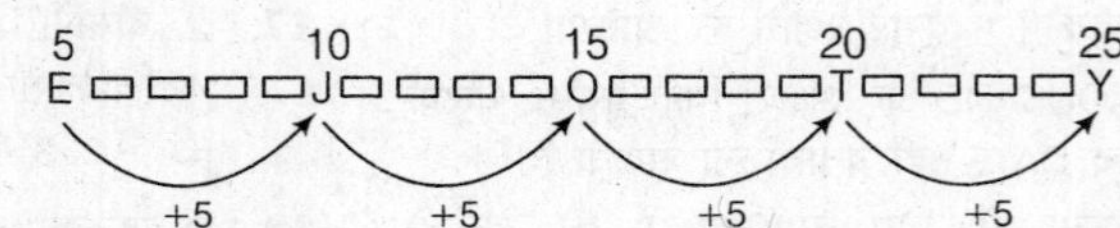

- अंग्रेजी वर्णमाला में पाँच स्वर (vowel) अक्षर होते हैं, *जो निम्न हैं*
A, E, I, O, U
- स्वर अक्षरों की संगत संख्या निम्नवत् होती है

स्वर अक्षर	A	E	I	O	U
संगत संख्या	1	5	9	15	21

साधित उदाहरण

1. यदि किसी सांकेतिक भाषा में FORGE को FPTJI लिखा जाता है, तो CULPRIT को उसी भाषा में कैसे लिखा जाएगा?

(a) CVNSVOZ (b) CVNSVNZ
(c) CVNSTNZ (d) CVNSUNZ

हल *(b)* जिस प्रकार,

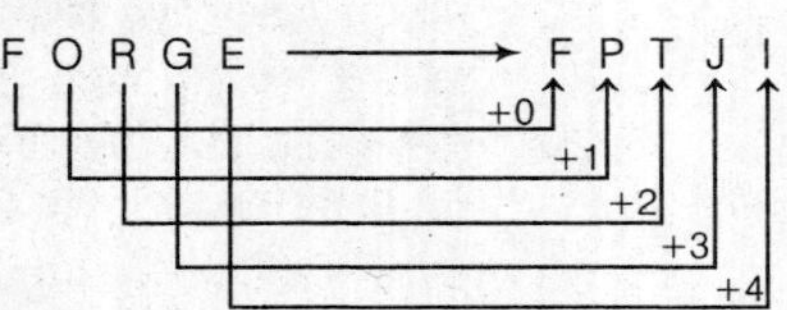

उसी प्रकार, CULPRIT को CVNSVNZ लिखा जाएगा।

2. यदि किसी सांकेतिक भाषा में '358' का अर्थ, 'Please come soon', '275' का अर्थ, 'You go soon' और '867' का अर्थ, 'Please go there' हो, तो इस भाषा में 'come' के लिए कौन-सी संख्या प्रयुक्त की गई है?

(a) 3 (b) 5 (c) 8 (d) 7

हल *(a)*

3 5 8 → Please come soon
2 7 5 → You go soon
8 6 7 → Please go there

उसी प्रकार, उपरोक्त से स्पष्ट है कि 'come' के लिए संख्या 3 प्रयुक्त की गई है।

प्रैक्टिस जोन

1. एक निश्चित सांकेतिक भाषा में '234' का अभिप्राय 'स्पार्क एण्ड फायर', '456' से अभिप्राय 'स्पार्क इज काज' और '258' से अभिप्राय 'फायर इज इफैक्ट' है। बताएँ कि निम्न में से किस संख्यांक का उपयोग 'काज' के लिए किया गया है?
(a) 3 (b) 4 (c) 5 (d) 6

2. एक निश्चित सांकेतिक भाषा में '134' से अभिप्राय 'गुड एण्ड टेस्टी', '478' से अभिप्राय 'सी गुड पिक्चर' और '729' से अभिप्राय 'पिक्चर आर फेन्ट' है। निम्न अंकों में कौन-सा अंक 'सी' के लिए है?
(a) 9 (b) 2 (c) 1 (d) 8

3. यदि 'घड़ी' को 'टेलीविजन' कहा जाए, 'टेलीविजन' को 'रेडियो', 'रेडियो' को 'ओवन', 'ओवन' को 'ग्राइन्डर' और 'ग्राइन्डर' को 'आयरन' कहा जाए, तो बताएँ कि महिला किसमें सेंककर (Bake) पकाएगी?
(a) रेडियो (b) ओवन
(c) ग्राइन्डर (d) आयरन

4. यदि सांकेतिक भाषा में GLARE को '67810' और MONSOON को '2395339' के रूप में लिखा जाए, तो उसी सांकेतिक भाषा में RANSOM को कैसे लिखा जाएगा?
(a) 183952 (b) 189352
(c) 189532 (d) 198532

5. यदि HEALTH को GSKZDG के रूप में लिखा जाता है, तो उसी कूट में NORTH को कैसे लिखा जाएगा?
(a) OPSUI (b) GSQNM
(c) FRPML (d) IUSPO

6. किसी निश्चित कूट में FAVOUR को EBUPTS लिखा जाता है। उसी कूट में DANGER को कैसे लिखा जाएगा?
(a) CBFFDS (b) CBMHDS
(c) EBFHDS (d) EBHHFS

7. यदि GOLD को HOME के रूप में कूटबद्ध किया जाता है तथा CORD को DOSE के रूप में कूटबद्ध किया जाता है, तो SONS को किस प्रकार कूटबद्ध किया जाएगा?
(a) TPOT (b) TOOT
(c) TOOS (d) TONT

8. यदि E = 5, PEN = 35, तो EGG का मान बताओ
(a) 29 (b) 36
(c) 27 (d) 19

9. यदि A = 2, M = 26, Z = 52, तो CAP का मान बताओ
(a) 54 (b) 40
(c) 56 (d) 72

10. यदि 123 का आशय 987 है, तो 234 का आशय है
(a) 768 (b) 875
(c) 876 (d) 886

11. किसी निश्चित कूट में 1269 को ROPE के रूप में कूटबद्ध किया जाता है और 56689 को APPLE के रूप में कूटबद्ध किया जाता है। उसी कूट में 59616 को कैसे लिखा जाता है?
(a) AEPRP
(b) RPPEO
(c) POPEA
(d) AROEP

12. यदि 453945 का आशय DECIDE है, तो 8978 का कूट होगा
(a) CDEH (b) HIGH
(c) GHEE (d) BHEE

13. एक निर्दिष्ट सांकेतिक भाषा में STARK को LBFMG एवं MOBILE को TNRSPJ लिखा जाता है, तो उस सांकेतिक भाषा में BLAME को कैसे लिखा जाएगा?
(a) TSFRJ (b) RPFTJ
(c) NJFTP (d) TSFGI

14. एक निश्चित सांकेतिक भाषा में EAT को 318 के रूप में और CHAIR को 24156 के रूप में लिखा जाए, तो बताएँ कि उसी सांकेतिक भाषा में TEACHER को कैसे लिखा जाएगा?
(a) 8312346 (b) 8321436
(c) 8312436 (d) 8313426

15. यदि NOIDA को 39658 के रूप में लिखा जाए, तो बताएँ कि INDIA को कैसे लिखा जाएगा?
(a) 36568 (b) 63568
(c) 63569 (d) 65368

16. एक निश्चित सांकेतिक भाषा में '253' से अभिप्राय 'books are old', '546' से अभिप्राय 'man is old' और '378' से अभिप्राय 'buy good books' हो, तो उस सांकेतिक भाषा में 'are' के लिए कौन-सा अंक होगा?
(a) 2 (b) 4 (c) 5 (d) 6

17. यदि 'सन्तरे', 'सेब' हों, 'केले' 'खूमानी' हों, 'सेब', 'मिर्चें' हों, 'खूमानी' 'सन्तरे' हों और 'मिर्चें', 'केले' हों, तो निम्न में कौन तीखा होगा?
(a) खूमानी (b) सेब (c) मिर्चें (d) केले

18. एक निश्चित सांकेतिक भाषा में ROAD को URDG के रूप में लिखा जाता है। बताएँ कि उस सांकेतिक भाषा में SWAN को कैसे लिखा जाएगा?
(a) VXDQ (b) VZDQ
(c) VZCP (d) UXDQ

19. यदि MATTER का कूट TAMRET है, तो BEYOND का कूट क्या होगा?
(a) EBOYDN (b) DNOYEB
(c) YEBDNO (d) इनमें से कोई नहीं

20. किसी निश्चित कूट में, MENTION को LNEITNO के रूप में लिखा जाता है। उस कूट में PATTERN को किस प्रकार लिखा जाएगा?
(a) ATAETNR (b) OTAETNR
(c) OTAESNR (d) STAETNR

21. यदि 'paper', 'wood' कहलाता है, 'wood','straw' कहलाता है, 'straw', 'grass' कहलाता है, 'grass', 'rubber' कहलाता है और 'rubber', 'cloth' कहलाता है, तो फर्नीचर किससे तैयार होंगे?
(a) paper (b) wood
(c) straw (d) grass

22. यदि किसी विशेष भाषा में KINDLE को ELDNIK के रूप में कूटित किया जाता है, तो उस भाषा में EXOTIC को कैसे कूटित किया जाएगा?
(a) EOXITC (b) EXOTIC
(c) CITOXE (d) COXITE

23. यदि किसी संकेत रूप में INDIA को RMWRZ लिखा जाता है, तो CHINA को उस संकेत रूप में क्या लिखा जाएगा?
(a) YRSNZ (b) XSRMZ
(c) XRSMZ (d) YSRMZ

24. एक निश्चित सांकेतिक भाषा में 'tom kun sud' से अभिप्राय 'dogs are barking', 'kun jo mop' से अभिप्राय 'dogs and horses' और 'mut tom ko' से अभिप्राय 'donkeys are mad' हो, तो बताएँ कि 'barking' के लिए उस भाषा में क्या शब्द है?
(a) sud (b) kun
(c) jo (d) tom

25. यदि 'आसमान' 'तारा' हो, 'तारा' 'बादल' हो, 'बादल' 'धरती' हो, 'धरती' 'वृक्ष' हो और 'वृक्ष' 'पुस्तक' हो, तो बताएँ कि पक्षी कहाँ उड़ेंगे?
(a) बादल में (b) आसमान में
(c) तारा में (d) आँकड़े अपर्याप्त हैं

26. यदि एक सांकेतिक भाषा में PAINT को 74128 के रूप में और EXCEL को 93596 के रूप में लिखा जाए, तो बताएँ कि उसी भाषा में ACCEPT को कैसे लिखा जाएगा?
(a) 455978 (b) 544978
(c) 554978 (d) 733961

27. यदि एक सांकेतिक भाषा में MINERAL को QRSTUVW के रूप में और SOUND को ABCSD के रूप में लिखा जाता है, तो बताएँ कि उसी भाषा में READER को कैसे लिखा जाएगा?
(a) SBFEFS (b) UTVDTU
(c) TUDVUT (d) QDZCDQ

28. यदि POND को RSTL कूट किया जाता है, तो उसी कूट में HEAR को किस प्रकार लिखा जाएगा?
(a) GHIJ (b) GHIZ
(c) JIGZ (d) JCLZ

29. यदि किसी निश्चित कूट में, COVET को FRYHW लिखा जाता है, तो कौन-सा शब्द SHDUO लिखा जाएगा?
(a) QUAKE (b) REPAY
(c) STINK (d) PEARL

30. यदि किसी निश्चित भाषा में GRASP को BMVNK कूट किया जाता है, तो कौन-सा शब्द CRANE कूट किया जाएगा?
(a) FUDQH (b) HWFSJ
(c) GVERI (d) XMVIZ

31. यदि TABLE को ELBAT कूट किया जाता है, तो JUICE को किस प्रकार कूट किया जाएगा?
(a) OZLFJ (b) ECIUJ
(c) HOFAD (d) QZHMT

32. यदि REMOTE को सांकेतिक रूप में ROTEME लिखा जाता है, तो PNIICC को सांकेतिक रूप में क्या लिखा जाएगा?
(a) PNIICC (b) PICCIN
(c) PINCIC (d) PICNIC

33. यदि UNDERSTAND को सांकेतिक रूप में 1234567823 लिखा जाता है, तो START का सांकेतिक रूप क्या होगा?
(a) 56781 (b) 83243
(c) 73652 (d) 67857

34. एक निश्चित सांकेतिक भाषा में '123' से अभिप्राय 'गर्म फिल्टर्ड कॉफी', '356' से अभिप्राय 'बहुत गर्म दिन' और '589' से अभिप्राय 'दिन और रात' से है। बताएँ कि 'बहुत' के लिए कौन-सा अंक है?
(a) 9 (b) 5 (c) 8 (d) 6

35. यदि एक निश्चित भाषा में 'oka peru' से अभिप्राय 'fine cloth' हो, 'meta lisa' से अभिप्राय 'clear water' हो और 'dona lisa peru' से अभिप्राय 'fine clear weather' हो, तो बताएँ उस भाषा में 'weather' से क्या अभिप्राय है?
(a) peru (b) oka
(c) meta (d) dona

उत्तरमाला

1. (d)	**2.** (d)	**3.** (c)	**4.** (c)	**5.** (b)	**6.** (b)	**7.** (b)	**8.** (d)	**9.** (b)	**10.** (c)
11. (a)	**12.** (b)	**13.** (b)	**14.** (c)	**15.** (b)	**16.** (a)	**17.** (d)	**18.** (b)	**19.** (c)	**20.** (b)
21. (c)	**22.** (c)	**23.** (b)	**24.** (a)	**25.** (c)	**26.** (a)	**27.** (b)	**28.** (c)	**29.** (d)	**30.** (d)
31. (b)	**32.** (b)	**33.** (d)	**34.** (d)	**35.** (d)					

संकेत एवं हल

1. (स्पार्क) एण्ड फायर ⟶ 2 3 ④

(स्पार्क) [इज] काज ⟶ ④ [5] 6

फायर [इज] इफैक्ट ⟶ 2 [5] 8

⇒ काज → 6

2. (गुड) एण्ड टेस्टी ⟶ 1 3 ④

सी (गुड) [पिक्चर] ⟶ ④ [7] 8

[पिक्चर] आर फेन्ट ⟶ [7] 2 9

⇒ सी → 8

3. चूँकि 'ओवन' को 'ग्राइन्डर' कहा गया है। अतः महिलाएँ 'ग्राइन्डर' में सेंककर पकाएगी।

4. ∵

5. जिस प्रकार,

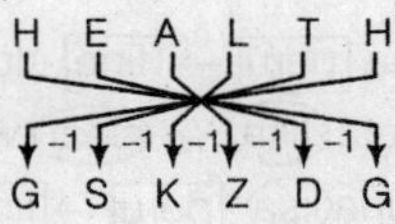

उसी प्रकार,

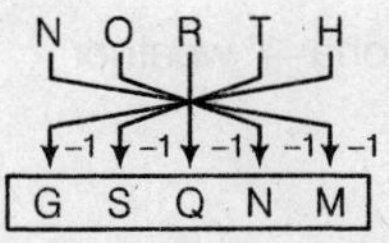

6. जिस प्रकार,

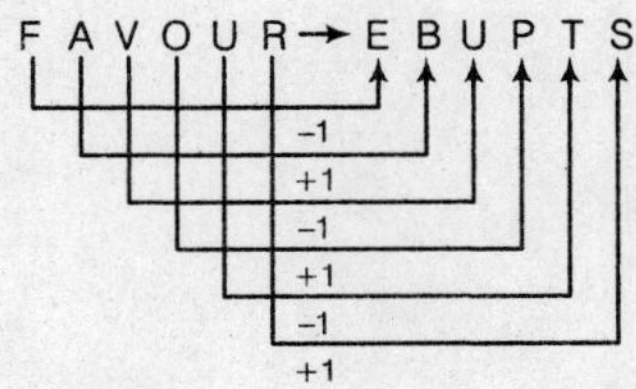

उसी प्रकार,

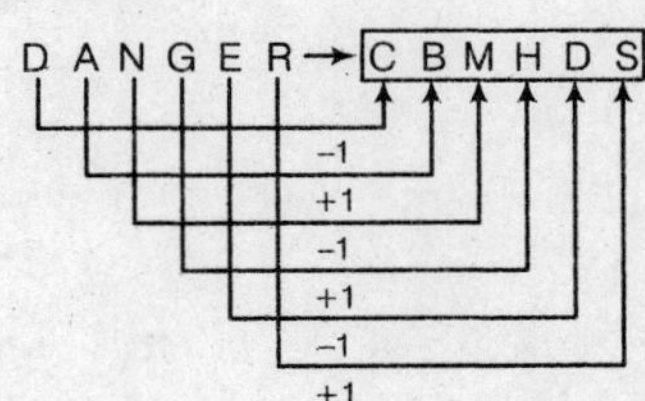

7. जिस प्रकार,

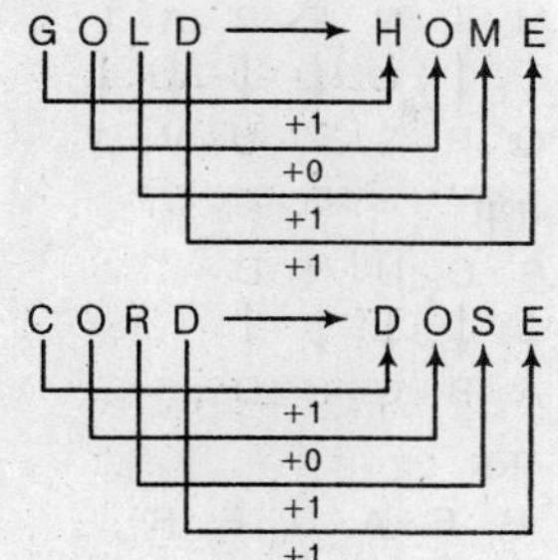

उसी प्रकार,

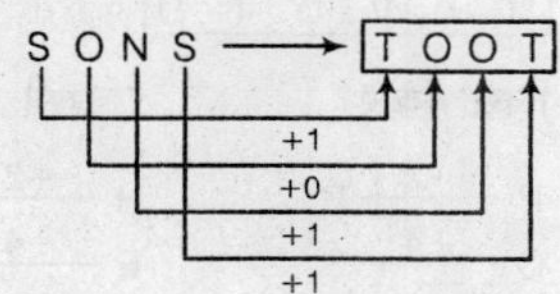

8. जिस प्रकार,

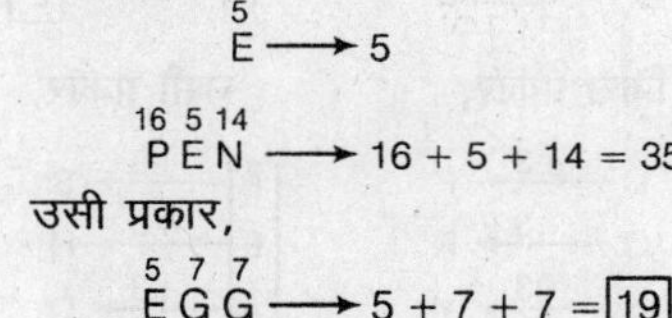

9. $\overset{3\ 1\ 16}{\text{CAP}} \longrightarrow 6 + 2 + 32 = \boxed{40}$

10. जिस प्रकार,

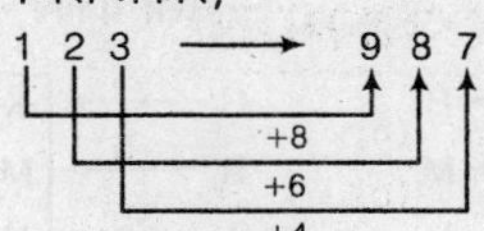

उसी प्रकार,

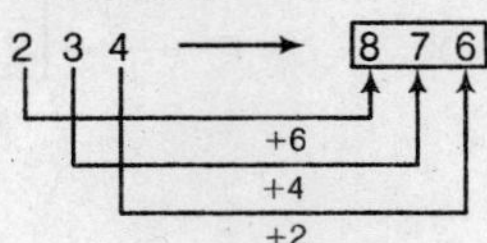

11.

5 9 6 1 6
↓ ↓ ↓ ↓ ↓
A E P R P

12. जिस प्रकार,

453945 ⟶ DECIDE (4 5 3 9 4 5)

उसी प्रकार,

8978 ⟶ HIGH (8 9 7 8)

13. ∵

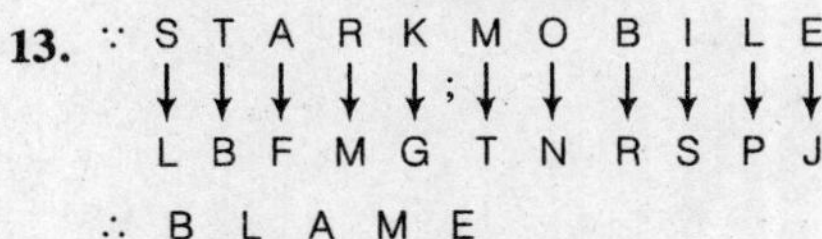

∴

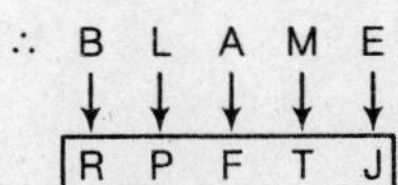

14. ∵ E A T ; C H A I R
3 1 8 ; 2 4 1 5 6

∴ T E A C H E R
8 3 1 2 4 3 6

15. ∵

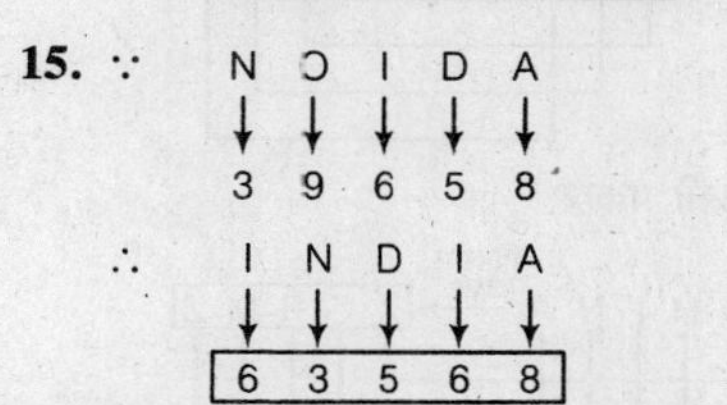

16.

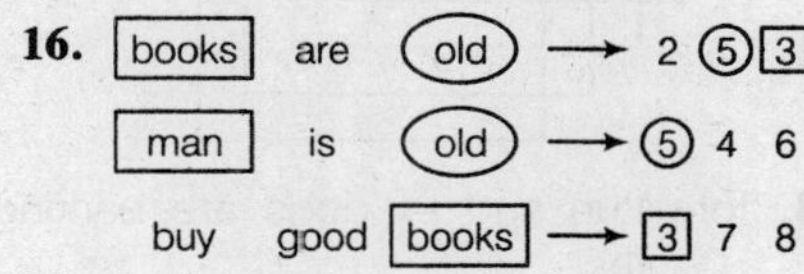

buy good [books] ⟶ [3] 7 8

∴ are → 2

17. चूँकि 'मिर्च' को केला कहा गया है। अतः 'केला' तीखा होगा।

18. जिस प्रकार,

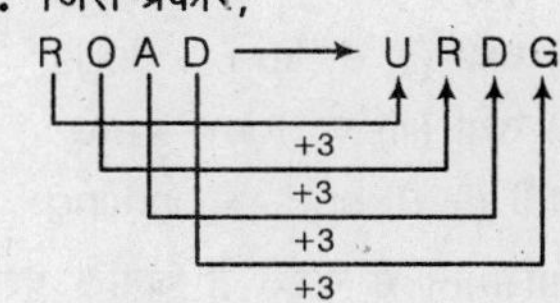

उसी प्रकार,

S W A N ⟶ V Z D Q
+3
+3
+3
+3

19. जिस प्रकार,

MATTER (1 2 3 4 5 6) ⟶ TAMRET (3 2 1 6 5 4)

उसी प्रकार,

BEYOND (1 2 3 4 5 6) ⟶ YEBDNO (3 2 1 6 5 4)

20. जिस प्रकार,

MENTION (1 2 3 4 5 6) ⟶ LNEITNO (2 1 4 3 6 5), −1

उसी प्रकार,

PATTERN (1 2 3 4 5 6) ⟶ OTAETNR (2 1 4 3 6 5), −1

21. चूँकि 'wood' को 'straw' कहा गया है। अतः फर्नीचर 'straw' से तैयार होंगे।

22. जिस प्रकार,

1 2 3 4 5 6 → 6 5 4 3 2 1
K I N D L E → E L D N I K

जिस प्रकार,

1 2 3 4 5 6 → 6 5 4 3 2 1
E X O T I C → C I T O X E

23. जिस प्रकार,

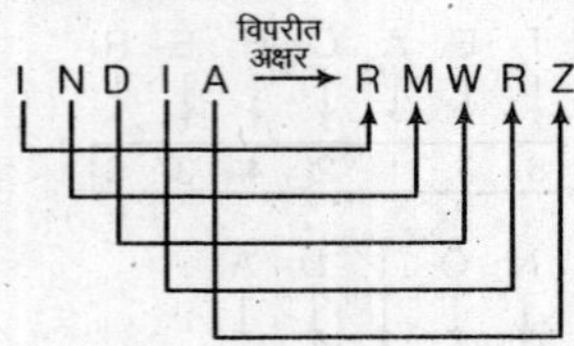

उसी प्रकार,

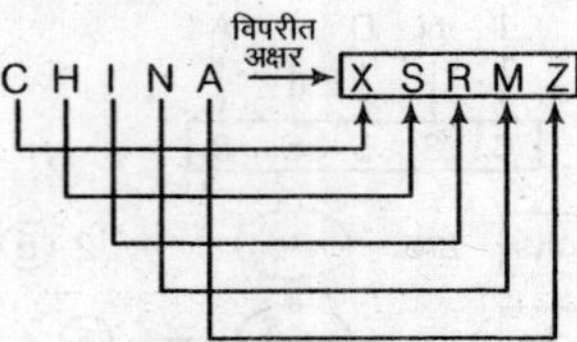

24. tom kun sud → dogs are barking ...(i)

kun jo mop → dogs and horses ...(ii)

mut tom ko → donkeys are mad ...(iii)

समी (i) तथा (ii) से, kun → dogs

समी (i) तथा (iii) से, tom → are

अतः समी (i) से, sud → barking

25. पक्षी, आसमान में उड़ते हैं जबकि प्रश्न में आसमान को तारा कहा गया है। अतः पक्षी, तारा में उड़ेंगे।

26. जिस प्रकार,

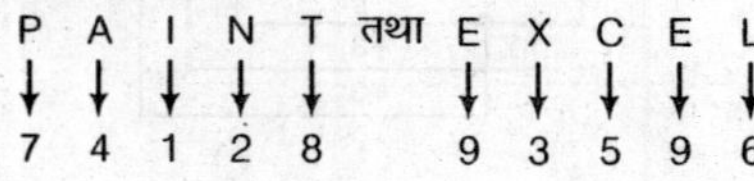

अतः

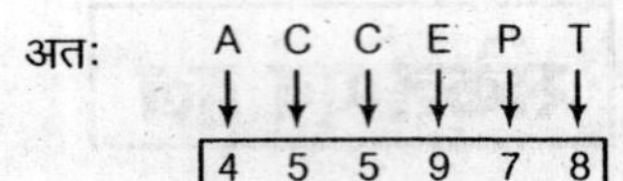

27. जिस प्रकार,

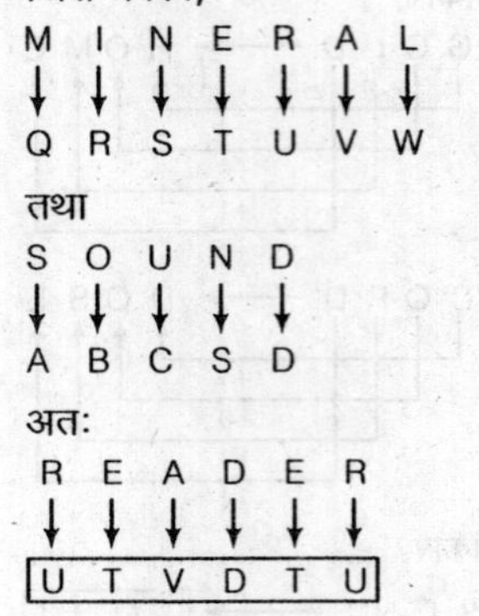

28. जिस प्रकार,

P —(+2)→ R
O —(+4)→ S
N —(+6)→ T
D —(+8)→ L

उसी प्रकार,

H —(+2)→ J
E —(+4)→ I
A —(+6)→ G
R —(+8)→ Z

29. जिस प्रकार,

C —(+3)→ F
O —(+3)→ R
V —(+3)→ Y
E —(+3)→ H
T —(+3)→ W

उसी प्रकार,

P —(+3)→ S
E —(+3)→ H
A —(+3)→ D
R —(+3)→ U
L —(+3)→ O

30. जिस प्रकार, उसी प्रकार,

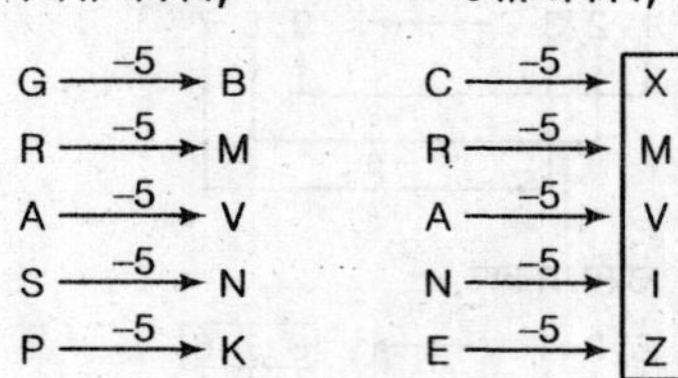

31. जिस प्रकार,

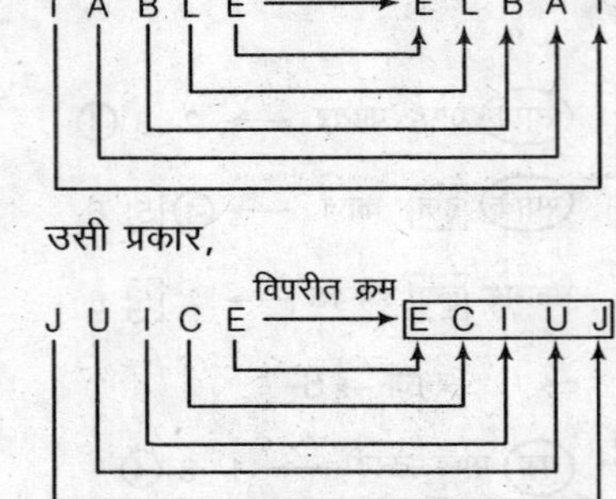

32. जिस प्रकार,

1 2 3 4 5 6 → 1 4 5 6 3 2
R E M O T E → R O T E M E

उसी प्रकार,

1 2 3 4 5 6 → 1 4 5 6 3 2
P N I I C C → P I C C I N

33. जिस प्रकार,

U N D E R S T A N D
1 2 3 4 5 6 7 8 2 3

अतः START → 67857

34. 1 2 3 → गर्म फिल्टर्ड कॉफी ...(i)

3 5 6 → बहुत गर्म दिन ...(ii)

5 8 9 → दिन और रात ...(iii)

समी (i) तथा (ii) से, 3 → गर्म

समी (ii) तथा (iii) से, 5 → दिन

अतः पुनः समी (ii) से, 6 → बहुत

35. oka peru → fine cloth;

meta lisa → clear water;

dona lisa peru → fine clear weather

∴ dona → weather

अध्याय

05

श्रृंखला

संख्याओं या अक्षरों का एक ऐसा अनुक्रम, जो किसी निश्चित क्रम से आगे बढ़ता है, 'श्रृंखला' कहलाता है। इसके अन्तर्गत पूछे जाने वाले प्रश्नों में कुछ अंकों या अक्षरों की एक श्रृंखला दी गई होती है जिसमें एक स्थान खाली (?) छोड़ दिया जाता है या कोई संख्या या अक्षर ऐसा दिया होता है, जो उस नियम का अनुपालन नहीं करता है, जिसके अनुसार श्रृंखला की अन्य संख्या/अक्षर व्यवस्थित होते हैं। आपको उसी खाली स्थान (?) के स्थान पर आने वाली संख्या/अक्षर या उस संख्या/अक्षर को उत्तर विकल्पों में से चुनना होता है जो उस नियम का अनुपालन नहीं करते हैं। इसके अलावा इस अध्याय में औपबन्धिक संख्या (Conditional Number) से भी प्रश्न पूछे जाते हैं।

इन्हें स्मरण रखें!

संख्याओं पर आधारित श्रृंखला का लुप्त/गलत पद पहचानने के लिए निम्नलिखित जानकारी होना आवश्यक है

- यदि संख्या श्रृंखला के प्रथम तथा अन्तिम पद में अधिक अन्तर न हो तथा श्रृंखला आरोही रूप में दिख रही हो, तब श्रृंखला 'जोड़' पर आधारित हो सकती है। **जैसे**

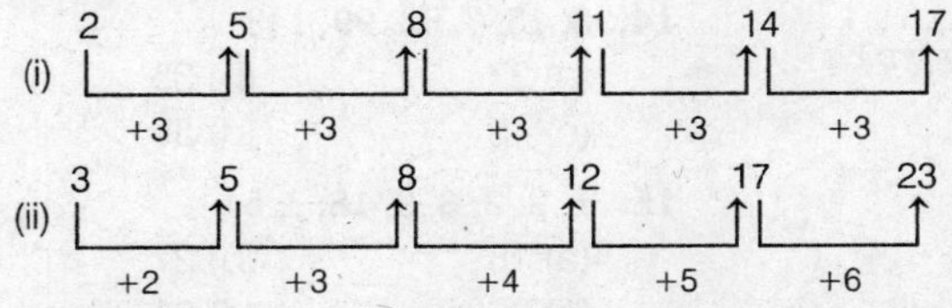

- यदि संख्या श्रृंखला के प्रथम तथा अन्तिम पद में अधिक अन्तर न हो तथा श्रृंखला अवरोही रूप में दिख रही हो, तब श्रृंखला घटाव पर आधारित हो सकती है। **जैसे**

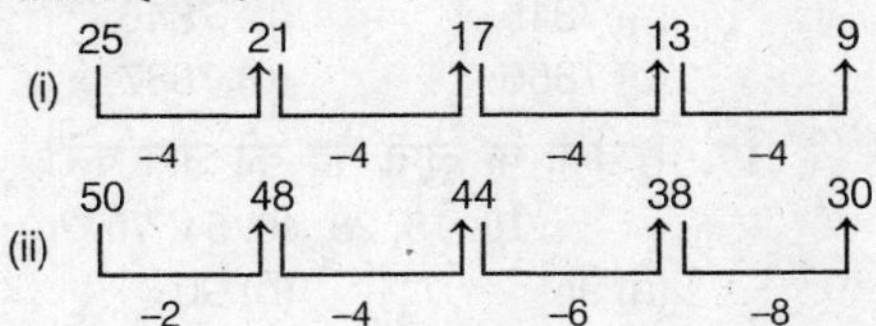

- यदि संख्या श्रृंखला के प्रथम तथा अन्तिम पद में अन्तर बहुत अधिक हो, तब श्रृंखला गुणा अथवा गुणा एवं घटाव अथवा गुणा एवं जोड़ पर आधारित हो सकती है। **जैसे**

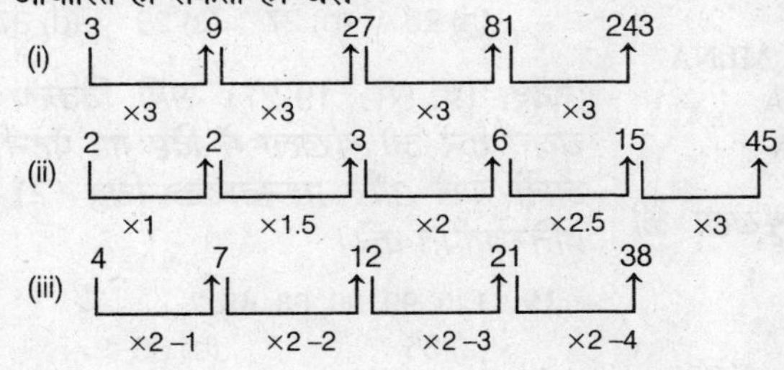

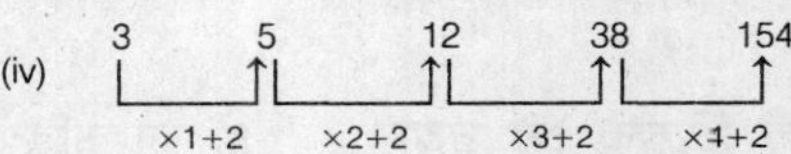

- यदि संख्या श्रृंखला के प्रथम दो पदों की तुलना में अन्तिम दो पदों में अन्तर बहुत कम हो, तो श्रृंखला वर्ग/घन संख्याओं के जोड़ या अन्तर पर आधारित हो सकती है। **जैसे**

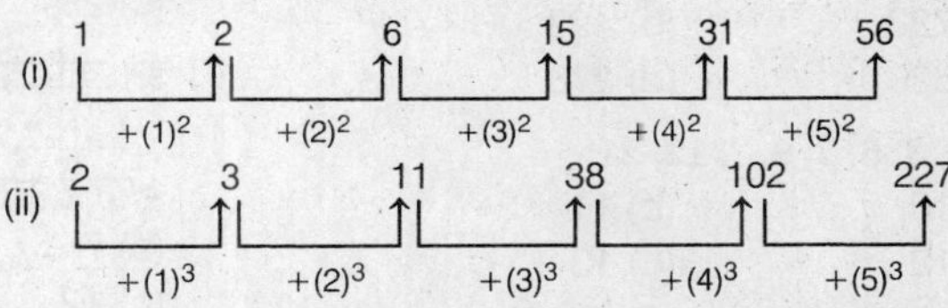

अक्षरों पर आधारित श्रृंखला का लुप्त/गलत पद पहचानने के लिए अंग्रेजी वर्णमाला के अक्षरों की क्रमांकिक स्थिति की निम्न जानकारी का होना आवश्यक है

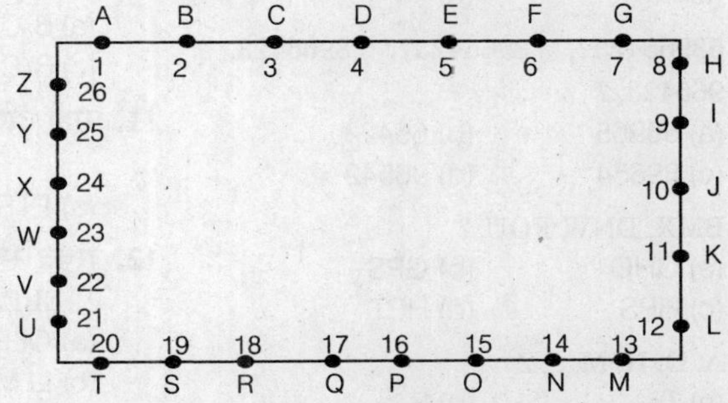

- सतत् श्रृंखला के अन्तर्गत खाली पदों को भरते समय यह अवश्य याद रखें कि श्रृंखला के दो/तीन/चार/पाँच.....पद किसी तर्कसंगत नियमानुसार व्यवस्थित हों। **जैसे**

a a b/ a a a b/ a a a a b/ a a a a a b

साधित उदाहरण

1. निम्नलिखित अंकों की शृंखला में प्रश्नवाचक चिह्न (?) के स्थान पर नीचे दिए गए चार विकल्पों में से कौन-सा अंक आएगा?

512, 256, 128, 64, 32, ?

(a) 8 (b) 16 (c) 60 (d) 36

हल *(b)* 512 → 256 → 128 → 64 → 32 → [16]

÷2 ÷2 ÷2 ÷2 ÷2

अतः ? के स्थान पर 16 होगा।

2. निम्नलिखित अंकों की शृंखला में एक पद गलत है। उस गलत पद को ज्ञात कीजिए।

7, 9, 17, 42, 91, 172

(a) 17 (b) 42 (c) 9 (d) 91

हल *(c)* 7 → [9] (8) → 17 → 42 → 91 → 172

$+1^2$ $+3^2$ $+5^2$ $+7^2$ $+9^2$

अतः 9 के स्थान पर 8 होगा।

3. निम्नलिखित अक्षरों की शृंखला में प्रश्नवाचक चिह्न (?) के स्थान पर कौन-सा अक्षर समूह आएगा?

ABC, FGH, LMN, ?

(a) OPQ (b) RST (c) IJK (d) STU

हल *(d)*

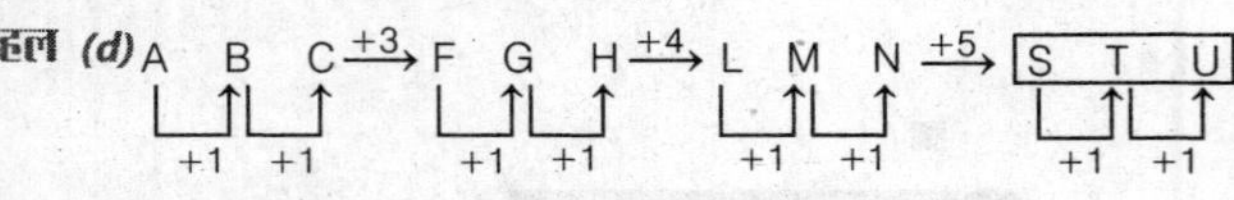

अतः ? के स्थान पर STU होगा।

4. निम्नलिखित अक्षर शृंखला के नीचे दिए गए विकल्पों में से शृंखला के लुप्त अक्षरों के सही अक्षर क्रम को ज्ञात कीजिए।

w__uww__ __w__xuw

(a) xuxw (b) xxwu

(c) xxuw (d) xxww

हल *(c)* w x u w / w x u w / w x u w ⇒ xxuw

अतः शृंखला में xxuw लिखा जाएगा।

प्रैक्टिस जोन

निर्देश (प्र.सं. 1-7) *सही विकल्प का चयन करें जो शृंखला में दिए गए पैटर्न को जारी रखे और प्रश्नचिह्न (?) को प्रतिस्थापित करे।*

1. 4, 8, 28, 80, 244, ?
(a) 728 (b) 428
(c) 628 (d) 278

2. 1, 3, 3, 6, 7, 9, ?, 12, 21
(a) 10 (b) 11
(c) 12 (d) 13

3. 6, 12, 21, ?, 48
(a) 33 (b) 38
(c) 40 (d) 45

4. 589654237, 89654237, 8965423, 965423, ?
(a) 58965 (b) 65423
(c) 89654 (d) 96542

5. BMX, DNW, FOU, ?
(a) GHO (b) GPS
(c) HPS (d) HPT

6. A, D, H, M, ?, Z
(a) T (b) S
(c) N (d) G

7. A, G, L, P, S, ?
(a) U (b) W
(c) X (d) Y

8. इन कड़ियों पर गौर करें।
36, 34, 30, 28, 24, (....)
अगली संख्या कौन-सी होनी चाहिए?
(a) 20 (b) 22
(c) 23 (d) 26

9. इन कड़ियों पर गौर करें।
7, 10, 8, 11, 9, 12, (......)
अगली संख्या कौन-सी होनी चाहिए?
(a) 7 (b) 10
(c) 12 (d) 13

10. रिक्त स्थान की पूर्ति करें।
B_2CD, ..., BCD_4, B_4CD, BC_6D
(a) B_2C_2D (b) BC_3D
(c) B_2C_3D (d) BCD_7

11. सही अक्षरों के समूह से इसे भरें।
MOQ, NPR, OQS, ...
(a) PTR (b) PRT (c) QSU (d) PTT

12. रिक्त स्थान की पूर्ति करें।
ELFA, GLHA, ILJA, ... MLNA
(a) OLPA (b) KLMA
(c) LLMA (d) KLLA

निर्देश (प्र सं. 13-15) *दी गई शृंखला की पूर्ति कीजिए।*

13. 6, 13, 25, 51, 101, ?
(a) 201 (b) 202 (c) 203 (d) 205

14. 3, 15, ?, 63, 99, 143
(a) 27 (b) 35
(c) 45 (d) 56

15. 1, 2, 3, 6, 9, 18, ?, 54
(a) 18 (b) 27
(c) 36 (d) 81

16. निम्नलिखित में से (?) ज्ञात कीजिए।
4832, 5840, 6848, ?
(a) 7815 (b) 7846
(c) 7856 (d) 7887

17. शृंखला के लुप्त पद को ज्ञात करें।
10, 18, 28, 40, 54, 70, ?
(a) 95 (b) 90
(c) 85 (d) 88

18. निम्न लुप्त संख्या ज्ञात करें।
11, 13, 17, 19, 23, 25, ?
(a) 26 (b) 27 (c) 29 (d) 37

निर्देश (प्र. सं. 19-27) *सही विकल्प का चयन करें जो शृंखला में दिए गए पैटर्न को जारी रखे और प्रश्नवाचक चिह्न (?) को प्रतिस्थापित करें।*

19. 120, 99, 80, 63, 48, ?
(a) 35 (b) 38
(c) 39 (d) 40

20. 1, 5, 14, 30, 55, 91, ?
(a) 130 (b) 140
(c) 150 (d) 160

21. 2, 12, 36, 80, 150, ?
(a) 194 (b) 210
(c) 252 (d) 258

22. BMO, EOQ, HQS, ?
(a) KSU (b) LMN
(c) SOV (d) SOW

23. M, N, O, L, R, I, V, ?
(a) A (b) E
(c) F (d) H

24. 10, 14, 25, 55, 140, ?
(a) 386
(b) 388
(c) 398
(d) उपरोक्त में से कोई नहीं

25. PON, RQP, TSR, VUT, ?, ?
(a) WUY, YXZ (b) UWV, ZXY
(c) UVW, ZYX (d) XWV, ZYX

26. CE, FI, JL, MP, QS, ?, ?
(a) TV, WY (b) TV, XY
(c) TW, XZ (d) TV, XZ

27. 336, 224, 168, 140, 126, ?
(a) 119
(b) 118
(c) 116
(d) उपरोक्त में से कोई नहीं

28. श्रृंखला की पूर्ति कीजिए।
ZA5, Y4B, XC6, W3D, ...
(a) E7V (b) V2E
(c) VE5 (d) VE7

29. श्रृंखला की पूर्ति कीजिए।
QPO, NML, KJV, ..., EDC
(a) HGF (b) CAB
(c) JKL (d) GHI

30. 2, 1, (1/2), (1/4), ? में ? को ज्ञात कीजिए।
(a) (1/3) (b) (1/6)
(c) (1/8) (d) (1/16)

31. 15, 31, 63, 127, 255, ? में ? को ज्ञात कीजिए।
(a) 513 (b) 511
(c) 523 (d) 517

32. दिए गए विकल्पों में से लुप्त पद को चुनिए।
R, U, X, A, D, ?
(a) F (b) G
(c) H (d) I

33. श्रृंखला की अगली संख्या बताएँ।
1, 4, 9, 16, 25, ...
(a) 35 (b) 36
(c) 48 (d) 49

34. इस कड़ी में लुप्त अक्षर बताएँ।
A, D, G, J, M, P, ...
(a) Q (b) R
(c) S (d) T

निर्देश (प्र.सं. 35-37) *सही विकल्प का चयन करें जो श्रृंखला में दिए गए पैटर्न को जारी रखे और प्रश्नचिह्न (?) को प्रतिस्थापित करे।*

35. 0, 6, 24, 60, 120, 210, ?
(a) 240 (b) 290 (c) 336 (d) 504

36. 1, 4, 27, 16, ?, 36, 343
(a) 25 (b) 87 (c) 120 (d) 125

37. 3, 12, 27, 48, 75, 108, ?
(a) 147 (b) 162
(c) 183 (d) 192

38. विकल्पों में से कौन-सी श्रृंखला की संख्या गलत है?
1, 8, 27, 65, 125, 216
(a) 65 (b) 216 (c) 125 (d) 27

निर्देश (प्र.सं. 39-44) *सही विकल्प का चयन करें जो श्रृंखला में दिए गए पैटर्न को जारी रखे और प्रश्नचिह्न (?) को प्रतिस्थापित करे।*

39. WFB, TGD, QHG, ?
(a) NIJ (b) NIK (c) NJK (d) OIK

40. AI, BJ, CK, ?
(a) GH (b) DM
(c) DL (d) LM

41. Z, U, Q, ?, L
(a) I (b) K
(c) M (d) N

42. GR, IP, KN, ML, ?
(a) OJ, RI (b) QG, SF
(c) OJ, QH (d) OL, QS

43. 114, 225, 336, 447, 558, ?
(a) 569 (b) 789 (c) 779 (d) 669

44. 1, 3, 4, 5, 7, 9, 10, ?
(a) 12 (b) 18 (c) 14 (d) 15

45. लुप्त संख्या ज्ञात कीजिए।

12 8 → 80 (A)
16 7 → 207 (B)
25 21 → ? (C)

(a) 184 (b) 210
(c) 241 (d) 425

46. उस संख्या को ज्ञात कीजिए, जो निम्नलिखित संख्या श्रेणी में फिट नहीं बैठती है।
291, 170, 121, 40, 15, 6, 5
(a) 170 (b) 121 (c) 40 (d) 15

47. उस संख्या का चयन कीजिए जो निम्नलिखित संख्या श्रेणी में फिट नहीं बैठती है।
1, 3, 8, 31, 129, 651, 3913
(a) 3 (b) 8 (c) 31 (d) 129

48. श्रृंखला 10, 17, 24, 31, 38, ...में निम्नलिखित में से कौन-सी श्रृंखला की एक संख्या होगी?
(a) 48 (b) 45 (c) 55 (d) 44

49. इस श्रृंखला में विषम संख्या बताइए।
1, 3, 7, 11, 15, 18, 21
(a) 3 (b) 7 (c) 18 (d) 21

50. इस श्रृंखला का अवलोकन करें।
53, 53, 40, 40, 27, 27,......
अगली संख्या क्या होगी?
(a) 12 (b) 14 (c) 27 (d) 53

51. इस श्रृंखला का अवलोकन करें।
F2, ..., D8, C16, B32
रिक्त स्थान में कौन-सी संख्या आएगी?
(a) A16 (b) G4
(c) E4 (d) E3

52. इस श्रृंखला में लुप्त संख्या बताएँ।
4, 6, 9, 13, ?, 24
(a) 18 (b) 14
(c) 17 (d) 15

53. दी गई श्रृंखला में लुप्त संख्या का पता लगाएँ जो ? के स्थान पर आए।
2, 5, 9, 19, 37, ?
(a) 73 (b) 75 (c) 76 (d) 78

निर्देश (प्र.सं. 54-65) *सही विकल्प का चयन करें जो श्रृंखला में दिए गए पैटर्न को जारी रखे और प्रश्नचिह्न (?) को प्रतिस्थापित करें।*

54. 2, 5, 9, ?, 20, 27
(a) 14 (b) 16 (c) 18 (d) 24

55. 120, 99, 80, 63, 48, ?
(a) 35 (b) 38
(c) 39 (d) 40

56. 20, 20, 19, 16, 17, 13, 14, 11, ?, ?
(a) 10,11 (b) 10,10 (c) 13,14
(d) 13,16

57. AYD, BVF, DRH, ?, KGL
(a) FMI (b) GMJ
(c) GLJ (d) HLK

58. Z, W, S, P, L, I, E, ?
(a) B (b) D
(c) F (d) K

59. DF, GJ, KM, NQ, RT, ?
(a) UW (b) YZ
(c) XZ (d) UX

60. A, CD, GHI, ?, UVWXY
(a) LMNO (b) MNO
(c) MNOP (d) MNPQ

उत्तरमाला

1. (a)	**2.** (d)	**3.** (a)	**4.** (d)	**5.** (d)	**6.** (b)	**7.** (a)	**8.** (b)	**9.** (b)	**10.** (b)
11. (b)	**12.** (d)	**13.** (c)	**14.** (b)	**15.** (b)	**16.** (c)	**17.** (d)	**18.** (c)	**19.** (a)	**20.** (b)
21. (c)	**22.** (a)	**23.** (b)	**24.** (b)	**25.** (d)	**26.** (c)	**27.** (a)	**28.** (d)	**29.** (a)	**30.** (c)
31. (b)	**32.** (b)	**33.** (b)	**34.** (c)	**35.** (c)	**36.** (d)	**37.** (a)	**38.** (a)	**39.** (b)	**40.** (c)
41. (d)	**42.** (c)	**43.** (d)	**44.** (d)	**45.** (a)	**46.** (b)	**47.** (b)	**48.** (b)	**49.** (c)	**50.** (b)
51. (c)	**52.** (a)	**53.** (b)	**54.** (a)	**55.** (a)	**56.** (b)	**57.** (b)	**58.** (a)	**59.** (d)	**60.** (c)

संकेत एवं हल

1. शृंखला का क्रम निम्नवत् है

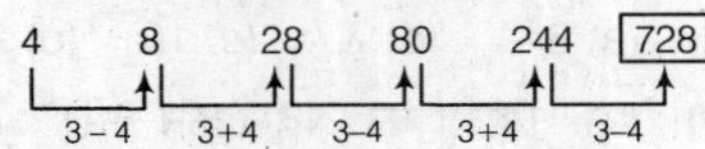

2. शृंखला का क्रम निम्नवत् है

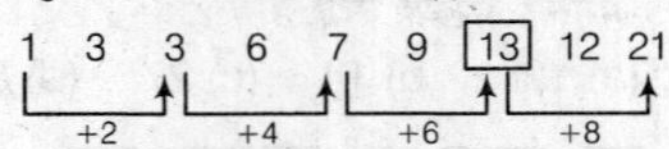

3. शृंखला का क्रम निम्नवत् है

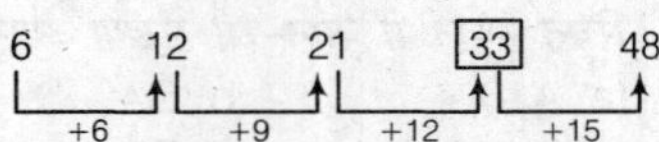

4. शृंखला का क्रम निम्नवत् है

5. शृंखला का क्रम निम्नवत् है

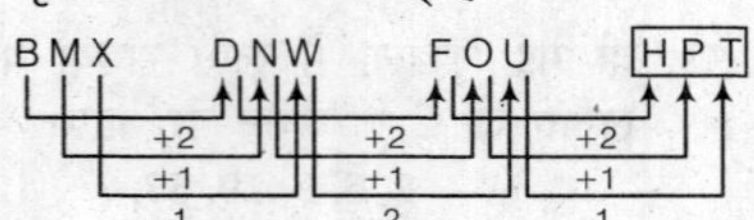

6. शृंखला का क्रम निम्नवत् है

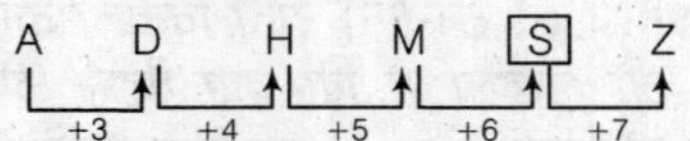

7. शृंखला का क्रम निम्नवत् है

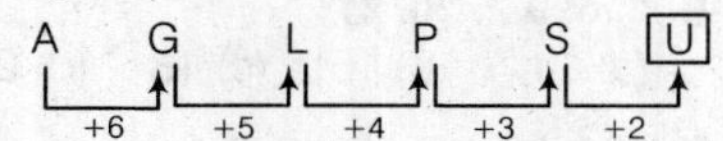

8. शृंखला का क्रम निम्नवत् है

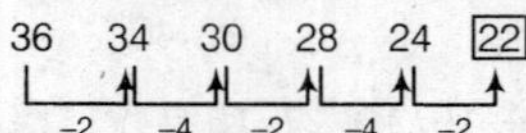

9. शृंखला का क्रम निम्नवत् है

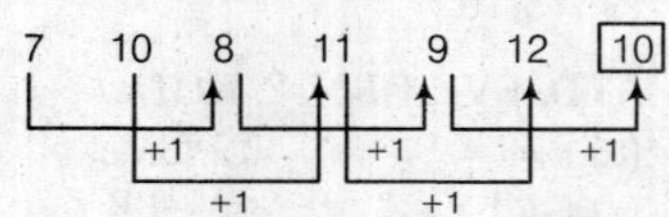

अभीष्ट संख्या = 10

10. $\overset{2}{B}CD \rightarrow B_2CD$

$B\overset{3}{C}D \rightarrow \boxed{BC_3D}$

$BC\overset{4}{D} \rightarrow BCD_4$

$\overset{(2\times2)}{B}CD \rightarrow B_4CD$

$B\overset{(3\times2)}{C}D \rightarrow BC_6D$

11. शृंखला का क्रम निम्नवत् है

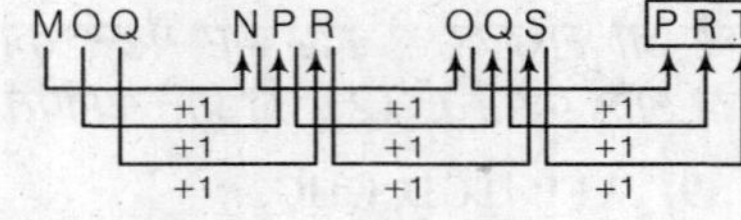

12. शृंखला का क्रम निम्नवत् है

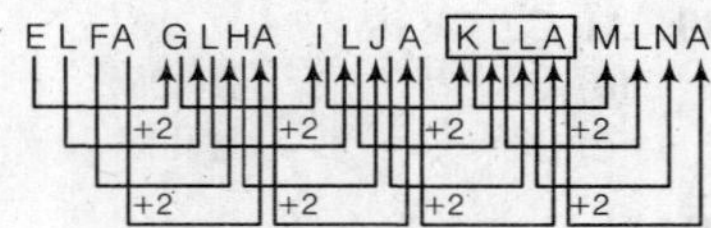

13. शृंखला का क्रम निम्नवत् है

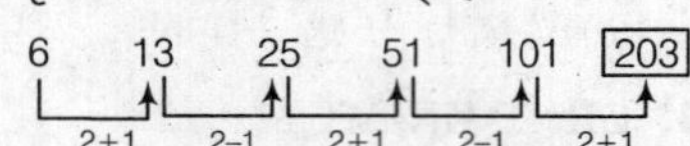

14. शृंखला का क्रम निम्नवत् है

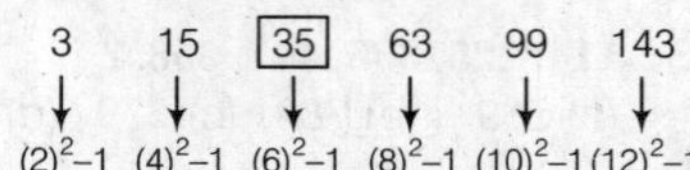

15. शृंखला का क्रम निम्नवत् है

$1+2=3$

$3\times2=6$

$6+3=9$

$9\times2=18$

$18+9=\boxed{27}$

$27\times2=54$

16. शृंखला का क्रम निम्नवत् है

4832 (+1008) 5840 (+1008) 6848 (+1008) $\boxed{7856}$

17. शृंखला का क्रम निम्नवत् है

10 (+8) 18 (+10) 28 (+12) 40 (+14) 54 (+16) 70 (+18) $\boxed{88}$

18. शृंखला का क्रम निम्नवत् है

11 (+2) 13 (+4) 17 (+2) 19 (+4) 23 (+2) 25 (+4) $\boxed{29}$

19. शृंखला का क्रम निम्नवत् है

120 (–21) 99 (–19) 80 (–17) 63 (–15) 48 (–13) $\boxed{35}$

20. शृंखला का क्रम निम्नवत् है

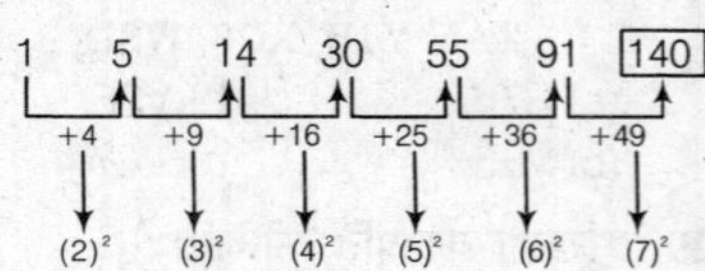

21. शृंखला का क्रम निम्नवत् है

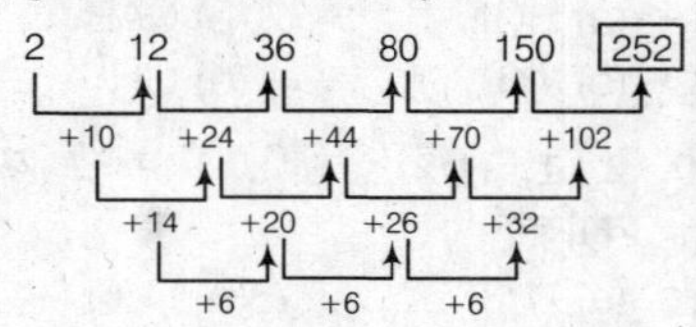

22. शृंखला का क्रम निम्नवत् है

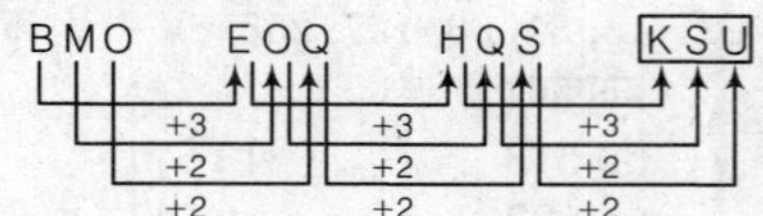

23. शृंखला का क्रम निम्नवत् है

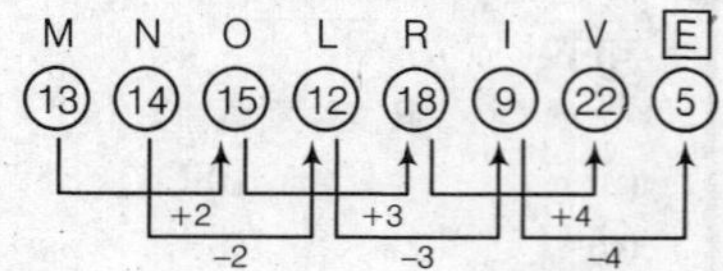

24. श्रृंखला का क्रम निम्नवत् है

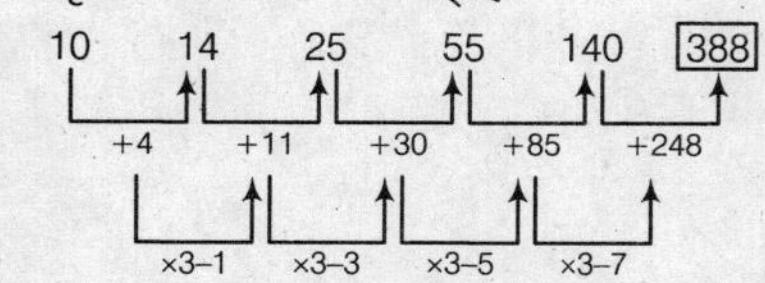

25. श्रृंखला का क्रम निम्नवत् है

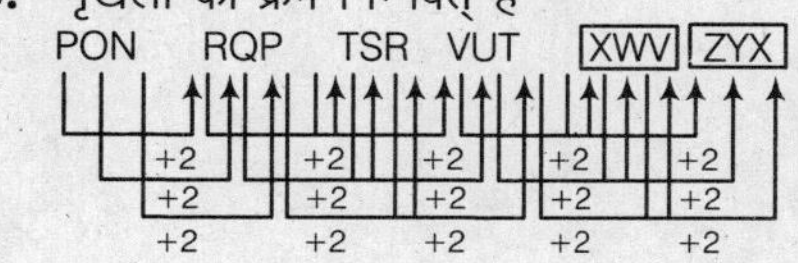

26. श्रृंखला का क्रम निम्नवत् है

C E F I J L M P Q S [T W] [X Z]

+2 +1 +3 +1 +2 +1 +3 +1 +2 +1 +3 +1 +2

27. श्रृंखला का क्रम निम्नवत् है

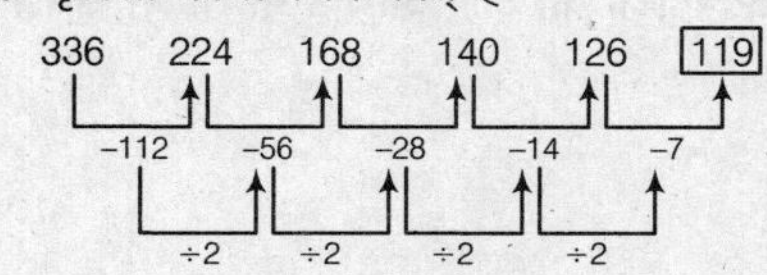

28. श्रृंखला का क्रम निम्नवत् है

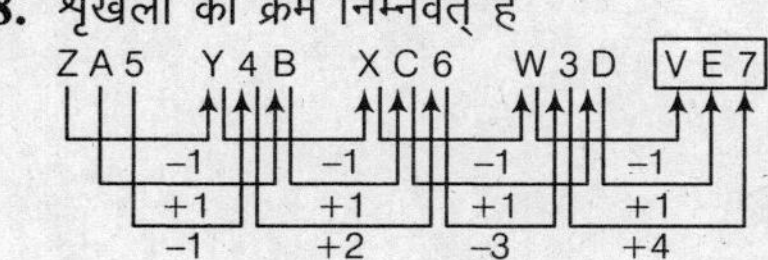

29. श्रृंखला का क्रम निम्नवत् है

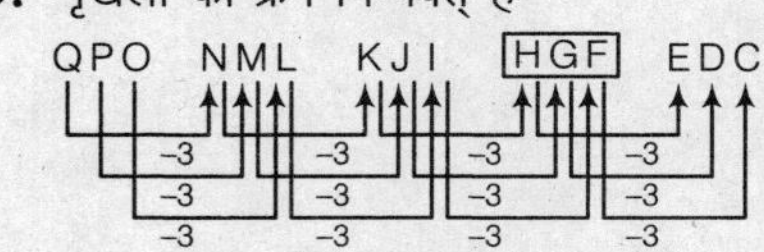

30. श्रृंखला का क्रम निम्नवत् है

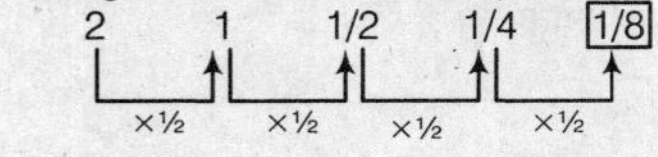

31. श्रृंखला का क्रम निम्नवत् है

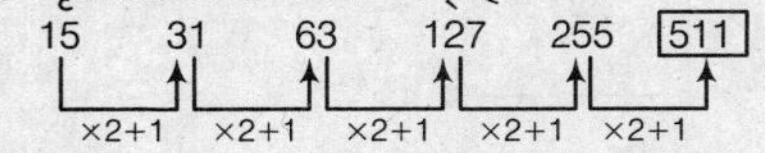

32. श्रृंखला का क्रम निम्नवत् है

R U X A D [G]

+3 +3 +3 +3

33. श्रृंखला का क्रम निम्नवत् है

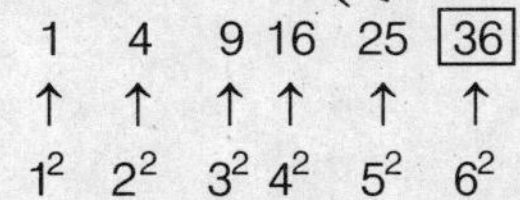

34. श्रृंखला का क्रम निम्नवत् है

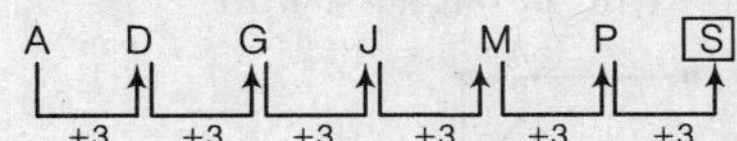

35. श्रृंखला का क्रम निम्नवत् है

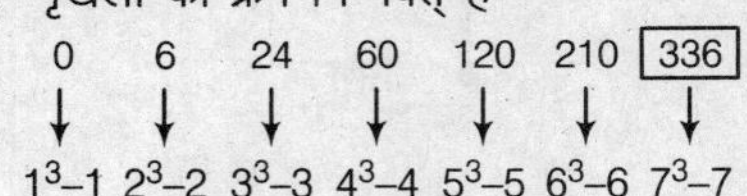

36. श्रृंखला का क्रम निम्नवत् है

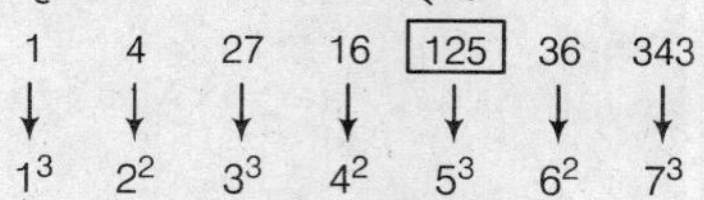

37. श्रृंखला का क्रम निम्नवत है

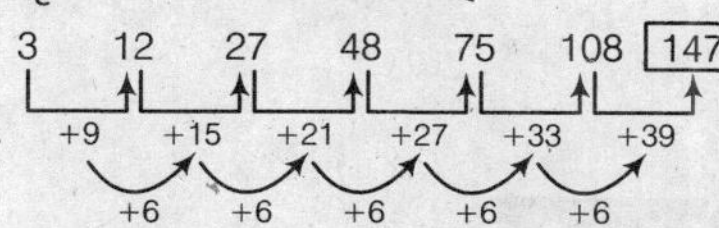

38. श्रृंखला का क्रम निम्नवत् है

1 8 27 [65] (64) 125 216

1^3 2^3 3^3 4^3 5^3 6^3

39. श्रृंखला का क्रम निम्नवत् है

W —(–3)→ T —(–3)→ Q —(–3)→ [N]

F —(+1)→ G —(+1)→ H —(+1)→ [I]

B —(+2)→ D —(+3)→ G —(+4)→ [K]

40. श्रृंखला का क्रम निम्नवत् है

A —(+1)→ B —(+1)→ C —(+1)→ [D]

I —(+1)→ J —(+1)→ K —(+1)→ [L]

41. श्रृंखला का क्रम निम्नवत् है

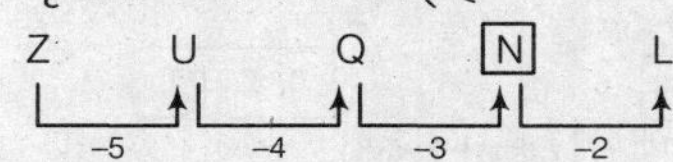

42. श्रृंखला का क्रम निम्नवत् है

G —(+2)→ I —(+2)→ K —(+2)→ M —(+2)→ [O] —(+2)→ [Q]

R —(–2)→ P —(–2)→ N —(–2)→ L —(–2)→ [J] —(–2)→ [H]

43. श्रृंखला का क्रम निम्नवत् है

114 225 336 447 558 [669]

+111 +111 +111 +111 +111

44. *श्रृंखला का क्रम निम्नवत् है*

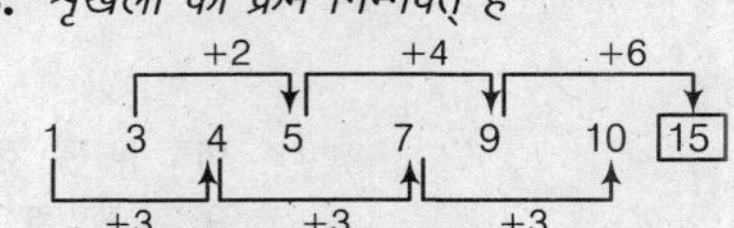

46. श्रृंखला का क्रम निम्नवत् है

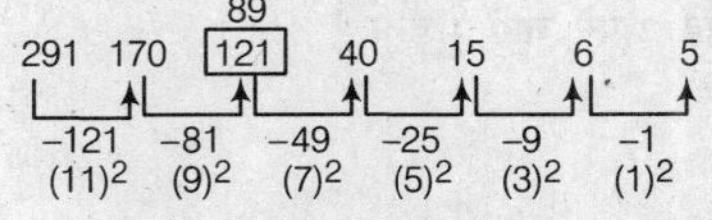

अतः संख्या 121 गलत है। इसके स्थान पर संख्या 89 आनी चाहिए।

47. श्रृंखला का क्रम निम्नवत् है

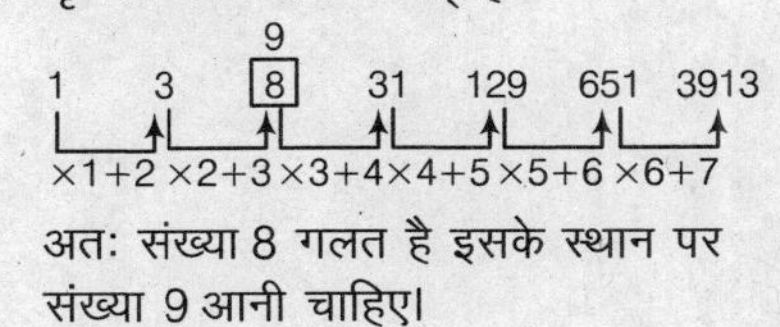

अतः संख्या 8 गलत है इसके स्थान पर संख्या 9 आनी चाहिए।

48. श्रृंखला का क्रम निम्नवत् है

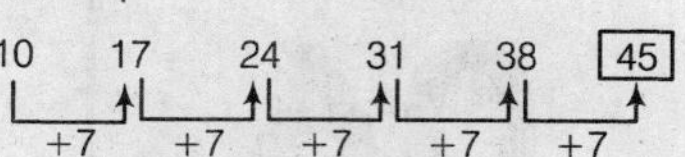

49. 18 को छोड़कर, अन्य सभी विषम संख्याएँ हैं।

50. श्रृंखला का क्रम निम्नवत् है

53 53 40 40 27 27 [14] 14

–13 –13 –13

51. श्रृंखला का क्रम निम्नवत् है

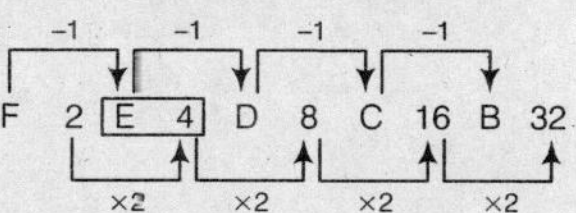

52. श्रृंखला का क्रम निम्नवत् है

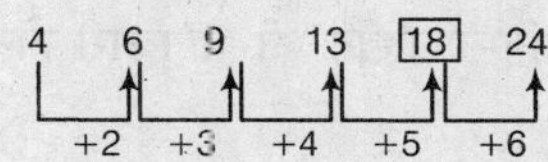

53. श्रृंखला का क्रम निम्नवत् है

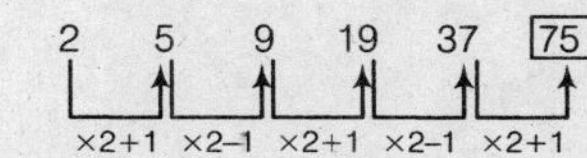

54. श्रृंखला का क्रम निम्नवत् है

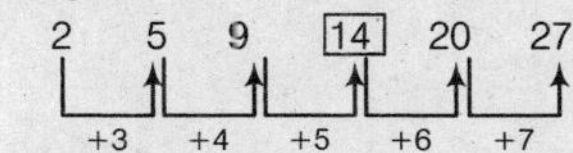

55. श्रृंखला का क्रम निम्नवत् है

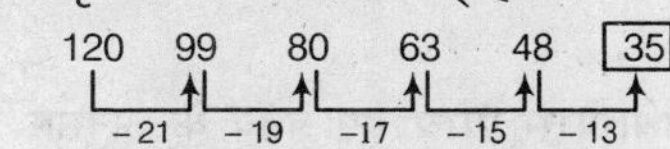

56. श्रृंखला का क्रम निम्नवत् है

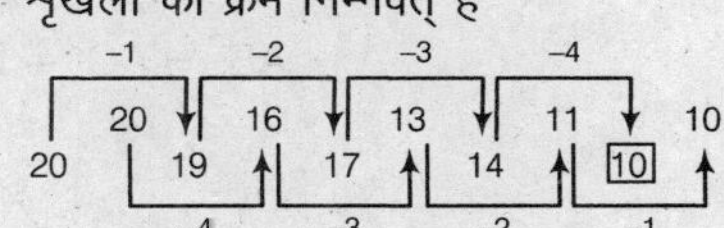

57. श्रृंखला का क्रम निम्नवत् है

A —(+1)→ B —(+2)→ D —(+3)→ [G] —(+4)→ K

Y —(–3)→ V —(–4)→ R —(–5)→ [M] —(–6)→ G

D —(+2)→ F —(+2)→ H —(+2)→ [J] —(+2)→ L

58. श्रृंखला का क्रम निम्नवत् है

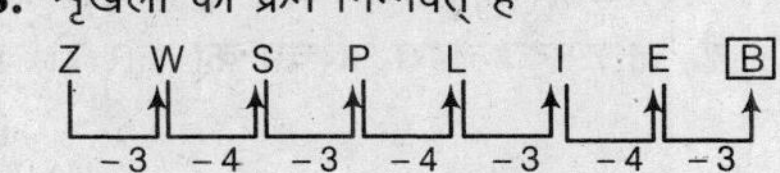

59. श्रृंखला का क्रम निम्नवत् है

D —(+3)→ G —(+4)→ K —(+3)→ N —(+4)→ R —(+3)→ [U]

F —(+4)→ J —(+3)→ M —(+4)→ Q —(+3)→ T —(+4)→ [X]

60. श्रृंखला का क्रम निम्नवत् है

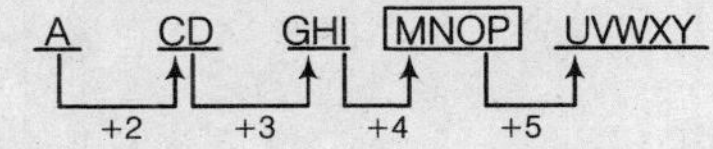

अध्याय

06

दिशा परीक्षण

'दिशा' एक ऐसी मानक परिकल्पना है, जिसके अनुसार सूर्य जिस ओर उदय होता है उस ओर को 'पूर्व', इसके ठीक विपरीत जिस ओर छिपता है उसको 'पश्चिम', बाईं ओर को 'उत्तर' तथा दाईं ओर को 'दक्षिण' दिशा माना जाता है। दिशाओं की परिकल्पनाओं को ओर अधिक गहराई से समझने के लिए निम्नलिखित की जानकारी होना आवश्यक है

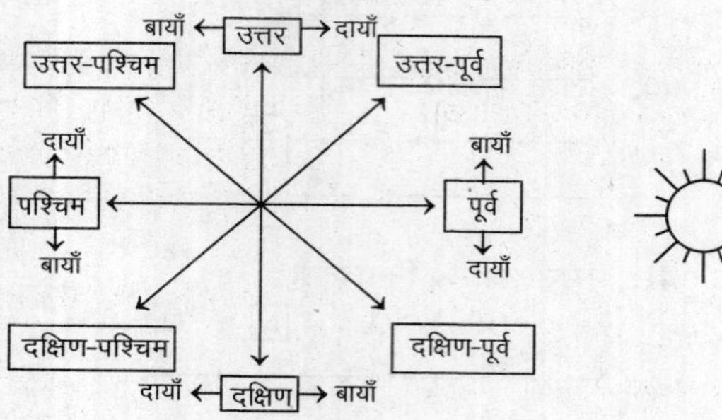

इन्हें स्मरण रखें!

- **पाइथागोरस प्रमेय** इस प्रमेय के अनुसार किसी समकोण त्रिभुज में कर्ण का वर्ग, आधार व लम्ब के वर्ग के योगफल के बराबर होता है अर्थात्

$$AB^2 = AC^2 + BC^2$$

A

B C

- यदि किसी व्यक्ति का चेहरा उत्तर की ओर है और वह अपने बाएँ मुड़ता है, तो उसका चेहरा पश्चिम की ओर हो जाता है।

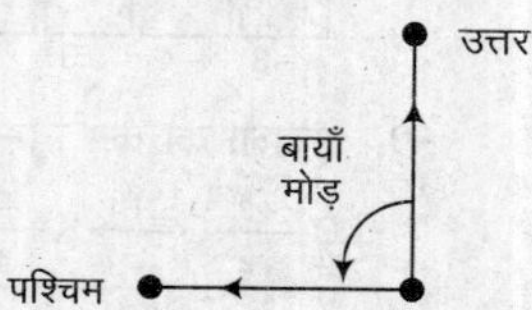

- यदि किसी व्यक्ति का चेहरा उत्तर की ओर है और वह अपने दाएँ मुड़ता है, तो उसका चेहरा पूर्व की ओर हो जाता है।

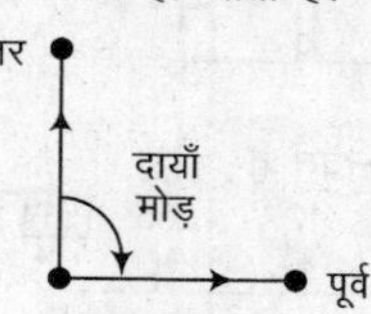

- यदि किसी व्यक्ति का चेहरा दक्षिण की ओर है और वह अपने बाएँ मुड़ता है, तो उसका चेहरा पूर्व की ओर हो जाता है।

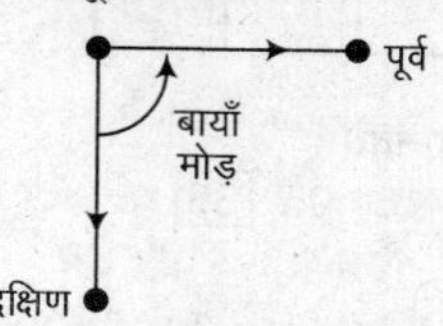

- यदि किसी व्यक्ति का चेहरा दक्षिण की ओर है और वह अपने दाएँ मुड़ता है, तो उसका चेहरा पश्चिम की ओर हो जाता है।

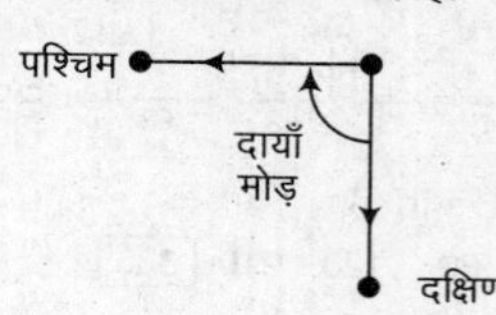

- यदि किसी व्यक्ति का चेहरा पूर्व की ओर है और वह अपने बाएँ मुड़ता है, तो उसका चेहरा उत्तर की ओर हो जाता है।

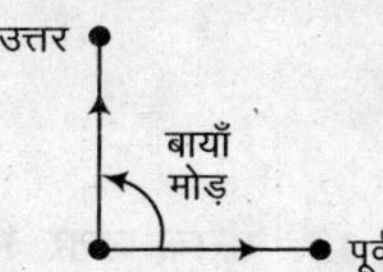

- यदि किसी व्यक्ति का चेहरा पूर्व की ओर है और वह अपने दाएँ मुड़ता है, तो उसका चेहरा दक्षिण की ओर हो जाता है।

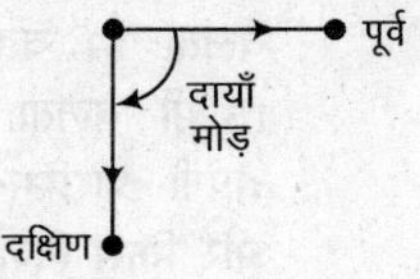

- यदि किसी व्यक्ति का चेहरा पश्चिम की ओर है और वह अपने बाएँ मुड़ता है, तो उसका चेहरा दक्षिण की ओर हो जाता है।

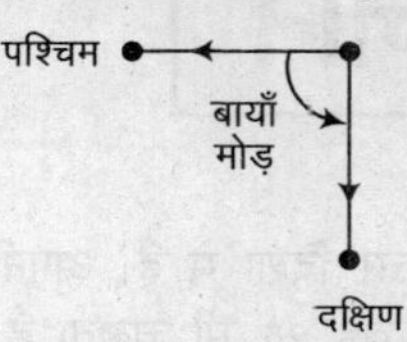

- यदि किसी व्यक्ति का चेहरा पश्चिम की ओर है और वह अपने दाएँ मुड़ता है, तो उसका चेहरा उत्तर की ओर हो जाता है।

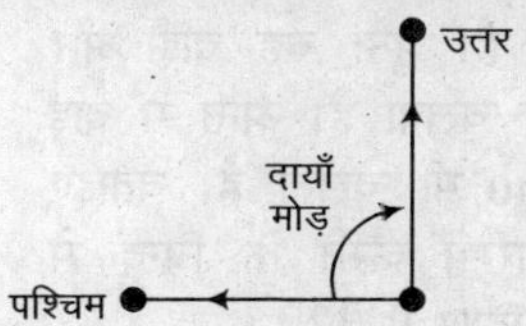

साधित उदाहरण

1. 5 किमी चलने के बाद मैं दाईं ओर मुड़ा और 3 किमी गया, इसके बाद बाईं ओर मुड़ा और 8 किमी चला। अन्त में मैं दक्षिण दिशा की ओर जा रहा था। मैंने किस दिशा में यात्रा प्रारम्भ की थी?

(a) पूर्व (b) पश्चिम
(c) उत्तर (d) दक्षिण

हल *(d)* प्रश्नानुसार,

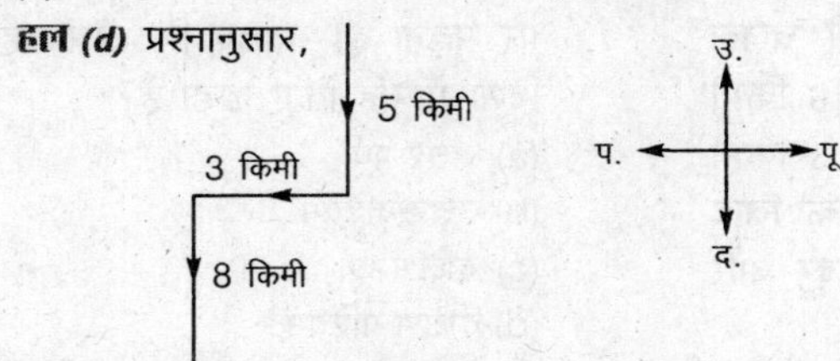

आरेख से स्पष्ट है कि मैंने यात्रा दक्षिण दिशा में प्रारम्भ की थी।

2. मयंक 25 मी दक्षिण की ओर चलता है फिर दाईं ओर घूमकर 20 मी चलता है। फिर बाईं ओर घूमकर 30 मी चलता है। पुनः अपनी बाईं ओर घूमकर 20 मी चलता है। वह अपने प्रारम्भिक बिन्दु से कितनी दूर है?

(a) 55 मी (b) 50 मी (c) 45 मी (d) 40 मी

हल *(a)* प्रश्नानुसार,

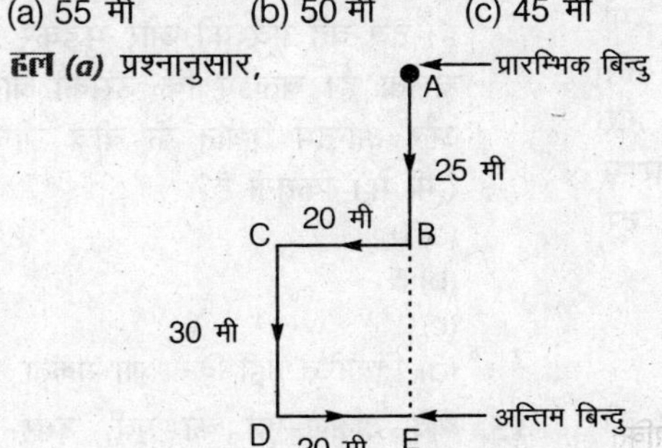

BE = CD = 30 मी

अतः प्रारम्भिक बिन्दु से दूरी (AE) = AB + BE
= 25 + 30 = 55 मी

3. मनीष उत्तर की ओर मुख करके 30 मी चलता है। इसके बाद वह बाईं ओर मुड़ जाता है और 20 मी चलता है। इसके बाद फिर वह बाईं ओर मुड़कर 30 मी चलता है। आप बताइए कि वह अपने प्रारम्भिक स्थान से किस दिशा में और कितनी दूरी पर है?

(a) 20 मी, उत्तर (b) 20 मी, दक्षिण (c) 20 मी, पूर्व (d) 20 मी, पश्चिम

हल *(d)* मनीष के चलने का क्रम निम्नवत् है

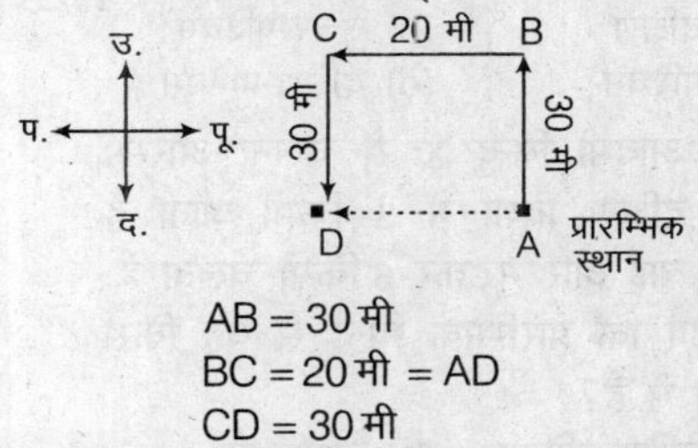

AB = 30 मी
BC = 20 मी = AD
CD = 30 मी

अतः आरेख से स्पष्ट है कि मनीष प्रारम्भिक स्थान से पश्चिम दिशा में 20 मी की दूरी पर है।

4. यदि मेरा मुख उत्तर की दिशा में है। मैं निम्नलिखित क्रम में घूमता हूँ। कौन-से क्रम में घूमने से मेरा मुख पश्चिम दिशा की तरफ हो जाएगा?

(a) दाएँ, दाएँ, बाएँ, बाएँ, बाएँ, दाएँ, बाएँ, बाएँ, दाएँ
(b) बाएँ, दाएँ, दाएँ, बाएँ, दाएँ, दाएँ, बाएँ, बाएँ, दाएँ
(c) दाएँ, बाएँ, दाएँ, दाएँ, बाएँ, बाएँ, दाएँ, दाएँ, बाएँ
(d) बाएँ, बाएँ, बाएँ, दाएँ, दाएँ, बाएँ, बाएँ, दाएँ, बाएँ

हल *(a)* विकल्प (a) से,

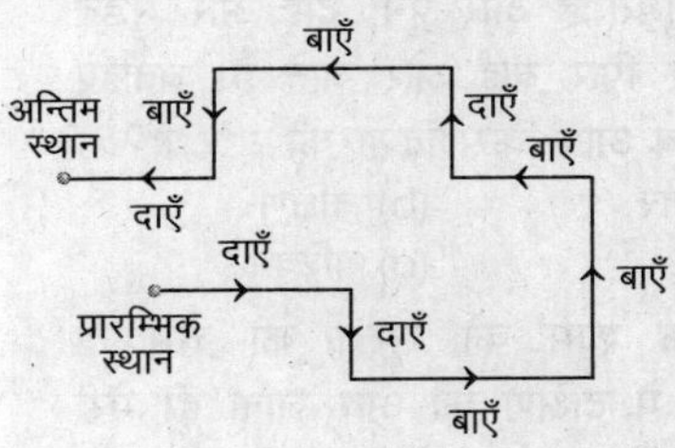

प्रैक्टिस जोन

1. कैलाश का मुँह उत्तर दिशा में है। अपनी दाईं ओर मुड़कर, वह 25 मी चलता है। फिर वह अपनी बाईं ओर मुड़कर 30 मी चलता है। आगे, वह दाईं ओर मुड़कर 25 मी चलता है। पुनः वह दाईं ओर मुड़कर 55 मी चलता है। अन्त में दाईं ओर मुड़कर 40 मी चलता है। बताइए कि चलना आरम्भ करने के बिन्दु से अब वह किस दिशा में है?

(a) दक्षिण-पश्चिम (b) दक्षिण
(c) उत्तर-पश्चिम (d) दक्षिण-पूर्व

2. एक आदमी पश्चिम की ओर मुँह किए है। घड़ी की चाल की दिशा में वह 45° पर मुड़ता और फिर उसी दिशा में 180° पर मुड़ता है, तब वह घड़ी की चाल की विपरीत दिशा में 270° पर मुड़ता है। बताइए कि अब वह किस दिशा में मुँह किए है?

(a) दक्षिण (b) उत्तर-पश्चिम
(c) पश्चिम (d) दक्षिण-पश्चिम

3. एक आदमी बिन्दु X से चलना आरम्भ कर दक्षिण दिशा में 3 किमी जाता है फिर बाईं ओर मुड़कर 6 किमी चलता है। बताइए कि प्रारम्भिक बिन्दु से वह किस दिशा में है?

(a) दक्षिण-पश्चिम (b) दक्षिण-पूर्व
(c) पश्चिम (d) दक्षिण

4. एक व्यक्ति उत्तर-पश्चिम अभिमुख है। वह दक्षिणावर्त दिशा में 90° घूमता है और फिर 135° वामावर्त दिशा में। वह अब किस दिशा में अभिमुख है?

(a) पूर्व (b) पश्चिम
(c) उत्तर (d) दक्षिण

5. आप उत्तर दिशा में जाते हैं, फिर दाईं ओर मुड़ते हैं और पुनः दाईं ओर मुड़ते हैं और फिर बाईं ओर जाते हैं। बताइए कि अब आप किस दिशा की ओर हैं?

(a) उत्तर (b) दक्षिण
(c) पूर्व (d) पश्चिम

6. मैं एक शाम को सूरज की चमकती रोशनी में दक्षिण की ओर जाता हूँ। मेरी परछाईं किस ओर पड़ेगी?

(a) मेरे दाईं ओर (b) मेरे बाईं ओर
(c) मेरे सामने (d) मेरे पीछे

7. एक नदी पश्चिम से पूर्व की ओर बहती है एवं मार्ग में बाईं ओर मुड़ती है और एक छोटी पहाड़ी का आधा चक्कर लगाती है और फिर समकोण पर बाईं ओर मुड़ती है। अब नदी किस दिशा में बह रही है?

(a) पूर्व (b) पश्चिम
(c) उत्तर (d) दक्षिण

8. मेरा मुँह दक्षिण की ओर है। मैं दाईं ओर मुड़कर 20 मी चला। फिर दाईं ओर मुड़कर और 10 मी चला। तब मैं बाईं ओर मुड़ा और 10 मी चला, पुनः दाईं ओर मुड़कर 20 मी चला। पुनः मैं दाईं ओर मुड़ा और 60 मी चला। बताइए कि अब मैं अपने प्रारम्भिक बिन्दु से किस दिशा में हूँ?

(a) उत्तर (b) उत्तर-पश्चिम
(c) पूर्व (d) उत्तर-पूर्व

9. कुणाल उत्तर दिशा में 10 किमी चलता है। वहाँ से, वह दक्षिण की ओर 6 किमी चलता है। तब वह पूर्व की ओर 3 किमी चला। बताइए कि अपने प्रारम्भिक बिन्दु के सन्दर्भ में अब वह कितनी दूर और किस दिशा में है?

(a) 5 किमी, पश्चिम
(b) 5 किमी, उत्तर-पूर्व
(c) 7 किमी, पूर्व
(d) 7 किमी, पश्चिम

10. राजू पूर्व दिशा में 10 मी चलता है और फिर अपने दाईं ओर मुड़कर 10 मी चला, तब प्रत्येक बार अपने बाईं ओर मुड़ते हुए वह क्रमशः 5 मी, 15 मी और 15 मी चला। बताइए कि चलना आरम्भ करने के स्थान से अब वह कितनी दूर है?

(a) 5 मी (b) 10 मी
(c) 15 मी (d) 20 मी

11. एक घड़ी में 3:00 बजे हैं। यदि मिनट की सुई उत्तर-पूर्व की ओर इंगित हो, तो बताइए कि घण्टे की सुई किस दिशा की ओर संकेत करती है?

(a) दक्षिण
(b) दक्षिण-पश्चिम
(c) उत्तर-पश्चिम
(d) दक्षिण-पूर्व

12. रसिक उत्तर दिशा में 20 मी चलता है। फिर दाईं ओर मुड़कर 30 मी चलता है। फिर वह दाईं ओर मुड़कर 35 मी चलता है। वह फिर से बाईं ओर मुड़कर 15 मी चलता है। वह पुनः बाईं ओर मुड़कर 15 मी चलता है। बताइए कि अब वह अपनी प्रारम्भिक स्थिति से कितनी दूर और किस दिशा में है?

(a) 15 मी, पश्चिम
(b) 45 मी, पूर्व
(c) 30 मी, पश्चिम
(d) 30 मी, पूर्व

13. एक आदमी दक्षिण की ओर मुँह किए खड़ा है। वह घड़ी की चाल की विपरीत दिशा (Anti-clockwise) में 135° कोण पर मुड़ता है और फिर घड़ी की चाल की दिशा (Clockwise) में 180° कोण पर मुड़ता है। बताइए कि अब वह किस दिशा में मुँह किए खड़ा है?

(a) उत्तर-पूर्व
(b) उत्तर-पश्चिम
(c) दक्षिण-पूर्व
(d) दक्षिण-पश्चिम

14. एक आदमी एक स्थान से पूर्व दिशा में जाता है। 20 मी चलने के बाद वह दक्षिण की ओर मुड़कर 10 मी चलता है। फिर वह 35 मी पश्चिम की ओर जाता है और आगे 5 मी उत्तर की ओर जाता है। तब वह पूर्व की ओर मुड़कर 15 मी चलता है। बताइए कि उसकी प्रारम्भिक और अन्तिम स्थिति के बीच सीधी दूरी (मी में) कितनी है?

(a) 0
(b) 5
(c) 10
(d) निर्धारित नहीं किया जा सकता

15. यदि दक्षिण-पूर्व को पूर्व, उत्तर-पश्चिम को पश्चिम, दक्षिण-पश्चिम को दक्षिण कहा जाए, तो उत्तर को क्या कहा जाएगा?

(a) पूर्व
(b) उत्तर-पूर्व
(c) उत्तर-पश्चिम
(d) दक्षिण

16. रोहन उत्तर की ओर 3 किमी की दूरी चलता है, बाद में वह अपनी बाईं ओर मुड़ता है और 2 किमी चलता है। वह फिर बाईं ओर मुड़ता है और 3 किमी चलता है। इस बिन्दु पर वह अपनी बाईं ओर मुड़ता है और 3 किमी चलता है वह अपने शुरुआत के बिन्दु से कितनी दूरी पर होगा?
(a) 1 किमी (b) 2 किमी
(c) 3 किमी (d) 5 किमी

17. मैं अपने घर से शुरू करके उत्तर की ओर 5 किमी चलता हूँ। तत्पश्चात् बाईं ओर मुड़कर मैं 5 किमी चलता हूँ। मैं पुन: बाईं ओर मुड़कर 5 किमी चलता हूँ। मैं अपने घर से कितनी दूरी पर हूँ?
(a) 5 किमी, पूर्व (b) 5 किमी, दक्षिण
(c) 5 किमी, उत्तर (d) 5 किमी, पश्चिम

18. एक आदमी ने बिन्दु A से चलना आरम्भ किया और पूर्व दिशा में B बिन्दु तक 3 किमी चला और फिर बाईं ओर मुड़कर इस दूरी का तीन गुना चलकर बिन्दु C पर पहुँचा। वह पुन: बाईं ओर मुड़कर बिन्दु A और B के बीच तय की गई दूरी से 5 गुना दूरी तय कर अपने गन्तव्य स्थान D पर पहुँचा। बताइए प्रारम्भिक बिन्दु से गन्तव्य स्थान के बीच न्यूनतम दूरी कितनी है?
(a) 12 किमी (b) 15 किमी
(c) 16 किमी (d) 18 किमी

19. श्याम अपने स्कूल से 5 किमी उत्तर की ओर जाता है। फिर बाईं ओर मुड़कर, वह 10 किमी जाता है, फिर पुन: बाईं ओर मुड़कर 5 किमी चलता है। बताइए कि वह अपने स्कूल से कितनी दूर और किस दिशा में है?
(a) स्कूल से 10 किमी दक्षिण
(b) स्कूल से 10 किमी उत्तर
(c) स्कूल से 10 किमी पश्चिम
(d) स्कूल से 10 किमी पूर्व

20. एक घड़ी दोपहर 1:30 बजे का समय दर्शा रही है। यदि मिनट की सुई दक्षिण की ओर हो, तो बताइए कि घण्टे की सुई किस दिशा में होगी?
(a) उत्तर
(b) दक्षिण-पूर्व
(c) उत्तर-पश्चिम
(d) उत्तर-पूर्व

उत्तरमाला

1. (d)	**2.** (d)	**3.** (b)	**4.** (b)	**5.** (c)	**6.** (b)	**7.** (a)	**8.** (d)	**9.** (b)	**10.** (a)
11. (c)	**12.** (b)	**13.** (d)	**14.** (b)	**15.** (c)	**16.** (a)	**17.** (d)	**18.** (b)	**19.** (c)	**20.** (d)

संकेत एवं हल

1. कैलाश के चलने का क्रम निम्नवत् होगा

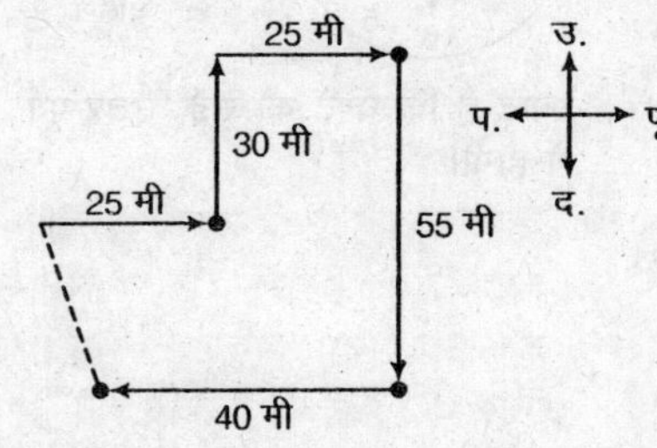

उपरोक्त से स्पष्ट है कि कैलाश अब अपने प्रारम्भिक बिन्दु से दक्षिण-पूर्व दिशा में है।

2. आदमी के घूमने का क्रम निम्नवत् होगा

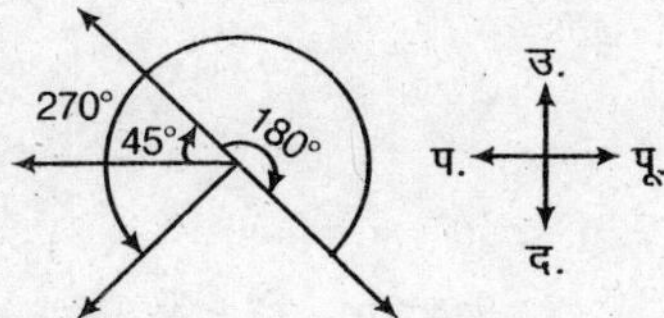

उपरोक्त से स्पष्ट है कि व्यक्ति अब दक्षिण-पश्चिम दिशा में मुँह किए खड़ा है।

3. आदमी के चलने का क्रम निम्नवत् होगा

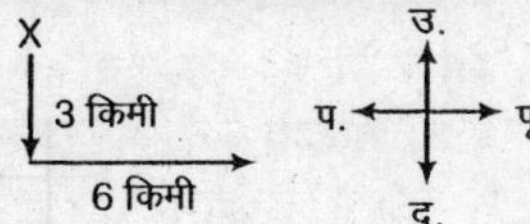

उपरोक्त से स्पष्ट है कि अब व्यक्ति अपने प्रारम्भिक स्थान (X) से दक्षिण-पूर्व दिशा में है।

4. व्यक्ति के विभिन्न दिशाओं में घूमने का क्रम निम्नवत् होगा

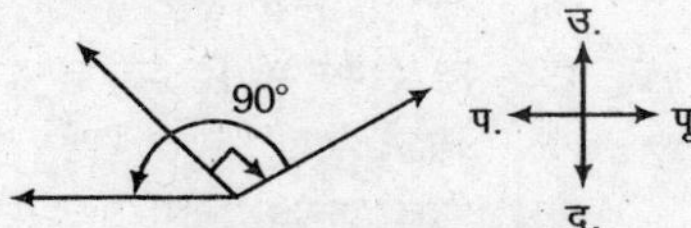

उपरोक्त से स्पष्ट है कि व्यक्ति का मुँह अब पश्चिम दिशा में होगा।

5.

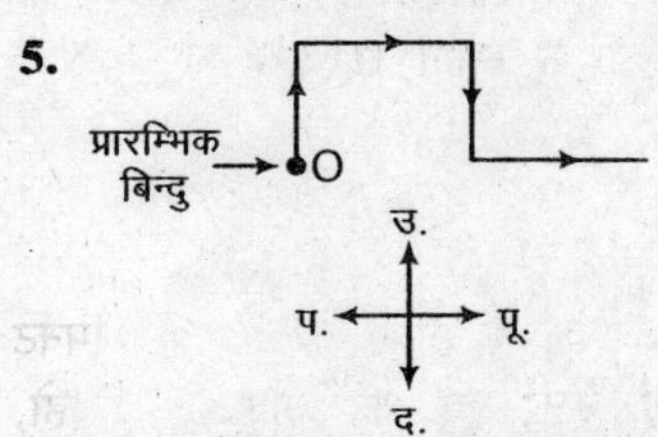

अत: अब मैं पूर्व दिशा की ओर जा रहा हूँ।

6. ∵ सुबह सूर्य की परछाईं पश्चिम दिशा में तथा शाम को सूर्य की परछाईं पूर्व दिशा में बनती है।

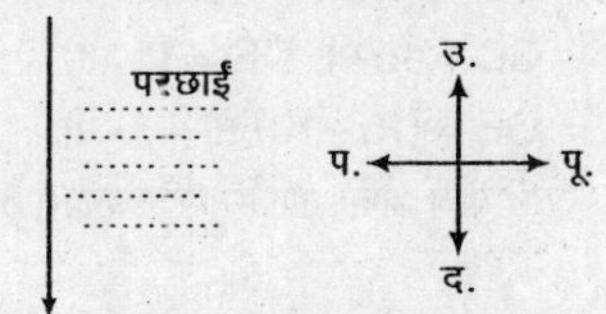

अत: मेरी परछाईं मेरे बाईं ओर पड़ेगी।

7.

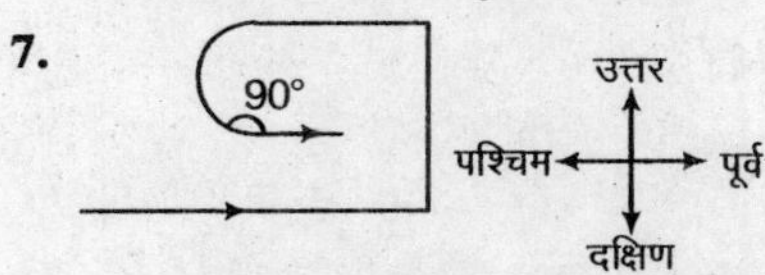

अत: अब नदी पूर्व दिशा में बह रही है।

8. मेरे चलने का क्रम निम्नवत् है

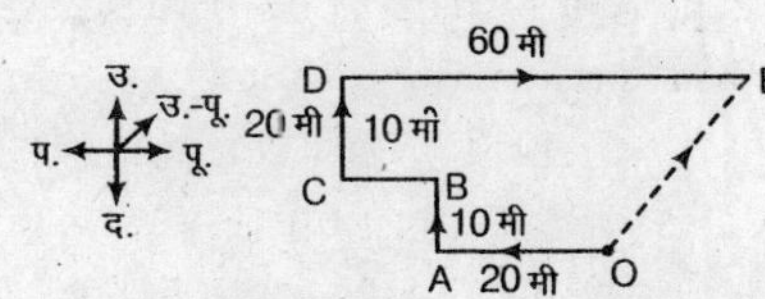

अत: अब मैं प्रारम्भिक बिन्दु से उत्तर-पूर्व दिशा में हूँ।

9. कुणाल के चलने का क्रम निम्नवत् है

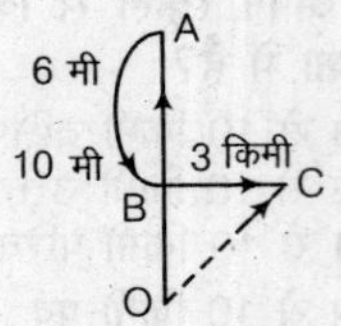

$\therefore$ OA = 10 किमी,

$\therefore$ OB = OA − AB

= 10 − 6 = 4 किमी

$\therefore$ अभीष्ट दूरी (OC) = $\sqrt{OB^2 + BC^2}$

$= \sqrt{4^2 + 3^2}$

$= \sqrt{16 + 9}$

$= \sqrt{25}$

= 5 किमी

अतः अब कुणाल प्रारम्भिक बिन्दु से 5 किमी उत्तर-पूर्व दिशा में है।

10. राजू के चलने का क्रम निम्नवत् है

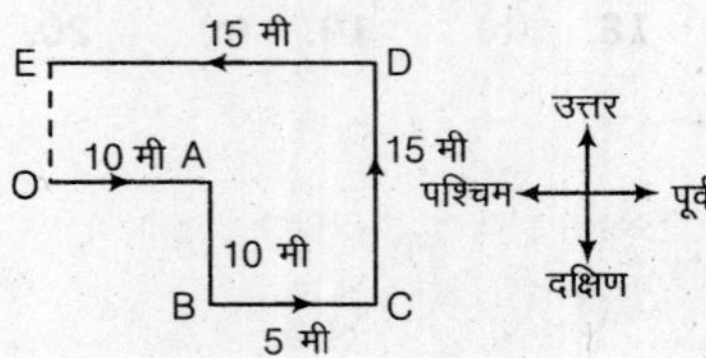

$\because$ OA = 10 मी, AB = 10 मी,

BC = 10 मी,

CD = 15 मी, DE = 15 मी,

$\therefore$ OE = (15 − 10) मी = 5 मी

अतः राजू अपने आरम्भिक स्थान से 5 मी दूर है।

11.

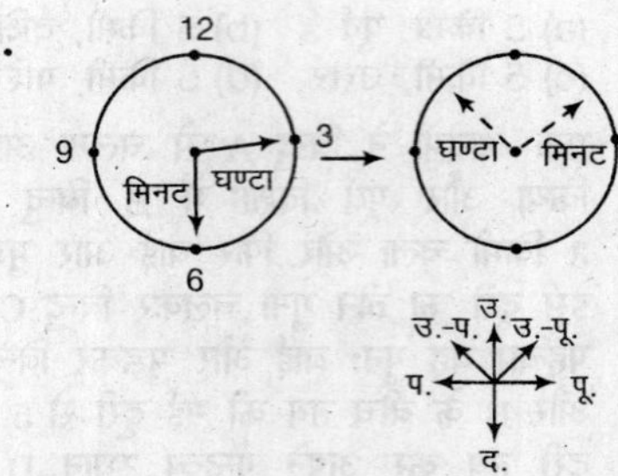

अतः घण्टे की सुई उत्तर-पश्चिम दिशा की ओर संकेत करती है।

13. आदमी के घूमने का क्रम निम्नवत् होगा

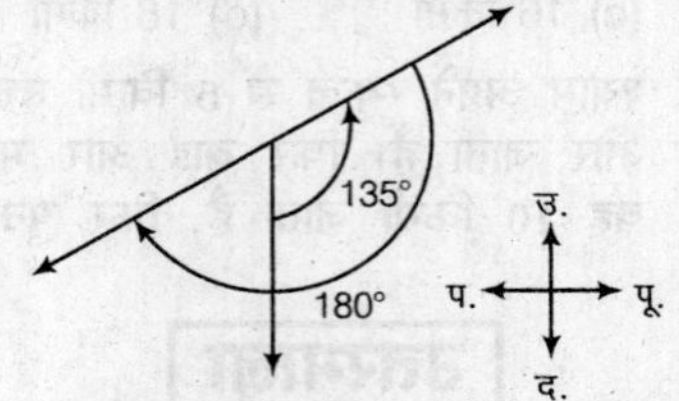

उपरोक्त से स्पष्ट है कि अब आदमी का मुँह दक्षिण-पश्चिम दिशा में होगा।

14. आदमी के चलने का क्रम निम्नवत् होगा

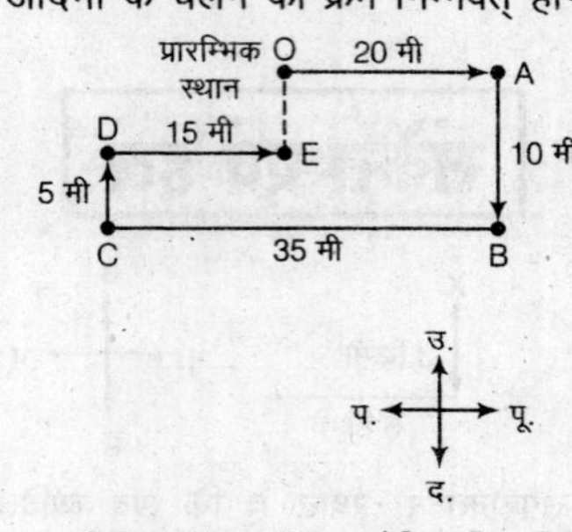

OE = AB − DC = 10 − 5 = 5 मी

15. प्रश्नानुसार,

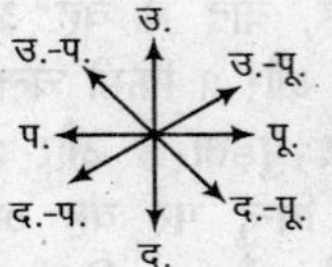

उपरोक्त से स्पष्ट है कि उत्तर को उत्तर-पश्चिम कहा जाएगा।

16. रोहन के चलने का क्रम निम्नवत् होगा

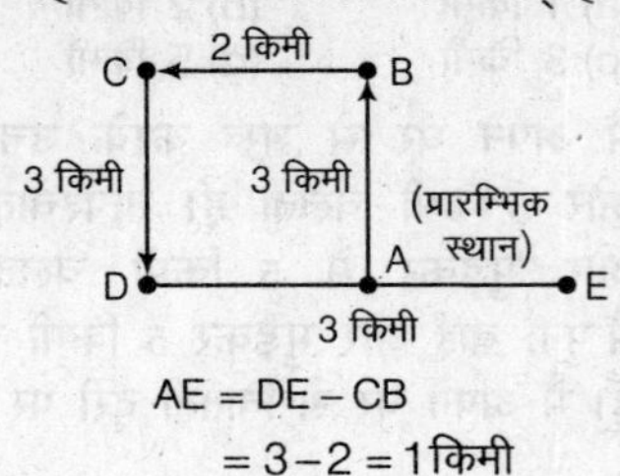

AE = DE − CB

= 3 − 2 = 1 किमी

17. मेरा गमन पथ इस प्रकार है

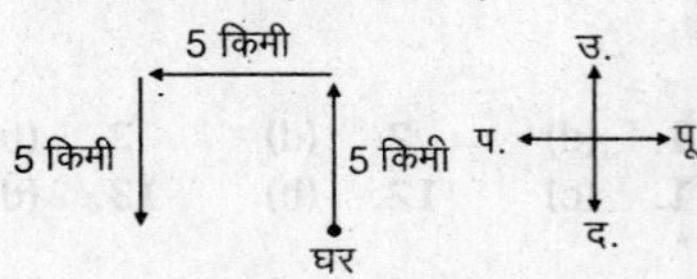

अतः घर से दूरी = 5 किमी (पश्चिम)

20.

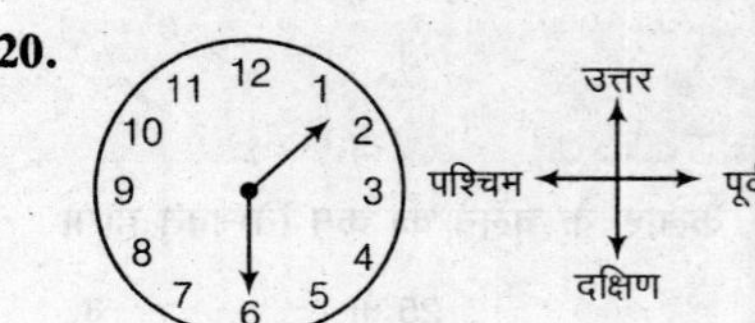

स्पष्ट है कि घण्टे की सुई 'उत्तर-पूर्व' दिशा में होगी।

अध्याय

07

रक्त सम्बन्ध

जब किन्हीं दो या दो से अधिक व्यक्तियों के बीच अपने पूर्वजों द्वारा सन्तानोत्पत्ति के आधार पर कोई–न–कोई सम्बन्ध (रिश्ता) होता है, तो इस प्रकार के सम्बन्ध को 'रक्त सम्बन्ध' कहा जाता है। इसके अन्तर्गत पूछे जाने वाले प्रश्नों में किन्हीं दो या दो से अधिक व्यक्तियों के सम्बन्ध दिए गए होते हैं। इन्हीं सम्बन्धों के आधार पर, प्रश्न में पूछे गए व्यक्ति का सम्बन्ध किसी अन्य व्यक्ति से ज्ञात करना होता है।

इस पर आधारित प्रश्नों को हल करते समय रिश्तों को चरणबद्ध तरीके से हल करते हुए चलें साथ ही आवश्यक संकेतों तथा आरेखों का प्रयोग करें। यदि परीक्षा भवन में प्रश्न अच्छी तरह समझ में न आ रहा हो, तो स्वयं के आधार पर सम्बन्धों की जाँच करें। कुछ प्रमुख रिश्तों की जानकारी निम्नलिखित हैं

वाक्य	सम्बन्ध	पीढ़ी चिह्न	वाक्य	सम्बन्ध	पीढ़ी चिह्न	वाक्य	सम्बन्ध	पीढ़ी चिह्न
मेरे पिता के पिता	दादा	↑↑	मेरी माता का भाई	मामा	↑	मेरे भाई का पुत्र/पुत्री	भतीजा/भतीजी	↓
मेरे पिता की माँ	दादी	↑↑	मेरे पिता के भाई का पुत्र/पुत्री	चचेरा भाई/बहन	→	मेरी बहन का पुत्र/पुत्री	भांजा/भांजी	↓
मेरी माता के पिता	नाना	↑↑	मेरी माता के भाई का पुत्र/पुत्री	ममेरा भाई/बहन	→	मेरे पुत्र का पुत्र/पुत्री	पोता/पोती	↓↓
मेरी माता की माँ	नानी	↑↑				मेरी पुत्री का पुत्र/पुत्री	नाती/नातिन	↓↓
मेरे पिता का भाई	चाचा/ताऊ	↑						

इन्हें स्मरण रखें!

- प्रश्न में सामान्यतः यह पूछा जाता है कि A, B से किस प्रकार सम्बन्धित है? या विजय, सुधा से किस प्रकार सम्बन्धित है? या विजय का सुधा से क्या सम्बन्ध है? इसका अर्थ यह होता है कि A, B का रिश्ते में क्या लगता है? या विजय, सुधा का रिश्ते में क्या लगता है? पिता या भाई या पति या चाचा या दादा।
- तस्वीर की ओर इशारा करते हुए कहा जाए, तो यह सम्भव है कि तस्वीर स्वयं की भी हो, लेकिन किसी व्यक्ति की ओर इशारा करते हुए कहा जाए, तो वह स्वयं नहीं हो सकता है।
- किसी सांकेतिक भाषा में 'A + B' का अर्थ है कि A, B का पिता है, तो ऐसी स्थिति में A पिता है और पुल्लिंग है यह निश्चित है, लेकिन B पुत्र है या पुत्री है यह निश्चित नहीं है।

इसके अन्तर्गत निम्न बातों पर ध्यान दें

(i) यदि किसी पद को निश्चित करना हो कि वह पुल्लिंग है या स्त्रीलिंग, तो उसे किसी अन्य पद द्वारा उपयुक्त कूट संकेत से अग्रसरित किया जा सकता है।

जैसे यह निर्धारित करना हो कि P, Q का पुत्र है, तो इसे इस प्रकार व्यक्त कर सकते हैं

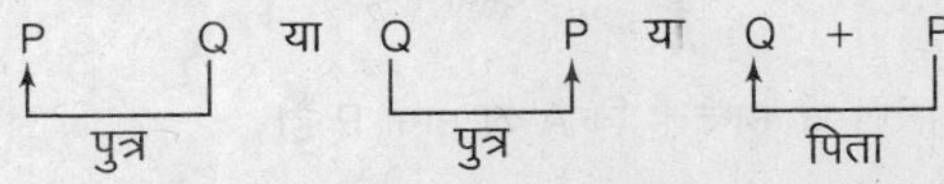

(ii) अन्त से प्रारम्भ की ओर उपयुक्त कूट द्वारा सम्बन्धों को व्यवस्थित करना चाहिए।

(iii) पूछे गए सम्बन्धों के लिए मध्यस्था वाले सम्बन्ध को इस प्रकार से व्यवस्थित करना चाहिए, जिसका सांकेतिक रूप दिए गए प्रश्न में सम्मिलित हो।

- प्रश्न के तहत् दिए गए सम्बन्धों को अपने पारिवारिक सम्बन्धों के रूप में व्यक्त कर लें, तो प्रश्नों को हल करना सरल हो जाता है।
- प्रश्नों को हमेशा आरेखों के माध्यम से ही हल करें, क्योंकि इससे सम्बन्ध की प्रत्येक कड़ी चरणबद्ध तरीके से आपके सामने बिल्कुल स्पष्ट हो जाएगी और आसानी से अभीष्ट सम्बन्ध ज्ञात हो जाएगा।

साधित उदाहरण

1. मनीष की तरफ संकेत करते हुए मनोज ने कहा, ''वह मेरी बहन के एकमात्र भाई का पुत्र है।'' मनीष का मनोज से क्या सम्बन्ध है?

(a) भाई (b) पिता (c) भतीजा (d) पुत्र

हल *(d)*

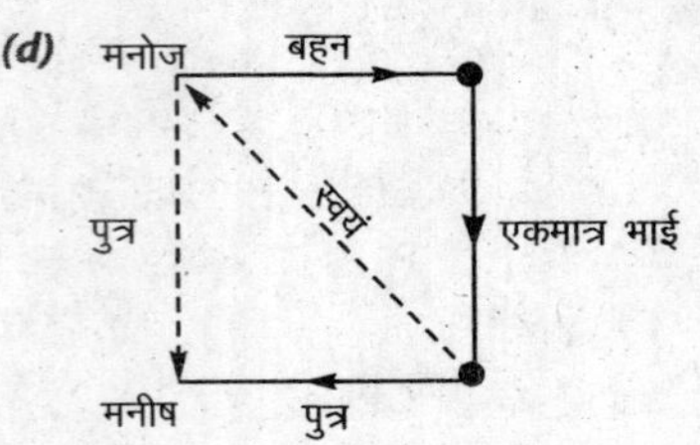

आरेख से स्पष्ट है कि मनीष, मनोज का पुत्र है।

2. D, K का भाई है; M, K की बहन है; R, D का पिता है और S, M की माता है। K का R से क्या सम्बन्ध है?

(a) पुत्र (b) पुत्र या पुत्री (c) पुत्री (d) भतीजा

हल *(b)*

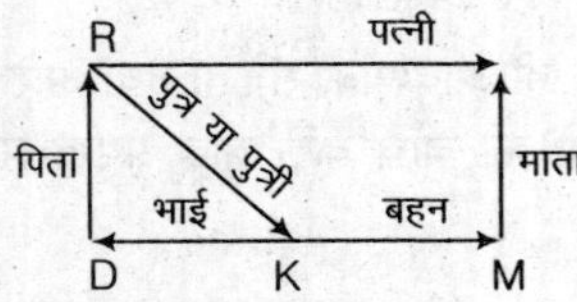

D, K का भाई है, तो K, D का भाई या बहन हो सकता/सकती है।
अतः स्पष्ट है कि K, R का पुत्र या पुत्री है।

3. यदि A पुत्र है Q का, Q और Y बहन हैं, Y की माँ Z है, P बेटा है Z का, तो निम्नलिखित में से कौन-सा कथन निश्चित रूप से सत्य है?

(a) A का भाई P है (b) A का चाचा P है
(c) A का मामा P है (d) A का पिता P है

हल *(c)*

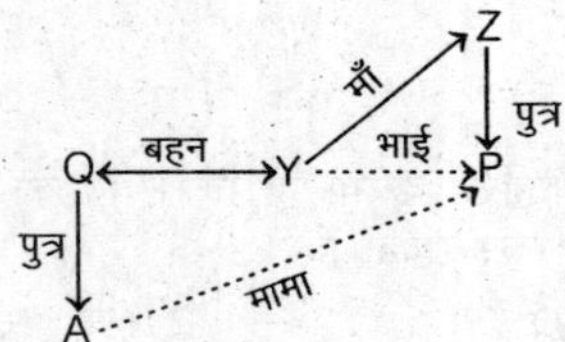

अतः आरेख से स्पष्ट है कि A का मामा P है।

4. A, B और C का भाई है। D, C की माँ है, E, A का पिता है। निम्नलिखित में से कौन-सा कथन निश्चित रूप से सत्य नहीं माना जा सकता?

(a) E, B का पिता है
(b) E, D का पति है
(c) B, E का पुत्र है
(d) A, D का पुत्र है

हल *(c)*

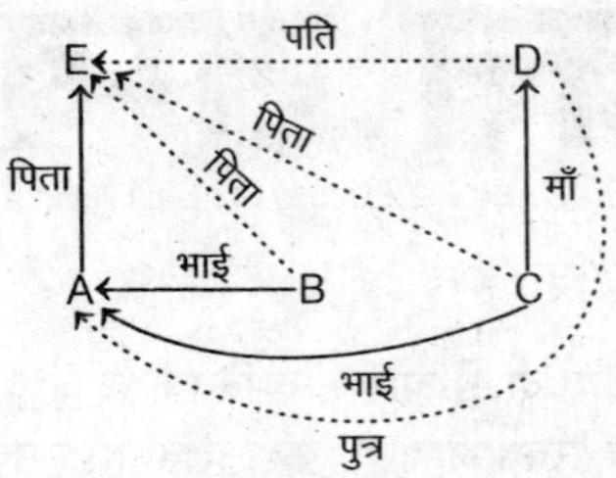

अतः आरेख से यह स्पष्ट नहीं है कि B, E का पुत्र है या पुत्री। अतः B, E का पुत्र है यह निश्चित रूप से सत्य नहीं माना जा सकता।

5. A, B, C, D, E, F और G एक परिवार के सदस्य हैं, जिनमें चार वयस्क और तीन बच्चे हैं; इनमें से दो F और G लड़कियाँ हैं, A और D भाई हैं एवं A एक डॉक्टर है। E एक इन्जीनियर है, जो भाइयों में से एक से विवाहित है और जिसके दो बच्चे हैं। B, D से विवाहित है और G उनकी एकमात्र सन्तान है। C कौन है?

(a) A का पुत्र (b) E की पुत्री
(c) F का पिता (d) G का भाई

हल *(a)*

अतः आरेख से स्पष्ट है कि C, A का पुत्र है।

प्रैक्टिस जोन

1. चित्र में एक महिला की ओर संकेत करते हुए राजीव ने कहा, 'उसकी माँ के केवल एक नाती या नातिन (Grandchild) है जिसकी माँ मेरी पत्नी है'। बताएँ कि चित्र वाली महिला से राजीव का क्या रिश्ता है?

(a) कजन
(b) पति
(c) बहन
(d) उपरोक्त में से कोई नहीं

2. एक महिला का परिचय करवाते हुए शशांक ने कहा, ''वह, मेरे पुत्र की इकलौती बेटी की माता है।'' उस महिला का शशांक से क्या सम्बन्ध है?

(a) बेटी (b) भाभी (c) पत्नी (d) बहू

3. एक व्यक्ति की ओर संकेत करते हुए एक व्यक्ति ने एक महिला से कहा, 'उसकी माँ तुम्हारे पिता की एकमात्र पुत्री है'। महिला का उस व्यक्ति से क्या सम्बन्ध है?

(a) माँ (b) पत्नी (c) बहन (d) पुत्री

4. A और B भाई हैं। C और D बहनें हैं। A का बेटा, D का भाई है। बताएँ कि B का C से क्या रिश्ता है?

(a) पिता (b) भाई (c) दादा (d) चाचा

5. एक आदमी का परिचय देते हुए एक महिला ने कहा, ''उसकी पत्नी मेरे पिता की इकलौती बेटी है।'' बताएँ कि आदमी का महिला से क्या रिश्ता है?

(a) भाई (b) ससुर (c) पति (d) मामा

6. मंजुला की ओर संकेत करते हुए अंकित कहता है, "मैं उसकी माता के पुत्र का इकलौता पुत्र हूँ।" मंजुला किस प्रकार अंकित से सम्बन्धित है?
(a) बुआ (b) भतीजी (c) माता (d) कजिन

7. किसी लड़की की ओर इंगित करते हुए एक व्यक्ति ने कहा, "मेरे चाचा इस लड़की के चाचा के चाचा हैं।" वह व्यक्ति उस लड़की से किस प्रकार सम्बन्धित है?
(a) चचेरा/चचेरी (b) भाई
(c) ससुर (d) पिता या चाचा

8. दीपक का भाई अनिल है। दीपक, प्रेम का बेटा है। बिमल, प्रेम का पिता है। रिश्तेदारी के सम्बन्ध में अनिल, बिमल का क्या लगता है?
(a) बेटा (b) पोता (c) भाई (d) दादा

9. E, A का बेटा है। D, B का बेटा है। E का विवाह C से हुआ है। C, B की बेटी है। बताएँ कि D का E से क्या रिश्ता है?
(a) भाई (b) चाचा (अंकल)
(c) ससुर (d) बहनोई/साला

10. एक फोटोग्राफ में किसी पुरुष की ओर इंगित करते हुए एक महिला कहती है, "उसके भाई के पिताजी मेरे दादाजी के इकलौते पुत्र हैं"। वह महिला फोटोग्राफ के पुरुष से किस प्रकार सम्बन्धित है?
(a) माता (b) चाची (c) बहन (d) पुत्री

11. वरुण कहता है, 'यह लड़की मेरी माता के पोते की पत्नी है।' वरुण उस लड़की का कौन है?
(a) पिता (b) दादा (c) पति (d) ससुर

12. मिथिलेश ने नीलिमा से कहा, "तुम्हारे एकमात्र भाई का पुत्र मेरी पत्नी का भाई है।" नीलिमा का मिथिलेश की पत्नी से क्या सम्बन्ध है?
(a) चाची (b) सास
(c) बहन (d) इनमें से कोई नहीं

13. A, C का पिता है जिसका पुत्र D है। E, F की माता है जिसका भाई D है। A का E से क्या सम्बन्ध है?
(a) दादा (b) भाई
(c) पिता (d) ससुर

14. A, B और C बहनें हैं। E का भाई D है और E, B की बेटी है। बताएँ कि A से D का रिश्ता क्या है?
(a) बहन
(b) कजन
(c) भतीजी
(d) मौसी

15. दीपक, रवि का भाई है। रीना, अतुल की बहन है। रवि, रीना का बेटा है। बताएँ कि दीपक का रीना से क्या रिश्ता है?
(a) बेटा
(b) भाई
(c) भतीजा/भांजा
(d) पिता

16. रीटा की ओर संकेत करते हुए निखिल ने कहा, उसकी माँ के बेटे का मैं इकलौता पुत्र हूँ बताएँ कि रीटा का निखिल से क्या रिश्ता है?
(a) मामी/चाची/बुआ/मौसी
(b) भतीजी/भगिनी
(c) माँ
(d) कजन

17. A और B एक विवाहित जोड़ा है। X और Y भाई हैं। A का भाई X है। बताएँ कि Y का B से क्या रिश्ता है?
(a) साला या देवर
(b) भाई
(c) कजिन
(d) उपरोक्त में से कोई नहीं

18. एक आदमी की ओर संकेत करते हुए, दीपक ने कहा, "उसका इकलौता भाई, मेरी बेटी के पिता का पिता है।" बताएँ कि उस आदमी का दीपक से क्या रिश्ता है?
(a) दादा (b) पिता (c) साला (d) चाचा

19. एक फोटो की ओर संकेत करते हुए, अरुण ने कहा, 'वह मेरे बेटे की पत्नी की बेटी की माँ है।' अरुण का उस महिला से क्या रिश्ता है?
(a) चाचा (b) चचेरा
(c) ससुर (d) इनमें से कोई नहीं

20. एक महिला की ओर संकेत करते हुए नमन ने कहा, "वह मेरी दादी के इकलौते बच्चे की बेटी है"। बताएँ कि महिला का नमन से क्या रिश्ता है?
(a) बहन (b) भांजी
(c) भतीजी (d) भाभी

21. C का पिता A है और B का पुत्र D है। A का भाई E है। यदि D की बहन C है, तो B का E से क्या सम्बन्ध है?
(a) भाभी (b) बहन
(c) भाई (d) बहनोई

22. एक युवती की ओर देखते हुए एक पुरुष ने कहा, "इनके इकलौते भाई का पुत्र, मेरी पत्नी का भाई है"। वह युवती इस पुरुष से कैसे सम्बन्धित है?
(a) माताजी की बहन
(b) दादी
(c) सास
(d) ससुर की बहन

23. एक न्यायाधीश का पुत्र वकील है एवं वकील का पिता डॉक्टर है। न्यायाधीश का वकील से क्या सम्बन्ध है?.
(a) बहन
(b) चाचा
(c) माता
(d) उपरोक्त में से कोई नहीं

24. एक लड़के ने एक लड़की को अपने चाचा के पिता के बड़े पुत्र की पुत्री के रूप में परिचित कराया। उस लड़की का लड़के से क्या रिश्ता है?
(a) भतीजा
(b) चचेरा
(c) बहन
(d) चाची

25. राहुल मेरे पिता की पोती का पति है, तो मैं राहुल का
(a) ससुर हूँ
(b) सास हूँ
(c) (a) या (b)
(d) उपरोक्त में से कोई नहीं

उत्तरमाला

1. (b)	2. (d)	3. (a)	4. (d)	5. (c)	6. (a)	7. (d)	8. (b)	9. (d)	10. (d)
11. (d)	12. (d)	13. (c)	14. (d)	15. (a)	16. (a)	17. (a)	18. (d)	19. (c)	20. (a)
21. (a)	22. (d)	23. (c)	24. (c)	25. (a)					

संकेत एवं हल

1. प्रश्नानुसार,

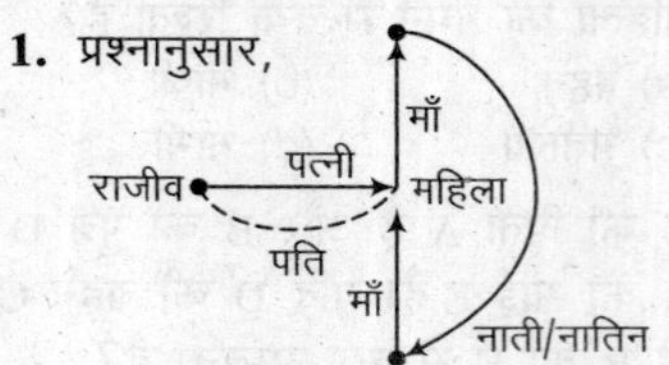

उपरोक्त से स्पष्ट है कि राजीव उस महिला का पति है।

2. प्रश्नानुसार,

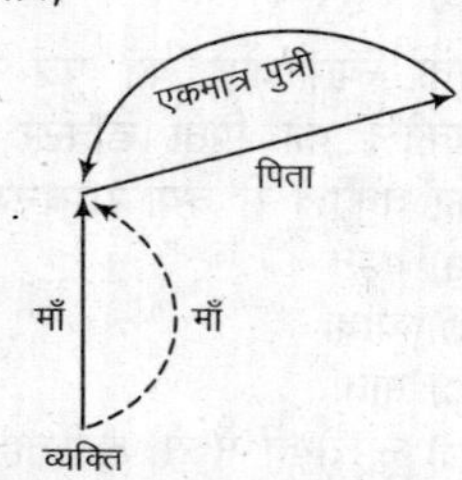

3. प्रश्नानुसार,

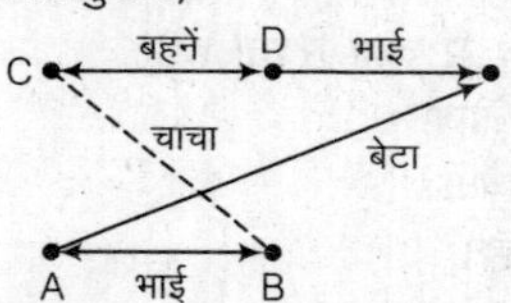

उपरोक्त से स्पष्ट है कि वह महिला उस व्यक्ति की माँ है।

4. प्रश्नानुसार,

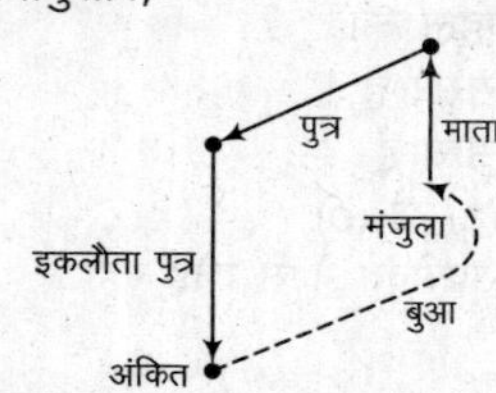

उपरोक्त से स्पष्ट है कि B चाचा है C का।

6. प्रश्नानुसार,

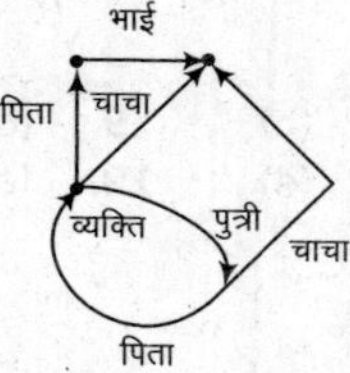

उपरोक्त से स्पष्ट है कि मंजुला, अंकित की बुआ है।

7. प्रश्नानुसार,

उपरोक्त से स्पष्ट है वह व्यक्ति उस लड़की का चाचा या पिता है।

8.

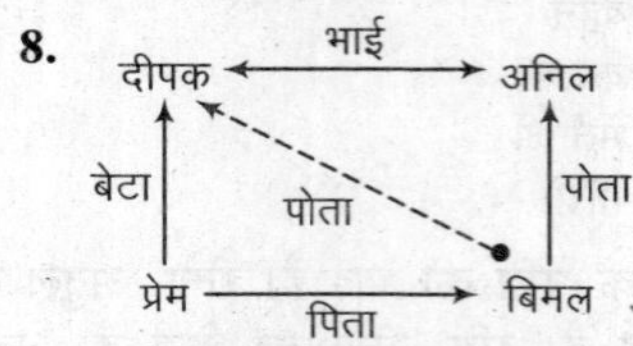

अतः उपरोक्त आरेख से स्पष्ट है कि अनिल, बिमल का पोता है।

9.

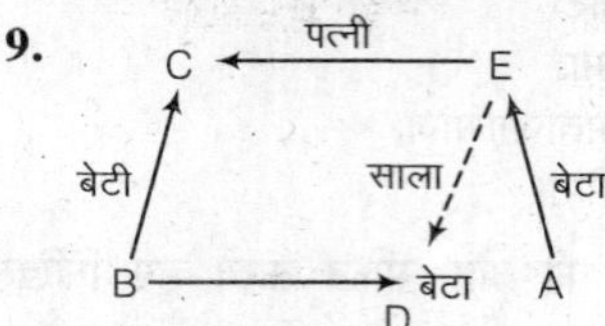

अतः उपरोक्त आरेख से स्पष्ट है कि D, E का साला/बहनोई है। महिला फोटोग्राफ वाले पुरुष की पुत्री है।

11.

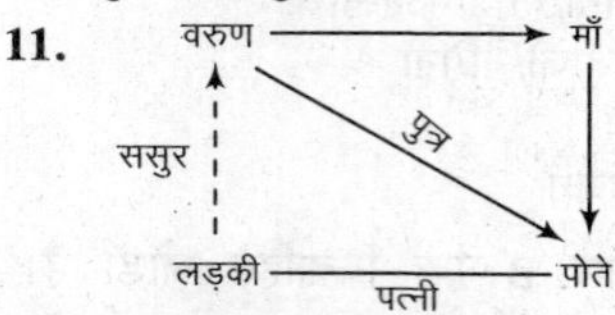

अतः वरुण, उस लड़की का ससुर है।

12.

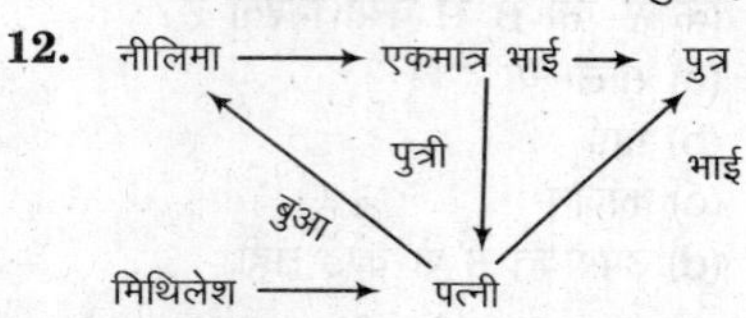

अतः उपरोक्त आरेख से स्पष्ट है कि नीलिमा का मिथिलेश की पत्नी के साथ बुआ का सम्बन्ध है।

13.

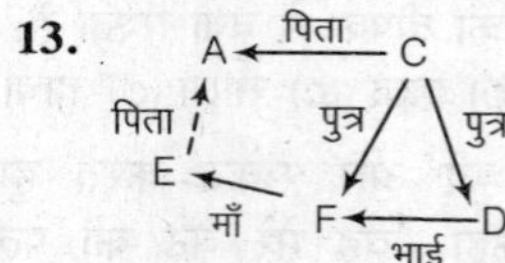

अतः उपरोक्त आरेख से स्पष्ट है कि A, E का पिता है।

14.

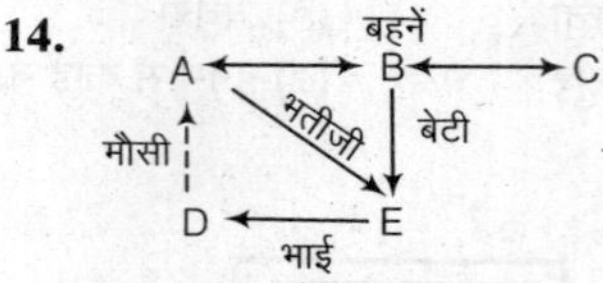

अतः उपरोक्त आरेख से स्पष्ट है कि A, D की मौसी है।

15.

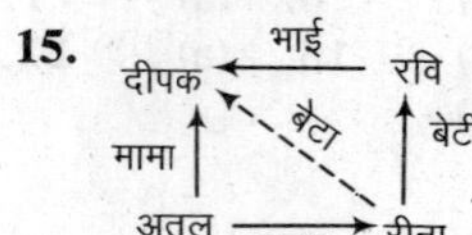

अतः उपरोक्त आरेख से स्पष्ट है कि दीपक, रीना का बेटा है।

16.

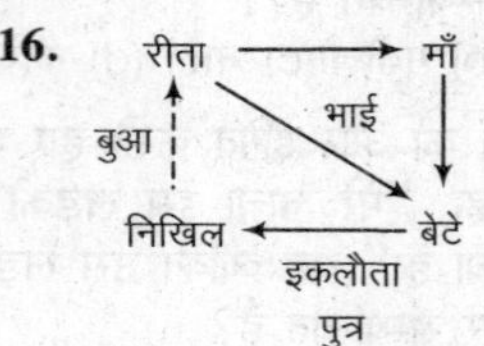

अतः उपरोक्त आरेख से स्पष्ट है कि रीटा, निखिल की बुआ है।

17.

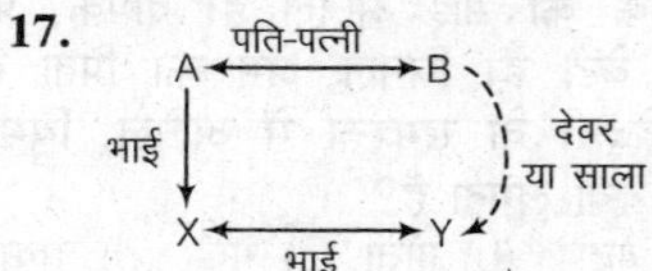

यदि A, B का पति है, तो Y, B का देवर हो सकता है लेकिन यदि A, B की पत्नी है, तो Y, B का साला हो सकता है।

अतः Y, B का देवर या साला हो सकता है।

उपरोक्त से स्पष्ट है कि अरुण, उस महिला का ससुर है।

20. प्रश्नानुसार,

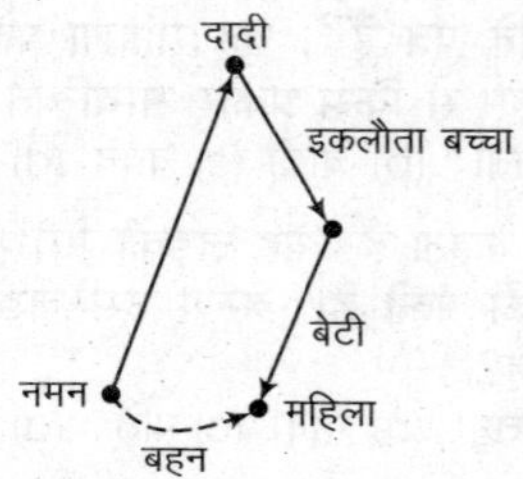

उपरोक्त से स्पष्ट है कि वह महिला नमन की बहन है।

22. प्रश्नानुसार,

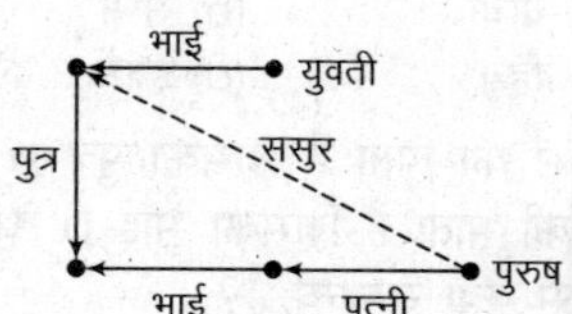

उपरोक्त से स्पष्ट है कि वह युवती उस पुरुष के ससुर की बहन है।

23. प्रश्नानुसार,

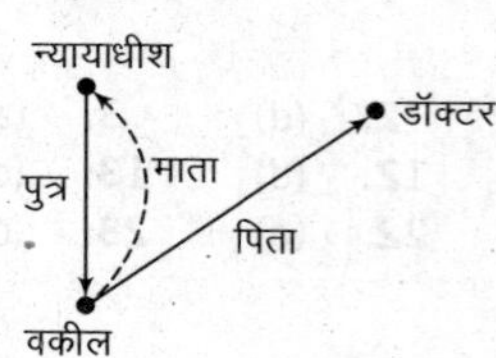

उपरोक्त से स्पष्ट है कि न्यायाधीश वकील की माता है।

अध्याय
08

कैलेण्डर तथा घड़ी

'कैलेण्डर' दिन, माह एवं वर्ष के बीच आपसी सम्बन्ध प्रदर्शित करने का एक तरीका है जबकि 'घड़ी' दिन के समय को दर्शाने वाला एक ऐसा यन्त्र है जो घण्टे, मिनट तथा सेकण्ड में समय के अन्तराल को व्यक्त करता है। इस परीक्षण के अन्तर्गत पूछे जाने वाले प्रश्न प्रायः इन्हीं पर आधारित होते हैं, जिन्हें हल करने हेतु इससे सम्बन्धित निम्नलिखित जानकारी होना आवश्यक है।

कैलेण्डर Calendar

कैलेण्डर दिन, सप्ताह, महीना एवं वर्ष के बीच पारस्परिक सम्बन्धों को प्रदर्शित करने का एक साधन है। दूसरे शब्दों में, हम कह सकते हैं कि किसी वर्ष में सन्निहित माह, सप्ताह, तिथि और दिनों को निरूपित करने वाली तालिका को कैलेण्डर कहते हैं।

कैलेण्डर में निम्नलिखित पाँच अवयव होते हैं

1. दिन (Day) **2.** सप्ताह (Week)
3. महीना (Month) **4.** वर्ष (Year)
5. तिथि (Date)

घड़ी Clock

घड़ी एक ऐसा यन्त्र है, जो घण्टे, मिनट तथा सेकण्ड में समय के अन्तराल को व्यक्त करता है।

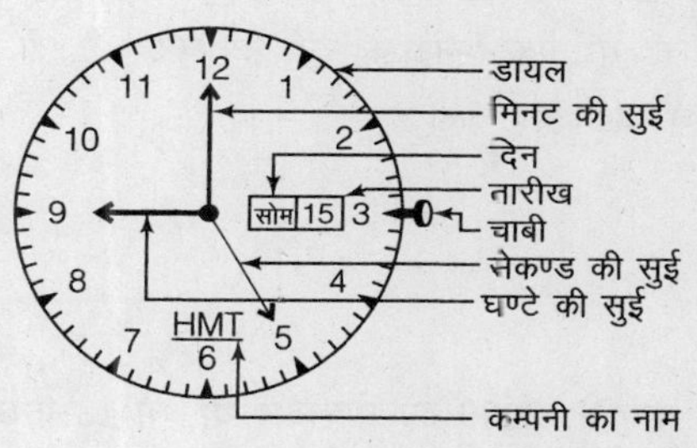

घड़ी के अवयव Elements of Clock

घड़ी के मुख्यतः चार अवयव होते हैं, जो निम्न हैं

1. डायल (Dial) **2.** घण्टे की सुई (Hour hand)
3. मिनट की सुई (Minute hand) **4.** सेकण्ड की सुई (Second hand)

कैलेण्डर से सम्बन्धित महत्त्वपूर्ण बिन्दु
Important Points Related to Calendar

- यदि कोई वर्ष 4 से पूर्णतः विभाजित हो जाता है, तो वह वर्ष 'लीप वर्ष' कहलाता है। (1 लीप वर्ष = 366 दिन)
- यदि कोई शताब्दी वर्ष 400 से पूर्णतः विभाजित हो, तो वह वर्ष शताब्दी 'लीप वर्ष' होता है। सप्ताह में सात दिन होते हैं—रविवार, सोमवार, मंगलवार, बुधवार, बृहस्पतिवार, शुक्रवार तथा शनिवार।
- एक वर्ष में बारह महीने होते हैं—जनवरी (31 दिन), फरवरी (28 या 29 दिन), मार्च (31 दिन), अप्रैल (30 दिन), मई (31 दिन), जून (30 दिन), जुलाई (31 दिन), अगस्त (31 दिन), सितम्बर (30 दिन), अक्टूबर (31 दिन), नवम्बर (30 दिन), दिसम्बर (31 दिन)।
- साधारणतः फरवरी 28 दिन की होती है, परन्तु लीप वर्ष में फरवरी 29 दिन की होती है।
- एक वर्ष में 52 सप्ताह तथा एक दिन होते हैं तथा लीप वर्ष में 52 सप्ताह तथा दो दिन होते हैं।
- दिनों की संख्या को सात से भाग देने पर जो शेष बचता है, उसे विषम दिन कहते हैं।
- एक दिन या वार की पुनरावृत्ति प्रत्येक 7, 14, 21, 28, ..., 364 दिनों के बाद होती है।
- किसी शताब्दी का प्रथम दिन सोमवार, मंगलवार, बृहस्पतिवार, शुक्रवार या शनिवार हो सकता है तथा शताब्दी का अंतिम दिन मंगलवार, बृहस्पतिवार या शनिवार नहीं हो सकता, लेकिन बुधवार, शुक्रवार तथा रविवार हो सकता है।
- किसी साधारण वर्ष में निम्न माह के प्रथम दिन समान होते हैं

जनवरी	↔	अक्टूबर
फरवरी	↔	मार्च ↔ नवम्बर
अप्रैल	↔	जुलाई
सितम्बर	↔	दिसम्बर

- किसी अधिवर्ष में निम्न माह के प्रथम दिन समान होते हैं

जनवरी	↔	अप्रैल ↔ जुलाई
फरवरी	↔	अगस्त
मार्च	↔	नवम्बर
सितम्बर	↔	दिसम्बर

- साधारण वर्ष का पहला और अन्तिम दिन समान होता है।
- साधारण क्रमागत वर्षों में किसी निश्चित तिथि के दिन की तुलना में उसके ठीक अगले वर्ष में उस तिथि का दिन एक दिन आगे बढ़ जाता है।
- साधारण वर्ष के बाद अगला वर्ष अधिवर्ष हो, तो किसी निश्चित तिथि का दिन पहले दिन की तुलना में 1 दिन (जनवरी से फरवरी तक)/2 दिन (मार्च से दिसम्बर तक) आगे बढ़ जाता है।

घड़ी से सम्बन्धित महत्त्वपूर्ण बिन्दु
Important Points Related to Clock

- घड़ी की सुइयाँ जब अपने वृत्ताकार मार्ग पर एक पूर्ण चक्कर लगाती हैं, तब उन्हें 360° घूमना पड़ता है। एक मिनट की दूरी 6° के बराबर होती है।
- प्रत्येक घण्टे में सुइयाँ एक ही दिशा में एक बार मिलती हैं, लेकिन 12 घण्टे में 11 बार तथा 24 घण्टे में 22 बार मिलती हैं।
- प्रत्येक घण्टे में दोनों सुइयाँ दो बार समकोण बनाती हैं, लेकिन 12 घण्टे में 22 बार तथा 24 घण्टे में 44 बार समकोण बनाती हैं।
- जब मिनट की सुई एक मिनट की दूरी तय करती है, तो घण्टे की सुई $\frac{1°}{2}$ के बराबर आगे बढ़ जाती है।
- यदि मिनट की सुई घण्टे की सुई से पीछे रहे, तो
अभीष्ट डिग्री
$$= \text{मिनट और घण्टे के बीच की संख्या में अन्तर} \times 30° + \left(\frac{\text{मिनट}}{2}\right)^{\circ}$$
- यदि मिनट की सुई घण्टे की सुई से आगे रहे, तो
अभीष्ट डिग्री
$$= \text{मिनट और घण्टे के बीच की संख्या में अन्तर} \times 30° - \left(\frac{\text{मिनट}}{2}\right)^{\circ}$$

साधित उदाहरण

1. यदि 18 फरवरी, 2009 को मंगलवार था, तो 18 फरवरी, 2011 को कौन-सा दिन होगा?
(a) शुक्रवार (b) बृहस्पतिवार
(c) बुधवार (d) मंगलवार

हल *(b)* चूँकि साधारण वर्ष का पहला और अन्तिम दिन समान होता है। इसलिए 17 फरवरी, 2010 का दिन मंगलवार होगा तथा इसके आगे 16 फरवरी, 2011 का दिन भी मंगलवार होगा।
अतः 18 फरवरी, 2011 का दिन = मंगलवार + 2 = बृहस्पतिवार

2. 2 बजकर 20 मिनट पर घड़ी की दोनों सुइयों के बीच कितना कोण बनेगा?
(a) 60° (b) 50° (c) 42° (d) 55°

हल *(b)* जब मिनट की सुई 20 मिनट चलेगी उतने समय में घण्टे की सुई 2 के निशान से $\frac{5}{60} \times 20 = \frac{5}{3}$ मिनट आगे बढ़ जाएगी।
अब 2 तथा 4 के बीच दोनों सुइयों के बीच की दूरी
$$10 - \frac{5}{3} = \frac{25}{3} \text{ मिनट}$$
$\therefore$ दोनों सुइयों के बीच कोण $= \frac{25}{3} \times 6° = 50°$

3. देव को याद है कि उसका मैरेज डे 25 जून के बाद तथा 30 जून के पहले है। उसकी पत्नी सीमा को याद है कि उसका मैरेज डे 26 जून के बाद तथा 28 जून के पहले है। आप बताइए कि ये दोनों मैरेज डे किस दिन मनाए?
(a) 26 जून (b) 27 जून
(c) 28 जून (d) 29 जून

हल *(b)* देव के अनुसार मैरेज डे 26, 27, 28, 29
सीमा के अनुसार मैरेज डे 27
अतः मैरेज डे 27 जून को है।

4. एक घड़ी क्रमशः एक बजे एक बार, दो बजे दो बार, तीन बजे तीन बार, अर्थात् जितना बजता है, घड़ी भी उतनी ही बार बजती है। एक दिन में घड़ी कितनी बार बजेगी?
(a) 144 बार (b) 148 बार
(c) 152 बार (d) 156 बार

हल *(d)* 12 घण्टे में घड़ी के बजने की संख्या
$= 1 + 2 + 3 + 4 + 5 + 6 + \ldots + 11 + 12 = 78$ बार
1 दिन अर्थात् 24 घण्टे में घड़ी के बजने की संख्या
$= 78 \times 2 = 156$ बार

प्रैक्टिस जोन

1. संगीता को याद है कि उसके पिता का जन्मदिन निश्चित रूप से 8 दिसम्बर के बाद परन्तु 13 दिसम्बर से पहले है। उसकी बहन नताशा को याद है कि उनके पिता का जन्मदिन निश्चित रूप से 9 दिसम्बर के बाद और 14 दिसम्बर से पहले है। उनके पिता का जन्मदिन दिसम्बर की किस तारीख को है?
(a) 10
(b) 11
(c) 12
(d) आँकड़े अपर्याप्त हैं

2. लीप वर्ष में कितने दिन होते हैं?
(a) 365 (b) 364
(c) 367 (d) 366

3. यदि बीते हुए कल के पूर्व का दिन बृहस्पतिवार था, तो रविवार को कौन-सा दिन होगा?
(a) आने वाला कल
(b) आने वाले कल के बाद का दिन
(c) आज
(d) आज के बाद के दो दिन

4. बीते हुए कल के पहले दिन रविवार था। आने वाले कल के बाद का दिन क्या है?
(a) मंगलवार (b) बुधवार
(c) बृहस्पतिवार (d) शुक्रवार

5. दर्पण में देखने पर एक घड़ी 4:40 समय दर्शाती है। सही समय क्या है?
(a) 8 : 40 (b) 8 : 20
(c) 7 : 40 (d) 7 : 20

6. यदि 1 अक्टूबर को रविवार है, तो 1 नवम्बर को होगा
(a) सोमवार (b) मंगलवार
(c) बुधवार (d) गुरुवार

7. 26 जनवरी, 2008 से 15 मई, 2008 के बीच (दोनों दिन सम्मिलित) कुल कितने दिन होंगे?
(a) 110 (b) 111
(c) 112 (d) 113

8. आने वाले दो दिनों के बाद यदि शुक्रवार आता है, तो बीते कल के दो दिन पूर्व सप्ताह का कौन-सा दिन था?
(a) शनिवार
(b) रविवार
(c) सोमवार
(d) बृहस्पतिवार

9. बस स्टैण्ड से पटना के लिए बस हर 30 मिनट पश्चात् चलती है। पूछताछ क्लर्क ने यात्री को बताया कि बस 10 मिनट पहले चली गई है और अगली बस प्रातः 9:35 पर जाएगी। बताएँ कि पूछताछ क्लर्क ने यह जानकारी यात्री को किस समय दी?
(a) प्रातः 9:10 बजे (b) प्रातः 9:05 बजे
(c) प्रातः 8:55 बजे (d) प्रातः 9:15 बजे

10. यदि कल के बाद का दिन रविवार हो, तो बताएँ पिछले कल से पहले कौन-सा दिन था?
(a) बुधवार (b) रविवार
(c) शुक्रवार (d) शनिवार

11. प्रशान्त अपनी बहन से 10 वर्ष बड़ा है। यदि वर्ष 2013 में प्रशान्त 25 वर्ष का है, तो उसका जन्म कब हुआ था?
(a) 1978 में (b) 1983 में
(c) 1988 में (d) 1993 में

12. एक घड़ी में घण्टे की सुई 12 घण्टे में कितना कोण घूमती (Trace) है?
(a) 360° (b) 180°
(c) 90° (d) 30°

13. किसी एक वर्ष में 25 अगस्त को अगर बृहस्पतिवार था, तो उस महीने में कितने सोमवार थे?
(a) तीन (b) चार
(c) पाँच (d) छः

14. 31 दिन वाले महीने का अन्तिम दिन मंगलवार है, तो उसी माह के 16वें दिन कौन-सा वार है?
(a) गुरुवार (b) बुधवार
(c) मंगलवार (d) सोमवार

15. 15 : 00 बजे, एक घड़ी की घण्टे और मिनट की सुई के बीच का कोण होता है
(a) 60° (b) 90°
(c) 180° (d) 45°

16. वर्ष 2010 और वर्ष 2012 में दिनों की कुल संख्या थी
(a) 730 (b) 729
(c) 731 (d) 732

17. यदि 1 जनवरी, 2012 को सोमवार था, तो 1 जनवरी, 2013 को होगा
(a) सोमवार (b) मंगलवार
(c) बुधवार (d) गुरुवार

18. एक वर्ष के ········ महीने में 30 दिन होते हैं।
(a) तीन (b) चार
(c) पाँच (d) छः

19. 18:00 बजे एक घड़ी की घण्टे और मिनट वाली सुई के बीच का कोण होता है
(a) 180° (b) 90° (c) 60° (d) 45°

20. फरवरी माह में होते हैं
(a) 28 से 29 दिन
(b) 29 या 30 दिन
(c) 30 दिन
(d) 31 दिन

21. यदि 1 जनवरी, 2008 को सोमवार था, तो 31 दिसम्बर, 2008 को कौन-सा दिन होगा?
(a) मंगलवार (b) सोमवार
(c) बुधवार (d) बृहस्पतिवार

22. यदि 1 जनवरी, 2010 को रविवार था, तो 1 जनवरी, 2009 को कौन-सा दिन रहा होगा?
(a) रविवार (b) सोमवार
(c) शनिवार (d) शुक्रवार

23. यदि किसी माह की 30 तारीख को पाँचवाँ शनिवार है, तो उस माह का प्रथम दिन कौन-सा होगा?
(a) बृहस्पतिवार (b) शुक्रवार
(c) रविवार (d) सोमवार

24. निम्नलिखित में से कौन-सा दिन शताब्दी का अन्तिम दिन नहीं होगा?
(a) रविवार (b) शनिवार
(c) सोमवार (d) बुधवार

25. निम्नलिखित में से कौन-सा दिन शताब्दी का अन्तिम दिन हो सकता है?
(a) बुधवार (b) मंगलवार
(c) बृहस्पतिवार (d) शनिवार

26. किसी साधारण वर्ष के कौन-से दो महीने समान होते हैं?
(a) अप्रैल, जुलाई
(b) अप्रैल, दिसम्बर
(c) जनवरी, अक्टूबर
(d) जून, अक्टूबर

27. यदि परसों सोमवार था, तो परसों कौन-सा दिन होगा?
(a) बुधवार (b) शुक्रवार
(c) शनिवार (d) रविवार

28. विजय पटना शुक्रवार को पहुँचा। उसे पता चला कि वह नियत दिन से चार दिन पहले आ गया है। यदि वह अगले सोमवार को पहुँचता, तो वह कितने दिन बाद या पहले पहुँचता?
(a) एक दिन पहले (b) एक दिन बाद
(c) दो दिन पहले (d) दो दिन बाद

29. सन्तोष का भाई विनोद, सन्तोष से 525 दिन बड़ा है, जबकि सन्तोष की बहन रीना उससे 75 सप्ताह बड़ी है। यदि रीना का जन्म सोमवार को हुआ है, तो सन्तोष का जन्म किस दिन हुआ है?
(a) सोमवार (b) मंगलवार
(c) बुधवार (d) बृहस्पतिवार

30. शंकर अपनी बहन से मिलने पहली बार सुबह 7:10 बजे आया, दूसरी बार 7:20 बजे आया, तीसरी बार 7:40 बजे आया और चौथी बार 8:10 बजे आया। वह फिर कब मिलने आएगा?
(a) 8:50 बजे (b) 8:40 बजे
(c) 8:30 बजे (d) 8:20 बजे

उत्तरमाला

1. (d)	2. (d)	3. (a)	4. (c)	5. (d)	6. (c)	7. (b)	8. (a)	9. (d)	10. (a)
11. (c)	12. (a)	13. (c)	14. (d)	15. (b)	16. (c)	17. (c)	18. (b)	19. (a)	20. (a)
21. (a)	22. (c)	23. (b)	24. (b)	25. (a)	26. (c)	27. (b)	28. (a)	29. (a)	30. (a)

संकेत एवं हल

1. संगीता के अनुसार, पिता के जन्मदिन की तिथि = 9 या 10 या 11 या 12
नताशा के अनुसार पिता के जन्मदिन की तिथि = 10 या 11 या 12 या 13
उपरोक्त से स्पष्ट है कि पिता का जन्मदिन किस तिथि को है इस विषय में कुछ नहीं कहा जा सकता है।

2. एक साधारण वर्ष में 365 तथा एक लीप वर्ष में 366 दिन होते हैं।

4. रविवार ↑ • बीता कल ↑ • आज • बुधवार • आने वाला कल • बृहस्पतिवार ↑

अतः आने वाले कल के बाद का दिन बृहस्पतिवार होगा।

5. सही समय = 12:00 − 4:40 = 7:20

6. 1 ↓ रविवार, 8 ↓ रविवार, 15 ↓ रविवार, 22 ↓ रविवार, 29 ↓ रविवार

30 अक्टूबर → सोमवार, 31 अक्टूबर → मंगलवार,
अतः 1 नवम्बर को बुधवार होगा।

7. 26 जनवरी, 2008 से 15 मई, 2008 तक कुल दिनों की संख्या
$= 6 + 29 + 31 + 30 + 15 = 111$ दिन

8. ∵ आने वाले 2 दिनों के बाद शुक्रवार है।
∴ आज का दिन = मंगलवार
बीते कल का दिन = सोमवार
अतः बीते कल के 2 दिन पूर्व का दिन
= शनिवार

9. बस के जाने का समय = 9:35 − 0:30
= 9:05
अतः पूछताछ क्लर्क द्वारा यात्री को दी गई जानकारी = 9:05 + 0:10 = 9:15 बजे

10. प्रश्नानुसार, कल के बाद का दिन रविवार है
∴ आज का दिन = शुक्रवार
∴ बीते कल का दिन = शुक्रवार–1
= बृहस्पतिवार
अतः बीते कल से पहले वाला दिन बुधवार होगा।

11. ∵ 2013 में प्रशान्त की आयु = 25 वर्ष अतः प्रशान्त का जन्म सन् 1988 में हुआ था।

12. एक घड़ी में घण्टे की सुई 12 घण्टे में 360° का कोण बनाती है।

13. 22 अगस्त का दिन = सोमवार
अन्य सोमवार होगें = 15 अगस्त, 8 अगस्त, 1 अगस्त तथा 29 अगस्त को
∴ अभीष्ट उत्तर = 5

14. 31 तारीख को दिन = मंगलवार
17 तारीख को दिन = मंगलवार
16 तारीख को दिन = सोमवार

15.

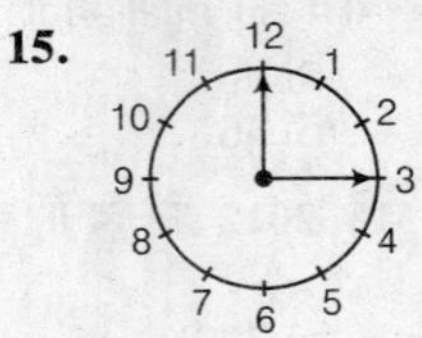

अभीष्ट कोण = 90°

16. वर्ष 2010 में दिन = 365;
वर्ष 2012 में दिन = 366
(∵ 2012 एक लीप वर्ष है।)
∴ अभीष्ट दिन = 365 + 366 = 731

17. ∵ 2012 एक लीप वर्ष है।
∴ 1 जनवरी, 2013 को दिन
= सोमवार + 2 (विषम दिन)
= बुधवार

18. वर्ष में पड़ने वाले 30 दिन के महीने निम्नवत् हैं, अप्रैल, जून, सितम्बर एवं नवम्बर
∴ अभीष्ट उत्तर = 4

19. शाम के 6 (18:00) बजे दोनों सुइयों के बीच 180° का कोण होता है।

20. एक साधारण वर्ष में फरवरी माह में 28 दिन तथा लीप वर्ष में 29 दिन होते हैं।

21. चूँकि 2008 एक लीप वर्ष है। अतः 2008 का अन्तिम दिन, 2008 के 1 जनवरी वाले दिन से एक दिन बाद का होगा। अतः 31 दिसम्बर 2008 का दिन मंगलवार होगा।

23. यदि माह का पाँचवाँ शनिवार 30 तारीख को पड़े, तो पहला शनिवार माह का (30 – 28) 2 तारीख को पड़ेगा। अतः माह का पहला दिन शुक्रवार होगा।

24. किसी शताब्दी का अन्तिम दिन मंगलवार, बृहस्पतिवार या शनिवार नहीं हो सकता।

25. किसी शताब्दी का अन्तिम दिन बुधवार, शुक्रवार तथा रविवार हो सकता है।

26. किसी साधारण वर्ष में जनवरी तथा अक्टूबर महीने समान होते हैं।

27. यदि परसों सोमवार था तो आज बुधवार है। इसलिए परसों शुक्रवार होगा।

29. सन्तोष और रीना की आयु में अन्तर $= 75 \times 7 + 525 \Rightarrow 525 + 525 = 1050$ दिन
चूँकि 1050 को 7 से भाग देने पर शेष कुछ भी नहीं बचता। अतः सन्तोष का जन्म भी सोमवार के दिन ही हुआ है।

अध्याय

09

वर्गीकरण

वर्गीकरण से तात्पर्य है कि सामान्य लक्षण के आधार पर आकृतियों को वर्गीकृत करना। वर्गीकरण के अन्तर्गत चार आकृतियाँ दी गई होती हैं, जिसमें तीन आकृतियों में समान लक्षण विद्यमान रहते हैं। अत: तीनों एक वर्ग में आते हैं तथा जो आकृति उन तीनों आकृतियों से भिन्न लक्षण रखती है, उसे अलग कर दिया जाता है और यही आपका उत्तर होता है।

इन्हें स्मरण रखें!

भिन्न आकृति चुनते समय निम्नलिखित बिन्दुओं पर अपनी नजर सदैव बनाए रखिए

- क्या आकृतियों में घूर्णन तो नहीं हो रहा है?
आकृतियाँ दक्षिणावर्त या वामावर्त दिशा में घूमती हैं।

जैसे

(a) (b) (c) (d)

उपरोक्त आकृतियों का ध्यानपूर्वक अवलोकन करने के बाद आप पाते हैं कि आकृति (d) को छोड़कर अन्य सभी आकृतियों को वामावर्त या दक्षिणावर्त दिशा में घुमाकर एक-दूसरे को प्राप्त किया जा सकता है, जबकि आकृति (d) नहीं प्राप्त की जा सकती है।

- क्या आकृतियों के डिजाइन की भुजाएँ घट या बढ़ तो नहीं रही हैं?
आकृतियों के डिजाइन की भुजाएँ सम्पूर्ण आकृति के विशेष गुणों को प्रभावित करती हैं। अत: यह आवश्यक है कि विषम आकृति के चुनाव में आकृतियों के डिजाइन की भुजाओं को गिना जाए।

जैसे

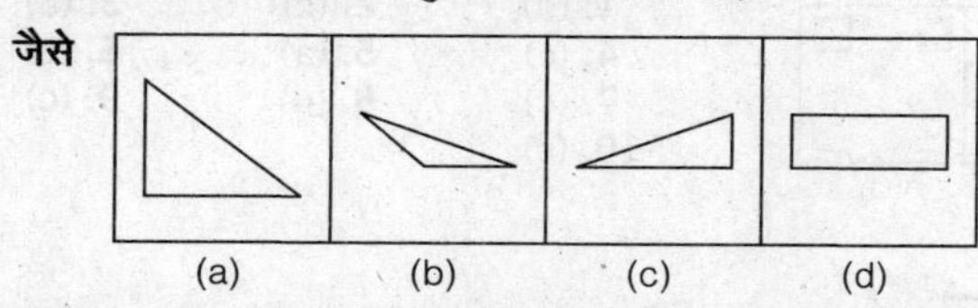

(a) (b) (c) (d)

उपरोक्त आकृतियों का ध्यानपूर्वक अवलोकन करने के बाद आप पाते हैं कि आकृति (d) को छोड़कर अन्य सभी आकृतियाँ तीन भुजाओं द्वारा निर्मित हैं, जबकि आकृति (d) चार भुजाओं द्वारा निर्मित है।

- क्या आकृतियों का विभाजन सही अनुपात में है?
आकृतियों का विभाजन सही अनुपात अर्थात् बराबर विभाग में होना चाहिए।

जैसे

(a) (b) (c) (d)

उपरोक्त आकृतियों का ध्यानपूर्वक अवलोकन करने के बाद आप पाते हैं कि आकृति (a) को छोड़कर अन्य सभी आकृतियाँ दो बराबर भागों में विभाजित हैं, जबकि आकृति (a) दो भागों में विभाजित तो है, परन्तु दोनों भाग बराबर नहीं हैं।

- क्या आकृतियों की स्थिति सही है?
आकृतियों के डिजाइन परस्पर क्षैतिज, ऊर्ध्वाधर, दर्पण प्रतिबिम्ब, जल प्रतिबिम्ब रूप में रहते हैं अर्थात् सभी आकृतियों के डिजाइन को एकसमान होना चाहिए।

जैसे

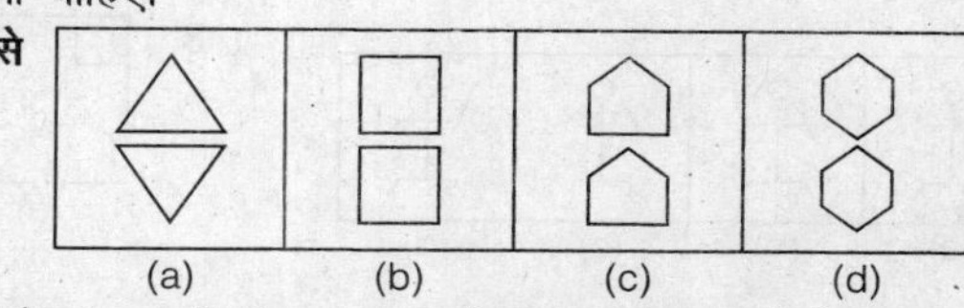

(a) (b) (c) (d)

उपरोक्त आकृतियों का ध्यानपूर्वक अवलोकन करने के बाद आप पाते हैं कि आकृति (c) को छोड़कर अन्य सभी आकृतियों में दोनों डिजाइनें एक-दूसरे की जल प्रतिबिम्ब हैं, जबकि आकृति (c) में दोनों डिजाइनें एक-दूसरे की जल प्रतिबिम्ब नहीं हैं।

साधित उदाहरण

निर्देश (प्र.सं. 1-3) *निम्नलिखित प्रत्येक प्रश्न में दी गई चार आकृतियों में से तीन किसी एक गुण के आधार पर समान हैं और एक सर्वप्रकार से भिन्न है। उस भिन्न आकृति का चयन कीजिए।*

1.

(a) (b) (c) (d)

हल *(a)* आकृति (a) को छोड़कर, अन्य सभी आकृतियों में ऊपर की संख्या नीचे की आकृतियों में दी गई संख्या के योग के बराबर है।

2.

(a) (b) (c) (d)

हल *(d)* आकृति (d) को छोड़कर, अन्य सभी आकृतियों में बड़ी आकृति के अन्दर तीन आकृतियाँ हैं जबकि विकल्प (d) में केवल दो आकृति है।

3.

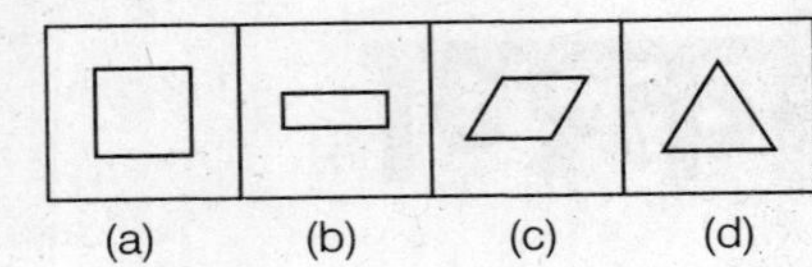

(a) (b) (c) (d)

हल *(d)* आकृति (d) को छोड़कर, अन्य सभी आकृतियाँ चार रेखाओं द्वारा निर्मित हैं।

प्रैक्टिस जोन

निर्देश (प्र.सं. 1-10) *निम्नलिखित प्रत्येक प्रश्न में दी गई चार आकृतियों में से तीन किसी एक गुण के आधार पर समान हैं और एक सर्वप्रकार से भिन्न है। इस भिन्न आकृति का चयन कीजिए।*

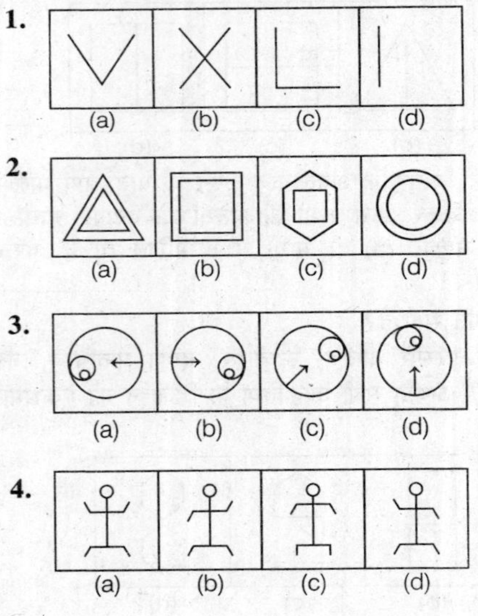

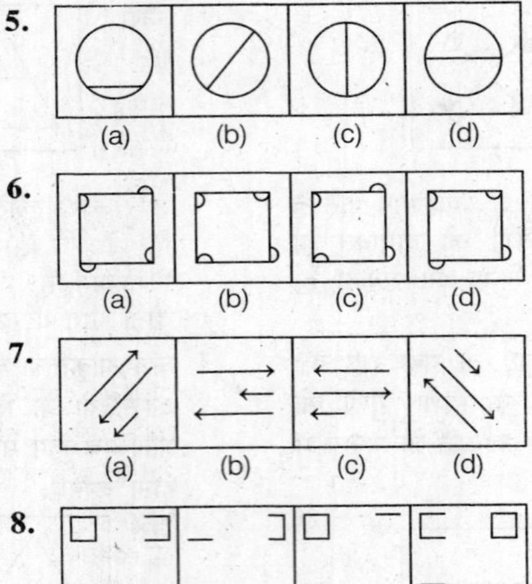

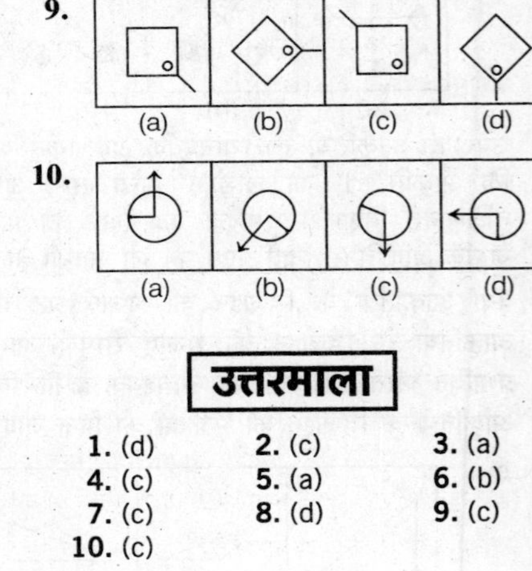

उत्तरमाला

1. (d)	2. (c)	3. (a)
4. (c)	5. (a)	6. (b)
7. (c)	8. (d)	9. (c)
10. (c)		

संकेत एवं हल

1. आकृति (d) को छोड़कर, अन्य सभी में दो रेखाएँ हैं।
2. आकृति (c) को छोड़कर, अन्य सभी आकृतियाँ स्वयं से घिरी हैं।
3. आकृति (a) को छोड़कर, अन्य सभी आकृतियाँ एक-दूसरे को घुमाकर प्राप्त की जा सकती हैं।
5. आकृति (a) को छोड़कर, अन्य सभी आकृतियाँ दो बराबर भागों में बँटी हुई हैं।
6. आकृति (b) को छोड़कर, अन्य सभी आकृतियों में वर्ग के भीतर दो तथा बाहर दो वृत्तखण्ड हैं।
7. आकृति (c) को छोड़कर, अन्य सभी आकृतियों में छोटे तीर के समान दिशा वाला तीर उसके बराबर में ही है।
8. आकृति (d) को छोड़कर, अन्य सभी आकृतियों में 10 सरल रेखाएँ हैं।
10. आकृति (c) को छोड़कर, अन्य सभी आकृतियों में तीर तथा पिन एक-दूसरे के लम्बवत् हैं।

अध्याय

10

सादृश्यता

सादृश्यता का शांब्दिक अर्थ होता है 'समानता' सादृश्यता के अन्तर्गत प्रश्नों में आकृतियों के दो समूह होते हैं; एक तरफ प्रश्न आकृतियाँ होती हैं तथा दूसरी तरफ उत्तर आकृतियाँ होती हैं। प्रश्न आकृतियाँ दो भागों में बँटी होती हैं। प्रश्न आकृतियों के पहले भाग में दो आकृतियाँ होती हैं, परन्तु दूसरे भाग में एक आकृति होती है और एक आकृति के स्थान पर प्रश्नवाचक चिह्न (?) रहता है। प्रश्न आकृतियों के पहले भाग में दोनों आकृतियों के बीच कुछ सम्बन्ध रहता है। यही सम्बन्ध प्रश्न आकृतियों के दूसरे भाग की दोनों आकृतियों में भी होना चाहिए।

इन्हें स्मरण रखें!

आकृतियों में सम्बन्ध स्थापित करते समय याद रखें कि

- उनके आकार में क्या सम्बन्ध है?
पहली आकृति से दूसरी आकृति के डिजाइन बड़े से छोटे अथवा छोटे से बड़े हो सकते हैं।

जैसे

प्रश्न आकृतियाँ **उत्तर आकृतियाँ**

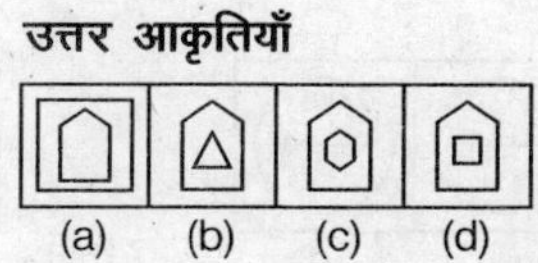

(a) (b) (c) (d)

प्रश्न आकृतियों का ध्यानपूर्वक अवलोकन करने के बाद आप पाते हैं कि प्रश्न आकृति के पहले भाग में पहली आकृति से दूसरी आकृति में बड़ा त्रिभुज छोटा छोटा वृत्त बड़ा हो जाता है। उसी प्रकार दूसरे भाग में तीसरी आकृति से चौथी आकृति में छोटा पंचभुज बड़ा तथा बड़ा षष्ट्भुज छोटा हो जाएगा और यह उत्तर आकृति (c) के समान दिखेगा।

- उनके रूप में क्या सम्बन्ध है?
पहली आकृति से दूसरी आकृति के डिजाइन के रूप से परिवर्तन हो सकता है।

जैसे

प्रश्न आकृतियाँ **उत्तर आकृतियाँ**

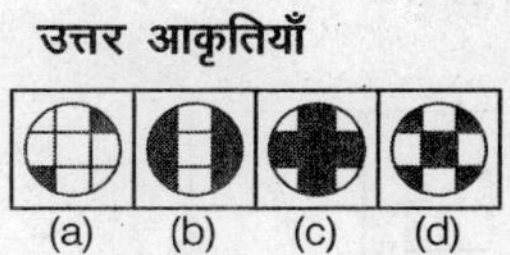

(a) (b) (c) (d)

प्रश्न आकृतियों का ध्यानपूर्वक अवलोकन करने के बाद आप पाते हैं कि प्रश्न आकृति के प्रथम भाग में दोनों आकृतियाँ समान हैं, केवल उनके रूप में परिवर्तन हुआ है अर्थात् कालांकित भाग सफेद तथा सफेद भाग कालांकित हो गया है। उसी प्रकार दूसरे भाग में दोनों आकृतियाँ समान होंगी, परन्तु कालांकित भाग सफेद तथा सफेद भाग कालांकित हो जाएगा, और यह उत्तर आकृति (c) के समान दिखेगा।

- उनके डिजाइन में घूर्णन किस दिशा में हो रहा है?
पहली आकृति से दूसरी आकृति के डिजाइन में दक्षिणावर्त या वामावर्त दिशा में घूर्णन हो सकता है।

जैसे

प्रश्न आकृतियाँ **उत्तर आकृतियाँ**

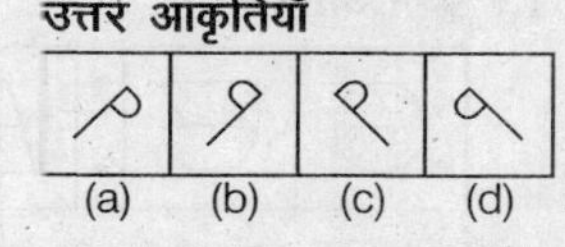

(a) (b) (c) (d)

प्रश्न आकृतियों का ध्यानपूर्वक अवलोकन करने के बाद आप पाते हैं कि प्रश्न आकृति के प्रथम भाग में पहली आकृति दक्षिणावर्त दिशा में 135° या वामावर्त दिशा में 225° घूमकर दूसरी आकृति बनती है। उसी प्रकार प्रश्न आकृति के द्वितीय भाग में तीसरी आकृति दक्षिणावर्त दिशा में 135° या वामावर्त दिशा में 225° घूमकर चौथी आकृति बनेगी, जो उत्तर आकृति (b) के समान दिखेगी।

- आकृति में रेखाओं की संख्या में क्या परिवर्तन हो रहा है?
पहली आकृति से दूसरी आकृति के डिजाइन में रेखाओं की संख्या कम या अधिक हो सकती है।

जैसे

प्रश्न आकृतियाँ **उत्तर आकृतियाँ**

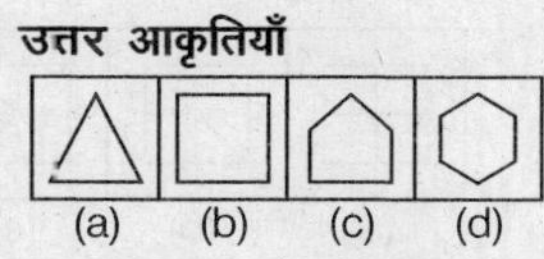

(a) (b) (c) (d)

प्रश्न आकृतियों का ध्यानपूर्वक अवलोकन करने के बाद आप पाते हैं कि प्रश्न आकृति के पहले भाग की पहली आकृति में तीन भुजाएँ हैं, जो दूसरी आकृति में एक अधिक भुजा वाली आकृति (चतुर्भुज) बन गयी है। उसी प्रकार दूसरे भाग की तीसरी आकृति में चार भुजाएँ हैं, जो चौथी आकृति में पाँच भुजा वाली आकृति में परिणत हो जाएगी और यह उत्तर आकृति (c) के समान दिखेगी।

साधित उदाहरण

निर्देश (प्र.सं. 1 और 2) *निम्नलिखित प्रश्न में चार प्रश्न आकृतियाँ तथा चार उत्तर आकृतियाँ दी गई हैं। प्रश्न आकृतियों में पहली तथा दूसरी में एक निश्चित सम्बन्ध है। उत्तर आकृतियों में से एक ऐसी आकृति का चयन कीजिए। जो चौथी आकृति के प्रश्नवाचक चिह्न (?) के स्थान पर तीसरी आकृति तथा चौथी आकृति में वही सम्बन्ध स्थापित कर दे।*

1. प्रश्न आकृतियाँ

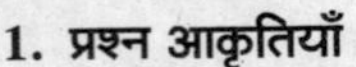

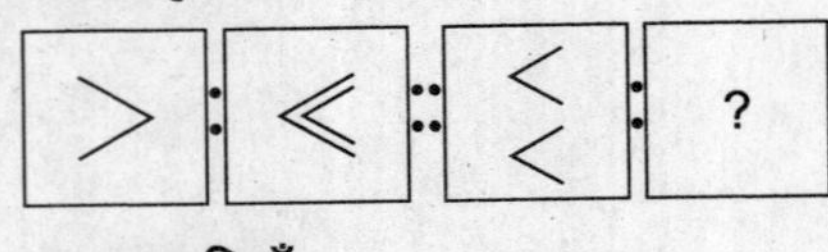

उत्तर आकृतियाँ

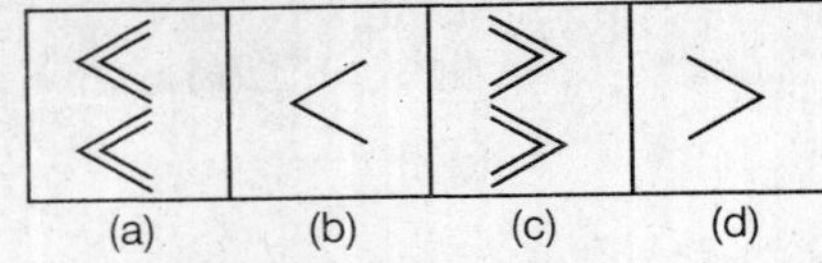

(a) (b) (c) (d)

हल *(c)* प्रश्न आकृति (1) से (2) में आकृति उल्टा होकर अपने का दोगुना हो जाती हैं यही परिवर्तन प्रश्न आकृति (3) से (4) में भी होगा तथा उत्तर आकृति (c) प्राप्त होगी।

2. प्रश्न आकृतियाँ

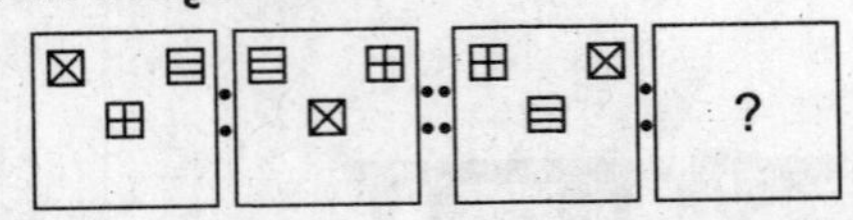

उत्तर आकृतियाँ

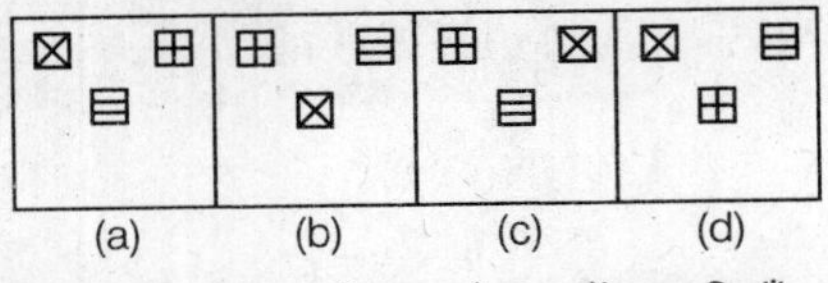

(a) (b) (c) (d)

हल *(d)* प्रश्न आकृति (1) से (2) में आकृतियाँ वामावर्त दिशा में एक स्थान घूम जाती हैं। यही परिवर्तन प्रश्न आकृति (3) से (4) में भी होगा तथा उत्तर आकृति (d) प्राप्त होगी।

प्रैक्टिस जोन

निर्देश (प्र.सं. 1-12) *निम्नलिखित प्रत्येक प्रश्न में चार प्रश्न आकृतियाँ तथा चार उत्तर आकृतियाँ दी गई हैं। प्रश्न आकृतियों में पहली तथा दूसरी में एक निश्चित सम्बन्ध है। उत्तर आकृतियों में से एक ऐसी आकृति का चयन कीजिए, जो चौथी आकृति के प्रश्नवाचक चिह्न (?) के स्थान पर तीसरी आकृति तथा चौथी आकृति में वही सम्बन्ध स्थापित कर दे।*

1. प्रश्न आकृतियाँ

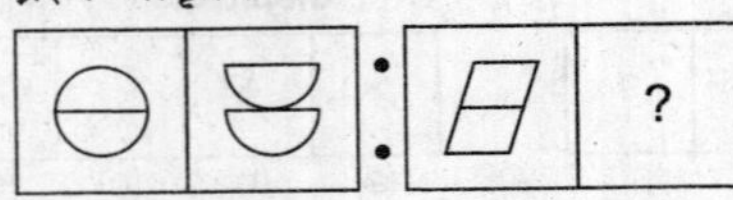

उत्तर आकृतियाँ

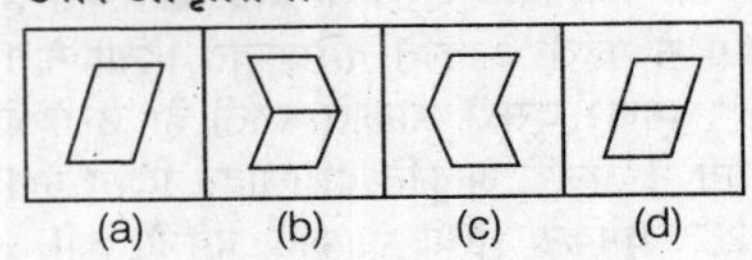

(a) (b) (c) (d)

2. प्रश्न आकृतियाँ

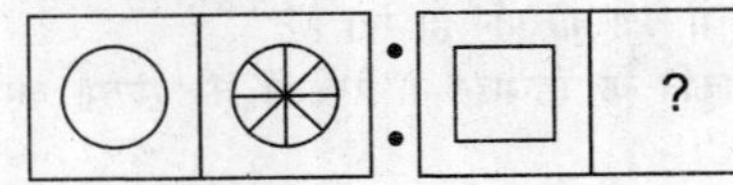

उत्तर आकृतियाँ

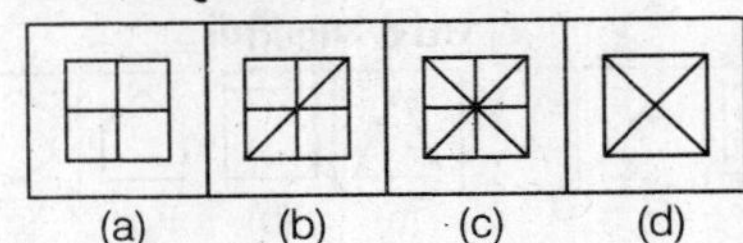

(a) (b) (c) (d)

3. प्रश्न आकृतियाँ

उत्तर आकृतियाँ

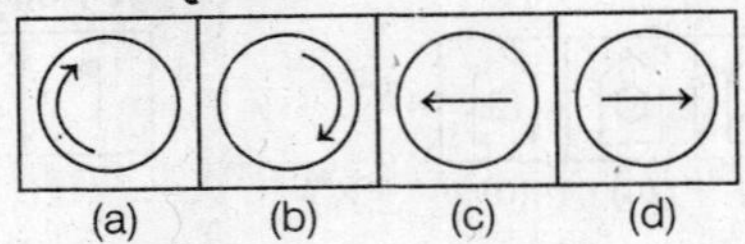

(a) (b) (c) (d)

4. प्रश्न आकृतियाँ

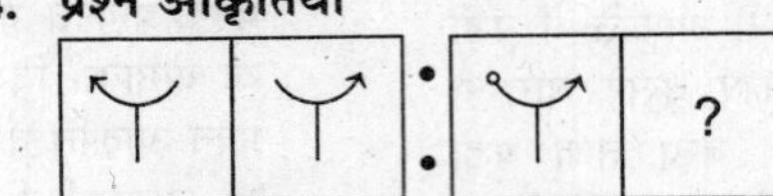

उत्तर आकृतियाँ

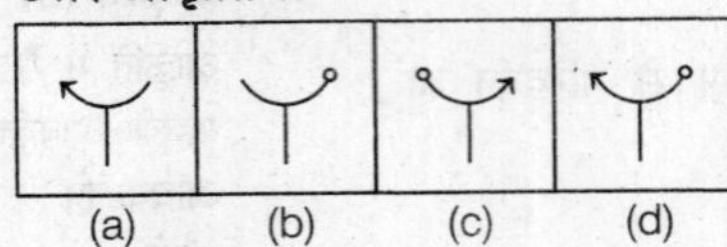

(a) (b) (c) (d)

5. प्रश्न आकृतियाँ

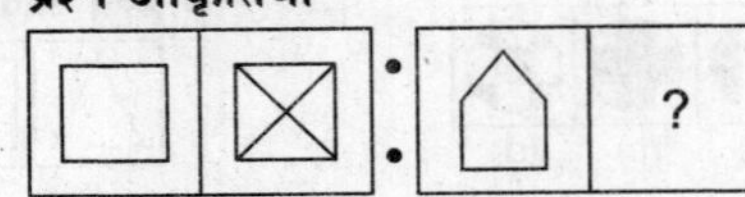

उत्तर आकृतियाँ

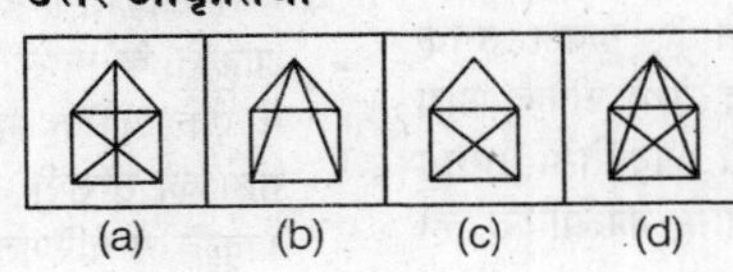

(a) (b) (c) (d)

6. प्रश्न आकृतियाँ

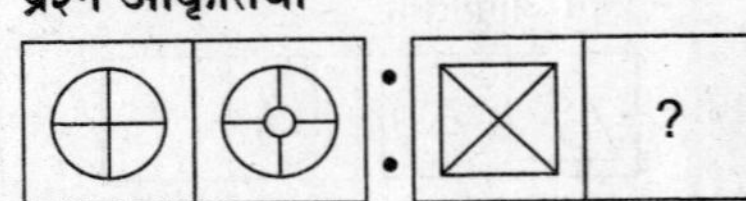

उत्तर आकृतियाँ

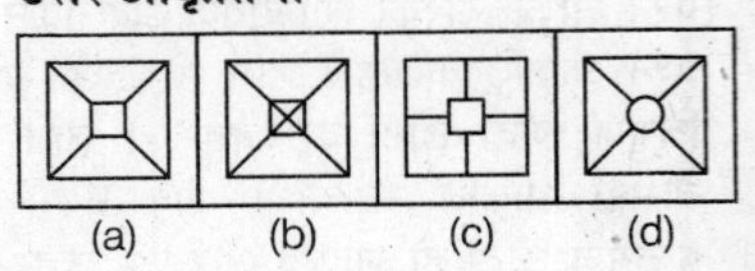

(a) (b) (c) (d)

7. प्रश्न आकृतियाँ

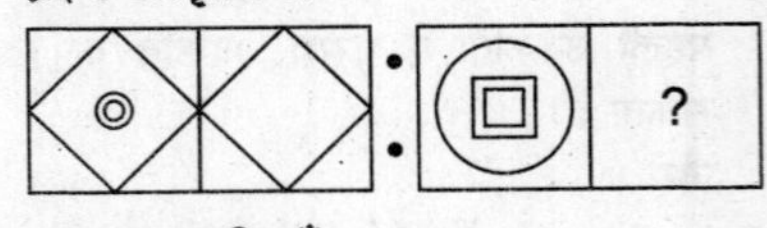

उत्तर आकृतियाँ

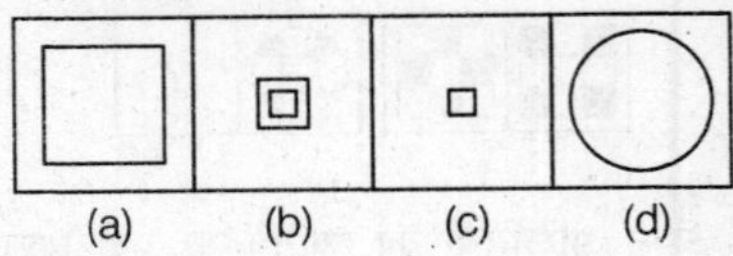

(a) (b) (c) (d)

8. प्रश्न आकृतियाँ

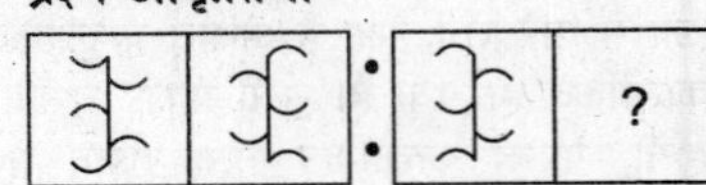

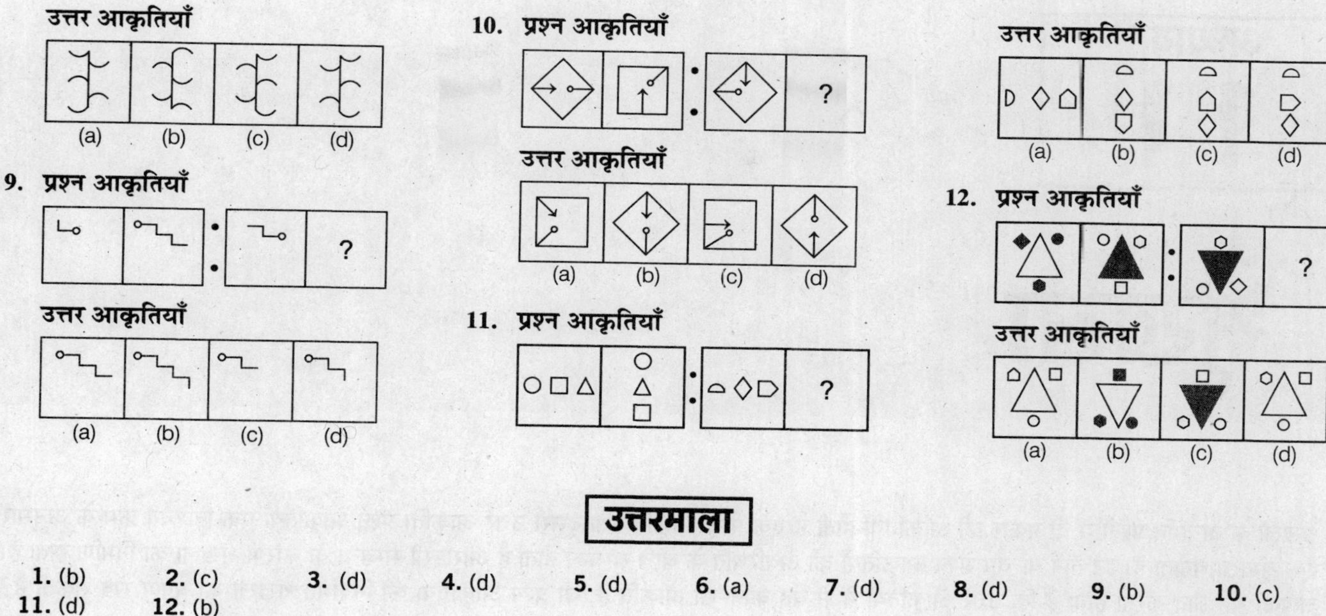

उत्तरमाला

1. (b) **2.** (c) **3.** (d) **4.** (d) **5.** (d) **6.** (a) **7.** (d) **8.** (d) **9.** (b) **10.** (c) **11.** (d) **12.** (b)

संकेत एवं हल

6. बाहर वाली आकृति के समान किन्तु उससे छोटी एक आकृति बीच में बन जाती है तथा उसके अन्दर का भाग लुप्त हो जाता है।

7. आकृति में से अन्दर वाली आकृतियाँ लुप्त हो जाती हैं।

8. आकृति दाएँ से बाएँ पलट जाती है तथा सभी वृत्तखण्ड पलट जाते हैं।

9. आकृति 180° घूम जाती है तथा तीन नई रेखाएँ उससे जुड़ जाती हैं।

10. वर्ग वामावर्त दिशा में 45°, तीर वामावर्त दिशा में 90° तथा पिन वामावर्त दिशा में 45° घूमते हैं।

11. प्रश्न आकृति (1) से (2) में दाईं ओर का डिजाइन बीच में, बीच का डिजाइन नीचे की ओर और बाईं ओर का डिजाइन सबसे ऊपर हो जाता है। इसी प्रकार का परिवर्तन प्रश्न आकृति (3) और उत्तर आकृति (d) में है।

12. प्रश्न आकृति (1) से (2) में सफेद त्रिभुज काला हो जाता है। प्रश्न आकृति (3) से उत्तर आकृति (b) में काला त्रिभुज सफेद हो जाएगा।

अध्याय

11

श्रृंखला

श्रृंखला के अन्तर्गत प्रश्नों में दो प्रकार की आकृतियाँ होती हैं एक प्रश्न आकृति तथा दूसरी उत्तर आकृति। प्रश्न आकृतियाँ एक निश्चित क्रम के अनुसार एक श्रृंखला बनाती हैं। इन तीन या चार प्रश्न आकृतियों की अवस्थिति के बीच सम्बन्ध होता है और इसी सम्बन्ध के कारण श्रृंखला का निर्माण होता है। आपको यह ज्ञात करना होता है कि उत्तर आकृतियों में से वह कौन-सी आकृति है, जो प्रश्न आकृतियों की नियमित श्रृंखला को बनाए रख सकती हैं?
प्रश्नों को हल करते समय निम्न बिन्दुओं को ध्यान में रखें

इन्हें स्मरण रखें!

लुप्त/श्रृंखला को जारी रखने वाली आकृति का पता लगाने के लिए निम्नलिखित सम्बन्धों की जानकारी होना आवश्यक है

रूप एवं आकार Shape and Size रूप एवं आकार से सम्बन्धित प्रश्नों में आकृतियाँ छोटी से बड़ी, बड़ी से छोटी, दाएँ से बाएँ, बाएँ से दाएँ, ऊपर से नीचे, नीचे से ऊपर दक्षिणावर्त दिशा में या वामावर्त दिशा में एवं सभी सम्भव दिशाओं में सीधे रूप में या उलटते-पलटते हुए अथवा दर्पण प्रतिबिम्ब बनाते हुए परिवर्तित होती रहती हैं। इन परिवर्तनों के क्रम में आकृतियाँ एक नया रूप भी धारण कर सकती हैं।

जैसे

प्रश्न आकृतियाँ

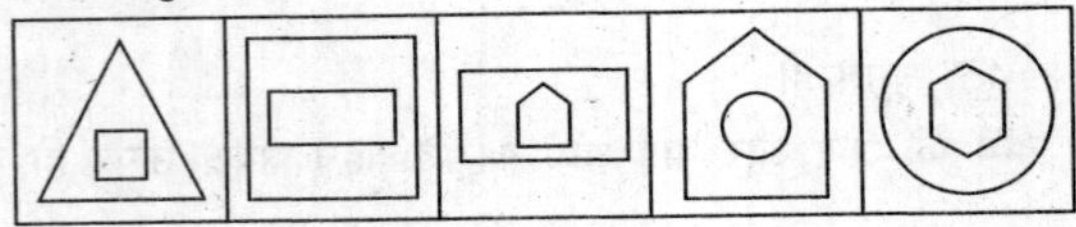

उत्तर आकृतियाँ

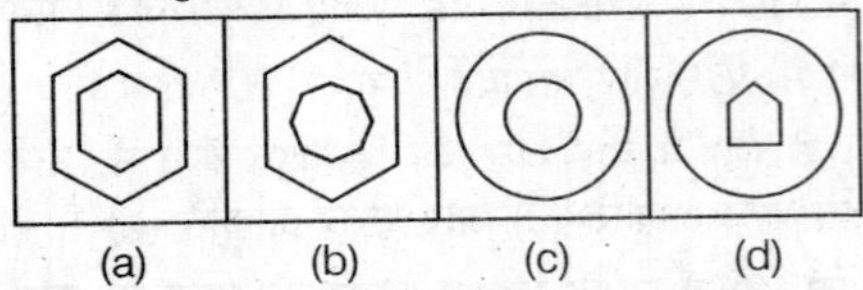

(a) (b) (c) (d)

प्रश्न आकृतियों का ध्यानपूर्वक अवलोकन करने के बाद आप पाते हैं कि प्रत्येक अगली आकृति में सबसे अन्दर की छोटी आकृति अगले में बड़ी हो जाती है तथा उसके अन्दर एक नयी आकृति छोटे आकार में आ जाती है। आगे यही क्रम जारी रहता है, तो उत्तर आकृति (b) प्राप्त होगी।

चिह्नाकृतियाँ Signing Figures चिह्नाकृतियों से सम्बन्धित प्रश्नों में ज्यामितीय (**जैसे** त्रिभुज, चतुर्भुज, वर्ग, आयत, पंचभुज, षष्टभुज, वृत्त आदि), त्रिकोणमितीय (**जैसे** θ,), गणितीय (**जैसे** +, −, ×, ÷, =, ≠ आदि), अंग्रेजी अक्षर (**जैसे** A, B, C, D ......आदि) तथा अन्य अर्थहीन छोटी आकृतियाँ (**जैसे** $, #, ? आदि) सभी सम्भव दिशाओं में घूमती हैं। आकृतियाँ परिवर्तन के क्रम में एक नया रूप भी धारण कर सकती हैं।

जैसे

प्रश्न आकृतियाँ

VIJAY	SVIJA	RSVIJ	ARSVI	DARSV

उत्तर आकृतियाँ

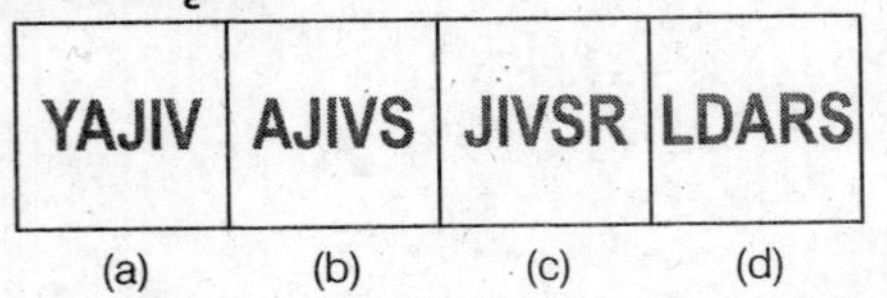

(a) (b) (c) (d)

प्रश्न आकृतियों का ध्यानपूर्वक अवलोकन करने के बाद आप पाते हैं कि प्रत्येक अगली आकृति में सभी अक्षर एक स्थान दाएँ सरक जाते हैं तथा सबसे बाएँ एक नया अक्षर आ जाता है। आगे यही क्रम जारी रहता है, तो उत्तर आकृति (d) प्राप्त होगी।

रेखाकृतियाँ Lining Figures रेखाकृतियों से सम्बन्धित प्रश्नों में रेखाकृतियाँ आपस में स्थान परिवर्तन करते हुए, नवीनता ग्रहण करते हुए ऊपर नीचे होते हुए, दाएँ-बाएँ होते हुए, उल्टी-सीधी होते हुए दक्षिणावर्त या वामावर्त दिशा में स्थान परिवर्तन करते हुए अपने गतिपथ पर गतिमान होती हैं।

जैसे

प्रश्न आकृतियाँ

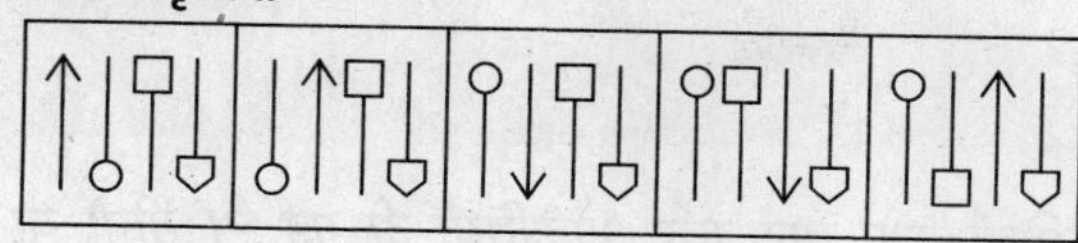

उत्तर आकृतियाँ

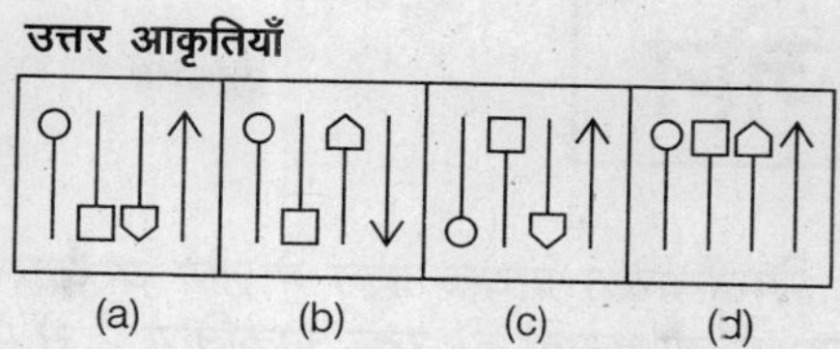

प्रश्न आकृतियों का ध्यानपूर्वक अवलोकन करने के बाद आप पाते हैं कि बाईं ओर से प्रारम्भ होकर एक बार दो-दो रेखाकृतियाँ परस्पर स्थान परिवर्तन करती हैं तथा दूसरी बार अपने स्थान पर उलट जाती हैं। आगे यही क्रम जारी रहता है, तो उत्तर आकृति (a) प्राप्त होगी।

समान्तर एवं असमान्तर Parallel and Non-parallel समान्तर एवं असमान्तर से सम्बन्धित प्रश्नों में रेखाओं, आकृतियों, चित्रों, डिजाइनों, में समान्तर एवं असमान्तर का गुण विद्यमान होता है।

जैसे

प्रश्न आकृतियाँ

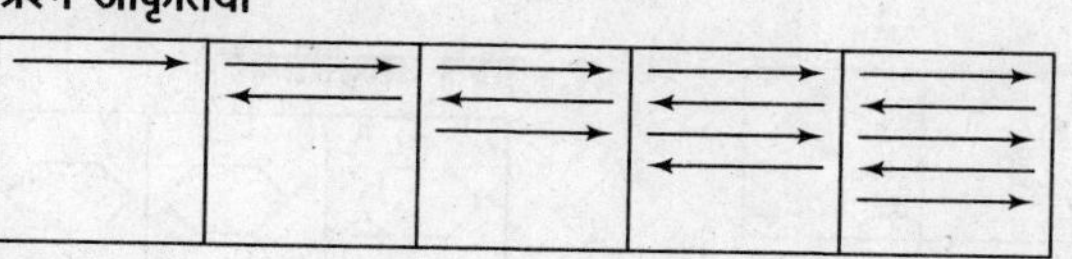

उत्तर आकृतियाँ

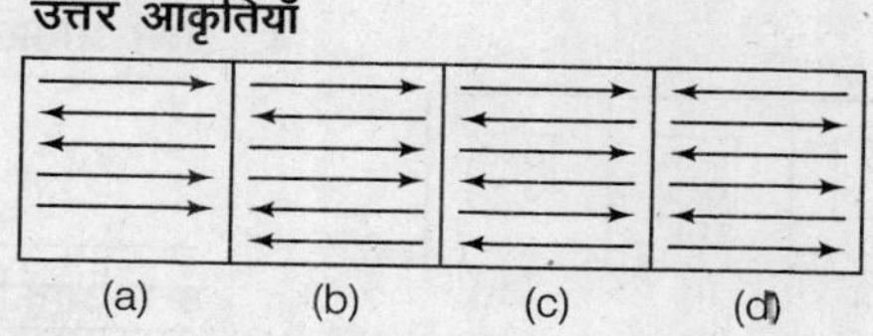

प्रश्न आकृतियों का ध्यानपूर्वक अवलोकन करने के बाद आप पाते हैं कि प्रत्येक अगली आकृति में नीचे की ओर विपरीत दिशा में एक तीर का डिजाइन और बढ़ जाता है। आगे यही क्रम जारी रहता है, तो उत्तर आकृति (c) प्राप्त होगी।

साधित उदाहरण

निर्देश (प्र. सं. 1 और 2) *निम्नलिखित प्रत्येक प्रश्न में चार प्रश्न आकृतियाँ तथा चार उत्तर आकृतियाँ दी गई हैं। चारों प्रश्न आकृतियाँ एक शृंखला बनाती हैं। उत्तर आकृतियों में से एक ऐसी आकृति का चयन कीजिए, जो इस शृंखला को जारी रखे।*

1. प्रश्न आकृतियाँ

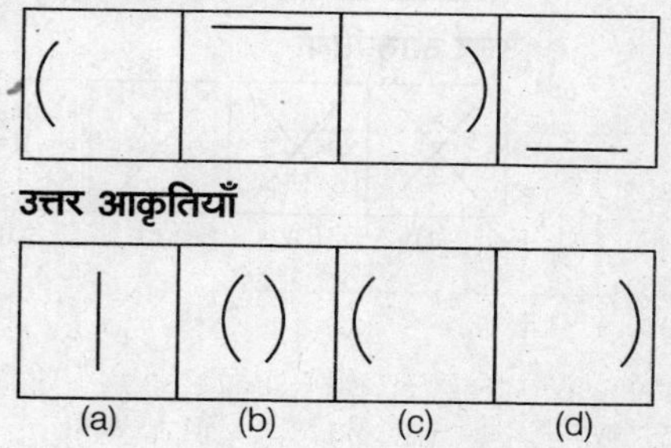

हल *(c)* प्रत्येक अगली आकृति में वक्र रेखा सीधी होकर फिर वक्र में बदलती है साथ-ही-साथ यह रेखा प्रत्येक बार दक्षिणावर्त दिशा में एक भुजा भी सरकती जा रही है। अतः उत्तर आकृति (c) प्राप्त होगी।

2. प्रश्न आकृतियाँ

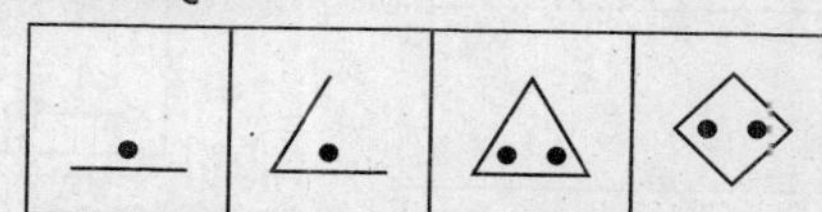

उत्तर आकृतियाँ

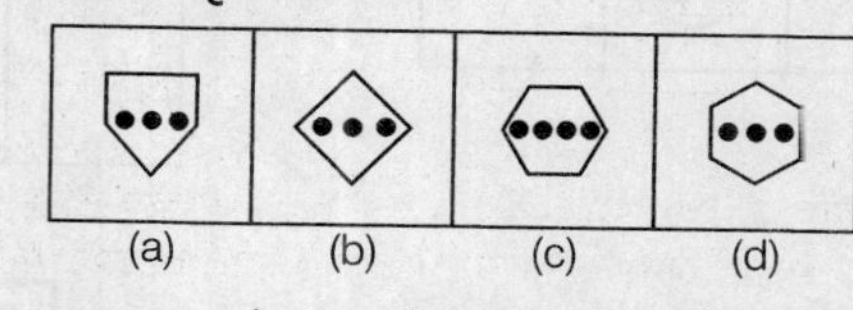

हल *(a)* प्रत्येक अगली आकृति में एक रेखा की वृद्धि हो रही है। बिन्दु एक बार बढ़कर फिर अगली आकृति में वही संख्या में रहता है तथा उसके बाद पुनः एक बिन्दु बढ़ता है। अतः उत्तर आकृति (a) प्राप्त होगी।

प्रैक्टिस जोन

निर्देश (प्र. सं. 1-8) *निम्नलिखित प्रत्येक प्रश्न में तीन या चार प्रश्न आकृतियाँ तथा चार उत्तर आकृतियाँ दी गई हैं। तीनों या चारों प्रश्न आकृतियाँ एक निश्चित शृंखला बनाती हैं। उत्तर आकृतियों में से ऐसी आकृति का चयन कीजिए, जो इस शृंखला को जारी रखती हो।*

1. प्रश्न आकृतियाँ

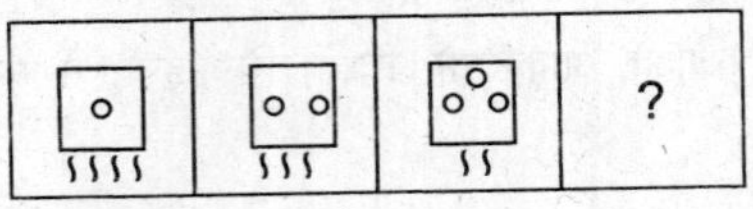

?

उत्तर आकृतियाँ

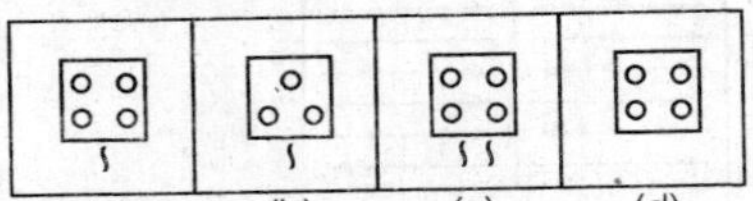

(a) (b) (c) (d)

2. प्रश्न आकृतियाँ

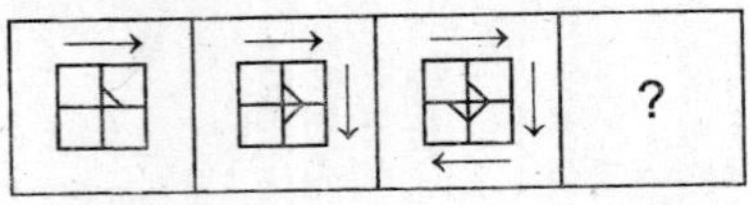

?

उत्तर आकृतियाँ

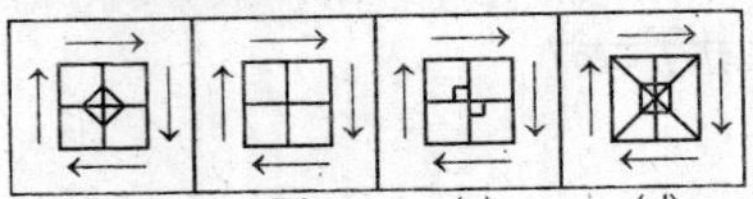

(a) (b) (c) (d)

3. प्रश्न आकृतियाँ

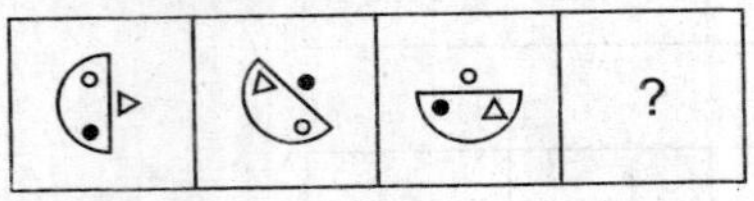

?

उत्तर आकृतियाँ

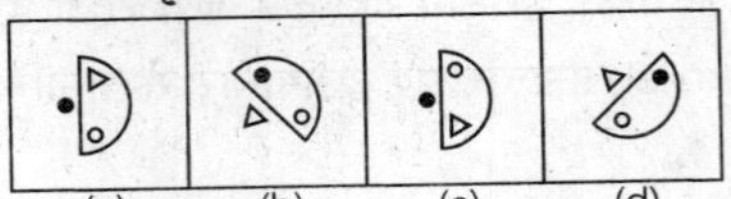

(a) (b) (c) (d)

4. प्रश्न आकृतियाँ

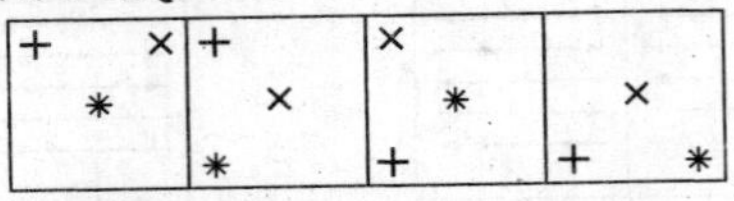

उत्तर आकृतियाँ

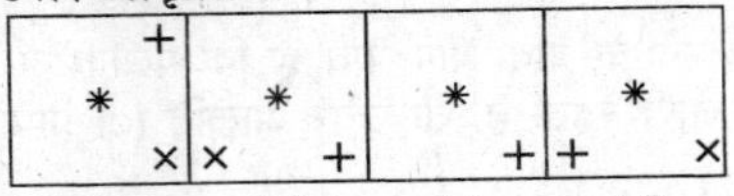

(a) (b) (c) (d)

5. प्रश्न आकृतियाँ

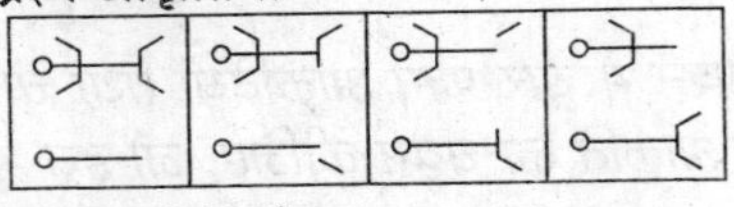

उत्तर आकृतियाँ

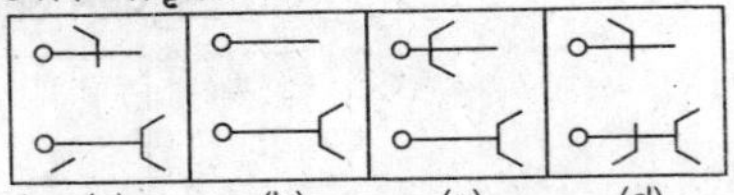

(a) (b) (c) (d)

6. प्रश्न आकृतियाँ

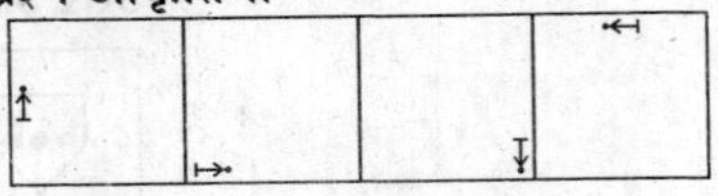

उत्तर आकृतियाँ

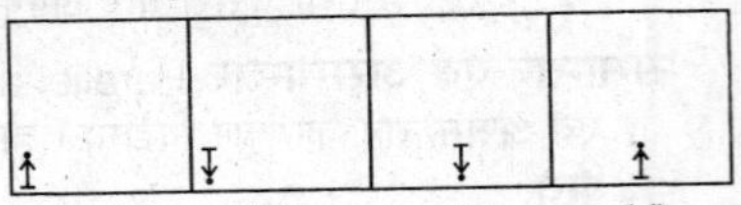

(a) (b) (c) (d)

7. प्रश्न आकृतियाँ

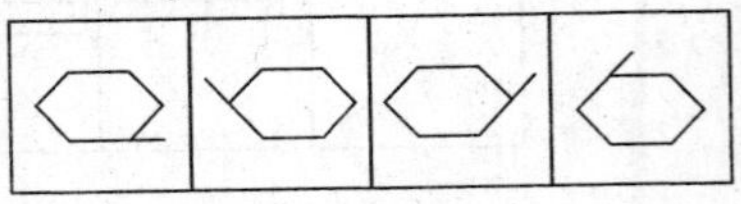

उत्तर आकृतियाँ

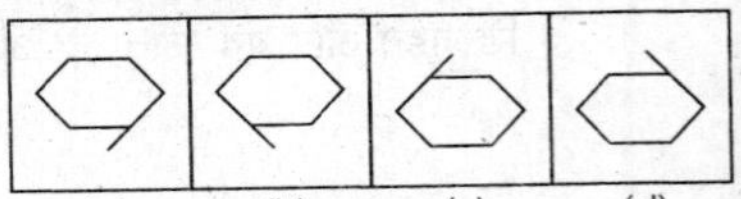

(a) (b) (c) (d)

8. प्रश्न आकृतियाँ

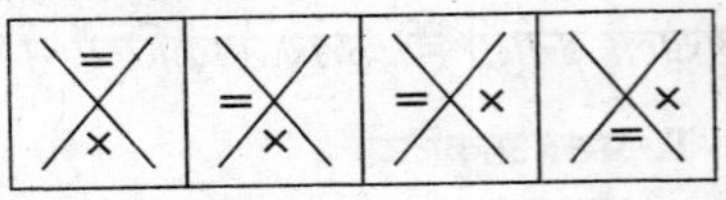

उत्तर आकृतियाँ

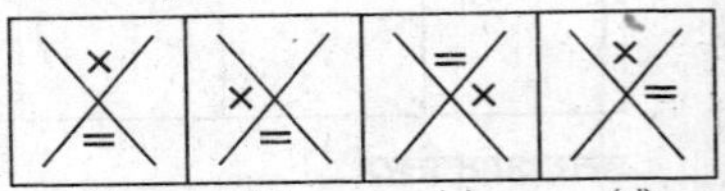

(a) (b) (c) (d)

उत्तरमाला

1. (a) **2.** (a) **3.** (d) **4.** (b) **5.** (a) **6.** (d) **7.** (d) **8.** (a)

संकेत एवं हल

1. प्रश्न आकृति की प्रत्येक अगली आकृति में वर्ग के अन्दर एक लघुवृत्त की वृद्धि हो रही है तथा वर्ग के बाहर एक डिजाइन लुप्त हो रही है।
2. प्रश्न आकृति की प्रत्येक अगली आकृति में वर्ग के अन्दर एक रेखा तथा वर्ग के बाहर एक तीर की वृद्धि दक्षिणावर्त दिशा में हो रही है।
3. प्रश्न आकृति की प्रत्येक अगली आकृति में अर्द्धवृत्त वामावर्त दिशा में 45° घूम रही है तथा तीनों लघु डिजाइनें वामावर्त दिशा में अपना स्थान परिवर्तन कर रहे हैं।
4. '×' तथा '*' एक कोने से मध्य स्थान पर तथा मध्य स्थान से वामावर्त दिशा में संलग्न कोने पर एक निश्चित क्रमानुसार चलते हैं। '+' हर दूसरी बार वामावर्त दिशा में संलग्न कोने पर पहुँच जाता है।
5. प्रत्येक बार आकृति के ऊपरी भाग से एक रेखा लुप्त हो जाती है तथा निचले भाग में एक रेखा जुड़ जाती है।
6. तीर हर बार दक्षिणावर्त दिशा में 90° घू जाता है और क्रमशः वामावर्त दिशा में व की $\frac{1}{2}$, 1, $1\frac{1}{2}$, 2,...भुजा आगे बढ़ता है।
7. पहली, तीसरी .... आकृतियाँ ए शृंखला बनाती हैं, जिसमें आकृति हर बा एक स्थान वामावर्त दिशा में घूम जाती है दूसरी, चौथी .... आकृतियाँ एक अ शृंखला बनाती है; जिसमें आकृति हर बा एक स्थान दक्षिणावर्त दिशा में घूम जाती है
8. एक बार '=' तथा अगली बार '×' एक स्थान वामावर्त दिशा में बढ़ते हैं।

अध्याय

12

आकृति पूर्ति परीक्षण

आकृति पूर्ति परीक्षण के अन्तर्गत एक प्रश्न आकृति दी गई होती है, जिसका कोई एक हिस्सा, जो सामान्यतया एक-चौथाई होता है, लुप्त होता है। लुप्त स्थान पर प्रश्नवाचक चिह्न (?) लगा होता है। आपको दिए गए विकल्पों में से एक विकल्प को चुनना होता है, जो प्रश्न आकृति के प्रश्नवाचक चिह्न (?)के स्थान पर सही ढंग से बैठ जाए।

इन्हें स्मरण रखें!

- आकृति के लुप्त भाग का पता लगाने हेतु डिजाइन में मौजूद चिह्नों, प्रतीकों आदि की सही स्थिति का अनुमान लगाना चाहिए।
- यदि प्रश्न में दी गई आकृति का डिजाइन अधिक जटिल हो तथा समझने में न आ रहा हो, तो ऐसी स्थिति में आकृति को पेन्सिल के माध्यम से पूरा करके देख लेना चाहिए।

साधित उदाहरण

निर्देश (प्र.सं. 1-4) *नीचे दिए गए प्रश्नों में एक आकृति दी गई है जिसका कुछ भाग लुप्त है। उस लुप्त भाग के स्थान पर दिए गए उत्तर विकल्पों में से कौन-सा विकल्प होगा जिससे आकृति का पैटर्न पूर्ण हो जाएगा?*

1. प्रश्न आकृति उत्तर आकृतियाँ

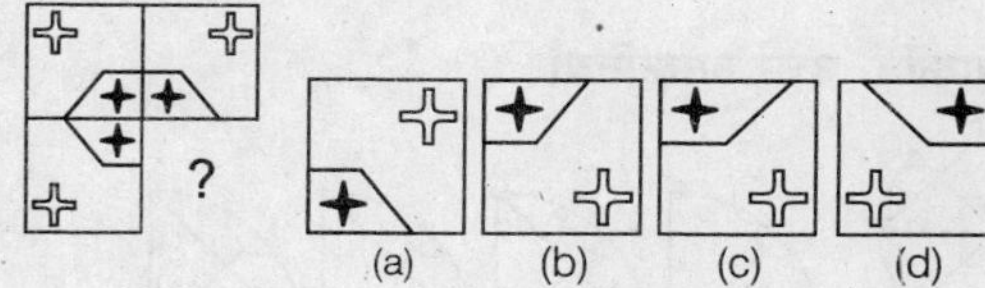

हल *(b)* लुप्त वाले स्थान पर उत्तर आकृति (b) को रखने पर आकृति पूर्ण हो जाएगी।

2. प्रश्न आकृति उत्तर आकृतियाँ

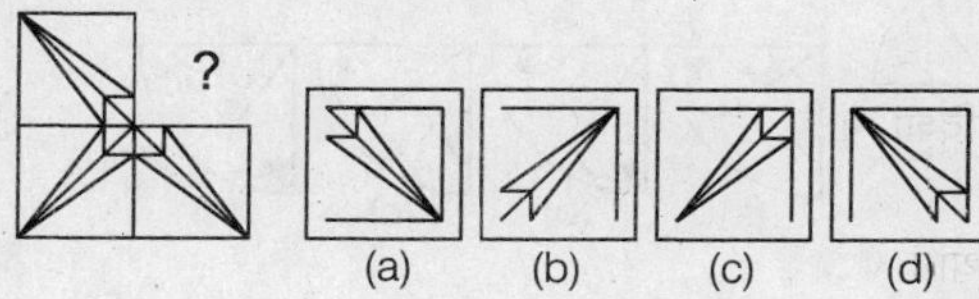

हल *(b)* लुप्त वाले स्थान पर उत्तर आकृति (b) को रखने पर आकृति पूर्ण हो जाएगी।

3. प्रश्न आकृति उत्तर आकृतियाँ

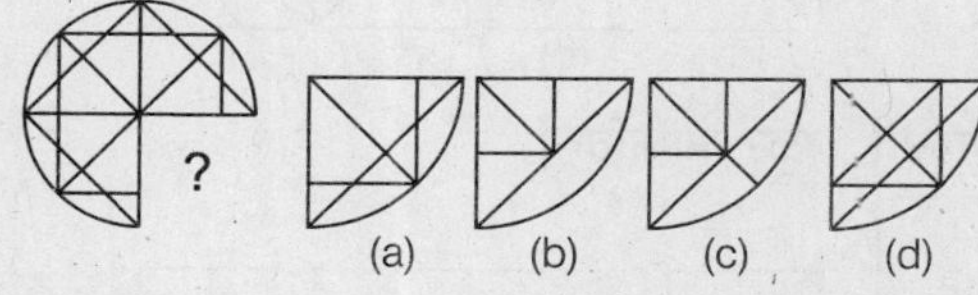

हल *(a)* लुप्त वाले स्थान पर उत्तर आकृति (a) को रखने पर आकृति पूर्ण हो जाएगी।

4. प्रश्न आकृति उत्तर आकृतियाँ

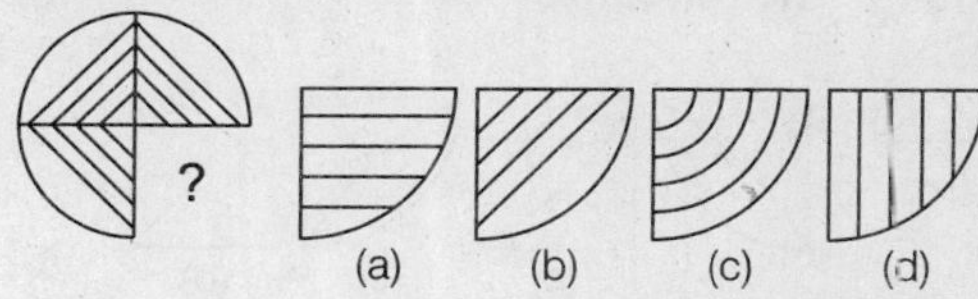

हल *(b)* लुप्त वाले स्थान पर उत्तर आकृति (b) को रखने पर आकृति पूर्ण हो जाएगी।

प्रैक्टिस जोन

निर्देश (प्र.सं. 1-12) *निम्नलिखित प्रत्येक प्रश्न में बाईं ओर एक प्रश्न आकृति दी गई है। इस आकृति का एक भाग गायब है। उत्तर आकृतियों में से उस आकृति का चयन कीजिए, जो बिना अपनी दिशा बदले प्रश्न आकृति के गायब भाग में इस तरह ठीक बैठती है कि प्रश्न आकृति का पैटर्न पूरी तरह बन जाता है।*

1. प्रश्न आकृति उत्तर आकृतियाँ

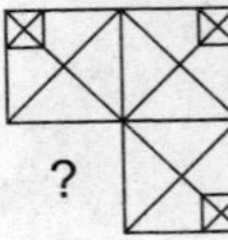

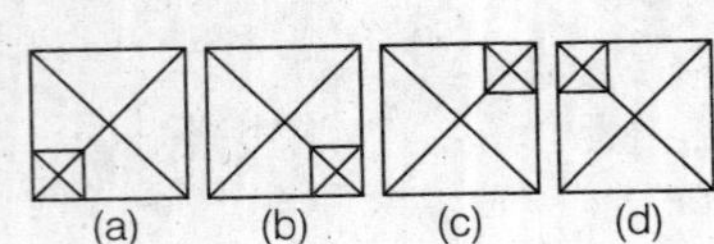

2. प्रश्न आकृति उत्तर आकृतियाँ

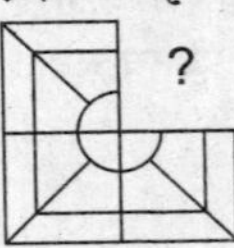

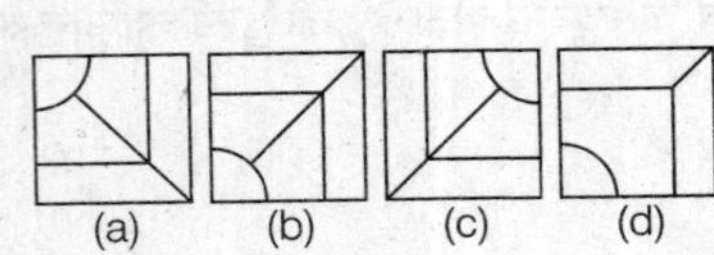

3. प्रश्न आकृति उत्तर आकृतियाँ

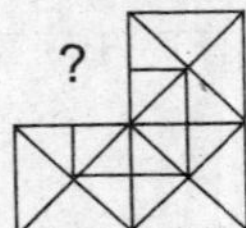

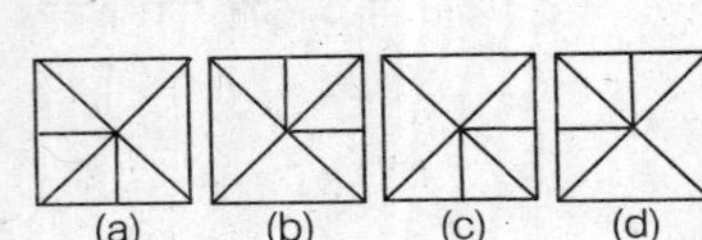

4. प्रश्न आकृति उत्तर आकृतियाँ

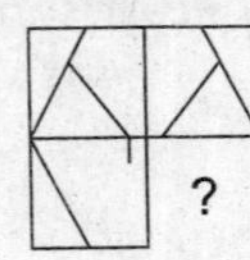

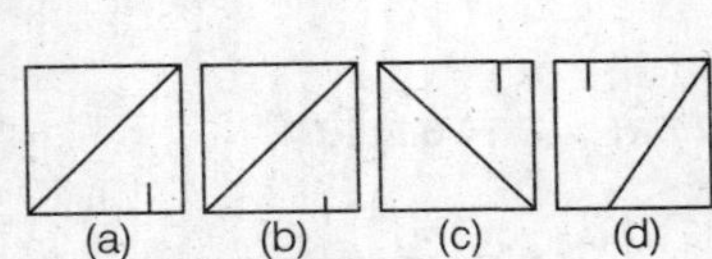

5. प्रश्न आकृति उत्तर आकृतियाँ

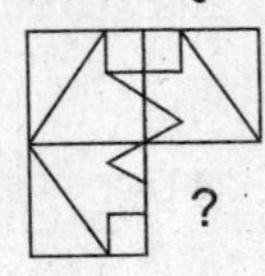

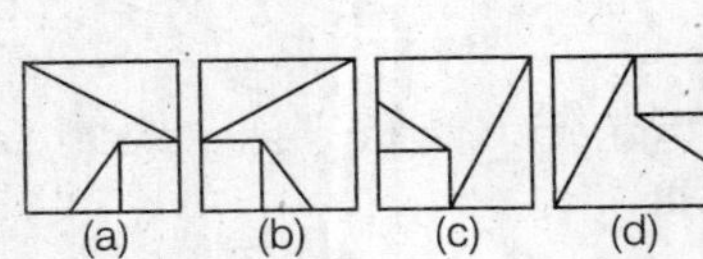

6. प्रश्न आकृति उत्तर आकृतियाँ

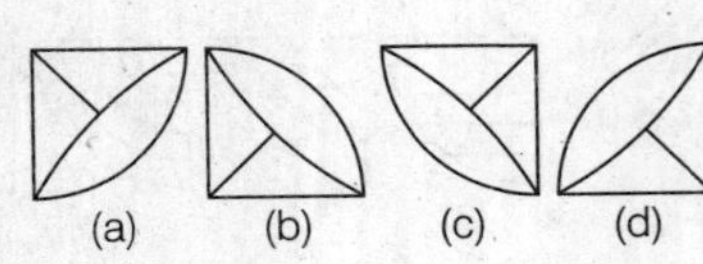

7. प्रश्न आकृति उत्तर आकृतियाँ

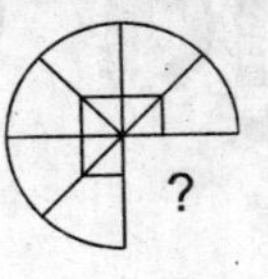

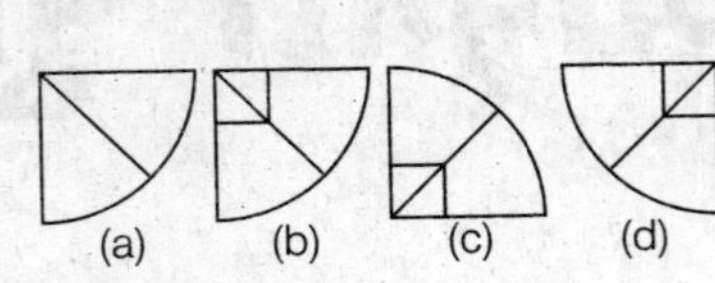

8. प्रश्न आकृति उत्तर आकृतियाँ

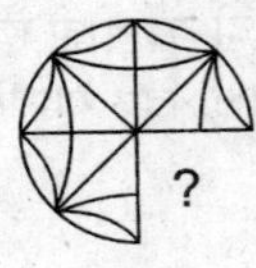

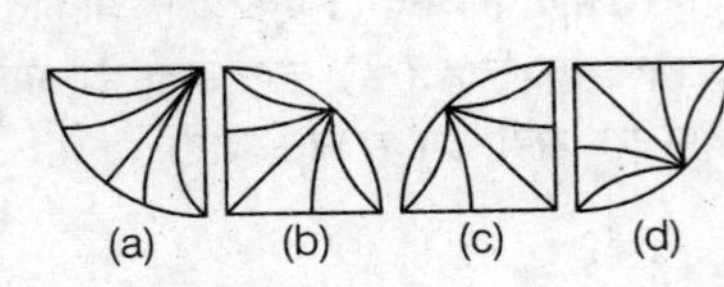

9. प्रश्न आकृति उत्तर आकृतियाँ

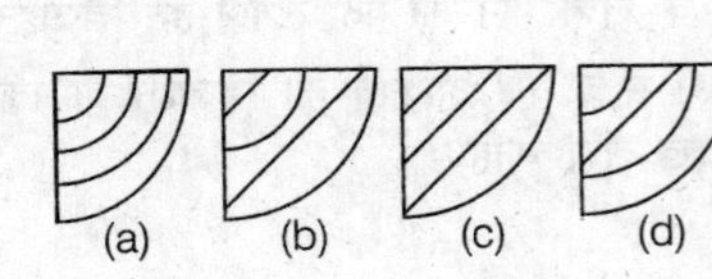

10. प्रश्न आकृति उत्तर आकृतियाँ

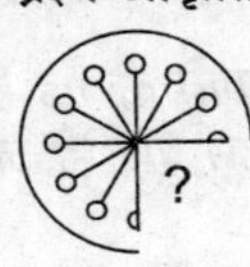

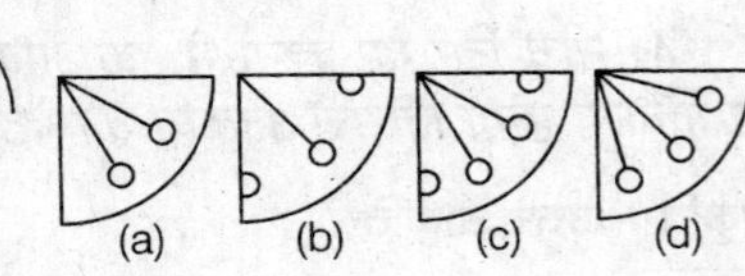

11. प्रश्न आकृति उत्तर आकृतियाँ

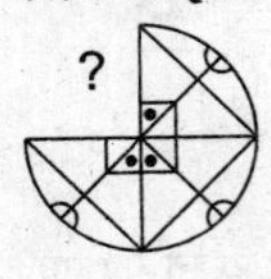

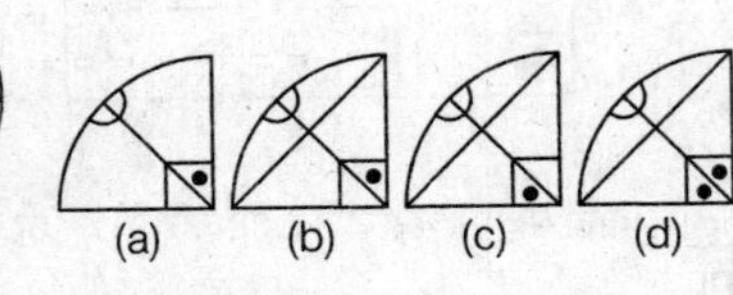

12. प्रश्न आकृति उत्तर आकृतियाँ

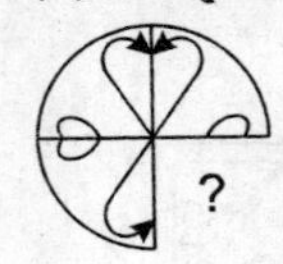

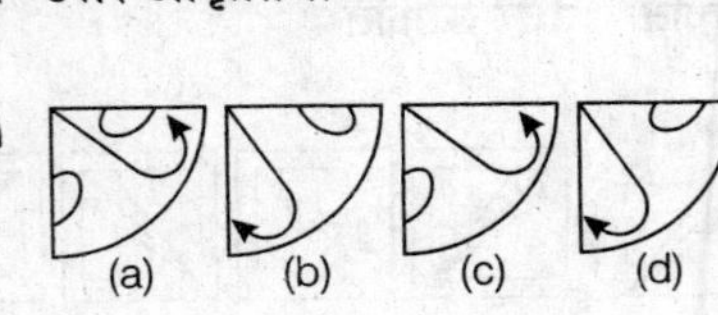

उत्तरमाला

1. (a) **2.** (b) **3.** (c) **4.** (d) **5.** (c) **6.** (a) **7.** (b) **8.** (d) **9.** (b) **10.** (c) **11.** (b) **12.** (b)

Unit-III

प्रबन्धकीय गुण

अध्याय

01

संचार एवं परामर्श कौशल से सम्बन्धित अपठित गद्यांश

'अपठित गद्यांश' पाठ्य-पुस्तकों का अंश नहीं होता है। इसमें कुछ रोचक विषयों से जुड़े अनुच्छेद दिए जाते हैं, जिनके आधार पर बहुविकल्पीय प्रश्नों का उत्तर अपेक्षित होता है। आजकल लगभग सभी प्रतियोगी परीक्षाओं में इस प्रकार के प्रश्न महत्त्वपूर्ण होते जा रहे हैं। अत: परीक्षार्थियों को इस भाग को गम्भीरता से लेना चाहिए।

अपठित गद्यांश का उद्देश्य अपठित गद्यांश का उद्देश्य विद्यार्थियों की अध्ययनशीलता, एकाग्रता तथा संवेदनशीलता का परीक्षण करना है। इससे परीक्षार्थी की मानसिक वृत्तियों तथा विषयानुकूल गम्भीरता का पता चलता है। पाठन की अभिरुचि तथा समझ भी 'अपठित गद्यांश' के माध्यम से सामने आती है।

अपठित गद्यांश के प्रश्नों को हल करना प्रत्येक 'अपठित गद्यांश' के अन्त में बहुविकल्पीय प्रश्न दिए होते हैं। कई विकल्प उलझन भी पैदा कर सकते हैं। इसलिए प्रश्नों को हल करने से पूर्व 'अपठित गद्यांश' को अच्छी तरह दो-तीन बार पढ़ लेना चाहिए। पढ़ने के बाद प्रश्नों का उत्तर देना सहज हो जाता है, क्योंकि प्रश्नों के उत्तर गद्यांश के अन्दर निबद्ध होते हैं। कुछ प्रश्नों के उत्तर गद्यांश के बाहर के भी हो सकते हैं, किन्तु ऐसे प्रश्न आसान होते हैं।

निर्देश (गद्यांश 1-25) *निम्नलिखित गद्यांशों को ध्यानपूर्वक पढ़कर इन पर आधारित प्रश्नों के उत्तर दीजिए।*

गद्यांश 1

सम्पोषणीय विकास के पथ पर भारत की यात्रा जहाँ हर्ष का विषय है, वहीं आत्मविश्लेषण का कारण भी है। यह कहानी 1980 और 1990 के दशक के प्रारम्भिक वर्षों से शुरू होती है, जब आर्थिक सुधारों की शुरुआत हुई थी और जिसके कारण ही भारत की आर्थिक विकास दर को पंख लगे थे। यह वह समय था जब विश्व के अनेक देश पर्यावरण की समस्याओं को लेकर चिन्तित हो रहे थे और साथ ही उनका निवारण करने का प्रयास कर रहे थे। ब्राजील की राजधानी रियो डि जेनेरियो में 1992 में हुआ पृथ्वी सम्मेलन इन्हीं सब चिन्ताओं को सामने लाने और उनका समाधान खोजने की कोशिश थी। पिछले दो दशकों में भारत की आर्थिक विकास की गति अप्रत्याशित रूप से तेज रही है, परन्तु इसका एक दुखद पहलू यह रहा है कि मानव विकास और पर्यावरण सम्पोषणीयता के सूचकांकों में अपेक्षित विकास हो नहीं पाया है। पिछले दो दशकों में चुनौतियाँ अधिक मुखर हुई हैं। पर्यावरण और वन मन्त्रालय की 2009 की पर्यावरण की स्थिति सम्बन्धी रिपोर्ट में भारत के सामने मौजूद पाँच प्रमुख चुनौतियों का उल्लेख किया गया है, ये हैं-जलवायु परिवर्तन, खाद्य सुरक्षा, जल सुरक्षा, ऊर्जा सुरक्षा और शहरीकरण का प्रबन्धन। जलवायु परिवर्तन हमारी प्राकृतिक पर्यावरण-प्रणालियों में दखल दे रहा है और देश की कृषि और उसका काफी खराब असर पड़ने की सम्भावना है। देश के 58% लोग अपनी आजीविका के लिए कृषि पर निर्भर हैं। जलवायु परिवर्तन के प्रभाव से प्रमुख नदियों के जल स्त्रोत हिमालयी हिमनदों में पानी के भण्डारण, भूगर्भीय जल के पुनर्सभरण के साथ-साथ समुद्र के जल-स्तर में वृद्धि से लम्बे तटीय क्षेत्रों और आबादियों को खतरा बना हुआ है।

राष्ट्रीय पर्यावरण नीति, 2006 में प्रयास किया गया है कि पर्यावरण के सरोकारों को विकास की गतिविधियों में मुख्य स्थान दिया जाए। सरकार अपनी नीतियों के जरिए पारिस्थितिकीय समस्याओं को वैकासिक प्रक्रिया के साथ जोड़ने का प्रयास करती रही है ताकि पर्यावरण में कोई स्थायी बदलाव लाए बिना आर्थिक विकास के लक्ष्य को प्राप्त किया जा सके। चुनौतियाँ बहुत बड़ी हैं। ऊर्जा के साधनों के अभाव वाले देश में उसकी बढ़ती आवश्यकताओं को पूरा करना एक चुनौती है। तेजी से बढ़ रहा शहरीकरण और रोजगार के लिए विनिर्माण क्षेत्र का संवर्धन भी कोई कम बड़ी चुनौती नहीं है।
इसी के साथ-साथ सामुदायिक स्तर पर प्रगति की भावना भी सुदृढ़ हुई है। तीन दृष्टान्तों से स्पष्ट है कि भारत ने सम्पोषणीय विकास के क्षेत्र में उल्लेखनीय उपलब्धियाँ हासिल की हैं। ये हैं—जीवन प्रत्याशा अर्थात् औसत आयु, वन क्षेत्र में वृद्धि और युवा महिलाओं में साक्षरता।

1. विश्व के अनेक देश पर्यावरण की समस्याओं को लेकर कब चिन्तित होने लगे?
(a) 1992 ई. में
(b) 1980 और 1990 के दशक के प्रारम्भिक वर्षों में
(c) इक्कीसवीं सदी की शुरुआत में
(d) सन् 2006 के बाद

2. भारत के आर्थिक विकास के सन्दर्भ में कौन-सा कथन असत्य है?
(a) पिछले दो दशकों में इसकी गति तेज रही है
(b) इस विकास के कुछ दुखद पहलू भी हैं
(c) आर्थिक सुधारों की शुरुआत के बाद ही इसकी गति तेज हुई थी
(d) इस मुद्दे को लेकर रियो डि जेनेरियो में पृथ्वी सम्मेलन आयोजित किया गया था

3. किस दृष्टान्त से यह स्पष्ट नहीं होता कि भारत ने सम्पोषणीय विकास के क्षेत्र में उल्लेखनीय उपलब्धियाँ हासिल की हैं?
(a) औसत आयु (b) वन क्षेत्र में वृद्धि
(c) सामुदायिक स्तर पर प्रगति (d) युवा महिलाओं में साक्षरता

4. सम्प्रति निम्नलिखित में से कौन-सी चुनौती भारत के सामने नहीं है?
(a) जलवायु परिवर्तन
(b) शैक्षिक विकास
(c) खाद्य सुरक्षा
(d) ऊर्जा की बढ़ती आवश्यकताओं को पूरा करना

5. भारत के लिए आत्मविश्लेषण का कारण है
(a) आर्थिक विकास (b) आर्थिक वृद्धि में तेजी
(c) सम्पोषणीय विकास (d) पर्यावरण समस्याएँ

6. निम्नलिखित में से कौन जलवायु परिवर्तन का प्रभाव नहीं है?
(a) समुद्र के जलस्तर में वृद्धि
(b) हिमनदों में पानी का भण्डारण
(c) तापमान में वृद्धि
(d) समुद्रतटीय आबादी को खतरा

उत्तरमाला

1. (b) **2.** (d) **3.** (c) **4.** (b) **5.** (c) **6.** (c)

गद्यांश 2

इतिहास बताता है कि भारत अनेक प्रकार की प्राकृतिक आपदाओं का शिकार होता रहा है। चक्रवात, बाढ़, भूकम्प और सूखा इनमें से प्रमुख आपदाएँ हैं। देश का साठ प्रतिशत भू-भाग विभिन्न तीव्रताओं के भूकम्प की सम्भावना वाला क्षेत्र है, जबकि चार करोड़ हेक्टेयर से अधिक क्षेत्र में बाढ़ की सम्भावना बनी रहती है तथा 68% क्षेत्र में सूखे की आशंका मण्डराती रहती है। इससे न केवल हजारों जीवन की क्षति होती है बल्कि भारी मात्रा में निजी, सामुदायिक और सार्वजनिक परिसम्पत्तियों को क्षति पहुँचती है।

यद्यपि वैज्ञानिक और भौतिक रूप से देश में भारी प्रगति हुई है लेकिन आपदाओं के कारण जन-धन की क्षति में कमी होती नहीं दिखाई देती। भारत सरकार ने अपने आपदा प्रबन्धन दृष्टिकोण में आमूल परिवर्तन किया है। यह नीति अब केवल राहत पहुँचाने तक सीमित नहीं है, बल्कि आपदाओं से निपटने की तैयारियों, उनके शासन और बचाव पर ज्यादा जोर दिया जा रहा है। दृष्टिकोण में यह परिवर्तन इन धाराओं के फलस्वरूप आया है कि विकास प्रक्रिया में जब तक आपदा-शमन को उचित स्थान नहीं दिया जाता, विकास की प्रक्रिया लम्बे समय तक जारी नहीं रखी जा सकती। सरकार के नये दृष्टिकोण का एक महत्त्वपूर्ण पहलू यह भी है कि आपदा-शमन के उपाय विकास से सम्बन्धित सभी क्षेत्रों में अपनाए जाने चाहिए। आपदा प्रबन्धन का नीतिगत ढाँचे में एक महत्त्वपूर्ण स्थान है, क्योंकि निर्धन और वंचित लोग ही प्राकृतिक आपदाओं से सबसे अधिक प्रभावित होते हैं।

आपदा प्रबन्धन एक बहुआयामी क्षेत्र है। इसमें मौसम पूर्वानुमान, चेतावनी, बचाव, राहत, पुनर्निर्माण और पुनर्वास शामिल हैं। प्रशासक, वैज्ञानिक, योजनाकार, स्वयंसेवक और समुदाय सभी इस बहुआयामी प्रयास में हाथ बँटाते हैं। उनकी भूमिकाएँ और गतिविधियाँ आपदा के पहले, आपदा के दौरान और आपदा के बाद महत्त्वपूर्ण होती हैं। ये सभी गतिविधियाँ एक-दूसरे की पूरक और सहायक होती हैं और इसलिए इन गतिविधियों में समन्वय नितान्त आवश्यक है।

1. निम्नलिखित में से कौन-सा कथन सत्य नहीं है?
(a) निर्धन और वंचित लोग ही प्राकृतिक आपदाओं से सबसे अधिक प्रभावित होते हैं
(b) भारत अनेक प्रकार की प्राकृतिक आपदाओं का शिकार होता रहा है
(c) भारत सरकार ने अपने आपदा प्रबन्धन दृष्टिकोण में आमूल परिवर्तन किया है
(d) प्राकृतिक आपदाओं के कारण जन-धन की क्षति में कमी आई है

2. 'समन्वय' का अर्थ है
(a) संयोग (b) समान
(c) समानता (d) मिलावटी

3. आपदा-शमन के उपाय विकास से सम्बन्धित किस क्षेत्र में अपनाए जाने चाहिए?
(a) केवल विज्ञान के क्षेत्र में (b) केवल आर्थिक क्षेत्र में
(c) केवल राजनीतिक क्षेत्र में (d) सभी क्षेत्रों में

4. भारत सरकार ने अपने आपदा प्रबन्धन दृष्टिकोण में आमूल परिवर्तन क्यों किया है?
(a) क्योंकि इसका उद्देश्य केवल राहत पहुँचाना है
(b) क्योंकि आपदा से धन-जन की क्षति में कमी आई है
(c) आपदा प्रबन्धन की जिम्मेदारी राज्य सरकारों की है
(d) क्योंकि विकास प्रक्रिया में आपदा-शमन को उचित स्थान दिया जाना आवश्यक है

5. प्रस्तुत गद्यांश का सर्वाधिक उपयुक्त शीर्षक निम्नलिखित में से क्या होगा?
(a) प्राकृतिक आपदा (b) आपदा प्रबन्धन
(c) मौसम पूर्वानुमान (d) विकास प्रक्रिया

6. आपदा प्रबन्धन में सहयोग करते हैं
(a) योजनाकार (b) स्वयंसेवक
(c) वैज्ञानिक (d) ये सभी

उत्तरमाला

1. (d) **2.** (a) **3.** (d) **4.** (d) **5.** (b) **6.** (d)

गद्यांश 3

एक ऐसे गाँधीवादी व्यक्ति का नाम लेने को कहा जाए जो आवश्यकता पड़ने पर क्रान्ति का मार्ग अपनाने में भी पीछे न हटा हो, तो जुबाँ पर केवल एक ही महान आत्मा, जयप्रकाश नारायण का नाम आएगा, जो अपनी जुझारू प्रवृत्ति और अभूतपूर्व नेतृत्व क्षमता के कारण अपने समकालीन युवावर्ग ही नहीं बल्कि पूरे जनमानस के लोकप्रिय नेता बनकर उभरे और जनता ने उन्हें लोकनायक के सम्बोधन से विभूषित किया।

लोकनायक जयप्रकाश नारायण का जन्म बिहार प्रान्त में छपरा जिले के सिताब दियारा नामक गाँव में 11 अक्टूबर, 1902 ई. को हुआ था। इनके पिता का नाम श्री हरसू दयाल तथा माता का नाम श्रीमती फूलरानी देवी था। इनकी माता एक धर्मपरायण महिला थीं। तीन भाई और तीन बहनों में जयप्रकाश जी अपने माता-पिता की चौथी सन्तान थे। इनसे बड़े एक भाई और एक बहन की मृत्यु हो जाने के कारण इनके माता-पिता इनसे अपार स्नेह रखते थे। अपने गाँव सिताब दियारा में प्रारम्भिक शिक्षा प्राप्त करने के पश्चात् जयप्रकाश जी आगे की पढ़ाई के लिए पटना चले गए।

16 मई, 1920 ई. को बिहार के प्रसिद्ध जनसेवी श्री ब्रजकिशोर बाबू की सुपुत्री प्रभावती से जयप्रकाश जी का विवाह हुआ। सन् 1921 ई. में गाँधी जी

के असहयोग आन्दोलन में सक्रिय भाग लेने के लिए उन्होंने सरकारी कॉलेज की पढ़ाई छोड़कर राजेन्द्रबाबू के नेतृत्व में चल रहे बिहार विद्यापीठ में चले गए। वहीं से उन्होंने इण्टरमीडिएट की परीक्षा उत्तीर्ण की। 1922 ई. में वे एक छात्रवृत्ति पर अध्ययन के लिए अमेरिका चले गए और वहाँ के ओहियो विश्वविद्यालय से स्नातक एवं स्नातकोत्तर (एम.ए.) की डिग्रियाँ प्राप्त कीं। इसके बाद उन्होंने पी.एच.डी. में प्रवेश लिया, पर माँ की बीमारी के कारण 1929 ई. में वापस स्वदेश लौट आने के कारण वे इसे पूरा नहीं कर सके।

1. इस गद्यांश में निम्नलिखित में से किस महान व्यक्तित्व की चर्चा नहीं की गई है?
(a) डॉ. राजेन्द्र प्रसाद (b) महात्मा गाँधी
(c) जयप्रकाश नारायण (d) राम मनोहर लोहिया

2. जयप्रकाश नारायण किस विचारधारा में विश्वास करते थे?
(a) केवल गाँधीवादी विचारधारा में
(b) केवल क्रान्तिकारी विचारधारा में
(c) गाँधीवादी एवं क्रान्तिकारी दोनों विचारधाराओं में
(d) किसी भी विचारधारा में नहीं

3. बिहार विद्यापीठ का संचालन किसके नेतृत्व में हो रहा था?
(a) डॉ. राजेन्द्र प्रसाद (b) महात्मा गाँधी
(c) लोकनायक जयप्रकाश नारायण (d) बालगंगाधर तिलक

4. जयप्रकाश नारायण ने पी.एच.डी. की उपाधि कब प्राप्त की?
(a) 1929 ई. में (b) कभी नहीं (c) 1923 ई. में (d) 1922 ई. में

5. जयप्रकाश नारायण के सन्दर्भ में कौन-सा कथन असत्य है?
(a) उन्होंने असहयोग आन्दोलन में भाग लिया
(b) वे गाँधीवादी क्रान्तिकारी थे
(c) उन्होंने असहयोग आन्दोलन में भाग लेने के लिए अपनी पढ़ाई छोड़ दी थी
(d) उन्होंने बिहार विद्यापीठ से इण्टरमीडिएट किया

6. कौन जयप्रकाश के रिश्तेदार नहीं थे/थीं?
(a) श्री हरसू दयाल (b) श्रीमती फूलरानी देवी
(c) श्री ब्रजकिशोर बाबू (d) श्री किशोर दयाल बाबू

उत्तरमाला

1. (d) **2.** (c) **3.** (d) **4.** (b) **5.** (c)
6. (d)

गद्यांश 4

सायना के अपने खेल कैरियर में ऊँचाई हासिल करने की शुरुआत तब हुई जब उन्होंने 2004 में राष्ट्रीय जूनियर चैम्पियनशिप का खिताब जीता। 2005 में उन्होंने फिर यह प्रतियोगिता जीती। इसी वर्ष वे राष्ट्रीय सीनियर चैम्पियनशिप में रनर-अप भी रहीं। 2006 तथा 2007 दोनों हीं वर्षों में वे इसकी विजेता रहीं। इसके अलावा सायना की अन्य उपलब्धियों में 2005 के अखिल भारतीय टूर्नामेण्ट तथा इसी वर्ष मुम्बई में आयोजित अखिल भारतीय सीनियर रैंकिंग टूर्नामेण्ट में विजय भी उल्लेखनीय है। 2005 में गोहाटी में आयोजित राष्ट्रीय खेलों में उन्होंने शानदार जीत हासिल की।

सायना के अन्तर्राष्ट्रीय कैरियर की शुरुआत 2003 में इण्डियन सेटेलाइट टूर्नामेण्ट से हुई, जिसमें वे अन्तिम 16 खिलाड़ियों में से एक रहीं। वर्ष 2004 में वे सिंगापुर में आयोजित चीयर्स एशियन सेटेलाइट टूर्नामेण्ट के क्वार्टर फाइनल दौर में पहुँचीं। इसी वर्ष इण्डियन सेटेलाइट टूर्नामेण्ट जीतकर सायना ने अपना पहला अन्तर्राष्ट्रीय पदक जीता। उन्होंने 2006 में बिंगो बोनांजा फिलीपींस ओपन टाइटल तथा इण्डिया सेटेलाइट टूर्नामेण्ट 2006 जीतकर अन्तर्राष्ट्रीय स्तर पर अपनी सशक्त पहचान कायम की। 2007 में ऑल इंगलैण्ड ओपन प्री क्वार्टर फाइनल राउण्ड में पहुँची किन्तु यहाँ उन्हें विश्व की तीसरी वरीयता प्राप्त चीनी खिलाड़ी से शिकस्त झेलनी पड़ी।

उनकी अन्तर्राष्ट्रीय स्तर पर अन्य उपलब्धियों में मकाउ ओपन टूर्नामेण्ट (2007) तथा डच ओपन टूर्नामेण्ट (2007) के क्वार्टर फाइनल राउण्ड में पहुँचना शामिल है। वर्ष 2008 सायना के अन्तर्राष्ट्रीय कैरियर का टर्निंग प्वॉइण्ट था। इस वर्ष उन्होंने ग्राँ. प्री. गोल्ड टूर्नामेण्ट जीतकर लाइनिंग चाइना मास्टर्स सुपर सीरीज टूर्नामेण्ट में सेमीफाइनल दौर में पहुँच कर सफलता प्राप्त की। इसी वर्ष उन्होंने ओलम्पिक खेलों में अभूतपूर्व सफलता हासिल करते हुए भारतीय बैडमिण्टन के क्षेत्र में एक नया इतिहास रचा। वे विश्व के पाँचवें रैंकिंग वाले खिलाड़ी और टूर्नामेण्ट में चौथी वरीयता प्राप्त हांगकांग की वैंग चेन को प्री क्वार्टर में हराकर ओलम्पिक के सेमीफाइनल में प्रवेश करने वाली प्रथम भारतीय बैडमिण्टन खिलाड़ी बनीं। 2009 में ही इण्डोनेशिया ओपन जीतकर वे बैडमिण्टन के सर्वाधिक प्रतिष्ठित खिताब सुपर सीरीज जीतने वाली न केवल प्रथम भारतीय महिला बनीं बल्कि उन्होंने अन्तर्राष्ट्रीय स्तर पर भी इस खेल में अपनी सशक्त पहचान बनाई।

1. सायना ने राष्ट्रीय जूनियर चैम्पियनशिप एवं राष्ट्रीय सीनियर चैम्पियनशिप का खिताब कितनी बार जीता?
(a) एक-एक बार
(b) दो-दो बार
(c) राष्ट्रीय जूनियर चैम्पियनशिप एक बार एवं राष्ट्रीय सीनियर चैम्पियनशिप दो बार
(d) राष्ट्रीय सीनियर चैम्पियनशिप एक बार एवं राष्ट्रीय जूनियर चैम्पियनशिप दो बार

2. अखिल भारतीय सीनियर रैंकिंग टूर्नामेण्ट कब और कहाँ आयोजित किया गया?
(a) 2005 में गोहाटी में (b) 2006 में मुम्बई में
(c) 2006 में गोहाटी में (d) 2005 में मुम्बई में

3. प्रस्तुत गद्यांश का निम्नलिखित में से सर्वाधिक उपयुक्त शीर्षक क्या होगा?
(a) सायना नेहवाल
(b) सायना नेहवाल - एक बैडमिण्टन खिलाड़ी
(c) सायना नेहवाल एवं उसका कैरियर
(d) सायना की पहचान

4. भारतीय बैडमिण्टन के क्षेत्र में एक नया इतिहास क्या था?
(a) सायना का ग्राँ. प्री. गोल्ड टूर्नामेण्ट जीतना
(b) सायना का एशियन सेटेलाइट टूर्नामेण्ट के क्वार्टर फाइनल दौर में पहुँचना
(c) सायना का ओलम्पिक के सेमीफाइनल में प्रवेश करना
(d) सायना का इण्डोनेशिया ओपन जीतना

5. किस वर्ष सायना को हार का सामना करना पड़ा?
(a) 2007 में (b) 2006 में
(c) 2005 में (d) 2004 में

6. 'अखिल' शब्द का अर्थ निम्नलिखित में से कौन-सा नहीं है?
(a) सारा (b) सम्पूर्ण
(c) समूचा (d) अधिक

उत्तरमाला

1. (b) **2.** (d) **3.** (c) **4.** (c) **5.** (a)
6. (d)

गद्यांश 5

गरीबी अथवा निर्धनता उस स्थिति को कहा जाता है, जिसमें व्यक्ति अपने जीवन की बुनियादी आवश्यकताओं की पूर्ति करने में असमर्थ रहता है। वैसे तो विश्व के अधिकतर देशों में कुल जनसंख्या का कम या अधिक भाग निर्धनता की स्थिति में जीने को विवश है, किन्तु एशिया एवं अफ्रीका के देशों में निर्धनता बहुत अधिक पाई जाती है। निर्धनता की परिभाषा सभी देशों के लिए एक-सी नहीं हो सकती, क्योंकि निर्धनता का आधार जीवनस्तर को माना जाता है और विकसित देशों में साधारण व्यक्ति भी कहीं अधिक ऊँचे जीवनस्तर पर जी रहा होता है। विकसित देशों में जिसके पास अपनी गाड़ी न हो उसे निर्धन माना जा सकता है, जबकि विकासशील देशों में निर्धनता की माप का यह पैमाना उपयुक्त नहीं कहा जा सकता।

वैसे तो भारत में अनेक अर्थशास्त्रियों एवं संस्थाओं ने निर्धनता के निर्धारण हेतु अपने-अपने प्रमाप बनाए हैं। किन्तु, इस समय देश में निर्धनता रेखा का निर्धारण भोजन में कैलोरी की मात्रा के आधार पर किया जाता है। भोजन में कैलोरी की मात्रा को आधार बनाकर निर्धनता रेखा के निर्धारण करने के इस तरीके को दांडेकर-रथ फॉर्मूला कहा जाता है। भारत में इसका प्रयोग 1971 से हो रहा है। इसके अनुसार शहरी क्षेत्रों में भोजन में प्रतिदिन 2100 कैलोरी एवं ग्रामीण क्षेत्रों में 2400 कैलोरी न पाने वालों को निर्धनता रेखा से नीचे माना जाता है। योजना आयोग राष्ट्रीय नमूना सर्वेक्षण संगठन के सर्वेक्षणों के आधार पर ही निर्धनता रेखा से नीचे जीवनयापन कर रहे लोगों की संख्या का आकलन करता है। पिछले कुछ वर्षों से निर्धनता रेखा से नीचे जीवनयापन कर रहे लागों की पहचान का यह तरीका विवादास्पद बना हुआ है, इसीलिए नये फॉर्मूले से इसके निर्धारण हेतु वर्ष 2008 में सुरेश तेन्दुलकर की अध्यक्षता में एक समिति का गठन किया गया, जिसने निर्धनता रेखा के निर्धारण हेतु अपने फॉर्मूले में प्रति व्यक्ति उपभोग व्यय को आधार बनाते हुए इसे अधिक व्यावहारिक बताया। इसके अनुसार ग्रामीण क्षेत्रों में ₹ 356.30 प्रतिमाह (₹ 11.87 प्रतिदिन) से कम एवं शहरी क्षेत्रों में ₹ 538.60 प्रतिमाह (₹ 17.95 प्रतिदिन) से कम उपभोग व्यय करने वाले व्यक्ति को निर्धनता रेखा से नीचे माना जाता है। इस फॉर्मूले का प्रयोग कर दिसम्बर, 2009, में इस समिति ने योजना आयोग को अपनी रिपोर्ट सौंपी, जिसमें 2004-05 के दौरान 37% जनसंख्या को निर्धनता रेखा से नीचे बताया गया। जबकि पहले वाले फॉर्मूले की सहायता से किए गए आकलन में 27% जनसंख्या को ही निर्धनता रेखा से नीचे बताया गया था। तेन्दुलकर समिति ने ग्रामीण क्षेत्रों में 2004-05 में 41.8% लोगों को निर्धनता रेखा से नीचे बताया, जबकि पहले वाले फॉर्मूले से यह 28.3% आकलित था।

1. किन देशों में निर्धनता बहुत अधिक पाई जाती है?
(a) विश्व के सभी देशों में
(b) एशिया एवं अफ्रीका के देशों में
(c) विकसित देशों में
(d) विकासशील देशों में

2. बुनियादी आवश्यकताओं का क्या तात्पर्य है?
(a) मूलभूत आवश्यकताएँ
(b) भौतिक आवश्यकताएँ
(c) सुख-सुविधाएँ
(d) मनोरंजन की आवश्यकताएँ

3. भारत में निर्धनता रेखा का निर्धारण का आधार क्या है?
(a) बुनियादी आवश्यकताएँ
(b) सुख-सुविधाएँ
(c) भोजन की मात्रा
(d) भोजन में कैलोरी की मात्रा

4. निर्धनता रेखा से नीचे जीवनयापन कर रहे लोगों की संख्या का आकलन कौन करता है?
(a) योजना आयोग
(b) सर्वेक्षण संगठन
(c) राष्ट्रीय नमूना सर्वेक्षण संगठन
(d) नमूना सर्वेक्षण संगठन

5. किसे भोजन में प्रतिदिन अधिक कैलोरी की आवश्यकता होती है?
(a) विकसित देशों के लोगों को
(b) शहरी क्षेत्रों के लोगों को
(c) ग्रामीण क्षेत्रों के लोगों को
(d) निर्धन लागों को

6. निर्धनता का आधार नहीं हो सकता है
(a) भोजन में कैलोरी की मात्रा
(b) जीवनस्तर
(c) उपभोग व्यय
(d) संस्कृति

उत्तरमाला

1. (b) **2.** (a) **3.** (d) **4.** (a) **5.** (c) **6.** (d)

गद्यांश 6

विविधता में एकता ही भारत की पहचान है। बार-बार नये राज्यों के गठन से देश की एकरूपता एवं अखण्डता पर नकारात्मक प्रभाव पड़ता है। आवश्यकता पड़ने पर प्रशासनिक सुविधा के लिए राज्यों में जिलों की संख्या बढ़ाना विकास की दृष्टि से ज्यादा फायदेमन्द होगा। इससे विकास को गति मिलेगी। ज्यादातर स्थितियों में देखा जाता है कि नेतागण अपना उल्लू सीधा करने के लिए या सियासी लाभ के लिए ही जनता को अलग राज्य की माँग हेतु उकसाते हैं। प्राय: नये राज्यों के गठन की माँग के वक्त विकास का हवाला दिया जाता है। किन्तु, राज्यों के पुनर्गठन से यदि विकास को गति मिलती तो इसका उदाहरण हमें अब तक कई बार मिल चुका होता। अत: यदि हमें देश का विकास करना है और इसकी अखण्डता को अक्षुण्ण बनाए रखना है, तो हमें नये राज्यों का नहीं बल्कि विकास की नीतियों का पुनर्गठन करना होगा। इस तरह स्पष्ट है कि भाषा, क्षेत्र या विकास का हवाला देकर नये राज्यों की माँग सर्वथा अनुचित है।

जब-जब क्षेत्रीयता एवं प्रान्तीयता की भावना राष्ट्रीय हितों से संघर्ष करती है तब-तब देश की एकता एवं अखण्डता के लिए खतरा उत्पन्न हो जाता है। पिछले एक दशक के दौरान इन्हीं सब कारणों से एशिया के अनेक देशों में विखण्डन हो चुका है। जब-जब केन्द्र में गठबन्धन सरकारों का अस्तित्व होता है, क्षेत्रीयता की माँग जोर पकड़ती है। क्षेत्रीय दल केन्द्र से क्षेत्रीय मुद्दों पर समझौता करके गठबन्धन सरकार का समर्थन करते हैं। अनेक बार ऐसा हुआ है कि केन्द्र सरकार जिसमें किसी एक दल का प्रभाव होता है, राज्य के विरोधी दलों की सरकारों के साथ पक्षपातपूर्ण रवैया अपनाती है। अत: केन्द्र एवं राज्य दोनों को सहयोगी रुख अपनाकर क्षेत्रवाद की समस्या का समाधान करने की आवश्यकता है। इसके अतिरिक्त, इस समस्या के निराकरण के लिए राष्ट्रीय नीतियों का निर्धारण करना भी आवश्यक है। साथ ही प्रत्येक क्षेत्र में आधारभूत ढाँचे का विकास कर, राजनेताओं के राजनीतिक स्वार्थ पर प्रतिबन्ध लगाना व जनसामान्य को शिक्षित व जागरूक बनाकर उनमें विश्व-बन्धुत्व की भावना जगाना भी जरूरी है। स्वतन्त्रता के बाद हमने एक विभाजन का दंश झेला है अब हम पुन: किसी विभाजन को बर्दाश्त नहीं कर सकते, इसलिए हमें एकजुट होकर इस देश को शाश्वत व सनातन रूप से जीवन्त और जाग्रत रखना होगा व विकास की अन्धी दौड़ में राष्ट्र की आत्मा को बनाए रखना होगा। इन सब उद्देश्यों को पूरा करना तभी सम्भव हो सकेगा जब हम क्षेत्रवाद की राजनीति करने वाले राजनीतिज्ञों को देशद्रोही मानकर उनका दमन करेंगे। यदि हम भारतवासी किसी कारणवश छिन्न-भिन्न हो गए तो हमारी पारस्परिक फूट को देखकर अन्य देश हमारी स्वतन्त्रता को हड़पने का प्रयास करेंगे। इस प्रकार अपनी स्वतन्त्रता की रक्षा एवं राष्ट्र की उन्नति के लिए राष्ट्रीय एकता परम आवश्यक है और राष्ट्रीय एकता को बनाए रखने के लिए क्षेत्रवाद की राजनीति करने वालों पर अंकुश लगाना जरूरी है।

1. पिछले एक दशक के दौरान किन कारणों से एशिया के अनेक देशों में विखण्डन हो चुका है?
(a) क्षेत्रीयता एवं प्रान्तीयता की भावना के कारण
(b) क्षेत्रीयता एवं प्रान्तीयता की भावना के राष्ट्रीय हितों से संघर्ष के कारण
(c) क्षेत्रीयता के कारण
(d) प्रान्तीयता के कारण

2. क्षेत्रवाद की समस्या का समाधान कैसे हो सकता है?
(a) केन्द्र एवं राज्य दोनों की सहायता से
(b) केन्द्र की सहायता से
(c) राज्य की सहायता से
(d) प्रान्तीयता को कम करके

3. जनसामान्य को शिक्षित व जागरूक बनाकर उनमें विश्व-बन्धुत्व की भावना जगाना क्यों जरूरी है?
(a) राजनेताओं के राजनीतिक स्वार्थ पर प्रतिबन्ध लगाने के लिए
(b) राष्ट्रीय नीतियों का निर्धारण के लिए
(c) क्षेत्रवाद की समस्या के समाधान के लिए
(d) वैश्विक एकता के लिए

4. प्रस्तुत गद्यांश में निम्नलिखित में से किसकी चर्चा उद्देश्य के रूप में नहीं की गई है?
(a) एकजुट होना
(b) विकास की अन्धी दौड़ में राष्ट्र की आत्मा को बनाए रखना
(c) क्षेत्रवाद की राजनीति करना
(d) देश को शाश्वत व सनातन रूप से जीवन्त और जाग्रत रखना

5. प्रस्तुत गद्यांश द्वारा लेखक क्या बताना चाहता है?
(a) क्षेत्रवाद का महत्व
(b) राजनेताओं का उद्देश्य
(c) राष्ट्रीय नीतियों की आवश्यकता
(d) राष्ट्रीय एकता का महत्व

6. 'राष्ट्रीय' की तरह कौन-सा विशेषण प्रस्तुत गद्यांश में प्रयुक्त हुआ है?
(a) राजकीय (b) क्षेत्रीय (c) प्रान्तीय (d) भारतीय

उत्तरमाला

1. (b) 2. (a) 3. (c) 4. (c) 5. (d)
6. (b)

गद्यांश 7

कम्प्यूटर नेटवर्क का आविष्कार सूचनाओं को साझा करने के उद्देश्य से किया गया था। पहले इसके माध्यम से हर प्रकार की सूचना को साझा करना सम्भव नहीं था, किन्तु अब सूचना प्रौद्योगिकी के इस युग में दस्तावेजों एवं ध्वनि के साथ-साथ वीडियो का आदान-प्रदान करना भी सम्भव हो गया है। इण्टरनेट वह जिन्न है जो आपके सभी हुक्मों की तामील करने को तैयार रहता है। विदेश जाने के लिए हवाई जहाज का टिकट बुक कराना हो, किसी पर्यटन स्थल पर स्थित होटल का कोई कमरा बुक कराना हो, किसी किताब का ऑर्डर देना हो, अपने व्यापार को बढ़ाने के लिए विज्ञापन देना हो, अपने मित्रों से ऑनलाइन चैटिंग करना हो, डॉक्टरों से स्वास्थ्य सम्बन्धी सलाह लेनी हो या वकीलों से कानूनी सलाह लेनी हो इण्टरनेट हर मर्ज की दवा है। इण्टरनेट ने सरकार, व्यापार और शिक्षा को नये अवसर दिए हैं। सरकारें अपने प्रशासनिक कार्यों के संचालन, विभिन्न कर प्रणाली, प्रबन्धन और सूचनाओं के प्रसारण जैसे अनेकानेक कार्यों के लिए इण्टरनेट का उपयोग करती हैं। कुछ वर्ष पहले तक इण्टरनेट व्यापार और वाणिज्य में प्रभावी नहीं था लेकिन आज सभी तरह के विपणन और व्यापारिक लेन-देन इसके जरिए सम्भव हैं।

इण्टरनेट पर आज पत्र-पत्रिकाएँ प्रकाशित हो रही हैं, रेडियो के चैनल उपलब्ध हैं और टेलीविजन के लगभग सभी चैनल भी मौजूद हैं। इण्टरनेट के माध्यम से आज शैक्षणिक पाठ्यक्रमों का संचालन किया जा सकता है। विश्व के एक छोर से दूसरे छोर पर स्थित पुस्तकालय से जुड़कर किसी विषय का विशेष ज्ञान प्राप्त किया जा सकता है।

इण्टरनेट के कई लाभ हैं तो इसकी कई खामियाँ भी हैं। इसके माध्यम से नग्न दृश्यों तक बच्चों की पहुँच आसान हो गई है। कई लोग इण्टरनेट का प्रयोग अश्लील साइटों को देखने और सूचनाओं को चुराकर उनका दुरुपयोग करने में करते हैं। इससे साइबर अपराधों में वृद्धि हुई है। इण्टरनेट से जुड़ते समय वायरसों द्वारा सुरक्षित फाइलों के नष्ट या संक्रमित होने का खतरा भी बना रहता है। इन वायरसों से बचने के लिए एण्टी-वायरस सॉफ्टवेयर का प्रयोग आवश्यक होता है। इन सबके अतिरिक्त बहुत सारे लोग इस पर अनावश्यक और गलत आँकड़े एवं तथ्य भी प्रकाशित करते रहते हैं। अत: इस पर उपलब्ध सभी आँकड़ों एवं तथ्यों को हमेशा प्रामाणिक नहीं माना जा सकता। इनके इस्तेमाल के वक्त हमें काफी सावधानी बरतने की जरूरत पड़ती है। इस तरह इण्टरनेट यदि ज्ञान का सागर है तो इसमें कूड़े-कचरों की भी कमी नहीं। यदि इसका सही इस्तेमाल करना आ जाए तो इस सागर से ज्ञान व प्रगति के मोती हासिल होंगे और यदि गलत इस्तेमाल किया जाए तो कूड़े-कचरे के अलावा कुछ भी हाथ नहीं लगेगा। इण्टरनेट पर उपलब्ध ज्ञान के सागर एवं इस माध्यम का सही ढंग से समुचित उपयोग मनुष्य की तरक्की में अहम भूमिका निभाएगा। अत: आने वाली पीढ़ी को इसका सही इस्तेमाल सिखाना अति आवश्यक है वरना यह बच्चों के हाथ में धारदार तलवार साबित होगा।

1. इण्टरनेट से सम्भावित होने वाले किस कार्य की चर्चा इस गद्यांश में नहीं की गई है?
(a) अश्लील साइटों को देखना
(b) सूचनाओं को चुराना
(c) साइबर अपराध
(d) एण्टी-वायरस सॉफ्टवेयर का विकास

2. फाइलों के नष्ट या संक्रमित होने का खतरा कब होता है?
(a) इण्टरनेट से जुड़ते समय
(b) अश्लील साइट देखते समय
(c) सूचनाओं को चुराते समय
(d) सूचनाओं का दुरुपयोग करते समय

3. मनुष्य की तरक्की में अहम भूमिका कौन निभाएगा?
(a) इण्टरनेट
(b) इण्टरनेट पर उपलब्ध ज्ञान का सागर
(c) इण्टरनेट का समुचित उपयोग
(d) इण्टरनेट पर उपलब्ध ज्ञान के सागर एवं इस माध्यम का सही ढंग से समुचित उपयोग

4. इण्टरनेट है
(a) एक जिन्न (b) माध्यम
(c) सूचना प्रौद्योगिकी (d) सूचना

5. इण्टरनेट के जरिए किस सम्भव कार्य की चर्चा प्रस्तुत गद्यांश में नहीं की गई है ?
(a) पत्र-पत्रिकाओं का प्रकाशन (b) वकीलों से कानूनी सलाह लेना
(c) खेलों का सीधा प्रसारण (d) शैक्षणिक पाठ्यक्रम का संचालन

6. 'हर मर्ज की दवा' का तात्पर्य है
(a) हर बीमारी का इलाज इसके जरिए सम्भव है
(b) हर समस्या का समाधान इसके जरिए सम्भव है
(c) इसके जरिए हर प्रकार का कार्य सम्भव है
(d) उपरोक्त सभी

उत्तरमाला

1. (a) 2. (a) 3. (d) 4. (b) 5. (c) 6. (c)

गद्यांश 8

भ्रष्टाचार, भ्रष्ट और आचरण इन दो शब्दों के मेल से बना है। भ्रष्ट शब्द के कई अर्थ होते हैं - मार्ग से विचलित, ध्वस्त एवं बुरे आचरण वाला तथा आचरण का अर्थ चरित्र, व्यवहार या चाल-चलन होता है। इस तरह भ्रष्टाचार का तात्पर्य है अनुचित व्यवहार एवं चाल-चलन और विस्तृत अर्थों में इसका तात्पर्य व्यक्ति द्वारा किए जाने वाले ऐसे अनुचित कार्य से है जिसे वह अपने पद का लाभ उठाते हुए आर्थिक या अन्य लाभों को प्राप्त करने के लिए स्वार्थपूर्ण ढंग से करता है। इसमें व्यक्ति प्रत्यक्ष या अप्रत्यक्ष रूप से व्यक्तिगत लाभ के लिए निर्धारित कर्त्तव्य की जान-बूझकर अवहेलना करता है। रिश्वत लेना-देना, खाद्य पदार्थों में मिलावट, मुनाफाखोरी, अनैतिक ढंग से धन-संग्रह, कानूनों की अवहेलना करके अपना उल्लू सीधा करना, सामाजिक एवं राजनीतिक जीवन में पक्षपातपूर्ण व्यवहार, भाई-भतीजावाद, जातिवाद, कथनी और करनी में अन्तर, लाल फीताशाही तथा स्वार्थ में पद एवं सत्ता का दुरुपयोग आदि भ्रष्टाचार के ऐसे रूप हैं जो भारत ही नहीं पूरी दुनिया भर में व्याप्त हैं। भारत में भ्रष्टाचार कोई नई बात नहीं है। ऐतिहासिक ग्रन्थों में भी इसके प्रमाण मिलते हैं। चाणक्य ने अपनी पुस्तक अर्थशास्त्र में भी विभिन्न प्रकार के भ्रष्टाचारों का उल्लेख किया है। हर्षवर्द्धन-काल एवं राजपूत काल में सामन्ती प्रथा ने भ्रष्टाचार को बढ़ावा दिया। सल्तनत काल में फिरोज तुगलक के शासन में सेना में भ्रष्टाचार एवं रिश्वतखोरी के प्रमाण मिलते हैं। मुगल-काल में धीरे-धीरे इसमें वृद्धि होती रही और ब्रिटिश-काल के दौरान इसने भारत में अपनी जड़ें पूरी तरह जमा लीं।

भ्रष्टाचार की वजह से से जहाँ लोगों का नैतिक एवं चारित्रिक पतन हुआ है, वहीं दूसरी ओर देश को आर्थिक क्षति भी उठानी पड़ी है। आज भ्रष्टाचार के फलस्वरूप अधिकारी एवं व्यापारी वर्ग के पास काला धन अत्यधिक मात्रा में इकट्ठा हो गया है। इस काले धन के कारण अनैतिक व्यवहार, मद्यपान, वेश्यावृत्ति, तस्करी एवं अन्य अपराधों में वृद्धि हुई है। भ्रष्टाचार के कारण उत्तरदायित्व से भागने की प्रवृत्ति बढ़ी है। देश में सामुदायिक हितों के स्थान पर व्यक्तिगत एवं स्थानीय हितों को महत्व दिया जा रहा है। सम्पूर्ण समाज भ्रष्टाचार की पकड़ में है। सरकारी विभाग भ्रष्टाचार के अड्डे बन चुके हैं। कर्मचारीगण मौका पाते ही अनुचित लाभ उठाने से नहीं चूकते। राजनीतिक स्थिरता एवं एकता खतरे में है। नियमहीनता एवं कानूनों की अवहेलना में वृद्धि हो रही है तथा लोगों में निराशा एवं तनाव पैदा हो रहे हैं। भ्रष्टाचार के कारण आज देश की सुरक्षा के खतरे में पड़ने से भी इनकार नहीं किया जा सकता है।

1. भ्रष्टाचार के अन्तर्गत निम्नलिखित में से कौन-सा कार्य नहीं आता?
(a) अनुचित व्यवहार (b) कर्त्तव्य की अवहेलना
(c) पद की गरिमा के अनुकूल कार्य (d) सत्ता का दुरुपयोग

2. प्रस्तुत गद्यांश में निम्नलिखित में से किस काल की चर्चा नहीं की गई है?
(a) मुगल काल (b) मध्य काल
(c) हर्षवर्द्धन काल (d) सल्तनत काल

3. सामन्ती प्रथा कब विद्यमान थी?
(a) केवल राजपूत काल में (b) केवल हर्षवर्द्धन काल में
(c) मुगल-काल में (d) हर्षवर्द्धन काल एवं राजपूत काल में

4. ब्रिटिश-काल के दौरान किसने भारत में अपनी जड़ें पूरी तरह जमा ली?
(a) भ्रष्टाचार ने (b) अंग्रेजों ने
(c) सैनिकों ने (d) क्षेत्रीय नेताओं ने

5. प्रस्तुत गद्यांश का सर्वाधिक उपयुक्त शीर्षक निम्नलिखित में से क्या होगा?
(a) व्यक्तिगत लाभ (b) आचरण
(c) भ्रष्टाचार (d) सत्ता का दुरुपयोग

6. भ्रष्टाचार का परिणाम नहीं है
(a) वेश्यावृन्ति (b) मद्यपान
(c) तस्करी (d) अपहरण

उत्तरमाला

1. (c) 2. (c) 3. (d) 4. (a) 5. (c) 6. (b)

गद्यांश 9

किसी भी देश की जनसंख्या उसके लिए संसाधन भी होती है और दायित्व भी। वस्तुत: कोई भी समाज मूलत: अपने सदस्यों से बनता है और वे सदस्य ही सामाजिक व्यवस्था के लक्ष्य के रूप में रहते हैं। उनकी जीन की गुणवत्ता को सुरक्षित रखना और उसमें वृद्धि ही एक कल्याणकारी राज्य की प्रमुख प्रतिबद्धता होती है। जब जनसंख्या देश के संसाधनों की तुलना में अधिक हो जाती है तब अनेक कठिनाईयाँ खड़ी होने लगती हैं। समाज के लिए भोजन, आवास, स्वास्थ्य और शिक्षा की मूलभूत जरूरतों की अनदेखी कर कोई शासन सत्ता में नहीं रह सकता। इतिहास और आज विश्व में तमाम क्षेत्रों में हो रही घटनाएँ इस बात की गवाह हैं कि समाज की जरूरतों के पूरा न होने पर जब क्षोभ, कुण्ठा और असन्तोष बढ़ता है, तो जनाक्रोश तख्ता पलट देता है, युद्ध होते हैं, क्रान्ति का बिगुल बज उठता है। दूसरी ओर जब समाज की आशा-आकांक्षा पूरी होती है, तो उद्योग-धन्धे, शिक्षा और स्वास्थ्य की दृष्टि से समृद्धि आती है अर्थात् जनसंख्या के दो पहलू हैं और वह एक साथ संसाधन भी है और उस संसाधन की उपभोक्ता भी है। इनके बीच सन्तुलन आवश्यक है।

भारत आज जनसंख्या की दृष्टि से केवल चीन से पीछे है और उसकी जन्म दर में पहली बार मात्र हल्की उल्लेखनीय गिरावट आई है। व्यापक स्तर पर देखें तो हम 'जनसंख्या विस्फोट' की स्थिति में आ रहे हैं जहाँ सभी संसाधनों पर भारी दबाव निरन्तर बढ़ता जा रहा है। चाहे पेयजल का प्रश्न हो या यातायात व्यवस्था हो, विद्यालय हो नौकरी हो, स्वास्थ्य की सुविधा हो, सबकी जरूरतें बढ़ती जा रही हैं। शहरों पर जनसंख्या का दबाव बढ़ता जा रहा है। प्रदूषण की बढ़ती मात्रा इसका ज्वलन्त उदाहरण है। आज हर छोटे-बड़े शहर और महानगर के सामने अपने नागरिकों के लिए मूल सुविधाएँ जुटाना कठिन हो रहा है। बढ़ती जनसंख्या के कारण शुद्ध हवा और पानी मिलना भी दूर हो रहा है। माँग और पूर्ति का नियम काम करता है जैसा कि हम सब देख रहे हैं, प्रतिस्पर्धा बढ़ रही है और संसाधनों पर अधिकार जमाने के लिए जायज-नाजायज हर तरह के हथकण्डे लोग अपनाने से बाज नहीं आ रहे हैं। अपराध की दर बढ़ रही है, महँगाई बढ़ रही है। इन सबका जनसंख्या वृद्धि के साथ प्रत्यक्ष और अप्रत्यक्ष दोनों तरह का सम्बन्ध है।

भारत में जनसंख्या का वितरण विभिन्न क्षेत्रों में एक-सा नहीं है। मैदानी क्षेत्रों में, नगरों और महानगरों में जनसंख्या का घनत्व गाँव, पहाड़ और पठार की तुलना में बहुत ज्यादा है। ऐसा होना स्वाभाविक भी है। जहाँ जीवन चलाने के अवसर अधिक उपलब्ध होते हैं वहाँ जनसंख्या करोड़ पार कर रही है और जो कभी एक नगर था उसे पूरे राज्य का दर्जा दिया जा रहा है। दिल्ली का विस्तार जितना हुआ है और जनसंख्या का दबाव जिस तरह बढ़ रहा है वह विलक्षण है। परिणाम हमारे सामने हैं - यमुना का जल कचरा हो गया है और वायु प्रदूषण स्वीकृत सीमाओं के पार जा रहा है। वस्तुत: दिल्ली की नागरिक समस्याएँ जनसंख्या वृद्धि के परिणामों को समझने में और सामने रखने में, उन्हें बखूबी उद्घाटित करने में सक्षम हैं।

1. हर प्रकार की जरूरतें क्यों बढ़ रही हैं?
(a) जनसंख्या में वृद्धि के कारण (b) आर्थिक प्रगति के कारण
(c) विज्ञान की प्रगति के कारण (d) शैक्षिक प्रगति के कारण

2. प्रदूषण की बढ़ती मात्रा किसका उदाहरण है?
(a) शहरों पर बढ़ता आक्रोश
(b) शहरों पर बढ़ता जनसंख्या दबाव
(c) लोगों की अशिक्षा
(d) जनसंख्या वृद्धि

3. क्रान्ति का कारण क्या होता है?
(a) जनसंख्या वृद्धि (b) समाज की जरूरतें पूरी न होना
(c) जीवन-स्तर में वृद्धि (d) बढ़ता प्रदूषण

4. 'जनसंख्या-वृद्धि' से निम्नलिखित में से किसका सम्बन्ध नहीं है?
(a) अपराध में वृद्धि (b) मँहगाई में वृद्धि
(c) प्रदूषण में वृद्धि (d) जीवन-स्तर में वृद्धि

5. जनसंख्या में सर्वाधिक वृद्धि कहाँ हो रही है?
(a) देहातों में (b) गाँवों में
(c) छोटे शहरों में (d) नगरों में

6. जो सामने हो उसे कहा जाता है
(a) अप्रत्यक्ष (b) सम्भाव्य
(c) प्रत्यक्ष (d) अपरिहार्य

उत्तरमाला

1. (a) **2.** (b) **3.** (b) **4.** (d) **5.** (d)
6. (c)

गद्यांश 10

भारत अभी भी एक विकासशील देश ही है और अन्य अनेक देशों की तरह यह भी अनेक पर्यावरणीय मुद्दों में अटका हुआ है। निर्धनता चिन्ता का एक प्रमुख क्षेत्र बना हुआ है और अपर्याप्त साफ-सफाई तथा स्वच्छ पेयजल सहित अनेक समस्याएँ परेशानी का सबब बनी हुई हैं। जनसंख्या की उच्च वृद्धि दर प्राकृतिक संसाधनों का क्षरण तथा निर्वनीकरण करती जा रही है। दूसरी ओर, आर्थिक विकास और तकनीकी तरक्की भी प्राकृतिक संसाधनों का भीषण दोहन कर रहे हैं, जिसका नतीजा यह हुआ है कि वायु, जल और नाभिकीय प्रदूषण बढ़ गया है। भारत सरकार प्रमुख पर्यावरणीय मुद्दों पर ध्यान दे रही है और इस चिन्ताजनक स्थिति से निपटने के लिए अनेक पर्यावरणीय नीतियाँ बना रही है। परन्तु उनको सही मायनों में चरितार्थ करने के लिए अभी काफी कुछ करना होगा।

प्रमुख पर्यावरणीय समस्याएँ हैं जलवायु परिवर्तन, प्राकृतिक आपदाएँ, मिट्टी और भूमि की दुर्गति, जैव विविधता का ह्रास, वायु एवं जल प्रदूषण। ये सभी जीवन्त पर्यावरण के सन्तुलन को विचलित कर रहे हैं। यह अनुभव रहा है कि मानव का शान्तिपूर्ण अस्तित्व अब एक दिवा-स्वप्न भर रह गया है। आपदाओं का सम्भावित परिदृश्य हमारे अस्तित्व और धरती माँ के लिए खतरे की लटकती तलवार बन गया है। यह इसलिए हो रहा है कि हम पंचतत्व- वायु, जल, पृथ्वी, अग्नि और भूमि के बीच सहअस्तित्व और सन्तुलन की कुंजी को खो चुके हैं। यदि पंचतत्व के बीच सन्तुलन या साम्यावस्था नहीं रहेगी तो हमारा अस्तित्व खतरे में पड़ जाएगा। पंचतत्व में कुछ परिवर्तनों/विचलन के कारण ही प्राकृतिक आपदाएँ घट रही हैं। पिछले पन्द्रह वर्षों में चक्रवात, बाढ़, सूखा, बर्फीले तूफान, गर्म और शीतलहरों की आवृत्ति और उग्रता काफी बढ़ गई है। यह केवल भारत में ही नहीं वरन् पूरे विश्व में हो रहा है।

तीस वर्ष पूर्व आधी दुनिया घोर गरीबी में रहती थी। डेढ़ अमेरिकी डॉलर प्रतिदिन की आय के गरीबों की संख्या पहले से आधी रह गई है। तकनीकी आविष्कार और संस्थागत सुधारों के कारण प्रगति के बावजूद विशेषकर मध्यम आय वाले देशों में लोगों की आवश्यकताएँ काफी बढ़ गई हैं। अनेक देशों में प्रति व्यक्ति आय पहले से दोगुनी हो गई है, फिर भी भूखे लोगों की संख्या में बेतहाशा वृद्धि हो रही है। वर्ष 2010 में ऐसे लोगों की संख्या एक अरब से ऊपर चली गई थी। इतने लोगों के भूख और गरीबी से ग्रस्त होने के कारण आर्थिक विकास और गरीबी मिटाना विकासशील देशों की पहली प्राथमिकता बनी हुई है। भारत भी इन्हीं देशों में से एक है।

1. विकासशील देशों की पहली प्राथमिकता है
(a) आर्थिक विकास कम करना
(b) निर्धनता उन्मूलन
(c) आय में वृद्धि
(d) भूखों को भोजन देना

2. निम्नलिखित में से कौन-सा कथन सत्य है?
(a) प्राकृतिक आपदाओं में वृद्धि हो रही है
(b) गरीबों की संख्या पहले से कम नहीं हुई है
(c) भूखे लोगों की संख्या में बेतहाशा वृद्धि हो रही है
(d) सभी देशों में प्रति व्यक्ति आय पहले से दोगुनी हो गई है

3. निम्नलिखित में से कौन-सा/से प्रमुख पर्यावरणीय समस्या/समस्याएँ है/हैं?
(a) जलवायु परिवर्तन (b) प्राकृतिक आपदा
(c) जैव-विविधता में कमी (d) ये सभी

4. 'प्राकृतिक संसाधनों का क्षरण' का अर्थ है
(a) प्राकृतिक संसाधनों का क्षारीय होना
(b) प्राकृतिक संसाधनों का सड़ जाना
(c) प्राकृतिक संसाधनों में कमी होना
(d) प्राकृतिक संसाधनों में कोई वृद्धि नहीं होना

5. किन देशों में लोगों की आवश्यकताएँ बढ़ गई हैं
(a) मध्यम आय वाले देशों में (b) निर्धन देशों में
(c) निम्न आय वाले देशों में (d) सभी देशों में

6. किसकी आवृत्ति और उग्रता काफी बढ़ गई है?
(a) निर्धनता
(b) विकास
(c) प्राकृतिक आपदा
(d) उपरोक्त में से कोई नहीं

उत्तरमाला

1. (b) **2.** (c) **3.** (d) **4.** (c) **5.** (a)
6. (c)

गद्यांश 11

हम आपदाओं के दौर में जी रहे हैं। यह सच है कि इन आपदाओं को रोक पाना न तो इन्सान के बस में है न ही मशीनों के। आपदाएँ मानव निर्मित हों या प्राकृतिक, जिन्दगी में गहरा दर्द छोड़ जाती हैं। ज्यादातर आपदाएँ भौतिक नुकसान (अर्थव्यवस्था, भवन, सम्पत्ति, सामाजिक व सांस्कृतिक) तो पहुँचाती ही हैं, लाखों जानें ले लेती हैं। प्रचलित प्राकृतिक आपदाओं में तूफान, बाढ़, बादल का फटना, भूकम्प, सुनामी, आग लगना, आदि हैं जो मिनटों में मनुष्य के जीवन और सम्पत्ति को तबाह कर देते हैं। जाहिर है आपदाएँ तो आती रहेंगी लेकिन यदि हमने इन आपदाओं का समुचित प्रबन्धन या नियन्त्रण नहीं किया तो स्थिति भयावह होगी।

भारतीय सन्दर्भ में यदि हम प्राकृतिक आपदाओं की बात करें तो आपदाओं से ज्यादा इसके समुचित प्रबन्धन पर चर्चा करना जरूरी है। वर्ष 2001 में जब भीषण भूकम्प आया था तब सरकार ने घोषणा की थी कि देश में आपदा प्रबन्धन को विश्वस्तरीय बनाया जाएगा। आज 11 वर्षों बाद भी यदि यहाँ के आपदा प्रबन्धन की तैयारियों को देखें तो कोई खास बदलाव नहीं दिखेगा। जैसे सन् 2005 में जब भारत के दक्षिण-पश्चिमी तटबन्धीय इलाके में सुनामी लहरों ने कहर बरपाया था तब आपदा के बाद स्थिति को सम्भालने में हुए विलम्ब और लम्बे समय तक आपदा-ग्रस्त लोगों की सार्वजनिक परेशानी से यह समझा जा सकता है कि हमारा आपदा प्रबन्धन कितना मजबूत है। 1991 में उत्तरकाशी में आए भूकम्प के बाद से ही देश में एक मुकम्मल आपदा प्रबन्धन नीति की माँग होती रही है। इस दिशा में यदि सरकार और स्वयंसेवी संगठनों की ओर से संयुक्त प्रयास हो तो गति आ सकती है और जापान तथा अमेरिका की तर्ज पर भारत में भी एक मुकम्मल और प्रभावी आपदा प्रबन्धन व्यवस्था बनाई जा सकती है।

बेहतर आपदा प्रबन्धन के लिए हमें दो शब्दों को बराबर मयान में रखना चाहिए। ये हैं – जानकारी और बचाव। किसी भी आपदा या आकस्मिकता से बचाव में 'जानकारी' अहम भूमिका निभा सकती है। जानकारी यानि आपदाएँ क्या हैं, कितने प्रकार की होती हैं, कैसे आती हैं, कब आती हैं, किस तरह का नुकसान करती हैं आदि। जाहिर है विज्ञान के एक सामान्य विद्यार्थी की तरह यदि हम आपदाओं के सम्बन्ध में क्या, क्यों, कब, कैसे आदि सवाल और उसके उत्तर जान लें तो आपदा का प्रबन्धन सहज हो जाएगा। हम यहाँ विशेष तौर पर आपदा और उसके प्रबन्धन की बात कर रहे हैं। इसलिए आपदा से जुड़े क्या, क्यों, कब और कैसे की जानकारी ज्यादा लाभकर रहेगी।

एक प्रभावी आपदा प्रबन्धन नीति और व्यवस्था के लिए जरूरी है कि वैश्विक एवं देश के स्तर पर आपदा सम्बन्धी स्थिति, सूचनाएँ एवं भविष्यवाणियों की पहले समीक्षा कर ली जाए। इस कड़ी में सबसे बेहतर और जरूरी होगा यूएनडीपी (संयुक्त राष्ट्र विकास कार्यक्रम) की वार्षिक रिपोर्ट 2011 पर गौर करना। वर्ष 2011 की मानव विकास रिपोर्ट कथित तौर पर टिकाऊ एवं न्यायसंगत विकास पर केन्द्रित है। इस रिपोर्ट में इस बात पर ज्यादा ध्यान दिया गया है कि नित्य हो रहे पर्यावरणीय नुकसान से दुनिया के वंचित एवं निर्धन लोगों की परेशानियाँ। और बढ़ी हैं।

1. एक प्रभावी आपदा प्रबन्धन नीति के लिए क्या जरूरी है?
(a) पर्यावरण नीतियों का निर्माण
(b) आपदा सम्बन्धी स्थिति की समीक्षा
(c) यूएनडीपी से सहयोग लेना
(d) निर्धन लोगों की सहायता करना

2. आपदा सम्बन्धी भविष्यवाणियों की समीक्षा के लिए सर्वाधिक आवश्यक है
(a) यूएनडीपी की वार्षिक रिपोर्ट पर गौर करना
(b) निर्धन लोगों की परेशानियों पर ध्यान देना
(c) वंचित लोगों की परेशानियों पर ध्यान देना
(d) वैश्विक स्तर पर आपदा सम्बन्धी स्थिति की समीक्षा करना

3. आपदा प्रबन्धन नीति की माँग कब से हो रही है?
(a) 1990 से
(b) ब्रिटिश काल से
(c) आजादी के बाद से
(d) उत्तरकाशी में आए भूकम्प के बाद से

4. स्थिति कब भयावह हो सकती है?
(a) आपदाओं के समुचित प्रबन्धन के अभाव की स्थिति में
(b) केन्द्र सरकार द्वारा असहयोग की स्थिति में
(c) राज्य सरकारों द्वारा असहयोग की स्थिति में
(d) प्रशासकों द्वारा असहयोग की स्थिति में

5. भौतिक नुकसान नहीं है
(a) लोगों की मौत (b) सांस्कृतिक नुकसान
(c) सामाजिक नुकसान (d) आर्थिक नुकसान

6. 'आपदा प्रबन्धन सहज कैसे हो सकता है?
(a) यदि हम विज्ञान के विद्यार्थी बन जाएँ
(b) यदि हम विशेष ज्ञान प्राप्त कर लें
(c) यदि हम इसके बारे में जानकारी प्राप्त कर लें
(d) यदि हम इससे बचाव के बारे में जानकारी प्राप्त कर लें

उत्तरमाला

1. (b) **2.** (a) **3.** (d) **4.** (a) **5.** (a) **6.** (d)

गद्यांश 12

वर्तमान समय में कम्प्यूटर की शिक्षा के बिना मनुष्य को लगभग अशिक्षित ही माना जाता है, क्योंकि अब दैनिक जीवन में कम्प्यूटर का प्रयोग बढ़ा है। वर्तमान सन्दर्भ में यह आवश्यक है कि शिक्षा द्वारा उत्पादिता बढ़ाने, भारत का आधुनिकीकरण करने एवं देश के आर्थिक विकास पर जोर दिया जाए। इसके लिए विज्ञान की शिक्षा, कार्यानुभव एवं व्यावसायिक शिक्षा पर जोर दिया जाना आवश्यक है।

शिक्षा का प्रमुख उद्देश्य सामाजिक आवश्यकताओं की पूर्ति करना होता है। इसलिए शिक्षा का उपयोग सामाजिक विकास के साधन के रूप में किया जाता है। यह राष्ट्रीय एकता एवं विकास को बढ़ाने में प्रमुख भूमिका निभाता है। इसके द्वारा सामाजिक कुशलता का विकास होता है। यह समाज को कुशल कार्यकर्ताओं की पूर्ति करता है। यह समाज की सभ्यता एवं संस्कृति का संरक्षण, पोषण एवं उसका प्रसार करता है। यह समाज के लिए योग्य नागरिकों का निर्माण करता है। इस तरह सामाजिक सुधार एवं उसकी उन्नति में शिक्षा सहायक होता है। आधुनिक युग में मानव के संसाधन के रूप में विकास में शिक्षा की भूमिका प्रमुख होती है। उचित शिक्षा के अभाव में मनुष्य कार्यकुशल नहीं बन सकता। कार्यकुशलता के बिना व्यावसायिक एवं आर्थिक सफलता प्राप्त नहीं की जा सकती। इस तरह शिक्षा द्वारा मनुष्य का आर्थिक एवं व्यावसायिक विकास होता है।

व्यावसायिक शिक्षा देश के कई प्रकार की आर्थिक समस्याओं जैसे बेरोजगारी, निर्धनता, आर्थिक समानता, इत्यादि के समाधान में सहायक साबित होगी। इससे छात्रों की रोजगार पाने की क्षमता बढ़ेगी, कुशल जनशक्ति की माँग और आपूर्ति के बीच असन्तुलन कम होगा और बिना विशेष रुचि अथवा प्रयोजन के उच्चतर अध्ययन जारी रखने वाले छात्रों के लिए एक विकल्प उपलब्ध हो जाएगा। इस तरह व्यावसायिक शिक्षा के कारण देश का तेजी से आर्थिक विकास होगा।

व्यावसायिक शिक्षा को प्रोत्साहन देने के लिए व्यावसायिक पाठ्यक्रमों की व्यवस्था की जानी चाहिए। इसके लिए इन पाठ्यक्रमों एवं उद्योग-धन्धों के बीच ताल-मेल स्थापित किया जाना चाहिए। ग्रामीण लड़कियाँ जो बहुत कम आयु में स्कूल छोड़ने को विवश होती हैं, उनके लिए गृह विज्ञान या सिलाई, कला और शिल्प, इत्यादि जैसे घरेलू उद्योगों से सम्बन्धित पूर्णकालिक या अंशकालिक पाठ्यक्रमों की व्यवस्था की जानी चाहिए। गाँवों में फलों की खेती, फूलों की खेती, मधु मक्खी पालन, मशरूम उत्पादन, जैसी कृषि सम्बन्धी पाठ्यक्रमों की व्यवस्था की जानी चाहिए। स्वास्थ्य, वाणिज्य, प्रशासन, छोटे पैमाने के उद्योगों और सभी सेवाओं में तरह-तरह के दूसरे पाठ्यक्रम विकसित किए जाने चाहिए, जो छः महीने से लेकर तीन वर्षों तक के हो सकते हैं।

1. शिक्षा द्वारा सम्भव है
(a) सामाजिक विकास (b) राष्ट्रीय विकास
(c) संस्कृति का संरक्षण (d) ये सभी

2. व्यावसायिक शिक्षा से किसका समाधान सम्भव है?
(a) राजनीतिक समस्या (b) वैज्ञानिक समस्या
(c) आर्थिक समस्या (d) ये सभी

3. किसके बिना आर्थिक सफलता नहीं प्राप्त की जा सकती?
(a) पुस्तक (b) दूरदर्शन
(c) संचार साधन (d) शिक्षा

4. व्यावसायिक शिक्षा को प्रोत्साहन देने के लिए क्या किया जाना चाहिए?
(a) शिक्षा को व्यावसायिक पाठ्यक्रम में स्थान दिया जाए
(b) शिक्षकों को व्यावसायिक पाठ्यक्रम के बारे में जानकारी दी जाए
(c) पारम्परिक शिक्षा की अवहेलना की जाए
(d) पाठ्यक्रमों एवं उद्योग-धन्धों के बीच ताल-मेल बैठाया जाए

5. प्रस्तुत गद्यांश का सर्वाधिक उपयुक्त शीर्षक निम्नलिखित में से क्या होगा?
(a) कम्प्यूटर शिक्षा (b) व्यावसायिक शिक्षा
(c) विज्ञान की शिक्षा (d) शिक्षा का महत्व

6. किससे कुशल जनशक्ति की माँग और आपूर्ति के बीच असन्तुलन कम होगा?
(a) व्यावसायिक पाठ्यक्रम (b) शिक्षा का विकास
(c) व्यावसायिक शिक्षा (d) आर्थिक प्रगति

उत्तरमाला

1. (d) **2.** (c) **3.** (d) **4.** (d) **5.** (b) **6.** (c)

गद्यांश 13

पर्यावरण का संरक्षण आज हमारी सबसे बड़ी आवश्यकताओं में से एक है। आज इस बात की पहले से कहीं अधिक जरूरत है कि विकास की प्रक्रिया को इस प्रकार संशोधित किया जाए कि मनुष्य को सुख-सुविधा के सामान उपलब्ध कराने के साथ-साथ पर्यावरण का संरक्षण भी होता रहे। राष्ट्रीय योजनाएँ बनाते समय पर्यावरणीय वास्तविकताओं को ध्यान में रखा जाए। हमें देश के आर्थिक विकास के प्रयत्नों के साथ-साथ जीवन को धारण करने वाली प्रणालियों और स्त्रोतों जैसे मृदा, जल और आनुवंशिक विविधता के संरक्षण पर भी ध्यान देने की आवश्यकता है।

पर्यावरण से हमारा आशय हमारे चारों ओर एक ऐसे आवरण से है जो हमें ताजा हवा दे, पीने लायक पानी दे और पौष्टिक खाद्य पदार्थ दे। पर्यावरण के विभिन्न घटक जैसे जल, वायु, मिट्टी इत्यादि सब प्राकृतिक सन्तुलन को बनाए रखने में अपनी-अपनी भूमिका निभाते हैं। प्राकृतिक सन्तुलन न केवल प्रकृति के सौन्दर्य को बनाए रखने के लिए आवश्यक है, अपितु हमारे दैनिक जीवन को सुचारू रूप से चलाने के लिए भी अति आवश्यक है।

जब प्राकृतिक या मानवीय कारणों से पर्यावरण के किसी घटक को हानि पहुँचती है तो वह अपनी स्वनियमन व्यवस्था से उसे सन्तुलित करने का प्रयास करती है, पर जब वह सहन सीमा से अधिक हो जाती है, तो हमें प्रतिकूल परिणाम मिलने लगते हैं। इन परिणामों से बचने के लिए हमें सर्वप्रथम पर्यावरण के प्रति सकारात्मक दृष्टिकोण अपनाने की आवश्यकता है।

19वी शताब्दी में औद्योगिक क्रान्ति के दौरान उद्योगों से रोजागार का सृजन हुआ एवं लोगों ने ग्रामीण क्षेत्रों से शहरों की ओर प्रस्थान करना प्रारम्भ किया। इसके परिणामस्वरूप धीरे-धीरे उपभोक्तावाद में वृद्धि होने के कारण प्राकृतिक संसाधनों का उपयोग निर्माण, उद्योग, परिवहन एवं अन्य उपभोगों के लिए किया जाने लगा और शहरों में बढ़ती जनसंख्या से पर्यावरण प्रदूषण की समस्या उत्पन्न हो गई। शहरीकरण सामाजिक विकास एवं आर्थिक परिवर्तन का एक स्वाभाविक प्रतिफल है। इससे व्यक्ति एवं स्थान दोनों प्रभावित होते हैं।

तीव्र गति से बढ़ते औद्योगीकरण तथा मानवीय क्रिया-कलापों द्वारा भारत ही नहीं सम्पूर्ण विश्व में पर्यावरण प्रदूषण एवं पारिस्थितिकी असन्तुलन की स्थिति भयावह होती जा रही है। विभिन्न प्रकार के प्रदूषणों जैसे जल, वायु, मृदा प्रदूषण इत्यादि की समस्या के अतिरिक्त आज वैश्विक तपन और जलवायु परिवर्तन जैसी समस्याएँ सम्पूर्ण विश्व के लिए चिन्ता का विषय बन गई हैं।

1. किसके संरक्षण पर ध्यान देने की आवश्यकता है ?
(a) शिक्षा (b) विज्ञान
(c) मिट्टी (d) सड़क

2. प्राकृतिक सन्तुलन क्यों आवश्यक है?
(a) केवल प्रकृति के सौन्दर्य को बनाए रखने के लिए
(b) हमारे दैनिक जीवन को सुचारू रूप से चलाने के लिए
(c) (a) और (b) दोनों
(d) उपरोक्त से कोई नहीं

3. जलवायु परिवर्तन के अलावा और कौन सी समस्या आज विश्व के लिए चिन्ता का विषय है?
(a) पर्यावरण प्रदूषण (b) निर्धनता
(c) अशिक्षा (d) भ्रष्टाचार

4. प्राकृतिक संसाधनों के उपयोग में वृद्धि क्यों हुई ?
(a) गाँवों के विकास के कारण
(b) आर्थिक प्रगति के कारण
(c) औद्योगिक क्रान्ति के कारण
(d) ये सभी

5. पर्यावरण द्वारा प्रतिकूल परिणाम मिलने का कारण है
(a) पर्यावरण को हानि होना
(b) पर्यावरण की हानि सहन सीमा से अधिक होना
(c) मानव की सुख-सुविधा में वृद्धि होना
(d) सामाजिक विकास तेज होना

6. पर्यावरण हमें

(a) स्वच्छ हवा देता है (b) पीने के लिए पानी देता है
(c) पौष्टिक खाद्य पदार्थ देता है (d) उपरोक्त सभी

उत्तरमाला

1. (c) **2.** (c) **3.** (a) **4.** (c) **5.** (b)
6. (d)

गद्यांश 14

हर की पौड़ी पर साँझ कुछ अलग रंग में उतरती है। दीया-बाती का समय या कह लो आरती की बेला। पाँच बजे जो फूलों के दोने एक-एक रूपये के बिक रहे थे, इस वक्त दो-दो के हो गए हैं। भक्तों को इससे कोई शिकायत नहीं। इतनी बड़ी-बड़ी मनोकामना लेकर आए हुए हैं। एक-दो रुपये का मुँह थोड़े ही देखना है। गंगा सभा के स्वयं सेवक खाकी वर्दी में मुस्तैदी से घूम रहे हैं। वे सबको सीढ़ियों पर बैठने की प्रार्थना कर रहे हैं। शान्त होकर बैठिए, आरती शुरू होने वाली है। कुछ भक्तों ने स्पेशल आरती बोल रखी है। स्पेशल आरती यानि एक सौ एक या एक सौ एक्यावन रुपये वाली। गंगा तट पर हर छोटे-बड़े मन्दिर पर लिखा है 'गंगा जी का प्राचीन मन्दिर।' पण्डितगण आरती के इन्तजाम में व्यस्त हैं। पीतल की नीलांजलि में सहस्त्र बत्तियाँ घी में भिगोकर रखी हुई हैं। सबने देशी घी के डब्बे अपनी ईमानदारी के प्रतीकस्वरूप सजा रखे हैं। गंगा की मूर्ति के साथ-साथ चामुण्डा, बालकृष्ण, राधाकृष्ण, हनुमान, सीताराम की मूर्तियों की शृंगारपूर्ण स्थापना है। जो भी आपका आराध्य हो, चुन लें।

आरती से पहले स्नान! हर-हर बहता गंगा जल, निर्मल, नीला, निष्पाप। औरतें डुबकी लगा रही हैं। बस उन्होंने तट पर लगे कुण्डों से वँधी जंजीरें पकड़ रखी हैं। पास ही कोई-न-कोई पण्डा जजमानों के कपड़ों-लत्तों की सुरक्षा कर रहा है। हर एक के पास चन्दन और सिन्दूर की कटोरी है। वे मर्दों के माथे पर चन्दन तिलक और औरतों के माथे पर सिन्दूर का टीका लगा देते हैं। कहीं कोई दादी-बाबा पहला पोता होने की खुशी में आरती करवा रहे है, कहीं कोई नई बहू आने की खुशी में। अभी पूरा अन्धेरा नहीं घिरा है। गोधूलि बेला है।

यकायक सहस्त्र दीप जल उठते हैं। पण्डित अपने आसन से उठ खड़े होते हैं। हाथ में अँगोछा लपेट के पंचमंजिली नीलांजलि पकड़ते हैं और शुरू हो जाती है आरती। पहले पुजारियों के भर्राए गले से समवेत स्वर उठता है जय गंगे माता, जो कोई तुझको ध्याता, सारे खुख पाता, जय गंगे माता। घण्टे घड़ियाल बजते हैं। मनौतियों के दिये लिए हुए फूलों की छोटी-छोटी किश्तियाँ गंगा की लहरों पर इठलाती हुई आगे बढ़ती हैं। गोताखोर दोने पकड़, उनमें रखा चढ़ावे का पैसा उठाकर मुँह में दबा लेते हैं।

1. 'शान्त होकर बैठिए, आरती शुरू होने वाली है' कौन कहता है?

(a) लेखक (b) गंगा सभा के स्वयं सेवक
(c) भक्त (d) पुजारी

2. ईमानदारी का प्रतीक है

(a) भक्ति (b) फूल-माला
(c) देशी घी (d) देशी घी का डब्बा

3. किसको सजाया गया है ?

(a) भक्तों कों (b) गंगा को
(c) देवताओं को (d) देवताओं की मूर्तियों को

4. औरतों के माथे पर सिन्दूर का टीका कौन लगा देता है?

(a) उनके पति (b) भक्त
(c) पण्डे (d) गंगा सभा के स्वयंसेवक

5. 'समवेत' का तात्पर्य है

(a) समान (b) एक में मिला हुआ
(c) समदृष्टि (d) सम

6. सिन्दूर की कटोरी किसके पास है?

(a) औरतों के पास (b) भक्तों के पास
(c) मर्दों के पास (d) पण्डों के पास

उत्तरमाला

1. (b) **2.** (d) **3.** (d) **4.** (c) **5.** (b)
6. (d)

गद्यांश 15

वैसे तो मानवाधिकारों की अवधारणा का इतिहास बहुत पुराना है पर इसकी वर्तमान अवधारणा द्वितीय विश्वयुद्ध के विध्वंस के परिणामस्वरूप तब विकसित हुई जब 1948 में संयुक्त राष्ट्र संघ की महासभा ने मानवाधिकारों की सार्वभौम घोषणा को स्वीकृत किया। मानवाधिकारों का उल्लेख प्राचीन भारतीय ग्रन्थों जैसे मनु-स्मृति, हितोपदेश, पंचतन्त्र तथा प्राचीन यूनानी दर्शन में भी मिलता है। यद्यपि 1215 ई में इंग्लैण्ड में जारी मैग्नाकार्टा में नागरिकों के अधिकार का उल्लेख था, पर उन अधिकारों को मानवाधिकार की संज्ञा नहीं दी जा सकती, 1525 ई में जर्मनी के किसानों द्वारा प्रशासन से माँगे गए अधिकारों की बारह धाराओं को यूरोप में मानवाधिकारों का प्रथम दस्तावेज कहा जा सकता है। 1789 ई में (फ्रांस की क्रान्ति के परिणामस्वरूप) फ्रांस की राष्ट्रीय सभा ने नागरिकों के अधिकारों की घोषणा की जिसके फलस्वरूप विश्व में समानता, उदारता एवं बन्धुत्व के विचारों को बल मिला। 19वीं शताब्दी में ब्रिटेन एवं अमेरिका में दास-प्रथा की समाप्ति के लिए कई कानून बने और 20वीं शताब्दी आते-आते मानवाधिकारों को लेकर कई विश्वव्यापी सामाजिक परिवर्तन हुए जिसके अन्तर्गत बाल-श्रम का विरोध प्रारम्भ हुआ एवं विभिन्न देशों में महिलाओं को चुनाव में वोट देने का अधिकार मिला। 1864 में हुए जेनेवा समझौता से अन्तर्राष्ट्रीय मानवतावादी सिद्धान्तो को बल मिला एवं संयुक्त राष्ट्र संघ की स्थापना के समय अन्तर्राष्ट्रीय स्तर पर मानवाधिकारों के मान्यता की बात की गई।

10 दिसम्बर, 1948 को संयुक्त राष्ट्र संघ की महासभा ने मानवाधिकारों की सार्वभौम घोषणा को स्वीकृत किया। इसकी प्रस्तावना में कहा गया है कि चूँकि मानवाधिकारों के प्रति उपेक्षा और घृणा के फलस्वरूप हुए बर्बर कार्यों के कारण मनुष्य की आत्मा पर अत्याचार हुए, अत: कानून द्वारा नियम बनाकर मानवाधिकारों की रक्षा करना अनिवार्य है। इसके प्रथम अनुच्छेद में स्पष्ट उल्लेख है कि सभी मनुष्यों को गौरव और अधिकारों के मामले में जन्मजात स्वतन्त्रता और समानता प्राप्त है। उन्हें बुद्धि और अन्तरात्मा की देन प्राप्त है और उन्हें परस्पर भाई-चारे के भाव से बर्ताव करना चाहिए। इसके बाद अनुच्छेद दो में कहा गया है कि सभी को इस घोषणा में सन्निहित सभी अधिकारों और आजादियों को प्राप्त करने का हक है और इस मामले में जाति, वर्ण, लिंग, भाषा, धर्म, राजनीति या अन्य विचार-प्रणाली, किसी देश या समाज विशेष में जन्म, सम्पत्ति या किसी प्रकार की अन्य मर्यादा आदि के कारण भेद-भाव का विचार न किया जाएगा। इसके अतिरिक्त, चाहे कोई देश या प्रदेश स्वन्तत्र हो, संरक्षित हो, या स्वशासन रहित हो या परिमित प्रभुसत्ता वाला हो, उस देश या प्रदेश की राजनीतिक, क्षेत्रीय या अन्तर्राष्ट्रीय स्थिति के आधार पर वहाँ के निवासियों के प्रति कोई फर्क न रखा जाएगा। अनुच्छेद तीन में वर्णित है कि प्रत्येक व्यक्ति को जीवन, स्वाधीनता और वैयक्तिक सुरक्षा का अधिकार है। अनुच्छेद चार के अनुसार कोई भी गुलामी या दासता की हालत

में न रखा जाएगा, गुलामी-प्रथा और गुलामों का व्यापार अपने सभी रूपों में निषिद्ध होगा। अनुच्छेद पाँच में कहा गया है कि किसी को भी शारीरिक यातना न दी जाएगी और न किसी के भी प्रति निर्दय, अमानुषिक या अपमानजनक व्यवहार होगा। ऐसे ही कई आवश्यक एवं महत्त्वपूर्ण मानवाधिकारों की सार्वभौम घोषणा इसके कुल 30 अनुच्छेदों में की गई है। मानवाधिकारों से सम्बन्धित यह घोषणा कोई कानून नहीं है और इसके कुछ अनुच्छेद वर्तमान तथा सामान्य रूप से मानी जाने वाली अवधारणाओं के प्रतिकूल हैं, फिर भी इसके कुछ अनुच्छेद या तो कानून के सामान्य नियम हैं या मानवता की सामान्य धारणाएँ हैं। इस घोषणा का अप्रत्यक्ष रूप से कानूनी प्रभाव है तथा संयुक्त राष्ट्र संघ की महासभा एवं कुछ कानून के ज्ञाताओं के मतानुसार यह संयुक्त राष्ट्र का कानून है।

1. किसके अनुच्छेदों की चर्चा इस गद्यांश में की गई है?
(a) मानवाधिकारों
(b) मानवाधिकारों की सार्वभौम घोषणा
(c) मानवाधिकारों की सार्वभौम घोषणा की प्रस्तावना
(d) मानवाधिकारों की की प्रस्तावना

2. मानवीय समानता की बात किस अनुच्छेद में की गई है?
(a) पहले (b) चौथे (c) तीसरे (d) दूसरे

3. किस अनुच्छेद में शारीरिक यातना को निषिद्ध किया गया है?
(a) पहले (b) दूसरे (c) पाँचवे (d) तीसरे

4. कितने अनुच्छेदों का विवरण यहाँ संक्षेप में दिया गया है?
(a) 1 (b) 2 (c) 30 (d) 5

5. अब तक हुए अत्याचारों का कारण क्या है?
(a) मानवाधिकारों के प्रति उपेक्षा और घृणा
(b) संयुक्त राष्ट्र संघ की कमजोरी
(c) शक्तिशाली लोगों का प्रभाव
(d) सत्ता का दुरुपयोग

6. किस प्राचीन भारतीय ग्रन्थ में मानवाधिकारों की चर्चा है?
(a) हितोपदेश (b) पंचतंत्र
(c) ये दोनों (d) इनमें से कोई नहीं

उत्तरमाला

1. (a) **2.** (d) **3.** (c) **4.** (d) **5.** (a) **6.** (a)

गद्यांश 16

समय के सदुपयोग में ही जीवन की सफलता का रहस्य निहित है। चाहे वह निर्धन हो या धनवान, राजा हो या रंक, मूर्ख हो या विद्वान, समय किसी के लिए अपनी गति मन्द नहीं करता। इसलिए सबको जीवन में सफलता के लिए समय का सदुपयोग करना ही पड़ता है। परीक्षा में निश्चित सफलता के लिए समय रहते एवं परीक्षा से पहले तैयारी करना आवश्यक होता है। आज तक जितने भी महापुरुष हुए हैं, उनकी सफलता का रहस्य जीवन के हर पल का सदुपयोग ही रहा है। कठिनाईयों एवं संघर्षों का सामना करते हुए वे निरन्तर अपने निर्धारित लक्ष्य की ओर बढ़ते रहे और एक दिन अपने लक्ष्य को प्राप्त करने में सफल रहे। समय के मूल्य को समझने वाले लोगों की दिनचर्या हर रोज सुबह शुरू हो जाती है। बुद्धिमान व्यक्ति अपने अवकाश के समय को भी व्यर्थ नहीं जाने देते किन्तु, आलसी एवं अकर्मण्य लोग देर तक सोए रहते हैं। ऐसे लोगों को ही मूर्ख कहा जाता है। जीवन में प्रत्येक कार्य के लिए नियत समय निर्धारित होता है। पढ़ने के समय पढ़ना चाहिए एवं खेलने के समय खेलना। कक्षा में बैठकर खेल-कूद की बातों में खोए रहना एवं खेल के मैदान में पढ़ाई-लिखाई की बातें करने को तर्क संगत नहीं कहा जा सकता। अंग्रेजी में कहा गया है- वर्क व्हाईल यू वर्क एण्ड प्ले व्हाईल यू प्ले, दिस इज द वे टू बी हैप्पी इच डे। अर्थात् प्रत्येक दिन खुश रहने के लिए काम के समय काम करो एवं खेल के समय खेलो।

दिन भर काम करने के बाद रात्रि में सही समय पर बिस्तर पर सोने के लिए चले जाना चाहिए। देर से सोने से स्वास्थ्य पर प्रतिकूल प्रभाव पड़ता है। इसी प्रकार सुबह देर से उठने पर भी बहुत-से कार्यों के अधूरे रहने का खतरा होता है। अधिकतर लोगों को अपना समय मनोरंजन में व्यतीत करते देखा जाता है। मनोरंजन भी जीवन के लिए अनिवार्य है। किन्तु, काम करने के समय यदि मनोरंजन किया जाए तो उसे न्यायोचित नहीं ठहराया जा सकता।

अत: किस समय क्या कार्य करना है, अपनी दिनचर्या में इसकी समुचित व्यवस्था करना अत्यन्त आवश्यक है। जिस मनुष्य का कार्यक्रम सुनिश्चित नहीं होता उसका अधिकांश समय व्यर्थ में ही इधर-उधर की बातों में बीत जाता है। जो व्यक्ति अपना निश्चित कार्यक्रम बनाकर, मानसिक वृत्तियों को स्थिर एवं संयमित करके कार्य करता है, उसे जीवन-संग्राम में अवश्य सफलता प्राप्त होती है। वैसे तो यह नियम प्रत्येक आयु-वर्ग के व्यक्ति पर लागू होता है, किन्तु विद्यार्थी-जीवन में इस नियम की सर्वाधिक महत्ता है। जो विद्यार्थी नियत समय में पूर्ण मनोयोग के साथ अपनी पढ़ाई करते हैं, उन्हें सफलता अवश्य मिलती है। इस तरह, समय का अपव्यय करना आत्महत्या के समान तो है ही समय का दुरुपयोग करना भी आत्महत्या से कम नहीं; क्योंकि समय के बीत जाने के बाद अफसोस करने से बीता हुआ समय वापस नहीं आ सकता।

1. समय किसके लिए अपनी गति मन्द करता है?
(a) किसी के लिए नहीं (b) राजा के लिए
(c) रंक के लिए (d) मन्त्री के लिए

2. अकर्मण्य लोग
(a) समय का सदुपयोग करते हैं (b) मूर्ख कहे जाते हैं
(c) रात में देर तक सोते हैं (d) बस सोचते ही रहते हैं

3. किसकी समुचित व्यवस्था करना आवश्यक है?
(a) खेलने के समय की
(b) पढ़ने के समय की
(c) मनोरंजन के समय की
(d) किस समय क्या कार्य करना है

4. आत्महत्या है
(a) समय का दुरुपयोग (b) समय का अपव्यय
(c) दिन में सोना (d) रात में जागना

5. प्रस्तुत गद्यांश का सर्वाधिक उपयुक्त शीर्षक निम्नलिखित में से क्या होगा?
(a) जीवन की सफलता (b) समय के साथ
(c) मानव जीवन और समय (d) समय का महत्व

6. स्वास्थ्य पर प्रतिकूल प्रभाव का कारण हो सकता है
(a) दिन भर काम नहीं करना (b) रात में देर से सोना
(c) सुबह जल्दी उठना (d) सुबह टहलने नहीं जाना

उत्तरमाला

1. (a) **2.** (b) **3.** (a) **4.** (b) **5.** (d) **6.** (b)

गद्यांश 17

स्वामी विवेकानन्द, जिनके बचपन का नाम नरेन्द्र नाथ दत्त था, का जन्म 12 जनवरी, 1863 को कलकत्ता के सिमुलिया नामक स्थान में हुआ था। उनके पिता श्री विश्वनाथ दत्त एक प्रख्यात अटॉर्नी थे। समृद्ध परिवार में जन्म लेने के कारण उन्होंने अच्छे स्कूलों में शिक्षा प्राप्त की तथा स्कूली शिक्षा के बाद कलकत्ता के प्रसिद्ध प्रेसीडेंसी कॉलेज में दाखिल हुए। उस कॉलेज में पढ़ने के दौरान उनकी आध्यात्मिक भूख जाग्रत हुई और वे ईश्वर, विश्व, मानव इत्यादि के रहस्य जानने के लिए व्याकुल रहने लगे। इसी दौरान उन्हें किसी ने रामकृष्ण परमहंस के बारे में बताया, जिनकी विद्वता एवं प्रवचनों की चर्चा कलकत्ता के शिक्षण संस्थाओं के साथ-साथ संभ्रान्त समाज में भी होने लगी थी। नरेन्द्रनाथ ने भी उनसे मिलने का विचार किया। नरेन्द्रनाथ ने परमहंस से अपनी पहली ही मुलाकात में प्रश्न किया क्या आपने ईश्वर को देखा है? परमहंस ने इस प्रश्न का मुस्कुराते हुए जवाब दिया हाँ मैने ईश्वर को बिल्कुल वैसे ही देखा है, जैसे मैं तुम्हें देख रहा हूँ। परमहंस के इस उत्तर से नरेन्द्रनाथ न केवल सन्तुष्ट हो गए, बल्कि उसी समय उनको अपना गुरु भी मान लिया। इसी घटना के बाद उन्होंने संन्यास का निर्णय लिया। संन्यास ग्रहण करने के बाद जब वे एक परिव्राजक के रूप में भारत भ्रमण पर थे, तब खेतड़ी के महाराज ने उन्हें विवेकानन्द नाम दिया।

1893 में जब संयुक्त राज्य अमेरिका में विश्व धर्म सम्मेलन का आयोजन हुआ तो खेतड़ी के महाराज ने विवेकानन्द जी को भारत के प्रतिनिधि के तौर पर उसमें भाग लेने के लिए भेजा। 11 सितम्बर, 1893 को इस सभा के स्वागत भाषण में स्वामी जी ने श्रोताओं को सम्बोधित करते हुए जैसे ही कहा अमेरिका के भाईयों और बहनों, वैसे ही तालियों की गड़गड़ाहट से वहाँ का वातावरण गूँजने लगा। सारे लोग आश्चर्यचकित थे, पृथ्वी के ठीक दूसरी छोर से आया हुआ एक व्यक्ति पराए देश के लोगों को अपना भाई-बहन मानकर सम्बोधित कर रहा था। उसके बाद जब उन्होंने हिन्दू धर्म एवं भारत के अध्यात्म की बात करनी शुरू की तो अमेरिका ही नहीं दुनिया भर के विद्वज्जनों का वह समूह चुप-चाप उन्हें सुनता रहा। इसके बाद 27 सितम्बर तक वह धार्मिक सम्मेलन चला। इन सत्रह दिनों में उनके व्याख्यान सुनने वालों की संख्या में निरन्तर वृद्धि होती रही। धार्मिक ही नहीं, साहित्यिक, सामाजिक एवं वैज्ञानिक जगत के लोग भी उनके व्याख्यान को सुनने के लिए आने लगे।

1. विश्व धर्म सम्मेलन में भाग लेने आए लोग किस क्षेत्र के थे?
(a) साहित्य (b) धर्म
(c) विज्ञान (d) सभी

2. प्रस्तुत गद्यांश में निम्नलिखित में से किसकी चर्चा नहीं की गई है?
(a) हिन्दू धर्म (b) भारत के अध्यात्म
(c) विश्व धर्म सम्मेलन (d) खेतड़ी महाराज का वैभव

3. नरेन्द्रनाथ ने संन्यास लेने का निर्णय क्यों किया?
(a) क्योंकि उन्हें विश्व के रहस्य के बारे में पता चल गया था
(b) क्योंकि उन्हें ईश्वर के रहस्य के बारे में पता चल गया था
(c) क्योंकि उन्हें परिव्राजक जीवन अच्छा लगता था
(d) क्योंकि वे परमहंस के शिष्य बनना चाहते थे

4. नरेन्द्रनाथ को 'विवेकानन्द' नाम किसने दिया था?
(a) रामकृष्ण परमहंस ने (b) अमेरिका के लोगों ने
(c) खेतड़ी के महाराज ने (d) इनमें से कोई नहीं

5. प्रस्तुत गद्यांश का सर्वाधिक उपयुक्त शीर्षक निम्नलिखित में से क्या होगा?
(a) भारतीय विद्वता (b) स्वामी विवेकानन्द
(c) भारतीय संस्कृति (d) परिव्राजक लोग

6. अमेरिका के लोग आश्चर्यचकित क्यों थे?
(a) स्वामी विवेकानन्द को देखकर
(b) स्वामी विवेकानन्द के भाषण को सुनकर
(c) स्वामी विवेकानन्द ने उन्हें अपना भाई-बहन मानकर सम्बोधित किया था
(d) उपरोक्त सभी

उत्तरमाला

1. (d) **2.** (d) **3.** (b) **4.** (c) **5.** (b) **6.** (c)

गद्यांश 18

भौगोलिक दृष्टि से अभावग्रस्त होने के साथ ही राजस्थान अकालग्रस्त भी रहा है। यही वजह है कि सरकार आपदा प्रबन्धन के तहत विभिन्न आपदाओं से निबटने के साथ ही अकाल को लेकर भी काफी संजीदा है। इसमें कोई सन्देह नहीं कि यहाँ की 40% जनता ऐसे इलाके में रहती है, जो पूरी तरह से मरुस्थलीय है। इस इलाके में जहाँ सर्दी के मौसम में कड़ाके की सर्दी पड़ती है तो गर्मी के मौसम में तेज धूप और लू के थपेड़ों का सामना करना पड़ता है। इतना ही नहीं इस इलाके में बारिश के मौसम में नदी-नाले पूरी तरह से उफान पर आ जाते हैं। एक-दो दिन की लगातार बारिश होते ही विभिन्न स्थानों पर जलभराव हो जाता है। नालों में आया उफान लोगों की दिनचर्या प्रभावित करता है। पानी का तेज बहाव लोगों के जीवन को दुष्कर बना देता है। हालाँकि यह बहाव चन्द समय का होता है, लेकिन तात्कालिक तौर पर काफी प्रभावित करता है।वर्ष 2007 में बारिश के दौरान पाली, जालौर, बाड़मेर सहित कई जिलों में बाढ़ जैसे हालात पैदा हो गए थे। दो दिन की बारिश के बाद यहाँ की नदियों में आए उफान से लोगों को बचाने के लिए प्रशासन को एड़ी-चोटी का जोर लगाना पड़ा था। राजस्थान देश का सर्वाधिक सूखाग्रस्त क्षेत्र है। यहाँ अकाल एक बड़ी समस्या है। अकाल की वजह से जहाँ कृषि उत्पादन प्रभावित होता है वहीं चारा सहित अन्य सहकृषि कारोबार भी प्रभावित होते हैं। मसलन यहाँ कृषि के साथ ही पशुपालन मुख्य पेशा है। गाय, भैंस, भेड़, बकरी पालन से लोगों की जीविका जुड़ी हुई है। ऐसे में, जब बारिश नहीं होती है तो लोगों को खाद्यान्न संकट का सामना करना पड़ता है। इससे भी बड़ा संकट पशुओं के चारे का होजाता है। यही वजह है कि राजस्थान सरकार की ओर से आपदा प्रबन्धन के मामले में पूरी तरह से सावधानी बरती जाती है। एक तरफ जहाँ बाढ़ से निबटने की रणनीति तैयार की जाती है तो दूसरी तरफ अकाल से जूझने के लिए भी तत्पर रहना पड़ता है।

राजस्थान की स्थिति पर गौर करें तो राजस्थान के निर्माण के बाद वर्ष 1959-60, 1973-74, 1975-76, 1976-77, 1990-1991 व 1994-95 को छोड़कर हर साल यह क्षेत्र सूखा एवं अकाल प्रभावित रहा है। 1959 के अकाल में प्रदेश की लगभग समस्त जनसंख्या इससे प्रभावित हुई। अरावली पर्वत श्रेणियों द्वारा दो पृथक भागों में विभाजित राज्य के उत्तर-पश्चिम भाग में, जो राज्य का 70% क्षेत्रफल है, बहुत क्षीण, छितराई हुई एवं कम वर्षा होती है। प्रत्येक प्राकृतिक आपदा से मानव एवं प्राणी जगत के साथ भौतिक सम्पदाओं का भी नुकसान होता है। यहाँ के लोग भोजन, पानी, आश्रय, कपड़े, दवाई एवं सामाजिक सुरक्षा हेतु बाह्य स्रोतों से सहायता के मोहताज हो जाते हैं। जनता के दुख-दर्द को दूर करने हेतु केन्द्र एवं राज्य सरकारों का हस्तक्षेप आवश्यक हो जाता है। राजस्थान में घरेलू उत्पादन का 42 से 45% भाग कृषि एवं पशुपालन गतिविधियों की देन है, जिस पर 70% जनसंख्या निर्भर करती है। कृषि यहाँ मुख्य रूप से वर्षा पर ही निर्भर है। कुल जोत योग्य 20659787 हेक्टेयर भूमि

में से केवल 6675835 हेक्टेयर भूमि ही सिंचित है। सूखे से फसल एवं सह-फसल गतिविधियाँ बुरी तरह प्रभावित हैं।

1. राजस्थान कब सूखा और अकाल प्रभावित नहीं रहा है?
(a) 1957-58 (b) 1990-91
(c) 1968-59 (d) 1972-73

2. राजस्थान के कुल क्षेत्रफल का 70% भाग है
(a) पूर्वी क्षेत्र (b) पश्चिमी क्षेत्र
(c) उत्तर-पश्चिमी क्षेत्र (d) दक्षिणी क्षेत्र

3. राजस्थान के बारे में कौन-सा कथन असत्य है ?
(a) यहाँ बारिश के मौसम में नदी-नाले पूरी तरह से उफान पर आ जाते हैं
(b) यहाँ कृषि के साथ ही पशुपालन मुख्य पेशा है।
(c) यहाँ के 70 % प्रतिशत क्षेत्रफल में अत्यधिक वर्षा से लोग परेशान रहते हैं
(d) यहाँ घरेलू उत्पादन का 42 से 45% भाग कृषि एवं पशुपालन से आता है

4. राजस्थान के लोगों को गर्मी के समय अधिक गर्मी एवं सर्दी के समय अधिक सर्दी का सामना क्यों करना पड़ता है?
(a) क्योंकि यह आपदाग्रस्त क्षेत्र है
(b) क्योंकि यहाँ बारिश अधिक होती है
(c) क्योंकि यह मरुस्थलीय क्षेत्र है
(d) क्योंकि यह सूखाग्रस्त क्षेत्र है

5. राजस्थान के किस जिले की चर्चा प्रस्तुत गद्यांश में नहीं की गई है?
(a) बाड़मेर (b) जालौर
(c) पाली (d) अलवर

6. 'सहकृषि कारोबार' का तात्पर्य है
(a) पशुपालन (b) चारे का व्यवसाय
(c) ये दोनों (d) इनमें से कोई नहीं

उत्तरमाला

1. (b) **2.** (c) **3.** (c) **4.** (d) **5.** (d)
6. (c)

गद्यांश 19

गुटनिरपेक्षता, उन गुटनिरपेक्ष देशों की विदेश नीति का हिस्सा है जिन देशों ने न तो पूँजीवादी भाक्ति और न ही समाजवादी शक्ति का साथ दिया, इसका उद्देश्य आपस में शान्ति, स्वतन्त्रता एवं सामूहिक सहभागिता है। गुटनिरपेक्ष आन्दोलन में भारत के पण्डित जवाहरलाल नेहरू, यूगोस्लाविया के मार्शल टीटो, मिस्त्र के गमाल अब्दुल नासिर, इण्डोनेशिया के सुकर्णो तथा घाना के क्वामे क्रूमाह की भूमिका प्रमुख थी। इन सबके प्रयासों से 1961 में 25 सदस्यीय गुटनिरपेक्ष राष्ट्रों का पहला शिखर सम्मेलन यूगोस्लाविया की राजधानी बेलग्रेड में आयोजित किया गया। गुटनिरपेक्ष का शिखर सम्मेलन प्रत्येक तीन वर्ष पर आयोजित किया जाता है। प्रारम्भ में गुटनिरपेक्ष राष्ट्रों की कुल जनसंख्या विश्व जनसंख्या की लगभग एक तिहाई थी इसलिए इन्हें तृतीय शक्ति की संज्ञा दी गई थी। प्रारम्भ में जहाँ इसके सदस्यों की संख्या 25 थी वहीं इस समय 118 गुटनिरपेक्ष राष्ट्रों की कुल जनसंख्या विश्व जनसंख्या का 51% है एवं गुटनिरपेक्ष आन्दोलन संयुक्त राष्ट्र संघ के बाद दुनिया का दूसरा सबसे बड़ा अन्तर्राष्ट्रीय मंच है।

गुटनिरपेक्ष आन्दोलन की शुरुआत विश्व के दो महाशक्तियों से अलग रहकर अपने हितों की रक्षा करने के दृष्टिकोण से दुनिया के नये-नये स्वतन्त्र हुए राष्ट्रों द्वारा किया गया था। दिसम्बर, 1991 में सोवियत रूस के विघटन के बाद शीत-युद्ध समाप्त हो गया। तब से गुटनिरपेक्ष आन्दोलन की प्रासंगिकता पर सवाल उठाए जा रहे हैं, क्योंकि जिन परिस्थितियों में इसकी शुरुआत की गई थी अभी वैसी परिस्थितियाँ नहीं रहीं। लेकिन पिछले कुछ वर्षों में आयोजित इसके शिखर सम्मेलनों के विषयों पर गौर किया जाए तो इसकी प्रासंगिकता स्पष्ट हो जाती है। इसका उद्देश्य शीत युद्ध एवं सैनिक गठबन्धन से अलग रहने के अतिरिक्त आपसी सम्बन्धों के द्वारा प्रगति भी था। आतंकवाद एवं पर्यावरण संकट जैसी वैश्विक समस्याओं के समाधान में इसकी भूमिका अहम हो सकती है और इस दिशा में प्रयास भी किए जा रहे हैं। विश्व-शान्ति एवं सह-अस्तित्व भी गुटनिरपेक्ष आन्दोलन के उद्देश्यों में शामिल था, जिसके लिए गुटनिरपेक्ष राष्ट्रों को साथ मिलकर काम करना ही होगा। संयुक्त राष्ट्र संघ में यूरोप के कुछ विकसित राष्ट्रों के वर्चस्व के कारण भी इसकी प्रासंगिकता बढ़ जाती है, क्योंकि यह इसके समानान्तर दुनिया के दूसरे सबसे बड़े अन्तर्राष्ट्रीय मंच के रूप में जाना जाता है। गुटनिरपेक्ष आन्दोलन समस्त राष्ट्रों हेतु समान एवं उचित आर्थिक व्यवस्था एवं विश्व में स्थायी शान्ति, सुरक्षा तथा अन्तर्राष्ट्रीय अन्तःक्रियाओं में सभी की सम्मानपूर्ण भागीदारी के लिए प्रयासरत है। आशा है कि यह अपने लक्ष्यें को पूरा करने में सफल होगा। जिस तरह भारत ने इसकी शुरुआत में महत्वपूर्ण भूमिका अदा की थी, ठीक उसी तरह इसके उद्देश्यों की पूर्ति में भी इसे अपनी भूमिका का निर्वाहन करना होगा।

1. कौन-सा कथन असत्य है?
(a) गुटनिरपेक्षता की शुरुआत में भारत को अहम भूमिका थी
(b) गुटनिरपेक्षता एक प्रकार की विदेश नीति है
(c) गुटनिरपेक्षता पूँजीवादी ताकतों से भय का परिणाम है
(d) गुटरिपेक्षता के उद्देश्यों की पूर्ति में भारत की भूमिका अहम होगी

2. प्रस्तुत गद्यांश के माध्यम से लेखक क्या कहना चाहता है?
(a) गुटनिरपेक्षता पूरे विश्व के लिए आवश्यक है
(b) गुटनिरपेक्षता भारत की विवशता है
(c) गुटनिरपेक्षता अभी भी प्रासंगिक है
(d) गुटनिरपेक्षता के बिना विदेश नीति की कल्पना सम्भव नहीं

3. गुटनिरपेक्ष राष्ट्रों की कुल जनसंख्या विश्व जनसंख्या की लगभग कितनी है?
(a) आधी (b) एक तिहाई
(c) एक चौथाई (d) दो तिहाई

4. गुटनिरपेक्ष आन्दोलन में किसकी भूमिका प्रमुख थी?
(a) जवाहरलाल नेहरू (b) अब्दुल नासिर
(c) सुकर्णो (d) ये सभी

5. गुटनिरपेक्ष आन्दोलन किसके समानान्तर विश्व का दूसरा सबसे बड़ा अन्तर्राष्ट्रीय मंच है?
(a) अन्तर्राष्ट्रीय मुद्रा कोश (b) राष्ट्र संघ
(c) संयुक्त राष्ट्र संघ (d) विश्व संघ

6. गुटनिरपेक्ष आन्दोलन किसके लिए प्रयासरत है ?
(a) समस्त राष्ट्रों के लिए समान आर्थिक व्यवस्था
(b) पूरे विश्व में शान्ति
(c) सुरक्षा
(d) उपरोक्त सभी

उत्तरमाला

1. (c) **2.** (c) **3.** (a) **4.** (d) **5.** (c)
6. (d)

गद्यांश 20

सामान्य मौसमी अभिवृत्तियों में किसी खास स्थान पर होने वाले विशिष्ट परिवर्तन को जलवायु परिवर्तन कहा जाता है। मौसम में अचानक परिवर्तन, फसल-चक्र का परिवर्तित होना, वनस्पतियों की प्रजातियों का लुप्त होना, तापमान में वृद्धि, हिमनदों का पिघलना तथा समुद्र जल-स्तर में लगातार वृद्धि ऐसे सूचक हैं, जिनसे जलवायु परिवर्तन की परिघटना का पता चलता है। हिमनदों के पिघलने को जलवायु परिवर्तन का सबसे संवेदनशील सूचक माना जाता है। पृथ्वी पर हिमनदों के लगातार कम होने तथा उनके स्तर के नीचे खिसकने से समुद्र के जल-स्तर में वृद्धि हुई है। विश्व ग्लेशियर मॉनीटरिंग सर्विस पृथ्वी पर स्थित ग्लेशियरों का निरीक्षण करती है। इस संस्था के अनुसार ग्लेशियरों के पिघलने की प्रक्रिया लगातार जारी है। जलवायु परिवर्तन की परिघटना तथा हिमनदों के पिघलने से समुद्र के जल-स्तर में वृद्धि चिह्नित की गई है। जलवायु परिवर्तन कई कारणों से हुआ है, किन्तु वातावरण में ग्रीन हाउस गैसों की मात्रा के निरन्तर बढ़ते रहने को सबसे बड़ा कारण माना जाता है। पृथ्वी पर आने वाली सौर ऊर्जा की बड़ी मात्रा अवरक्त किरणों के रूप में पृथ्वी के वातावरण से बाहर चली जाती है। इस ऊर्जा की कुछ मात्रा ग्रीन हाउस गैसों द्वारा अवशोषित होकर पुन: पृथ्वी पर पहुँच जाती है जिससे तापक्रम अनुकूल बना रहता है। ग्रीन हाउस गैसों में मेथेन, कार्बन डाई-ऑक्साइड, नाइट्रस ऑक्साइड इत्यादि हैं।

वातावरण में ग्रीन हाउस गैसों का होना अच्छा है, किन्तु जब इनकी मात्रा बढ़ जाती है तो तापमान में वृद्धि होने लगती है। इससे जो समस्या सामने आई है उसे ग्लोबल वार्मिंग अर्थात् वैश्विक तापवृद्धि की संज्ञा दी गई है। सही तौर पर देखा जाए तो ग्लोबल वार्मिंग भी जलवायु परिवर्तन का एक रूप है। जलवायु परिवर्तन, बढ़ते प्रदूषण एवं ग्लोबल वार्मिंग को देखते हुए 20वीं शताब्दी में संयुक्त राष्ट्र एवं अन्य वैश्विक संगठनों ने पर्यावरण की सुरक्षा की बात करना शुरू किया। ओजोन परत के संरक्षण के लिए 1985 में विएना सम्मेलन हुआ एवं इसकी नीतियों को विश्व के अधिकतर देशों ने 1988 में लागू किया। विएना समझौते के परिणामस्वरूप 1987 में ओजोन परत में छेद करने वाले पदार्थ पर मॉण्ट्रियल समझौता हुआ।

इसके बाद इस विषय से सम्बन्धित कई समझौते एवं सम्मेलन विश्व के कई अन्य शहरों में किए गए। वैश्विक स्तर पर बढ़ती जलवायु परिवर्तन की समस्या के खतरे को ध्यान में रखकर विश्व मौसम संगठन (वर्ल्ड मेटेरोलॉजिकल ऑर्गेनाईजेशन-डब्ल्यू.एम.ओ.) एवं संयुक्त राष्ट्र पर्यावरण कार्यक्रम (यूनाईटेड नेशन्स इनवॉयरोनमेंण्ट प्रोग्राम-यून.एन.ई.पी.) ने मिलकर 1988 में इण्टरगवर्नमेण्टल पैनल ऑन क्लाईमेट चेंज - आई.पी.सी.सी, का गठन किया। यह संगठन जलवायु परिवर्तन के लिए जिम्मेदार वैश्विक निकाय के रूप में महत्त्वपूर्ण भूमिका निभाता है। विश्व मौसम संगठन एवं संयुक्त राष्ट्र पर्यावरण कार्यक्रम के लगभग 200 सदस्य देश आई.पी.सी.सी. के भी सदस्य हैं। इसका मुख्य कार्य जलवायु परिवर्तन के बढ़ते खतरे, इसके प्रभाव, इसके अनुकूलन व इसे कम करने के उपायों से जुड़े वैज्ञानिक आकलनों को पेश करना है ताकि इन पर आधारित वैज्ञानिक, तकनीकी व आर्थिक-सामाजिक सूचनाओं वाली एक निष्पक्ष, पारदर्शी व गहन आकलन रिपोर्ट तैयार की जा सके।

इससे मानवीय गतिविधियों के कारण तेजी से बदल रही जलवायु के सम्भावित खतरों से पृथ्वी को बचाने के उपाय ढूँढ़ने में मदद मिलेगी। आई.पी.सी.सी. न तो अनुसन्धान कार्य करता है और न ही जलवायु सम्बन्धी आँकड़ों या पैमानों को मॉनीटर करता है। इसका एक मात्र कार्य जलवायु परिवर्तन से सम्बन्धित आँकलन रिपोर्ट को तैयार करना है जो विभिन्न वैज्ञानिक अध्ययनों व समीक्षाओं पर आधारित होती है। इस संगठन के कार्यों की महत्ता को देखते हुए इसे 2007 के नोबेल शान्ति पुरस्कार से सम्मानित किया गया।

1. आई.पी.सी.सी.
(a) जलवायु परिवर्तन सम्बन्धी अनुसन्धान कार्य कर इसकी रिपोर्ट तैयार करता है
(b) जलवायु सम्बन्धी आँकड़ों पर नजर रखता है
(c) जलवायु परिवर्तन सम्बन्धित आँकलन रिपोर्ट तैयार करता है
(d) उपरोक्त सभी

2. पृथ्वी के वातावरण के तापमान को अनुकूल बनाए रखने में महत्त्वपूर्ण भूमिका निभाता है
(a) विश्व मौसम संगठन (b) आई.पी.सी.सी.
(c) ग्लोबल वार्मिंग (d) ग्रीन हाउस प्रभाव

3. वैश्विक संगठनों ने पर्यावरण की सुरक्षा की बात करना कब शुरू किया?
(a) उन्नीसवीं सदी में (b) इक्कीसवीं सदी की शुरुआत में
(c) बीसवीं सदी में (d) बीसवीं सदी के पूर्वार्द्ध में

4. निम्नलिखित में से कौन-सा कथन असत्य है?
(a) वियना सम्मेलन के बाद माण्ट्रियल समझौता हुआ
(b) मॉण्ट्रियल समझौता पहले हुआ और वियना सम्मेलन बाद में
(c) मॉण्ट्रियल समझौते का सम्बन्ध ओजोन परत से है
(d) वियना सम्मेलन का सम्बन्ध ओजोन परत से है

5. वर्ष 2007 का नोबेल शान्ति पुरस्कार दिया गया
(a) विश्व मौसम संगठन को
(b) संयुक्त राष्ट्र पर्यावरण कार्यक्रम को
(c) विश्व मौसम संगठन और संयुक्त राष्ट्र पर्यावरण कार्यक्रम को मिलाकार निर्मित निकाय को
(d) उपरोक्त में से कोई नहीं

6. ग्रीन हाउस गैस के सन्दर्भ में कौन-सा कथन सत्य है?
(a) यह मेथेन, कार्बन डाई-ऑक्साइड, नाइट्रस ऑक्साइड, इत्यादि गैसों से मिलकर बना है
(b) तापमान वृद्धि के लिए यह आवश्यक है
(c) मेथेन ग्रीन हाउस गैस का एक उदाहरण है
(d) उपरोक्त सभी

उत्तरमाला

1. (c) **2.** (b) **3.** (c) **4.** (b) **5.** (c) **6.** (c)

गद्यांश 21

गाँधी जी मानते थे कि सामाजिक या सामूहिक जीवन की ओर बढ़ने से पहले कौटुम्बिक जीवन का अनुभव प्राप्त करना आवश्यक है। इसलिए वे आश्रम-जीवन बिताते थे। वहाँ सभी एक भोजनालय में भोजन करते थे। इससे समय और धन तो बचता ही था, सामूहिक जीवन का अभ्यास भी होता था। लेकिन यह सब होना चाहिए, समय-पालन, सुव्यवस्था और शुचिता के साथ।

इस ओर लोगों को प्रोत्साहित करने के लिए गाँधी जी स्वयं भी सामूहिक रसोईघर में भोजन करते थे। भोजन के समय दो बार घण्टी बजती थी। जो दूसरी घण्टी बजने तक भोजनालय में नहीं पहुँच पाता था, उसे दूसरी पंक्ति के लिए बरामदे में इन्तजार करना पड़ता था। दूसरी घण्टी बजते ही रसोईघर का द्वार बन्द कर दिया जाता था, जिससे बाद में आने वाले व्यक्ति अन्दर न घुसने पाएँ।

एक दिन गाँधी जी पिछड़ गए। संयोग से उस दिन आश्रमवासी श्री हरिभाऊ उपाध्याय भी पिछड़ गए। जब वे पहुँचे तो देखा कि बापू बरामदे में खड़े हैं। बैठने के लिए न बैंच है, न कुर्सी। हरिभाऊ ने विनोद करते हुए कहा, ''बापूजी आज तो आप भी गुनाहगारों के कठघरे में आ गए हैं।''

गाँधी जी खिलखिलाकर हँस पड़े। बोले, ''कानून के सामने तो सब बराबर होते हैं न?''

हरिभाऊ जी ने कहा, ''बैठने के लिए कुर्सी लाऊँ, बापू?''

गाँधी जी बोले, ''नहीं, उसकी जरूरत नहीं है। सजा पूरी भुगतनी चाहिए। उसी में सच्चा आनन्द है।''

1. गाँधी जी ने किस बात की पूरी सजा भुगतने की बात की?
(a) देर से रसोईघर में पहुँचने की (b) सामूहिक जीवन की
(c) आश्रम-जीवन बिताने की (d) गलत नियम बनाने की

2. समूह में जीवन बिताने के लिए सबसे महत्त्वपूर्ण है
(a) समूह के लिए बनाए गए नियमों का पालन
(b) सब समान स्तर के हों
(c) समान विचारधारा होना
(d) समूह के सदस्यों की आपसी प्रतिस्पर्धा

3. ''कानून के सामने तो सब बराबर होते हैं न?'' गाँधी जी का यह कथन इस ओर संकेत करता है कि
(a) गाँधी जी झेंप गए थे
(b) कानून किसी तरह का भेद-भाव नहीं करता
(c) गाँधी जी पूरी ईमानदारी से नियमों का पालन करने में विश्वास रखते थे
(d) कानून के हाथ लम्बे होते हैं

4. दूसरी घण्टी के बाद रसोईघर का दरवाजा क्यों बन्द कर दिया जाता होगा?
(a) ताकि लोग समय से भोजन करें और नियम का पालन भी
(b) ताकि लोग अन्दर न आ सकें
(c) ताकि लोग एकाध दिन उपवास कर सकें
(d) ऐसा गाँधी जी का निर्देश था

5. सभी भोजनालय में एक साथ भोजन करते थे। इससे
(a) सुव्यवस्था रहती थी
(b) गाँधी जी और हरिभाऊ जी को बहुत असुविधा हुई
(c) सामूहिक जीवन का महत्व पता चलता था
(d) केवल धन की बचत होती थी

6. 'शुचिता' शब्द का क्या अर्थ है?
(a) सरलता (b) निष्पक्षता (c) पवित्रता (d) निर्मलता

उत्तरमाला

1. (a) **2.** (a) **3.** (c) **4.** (a) **5.** (c) **6.** (c)

गद्यांश 22

मनुष्य को जीवन भर संघर्ष करना पड़ता है। इन संघर्षों में उसे समाज का अपेक्षित सहयोग भी मिलता है, किन्तु यह सहयोग यदि अधिक मिलने लगे तो वह दूसरों पर निर्भर रहने का आदि हो जाता है। दूसरों पर उसकी निर्भरता उसकी परतन्त्रता का भी कारण बन जाता है। दूसरे पर निर्भर रहकर व्यक्ति अपने जीवन के सुखों का वास्तविक उपभोग नहीं कर सकता, क्योंकि वह प्रायः हर कार्य अथवा वस्तु के लिए दूसरे पर निर्भर रहता है। इसलिए कहा गया है – पराधीन सपनेहुं सुख नाहीं। वास्तव में स्वावलम्बन या आत्मनिर्भरता ही मनुष्य को स्वाधीन बनने की प्रेरणा देता है। स्वावलम्बन की स्थिति में व्यक्ति अपनी इच्छाओं को अपनी सुविधानुसार पूरा कर पाता है। उसे इसके लिए दूसरे के सहयोग की आवश्यकता नहीं पड़ती। मनुष्य स्वभावतः सुख की चाह तो रखता है, लेकिन इसके लिए वह परिश्रम करने से यथासम्भव बचने की कोशिश करता है। इसी कारण वह अपने कार्यों एवं वस्तुओं के लिए दूसरे पर निर्भर होने लगता है। स्वावलम्बन केवल व्यक्ति के लिए ही नहीं, राष्ट्र के लिए भी आवश्यक है। यदि मनुष्य प्रकृति पर ही निर्भर रहता तो उसने जीवन के हर क्षेत्र में जो प्रगति हासिल की है, वह उसे कभी प्राप्त नहीं कर पाता। स्वावलम्बन ने ही मनुष्य को पशुओं से अलग किया है। हालाँकि पशु स्वाभाविक रूप से अधिक स्वावलम्बी होते हैं, किन्तु स्वावलम्बी बनने की चाह मनुष्य में अधिक होती है। वह अपने जीवन में सुख की प्राप्ति के लिए हर प्रकार के साधन जुटाना चाहता है, इसके लिए उसे स्वयं परिश्रम करने की आवश्यकता पड़ती है। स्वावलम्बी बनने की उसकी यही चाह उसकी प्रगति में सहायक बनती है।

गृहस्थ जीवन से पहले व्यक्ति का स्वावलम्बी होना अत्यन्त आवश्यक है। दूसरे पर निर्भर लोगों के लिए गृहस्थ जीवन दुखों का पहाड़ साबित होता है। इसलिए गृहस्थ जीवन की शुरुआत से पहले लोग रोजगार की तलाश में लग जाते हैं। स्वावलम्बन आत्मविश्वास को बढ़ाने में सहायक होता है, जिसके कारण सफलता की राह आसान हो जाती है। स्वावलम्बी व्यक्ति अपने समय का सदुपयोग भली-भाँति कर पाने में सक्षम होता है। वह समाज में प्रतिष्ठा का पात्र होता है।

दूसरे पर निर्भरता, हमें दूसरों का अनुकरण करने को बाध्य करता है। दूसरे पर निर्भर रहते हुए हमें उसकी मर्जी के अनुरूप जीने को बाध्य होना पड़ता है। इस कारण हमारी स्वाभाविक सृजनशीलता एवं सोचने की शक्ति नष्ट हो जाती है। हमारा आत्मविश्वास खत्म हो जाता है। हमें लगने लगता है कि हम स्वयं कुछ नहीं कर सकते। ऐसी भावना के कारण हमारी उन्नति बाधित होती है। स्वयं परिश्रम से अर्जित की हुई सम्पत्ति के भोग का आनन्द ही अलग होता है। दूसरों की कृपा पर जीने वाला व्यक्ति इस आनन्द से सदा वंचित रहता है।

1. कौन-सा कथन असत्य है?
(a) स्वावलम्बन केवल राष्ट्र के लिए भी आवश्यक है
(b) मनुष्य स्वभावतः सुख की चाह रखता है
(c) दूसरे पर निर्भरता, हमें दूसरों का अनुकरण करने को बाध्य करता है
(d) आत्मनिर्भरता ही मनुष्य को स्वाधीन बनने की प्रेरणा देता है

2. सफलता की राह आसान हो जाती है
(a) ईश्वर की कृपा के बाद (b) आत्मविश्वास बढ़ने के बाद
(c) गुरु की कृपा के बाद (d) माता-पिता की कृपा के बाद

3. स्वावलम्बी व्यक्ति समाज में प्रतिष्ठा का पात्र क्यों होता है?
(a) क्योंकि वह सबका आदर करता है
(b) क्योंकि वह सफलता की राह पर अग्रसर होता है
(c) क्योंकि वह अपने मन की सुनता है
(d) क्योंकि वह अपने दोस्तों का ख्याल रखता है

4. 'स्वावलम्बन ने ही मनुष्य को पशुओं से अलग किया है' इस कथन का तात्पर्य है
(a) पशु स्वाभाविक रूप से अधिक स्वावलम्बी होते हैं
(b) मनुष्य अधिक स्वावलम्बी होता है
(c) स्वालम्बन के कारण ही मनुष्य पशुत्व से ऊपर उठ सका है
(d) स्वावलम्बी बनने की चाह मनुष्य में अधिक होती है

5. मनुष्य रोजगार की तलाश में कब लगता है?
(a) विद्यार्थी जीवन की समाप्ति पर
(b) आर्थिक जरूरत होने पर

(c) गृहस्थ जीवन प्रारम्भ करने से पहले
(d) उपरोक्त में से कोई नहीं

6. परावलम्बी किस आनन्द से सदा वंचित रहता है?
(a) सम्पत्ति के भोग के आनन्द से
(b) ऐश्वर्य के भोग के आनन्द से
(c) स्वयं परिश्रम से अर्जित की हुई सम्पत्ति के भोग का आनन्द
(d) उपरोक्त सभी

उत्तरमाला

1. (a) **2.** (b) **3.** (b) **4.** (c) **5.** (c) **6.** (c)

गद्यांश 23

देश-प्रेम को किसी विशेष क्षेत्र एवं सीमा में नहीं बाँधा जा सकता। हमारे जिस कार्य से देश की उन्नति हो, वही देश-प्रेम की सीमा में आता है। अपने प्रजातन्त्रात्मक देश में, हम अपने मताधिकार का प्रयोग करते हुए ईमानदार एवं देशभक्त जनप्रतिनिधि का चयन कर देश को जाति, सम्प्रदाय तथा प्रान्तीयता की राजनीति से मुक्त कर इसके विकास में सहयोग कर सकते हैं। जाति-प्रथा, दहेज-प्रथा, अन्धविश्वास, छूआछूत इत्यादि कुरीतियाँ जो देश के विकास में बाधा हैं, इत्यादि को दूर करने में अपना योगदान कर हम देश-सेवा का फल प्राप्त कर सकते हैं।

अशिक्षा, निर्धनता, बेरोजगारी, व्यभिचार एवं भ्रष्टाचार के खिलाफ जंग छेड़कर हम अपने देश को प्रगति के पथ पर अग्रसर कर सकते हैं। हम समय पर टैक्स का भुगतान कर देश की प्रगति में सहायक हो सकते हैं। इस तरह, किसान, मजदूर, शिक्षक, सरकारी कर्मचारी, चिकित्सक, सैनिक और अन्य सभी पेशेवर लोगों के साथ-साथ देश के हर नागरिक द्वारा अपने कर्त्तव्यों का समुचित रूप से पालन करना ही सच्ची देश-भक्ति है।

नागरिकों में देश-प्रेम का अभाव राष्ट्रीय एकता में सबसे बड़ी बाधा के रूप में कार्य करता है, जबकि राष्ट्र की आन्तरिक शान्ति तथा सुव्यवस्था और बाहरी दुश्मनों से रक्षा के लिए राष्ट्रीय एकता परम आवश्यक है। यदि हम भारतवासी किसी कारणवश छिन्न-भिन्न हो गए, तो हमारी पारस्परिक फूट को देखकर अन्य देश हमारी स्वतन्त्रता को हड़पने का प्रयास करेंगे। इस प्रकार अपनी स्वतन्त्रता की रक्षा एवं राष्ट्र की उन्नति के लिए राष्ट्रीय एकता परम आवश्यक है और राष्ट्रीय एकता बनाए रखना तभी सम्भव है जब हम देश के प्रति अपने कर्त्तव्यों का पालन करेंगे।

जो राष्ट्र संगठित होता है, उसे न कोई तोड़ सकता है और न ही कोई उसका कुछ बिगाड़ सकता है। वह अपनी एकता एवं सामूहिक प्रयास के कारण सदा प्रगति के पथ पर अग्रसर रहता है।

अत: हमारा कर्त्तव्य है कि सब कुछ न्योछावर करके भी हम देश के विकास में सहयोग दें ताकि अनेक राष्ट्रीय व अन्तर्राष्ट्रीय समस्याओं का सामना कर रहा हमारा देश निरन्तर प्रगति के पथ पर अग्रसर रहे। अन्ततः हम कह सकते हैं कि देश सर्वोपरि है, अत: इसके मान-सम्मान की रक्षा हर कीमत पर करना देशवासियों का परम कर्त्तव्य है।

1. निम्नलिखित में से किसकी चर्चा देश-प्रेम के एक रूप के तौर पर नहीं की गई है?
(a) अपने मताधिकार का प्रयोग करते हुए ईमानदार एवं देशभक्त जनप्रतिनिधि का चयन करना
(b) देश को जाति, सम्प्रदाय तथा प्रान्तीयता की राजनीति से मुक्त करना
(c) अपने हित को सर्वोपरि समझना
(d) अशिक्षा, निर्धनता, बेरोजगारी, व्यभिचार एवं भ्रष्टाचार के खिलाफ जंग छेड़ना

2. राष्ट्रीय एकता में सबसे बड़ी बाधा क्या है?
(a) देश-प्रेम
(b) नागरिकों में देश-प्रेम का अभाव
(c) अन्धविश्वास एवं छुआछूत
(d) जाति-प्रथा एवं दहेज-प्रथा

3. राष्ट्रीय एकता की आवश्यकता क्यों है?
(a) केवल स्वतन्त्रता की रक्षा के लिए
(b) जाति-प्रथा एवं दहेज-प्रथा की समाप्ति के लिए
(c) अन्धविश्वास एवं छुआछूत की समाप्ति के लिए
(d) स्वतन्त्रता की रक्षा एवं राष्ट्र की उन्नति के लिए

5. प्रगति के पथ पर अग्रसर रहता है
(a) सुगठित राष्ट्र (b) संगठित राष्ट्र
(c) सुव्यवस्थित राष्ट्र (d) अव्यवस्थित राष्ट्र

6. कौन-सी कुरीति देश के विकास में बाधा है?
(a) जाति-प्रथा (b) दहेज-प्रथा
(c) अन्धविश्वास (d)ये सभी

उत्तरमाला

1. (c) **2.** (b) **3.** (d) **4.** (a) **5.** (d) **6.** (d)

गद्यांश 24

ग्रामीण क्षेत्र के लिए अनेक रोजगारोन्मुख योजनाएँ चलाए जाने के बावजूद बेरोजगारी की समस्या का पूर्ण समाधान नहीं हो रहा है। ऐसी स्थिति के कई कारण हैं। कभी-कभी योजनाओं को तैयार करने की दोषपूर्ण प्रक्रिया के कारण इनका क्रियान्वयन ठीक से नहीं हो पाता या ग्रामीणों के अनुकूल नहीं हो पाने के कारण भी कई बार ये योजनाएँ कारगर साबित नहीं हो पातीं। प्रशासनिक खामियों के कारण भी योजनाएँ या तो ठीक ढंग से क्रियान्वित नहीं होतीं या ये इतनी देर से प्रारम्भ होती हैं कि इनका पूरा-पूरा लाभ ग्रामीणों को नहीं मिल पाता।

इसके अतिरिक्त भ्रष्ट शासन तन्त्र के कारण जनता तक पहुँचने के पहले ही योजनाओं के लिए निर्धारित राशि में से दो-तिहाई तक बिचौलिए खा जाते हैं। फलत: योजनाएँ या तो कागज तक सीमित रह जाती हैं या फिर वे पूर्णत: निरर्थक साबित होती हैं।

बेरोजगारी एक अभिशाप है, इसके कारण देश की आर्थिक वृद्धि बाधित होती है। समाज में अपराध एवं हिंसा में वृद्धि होती है और सबसे बुरी बात तो यह है कि बेरोजगार व्यक्ति को अपने अस्तित्व के लिए संघर्षरत रहते हुए अपने घर ही नहीं बाहर के लोगों द्वारा भी मानसिक रूप से प्रताड़ित होना पड़ता है। बेरोजगारी की समस्या का समाधान केवल सरकारी योजनाओं का क्रियान्वयन नहीं हो सकता, क्योंकि सच्चाई यही है कि सार्वजनिक ही नहीं निजी क्षेत्र के उद्यमों की सहायता से भी हर व्यक्ति को रोजगार देना किसी भी देश की सरकार के लिए सम्भव नहीं। बेरोजगारी की समस्या का समाधान तभी सम्भव है जब व्यावहारिक एवं व्यावसायिक रोजगारोन्मुखी शिक्षा पर ध्यान केन्द्रित कर लोगों को स्वरोजगार अर्थात् निजी उद्यम एवं व्यवसाय प्रारम्भ करने के लिए प्रेरित किया जाए।

1. बेरोजगारी की समस्या का पूर्ण समाधान नहीं होने के कारण के रूप में निम्नलिखित में से किसकी चर्चा नहीं की गई है?
(a) प्रशासनिक खामियाँ
(b) ग्रामीणों का अशिक्षित होना
(c) योजनाओं को तैयार करने की दोषपूर्ण प्रक्रिया
(d) योजनाओं का ग्रामीणों के अनुकूल नहीं होना

2. योजनाओं का पूरा-पूरा लाभ ग्रामीणों को क्यों नहीं मिल पाता?
(a) ठीक ढंग से क्रियान्वित नहीं होने के कारण
(b) आर्थिक अभाव के कारण
(c) गरीबी के कारण
(d) पारम्परिक कुरीतियों के कारण

3. किस कारण व्यक्ति को मानसिक रूप से प्रताड़ित होना पड़ता है ?
(a) बेरोजगारी के कारण (b) गरीबी के कारण
(c) पारम्परिक कुरीतियों के कारण (d) सरकारी योजनाओं के कारण

4. प्रस्तुत गद्यांश के माध्यम से लेखक क्या बताना चाहता है?
(a) ग्रामीण क्षेत्र के बारे में
(b) रोजगारोन्मुख योजनाओं के बारे में
(c) बेरोजगारी एवं इसके कुप्रभाव के बारे में
(d) स्वरोजगार के बारे में

5. बेरोजगारी और अपराध के सम्बन्ध के बारे में लेखक क्या कहना चाहता है?
(a) बेरोजगारी के कारण ही समाज में अपराध एवं हिंसा में वृद्धि होती है
(b) बेरोजगारी यदि नहीं हो, तो अपराध एवं हिंसा कम हो जाएगा
(c) समाज में अपराध एवं हिंसा में वृद्धि का एक कारण बेरोजगारी भी है
(d) उपरोक्त सभी

6. रोजगार के सम्बन्ध में सच्चाई क्या है?
(a) यदि सरकार चाहे तो सबको रोजगार दे सकती है
(b) सरकारी एवं निजी क्षेत्र मिलकर सबको रोजगार दे सकते हैं
(c) बेरोजगारी का समाधान तभी हो सकता है जब अधिकतर लोग स्वरोजगार करें
(d) उपरोक्त सभी

उत्तरमाला

1. (b) **2.** (a) **3.** (a) **4.** (c) **5.** (c) **6.** (c)

गद्यांश 25

क्या कभी आपने महसूस किया है कि किसी सवाल का सही उत्तर मिल जाने के बाद उकताहट के सिवा कुछ बाकी नहीं बचता। इसके बाद सारे रास्ते बन्द से होने लगते हैं। दूसरी ओर एक गलत जवाब उतना ही रोचक होता है जितना कोई रहस्यमय कत्ल!

मुझे इस बात पर आश्चर्य होता है कि अपने अट्ठाइस वर्षों के अध्यापन के अनुभव में मैंने गलत उत्तरों से कितना कुछ सीखा है। अपनी खुद की और अपने विद्यार्थियों, दोनों द्वारा की गई गलतियों से। अब जब भी कोई विद्यार्थी किसी प्रश्न का गलत उत्तर देता है, तो मैं उससे सबसे पहले यह पूछता हूँ कि उसने ऐसा उत्तर क्या सोचकर दिया?

कला-संकाय के छात्र अक्सर यह शिकायत करते हैं कि विज्ञान-सम्बन्धी परीक्षाएँ उतनी रोमांचक नहीं होतीं – क्योंकि उनके प्रश्नों और उत्तरों का सही-सही अनुमान लगाया जा सकता है। यदि व्यक्ति को किसी प्रश्न को हल करने का तरीका पहले से ही मालूम है, तो उसके लिए कोई चुनौती नहीं बचती। यही सही है, भौतिक विज्ञान के शिक्षक बहुत कड़ी मेहनत करते हैं और सुनिश्चित करना चाहते हैं कि उनके विद्यार्थी सही उत्तर तक पहुँच पाएँ।

हालाँकि यह भी अपनी जगह सच है कि भौतिक विज्ञान के शिक्षक के लिए सबसे मजेदार स्थिति तब पैदा होती है जब विद्यार्थी एक ऐसा गलत जवाब दे जिसमें गलती होते हुए भी कुछ सोचने के लिए मजबूर कर देने की क्षमता हो। यही वह स्थिति होती है जब भौतिकी के किसी पहलू पर पकड़ बनाने की कोशिश कर रहे विद्यार्थी के दिमाग की कशमकश को समझा जा सकता है।

बहुत-से गलत जवाबों की तह में कुछ सही तथ्य और सोचने की शक्ति छुपी होती है। हो सकता है कि उत्तर देने वाला अपना तर्क सही न दे पाया हो या शिक्षक द्वारा दी गई व्याख्या को सही प्रकार से न समझा पाया हो या फिर ऐसा भी हो सकता है कि जिस रूप में उसके समक्ष तथ्य प्रस्तुत किए गए उन्हीं में कोई कमी रह गई हो। हो सकता है कि भौतिक विज्ञान के सहज नियमों को समझने में ही कोई भूल हुई हो।

1. गलत जवाब को रोचक क्यों कहा गया है?
(a) गलत जवाब पर हँसने को मिलता है
(b) गलत जवाब प्रश्नकर्ता को सोचने के लिए प्रेरित कर सकते हैं
(c) गलत जवाब ही रोचक होते हैं
(d) गलत जवाब में बेतुकी बातें होती हैं

2. लेखक ने अपने और अपने विद्यार्थियों के गलत जवाब से क्या सीखा?
(a) गलत जवाब देने से रोमांच समाप्त हे जाता है
(b) लोग गलत जवाब देकर रोमांच महसूस करते हैं
(c) सवालों के सही जवाब
(d) लोगों के सोचने के तरीके अलग-अलग होते हैं

3. कला-संकाय के छात्रों को विज्ञान की परीक्षाएँ उतनी रोमांचक नहीं लगती थीं, क्योंकि
(a) विज्ञान की परीक्षाएँ अनुमान लगाने का अवसर नहीं देतीं क्योंकि उसके जवाब तयशुदा होते हैं
(b) विज्ञान की परीक्षाओं में चुनौतीपूर्ण प्रश्न होते हैं
(c) विज्ञान के सभी सवालों के जवाब सुनिश्चित हैं
(d) विज्ञान की परीक्षाओं में अच्छे सवाल नहीं होते थे

4. अनुच्छेद के आधार पर इनमें से कौन-सा कथन गलत है?
(a) गलत जवाब बच्चों के दिमाग में चल रही चिन्तन प्रक्रिया को उजागर करने की कोशिश करते हैं
(b) गलत उत्तर से दिमाग में कशमकश होने लगती है
(c) भौतिक विज्ञान के शिक्षक बच्चों से सही जवाब चाहते थे
(d) भौतिक विज्ञान के शिक्षक सही उत्तर के लिए बहुत मेहनत करते थे

5. गलत जवाब का क्या कारण नहीं हो सकता?
(a) व्याख्या को सही रूप में प्रस्तुत न करना
(b) नियमों में कमियाँ
(c) तर्क का अभाव, तथ्यों की सही उपलब्धि
(d) समझ न आना

6. पाठ में मुख्य रूप से यह कहा गया है कि
(a) गलत जवाब यह बताता है कि बच्चे के दिमाग में क्या चल रहा है
(b) गलत जवाब की मुख्य जिम्मेदारी बच्चे की है
(c) गलत जवाब बच्चों की चिन्तन-प्रक्रिया को कुन्द कर देते हैं
(d) गलत जवाब शिक्षकों को अच्छे लगते हैं

उत्तरमाला

1. (d) **2.** (b) **3.** (d) **4.** (c) **5.** (a) **6.** (b)

अध्याय

02

विकास की अवधारणा एवं उसकी मुख्य चुनौतियाँ

सामाजिक विकास Social Development

सामाजिक विकास की संकल्पना में आर्थिक विकास के साथ-साथ सामाजिक, राजनीतिक और सांस्कृतिक विकास भी सन्निहित होता है। सामाजिक विकास सामूहिक प्रकृति वाले अर्थात् समाज से सम्बन्धित विकास के सभी सन्दर्भों का विकास करता है। सामाजिक विकास में लक्ष्यों को प्राप्त करने के लिए यह आवश्यक है कि संवृद्धि का लाभ समान रूप से समाज के सभी वर्गों को प्राप्त हो सके तथा मानव विकास एवं धारणीय विकास पर बल दिया जाए।

सामाजिक विकास का अर्थ
Meaning of Social Development

सामाजिक विकास का तात्पर्य होता है—समाज की समग्र उन्नति अर्थात् जनसंख्या के सभी वर्गों को आर्थिक समृद्धि तथा सामाजिक समानता एवं न्याय प्रदान करना। दूसरे शब्दों में, सामाजिक विकास की संकल्पना संयुक्त रूप से समाज का सामाजिक, आर्थिक तथा सांस्कृतिक उत्पाद है। स्वतन्त्रता, समानता तथा बन्धुत्व जितने विकसित व्यक्तियों के गुण हैं, उतने ही वे विकसित समाज के भी गुण हैं, क्योंकि व्यक्ति और समाज परस्पर अन्तर्सम्बन्धित हैं, जो व्यक्ति आत्मनिर्भर, उत्पादक तथा सभ्य है, उसे विकसित कहा जाता है तथा जो समाज अपने सदस्यों को विकल्प तथा कार्य करने की स्वतन्त्रता, अवसरों की समानता तथा एक-दूसरे के साथ मिलने-जुलने का अवसर प्रदान करता है, वह विकसित समाज माना जाता है। व्यक्ति और समाज के हित के लिए अर्थव्यवस्था का विकसित होना आवश्यक है।

सामाजिक विकास सामाजिक परिवर्तन का एक ऐसा स्वरूप है, जिसमें उन्नत दिशा की ओर विभेदीकरण होता है और संगठन के स्तर, कुशलता, स्वतन्त्रता तथा पारस्परिकता में वृद्धि होती है। विकास एक प्रकार से उन्नत दिशा की ओर होने वाला परिवर्तन है। **पॉनसियम** के अनुसार, "विकास सामाजिक परिवर्तन से समुचित सम्बन्ध रखने वाला शब्द है। यह वृद्धि से सम्बन्धित है, जो पहले से ही किसी वस्तु में गुप्तावस्था में विद्यमान होता है।"

सामाजिक विकास के लक्ष्य को प्राप्त करने के लिए आर्थिक विकास के लक्ष्य को प्राप्त करना आवश्यक होता है। इन लक्ष्यों को ध्यान में रखते हुए **एम एस गोरे** ने सामाजिक विकास की परिभाषा निम्नलिखित शब्दों में दी है—"सामाजिक विकास का अर्थ सामाजिक, सांस्कृतिक, आर्थिक, राजनीतिक और पर्यावरण के विकास से है।"

सामाजिक विकास की प्रक्रिया को आर्थिक और राजनीतिक विकास के साथ ही समझा जा सकता है। सामाजिक विकास की अवधारणा आर्थिक एवं राजनीतिक विकास के साथ सहज रूप से सम्बन्धित है। सामाजिक विकास की संकल्पना विकासशील समाज की गतिशीलता का मूल्यांकन करने के लिए प्रस्तुत की गई है।

समाजशास्त्रियों ने विकास के मुद्दों को विभिन्न श्रेणियों; जैसे—पोषण, आवास, स्वास्थ्य, शिक्षा, अवकाश व मनोरंजन, सुरक्षा और समृद्धि स्तर के अन्तर्गत अथवा उत्पादन व आमदनी, उत्पादन की स्थितियों, जीवन के स्तर, जीवन और कार्य के प्रति दृष्टिकोण तथा संख्याओं और नीतियों के अन्तर्गत वर्णित किया है।

भारत जैसे विकासशील देश में विकास प्रक्रिया जो मानवीय स्वरूप प्रदान करते हुए सामाजिक विकास को विकास की एक वैकल्पिक एकीकृत विचारधारा के रूप में ग्रहण किया जाता है। सामाजिक विकास का विचार उस प्रक्रिया का परम लक्ष्य है, जो आर्थिक उन्नति की प्रमुख विचारधारा के रूप में प्रारम्भ होता है। यदि समग्र उन्नति का लाभ अधिकांशत: आबादी के केवल दस-बीस प्रतिशत लोगों के द्वारा ही हड़प लिया जाता है, तो सामाजिक विकास की विचारधारा सफल नहीं हो सकती।

सामाजिक विकास के लक्ष्य
Aims of Social Development

सामाजिक विकास के निम्नलिखित लक्ष्य हैं

- ऐसे समाज का निर्माण करना, जिसमें लोगों के लिए जीवन-यापन की स्थितियाँ बेहतर हों। लोग भूख से पीडित न हों तथा उन्हें जीवन की आधारभूत आवश्यकताओं से वंचित न होना पड़े।
- क्षेत्रीय असन्तुलन तथा ग्रामीण शहरी विषमताओं को हटाना।
- ऐसा आधारभूत ढाँचा तैयार करना, जिससे लोगों की आधारभूत आवश्यकताओं के सभी स्तरों की पूर्ति हो सके। इसमें समाज के गरीब और शोषित वर्ग के लोगों को भी सम्मिलित किया जाना चाहिए।

सामाजिक विकास के सूचक
Indicators of Social Development

व्यक्ति के समाजीकरण में सामाजिक विकास की प्रमुख भूमिका होती है, अनेक विद्वानों का यह मानना है कि जैसा परिवेश व्यक्ति को मिलेगा, वैसा ही व्यक्ति का व्यक्तित्व होगा। आर्थिक विकास की सबसे उपयुक्त माप सामाजिक विकास ही है। सामाजिक विकास किसी एक क्षेत्र में न होकर अनेक क्षेत्रों में एक साथ घटित होने वाली प्रक्रिया है।

विश्व सामाजिक सम्मेलन के उद्देश्य

- जनसंख्या के किसी भी समूह को सामाजिक विकास की सीमा से बाहर न रखा जाए।
- सामाजिक समानता का लक्ष्य रखना।
- मानव संसाधन के विकास को उच्च प्राथमिकता देना, जिसमें व्यावसायिक और तकनीकी प्रशिक्षण सम्मिलित हो।

सामाजिक विकास में प्रयुक्त सूचक निम्नलिखित हैं

जीवन-स्तर लोगों के रहन-सहन तथा जीवन के स्तर को भी सामाजिक विकास का एक प्रयुक्त सूचक माना जाता है। यदि किसी देश के लोगों का जीवन-स्तर ऊँचा है अर्थात् उनके जीवन की मूलभूत आवश्यकताएँ सहजता से उपलब्ध हो जाती हैं, तो सम्बन्धित देश के सामाजिक विकास के स्तर को उच्च माना जाता है।

आर्थिक एवं सामाजिक नियोजन सामाजिक विकास के महत्त्वपूर्ण सूचकों में आर्थिक तथा सामाजिक नियोजन भी माना जाता है। संयुक्त राष्ट्र संघ ने भी सामाजिक विकास के लक्ष्यों को प्राप्त करने के लिए आर्थिक निर्वाचन को अपनाने की सलाह दी है तथा सामाजिक योजना के लिए एक भिन्न विचारधारा को बढ़ावा दिया है, जिसके अन्तर्गत आबादी के सर्वाधिक अभावग्रस्त लोगों की आवश्यकताओं को पूरा किया जा सके।

सामाजिक समानता समाज के सभी वर्गों के बीच उपलब्ध अवसर की समानता तथा आगे बढ़ने के समान अवसर को भी सामाजिक विकास का सूचक माना जाता है। यदि समाज में विभिन्न वर्गों, समूहों अथवा समुदायों के बीच भेद-भाव नहीं हो रहा है तथा सभी को अपनी सामाजिक-आर्थिक तथा राजनीतिक आकांक्षाएँ पूरा करने का समान रूप से अधिकार है, तो यह समझा जाता है कि वह समाज विकास की ओर अग्रसर है।

जन-स्वास्थ्य जिस समाज में रहने वाले लोगों का शारीरिक तथा मानसिक स्वास्थ्य अच्छा है तथा वे स्वस्थ तथा निरोग हैं, तो उसे सामाजिक विकास के सूचक के रूप में देखा जाता है। जन-स्वास्थ्य का मापन लोगों की औसत आयु से किया जाता है।

शिक्षा के अवसरों की समानता शिक्षा सामाजिक विकास का एक प्रमुख घटक है। समाज में रहने वाले सभी लोगों के लिए शिक्षा के समान अवसरों की उपलब्धता सामाजिक विकास का एक प्रमुख पैमाना माना जाता है।

सार्वजनिक सुरक्षा एवं कल्याण समाज के नागरिकों की सुरक्षा एवं सर्वजन कल्याण सामाजिक विकास के सूचक हैं। यदि समाज को विभिन्न वर्गों के लोगों के जान-माल की सुरक्षा पर्याप्त नहीं है तथा उनके कल्याण हेतु समुचित उपाय नहीं किए जाते, तो वह समाज विकास के लक्ष्य को हासिल नहीं कर सकता।

विभिन्न संगठनों तथा संस्थाओं की पर्याप्त संख्या जिस देश में जितनी अधिकाधिक संख्या में स्वैच्छिक संगठन तथा सामाजिक संस्थाएँ होती हैं, उस देश को सामाजिक दृष्टि से उतना ही विकसित माना जाता है। गैर-सरकारी संगठन सामाजिक विकास में महत्त्वपूर्ण भूमिका निभाते हैं। इसलिए इन संगठनों के विकास को सामाजिक विकास का सूचक माना जाता है।

स्वतन्त्रता किसी भी देश तथा समाज के लोगों के लिए घूमने-फिरने, स्वच्छन्द विचरण करने तथा अभिव्यक्ति की स्वतन्त्रता को सामाजिक विकास का एक प्रभुत्व सूचक माना जाता है। जिस समाज में वहीं के लोगों को अपने तरीके से जीवन जीने तथा अपनी इच्छा के मुताबिक स्वयं को ढालने की स्वतन्त्रता होती है, वहाँ सामाजिक विकास की गति तीव्र होती है।

सामाजिक विकास दृष्टिकोण के प्रकार
Types of Social Development views

यद्यपि सामाजिक विकास का दृष्टिकोण असंख्य है, *किन्तु विकास के लक्ष्यों को प्राप्त करने के लिए निम्नलिखित प्रयुक्त दृष्टिकोणों को शामिल किया जाता है, जो एक-दूसरे के पूरक हैं*

प्रादेशिक दृष्टिकोण इसका तात्पर्य यह है कि सामाजिक विकास का कोई भी ढाँचा प्रादेशिक स्तर को ध्यान में रखकर तैयार किया जाता है। इस दृष्टिकोण को अपनाते समय सम्बन्धित क्षेत्र की क्षमता परिसम्पत्ति, शक्ति, सामाजिक, आर्थिक तथा भौगोलिक स्थिति एवं कमजोरियों को ध्यान में रखा जाता है।

भागीदारी दृष्टिकोण यह दृष्टिकोण लक्ष्य तथ लाभार्थियों को सामाजिक विकास की प्रक्रिया में भाग लेने का प्रतिफल है। इसे उस सामाजिक क्रिया के रूप में परिभाषित किया जा सकता है, जिसमें सामाजिक विकास में सामान्य-जन की शक्ति तथा महत्ता को उनके स्वयं के भविष्य के निर्माण हेतु महत्त्व प्रदान किया गया है।

पर्यावरणीय दृष्टिकोण सतत् विकास की चुनौतियों को देखते हुए सामाजिक विकास के विकल्प की रणनीति को निम्नलिखित बातों को ध्यान में रखकर लागू किया जाना चाहिए।

किसी भी परियोजना को कार्यरूप देते समय जलवायु, धूप, हवा और वर्षा तथा जलमार्गों को ध्यान में रखा जाना चाहिए। किसी भी परियोजना को लागू करते समय प्राकृतिक संसाधन, जल, जैव-विविधता को ध्यान में रखा जाना चाहिए।

सहभागिता दृष्टिकोण यह दृष्टिकोण इस बात पर आधारित है कि सामाजिक विकास में विभिन्न स्वैच्छिक संगठनों, अन्तर्राष्ट्रीय संगठनों, केन्द्रीय तथा राज्य संगठनों, स्थानीय संगठनों की मुख्य भूमिका होती है। यह दृष्टिकोण पद विभाजन के सिद्धान्त पर आधारित है।

फैक्ट्स

- मानक विकास रिपोर्ट वर्ष 1996 में धारणीय आर्थिक विकास की नहीं, अपितु धारणीय मानव विकास की बात कही गई है।
- रियो डी जेनेरो में सम्पन्न पर्यावरण सम्मेलन में **एजेण्डा-21** शामिल किया गया, जो पर्यावरण संरक्षण हेतु उठाए जाने वाले कारकों को सूचीबद्ध करता है।
- धारणीय विकास की अवधारणा का सूत्रपात वर्ष 1970 से हुआ।
- वर्ष 1987 में **अवर कॉमन फ्यूचर** नाम से बर्टलैण्ड रिपोर्ट छपी थी जिसमें आर्थिक विकास के चालू तौर-तरीकों को पृथ्वी के अस्तित्व के लिए खतरा माना गया है।
- वर्ष 1992 में पहला पृथ्वी सम्मेलन ब्राजील के रियो डी जेनेरियो में सम्पन्न हुआ और वर्ष 2012 में रियो + 20 के नाम से इसका आयोजन पुनः यहीं हुआ

सामाजिक विकास की रणनीतियाँ
Strategies of Social Development

सामाजिक विकास की रणनीतियों को अन्तर्राष्ट्रीय, गैर-सरकारी और सामुदायिक संगठनों या अलग-अलग राज्यों के द्वारा किसी राष्ट्र, क्षेत्र या महाद्वीप विशेष में परिवर्तन के लिए व्यावहारिक मार्ग अपनाने के प्रयासों के रूप में परिभाषित किया जा सकता है। हेट्टन ने सामाजिक विकास की कार्य-नीतियों को परिभाषित करते हुए कहा है कि ये निर्णयकर्ताओं की समस्याओं के समाधान हेतु विद्यमान आर्थिक-सामाजिक संरचनाओं और परम्पराओं में परिवर्तन का प्रयास है।

अभिवृद्धि एवं समानता Growth and Similarity

कोई भी समाज उन्नति के स्तर को नहीं छू सकता, जब तक कि सम्बन्धित राष्ट्र की संवृद्धि का लाभ समान रूप से समाज के सभी वर्गों को नहीं मिल जाता। परन्तु प्रश्न यहाँ यह उठ खड़ा होता है कि कोई भी व्यक्ति यह कैसे आकलन कर सकता है कि समाज विशेष में संसाधनों का वितरण समान है? इस सम्बन्ध में प्रोफेसर गोयूलेट तथा अन्य विद्वानों का मत है कि समाज वितरण का उद्देश्य व्यक्तियों और समाजों के सामान्य सामाजिक लक्ष्यों को प्राप्त करने वाला होना चाहिए। यदि समाज के सभी वर्गों को समान रूप से संसाधनों का लाभ प्राप्त हो रहा है, तो यह समझ जाना चाहिए कि समाज में समानता व्याप्त है।

1970 के दशक तक सकल राष्ट्रीय उत्पाद को ही विकास का प्रमुख मापदण्ड माना जाता था। इस सम्बन्ध में दो अवधारणाएँ थीं—प्रथम कि आर्थिक संवृद्धि के लिए बचत तथा निवेश महत्त्वपूर्ण आवश्यकताएँ हैं। धारणा यह थी कि यदि किसी देश में संवृद्धि की दर 6-8% है, तो वह विकास की अवस्था में पहुँच सकता है, किन्तु इसके लिए निवेशीय बचत 18-21% होनी आवश्यक है। दूसरी धारणा यह थी कि सकल, राष्ट्रीय उत्पाद (G.N.P) की अभिवृद्धि स्वतः ही नीची आय वाले लोगों तक पहुँच जाएगी, किन्तु असमानता से समानता की तरफ से जाने वाली यह अवधारणा गलत साबित हुई तथा संवृद्धि के साथ समानता का लक्ष्य काफी दूर नजर आने लगा।

देश में होने वाली आर्थिक संवृद्धि का फायदा सभी वर्गों को नहीं हुआ है। विश्व बैंक के पूर्व अध्यक्ष रॉबर्ट मैक्नामारा ने अनुमान लगाया कि 1950 तथा 1960 के दशकों में जो आर्थिक संवृद्धि हुई, उससे विकासशील देशों की लगभग 40% जनसंख्या को कोई लाभ प्राप्त नहीं हुआ। यह स्थिति विकासशील देशों के लिए अत्यन्त चिन्ताजनक है। इसलिए अब विकास की एक वैकल्पिक संकल्पना ली जाती है, जिसे न्यूनतम आवश्यकता दृष्टिकोण कहा जाता है।

न्यूनतम आवश्यकताएँ Minimum Necessaries

सामाजिक विकास की रणनीति की असफलता को दूर करने के लिए 'न्यूनतम आवश्यकताएँ' विचारधारा का विकास हुआ। इसका प्रभुत्व उद्देश्य था—कठिन परिस्थितियों में रहने वालों को प्रत्यक्ष सहायता प्रदान करना तथा सम्पूर्ण निर्धनता को समाप्त करना। सभी लोगों के लिए न्यूनतम आवश्यकताएँ; जैसे—भोजन, वस्त्र, आवास इत्यादि सुविधाएँ उपलब्ध कराना।

इस सम्बन्ध में पॉल स्ट्रीटन व उनके सहयोगियों का यह कथन महत्त्वपूर्ण है—"केवल संवृद्धि के द्वारा (चाहे उससे बेहतर वितरण व्यवस्था भी क्यों न हो जाए) मूलभूत आवश्यकताओं को पूरा नहीं किया जा सकता। इसलिए 'मूल आवश्यकता दृष्टिकोण' में इस बात पर जोर दिया जाता है कि वस्तुओं की आपूर्ति को बढ़ाया जाए और उनका उचित वितरण किया जाए, ताकि मूल आवश्यकताओं को पूरा किया जा सके।" प्रत्येक व्यक्ति की कुछ ऐसी न्यूनतम आवश्यकताएँ होती हैं, जिनके बिना जीवन असम्भव है। इन न्यूनतम आवश्यकताओं में खाद्य, आवास, स्वास्थ्य तथा सुरक्षा शामिल है। इसमें अप्राप्यता की स्थिति विकासशील अवस्था की द्योतक है।

जीवन की गुणात्मकता Qualitative View of Life

जीवन की गुणात्मकता को जीवन-स्तर तथा कल्याण से सम्बन्धित करके देखा जाता है। किसी भी सरकार का प्रभुत्व लक्ष्य सामाजिक विकास के द्वारा जीवन की गुणवत्ता में सुधार करना होता है, परन्तु कोई भी सरकार यह कैसे निर्णय करे कि जीवन की गुणवत्ता में सुधार कैसे हो रहा है तथा जीवन की गुणात्मकता क्या है? जीवन की गुणात्मकता को मापने के सामान्य सूचक हैं सम्बन्धित समाज अथवा देश का स्वास्थ्य, साक्षरता, पर्यावरणीय गुणात्मकता, स्वतन्त्रता, सामाजिक सहभागिता तथा आत्म-सम्मान।

कोई भी सरकार सामाजिक विकास के लक्ष्य को हासिल करने के लिए जीवन की इन गुणात्मकताओं की तुलना अन्य देशों से करती है तथा इसी के सन्दर्भ में अपने देश के सामाजिक विकास के लक्ष्यों को निर्धारित करती है। जीवन की गुणवत्ता के कुछ वस्तुनिष्ठ तथा मापनीय सूचकों को भी सामाजिक विकास के लक्ष्य को प्राप्त करने हेतु प्रयोग किया जाता है; जैसे—प्रति व्यक्ति आय, शिशु मृत्यु दर, साक्षरता दर इत्यादि।

मानव विकास रिपोर्ट के अनुसार, जीवन की गुणात्मकता के सन्दर्भ में तीन आयाम हैं

- लम्बा स्वस्थ जीवन
- ज्ञान की उपलब्धि
- अच्छा जीवन-स्तर

धारणीय विकास की अवधारणा
Concept of Sustainable Development

धारणीय विकास शब्द का पहली बार उल्लेख वर्ष 1980 में 'इण्टरनेशनल यूनियन फॉर द कंजर्वेशन ऑफ नेचर एण्ड नेचुरल रिसोर्सेज' द्वारा विश्व संरक्षण युक्ति प्रस्तुत करते समय किया गया। वर्ष 1987 में बर्टलैण्ड आयोग द्वारा जारी की गई अपनी रिपोर्ट **हमारा साझा भविष्य** में *इसे निम्न प्रकार से परिभाषित किया गया*

"धारणीय विकास का अर्थ है वर्तमान में लोगों की आवश्यकताओं व आकांक्षाओं को इस प्रकार से पूरा करना कि आगे वाली पीढ़ियों की अपनी आवश्यकताओं को पूरा करने की सामर्थ्य पर कोई आँच न आए।"

वर्ष 1972 में सम्पन्न हुए मानव पर्यावरण पर स्टॉकहोम सम्मेलन तथा वर्ष 1980 की अन्तर्राष्ट्रीय प्रकृति संरक्षण संघ की विश्व संरक्षण नीति के बाद यह अनुभव किया गया कि एक ऐसे संगठन को गठित करने की आवश्यकता है, जिसका एकमात्र उद्देश्य धारणीय विकास की आवश्यकताओं के प्रति जागरूकता को बढ़ावा देना है। बर्टलैण्ड आयोग द्वारा पहली बार पर्यावरण और विकास के मध्य एक सुस्पष्ट विभाजन रेखा खींचते हुए यह रेखांकित किया गया कि पर्यावरण वह है, जहाँ हम रहते हैं तथा विकास वह है, जो हम सब की स्थिति को सुधारने के लिए प्रयास करता है। दोनों ही अविभाज्य हैं। आयोग इस तथ्य पर जोर देता है कि विकास का अर्थ मात्र यह नहीं कि गरीब राष्ट्र अपनी परिस्थितियों को कैसे सुधार सकते हैं वरन् यह है कि हमारी साझा स्थिति को सुधारने के लिए विकसित राष्ट्र सहित सम्पूर्ण विश्व क्या कर सकता है?

धारणीय विकास

- धारणीय विकास का अर्थ है वर्तमान में लोगों की आवश्यकताओं व आकांक्षाओं को इस प्रकार से पूरा करना कि आगे आने वाली पीढ़ियों की अपनी आवश्यकताओं को पूरा करने की सामर्थ्य पर कोई आँच न आए।
- टिकाऊ विकास की अवधारणा सर्वप्रथम पृथ्वी सम्मेलन (1992) में सामने आई।
- इस सम्मेलन में एजेण्डा-21 के रूप में विकास के कुछ तौर-तरीके सुझाए गए जो बाद में टिकाऊ धारणीय विकास के तरीके कहलाए।
- धारणीय विकास केवल तभी सम्भव है, यदि पर्यावरण का संरक्षण किया जाता है। इसके अतिरिक्त कोई भी विकास पथ तभी धारणीय है, यदि कुल पूँजी परिसम्पत्ति या तो स्थिर रहती है या फिर उसमें वृद्धि होती है

धारणीय विकास का कारण
Causes of Sustainable Development

मानवीय सभ्यता के विकास की कहानी वस्तुतः प्रकृति अथवा पर्यावरण के अत्यधिक दोहन की कहानी है। पिछले कई दशकों में सभ्यता के विकास के साथ-साथ तेजी से नगरीकरण तथा औद्योगीकरण भी हुआ है। इस क्रम में मनुष्य ने प्राकृतिक संसाधनों का बड़े ही अविवेकी तरीके से दोहन किया है। जंगल कटने लगे, नदी-नालों का प्रयोग कल-कारखानों के लिए होने लगा तथा कुदरती प्राकृतिक संरचना के स्थान पर हमने कंकरीट के जंगल खड़े करने प्रारम्भ कर दिए।

जब इसका परिणाम पर्यावरणीय असन्तुलन के रूप में सामने आने लगा, तब हमारी नींद टूटी। यदि प्रारम्भ से ही प्रकृति के मूल स्वरूप को बनाए रखने की कोशिश की जाती, तो धारणीय विकास की आवश्यकता ही शायद नहीं पड़ती।

हम विकास की कीमत पर प्रकृति का दोहन करते रहे, बगैर इस बात का सोच-विचार किए कि इसके दुष्परिणाम क्या होंगे। पहली गलती हमने यह की कि हम यह समझते रहे कि विश्व में प्राकृतिक संसाधनों की आपूर्ति असीमित है और यह हमेशा रहेगी। दूसरे मनुष्य प्रकृति से दूर होता चला गया, जबकि प्रकृति और मनुष्य एक-दूसरे के पूरक हैं। तीसरी भूल हमारी यह रही कि हमें ऐसा लगने लगा कि हम प्रकृति पर विजय पा सकते हैं। हमारी इन भूलों की वजह से पर्यावरण असन्तुलन उत्पन्न हुआ, जिससे मानव विकास के सभी कारक प्रभावित हुए। धारणीय विकास की अवधारणा का अभ्युदय इन्हीं कारणों से हुआ।

धारणीय विकास सम्मेलन
Sustainable Development Conference

पर्यावरण संरक्षण हेतु आयोजित किए जाने वाले विभिन्न सम्मेलनों में धारणीय विकास का विषय चर्चा में रहा। वर्ष 1992 में आयोजित रियो सम्मेलन में धारणीय विकास के महत्त्व पर चर्चा की गई। संयुक्त राष्ट्र पर्यावरण एवं विकास सम्मेलन के लिए कई प्रकार के प्रपत्र तैयार किए गए, जिसमें यह स्पष्ट किया गया कि पर्यावरण तथा विकास के बीच गहरा सम्बन्ध है तथा पृथ्वी पर फैल रहे पर्यावरण असन्तुलन पर गम्भीरतापूर्वक विचार करने की आवश्यकता है। अगस्त-दिसम्बर, 2002 में दक्षिण अफ्रीका के जोहान्सबर्ग में धारणीय विकास पर संयुक्त राष्ट्र सम्मेलन का आयोजन किया गया। इसे द्वितीय पृथ्वी सम्मेलन के नाम से भी जाना जाता है। इस सम्मेलन का मुख्य विषय था—पर्यावरण सुरक्षा के साथ धारणीय विकास को प्राप्त करना। इस सम्मेलन में धारणीय विकास पर गम्भीर मन्थन हुआ तथा जल, ऊर्जा, स्वास्थ्य, कृषि और जैव विविधता के संरक्षण का आह्वान किया गया। इसके बाद हुए लगभग सभी सम्मेलनों में धारणीय विकास का मुद्दा केन्द्रीय विषय रहा।

धारणीय विकास के लक्ष्यों को प्राप्त करने के लिए हमें पारिस्थितिकी दृष्टिकोण को अपनाने की आवश्यकता है। इसके लिए हमें जो नीतियाँ बनानी होंगी, उनमें विकास के लिए प्राकृतिक संसाधनों के उपयोग को न्यूनतम स्तर पर लाना होगा। धारणीय विकास के सन्दर्भ में हमें **महात्मा गाँधी** के इस कथन को आत्मसात् करना होगा, जिसमें उन्होंने कहा था कि पृथ्वी पर हर व्यक्ति की जरूरत को पूरा करने के लिए प्राकृतिक संसाधन तो काफी हैं, परन्तु किसी व्यक्ति के लालच को पूर्ण करने के लिए नहीं हैं। हमें बापू के इस कथन पर गम्भीरतापूर्वक विचार करना होगा, ताकि पृथ्वी तथा सम्पूर्ण समाज को पर्यावरण के कोप से बचाया जा सके तथा विकास के आदर्शतम् लक्ष्यों को प्राप्त किया जा सके।

पंचवर्षीय योजनाओं में विकास
Development in Five Yearly Plans

स्वतन्त्रता प्राप्ति के उपरान्त अखिल भारतीय कांग्रेस समिति ने वर्ष 1947 में पण्डित जवाहरलाल नेहरू की अध्यक्षता में **आर्थिक कार्यक्रम समिति** का गठन किया। इस समिति ने 25 जनवरी, 1948 को अपने एक प्रस्ताव में यह सिफारिश की कि देश में एक स्थायी योजना आयोग की स्थापना होनी चाहिए। इसी के फलस्वरूप 15 मार्च, 1950 को **योजना आयोग** (Planning Commission) का गठन किया गया, जिसकी अनुशंसा पर प्रथम पंचवर्षीय योजना 1 अप्रैल, 1951 से लागू हुई।

योजना आयोग Planning Commission

योजना आयोग संवैधानिक संस्था नहीं है। इसकी स्थापना भारत के एक प्रस्ताव द्वारा 15 मार्च, 1950 में की गई। योजना आयोग भारत में एक **शक्तिशाली परामर्शदात्री** अभिकरण है।

योजना आयोग के उद्देश्य
Objectives of Planning Commission

- देश के मौलिक, पूँजीगत, मानवीय, तकनीकी तथा कर्मचारी वर्ग सम्बन्धी साधनों का अनुमान लगाना और जो साधन राष्ट्रीय आवश्यकता की तुलना में कम दिखे उनकी वृद्धि की सम्भावनाओं के सम्बन्ध में अनुसन्धान करना।
- देश के साधनों के अधिकतम प्रभावशाली तथा सन्तुलित उपयोग के लिए योजना बनाना।
- नियोजन में स्वीकृत कार्यक्रमों तथा परियोजनाओं के बारे में प्राथमिकता निश्चित करना।
- आर्थिक विकास की गति को रोकने वाले तत्त्वों को इंगित करना।
- योजना के सफल कार्यान्वयन के लिए तन्त्र की प्रकृति निश्चित करना।
- समय-समय पर योजना की प्रगति का मूल्यांकन करना तथा नीति और उपायों में आवश्यक तालमेल की सिफारिश करना।

योजना आयोग का संगठन
Organization of Planning Commission

योजना आयोग के अध्यक्ष प्रधानमन्त्री होते हैं। इसके एक पूर्णकालिक उपाध्यक्ष होते हैं तथा कई अन्य सदस्य होते हैं। आयोग के सदस्यों एवं उपाध्यक्ष का कोई निश्चित कार्यकाल नहीं होता है। इसके सदस्यों की संख्या सरकार की इच्छानुसार बदलती रहती है।

योजना आयोग तीन बड़े-बड़े सम्भागों, कार्यक्रम परामर्शदाता, सामान्य सचिवालय तथा प्राविधिक सम्भाग के माध्यम से कार्य करता है। योजना आयोग योजना मन्त्रालय के अन्तर्गत आता है। यह अनेक तकनीकी विषय विभागों के जरिए कार्य करता है।

राष्ट्रीय विकास परिषद् National Development Council

राष्ट्रीय विकास परिषद् का गठन 6 अगस्त, 1952 को किया गया था। यह भी योजना आयोग की तरह गैर-संवैधानिक निकाय है। प्रधानमन्त्री इसके भी पदेन अध्यक्ष होते हैं साथ ही योजना आयोग का सचिव ही इसका मुख्य सचिव होता है।

इसके गठन के प्रारम्भिक वर्षों में निम्न समितियों का गठन इसके अन्तर्गत किया गया

- मितव्ययिता समिति
- जनसंख्या समिति
- रोजगार समिति
- लघु स्तरीय योजना समिति
- साक्षरता समिति

प्रारम्भ में राज्यों के मुख्यमन्त्री ही इसके सदस्य होते थे, परन्तु वर्ष 1967 के बाद से केन्द्रीय मन्त्रिपरिषद् के सभी सदस्य केन्द्रशासित प्रदेशों के प्रशासक तथा योजना आयोग के सभी सदस्य इसके सदस्य होते हैं। **श्री के सन्थानम** ने राष्ट्रीय विकास परिषद् को **सर्वोच्च मन्त्रिपरिषद्** की संज्ञा दी। राज्यों की भूमिका होने के कारण इसे **सहकारी संघवाद** का सर्वोत्तम उदाहरण माना जा सकता है। राष्ट्रीय विकास परिषद् स्पष्टतः योजना आयोग का उच्च निकाय है, जिसका लक्ष्य योजना आयोग, केन्द्र सरकार तथा राज्य सरकारों के मध्य सामंजस्य स्थापित करना है।

राष्ट्रीय विकास परिषद् के उद्देश्य

Objectives of National Development Council

- संसाधनों को मजबूत करना तथा उन्हें एकत्र करना।
- योजना के समर्थन में प्रयत्नों को गति देना और इन्हें मजबूत बनाना तथा संसाधनों का इस दृष्टि से उपयोग करना।
- सभी महत्त्वपूर्ण क्षेत्रों में समरूप आर्थिक नीतियों के अंगीकरण को प्रोत्साहित करना।
- राष्ट्रीय विकास को प्रभावित करने वाली सामाजिक एवं आर्थिक नीतियों की समीक्षा करना।
- राष्ट्रीय योजना के संचालन का समय-समय पर पुनर्विलोकन करना।
- राष्ट्रीय योजना में निर्धारित लक्ष्य और उद्देश्यों की प्राप्ति के लिए उपायों की सिफारिश करना।
- देश के सभी भागों में सन्तुलित और तीव्र विकास को सुनिश्चित करना।
- देश के सभी महत्त्वपूर्ण क्षेत्रों में सामान्य आर्थिक नीतियों का बढ़ावा देना।
- योजना आयोग द्वारा निर्मित योजना पर विचार करना तथा उसे अन्तिम रूप प्रदान करना, योजना संसद में प्रस्तुत हो सके तथा संसद उसका अनुमोदन कर सके और जिससे राष्ट्रीय योजना विकास का एक शासकीय कार्यक्रम बनकर प्रकाशित हो सके।

ये उद्देश्य अलग-अलग नहीं हैं, बल्कि एक-दूसरे से गहरे रूप में जुड़े हुए हैं। ये एक-दूसरे के पूरक हैं। उदाहरणस्वरूप रूप उत्पादन में वृद्धि अधिक रोजगार के अवसर प्रदान करती है, देश में आर्थिक समानता और स्थिरता लाती है। इसी प्रकार से रोजगार के अवसरों में वृद्धि भी अन्य उद्देश्यों की पूर्ति का कारक बनती है। सामान्य जीवन स्तर को ऊँचा उठाने के लिए विभिन्न क्षेत्रों में एकजुट होकर कार्य करने की आवश्यकता पड़ती है।

भारतीय पंचवर्षीय योजनाएँ Indian Five Year Plans

पहली पंचवर्षीय योजना (वर्ष 1951-56)

First Five Year Plan (1951-56)

पहली पंचवर्षीय योजना **हैरॉड डोमर मॉडल** पर आधारित थी, जिसकी अवधि 1 अप्रैल, 1951 से 31 मार्च, 1956 थी। इस योजना का प्रमुख उद्देश्य देश की अर्थव्यवस्था को इस प्रकार से सबल बनाना था कि भविष्य में तीव्र गति से आर्थिक विकास सम्भव हो सके। अर्थात् सड़कों का निर्माण करना, सिंचाई, परिवहन संचार इत्यादि की सुविधाएँ उपलब्ध कराना। पहली योजना में कुल ₹ 2,378 करोड़ के संशोधित व्यय का लक्ष्य रखा गया, परन्तु इसमें वास्तविक व्यय ₹ 1,960 करोड़ ही हुआ। इस योजना में राष्ट्रीय आय में 11% वृद्धि का लक्ष्य रखा गया था, लेकिन वास्तविक वृद्धि काफी उत्साहजनक 17.5% रही। यही कारण है कि प्रथम पंचवर्षीय योजना में लक्षित विकास दर 2.1% के मुकाबले 3.6% की विकास दर की प्राप्ति हुई।

इस योजना में कृषि और सिंचाई को प्रमुख प्राथमिकता दी गई, क्योंकि उस समय देश खाद्यान्न की भीषण समस्या से जूझ रहा था। प्रथम योजना में ही **सामुदायिक विकास कार्यक्रम** (वर्ष 1952) एवं **राष्ट्रीय प्रसार सेवा** (National Extension Service) की शुरूआत हुई। साथ-ही-साथ दामोदर घाटी, हीराकुड एवं भाखड़ा नांगल जैसी बहुउद्देशीय परियोजनाएँ चालू की गईं। *पहली योजना के निम्न प्रमुख उद्देश्य निर्धारित किए गए थे*

- खाद्यान्न संकट का समाधान करना तथा जूट एवं कपास जैसी नकदी फसलों पर विशेष ध्यान देना तथा खाद्यान्न में आत्मनिर्भरता की प्राप्ति करना।
- देश के विभाजन तथा युद्ध से उत्पन्न असन्तुलन की स्थिति को दूर करना।
- लघु एवं कुटीर उद्योगों का पुनरुद्धार तथा औद्योगीकरण हेतु वांछित पृष्ठभूमि तैयार करना।
- उत्पादन क्षमता में वृद्धि करना तथा देश के भीतर असमानता को कम करना।
- देश की अर्थव्यवस्था के आधार को सुदृढ़ करना और इस प्रकार के संस्थागत परिवर्तन लाना अर्थात् ऐसी प्रशासनिक एवं अन्य संस्थाओं का निर्माण करना, जोकि देश के विकास कार्यक्रमों को लागू करने के लिए आवश्यक हों।

मूल्यांकन

- कृषि क्षमता के माध्यम से जीवन स्तर को प्राप्त करने में सामुदायिक विकास परियोजना महत्त्वपूर्ण साधन सिद्ध हुआ।
- योजना के अन्तिम वर्ष के दौरान अच्छा अन्न उत्पादन हुआ, जिससे योजना को सफल माना गया।
- तीन उद्देश्यों, जैसे—शरणार्थियों का पुनर्निवेशन, खाद्यान्न, आत्मनिर्भरता तथा मूल्य नियन्त्रण को पूरा किया गया।

इस प्रकार स्पष्ट है कि पहली पंचवर्षीय योजना में देश के विकास की आधारशिला रखी गई, जिससे देश के लोगों की आधारभूत जरूरतों की पूर्ति हो सके।

दूसरी पंचवर्षीय योजना (वर्ष 1956-61)

Second Five year Plan (1956-61)

दूसरी पंचवर्षीय योजना पीसी महालनोबिस द्वारा विकसित दो क्षेत्रीय मॉडल पर आधारित थी, जो उस समय भारतीय सांख्यिकीय संगठन कोलकाता के निदेशक थे। इसमें मुख्य रूप से भारी उद्योगों की स्थापना की गई। दूसरी पंचवर्षीय योजना का मुख्य उद्देश्य **समाजवादी समाज** की स्थापना करना था। *इसके निम्न उद्देश्य थे*

- राष्ट्रीय आय में 25% की वृद्धि।
- आधारभूत एवं भारी उद्योग के विकास पर विशेष जोर देते हुए तीव्र गति से औद्योगीकरण।
- रोजगार अवसर पर विशेष ध्यान देना।
- आय और धन की असमानता को कम करना।
- पूँजी निवेश की दर को 7% से बढ़ाकर 11% करना।

मूल्यांकन

इस योजना में कृषि के स्थान पर उद्योगों को प्राथमिकता देने के परिणामस्वरूप खाद्यान्न और अन्य कृषि उत्पाद में भारी कमी हुई। मुद्रा स्फीति बढ़ी और इस तरह विदेशी मुद्रा का संकट पैदा हो गया, किन्तु आर्थिक विकास की दिशा में कुछ सफलताएँ भी प्राप्त हुईं, जैसे-सार्वजिनक क्षेत्र, औद्योगिक क्षेत्र के पूरक के रूप में उभरा।

ऊर्जा, परिवहन एवं संचार के क्षेत्र में आधारभूत ढाँचे का विकास हुआ। इससे भविष्य में औद्योगिक विकास के लिए आधार तैयार हुआ। राष्ट्रीय आय में वृद्धि 4.5% के लक्षित दर के स्थान पर 4.0% की रही। प्रतिव्यक्ति आय की वृद्धि दर 1.9% एवं ICOR अनुपात 3.40 : 1 रहा।

> **दूसरी पंचवर्षीय योजना *एक अवलोकन***
>
> - **उपनाम** भौतिकवादी योजना
> - **मॉडल** प्रशान्त चन्द्र महालनोबिस 4 क्षेत्रीय मॉडल
> - **मुख्य उद्देश्य** आधारभूत एवं भारी उद्योग का विकास
> - **आर्थिक संवृद्धि दर** 3.9% वार्षिक
> - **प्रति व्यक्ति आय में वृद्धि** 1.9% वार्षिक
> - **वर्धमान पूँजी उत्पाद अनुपात** (ICOR) 3.86 : 1
> - **परिव्यय** निर्धारित ₹ 4800 करोड़, वास्तविक ₹ 4672 करोड़
> - **विकास नीति** असन्तुलित
> - **गठन** अखिल भारतीय खादी और ग्रामीण बोर्ड
> - **स्थापना** राउरकेला, भिलाई, दुर्गापुर, इस्पात संयन्त्र तथा इण्टीग्रल कोच फैक्ट्री व चितरंजन लोको मोटिव्स।

तीसरी पंचवर्षीय योजना (वर्ष 1961-66)

Third Five Year Plan (1961-66)

इस योजना का मुख्य उद्देश्य भारतीय अर्थव्यवस्था को आत्मनिर्भर बनाना तथा स्वत: स्फूर्त अवस्था में पहुँचाना था। इसमें 5.6% की उच्च वृद्धि दर का लक्ष्य रखा गया, परन्तु वर्ष 1962 का भारत-चीन युद्ध, वर्ष 1965 का भारत पाक युद्ध तथा भीषण सूखे के कारण केवल 2.5% की निम्न वृद्धि दर ही प्राप्त की जा सकी। तृतीय योजना किसी भी आर्थिक मॉडल पर स्पष्ट रूप से तो आधारित नहीं थी, परन्तु इस पर महालनोबिस के चार क्षेत्रीय मॉडल, सुखमय चक्रवर्ती का प्लानिग मॉडल तथा जे सैण्डी का डेमोस्ट्रेशन प्लानिंग मॉडल (Demonstration Planning Model), परन्तु प्रमुख रूप से **चक्रवर्ती मॉडल**, जोकि आगत-निर्गत मॉडल पर आधारित है, का प्रभाव देखा जा सकता है। इस योजना में कृषि और उद्योग दोनों पर बल दिया गया था।

इसके प्रमुख उद्देश्य थे

- आधारभूत उद्योगों के विकास की अवहेलना किए बिना कृषि क्षेत्र पर बल देना अर्थात् कृषि एवं उद्योग की पूरकता को बढ़ाना, जिससे देश खाद्यान्न में तो आत्मनिर्भरता प्राप्त कर ही ले साथ-ही-साथ उद्योगों के लिए कच्चे माल तथा निर्यात की आवश्यकताओं को पूरा करने के लिए कृषि उत्पादन में वृद्धि हो।
- अवसर की समानता को अधिकाधिक बढ़ाना, जिससे आय की असमानता को कम किया जा सके।
- देश में रोजगार के अवसरों में वृद्धि करना, जिससे मानवीय शक्ति का अधिकतम सम्भव सीमा तक प्रयोग किया जा सके।
- इसमें 5% वार्षिक राष्ट्रीय आय में वृद्धि का लक्ष्य रखा गया, जिससे लगभग प्रतिव्यक्ति आय में 17% वृद्धि हो सके।
- तीसरी पंचवर्षीय योजना में कृषि क्षेत्र के लिए 23.2%, उद्योग एवं खनिज के लिए 20.1%, ऊर्जा के लिए 14.6% इत्यादि क्षेत्रों के लिए क्रमश: धन का आवण्टन किया गया था।

मूल्यांकन

- तीसरी योजना को असफल माना जाता है, क्योंकि इसे दो लगातार युद्धों का सामना करना पड़ा।
- उत्पादन प्राथमिकताओं के रक्षा आधार में परिवर्तन कर दिया गया।
- भारतीय अर्थव्यवस्था को मानसून की असफलता का सामना करना पड़ा और इस प्रकार कृषि असफल रही।
- बढ़ता हुआ व्यापार घाटा एवं विशाल ऋण लेना पड़ा।
- पाँच वर्षों में कीमतों में 36% की वृद्धि हुई तथा भुगतान सन्तुलन का संकट बढ़ गया।

> खाद्यान्न उत्पादन में 6% की वृद्धि के स्थान पर 2% की वार्षिक वृद्धि हुई, औद्योगिक उत्पादन में 14% के स्थान पर मात्र 2% की वार्षिक वृद्धि हुई। राष्ट्रीय आय के 5.6% के वृद्धि लक्ष्य के विपरीत 2.2% वार्षिक वृद्धि दर रही। प्रति व्यक्ति आय की वृद्धि दर मात्र 0.2% की रही।

> **तीसरी पंचवर्षीय योजना *एक अवलोकन***
>
> - **परिव्यय मॉडल** जॉन सैण्डी तथा सुखमय चक्रवर्ती मॉडल
> - **मुख्य उद्देश्य** आत्मनिर्भरता एवं स्वत: स्फूर्तिवान अर्थव्यवस्था
> - **आर्थिक संवृद्धि दर** 2.3% वार्षिक (अब तक की न्यूनतम)
> - **प्रति व्यक्ति आय में वृद्धि दर** 0.1% वार्षिक (अब तक की न्यूनतम)
> - **पूँजी उत्पाद अनुपात** (ICOR) 5.4 : 1
> - **परिव्यय** निर्धारित ₹ 7500 करोड़, वास्तविक : ₹ 8577 करोड़
> - **विकास नीति** असन्तुलित
> - **कृषि उत्पादन में वृद्धि** ऋणात्मक
> - **कार्यक्रम** ग्रामीण कार्य कार्यक्रम
> - **सलाहकार** डॉ. डीआर गॉडगिल
> - **आर्थिक संवृद्धि दर** 3.7% वार्षिक
> - **प्रति व्यक्ति आय में वृद्धि** 1.4% वार्षिक
> - **वर्धमान पूँजी उत्पाद अनुपात** (ICOR) 4.9 : 1
> - **मुख्य उद्देश्य** खाद्यान्न संकट को दूर करना।
> - **परिव्यय** वास्तविक : ₹ 6625 करोड़
> - **क्रान्ति** हरित क्रान्ति (1966-67) से प्रारम्भ।
> - योजनावधि का प्रथम अवमूल्यन।

योजनावकाश (वर्ष 1966-69)

तीसरी पंचवर्षीय योजना की असफलता, भारत-पाक (वर्ष **1965**) युद्ध के कारण आर्थिक अस्थिरता तथा भीषण सूखे के कारण अगली पंचवर्षीय योजना को विराम दिया गया तथा उसके स्थान पर **1** अप्रैल, **1966** से **31** मार्च, **1969** तक तीन वार्षिक योजनाओं का संचालन किया गया। इस कालावधि में देश के निर्यात में वृद्धि के लिए रुपये का अवमूल्यन दूसरी बार वर्ष **1966** में किया गया, परन्तु निर्यात वस्तुओं की माँग लोच में कमी के कारण अवमूल्यन का भी अनुकूल परिणाम प्राप्त न हो सका, क्योंकि इस अवधि में कोई नियमित नियोजन नहीं किया गया इसलिए इसे **योजना अवकाश** कहा जाता है।

चौथी पंचवर्षीय योजना (वर्ष 1969-74)

Fourth Five Year Plan (1964-74)

इस योजना के अन्तर्गत निम्नलिखित लक्ष्य निर्धारित किए गए

- तीव्र जनसंख्या वृद्धि पर नियन्त्रण करने के लिए परिवार नियोजन कार्यक्रमों को लागू करना।
- मूल्यों को स्थिर करने के लिए **बफर स्टॉकों** का निर्माण करना, जिससे कृषि पदार्थों की निरन्तर पूर्ति सुनिश्चित की जा सके।
- राष्ट्रीय आय एवं रोजगार के अवसरों में वृद्धि करना।
- क्षेत्रीय असमानता में कमी लाने के लिए आय एवं सम्पत्ति का वितरण सुनिश्चित करना ताकि समाज में आर्थिक समानता एवं न्याय की स्थापना हो सके।
- पूँजी की आवश्यकताओं की पूर्ति के लिए तथा कुल राष्ट्रीय बचत में वृद्धि के लिए बैंकों का राष्ट्रीयकरण करना।
- निर्यात में 7% की वृद्धि करना।
- अर्थव्यवस्था में 5.7% की वार्षिक दर से विकास।
- कृषि उत्पाद में 5% तथा औद्योगिक उत्पाद में 8 से 10% की दर से वार्षिक वृद्धि।

मूल्यांकन

- चौथी योजना भी अपने लक्ष्य को पूरा नहीं कर सकी।
- प्रथम दो वर्ष के परिणाम उत्साहवर्द्धक थे, अन्तिम तीन वर्ष काफी निराशाजनक रहे हैं।
- भारत-पाक युद्ध (वर्ष 1971) तथा बांग्लादेशी शरणार्थियों की समस्या ने स्थिति को और खराब कर दिया।
- राष्ट्रीय संवृद्धि दर 5.5% की तुलना में 3.3% ही रही।

खाद्यान्नों का औसत वार्षिक उत्पादन मात्र 2.7% की दर से तथा औद्योगिक उत्पादन मात्र 4% की दर से बढ़ा प्रति व्यक्ति आय में मात्र 1.1% की वृद्धि हुई तथा इस योजना काल में कीमतों में लगभग 61% की वृद्धि हुई।

चौथी पंचवर्षीय योजना *एक अवलोकन*

- **उपनाम** गॉडगिल योजना
- **मॉडल** एलन एस मात्रे तथा अशोक रुद्र मॉडल
- **योजना के निर्माता** डी आर गॉडगिल
- **मुख्य उद्देश्य** स्थिरता के साथ विकास
- **आर्थिक संवृद्धि दर** 3.3% वार्षिक
- **प्रति व्यक्ति आय में वृद्धि** 0.9% वार्षिक
- **वर्धमान पूँजी उत्पाद अनुपात** (ICOR) 5.7 : 1
- **परिव्यय निर्धारित** ₹ 15902 करोड़, वास्तविक : ₹ 15779 करोड़
- **विकास नीति** असन्तुलित
- उद्देश्य नीचे से नियोजन सिद्धान्त पर आधारित
- **विकास की 2 नई मदें जुड़ी** वैज्ञानिक खोज तथा आवास एवं क्षेत्रीय विकास
- **व्यापार सन्तुलन** अनुकूल (1972-73) भारत में पहली बार
- 14 वाणिज्यिक बैंकों का राष्ट्रीयकरण
- MRTP आयोग की स्थापना
- वर्ष 1974 में देश में आपातकाल की घोषणा
- यह योजना, रोजगार गारण्टी योजना (EGS) 1972-79 से प्रारम्भ।

विभिन्न पंचवर्षीय योजनाओं में स्थापित संयन्त्र

स्टील प्लाण्ट	पंचवर्षीय योजना	सहयोग
राउरकेला (ओडिशा)	दूसरी	पश्चिम जर्मनी
भिलाई (छत्तीसगढ़)	दूसरी	यूएसएसआर
दुर्गापुर (पश्चिम बंग)	दूसरी	इंग्लैण्ड
बोकारो (झारखण्ड)	तीसरी	यूएसएसआर
विशाखापत्तनम (आन्ध प्रदेश)	चौथी	स्वदेशी

पाँचवीं पंचवर्षीय योजना (वर्ष 1974-79)

Fifth Five Year Plan (1974-79)

तेल की कीमतों में वृद्धि, कृषि क्षेत्र में उत्पादन में कमी के कारण देश में मुद्रास्फीति में तीव्र वृद्धि हुई। परिणामस्वरूप देश के आम चुनाव में कांग्रेस पार्टी की हार हुई तथा जनता दल की सरकार सत्ता में आई, जिसने एक वर्ष पूर्व ही पाँचवीं पंचवर्षीय योजना को समाप्त घोषित करके छठी योजना लागू की जिसे **अनवरत योजना** (Rolling Plan) का नाम दिया गया। इसे भारत में लागू करने का श्रेय **डी टी लकड़ावाला** को है।

पाँचवीं योजना का मुख्य उद्देश्य गरीबी का उन्मूलन और आत्मनिर्भरता था, जिसे प्राप्त करने के लिए निम्नलिखित लक्ष्य निर्धारित किए गए थे

- कृषि एवं उन आधारभूत उद्योगों पर बल जो साधारण उपभोग की वस्तुओं का उत्पादन करते थे।
- जन वितरण प्रणाली के माध्यम से निर्धन वर्गों को अनिवार्य उपभोग की वस्तुएँ उचित एवं स्थिर मूल्यों पर उपलब्ध कराना तथा न्यूनतम आवश्यकता कार्यक्रमों के माध्यम से लोगों की मूलभूत आवश्यकताओं जिनमें प्राथमिक शिक्षा, स्वास्थ्य सेवाएँ, पेयजल, पोषण, भूमिहीनों को घर इत्यादि की पूर्ति करना था।
- आयात प्रतिस्थापन तथा निर्यात प्रोत्साहन पर बल।
- संस्थानात्मक तथा राजकोषीय उपायों के माध्यमों से सामाजिक, आर्थिक तथा क्षेत्रीय असमानताओं को कम करना।
- पाँचवीं योजना में विकास का लक्ष्य प्रारम्भ में 5.5% रखा गया, परन्तु बाद में इसे संशोधित कर 4.4% कर दिया।

मूल्यांकन

- जनता सरकार ने वर्ष 1978 में इस योजना को समाप्त कर दिया।
- कुछ क्षेत्रों में प्रदर्शन अच्छा रहा जैसे राष्ट्रीय आय में 5.2% की दर से वृद्धि हुई।
- बेरोजगारी की समस्या को दूर करने का लक्ष्य पूरा नहीं किया जा सका।

पाँचवीं पंचवर्षीय योजना *एक अवलोकन*

- **अध्यक्ष** इन्दिरा गाँधी
- **प्रारूप** डीपी धर
- **मॉडल** योजना आयोग का अभिगम प्रारूप
- **मुख्य उद्देश्य** निर्धनता उन्मूलन व आर्थिक आत्मनिर्भरता
- **आर्थिक संवृद्धि दर** 4.9% वार्षिक
- **प्रति व्यक्ति आय में वृद्धि** 2.6% वार्षिक
- **वर्धमान पूँजी उत्पाद अनुपात** (ICOR) 3.9 : 1
- **परिव्यय निर्धारित** : ₹ 39322 करोड़, वास्तविक ₹ 39426 करोड़

विकासनीति असन्तुलित

- **व्यापार सन्तुलन** अनुकूल (1976-77 में भारत में दूसरी बार)

योजनाएँ

- राष्ट्रीय न्यूनतम आवश्यकता कार्यक्रम (National Minimum Needs Programmes)
- काम के बदले अनाज कार्यक्रम (Food For Work, 1977 से प्रारम्भ)।

अनवरत योजना

अनवरत योजना के आदि प्रणेता **प्रो. रागेर फ्रिश** थे, जिसे लोकप्रिय बनाने का श्रेय नोबेल पुरस्कार विजेता **डॉ. गुन्नार मिर्डल** को है। अनवरत योजना से अभिप्राय विकास सम्बन्धी लक्ष्यों एवं प्राप्त उपलब्धियों का योजना के निर्धारित काल के पूरा होने के बाद मूल्यांकन न करके प्रत्येक वार्षिक योजना के अन्त में मूल्यांकन करना है और उसके अनुरूप विकास की रणनीति में संशोधन व परिवर्तन करने की व्यवस्था बनाए रखना है। भारत में इसे जनता पार्टी सरकार द्वारा 1 अप्रैल, 1978 से 31 मार्च, 1980 तक अपनाया गया था, जिसे 1 अप्रैल, 1980 से त्याग दिया गया था।

छठी पंचवर्षीय योजना (वर्ष 1980-85)

Sixth Five year Plan

जनता सरकार द्वारा अनवरत योजना (1978-83) के रूप में छठी योजना का प्रारम्भ किया गया, जिसे वर्ष 1980 में कांग्रेस पार्टी के पुन: सत्ता में आने के पश्चात् रद्द करके नई छठी पंचवर्षीय योजना (वर्ष 1980-85) को लागू किया गया तथा 1979-80 के एक साल की अवधि को योजनावकाश माना गया। इस योजना का मुख्य उद्देश्य **गरीबी उन्मूलन तथा रोजगार में वृद्धि** करना था।

इसमें पहली बार रोजगार सृजन तथा गरीबी निवारण कार्यक्रमों को एक महत्त्वपूर्ण भाग के रूप में पेश किया गया तथा मानव व्यक्ति वर्ष को रोजगार मापने के लिए अपनाया गया, जिसके अन्तर्गत वह व्यक्ति जो वर्ष में 273 दिन 8 घण्टे काम करता है, वह सम्पूर्ण रोजगार में है तथा इसमें कमी ही बेरोजगारी का सूचक है।

छठी योजना में ही गरीबी रेखा का आकलन किया गया, जिसके अन्तर्गत प्रति व्यक्ति 2400 **कैलोरी ग्रामीण** तथा 2100 **कैलोरी शहरी** उपभोग स्तर को मानक माना गया। इससे कम उपभोग स्तर वाले लोगों को गरीबी रेखा के नीचे माना गया। इसके अन्तर्गत ग्रामीण बेरोजगारी उन्मूलन के लिए कुछ महत्त्वपूर्ण कार्यक्रम चलाए गए, जैसे-IRDP, NREP, RLEGP, TRYSEM, DWACRA इत्यादि।

छठी योजना भी आगत-निर्गत मॉडल पर आधारित थी और इसका निर्माण 15 वर्ष की दीर्घ अवधि को ध्यान में रखकर किया गया था। इसलिए इसे परिप्रेक्षीय योजना (Perspective Planning) भी कहा जाता है। *छठी योजना के अन्तर्गत निम्न लक्ष्य रखे गए*

- देश में ऊर्जा संसाधनों की कुशलता एवं संरक्षण के साथ ही घरेलू साधनों के तीव्र विकास पर जोर देना।
- आधुनिकीकरण के माध्यम से तकनीकी तथा प्रौद्योगिकी के क्षेत्र में आत्मनिर्भरता की प्राप्ति करना।
- देश में निर्धनता एवं बेरोजगारी में निरन्तर कमी करने का प्रयास करना।
- देश के आर्थिक एवं सामाजिक रूप से पिछड़े लोगों के जीवन स्तर में सुधार के लिए न्यूनतम आवश्यकता कार्यक्रम लागू करना।
- आर्थिक विकास के माध्यम से देश में क्षेत्रीय विषमताओं को कम करना।
- तीव्र गति से बढ़ रही जनसंख्या को लघु परिवार एवं परिवार नियोजन की गतिविधियों के माध्यम से कम करना
- आर्थिक संवृद्धि की गति को तीव्र करने के लिए प्राकृतिक संसाधनों का कार्यकुशल तथा मितव्ययी विदोहन करना।
- इस योजना में विकास का लक्ष्य 5.2% वार्षिक रखा गया।

मूल्यांकन

- इस अवधि में भारतीय अर्थव्यवस्था में सर्वत्र विकास हुआ तथा योजना आयोग द्वारा निर्धारित अधिकांश लक्ष्य को पूरा किया गया।
- अर्थव्यवस्था में लक्षित 5.2% की दर से अधिक 5.4% की दर से वृद्धि हुई।
- औद्योगिक क्षेत्र में निर्धारित विकास दर की अपेक्षा बहुत कम दर से वृद्धि हुई।
- इस योजना के दौरान विज्ञान एवं प्रौद्योगिकी के कई क्षेत्रों में आत्मनिर्भरता में वृद्धि हुई।

छठी पंचवर्षीय योजना *एक अवलोकन*

- **अनवरत योजना प्रारम्भ** 1 **अप्रैल,** 1978-83 जनता पार्टी सरकार द्वारा, 1980 में समाप्त
- **अध्यक्ष** इन्दिरा गाँधी
- **मॉडल** संरचनात्मक परिवर्तन तथा वृद्धि उन्मुख मॉडल
- **मुख्य उद्देश्य** आधुनिकीकरण
- **आर्थिक संवृद्धि दर** 5.4% वार्षिक
- **प्रति व्यक्ति आय में वृद्धि** 3.2 वार्षिक
- **वर्धमान पूँजी उत्पाद अनुपात** (ICOR) 5.2 : 1%
- **परिव्यय निर्धारित** ₹ 97500 करोड़
- **विकास नीति** असन्तुलित

योजनाएँ

1. सभायित ग्रामीण विकास कार्यक्रम (IRDP) 1978-79
2. राष्ट्रीय ग्रामीण रोजगार कार्यक्रम (NREP) 2 अक्टूबर, 1980
3. ग्रामीण भूमिहीन रोजगार गारण्टी कार्यक्रम (RLEGP) 15 अगस्त, 1983
4. ट्राइसेम (Trysem) 15 अगस्त, 1979
5. ड्वाकारा (Dwcra) सितम्बर, 1982

सातवीं पंचवर्षीय योजना (वर्ष 1985-90)

Seventh Five Year Plan (1985-90)

इस योजना में गरीबी, बेरोजगारी तथा क्षेत्रीय विषमताओं की समस्याओं पर प्रत्यक्ष प्रहार किया गया तथा उन सभी नीतियों पर विशेष बल दिया गया जो खाद्यान्नों के उत्पादन एवं उत्पादकता में तीव्र वृद्धि कर सकें तथा रोजगार के अवसरों को बढ़ा सकें। *इस योजना में मुख्य निम्न उद्देश्य निर्धारित किए गए*

- समग्र रूप से उत्पादकता को बढ़ाना तथा रोजगार के अधिक अवसर उपलब्ध कराना।
- आधुनिकीकरण को प्रमुख रूप से स्वीकृत किया गया जिसके अन्तर्गत देशी तकनीकी विकास के लिए सुदृढ़ आधार तैयार करना मुख्य था।
- भारतीय अर्थव्यवस्था को एक स्वतन्त्र एवं आत्मनिर्भर अर्थव्यवस्था के रूप में स्थापित करना।
- वैसी सामाजिक प्रणाली की स्थापना करना जो समाज में साम्य तथा न्याय की स्थापना करे।
- आर्थिक एवं सामाजिक असमानताओं को प्रभावी रूप से कम करना।
- ऊर्जा संरक्षण हेतु गैर-परम्परागत ऊर्जा स्रोतों को ढूँढना तथा उनका विकास करना।
- पारिस्थितिकी एवं पर्यावरण संरक्षण पर बल देना।
- सातवीं योजना में विकास का लक्ष्य 5% वार्षिक रखा गया।

मूल्यांकन

- इस योजना के अधिकांश लक्ष्यों को पूरा कर लिया गया। जीडीपी की वार्षिक वृद्धि दर 5.6% हो गई, जो 5% लक्ष्य से अधिक थी।
- अपर्याप्त वर्षा के बावजूद कृषि क्षेत्र ने सन्तोषजनक प्रदर्शन किया।
- औद्योगिक उत्पादन 8.1% रहा, जो 8.3% के लक्ष्य से कम था।
- पूरी जनसंख्या में गरीबी स्तर वर्ष 1983-84 में 37%, जो घटकर वर्ष 1987 में 30% हो गया।

इस योजना में परिव्यय की दृष्टि से निजी क्षेत्र को सार्वजनिक क्षेत्र की तुलना में पहली बार वरीयता दी गई तथा इसी योजना में जवाहर रोजगार योजना जैसा महत्त्वपूर्ण रोजगारपरक कार्यक्रम प्रारम्भ किया गया। सारांश में कहें तो सातवीं योजना दीर्घकालीन विकास की युक्तियों पर जोर देते हुए उदारीकरण पर बल देने वाली थी।

सातवीं पंचवर्षीय योजना *एक अवलोकन*

- **अध्यक्ष** राजीव गाँधी
- **निर्मित सहयोगी** प्रो. सुखमय चक्रवर्ती
- **मॉडल** दीर्घकालीन विकास विधि एवं उदारीकरण मॉडल
- **मुख्य उद्देश्य** संवृद्धि, आधुनिकीकरण, आत्मनिर्भरता और सामाजिक न्याय
- **आर्थिक संवृद्धि दर** 5.8% वार्षिक
- **प्रति व्यक्ति में वृद्धि** 3.6% वार्षिक
- **वर्धमान पूँजी उत्पाद अनुपात** (ICOR) 3.9 : 1
- **परिव्यय निर्धारित** : ₹ 154218 करोड़
- **विकास नीति** असन्तुलित

योजनाएँ

- इन्दिरा आवास योजना 1985-86
- जवाहर रोजगार योजना 28 अप्रैल, 1989
- नेहरू रोजगार योजना अक्टूबर, 1989

दो वार्षिक योजनाएँ Two Yearly Plans (1 अप्रैल, 1990 से 31 मार्च, 1992 तक)

31 मार्च, 1990 को 7वीं पंचवर्षीय योजना की समाप्ति पर सरकारों के जल्दी-जल्दी बदलने से 8वीं पंचवर्षीय योजना नहीं प्रारम्भ हो सकी। यद्यपि सितम्बर, 1989 में ही कांग्रेस सरकार ने 1990-95 हेतु 8वीं योजना का प्रारूपन कर लिया था, लेकिन आम चुनावों में जनता दल के विषयोपरान्त वीपी सिंह सरकार ने रामकृष्ण हेगड़े की उपाध्यक्षता वाले नई योजना आयोग का गठन किया था, जिसने नई 8वीं योजना (1990-95) को प्रारूपित किया।

परन्तु नवम्बर, 1990 में जनता दल सरकार के पतन के बाद कांग्रेस समर्थित चन्द्रशेखर सरकार ने योजना आयोग का पुनर्गठन कर मोहन धारिया को इसका उपाध्यक्ष नियुक्त किया। दुर्भाग्य से इस सरकार का भी पतन हो गया और जून, 1992 में कांग्रेस सरकार पुनर्वापसी के बाद प्रणब मुखर्जी को योजना आयोग का उपाध्यक्ष नियुक्त किया गया और अन्ततः 8वीं पंचवर्षीय योजना 1992-93 से 1996-97 की अवधि हेतु प्रवृत्त हुई। इस प्रकार 1990-92 की दो वर्षीय अवधि वार्षिक योजनाओं के रूप में सामने आई।

वर्ष 1990 के पश्चात् पंचवर्षीय योजनाएँ तथा आयोजन में आए संरचनात्मक बदलाव

1970 के दशक में आयोजन और नीति-निर्माण व्यवस्था में कई विकृतियाँ आ गई थीं और इन विकृतियों का परिणाम था, 1990-91 का आर्थिक संकट। अतः ऐसी परिस्थितियों में आयोजन में शीघ्र सुधार की जरूरत महसूस की गई। राजस्व घाटा, राजकोषीय घाटा व बजट घाटा बहुत अधिक थे। इस समय तत्कालीन प्रधानमन्त्री पीवी नरसिम्हा राव और वित्तमन्त्री मनमोहन सिंह की अध्यक्षता में नई आर्थिक नीति का लक्ष्य निर्धारित किया गया, इसके लिए सरकार ने आर्थिक सुधार के कई कार्यक्रम चलाए। इन सुधारों को प्रथम पीढ़ी के आर्थिक सुधार कहते हैं।

इन नए आर्थिक सुधारों के प्रमुख तीन अवयव थे

- उद्योग एवं व्यापार में लाइसेंसिंग के स्थान पर उदारीकरण।
- उद्योगपतियों के लिए कोटा प्रणाली के स्थान पर निजीकरण।
- आयात-निर्यात के लिए परमिट के स्थान पर वैश्वीकरण

वर्ष 1991 के पहले की योजनाओं का मूल उद्देश्य था कि अर्थव्यवस्था में निजी एकाधिकार को बढ़ावा न दिया जाए तथा साथ ही घरेलू उद्योगों को अन्तर्राष्ट्रीय प्रतिस्पर्द्धा से संरक्षित रखा जाए। इन नीतियों से यद्यपि प्रारम्भ में सकारात्मक परिणाम अवश्य मिले, लेकिन 1990 के दशक तक आते-आते भारतीय अर्थव्यवस्था गतिहीन हो गई थी और उसे 1990-91 में गम्भीर आर्थिक संकट को झेलना पड़ा था। उपरोक्त परिस्थितियों एवं कोरिया, थाइलैण्ड एवं सिंगापुर जैसे देशों के उदारीकरण की नीति से प्राप्त विकास को देखते हुए भारत सरकार ने वर्ष 1991 में नई आर्थिक नीति प्रारम्भ की।

आठवीं पंचवर्षीय योजना (वर्ष 1992-97)

Eight Five Year Plan (1992-97)

केन्द्र में दो वर्षों की राजनीतिक अस्थिरता के कारण वर्ष 1990-91 तथा 1991-92 के लिए दो वार्षिक योजनाएँ संचालित की गईं। यह वह दौर था जब भारत के पास मात्र सात दिनों के आयात के लिए विदेशी विनिमय उपलब्ध था। इस बुरे दौर में विश्व बैंक के दबाव में भारतीय अर्थव्यवस्था का उदारीकरण किया गया।

अत: इसके ही अनुरूप आठवीं पंचवर्षीय योजना उदारीकृत अर्थव्यवस्था के रूप में परिणत **जॉन डब्ल्यू मुलर मॉडल** पर आधारित थी। इस योजना में सर्वोच्च प्राथमिकता मानव संसाधन का विकास अर्थात् रोजगार, शिक्षा एवं जनस्वास्थ्य को दी गई। *इसके अलावा इसके निम्न प्रमुख उद्देश्य थे*

- बीसवीं शताब्दी के अन्त तक पर्याप्त रोजगार के अवसरों का सृजन करना जिससे पूर्ण रोजगार के लक्ष्य को प्राप्त किया जा सके।
- जनसंख्या वृद्धि को नियन्त्रित करने के लिए पर्याप्त प्रोत्साहन (Incentives) एवं हतोत्साहन (Disincentives) की नीति अपनाना।
- समूची आबादी के लिए रोग प्रतिरोधी टीका लगाने समेत प्राथमिक स्वास्थ्य संरक्षण की सुविधाएँ उपलब्ध कराना।
- गाँवों में सुरक्षित पेयजल की सुविधा उपलब्ध कराना।
- कृषि क्षेत्र में संवृद्धि हेतु विविधिकरण अपनाना जिससे खाद्य पदार्थों के मामले में आत्मनिर्भरता तो हासिल हो ही साथ-ही-साथ निर्यात के लिए अधिशेष भी प्राप्त हो।
- 15 से 35 वर्ष के आयु वर्ग में निरक्षरता के पूर्ण उन्मूलन हेतु सभी को प्रारम्भिक शिक्षा उपलब्ध कराना।
- विकास प्रक्रिया में स्थिरता से वृद्धि के लिए आधारभूत ढाँचे (ऊर्जा, परिवहन, संचार इत्यादि) को मजबूत बनाना।

मूल्यांकन

- आठवीं योजना में योजना आयोग द्वारा रास्ता बदलने सम्बन्धी प्रयास द्वारा नियोजन की राज्य आदेशित व्यवस्था को निर्देशात्मक नियोजन में बदल दिया।
- निजी क्षेत्र को महत्त्वपूर्ण भूमिका प्रदान की गई तथा नियोजन के क्रियाकलाप को विकेन्द्रित किया गया।
- योजना के प्रथम चार वर्षों में कृषि क्षेत्र की औसत वृद्धि दर 3.8% रही जबकि लक्ष्य 3.1% था।
- इस योजना में आर्थिक विकास की वृद्धि दर का लक्ष्य 5.6% रखा गया था जबकि वास्तविक लक्ष्य प्राप्ति 6.7% रही।

आठवीं पंचवर्षीय योजना *एक अवलोकन*

अध्यक्ष पीवी नरसिम्हा राव

मॉडल डब्ल्यू मिलर मॉडल

मुख्य उद्देश्य मानव संसाधन विकास

आर्थिक संवृद्धि दर 6.8% वार्षिक

प्रति व्यक्ति आय 3.7% वार्षिक

वर्धमान पूँजी उत्पाद अनुपात (ICOR) 3.7 : 1

कुल परिव्यय निर्धारित : ₹ 798,000 करोड़, वास्तविक : ₹ 7,95,669 करोड़

- **विकास नीति** असन्तुलित

योजनाएँ

- प्रधानमन्त्री रोजगार योजना 15 अगस्त, 1993
- रोजगार बीमा योजना 2 अक्टूबर, 1993
- महिला समृद्धि योजना

द्वितीय पीढ़ी के सुधार

द्वितीय पीढ़ी के सुधार शब्द का प्रयोग पहली बार वित्तमन्त्री यशवन्त सिन्हा द्वारा किया गया। ये सुधार वर्ष 1996-97 के बाद लागू किए गए। इन सुधारों को द्वितीय पीढ़ी के सुधार इसलिए कहा गया, क्योंकि ये सुधार वर्ष 1991 में प्रारम्भ किए गए, आर्थिक सुधारों को और गहनता प्रदान करते हैं। पहली पीढ़ी के सुधार के बाद भारतीय अर्थव्यवस्था में काफी हद तक स्थिरता कायम हो चुकी थी। अत: अर्थव्यवस्था में तीव्र वृद्धि के लिए इन सुधारों का लाना आवश्यक था। इन सुधारों में कृषि आधारित, उद्योगों लघुस्तर के उद्योगों, आधारभूत संरचनाओं, सामाजिक सेवाओं, जैसे—स्वास्थ्य, शिक्षा एवं सार्वजनिक वितरण प्रणाली पर अत्यधिक जोर दिया गया। अनावश्यक अनुदान में कमी, सिंचाई, बिजली एवं सड़क परिवहन सेवाओं में लागत-वसूली की व्यवस्था की गई, ये सुधार आम जनता से सीधे जुड़े हुए थे।

नौवीं पंचवर्षीय योजना (वर्ष 1997-2002)

Ninth Five Year Plan (1997-2002)

इस योजना में सर्वोच्च प्राथमिकता सामाजिक न्याय के साथ तीव्र आर्थिक समृद्धि को दी गई। इसमें उन नीतियों के क्रियान्वयन पर बल दिया गया, जो गरीबों के पक्ष में हों तथा आर्थिक विषमता को दूर करने में सहायक हों। *इस योजना के निम्न प्रमुख उद्देश्य थे*

- गरीबी उन्मूलन तथा पर्याप्त रोजगार के अवसरों के सृजन के लिए ग्रामीण विकास एवं कृषि को प्राथमिकता देना, क्योंकि देश की अधिकांश जनसंख्या कृषि क्षेत्र में ही रोजगार प्राप्त करती है।
- समाज के गरीब वर्ग के लिए भोजन तथा पोषक आहार की सुरक्षा प्रदान करना।
- अर्थव्यवस्था की तीव्र समृद्धि दर के माध्यम से कीमतों को स्थिर बनाए रखना।
- आर्थिक विकास की प्रक्रिया के दौरान आम जनता में सामाजिक चेतना जगाकर तथा उनके सहयोग से पर्यावरण की सुरक्षा सुनिश्चित करना।
- जनसंख्या वृद्धि दर को नियन्त्रित करना।
- सभी के लिए पीने का पानी, प्राथमिक स्वास्थ्य सेवाएँ, मकान तथा प्राथमिक शिक्षा इत्यादि जैसी मूलभूत अनिवार्य सेवाएँ एक निश्चित समयावधि के भीतर उपलब्ध करवाना।
- सामाजिक रूप से पिछड़े हुए वर्गों तथा स्त्रियों को इतनी सामर्थ्य प्रदान करना कि वे सामाजिक-आर्थिक परिवर्तन एवं विकास के साधक बन सकें।
- उन सभी संस्थाओं (जैसे-पंचायती राज, स्वयं सहायता समूह तथा सहकारी संस्थाओं) को प्रोत्साहन देना तथा विकास का अवसर उपलब्ध कराना जो आम जनता की भागीदारी पर निर्भर करते हैं।
- आत्मनिर्भरता को प्राप्त करने के प्रयासों को और प्रोत्साहित करना।

मूल्यांकन

- नौवीं पंचवर्षीय योजना का निर्माण उस समय किया गया था जब सरकार की विकास की नीति का उद्देश्य ऐसा था, जिसके अन्तर्गत सरकार को ऐसी आर्थिक व सामाजिक आधारित संरचना का निर्माण करना था जिसमें निजी क्षेत्र बिना किसी कठिनाई एवं रुकावट के अपने क्रियाकलापों का संचालन कर सकें। अर्थात् सरकार इस उदारीकरण एवं निजीकरण के दौर में एक सहभागी की भूमिका अदा करेगी तथा निजी क्षेत्र को बाजार की भूमिका में प्रोत्साहित करेगी। अर्थात् सरकार को बिजली एवं ऊर्जा की उचित व्यवस्था करना तथा सड़कों, बन्दरगाहों, रेलवे, संचार व्यवस्था, म्युनिसिपल सेवाओं का विकास करने के साथ-ही-साथ ग्रामीण क्षेत्रों के आर्थिक आधारित संरचना के अन्तर्गत सिंचाई, ग्रामीण सड़कें, संगठित

ग्रामीण बाजार इत्यादि का विकास करना था। इसके अलावा सरकार को मूलभूत सेवाओं (स्वास्थ्य, पीने का पानी, शिक्षा इत्यादि) को भी आम जनता को उपलब्ध कराने पर विशेष ध्यान देना था।

- नौवीं पंचवर्षीय योजना में सरकार को औद्योगिक क्षेत्र के विकास हेतु यह प्रयास करना था कि निजी क्षेत्रों पर लगे प्रतिबन्धों को कम करने के साथ-साथ निजी क्षेत्रों की उत्पादन गतिविधियों में नौकरशाही तन्त्र एवं सरकारी हस्तक्षेप न्यूनतम हो।
- वित्तीय क्षेत्र में नौवीं पंचवर्षीय योजना का जोर व्यापक वित्तीय सुधारों पर रहा। मुख्य रूप से बैंकिग तथा पूँजी बाजार के क्षेत्रों से है। इसमें बीमा, पेंशन, फण्डों से सम्बन्धित सुधारों पर भी जोर दिया गया, क्योंकि ये दीर्घकालीन पूँजी के स्वाभाविक स्रोत हैं, इसलिए इनका प्रयोग आधारित संरचना के वित्तीयन के लिए किया जा सकता है।
- इस योजना में वृद्धि का लक्ष्य रखा गया था, परन्तु वास्तविक वृद्धि मात्र रही। इस प्रकार यह योजना असफल रही। इसकी असफलता का मुख्य कारण उस समय की अन्तर्राष्ट्रीय मन्दी थी।

उपरोक्त विवरण से स्पष्ट होता है कि इस योजना में बाजार शक्तियों के खुले प्रचलन तथा निजी क्षेत्र को बढ़ाने पर जोर दिया गया था, परन्तु कुछ क्षेत्रों में सरकारी हस्तक्षेप के औचित्य को स्वीकार भी किया गया जहाँ या तो बाजार है ही नहीं या बाजार शक्तियों का प्रचलन राष्ट्रीय एवं सामाजिक हित में नहीं है।

नौवीं पंचवर्षीय योजना *एक अवलोकन*

- **अध्यक्ष** अटल बिहारी वाजपेयी
- **मॉडल योजना** आयोग का दृष्टि-पत्र
- **मुख्य उद्देश्य** वृद्धि के साथ सामाजिक न्याय और समानता
- **आर्थिक संवृद्धि दर** 5.4% वार्षिक
- **वर्धमान पूँजी-उत्पाद अनुपात** (ICOR) 4.53 : 1
- **कुल परिव्यय** ₹ 859,200 करोड़
- **निर्यात वृद्धि की औसत दर**-5.6%
- **आयात में औसत वृद्धि दर** 4.1%
- **राजकोषीय घाटे में वृद्धि** 3.0%
- **सकल बचत दर** 23.3%
- **योजनाएँ** स्वर्ण जयन्ती शहरी रोजगार योजना (SJSRY) दिसम्बर, 1997

दसवीं पंचवर्षीय योजना (वर्ष 2002-07)

Tenth Five Year Plan (2002-07)

इस योजना में श्रम-शक्ति के तीव्र विकास को स्वीकार किया गया तथा गरीबी और सामाजिक मुद्दों पर विशेष ध्यान दिया गया। चूँकि राष्ट्रीय लक्ष्य सन्तुलित क्षेत्रीय विकास के स्तर पर अनिवार्यत: लागू नहीं हो पाते हैं तथा हर साल की क्षमता और कमियाँ अलग-अलग होती हैं। इसलिए 10वीं योजना में विकास की अलग-अलग कार्यनीति अपनाई गई। यह योजना उस समय लागू हुई जब अर्थव्यवस्था में आर्थिक सुधारों का दौर अपने चरम पर था और विश्व की सभी अर्थव्यवस्थाएँ बाजारीकृत अर्थव्यवस्था के रंग में रंगती जा रही थीं।

भारतीय अर्थव्यवस्था भी इस क्रम में आगे बढ़ रही थी एवं सबसे महत्त्वपूर्ण बात इस योजना में यह थी कि किसी भी योजना को लागू करने में प्रशासन की अहम भूमिका होती है। इसीलिए इस योजना में प्रशासनिक सुधार की सूची तैयार की गई तथा उन नीतियों एवं संस्थाओं के स्वरूप पर विस्तार से विचार किया गया, जो आवश्यक था। इस योजना का मुख्य उद्देश्य देश में गरीबी और बेरोजगारी समाप्त करना तथा अगले दस वर्षों में प्रति व्यक्ति आय दोगुनी करना प्रस्तावित किया गया।

दसवीं योजना में निम्न प्रमुख लक्ष्य निर्धारित किए गए

- वर्ष 2007 तक गरीबी का अनुपात 26% से घटाकर 21% पर लाना तथा वर्ष 2012 तक इसे 15% करना।
- कम-से-कम श्रमशक्ति में हो रही वृद्धि के अनुपात में उच्च गुणवत्ता तथा लाभकारी रोजगार की व्यवस्था करना।
- जनसंख्या वृद्धि दर को 2.1% से घटाकर वर्ष 2001 से 2011 की अवधि में 1.62% वार्षिक करना।
- मजदूरी तथा साक्षरता में अन्तर को 50% तक कम करना।
- वर्ष 2001 के लगभग 65% की साक्षरता दर में वृद्धि करके योजना के अन्त तक (2007) 75% करना।
- मातृत्व मृत्यु दर को वर्ष 2007 तक दो तथा वर्ष 2012 तक एक प्रति हजार करना।
- शिशु मृत्यु दर वर्ष 1999-2000 को 72 से घटाकर वर्ष 2007 तक 45 तक पहुँचाना।
- वर्ष 1999-2000 के 19% वन क्षेत्र को वर्ष 2007 तक 25% तक ले जाना और वर्ष 2012 तक भारत के वन आच्छादन क्षेत्र के सन्तुलित 33% तक पहुँचाना।
- सभी प्रदूषित नदियों को वर्ष 2007 तक प्रदूषण मुक्त बनाना।
- प्रत्यक्ष विदेशी निवेश में 7.5 अरब डॉलर की प्रतिवर्ष वृद्धि करना।
- योजनावधि में पेयजल की उपलब्धता सभी गाँवों में सुनिश्चित करना। केन्द्र सरकार के गैर-योजनागत व्यय को GDP का 11.3% से कम करके 9% तक लाना।
- वर्ष 2007 तक कर GDP अनुपात को 8.6% से बढ़ाकर 10.3% तक करना।
- योजनावधि के अन्तर्गत कुल 5 करोड़ रोजगार अवसरों का सृजन करना।

मूल्यांकन

- भारत की दसवीं पंचवर्षीय योजना 31 मार्च, 2007 को समाप्त हो गई। इसमें प्राप्त संवृद्धि 7.8% प्रतिवर्ष थी, जो लक्षित 8% समृद्धि दर के काफी करीब थी। इस प्रकार यह अब तक की सबसे सफलतम योजना रही, क्योंकि अब तक किसी भी योजना में प्राप्त की गई वृद्धि दर में यह सर्वोच्च वृद्धि दर है। इसमें वास्तविक बचत और निवेश क्रमश: 30.8% तथा 32.1% थी, जो लक्ष्य की अपेक्षा अधिक थी।
- आयात समृद्धि दर में भी काफी वृद्धि हुई और यह 27.4% प्रति वर्ष रही, जो लक्षित 17.1% की तुलना में बहुत ज्यादा थी, परन्तु साथ ही निर्यात संवृद्धि में भी काफी वृद्धि हुई जो 23.2% रही जो लक्षित 12.4% से काफी अधिक थी।
- 10वीं पंचवर्षीय योजना में अर्थव्यवस्था के तीनों क्षेत्र-कृषि, उद्योग व सेवा में प्राप्त की गई संवृद्धि दर इनके लिए निर्धारित किए गए लक्ष्यों के काफी निकट रही, जहाँ कृषि में 4% सालाना वृद्धि का लक्ष्य था, जबकि वास्तविक प्राप्ति 3.42% की रही तथा उद्योग में जहाँ लक्षित दर 8.9% थी वहीं प्राप्ति 8.74% रही और अन्तत: सेवा क्षेत्र में भी परिणाम उत्साह जनक रहे। इसमें जहाँ लक्षित संवृद्धि दर 9.4% थी वहीं प्राप्ति 9.3% की रही। पूरी योजनावधि में मुद्रा स्फीति की दर 5% रखने का लक्ष्य था, जो वास्तविक 5.2% रही।

- दसवीं पंचवर्षीय योजना महत्त्वपूर्ण इसलिए भी रही, क्योंकि इसमें योजना के लक्ष्यों को आयोजन के ढाँचे का उसी प्रकार केन्द्र बिन्दु माना गया जिस प्रकार संवृद्धि के उद्देश्य को।

11वीं पंचवर्षीय योजना (वर्ष 2007-12)

Eleventh Five Year Plan (2007-12)

भारत की HDI तथा HPI रिपोर्टों से स्पष्ट होता है कि भारत में तीव्र आर्थिक विकास के साथ-साथ आर्थिक असमानता में भी वृद्धि हुई है, इसलिए 11वीं पंचवर्षीय योजना में यह स्वीकार किया गया है कि यह भारतीय अर्थव्यवस्था की एक बड़ी कमजोरी है कि समाज के कई वर्गों के परिप्रेक्ष्य में आर्थिक संवृद्धि उपयुक्त मात्रा में समावेशी (Inclusive) नहीं है। साथ ही पुरुषों व स्त्रियों के बीच असमानता भी एक व्यापक समस्या के रूप में उभर रही है। इन सभी समस्याओं के हल के रूप में 11वीं पंचवर्षीय योजना को प्रस्तुत किया गया, जिसमें मुख्य लक्ष्य अधिक तीव्र और ज्यादा समावेशी संवृद्धि रखा गया तथा इसमें एक ऐसी विशिष्ट प्रकार की संवृद्धि प्रक्रिया को प्राप्त करने का प्रयास किया जाएगा, जो दीर्घकाल तक सभी के लिए लाभप्रद सिद्ध हो सके। इस व्यापक दृष्टिकोण के अनुसार *11वीं योजना में निम्न परस्पर सम्बन्धित घटकों को शामिल किया गया है*

- वैसी तीव्र आर्थिक संवृद्धि जो रोजगार के अवसर को बढ़ाती है तथा गरीबी को कम करती है।
- समाज के निम्न वर्गों तक स्वास्थ्य एवं शिक्षा जैसी मूलभूत सेवाओं को उपलब्ध कराना।
- सामाजिक न्याय एवं अधिकारिता को बढ़ाना ताकि सभी को स्वतन्त्रता व आत्मसम्मान सहित, बिना किसी सामाजिक एवं राजनीतिक बाधा के अवसर की समानता प्राप्त हो।
- एक ऐसी विकास प्रक्रिया का संचालन करना जो पर्यावरणिक रूप से सातत्यशील हो।
- लैंगिक असमानता दूर करने हेतु महिलाओं के अधिकारों को सुनिश्चित करना तथा योजना के अन्तर्गत वैसा प्रयास करना, जो उनकी आवश्यकताओं, अधिकारों तथा योगदान को प्रदर्शित करे।
- जवाबदेही और पारदर्शिता सुशासन के बहुत महत्त्वपूर्ण तत्त्व हैं तथा इसकी प्राप्ति का सर्वाधिक बेहतर एवं सम्भव रास्ता यह है कि ऐसे कार्यक्रमों के आकलन एवं क्रियान्वयन में सामुदायिक भागीदारी रखी जाए। इसके लिए 11वीं योजना में मुख्य उद्देश्य पंचायती राज तथा स्थानीय संस्थाओं को प्रोत्साहित करने का है ताकि बेहतर अभिशासन के लक्ष्य को प्राप्त किया जा सके।

11वीं पंचवर्षीय योजना *एक अवलोकन*

- जीडीपी वृद्धि दर का लक्ष्य 9% से घटाकर 8.1% कर दिया गया।
- वर्ष 2016-17 तक प्रति व्यक्ति आय दोगुनी हो जाएगी।
- 7 करोड़ नए रोजगार का सृजन किया जाएगा।
- शिक्षित बेरोजगार दर को घटाकर 5% से कम कर दिया जाएगा।
- वर्तमान में स्कूली बच्चों के पढ़ाई छोड़ने की दर 52% है, इसको घटाकर 20% किया जाएगा।
- साक्षरता दर में वृद्धि दर 85% तक पहुँचाना।
- जंन्म के समय नवजात शिशु मृत्यु दर को घटाकर 28 प्रति हजार किया जाएगा।
- मातृ मृत्यु दर को घटाकर प्रति हजार जन्म पर 1 करने का लक्ष्य है।
- सभी के लिए वर्ष 2009 तक स्वच्छ पेयजल उपलब्ध कराना।
- लिंगानुपात दर को सुधारते हुए वर्ष 2011-12 तक प्रति हजार 935 और वर्ष 2016-17 तक 950 प्रति हजार करने का लक्ष्य।
- वर्ष 2009 तक सभी गाँवों एवं गरीबी रेखा से नीचे रहने वाले परिवारों तक बिजली पहुँचाई जाएगी।
- नवम्बर, 2007 तक प्रत्येक गाँव में दूरभाष की सुविधा उपलब्ध होगी।
- वर्ष 2011-12 तक प्रत्येक गाँव को ब्रॉडबैण्ड से जोड़ दिया जाएगा।
- वर्ष 2009 तक 1,000 की जनसंख्या वाले गाँवों को सड़क की सुविधा होगी।
- वनीकरण की अवस्था में 5% की वृद्धि की जाएगी।
- गरीबी अनुपात 10 प्रतिशतांक तक घटाया जाएगा।
- दशकीय जनसंख्या वृद्धि दर को वर्ष 2001-2011 के बीच 16.2% तक घटाकर लाना।
- विद्युत उत्पादन की 68,000 मेगावाट अतिरिक्त क्षमता का सृजन किया जाएगा।

11वीं पंचवर्षीय योजना के निगरानी योग्य सामाजिक और आर्थिक लक्ष्य

आय और गरीबी

- सकल घरेलू उत्पाद (जीडीपी) की वृद्धि दर को 8% से 10% तक बढ़ाना और प्रति व्यक्ति आय को वर्ष 2016-17 तक दोगुना करने के लिए 12वीं योजना में इसे 10% बनाए रखना।
- लाभों का विस्तृत दायरा सुनिश्चित करने हेतु कृषि की विकास दर बढ़ाकर प्रतिवर्ष सकल घरेलू उत्पाद (जीडीपी) 4% करना।
- 7 करोड़ नए रोजगार अवसरों का सृजन।
- शिक्षित बेरोजगारी घटाकर 5% से कम करना।
- अकुशल श्रमिकों की वास्तविक मजदूरी दर में 20% वृद्धि करना।
- खपत की अनुपात संख्या में 10% अंकों तक कर्म।

शिक्षा

- प्राथमिक विद्यालय छोड़ने वाले बच्चों की दर, जो वर्ष 2003-04 में 50.2% थी, में कमी लाकर 2011-12 तक 20% करना।
- प्राथमिक विद्यालय में शिक्षा प्राप्ति के न्यूनतम मानकों का विकास तथा गुणवत्ता सुनिश्चित करने हेतु शिक्षा की प्रभावोत्पादकता की नियमित जाँच तथा मॉनीटर करना।
- 7 वर्ष या उससे अधिक के व्यक्तियों के लिए साक्षरता दर बढ़ाकर 85% करना।
- साक्षरता के लिंग आधारित अन्तर में 10% अंकों तक कमी।
- 11वीं योजना के अन्त तक उच्च शिक्षा हेतु जाने वाले प्रत्येक दस्ते के स्वास्थ्य प्रतिशत में वृद्धि लाकर वर्तमान 10% से 15% करना।

स्वास्थ्य

- प्रत्येक 1,000 जीवित बच्चों के जन्म पर शिशु मृत्युदर (आईएमआर) में कमी लाकर 28 और मातृ मृत्युदर एक (एमएमआर) करना।
- कुल प्रजनन दर में कमी लाकर 2.1 करना।
- वर्ष 2009 तक सब के लिए स्वच्छ पेयजल का प्रावधान और यह सुनिश्चित करना कि 11वीं योजना के अन्त तक कोई पिछड़ न गया हो।
- 0-3 वर्ष आयु समूह के बच्चों के कुपोषण के वर्तमान स्तर में आधे की कमी लाना।

- 11वीं योजना के अन्त तक महिलाओं एवं लड़कियों की एनीमिया में 50% की कमी लाना।

महिलाएँ एवं बच्चे

- 0-6 आयु समूह के लिंग अनुपात में वृद्धि कर 2011-12 तक 935 वर्ष 2016-17 तक 950 करना।
- यह सुनिश्चित करना कि सभी सरकारी योजनाओं के प्रत्यक्ष एवं अप्रत्यक्ष लाभार्थियों का 33% महिलाएँ एवं बालिकाएँ हों।
- यह सुनिश्चित करना कि काम करने की बाध्यता के बगैर सभी बच्चों का बालपन सुरक्षित रहे।

आधारभूत संरचना

- वर्ष 2009 तक सभी गाँवों और गरीबी रेखा के नीचे के परिवारों में बिजली का कनेक्शन और योजना के अन्त तक रात-दिन बिजली की व्यवस्था।
- 1,000 या उससे अधिक आबादी वाले गाँवों (पहाड़ी और जनजातीय क्षेत्रों में 500) में वर्ष 2009 तक सभी मौसम के लायक सड़क सम्पर्क सुनिश्चित करना तथा वर्ष 2015 तक सभी महत्त्वपूर्ण आवास स्थलों को इससे जोड़ना।
- नवम्बर, 2007 तक सभी गाँवों को टेलीफोन से जोड़ना तथा वर्ष 2012 तक सभी गाँवों को ब्रॉडबैण्ड से जोड़ना।
- वर्ष 2012 तक सभी को वासभूमि प्रदान करना तथा ग्रामीण गरीबों के लिए गृह निर्माण की गति तीव्र कर वर्ष 2016-17 तक सभी गरीबों को आवास देना।

पर्यावरण

- वन एवं वृक्षाच्छादन में 5% अंकों की वृद्धि।
- सभी प्रमुख शहरों में वर्ष 2011-12 तक डब्ल्यूएचओ के मानक के अनुरूप वायु गुणवत्ता प्राप्त करना।
- नदी जलों को स्वच्छ रखने के लिए वर्ष 2011-12 तक सभी गन्दे जल का परिशोधन।
- वर्ष 2016-17 तक ऊर्जा दक्षता में 20% अंकों की वृद्धि।

बारहवीं पंचवर्षीय योजना (वर्ष 2012-17)

Twelfth Five year Plan (2012-17)

अनुमानित लक्ष्य

बारहवी पंचवर्षीय योजना के निम्नलिखित 25 प्रमुख सूचक 'त्वरित सम्पोषणीय एवं आर्थिक समावेशी संवृद्धि' के सम्भावित लक्ष्य को प्रदर्शित करते हैं।

आर्थिक संवृद्धि

- वास्तविक सकल घरेलू उत्पाद में 8% संवृद्धि दर।
- कृषि क्षेत्रक में 4% की संवद्धि दर।
- औद्योगिक क्षेत्रक में 7-6% की संवृद्धि दर 1 सेवा क्षेत्रक में 9.0% तथा विनिर्माण क्षेत्रक में 10% (सम्भावित 7.1%) की संवृद्धि दर।

निर्धनता एवं रोजगार

- बारहवीं पंचवर्षीय योजना के अन्त तक उपभोग एवं गरीबी के अनुपात में 10% तक की कमी लाना।
- रोजगार में पाँच करोड़ नए अवसर गैर-कृषि यन्त्र के लिए सृजित करना तथा योजनावधि में इतने ही लोगों को दक्षता प्रमाण-पत्र देना।

शिक्षा

- योजना के अन्त तक शिक्षा प्राप्त करने की माध्य आयु को बढ़ाकर सात वर्ष तक करना।
- अर्थव्यवस्था की आवश्यकताओं के अनुरूप कौशल के दृष्टिकोण से प्रत्येक आयु वर्ग को उसके मुताबिक शिक्षा प्रदान करना तथा उच्च शिक्षा के लक्ष्य को प्राप्त करने के लिए 20 लाख रोजगार के अतिरिक्त अवसरों का सृजन करना।
- बारहवीं पंचवर्षीय योजना के अन्त तक बालक- बालिकाओं, अनुसूचित जाति/जनजातियों, अल्पसंख्यकों एवं अन्य लोगों के बीच शिक्षा में असमानता को समाप्त करना।

स्वास्थ्य

- योजना के अन्त तक शिशु मृत्यु दर को घटाकर 25, मातृत्व मृत्यु दर को घटाकर 1 (प्रत्येक 1000 जीवित जन्म में) के स्तर पर लाना तथा बाल लिंगानुपात (0-6 आयु वर्ग के बीच) को बढ़ाकर 956 करना।
- बारहवीं पंचवर्षीय योजना के अन्त तक कुल प्रजनन दर को 2.1% तक करना।
- योजना के अन्त तक 0-3 आयु वर्ग के बच्चों के कुपोषण स्तर को राष्ट्रीय परिवार स्वास्थ्य सर्वेक्षण-3 के आधे के स्तर पर लाना।

ग्रामीण आधारभूत संरचना

- बारहवीं पंचवर्षीय योजना के अन्त तक आधारभूत संरचना पर व्यय को सकल घरेलू उत्पाद के 9% के स्तर पर लाना।
- योजना के अन्त तक 90 मिलियन हेक्टेयर के वर्तमान सकल सिंचित क्षेत्रफल को बढ़ाकर 103 मिलियन हेक्टेयर करना।
- बारहवीं पंचवर्षीय योजना के अन्त तक सभी गाँवों तक बिजली पहुँचाना तथा सभी AT 2c हानियों को घटाकर 20% के स्तर पर लाना।
- योजना के अन्त तक देश के सभी गाँवों को सड़कों से जोड़ना।
- योजना के अन्त तक देश के समस्त राष्ट्रीय एवं राजकीय राजमार्गों को कम-से-कम दो लेन का बनाना।
- योजना के अन्त तक पूर्वी एवं पश्चिमी समर्पित माक गलियारों के निर्माण कार्य को पूरा करना।
- बारहवीं पंचवर्षीय योजना के अन्त तक ग्रामीण-दूरसंचार के घनत्व को बढ़ाकर 70% करना।
- देश की 50% ग्रामीण जनसंख्या को 40% पेयजल की आपूर्ति नलों के द्वारा सुनिश्चित करना तथा 50% ग्राम पंचायतों को 'निर्भय ग्राम' का दर्जा प्रदान करना।

पर्यावरण एवं सम्पोषणीयता

- उपग्रहों से प्राप्त होने वाले चित्रों के हरित आच्छादित क्षेत्रों में बारहवीं पंचवर्षीय योजना के अन्त तक प्रतिवर्ष एक मिलियन हेक्टेयर की वृद्धि करना।
- योजनावधि (2012-17) में 30,000 मेगावाट अक्षय ऊर्जा की क्षमता का सृजन करना।
- सकल घरेलू उत्पाद के प्रतिशत के रूप में उत्सर्जन संरचना में 2020 तक 2005 की तुलना में 25% की कमी लाना।

नवोन्मेष

2010-20 तक के दशक को नवोन्मेष दशक की घोषणा के साथ योजना में इस दिशा में भी विशिष्ट एवं विस्तृत प्रयास किए जाएँगे।

सेवाएँ

बारहवीं पंचवर्षीय योजना के अन्त तक देश के 90% परिवारों को बैंकिंग योजनाओं की अपसंरचना प्रदान करना। बारहवीं पंचवर्षीय योजना के अन्त तक 'आधार' से सम्बद्ध बैंक खातों के माध्यम से 'सब्सिडी एवं कल्याणकारी' भुगतानों को 'प्रत्यक्ष नकदी हस्तान्तरण योजना' के अन्तर्गत लाना।

12वीं पंचवर्षीय योजना के दस्तावेज को स्वीकृति

राष्ट्रीय विकास परिषद् (एन डी सी) ने 27 दिसम्बर, 2012 को 8% की औसत विकास दर के लक्ष्य वाली बारहवीं पंचवर्षीय योजना (2011-17) के दस्तावेज को मंजूरी दे दी है। बारहवीं पंचवर्षीय योजना का प्रारूप बनाते समय सरकार ने 9% विकास दर का लक्ष्य रखा था, परन्तु जब इस दस्तावेज को मंजूरी के लिए एन डी सी के समक्ष पेश करने का मौका आया, तो विकास दर के लक्ष्य में दो बार बदलाव किया गया। सितम्बर, 2012 में इस लक्ष्य को संशोधित कर 8.2% कर दिया गया।

उल्लेखनीय है कि ग्यारहवीं पंचवर्षीय योजना के तहत देश की औसत विकास दर 7.9% रही थी, जबकि बारहवीं पंचवर्षीय योजना के पहले वर्ष (वित्त वर्ष 2012-13) में विकास दर 5.7-5.9% रहने का अनुमान है। वर्ष 1991 में आर्थिक उदारीकरण की शुरूआत के बाद यह पहला मौका होगा, जब किसी पंचवर्षीय योजना के पहले ही वर्ष में विकास की रफ्तार लक्ष्य से नीचे रहेगी। सरकार के लिए 8% की विकास दर प्राप्त करना भी अब किसी चुनौती से कम नहीं है।

रेलवे में ₹ 5.20 लाख करोड़ निवेश

यह ग्यारहवीं पंचवर्षीय योजना (2007-12) की तुलना में डेढ़ गुने से भी अधिक है। उल्लेखनीय है कि बारहवीं पंचवर्षीय योजना (2012-17) के दौरान योजना द्वारा रेलवे में ₹ 5.20 लाख करोड़ के निवेश को मंजूरी दी गई है। यह ग्यारहवीं पंचवर्षीय योजना (2007-12) की तुलना में डेढ़ गुने से भी अधिक है। उल्लेखनीय है कि ग्यारहवीं पंचवर्षीय योजना में ₹ 1.92 लाख करोड़ की योजना रेलवे के लिए तय हुई थी। इस राशि में अधिकतर निवेश सरकार की ओर से होगा। इसमें ₹ 3,76,946 करोड़ का निवेश सरकार की ओर से होना प्रस्तावित है, जबकि शेष निवेश के लिए निजी क्षेत्र से सहयोग लिया जाएगा।

वीं पंचवर्षीय योजना के मूलभूत उद्देश्य

- सकल घरेलू बचत दर बारहवीं पंचवर्षीय योजना के लिए 34.2% करने का लक्ष्य रखा गया है।
- इस योजना के दौरान कृषि क्षेत्र में वृद्धि दर का लक्ष्य 4% रखा गया.है।
- योजना के अन्त तक शिक्षा के सार्वभौमीकरण के साथ इसकी गुणवत्ता के विकास पर बल देना।
- शिक्षा में सामाजिक, लैंगिक एवं क्षेत्रीय अन्तरालों को कम करना।
- इस योजना के अन्तर्गत विनिर्माण क्षेत्र में 4% वार्षिक समृद्धि दर प्राप्त करना तथा रोजगार सृजन में तीव्रता लाना।
- निजी निवेश में उच्च वृद्धि के तीव्र पुनरुत्थान के लिए स्थितियाँ पैदा करना।
- ऊर्जा और परिवहन क्षेत्रों में विशेषकर कोयला विद्युत, राष्ट्रीय राजमार्ग रेलवे व नगर विमानन में आपूर्ति सम्बन्धी बाधाएँ दूर करना, इत्यादि।

नोट *वर्तमान प्रधानमन्त्री श्री नरेन्द्र मोदी ने 15 अगस्त को लाल किले से देश के सम्बोधन में योजना आयोग को समाप्त कर 'थिंक टैंक' बनाने की बात कही है जिसके बाद योजना आयोग का अस्तित्व समाप्त हो जाएगा।*

समकालीन सामाजिक चुनौतियाँ एवं सरोकार

Contemporary Social Challenges and Concerns

21वीं शताब्दी में भारत सरकार के लिए बड़ी चुनौतियाँ, आर्थिक उन्नति के साथ समानता, रोजगार के साथ दक्षता, वितरण के साथ खाद्य उत्पादन और निर्धनता समाप्ति के साथ मुक्त बाजार का सन्तुलन स्थापित करने की हैं।

विकास की दो महत्त्वपूर्ण विशेषताएँ हैं-आर्थिक सत्ता और सामाजिक राजनीतिक आवश्यकताएँ। तीसरी दुनिया के देशों के सन्दर्भ में जब विकास की बात की जाती थी, तब यह माना जाता था कि इन देशों में रहने वाले लोगों का निम्न जीवन स्तर कम उत्पादकता के कारण है।

इसलिए इनके विकास के लिए उत्पादन बढ़ाने और समग्र व्यवस्था को मजबूत और सक्षम बनाने पर जोर दिया गया। साथ ही यह भी अनुभव किया गया कि कृषि सहित आधुनिक अर्थव्यवस्थाओं का विस्तार किया जाना चाहिए और निर्धनता को समाप्त करते हुए जीवनयापन के क्षेत्रो को इसमें समाहित कर देना चाहिए।

निर्धनता की समस्या का एकमात्र समाधान उत्पादन बढ़ाना है। इसलिए इन देशों ने आधुनिकीकरण और शहरीकरण के सूत्र को अपनाया। भारत का सम्बन्ध जहाँ तक है, भारत विश्व में सबसे अधिक जनसंख्या वाला दूसरा देश है, जिसकी आबादी वर्ष 2000 में लगभग 100 करोड़ के करीब थी और प्रतिवर्ष 2% की वृद्धि हो रही है। तेजी से बढ़ती आबादी ने न केवल आर्थिक उन्नति को धीमा कर दिया बल्कि प्राकृतिक संसाधनों पर बढ़ते दबावों ने पर्यावरण में गम्भीर विकृति पैदा करने में योगदान दिया तथा एक ऐसा श्रमिक बल पैदा कर दिया जिसकी निरन्तर वृद्धि और उन्नति अर्थव्यवस्था को समाहित करने वाली सामर्थ्य से निरन्तर अधिक होती रही। निर्धनता बरकरार रही साथ ही निरक्षरता का विस्तार 50% के आसपास रहा।

भारत में कृषि प्रमुख आर्थिक कार्य है जिसमें कुल श्रमिक बल का 75% तक लगा हुआ है जो जीडीपी के 30% के बराबर है। वर्तमान में भारत खाद्यान्न उत्पादन में आत्मनिर्भर है, लेकिन आने वाले समय में मुश्किलें पैदा हो सकती हैं। इसका कारण यह है कि भारतीय कृषि भूमि, वन कटान, भूमि कटाव तथा अन्य विकारों के माध्यम से गम्भीर पर्यावरण क्षति हो रही है, जिससे 20 लाख वर्ग किलोमीटर भूमि प्रभावित हुई है।

उत्पादन ठहर गया है और फसल क्षेत्र के विस्तार में भी अधिक वृद्धि नहीं हुई है, जो भारतीय विकास की प्रमुख समस्याओं में से एक है। इसलिए हमें निर्धनता उन्मूलन नीतियों, सूखी भूमि की सिंचाई की तरफ ध्यान केन्द्रित करना होगा, जिस पर भारत की अत्यधिक आबादी निर्भर है। खाद्यान्न के भण्डार में वृद्धि होने के बावजूद, खाद्य सुरक्षा की सुनिश्चितता प्रदान नहीं की जा सकती है, क्योंकि नौकरशाही के सामने वितरण की समस्या है, तो राजनीति भी अपना हस्तक्षेप रखती है।

भारत जैसे देश में जब से सामाजिक विकास को सामाजिक प्रगति के रूप में देखा गया है, तो केवल जी एन पी ही विकास का मानदण्ड नहीं रह गया है बल्कि स्वास्थ्य, शिक्षा, आवास, रोजगार आदि भी मानदण्ड बन गए हैं।

सामाजिक विकास के अवरोधक कारक

भारत में सामाजिक विकास को अवरुद्ध करने वाले प्रमुख कारक निम्नांकित हैं

- **राजनीतिक संरचना** भारत में केवल आर्थिक नीतियाँ गम्भीर विकास समस्याओं के लिए राष्ट्रीय विचारधाराओं के परिणाम का निर्णय नहीं करतीं, बल्कि राजनीतिक संरचना और निहित स्वार्थ तथा सत्ताधारी विशिष्ट वर्ग; जैसे—बड़े भूमिपति, शहरी उद्योगपति, बैंक, विदेशी उत्पादन आदि भी विकास को प्रभावित करते हैं।

- प्रतिकूल भौगोलिक परिस्थितियाँ
- साधनों का अभाव
- जनता में व्याप्त धार्मिक अन्धविश्वास
- जनता की विकास के प्रति उदासीनता
- शासक वर्ग की निरंकुशता
- सरकारी प्रयासों का अभाव
- स्वार्थपरखता एवं व्यक्तिवादिता

सामाजिक समस्या Social Problem

आधुनिक भारत में सामाजिक विकास की समस्याओं में सबसे महत्त्वपूर्ण समस्या या बाधा है सामाजिक समस्या। सामाजिक समस्याएँ व्यक्तिगत समस्याओं से अलग हुआ करती हैं। इन समस्याओं को समाज की एक असामान्य दशा के रूप में देखा जाता है। सामाजिक समस्याओं से समाज का काफी बड़ा भाग प्रतिकूल रूप से प्रभावित होता है। इन समस्याओं के कारण समाज में असन्तुलन की स्थिति पैदा हो जाती है।

भारत में कुछ महत्त्वपूर्ण सामाजिक समस्याएँ हैं जो भारत के विकास के मार्ग में बहुत बड़ी अवरोधक बन कर खड़ी हैं। इन समस्याओं में कुछ प्रमुख समस्याएँ हैं; *जैसे*

जातिवाद Racist

जातिवाद, जाति के स्तर तक सीमित वह भावना है जिसमें व्यक्ति अपनी जाति के सदस्यों के उत्थान, जातीय एकता के प्रति निष्ठा रखता है। व्यक्ति अपनी जाति के खिलाफ सुनना पसन्द नहीं करता है। जातिवाद राष्ट्र की एकता और अखण्डता में बाधक है। मानव के जन्म लेते ही वह जाति में बँट जाता है। व्यक्ति जिस परिवार में जन्म लेता है, वह परिवार समाज के अन्दर किसी-न-किसी जाति से सम्बद्ध होता है। इसलिए व्यक्ति की शुरू से लेकर अन्त तक जाति पर निर्भरता होने के कारण वह सिर्फ अपनी ही जाति का उत्थान चाहता है जो सामाजिक विकास के लिए एक बड़ी समस्या है।

प्रत्येक राजनीतिक दल अपने चुनावी फायदों के लिए अपने समीकरण जातिवाद के आधार पर तय करता है तथा चुनाव जीतने के बाद जाति का नेता अपनी जाति के हितों को ध्यान में रखकर काम करता है। परिणामस्वरूप जातिवाद का जन्म होता है। जातिवाद समाज में भेदभाव बढ़ाता है और साथ ही यह जातीय संघर्ष और तनाव पैदा करता है। भारत में आज भी यह एक बहुत बड़ी समस्या के रूप में मुँह खोले खड़ी है जो भारत के सामाजिक विकास के लिए बाधक है।

साम्प्रदायिकता Sectarianism

प्राचीनकाल से ही भारत विभिन्न धर्मों समस्याओं, विचारधाराओं तथा परम्पराओं का गवाह रहा है। यहाँ समय-समय पर न केवल विभिन्न धर्मों का प्रादुर्भाव और विकास हुआ बल्कि एक-एक धर्म के अन्दर ही विभिन्न मत वाले समूहों का निर्माण भी होता रहा है, पर आज भारत में परिस्थिति बदल गई है। आज साम्प्रदायिकता हमारे समाज की एक प्रमुख समस्या बन कर उभरी है, जो देश के विकास के लिए बहुत ही खतरनाक साबित हो रही है। इसी कारण पण्डित नेहरू ने कहा था कि "साम्प्रदायिकता को मैं भारत का सबसे बड़ा शत्रु मानता हूँ। हम सभी को साम्प्रदायिकता नष्ट करने के लिए अपनी पूरी शक्ति लगा देनी चाहिए, क्योंकि यह भारतीयता और हमारे राष्ट्र के विरुद्ध एक भारी चुनौती है।" साम्प्रदायिकता का आधार वह काल्पनिक या वास्तविक भय है जिसके अन्तर्गत एक विशेष धार्मिक समूह इस आशंका से घिरा रहता है कि दूसरे धार्मिक समूह उसके विरोधी हैं तथा उसे खत्म करने के लिए तुले हुए हैं। इसके चलते समाज में कानून व्यवस्था की स्थिति बिगड़ जाती है। देश का औद्योगिक विकास रुक जाता है।

भ्रष्टाचार Corruption

आधुनिक युग में भ्रष्टाचार की समस्या सभी देशों में किसी-न-किसी रूप में फैली हुई है। यह एक ऐसी समस्या है जिसका प्रभाव आज समाज के प्रत्येक वर्ग और प्रत्येक व्यक्तियों द्वारा अनुभव किया जा रहा है। भ्रष्टाचार आज समाज के प्रत्येक क्षेत्र में विद्यमान है तथा इसके कई रूप हैं; जैसे—रिश्वत लेना, मिलावट करना, कमीशन लेना, घोटाले, पक्षपात तथा सरकारी एवं सार्वजनिक समान को निजी रूप से इस्तेमाल करना आदि। भ्रष्टाचार में व्यक्ति सामाजिक नियमों का सोच-समझकर उल्लंघन करता है तथा अपने स्वार्थ की पूर्ति के लिए दूसरों के हितों की अवहेलना करता है।

भ्रष्टाचार निरोधक समिति के अनुसार, "एक सार्वजनिक पद अथवा जीवन में उपलब्ध एक विशेष स्थिति में संलग्न शक्ति तथा प्रभाव का अनुचित स्वार्थपूर्ण प्रयोग ही भ्रष्टाचार कहलाता है।"

आजादी के बाद भारत में भी भ्रष्टाचार की मात्रा और मामले दोनों बढ़े हैं। समय-समय पर कई विभागों और समितियों की स्थापना की जाती रही है, मगर भ्रष्टाचार पर रोक नहीं लग पाई है।

बेरोजगारी Unemployment

आज विश्व में अनेक देशों को बेरोजगारी की समस्या से जूझना पड़ रहा है। बेरोजगारी केवल अविकसित तथा विकासशील तृतीय विश्व के देशों की एक प्रमुख समस्या न होकर विश्व के विकसित देशों की भी एक जटिल आर्थिक-सामाजिक समस्या है। जहाँ औद्योगीकरण, यातायात के विकसित साधनों, मुद्रा अर्थव्यवस्था, बैंक व्यवस्था, मशीनीकरण आदि ने मानव को अनेक सुविधाएँ प्रदान की हैं, वहीं दूसरी ओर इन्होंने आर्थिक मन्दी, बेरोजगारी, तथा गरीबी को भी बढ़ा दिया है।

"बेरोजगारी वह दशा है, जिसमें काम करने में समर्थ और इसके लिए इच्छुक तथा अपने और अपने परिवार के लिए जीवन की आवश्यकताओं की व्यस्तता के लिए सामान्यत: अपने उपार्जनों पर निर्भर व्यक्ति लाभप्रद नियोजन प्राप्त करने में असमर्थ होता है।"

आज भारत में व्यक्तियों का एक बहुत बड़ा भाग बेरोजगार है। बेरोजगारी की समस्या किसी भी देश के विकास में बहुत बड़ी समस्या है। भारत में बेरोजगारी की समस्या में एक बड़ा हिस्सा शिक्षित बेरोजगारों का शामिल है जो भारत के विकास की रफ्तार को रोके हुए है।

भारत के योजना आयोग के अनुसार, " उस व्यक्ति को बेरोजगार कहा जा सकता है, जो एक सप्ताह में एक दिन बगैर काम के रहता है।" इसके विपरीत अन्तर्राष्ट्रीय श्रम संगठन ने उस व्यक्ति को कार्यरत माना है, जिसके पास सप्ताह के 15 घण्टे का काम होता है।

निर्धनता Poverty

जॉर्ज बर्नार्ड शॉ के अनुसार, "गरीबी मनुष्य की आत्मा को कमजोर बना देती है। यह समाज के अन्दर महामारी के रूप में फैलती है।"

निर्धनता एक सामाजिक आर्थिक समस्या है। एक व्यक्ति को जीवित रह कर अपनी न्यूनतम आवश्यकताओं की पूर्ति के लिए जितने धन की जरूरत होती है। यदि उससे व्यक्ति की आमदनी कम है, तो वह व्यक्ति गरीब माना जाता है। **जॉर्ज बर्नार्ड शॉ** ने गरीबी को मानव समाज की सबसे बड़ी बुराई और सबसे बड़ा अभिशाप माना है।

भारत में आर्थिक विकास से सम्बन्धित सबसे बड़ी समस्या गरीबी ही है। हम किसी और देश की गरीबी को राष्ट्रीय आय, प्रति व्यक्ति उपभोग खर्च और पोषण का आदर्श तथा प्रति व्यक्ति आय के आधार पर आय कह सकते हैं। भारत में गरीबी की परिभाषा पौष्टिक आहार को लेकर दी गई है।

जनसंख्या वृद्धि Population Growth

जनसंख्या की दृष्टि से भारत का संसार में दूसरा स्थान है, जबकि भारत क्षेत्रफल की दृष्टि से 7वें स्थान पर है। वर्ष 1901 में भारत की जनसंख्या 24 करोड़ के लगभग थी। आज यह आँकड़ा 100 करोड़ पार कर चुका है। किसी भी देश की जनसंख्या का घनत्व, बनावट और गुण उस देश की सामाजिक और आर्थिक व्यवस्था को प्रभावित करते हैं। भारत में प्रतिदिन 44.72 हजार व्यक्ति नए जुड़ जाते हैं तथा संसार का हर छठा व्यक्ति भारतीय है। भारत में पुरुषों की संख्या स्त्रियों से अधिक है। लगभग आधी आबादी भारत की निरक्षर है।

जनसंख्या वृद्धि कारण

भारत में जनसंख्या वृद्धि के निम्न कारण है

- निरक्षरता
- जन्म और मृत्यु दर के अनुपात में अन्तर
- धार्मिक मान्यताएँ
- जानकारी का अभाव तथा
- आर्थिक कारण
- कम उम्र में विवाह
- स्त्रियों की निम्न दशा
- परिवार नियोजन दुष्प्रचार

वर्तमान समय में भारत में अनेक सामाजिक समस्याएँ हैं। यहाँ धर्म, भाषा प्रजाति, जाति तथा क्षेत्रीयता के आधार पर अनेक भेदभाव पाए जाते हैं। ये समस्याएँ भारत के सामाजिक विकास में बाधा बनी हुई हैं। सामाजिक विकास के लिए इन बाधाओं को दूर करना अत्यन्त आवश्यक है, क्योंकि तभी भारत विकास और उन्नति के मार्ग पर अग्रसर होगा।

प्रैक्टिस जोन

1. सामाजिक विकास को विकास की किस विचारधारा के रूप में ग्रहण किया जाता है?
(a) ऐच्छिक (b) वैकल्पिक (c) बहुवैकल्पिक (d) सन्तुलित

2. परिवर्तन और विकास के दायरे से कौन-सा क्षेत्र बाहर नहीं रहना चाहिए?
(a) समाज (b) देश
(c) जलवायु (d) जनसंख्या

3. किसी देश की उन्नति के बारे में पूछने का प्रश्न है, निर्धनता, बेरोजगारी और अवमानना के बारे में पूछना। यह कथन किसका है?
(a) अमीन जमीर (b) ए जी फ्रेंक
(c) ड्रेज जीन (d) डुड्ले सीर्स

4. ''जनसंख्या के किसी भी समूह को सामाजिक विकास की सीमा के बाहर न रखा जाए।'', यह विचार संयुक्त राष्ट्र की महासभा में कब शामिल किया गया था?
(a) विश्व सामाजिक विकास सम्मेलन (1990)
(b) विश्व सामाजिक विकास सम्मेलन (1992)
(c) विश्व सामाजिक विकास सम्मेलन (1994)
(d) विश्व सामाजिक विकास सम्मेलन (1995)

5. समग्र सामाजिक विकास निम्न में से किसके विकास पर जोर नहीं देता है?
(a) आर्थिक (b) राजनीतिक
(c) धार्मिक (d) सामाजिक

6. सामाजिक विकास में किसकी संकल्पना मानव तथा समाज दोनों के लिए महत्त्वपूर्ण है?
(a) उदारवादी संकल्पना (b) बाबा आम्टे संकल्पना
(c) रानाडे संकल्पना (d) गाँधीवादी संकल्पना

7. सामाजिक विकास का प्रयुक्त सूचक किसे माना जाता है?
(a) पर्यावरण (b) राजनीतिक अवस्था
(c) जीवन प्रत्याशा (d) इनमें से कोई नहीं

8. ''मानव विकास मनुष्यों का मनुष्यों के लिए तथा मनुष्यों के द्वारा विकास है।'' यह कथन किसका है?
(a) मानव विकास रिपोर्ट, 1993
(b) मानव विकास रिपोर्ट, 1994
(c) मानव विकास रिपोर्ट, 1995
(d) मानव विकास रिपोर्ट, 1996

9. किसका कथन था कि कुछ भी प्राप्त करने के लिए धन ही एकमात्र साधन है?
(a) एडम स्मिथ (b) कार्ल मार्क्स (c) अरस्तू (d) कौटिल्य

10. अभीष्ट लक्ष्यों के साथ वांछित दिशा में परिवर्तन को कहा जाता है
(a) समानता (b) संक्रमण
(c) सहयोग (d) विकास

11. सामाजिक विकास में किस दृष्टिकोण को अपनाया जाना चाहिए?
(a) समय निरपेक्ष (b) मूल्य सापेक्ष
(c) मूल्य निरपेक्ष (d) भाव निरपेक्ष

12. मानव विकास रिपोर्ट के अनुसार, जीवन की गुणात्मकता के सन्दर्भ में निम्नलिखित में से कौन-सा आयाम शामिल नहीं है?
(a) लम्बा स्वस्थ जीवन (b) रोजगार की उपलब्धता
(c) अच्छा जीवन-स्तर (d) ज्ञान की उपलब्धि

13. वर्ष 1990 की मानव विकास की रिपोर्ट को किसके निर्देशन में तैयार किया गया था?
(a) महबूब उल हक (b) एनरैट ई इंजन
(c) मौरिस डी मौरिस (d) रैजनिक

14. सामाजिक विकास एक घटक है
(a) सतत् विकास का (b) सम्बद्ध विकास का
(c) असम्बद्ध विकास का (d) सन्तुलित विकास

15. निम्नलिखित में से कौन-सा वितरण की स्वतन्त्रता का लक्ष्य नहीं है?
(a) मूल आवश्यकताओं की पूर्ति (b) व्यक्ति का आत्मसम्मान
(c) स्वाधीनता की संकल्पना (d) परम्पराओं की रक्षा

16. मानव विकास के कुछ लक्ष्यों को प्राप्त करने के लिए कौन-सी घोषणा अपनाई गई?
(a) संयुक्त राष्ट्र विशिष्ट घोषणा
(b) संयुक्त राष्ट्र सहस्त्राब्दिक घोषणा
(c) संयुक्त राष्ट्र मानव विकास घोषणा
(d) उपरोक्त में से कोई नहीं

17. संयुक्त राष्ट्र घोषणा-पत्र में सम्पूर्ण निर्धनता को दूर करने का लक्ष्य रखा गया है
(a) वर्ष 2014 तक (b) वर्ष 2018 तक
(c) वर्ष 2015 तक (d) वर्ष 2020 तक

18. हम किसकी कीमत पर पर्यावरण का दोहन करते रहे हैं?
(a) सभ्यता (b) संस्कृति (c) विकास (d) परम्परा

19. कुछ लोगों की समृद्धि तथा अधिक लोगों की निर्धनता में वृद्धि होने के परिणामस्वरूप किस विचारधारा का विकास हुआ?
(a) माँग की विचारधारा
(b) पूर्ति की विचारधारा
(c) समृद्धि की विचारधारा
(d) मूलभूत आवश्यकता की विचारधारा

20. लिंग असमानता सूचकांक (जनन) में महिलाओं के दृष्टिकोण से शामिल किए गए महत्त्वपूर्ण आयामों में निम्न में से कौन-सा शामिल नहीं है?
(a) पोषण (b) प्रजनन स्वास्थ्य
(c) व्यक्तिकरण (d) श्रम बाजार में हिस्सेदारी

21. किसने कहा था कि भारत के लिए सभी क्षेत्रों का समान रूप से विकास कर पाना सम्भव नहीं है?
(a) पी डी कुलकर्णी (b) सद्ध दत्त
(c) पी सी महालवनोबिस (d) डी एम मिथानी

22. सामाजिक विकास के लक्ष्य को प्राप्त करने के लिए सामाजिक नियोजन को अपनाने की सलाह किसने दी है?
(a) विश्व पर्यावरण संगठन (b) संयुक्त राष्ट्र संघ
(c) अन्तर्राष्ट्रीय विकास संघ (d) इनमें से कोई नहीं

23. उस देश को विकास की अवस्था में पहुँचा हुआ माना जाता है, जिसकी संवृद्धि दर होती है
(a) 5-6% (b) 6-8% (c) 8-10% (d) 7-12%

24. मानव विकास सूचकांक में प्रति व्यक्ति वास्तविक सकल घरेलू उत्पाद आर्थिक सूचक है, जबकि सामाजिक सूचक है
(a) समानता
(b) पूर्ण रोजगार
(c) जीवन सम्भावना और शिक्षा की उपलब्धि
(d) पोषण एवं सुरक्षा

25. धारणीय विकास के लक्ष्यों को प्राप्त करने के लिए हमें किस दृष्टिकोण को अपनाने की आवश्यकता है?
(a) समन्वित (b) व्यापक
(c) पारिस्थितिकी (d) विकासपरक

26. निर्धनता उन्मूलन कार्यनीति दस्तावेज किसके संयुक्त विचार पर आधारित है?
(a) संयुक्त राष्ट्र संघ विकास कार्यक्रम
(b) संयुक्त राष्ट्र संघ पुनर्वास कार्यक्रम
(c) विश्व बैंक और अन्तर्राष्ट्रीय मुद्रा कोष
(d) उपरोक्त में से कोई नहीं

27. सामाजिक संरचना को समाज के किस स्वरूप में देखा गया है?
(a) मिश्रित (b) पूँजीवादी
(c) समाजवादी (d) साम्यवादी

28. 'हरित क्रान्ति' किस योजनाकाल में क्रियान्वित की गई?
(a) तृतीय पंचवर्षीय योजना
(b) चतुर्थ पंचवर्षीय योजना
(c) पंचम पंचवर्षीय योजना
(d) छठी पंचवर्षीय योजना

29. राष्ट्रीय योजना निर्माण समिति का गठन किसने किया था?
(a) महात्मा गाँधी (b) सरदार वल्लभभाई पटेल
(c) जवाहरलाल नेहरू (d) इन्दिरा गाँधी

30. उन्नति का लाभ यदि संकेन्द्रित होता है, तो सामाजिक विकास की विचारधारा
(a) सफल होती है (b) यथावत रहती है
(c) विचलित होती है (d) असफल होती है

31. व्यावसायिक प्रशिक्षण और रोजगार के अवसर उपलब्ध कराने के माध्यम से मानव क्षमताओं के विकास को कहा जाता है
(a) दक्षता निर्माण (b) मानव निर्माण
(c) व्यवसाय निर्माण (d) रोजगार निर्माण

32. सार्वभौमिक मानदण्ड के अनुसार निर्धन कौन माना जाता है?
(a) जिसकी आमदनी एक डॉलर प्रतिदिन से कम है
(b) जिसकी आमदनी दो डॉलर प्रतिदिन से कम है
(c) जिसकी आमदनी तीन डॉलर प्रतिदिन से कम है
(d) उपरोक्त में से कोई नहीं

33. उच्च आय वाले देशों में साक्षरता का प्रतिशत 98 है, जबकि निम्न आय वाले देशों में यह है
(a) 60% (b) 62%
(c) 65% (d) 70%

34. किसने कहा था कि किसी भी देश में विकास का स्तर तथा स्वरूप उस देश के संसाधनों के द्वारा सीमित होता है?
(a) जैकब वाइनर (b) थियोडर डब्ल्यू शुल्ज
(c) हैंस सिंगर (d) आर्थर लुइस

35. 'समेकित ग्राम विकास' की संकल्पना का विचार किस उद्देश्य के लिए हुआ?
(a) न्यूनतम आवश्यकता (b) अधिकतम आवश्यकता
(c) बहुद्देशीय आवश्यकता (d) ये सभी

36. मानव विकास सूचकांक के निर्माता महबूब-उल-हक नागरिक थे
(a) बांग्लादेश (b) संयुक्त राज्य अमेरिका
(c) ईरान (d) पाकिस्तान

37. 12वीं पंचवर्षीय योजना के दृष्टिकोण-पत्र को हाल ही में केन्द्रीय मन्त्रिमण्डल का अनुमोदन मिला। दृष्टिकोण-पत्र में निम्नलिखित में से किसे पहली बार शामिल किया गया है?
(a) भ्रष्टाचार पारदर्शिता और गवर्नेंस
(b) कृषि क्षेत्र का सुदृढ़ीकरण
(c) मौद्रिक नीति की आवधिक समीक्षा सरकार द्वारा RBI द्वारा नहीं
(d) उपरोक्त सभी

38. सुमेलित कीजिए

सूची I (योजना)	सूची II (प्राथमिकताएँ)
A. चौथी	1. भारी उद्योगों की स्थापना, स्वास्थ्य चिकित्सा
B. छठी	2. स्थिरता के साथ विकास और आत्मनिर्भरता की प्राप्ति का लक्ष्य
C. दूसरी	3. मानव संसाधन विकास
D. आठवीं	4. गरीबी उन्मूलन

कूट

	A	B	C	D		A	B	C	D
(a)	1	2	4	3	(b)	1	3	2	4
(c)	2	4	1	3	(d)	2	1	3	4

39. सुमेलित कीजिए

सूची I (योजना)	सूची II (प्राथमिकताएँ)
A. तीसरी	1. खाद्यान्न एवं कृषि
B. सातवीं	2. ऊर्जा एवं खाद्यान्न
C. पहली	3. गरीबी उन्मूलन एवं आत्मनिर्भरता
D. पाँचवीं	4. सामुदायिक विकास कार्यक्रम

कूट

	A	B	C	D		A	B	C	D
(a)	1	2	4	3	(b)	1	3	2	4
(c)	2	4	1	3	(d)	2	1	3	4

40. भारत में आर्थिक नियोजन का उद्देश्य है

1. आर्थिक असमानताओं में कमी।
2. आर्थिक समृद्धि।
3. गरीबी निवारण।
4. आत्मनिर्भरता।

कूट

(a) 1 और 2 (b) 1, 2 और 3 (c) 1, 2 और 4 (d) ये सभी

41. आर्थिक विकास दर में सर्वाधिक वृद्धि किस पंचवर्षीय योजना के दौरान हुई?

(a) चौथी पंचवर्षीय योजना (b) दसवीं पंचवर्षीय योजना
(c) छठी पंचवषीय योजना (d) पहली पंचवर्षीय योजना

42. राष्ट्रीय विकास परिषद् के सचिव की भूमिका कौन निभाता है?

(a) सचिव, वित्त मन्त्रालय (b) सचिव, योजना आयोग
(c) सचिव, योजना मन्त्रालय (d) सचिव वित्त आयोग

43. किस पंचवर्षीय योजना के दौरान आपातकाल लगाया गया था?

(a) तीसरी (b) चौथी
(c) पाँचवीं (d) छठी

44. भारत में नब्बे के दशक में औद्योगिक क्षेत्र में आयोजना प्रक्रिया ने पूर्व काल की आयोजना प्रक्रिया की तुलना में अपेक्षाकृत कम महत्त्वपूर्ण स्थान ग्रहण किया। इस विषय में निम्नलिखित में से कौन-सा एक सत्य नहीं है?

(a) उदारीकरण के आगमन के साथ, औद्योगिक निवेश/विकास को बहुत अधिक हद तक निजी और बहुराष्ट्रीय क्षेत्र के दायरे में रखा गया है
(b) बाजार के केन्द्रीय स्थान ग्रहण कर लेने के साथ, अनेक क्षेत्रों में केन्द्रीय आयोजना की भूमिका अनावश्यक हो गई है
(c) आयोजना का केन्द्र मानव संसाधन विकास, आधारित संरचना, जनसंख्या नियन्त्रण और कल्याण जैसे क्षेत्रों में अन्तरित हो गया है
(d) राष्ट्र की प्राथमिकताएँ औद्योगिक त्रिकास से दूर हटकर ग्रामीण विकास हो गई हैं

45. किस योजना के प्रारूप-पत्र के अनुसार लक्षित संवृद्धि दर के प्राप्त होने तथा जनसंख्या के 1.5% वार्षिक तृद्धि होने पर एक औसत भारतीय की वास्तविक आय दोगुनी हो जाएगी?

(a) ग्यारहवीं योजना में (b) बारहवीं योजना में
(c) दसवीं योजना में (d) दूसरी योजना में

46. ग्यारहवीं पंचवर्षीय योजना के दिशा-निर्देश-पत्र का प्रकरण रहा है

(a) अभिसूचक नियोजन
(b) सामाजिक न्याय के साथ संवृद्धि
(c) तीव्र तथा समावेशी विकास की ओर
(d) खुशहाली की ओर

47. भारत में पंचवर्षीय योजना को स्वीकार करने का अन्तिम अधिकार

(a) योजना आयोग को है
(b) राष्ट्रीय विकास परिषद् को है
(c) संघीय मन्त्रिमण्डल को है
(d) संसद को है

48. पिछड़े देशों के लिए *रोलिंग प्लान* का सुझाव किसके द्वारा दिया गया था?

(a) जी मिर्डल द्वारा (b) डब्ल्यू ए लेबिस द्वारा
(c) आर के नर्कसे द्वारा (d) ए सेम्युअल द्वारा

49. शिक्षा के लिए ग्यारहवीं योजना की विषय-वस्तु क्या थी?

(a) सबके लिए शिक्षा (b) खेल के साथ शिक्षा
(c) अनिवार्य प्रारम्भिक शिक्षा (d) शिक्षा का व्यावसायीकरण

50. तीव्र आर्थिक तथा समावेशी विकास की व्यवस्था किस पंचवर्षीय योजना के दौरान की गई?

(a) पहली पंचवर्षीय योजना (b) दसवीं पंचवर्षीय योजना
(c) ग्यारहवी पंचवर्षीय योजना (d) बारहवीं पंचवर्षीय योजना

51. भारत में प्लान होलीडे की अवधि क्या थी?

(a) 1969-72 (b) 1962-65 (c) 1966-69 (d) 1972-75

52. यद्यपि वर्ष 1991 से एकीकृत बाजार आर्थिक व्यवस्था को अपनाया गया तथापि राष्ट्रीय आर्थिक योजना को चालू रखने का क्या कारण है?

(a) यह सांविधानिक अपेक्षा है
(b) लोक क्षेत्रक में पहले लगाई गई पूँजी की भारी मात्रा में पूँजी की देखभाल आवश्यक है
(c) पंचवर्षीय योजनाएँ बाजार समर्थक रीति से अर्थव्यवस्था को दीर्घावधिक परिप्रेक्ष्य प्रदान करती है
(d) बाजारवादी अर्थव्यवस्था मुख्यतः उद्योग और वाणिज्य तक सीमित है तथा कृषि में केन्द्रीय योजना आवश्यक है

53. *समाविष्ट वृद्धि,* का उद्देश्य कौन-से योजना दस्तावेज में दिया गया है?

(a) नौवीं पंचवर्षीय योजना (b) दसवीं पंचवर्षीय योजना
(c) ग्यारहवीं पंचवर्षीय योजना (d) बारहवीं पंचवर्षीय योजना

54. जॉन केन के अनुसार जब कभी समाज द्वारा प्रचलित मूल्यों एवं आदर्शों के प्रतिकूल परिस्थितियाँ विकसित हो जाती हैं तो ...... जन्म लेने लगती हैं।

(a) सामाजिक समस्याएँ (b) सामाजिक आवश्यकताएँ
(c) सामाजिक गतिशीलता (d) धार्मिक उन्माद

55. किसने जनसंख्या की वृद्धि को ही सामाजिक समस्या का प्रमुख कारण बताया है?
(a) मैरिल एवं इलियट (b) वोल्फ
(c) पारसन्स (d) राव एवं सेल्जविक

56. सामाजिक विकास प्राकृतिक शक्तियों पर किसके नियन्त्रण का विकास है?
(a) सामूहिक (b) मानवीय
(c) सांस्कृतिक (d) आर्थिक

57. "स्वयं अपनी सहायता करना ही उत्तम सहायता होती है।" की विचारधारा को किसने प्रस्तुत किया?
(a) दयानन्द सरस्वती (b) गोखले
(c) विवेकानन्द (d) गाँधी

58. किस आधार पर सामाजिक समस्याओं का समाधान तथा सामाजिक कल्याण एवं पुनर्निर्माण करने का प्रयास किया जाता है?
(a) वैज्ञानिक आधार (b) सामाजिक आधार
(c) आर्थिक आधार (d) धार्मिक आधार

59. जिसके द्वारा समाज किसी आकस्मिकताओं के शिकार व्यक्तियों को आर्थिक अथवा सेवाओं के माध्यम से सहायता प्रदान करता है, कहलाता है
(a) श्रमदान (b) सामाजिक सुरक्षा
(c) समाज कल्याण (d) समाज सुधार

60. व्यावसायिक गतिशीलता के परिणामस्वरूप ही .....गतिशीलता में वृद्धि होती है।
(a) आर्थिक (b) सांस्कृतिक (c) सामुदायिक (d) सामाजिक

61. सभ्यता का जैसे-जैसे विकास हो रहा है, वैसे-वैसे मानव की निर्भरता ..... पर कम होती जा रही है।
(a) समाज (b) उद्योग
(c) प्रकृति (d) अन्य सदस्यों

62. सामाजिक परिवर्तन किस प्रक्रिया का सबसे महत्त्वपूर्ण अंग है?
(a) नगरीकरण (b) आधुनिकीकरण
(c) औद्योगीकरण (d) समाजीकरण

63. इनमें सामाजिक विकास का कारक कौन नहीं है?
(a) सामंजस्य (b) आविष्कार
(c) ज्ञान भण्डार (d) धार्मिक प्रवृत्ति

64. "सामाजिक समस्या ऐसी परिस्थितियों का पुंज है जिसे समाज में बहुसंख्यक अथवा पर्याप्त अल्पसंख्यक द्वारा नैतिकतया गलत समझा जा सकता है।" यह किसका कथन है?
(a) ग्रीन (b) लेस्ले (c) मेयर्स (d) हॉर्टन

65. भारत में 0-14 वर्ष के 35% बच्चे हैं जिनके कल्याण और सुरक्षा से जुड़े सभी मामले कौन देखता है?
(a) महिला एवं बाल विकास (b) योजना आयोग
(c) ग्रामीण विकास मन्त्रालय (d) सामाजिक न्याय मन्त्रालय

66. समाज कार्यकर्ता के कार्यों का केन्द्र-बिन्दु व्यक्ति और उसके पर्यावरण के बीच होने वाली .... पर होता है।
(a) विकास (b) अधिगमन
(c) अन्तःक्रियाओं (d) सम्भावनाओं

67. सामाजिक विकास के अन्तर्गत व्यक्तियों की आवश्यकता पूर्ति के किस चीज का समृद्ध होना अति आवश्यक है?
(a) सामाजिक विकास (b) समाज कल्याण
(c) अर्थव्यवस्था (d) सामाजिक संस्कृति

68. मानव अपनी आवश्यकताओं की पूर्ति के लिए किस से सम्बन्ध स्थापित करता है?
(a) समूह से (b) समाज में अन्य सदस्यों से
(c) समुदाय से (d) ये सभी

69. प्रारम्भ में समस्याग्रस्त एवं पीड़ित व्यक्तियों की सहायता करने की भावना किस प्रवृत्ति पर आधारित थी?
(a) आर्थिक (b) राजनीतिक (c) धार्मिक (d) सामाजिक

70. व्यवसाय के रूप में समाज कार्य का प्रादुर्भाव किस शताब्दी के उत्तरार्द्ध में हुआ?
(a) 18वीं शताब्दी (b) 19वीं शताब्दी
(c) 20वीं शताब्दी (d) 21वीं शताब्दी

71. भारत में समाज कार्य एक विषय के रूप में ज्यादा लोकप्रिय नहीं है, इसका क्या कारण है?
(a) धार्मिक कारण (b) वैज्ञानिक कारण
(c) समाज सेवा की असफलता (d) ये सभी

72. सरकार द्वारा महिलाओं को मातृत्व लाभ किसके अन्तर्गत प्रदान किया जाता है?
(a) समाज कल्याण (b) समाज सेवा
(c) सामाजिक सुरक्षा (d) आर्थिक सुरक्षा

73. कौन केवल व्यक्तियों को संरक्षण ही प्रदान नहीं करता बल्कि उनकी समस्याओं के समाधान में वैज्ञानिक ज्ञान एवं प्राविधिक निपुणताओं का प्रयोग करते हुए आत्म सहायता की क्षमता विकसित करता है?
(a) समाज कार्य (b) समाज कल्याण
(c) सरकार की आर्थिक नीति (d) सामाजिक सुरक्षा

उत्तरमाला

1. (b)	**2.** (d)	**3.** (d)	**4.** (d)	**5.** (c)	**6.** (d)	**7.** (c)	**8.** (a)	**9.** (c)	**10.** (d)
11. (c)	**12.** (b)	**13.** (a)	**14.** (a)	**15.** (d)	**16.** (b)	**17.** (c)	**18.** (c)	**19.** (d)	**20.** (a)
21. (c)	**22.** (b)	**23.** (b)	**24.** (c)	**25.** (c)	**26.** (c)	**27.** (c)	**28.** (b)	**29.** (c)	**30.** (d)
31. (b)	**32.** (a)	**33.** (b)	**34.** (d)	**35.** (c)	**36.** (d)	**37.** (d)	**38.** (c)	**39.** (a)	**40.** (d)
41. (b)	**42.** (b)	**43.** (c)	**44.** (d)	**45.** (a)	**46.** (c)	**47.** (b)	**48.** (a)	**49.** (c)	**50.** (c)
51. (c)	**52.** (d)	**53.** (c)	**54.** (a)	**55.** (b)	**56.** (b)	**57.** (d)	**58.** (a)	**59.** (b)	**60.** (d)
61. (c)	**62.** (b)	**63.** (d)	**64.** (a)	**65.** (a)	**66.** (c)	**67.** (c)	**68.** (d)	**69.** (c)	**70.** (b)
71. (d)	**72.** (c)	**73.** (a)							

अध्याय
03
नेतृत्व विकास

नेतृत्व Leadership

अंग्रेजी शब्द Lead से Leader तथा Leadership बना है। शब्दकोश की दृष्टि से Lead के कई अर्थ हैं यथा, आगे होना, उच्च होना, सर्वोत्तम होना, प्रसिद्ध होना या मार्गदर्शन देना आदि। Leader वह व्यक्ति है, जो Lead करता है तथा Ship का अर्थ किसी स्थिति या परिस्थिति से है। अर्थात् Leadership किसी व्यक्ति की वह योग्यता है, जो दूसरों को राह दिखाने का कार्य करती है। नेता तथा नेतृत्व में वही सम्बन्ध है, जो मित्र तथा मित्रता में है।

नेतृत्व प्रबन्ध का एक महत्त्वपूर्ण पक्ष है, प्रबन्धक अपने अधीनस्थों का प्रभावी तरीके से नेतृत्व करके अपने प्रबन्धकीय कार्य को प्रभावी बना सकता है। सामान्यत: प्रशासनिक संगठनों के शीर्ष पर विराजमान कार्यकारी अधिकारी को हम उस संगठन का नेता तथा उसके कार्यों को हम नेतृत्व के रूप में देखते हैं "किन्तु प्रत्येक प्रबन्धक नेता नहीं होता और न ही प्रत्येक नेता प्रबन्धक होता है।"

नेतृत्व से तात्पर्य किसी व्यक्ति विशेष के उस गुण से है, जिसके द्वारा वह अन्य व्यक्तियों का नेता के रूप में संचालन करता है। नेतृत्व वह क्षमता है जिसके द्वारा अनुयायियों के एक समूह से वांछित कार्य स्वेच्छापूर्वक एवं बिना दबाव के कराए जा सकते हैं।

नेतृत्व की परिभाषाएँ Definitions of Leadership

नेतृत्व की कुछ प्रमुख परिभाषाएँ निम्नलिखित हैं

जॉर्ज आर टैरी के अनुसार "नेतृत्व वह क्रिया है, जिसके माध्यम से कोई व्यक्ति, उद्देश्यों के लिए व्यक्तियों को स्वेच्छा से कार्य करने के लिए उन्हें प्रभावित करता है।"

कूण्टज एवं **ओडोनेल** के अनुसार, "किसी लक्ष्य की प्राप्ति के लिए सन्देशवाहक के माध्यम द्वारा व्यक्तियों को प्रभावित करने की योग्यता नेतृत्व कहलाती है।"

लिविंगस्टोन के शब्दों में "नेतृत्व, अन्य लोगों में किसी सामान्य उद्देश्य का अनुसरण करने की इच्छा की जागृति करने की योग्यता है।"

सेक्लर हडसन ने नेतृत्व को किसी उद्यम के उद्देश्यों की प्राप्ति हेतु समान प्रयत्न द्वारा व्यक्तियों को प्रेरित तथा प्रभावित करने के रूप में कहा है।

ऑर्डवे टीड के अनुसार, "नेतृत्व गुणों का वह संयोजन है, जिनके होने से कोई नेता, अनुयायियों से कुछ करवाने के योग्य होता है, क्योंकि नेता के प्रभाव से ही अनुयायी कुछ करने को तत्पर होते हैं।

चेस्टर बर्नार्ड के अनुसार, "नेतृत्व, का सम्बन्ध व्यक्तियों के व्यवहार के उस गुण से है, जिसके द्वारा वह अन्य लोगों को संगठित प्रयास से सम्बन्धित कार्य करने में मार्गदर्शन करता है।" *इनके अनुसार नेतृत्व तीन बातों पर निर्भर करता है* (i) व्यक्ति, (ii) नेता, (iii) परिस्थितियाँ

मूने तथा **रैले** के अनुसार, "प्रक्रिया के समय अधिकारी जो वर्ग जो स्वरूप धारण करता है, उसी का नाम नेतृत्व है।"

नेतृत्व के सम्बन्ध में व्याप्त भ्रान्तियों को दूर करने के लिए यह कहा जाता है कि उन आयामों को भी समझ लेना आवश्यक है, जिनके द्वारा यह पता चलता है कि **नेतृत्व क्या नहीं है?**

- नेतृत्व का अर्थ भय नहीं है। नेता वह है, जो अनुयायियों में आत्मविश्वास जागृत कर सम्मान तथा निष्ठा प्राप्त करता है। यह हो सकता है कि नेता की पदवी उच्च होने के कारण अनुयायी स्वत: ही भय अनुभव करें, किन्तु यह भय घातक नहीं है।
- सिर्फ आदेश देना ही नेतृत्व नहीं है बल्कि यह नेतृत्व की आवश्यकता है।
- व्यक्ति को बहुल नेतृत्व से आदेश भी प्राप्त करना हो सकता है।
- सिर्फ करिश्मा करना या उच्च स्तरीय शारीरिक-मानसिक क्षमताएँ रखना भी नेतृत्व नहीं है। बल्कि बुद्धि, ताकत, प्रभावित करने की क्षमता तथा ओजस्वी व्यक्तित्व शब्द एक अच्छे नेता के लिए अतिरिक्त गुण है।
- सिर्फ प्रभाव भी नेतृत्व नहीं होता क्योंकि प्रभात्र की वास्तविकता के दायरे में ऐसे व्यक्तियों का प्रभाव भी आ जाता है, जो नेता नहीं हैं।
- लोकप्रियता को नेतृत्व का पर्याय नहीं कहा जा सकता है, क्योंकि कई बार लोकप्रियता व्यक्ति की स्थिति तथा क्षमता के साथ-साथ अनुयायियों की मानसिकता से जुड़ी हुई होती है। प्रत्येक लोकप्रिय व्यक्ति नेतृत्व के योग्य हो, यह भी आवश्यक नहीं है।

नेतृत्व की प्रविधियाँ

नेतृत्व एक जटिल तथा महत्त्वपूर्ण प्रशासनिक प्रक्रिया है। जिसे निम्नांकित तकनीकों द्वारा पूरा किया जा सकता है

- नेतृत्व में सफल निष्पादन का सर्वश्रेष्ठ तरीक सहयोग प्राप्ति का है। इसके लिए नेतृत्वकर्त्ता स्वयं सहयोग तथा सम्बल प्रदान करने के योग्य हो। क्योंकि नेतृत्व एक वृत्ताकार घूमनेवाली प्रक्रिया है।
- आदेश देना सत्ता के प्रयोग की एक प्रचलित प्रविधि है। चूँकि नेता संगठन के शीर्ष पर होता है इसलिए सत्ता का वह सांविधानिक प्रयोग करता है। क्योंकि उसके उत्तरदायित्व भी सर्वाधिक होते हैं।
- **समन्वय** नेतृत्व का सार तत्त्व है।
- संगठनात्मक व्यवस्था, नियमों, कार्य प्रणालियों, आचार-संहिता, परम्पराओं का पालन करना आदि आवश्यक तत्त्व हैं। अनुयायियों की **प्रेरणा, मनोबल बढ़ाकर** आधी समस्या का समाधान हो सकता है।
- **उच्च आदर्श, नैतिकता तथा यथोचित व्यवहार** नेतृत्व की आधी समस्याओं का समाधान कर देता है।

नेता व नेतृत्व की उपयोगिता एवं कार्य

Leader and Work and Importance of Leadership

किसी भी संगठन को सन्तुलित रूप देने, उसके उद्देश्यों की कुशलता के साथ प्राप्ति, कर्मचारियों का सहयोग व सन्तुष्टि बनाए रखने तथा संगठनात्मक प्रभावशीलता का स्तर ऊँचा रखने के लिए सही नेतृत्व से बढ़कर कोई उपाय नहीं है। नेता का आशय उस व्यक्ति से है, जो किसी समूह को मार्गदर्शन, प्रेरणा व एकता प्रदान करता हो। नेतृत्व की उपयोगिता दो दृष्टिकोणों से समझी जा सकती है। नकारात्मक दृष्टिकोण के अन्तर्गत हम यह मानते हैं कि नेतृत्व के द्वारा संगठन में अनुशासनहीनता, असहयोग, बिखराव, संघर्ष तथा समन्वय की समस्या से छुटकारा पाया जा सकता है, वहीं **सकारात्मक दृष्टिकोण** के आधार पर कहा जाता है कि नेतृत्व से संगठन में सहयोग, नियन्त्रण, संचार, समन्वय, अभिप्रेरणा तथा अनुशासन की स्थापना होती है।

नेतृत्व की प्रमुख विशेषताएँ

- नेतृत्व में **अनुयायियों** का होना प्रमुख रूप से आवश्यक है क्योंकि नेतृत्व अनुयायियों, या अधीनस्थों का ही किया जाता है। बिना अनुयायियों के नेतृत्व की कल्पना करना कठिन है।
- नेतृत्व में अनुयायियों के **व्यवहार** व **आचरण** को प्रभावित किया जाता है, इसके द्वारा ही नेता का प्रभाव अनुयायियों पर पड़ता है।
- नेतृत्व की यह प्रकृति एवं स्वभाव है कि वह अपने अनुयायियों के प्रयत्नों को सामूहिक लक्ष्यों को प्राप्त करने के लिए निर्देशित करता है। अत: नेता का यह कर्त्तव्य है कि वह कुछ लक्ष्यों को स्पष्ट रूप से परिभाषित करे जिससे कि अनुयायी इन लक्ष्यों से अपने **हितों का एकीकरण** कर सकें।
- प्रशासनिक संगठनों में **नेतृत्व, निर्णयन, सत्ता, नियन्त्रण अभिप्रेरणा, संचार व समन्वय** जैसी आवश्यक प्रक्रियाओं से अन्तर्सम्बन्धित अवधारणा है, जिसे इन प्रशासनिक कृत्यों से अलग करके विश्लेषित नहीं किया जा सकता।
- फॉलेट ने नेता तथा अनुयायियों के बीच पारस्परिक सम्बन्ध को नेतृत्व की प्रमुख विशेषता माना है। नेता वह नहीं है जो दूसरों की इच्छा को निर्धारित करता है, नेता वह है जो यह जानता है कि **दूसरों की इच्छाओं को किस प्रकार** अन्तर्सम्बन्धित किया जाए कि उनमें एकजुट होकर कार्य करने की प्रेरणा अपने आप जाग उठे।

संगठन में नेता की स्थिति वैसी है जैसा कि मनुष्य के हाथ में अँगूठा, अर्थात् वह सभी अंगुलियों को सीधे सम्पर्क कर सकता है। ऐसा ही नेता अधीनस्थों में सर्वोच्च होता है। दूसरे संगठन में नेता की स्थिति शून्य संख्या जैसी है, गणित में शून्य की अपनी कोई शक्ति नहीं होती परन्तु यदि किसी दूसरी संख्या के साथ मिला दिया जाए तो शून्य अलग परिणाम देता है। इस प्रकार नेता शून्य होते हुए भी जब अनुयायियों के साथ होता है तो अलग परिणाम देता है। नेतृत्व के कार्यों को अलग-अलग करके विद्वानों ने विभिन्न प्रकार के अपने-अपने दृष्टिकोण रखे हैं।

***हिक्स** तथा **गुलेट** ने नेता के आठ प्रमुख कार्य बताए हैं*

- निर्णय देना
- उद्देश्य सामने रखना
- प्रतिनिधित्व करना
- सुरक्षा प्रदान करना
- सुझाव देना
- उत्प्रेरक का कार्य करना
- अभिप्रेरणा प्रदान करना
- प्रशंसा करना

***नारमैन एफ वाशबर्न** ने भी नेता के आठ कार्य प्रमुख माने हैं*

- क्रियाओं का सूत्रपात करना
- अनुशासन बनाए रखना
- आदेश देना
- अधीनस्थों की आवश्यकताओं के प्रति सजग रहना
- अधीनस्थों की सुनना
- अधीनस्थों की सहायता करना
- अपने समूह के नियमों व परम्पराओं को जानना व उनका पालन करना
- समूह के संचार तन्त्र का प्रयोग करना।

***डाल्टन ई मैक्फॉरलैण्ड** ने नेता के सात कार्य बताए हैं*

- योजना का निर्माण करना
- नीति तथा विधि का निर्धारण करना
- समूह के लक्ष्यों का निर्धारण करना
- अधीनस्थों का मार्गदर्शन करना
- कुशल कार्मिकों को संगठित करना तथा संरक्षण प्रदान करना
- अधीनस्थों के व्यवहार का मूल्यांकन करना
- अनुयायियों के लिए आदर्श प्रदान करना

उपरोक्त वर्णित कार्यों को नेता अपने अनुयायियों के साथ संगठन में पूरा करता है। इस प्रकार नेतृत्व की क्रिया पूर्ण होती है। एक अच्छा नेता, अच्छा शिक्षक होता है तथा अच्छा शिक्षक कभी भी बॉस जैसा व्यवहार नहीं करता है। नेतृत्व सम्बन्धी कार्यों को करने में एक नेता को कई भूमिकाओं का निर्वहन करना पड़ता है। अत: **मार्क ट्वेन** के अनुसार, ''हिरणों की ऐसी सेना जिसका नेतृत्व शेर द्वारा किया जा रहा हो, शेरों की उस सेना से बेहतर है, जिसका नेतृत्व हिरण द्वारा किया जा रहा हो।''

नेताओं के प्रकार या नेतृत्व शैलियाँ

Types of Leader or Ways of Leadership

नेतृत्वकर्ताओं के आचरण के आधार पर नेतृत्व की तीन शैलियाँ प्रमुख हैं

लोकतान्त्रिक नेतृत्व/जनतान्त्रिक नेतृत्व शैली

लोकतान्त्रिक विचारों वाला नेता ऐसा व्यक्ति होता है, जो **समूह** के साथ विचार-विमर्श करके नीतियों का निर्माण करता है। इस प्रकार नेतृत्व की अवधारणा अधिकार तथा निर्णयन के विकेन्द्रीकरण पर आधारित है। लोकतान्त्रिक नेता अपने अनुयायियों को एक सामाजिक इकाई के रूप में कार्य करने हेतु प्रोत्साहित करता है और नेता यह विश्वास करता है कि अधीनस्थों में क्षमताएँ एवं योग्यताएँ हैं।

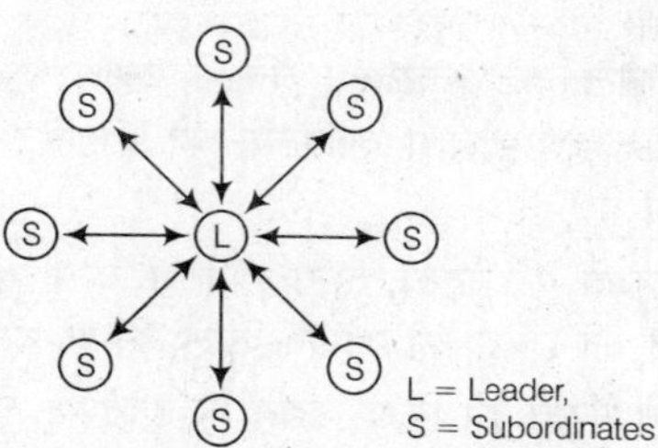

नेतृत्व की जनतान्त्रिक शैली

इसमें तनाव व संघर्ष नहीं पाए जाते और सभी का सम्मान होता है एवं संगठन में पारदर्शिता को अपनाया जाता है। नेता यह महसूस करता है कि कर्मचारियों के सहयोग के बिना कार्यों का निष्पादन सम्भव नहीं है। अत: नेता अपने अधीनस्थों की आवश्यकताओं तथा रुचियों को समझता है। अत: नेतृत्व की लोकतान्त्रिक शैली स्वीकृति विचारधारा पर आधारित है।

इस शैली को सहभागिता शैली भी कहते हैं। इस श्रेणी में दोष यह है कि इसमें गुणवत्ता में कमी तथा नेतृत्व में निर्णय देरी से होता है।

निरंकुश नेतृत्व शैली/एकतन्त्रीय नेतृत्व शैली

यह लोकतान्त्रिक शैली से एकदम अलग है, क्योंकि इसमें नेता अधीनस्थों से परामर्श नहीं लेता है। नेता केवल **नीति, निर्णय, आदेश व मार्गदर्शन** निर्धारित करता है तथा स्वयं ही परिवर्तन भी कर सकता है। ऐसी शैली में सभी को बिना कोई सवाल उठाए केवल नेता के आदेश मानने पड़ते हैं, ऐसे नेता समूह से अलग तथा अपने को श्रेष्ठ समझते हैं और अधीनस्थों पर विश्वास नहीं करते हैं।

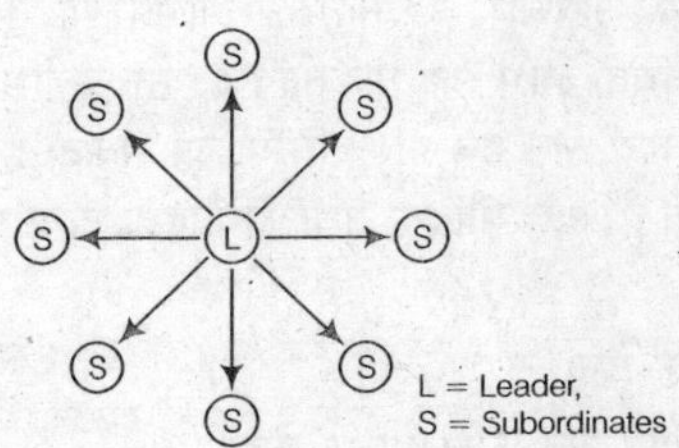

नेतृत्व की निरंकुश शैली

निरंकुश शैली अधीनस्थों के लिए कष्टदायी होती है, परन्तु इसमें निर्णय शीघ्र होता है। ऐसा नेता अपने अधीनस्थों में दण्ड की भावना भर देता है जिससे लोगों में नौकरी छूटने, पदावनति, मजदूरी में कमी आदि का भय बना रहता है। लक्ष्यों के प्रति कार्मिक उदासीन होता है।

अहस्तक्षेपवादी नेतृत्व शैली

जैसा कि नाम से ही स्पष्ट है अहस्तक्षेपवादी नेतृत्व में नेता कोई हस्तक्षेप नहीं करता और निर्णय लेने में नेता की सहभागिता बहुत कम होती है। इसमें अधीनस्थ अपनी प्रेरणा से ही कार्य करते हैं और उन्हें पूर्ण स्वतन्त्रता होती है। इस शैली में नेता अपने को समूह के सदस्य जैसी भूमिका में रखता है, नेता जैसी नहीं। इस शैली में नेता को न्यूनतम या शून्य भागीदारी के साथ सामूहिक या व्यक्तिगत निर्णय के लिए पूर्ण आजादी होती है।

नेता का एकमात्र काम अधीनस्थों के द्वारा माँगे गए सामान और सूचना उन्हें पहुँचाना होता है। संगठन का कार्यकरण एकीकृत नहीं रहता है। इस शैली में नेता स्वयं समूह के एक सदस्य जैसी ही भूमिका निभाता है, नेता जैसी नहीं। यह शैली अराजकता, अनुशासनहीनता तथा निराशा को जन्म देती है। ऐसा नेतृत्व उसी स्थिति में सफल हो सकता है जब अधीनस्थ पूर्णतया समझदार कर्त्तव्यों के प्रति निष्ठावान हो।

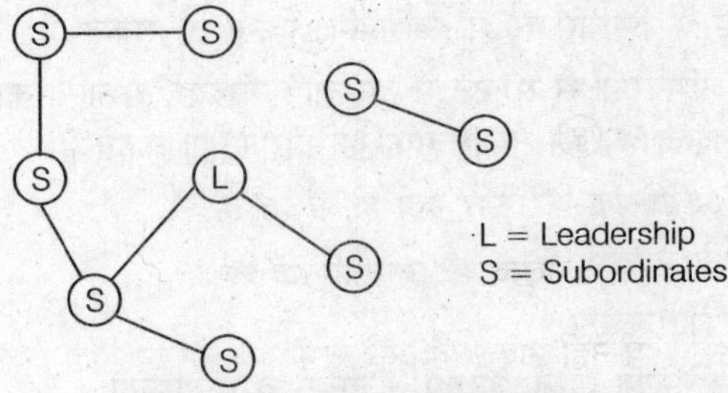

नेतृत्व की अहस्तक्षेपवादी शैली

विगत कुछ वर्षों से नेतृत्व की दो आधुनिक शैलियाँ लोकप्रिय हुई हैं। **रूपान्तरणकारी** (Transformational) शैली के प्रवर्तक **जेम्स मैकग्रेगर** (1978) का मानना है कि नेतृत्व की शैली समयानुकूल होनी चाहिए। रूपान्तरणकारी शैली इस मान्यता पर टिकी है कि संगठन में अभिप्रेरण एवं मनोबल का उच्च स्तर प्राप्त करने के लिए नेता अपने अनुयायियों को तथा अनुयायी अपने नेता को ऊपर उठाएँ।

एक-दूसरे के उत्थान तथा परस्पर सहयोग से ही उच्चस्तरीय लक्ष्य प्राप्त किए जा सकते हैं। इसी प्रकार विविधतापूर्ण (Eclectic) शैली में किसी एक शैली का पालन न करके विभिन्न शैलियों से थोड़ा-थोड़ा एक विशिष्ट शैली बना ली जाती है।

नेतृत्व के अन्य प्रकार Other Types of Leadership

नेतृत्व को हम निम्न तीन प्रकारों में बाँट सकते हैं

कूटनीतिक नेतृत्व

ऐसा नेतृत्व प्राय: विदेश विभाग, प्रतिनिधिमण्डलों व बड़े उपक्रमों के व्यापारिक सम्बन्धों में पाया जाता है, इसमें नेता का स्वभाव कूटनीतिज्ञों जैसा हो जाता है। कूटनीतिज्ञ की परिभाषा दी जाती है कि "जब एक कूटनीतिज्ञ कहता है, **हाँ,** तो इसका मतलब होता है, **शायद**, अगर कूटनीतिज्ञ कहता है, **शायद** तो इसका अर्थ निकाला जाता है, **नहीं**, अगर वह कूटनीतिज्ञ है तो अपने मुँह से **नहीं**, नहीं कहेगा। अत: इस श्रेणी के नेतृत्वकर्ता विकास कार्यों के संगठनों में हमेशा अनुपयुक्त सिद्ध होते हैं।

नौकरशाही की तरह नेतृत्व

प्रशासनिक संगठनों विशेषकर विकासशील देशों के सरकारी तन्त्र में इस तरह का नेतृत्व पाया जाता है। नेता अपनी निर्धारित संगठनात्मक पद स्थिति की भूमिका का निवर्हन करता है, औपचारिक व्यवहार करता है व व्यक्तिगत नेता का रूप धरे रहता है। कानून, नियमों एवं प्रक्रियाओं से मोह रखने वाले ऐसे नेता दैनन्दिन कार्यों को महत्त्व देते हैं। इस प्रकार का नेता अपने वरिष्ठों की खुशामद तथा अधीनस्थों की उपेक्षा करता है। स्पष्ट है इस तरह के नेता कानून से जुड़े होते हैं।

योग्यताएँ एवं गुण Qualification and Qualities

प्रशासनिक संगठनों में नेतृत्व करने वाले व्यक्ति में निम्नांकित योग्यताएँ व गुण होने चाहिए

- नेता में तुरन्त, स्पष्ट एवं परिपक्व निर्णय लेने की क्षमता होना नितान्त आवश्यक है।
- नेता में उत्साह, साहस, सहयोग, मानवता एवं स्नेह के स्वाभाविक गुण होने चाहिए और चमचागिरी से बचना चाहिए।
- अच्छे नेता को बोलने से अधिक करने में त्रिश्वास करना चाहिए। कार्यस्थल पर ही नेता स्वयं एक आदर्श उदाहरण बने। नेता की छवि इतनी विश्वसनीय हो कि नेता को कभी स्पष्टीकरण देने की स्थिति न आए।
- एक सफल नेता बनने के लिए आवश्यक है कि वह अधीनस्थों के दु:ख, दर्द को समझे तथा आवश्यक सहायता करे, परन्तु नेता को अपनी पीड़ा अधीनस्थों से नहीं कहनी चाहिए।
- नेता को अपने समर्थकों द्वारा अपेक्षित विरोधाभासी बातों को सुनने एवं सामना करने के लिए योग्य होना चाहिए। नेता को ईमानदार होना चाहिए। चाहे अधीनस्थ बेईमान क्यों न हो।
- नेतृत्व की सफलता के लिए अधीनस्थों का अपने नेता पर विश्वास होना चाहिए। यह सब नेता की निष्ठा, ईमानदारी, कर्मठता इत्यादि के द्वारा उत्पन्न होता है।

- प्रशासनिक संगठनों में कार्यरत नेता को मानव सम्बन्ध, व्यवहार तथा अनौपचारिक संगठनों की पूर्ण जानकारी होनी चाहिए।
- नेता को स्वयं पर पूर्ण विश्वास तथा अधीनस्थों की क्षमताओं पर भरोसा होना चाहिए।
- प्रत्येक नेतृत्वकर्ता को सम्बन्धित संगठन की तकनीकी बारीकियों सहित एक सामान्य कर्मचारी से ज्यादा ज्ञान, कौशल व जागरूक होना चाहिए।
- नेता के मन में समूह या संगठन के सदस्यों के प्रति पारिवारिक प्रेमभाव होना चाहिए।
- नेता को अपनी कमियों का पूर्ण ज्ञान होना चाहिए और उसे बार-बार किसी को नहीं बतानी चाहिए।
- नेता को रूढ़िवादी नहीं सुधारवादी होना चाहिए, तथा नव प्रवृत्तियों के संवाहक का पर्याय होना चाहिए।
- संगठन की कार्य प्रणाली, औचित्य तथा लक्ष्यों के अनुरूप नेता में एक विशिष्ट गुण का होना आवश्यक है, जो उस संगठन की प्रकृति के अनुकूल हो।
- अच्छे नेतृत्व के लिए नेता का स्वस्थ एवं प्रसन्नचित्त होना जरूरी है।
- नेता को दूरदृष्टा, कुशल जनसम्पर्ककर्ता, श्रेष्ठ समन्वयकर्ता व व्यवस्थित जीवन जीने वाला होना चाहिए।

अभिप्रेरणा Motivation

अंग्रेजी शब्द **'Motivation'** लैटिन भाषा के Movere शब्द से बना है, जिसका अर्थ है **प्रेरित करना।** किसी व्यक्ति की वे इच्छाएँ व भावनाएँ, जो उसे किसी कार्य करने की ओर प्रेरित करती हैं, अभिप्रेरणा कहलाती हैं। कार्मिकों को अधिक-से-अधिक प्रेरणा देने तथा कार्य सन्तुष्टि की अनुभूति कराने के लिए जो युक्तियाँ की जाती हैं, प्रबन्ध की भाषा में उन्हें अभिप्रेरण कहते हैं या मानव शक्ति के व्यवहार को निर्देशित करने एवं उसका सहयोग प्राप्त करने की कला को **अभिप्रेरणा** कहते हैं।

अतः हम कह सकते हैं कि अभिप्रेरणा एक ऐसी प्रक्रिया है, जिसके अन्तर्गत व्यक्ति आन्तरिक उत्तेजना के कारण उद्देश्य प्राप्ति का प्रयास करता है एवं उद्देश्य प्राप्ति के उपरान्त व्यक्ति को अधिकतम सन्तुष्टि प्राप्त होती है। अर्थात् जब कोई प्रेरणा किसी निर्धारित उद्देश्य की ओर अग्रसर हो, तो उसे अभिप्रेरणा कहते हैं।

अभिप्रेरणा के उद्देश्य एवं महत्त्व
Importance and Objectives of Motivation

- कर्मचारियों को स्वेच्छा से अधिक-से-अधिक कार्य के लिए प्रोत्साहित करना।
- कर्मचारियों की सन्तुष्टि का स्तर ऊँचा क[illegible]ना।
- कर्मचारियों के मनोबल को बढ़ाना।
- कर्मचारियों की सामाजिक, आर्थिक, शारीरिक, मनोवैज्ञानिक एवं मानसिक आवश्यकताओं की पूर्ति करना।
- संगठन, कार्यों व कर्मचारियों के बीच सामंजस्य स्थापित करना।
- कर्मचारियों के विभिन्न समूहों तथा संगठन के साथ सहयोगी भावना को विकसित करना।
- कर्मचारियों में स्वनियन्त्रण की प्रवृत्ति को विकसित करना।
- नियोक्ता-कर्मचारी सम्बन्धों एवं श्रमपूँजी सम्बन्धों में सुधार करना।
- संगठन के लक्ष्यों की प्राप्ति को सुनिश्चित करना।
- मानव संसाधन का विकास करना।
- संगठन में उपलब्ध मशीनी, तकनीकी, वित्तीय तथा मानवीय संसाधनों का सदुपयोग करना।

अभिप्रेरणा के प्रकार Types of Motivation

अभिप्रेरणा का क्षेत्र अत्यन्त व्यापक है। *अभिप्रेरणा प्रक्रिया से सम्बन्धित प्रेरणाओं, कारकों तथा परिस्थितियों को कई प्रकारों में बाँटा जा सकता है*

धनात्मक अभिप्रेरणा Positive Motivation

एडविन फ्लिप्पो के अनुसार, "धनात्मक अभिप्रेरणा एक ऐसी प्रक्रिया है, जिसके द्वारा सम्भावित लाभ या पारितोषिक का प्रलोभन देकर दूसरों को अपनी इच्छानुसार कार्य लेने हेतु प्रेरित किया जा सकता हैं।" इसे सकारात्मक अभिप्रेरणा भी कहते हैं। यह मौद्रिक तथा अमौद्रिक दोनों प्रकार की हो सकती है; जैसे

- नकद पारिश्रमिक देना
- अधीनस्थों में व्यक्तिगत रुचि प्रकट करना
- कुशल व योग्य कर्मचारियों के विषय में सूचनाएँ प्रसारित करना
- वेतन व मजदूरी देना
- प्रबन्ध और निर्णयन में भागीदारी देना
- कर्मचारियों की समस्याएँ सुनना
- कर्मचारियों के अच्छे कार्य की प्रशंसा
- अच्छे कार्य के लिए पुरस्कार
- सेवा-शर्तों व सुविधाओं में सुधार
- पदोन्नति के अवसर प्रदान करना
- सुरक्षा प्रदान करना
- मान्यता प्रदान करना
- विभिन्न समस्याओं पर कर्मचारियों के साथ विचार-विमर्श करना व सुझाव आमन्त्रित करना।

ऋणात्मक अभिप्रेरणा Negative Motivation

ऋणात्मक अभिप्रेरणा का उद्देश्य भी, धनात्मक अभिप्रेरणा की तरह, अन्य व्यक्तियों को उनकी इच्छानुसार कार्य करने के लिए प्रेरित करना है, परन्तु इस तकनीक का आधार भयपूर्ण दबाव होता है। इस प्रकार की अभिप्रेरणा के समर्थकों की यह मान्यता है कि व्यक्तियों को कभी-कभी भय, डर, दबाव अथवा दण्ड के आधार पर भी अभिप्रेरित किया जा सकता है।

ऋणात्मक अभिप्रेरणा से संगठन में असन्तोष, विद्रोह, अशान्ति का वातावरण व्याप्त हो सकता है, इसे नकारात्मक अभिप्रेरणा भी कहते हैं।

ऋणात्मक अभिप्रेरणा के निम्न रूप हो सकते हैं

- वेतन-भत्तों में कमी,
- पदोन्नति का रोकना,
- नौकरी से अलग करना अथवा निलम्बन व बर्खास्तगी,
- डाँटना-फटकारना,
- जबरन छुट्टी देना,
- मौद्रिक दण्ड देना,

- कर्मचारी के खिलाफ जाँच,
- पदावनति,
- कर्मचारियों की समस्या न सुनना तथा नियन्त्रण कठोर कर देना।

अभिप्रेरणा की तकनीकें या विधियाँ

Methods or Techniques of Motivation

किसी भी संगठन में अभिप्रेरणा प्रक्रिया को निरन्तर बनाए रखने तथा कर्मचारियों को प्रोत्साहित करने की अनेक विधियाँ व तकनीकें हो सकती हैं। *व्यवहार में अभिप्रेरणा की निम्नलिखित विधियाँ लाई जाती हैं*

कुशल नेतृत्व द्वारा अभिप्रेरणा प्रबन्धकों का मूलभूत दायित्व है कि अपने अधीनस्थों को प्रोत्साहन प्रदान करें। एक अच्छे नेतृत्व में नियन्त्रण से कहीं ज्यादा प्रेरणा का समावेश होता है। प्रबन्धकों को चाहिए कि वे कर्मचारियों की कठिनाइयों को समझकर उन्हें दूर करने का प्रयास करें, ऐसे नेतृत्व से वे कर्मचारियों के विश्वासपात्र बन जाएँगे तथा अभिप्रेरित होकर निष्ठापूर्वक काम करेंगे।

उद्देश्यों का स्पष्टीकरण कार्मिकों को अभिप्रेरित करने का यह सबसे आसान तरीका है। प्रबन्धकों को चाहिए कि वे संगठन के सभी व्यक्तियों को संस्था के लक्ष्यों व उद्देश्यों की जानकारी प्रदान करें और साथ में यह भी बताएँ कि उनका व व्यक्तिगत हित संस्था के हित से अलग नहीं है।

स्वस्थ प्रतिस्पर्द्धा जैसे खेल में जीतने की भावना लेकर सभी खिलाड़ी निष्ठापूर्वक खेलते हैं, उसी प्रकार प्रबन्धक अन्य संस्थाओं के साथ स्वस्थ प्रतिस्पर्द्धा की भावना पैदा करके संस्था के सभी कार्मिकों को अभिप्रेरित कर सकता है, जिससे वे एक साथ मिलकर प्रतिस्पर्द्धा में विजय पाने के लिए एक हो जाएँ।

चुनौतियाँ जिस प्रकार युवा वर्ग को अभिप्रेरित करके कठिन-से-कठिन कार्य कराए जा सकते हैं, ठीक उसी प्रकार यदि प्रबन्ध संस्था के लक्ष्यों को चुनौती के रूप में रखे एवं कर्मचारीगण उस चुनौती को स्वीकार कर लें, तो उत्पादकता में वृद्धि जरूर होगी। चुनौती एवं कठिन लक्ष्य का सामना सफलता पूर्वक कर लेने पर उचित पुरस्कार भी देना चाहिए।

अन्य तकनीकें *अभिप्रेरणा की अन्य तकनीकों में निम्न का समावेश किया जा सकता है*

- कार्य की सुरक्षा प्रदान करके
- प्रेरणाओं के द्वारा
- मानवीय व्यवहार के द्वारा
- परिवर्तन द्वारा
- कल्याणकारी सुविधाएँ देकर
- प्रशिक्षण की व्यवस्था करके
- पदोन्नति व विकास के अवसर देकर
- कार्य की दशाओं को सुखद बनाकर
- सहकारिता द्वारा इत्यादि।

संगठन में अभिप्रेरणा के वातावरण से सम्बन्धित विचार

*संगठन में **अभिप्रेरणा का वातावरण** तैयार करने के लिए यह सुझाव दिए जाते हैं*

- अच्छे कार्य को मान्यता देकर प्रतिस्पर्द्धी वातावरण बनाया जाए।
- संगठन में निर्भरता के स्थान पर आत्मनिर्भरता का वातावरण तैयार किया जाए।
- व्यक्तिगत उदाहरणों के द्वारा उत्पादकता उन्मुख वातावरण का विकास किया जाए।
- परामर्श एवं सहायता के द्वारा व्यक्तिगत रूप से कर्मचारियों को अभिप्रेरित किया जाए।
- संगठन में ऐसा वातावरण व परिस्थितियाँ होनी चाहिए कि कर्मचारियों की सारी ऊर्जा केवल मूलभूत आवश्यकता में न नष्ट हो बल्कि कुछ सार्थक कार्यों में भी ऊर्जा लगे।
- कर्मचारियों को अभिप्रेरित करने से पहले प्रशासक को स्वयं अभिप्रेरित होने का प्रयास करना चाहिए।
- समस्याओं को टालने या अधूरा छोड़ने की अपेक्षा, इसके समाधान में ज्यादा ध्यान दिया जाए।

अभिप्रेरणा के सिद्धान्त Principle of Motivation

अभिप्रेरणा से सम्बन्धित अनेक विचारधाराएँ एवं सिद्धान्त प्रचलित हैं, इनमें कुछ परम्परागत विचारों के पोषक हैं, तो कुछ आधुनिक विचारों का प्रतिनिधित्व करते हैं। अभिप्रेरणा के सम्बन्ध में मुख्य विचार इस प्रकार हैं।

एकात्मक सिद्धान्त

अभिप्रेरणा का एकात्मक या मौद्रिक सिद्धान्त व्यक्ति को आर्थिक मनुष्य मानता है। इसके समर्थक मानते हैं कि मनुष्य धन, मुद्रा को प्राप्त करने के लिए प्रयत्नशील रहता है। अत: कर्मचारियों को जितना अधिक धन दिया जाएगा उतनी ही उनकी सन्तुष्टि बढ़ेगी और कार्यकुशलता पर इसका प्रभाव पड़ेगा। यह सिद्धान्त व्यक्ति समूह के बजाए व्यक्तिगत प्रेरणाओं से अधिक प्रभावित रहता है।

परम्परागत सिद्धान्त

अभिप्रेरणा का एकात्मक सिद्धान्त भी परम्परागत सिद्धान्त है। *अन्य प्रचलित सिद्धान्त इस प्रकार हैं*

1. **भय तथा दण्ड सिद्धान्त** यह विचारधारा इस मान्यता पर आधारित है कि प्रत्येक व्यक्ति पेट के लिए ही कार्य करता है। यह सिद्धान्त भय तथा प्रताड़ना पर विश्वास करता है, इसमें कर्मचारियों को डराकर, धमकाकर शक्ति से या भयभीत करके कार्य कराने के लिए प्रेरित किया जाता है। यह सिद्धान्त औद्योगिक क्रान्ति के दिनों में काफी लोकप्रिय रहा। इस सिद्धान्त को 'करो या मरो' कहा जाता है।
2. **मानव सम्बन्धी विचारधारा** अभिप्रेरणा की एकात्मक या द्रव्यात्मक विचारधारा एवं अन्य परम्परागत विचारधाराओं की आलोचना एवं कमी के मूल में मानव सम्बन्ध का उदय हुआ। यह सिद्धान्त एल्टन मेयो द्वारा हॉथोर्न प्रयोगों के दौरान विकसित हुआ था। मेयो एवं उसके साथियों ने दिखाया कि मनुष्य केवल आर्थिक कारकों से ही प्रेरित नहीं होता बल्कि संगठन में अनौपचारिक सम्बन्ध भी महत्त्वपूर्ण होता है।
3. **गाजर एवं छड़ी सिद्धान्त** इस सिद्धान्त के अनुसार व्यक्ति के कार्यों को पुरस्कार व भय दोनों ही प्रभावित करते हैं। अच्छा कार्य करने पर पुरस्कार (गाजर) एवं खराब कार्य करने पर दण्ड (छड़ी) दिए जाते हैं।
4. **बहुलवादी या अनेकवादी सिद्धान्त** इस सिद्धान्त के प्रमुख समर्थक अब्राहम मैस्लो हैं, जिन्होंने आवश्यकताओं की क्रमबद्धता सिद्धान्त प्रतिपादित किया है। बहुलवादी सिद्धान्त केवल मानव की एक आवश्यकता को प्रेरणा का बिन्दु नहीं मानता है बल्कि कई आवश्यकताओं की पूर्ति को महत्त्वपूर्ण मानता है।

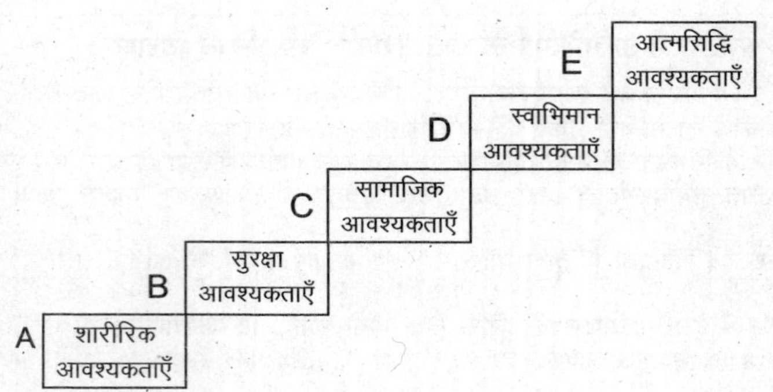

संगठन में मानव की निम्नांकित आवश्यकताएँ मनोवैज्ञानिकों, समाजशास्त्रियों एवं प्रबन्ध वैज्ञानिकों ने इंगित की हैं

1. जीवन निर्वाह सम्बन्धी आवश्यकताएँ
2. आत्मसिद्धि की आवश्यकताएँ
3. सामाजिक आवश्यकताएँ
4. सम्मान एवं स्वाभिमान की आवश्यकताएँ
5. अच्छे कार्य की पहचान या मान्यता की आवश्यकताएँ
6. सुरक्षा, स्थायित्व एवं निश्चितता की आवश्यकताएँ
7. अन्य आवश्यकताएँ

मैस्लो की आवश्यक क्रमबद्धता निम्नस्तरी आवश्यकताएँ सन्तुष्ट होने के बाद ही उच्चस्तरीय आवश्यकताएँ कार्यशील होती हैं। मैस्लो का यह सिद्धान्त मानव आवश्यकताओं की कई परतों को खोलता है। मैस्लो के विचारों को लोकप्रियता दिलाने में मैकग्रेगर का महत्त्वपूर्ण योगदान माना जाता है।

सामाजिक सामूहिक कार्य Social Group Work

सामाजिक सामूहिक कार्य का अर्थ
Meaning of Social Group Work

सामाजिक समूह कार्य समाज कार्य की एक प्रणाली है, जो सामूहिक क्रियाओं द्वारा रचनात्मक सम्बन्ध स्थापित करने की क्षमता का विकास करती है। विभिन्न सामाजिक विज्ञानों के विकास ने यह सिद्ध कर दिया है कि व्यक्तित्व के विकास के लिए व्यक्ति की सामूहिक जीवन सम्बन्धी इच्छाओं एवं आवश्यकताओं की सन्तुष्टि आवश्यक होती है। जहाँ एक ओर सामूहिक सहभागीकरण व्यक्ति के लिए आवश्यक होता है, वहीं दूसरी ओर भागीकरण से समुचित लाभ प्राप्त करने के लिए सामूहिक जीवन में भाग लेने, अपनत्व की भावना का अनुभव करने, अन्य व्यक्तियों से परस्पर सम्बन्ध स्थापित करने, मतभेदों को निपटाने तथा अपने हितों एवं समूहों के हितों को ध्यान में रखकर कार्यक्रम नियोजित एवं संचालित करने की योग्यता होनी चाहिए। सामूहिक कार्य द्वारा इन विशेषताओं एवं योग्यताओं का विकास किया जाता है।

इस प्रणाली द्वारा समूह के सदस्यों की शिक्षा, विकास तथा सांस्कृतिक संवृद्धि और समूह में व्यक्तिगत सम्पर्कों के माध्यम से व्यक्ति में विकास एवं सामाजिक समायोजन की प्राप्ति की सम्भावनाओं पर बल दिया जाता है। सामाजिक सामूहिक सेवा कार्य में सहायता एवं परिवर्तन का माध्यम समूह एवं सामूहिक अनुभव होते हैं।

सामाजिक सामूहिक कार्य सम्बन्धों पर आधारित एक प्रक्रिया है। यह सम्बन्ध उन समूह सदस्यों तथा कार्यकर्ता के मध्य स्थापित किया जाता है, जिनके साथ वह कार्य करता है। समूह के सदस्यों को व्यक्तिगत तथा सामूहिक उद्देश्य की प्राप्ति के लिए कार्यकर्ता अपने व्यावसायिक सम्बन्धों का उपयोग करता है। सामाजिक सामूहिक कार्य की सफलता इस बात पर निर्भर करती है कि कार्यकर्ता में समूह सदस्यों के अन्तर्वैयक्तिक सम्बन्धों का विकास करने की क्षमता तथा निपुणता हो।

सामाजिक सामूहिक कार्य की मान्यताएँ
Assumptions of Social Group Work

सामाजिक *सामूहिक कार्य की प्रमुख मान्यताएँ इस प्रकार हैं*

- शिक्षात्मक तथा मनोरंजनात्मक क्रियाएँ व्यक्ति तथा समाज के लिए लाभदायक होती हैं। सामूहिक समाज कार्यकर्ता इसी मान्यता के आधार पर व्यक्ति को समूह के माध्यम से शिक्षात्मक तथा मनोरंजनात्मक दोनों प्रकार की सेवाएँ तथा उनका अनुभव प्रदान करता है।
- सामूहिक समाज कार्य के अन्तर्गत कार्यक्रम तथा क्रियाएँ; कार्यसंस्थिति, पारिवारिक सम्बन्ध तथा सामुदायिक मनोवृत्ति पर आधारित हों। कार्यकर्ता को न केवल सांवेगिक, सामाजिक तथा शारीरिक तत्त्वों के कारकों का ज्ञान हो बल्कि उसे समूह के सदस्यों, कार्यसंस्थिति, परिस्थितियों, पारिवारिक सम्बन्ध तथा सामुदायिक मनोवृत्तियों से अवगत होना चाहिए।
- कार्यकर्ता को सदस्यों के व्यवहार का ज्ञान आवश्यक होता है। यदि कार्यकर्ता व्यक्तियों की शिक्षात्मक तथा मनोरंजनात्मक क्रियाओं द्वारा सहायता करना चाहता है तो उसे उनके व्यवहारों का ज्ञान अवश्य हो। इस ज्ञान के बगैर वह सफल नहीं हो सकता है।
- कार्यकर्ता में अपनी भूमिका निभाने की अन्तर्दृष्टि होती है। वह सदैव समूह के अन्तर्गत दो बातों का ध्यान रखता है। एक तरफ वह कार्यक्रम क्रियाओं तथा उनकी प्रगति देखता है तथा दूसरी ओर समूह में सामाजिक सम्बन्धों की भूमिका को ध्यान में रखता है। अत: अपने सम्बन्धों को भी वह साथ-ही-साथ समझता जाता है।

समाज कार्य व्यक्तियों की आवश्यकता की सन्तुष्टि पर बल देता है। जब व्यक्ति की आवश्यकताओं का समाधान नहीं होता है तो उसका सामाजिक सन्तुलन बिगड़ जाता है। इस स्थिति में समाज कार्य व्यक्तियों की वैयक्तिक रूप से या समूह के माध्यम से सहायता करता है।

सामाजिक सामूहिक कार्य के उद्देश्य
Objectives of Social Group Work

सामूहिक सेवाकार्य व्यक्ति के विकास के उद्देश्य की प्राप्ति का आधारभूत साधन स्वरूप होता है। सामाजिक सामूहिक सेवाकार्य में उद्देश्य एवं कार्य प्रणालियाँ परस्पर सम्बन्धित होती हैं। सामूहिक कार्यकर्ता के लिए समूह कार्य के उद्देश्यों तथा उसके आधारों का ज्ञान, कार्य सम्पन्नता के लिए आवश्यक होता है। उद्देश्यों से कार्यकर्ता को कार्य करने की दिशा का ज्ञान होता है। इसलिए इसके अन्तर्गत जो कार्य हम करना चाहते हैं, उसे वक्तव्य या निरूपण के रूप में उद्देश्यों की व्याख्या द्वारा व्यक्त करते हैं। उद्देश्यप्रेरक शक्ति का कार्य करते हैं जिनके सहयोग से सामूहिक कार्य प्रक्रिया एक निश्चित दिशा की ओर धीरे-धीरे चलती रहती है।

सामाजिक सामूहिक कार्य के निम्नलिखित उद्देश्य होते हैं

एकान्तता की समस्या का समाधान करना अर्थात् मनुष्य में यह विश्वास जगाना कि वह तिरस्कारपूर्ण जीवन व्यतीत न करके, ऐसा जीवन व्यतीत करे जहाँ उसे यह विश्वास हो कि वह सबके द्वारा स्वीकृत है। इसका तात्पर्य यह नहीं है कि मनुष्य एकान्त में रहना पसन्द नहीं करता परन्तु वह सामान्य और सबके द्वारा स्वीकृत जीवन व्यतीत करते हुए एकान्त में रहता है तो वह समस्या नहीं है, परन्तु अधिकांश व्यक्ति एकान्त में रहना पसन्द नहीं करते। आज की परिस्थिति में जहाँ नगरीकरण इतना बढ़ रहा है, वहीं

एकाकी जीवन एक समस्या बन गया है। सामूहिक कार्यकर्ता समूह के माध्यम से इस समस्या का समाधान करने का प्रयास करता है।

व्यक्ति को उसके महत्त्व के बारे में संवेदनशील बनाना कोई भी मनुष्य हो, उसकी यह इच्छा अवश्य होती है कि जिस परिवेश में वह रह रहा है, अर्थात् समाज में उसका कुछ महत्त्व हो और समाज में वह एक महत्त्वपूर्ण स्थान प्राप्त करे जिसके लिए वह प्रयास भी करता है। समाज में एक महत्त्वपूर्ण स्थान कोई व्यक्ति तभी प्राप्त कर सकता है जब अन्य प्रभावशाली व्यक्तियों से उसका सम्बन्ध हो और यह सम्बन्ध समूह में रहकर ही स्थापित हो सकता है।

समाज द्वारा स्वीकृति प्राप्त करना प्रत्येक व्यक्ति समाज में उचित स्थान तथा कार्य करने के लिए उचित अवसर प्राप्त करने की इच्छा रखता है, किन्तु यह स्वीकृति नहीं मिलने पर वह अपना मानसिक सन्तुलन खो बैठता है तथा समाज विरोधी गतिविधियों में लिप्त हो जाता है। ऐसी स्थिति में उसे समाज की मान-मर्यादा और कानून की परवाह नहीं होती और वह इच्छापूर्ति के लिए अवैध और अनुचित तरीके अपनाने लगता है और एक मानसिक रोगी बन जाता है। ऐसे रोगियों में आत्मसम्मान की कमी होती है और वे एकान्तता से पीड़ित होते हैं और दूसरों से रुष्ट होते हैं।

आत्मनिर्भरता विकसित करने के लिए सामूहिक कार्य अत्यन्त आवश्यक है। एक सफल व्यक्तित्व होने के लिए आत्मविश्वास एक आवश्यक अंग है। इसके बिना कोई भी व्यक्ति, कोई भी कार्य सफलतापूर्वक नहीं कर सकता है और न ही जोखिम उठाने के लिए सक्षम बन सकता है। सामूहिक कार्य द्वारा व्यक्ति में इस गुण का विकास किया जाता है, क्योंकि समूह में प्रत्येक सदस्य को अलग-अलग कार्य मिलता है और वह कार्य उसे स्वयं ही पूर्ण करना पड़ता है और आत्मविश्वास पैदा होने लगता है।

सामंजस्य स्थापित करना भी सामूहिक कार्य का ही एक उद्देश्य है। व्यक्ति जब समूह में रहता है तो उसी के अनुसार कार्य करता है। समाज में रहने के लिए भी सामंजस्य की आवश्यकता होती है। सामूहिक कार्य द्वारा व्यक्ति को सामंजस्य स्थापित करने की कुशलता प्राप्त होती है। सामूहिक कार्य द्वारा कार्यकर्ता व्यक्ति की उन कमियों का पता लगाता है, जिसके कारण वह सामंजस्य स्थापित करने में विफल होता है।

सामूहिक कार्य के माध्यम से उसमें ऐसी क्षमताओं का विकास किया जाता है, जिसमें वह अपनी कमी को स्वीकार करने में सफल होता है तथा ऐसी भावनाओं का विकास होता है, जिससे उसकी शेष जिन्दगी सुखमय व्यतीत होती है और उसमें नवीन चेतना का विकास होता है।

सामाजिक सम्बन्धों को मधुर बनाना समाज सामाजिक सम्बन्धों का जाल है। प्रत्येक व्यक्ति एक-दूसरे से बँधा हुआ है। इसी सम्बन्ध के आधार पर समाज के कार्यों का संचालन होता है, किन्तु कभी-कभी सम्बन्ध इतने बिगड़ जाते हैं कि बहुत अप्रिय घटनाएँ तक घट जाती हैं, आन्दोलन होते हैं और क्रान्ति तक हो जाती है। सामूहिक कार्य के द्वारा व्यक्तियों के असन्तोष के कारण का पता लगाकर उनके बीच उत्पन्न होने वाली कठिनाइयों को दूरकर सम्बन्ध दृढ़ एवं मधुर बनाए जाते हैं।

प्रजातान्त्रिक मूल्यों का विकास करना प्रजातन्त्र के मूल सिद्धान्तों के अन्तर्गत समानता, समान अवसर, स्वतन्त्रता तथा काम के समान अवसर का समावेश है। सामूहिक कार्य में इन सभी सिद्धान्तों का प्रयोग किया जाता है। समूह में सदस्यों को भाग लेने के समान अवसर मिलते हैं। स्वयं को निर्णय लेने का अधिकार होता है तथा कार्यक्रम को सम्पन्न करने की विधि की भी स्वतन्त्रता होती है।

सामूहिक समाज कार्य के सिद्धान्त

Principle of Social Group Work

किसी भी कार्य को लगातार संचालित करने के लिए सिद्धान्त आवश्यक है। सिद्धान्त का अर्थ होता है सामान्य रूप से माने गए वे मत जिनके द्वारा हम एक परिस्थिति से दूसरी परिस्थिति की ओर अग्रसर होते हैं।

ये अनुभव पर आधारित ऐसे सामान्यीकरण हैं जो हमारे कार्यों का मार्गदर्शन करते हैं। सामाजिक समूह कार्य अभ्यास लम्बे समय से समाज का एक हिस्सा रहा है। इस अभ्यास के दौरान जिन नियमों को आवश्यक समझा गया, उन्हें एक सिद्धान्त के रूप में प्रतिपादित कर दिया गया।

सामूहिक समाज कार्य के निम्नलिखित आधारभूत सिद्धान्त हैं

नियोजन का सिद्धान्त

समूह का निर्माण सदैव सुनियोजित होना चाहिए। स्वाभाविक है कि यदि बिना किसी नियोजन के समूह का निर्माण किया जाएगा, तो वह अपने लक्ष्यों को शायद ही प्राप्त कर सके। नियोजन में जनशक्ति, साधन शक्ति, माध्यम, प्रक्रिया और ध्येय भी सम्मिलित होते हैं। इन सभी का यदि अच्छा उपयोग करना है तो इन सबको अच्छी प्रकार से एक-दूसरे के पूरक के रूप में संगठित करना होता है। यदि इनका संगठन न किया जाए तो एक तो ये स्वयं ही अलग-अलग अनुपयोगी सिद्ध होते हैं, दूसरे इनके मिलने से एक जो अन्य नवशक्ति उत्पन्न होने की सम्भावना होती है, वह भी नष्ट हो जाती है। नियोजन होने से ठीक-ठीक यह जाना जा सकता है कि कौन-सी शक्ति का कहाँ तक और किस रूप में इस्तेमाल हो सकता है और तद्नुसार ही ध्येय और लक्ष्य होने से सामूहिक कार्य अपनी अभीष्ट प्राप्ति में समर्थ हो सकता है?

समूह द्वारा लक्ष्य प्राप्ति हेतु कार्य

सामूहिक कार्यकर्ता सुनियोजित ढंग से समूह निर्माण का कार्य करते हुए ही लक्ष्यों को प्राप्त कर सकता है। इस सम्बन्ध में उसे निम्नलिखित कार्य करने पड़ते हैं

- विकास के लक्ष्यों एवं मूल्यों का निर्धारण
- परिस्थिति का विश्लेषण
- वर्तमान सेवाओं में गुणात्मक एवं परिमाणात्मक दृष्टि से पाई जाने वाली कमियों की जानकारी
- विशिष्ट उद्देश्यों तथा रणनीतियों का निर्धारण
- आगत, लक्ष्य, क्षेत्र, साधन आदि का निर्धारण
- प्रशिक्षण तथा संचार प्रक्रिया की सीमाओं की जानकारी
- क्रिया नियोजन तथा कार्यों को लिपिबद्ध किए जाने के महत्त्व का ज्ञान
- कार्य करने के लिए आवश्यक उपकरणों के निर्माण की जानकारी
- सम्भावित साधनों की उपलब्धता की जानकारी
- शक्ति के स्रोतों का निर्धारण समूह के सदस्यों की सामाजिक मान्यताओं, क्षमताओं, ज्ञान, आयु, अनुभव और जीवन-स्तर की पहचान।

निरन्तर वैयक्तीकरण का सिद्धान्त

सामूहिक कार्य में वैयक्तीकरण के सिद्धान्त का सतत उपयोग होना चाहिए। बहुधा हर समूह में ऐसे व्यक्ति सम्मिलित रहते हैं जोकि या तो समूह से पूरी तौर पर समंजित रहने में सदैव असमर्थ रहते हैं या समूहगत परिवर्तन के समय उनके समंजन की भरपूर क्षमता नहीं दिखाई देती। ऐसे लोगों के साथ सामूहिक कार्यकर्ता को वैयक्तीकरण के सिद्धान्त का प्रयोग सतत करते रहना पड़ता है। इसके अलावा चूँकि सदस्य विभिन्न सामर्थ्य और इच्छाओं से समूह में सम्मिलित होते हैं और समूह के लाभों को भिन्न-भिन्न ढंगों से ग्रहण करते हैं, इसलिए भी इस सिद्धान्त का प्रयोग प्राय: सभी के साथ कमोबेश करते रहना

पड़ता है। समूह और व्यक्ति परिवर्तनशील होते हैं, इसलिए इस सिद्धान्त का प्रयोग और भी आवश्यक हो जाता है।

लक्ष्यों की स्पष्टता का सिद्धान्त

सामूहिक कार्य में लक्ष्य वैशिष्ट्य और निश्चितता होने से बड़ी सुविधा होती है। इससे समूह के सदस्य यह साफ-साफ समझ सकते हैं कि उन्हें क्या करना है या उनसे क्या अपेक्षाएँ हैं और वे कितनी शक्ति से किस प्रकार कार्य करें? यदि लक्ष्य या उद्देश्य स्पष्ट नहीं होते तो वे असमंजस में पड़े रहते हैं और उनको इधर-उधर बहकने का कम अवसर मिलता है। उद्देश्य वैशिष्ट्य से समूह के सदस्यों को और पूरे समूह को नियन्त्रित रखने में भी मदद मिलती है, क्योंकि इससे बिखराव की सम्भावना कम होती है।

सोद्देश्य सम्बन्ध का सिद्धान्त

सामूहिक कार्य के सिद्धान्तों में कार्यकर्ता और समूह के बीच सोद्देश्य सम्बन्ध के सिद्धान्त का काफी महत्त्व है। इसका अर्थ यह होता है कि सामूहिक कार्यकर्ता का अपने समूह के सदस्यों के साथ जो सम्बन्ध हो, वह निश्चित उद्देश्य सहित हो और इसकी स्वीकृति सहजता से सेवार्थी से मिली हो, वे ऐसा समझें कि सामूहिक कार्यकर्ता हमारी मदद के लिए हैं और हम सबका उस पर पूर्ण विश्वास है तथा हमारा उसके साथ जो सम्बन्ध है, वह अभिकरण के हित से तालमेल रखता है।

जनतन्त्रीय सामूहिक आत्मनिश्चयीकरण का सिद्धान्त

सामूहिक कार्य में जनतन्त्रीकरण के सिद्धान्त का तात्पर्य है कि समूह निर्माण के प्रारम्भिक चरण से लेकर समूह की समाप्ति तक होने वाली समस्त अन्तःक्रियाएँ अधिकाधिक स्वप्रेरित हों अर्थात् उसके निर्माण की आवश्यकता का अहसास, निर्माण का ढंग, कार्य पद्धति एवं कार्यक्रम का निर्धारण, संचालन एवं नेतृत्व, लक्ष्य एवं उद्देश्य का निर्धारण एवं साधनों का जुटाव तथा उनके उपयोग की विधि तथा निर्णय की प्रक्रिया इत्यादि स्वयं समूह के सदस्यों द्वारा निश्चित की जानी चाहिए। ऐसा नहीं होना चाहिए कि सामूहिक कार्यकर्ता उनकी भावनाओं और इच्छाओं के विरुद्ध जाकर उनका कुछ और ही ढंग से उपयोग करें।

निर्देशित सामूहिक अन्तःक्रिया का सिद्धान्त

सामूहिक कार्य के सिद्धान्तों में निर्देशित सामूहिक अन्तःक्रिया के सिद्धान्त का बड़ा महत्त्व है। समस्त सामूहिक कार्य की उपलब्धियाँ समूह के सदस्यों के बीच तथा समूह के सामूहिक कार्यकर्ता के बीच होने वाली अन्तःक्रियाओं पर ही निर्भर करती हैं। इन अन्तःक्रियाओं का स्वरूप इस बात पर निर्भर करता है कि समूह के सदस्य तथा सामूहिक कार्यकर्ता की इच्छाएँ, क्षमताएँ तथा कार्य के ढंग इत्यादि किस प्रकार के हैं? जहाँ कहीं भी दो पक्ष विद्यमान होते हैं, अन्तःक्रियाएँ होती ही हैं।

यदि ये अनिर्देशित हों अर्थात् इनकी दिशा या तरीके तय न हों या उन्हें बीच-बीच में सँवारा न जाए तो दोनों पक्षों की क्षमताओं का एक तो हितकारी उपयोग कठिन होता है, दूसरे इसकी भी सम्भावना रहती है कि वे पक्ष अहितकारी अन्तःक्रियाएँ कर बैठें। इसलिए यह जरूरी समझा जा सकता है कि सामूहिक कार्यकर्ता समूह की समस्त अन्तःक्रियाओं को उचित तरीके और दिशा में निर्देशित करता रहे।

साधनों के उपयोग का सिद्धान्त

सामाजिक सामूहिक कार्य में संस्था तथा समुदाय का सम्पूर्ण वातावरण साधनों पर निर्भर करता है। ऐसा माना जाता है कि सभी समूहों के कार्यक्षेत्र में कुछ ऐसे साधन प्रायः उपलब्ध रहते हैं जिनका कि उपयोग समूह अपने हित में कर सकता है। प्रायः इन साधनों में उपकरण, स्थान, भवन तथा सामाजिक संस्थाएँ या व्यक्ति इत्यादि सम्मिलित होते हैं। समूह को और कार्यकर्ता को चाहिए कि वह इनका लाभ उठाएँ और समूह अपना हित साधें।

प्रायः इन साधनों का उपयोग इसलिए भी सहज-सुलभ हो सकता है, क्योंकि समूह का अस्तित्व उसी परिस्थिति, समुदाय या समाज की जरूरतों के एहसास के ही फलस्वरूप होता है। जब अपनी ही जरूरत से हमने किसी कार्य को जन्म दिया है तो उसको सम्बल देना भी हमारा स्वाभाविक कर्त्तव्य होता है।

मूल्यांकन का सिद्धान्त

सामूहिक कार्यकर्ता को चाहिए कि वह समूह की गतिविधियों का बीच-बीच में आवश्यकतानुसार मूल्यांकन करता रहे। इस प्रकार किए गए मूल्यांकन से समूह की शक्तियों का समुचित नियोजन, नियन्त्रण और आवश्यक परिमार्जन करने में सुविधा होती है और सामूहिक कार्यकर्ता को अपने कृत्यों को समझने और सुधारने का अवसर मिलता है।

यदि बीच-बीच में मूल्यांकन न किया जाए तो सम्भावना रहती है कि लक्ष्य से विरत होकर या समूह के सदस्यों, भौतिक साधनों या सामूहिक कार्यकर्ता की सेवाओं का दुरुपयोग हो। मूल्यांकन से एक लाभ और भी होता है कि समूह के सदस्यों और सामूहिक कार्यकर्ता की स्वयं को समझने की क्षमता भी बढ़ती जाती है।

सामूहिक कार्य की आवश्यक कुशलताएँ

Essential Skills of Group Work

सामाजिक सामूहिक कार्य की कुशलताएँ विभिन्न विज्ञानों से प्राप्त हुई हैं, क्योंकि समाज कार्य में अधिक-से-अधिक विज्ञानों का अध्ययन किया जाता है। अतः कार्यकर्ता के लिए आवश्यक है कि वह अपने अन्दर उन कुशलताओं का विकास करे जो सामूहिक कार्य करने के लिए आवश्यक होती हैं। उसे समूह कार्य के सिद्धान्तों का ज्ञान होना चाहिए।

ट्रेकर ने *सामाजिक सामूहिक सेवाकार्य में निम्नलिखित कौशल या निपुणता को सम्मिलित किया है*

उद्देश्यपूर्ण सम्बन्ध स्थापन में कौशल

- सामूहिक कार्यकर्ता में समूह के सदस्यों को एक-दूसरे के मतों को स्वीकारने और सामान्य उद्देश्यों की प्राप्ति के लिए समूह के साथ सहयोग करने का कौशल होना चाहिए। सामूहिक कार्यकर्ता में समूह की स्वीकृति प्राप्त करने और समूह से एक सकारात्मक व्यावसायिक आधार पर सम्बन्ध स्थापित करने का कौशल होना चाहिए।

सामूहिक परिस्थिति के विश्लेषण का कौशल

- सामूहिक कार्यकर्ता में इस बात की कुशलता होनी चाहिए कि वह समूह को अपने विचारों को व्यक्त करने, उद्देश्यों को निश्चित करने, आवश्यक लक्ष्यों का स्पष्टीकरण करने और समूह के रूप में अपनी शक्तियों एवं सीमाओं को समझने में सहायता कर सके।
- सामूहिक कार्यकर्ता में समूह के स्तर व आवश्यकता को जानने, समूह में विकास की क्षमता व रुचि को निर्धारित करने की कुशलता होनी चाहिए।

समूह के साथ सहभागिता का कौशल

- सामूहिक कार्यकर्ता में समूह के सदस्यों को भाग लेने, अपने बीच में से नेतृत्व को ढूँढ़ने और अपनी क्रियाओं के विषय में उत्तरदायित्व स्वीकार करने में सहायता देने की कुशलता अवश्य होनी चाहिए।

- सामूहिक कार्यकर्ता को समूह में अपनी भूमिका निश्चित करने, उसका अर्थ निरूपित करने, ग्रहण करने व परिमार्जित करने में कुशल होना चाहिए।

समूह की भावनाओं से निपटने का कौशल

- सामूहिक कार्यकर्ता को समूह को अपनी सकारात्मक तथा नकारात्मक दोनों प्रकार की भावनाओं को व्यक्त करने में सहायता देने में कुशल होना चाहिए। उसे समूह द्वारा सामूहिक एवं आन्तरिक संघर्ष की परिस्थिति का विश्लेषण करने में सहायता देने में अवश्य कुशल होना चाहिए।
- सामूहिक कार्यकर्ता में समूह के प्रति अपनी भावनाओं को नियन्त्रित करने तथा उच्च कोटि की विषयनिष्ठता सम्बन्धी प्रत्येक नवीन परिस्थिति का अध्ययन करने की कुशलता होनी चाहिए।

कार्यक्रम के विकास का कौशल

सामूहिक कार्यकर्ता में ऐसे कार्यक्रमों को विकसित करने की कुशलता होनी चाहिए जिनके माध्यम से समूह अपनी आवश्यकताओं की पूर्ति कर सके। सामूहिक कार्यकर्ता में सामूहिक चिन्तन को निर्देशित करने का कौशल होना चाहिए ताकि अभिरुचियों एवं आवश्यकताएँ प्रकट हों तथा उन्हें समझा जा सके।

मूल्यांकन का कौशल

- सामूहिक कार्यकर्ता को समूह के साथ कार्य करते समय विकास सम्बन्धी प्रक्रिया को अभिलिखित करने में अवश्य कुशल होना चाहिए।
- सामूहिक कार्यकर्ता को अपने अभिलेखों का प्रयोग करने और समूह की उन्नति के लिए उसके अपने अनुभवों की समीक्षा करने में सहायता देने में कुशल होना चाहिए।

सामाजिक सामूहिक कार्य के मूल्य

Values of Social Group Work

सामूहिक समाज कार्य के मूल्य, लगभग समाज कार्य के मूल्यों के समान ही हैं क्योंकि सामूहिक समाज कार्य, समाज कार्य की प्रमुख एवं प्राथमिक प्रणाली है। इन मूल्यों का उपयोग सामूहिक कार्य प्रणाली के व्यवहार में सामूहिक विकास के लिए किया जाता है। इन मूल्यों की उत्पत्ति हमारी सभ्यता, दर्शन तथा विश्वास में निहित है।

फ्रीडलैण्डर के अनुसार, "समाज कार्य के प्राथमिक मूल्य जंगली फूलों की भाँति राह के किनारे नहीं उगते अपितु ये उन गहन विश्वासों में निहित हैं, जो सभ्यताओं का पोषण करती हैं।"

कुछ विशेष सामाजिक मूल्यों का वर्णन निम्नलिखित है, जिनका समावेश सामूहिक कार्य प्रणाली में होता है

आत्मनिर्णय का अधिकार

सामूहिक कार्य के इस मूल्य के अन्तर्गत यह विश्वास किया जाता है कि यदि समूह स्वयं अपने पथ का निर्धारण करे तो उन्नति एवं विकास की उपयोगिता एवं महत्ता और बढ़ जाएगी। अत: कार्यक्रम की सफलता के लिए समूह के सदस्यों को स्वयं कोई मार्ग अपनाना चाहिए।

समूह सदस्यों की योग्यता एवं महत्ता पर विश्वास

सामूहिक कार्य में एक आधारभूत मान्यता यह होती है कि प्रत्येक समूह सदस्य अपने-आप में महत्त्वपूर्ण है और उसमें जो योग्यता एवं गुण विद्यमान हैं, वह समान रूप से सभी में नहीं हैं। प्रत्येक समस्या और परिस्थिति से निपटने की उसमें योग्यता है और यदि इस योग्यता को विकसित करने का अवसर दिया जाए तो निश्चित ही सामान्य व्यक्तित्व का विकास सम्भव है। सामूहिक कार्य का उद्देश्य तब तक पूर्ण नहीं हो सकता है जब तक समूह के सदस्यों की योग्यता एवं महत्ता को नहीं समझा जाएगा। सामूहिक कार्यकर्ता इसी आधार पर अपनी भूमिका निश्चित करता है और कार्यक्रमों का संचालन व प्रशासन करता है।

आत्म-पूर्णता

सामाजिक सामूहिक कार्य का प्रमुख उद्देश्य समूह का पूर्ण विकास करना होता है। इसके अन्तर्गत उन्हीं कार्यक्रमों को उपयोग में लाया जाता है, जिनसे सदस्यों का सर्वांगीण विकास सम्भव होता है।

व्यक्तित्व अन्तरों की मान्यता एवं स्वीकृति

विचारों, भावनाओं, चिन्तन तथा सामाजिक पृष्ठभूमि की दृष्टि से प्रत्येक व्यक्ति भिन्न होता है और उसकी शक्ति तथा योग्यता में भी भिन्नता पाई जाती है। सामूहिक कार्य में इस बात का ध्यान रखा जाता है कि उनमें निहित योग्यताओं का उपयोग समूह के लिए हो तथा उन योग्यताओं को विकसित करें, जो उनमें नहीं हैं। इस प्रकार विभिन्नताओं को कार्यक्रम के माध्यम से समूह-विकास के उपयोग में लाते हैं।

अल्पमत विचारों का महत्त्व

कार्यक्रमों के निर्धारण तथा संचालन में विचारों के अन्तरों को ध्यान में रखा जाता है तथा उनको मान्यता एवं स्वीकृति प्रदान की जाती है। यदि मतों में भेद होने पर अधिक मत पक्ष में होते हैं तो भी अल्पमत को आवश्यक स्वीकृति प्रदान कर रचनात्मक रूप दिया जाता है। प्रत्येक समूह सदस्य को यह अधिकार होता है कि वह अपने मत एवं विचारों को स्वतन्त्रतापूर्वक रख सके, इसके अतिरिक्त विचारों के स्पष्टीकरण का उसे मौका मिलता है।

व्यवहार विभिन्न कारकों का प्रतिफल

व्यवहार का कोई एक कारण नहीं होता है। भौतिकशास्त्र, सामाजिक शास्त्र, व्यावहारिक शास्त्र इत्यादि के अध्ययन से यह स्पष्ट होता है कि व्यवहार अनेक कारणों का परिणाम होता है। सामूहिक कार्यकर्ता इन्हीं मूल्यों को ध्यान में रखकर समूह सदस्यों के व्यवहारों को विश्लेषित करता है। किसी भी समूह सदस्य का व्यवहार असामान्य होने पर कार्यकर्ता अनेक सम्बन्धित तथ्यों का पता लगाता है तथा उनको दूर करने के लिए विभिन्न उपाय करता है।

समूह पर संस्कृति का प्रभाव

व्यक्ति एवं समूह ऐसी संस्कृति के अभिन्न अंग हैं जो समूह के किसी स्थिति में कार्य करने के तरीकों व लगन को प्रभावित करते हैं। समस्या समाधान के लिए संस्कृति का अध्ययन आवश्यक होता है। व्यक्तियों के विचारों, भावनाओं तथा आवश्यकताओं को समझने के लिए उनकी संस्कृति को समझना इसलिए आवश्यक होता है, क्योंकि ये उसी के अंग हैं। कार्यकर्ता अपनी भूमिका अदा करने में इस बात का ध्यान रखता है कि समूह-सदस्यों की संस्कृति में अधिक भिन्नता नहीं होनी चाहिए।

परिवर्तन का विरोध

परिवर्तन विकास के लिए एक आवश्यक अंग है और परिवर्तन का विरोध करना समूह के लिए स्वाभाविक होता है। कार्यकर्ता इस विरोध को असाधारण नहीं मानता बल्कि सामूहिक क्रियाओं द्वारा उनको दूर करने का प्रयत्न करता है।

प्रैक्टिस जोन

1. सामाजिक संगठन एवं सामाजिक समूह
(a) एक-दूसरे से भिन्न नहीं हैं
(b) एक-दूसरे से बिल्कुल भिन्न हैं
(c) एक-दूसरे के साथ घनिष्ठ रूप से जुड़े हैं
(d) एक-दूसरे के साथ घनिष्ठ सहयोग के आधार पर सदैव कार्य करते हैं

2. एक समूह के सदस्य
(a) पारस्परिक चेतना एवं पारस्परिक सम्बन्धों को अभिव्यक्त करते हैं
(b) समान मान्यताओं एवं मूल्यों को मानते हैं
(c) सामान्य उद्देश्यों का अनुसरण करते हैं
(d) उपरोक्त सभी

3. सामाजिक सामूहिक कार्य का विकास व्यावसायिक रूप में कब हुआ?
(a) वर्ष 1930 (b) वर्ष 1932 (c) वर्ष 1935 (d) वर्ष 1910

4. किस विद्वान् के अपनी परिभाषा में सामूहिक कार्य को एक शिक्षात्मक प्रक्रिया बताया है?
(a) न्यूज टेट्टर (b) कोनोप्का
(c) हैमिल्टन (d) इनमें से कोई नहीं

5. समूह कार्य का मूल उद्देश्य है
(a) व्यक्तित्व विकास (b) समस्या समाधान
(c) पुनः समायोजन (d) उपचार

6. समूह कार्य है
(a) कार्यक्रम जनसंचार माध्यम
(b) पारस्परिक प्रक्रिया
(c) लोगों के साथ मिलकर कार्य करने की विधि
(d) मनोरंजन का एक प्रकार

7. 'हार्टफोर्ड' के अनुसार समूह कार्य के क्षेत्र हैं
(a) व्यक्ति का मनुष्य के रूप में विकास तथा सामाजिक समायोजन करना
(b) ज्ञान तथा निपुणता में वृद्धि द्वारा व्यक्तियों की रुचि में बढ़ोतरी करना
(c) समुदाय के प्रति उत्तरदायित्व की भावना का विकास करना
(d) उपरोक्त सभी

8. एक समूह, जो एक व्यक्ति को एक ही समय में अन्य समान समूहों में सम्मिलित होने की इजाजत नहीं देता, कहलाता है
(a) नियोजी समूह
(b) अन्तः समूह
(c) बन्द समूह
(d) समवेत समूह

9. समूह कार्य अभ्यास के लिए न्यूनतम मानक निर्धारित किया
(a) एसोसिएशन ऑफ स्कूल्स ऑफ सोशल वर्क
(b) कोलम्बिया विश्वविद्यालय ऑफ सोशल वर्क
(c) ऑक्सफोर्ड विश्वविद्यालय ऑफ सोशल वर्क
(d) उपरोक्त में से कोई नहीं

10. बड़ौदा विश्वविद्यालय के समाज कार्य विभाग ने किस वर्ष समूह कार्य अभ्यास के पहले अभिलेखों का विकास एवं प्रकाशन किया?
(a) वर्ष 1950 (b) वर्ष 1940
(c) वर्ष 1960 (d) वर्ष 1970

11. वैयक्तिकरण के कार्यकर्ता के लिए गुण हैं
(a) मानव व्यवहार का ज्ञान
(b) अभिमत तथा पूर्वाग्रहों से स्वतन्त्र
(c) परिप्रेक्ष्य को बनाए रखने की योग्यता
(d) उपरोक्त सभी

12. ट्रेकर के अनुसार सामूहिक निपुणता का कार्य है
(a) समूह परिस्थिति विश्लेषण की निपुणता
(b) कार्यक्रम के विकास में निपुणता
(c) मूल्यांकन में निपुणता
(d) उपरोक्त सभी

13. 'समूह गतिशीलता' शब्द निर्देशित करता है
(a) बड़े समूहों का निर्माण
(b) छोटे समूहों में सामंजस्यपूर्ण परिवर्तन
(c) छोटे समूहों का विघटन
(d) अनेक समूहों की अन्तर्निर्भरता

14. समूह कार्य व्यवहार में कार्यक्रम नियोजन में निम्नलिखित में से कौन-सा सम्मिलित है?
(a) समूह के सदस्यों की सहभागिता
(b) समूह के सदस्यों के हित
(c) कार्यक्रम अन्तर्वस्तु
(d) उपरोक्त सभी

15. निम्नलिखित में से कौन-सा एक सन्दर्भ समूह है?
(a) पेशेवर समूह
(b) अपने जीवन के पहलू का मूल्यांकन करने वाला समूह
(c) अपेक्षाकृत एक बड़ा समूह
(d) सामाजिक गतिशीलता (सोशल मोबिलिटी) का समर्थक समूह

16. निम्नलिखित में से कौन-सा समूह कार्य का सिद्धान्त नहीं है?
(a) प्रत्येक व्यक्ति में निहित अनन्य अन्तर की पहचान
(b) समूह प्रक्रिया का उपयुक्त संशोधन
(c) समस्या-समाधान की प्रक्रिया में समूह के सदस्यों को शामिल होने के योग्य बनाना
(d) सदस्यों के प्रति उदासीन मनोवृत्ति का सिद्धान्त

17. निम्नलिखित में से कौन ग्रुप वर्क का सिद्धान्त नहीं है?
(a) प्रगतिशील कार्यक्रम अनुभव
(b) विशिष्ट उद्देश्य
(c) समूह प्रयोग नियोजन
(d) सतत् मूल्यांकन

18. निम्नलिखित में से कौन टीम निर्माण में सन्निहित है?
(a) टीम के सक्रिय सदस्यों को मान्यता देना
(b) टीम की प्रगति में योगदान देने वाले सदस्यों को मान्यता देना
(c) टीम के सभी सदस्यों को मान्यता देना
(d) टीम के ज्ञानवान सदस्यों को मान्यता देना

19. निम्नलिखित में से कौन-सा समूह कार्य अभ्यास का उपागम नहीं है?
(a) चिकित्सापूरक (b) विकासमूलक
(c) टास्क ओरिएण्टेड (d) आलंकारिक

20. सामाजिक समूह कार्य में 'समूह'
(a) सहज (स्वतः प्रवर्तित) होता है
(b) अलग हो जाना होता है
(c) नियोजित रूप से गठित होना होता है
(d) असंगठित होता है

21. समूह कार्य में समूह के विशिष्ट उद्देश्य बनते हैं
(a) अन्य कार्यकर्ताओं के साथ परामर्श से
(b) एजेन्सी के साथ परामर्श से
(c) कार्यकर्ता द्वारा सदस्यों के साथ सलाह से
(d) कार्यकर्ता द्वारा समुदाय के सदस्यों के साथ परामर्श से

22. सामाजिक समूह कार्य का सिद्धान्त है
(a) नियोजित समूह गठन
(b) समूह गत्यात्मकता
(c) प्रजातान्त्रिक निर्णयन
(d) विशिष्ट कार्यक्रम

23. सामाजिक सामूहिक कार्य में परिवर्तन का प्रमुख उपकरण है
(a) कार्यक्रम का संगठन
(b) नेतृत्व विकास
(c) मार्ग निर्देशित सामूहिक अन्तर्क्रियाएँ
(d) उपरोक्त में से कोई नहीं

उत्तरमाला

1. (d)	**2.** (d)	**3.** (c)	**4.** (a)	**5.** (b)	**6.** (c)	**7.** (d)	**8.** (c)	**9.** (a)	**10.** (c)
11. (d)	**12.** (d)	**13.** (d)	**14.** (d)	**15.** (b)	**16.** (d)	**17.** (c)	**18.** (c)	**19.** (d)	**20.** (c)
21. (d)	**22.** (c)	**23.** (a)							

अध्याय

04

सम्प्रेषण

सम्प्रेषण वह तरीका है, जिसके द्वारा व्यक्ति अपने विचारों, सूचनाओं, परामर्शों एवं अनुभूतियों को साझा करता है। यह दो या अधिक व्यक्तियों के बीच का क्रियाकलाप है। सूचनाओं, सन्देशों और अनुभवों की इस साझेदारी से सामाजिक समझ का विकास होता है। किसी भी देश के विकास का आधार उसके उन्नत और विकसित संचार-माध्यम हैं। प्रचुर और उन्नत संचार के साधन राष्ट्र की भौतिक और औद्योगिक प्रगति का साधन बनते हैं।

सम्प्रेषण की परिभाषाएँ Definitions of Communications

संचार शब्द की उत्पत्ति संस्कृत की 'चर' धातु से हुई है। 'चर' का अभिप्राय है 'चलाना'। व्यावहारिक शब्दों में "निरन्तर आगे बढ़ती रहने वाली प्रक्रिया" संचार कहलाती है। वर्तमान में यह 'कम्युनिकेशन' (Communication) शब्द का पर्याय है। इसकी उत्पत्ति लैटिन भाषा के 'कम्युनिस' (Communis) से हुई है जिसका अर्थ है 'टू मेक कॉमन' 'टू इम्पोर्ट', 'टू शेयर', 'टू ट्रान्समिट' अर्थात् सूचनाओं के आदान-प्रदान से समान भागीदारी निर्मित करना संचार का उद्देश्य है।

बोबी सोरेल्स पर्सिंग के अनुसार, "*मानव-संचार को प्रतीकात्मक क्रिया द्वारा अर्थों के कार्यव्यवहार की सर्पिल या कुण्डलीदार प्रक्रिया के रूप में परिभाषित किया जा सकता है जिसमें लिखित, मौखिक एवं शब्द-रहित सन्देशों को भेजने तथा प्राप्त करने से जुड़े सभी तत्त्व शामिल हैं।*"

पर्सिंग ने इस परिभाषा के छः घटकों में 'मानव-संचार' के स्वरूप को बहुत वैज्ञानिक ढंग से स्पष्ट किया है

1. सर्पिल (कुण्डलीदार) प्रक्रिया
2. कार्य व्यवहार
3. अर्थ
4. प्रतीकात्मक क्रिया या व्यवहार
5. प्रेषण तथा ग्रहण करने से जुड़े सभी तत्त्व
6. लिखित, मौखिक एवं शब्द-रहित सन्देश

ई एम रोजर 'कम्युनिकेशन' को कम्युनियन या समुदाय के निकट पाते हैं। इस प्रकार संचार अपने विभिन्न अर्थों में वह प्रक्रिया है जिसमें स्रोत एवं श्रोता के बीच सूचनाओं और विचारों का सम्प्रेषण होता है। यह प्रक्रिया समाज में एक-दूसरे से परस्पर सम्बद्ध है और एक-दूसरे के व्यवहार को नियन्त्रित करती है। इससे परस्पर समझदारी और सामाजिकता का विकास होता है। यह सामाजिक प्रक्रियाओं की आधारशिला है।

वस्तुतः संचार एक ऐसी प्रक्रिया है जिसमें दो या दो से अधिक लोगों के बीच विचारों, अनुभवों, तथ्यों और प्रभावों का इस प्रकार आदान-प्रदान होता है जिससे दोनों को सन्देश के बारे में सामान्य ज्ञान होता है। इस प्रक्रिया के द्वारा सम्प्रेषक और संग्राहक के बीच सामंजस्य तथा जागरूकता पैदा की जाती है और जनता के ज्ञान, विचार और वृत्ति को निर्मित, विकसित और परिवर्तित किया जाता है।

सम्प्रेषण की प्रकृति Nature of Communication

संचार का उद्देश्य सूचनाओं और अनुभवों को परस्पर बाँटना, विचारों की अभिव्यक्ति करना, जिज्ञासाओं का समाधान करना तथा प्रोत्साहन और परिवर्तन करना है। संचार की निम्नलिखित विशेषताएँ हैं

संचार जटिल, प्रतीकात्मक, समस्यायुक्त एवं विरोधाभासी प्रकृति का होता है। सामान्य रूप में संचार-प्रक्रिया तब व्यवहार में लाई जाती है जब कोई-न-कोई सन्देश सम्प्रेषित, प्राप्त तथा विश्लेषित किया जाता है। इस प्रकार संचार सन्देश और ग्रहण करने योग्य प्रक्रिया है लेकिन इन दोनों प्रक्रियाओं का आधार उद्देश्यपूर्णता से युक्त है। अतः सम्प्रेषण एवं ग्राह्यता के लिए संचार का उद्देश्यपूर्ण होना अति आवश्यक है।

प्रभावी होने के लिए संचार का सार्थक होना भी जरूरी है तभी यह उत्प्रेरक हो सकता है। इसके अन्तर्गत अनुभवों का आदान-प्रदान किया जाता है। यह आदान-प्रदान की क्रिया प्रत्यक्ष एवं परोक्ष रूप में सम्पन्न होती है। सन्देश का सम्प्रेषण किया जाता है। सन्देश में अनुभव, वर्तमान व्यवहार एवं भविष्य की आवश्यकता निहित है। इस प्रकार दो व्यक्तियों में सार्थकता का निर्माण सम्प्रेषण से होता है।

सन्देश-प्रेषण से पूर्व सम्प्रेषण को स्वतः उस सूचना, तथ्य और विचार को हृदयंगम कर लेना चाहिए, तत्पश्चात् श्रोताओं की पसन्द और संचार-माध्यम पर ध्यान देना चाहिए। संचार की सफलता के लिए संग्राहकों के लिए उपयुक्त भौतिक वातावरण उपस्थित करना अनिवार्य है।

संग्राहक पर सन्देश के प्रभाव का मूल्यांकन अपेक्षित है। सन्देश के आदान और प्रदान दोनों की अनिवार्यता के कारण संचार दोहरी प्रक्रिया है।

संचार के प्रकार Types of Communication

मौखिक मौखिक संचार आमने-सामने देखकर या सुनकर सम्प्रेषण करने का प्रकार है। इसमें लिखित रूप में कुछ नहीं होता। टेलीफोन पर बातचीत, साक्षात्कार, एक-मार्गी प्रस्तुतियाँ, व्याख्यान, चलचित्र इत्यादि भी मौखिक संचार हैं। शारीरिक एवं चेहरे के हाव-भाव भी मौखिक संचार का एक भाग है।

लिखित लिखित संचार में लिखित रूप से संचार करना शामिल है। इसमें व्यापक भाषा का प्रयोग शामिल है, जिससे कि प्रेषक प्राप्तकर्ता तक उचित

सन्देश भेज सके। डाक, टेलीग्राफ, फैक्स, एसएमएस, पत्रिकाएँ, पुस्तकें, समाचार-पत्र, पैम्फलेट्स इत्यादि लिखित संचार के उदाहरण हैं।

औपचारिक औपचारिक सन्देश, औपचारिक संचार के लिए संचारित किए जाते हैं। इसका सम्बन्ध सामान्यत: सम्प्रेषणकर्ता की किसी खास स्थिति से होता है। त्यागपत्र, निर्देश, सूचनाएँ इत्यादि इसके उदाहरण हैं।

अनौपचारिक इस प्रकार का संचार सभी प्रकार की औपचारिकताओं से मुक्त होता है। यह पार्टियों के बीच अनौपचारिक सम्बन्ध पर आधारित होता है। इसे सामान्य दृष्टि 'ग्रेप वाइन' संचार कहा जाता है। सामान्य दृष्टि, हाव-भाव, मुस्कुराहट, स्वागत, आलिंगन इत्यादि को अनौपचारिक संचार कहा जा सकता है।

उर्ध्वमुखी जब संचार अधीनस्थ से उसके बॉस या वरिष्ठ तक होता है तब इसे उधोमुखी संचार कहा जाता है। ऐसे संचार में कर्मचारियों की प्रतिक्रिया, सलाह या उनकी शिकायतें इत्यादि शामिल होती हैं। इस प्रकार का संचार नियोक्ता के लिए प्रोत्साहन के मुख्य स्रोत के रूप में कार्य करता है।

अधोमुखी अधोमुखी संचार उच्च स्तर से निम्न स्तर की ओर होता है। इसमें नियम-कानून, आदेश, नीतियाँ, निर्देश, योजनाएँ इत्यादि शामिल हैं।

मध्यस्थ संचार के इस स्तर में सन्देश भेजने के कुछ मध्यस्थ साधन शामिल हैं। इसमें आमने-सामने संचार शामिल नहीं है, बल्कि अप्रत्यक्ष रूप से इसमें प्रतिपुष्टि मिलती है। मध्यस्थ के रूप में प्राय: यान्त्रिक या वैद्युत उपकरणों जैसे टेलीफोन, सी सी टी वी, रडार, रेडियो, ई-मेल, सैटेलाइट, पत्र, रिपोर्ट इत्यादि का प्रयोग होता है।

व्यक्ति का समूह से संवाद इसमें एक वक्ता एवं कई श्रोता शामिल होते हैं। वक्ता प्राय: बिना किसी प्राप्तकर्ता के वार्ता के अपने विचार प्रस्तुत करता है या अपने सन्देश प्रसारित करता है, भाषण, प्रस्तुतियाँ, वाद-विवाद, इत्यादि ऐसे संचार के प्रकार हैं।

जन-संचार जन-संचार का दायरा काफी विस्तृत है एवं इसके अन्तर्गत जनता, सुदूर स्थित श्रोता इत्यादि आते हैं। टेलीविजन, रेडियो, इन्टरनेट, समाचार-पत्र, पत्रिकाएँ, पुस्तकें इत्यादि बड़े पैमाने पर संचार के तरीके हैं। जन-संचार में प्रतिपुष्टि के अवसर सीमित होते हैं।

अन्तर्वैयक्तिक सोचना अन्तर्वैयक्तिक संचार का उदाहरण है। इसमें व्यक्ति स्वयं प्रत्येक कार्य करता है। वह प्रारम्भ करता है, प्राप्त करता है एवं स्वयं में सन्देशों को संसाधित करता है। यहाँ व्यक्ति प्रेषक एवं प्राप्तकर्ता दोनों है। ऐसा संचार स्वयं को जानने, आत्म अवधारणा, आत्म-विश्वास, दृढ़-निश्चय एवं आत्म-प्रोत्साहन विकसित करने में सहायक होता है। अपने भीतर कुछ निर्णय लेना या मंथन करना भी अन्तर्वैयक्तिक संचार है। यह आत्म-सम्प्रेषण का एक तरीका है।

पार्श्विक इसमें समान संगठनात्मक स्तरों पर के लोगों के साथ सूचना का प्रवाह शामिल है। ऐसा संचार सूचना का क्षैतिज प्रवाह कहलाता है। सूचना के तिरछे प्रवाह में विभिन्न स्तरों के लोगों के सन्देशों का प्रवाह शामिल होता है, जिनमें कोई प्रत्यक्ष रिपोर्टिंग सम्बन्ध नहीं होता। ऐसा संचार सूचना प्रवाह की गति बढ़ाने में सहायक होता है।

आन्तरिक ऐसे संचार में किसी संगठन या विभाग के भीतर सूचना का प्रवाह शामिल होता है। किसी संगठन में, प्रभावी आन्तरिक संचार के लिए ऊपर से नीचे, नीचे से ऊपर, तिरछे इत्यादि सभी दिशाओं में सूचना का बहुविमीय प्रवाह होना चाहिए।

बाह्य इसमें एक संगठन या विभाग से दूसरे संगठन या विभाग या जनता तक सूचना का प्रवाह शामिल है। सामान्यत: पत्र, रिपोर्ट, प्रस्ताव, सभा, ई-मेल, इत्यादि बाह्य रूप से संचार के तरीके हैं।

गैर-मौखिक संचार के तरीके

शारीरिक भाषा की शक्ति गैर-मौखिक संचार के माध्यम से हम अपने चरित्र का भावनात्मक पक्ष प्रकट करते हैं। शारीरिक भाषा वक्तता को तुरन्त प्रतिपुष्टि उपलब्ध कराता है एवं उसे बताता है कि वह कैसे चल रहा है। यदि वक्ता इस प्रतिपुष्टि के महत्त्व को समझ नहीं पाता, उसका अपना संचार कम प्रभावी हो जाएगा।

चेहरे का भाव चेहरे का भाव निरन्तर व्यक्ति की सटीक भावनाओं की झलक प्रदान करता है, चाहे वह आश्चर्य, अविश्वास, करार, अस्वीकृति, क्रोध, प्रेम, इत्यादि हों। शरीर की अन्य क्रियाओं, जिन पर नियन्त्रण करना अधिक कठिन है और इसलिए जो सच्ची भावनाओं के वास्तविक संकेतक होते हैं, के सन्दर्भ में चेहरे के भाव पढ़ने में सावधानी बरतनी चाहिए। चेहरे के हाव-भाव पर नियन्त्रण करना सर्वाधिक आसान है।

नेत्र संचार श्रोता का ध्यान आकर्षित करने के लिए आपको ध्यान देना भी होगा। आँख मिलाना ध्यान पाने का एक तरीका है। आँख मिलाना सूचना प्राप्त करने, दृश्य सन्देशों, जो शब्दों के पूरक होते हैं और लोगों को सुनी गई बात समझने में सहायक होते हैं, को प्राप्त करने, प्रतिपुष्टि पाने, अधिकार दर्शाने, भावों को प्रदर्शित करने, विश्वास एवं सच सुनिश्चित करने के लिए आवश्यक है। किसी के प्रदर्शन, जिसमें आपकी रुचि है, को देखना केवल वार्तालाप से कहीं अधिक है।

सिर हिलाना अपने सिर को ऊपर-नीचे हिलाना या इसे बाएँ से दाएँ एक लय में मिलाना, ये सभी हमारे देश एवं विश्व के विभिन्न भागों में भिन्न चीजों को दर्शाते हैं। चतुराईपूर्वक सिर हिलाने के तरीकों से गलत संचार भी सम्भव है।

हाव-भाव शरीर के अन्य भागों, बाँहों, पैरों, धड़, सिर की गतिविधियों के माध्यम से भी बताया जा सकता है, जिसे हाव-भाव कहा जाता है। हाव-भाव से सूचना के साथ-साथ भावना का संचार भी सम्भव है। जब हम तनाव में नहीं होते हैं हम अपनी बात और हाव-भाव के बीच ताल-मेल बैठाने में सक्षम होते हैं एवं उनका प्रयोग किसी बिन्दु पर जोर देने के लिए प्रभावी रूप से करते हैं। तनाव की स्थिति को असहज, घबराहट और उलझन के नाम से जाना जा सकता है। साक्षात्कार एवं सामूहिक परिचर्चा के दौरान हाव-भाव सुधारने पर ध्यान देना चाहिए।

शारीरिक भाषा के माध्यम से पढ़ना

1. **शारीरिक मुद्रा की भाषा**
   शारीरिक मुद्राओं के चार प्रकार होते हैं
   (i) **समीप जाना** प्रगतिशील दिखने वाली शारीरिक मुद्रा, ध्यान आकर्षित करना एवं उत्साहपूर्वक स्वागत करना।
   (ii) **वापसी** दूर जाना, पीछे हटना, समीप जाने का विपरीत। ये शारीरिक मुद्राएँ, शर्म, ऊब, ठण्डापन दिखाती हैं।
   (iii) **विस्तार** दृढ़ता से सीधे खड़ा होना।
   (iv) **संकुचन** शारीरिक गतिविधियाँ, जो व्यक्ति को अपने-आप की ओर खींचती हैं, उदास, शरीर की टकराहट की स्थिति, जो सम्भावित तनाव या निराशा की ओर झुकाव दिखाते हैं।
2. **मौन की भाषा** मौन रहने में भी संचार सम्भव है। आप केवल विद्यमान रहकर संचार कर सकते हैं। अपने सिर को हिलाकर, आँखें मटकाकर, किसी की ओर देखकर या बस चुप रहकर आप दूसरों को सन्देश भेज सकते हैं। सामूहिक परिचर्चा की तैयारी के दौर में मौन का प्रयोग सावधानीपूर्वक करके यह दिखाया जा सकता है कि आप सुनने के लिए तैयार हैं। यदि हम मौन हैं, तभी हम ध्यानपूर्वक सुन सकते हैं।

3. **अन्तराल की भाषा** यह एक गैर–मौखिक संचार है। हममें से प्रत्येक को अन्तराल की भाषा की समझ होती है। अन्तराल व्यावसायिक दुनिया में स्थिति को दर्शाता है।

अन्तर्वैयक्तिक व्यवहार के 'चार अन्तराल'

1. **अन्तरंग** (एक फीट तक) यह वह दूरी है जो व्यक्ति एवं उसके पूरे शरीर के साथ इस अन्तराल में चलता है। इसके भीतर आने की इजाजत कम लोगों को मिलती है एवं बहुत कम शब्द यहाँ प्रयोग में लाए जाते हैं।
2. **निजी** (4 फीट तक) इस मानक सामाजिक क्षेत्र में घनिष्ठ मित्रों, साथियों, सहकर्मियों, इत्यादि से बातचीत होती है। यह एक सहज दूरी है तथा सहज एवं अनिर्धारित संचार इसके भीतर होता है।
3. **सामाजिक** (4 से 12 फीट तक) इस क्षेत्र में अजनबियों के साथ-साथ, दुकानदार, कर्मचारी इत्यादि आते हैं। इस अन्तराल में बातचीत योजनाबद्ध, औपचारिक एवं कम भावनात्मक होती है। इस दूरी में आँख से सम्पर्क बनाना सम्भव होता है पर सहजता के लिए यह दूरी पर्याप्त नहीं होती है।
4. **सार्वजनिक** (12 फीट से 25 फीट या अधिक) इस क्षेत्र में होने वाली बातचीत और भी अधिक औपचारिक होती है। इस क्षेत्र में असम्बद्ध अवलोकनकर्ताओं की बातचीत भी सम्भव है। यह क्षेत्र सर्वाधिक सुदूर एवं औपचारिक अन्तराल दर्शाता है तथा यह वहाँ हो सकता है जहाँ चीजें आपके लिए बहुत कम महत्त्वपूर्ण हैं।

संचार की प्रक्रिया Process of Communication

संचार निरन्तर गतिमान रहने वाली प्रक्रिया हैं। यह प्रेषक, प्राप्तकर्ता और सन्देश के बीच सामंजस्य स्थापित करने की प्रक्रिया है। प्रेषक अपने सन्देश को संकेतों द्वारा ग्राहक को भेजते समय 'एनकोड' करता है और ग्राहक अपनी क्षमता के अनुसार ग्रहण करते समय सन्देश को 'डिकोड' करता है। अपनी प्रतिक्रिया व्यक्त करते हुए प्रापक या ग्राहक जब 'प्रतिपुष्टि' (Feedback) भेजता है, तो दोनों की भूमिका परिवर्तित हो जाती है। ग्राहक प्रेषक बन जाता है और प्रेषक ग्राहक। संचार की यह प्रक्रिया इसी प्रकार अनवरत गतिशील रहती है। इस पूरी प्रक्रिया को नीचे दिए गए आरेख से समझा जा सकता है

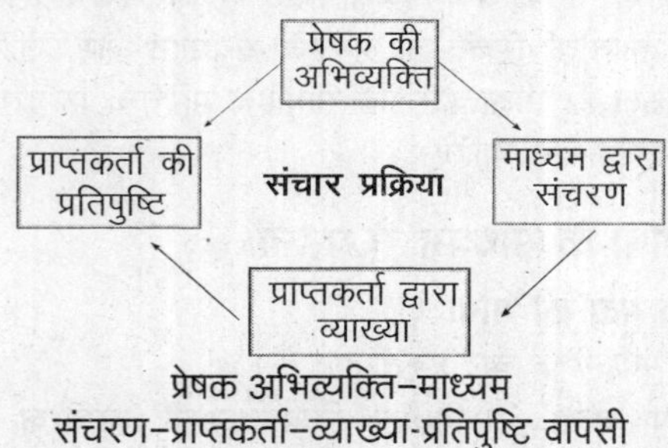

प्रेषक अभिव्यक्ति–माध्यम संचरण–प्राप्तकर्ता–व्याख्या-प्रतिपुष्टि वापसी

प्रक्रिया के चरण Steps of Process

सूचना सूचना जिसे प्रेषक को अभिव्यक्त करना होता है, इसके अन्तर्गत आता है। यह कुछ भी हो सकता है।

'कोड' निर्मित करना स्रोत सन्देश को शब्दों या प्रतीकों को कूटबद्ध कर इसे प्राप्तकर्ता को भेजता है। डिकोडिंग से वास्तविक सन्देश प्राप्त करना उसका स्रोत कहलाता है।

माध्यम यह माध्यम या मध्यस्थ वस्तु है जिसका प्रयोग प्रेषक प्राप्तकर्ता तक सन्देश को पहुँचाने के लिए कर सकता है। चयनित माध्यम सर्वाधिक प्रभावकारी होना चाहिए। इसका चयन इस तरह होना चाहिए कि अधिकतम सन्देश संचरण हो तथा उसकी अधिकतम व्याख्या हो सके। माध्यम ऐसा होना चाहिए जिससे कि सन्देश का तीव्र संचरण आवश्यक दूरी तक सही सन्दर्भों के साथ हो सके। माध्यम प्रेषक की सुविधा एवं प्राप्तकर्ता के कौशल के अनुसार भी होना चाहिए। कई संचार माध्यम प्रायः एक सन्देश संचरण में संलग्न होते हैं।

डिकोडिंग यह सन्देश जैसा है तथा ठीक वैसा ही समझने की क्रिया है। इसे डिकोडिंग कहा जाता है, क्योंकि यहाँ कोड से सन्देश प्राप्त किया जाता है। श्रोता एवं पाठक डिकोडर्स हैं। ये द्वि-विषयक प्रक्रिया है। यहाँ दोनों विषय-वस्तु (जो सन्देश या बोली या लिखी गई भाषा के वास्तविक शब्द या प्रतीक हैं) तथा सन्दर्भ (सन्देश देने का तरीका) प्राप्त किए जाते हैं।

प्रतिपुष्टि यह द्वि-मार्गी संचार को सुनिश्चित करने का एक तरीका है। प्रेषक को मिली प्रतिपुष्टि उसे यह बताती है कि प्राप्तकर्ता ने सन्देश ग्रहण किया। यह संचार प्रक्रिया की अन्तिम कड़ी है। यह सन्देश भेजने में प्रेषक की कुशलता, सन्देश संचरण करने के माध्यम की कुशलता एवं सन्देश की व्याख्या करने में प्राप्तकर्ता की कुशलता जानने का एक तरीका है। इसका उद्देश्य सन्देशों को बदलना एवं प्राप्त करना होता है ताकि मूल सम्प्रेषक का इरादा द्वितीयक संचार (वार्ताकार) को समझ में आए।

प्रभावी संचार के तरीके

Ways of Effective Communication

विभिन्न व्यक्तियों के साथ प्रभावी ढंग से संचार स्थापित करना अपने आप में एक कला है। सैद्धान्तिक तौर पर अधिकांश लोग इसे सीखते तो हैं, किन्तु व्यावहारिक रूप से कुछ गिने-चुने लोग ही अमल में लाते हैं। इसका मुख्य कारण है कि ज्यादातर लोग संचार को बेहद सरल प्रक्रिया के तौर पर देखते हैं, जबकि ऐसा नहीं हैं। संचार विभिन्न सरल एवं जटिल प्रक्रियाओं का समूह है जो मुख्यतया प्रेषक (Sender) तथा ग्राहक (Receiver) के आपसी सहयोग, समन्वय सूझ-बूझ एवं दृष्टिकोण पर निर्भर करता है।

नीचे कुछ बिन्दुओं में संचार को प्रभावी बनाने में सहायक कुछ तरीकों का वर्णन किया गया है। जिन्हें अपनाकर आप अपने सन्देश की गुणवत्ता बढ़ा सकते हैं

- अपने सन्देश की जवाबदेही लेना और उसका उद्देश्य स्पष्ट करना।
- वक्ता को अधिक-से-अधिक बोलने के लिए प्रोत्साहित करना।
- सुनने के लिए तैयार रहना।
- विभिन्न मतों/दृष्टिकोणों/विचारों को स्वीकार करना।
- मुक्त विचारक बनना।
- पक्षपात रहित निर्णय लेना।
- अपनी बात के समर्थन में उचित तर्क एवं उदाहरण प्रस्तुत करना।
- दूसरे पर प्रभुत्व/नियन्त्रण जमाए बगैर अपनी बात कहना।
- प्रेषक से प्राप्त सूचनाओं के सन्दर्भ में यथोचित जानकारी रखना।
- अपनी बातों को स्पष्ट, सरल एवं संक्षिप्त रूप में प्रस्तुत करना।
- संचार के दौरान प्राप्त सूचना से सम्बन्धित आँकड़ों, प्रभावों, भावनाओं, इच्छाओं एवं निष्कर्षों का एक सुनिश्चित चक्र बनाए रखना।
- संचार के दौरान बीच-बीच में सहमतिपूर्वक सिर हिलाना अथवा वक्ता की बात के प्रमुख अंशों को दोहराना ताकि उसे ऐसा लगे कि आप उसकी बातों को ध्यानपूर्वक सुन रहे हैं।
- जहाँ तक सम्भव हो वक्ता/श्रोता को उनके नाम से (व्यक्तियों की संख्या कम होने की स्थिति में) सम्बोधित करना।

- बोलते या सुनते समय स्वयं को श्रोता/वक्ता के स्थान पर रखकर विचार करना।
- दूसरों की भावनाओं का ख्याल रखना एवं व्यक्तिगत टिप्पणियों अथवा आक्षेपों से बचना।

संचार के माध्यम Medium of Communication

संचार के अनेक उपकरण हैं जिनमें प्रमुख रूप से समाचार-पत्र, पत्रिकाएँ, पुस्तकें, रेडियो, दूरदर्शन और केबल टी.वी. आदि सम्मिलित हैं। मुख्य रूप से इन्हें दो श्रेणियों में बाँटा जा सकता है—मुद्रित माध्यम और इलेक्ट्रॉनिक माध्यम। मुद्रण माध्यम को प्रकाश में आए 500 वर्षों से अधिक बीत चुके हैं जबकि इलेक्ट्रॉनिक माध्यम बीसवीं सदी की देन है। इलेक्ट्रॉनिक माध्यम के आविष्कार के साथ ही संचार के क्षेत्र में अभूतपूर्व गति आई।

मुद्रित माध्यम

सन् 1450 में जर्मनी में जॉन गुटेनबर्ग के मुद्रण का आविष्कार करते ही साक्षर समुदाय के लिए संचार वरदान बन गया। विकसित देशों में समाचार-पत्र जीवन की अनिवार्य जरूरतों में गिना जाता है। अमेरिका में 95% लोग समाचार-पत्र पढ़ते हैं उसके बाद रूसी अखबार प्रेमियों की गणना होती है। भारत में अठारहवीं सदी के अन्त में यानी सन् 1780 से अखबार का पदार्पण हुआ। आज देश के हर प्रान्त, क्षेत्र और भाषा में दैनिक, साप्ताहिक और मासिक पत्र-पत्रिकाओं का प्रकाशन तेजी से हो रहा है। हर वर्ष इनकी सार-संख्या में भी वृद्धि होती जा रही है। बहुसंस्करणीय, सांध्यसंस्करणीय प्रकाशन, इलेक्ट्रॉनिक तकनीकी के विकास के साथ निरन्तर बढ़ते ही गए। रोचक ले-आऊट, सुरुचिपूर्ण साज-सज्जा और श्रेष्ठ मुद्रण के कारण इनके प्रति लोगों का आकर्षण भी बढ़ता जा रहा है। अधिक से अधिक जानकारी हासिल करने के उद्देश्य से समाचार-पत्र भी हर वर्ग के लिए उनकी रुचियों के अनुरूप सामग्री प्रस्तुत कर रहे हैं। खेल, फिल्म, कला, बाजार भाव, राजनैतिक उठा-पटक, जीवन के हर क्षेत्र में सम्बन्धित समाचार, समाचार-पत्रों के द्वारा प्रदान किए जाते हैं।

समाचार-पत्रों में प्रकाशित विज्ञापन भी संचार का अंग हैं जो विभिन्न उत्पादों के सम्बन्ध में जानकारियाँ देते हैं। सामाजिक विज्ञापन घातक रोगों से बचाव, सामाजिक प्रदूषणों के परिहार और स्वास्थ्य के प्रति जागरूकता का भी सन्देश देते हैं; जैसे—एड्स से बचाव, टीकाकरण और स्वच्छ पेयजल को अपनाने की प्रेरणा। धुम्रपान, नशीली दवाइयों के सेवन को त्यागने की मन्त्रणा सामाजिक विज्ञापनों के उदाहरण हैं।

जनमत की सशक्तता, सांस्कृतिक चेतना, मूल्यों को स्थापित करने में समाचार-पत्र सहायक हुए हैं। देश के स्वतन्त्रता-संग्राम में समाचार-पत्रों का विशेष योगदान स्मरणीय है। समाज-सुधार का हर आन्दोलन समाचार-पत्रों को अपना प्रवक्ता बनाता है।

रेडियो

इलेक्ट्रॉनिक माध्यम के उपकरणों में मुद्रित माध्यम से अधिक तीव्रता से और दूरदराज तक सन्देश पहुँचाने की शक्ति हैं। रेडियो इनमें सबसे सस्ता और 'पोर्टेबल' उपकरण है। उन्नीसवीं सदी के अन्त में मारकोनी द्वारा आविष्कृत रेडियो ने संचार के क्षेत्र में क्रान्ति उत्पन्न कर दी। समाचारों, गीत, संगीत, नाटक, रूपक आदि प्रस्तुत कर रेडियो हर आयु वर्ग के श्रोता को प्रिय हो गया था। अपना काम करते हुए भी श्रोता इसके द्वारा प्रेषित सन्देश को ग्रहण कर सकते हैं। यही इसकी सबसे बड़ी सुविधा है।

केवल एक समय में एक ही केन्द्र से प्रसारण सुन सकना और प्रसारण बीच में रोककर दोबारा सुन पाने का प्रावधान न होना रेडियो की सीमा है। रेडियो का संचार इकहरा होता है।

रेडियो डाटा पेजिंग सर्विस

रेडियो पेजिंग वस्तुतः एक चलती-फिरती वायरलेस प्रणाली है। रेडियो पेजिंग सेवा न्यूयॉर्क में 1951 में, जापान में 1968 में तथा लन्दन में 1977 में प्रारम्भ हुई। भारत में यह सेवा 1 जनवरी, 1968 को प्रारम्भ हुई। यह सेवा आकाशवाणी के एफ.एम. ट्रांसमीटरों के द्वारा चुने हुए शहरों में उपलब्ध है। इसके माध्यम से सन्देश भेजने के लिए सबसे पहले पेजिंग ऑपरेटर को फोन करना पड़ता है। ऑपरेटर आपसे आपका कोड नम्बर पूछ कर उसे पी.सी.टी. (पेजिंग कण्ट्रोल टर्मिनल) में फीड कर देगा। पी.सी.टी. से आपका सन्देश उपग्रह अथवा केबिल की सहायता से आर.डी.एस. एनकोडर में पहुँचेगा। यह एनकोडर इस सन्देश को इनकोड कर एफ.एम. ट्रांसमीटर में डाल देता है और पेजर 'बीप' ध्वनि बजाकर अपने अधिकारी को सतर्क कर देता है जिससे कि सम्बन्धित अधिकारी बटन दबाकर तुरन्त सन्देश पढ़ लेता है। यदि किसी कारणवश सन्देश पढ़ना सम्भव नहीं है, तो उसे मेमोरी में डाला जा सकता है। साथ ही अगर आपके पास एक विशेष तरीके का फोन या कम्प्यूटर हो, तो बिना ऑपरेटर की सहायता के सन्देश पेजर पर दिए जा सकते हैं।

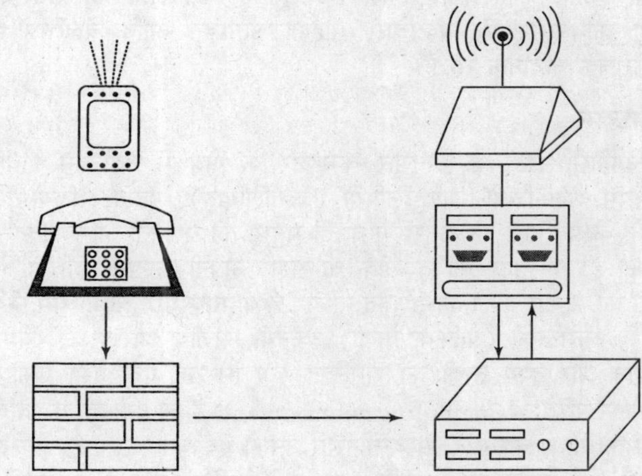

दूरदर्शन

मार्शल मेक्लुहान के अनुसार सूचना क्रान्ति में जो महत्त्व गुटेनबर्ग द्वारा आविष्कृत मुद्रण का था उससे भी अधिक महत्त्व दृश्य-श्रव्य माध्यम दूरदर्शन का है। प्रकाश, रंग और ध्वनि से साक्षात्कार करता टेली-दर्शक सजीव विवरण को अधिक रुचिकर पाता है। इसीलिए दूरदर्शन, सूचना, शिक्षण और मनोरंजन का प्रमुख साधन बनता गया। पर टेलीविजन काफी मँहगा माध्यम है। दूसरे, छोटी स्क्रीन समाचार परिवेश को पूरी तरह जीवन्त भी नही कर पाती।

रेडियो और दूरदर्शन दोनों ही निरक्षर व्यक्तियों तक पहुँचने के लिए अति उत्तम साधन सिद्ध हुए हैं। रेडियो तो संचार का काफी सस्ता साधन भी सिद्ध हुआ है। उसकी अन्य विशेषता उसका विद्युत रहित क्षेत्र में भी सुना जा सकना और समाचार-स्थल अथवा घटना-स्थल से ही बिना अधिक ताम-झाम के प्रसारण कर सकना भी था।

दूरदर्शन की अधिक महँगी उपकरण सामग्री विद्युत की अनिवार्यता के बाद भी दृश्य शक्ति के कारण लोकप्रियता का कारण रही है।

चलचित्र

विद्युतीय संचार-माध्यमों में चलचित्र एक महत्त्वपूर्ण विद्या है। इसकी दृश्य-श्रव्य संचार की क्षमता इसकी अपार लोकप्रियता का कारण बनी है। सबसे पहले सन् 1824 में पीटर मार्क रोजेट ने छवि को पर्दे पर उतारने के सिद्धान्त का प्रतिपादन किया पर इस सिद्धान्त का व्यावहारिक रूप सेल्यूलाइड पर लुइस डागर ने 1860-70 के दशक में प्रस्तुत किया। आरम्भिक चलचित्र मात्र मनोरंजन के उद्देश्य से बने थे। बाद में उसमें और लक्ष्य भी सम्मिलित होते गए। सन् 1926 में बार्नर ब्रदर्स ने प्रथम चलचित्र का निर्माण किया। उससे पहले मूक चलचित्रों का युग था। चलचित्र के सर्वप्रथम जन-प्रदर्शन का कार्य अमेरिका में सन् 1986 में सम्पन्न हुआ। यहीं सन् 1903 में पूर्ण लम्बाई का चलचित्र प्रदर्शित हुआ। सन् 1935 से चलचित्रों में रंगों का उपयोग भी शुरू हो गया।

भारत चलचित्रों का बड़ा उत्पादक है। फिल्म उत्पादन में भारत का संसार में दूसरा स्थान है। हर वर्ष एक हजार के लगभग चलचित्र बनाने वाले इस देश में पहली फिल्म सन् 1913 में बनी जो मूक थी। नृत्य-नाट्य, गीत-संगीत की इस मिली-जुली विधा ने लोगों को अपने जादू में बाँध लिया। ये निरक्षर जन-समुदाय को आसानी से प्रभावित कर रही थी। केवल मनोरंजन ही नहीं, सामाजिक मुद्दों पर भी ये चलचित्र जागरूकता फैलाते रहे हैं। देशभक्ति, राष्ट्रीय एकता, जाति-प्रथा निषेध, छूआछूत निषेध, छात्रों की समस्याएँ, युवाओं की समस्याएँ, भ्रष्टाचार, महिला उत्पीड़न आदि चलचित्रों के विचारोत्तेजक कथानक रहे हैं।

बहुमाध्यम

ग्लेन ओकेसेनेराइटर के अनुसार कम्प्यूटर के क्षेत्र में नवीनतम प्रविष्टि बहुमाध्यम शेल-चित्रों, पाण्डुलिपियों (हस्तलिखित), मुद्रण, रेडियो और दूरदर्शन के पदचिह्नों का अनुसरण करती मनुष्य की बलवती अभिव्यक्ति की आकांक्षा है। कम्प्यूटर की तकनीक के सहारे अपनी कल्पना-छवियों और विचारों को साकार करने का सशक्त माध्यम है बहुमाध्यम। ''बहुमाध्यम विषय (तथ्य), आरेखिकी (ग्राफिक कला) ध्वनियों, सजीव आरेख की चित्रण, एनीमेशन और दृश्य तत्त्वों का समन्वित रूप है। यह एक ऐसा एकीकृत अभिकलन परिवेश (Computing environment) है जो आँकड़ों के विविध प्रारूपों को ग्रहण करता है, सम्बन्धानुसार उनको एकीकृत करता है, प्रकलित करता है और उपयोगकर्ता के निर्देशानुसार उन्हें प्रदर्शित करता है। इन कार्यों के सम्पादन के लिए प्रणाली द्वारा बहुसंचार साधन के आँकड़ों का भण्डारण, संचरण, संसाधन एवं निर्माण भी वांछित हैं।'' बहुमाध्यम परियोजना का उपयोग करने वाला जब उसका उपयोग कर अपनी अभिव्यक्ति करता है, तो यह संचार का दुहरा रूप होता है। इसे 'इन्टरएक्टिव बहुमाध्यम' की संज्ञा दी जाती है। जब उपयोगकर्ता के मार्गदर्शक तत्त्व भी किसी परियोजना में समाहित होते हैं, तो वह 'हाइपरमाध्यम' बन जाता है। 'बहुमाध्यम' के रूप में प्रोग्राम का सॉफ्टेवयर, कम्प्यूटर या टेलीविजन स्कीन पर प्रदर्शित होने वाले तथ्य या विषय मिलकर दृश्य-श्रव्य छवियों का ऐसा समायोजन तैयार करते हैं जो संचार के सभी अंगों से युक्त होता है। कम्प्यूटर की भाषा एच.टी.एम.एल. या डी.एच.टी., एम.एल, में तैयार की गई वेबसाइट्स भी बहुमाध्यम का अंग है। इन्टरएक्टिव होना बहुमाध्यम की अपरिहार्यता नहीं है। सिने दर्शक या टेलीविजन दर्शक की भाँति मान-मुद्रा में स्क्रीन निहारता दर्शक भी बहुमाध्यम का प्रापक है। संचार के इस निष्क्रिय प्रापक को यदि इस उपक्रम में स्वयं भाग लेने की सुविधा मिलती है, तो वह सक्रिय प्रापक बन कर सूचना का प्रवेश द्वार बन जाता है। अपने प्रापक की सक्रिय प्रतिक्रिया प्राप्त करने के लिए सूचना प्रेषक को इस माध्यम में अति सजग होना जरूरी है। सन्देश की पटकथा, कलात्मक सज्जा, रोचक तत्त्व ही उसे प्रापक के लिए ग्राह्य बनाते हैं।

बहुमाध्यम की उपयोगिता

- जहाँ कहीं और जिस किसी भी क्षेत्र में इलेक्ट्रॉनिक माध्यम से सूचना या सन्देश की इच्छा की जाती है। वह सब बहुमाध्यम के क्षेत्र में समाहित है।
- पारम्परिक संचार को भी अधिक रोचक और सम्प्रेषणीय बनाने की क्षमता बहुमाध्यम में है। यह अधिक मनोरंजक भी सिद्ध हो रहा है।
- एक अमेरिकी सर्वेक्षण से ज्ञात हुआ है कि श्रव्य माध्यमों के सन्देशों की स्मरण शक्ति में धारण क्षमता केवल 20% है। श्रव्य-दृश्य की समन्वित धारण क्षमता मस्तिष्क में 60% पाई गई है।

कम्प्यूटर

कम्प्यूटर एक ऐसा यन्त्र है जो मुनष्य के मस्तिष्क की भाँति काम करता है लेकिन मनुष्य के मस्तिष्क से कई गुना अधिक तेज। यह गणितीय गणनाओं और विभिन्न आँकड़ों का विश्लेषण करने के साथ-साथ उन्हें अपनी स्मृति में रख सकता है। यह वस्तुत: एक इकाई नहीं बल्कि विभिन्न इकाईयों का समूह है। कम्प्यूटर का कार्य आदेश लेना, आदेशों को कार्यक्रम के रूप में संचित करना, उसका क्रियान्वयन करना, परिणाम संचित करना और आदेशानुसार परिणामों को सामने रखना है। बारम्बार निर्विघ्न आवृत्ति इसकी विशेषता है।

वर्तमान समय में कम्प्यूटर का जो स्वरूप है वह न्यूमैन नामक वैज्ञानिक की देन है। वैसे सन् 1642 में 18 वर्ष के वैज्ञानिक ब्लेज पास्कल ने एक यान्त्रिक कम्प्यूटर 'पास्कल' का आविष्कार किया था जिसे कम्प्यूटर के मूल में देखा जा सकता है। पास्कल नामक कम्प्यूटरी भाषा इसी के नाम पर है। बाद में बेरान गाटफीड वोन लिविंज ने उसी यन्त्र को संशोधित करके गुणा और भाग की क्रियाओं के सम्पादन योग्य बनाकर उसकी उपयोगिता में वृद्धि की। विकास के साथ-साथ सन् 1833 में चार्ल्स बेवेज ने कई वर्षों के प्रयास से एक मशीन का आविष्कार किया जिसको 'एनेलिटिकल इन्जन' का नाम दिया गया, यह पूर्णत: स्वचालित था। इसमें मुख्यत: इनपुट, मेमोरी, अर्थमेटिक, आउटपुट एवं कण्ट्रोल यूनिटें थीं जो कि 20 स्थानों तक शुद्ध और 60 जोड़ प्रति मिनट की गति से कर सकती थीं। यही मशीन कालान्तर में विकसित होकर आधुनिक कम्प्यूटर के रूप में पहचानी गई। चार्ल्स बेवेज को ही आधुनिक कम्प्यूटर का जन्मदाता माना जाता है।

विकास संरचना एवं तकनीकी दृष्टि से कम्प्यूटर के विकास का इतिहास लगभग छ: दशक पुराना है। इस विकास को पीढ़ियों में विभाजित किया गया है। प्रथम पीढ़ी वैक्यूम ट्यूब एवं बल्बों पर आधारित थी तो दूसरी ट्रांजिस्टर स्विच के चलन पर। सिलिकॉन चिप्स और माइक्रोप्रोसेसर सिलिकॉन चिप्स पर क्रमश: तीसरी और चौथी पीढ़ी कहलाई। प्रकाश व लेजर किरणों पर आधारित कम्प्यूटर की पाँचवीं पीढ़ी है। चौथी और पाँचवीं पीढ़ी के मध्य विकसित और उत्तरोत्तर विशेषीकृत सुपर कम्प्यूटर ने विशेष सफलता प्राप्त की।

सम्प्रति विज्ञान, वाणिज्य, स्वास्थ्य, संगीत, पत्रकारिता आदि के क्षेत्रों के साथ-साथ कम्प्यूटर सामान्य मनुष्य की दैनिक दिनचर्या की आवश्यकता बन गया है। कम्प्यूटर का आगमन पत्रकारिता के क्षेत्र में वरदान सिद्ध हुआ है। पत्रकारिता से जुड़ी विभिन्न प्रणालियों-सूचना-सज्जा, ग्राफिक सम्प्रेषण, मुद्रण आदि में कम्प्यूटर की विभिन्न पद्धतियों का उपयोग नि:सन्देह सराहनीय है। पत्रकारिता जगत में सूचनाओं का त्वरित गति से आदान-प्रदान अत्यन्त उपयोगी है। इसके लिए पहले समाचारों को एकत्र करने के लिए डाक, टेलीफोन, टेली प्रिन्टर आदि पर निर्भर रहना पड़ता था किन्तु उपरोक्त पद्धतियों के कम्प्यूटरीकृत हो जाने से समाचारों के आदान-प्रदान की गति में अद्भुत परिवर्तन आया है। उदाहरण के लिए डाक विभाग की हाइब्रिड मेल सेवा, टेलीफोन की सेल्युलर या कम्प्यूटरीकृत ऑनलाइन या मॉडल सेवा,

फैक्स, ई-मेल, टेलीटेक्स्ट, वीडियोटेक्स्ट आदि पद्धतियों को देखा जा सकता है। सूचना विस्फोट के लिए उत्तरदायी इन्टरनेट पद्धति भी कम्प्यूटर पर आधारित है।

संचार अवरोधक Communication Barriers

संचार अवरोधक प्रभावी सम्प्रेषण में समस्या या गलतफहमी उत्पन्न करा सकते हैं। सम्प्रेषण के कुछ अवरोधक हैं शब्दजाल, विकलांगता, आयु, स्थिति, अनुभूति की कमी, गलत सन्देश, दूरी, अपूर्ण सन्देश, समय का अभाव, गलत वर्तनी एवं अपूर्ण वाक्य संरचना। कई लोग सोचते हैं कि सम्प्रेषण आसान है। आखिर यह वही है, जिसे हम सभी अपने जीवन में कर चुके हैं। इस सामान्य विचार में कुछ सच्चाई है। सम्प्रेषण सीधा-सादा है। इसे जो जटिल, कठिन एवं कुण्ठित बनाता है वे हैं इसमें आने वाली बाधाएँ।

मुख्य सात बाधाएँ ये हैं

1. भौतिक

कार्यस्थल की भौतिक बाधाओं में शामिल हैं

- चिह्नित क्षेत्र, साम्राज्य एवं जागीर, जिसमें अजनबियों को जाने की अनुमति नहीं होती।
- बन्द ऑफिस दरवाजे, बैरियर स्क्रीन, विभिन्न स्तरों के लोगों के लिए पृथक् क्षेत्र।
- विशाल कार्य क्षेत्र या एक यूनिट में कार्य करना जो भौतिक रूप से दूसरों से अलग हो।
- अनुसन्धान बताता है कि संयोजक टीमों के निर्माण में अति महत्त्वपूर्ण कारकों में एक है सन्निकटता। लोगों के अपना स्थान, जिसे वे अपना कह सकते हैं, जो दूसरे सहायक सम्प्रेषण के निकट होता है, यह हमें एक-दूसरे को जानने में सहायता करता है।

2. अवधारणात्मक

दूसरों के साथ सम्प्रेषण करने की समस्या यह है कि हम सभी विश्व को भिन्न रूपों में देखते हैं। यदि हम नहीं देखते, हमें सम्प्रेषण करने की आवश्यकता नहीं होती। अति संवेदनशील अवधारणा जैसी चीज इसका स्थान ले लेगी।

3. भावनात्मक

खुले एवं मुक्त सम्प्रेषण में मुख्य बाधाओं में एक है भावनात्मक बाधाएँ। यह मुख्यतः भय, अविश्वास एवं सन्देह से मिलकर बना होता है। दूसरों पर हमारे भावनात्मक अविश्वास की जड़ें हमारे बचपन एवं शैशवावस्था में विद्यमान होती हैं, जब हमें दूसरों से सावधान रहना सिखाया जाता है ''माइन्ड योर-पी' ज एण्ड क्यूज' ज'', ''तब तक मत बोलो, जब तक कहा न जाए'', परिणामस्वरूप कई लोग दूसरों को अपने विचार एवं भावनाएँ बताने से पीछे हटते हैं। वे असुरक्षित महसूस करते हैं। जबकि कुछ सावधानी खास सम्बन्धों में चतुराई भरे हो सकते हैं, लोग हमारे बारे में क्या सोचते हैं, इसका डर प्रभावी सम्प्रेषण और अर्थपूर्ण सम्बन्धों को बनाने की योग्यता जैसे हमारे विकास को बाधित कर सकते हैं।

4. सांस्कृतिक

जब हम किसी समूह से जुड़ते हैं एवं इसमें बने रहना चाहते हैं, कभी-न-कभी हमें समूह के व्यवहार प्रारूप को अपनाने की जरूरत पड़ती है। ये ऐसे व्यवहार होते हैं जिसे समूह सम्बन्ध के चिह्नों के रूप में स्वीकार करता है। पहचान, स्वीकृति एवं सम्मिलन की क्रियाओं के जरिए समूह ऐसे व्यवहार प्रदान करता है। समूहों में, कौन आपको स्वीकार करने में खुश है और कहाँ आप सुनिश्चित करने में खुश हैं, यह पारस्परिक रुचि और जीत-जीत सम्पर्क का एक उच्च स्तर है। भले ही एक समूह की आपकी सदस्यता में बाधाएँ हों, एक उच्च स्तर का गेम-प्लेइंग अच्छे सम्प्रेषण का स्थान ले लेता है।

5. भाषागत

भाषा, अपने शब्दों में हम जो कहना चाहते हैं उनका वर्णन करती है, जो कि दूसरों के सामने बाधाएँ उत्पन्न कर सकती है, जो हमारी अभिव्यक्तियों, शब्दों एवं शब्द-जाल से परिचित नहीं है। जब हम ऐसी भाषाओं में सम्प्रेषण करते हैं, यह दूसरों को बाहर रखने का एक तरीका होता है। वैश्विक बाजार स्थल में एक-दूसरे व्यक्ति को सर्वाधिक अच्छी शुभकामना उसकी अपनी भाषा में बात कर दे सकते हैं।

शीतयुद्ध की रोचक स्मृतियों में एक सोवियत नेता निकिता ख्रुश्चेव द्वारा संयुक्त राष्ट्र में अमेरिका को सम्बोधित यह कथन है ''वी विल बरी यू'', इसका अर्थ नाभिकीय बर्बादी की धमकी के रूप में लिया गया। हालाँकि ख्रुश्चेव के शब्दों का सही अर्थ यह था ''हम आपसे आगे निकल जाएँगे'' अर्थात् आर्थिक वरिष्ठता हासिल कर लेंगे। यह सिर्फ भाषा के कारण ही नहीं सोवियत संघ के प्रति पश्चिम को जो भय और सन्देह था, उसने भी वाक्य का अधिक चेतावनीपूर्ण एवं गलत व्याख्या करने में मदद की।

6. लैंगिक

स्त्री एवं पुरुष की बोली प्रारूपों में स्पष्ट अन्तर है। एक स्त्री दिनभर में औसतन 22000 से 25000 शब्द बोलती है, जबकि एक पुरुष 7000 से 10000 शब्द ही बोलता है। बचपन में, लड़कियाँ लड़कों की अपेक्षा पहले बोलती हैं तथा तीन वर्ष की आयु में उनका शब्दकोश लड़कों से दोगुना होता है। इसका कारण स्त्री एवं पुरुषों के मस्तिष्क में अन्तर में विद्यमान है।

जब एक पुरुष बात करता है, तो उसकी बोली मस्तिष्क के किसी विशिष्ट क्षेत्र में नहीं बल्कि उसके बाएँ भाग में स्थित होती है। एक स्त्री की बात मस्तिष्क के दोनों अर्द्धभागों एवं दो विशिष्ट स्थानों में विद्यमान होती है। इसका अर्थ यह है कि मनुष्य एकरेखीय, तार्किक एवं पूरक तरीके, वाम-मस्तिष्क चिन्तन की विशेषताओं, में बात करता है, जबकि एक स्त्री मस्तिष्क के दोनों भागों विशेषताओं से तर्क एवं भावनाओं को अधिक मुक्त रूप से मिलाकर बात करती है। यह इस तथ्य की भी व्याख्या करता है कि स्त्रियाँ पुरुषों के मुकाबले प्रत्येक दिन क्यों अधिक बोलती हैं।

7. अन्तर्वैयक्तिक

इसके छः स्तर हैं, जिन पर लोग स्वयं को एक दूसरे से अलग कर सकते हैं

पीछे की ओर हटना अन्तर्वैयक्तिक सम्पर्क की अनुपस्थिति है। यह समय एवं सम्पर्क दोनों में रहने की अस्वीकृति है।

रीति-रिवाज वास्तविक सम्पर्क से रहित अर्थहीन, आवृत्तिमूलक दिनचर्याएँ हैं।

मनोरंजन समाज में दूसरों के साथ समय बिताने वाली किन्तु बाहरी क्रियाएँ हैं।

कार्य-क्रियाकलाप वे कार्य हैं, जो अब नहीं हैं, पर सम्पर्क की क्रियाविधि और नियमों का अनुसरण करते हैं।

खेल-कूद अतिसूक्ष्म, छलपूर्ण अन्तःक्रियाएँ हैं जो जीतने और हारने के बारे में हैं। इनमें 'रैकेट' एवं 'स्टम्प्स' शामिल हैं।

निकटता अन्तर्वैयक्तिक सम्पर्क का उद्देश्य है, जहाँ ईमानदारी और स्वयं दूसरों की स्वीकृति का उच्च स्तर होता है।

अपने सम्प्रेषण को सुधारने पर कार्य करना एक ब्रोड-ब्रश क्रियाकलाप है। आपको अपने विचार, अपनी भावनाएँ एवं अपने शारीरिक जुड़ाव बदलने

पड़ते हैं। उस तरह से, आप बाधाओं को पार कर सकते हैं, जो आपके मार्ग में आती हैं एवं सम्बन्ध बनाना शुरू कर सकते हैं जो वास्तव में कार्य करते हैं।

संचार कौशल सुधारने के तरीके

Ways to Improve Communication Skills

निम्नलिखित बुनियादी परामर्शों द्वारा हम अपना सम्प्रेषण कौशल बढ़ा सकते हैं

I. प्रतिपुष्टि को प्रोत्साहित करें

अधीनस्थ जल्दी ही यह जान जाते हैं कि नेता क्या चाहते हैं और कौन-सी सूचना उन तक पहुँचाना चाहते हैं। किन्तु अधीनस्थ भय के कारण ऊपर गलत खबर पहुँचाएँगे या नकारात्मक प्रतिपुष्टि उपलब्ध कराएँगे, इसकी सम्भावना नहीं होती है। *सही प्रतिपुष्टि सुनिश्चित करने के लिए निम्नलिखित चरण सहायक साबित हो सकते हैं*

1. **अधीनस्थों से कहें कि आप प्रतिपुष्टि पाना चाहते हैं** उन्हें अच्छी एवं बुरी दोनों खबरों को देने के लिए प्रोत्साहित कीजिए। प्रत्येक चीज एवं मुद्दों पर असहमति का स्वागत कीजिए।
2. **उन क्षेत्रों को पहचानिए, जिनमें आप प्रतिपुष्टि पाना चाहते हैं** जो मुद्दे और क्षेत्र संगठन की सहायता कर सकते हैं, उन पर प्रतिपुष्टि पाने के लिए अपनी इच्छा अवश्य जाहिर कीजिए।
3. **प्रतिपुष्टि को प्रोत्साहित करने के लिए मौन का प्रयोग करें** मुद्दे जिन पर अधीनस्थों ने टिप्पणी की हों, उन पर बात करने के बदले प्रतिपुष्टि को प्रोत्साहित कीजिए और सुनिए।
4. **गैर शाब्दिक संकेतों पर गौर कीजिए** अधिकतर लोग शाब्दिक के साथ-साथ गैर-शाब्दिक प्रतिक्रियाओं पर नियन्त्रण नहीं रख पाते हैं। ऐसे गैर-शाब्दिक संकेतों को समझने की कोशिश कीजिए।
5. **प्रतिपुष्टि के समय के नियोजन पर विचार कीजिए** एक बेहतर एवं समयबद्ध नियोजित प्रतिपुष्टि सत्र से अधिक लाभ होगा।
6. **प्रतिपुष्टि को प्रोत्साहित करने के लिए कथनों का प्रयोग करें** आपके कथन स्वाभाविक तौर पर प्रोत्साहित करने वाले होने चाहिए, न कि हतोत्साहित करने वाले। अपने अधीनस्थों को प्रोत्साहित कीजिए ताकि वे अधिक से अधिक प्रतिपुष्टि दे सकें।

II. प्रभावी रूप से सुनें

उचित रूप से एवं वक्ता के बोलने के समय तक सुनना अति आवश्यक है। *अपनी श्रवण क्षमता को सुधारने के लिए आप निम्न प्रयास कर सकते हैं*

1. **सुनने की तैयारी कीजिए** शारीरिक ही नहीं मानसिक रूप से भी उपस्थित रहिए। बीच में अनावश्यक रूप से बोलने से बचिए। वक्ता को प्रत्यक्ष रूप से देखकर उस पर ध्यान केन्द्रित कीजिए।
2. **विचारों को सुनिए, केवल तथ्यों को नहीं** तथ्यों पर ध्यान देने से अक्सर मुख्य विचार से ध्यान हट जाता है। अपने-आप में तथ्य रुचिकर हो सकते हैं, किन्तु तथ्यों को दिए जाने के कारण प्रायः उनका सामान्यीकरण करना होता है।
3. **खुली मानसिकता रखिए** प्रभावी श्रवण के लिए खुली मानसिकता की आवश्यकता पड़ती है। सन्देश के केवल खास भाग जिसे आप सुनना चाहते हैं, पर ध्यान देने या केवल सुनने से बचिए।
4. **गति विशिष्ट से लाभ प्राप्त कीजिए** वक्ता जिस गति से बोलता है, उससे अधिक गति से श्रोता सुनते हैं। अतः इस समय का प्रयोग सन्देश की व्याख्या करने में कीजिए।
5. **अपने आपको वक्ता के स्थान पर रखिए** वक्ता के परिप्रेक्ष्य को समझिए। आप वक्ता के ज्ञान, पृष्ठभूमि और विषय पर पकड़ के बारे में क्या जानते हैं?

III. संचार सम्बन्धी भ्रम को कम करें

यद्यपि प्रभावी समझ में कई बाधाएँ हैं, किन्तु इनमें से चार सीधे-सीधे सन्देश के भ्रम के कारण उत्पन्न होती हैं

1. **शब्दों के अर्थों की गलत व्याख्या** दो स्थितियाँ हो सकती हैं। एक स्थिति वह है जब समान शब्दों के अर्थ भिन्न लोगों के सन्दर्भ में भिन्न होंगे। जहाँ दो या अधिक लोग संचार का प्रयास करते हैं वहाँ यह समस्या अति सामान्य होती है। प्रेषक के सही मन्तव्य को समझना एक समस्या खड़ी कर सकता है। अन्य स्थितियाँ तब उत्पन्न होती हैं जब भिन्न शब्दों के अर्थ समान होते हैं। कई चीजें एक या अधिक नामों से जानी जाती हैं। मूवी-हॉल, सिनेमा थियेटर दोनों के अर्थ समान हैं। प्रयुक्त नाम इस पर निर्भर करता है कि कौन बात कर रहा है। अर्थ शब्दों में नहीं, अर्थ लोगों में होता है, इस तथ्य को समझ कर इन बाधाओं पर विजय प्राप्त की जा सकती है। इसलिए जो लोग बात कर रहे हैं, उनको समझने का प्रयास सहायक साबित हो सकता है।
2. **कार्यों की गलत व्याख्या** समान कार्य अलग-अलग लोगों को अलग-अलग अर्थ दे सकते हैं। आँखों से सम्पर्क, शारीरिक हाव-भाव, चेहरे का भाव इत्यादि सभी प्रभावी कारक हैं। कार्य इसमें लगे लोगों तक सीमित होते हैं। अतः विविध कार्यों की व्याख्या सही या गलत हो सकती है।
3. **गैर-कार्य प्रतीकों की गलत व्याख्या** दैनिक जरूरतों की कई चीजें आपके बारे में बहुत-कुछ कह सकती हैं। जो कपड़े आप पहनते हैं, जो मोटरगाड़ी आप चलाते हैं, आपके कमरे में वस्तुएँ ये सभी चीजें, आपके सन्दर्भ में संचार करती हैं। आप व्यक्ति के बारे में उसके परिवेश को देखकर ही बहुत कुछ अनुमान लगा सकते हैं। दूसरों के समय एवं स्थान की जरूरतों के प्रति आपका सम्मान उनके सन्देश की आपके द्वारा व्याख्या को प्रभावित करता है। उदाहरणस्वरूप, यदि एक अधीनस्थ आपसे दोपहर में मिलने वाला है, किन्तु आधा घण्टा लेट आता है, उसकी सुस्ती इस बात को प्रभावित कर सकती है कि आप उसके द्वारा कही गई बात की व्याख्या किस प्रकार करते हैं।
4. **वाणी की गलत व्याख्या** वाणी की गुणवत्ता, मेधा एवं प्रकार ये सभी समझ को प्रभावित करते हैं। गुणवत्ता का अर्थ है दूसरों पर वाणी द्वारा डाला गया प्रभाव। श्रोता अक्सर वाणी से यह अनुमान लगाते हैं कि वक्ता प्रसन्न, उदास, भयभीत या आश्वस्त है। समझ उच्चारण एवं व्याकरण सम्बन्धी शुद्धियों जैसी बातों पर निर्भर करती है। इस प्रकार बोलने का तरीका है। दर, स्वर, बल, जोर इत्यादि कारक समझ को प्रभावित करते हैं।

संचार सुधारने के त्वरित सुझाव

1. बोलना

- आप जो कहना चाहते हैं उसे जानिए
- भय पर नियन्त्रण रखिए
- बात करना एवं सुनना रोकिए
- बात करने से पहले सोचिए
- अपने सन्देश में विश्वास रखिए
- मुख्य बिन्दुओं को दोहराइए
- पता कीजिए कि आपके श्रोता क्या चाहते हैं?

2. सुनना

- सुनने के लिए तैयारी कीजिए
- वक्ता पर ध्यान केन्द्रित कीजिए
- व्याकुलता पर पर्दा डालिए
- सन्देश पर ध्यान केन्द्रित कीजिए
- यात्रा करते समय टेप सुनिए

3. बोलना एवं सुनना

- सन्देह दूर कीजिए
- स्वाराघात को स्वीकार कीजिए
- माइन्ड मैपिंग का प्रयोग कीजिए
- साक्षात्कार

4. लिखना

- एक जर्नल रखिए
- नोट्स लिखिए
- निजी नोट्स लिखिए
- प्रभावी व्यापारिक पत्र लिखिए
- संक्षिप्त वाक्यों का प्रयोग कीजिए
- ऑन-लाइन सम्प्रेषण कीजिए

5. पढ़ना

- पढ़िए
- सामाजिक घटनाओं पर नजर रखिए
- कुछ प्रेरक पढ़िए
- इण्टरनेट का प्रयोग कीजिए

6. गैर-शाब्दिक

- उपस्थिति
- गैर-शाब्दिक संकेत दीजिए
- अपने हाव-भाव को देखिए
- सही तरीके से कपड़े पहनिए
- मुस्कुराइए
- स्पर्श कीजिए
- हाथ सही ढंग से मिलाइए

7. व्यवहार

- सुधरने का इरादा रखिए
- अवलोकन कीजिए
- लचीली प्रवृत्ति के बनिए
- पसन्द करने योग्य बनाए
- सच्चे होने की कोशिश कीजिए
- सहानुभूति रखिए
- अपने आप को अति गम्भीरता से लीजिए
- नकारात्मक विचारों को निकाल बाहर कीजिए
- नये विचारों के प्रति ग्रहणशील बनिए
- उत्तरदायित्व ग्रहण कीजिए
- दूसरों के विचारों का सम्मान कीजिए
- सम्प्रेषण पर जोर के प्रभाव को पहचानिए
- वास्तविक बनिए
- अपने व्यवहार को ठीक कीजिए

8. व्यवहार सम्बन्धी

- हँसिए
- अच्छी आदतों का प्रयोग कीजिए
- चतुराई से काम निकालने के व्यवहार की पहचान कीजिए
- झुकने की प्रवृत्ति को पहचानिए
- चोट पहुँचाने वाले शब्दों से बचिए
- अपघर्षी व्यवहार को बदलिए
- चतुराई से असहमति की स्थिति से निपटिए।

प्रैक्टिस जोन

1. अपर्याप्त संचार एक ········ समस्या है।
(a) संसक्त (b) अनिश्चित/सम्भाव्य
(c) निरन्तर (d) सतत्

2. कोई भी व्यक्ति जो किसी सामूहिक संचार में सम्मिलित होता है, उसे सन्देश तथा स्रोत/माध्यम के विषय में निर्णय लेने से पहले अपने प्राप्तकर्ता की आदतों तथा ········ के प्रति जागरूक रहने की जरूरत है।
(a) प्रभाविकता (b) विचारधारा
(c) विशिष्टता (d) गलतियों

3. संचार एक पारस्परिक/दोतरफा ········ है; इसमें एक ग्राहक/प्राप्तकर्ता तथा एक प्रेषक की आवश्यकता होती है; यदि कोई नहीं सुन रहा हो, तो आपको स्वयं से बात करने वाला एक सनकी व्यक्ति माना जाता है।
(a) उपाधि (b) आकाशवाणी
(c) रास्ता (d) तार

4. प्रत्येक संचार कार्यनीति के तहत आन्तरिक संचार की योजना ········ होनी चाहिए।
(a) शामिल/अंगीकृत (b) संकलित/समाकलित
(c) मिली (d) शामिल

5. ई-मेल संचार का एक माध्यम है जो कि पूर्ण सुविधा की दृष्टि से ……… होता है।
(a) असादृश (b) अविभाजित
(c) असमान (d) असमानान्तर

6. वास्तविक रूप से प्रभावकारी टेलीविजन विज्ञापन वह है जो आपको इसकी प्रामाणिकता के विषय में ……… है।
(a) राजी करता (b) विश्वास दिलाता
(c) कहता (d) अहसास कराता

7. संचार समस्या होती हैं
(a) लोगों की समस्याएँ (b) उपकरण सम्बन्धी समस्याएँ
(c) संसाधन समस्याएँ (d) इनमें से कोई नहीं

8. एक सूचना प्रणाली को परस्पर सम्बन्धित घटकों के एक समुच्चय के रूप में परिभाषित किया जा सकता है, जो कि साथ कार्य कर रहे होते हैं
(a) सूचनाओं को संग्रहित, भण्डारित, पुनर्प्राप्त/संसाधित तथा प्रचारित करने हेतु
(b) सूचनाओं को पुनर्संग्रहित, पुनर्संसाधित करने तथा उन्हें प्रचारित नहीं करने के लिए
(c) सूचना प्रसारण को पूर्णतः सुरक्षित करने के लिए
(d) उपरोक्त सभी

9. मौखिक संचार की तुलना में लिखित संचार का लाभ यह है कि
(a) यह दर्शाता है कि संचार हेतु काफी प्रयास किया गया है
(b) इसमें कहीं अधिक प्रभुत्व शामिल होता है
(c) यह संचार का एक अर्द्ध-स्थायी रिकॉर्ड प्रदान करता है
(d) इसे अपेक्षाकृत अधिक तेजी व आसानी से उत्पन्न किया जाता है

10. लिखित संचार की बजाय मौखिक संचार का लाभ है कि
(a) यह संचार हेतु किए गए सर्वाधिक प्रयासों को दर्शाता है
(b) इसमें कहीं अधिक प्रभुत्व शामिल होता है
(c) यह संचार का एक अर्द्ध-स्थायी रिकॉर्ड प्रदान करता है
(d) इसे अपेक्षाकृत अधिक तेजी व आसानी से उत्पन्न किया जाता है

11. वह व्यक्ति जो किसी सन्देश में अर्थ जोड़ता है, कहलाता है
(a) प्रेषक (b) कूटलेखक
(c) ट्रांसमीटर (d) ग्राहक

12. संचार के विषय में कुछ भ्रान्तियाँ हैं कि
(a) संचार सभी समस्याओं को सुलझा देता है
(b) संचार प्राकृतिक रूप से विश्लेषित/विभाजित होता है
(c) हम किसी शब्द में जो अर्थ जोड़ते हैं, उसी अर्थ को प्रत्येक व्यक्ति उस शब्द में जोड़ेगा
(d) उपरोक्त सभी

13. निम्नलिखित में से कौन-सा कथन मध्यस्थ संचार की व्याख्या करता है?
(a) मध्यस्थ संचार तब घटित होता है जब दो (या कुछ) लोग किसी भीड़ को सम्बोधित करने के लिए लाउडस्पीकर का उपयोग करते हैं।
(b) मध्यस्थ संचार तब घटित होता है जब दो (या कुछ) लोग अपने सन्देशों को प्रसारित करने हेतु कुछ मध्यवर्ती स्रोतों/साधनों का उपयोग करते हैं
(c) यह तब घटित होता है जब लोग वृहत स्तर पर संचार का प्रयास करते हैं
(d) यह तब घटित होता है जब लोगों का एक समूह बहुत से लोगों को सन्देश भेजने हेतु ई-मेल का उपयोग करता है

14. जब उच्चस्थ अधिकारी अपने अधीनस्थों को क्या करना है इस सम्बन्ध में निर्देश देते हैं, तो इसे ……… प्रकार के संचार के तौर पर जाना जाता है?
(a) उर्ध्वगामी (b) क्षैतिज
(c) नीचे की ओर का (d) पार्श्विक

15. निम्नलिखित में से कौन-सा अच्छे संचार का एक साधन है?
(a) ध्यान (b) नेत्र-सम्पर्क
(c) धनात्मक मनोवृत्ति (d) ये सभी

16. इण्टरनेट एक ……… संचार का स्रोत है।
(a) सुरक्षित (b) असुरक्षित
(c) निकटवर्ती (d) ये सभी

17. दो अच्छे दोस्तों के मध्य होने वाले संचार का प्रकार है
(a) औपचारिक (b) प्रतिबन्धित
(c) अनौपचारिक (d) लिखित

18. अन्तर्वैयक्तिक संचार कौशल एक व्यक्ति को बनाता है
(a) आत्मविश्वासी (b) निर्णायक
(c) अटल/स्पष्ट (d) ये सभी

19. स्व-अन्तरावलोकन सर्वश्रेष्ठ तरीका है
(a) अन्तर्वैयक्तिक संचार का (b) मौखिक संचार का
(c) मध्यस्थ संचार का (d) पार्श्विक संचार का

20. ग्रामीण तथा शहरी लोगों के मध्य संचार में विशेषकर, ……… अन्तराल होता है।
(a) थोड़ा (b) अधिक
(c) कुछ भी नहीं (d) इनमें से कोई नहीं

21. वेव आधारित संचार प्रारूप अत्यन्त प्रभावी होता है
(a) उच्च श्रेणी के/बेहद ज्ञानवान लोगों के लिए
(b) शहरी लोगों के लिए
(c) 'a' तथा 'b' दोनों
(d) बड़े शहरों में रहने वाले सभी लोगों के लिए

22. एक सम्भाविक ग्राहक के साथ एक नये सम्बन्ध की पहल आप कैसे करेंगे?
(a) उत्साही और आनन्दमय स्वागत करके
(b) आश्वासन देकर
(c) औपचारिक बात करके
(d) उपरोक्त में से कोई नहीं

23. जब आप दूसरों के लिए निर्णय लेने का चुनाव करते हैं और निर्णय ले लेते हैं, तो यह ……… संचार होता है।
(a) आक्रामक (b) निष्क्रिय
(c) निष्क्रिय-आक्रामक (d) हठधर्मी

24. जन-सम्बन्ध/लोक सम्बन्ध आते हैं
(a) बाह्य संचार के दायरे में
(b) अन्तर्वैयक्तिक संचार के दायरे में
(c) आन्तरिक संचार के दायरे में
(d) अन्तःवैयक्तिक संचार के दायरे में

25. एक व्यक्ति-समूह संचार में, श्रोता की सोच प्रेषक के ……… होनी चाहिए।
(a) भिन्न (b) थोड़ी-बहुत समान
(c) बिल्कुल समान (d) इनमें से कोई नहीं

26. मान लीजिए आपको किसी शहर का पुलिस अधीक्षक नियुक्त किया गया है। आप शहर में बढ़ती आपराधिक घटनाओं पर अंकुश लगाने के सम्बन्ध में विचार-विमर्श करने के लिए अपने विभाग के अधीनस्थ अधिकारियों के साथ एक मीटिंग करते हैं। यह निम्नलिखित में से किस संचार का उदाहरण है?
(a) समूह-संचार (b) अन्त:वैयक्तिक संचार
(c) विभागीय संचार (d) विशिष्ट संचार

27. नकारात्मक सूचना देने का सर्वोत्तम तरीका हैं
(a) शाब्दिक रूप में (b) लिखित रूप में
(c) पढ़कर (d) ई-मेल द्वारा

28. इण्टरनेट को सूचना-संचार के माध्यम के रूप में प्रयोग करने हेतु किसी व्यक्ति को
(a) सावधानी बरतनी चाहिए
(b) आसान भाषा का प्रयोग करना चाहिए
(c) स्वर का अभाव
(d) उपरोक्त सभी

29. संगठन जिसका संचार तन्त्र मजबूत है प्राय:
(a) अधिक प्रदर्शन करता है (b) आगे बढ़ता है
(c) अधिक कार्य करता है (d) शासन करता है

30. निरक्षरता, नशा-उन्मूलन, कुपोषण, अस्वच्छता, बाल-विवाह आदि जैसी समस्याओं से निपटने में किस प्रकार का संचार अधिक प्रभावी है?
(a) अन्तर्वैयक्तिक संचार (b) समूह-संचार
(c) जन-संचार (d) पारम्परिक संचार

31. निम्नलिखित में से कौन संचार की प्रक्रिया के सही क्रम को दर्शाता है?
(a) प्रेषक → एनकोडिंग → सन्देश → डिकोडिंग → प्रापक
(b) प्रेषक → सन्देश → एनकोडिंग → माध्यम → डिकोडिंग → प्रतिपुष्टि → प्रापक
(c) प्रेषक → सन्देश → एनकोडिंग → माध्यम → डिकोडिंग → प्रापक → प्रतिपुष्टि
(d) प्रेषक → एनकोडिंग → सन्देश → माध्यम → प्रापक → डिकोडिंग → प्रतिपुष्टि

32. आन्तरिक संचार हेतु किसी योजना को प्रत्येक संचार रणनीति
(a) के साथ प्रारम्भ होना चाहिए
(b) से संयोजित होना चाहिए
(c) के साथ बुना हुआ होना चाहिए
(d) के साथ सम्मिलित होना चाहिए

33. किसी विभाग के तहत बाह्य संचार सुनिश्चित करता है
(a) लोगों को सभी सूचनाएँ प्रदान करना
(b) लोगों को अधिक सूचनाएँ प्रदान करना
(c) लोगों को कम सूचनाएँ प्रदान करना
(d) लोगों को निर्णय का भागीदार बनाना

34. इनमें से किसे क्षैतिज संचार का सर्वोत्तम उदाहरण के रूप में वर्णित किया जा सकता है?
(a) विद्यालय के प्रधान शिक्षक द्वारा अपने कर्मचारियों के साथ स्कूल की नीतियों पर परिचर्चा?
(b) पुलिस अधिकारी द्वारा संदिग्ध को सावधान किया जाना
(c) विज्ञापन विभाग के प्रधान द्वारा बिक्री विभाग के प्रधान को ई-मेल भेजा जाना
(d) छात्र द्वारा प्रशिक्षक को निबन्ध प्रस्तुत किया जाना

35. इनमें से कौन-सा प्रभावी संचार के उद्देश्यों में शामिल नहीं है?
(a) समय की बचत करना
(b) कुशल सम्प्रेषण करना
(c) सामने वाले को बोलने का मौका न देना
(d) दूसरों पर अपनी छाप छोड़ना

36. समूह-संचार एवं जन-संचार में मुख्य अन्तर है
(a) समूह-संचार का एक विशेष उद्देश्य होता है जबकि जन-संचार का कोई उद्देश्य नहीं होता है
(b) समूह-संचार किसी विशेष वर्ग के लोगों (स्थान, क्षेत्र, जाति, भाषा आदि के आधार पर विभाजित) के साथ किया जाता है जबकि जन-संचार में हर तरह के लोग भारी संख्या में शामिल होते हैं
(c) उपरोक्त दोनों
(d) उपरोक्त में से कोई नहीं

37. प्राप्तकर्ता के साथ अनुकूल सम्बन्ध बनाने हेतु, प्रेषक को
(a) प्राप्तकर्ता की अपेक्षा के अनुकूल कार्य करना चाहिए
(b) तकनीक शब्दों के प्रयोग द्वारा प्राप्तकर्ता को प्रभावित करना चाहिए
(c) आपसी हितों एवं लाभों पर बल देना चाहिए
(d) सकारात्मक शब्दों का प्रयोग करना चाहिए

38. यदि एक प्रबन्धक अपने सहायक को विभाग के समग्र प्रदर्शन पर प्रतिवेदन तैयार करने हेतु कहता है, तो यह संचार का कौन-सा रूप होगा?
(a) उर्ध्वगामी संचार
(b) अन्तर्वैयक्तिक संचार
(c) अधोगामी संचार
(d) पार्श्व संचार

39. मौखिक अभिव्यक्ति एक प्रकार है
(a) मौखिक संचार का
(b) लिखित संचार का
(c) उर्ध्वगामी संचार का
(d) पार्श्विक संचार का

40. औपचारिक संचार के दौरान आपके चेहरे की अभिव्यक्ति होनी चाहिए
(a) शान्त एवं गम्भीर, बिना कुछ स्पष्ट किए हुए
(b) उत्तेजित अवस्था में
(c) आपके भीतर जो चल रहा है उसे व्यक्त करते हुए
(d) उपरोक्त सभी

उत्तरमाला

1. (c)	**2.** (c)	**3.** (c)	**4.** (b)	**5.** (d)	**6.** (a)	**7.** (a)	**8.** (a)	**9.** (b)	**10.** (d)
11. (d)	**12.** (d)	**13.** (b)	**14.** (c)	**15.** (d)	**16.** (b)	**17.** (c)	**18.** (d)	**19.** (a)	**20.** (c)
21. (a)	**22.** (a)	**23.** (a)	**24.** (a)	**25.** (b)	**26.** (a)	**27.** (d)	**28.** (d)	**29.** (a)	**30.** (c)
31. (d)	**32.** (b)	**33.** (b)	**34.** (c)	**35.** (c)	**36.** (b)	**37.** (d)	**38.** (c)	**39.** (a)	**40.** (a)

अध्याय

05

सामुदायिक संगठन एवं मोबिलाइजेशन

सामुदायिक संगठन Community Organization

सामुदायिक संगठन एक प्रक्रिया है। एक प्रक्रिया के रूप में इसका तात्पर्य किसी भौगोलिक क्षेत्र अथवा समुदाय में व्यक्ति अथवा व्यक्तियों के समूह का आपस में मिलकर समाज-कल्याण की आवश्यकताओं को निर्धारित करना, उनकी पूर्ति के लिए उपाय निश्चित करना और उनके लिए आवश्यक साधनों को जुटाना है

समुदाय का अर्थ Meaning of Community

सामुदायिक संगठन समुदाय से बनता है और सामुदायिक संगठन को समझने से पहले यह जानना आवश्यक है कि समुदाय से क्या तात्पर्य है? हम अपने जीवन में समुदाय शब्द से प्राय: परिचित होते हैं; जैसे—धार्मिक समुदाय, व्यापारी समुदाय, जातिगत समुदाय आदि।

समुदाय एक ऐसा समूह है, जो किसी निश्चित भौगोलिक सीमाओं में निवास करता है, इसके अन्तर्गत सदस्यों में एक सामुदायिक भावना पाई जाती है। समाज का निर्माण अनेक समुदायों से होता है और समुदाय में अनेक समूह होते हैं। समूह का निर्माण दो-या-दो से अधिक व्यक्तियों की पारस्परिक चेतना एवं अन्तर्क्रिया के द्वारा होता है। मनुष्य अपना जीवन अकेले न व्यतीत कर समूहों में अन्य मनुष्यों के साथ व्यतीत करता है।

मुख्यत: इसके दो कारण हैं—प्रथम यह कि वह सामाजिक प्राणी होने के कारण समूह में रहना पसन्द करता है एवं द्वितीय उसे अपनी आवश्यकताओं की पूर्ति के लिए अन्य व्यक्तियों पर आश्रित होना पड़ता है। मनुष्यों को समुदाय में रहकर ही अपना जीवन व्यतीत करना होता है। हम जिस शहर या गाँव में रहते हैं वह भी एक समुदाय ही होता है। समाजशास्त्र में **समुदाय** शब्द का एक विशिष्ट अर्थ होता है, **एक साथ सेवा करना**। *समुदाय के निर्माण के लिए व्यक्तियों के समूह में दो बातों का होना अनिवार्य है।*

एक निश्चित भू-भाग एवं दूसरा इसमें रहने वालों में सामुदायिक भावना का होना। **समुदाय** शब्द अंग्रेजी भाषा के 'कम्यूनिटी' शब्द का हिन्दी रूपान्तर है, जोकि लैटिन भाषा के 'काम' तथा 'म्यूनिस' शब्दों से मिलकर बना है। लैटिन में 'कॉम' शब्द का अर्थ **एक साथ** तथा **'म्यूनिस'** का अर्थ **सेवा करना** है। अत: 'समुदाय' का शाब्दिक अर्थ ही 'एक साथ सेवा करना' है।

समुदाय की परिभाषाएँ Definition of Community

बोगार्ड्स के अनुसार, "समुदाय एक ऐसा सामाजिक समूह है, जिसमें कुछ अंशों तक 'हम' की भावना होती है तथा जो एक निश्चित क्षेत्र में निवास करता है।"

डेविस के अनुसार, "समुदाय सबसे छोटा व क्षेत्रीय समूह है, जिसके अन्तर्गत सामाजिक जीवन के समस्त पहलू आ सकते हैं।"

मैकाइवर एवं **पेज** के अनुसार, "जहाँ कहीं एक छोटे या बड़े समूह के सदस्य एक साथ रहते हुए एक विशेष उद्देश्य में भाग न लेकर सामान्य जीवन की मौलिक दशाओं में भाग लेते हैं, वह समूह समुदाय कहलाता है।"

समुदाय की विशेषताएँ

- व्यक्तियों का समूह
- सामान्य नियम
- स्थायित्व
- निश्चित भौगोलिक क्षेत्र
- सामुदायिक भावना
- सामान्य जीवन
- विशिष्ट नाम
- स्वत: जन्म
- अनिवार्य सदस्यता
- आत्म-निर्भरता

सामुदायिक संगठन की प्रमुख परिभाषाएँ

डनहम (1948) के अनुसार, "समाज कल्याण के लिए सामुदायिक संगठन का अर्थ एक भौगोलिक क्षेत्र या एक कार्यात्मक क्षेत्र में समाज कल्याण संसाधनों में समायोजन लाने और उसे बनाए रखने की प्रक्रिया है।" सामुदायिक संगठन एक गतिशील, व्यापक और प्रभावशाली प्रक्रिया है। सामुदायिक संगठन में संसाधनों के अन्तर्गत समस्याएँ एवं संस्थानों के साथ-साथ इनके कर्मचारी, भौतिक साजो-सामान, वित्त कानून, नेतृत्व, जनता में प्रबोध, साख और सहभागिता भी शामिल होती है।

लिण्डमैन (1921) के अनुसार, "सामुदायिक संगठन सामाजिक संगठन का वह स्तर है, जिसमें समुदाय के द्वारा लोकतान्त्रिक तरीके से अपने कार्यों को नियोजित करने और अपने विशेषज्ञों, संस्थाओं, संगठनों के मान्य परस्पर सम्बन्धों द्वारा उच्चतम सेवा प्राप्त करने के चेतन प्रयास सम्मिलित है। सामुदायिक संगठन की मुख्य समस्या लोकतान्त्रिक प्रक्रियाओं और विशेषज्ञताओं में एक कार्यात्मक सम्बन्ध स्थापित करना है।"

सामुदायिक संगठन की विशेषताएँ

Characteristics of Community Organization

समाजशास्त्रियों ने उपरोक्त परिभाषाओं का विश्लेषण कर सामुदायिक संगठन के कार्य, प्रकृति एवं विशेषताओं को स्पष्ट किया है। व्यक्तिगत समाज कार्य की तरह ही सामुदायिक संगठन भी समाज कार्य की एक प्रणाली है। सामुदायिक संगठन के बनने की प्रक्रिया तभी शुरू हो जाती है जब नागरिकों का एक समूह किसी आवश्यकता को पहचान कर उसकी पूर्ति के लिए संयुक्त रूप से या एक साथ कार्य करने लगता है।

- सामुदायिक संगठन एक प्रक्रिया है जिसके द्वारा समुदाय पहले से अधिक सकारात्मक एवं रचनात्मक रूप से कार्य करने की अपनी क्षमता का विकास करता है। सामाजिक कार्यकर्ता इस प्रक्रिया को जानबूझ कर सतर्क होकर उपयोग में लाता है। ताकि संगठन के विकास में वह अपना महत्त्वपूर्ण योगदान दे सके।
- इस प्रक्रिया के द्वारा समुदाय अपनी मूलभूत आवश्यकताओं को पहचानने तथा उसकी पूर्ति के महत्त्व को समझने में सफल होता है। ऐसी स्थिति में कार्यकर्ता का प्रथम कार्य समुदाय की उन समस्याओं पर ध्यान आकृष्ट करने में सहायता करनी होती है जिनसे उनका सम्पूर्ण जीवन प्रभावित होता है।
- जब समुदाय को उन आवश्यकताओं और उनकी समस्याओं का पता चल जाता है, तो कार्यकर्ता उन आवश्यकताओं को पूरा करने तथा समस्याओं का समाधान करने हेतु प्राथमिकता निर्धारण करने में समुदाय की सहायता करता है, जिसके अनुसार प्रयासों में एकरूपता एवं गहनता लाई जा सके और सबसे पहले जटिल समस्याओं को प्राथमिकता के आधार पर उसका समाधान किया जा सके।
- सामुदायिक संगठन कार्यकर्ता समुदाय के लिए उन साधनों की खोज करने में सहायता करता है, जिससे समुदाय की आवश्यकता एवं समस्याओं का समाधान सम्भव हो सके। समुदाय में कई ऐसी संस्थाएँ होती हैं, जो समुदाय की भलाई के लिए कार्य करती है लेकिन समुदाय को उनका ज्ञान नहीं होता है। सामाजिक कार्यकर्ता इन संस्थाओं का पता लगाकर समुदाय द्वारा इनकी सेवाओं का उपयोग किए जाने पर बल देता है।
- समुदाय के कल्याण के लिए जैसे-जैसे कार्य आगे बढ़ता है समुदाय के लोग उसके महत्त्व को समझते हैं और उसे स्वीकार करते हैं। एक-दूसरे का सहयोग करते हैं एवं आपसी मतभेदों को दूर करने का प्रयास करते हैं। समुदाय के लोग सभी प्रकार के संसाधनों का उपयोग करने का प्रयास करते हैं एवं स्वयं समर्थ बनने की प्रबल इच्छा जाग्रत कर लेते हैं।

सामुदायिक संगठन की पृष्ठभूमि

Platform of Community Organization

सामुदायिक संगठन उतना ही पुराना है जितना कि सामुदायिक जीवन क्योंकि ऐसा माना गया है कि जहाँ कहीं भी लोग एक साथ रहते हैं, वहाँ संगठन की आवश्यकता प्रतीत होती है। जब जीवन अधिक जटिल हो जाता है, तो ऐसी स्थिति में कुछ औपचारिक संगठनों का निर्माण शुरू हो जाता है। इंग्लैण्ड में एलिजाबेथ का निर्धन कानून इस दिशा में प्रथम प्रयास माना जाता है।

दान संगठन समिति आधुनिक सामुदायिक संगठन की नींव थी। जिसे 1889 ई. में लन्दन में स्थापित किया गया था। यह समिति इसलिए बनाई गई थी ताकि गरीब लोगों को आर्थिक मदद पहुँचाई जा सके और यह जान सके कि किसको किस प्रकार की सहायता की आवश्यकता है? सभी को बिना जाँच-पड़ताल किए आर्थिक सहायता न प्रदान करे। 1877 ई. में अमेरिका के **बफैलो** शहर में पहली बार दान संगठन समिति की स्थापना हुई। उसके बाद बोस्टन, न्यूयॉर्क, फिलाडेल्फिया तथा कई अन्य शहरों में इसकी स्थापना की गई।

सैटेलमेण्ट हाउस आन्दोलन को सामुदायिक संगठन की दिशा में दूसरा कदम माना जाता है। सबसे पहला पड़ोसी गिल्ड 1886 ई. में न्यूयॉर्क में स्थापित हुआ। उसके बाद कई अन्य औद्योगिक नगरों में स्थापित होते चले गए। प्रथम विश्व युद्ध के समय अमेरिका में रेडक्रॉस गृह सेवा कार्यक्रम की शुरूआत हुई। जिसका व्यावहारिक स्वरूप समाज कार्य जैसा था। उसी दौरान अनेक संस्थाओं की शुरूआत हुई, जिसमें यंगमेन्स क्रिश्चियन एसोसिएशन, यंग विमन्स क्रिश्चियन एसोसिएशन, ब्वॉयज स्काउट्स आदि प्रमुख थे।

सामुदायिक संगठन के सिद्धान्त

Principle of Community Organization

मैकनील ने बहुत-सी संस्थाओं के अनुभवों पर आधारित सामुदायिक संगठन के *निम्नलिखित सिद्धान्तों का उल्लेख किया है*

- समाज कल्याण के लिए सामुदायिक संगठन व्यक्तियों और उनकी आवश्यकताओं से सम्बन्धित है।
- समाज कल्याण के लिए सामुदायिक संगठन में समुदाय एक प्राथमिक सेवार्थी माना जाता है। यह समुदाय नगर, जनपद, राज्य, देश, पड़ोस या अन्तर्राष्ट्रीय समुदाय भी हो सकता है।
- सामुदायिक संगठन में यह धारणा बनी हुई है कि समुदाय जैसा भी है, जहाँ भी है, उसे वैसा ही स्वीकार किया जाता है। समुदाय के वातावरण को समझना इस प्रक्रिया में अनिवार्य है।
- समुदाय के सभी व्यक्ति इसके स्वास्थ्य एवं कल्याण सेवाओं में रुचि रखते हैं। समुदाय के सभी वर्गों और तत्त्वों द्वारा संयुक्त प्रयासों में भाग लिया जाना सामुदायिक संगठन में अनिवार्य होता है।
- हर समय बदलती रहती मानव आवश्यकताएँ और व्यक्तियों के आपसी और व्यक्तियों और समूहों के आपसी सम्बन्धों की वास्तविकता ही सामुदायिक संगठन प्रक्रिया की गतिकी मानी जाती है।
- सामुदायिक संगठन में समाज कल्याण की सभी संस्थाएँ और संगठन एक-दूसरे पर निर्भर होते हैं। कोई भी संस्था अकेले उपयोगी नहीं हो सकती, क्योंकि वो दूसरी संस्थाओं के सन्दर्भ में ही कार्य करती है।
- सामुदायिक संगठन एक प्रक्रिया के रूप समाज कार्य का ही एक भाग है। समाज कल्याण के लिए सामुदायिक संगठन के अभ्यास के लिए व्यावसायिक शिक्षा समाज कार्य शिक्षा संस्थाओं के माध्यम से ही अच्छे तरीके से ही दी जा सकती है।

जॉन्स और डीमार्के के अनुसार

- सामुदायिक संगठन एक साधन है साध्य नहीं व्यक्तिगत समाज कार्य और समूह समाज की तरह ही सामुदायिक संगठन व्यक्ति के जीवन को सुखमय बनाने का प्रयास करता है।
- समुदाय, व्यक्तियों और समूहों की तरह अलग होते हैं। प्रत्येक समुदाय की अपनी अलग-अलग विशेषताएँ और आवश्यकताएँ होती हैं।
- व्यक्तियों की तरह समुदायों को भी आत्मनिर्धारण का अधिकार होता है। सामुदायिक संगठन में कार्यकर्ता समुदाय को अपनी नीतियों, योजनाओं और कार्यक्रमों का विकास करने के लायक बनाता है। वह इन्हें अध्यारोपित नहीं करता।
- सामाजिक आवश्यकता संगठन का आधार होती है।

रॉस के अनुसार

- समुदाय में मौजूद स्थितियों के प्रति असन्तोष के कारण संगठन का विकास।
- विशेष समस्याओं के सन्दर्भ में इस असन्तोष का केन्द्रित किया जाना और इसे संगठन, नियोजन और प्रयासों में बदलना।
- असन्तोष, जो सामुदायिक संगठन को आरम्भ करता है या जो इसे सजीव रखता है, समुदाय के अधिक-से-अधिक सदस्यों द्वारा अनुभव किया जाता है।
- संस्था को ऐसे औपचारिक एवं अनौपचारिक नेताओं को अपने कार्यों में सम्मिलत करना, जिनको समुदाय के प्रमुख उप-समूह स्वीकार करते हैं।
- संस्था के उद्देश्य एवं कार्यविधियाँ ऐसी हों जो सदस्यों को मान्य हों।

कैसिडी के अनुसार

किसी भी संगठन का आरम्भ करने, उसे बनाए रखने, उसमें संशोधन करने या उसे समाप्त करने में 'सामाजिक आवश्यकता' ही एक निर्धारक कारक होना चाहिए। *इसके अनुसार*

- सामाजिक आवश्यकता संगठन का आधार
- पर्याप्त सामुदायिक सेवाएँ
- संस्था के संचालन के अनिवार्य अनुभागों पर नागरिकों का नियन्त्रण
- मुक्त सम्पर्क एवं संचार की स्थापना करना और उसकी बाधाओं और रुकावटों को समाप्त करना

ऑर्थर डनहम के अनुसार

- समाज कल्याण कार्यक्रमों को आवश्यकताओं पर आधारित तथा समुदाय के प्रति उत्तरदायी होना चाहिए।
- जहाँ तक सम्भव हो सके कार्यक्रमों द्वारा प्रभावित होने वाले सभी समूह इसके निर्धारण तथा निर्देशन में भाग लें।
- ऐच्छिक सहयोग प्रभावपूर्ण सामुदायिक संगठन की कुंजी है।
- कल्याण कार्यक्रमों को निषेध पर बल देना चाहिए।

सामुदायिक संगठन के उद्देश्य एवं लक्ष्य

Aims and Objectives of Community Organization

रॉबर्ट पी लेन ने सामुदायिक संगठन का एक सामान्य उद्देश्य और कुछ द्वितीयक लक्ष्य बताया है। सामान्य उद्देश्य के सम्बन्ध में लेन ने कहा है कि "सामुदायिक संगठन का एक सामान्य उद्देश्य समाज-कल्याण साधनों और समाज-कल्याण आवश्यकताओं में प्रगति की ओर उन्मुख अधिक प्रभावपूर्ण सामंजस्य लाने और इसे बनाए रखने से है।"

इनमें अन्तर्निहित है कि सामुदायिक संगठन का सम्बन्ध (अ) आवश्यकताओं के अन्वेषण और परिभाषा, (ब) साधनों और आवश्यकताओं की सन्धि योजना और परिवर्तित होती हुई आवश्यकताओं की पूर्ति के लिए साधनों के निरन्तर पुनः सामंजस्य से है।

द्वितीयक लक्ष्यों का वर्णन करते हुए लेन ने कहा है कि ये लक्षण साधन के रूप में हैं और छः प्रकार के हैं

1. स्वस्थ नियोजन और क्रिया के लिए उपयुक्त वास्तविक आधार प्राप्त करना और उसे बनाए रखना।
2. साधनों एवं आवश्यकताओं में अधिक अच्छा सामंजस्य प्राप्त करने के लिए कल्याण सम्बन्धी कार्यक्रमों तथा सेवाओं को आरम्भ, विकसित और परिवर्तित करना।
3. समाज कार्यों के मानदण्डों को विकसित करना और व्यक्तिगत संस्थाओं की प्रभावशीलता को बढ़ाना।
4. पारस्परिक सम्बन्धों में सुधार लाना, सुविधाएँ प्रदान करना, समाज कल्याण कार्यक्रमों और सेवाओं से सम्बन्धित संगठनों, समूहों एवं व्यक्तियों में समन्वय की अभिवृद्धि करना।
5. कल्याण समस्याओं एवं आवश्यकताओं तथा समाज कार्य के उद्देश्यों, कार्यक्रमों और ढंगों के विषय में जनता और समाज में अधिक अच्छे ज्ञान को विकसित करना।
6. समाज कल्याण क्रियाओं के लिए जनता में सहयोग और सम्मिलन को विकसित करना।

मैकनील के अनुसार, सामुदायिक संगठन के लक्ष्य पूर्णतः समाज कार्य के लक्ष्यों के अनुरूप ही हैं क्योंकि इसका प्राथमिक केन्द्रबिन्दु व्यक्तियों की आवश्यकताओं पर है और प्रजातान्त्रिक जीवन के सिद्धान्तों के अनुसार इन आवश्यकताओं की पूर्ति के साधन जुटाने पर है।

सामुदायिक संगठन के अभिगम

Approaches of Community Organization

सामुदायिक संगठन के अभिगम के अन्तर्गत सामुदायिक संगठन के चरण, सामुदायिक संगठन की निपुणता एवं सामुदायिक संगठन का ढंग सम्मिलित होता है।

सामुदायिक संगठन के चरण

किसी कार्य को व्यवस्थित ढंग से करने के लिए जिस प्रकार एक क्रमबद्ध योजना की आवश्यकता पड़ती है उसी प्रकार किसी कार्यक्रम क्रियान्वयन के लिए कई चरणों से होकर गुजरना पड़ता है। व्यक्तिगत समाज कार्य के अभ्यास में कई चरणों के होने का विचार रखा गया है। उसी प्रकार सामुदायिक संगठन की प्रक्रिया में भी चरणों का वर्णन किया गया है। ये चरण/सामुदायिक संगठन के अन्तर्गत किसी भी सामुदायिक संगठन की परियोजना के सम्बन्ध में प्रमुख चरण माने जाते हैं।

लिण्डमैन ने लगभग 700 सामुदायिक परियोजनाओं का अध्ययन करके 10 चरणों की व्याख्या की। इन चरणों (steps) के वर्गीकरण में समाजशास्त्रीय एवं मनोवैज्ञानिक दृष्टिकोण की झलक दिखती है

आवश्यकता की चेतना जाग्रत करना समुदाय के अन्दर या बाहर का कोई व्यक्ति आवश्यकता का प्रकटन करता है, जो बाद में एक निश्चित परियोजना का रूप ले लेती है।

आवश्यकता की चेतना का प्रसार समुदाय के कोई समूह या संस्था के अन्दर कोई नेता अपने समूह को इस आवश्यकता की वास्तविकता के विषय में विश्वास दिलाता है।

आवश्यकता की चेतना का प्रक्षेपण समुदाय का जो समूह आवश्यकता की पूर्ति में रुचि रखता है, वह आवश्यकता की चेतना का समुदाय के नेताओं पर प्रक्षेपण करता है और उन्हें आवश्यकता की पूर्ति के लिए तैयार करता है, जिससे आवश्यकता की चेतना एक सामान्य रूप ग्रहण कर लेती है।

आवश्यकता को शीघ्र पूरा करने का भावनात्मक आवेग एक भावनात्मक आवेग का उत्पन्न होना और उस आवश्यकता को शीघ्र पूरा करने के लिए कुछ प्रभावशाली सहायता जुटाई जाती है।

आवश्यकता की पूर्ति के लिए समाधानों का प्रस्तुतीकरण आवश्यकता की पूर्ति के लिए अन्य समाधानों को समुदाय के सामने रखा जाता है।

आवश्यकता की पूर्ति के लिए समाधानों में संघर्ष विभिन्न प्रकार के विरोधी समाधान या सुझावों को प्रस्तुत किया जाता है और विभिन्न समूह इनमें किसी एक का समर्थन करते हैं।

जाँच-पड़ताल विशेषज्ञों की सहायता से परियोजना या समस्या की जाँच की जाती है।

समस्या के विषय में वाद-विवाद विशाल सभा या कुछ व्यक्तियों के सामने परियोजना या समस्या को रखा जाता है और जो समूह अधिक प्रभाव रखते हैं अपनी योजनाओं की स्वीकृति लेने का प्रयास करते हैं।

समाधानों का एकीकरण जो समाधान सुझाव के रूप में सामने रखे जाते हैं, उनका मूल्यांकन करके सभी के अच्छे पक्षों को चुनकर एक नया रास्ता या समाधान निकाला जाता है।

अस्थायी प्रगति के आधार पर समझौता कुछ समूह अपनी-अपनी योजना का कुछ भाग त्याग देते हैं जिसके फलस्वरूप एक समझौता हो जाता है। जिसके आधार पर कार्य प्रारम्भ किया जाता है अर्थात् समूह प्रयोगात्मक आधार पर सुलह कर लेते हैं।

यह आवश्यक नहीं है कि सभी परियोजनाएँ एवं कार्य इन्हीं चरणों के अनुसार होते हैं।

क्रॉस *के अनुसार सामुदायिक संगठन की प्रक्रिया में प्रमुख छ: चरण देखे जा सकते हैं*

1. सेवा के उद्देश्यों का एक निश्चित कारण एवं उसका विवरण।
2. तथ्यों की खोज समस्याग्रस्त व्यक्तियों की विशेषताओं, सामुदायिक साधनों और सेवाओं की समर्थताएँ आदि।
3. साधनों और आवश्यकताओं के बीच वांछित समायोजन के सन्दर्भ में प्रदान की जा सकने वाली सेवाओं की रूपरेखा।
4. अस्थायी योजना और चुनी गई सेवाओं की वैधता का परीक्षण करने के लिए जनता के सामने उसे प्रस्तुत करना।
5. मुख्य योजना का विकास जो अस्थायी योजना से अलग होती है और जो परीक्षण पर आधारित अनुभवों के कारण विकसित की जाती है।
6. अन्तिम चरण में मुख्य योजना को सेवा में बदला जाता है। इसमें वर्तमान सेवाओं को पुन: संगठित करना और उसका स्तर ऊँचा करना शामिल होता है और साथ ही सेवाओं का विस्तार तथा नई सेवाओं का निर्माण करना भी शामिल है।

सामुदायिक संगठन में निपुणताएँ

सामुदायिक संगठन समाज कार्य की एक प्रणाली है। यह प्रणाली अर्थ ज्ञान और सिद्धान्तों का जोड़ है जिसका किसी क्रिया-कलाप में इस प्रकार प्रयोग कि उससे परिवर्तन हो जाए, निपुणता कहलाती है। **वर्जीनिया रॉबिन्सन** ने निपुणता के बारे में वर्णन करते हुए कहा है कि निपुणता किसी विशेष पदार्थ में परिवर्तन की एक प्रक्रिया को गतिमान करने और उसे नियन्त्रण में रखने की क्षमता है।

जॉनसन के अनुसार, प्रत्येक व्यवसाय की अपनी अलग-अलग निपुणताएँ होती हैं। निपुणताओं का मानकीकरण नहीं किया जा सकता है। निपुणता में कार्यकर्ता और विषय की क्षमता शामिल होती है और ***क्षमता निम्न तरीके से आती है***

- जिस तरीके से सौहार्द या घनिष्ठता स्थापित की जाती है।
- जिस तरीके से व्यक्तियों को अपनी भावनाओं को मुक्त करने में और प्रतिरोध पर काबू पाने में सहायता दी जाती है।
- जिस तरीके से व्यक्तियों को वैयक्तिक एवं सामाजिक प्रबोध का विकास करने और वांछित सामाजिक उद्देश्यों के लिए सम्प्रेरित किया जाता है।
- जिस तरीके से व्यक्तियों को अपने विचार स्पष्ट करने और अपने उद्देश्यों की व्याख्या करने में सहायता दी जाती है।
- जिस तरीके से समाज कल्याण सम्बन्धी आवश्यकताओं, साधनों और कार्यक्रमों का ज्ञान व्यक्तियों को उनके उपयोग के लिए दिया जाता है।
- जिस तरीके से विचारों की एकता और एकीकरण प्रयास के आधार के रूप में प्राप्त किया जाता है।
- जिस तरीके से उद्देश्यों की ओर गति को बनाए रखा जाता है।

सामुदायिक संगठन के ढंग

***मैकमिलन** ने सामुदायिक संगठन के निम्नलिखित ढंग बताए हैं*

- केन्द्रीय अभिलेख तैयार करना
- नियोजना करना
- विशिष्ट अध्ययन एवं सर्वेक्षण करना
- संयुक्त बजट तैयार करना
- शिक्षा, विवेचन एवं जन सम्बन्धों से सम्बन्धित ढंगों का प्रयोग करना
- संयुक्त वित्तीय कार्यों का नियोजन एवं क्रियान्वयन करना
- संगठन करना
- सामूहिक विचार-विमर्श करना
- सलाह देना
- सलाह एवं विचार-विमर्शों के द्वारा ऐच्छिक करारों को प्रोत्साहित करना
- बहुमुखी सेवाओं को संयुक्त रूप से चलाना
- कानूनों के महत्त्व पर प्रकाश डालना

जॉन्स तथा **डीमार्के** ने *निम्नलिखित ढंगों का वर्णन किया है*

- तथ्यों का पता लगाना
- आवश्यकताओं का निर्धारण करना
- कार्यक्रम को निश्चित करना
- शिक्षा देना तथा विवेचन करना

सामुदायिक संगठन की रणनीतियाँ

Strategies of Community Organization

सामुदायिक संगठन प्रक्रिया में निम्नलिखित कदम उठाए जाते हैं

रणनीति का निर्धारण करना

- सफलता के लिए आवश्यक प्रयासों के स्तर का पता लगाना।
- आवश्यक क्रियाकलापों की प्रकृति को जानना।
- कम-से-कम कार्य किए जाने की आवश्यकता का पता लगाना।
- कार्य व्यवस्था-वैयक्तिक चेतना, सामूहिक चेतना, नियोजन तथा संगठन, निपुणताओं का विकास एवं प्रशासनिक दक्षताओं में वृद्धि का निर्धारण करना।

समस्या की पहचान करना

- समस्या की प्रकृति को जानना।
- समस्या की गहनता की खोज करन।

- समस्या के प्रभाव का पता लगाना।
- इस बात का पता लगाना कि समस्या कहाँ मूलरूप से विद्यमान है।
- समस्या के कारणों को जानना।
- बदलाव लाने की इच्छा का पता लगाना।
- सफलता एवं असफलता के कारणों को जानना।
- किए गए प्रयासों के प्रभाव का पता लगाना।

तथ्य तथा आँकड़े एकत्र करना

- समुदाय की मनोदशा को जानना।
- समस्या के प्रति समुदाय के रुख का पता लगाना।
- महत्त्वपूर्ण मनोवृत्तियों में अन्तरों का पता लगाना।

कार्य योजना तैयार करना

- अनेक कार्य योजनाओं पर विचार करना।
- लागत, प्रयास, परिणाम, प्रभावपूर्णता, स्वीकृति आदि के सन्दर्भ में चलाए जाने वाले कार्यक्रम का विश्लेषण करना।
- सबसे उत्तम कार्यक्रम का चयन करना।
- समस्या समाधान की दृष्टि से संरचना तथा प्रक्रियाओं का विश्लेषण करना।

कार्यान्वयन तथा मूल्यांकन

- प्रयासों की प्रभावपूर्णता को ज्ञात करना।
- समस्या समाधान की रणनीति की सफलता को मालूम करना।
- प्रयासों की कमियों का पता लगाना।
- नई रणनीति तैयार करना।।

प्रैक्टिस जोन

1. सामुदायिक विकास के अन्तर्गत समुदाय के समाज कल्याण की अपेक्षा किस पर अधिक बल दिया गया?
(a) राजनीतिक विकास (b) आर्थिक विकास
(c) धार्मिक विकास (d) सामाजिक विकास

2. भारत के ग्रामीण समुदायों के विकास के लिए सामुदायिक विकास योजना की शुरूआत की गई। भारतवर्ष के गाँवों को किस प्रकार की समस्याओं से अधिक जूझना पड़ता है?
(a) सामाजिक समस्या (b) शैक्षिक समस्या
(c) आर्थिक समस्या (d) ये सभी

3. सुमेलित कीजिए

	सूची I	सूची II
A.	समुदाय	1. एक अमूर्त अवधारणा है।
B.	समाज	2. एक मूर्त अवधारणा है।
C.	सामाजिक नियन्त्रण	3. इसमें जातिगत सामाजिक स्पष्टीकरण की प्रधानता होती है।
D.	सामाजिक विभिन्नीकरण	4. समुदाय में परम्पराओं, प्रथाओं जनरीतियों तथा लोकाचारों की प्रधानता पाई जाती है।

कूट

	A	B	C	D		A	B	C	D
(a)	2	1	4	3	(b)	4	2	1	3
(c)	2	1	3	4	(d)	3	4	2	1

4. इनमें कौन-सी सामुदायिक संगठन की मौलिक मान्यताएँ नहीं हैं?
(a) मूल्य सम्बन्धी मान्यताएँ (b) समस्या सम्बन्धी मान्यताएँ
(c) ढंग सम्बन्धी मान्यताएँ (d) नेतृत्व सम्बन्धी मान्यताएँ

5. सैण्डर्सन तथा पॉलसन के अनुसार सामुदायिक संगठन के विशिष्ट उद्देश्य से सम्बन्धित निम्नलिखित कथनों पर विचार कीजिए
1. नेतृत्व को विकसित करना।
2. सम्पूर्ण आवश्यकताओं की सन्तुष्टि करना।
3. अपने लक्ष्य को पूरा करने के लिए अन्य संस्थाओं से असहयोग करना।
4. एकमतता प्राप्त करने के लिए अन्य संस्थाओं का विकास करना।

उपरोक्त कथनों में कौन-सा/से कथन सही है/हैं?
(a) केवल 1 (b) केवल 2 (c) 3 और 4 (d) ये सभी

6. प्रथम विश्वयुद्ध के समय अमेरिका रेडक्रॉस गृह सेवा कार्यक्रम चलाया गया। इसका व्यावहारिक स्वरूप कैसा था?
(a) धार्मिक (b) शैक्षणिक (c) सामाजिक (d) राजनैतिक

7. आधुनिक सामुदायिक संगठन की आधारशिला थी
(a) सैटेलमेण्ट हाउस आन्दोलन
(b) पड़ोसी गिल्ड
(c) दान संगठन समिति
(d) यंग विमन्स क्रिश्चियन एसोसिएशन

8. यह प्रारूप किस के विचारों पर आधारित है कि "शिक्षा के द्वारा जन सामान्य में चेतना जागृत की जा सकती है।"?
(a) हिल (b) क्वायल (c) पालो फायरे (d) ब्रिटो

9. सामुदायिक संगठन के अन्तर्गत प्रक्रिया की समस्याओं के अभिकेन्द्रीकरण से क्या तात्पर्य है?
(a) समस्याओं का समाधान
(b) समस्याओं को जड़ से खत्म करना
(c) समस्याओं से दूर भागना
(d) समस्याओं को पहचान कर उस पर कड़ी नजर रखना

10. किसी भौगोलिक क्षेत्र में मौजूद साधनों के बीच उत्पन्न समस्याओं के समाधान में किसकी भूमिका महत्त्वपूर्ण हो जाती है?
(a) सामाजिक संगठन
(b) सामाजिक क्रिया
(c) सामुदायिक संगठन
(d) सामाजिक समूह

11. सामुदायिक संगठन का विस्तार किस क्षेत्र के अन्तर्गत सबसे अधिक है?
(a) परिवार कल्याण (b) सामाजिक सेवाएँ
(c) वैयक्तिक कार्य (d) नियोजन तथा विकास

12. एक प्रक्रिया के रूप में समाज कल्याण की आवश्यकताओं से तात्पर्य है
(a) कौशल पर
(b) कार्यकलापों पर
(c) व्यक्ति की समस्याओं को दूर करना
(d) सामाजिक कानूनों को बनवाना

13. संगठन के गठन और उन्नयन से जुड़े सोपानों का क्रम है
(a) पंजीकरण, सामान्य सभा का गठन, कार्यकारी परिषद् का निर्वाचन, विजन एवं मिशन निर्धारित करना, संविधान तैयार करना
(b) विजन एवं मिशन निर्धारित करना, सामान्य सभा का गठन, कार्यकारी परिषद् का निर्वाचन, पंजीकरण, संविधान तैयार करना
(c) सामान्य सभा का गठन, कार्यकारी परिषद् का निर्वाचन, विजन एवं मिशन को निर्धारित करना, संविधान तैयार करना, पंजीकरण
(d) संविधान तैयार करना, सामान्य सभा का गठन, कार्यकारी परिषद् का निर्वाचन, विजन एवं मिशन निर्धारित करना, पंजीकरण

14. वायलेट एम सीडन ने सामुदायिक संगठन के उद्देश्यों एवं लक्ष्यों के विकास की चौथी स्थिति के अन्तर्गत किन समस्याओं को रोकने पर जोर दिया है?
(a) राजनीतिक समस्या (b) सामाजिक समस्या
(c) आर्थिक समस्या (d) शैक्षिक समस्या

निर्देश (प्र. सं. 15-22) *नीचे दिए गए कथन एवं कारणों को ध्यानपूर्वक पढ़कर कूट की सहायता से*

15. कथन (A) सामुदायिक संगठन में सबसे कठिन समस्या जन सहयोग प्राप्त करने की होती है।
कारण (R) जब तक समुदाय के लोगों का किसी समस्या को हल करने के लिए सहयोग प्राप्त न हो तो उस समस्या का समाधान कठिन होता है।

16. निम्नलिखित कथनों पर विचार कीजिए
1. समाज का निर्माण अनेक समुदायों से होता है।
2. समूह निर्माण हेतु दो से अधिक व्यक्तियों में पारस्परिक चेतना एवं अन्तर्क्रिया होनी आवश्यक है।

उपरोक्त कथनों में कौन-सा/से कथन सही है/हैं?
(a) 1 और 2 (b) केवल 1
(c) केवल 2 (d) न तो 1 और न ही 2

17. निम्नलिखित कथनों पर विचार कीजिए
1. व्यक्ति समुदाय में रहकर ही अपना जीवन व्यतीत करता है।
2. समुदाय एवं समिति में सामुदायिक भावना समान रूप से पाई जाती है।

उपरोक्त कथनों में कौन-सा/से कथन सही है/हैं?
(a) केवल 1 (b) केवल 2
(c) 1 और 2 (d) न तो 1 और न ही 2

18. "समुदाय सबसे छोटा वह क्षेत्रीय समूह है, जिसके अन्तर्गत सामाजिक जीवन के समस्त पहलू आ सकते हैं।" यह किसका कथन है?
(a) डेविस (b) बोगाडर्स (c) मेंजर (d) टेलर

19. "समुदाय संकीर्ण प्रादेशिक घेरे में रहने वाले उन व्यक्तियों का समूह है, जो जीवन के सामान्य ढंग को अपनाते हैं।" यह कथन किसका है?
(a) मैकाइवर एवं पेज (b) ऑगबर्न एवं निमकॉफ
(c) ग्रीन (d) मेंजर

20. किस समाजशास्त्री के अनुसार "समाज कल्याण के लिए सामुदायिक संगठन का अर्थ एक भौगोलिक क्षेत्र या कार्यक्षेत्र के समाज कल्याण संसाधनों में समायोजन लाने तथा बनाए रखने की प्रक्रिया से है"?
(a) रॉस (b) डनहम (c) लिण्डमैन (d) मैकमिलन

21. समाज कार्य जनतान्त्रिक मूल्यों पर आधारित है। न्याय, ... एवं स्वतन्त्रता जनतन्त्र के मूलभूत आधार हैं। रिक्त स्थान को उपयुक्त शब्द से भरें।
(a) समानता (b) सहयोग
(c) शिक्षा (d) सम्प्रभुता

22. "विशिष्ट व्यक्ति आर्थिक, सामाजिक, राजनीतिक अथवा धार्मिक कारकों पर नियन्त्रण करके समाज से लाभ प्राप्त करते हैं।" सामाजिक क्रिया के इस स्वरूप का उल्लेख किसने किया है?
(a) क्वायल (b) हिल
(c) रिचमण्ड (d) ब्रिटो

23. यह प्रारूप किस के विचारों पर आधारित है कि "शिक्षा के द्वारा जन सामान्य में चेतना जागृत की जा सकती है।"?
(a) हिल (b) क्वायल
(c) पालो फायरे (d) ब्रिटो

24. रॉथमैन द्वारा प्रतिपादित सामुदायिक संगठन का मॉडल निम्नलिखित में से कौन-सा है?
(a) स्थानीय विकास (b) सामाजिक विकास
(c) धारणीय विकास (d) सामुदायिक विकास

25. सामुदायिक संगठन के प्रतिरूपों (मॉडलों) के रूप में स्थानीय विकास, सामाजिक नियोजन तथा सामाजिक कार्यवाही को किसने प्रस्तुत किया है?
(a) मरे रॉस (b) जैक रॉथमैन
(c) पर्लमैन (d) साण्डर्स

26. सामुदायिक निधि सम्बन्धित है
(a) सामुदायिक सहभागिता से (b) सामुदायिक समस्याओं से
(c) सामुदायिक जागरूकता से (d) सामुदायिक संसाधनों से

उत्तरमाला

1. (b)	**2.** (d)	**3.** (a)	**4.** (d)	**5.** (c)	**6.** (c)	**7.** (c)	**8.** (c)	**9.** (d)	**10.** (c)
11. (b)	**12.** (c)	**13.** (d)	**14.** (b)	**15.** (b)	**16.** (a)	**17.** (a)	**18.** (a)	**19.** (c)	**20.** (b)
21. (a)	**22.** (d)	**23.** (c)	**24.** (a)	**25.** (a)	**26.** (d)				

Unit-IV

शिशु की प्रारम्भिक देखभाल एवं शिक्षा

अध्याय

01

बाल विकास का परिचय

विकास की अवधारणा Concept of Development

शारीरिक संरचना या आकार में बढ़ोत्तरी को वृद्धि कहते हैं जबकि मानसिक, भावनात्मक, सामाजिक, बौद्धिक आदि पक्षों में परिपक्वता विकास कहलाती है। विकास में सभी परिमाणात्मक तथा गुणात्मक परिवर्तन सम्मिलित होते हैं, जो जीवनभर चलते रहते हैं। दूसरे अर्थों में हम यह कह सकते हैं कि विकास की प्रक्रिया शारीरिक वृद्धि के बाद भी चलती रहती है। विकास के बिना वृद्धि अर्थहीन है। उदाहरणतः अशोक बड़ा हो गया है, का अभिप्राय है अशोक की लम्बाई बढ़ गई है। सम्पूर्ण व्यक्तित्व में आए परिवर्तनों को विकास कहते हैं।

बच्चे की मानसिक, भावनात्मक, सामाजिक,बौद्धिक आदि पक्षों में परिपक्वता बाल विकास कहलाती है। विकास में वे सभी परिवर्तन सम्मिलित होते हैं, जो जीवन भर चलते रहते हैं। यह एक निरन्तर चलने वाली प्रक्रिया है जो जन्म से लेकर मृत्युपर्यन्त चलती रहती है। कुछ मनोवैज्ञानिक विकास तथा वृद्धि को एकसमान मानते हैं, परन्तु वास्तव में ये दोनों भिन्न हैं, *बाल विकास की कुछ मुख्य विशेषताएँ निम्नलिखित हैं*

- विकास शब्द उन सभी परिमाणात्मक तथा गुणात्मक परिवर्तनों के लिए काम में लाया जाता है, जिससे बच्चे के सम्पूर्ण व्यक्तित्व में आए परिवर्तनों का संकेत मिलता है।
- विकास शब्द वृद्धि से कहीं अधिक विस्तृत अर्थ संजोए हुए है। वृद्धि विकास का ही एक भाग है। विकास में वृद्धि का स्वत: ही समावेश हो जाता है।
- विकास के परिणामस्वरूप आए परिवर्तनों को न तो प्रत्यक्ष रूप से देखा जा सकता है तथा न ही मापा जा सकता है क्योंकि इसमें परिमाणात्मक एवं गुणात्मक दोनों ही परिवर्तन घुले-मिले रहते हैं इस प्रकार से संयुक्त परिवर्तनों को विशेष मनोवैज्ञानिक विधियों द्वारा ही मापा जा सकता है।
- विकास की प्रक्रिया निरन्तर चलने वाली एक सतत् प्रक्रिया है। यह जन्म से लेकर मृत्युपर्यन्त चलती है। यह परिपक्वता ग्रहण करने के साथ समाप्त नहीं हो जाती है।
- विकास शब्द किसी अंग विशेष अथवा व्यवहार के किसी एक पक्ष में होने वाले परिवर्तनों को नहीं बल्कि व्यक्तित्व में आने वाले सभी परिवर्तनों को संयुक्त रूप में व्यक्त करता है।
- विकास भी वृद्धि से जुड़ा हुआ नहीं है। कुछ बच्चे इस प्रकार के अवश्य देखे जा सकते हैं जिनमें शारीरिक वृद्धि की गति बहुत धीमी होती है, वे आकार, लम्बाई तथा वजन में तो कुछ ज्यादा बढ़ोत्तरी नहीं कर पाते परन्तु इनके व्यक्तित्व का पूर्ण विकास होता है। वे मानसिक रूप से बड़े परिपक्व होते हैं तथा इनमें पर्याप्त कार्य क्षमता भी आ जाती है।

वृद्धि एवं विकास का अर्थ
Meaning of Growth and Development

'वृद्धि' और 'विकास', दोनों शब्द प्राय: एक ही अर्थ में प्रयोग किए जाते हैं, किन्तु मनोवैज्ञानिकों के अनुसार इनमें कुछ अन्तर होता है। सोरेन्सन (Sorenson) के विचार में, 'अभिवृद्धि' शब्द का प्रयोग सामान्यत: शरीर और उसके अंगों के भार तथा आकार में वृद्धि के लिए किया जाता है। इस वृद्धि को नापा और तोला जा सकता है। विकास का सम्बन्ध अभिवृद्धि से अवश्य होता है पर यह शरीर के अंगों में होने वाले परिवर्तनों को विशेष रूप से व्यक्त करता है। उदाहरणार्थ, बालक की हड्डियाँ आकार में बढ़ती हैं, यह बालक की अभिवृद्धि है, किन्तु हड्डियाँ कड़ी हो जाने के कारण उनके स्वरूप में जो परिवर्तन आ जाता है, यह विकास को दर्शाता है। इस प्रकार विकास में अभिवृद्धि का भाव निहित रहता है।

प्राय: यह भी देखने को मिलता है कि बालक की शारीरिक वृद्धि के अनुपात में उसकी कार्य-कुशलता में प्रगति नहीं होती है। ऐसी स्थिति में यह कहा जाता है कि बालक की वृद्धि तो हो गई है, किन्तु उसका विकास नहीं हुआ है। इस प्रकार विकास, शारीरिक अवयवों की कार्य-कुशलता की ओर संकेत करता है जैसा कि सोरेन्सन के विचारों में व्यक्त है, अभिवृद्धि को मापा जा सकता है, किन्तु विकास व्यक्ति की क्रियाओं में निरन्तर होने वाले परिवर्तनों में परिलक्षित होता है। अत: मनोवैज्ञानिक अर्थों में विकास केवल शारीरिक आकार और अंगों में परिवर्तन होना ही नहीं है, यह नई-नई विशेषताओं और क्षमताओं का विकसित होना है जो गर्भावस्था से आरम्भ होकर परिपक्वावस्था (Maturity) तक चलता रहता है। हरलॉक के विचारों में, "विकास, अभिवृद्धि तक ही सीमित नहीं है। इसके बजाय, इसमें परिपक्वावस्था के लक्ष्य की ओर परिवर्तनों का प्रगतिशील क्रम निहित रहता है। विकास के परिणामस्वरूप व्यक्ति में नवीन विशेषताएँ और नवीन योग्यताएँ प्रकट होती हैं।"

हरलॉक के विचारों के अनुसार, "विकास की प्रक्रिया **बालक** के गर्भावस्था से लेकर जीवन-पर्यन्त एक क्रम में चलती रहती है तथा प्रत्येक अवस्था का प्रभाव दूसरी अवस्था पर पड़ता है।"

गेसेल के अनुसार, "विकास, प्रत्यय से अधिक है। इसे देखा, जाँचा और किसी सीमा तक तीन प्रमुख दिशाओं-शरीर अंक विश्लेषण, शरीर ज्ञान तथा व्यवहारात्मक में मापा जा सकता है ...... इस सब में, व्यावहारिक संकेत ही सबसे अधिक विकासात्मक स्तर और विकासात्मक शक्तियों को व्यक्त करने का माध्यम है।"

वृद्धि और विकास में अन्तर

क्र.सं.	वृद्धि	विकास
1.	स्वरूप बाह्य होता है।	विकास आन्तरिक होता है।
2.	कुछ समय के बाद वृद्धि रुक जाती है।	जीवन-पर्यन्त विकास चलता रहता है।
3.	इसका प्रयोग संकुचित अर्थ में होता है।	इसका प्रयोग व्यापक अर्थ में होता है।
4.	इसमें कोई निश्चित क्रम नहीं होता है।	विकास में एक निश्चित क्रम होता है।
5.	दिशाहीन होती है।	इसकी निश्चित दिशा होती है।
6.	कोई लक्ष्य नहीं होता है।	कोई न कोई लक्ष्य होता है।
7.	सीधे मापा जा सकता है। उदाहरणार्थ, ऊँचाई और भार को सीधे मापा जा सकता है।	सीधा मापन सम्भव नहीं है। उदाहरणार्थ, बुद्धि को सीधे नहीं मापा जा सकता।

विकास की विभिन्न अवस्थाएँ
Various Stages of Development

प्रत्येक बच्चे के विकास की विभिन्न अवस्थाएँ होती हैं। इन्हीं अवस्थाओं में बच्चों का एक निश्चित विकास होता है।

विकास की इसी सीमा को ध्यान में रखते हुए विकास को अग्रलिखित चरणों में विभाजित करने का प्रयास किया गया है

- बाल्यावस्था — जन्म से 3 वर्ष तक
- प्रारम्भिक शैशवावस्था — 3 से 6 वर्ष
- मध्य शैशवावस्था — 6 से 9 वर्ष
- अत्याशैशवावस्था — 9 से 12 वर्ष
- पूर्व किशोरावस्था — प्रारम्भिक 11 से 15 वर्ष तक
- किशोरावस्था — बाद की अवस्था 15 से 18 वर्ष तक
- वयस्क — 18 वर्ष के बाद

रॉस महोदय के अनुसार बालक के विकास की निम्नलिखित चार महत्त्वपूर्ण अवस्थाएँ होती हैं

1. शैशवावस्था — 1 से 5 वर्ष
2. बाल्यावस्था — 5 से 12 वर्ष
3. किशोरावस्था — 12 से 18 वर्ष
4. प्रौढ़ावस्था — 18 वर्ष से ऊपर

मानव विकास की अवस्थाओं की प्रमुख वि... ताएँ
Major Characteristics of Human Development Stages

मानव विकास, विकास की विभिन्न अवस्थाओं से होकर गुजरता है। विकास की प्रत्येक अवस्था विकासात्मक मनोविज्ञान के अध्ययन का महत्त्वपूर्ण विषय है।

इनमें से कुछ प्रमुख अव थाओं का विवरण निम्नवत् है

गर्भावस्था Conception Period

प्राय: गर्भावस्था 9 माह या लगभग 280 दिन तक रहती है। इस अवस्था को गर्भाधान से शिशु जन्म तक की अवधि को माना जाता है। गर्भावस्था में विकास की गति तीव्र होती है। शरीर के सभी अंगों की आकृतियों का निर्माण इस काल में हो जाता है। गर्भावस्था का विकास माँ के खान-पान से अधिक प्रभावित होता है। *अध्ययन की दृष्टि से सम्पूर्ण गर्भावस्था को तीन भागों में विभाजित कर सकते हैं*

(i) डिम्बावस्था (ii) पिण्डावस्था (iii) भ्रूणावस्था

डिम्बावस्था गर्भाधान से दो सप्ताह तक रहती है। इसका आकार अण्डे के समान होता है और यह इधर-उधर नालिका में तैरता रहता है जो माँ के गर्भाशय तक जाती है। गर्भनाल के द्वारा माँ के रुधिर प्रवाह से डिम्ब अपना आहार प्राप्त करता है।

पिण्डावस्था तीसरे सप्ताह से दूसरे महीने के अन्त तक रहती है। इस अवस्था में गर्भ पिण्ड मानव आकृति धारण कर लेता है। इसमें विकास गति तीव्र होती है। 6 सप्ताह का गर्भपिण्ड होने पर, उसमें हृदय की धड़कन प्रारम्भ हो जाती है। स्नायुमण्डल, ज्ञानतन्तु, त्वचा, ग्रन्थियाँ, बाल, फेफड़ा, जिगर, साँस नली आदि का निर्माण होता है इस अवस्था में गर्भनाल में फैलाव आता है।

भ्रूणावस्था तीन माह से नौ माह तक रहती है। इस अवस्था में किसी नवीन अंग का विकास नहीं होता बल्कि पिण्डावस्था में निर्मित अंगों का विकास होता है। इस अवस्था में मानव शिशु की आकृति का पूर्ण विकास होता है।

शैशवावस्था Infancy

इस अवस्था को बालक का निर्माण काल माना जाता है। यह अवस्था जन्म से पाँचवें वर्ष तक मानी जाती है। फ्रायड के अनुसार, "मानव को जो कुछ भी बनना होता है, वह प्रारम्भिक पाँच वर्षों में ही बन जाता है।" इस अवस्था में बालक अपरिपक्व होता है तथा दूसरों पर पूर्णतया निर्भर रहता है। उसका व्यवहार पूरी तरह प्रवृत्ति से जुड़ा होता है जिसकी सन्तुष्टि वह तुरन्त चाहता है। सुख की चाह उसका एक मात्र प्रेरक होता है।

शैशवावस्था की विशेषताएँ

- शारीरिक विकास की तीव्रता
- मानसिक क्रियाओं की तीव्रता
- सीखने की प्रक्रिया की तीव्रता
- दूसरों पर निर्भरता
- आत्म-प्रेम की भावना
- सामाजिक भावनाओं का तीव्र विकास
- अनुकरण द्वारा सीखने की प्रवृत्ति
- संवेगों का प्रदर्शन

बाल्यावस्था Childhood Stage

यह अवस्था पाँच से बारह वर्ष की अवधि तक मानी जाती है। इस अवस्था में बालक में अनेक अनोखे परिवर्तन होते हैं इसीलिए विकास की दृष्टि से इस अवस्था को एक जटिल अवस्था माना जाता है। मनोवैज्ञानिकों ने इस अवस्था को जीवन का अनोखा काल माना है। इस अवस्था में सामाजिकता का अधिकतम विकास हो जाता है। बालक में नैतिकता भी विकसित हो जाती है जिससे वह उचित अनुचित का निर्णय कर सकता है। बालक आत्मनिर्भर होने के साथ-साथ परिपक्व भी होने लगता है। इस अवस्था में मित्र बनाने की इच्छा प्रबल होती है।

बालक जीवन की वास्तविकता को परख कर उसकी समझ भी विकसित कर लेता है। इस अवस्था की एक सबसे बड़ी विशेषता संग्रह प्रवृत्ति का विकास

है।वह अर्थपूर्ण तथा अर्थहीन दोनों प्रकार की चीजों का संग्रह करता है। बाल्यावस्था में अपने समूह के प्रति बड़ी ही आस्था होती है। उसमें आपस में सहयोग, प्रेम, सहानुभूति का भाव विकसित होता है। बाल्यावस्था में बहुत प्रकार की रुचियाँ भी विकसित होती हैं।

बाल्यावस्था की विशेषताएँ

- मानसिक योग्यता में वृद्धि
- जिज्ञासा की प्रबलता
- वास्तविक जगत से सम्बन्ध
- सामाजिक गुणों का विकास
- नैतिक गुणों का विकास
- बहिर्मुखी व्यक्तित्व का विकास
- सामूहिक खेलों में रुचि
- शारीरिक एवं मानसिक स्थिरता

किशोरावस्था Adolescence Stage

यह अवस्था जीवन का सन्धिकाल है। किशोरों तथा किशोरियों में काम भावना के लक्षण स्पष्ट दिखाई देते हैं। किशोर तथा किशोरियाँ अपने को अच्छा दिखाने के लिए सजते संवरतें हैं जिससे विपरीत लिंग का आकर्षण उनके प्रति बढ़े। यह अवस्था तनाव, तूफान तथा ख्वाब की अवस्था कही जाती है, जिसमें विरोधी प्रवृत्तियों का विकास होता है। किशोरावस्था की अवधि कल्पनात्मक तथा भावनात्मक होती है। यहीं पर जीवन साथी की तलाश होती है। किशोर तथा किशोरियाँ अपने भावी जीवन के लिए जीवन साथी की कल्पनाएँ करने लगते हैं। साथ ही साथ व्यावसायिक चिन्ताएँ भी बढ़ती हैं। अधिकारियों, अभिभावकों तथा शिक्षकों के प्रति विरोध की भी प्रवृत्ति पाई जाती है। पूर्व किशोरावस्था में काल्पनिक जीवन अधिक होता है लेकिन उत्तर किशोरावस्था में व्यवहार में स्थायित्व आने लगता है। अनुशासन तथा सामाजिक नियन्त्रण का भाव विकसित हो जाता है। कुल मिलाकर इस अवस्था का सबसे बड़ा ऋणात्मक पहलू यह है कि इसमें समायोजन की क्षमता कम पाई जाती है। किशोरावस्था में इच्छाएँ पूरी न होने पर पलायनवादी प्रवृत्ति होती है, जिसमें भावनाओं में बहकर आत्महत्या का भाव भी इस अवस्था में अधिक दिखाई देता है। वीर पूजा की भावना के कारण कभी-कभी किशोर अपराधियों के पिछलग्गू बन जाते हैं। जिससे अपराध की दुनिया में जाने का भय भी बना रहता है। इस प्रकार यह क्रान्तिकारी एवं झंझावत अवस्था है यदि इसे सही दिशा मिल जाए, मूल प्रवृत्तियों का शोधन हो सके, तो किशोर का श्रेष्ठ व्यक्तित्व विकसित होता है।

किशोरावस्था की विशेषताएँ

- शारीरिक परिवर्तन
- मानसिक विकास
- घनिष्ठ व व्यक्तिगत मित्रता
- स्थिरता व समायोजन का अभाव
- स्वतन्त्रता व विद्रोह की भावना
- काम शक्ति की परिपक्वता
- रुचियों में परिवर्तन एवं स्थिरता
- ईश्वर व धर्म में विश्वास

प्रौढ़ावस्था Adulthood Stage

यह अवस्था व्यावहारिक जीवन की अवस्था कही जाती है इसमें पारिवारिक जीवन या गृहस्थ जीवन की गतिविधियाँ होती हैं। जिसमें कल्पनाएँ नहीं रह जातीं वरन् वास्तविक जीवन की अन्त:क्रियाएँ होती हैं। व्यक्ति आत्मनिर्भर होता है। उसकी बहुत प्रकार की प्रतिभाएँ उभरकर सामने आती हैं। व्यक्ति अपने विशिष्ट क्षेत्र में कौशल दिखाता है। इस अवस्था में उसे अनेकों प्रकार के संघर्ष तथा समस्याओं का सामना करना पड़ता है। उसे तरह-तरह के उत्तरदायित्व का भी निर्वाह भी करना पड़ता है। यह अवस्था सामाजिक तथा व्यवसायिक क्षेत्र के विकास की उत्कृष्ट अवस्था होती है। सबसे अधिक विकास इसी अवस्था में होता है।

वृद्धावस्था Old Age Stage

यह अवस्था बाल्यावस्था की तरह अत्यधिक संवेदनशील (Sensitive) मानी जाती है। उत्तरदायित्व समाप्त करने के बाद व्यक्ति इस अवस्था में आध्यात्मिक चिन्तन की ओर झुकता है। शारीरिक क्षमताएँ कम होने लगती हैं। स्मरण की कमजोरी, निर्णय की क्षमता में कमी, जैसे लक्षण दिखाई देने लगते हैं। वृद्धावस्था में समायोजन का भी अभाव पाया जाता है क्योंकि नई पीढ़ी के साथ उसके मूल्यों का टकराव भी होता है। कभी-कभी अपने को असहाय एवं उपेक्षित भी अनुभव करता है। वृद्धावस्था में तरह-तरह के शारीरिक मानसिक परिवर्तन होते हैं, बीमारियाँ भी इस अवस्था में अधिक होती हैं। उच्च तनाव, उच्च रक्तचाप, ज्ञानेन्द्रियों तथा कर्मेन्द्रियों को क्षमता तथा शक्ति की कमी के लक्षण दिखाई देते हैं। यदि समुचित देखभाल तथा सहानुभूति वृद्ध को नहीं मिली तो असमय ही उसकी मृत्यु हो जाती है। बच्चों की जिद, चिड़चिड़ापन के कारण परिवारों में सामंजस्य नहीं हो पाता है।

बाल विकास के सिद्धान्त

Principles of Child Development

"विकास परिवर्तन श्रृंखला की वह अवस्था है, जिसमें बालक भ्रूणावस्था से प्रौढ़ावस्था तक गुजरता है।" विकास के परिणामस्वरूप व्यक्ति में नवीन योग्यताएँ और नवीन विशिष्टताएँ प्रकट होतो हैं। बालक के विकास की यह प्रक्रिया किस प्रकार सम्पन्न होती है, इस स्मबन्ध में मनोवैज्ञानिकों ने अनेक सिद्धान्तों का प्रतिपादन किया है, जिन्हें विकास के सिद्धान्त कहा जाता है। *ये सिद्धान्त इस प्रकार हैं*

समान प्रतिमान का सिद्धान्त Principle of Uniform Pattern

एक जाति के जीवों में विकास का एक क्रम पाया जाता है और विकास की गति का प्रतिमान भी समान रहता है। मानव जाति के विकास पर भी यह सिद्धान्त लागू होता है। गेसेल ने भी इस सिद्धान्त का समर्थन करते हुए कहा है कि, "यद्यपि दो व्यक्ति समान नहीं होते हैं, किन्तु सभी सामान्य बालकों में विकास का क्रम समान होता है।" विश्व के सभी भागों में बालकों का गर्भावस्था या जन्म के बाद विकास का क्रम सिर से पैर की ओर होता है। इसी सिद्धान्त की पुष्टि हरलॉक महोदय ने भी की है।

सामान्य से विशिष्ट क्रियाओं का सिद्धान्त

Principle of General to Specific Responses

बालक का विकास सामान्य क्रियाओं से विशिष्टता की ओर होता है। बालक के विकास के सभी क्षेत्रों में सर्वप्रथम सामान्य प्रतिक्रिया होती है, उसके बाद वह विशिष्ट रूप धारण करती है। उदाहरण के लिए, प्रारम्भ में बालक किसी वस्तु को पकड़ने के लिए सामान्य अंगों को प्रयोग में लाता है, किन्तु बाद में वह उस वस्तु को पकड़ने के लिए विशिष्ट अंग का प्रयोग करता है। शैशवावस्था में बालक किसी वस्तु को देखकर उसको पकड़ने के लिए हाथ, पैर, मुख, सिर आदि को चलाता है, किन्तु आयु में वृद्धि होने पर वस्तु को पकड़ने के लिए हाथ की प्रतिक्रिया करता है। इसी प्रकार का रूप उसके अन्य क्षेत्रों में भी देखने को मिलता है।

सतत् विकास का सिद्धान्त Principle of Continuous Development

मानव के विकास का क्रम गर्भावस्था से लेकर प्रौढ़ावस्था तक सतत् रूप में चलता रहता है। विकास की गति कभी तीव्र या कभी मन्द हो सकती है। बालक में गुणों का विकास यकायक नहीं होता है। इनका विकास सतत् रूप में मन्द गति से होता रहता है। इस सिद्धान्त की पुष्टि के लिए बालक के दाँतों का उदाहरण दिया जा सकता है। लगभग 6 माह की आयु पर शिशु के

दूध के दाँत निकलने पर अनुभव होता है कि ये दाँत यकायक प्रकट हुए हैं। वास्तविकता यह है कि दाँतों का विकास 5 माह की भ्रूणावस्था से प्रारम्भ हो जाता है, किन्तु वे जन्म के बाद 6 माह की आयु में मसूढ़ों से बाहर निकलना प्रारम्भ करते हैं।

परस्पर सम्बन्ध का सिद्धान्त Principle of Correlation

इस सिद्धान्त से तात्पर्य है कि बालक के विभिन्न गुण परस्पर सम्बन्धित होते हैं। एक गुण का विकास जिस प्रकार हो रहा है, अन्य गुण भी उसी अनुपात में विकसित होंगे; उदाहरण के लिए, तीव्र बुद्धि वाले बालक के मानसिक विकास के साथ उसका शारीरिक और सामाजिक विकास भी तीव्र गति से होता है। इसके विपरीत मन्द बुद्धि बालकों का शारीरिक एवं सामाजिक विकास भी मन्द होता है।

शरीर के विभिन्न अंगों के विकास की गति में भिन्नता का सिद्धान्त Principle of Differences in the Progress of Various Parts of the Body

शरीर के सभी अंगों का विकास एक गति से नहीं होता है। इनके विकास की गति में भिन्नता पाई जाती है। यही बात मानसिक विकास पर भी चरितार्थ होती है। शरीर के कुछ अंग तेज गति से विकसित होते हैं और कुछ मंथर गति से; उदाहरण के लिए, 6 वर्ष की आयु तक मस्तिष्क विकसित होकर लगभग पूर्ण आकार प्राप्त कर लेता है, जबकि व्यक्ति के हाथ-पैर, नाक, मुँह का विकास किशोरावस्था तक पूरा हो जाता है। यह सिद्धान्त शारीरिक पक्ष के साथ-साथ मानसिक पक्ष पर भी लागू होता है। बालक में सामान्य बुद्धि का विकास 14 या 15 वर्ष की आयु में पूर्ण हो जाता है, किन्तु तर्क शक्ति मन्द गति के साथ विकसित होती रहती है।

विकास की दिशा का सिद्धान्त

Principle of Direction of Development

इसी को केन्द्र परिधि की ओर विकास का सिद्धान्त कहते हैं। इसमें विकास सिर से पैर की ओर एक दिशा के रूप में होता है। बालक का सिर पहले विकसित होता है और पैर सबसे बाद में। यही बात उसके अंगों के नियन्त्रण पर भी लागू होती है। बालक जन्म के कुछ समय बाद सर्वप्रथम अपने सिर को ऊपर उठाने का प्रयास करता है। 9 माह की आयु में वह सहारा लेकर बैठने लगता है। धीरे-धीरे घिसट कर चलते-चलते वह पैरों के बल पर एक वर्ष की आयु में खड़ा हो जाता है।

व्यक्तिगत विभिन्नताओं का सिद्धान्त

Principle of Individual Differences

बालकों के विकास के क्रम में व्यक्तिगत विभिन्नताएँ भी अपना प्रभाव दिखाती हैं, इनके प्रभाव के कारण विकास की गति में अन्तर आ जाता है। किसी के विकास की गति तीव्र और किसी की मन्द होती है। अतएव आवश्यक नहीं कि सभी बालक एक निश्चित अवधि पर ही किसी विशिष्ट अवस्था की परिपक्वता प्राप्त कर लें।

भिन्नता का सिद्धान्त Principle of Dissimilarity

विकास का क्रम एक-समान हो सकता है, किन्तु विकास की गति एक-समान नहीं होती है। विकास की गति शैशवावस्था एवं किशोरावस्था में तीव्र रहती है, बालक एवं बालिकाओं की विकास-गति में भी भिन्नता पाई जाती है।

निरन्तर विकास का सिद्धान्त

Principle of Continual Development

विकास की प्रक्रिया एक शाश्वत् प्रक्रिया है जो निरन्तर चलती रहती है। यद्यपि विकास की गति सदैव समान नहीं रहती। यह गति कभी तीव्र और कभी मन्द होती रहती है परन्तु अपनी चरम सीमा पर पहुँचने से पूर्व कभी रुकती नहीं है। जिसके परिणामस्वरूप व्यक्ति में कोई आकस्मिक परिवर्तन नहीं होता। बालक में शारीरिक और मानसिक गुण यकायक विकसित नहीं हो जाते, उसमें भाषा का विकास एक ही दिन में नहीं हो जाता अपितु इसकी नींव बालक में जन्म से ही पड़ जाती है।

एकीकरण का सिद्धान्त Principle of Unitary

विकास की प्रक्रिया एकीकरण के सिद्धान्त का पालन करती है। इसके अनुसार बालक अपने सम्पूर्ण अंग को और फिर अंग के भागों को चलाना सीखता है इसके बाद वह उन भागों में एकीकरण करना सीखता है। सामान्य से विशेष की ओर बदलते हुए विशेष प्रतिक्रियाओं तथा चेष्टाओं को इकट्ठे रूप से प्रयोग में लाना सीखता है। उदाहरण के लिए एक बालक पहले पूरे हाथ को, फिर अंगुलियों को और फिर हाथ एवं अंगुलियों को एक साथ चलाना सीखता है।

वंशानुक्रम एवं वातावरण का प्रभाव

Influence of Heredity and Environment

मनुष्य के विकास एवं व्यवहार का अध्ययन करते समय दो प्रमुख कारकों पर बल दिया जाता है-प्रथम वंशानुक्रम और द्वितीय पर्यावरण। वस्तुतः प्राणियों के व्यवहारों पर दोनों की स्पष्ट छाप होती है। मनुष्य कुछ जन्मजात गुणों को माता-पिता से लेकर आता है, तो कुछ बाह्य संसार से प्राप्त करता है। इन कारकों में किसका कितना प्रभाव है? यह आज भी विवाद का विषय है परन्तु दोनों का प्रभाव पड़ता है, यह निर्विवाद सत्य सिद्ध हो चुका है। वंशानुक्रम को बीज और पर्यावरण को पोषण के रूप में भी कहा जाता है। जैसा बीज होगा वैसी उत्पत्ति होगी, यह आम धारणा है, परन्तु पोषण विकास की गुणवत्ता को बढ़ा देता है।

वंशानुक्रम का अर्थ एवं परिभाषा

Meaning and Definition of Heredity

साधारणतया लोगों का विश्वास है कि जैसे माता-पिता होते हैं, वैसी ही उनकी सन्तान होती है। इसका अभिप्राय यह है कि बालक रंग, रूप, आकृति, विद्वता आदि में माता-पिता से मिलता-जुलता होता है। दूसरे शब्दों में, उसे अपने माता-पिता के शारीरिक और मानसिक गुण प्राप्त होते हैं। उदाहरणार्थ, यदि माता-पिता विद्वान् हैं, तो बालक भी विद्वान् होता है। पर यह भी देखा जाता है कि विद्वान् माता-पिता का बालक मूर्ख और मूर्ख माता-पिता का बालक विद्वान् होता है। इसका कारण यह है कि बालक को न केवल अपने माता-पिता से वरन् उनसे पहले के पूर्वजों से भी अनेक शारीरिक और मानसिक गुण प्राप्त होते हैं।

इसी को हम वंशानुक्रम, वंश-परम्परा, पैतृकता, आनुवंशिकता आदि नामों से पुकारते हैं। वंशानुक्रम के अर्थ को और अधिक स्पष्ट करने के लिए नीचे कुछ परिभाषाएँ दी जा रही हैं, यथा

बी.एन. झा के मतानुसार, ''वंशानुक्रम, व्यक्ति की जन्मजात विशेषताओं का पूर्ण योग है।''

पी. जिस्बर्ट के मतानुसार, ''प्रकृति में प्रत्येक पीढ़ी का कार्य माता-पिता द्वारा सन्तानों में कुछ जैवकीय या मनोवैज्ञानिक विशेषताओं का हस्तान्तरण

करना है। इस प्रकार हस्तान्तरित विशेषताओं की मिली-जुली गठरी को वंशानुक्रम के नाम से पुकारा जाता है।''

वुडवर्थ के मतानुसार, ''वंशानुक्रम में वे सभी बातें आ जाती हैं, जो जीवन का आरम्भ करते समय, जन्म के समय नहीं वरन् गर्भाधान के समय, जन्म से लगभग नौ माह पूर्व, व्यक्ति में उपस्थित थीं।''

डगलस एवं हॉलैण्ड के मतानुसार, ''एक व्यक्ति से वंशानुक्रम में वे सब शारीरिक बनावटें, शारीरिक विशेषताएँ, क्रियाएँ या क्षमताएँ सम्मिलित रहती हैं, जिनको वह अपने माता-पिता, अन्य पूर्वजों या प्रजाति से प्राप्त करता है।''

जेम्स ड्रेवस के मतानुसार, ''माता-पिता की शारीरिक एवं मानसिक विशेषताओं का सन्तानों में हस्तान्तरण होना वंशानुक्रम है।''

बालक पर वंशानुक्रम का प्रभाव Effect of Heredity on a Child

पाश्चात्य मनोवैज्ञानिकों ने वंशानुक्रम के महत्त्व के सम्बन्ध में अनेक अध्ययन और परीक्षण किए हैं। इनके आधार पर उन्होंने सिद्ध किया है कि बालक के व्यक्तित्व के प्रत्येक पहलू पर वंशानुक्रम का प्रभाव पड़ता है। *प्रमुख मनोवैज्ञानिकों के अनुसार बालकों पर वंशानुक्रम के प्रभाव का वर्णन निम्नलिखित है*

मूल-शक्तियों पर प्रभाव Impact on Core Strength

थॉर्नडाइक का मत है कि बालक की मूल शक्तियों का प्रधान कारण उसका वंशानुक्रम है।

शारीरिक लक्षणों पर प्रभाव Impact on Physical Qualities

कार्ल पीयरसन का मत है कि यदि माता-पिता की लम्बाई कम या अधिक होती है, तो उनके बच्चे की भी लम्बाई कम या अधिक होती है।

प्रजाति की श्रेष्ठता पर प्रभाव Impact on Species of Superiority

क्लिनबर्ग का मत है कि बुद्धि की श्रेष्ठता का कारण प्रजाति है। यही कारण है कि अमेरिका की श्वेत प्रजाति, नीग्रो प्रजाति से श्रेष्ठ है।

व्यावसायिक योग्यता पर प्रभाव Impact on Business Ability

कैटल का मत है कि व्यावसायिक योग्यता का मुख्य कारण वंशानुक्रम है। वह इस निष्कर्ष पर अमेरिका के 885 वैज्ञानिकों के परिवारों का अध्ययन करने के परिणामस्वरूप पहुँचा। उसने बताया कि इन परिवारों में से 2/5 व्यवसायी-वर्ग के, 1/2 उत्पादक-वर्ग के और केवल 1/4 कृषि-वर्ग के थे।

सामाजिक स्थिति पर प्रभाव Impact of Social Status

विनशिप का मत है कि गुणवान और प्रतिष्ठित माता-पिता की सन्तान प्रतिष्ठा प्राप्त करती है। वह इस निष्कर्ष पर रिचर्ड एडवर्ड (Richard Edward) के परिवार का अध्ययन करने के बाद पहुँचा। रिचर्ड स्वयं गुणवान और प्रतिष्ठित मनुष्य था एवं उसने एलिजाबेथ (Elizabeth) नामक जिस स्त्री से विवाह किया था, वह भी उसी के समान थी। इन दोनों के वंशजों को विधानसभा के सदस्यों, महाविद्यालयों के अध्यक्षों आदि प्रतिष्ठित पद प्राप्त हुए। उनका एक वंशज अमेरिका का उपराष्ट्रपति भी बना।

चरित्र का प्रभाव Impact of Character

डगडेल का मत है कि चरित्रहीन माता-पिता की सन्तान चरित्रहीन होती है। उसने यह बात सन् 1877 में ज्यूकस (Jukes) के वंशजों का अध्ययन करके सिद्ध की। सन् 1720 में न्यूयॉर्क में जन्म लेने वाला ज्यूक एक चरित्रहीन मनुष्य था और उसकी पत्नी भी उसके समान चरित्रहीन थी। इन दोनों के वंशजों के सम्बन्ध में **नन** ने लिखा है, ''पाँच पीढ़ियों में लगभग 1000 व्यक्तियों में से 300 बाल्यावस्था में मर गए, 310 ने 2300 वर्ष दरिद्रगृहों में व्यतीत किए, 440 रोग के कारण मर गए, 130 (जिनमें 7 हत्या करने वाले थे) दण्ड-प्राप्त अपराधी थे और केवल 20 ने कोई व्यवसाय करना सीखा।''

महानता पर प्रभाव Impact on Greatness

गाल्टन का मत है कि व्यक्ति की महानता का कारण उसका वंशानुक्रम है। यह वंशानुक्रम का ही परिणाम है कि व्यन्तियों के शारीरिक और मानसिक लक्षणों में विभिन्नता दिखाई देती है। व्यक्ति का कद, वर्ण, वजन, स्वास्थ्य, बुद्धि, मानसिक शक्ति आदि उसके वंशानुक्रम पर आधारित रहते हैं। **गाल्टन** ने लिखा है ''महान, न्यायाधीशों, राजनीतिज्ञों, सैनिक पदाधिकारियों, साहित्यकारों, वैज्ञानिकों और खिलाड़ियों के जीवन-चरित्रों का अध्ययन करने से ज्ञात होता है कि इनके परिवारों में इन्हीं क्षेत्रों में प्रशंसा-प्राप्त अन्य व्यक्ति भी हुए हैं।''

वृद्धि पर प्रभाव Impact on Growth

गोडार्ड का मत है कि मन्द-बुद्धि माता-पिता की सन्तान मन्द-बुद्धि और तीव्र-बुद्धि माता-पिता की सन्तान तीव्र-बुद्धि वाली होती है। उसने यह बात कालीकॉक (Kallikak) नामक एक सैनिक के वंशजों का अध्ययन करके सिद्ध की। कालीकॉक ने पहले एक मन्द-बुद्धि स्त्री से और कुछ समय के बाद एक तीव्र-बुद्धि की स्त्री से विवाह किया। पहली स्त्री के 480 वंशजों में से 143 मन्द-बुद्धि, 46 सामान्य, 36 अवैध सन्तान, 32 वेश्याएँ, 24 शराबी, 8 वेश्यालय-स्वामी, 3 मृगी-रोग वाले और 3 अपराधी थे। दूसरी स्त्री के 496 वंशजों में से केवल 3 मन्द-बुद्धि और चरित्रहीन थे। शेष ने व्यवसायियों, डॉक्टरों, शिक्षकों, वकीलों आदि के रूप में समाज में सम्मानित स्थान प्राप्त किया।

वंशानुक्रम के समन्वित प्रभाव पर प्रकाश डालते हुए, **कोलेसनिक** ने लिखा है, ''जिस सीमा तक व्यक्ति की शारीरिक रचना को उसके पैतृक गुण निश्चित करते हैं, उस सीमा तक उसके मस्तिष्क एवं स्नायु-संस्थान की रचना, उसके अन्य लक्षण, उसकी खेल-कूद सम्बन्धी कुशलता और उसकी गणित-सम्बन्धी योग्यता ये सभी बातें उसके वंशानुक्रम पर निर्भर होती हैं, पर वे बातें उसके वातावरण पर कहीं अधिक निर्भर होती हैं।''

मनोवैज्ञानिक प्रयोगों ने यह सिद्ध कर दिया है कि व्यक्ति के शारीरिक तथा मानसिक विकास पर वंशक्रम का पर्याप्त प्रभाव पड़ता है। यह प्रभाव जीन के कारण व्यक्ति के शारीरिक लक्षणों पर प्रकट होता है। आन्तरिक प्रेरक तत्त्व उसके स्वभाव को निर्धारित करते हैं। डगडेल के अध्ययन ने सिद्ध कर दिया है कि चरित्रहीन माता-पिता की सन्तान चरित्रहीन होती है। स्वस्थ बौद्धिक तथा मानसिक स्थिति भी वंशक्रम की देन है।

वातावरण का अर्थ एवं परिभाषाएँ Meaning and Definition of Environment

वातावरण के लिए पर्यावरण शब्द का भी प्रयोग किया जाता है। 'पर्यावरण' दो शब्दों से मिलकर बना है 'परि' + 'आवरण'। 'परि' का अर्थ है 'चारों ओर' एवं 'आवरण' शब्द का अर्थ है 'ढकने वाला'। इस प्रकार पर्यावरण या वातावरण वह वस्तु है, जो चारों ओर से ढके या घेरे हुए है। अतः हम कह सकते हैं कि व्यक्ति के चारों ओर जो कुछ है, वह उसका वातावरण है। इसमें वे सब तत्त्व सम्मिलित किए जा सकते हैं जो व्यक्ति के जीवन और व्यवहार को प्रभावित करते हैं।

'वातावरण' के अर्थ को और अधिक स्पष्ट करने के लिए नीचे कुछ परिभाषाएँ दी जा रही हैं

मैकाइवर एवं पेज के मतानुसार, ''स्वयं प्राणी, उसके जीवन का ढाँचा, बीते हुए जीवन एवं अतीत के पर्यावरण का फल है। पर्यावरण, जीवन के प्रारम्भ से यहाँ तक कि उत्पादक कोषों में भी निहित है।''

एनास्टसी के मतानुसार, "वातावरण वह हर वस्तु है जो व्यक्ति के पैतृक गुणों के अतिरिक्त प्रत्येक वस्तु को प्रभावित करता है।"

जिस्बर्ट के मतानुसार, "वातावरण वह प्रत्येक वस्तु है जो किसी अन्य वस्तु को घेरे हुए है और उस पर सीधे अपना प्रभाव डालती है।"

डगलस व हॉलैण्ड के मतानुसार, "वातावरण शब्द का प्रयोग उन सब बाह्य शक्तियों, प्रभावों और दशाओं का सामूहिक रूप से वर्णन करने के लिए किया जाता है, जो जीवित प्राणियों के जीवन, स्वभाव, व्यवहार, बुद्धि विकास और परिपक्वता पर प्रभाव डालते हैं।"

अतः उक्त परिभाषाओं के आधार पर वातावरण को निम्न रूप में परिभाषित कर सकते हैं

- वातावरण व्यक्ति को प्रभावित करने वाला तत्त्व है।
- इसमें बाह्य तत्त्व आते हैं।
- वातावरण किसी एक तत्त्व का नहीं अपितु एक समूह तत्त्व का नाम है।
- यह वह हर वस्तु है जो व्यक्ति को प्रभावित करती है।

इस दृष्टि से वातावरण व्यक्ति को उसके विकास में वांछित सहयोग प्रदान कर सहायता करता है।

बालक पर वातावरण का प्रभाव
Impact of Environment on a Child

पाश्चात्य मनोवैज्ञानिकों ने वातावरण के महत्त्व के सम्बन्ध में अनेक अध्ययन और परीक्षण किए हैं। इनके आधार पर उन्होंने सिद्ध किया है कि बालक के व्यक्तित्व के प्रत्येक पहलू पर भौगोलिक, सामाजिक और सांस्कृतिक वातावरण का व्यापक प्रभाव पड़ता है।

यहाँ कुछ मनोवैज्ञानिकों के अनुसार इस प्रभाव का वर्णन कर रहे हैं

शारीरिक अन्तर पर प्रभाव Impact on Physical Difference

फ्रेंज बोन्स का मत है कि विभिन्न प्रजातियों के शारीरिक अन्तर का कारण वंशानुक्रम न होकर वातावरण है। उसने अनेक उदाहरण देकर सिद्ध किया है कि जो जापानी और यहूदी, अमेरिका में अनेक पीढ़ियों से निवास कर रहे हैं, उनकी लम्बाई भौगोलिक वातावरण के कारण बढ़ गई है।

मानसिक विकास पर प्रभाव Impact on Mental Development

गोर्डन का मत है कि उचित सामाजिक और सांस्कृतिक वातावरण न मिलने पर मानसिक विकास की गति धीमी हो जाती है। उन्होने यह मत नदियों के किनारे रहने वाले बच्चों का अध्ययन करके सिद्ध की। इन बच्चों का वातावरण गन्दा और समाज के अच्छे प्रभावों से दूर था।

प्रजाति की श्रेष्ठता पर प्रभाव Impact on Species Superiority

क्लार्क का कहना है कि कुछ प्रजातियों की बौद्धिक श्रेष्ठता का कारण वंशानुक्रम न होकर वातावरण है। उन्होंने यह मत अमेरिका के कुछ गोरे और नीग्रो लोगों की बुद्धि-परीक्षा लेकर सिद्ध की। उनके समान अनेक अन्य विद्वानों का मत है कि नीग्रो प्रजाति की बुद्धि का स्तर इसलिए निम्न है क्योंकि उनको अमेरिका की श्वेत प्रजाति के समान शैक्षिक, सांस्कृतिक और सामाजिक वातावरण उपलब्ध नहीं है।

बुद्धि पर प्रभाव Impact on Intelligence

कैन्डोल का मत है कि बुद्धि के विकास में वंशानुक्रम की अपेक्षा वातावरण का प्रभाव कहीं अधिक पड़ता है। उन्होंने इसे 552 विद्वानों का बौद्धिक अध्ययन करके सिद्ध की। ये विद्वान् लन्दन की 'रॉयल सोसायटी', पेरिस की 'विज्ञान अकादमी' और बर्लिन की 'रॉयल अकादमी' के सदस्य थे। इन सदस्यों को प्राप्त होने वाले वातावरण के सम्बन्ध में **कैन्डोल** ने लिखा है "अधिकांश सदस्य धनी और अवकाश-प्राप्त वर्गों के थे। उनको शिक्षा की सुविधाएँ थीं और उनको शिक्षित जनता एवं उदार सरकार से प्रर्याप्त प्रोत्साहन भी मिला था।"

स्टीफन्स का मत है कि जिन बालकों को निम्न वातावरण से हटाकर उत्तम वातावरण में रखा जाता है, उन सबकी बुद्धि-लब्धि (IQ) में वृद्धि हो जाती है। वातावरण-परिवर्तन के समय बालक की आयु जितनी कम होती है, उसमें प्रायः उतना ही अधिक विशेष परिवर्तन होता है।

व्यक्तित्व पर प्रभाव Impact on Personality

कूले का मत है कि व्यक्तित्व के निर्माण में वंशानुक्रम की अपेक्षा वातावरण का अधिक प्रभाव पड़ता है। कूले ने सिद्ध किया है कि कोई भी व्यक्ति उपयुक्त वातावरण में रहकर अपने व्यक्तित्व का निर्माण करके महान बन सकता है। उसने यूरोप के 71 साहित्यकारों के उदाहरण देकर बताया है कि **बनयान** और **बर्न्स** का जन्म निर्धन परिवारों में हुआ था, फिर भी वे अपने व्यक्तित्व का निर्माण करके महान बन सके। इसका कारण केवल यह था कि उनके माता-पिता ने उनको उत्तम वातावरण में रखा।

अनाथ बच्चों पर प्रभाव Impact on Orphan Children

समाज कल्याण केन्द्रों में अनाथ और परावलम्बी बच्चे आते हैं। वे साधारणतः निम्न परिवारों के होते हैं, पर केन्द्रों में उनका अच्छी विधि से पालन किया जाता है, उनको अच्छे वातावरण में रखा जाता है और उनके साथ अच्छा व्यवहार किया जाता है। इस प्रकार के वातावरण में पाले जाने वाले बच्चों के सम्बन्ध में वुडवर्थ ने लिखा है "वे समग्र रूप में अपने माता-पिता से अच्छे ही सिद्ध होते हैं।"

जुड़वाँ बच्चों पर प्रभाव Impact on Twin Children

जुड़वाँ बच्चों के शारीरिक लक्षणों, मानसिक शक्तियों और शैक्षिक योग्यताओं में अत्यधिक समानता होती है। **न्यूमैन**, **फ्रीमैन** और **होलजिंगर** ने 20 जोड़े जुड़वाँ बच्चों को अलग-अलग वातावरण में रखकर उनका अध्ययन किया।

उन्होंने एक जोड़े के एक बच्चे को एक गाँव के फार्म पर दूसरे को नगर में रखा। बड़े होने पर दोनों बच्चों में पर्याप्त अन्तर पाया गया। फार्म का बच्चा अशिष्ट, चिन्ताग्रस्त और कम बुद्धिमान था। उसके विपरीत नगर का बच्चा शिष्ट, चिन्तामुक्त और अधिक बुद्धिमान था।

स्टीफन्स का विचार है "इस प्रकार के अध्ययनों से हम यह निर्णय कर सकते हैं कि पर्यावरण का बुद्धि पर साधारण प्रभाव होता है परन्तु उपलब्धि पर अधिक विशेष प्रभाव होता है।"

बालक पर बहुमुखी प्रभाव Versatile Impact on Child

वातावरण, बालक के शारीरिक, मानसिक, सामाजिक, संवेगात्मक आदि सभी अंगों पर प्रभाव डालता है। इसकी पुष्टि 'एवेरॉन के जंगली' बालक के उदाहरण से की जा सकती है। इस बालक को जन्म के बाद ही भेड़िया उठा ले गया था और उसका पालन-पोषण जंगली पशुओं के बीच में हुआ था। कुछ शिकारियों ने उसे सन् 1799 में पकड़ लिया। उस समय उसकी आयु 11 या 12 वर्ष की थी। उसकी आकृति पशुओं की सी थी और वह उनके समान हाथों-पैरों से चलता था। वह कच्चा माँस खाता था। उसमें मनुष्य के समान बोलने और विचार करने की शक्ति नहीं थी। उसको मनुष्य के समान सभ्य और शिक्षित बनाने के सब प्रयास विफल हुए। वह केवल उन्हीं ध्वनियों को, जिन्हें उसने सुना होगा, उच्चारित कर सकता था।

प्रैक्टिस जोन

1. विकास का अर्थ है
(a) परिवर्तनों की उत्तरोत्तर शृंखला
(b) अभिप्रेरणा के फलस्वरूप होने वाले परिवर्तनों की उत्तरोत्तर शृंखला
(c) अभिप्रेरणा एवं अनुभव के फलस्वरूप होने वाले परिवर्तनों की उत्तरोत्तर शृंखला
(d) परिपक्वता एवं अनुभव के फलस्वरूप होने वाले परिवर्तनों की शृंखला

2. 'खिलौनों की आयु' कहा जाता है
(a) पूर्व बाल्यावस्था को (b) उत्तर बाल्यावस्था को
(c) शैशवावस्था को (d) ये सभी

3. निम्न में से कौन-सी पूर्व बाल्यावस्था की विशेषता नहीं है?
(a) दल/समूह में रहने की अवस्था (b) अनुकरण करने की अवस्था
(c) प्रश्न करने की अवस्था (d) खेलने की अवस्था

4. उत्तर बाल्यावस्था में बालक भौतिक वस्तुओं के किस आवश्यक तत्त्व में परिवर्तन समझने लगते हैं?
(a) द्रव्यमान (b) द्रव्यमान और संख्या
(c) संख्या (d) द्रव्यमान, संख्या और क्षेत्र

5. बाल विकास का क्या अर्थ है?
(a) बालक की लम्बाई, मोटाई तथा चौड़ाई में विकास
(b) बालक का बौद्धिक व मानसिक विकास
(c) बालक का सर्वांगीण विकास
(d) बालक का विकास होना

6. शैशवावस्था में बालक का भार बालिका से
(a) कम होता है (b) अधिक होता है
(c) समान होता है (d) इनमें से कोई नहीं

7. बाल्यावस्था में शिक्षा का स्वरूप निश्चित करते समय निम्न में से किन बातों का ध्यान रखना चाहिए?
(a) बालक की भाषा के ज्ञान पर बल दिया जाना चाहिए
(b) उसकी पुस्तकों की विषय-सामग्री में रोचकता और विभिन्नता होनी चाहिए
(c) विद्यालय में विभिन्न प्रकार के रचनात्मक कार्यों की व्यवस्था की जानी चाहिए
(d) उपरोक्त सभी

8. बाल मनोविज्ञान की व्यावहारिक उपादेयता है
(a) समुचित निर्देशन के लिए व्यावहारिक उपाय बता सकता है
(b) बालक की अभिवृत्तियों का लाभ उठा सकते हैं
(c) व्यक्तिगत कठिनाइयों का निवारण हो सकता है
(d) बालकों के व्यक्तित्व का विकास होगा

9. शैशवावस्था के दो सामान्य भय हैं
(a) अपरिचित चिन्ता एवं अन्धकार का भय
(b) पृथकत्व चिन्ता एवं अन्धकार का भय
(c) अन्धकार का भय एवं गिरने का भय
(d) अपरिचित चिन्ता एवं पृथकत्व चिन्ता

10. बालकों में सर्वप्रथम किस चिन्तन का विकास प्रारम्भ होता है?
(a) कल्पनात्मक चिन्तन (b) प्रत्ययात्मक चिन्तन
(c) अनुमान (d) प्रत्यक्षात्मक चिन्तन

11. किशोरावस्था को जीवन का सबसे कठिन काल कहा जाता है, क्योंकि
(a) इसमें शारीरिक परिवर्तन होते हैं
(b) बालक अपने पर नियन्त्रण नहीं रख पाता है
(c) बालक वीर पूजा करता है
(d) बालक भावप्रधान होता है

12. बाल मनोविज्ञान में अध्ययन किया जाता है
(a) बाल्यावस्था के व्यवहार का
(b) गर्भकालीन अवस्था से परिपक्वावस्था तक का
(c) बालक की विकास अवस्थाओं का
(d) बालकों की मनोवैज्ञानिक क्रियाओं का

13. निम्न में से किसने शैशवावस्था को 'सीखने का आदर्श काल' माना है?
(a) वाटसन (b) वैलेण्टाइन (c) स्ट्रैंग (d) गुड एण्ड एफ

14. निम्न में किसके अनुसार, "विकास परिवर्तन शृंखला की वह अवस्था है जिसमें बच्चा भ्रूणावस्था से लेकर प्रौढ़ावस्था तक गुजरता है, विकास कहलाता है।"?
(a) जेम्स ड्रेवर
(b) हरलॉक
(c) मुनरो
(d) उपरोक्त में से कोई नहीं

15. निम्नलिखित में से किस अवस्था में बच्चे अपने समवयस्क समूह के सक्रिय सदस्य हो जाते हैं?
(a) किशोरावस्था (b) प्रौढ़ावस्था
(c) पूर्व बाल्यावस्था (d) बाल्यावस्था

16. निम्न कक्षाओं में शिक्षण की खेल विधि आधारित है
(a) शारीरिक शिक्षा कार्यक्रमों के सिद्धान्त पर
(b) शिक्षण की विधियों के सिद्धान्त पर
(c) विकास एवं वृद्धि के मनोवैज्ञानिक सिद्धान्त पर
(d) शिक्षक के सामाजिक सिद्धान्तों पर

17. 'मैं कौन हूँ', 'क्या हूँ', 'मैं भी कुछ हूँ' आदि ऐसी प्रबल भावनाएँ, विकास की किस अवस्था की ओर इंगित होती हैं?
(a) किशोरावस्था (b) प्रौढ़ावस्था
(c) पूर्व बाल्यावस्था (d) बाल्यावस्था

18. इरफान खिलौनों को तोड़ता है और उसके पुर्जों को देखने के लिए अलग-अलग कर देता है। आप क्या करेंगे?
(a) उस पर हमेशा नजर रखेंगे
(b) उसके जिज्ञासु स्वभाव को प्रोत्साहित करेंगे और उसकी ऊर्जा को सही दिशा में संचारित करेंगे
(c) उसे समझाएँगे कि खिलौने को तोड़ना नहीं चाहिए
(d) इरफान को खिलौनों से कभी भी नहीं खेलने देंगे

19. बच्चे के विकास के शिरस्थ सिद्धान्त के अनुसार निम्न में से सत्य कथन है
(a) विकास सिर से पैर की ओर होता है
(b) विकास पैर से सिर की ओर होता है
(c) विकास मध्यभाग से परिधि की ओर होता है
(d) उपरोक्त में से कोई नहीं

20. "विकास कभी न रुकने वाली एक प्रक्रिया है।" तथ्य सम्बन्धित है
(a) निरन्तरता के सिद्धान्त से
(b) वैयक्तिक अन्तर के सिद्धान्त से
(c) विकास क्रम की एकरूपता के सिद्धान्त से
(d) एकीकरण के सिद्धान्त से

21. प्राथमिक कक्षा में सकारात्मक वातावरण निर्मित करने के लिए एक शिक्षक को
(a) समूह-गतिविधियों के दौरान समाजमिति के आधार पर उन्हें अपने समूह बनाने की अनुमति देनी चाहिए
(b) सकारात्मक अन्त वाली कहानियाँ सुनानी चाहिए
(c) सुबह प्रत्येक बच्चे को अभिवादन करना चाहिए
(d) विभेद नहीं करना चाहिए और प्रत्येक बच्चे के लिए समान लक्ष्य सुनिश्चित करने चाहिएँ

22. मानव विकास किन दोनों के योगदान का परिणाम है?
(a) अभिभावक एवं अध्यापक का
(b) सामाजिक एवं सांस्कृतिक कारकों का
(c) वंशक्रम एवं वातावरण का
(d) उपरोक्त में से कोई नहीं

23. मानव जाति में वे कौन-से वैयक्तिक निर्धारक तत्त्व होते हैं जो मानव जाति की विविधता को बताते हैं?
(a) पर्यावरण का अन्तर
(b) आनुवंशिकता का अन्तर
(c) आनुवंशिकता व पर्यावरण की अन्तःक्रिया
(d) उपरोक्त में से कोई नहीं

24. किसके अनुसार, वातावरण वह बाहरी शक्ति है, जो हमें प्रभावित करती है?
(a) रॉस
(b) पियाजे
(c) स्किनर
(d) हरलॉक

25. "हम शिक्षा के द्वारा बालक का कुछ विकास कर सकते हैं, बहुत अधिक नहीं।" थॉम्पसन का यह कथन सम्बन्धित है
(a) वंशानुक्रम से
(b) वातावरण से
(c) जलवायु से
(d) वंशानुक्रम एवं वातावरण से

26. बालकों की बुद्धिमता निर्भर करती है
(a) पारिवारिक परिवेश पर
(b) ज्ञानवर्धन के लिए पारिवारिक भ्रमण पर
(c) किस प्रकार वे अपने पर्यावरण का प्रयोग करते हैं
(d) प्रारम्भिक जीवन में घर में दी गई पढ़ाई

27. किस सिद्धान्त के अनुसार भिन्न-भिन्न व्यक्तियों में विकास की गति भी भिन्न होती है?
(a) अनवरत विकास का सिद्धान्त
(b) विकास का गति सिद्धान्त
(c) क्रमिक विकास का सिद्धान्त
(d) एकीकरण का सिद्धान्त

उत्तरमाला

1.	(c)	**2.**	(a)	**3.**	(d)	**4.**	(d)	**5.**	(c)	**6.**	(b)	**7.**	(d)	**8.**	(a)	**9.**	(d)	**10.**	(d)
11.	(a)	**12.**	(b)	**13.**	(b)	**14.**	(c)	**15.**	(a)	**16.**	(c)	**17.**	(a)	**18.**	(b)	**19.**	(a)	**20.**	(a)
21.	(d)	**22.**	(c)	**23.**	(c)	**24.**	(a)	**25.**	(a)	**26.**	(a)	**27.**	(b)						

अध्याय
02

शाला पूर्व शिक्षा परिचय

शाला पूर्व की शिक्षा Preschool Education

शाला पूर्व शिक्षा से हमारा तात्पर्य अनौपचारिक शिक्षा से है। अनौपचारिक शिक्षा वह शिक्षा होती है जो अनायास, आकस्मिक और स्वाभाविक रूप से प्राप्त होती है। यह शिक्षा जान-बूझकर पहले से विचार करके नहीं दी जाती वरन् बालक इसे तो परिवार के अन्दर, पास-पड़ोस से, खेल के स्थानों पर, पार्क आदि सार्वजनिक स्थानों पर, उठते-बैठते, खेलते-कूदते, बातचीत करके प्राप्त करता है। इस प्रकार की शिक्षा के कोई निश्चित उद्देश्य नहीं होते और न ही कोई निश्चित पाठ्यक्रम, शिक्षण विधि या समय-सारिणी होती है।

यह शिक्षा तो जन्म से ही शुरू हो जाती है और मृत्युपर्यन्त तक चलती रहती है। इस प्रकार की शिक्षा में निश्चित शिक्षक नहीं होते वरन् बालक जितने लोगों के सम्पर्क में आता है और जिनसे कुछ-न-कुछ सीखता है, वे सभी शिक्षक होते हैं। इस प्रकार की शिक्षा में किसी तैयारी की आवश्यकता नहीं होती, यह तो जाने-अनजाने जीवन भर प्राप्त होती रहती है। परिवार, समुदाय, धर्म,राज्य, रेडियो, टेलीविजन, समाचार-पत्र आदि अनौपचारिक शिक्षा के प्रमुख साधन हैं। इस प्रकार की शिक्षा बालक को व्यावहारिक जीवन के लिए तैयार करती है। उसके चरित्र और आचरण के विकास में सहायता करती है और उन्हें सभ्यता तथा संस्कृति से परिचित कराती है।

अनौपचारिक शिक्षा का सबसे बड़ा दोष यह है कि इस प्रकार की शिक्षा व्यवस्थित और निश्चित नहीं होती और इसके द्वारा किसी क्षेत्र विशेष में योग्यता प्राप्त करना सम्भव नहीं है।

अनौपचारिक शिक्षा की विशेषताएँ

Characteristic of Informal Education

- अनौपचारिक शिक्षा की कोई निश्चित और व्यवस्थित योजना नहीं होती है।
- अनौपचारिक शिक्षा सरल, स्वाभाविक और जीवन से सम्बन्धित होती है।
- अनौपचारिक शिक्षा को व्यक्ति अपने चारों ओर के वातावरण, परिवार, पड़ोस, समाज आदि से प्राप्त करता है।
- अनौपचारिक शिक्षा के न कोई पूर्व निर्धारित उद्देश्य होते हैं और न ही कोई निश्चित पाठ्यक्रम होता है। इसको प्राप्त करने के लिए न कोई निश्चित स्थान होता है और न ही कोई निश्चित अवधि होती है।
- अनौपचारिक शिक्षा व्यक्ति को अपने अनुभवों से लाभ उठाने की क्षमता पर निर्भर करती है।
- अनौपचारिक शिक्षा में किसी प्रकार के मूल्यांकन की आवश्यकता नहीं होती।
- अनौपचारिक शिक्षा कष्टसाध्य न होकर सुखद और मनोरंजनकारी होती है।
- अनौपचारिक शिक्षा जीवन-पर्यन्त चलर्त रहती है।
- अनौपचारिक शिक्षा व्यक्तिगत और सामाजिक जीवन में समन्वय स्थापित करती है।
- अनौपचारिक शिक्षा व्यक्ति के सर्वांगीण विकास में सहायक होती है।

सीखने की प्रक्रिया तथा मानसिक क्षमताएँ

Process of Learning and Mental Ability

सीखना एक सार्वभौम अनुभव है। शिशु जन्म से ही सीखना प्रारम्भ करता है। पहले वह माता के स्तन से दूध पीना सीखता है, तत्पश्चात् वह ध्वनि एवं प्रकाश के प्रति प्रतिक्रिया करना सीखता है। भूखे रहने पर रोना सीखता है, ताकि माँ उसे दूध पिला दे। बोतल द्वारा दूध पिलाए जाने पर वह निपल कैसे मुँह में ले यह सीखता है। फिर क्रमश: वह माता-पिता को एवं रिश्तेदारों को पहचानना, उन्हें पुकारना, उनका अभिवादन करना, कपड़े पहनना, चलना, दौड़ना अपने परिवेश के बारे में जानना, विद्यालय जाना इत्यादि सीखता है। सीखने की प्रक्रिया जीवन-पर्यन्त अविरत चलती रहती है।

जब बच्चे सीखते हैं तो सीखा हुआ समझने और याद रखने के लिए वे अनेक विधियों का प्रयोग करते हैं। इसलिए यह महत्त्वपूर्ण है कि हम ऐसी विविध शिक्षण रणनीतियों का प्रयोग करें, जिनमें अधिगम की ये विविध विधियाँ समाहित हों।

वुडवर्थ के अनुसार ''नवीन ज्ञान तथा नवीन प्रतिक्रियाओं का अर्जन करने की प्रक्रिया अधिगम प्रक्रिया है।''

क्रो एवं क्रो के अनुसार, ''अधिगम, आदतों, ज्ञान एवं अभिवृत्तियों का अर्जन है।''

गिलफोर्ड के अनुसार, ''व्यवहार के कारण व्यवहार परिवर्तन अधिगम है।''

बच्चों के सीखने के तरीकों पर सबसे पहले अध्ययन करने वाले दो प्रमुख व्यक्ति थे। स्विट्जरलैण्ड के **जीन पियाजे** और रूस के **एल.एस. वाइगोत्स्की** उन्होंने बच्चों का अवलोकन करके परिकल्पना बनाई कि बच्चे कैसे सीखते हैं और परिकल्पना की जाँच की। इस प्रक्रिया में उन्होंने **रचनावाद के सिद्धान्त** की रचना की। बच्चे ठोस अनुभवों से बारम्बार सम्पर्क के जरिए सीखते हैं।

इसके अलावा, हर बच्चे का सीखने का अपना ही तरीका होता है वह अपने अनुभवों को अपनी तरह से समझते हैं और इस समझ के आधार पर वह अपने मन में किसी अवधारणा की तस्वीर बनाते हैं।

सीखने के प्रकार Types of Learning

शिक्षा मनोवैज्ञानिकों ने सीखने के कई प्रकारों का वर्णन किया है जैसे ऊसूबेल ने सीखने के निम्नांकित चार प्रमुख प्रकार बतलाए हैं

1. अभिग्रहण सीखना **2.** अन्वेषण सीखना
3. रटकर सीखना **4.** अर्थपूर्ण सीखना

अभिग्रहण सीखना इस तरह के सीखने में शिक्षार्थी को सीखने वाली सामग्री बोलकर या लिखकर दे दी जाती है ओर शिक्षार्थी उन सामग्रियों को आत्मसात कर लेता है। दुर्भाग्यवश अधिकतर शिक्षक यही समझते हैं कि अभिग्रहण सीखना मात्र रटकर ही किया जा सकता है परन्तु ऊसूबेल ने स्पष्ट कर दिया कि यह रटकर भी हो सकता है तथा समझकर भी हो सकता है।

अन्वेषण सीखना अन्वेषण सीखना वैसे सीखने को कहा जाता है जिसमें शिक्षार्थी को दी गई सामग्रियों में से नया सम्प्रत्यय या कोई नया नियम या विचार की खोज कर उसे सीखना होता है। दुर्भाग्यवश अधिकतर शिक्षक यही समझते हैं कि अन्वेषण सीखना हमेशा अर्थपूर्ण ही होता है परन्तु ऊसूबेल ने यह स्पष्ट किया कि यह अर्थपूर्ण भी हो सकता है या रटकर भी सम्पन्न हो सकता है। जैसे यदि कोई बालक दिए गए उत्तरों में से खोजकर इस अधूरे वाक्य, अर्थात् "भारत में ..... आजाद हुआ था" को पूरा करने की कोशिश करता है, तो यह एक ऐसा अन्वेषण सीखने का उदाहरण होगा जो रटकर सम्पन्न हुआ माना जाएगा परन्तु यदि छात्र किन्हीं ज्ञात तथ्यों को पुनर्संगठित कर या कोई प्रयोग कर किसी नये नियम की खोज करता है, तो उसे एक ऐसा अन्वेषण सीखना कहा जाएगा जो अर्थपूर्ण प्रक्रिया द्वारा सम्पन्न हुआ हो।

रटकर सीखना वैसे सीखने को कहा जाता है जिसमें शिक्षार्थी दी गई सामग्रियों के साहचर्य शब्दशः तथा मनमाने ढंग से उसके आशय को बिना समझे हुए सीखता है। निरर्थक पदों को सीखना, शब्दों के जोड़े को सीखना, अक्षर-अंक जोड़ों को सीखना इस श्रेणी के सीखने के उदाहरण हैं।

अर्थपूर्ण सीखना ऊसूबेल के अनुसार इस तरह का सीखना शिक्षा के लिए विशेष महत्त्व रखता है। इसलिए शिक्षकों ने इस तरह के सीखने पर अधिक बल डाला है। अर्थपूर्ण सीखना वैसे सीखने को कहा जाता है जिसमें सीखे जाने वाले सामग्री के सार तत्त्व को एक नियम के अनुसार समझकर तथा उसका सम्बन्ध गत ज्ञान से जोड़ते हुए सीखा जाता है।

सीखने की विधियाँ Methods of Learning

आधुनिक शिक्षा मनोवैज्ञानिकों का विचार है कि परम्परागत विधियाँ उतनी प्रभावशाली नहीं हैं जितनी कि आज शिक्षा की माँग है। अतः परिणामस्वरूप कुछ आधुनिक सीखने की विधियों का प्रतिपादन किया गया जिन्हें तुलनात्मक रूप से अधिक प्रभावशाली माना गया है। *इनमें से कुछ प्रमुख विधियाँ निम्नवत् हैं*

प्रेक्षण द्वारा सीखना शिक्षा मनोवैज्ञानिकों का मत है कि बालक किसी प्रक्रिया को प्रेक्षण द्वारा अधिक जल्दी से सीख लेते हैं। इस विधि का प्रतिपादन बैण्डुरा द्वारा किया गया था। बैण्डुरा ने कई प्रयोगात्मक अध्ययनों में यह देखा कि जब बालक किसी प्रक्रिया को पुनर्बलित होते देखता है, तो उनमें वैसा ही करने की एक तीव्र प्रवृत्ति जाग उठती है जिसके फलस्वरूप वह उसी प्रक्रिया को तेजी से सीख लेता है। इस विधि के माध्यम से बालक जल्दी सीख लेता है और उसे सीखने के बाद लम्बे समय तक धारण किए रहता है।

विवेचना विधि इस विधि पर भी शिक्षकों ने अधिक बल डाला है। शिक्षा मनोवैज्ञानिकों का कहना है कि यह एक ऐसी विधि है जिसमें बालक प्रायः समूह में सीखे जाने वाले विषय के गुण-दोष की विवेचना करता है। अपनी रुचि के अनुसार कई बालक विषय के प्रत्येक पहलू का मूल्यांकन करते हैं और एक निश्चित निष्कर्ष पर पहुँचते हैं। इबेल का मत है कि इस विधि में चूँकि छात्रों में सहभागिता की भावना होती है, इसलिए इससे सीखा गया या ग्रहण किया गया विषय बालकों को अधिक समय तक याद रहता है।

करके सीखना जब बालक किसी कार्य को स्वयं करके देखता है या स्वयं ही उसके विशेष स्वरूप को समझने के लिए कुछ प्रयोग करता है, तो इससे वह तेजी से उस कार्य को सीख लेता है। मनोवैज्ञानिकों का मत है कि जब बालकों को कोई कार्य स्वयं करने का मौका दिया जाता है, तो इससे वे उस कार्य में आई विशेष कठिनाइयों से अवगत होते हैं, उस पर विशेष ध्यान देते हैं तथा उसके समाधान में भी विशेष रुचि दिखाते हैं। इन सबका परिणाम यह होता है कि वे उस कार्य को आसानी से सीख लेते हैं।

आवृत्तिकरण तथा पुनः निरीक्षण विधि आवृत्तिकरण विधि तथा पुनः निरीक्षण विधि एक-दूसरे के पूरक हैं। आवृत्तिकरण विधि में बालक किसी पाठ को सीख लेने के बाद बिना देखे ही उस विषय को मन-ही-मन दोहराता है। जरूरत पड़ने पर वह बीच में उस सीखे गए पाठ का पुनः निरीक्षण भी कर लेता है अर्थात् उसे पुनः देख भी लेता है। ह्वाइट के अनुसार ये दोनों विधियाँ आपस में मिलकर सीखने की एक उत्तम प्रभावकारी विधि का निर्माण करती हैं क्योंकि इस विधि में बालकों को अपनी भूल सुधारने का उचित अवसर मिलता है जिससे वे सक्रिय होकर विषय को सीखने के लिए प्रेरित हो उठते हैं।

रटकर तथा समझकर सीखने की विधि बालकों में विषय को रटकर सीखने अथवा समझकर सीखने की विधि भी काफी लोकप्रिय है। स्पीयर्स तथा सोलोमोन ने इन विधियों से सीखे गए विषयों के स्वरूप तथा सीखने वाले बालकों के व्यक्तित्व पर प्रकाश डाला है। इन लोगों ने बताया है कि 4 से 6 वर्ष की उम्र के बालक किसी विषय को रटकर अर्थात् बिना उसका विशेष अर्थ समझे हुए सीख लेता है परन्तु जैसे-जैसे बालकों की उम्र बढ़ती जाती है, वे विषय को समझकर अधिक सीखते हैं तथा रटने की विधि का प्रयोग यदा-कदा करते हैं। बालक प्रायः उन विषयों को रटते हैं जिनका कठिनाई-स्तर अधिक होता है। रटने की विधि छोटे बालकों के लिए एक प्रभावकारी विधि मानी गई है जबकि समझकर सीखने की विधि बड़े बालकों के लिए एक प्रभावकारी विधि मानी गई है।

थॉर्नडाइक के सीखने के नियम
Thorndike's Law of Learning

थॉर्नडाइक ने अपने प्रयोगों के आधार पर कुछ सीखने के नियमों का प्रतिपादन किया है जिन्हें दो वर्गों में विभक्त किया गया है मुख्य नियम तथा गौण नियम। मुख्य नियमों के अन्तर्गत तीन नियम हैं तथा गौण नियमों के अन्तर्गत पाँच नियम हैं। इस प्रकार थॉर्नडाइक ने सीखने के आठ नियम बताए हैं।

मुख्य नियम Major Law

1. तत्परता का नियम **2.** अभ्यास का नियम
3. प्रभाव का नियम

तत्परता का नियम Law of Readiness

सीखने के इस नियम का अभिप्राय है कि जब प्राणी किसी कार्य को करने के लिए तैयार रहता है तो उसमें उसे आनन्द आता है और वह उसे शीघ्र सीख लेता है तथा जिस कार्य के लिए वह तैयार नहीं होता और उस कार्य को करने के लिए बाध्य किया जाता है तो वह झुँझला जाता है और उसे शीघ्र सीख भी नहीं पाता। तत्परता में कार्य करने की इच्छा निहित है। इच्छा न होने पर प्राणी डर के मारे पढ़ने अवश्य बैठ जाएगा लेकिन वह कुछ सीख नहीं पाएगा। तत्परता ही बालक के ध्यान को केन्द्रित करने में सहायक होती है।

वास्तव में तत्परता के नियम का तात्पर्य यह है कि जब प्राणी अपने को किसी कार्य को करने या सीखने के लिए तैयार समझता है, तो वह बहुत शीघ्र कार्य करता है या सीख लेता है और उसे अधिक मात्रा में सन्तोष भी मिलता है। सीखने को तैयार न होने पर उसे उस क्रिया में असन्तोष मिलता है।

अभ्यास का नियम Law of Exercise

इस नियम के अनुसार किसी क्रिया को बार-बार करने या दोहराने से वह याद हो जाती है और छोड़ देने पर या न दोहराने से वह भूल जाती है। इस प्रकार यह नियम प्रयोग करने तथा प्रयोग न करने पर आधारित है। उदाहरणार्थ कविता और पहाड़े याद करने के लिए उन्हें बार-बार दोहराना पड़ता है तथा अभ्यास के साथ-साथ उपयोग में भी लाना पड़ता है। ऐसा न करने पर सीखा हुआ कार्य भूलने लगता है, **उदाहरणार्थ** याद की गई कविता को कभी न सुनाया जाए तो वह धीरे-धीरे भूलने लगती है। यही बात साइकिल चलाना, टाइप करना, संगीत आदि में भी लागू है।

थॉर्नडाइक *के अनुसार अभ्यास के नियम के अन्तर्गत दो उप-नियम आते हैं*

उपयोग का नियम ''जब एक परिवर्तनीय संयोग एक स्थिति और अनुक्रिया के बीच बनता है तो अन्य बातें समान होने पर वह संयोग दृढ़ हो जाता है।''

अनुपयोग का नियम ''अनुपयोग के नियम के अनुसार कुछ समय तक किसी परिस्थिति और अनुक्रिया के बीच पुनरावृत्ति ने होने से संयोग क्षीण पड़ जाता है।''

डगलस एवं हॉलैण्ड के अनुसार, ''जो कार्य बहुत समय तक किया या दोहराया नहीं जाता है, वह भूल जाता है। इसी को अनुपयोग या अनभ्यास का नियम कहते हैं।''

प्रभाव का नियम Law of Effect

थॉर्नडाइक का यह नियम सीखने और अध्यापन का आधारभूत नियम है। इस नियम को 'सन्तोष-असन्तोष' का नियम भी कहते हैं। इसके अनुसार जिस कार्य को करने से प्राणी को हितकर परिणाम प्राप्त होते हैं और जिसमें सुख और सन्तोष प्राप्त होता है, उसी को व्यक्ति दोहराता है। जिस कार्य को करने से कष्ट होता है और दु:खद फल प्राप्त होता है, उसे व्यक्ति नहीं दोहराता है। इस प्रकार व्यक्ति उसी कार्य को सीखता है जिससे उसे लाभ मिलता है तथा सन्तोष प्राप्त होता है। संक्षेप में, जिस कार्य के करने से पुरस्कार मिलता है उसे सीखते हैं और जिस कार्य के करने से दण्ड मिलता है उसे नहीं सीखा जाता। इसके विपरीत ''दु:खद अथवा असन्तोषजनक परिणामों से उत्तेजना तथा अनुक्रिया का सम्बन्ध निर्बल हो जाता है।''

सीखने के गौण नियम Subordinate Laws of Learning

1. बहु-प्रतिक्रिया का नियम **2.** मानसिक स्थिति का नियम
3. आंशिक क्रिया का नियम **4.** समानता का नियम (आत्मसात्)
5. साहचर्य परिवर्तन का नियम

बहु-प्रतिक्रिया का नियम Law of Multiple Responses

इस नियम के अनुसार व्यक्ति के सामने जब नवीन समस्या आती है तो वह उसे सुलझाने के लिए विविध प्रकार की क्रियाएँ करता है और तब तक करता रहता है जब तक कि वह सही अनुक्रिया की खोज नहीं कर लेता। ऐसा होने पर उसकी समस्या सुलझ जाती है और उसे सन्तोष मिलता है। असफल होने पर व्यक्ति को हाथ पर हाथ रखकर नहीं बैठना चाहिए बल्कि एक के बाद एक उपाय पर अमल करते रहना चाहिए जब तक कि सफलता प्राप्त न हो जाए। यह नियम 'प्रयत्न एवं भूल' पर आधारित है।

मानसिक स्थिति का नियम Law of Mental Status

इस नियम को तत्परता या अभिवृत्ति का नियम भी कहते हैं। यह नियम इस बात पर बल देता है कि बाह्य स्थिति की ओर प्रतिक्रियाएँ व्यक्ति की मनोवृत्ति पर निर्भर करती हैं अर्थात्, यदि व्यक्ति मानसिक रूप से सीखने के लिए तैयार है तो नवीन क्रिया को आसानी से सीख लेगा और यदि वह मानसिक रूप से सीखने के लिए तैयार नहीं है तो उस कार्य को नहीं सीख सकेगा। निद्रा, सभ्यता, थकावट, आकाँक्षाएँ, भावनाएँ आदि सभी हमारी मनोवृत्ति को प्रभावित करती हैं। उदाहरणार्थ मूर्ति को देखकर हिन्दू हाथ जोड़ लेते हैं, मूर्ति के सामने मस्तक टेककर सन्तुष्ट होते हैं और मूर्ति को चोट पहुँचाने से उन्हें भी चोट पहुँचती है।

आंशिक क्रिया का नियम Law of Partial Function

यह नियम इस बात पर बल देता है कि कोई एक प्रतिक्रिया सम्पूर्ण स्थिति के प्रति नहीं होती है। यह केवल सम्पूर्ण स्थिति के कुछ पक्षों अथवा अंशों के प्रति ही होती है। जब हम किसी स्थिति का एक ही अंश दोहराते हैं तो प्रतिक्रिया हो जाती है। इस नियम में इस प्रकार 'अंश से पूर्ण की ओर' शिक्षण सूत्र का अनुसरण किया जाता है। पाठ-योजना को छोटी-छोटी इकाइयों में विभक्त करके पढ़ाना इसी नियम पर आधारित है। संक्षेप में, व्यक्ति किसी समस्या के उपस्थित होने पर उसके अनावश्यक विस्तार को छोड़कर उसके मूल तत्त्वों पर अपनी अनुक्रिया केन्द्रित कर लेता है। आंशिक क्रियाओं को करके समस्या का हल ढूँढ लेने को ही थॉर्नडाइक ने आंशिक क्रिया का नियम बताया है।

समानता का नियम Law of Equality

इस नियम का आधार पूर्व ज्ञान या पूर्व अनुभव है। किसी नवीन परिस्थिति या समस्या के उपस्थित होने पर व्यक्ति उससे मिलती-जुलती अन्य परिस्थिति या समस्या का स्मरण करता है, जिससे वह पहले भी गुजर चुका है और ऐसी स्थिति में व्यक्ति नवीन परिस्थिति में वैसी ही अनुक्रिया करता है जैसी उसने पुरानी परिस्थिति में की थी।

समान तत्त्वों के आधार पर नवीन ज्ञान को पूर्व ज्ञान से सम्बद्ध करके पढ़ाने से सीखना सरल हो जाता है। 'ज्ञात से अज्ञात को ओर' शिक्षण सूत्र इसी नियम पर आधारित है।

साहचर्य परिवर्तन का नियम Law of Associative Changing

जैसा कि इस नियम के नाम से ही स्पष्ट है, इसमें सीखने की अनुक्रिया का स्थान परिवर्तन होता है। यह स्थान परिवर्तन मूल उद्दीपक से जुड़ी हुई अथवा

उसकी किसी सहचारी उद्दीपक वस्तु के प्रति किया जाता है। उदाहरणार्थ भोजन सामग्री को देखकर कुत्ते के मुँह से लार टपकने लगती है लेकिन कुछ समय बाद खाने के प्याले को देखकर ही लार टपकने लगती है। थॉर्नडाइक ने अनुकूलित-अनुक्रिया को सहचारी स्थान परिवर्तन का ही एक विशेष रूप माना है।

सीखने के सिद्धान्त Theory of Learning

मनोवैज्ञानिकों ने सीखने के स्वरूप की व्याख्या करने के लिए विभिन्न प्रकार के सिद्धान्तों का प्रतिपादन किया है। सीखने के सिद्धान्त से तात्पर्य एक ऐसी सैद्धान्तिक व्याख्या से है जिसके माध्यम से सीखने की वैज्ञानिक व्याख्या की जा सकती है। इस व्याख्या का मुख्य उद्देश्य तीन प्रश्नों के उत्तर की प्राप्ति होता है

ये तीन प्रश्न निम्नलिखित हैं

1. व्यक्ति क्यों सीखता है?
2. व्यक्ति कैसे सीखता है?
3. व्यक्ति क्या सीखता है?

सीखने के कुछ प्रमुख सिद्धान्त निम्नवत् हैं

- थॉर्नडाइक का प्रयत्न और भूल का सिद्धान्त
- पॉवलाव का अनुबन्धन-अनुक्रिया का सिद्धान्त
- स्किनर का क्रिया-प्रसूत का सिद्धान्त
- कोहलर, कोफ्का तथा वरदाइमर का सूझ का सिद्धान्त (अन्तर्दृष्टि द्वारा सीखना)
- ऊसूबेल का सिद्धान्त
- कर्ट लेविन का सीखने का क्षेत्रीय सिद्धान्त

थॉर्नडाइक का प्रयत्न और भूल का सिद्धान्त

Thorndike's Trial and Error Theory

ई.एल. थॉर्नडाइक द्वारा प्रतिपादित सीखने का यह सिद्धान्त सैद्धान्तिक दृष्टि से अति महत्त्वपूर्ण सिद्धान्त है। इस सिद्धान्त में साहचर्यवाद, डार्विनवाद तथा वैज्ञानिक विधियों का एक अनोखा संगम देखने को मिलता है। थॉर्नडाइक एक व्यवहारवादी मनोवैज्ञानिक थे उन्होंने अपने इस सिद्धान्त की व्याख्या करते हुए कहा है कि जब कोई उद्दीपन व्यक्ति के सम्मुख दिया जाता है तो वह व्यक्ति उस उद्दीपन के प्रति विभिन्न प्रकार की अनुक्रियाएँ करता है। इनमें से सही अनुक्रिया का सम्बन्ध उस उद्दीपन के साथ हो जाता है अर्थात् यही सम्बन्ध 'सीखना' है। थॉर्नडाइक के इस सिद्धान्त को इसी आधार पर विभिन्न नामों से पुकारा जाता है। जैसे

- थॉर्नडाइक का सम्बन्धवाद
- सम्बन्धवाद का सिद्धान्त
- उद्दीपक-प्रतिक्रिया सिद्धान्त
- सीखने का सम्बन्ध-सिद्धान्त
- प्रयत्न एवं भूल का सिद्धान्त

थॉर्नडाइक के सीखने का मत प्रयास और भूल प्रक्रिया का था जिसमें पशु अथवा मानवीय प्राणी सही प्रक्रिया को धीरे-धीरे चुनता था और इसको उपयुक्त उद्दीपक के साथ संयोजित कर देता था। उनका यह मत इस अवलोकन पर आधारित था कि जब पशु, बच्चे अथवा प्रौढ़ अपने को ऐसी नवीन स्थिति में पाते हैं जिसमें वे नहीं जानते कि वे जो करना चाहते हैं उसको कैसे करें? तब वे उन क्रिया-प्रतिरूपों का उपभोग करते हैं जिसमें वे पहले से दक्ष होते हैं। ऐसी स्थिति में वे प्रक्रिया करने के अनेक प्रकार के साधन जुटाने का प्रयत्न तब तक करते रहते हैं जब तक वे एक ऐसा साधन नहीं ढूँढ निकालते जो उनको सफलता दे सके। इस विधि के द्वारा सीखने का प्रयास और भूल सीखना कहा जाता है। थॉर्नडाइक ने अपने प्रयोग बिल्ली, कुत्ते, मछली तथा मानव बालक पर किए थे। इन सभी प्रयोगों में बिल्ली पर पहेली बॉक्स में किया गया प्रयोग काफी मशहूर हुआ था।

पॉवलाव का अनुबन्धन-अनुक्रिया का सिद्धान्त

Pavlov's Classical Conditioning Theory

रूसी शरीर वैज्ञानिक पॉवलाव द्वारा प्रतिपादित सीखने का यह सिद्धान्त 'अनुबन्धन' पर आधारित है। अनुबन्धन एक ऐसी प्रक्रिया है जिसके द्वारा उद्दीपन तथा अनुक्रिया के बीच एक साहचर्य स्थापित होता है। इसी आधार पर उनके सिद्धान्त को विभिन्न नामों से पुकारा जाता है।

जैसे

- क्लासिकी अनुबन्धन सिद्धान्त
- प्रतिवादी अनुबन्धन सिद्धान्त
- टाइप-एस अनुबन्धन सिद्धान्त

पॉवलाव के अनुसार सीखना एक अनुकूलित अनुक्रिया है। उन्होंने प्रयोगशाला में पाचन से सम्बन्धित स्वचालित प्रतिवर्तों पर लगभग बारह वर्ष अध्ययन किया। उन्होंने पाया कि कोई स्वाभिक उद्दीपन सीखने वाले के सम्मुख उपस्थित किया जाता है, तो वह उसके प्रतिस्वभाविक अनुक्रिया करता है। जैसे गर्म बर्तन को छूते ही हाथ खींच लेना। पॉवलाव ने कुत्ते पर किए अपने प्रयोग में पाया कि कुत्ते के उदर में जठर-रस मुँह में ही नहीं होता था बल्कि वह उस समय भी होते थे जब कुत्ता खाने को देखता था।

स्किनर का क्रिया-प्रसूत का सिद्धान्त

Skinner's Operant Conditioning Theory

स्किनर द्वारा प्रतिपादित यह सिद्धान्त साधानात्मक अनुबन्धन पर आधारित है। साधानात्मक अनुबन्धन में प्रयोज्य के सीखने के व्यवहार का अध्ययन सक्रिय रूप से किया जाता है। इसी आधार पर उनके इस सिद्धान्त को विभिन्न नामों से पुकारा जाता है। जैसे

- कार्यात्मक अनुबन्धन का सिद्धान्त
- सक्रिय-अनुकूलित अनुक्रिया का सिद्धान्त
- नैमित्तिक अनुबन्धन का सिद्धान्त
- क्रिया-प्रसूत अनुबन्धन का सिद्धान्त

स्किनर के अनुसार, कुछ अनुक्रिया (व्यवहार) स्वाभिक रूप से प्राणी द्वारा किए जाते हैं। उन्होंने अपने सिद्धान्त की व्याख्या दो प्रकार की अनुक्रियाओं के माध्यम से की है *जिनका विवरण निम्नवत् है*

(i) प्रतिवादी अनुक्रिया (ii) क्रिया-प्रसूत अनुक्रिया

प्रतिवादी अनुक्रिया यह अनुक्रिया एक स्पष्ट उद्दीपन द्वारा उत्पन्न होती है जिसका स्वरूप अनैच्छिक होता है। **जैसे** कुत्ते के द्वारा भोजन देखकर लार का स्राव होना।

क्रिया-प्रसूत अनुक्रिया यह अनुक्रिया एक अस्पष्ट उद्दीपन द्वारा उत्पन्न होती है जिसका स्वरूप ऐच्छिक होता है। **जैसे** बात चीत करना, टहलना आदि।

कोह्लर, कोफ्का तथा वरदाइमर का सूझ का सिद्धान्त
Insight Theory of Kohler, Koffka and Worthermer

इस सिद्धान्त का प्रतिपादन गेस्टाल्ट मनोवैज्ञानिक कोह्लर, कोफ्का तथा वरदाइमर द्वारा किया गया था। इस सिद्धान्त के अनुसार प्राणी किसी नवीन कौशल को प्रयत्न तथा भूल से नहीं सीखता है बल्कि वह सूझ से सीखता है। गेस्टाल्टवादियों के अनुसार एक गेस्टाल्ट (आकृति) एक समग्र है जिसकी विशेषताएँ समग्र की आन्तरिक प्रकृति द्वारा लगाई जाती हैं न कि उसके व्यक्तिगत तत्त्वों की विशेषताओं द्वारा। जब कोई व्यक्ति किसी नवीन परिस्थिति में आता है, तो वह उस परिस्थिति के विभिन्न अंगों में पारस्परिक सम्बन्ध स्थापित करता है। वह सम्पूर्ण परिस्थिति को समझकर उसके अनुसार प्रतिक्रिया करता है। परिस्थितियों को ठीक से समझना ही उसकी सूझ का परिचायक है।

ऊसूबेल के सीखने का सिद्धान्त
Ausubels's Theory of Learning

संज्ञान द्वारा सीखने पर आधारित इस सिद्धान्त का प्रतिपादन डेविड ऊसूबेल द्वारा किया गया था। इसको संज्ञानात्मक सिद्धान्त इसलिए कहा जाता है क्योंकि इस सिद्धान्त का मूल उद्देश्य सीखते समय व्यक्ति में क्या होता है, का वर्णन करना है। इस सिद्धान्त में मूल रूप से यह बताने की कोशिश की गई है कि सीखने की प्रक्रिया में जब नई विषय-वस्तु को शिक्षार्थी अपने पूर्व ज्ञान के साथ जोड़ते हैं तो उस नई विषय-वस्तु का क्या होता है? इस सिद्धान्त में शिक्षार्थी के पूर्व ज्ञान के भण्डार को 'संज्ञानात्मक संरचना' कहा गया है और जब शिक्षार्थी इस संज्ञानात्मक संरचना में नई विषय-वस्तु से सीखी गई अनुभूतियों को सार्थक ढंग से जोड़ता है या सम्बन्धित करता है, तो उसे उसका **आत्मसात्करण** होता है।

ऊसूबेल ने अपने सीखने के सिद्धान्त में सीखने के निम्नांकित चार प्रकार का वर्णन किया है

1. **रटकर सीखना** विषय-वस्तु को बिना समझे हू-ब-हू सीखना।
2. **अर्थपूर्ण सीखना** विषय-वस्तु को समझ कर आत्मसात करना।
3. **अभिग्रहण सीखना** विषय-वस्तु का हू-ब-हू तथा समझकर सीखना।
4. **अन्वेषण सीखना** विषय-वस्तु में से नये विचार की खोज कर उसे सीखना।

कर्ट लेविन का सीखने का क्षेत्रीय सिद्धान्त
Kurt Lewin's Theory of Regional Learning

कर्ट लेविन द्वारा प्रतिपादित सीखने का क्षेत्रीय सिद्धान्त गेस्टाल्ट सिद्धान्त के ही समान है परन्तु यह सिद्धान्त इससे थोड़ा-सा भिन्न है क्योंकि यह अनुभव के स्थान पर व्यवहार को अधिक महत्त्व देता है तथा मानवीय अभिप्रेरण पर भी बल देता है। कर्ट लेविन ने अपने मत का आधार वातावरण में व्यक्ति की स्थिति को बताया। लेविन ने जीवन-स्थल के आधार पर व्यक्ति के अनुभवों की व्याख्या की है। उसके अनुसार जीवन-स्थल वह वातावरण है जिसमें व्यक्ति रहता है और उससे प्रभावित होता है। किसी व्यक्ति का यह जीवन-स्थल मनोवैज्ञानिक शक्तियों पर निर्भर करता है। लेविन के अनुसार सीखना कोई अनोखी क्रिया नहीं है। उसने बताया कि सीखने की क्रिया को समझने के लिए हमें केवल यह समझना होता है कि जीवन-स्थल का नव संगठन किस प्रकार होता है तथा मनोवैज्ञानिक संसार की संरचना किस प्रकार होती है? अत: सीखना हमारे अनुभवों या जीवन-स्थल की संरचना में परिवर्तन लाने से होता है। लेविन ने आगे बताया कि वास्तव में, सीखना वातावरण का संगठन है।

कर्ट लेविन के क्षेत्रीय सिद्धान्त के कुछ महत्त्वपूर्ण प्रत्यय निम्नवत् हैं

क्षेत्र लेविन के अनुसार क्षेत्र का तात्पर्य मानव के उस सम्पूर्ण मनोवैज्ञानिक जगत से है जिसमें वह रहता है तथा किसी समय विशेष में भ्रमण करता है।

जीवन-विस्तार जीवन-विस्तार का आशय उस वातावरण से है जिसमें मनुष्य है और उस वातावरण का प्रभाव व्यक्ति पर निरन्तर पड़ता रहता है। वातावरण से तात्पर्य प्राकृतिक, सामाजिक तथा मनोवैज्ञानिक वातावरण है जिसमें व्यक्ति लगातार संघर्ष करता रहता है और उससे प्रभावित होता रहता है।

बाह्य आवरण बाह्य आवरण से आशय व्यक्ति के मनोवैज्ञानिक वातावरण के बाहर चारों ओर रहता है। यह प्राणी से सम्बन्धित वातावंरण के उन पक्षों से निर्मित होता है, जिसका प्रत्यक्षीकरण व्यक्ति स्वयं नहीं कर पाता किन्तु उस व्यक्ति का अध्ययन करने वाले लोग उसका प्रत्यक्षीकरण कर सकते हैं।

तलरूप लेविन ने तलरूप का प्रत्यय रेखागणित से लिया है जिसमें अन्दर, बाहर तथा सीमा के प्रत्ययों की विवेचना की जाती है।

अवरोध कर्ट लेविन ने इसे वातावरण क एक गत्यात्मक पहलू बताया है जो व्यक्ति के लक्ष्य या उद्देश्य तक पहुँचने के मार्ग में आ खड़ा होता है तथा उसके आगे बढ़ने की गति को अवरुद्ध कर देता है।

बालक का शारीरिक एवं गत्यात्मक विकास
Physical and Mental Development of Child

शारीरिक विकास Physical Development

विकास के विभिन्न पक्ष हैं, जिनमें शारीरिक पक्ष आधारभूत है। शारीरिक विकास का अर्थ है शरीर के विभिन्न अंगों क विकास और इनकी प्रकार्यात्मक शक्ति। शरीर के रूप में व्यक्ति पहले केवल भ्रूण होता है। जन्म के समय उसका शरीर छोटा होता है। धीरे-धीरे उसके शरीर के अंगों में परिवर्तन होता रहता है। यह परिवर्तन कभी रुकता नहीं। प्रौढ़ावस्था में उसके अंग भी पुष्ट हो जाते हैं, किन्तु उसके बाद भी परिवर्तन चलता रहता है।

शारीरिक विकास के वैज्ञानिक अध्ययनों से यह निष्कर्ष निकलता है कि जन्म से दो वर्ष तक की आयु के बच्चों का विकास बहुत तीव्र गति से होता है और उसके बाद किशोरावस्था के आने के लगभग दो वर्ष तक विकास की गति मन्द रहती है। किशोरवस्था में यह गति पुन: तीव्र हो जाती है। उसके बाद फिर गति मन्द रहती है। बालक व बालिकाओं के शारीरिक विकास की गति में समानान्तरता भंग हो जाती है। हड्डियों में विस्तार, आँख व कान के कार्यों में विकास, रक्त संचार प्रणाली में परिवर्तन, स्नायुमण्डल का विकास आदि महत्त्वपूर्ण शारीरिक परिवर्तनों के साथ-साथ बालक में गामक विकास भी तद्नुसार होता है। बालक अपने अंगों के संचालन में धीरे-धीरे अधिक नियन्त्रण करना सीख जाता है। शरीर का सन्तुलन विकसित होता जाता है और शरीर के साथ बालक का समंजन बढ़ता जाता है।

शैक्षिक निहितार्थ Educational Implication

शारीरिक और गामक विकास का शिक्षा की दृष्टि से महत्त्व है। अध्यापक या अध्यापिकाएँ शिशु कक्षाओं में प्राय: बच्चों के मानसिक विकास का ही ध्यान रखती हैं, किन्तु शारीरिक कष्ट या विकास की दशा में मानसिक विकास भी ठीक से नहीं हो सकेगा। बच्चों के दाँत साफ करने की उचित व्यायाम की, खेल की, उचित श्रम व उचित आराम की आदत डालने की आवश्यकता है।

भोजन करने की, दाएँ हाथ से लिखने की, स्वच्छता की, तौलिए के प्रयोग की व नहाने की आदत अपने आप नहीं आती। मुँह में उँगली या पेंसिल डालने से हानि हो सकती है। उठने-बैठने, खड़े होने, लिखने के उचित आसन की शिक्षा यदि नहीं दी जाएगी तो उचित शारीरिक विकास नहीं हो सकेगा। इस विवरण से यह अनुमान लगाया जा सकता है कि शारीरिक विकास में शैक्षिक निहितार्थ क्या है।

मानसिक विकास Mental Development

मानसिक विकास समझने की शक्ति, स्मृति, बुद्धि एवं भाषा योग्यता के विकास से सम्बन्धित है। गर्भावस्था से प्रौढ़ावस्था तक ज्यों-ज्यों शारीरिक विकास होता जाता है, मस्तिष्क भी विकसित होता चलता है। मानसिक विकास अंशत: शारीरिक विकास पर निर्भर करता है। बालक का स्नायुमण्डल ज्यों-ज्यों विकसित होता जाता है, वह लिखने-पढ़ने एवं गणित के प्रश्न हल करने में भी समर्थ होता जाता है। ज्यों-ज्यों वह बढ़ता है त्यों-त्यों अपने मस्तिष्क से अधिक काम लेने लगता है। वह शारीरिक विकास के साथ-साथ अनुभव भी करता चलता है। अनुभव से वह बातचीत करने, पढ़ने, प्रश्न करने, उत्तर देने, गिनने एवं अन्य मानसिक कार्यों को करने की ओर उन्मुख होता है।

स्मृति, बुद्धि एवं अधिगम का महत्त्वपूर्ण घटक है। बिना स्मृति के दोनों का अस्तित्व ही कठिन हो जाएगा। तीन वर्ष से पूर्व शिशु अपने अनुभवों को याद नहीं रख पाता। पूर्व अनुभव तथा पूर्व अधिगम की आवृत्ति स्मृति द्वारा ही सम्भव है। शैशव से प्रौढ़ावस्था तक स्मृति का विकास होता रहता है। साठ वर्ष के बाद स्मृति कुछ मन्द होने लगती है। जिन स्मृतियों का सम्बन्ध किसी क्रान्तिक प्रसंग अथवा आश्चर्यजनक घटना से होता है, वे जीवनभर बनी रहती हैं। दु:खद स्मृतियों की अपेक्षा सुखद स्मृतियाँ अधिक स्थायी होती हैं।

नवजात शिशु का मानसिक जगत् अत्यन्त सीमित होता है। उसका प्रत्यक्षीकरण अनिश्चित होता है। बाह्य जगत के ज्ञान का आधार प्रत्यक्षीकरण है और इसका विकास धीरे-धीरे होता है। तीन माह की उम्र में बालक माँ को पहचान लेता है और माता की मुस्कराहट का प्रत्यक्षीकरण करने लगता है। बाल्यकाल आते-आते वह संसार के पदार्थों का विधिवत प्रत्यक्षीकरण करने लगता है। कल्पना का विकास भी शैशव में द्रुतगति से होता है। चार वर्ष का बालक कल्पनाशील होने लगता है। प्रारम्भ में बालक को परियों की कहानियाँ बहुत प्रिय लगती हैं। छड़ी को घोड़ा बना लेना साधारण खेल होता है। नौ-दस साल की आयु में बालक यथार्थवादी होने लगता है। कहानियों में अब वह वास्तविकता ढूँढ़ने का प्रयास करने लगता है। किशोरावस्था में बालक पुन: कल्पनाशील हो जाता है। लड़के-लड़कियों के सम्बन्ध में और लड़कियाँ लड़कों के सम्बन्ध में अनेक प्रकार की कल्पनाएँ करने लगती हैं। इस अवस्था में बालकों का दिवास्वप्न देखने की ओर रुझान हो जाता है। दिवास्वप्न सदा पलायनवाद के ही द्योतक नहीं होते, किन्तु किशोर प्राय: यथार्थ जगत् की अमूर्त इच्छाओं की पूर्ति दिवास्वप्न के रूप में करते हैं। यदाकदा दिवास्वप्न अच्छे स्वास्थ्य के द्योतक होते हैं, किन्तु इनकी अधिकता स्वास्थ्य पर बुरा प्रभाव डालती है। कुछ दिवास्वप्नों से समस्या-समाधान में सहायता प्राप्त होती है।

बालक का संज्ञानात्मक विकास
Cognitive Development of Child

जीन पियाजे (1896-1980) स्विट्जरलैण्ड के एक प्रमुख मनोवैज्ञानिक थे। अल्फ्रेड बिने के साथ बुद्धि परीक्षण पर कार्य करते समय उन्होंने बालकों के संज्ञानात्मक विकास के सिद्धान्त की अवधारणा प्रस्तुत की। उनके द्वारा प्रतिपादित इस सिद्धान्त की व्याख्या करने से पहले इससे सम्बन्धित कुछ महत्त्वपूर्ण संप्रत्यय की व्याख्या करना उचित है। *ये संप्रत्यय निम्नलिखित हैं*

अनुकूलन बालकों में वातावरण से सामंजस्य करने की जन्मजात प्रवृत्ति होती है जिसे अनुकूलन कहा जाता है। पियाजे ने अनुकूलन की प्रक्रिया को दो उपक्रियाओं में विभाजित किया है।
जिनका विवरण निम्नवत् है

आत्मसात्करण यह एक ऐसी प्रक्रिया है जिसमें बालक समस्या के समाधान के लिए पूर्व सीखी गई मानसिक प्रक्रियाओं का सहारा लेता है।

समायोजन इस प्रक्रिया के अन्तर्गत बालक अपनी योजना, संप्रत्यय, व्यवहार आदि में परिवर्तन लाकर नये वातावरण के साथ अनुकूलन करता है।

साम्यधारण यह एक ऐसी प्रक्रिया है जिसके अन्तर्गत बालक आत्मसात्करण तथा समायोजन की प्रक्रियाओं के मध्य एक सन्तुलन स्थापित करता है। किसी नई समस्या का सामना करते समय यही सन्तुलन बालक के संज्ञान को सन्तुलित रखता है।

संरक्षण बालक द्वारा वातावरण में परिवर्तन एवं स्थिरता दोनों को समझने की क्षमता तथा किसी वस्तु के तत्त्व एवं रंग-रूप में परिवर्तन से अलग करने की क्षमता 'संरक्षण' है।

संज्ञानात्मक संरचना किसी बालक के मानसिक संगठन या क्षमताओं को उसकी संज्ञानात्मक संरचना कहा जाता है। इसी संरचना के आधार पर ही बड़ी आयु वर्ग का बालक, छोटी आयु वर्ग के बालक से भिन्न होता है।

मानसिक संक्रिया जब कोई बालक किसी समस्या के समाधान पर चिन्तन करता है, तो वह मानसिक संक्रिया की अवस्था में होता है। पियाजे के अनुसार, मानसिक संक्रिया 'चिन्तन' का एक प्रमुख साधन है।

स्कीमा यह मानसिक संक्रिया तथा संज्ञानात्मक संक्रिया से सम्बन्धित वह मानसिक संरचना है, जिसका सामान्यीकरण किया जा सकता है।

विकेन्द्रण किसी वस्तु के विषय में वस्तुनिष्ठ या वास्तविक तरीके से सोचने की क्षमता विकेन्द्रण है।

पियाजे का संज्ञानात्मक विकास सिद्धान्त
Piaget's Theory of Cognitive Development

जीन पियाजे ने बालकों के संज्ञानात्मक विकास की व्याख्या अपने सिद्धान्त को चार मुख्य अवस्थाओं में बाँटकर की है। इन्ही अवस्थाओं से गुजरकर बालक का संज्ञानात्मक विकास होता है। *ये अवस्थाएँ निम्नलिखित हैं*

पियाजे द्वारा वर्णित विकासात्मक अवस्थाएँ एवं विशेषताएँ

अवस्था	सन्निकट आयु	विशेषताएँ
संवेदी-प्रेरक	0-2 वर्ष	शिशु संवेदी अनुभवों का शारीरिक क्रियाओं के साथ समन्वय करते हुए संसार का अन्वेषण करता है।
पूर्व-संक्रियात्मक	2-7 वर्ष	प्रतीकात्मक विचार विकसित होते हैं, वस्तु स्थायित्व उत्पन्न होता है, बच्चा वस्तु के विभिन्न भौतिक गुणों को समन्वित नहीं कर पाता है।
मूर्त-संक्रियात्मक	7-11 वर्ष	बच्चा मूर्त घटनाओं के सम्बन्ध में युक्तिसंगत तर्क कर सकता है और वस्तुओं को विभिन्न समूहों में वर्गीकृत कर सकता है। वस्तुओं की मानस प्रतिमाओं पर प्रतिवर्तनीय मानसिक संक्रियाएँ करने में सक्षम होता है।
औपचारिक संक्रियात्मक	11-15 वर्ष	किशोर तर्क का अनुप्रयोग अधिक अमूर्त रूप से कर सकते हैं, परिकल्पनात्मक चिन्तन विकसित होते हैं।

संवेदी प्रेरक अवस्था Sensory Motor Stage

यह अवस्था जन्म से दो वर्ष तक की होती है। इस अवस्था में शिशु अपनी आँखों, कानों, हाथों और अन्य संवेदी प्रेरक उपकरणों के माध्यम से सोचता है। इस अवस्था में शिशुओं का संज्ञानात्मक विकास प्रायः छः अवस्थाओं से होकर गुजरता है *जिनका विवरण निम्न प्रकार से है*

प्रतिवर्त क्रियाओं की अवस्था इस अवस्था की अवधि जन्म से 30 दिन तक की होती है। इस अवस्था में बालक केवल प्रतिवर्त क्रियाएँ ही करता है। उसके द्वारा की जाने वाली प्रतिवर्त क्रियाओं में चूसने का प्रतिवर्त सबसे प्रबल होता है।

मुख्य वृत्तीय प्रतिक्रियाओं की अवस्था इस अवस्था की अवधि 1 माह से 4 माह के मध्य की होती है। इस अवस्था में शिशुओं द्वारा की जाने वाली अधिकतर प्रतिवर्त क्रियाएँ दोहराई हुई तथा एक-दूसरे से अधिक समन्वित होती हैं।

गौण वृत्तीय प्रतिक्रियाओं की अवस्था इस अवस्था की अवधि 4 माह से 8 माह के मध्य की होती है। इस अवस्था में शिशु शारीरिक प्रतिवर्त क्रियाओं पर ध्यान न देकर वस्तुओं को छूने पर अधिक ध्यान देता है। साथ ही मनोरंजक लगने वाली क्रियाओं को अधिक दोहराने लगता है।

गौण स्कीमैटा के समन्वय की अवस्था इस अवस्था की अवधि 8 माह से 1 वर्ष के मध्य की होती है। इस अवस्था में शिशु व्यस्कों द्वारा किए जाने वाले कार्यों का अनुकरण करने लगता है अर्थात् इस अवस्था में शिशु जो स्कीमा सीखते हैं, वे उनका एक परिस्थिति से दूसरी परिस्थिति में सामान्यीकरण करना प्रारम्भ कर देते हैं।

तीसरी वृत्तीय प्रतिक्रियाओं की अवस्था इस अवस्था की अवधि 1 वर्ष से 18 माह के मध्य की होती है। इस अवस्था में बालक वस्तुओं के विषय में प्रयास एवं त्रुटि के माध्यम से जानकारी प्राप्त करने की कोशिश करता है। इस अवस्था में बालकों में उत्सुकता अभिप्रेरक अधिक प्रबल रूप से अपना कार्य करने लगते हैं।

मानसिक संयोग द्वारा नवीन साधनों की खोज की अवस्था इस अवस्था की अवधि 18 माह से 2 वर्ष के मध्य की होती है। इस अवस्था में बालक वस्तुओं के विषय में चिन्तन करने के साथ-साथ ऐसी वस्तुओं के विषय में भी अनुक्रिया करना प्रारम्भ कर देता है जो सीधे तौर पर उससे दृष्टिगोचर नहीं होती है। इस गुण को 'वस्तु स्थायित्व का गुण' भी कहा जाता है।

पूर्व-संक्रियात्मक अवस्था Preoperational Stage

संज्ञानात्मक विकास की इस अवस्था की अवधि 2 से 7 वर्ष के मध्य की होती है। बालक के विकास की इस अवधि को प्रायः प्रारम्भिक बाल्यावस्था के नाम से भी जाना जाता है। इस अवस्था में बालकों की मानसिक प्रतीक निर्माण प्रक्रियाओं में असाधारण परिवर्तन होता है।

पियाजे ने इस अवस्था को मुख्य दो भागों में बाँटा है, जो निम्न हैं

(i) **पूर्व वैचारिक अवस्था** इस अवस्था की अवधि 2 से 4 वर्ष के मध्य की होती है। इस अवस्था में बालक वस्तुओं, शब्द प्रतिमाओं आदि के विषय में अपना मानसिक चिन्तन विकसित करने लगता है। पियाजे ने इस अवस्था में संकेत तथा चिह्न को चिन्तन का महत्त्वपूर्ण साधन माना है। इस अवस्था में बालक द्वारा किए जाने वाले कार्य (लाक्षणिक) मुख्यतः अनुकरण तथा खेल के माध्यम से किए जाते हैं।

(ii) **अन्तदर्शी अवस्था** इस अवस्था की अवधि 4 से 7 वर्ष के मध्य की होती है। इस अवस्था में बालक का चिन्तन एवं तर्कणा पहले से अधिक परिपक्व हो जाती हैं। परिणामस्वरूप वह साधारण मानसिक क्रियाओं **जैसे** जोड़, घटाव गुणा व भाग आदि में सम्मिलित तो हो जाता है परन्तु इन मानसिक क्रियाओं के पीछे छिपे नियमों को समझ नहीं पाता है अर्थात् उसके तर्क में कर्मबद्धता का अभाव होता है।

मूर्त-संक्रियात्मक अवस्था Concrete Operational Stage

इस अवस्था की अवधि 7 से 11 वर्ष के मध्य की होती है। संज्ञानात्मक विकास की इस अवस्था में बालक का चिन्तन एवं तर्कणा पहली अवस्था (पूर्व संक्रियात्मक अवस्था) की तुलना में अधिक क्रमबद्ध तथा तर्कसंगत हो जाता है, साथ ही उसके चिन्तन में पलटावी गुण भी आ जाता है। इस अवस्था में बालक में संरक्षण, सम्बन्ध तथा वर्गीकरण संप्रत्यय का गुण भी विकसित हो जाता है। परिणामस्वरूप बालक वस्तुओं के गुणों के आधार पर उन्हें विभिन्न वर्गों या उपवर्गों में विभाजित करने लगता है। अतः उपरोक्त आधार पर हम कह सकते हैं कि इस अवस्था में बालक की विचार प्रक्रिया छोटे बच्चों के बजाय बड़ों से अधिक मिलने लगती है।

औपचारिक संक्रियात्मक अवस्था Formal Operational Stage

इस अवस्था की अवधि 11 से 15 वर्ष के मध्य की होती है। इस अवस्था में बालक में अमूर्त तथा वैज्ञानिक ढंग से सोचने की क्षमता विकसित हो जाती है अर्थात् उनका चिन्तन अधिक लचीला तथा प्रभावी हो जाता है, साथ ही चिन्तन में क्रमबद्धता स्पष्ट रूप से दिखाई देने लगती है। जहाँ मूर्त-संक्रियात्मक अवस्था में बालक वास्तविक संसार के साथ संक्रियाएँ करता है, वहीं औपचारिक संक्रियात्मक अवस्था में वह संक्रियाओं के साथ ही संक्रिया कर आन्तरिक चिन्तन के माध्यम से व्यापक रूप से तार्किक नियम गढ़ने में समर्थ हो जाता है। औपचारिक संक्रियात्मक अवस्था अन्य अवस्थाओं की तुलना में अधिक परिवर्त्य होती है। यह अवस्था बालकों के शिक्षा-स्तर से अन्य अवस्थाओं की तुलना में अधिक सम्बन्धित होती है। प्रायः यह देखा गया है कि जिन बालकों का औपचारिक संक्रियात्मक चिन्तन नीचा होता है, उनका शिक्षा-स्तर भी नीचा होता है तथा जिन बालकों का औपचारिक संक्रियात्मक चिन्तन ऊँचा होता है, उनका शिक्षा-स्तर भी ऊँचा होता है।

पियाजे द्वारा वर्णित विकासात्मक अवस्थाएँ एवं तत्सम्बन्धित उपलब्धियाँ

अवस्था तथा सन्निकट आयु	विचार	तत्सम्बन्धित उपलब्धियाँ
संवेदी गत्यात्मक अवस्था (0-2 वर्ष तक)	संवेदी गत्यात्मक विचार	पूर्व-शाब्दिक, गतियों की पुनरावृत्ति, प्रयत्न/भूल व्यवहार का आरम्भ, वस्तु स्थापित जीवत्वारोपण
पूर्व संक्रियात्मक अवस्था (2-7 वर्ष तक)	परिक्रमणात्मक विचार अन्तःप्रज्ञात्मक विचार	अहंकेन्द्रिता नकल करने की प्रवृत्ति, प्रत्यक्षात्मक तार्किक कल्पनात्मक खेल, (Centration) अस्थिर अनौपचारिक तार्किकता
मूर्त संक्रियात्मक अवस्था (7-11 वर्ष तक)	आगमनात्मक विचार	अहंकेन्द्रिता, व्याख्या या स्पष्टीकरण, संरक्षण व परिरक्षण, क्रमबद्धता निर्मित करना, रूपान्तरण वर्गीकरण, अतिकाल्पनिकता इत्यादि।
औपचारिक संक्रियात्मक अवस्था (11 वर्ष व उससे अधिक)	निगमनात्मक विचार	तर्क का अनुप्रयोग करना, निष्कर्ष निकालना, शाब्दिक परिकल्पना, आदर्शात्मक चिन्तन, दूसरों के साथ जुड़कर कार्य करना, समानुपातिकता प्रसम्भाव्यतावादी एवं संयोजकीय तार्किकता, अनौपचारिक सम्बन्ध।

बालक का भाषा विकास

Language Development of Child

भाषा अभिव्यक्ति एवं विचार-विनिमय का मानव-निर्मित साधन है। यह पैतृक सम्पत्ति न होकर अर्जित सम्पत्ति है जिसे बालक अनुकरण एवं प्रयास द्वारा ग्रहण करने की चेष्टा करता है।

विश्वकोष के अनुसार, ''भाषा ध्वनि प्रतीकों या संकेतों की ऐसी मान्य व्यवस्था है जिसके द्वारा एक समूह के लोग आपस में विचार-विनिमय करते हैं।''

अभिलक्षण Characteristics

- भाषा अभिव्यक्ति का एक सांकेतिक साधन है।
- भाषा का विचारों से गहरा सम्बन्ध है।
- भाषा पैतृक सम्पत्ति न होकर अर्जित सम्पत्ति है।
- भाषा का अर्जन अनुकरण द्वारा होता है।
- भाषा गतिशील और परिवर्तनशील होती है।
- प्रत्येक भाषा की अपनी सीमा और संरचना होती है।
- भाषा संस्कृति और सभ्यता से जुड़ी रहती है।
- भाषा में समाज द्वारा स्वीकृत ध्वन्यात्मक संकेतों का प्रयोग होता है।
- भाषा में विभिन्नता और अनेकरूपेता होती है।
- भाषा संश्लेषणात्मकता से विश्लेषणात्मक की ओर जाती है।

भाषा विकास का क्रम

Sequence of Language Development

भाषा विकास अंशत: वागीन्द्रियों की माँसपेशियों के परिपक्वन तथा अंशत: पर्यावरण में मिलने वाली उत्तेजनाओं पर निर्भर करता है। वागीन्द्रियों की पूर्ण परिपक्वता के बाद भाषा विकास मूलत: वातावरण द्वारा प्राप्त उत्तेजनाओं पर निर्भर करता है। इसलिए, इसका विकास अक्सर एक क्रम के अनुसार होता है।

इन क्रमों को इस प्रकार दिखाया जा सकता है

ध्वनि की पहचान भाषा विकास में सबसे पहला क्रम ध्वनि की पहचान करना होता है। शिशु एक खास उम्र आने पर जैसे 6-7 महीने की उम्र हो जाने पर ध्वनि की पहचान आरम्भ कर देते हैं तथा 8-9 महीने की उम्र से मधुर ध्वनि पर मुस्कुराते भी हैं।

ध्वनि उत्पन्न करना भाषा विकास के इस क्रम में बालक ध्वनि को पहचान कर उससे सम्बन्धित कुछ अन्य ध्वनियों को उत्पन्न करना प्रारम्भ कर देता है। जैसे 8-9 महीने की उम्र के बालक के सामने ताली बजाकर आवाज करने से या कुछ बोलने से वह भी कुछ ध्वनि उत्पन्न करने की कोशिश करना प्रारम्भ कर देता है।

शब्द एवं वाक्यों का निर्माण जब बालक 2 वर्ष का हो जाता है तो वह स्पष्ट रूप से शब्द बोलना प्रारम्भ कर देता है $2\frac{1}{2}$ से 3 वर्ष की उम्र में स्पष्ट रूप से शब्दों को मिलाकर वाक्य बोलना प्रारम्भ कर देता है। तथा शुरू-शुरू में वह शब्दों एवं वाक्यों को गलत ढंग से बोलता है परन्तु बाद में वह अभ्यास से कुछ सुधार कर लेता है।

लिखित भाषा का प्रयोग जब बालक 4 या $4\frac{1}{2}$ वर्ष का हो जाता है। वह शब्दों एवं वाक्यों को बोलकर प्रयोग करने के साथ-ही-साथ उसे लिखने भी लगता है। लिखना सीखने भी लगता है। लिखना सीखने के लिए हाथ एवं आँख की क्रियाओं में सामंजस्य, खास ढंग से चिन्तन एवं अभ्यास आदि करना पड़ता है।

भाषा विकास की पूर्णावस्था इस अवस्था में बालकों में भाषा बोलने, लिखने तथा पढ़ने की पूर्ण शक्ति विकसित हो जाती है। जिस बालक में इन तीनों तरह की शक्तियों का जितना ही अधिक विकास होता है, उसमें भाषा विकास उतनी ही तीव्रता से होता है।

भाषा सीखने के साधन Means of Language Learning

शिक्षा मनोवैज्ञानिकों ने भाषा सीखने के कई साधनों पर प्रकाश डाला है। *जिनमें निम्नांकित साधन सर्वाधिक प्रचलित हैं*

अनुकरण Imitation

बालकों द्वारा भाषा सीखने का अनुकरण एक प्रमुख साधन है। अक्सर बालक परिवार के सदस्यों जैसे भाई-बहन, माता-पिता, चाचा-चाची, दादा-दादी तथा साथियों को जैसा बोलते सुनता है, वैसा ही बोलने का अनुकरण करता है और कुछ प्रयासों के बाद वह वैसे ही बोलना प्रारम्भ कर देता है। इसी तरह बालक अन्य लोगों को लिखते-पढ़ते देख स्वयं भी लिखना-पढ़ना प्रारम्भ कर देता है। इस तरह से अनुकरण के माध्यम से बालकों में भाषा का विकास होता है। स्किनर ने भाषा सीखने की इस विधि पर अधिक बल डाला है। उन्होंने भाषा सीखने के एक विशेष मॉडल का भी निर्माण किया है जिसे अनुकरण तथा संशोधन मॉडल की संज्ञा दी गई है। इस मॉडल के अनुसार बालक वयस्कों के शब्दों, वाक्यों आदि को ध्यानपूर्वक सुनते हैं तथा उनका अनुकरण करते हैं। अगर वे सही-सही अनुकरण करने में समर्थ हो जाते हैं तो वयस्क उनके इस व्यवहार को उनकी प्रशंसा कर पुनर्बलित करते हैं। इससे बालक में उन शब्दों या वाक्यों को सीखने की प्रवृत्ति तीव्र हो जाती है। स्किनर की इस विचारधारा को भाषा विकास का सीखना सिद्धान्त भी कहा जाता है।

खेल Play

बालक अपनी पूर्व स्कूली अवस्था तथा स्कूली अवस्था के प्रारम्भिक कुछ वर्षों में तरह-तरह के खेल खेलते हैं जिसमें वे काफी आनन्द उठाते हैं। इन खेलों में टेढ़ी-मेढ़ी लकीरों को खींचना तथा खेल की सामग्रियों द्वारा अक्षर बनाना प्रधान है। मनोवैज्ञानिक अध्ययनों से पता चला है कि ऐसे खेलों में भाषा के अक्षरों को लिखना, पढ़ना तथा बोलना सीख लेता है।

कहानी सुनना Listening Stories

बालक वयस्कों, जैसे दादा-दादी, चाचा-चाची, माता-पिता तथा अन्य समकक्षी लोगों से कहानियाँ सुनना अधिक पसन्द करते हैं। टिनकर के अनुसार यदि बालकों को ऐसी कहानियाँ सुनाई जाती हैं जिनमें पशु पात्र के रूप में हों और जिनमें नैतिक एवं शैक्षिक तथ्य भरे हों तो उनसे भाषा विकास अधिक तीव्रता से होता है।

वार्तालाप तथा बातचीत Talking and Conversation

अपने साथियों एवं परिवार के सदस्यों के साथ बातचीत करके भी बालक भाषा को सीखते हैं। बातचीत में बालक विशेषकर उन बोलियों पर अधिक ध्यान देते हैं जो उनकी रुचि की होती हैं। इससे भाषा सीखने में सहूलियत होती है।

प्रश्नोत्तर Controversy

बालक स्वभाव से ही जिज्ञासु होते हैं। अपनी जिज्ञासा शान्त करने के लिए बालक घर में परिवार के सदस्यों तथा स्कूल में शिक्षकों तथा खेल के मैदान में साथियों से तरह-तरह के प्रश्न किया करते हैं। इन प्रश्नों का उत्तर पाकर वे

वस्तु का अर्थ समझते हैं तथा साथ-ही-साथ उनमें वैसे शब्दों को बोलने, लिखने तथा पढ़ने की प्रवृत्ति अधिक प्रोत्साहित होती है।

विकास की विभिन्न अवस्थाओं में भाषा विकास की विशेषताएँ Characteristics of Language Development in Various Stages of Development

बाल्यावस्था में भाषा विकास की विशेषताएँ

Characteristics of Language Development in Childhood

प्रथम तीन-चार वर्ष तक के बालक का दायरा अपने तक या अपने माता-पिता व भाई-बहनों तक सीमित रहता था, अत: उसकी भाषा में आत्मकेन्द्रित शब्दों का उच्चारण ही शामिल रहता था, जैसे शारीरिक क्रिया में बाधा आने पर माता को बुलाना या पुकारना, भूख लगने पर दूध माँगना या फिर प्यास लगने पर पानी माँगना आदि लेकिन आजकल तो 3 या 4 वर्ष की आयु में पाठशाला जाने लगता है, परिणामस्वरूप उसकी आस-पास की वस्तुओं व व्यक्तियों के प्रति जानकारी बढ़ती जाती है। वह यह जानना चाहता है कि जो कुछ उसके आस-पास घटित हो रहा है, वह क्यों हो रहा है? बाल्यकाल में चार वर्ष की अवस्था में बालक के पास सोलह सौ शब्द, साढ़े चार वर्ष की अवस्था में लगभग उन्नीस सौ शब्द और पाँच वर्ष की अवस्था में लगभग इक्कीस सौ शब्द हो जाते हैं। छठी कक्षा में पढ़ने वाले बालक का शब्द-भण्डार लगभग पचास हजार शब्द तथा हाईस्कूल में पढ़ने वाले बालक का शब्द-भण्डार अस्सी हजार शब्द का होता है।

पूर्व किशोरावस्था में भाषा विकास की विशेषताएँ

Characteristics of Language Development in Pre-Adolscence

पूर्व-किशोरावस्था में बालक में अनेक शारीरिक परिवर्तन होते हैं जिनके फलस्वरूप भिन्न प्रकार के संवेग पैदा होते हैं, जिसके कारण उसकी भाषा के विकास में कुछ विशेषताएँ आ जाती हैं, *जो निम्न हैं*

- इस अवस्था में किशोरों में साहित्य पढ़ने की रुचि उत्पन्न हो जाती है।
- शब्द-भण्डार भी इस अवस्था तक लगभग विस्तृत हो चुका होता है।
- इस अवस्था में किशोर गुप्त भाषा भी विकसित करते हैं, ऐसी भाषा को वे कोड (कूट) भाषा भी कहते हैं।
- इस अवस्था में किशोरों की संकल्पनाओं का भाषा के माध्यम से विकास हो जाता है।
- किशोरों के चिन्तन भी भाषा विकास को प्रभावित करते हैं।
- इस अवस्था में वह तर्क-वितर्क में भी भाषा का प्रयोग करता है।
- पूर्व-किशोरावस्था में बच्चा भाषा के प्रयोग के बारे में अधिकतर ज्ञान प्राप्त कर चुका होता है।

किशोरावस्था में भाषा विकास की विशेषताएँ

Characteristics of Languge Development in Adolscence

किशोरावस्था में किशोर का शब्दकोश विस्तृत हो जाता है। स्टैनफोर्ड-बिने मापदण्ड (Stanford-Binet Scale) द्वारा प्रतिपादित प्रतिमानों के अनुसार, किशोर का शब्द-चयन विस्तार इस क्रम में बढ़ता है 14 वर्ष की आयु पर नौ हजार शब्द, 16 वर्ष की आयु पर ग्यारह हजार सात सौ शब्द और 18 वर्ष की आयु पर तेरह हजार पाँच सौ शब्द। उच्च सामाजिक और आर्थिक स्थिति वाले परिवारों के बालकों के शब्द-चयन का विकास निम्न सामाजिक और आर्थिक स्थिति वाले परिवारों के बालकों की अपेक्षा अच्छा होता है। इस अवस्था में किशोर में जटिल वाक्यों के प्रयोग करने की शक्ति विकसित हो जाती है, जो उसकी भाषा प्रौढ़ता की ओर संकेत करती है। किशोरावस्था में किशोर शनै: शनै: शब्द के कई अर्थों को सीखना आरम्भ कर देता है और वह शब्द की सार्थकता तथा उसके विशेष महत्त्व को भी समझने लगता है। इस अवस्था में कल्पना का बाहुल्य होने के कारण किशोर कहानी, कविता, चित्र आदि के माध्यम से अपनी भावनाओं को व्यक्त करता है। उसमें साहित्य के अध्ययन की रुचि पैदा हो जाती है जो उसके भाषा विकास में बहुत सहायक होती है। किशोर अपनी अनेक बातों को गुप्त रखना चाहता है, उसके लिए वह गुप्त भाषा का प्रयोग करता है। गुप्त भाषा कुछ प्रतीकों के माध्यम से लिखी जाती है जिसके अर्थ में वह ही परिचित होता है। किशोर-किशोरियाँ अलग-अलग भाषा का प्रयोग किस प्रकार किया जाए, कैसे किया जाए आदि बातों का ज्ञान इस अवस्था में किशोर को हो जाता है। भाषा के माध्यम से किशोर में विचार शक्ति विकसित होती है और यह विचार शक्ति ही उसके भावी जीवन की तैयारी का प्रतीक होती है।

भाषा शिक्षण के सिद्धान्त

Principle of Language Teaching

भाषा मिश्रण का सिद्धान्त Principle of Multilingual

बालक जिस सामाजिक व्यवस्था में रहता है वहाँ से वह स्वयं सीखना शुरू कर देता है, शुरुआती दौर में वह अनुकरण द्वारा ध्वनियों को बोलना सीखता है। फिर दूसरों की ध्वनियों को समझकर उससे वार्तालाप करने की कोशिश करता है, बाद में वह उन क्रियाओं में व्यस्त हो जाता है जिसमें उसकी रुचि होती है। मिश्रण के समय भी बालक की इन स्वाभाविक रुचियों का ध्यान दिया जाना आवश्यक है, इससे बच्चा बड़ी सरलता से चीजों को ग्रहण कर लेता है। शिक्षण एक कला है और इस कला में प्रवीण होने के लिए अध्यापक को बालक की रुचियों, क्षमताओं, योग्यताओं एवं आवश्यकताओं आदि को ध्यान में रखकर शिक्षण कार्य सम्पन्न करना चाहिए। *इस प्रकार भाषा शिक्षण के सामान्य सिद्धान्त निम्न हैं*

रुचि का सिद्धान्त Principle of Interest

- किसी वस्तु को दिखाकर
- उनकी योग्यता और क्षमता के अनुसार प्रश्न पूछकर
- कक्षा खेल विधि का प्रयोग कर
- पूर्ण ज्ञान के आधार पर नये ज्ञान को जोड़कर
- ज्ञान को बालकों के जीवन के साथ जोड़कर

क्रिया का सिद्धान्त Principle of Activity

शिक्षण के दौरान बालकों को अधिक-से-अधिक क्रियाशील रखकर शिक्षण उद्देश्य को प्राप्त किया जा सकता है। **जैसे**

- कक्षा में पढ़ाते समय आदर्शवाचन के पश्चात् बालकों से अनुकरण वाचन कराकर सक्रिय कर सकता है।
- बालकों को मौखिक वार्तालाप, प्रश्नोत्तर, घटना-वर्णन, कहानी कहना व सुनना आदि क्रियाओं द्वारा क्रियाशील रख सकता है।
- अर्जित ज्ञान लिखित रूप में अभिव्यक्त करने का अवसर देकर सक्रिय कर सकता है।

स्वाभाविकता का सिद्धान्त Principle of Instinctivity

बालक अपनी माता या पिता की गोद से ही भाषा सीखना आरम्भ करता है जैसे-जैसे वह बढ़ता है, आस-पास के वातावरण से सीखकर ज्ञान में वृद्धि करता है। इस प्रकार वह सुनना व बोलना सीख जाता है।

वैयक्तिक भिन्नता का सिद्धान्त
Principle of Individual Differences

कक्षा में जितने बालक (विद्यार्थी) होते हैं सभी की बौद्धिक क्षमता अलग-अलग होती है, इसलिए सभी की रुचि भी अलग-अलग होती है। तब सीखने की क्षमता भी अलग होती है इसलिए शिक्षक को उनकी भिन्नताओं, रुचियों और योग्यताओं को ध्यान में रखकर शिक्षण कार्य सम्पन्न करना चाहिए।

अनुपात और क्रम का सिद्धान्त Principle of Ratio and Series

भाषा के दो रूप लिखित और मौखिक होते हैं। मौखिक पर अधिकार प्राप्त करने के लिए बालक सुनता है और बोलता है तथा लिखित रूप पर अधिकार प्राप्त करने के लिए पढ़ने और लिखने के कौशल का अर्जन करता है।

बालक का सामाजिक विकास
Social Development of Child

सामाजिक विकास का तात्पर्य यह है कि सामाजिक आशाओं के अनुरूप व्यवहार करने की क्षमता का विकास करना। **हरलॉक** के अनुसार, सामाजिक सम्बन्धों में परिपक्वता की प्राप्ति सामाजिक विकास है। **सोरेन्सन** के अनुसार, सामाजिक परिपक्वता व्यक्ति को मित्र बनाने और भिन्नता बनाए रखने की योग्यता द्वारा प्रकट होती है।

जन्म से कोई व्यक्ति सामाजिक नहीं होता। सामाजिकता का विकास करना पड़ता है। बालक ज्यों-ज्यों बड़ा होता है वह सामाजिक परम्परा को समझकर उसके अनुकूल अपने को बनाने लगता है। **मारगरेट मीड** के अध्ययन से यह निष्कर्ष निकलता है कि सामाजिक व्यवहार सीखा हुआ व्यवहार होता है। **मिलर** और **डोलार्ड** ने अपने अध्ययन से यह निष्कर्ष निकाला है कि दो-तीन साल की उम्र में बच्चे अचेतन अनुकरण द्वारा सामाजिक व्यवहार सीखते हैं। **लिप्पिट** ने कहा है कि एक समूह का सदस्य अन्य सदस्यों का अचेतन अनुकरण करता है। इस प्रकार बालक समाजीकरण की प्रक्रिया द्वारा किसी समूह का सदस्य बन जाता है। वह अपने सामाजिक क्षेत्र को व्यापक बनाकर अन्य सांस्कृतिक समूहों के साथ भी मिल-जुलकर रह लेता है। सामाजिक विकास के ये दोनों आयाम हैं—समाजीकरण और सामाजिक क्षेत्र का विस्तार।

सामाजिक विकास को समझने का एक तीसरा आयाम है 'सामाजिक भूमिका'। भूमिका सांस्कृतिक इकाई है और व्यवहार की अपेक्षा से सम्बद्ध है। अपनी सामाजिक स्थिति के अनुरूप प्रत्येक व्यक्ति से एक निश्चित व्यवहार की अपेक्षा की जाती है। ज्यों-ज्यों बालक बड़ा होता जाता है वह अनेक प्रकार की भूमिकाओं को निभाना सीख लेता है। सामाजिक समंजन की समस्या जटिल होती है। बालक में यह क्षमता कम होती है। किशोर भी धीरे-धीरे सामाजिक सामंजस्य की क्षमता प्राप्त करता है, किन्तु किशोर में सामाजिक सामंजस्य की चेतना स्पष्ट रूप से परिलक्षित होती है।

मानव सामाजिक व्यवहार एक सापेक्ष प्रत्यय है और इसका निर्धारण अनेक दृष्टिकोणों से करना पड़ता है। कुछ सामाजिक मापदण्ड नैतिक होते हैं तो कुछ मनोवैज्ञानिक या न्यायिक या सांख्यिकीय होते हैं। विभिन्न समुदायों के मानकों के सूक्ष्म निरीक्षण के पश्चात् ही सामाजिक व्यवहार का कोई मानदण्ड निश्चित किया जा सकता है, किन्तु यह मानदण्ड निरपेक्ष नहीं होगा।

सामाजिक विकास की प्रक्रिया में दो वर्ष तक का बालक प्राय: आत्मकेन्द्रित होता है और दो वर्ष के बाद वह अपने ही लिंग के साथियों के साथ खेलने में रुचि लेने लगता है। किशोरावस्था में बालक बालिकाओं के साथ और बालिकाएँ बालकों के साथ मैत्री करने के इच्छुक होते हैं और भिन्न लिंगी व्यक्ति में रुचि लेने लगते हैं। सांस्कृतिक प्रतिरोधों के कारण कभी-कभी किशोरावस्था में तनाव उत्पन्न हो जाता है और कुछ बालक बालिकाओं का सामाजिक विकास अवरुद्ध हो जाता है। किशोरावस्था में सामाजिक चेतना का उदय स्पष्टत: परिलक्षित होता है।

सामाजिक विकास का शैक्षिक निहितार्थ
Social Development of Educational Implication

सामाजिक विकास का शिक्षा की दृष्टि से निहितार्थ अन्य बातों के अतिरिक्त समाजीकरण की प्रक्रिया को द्रुतगति प्रदान करना है। बालक के सामाजिक विकास में विद्यालय का बहुत महत्त्व है। जैसे ही शिशु विद्यालय पहुँचता है, शिक्षिका माँ का स्थान ग्रहण कर लेती है। बच्चा स्कूल में पर्याप्त समय बिताता है। अत: उसके विकास में स्कूल का स्थान घर के बाद सर्वोच्च है।

छात्र के व्यक्तित्व पर शिक्षक का प्रभाव पड़ता है। छात्र के सोचने के ढंग, व्यवहार को सुधारने के ढंग, गलती को स्वीकार करने का ढंग, लोगों से मिलने-जुलने व बातचीत के ढंग पर विद्यालय की छाप रहती है। इस प्रकार विद्यालय समाज की सामान्य संस्कृति को बालक में हस्तान्तरित कर देता है। शिशु विद्यालयों में तो मानसिक विकास की अपेक्षा सामाजिक एवं संवेगात्मक विकास को ही मुख्य उद्देश्य माना जाता है। प्रारम्भिक विद्यालयों में बालक मित्रों के साथ बैठकर, खेलकर पढ़-लिखकर अनेक बातें सीखते हैं। अत: शिक्षक को कक्षा के अन्दर के बाल-समूहों को उचित निर्देश देते रहना चाहिए।

शिक्षा द्वारा यह प्रयास होना चाहिए कि बालक में सामाजिक कुशलता का विकास हो, वह उचित सामाजिक समायोजन कर सके, वह समाजीकरण में उन्नति करे, अपनी सामाजिक स्थिति को पहचाने और तदनुसार सामाजिक भूमिका निभाए तथा सामाजिक आचरण के उच्च मापदण्ड को अपनाएँ।

बालक का संवेगात्मक विकास
Emotional Development of Child

शिशु में संवेग का प्रथम सामान्य लक्षण साधारण उत्तेजना के रूप में दृष्टिगोचर होता है। बालक के विकास के साथ-साथ संवेगों के विशिष्ट प्रतिमान स्पष्ट होने लगते हैं। **ब्रिजेस** के अनुसार, तीन माह के शिशु में प्रसन्नता और अप्रसन्नता के संवेगात्मक व्यवहार होने लगते हैं। छ: माह में अप्रसन्नता भय, घृणा और क्रोध का रूप धारण कर लेती है और अट्ठारह माह में ईर्ष्या भी प्रकट हो जाती है। एक वर्ष की आयु में प्रसन्नता सुख व प्रेम में प्रकट हो जाती है। ब्रिजेस के अनुसार डेढ़ साल की उम्र तक शिशु में वे सभी संवेग प्रकट होने लगते हैं जिनकी अनुभूति प्रौढ़ जीवन में होती है। मुस्कराना, प्रसन्नता में 'ऊँ, ऊँ, ऊँ' करना चार माह तक के शिशु में प्रारम्भ हो जाता है। चार माह का बालक ध्यान आकृष्ट करने के लिए चिल्लाता है, जबकि उसके पूर्व केवल भूख प्यास प्रकट करने के लिए। **गुडइनफ** के अनुसार बालक दो वर्ष की आयु में नहाने, खाने और कपड़ा पहनने जैसी दैनिक आदतों के सन्दर्भ में क्रोध करने लगता है। **जॉन्स** ने प्रयोग करके दिखाया कि दो वर्ष का शिशु साँप से नहीं डरता है।

एक उद्दीपक से संवेगात्मक अनुभूति एक समय हो सकती है, किन्तु यह आवश्यक नहीं कि वह उद्दीपक सदा एक ही संवेग को उत्तेजित करे। संवेगात्मक विकास परिपक्वता और अधिगम का परिणाम है। ज्यों-ज्यों बालक प्रौढ़ता की ओर उन्मुख होता है त्यों-त्यों भावात्मक या संवेगात्मक विकास का प्रतिमान निश्चित होता है। संवेगात्मक विकास की दिशा सामान्य से विशिष्ट की ओर होती है।

संवेगों एवं भागों के प्रकाशन की विधि भिन्न-भिन्न होती है। इस भिन्नता का कारण परिपक्वता व अभिमान है। यदि संवेगों के प्रकाशन में बचकानापन होता है, *तो उसके कारण के रूप में प्राय: ये कारक होते हैं*

1. अस्वस्थता
2. थकान
3. भावुक व्यक्तियों की संगति
4. अत्यधिक अनुशासन
5. इच्छाओं का अनदमन और
6. किसी परिस्थिति में तैयारी का अभाव। छात्रों को इन स्थितियों से यथासम्भव बचाना चाहिए।

किशोरावस्था में संवेगों के विषय विपरीत लिंगी विषयों से प्रभावित होते हैं। किशोरों के प्रेम, घृणा, चिन्ता, ईर्ष्या के विषय रूप में किशोरियाँ और किशोरियों के संवेगों के पात्र प्राय: किशोर हुआ करते हैं। लड़कियों में प्रथम रजोदर्शन भय का स्रोत हो सकता है।

संवेगात्मक विकास में शैशव काल का बहुत महत्त्व है। मनोविश्लेषणविदों के अनुसार तो भावी संवेगात्मक जीवन की आधारशिला शैशव में ही रख दी जाती है। शैशव में ही ममता के व्यवहार का कड़ा प्रभाव पड़ता है। प्रारम्भिक वर्षों में माता का स्नेहपूर्ण व्यवहार बालक के संवेगात्मक विकास में सहायक होता है। मातृ-प्रेम से वंचित बालक आगे चलकर असामाजिक होने की प्रवृत्ति दिखाता है।

संवेगात्मक विकास का शैक्षिक निहितार्थ Emotional Development of Educational Implication

शिक्षा का उद्देश्य बालक का केवल मानसिक विकास करना नहीं वरन् उसे संवेगात्मक परिपक्वता के लिए तैयार करना भी है। बालक का संवेगात्मक विकास उसके अन्य विकासों को भी प्रभावित कर देता है। अध्यापकों का यह कर्त्तव्य है कि बालकों के संवेगों का अध्ययन करें और उन संवेगों के विकास को उचित दिशा प्रदान करें। अधिगम को भी संवेग प्रभावित कर देते हैं। अत: अधिगम में अधिकतम निष्पत्ति के लिए संवेगों पर नियन्त्रण आवश्यक है। संवेगात्मक विकास के उपयुक्त विवरण से यह निहितार्थ स्पष्ट हो जाता है कि शिक्षा के सभी स्तरों में पूर्व-प्राथमिक और प्राथमिक स्तर अधिक महत्त्वपूर्ण होता है। अत: इन स्तरों पर पुरुषों की अपेक्षा स्त्रियाँ शिक्षण कार्य अधिक सफलता से कर सकती हैं। अध्यापिकाओं का व्यवहार इस स्तर पर प्रेमपूर्ण होना चाहिए जिससे बालकों का समुचित विकास हो सके।

माध्यमिक विद्यालयों व उच्च संस्थाओं में छात्रों के संवेगात्मक जीवन को प्रभावित करने वाले अनके कारकों में एक प्रमुख कारक है—अध्यापकों का पारस्परिक सम्बन्ध, उनका छात्रों से सम्बन्ध और उनका प्राचार्य से सम्बन्ध। इस दृष्टि से इस स्तर पर शिक्षकों को सावधान रहना चाहिए। संवेगात्मक विकास को उचित दिशा नाटक, अभिनय, खेल, परिभ्रमण, देश-दर्शन, स्काउटिंग, सांस्कृतिक कार्यक्रम, कवि सम्मेलन, मुशायरा आदि से भी मिलती है। अत: विद्यालयों में इस प्रकार की पाठ्यक्रम सहभागिनी क्रियाओं की समुचित व्यवस्था होनी चाहिए।

मानसिक विकास का महत्त्व

बालक के मानसिक विकास का शिक्षा की दृष्टि से क्या महत्त्व है, इसका संकेत बीच-बीच में दिया जा चुका है। बाल्यावस्था में बालक में अमूर्त चिन्तन नाममात्र के लिए ही होता है। अत: अध्यापक का यह कर्त्तव्य है कि कक्षा में बालकों को स्थूल एवं मूर्त पदार्थों के सन्दर्भ की समस्याएँ प्रस्तुत करें। गणित सीखने में अमूर्त चिन्तन को मूर्त बनाने के लिए रेखाचित्र और श्यामपट का प्रचुरता से प्रयोग होना चाहिए। इतिहास, भूगोल आदि विषयों में मानचित्रों का प्रयोग भी इस दृष्टि से लाभदायक होगा, किन्तु बालकों को यहीं तक सीमित करना ठीक नहीं होगा। उनका मानसिक विकास शिक्षण द्वारा सही दिशा पाता है। किशोरावस्था तक अमूर्त चिन्तन की ओर उन्हें प्रेरित करना चाहिए।

मानसिक विकास को महत्त्व देते हुए कुछ शिक्षाशास्त्रियों ने मानसिक उद्बोधन को ही शिक्षा कहा है, किन्तु शिक्षा को केवल मानसिक जागरण का ही साधन नहीं माना जा सकता। यद्यपि उसका महत्त्वपूर्ण उद्देश्य यह अवश्य है कि बालक का बौद्धिक विकास समुचित ढंग से हो सके।

सृजनात्मकता Creativity

सृजनात्मकता मौलिक चिन्तन, नये प्रकार के संगठन, अलग प्रकार का चिन्तन एवं व्यवहार, पुरानी समस्याओं के नवीन समाधानों, नये सम्बन्धों का देखना अथवा व्याख्या, लोचशीलता तथा जीवन के भिन्न क्षेत्रों में नवीन दृष्टिकोण अपनाना है। सृजनकर्ता के लिए कोई भी मौलिक विचार अथवा व्याख्या सृजनात्मकता का उदाहरण है। इस प्रकार सृजनात्मकता चिन्तन, सामाजिक अन्त:क्रिया की विधियों अथवा अध्ययन, कार्य अथवा खेल में सम्भव है।

सृजनात्मकता के प्रकार Types of Creativity

टेलर महोदय द्वारा सृजनात्मकता के निम्नलिखित प्रकार बताए गए हैं

आविष्कारात्मक सृजनात्मकता इस प्रकार की सृजनात्मकता में आविष्कार, अन्वेषक, खोज सामग्री तथा विधियों के साथ वास्तविकता का प्रयोग करके किसी नई चीज की खोज की जाती है।

नवाचारित सृजनात्मकता नये और मौलिक अर्थ खोजने, नये संप्रत्यय देने, नई परिभाषा देने आदि से सम्बन्धित सृजनशीलता को नवाचारित सृजनशीलता कहा जाता है।

अभिव्यक्त्यात्मक सृजनशीलता इस प्रकार की सृजनात्मकता में केवल अभिव्यक्ति को महत्त्व दिया जाता है, जैसे बच्चों द्वारा की गई पेण्टिंग आदि। यह एक ऐसी स्वतन्त्र अभिव्यक्ति वाली सृजनात्मकता है जिसमें कौशल, गुणात्मक स्तर और मौलिकता को महत्त्व नहीं दिया जाता।

उत्पादक सृजनात्मकता इस प्रकार की सृजनात्मकता में कलात्मक और वैज्ञानिक वस्तुओं को पैदा करने की प्रवृत्ति को शामिल किया गया है। इस प्रकार की सृजनात्मकता में स्वतन्त्रता पर अंकुश लगाकर ही विभिन्न वस्तुएँ तैयार की जाती हैं।

आपातित सृजनशीलता इस प्रकार की सृजनात्मकता में आपातकाल में, अल्प समय में, तुरन्त सूझ-बूझ से किसी समस्या का नया एवं मौलिक हल खोजना, कार्य करना, विचार देना शामिल है। इसके लिए अत्यधिक उच्च दृष्टि और बौद्धिक योग्यता की आवश्यकता होती है।

सृजनात्मक बालक Creative Child

नवीन एवं मौलिक विचारों, क्रियाओं, कल्पनओं और आविष्कारों की योग्यता रखने वाले बालकों को सृजनात्मक बालक कहते हैं।

सृजनात्मक बालकों के सम्बन्ध में प्रचलित कुछ प्रमुख परिभाषाएँ निम्नवत् हैं

टारेन्स के अनुसार, "सृजनात्मक समस्याओं की अपर्याप्तताओं के ज्ञान का अभाव, खोए तत्त्वों, असामंजस्यताओं आदि के प्रति संवेदनशील होने की प्रक्रिया है।"

गिलफोर्ड के अनुसार, "सृजनात्मक बालकों में अधिकतर सामान्य विशेषक होते हैं जो न केवल मौलिकता के गुणों को शामिल करता है अपितु उनमें नम्यता, प्रवाहता और प्रेरणात्मक एवं स्वभाव विशेषक भी शामिल होते हैं।"

आइजंक एवं साथियों के अनुसार, "सृजनात्मक बालक नये सम्बन्धों के ज्ञान को इसकी उत्पत्ति में चिन्तन के परम्परागत तरीकों से हटकर असाधारण विचार उत्पन्न करने की योग्यता रखता है।"

सृजनात्मक बालकों की विशेषताएँ

- मेकीनन के अनुसार सृजनशील बालको की रुचि, अर्थों, प्रतीकों और उनमें निहित अर्थों में अधिक होती है।
- इनमें उच्च सैद्धान्तिक एवं कलात्मक मूल्य होते हैं।
- सृजनशील बालक अधिक स्वतन्त्र होते हैं।
- सृजनशील बालक प्रभुत्वपूर्ण होते हैं।
- सृजनशील बालक आमूल परिवर्तनवादी, अन्तर्मुखी एवं आत्मनिर्भर होते हैं।
- सृजनशील बालकों में मौलिकता का गुण पाया जाता है।
- सृजनशील बालकों की बुद्धि लब्धि 120 से ऊपर होती है।
- सृजनशील बालकों में अधिक तीव्र इच्छा शक्ति, आत्मनियन्त्रण, दूरदर्शिता के गुण पाए जाते हैं।
- ऐसे बालक अपनी प्रतिष्ठा को सर्वश्रेष्ठ मानते हैं।
- सृजनशील बालकों में विचित्र तथा अनूठे विचारों का जन्म होता रहता है।

सृजनात्मक बालक की पहचान
Identity of Creative Child

शैक्षिक दृष्टि से सृजनात्मक बालकों को पहचानना तथा उनकी सृजनात्मक अभिव्यक्ति को सही दिशा देने के साथ-साथ उसके सर्वोत्तम विकास का मार्ग प्रशस्त करना अत्यन्त महत्त्वपूर्ण है। मनोवैज्ञानिकों ने सृजनात्मकता का अध्ययन करके सृजनात्मक बालकों को पहचानने के लिए कुछ विशेषताओं को ज्ञात करने के प्रयास किए हैं। जैसे **टोरेन्स** ने अनेक सृजनात्मक व्यक्तियों के व्यवहारों का विशद अध्ययन करने के उपरान्त, सृजनात्मक व्यक्ति की 84 व्यक्तित्व विशेषताओं की एक सूची तैयार की थी। सृजनात्मकता के मापन में सृजनात्मक व्यक्तित्व की परिचायक ये 84 विशेषताएँ महत्त्वपूर्ण व सार्थक भूमिका अदा कर सकती हैं।

इनमें से सृजनात्मकता की पहचान करने हेतु कुछ विशेषताएँ निम्नवत् हैं

- अव्यवस्था को स्वीकारना
- दृढ़ भावात्मकता
- अव्यवस्था की ओर आकर्षण
- रचनात्मक आलोचना
- परार्थोन्मुख
- रहस्यात्मक खोजों के प्रति आकर्षित होना
- साहसिक
- जोखिम उठाना
- अन्यों के प्रति जागरुकता
- कठिन कार्यों को करना
- तीव्र व अन्तर्विवेकशील परम्पराएँ
- सदैव परेशान रहना
- झेंपू या लज्जालू
- सौजन्य की परम्पराओं को स्पष्ट करना
- स्वास्थ्य की परम्पराओं को स्पष्ट करना
- श्रेष्ठ बनने की इच्छा
- दृढ़ निश्चय

सृजनात्मक बालकों की शिक्षा Education of Creative Children

सृजनात्मकता का शिक्षा के क्षेत्र में विशेष स्थान है। शिक्षा के द्वारा बालकों की सृजनात्मक शक्तियों का विकास किया जा सकता है जिसके द्वारा व्यक्ति जीवन के विभिन्न क्षेत्रों में सफलता प्राप्त कर सकता है।

सृजनात्मकता के विकास के लिए बालकों की शिक्षा व्यवस्था किस प्रकार से की जानी चाहिए? यह एक महत्त्वपूर्ण प्रश्न है।

सृजनात्मकता को प्रोत्साहित करने के लिए मनोवैज्ञानिकों ने अनेक सुझाव दिए हैं जिनमें से कुछ प्रमुख सुझाव निम्नवत् हैं

- शाब्दिक परीक्षण में शब्दों में उत्तर देना होता है। कभी-कभी चित्र दिखाकर बालक से विभिन्न जानकारियाँ माँगी जाती हैं। इसके अलावा बालकों से पूछा जा सकता है कि जैसे क्या होगा यदि प्रत्येक हाथ में सिर्फ दो अँगुलियाँ हों?
- इस प्रकार की स्थितियाँ देने से बालक विभिन्न प्रकार की कल्पनाएँ करता है। इन कल्पनाओं में जितना अधिक प्रवाह, विविधता, मौलिकता तथा विस्तरण होगा वह बालक उतना ही अधिक सृजनशील होगा।
- बालकों मे सृजनात्मकता का विकास करने के लिए यह आवश्यक है कि उनके अध्यापक भी सृजनात्मक प्रवृत्ति के हों दूसरे शब्दों में कहा जा सकता है कि अध्यापकगण साहित्य, विज्ञान, कला आदि विभिन्न क्षेत्रों में तरह-तरह के सृजनात्मक कार्य प्रस्तुत करके अपने बालकों की सृजनात्मक अभिव्यक्ति को प्रोत्साहित करने में समर्थ होने चाहिएँ।
- सृजनात्मकता के विकास में अध्यापक महत्त्वपूर्ण भूमिका निभा सकते हैं। यदि शिक्षक सृजनात्मकता के परीक्षणों जैसी स्थितियाँ बार-बार प्रस्तुत करेंगे तब सृजनात्मकता विकसित हो सकती है। सृजनात्मकता के लिए कुछ शाब्दिक स्थितियाँ हो सकती हैं, घर की कुछ निरुपयोगी वस्तुएँ **जैसे** माचिस, सिगरेट के खाली डिब्बे, साबुन के रेपर, रंगीन कागज की कतरन, पुराने पोस्टकार्ड, ग्रीटिंग कार्ड, पाउडर के डिब्बे, शीशियों के कार्क, ढक्कन, आलपिन आदि का उपयोग सृजनात्मकता के विकास के लिए किया जा सकता है।

सृजनात्मक बालक हेतु परीक्षण Test of Creative Child

सृजनात्मकता की पहचान के लिए गिलफोर्ड ने अनेक परीक्षणों का निर्माण किया है। ये परीक्षण निरन्तरता, लोचनीयता, मौलिकता तथा विस्तार का मापन करते हैं।

प्रमुख परीक्षण इस प्रकार हैं

1. **चित्रपूर्ति परीक्षण** चित्रपूर्ति परीक्षण में अपूर्ण चित्रों को पूरा करना पड़ता है।
2. **वृत्त परीक्षण** इस परीक्षण में वृत्त में चित्र बनाए जाते हैं।
3. **प्रोडक्ट इम्पूवमेन्ट टास्क** चूने के खिलौनों द्वारा नूतन विचारों को लेखबद्ध करके सृजनात्मकता पर बल दिया जाता है।
4. **टिन के डिब्बे** खाली डिब्बों से नवीन वस्तुओं का सृजन कराया जाता है।

सृजनात्मकता के सिद्धान्त Principles of Creativity

सृजनात्मकता के सिद्धान्त इस प्रकार हैं

मनोविश्लेषणात्मक सिद्धान्त इस सिद्धान्त का आधार फ्रायड एवं जुंग की धारणाएँ हैं। रुचि के सशक्त विचलन, प्रतिस्थापन तथा उत्तेजनात्मक उपादान व्यक्ति को नवीन कार्य के लिये प्रेरणा देते हैं। पूर्व चेतना के विकास पर ही सृजनात्मकता निर्भर करती है।

सम्बद्धता का सिद्धान्त पुराने विचारों से नये विचारों का निर्माण होता है। अत: अधिक सम्बद्धता, अधिक विचारों और अधिक सृजनात्मकता का उदय होता है। सृजनात्मक व्यक्ति नई सम्बद्धता बनाता है अथवा पुरानी को मान्यता प्रदान करता है।

गेस्टाल्ट का सिद्धान्त सृजनात्मकता प्रतिरूपों अथवा गेस्टाल्टों की पुनर्संरचना मात्र है। सृजनात्मक चिन्तन समस्यात्मक स्थिति से आरम्भ होता है। सृजनात्मकता में केन्द्रीय बिन्दु का परिवर्तन, अर्थ का परिवर्तन और अनूठी व्यवस्था निहित है। इसमें अन्तर्दृष्टि शामिल है जोकि नये विचारों के एकदम उत्पन्न होने का कारण है।

अस्तित्ववादियों का सिद्धान्त अस्तित्ववादियों ने गेस्टाल्ट सिद्धान्त के समान ही सिद्धान्त प्रस्तुत किया है। उनके अनुसार सृजनात्मकता में नवीन पदार्थों का प्रत्यक्ष ज्ञान शामिल है तथा समझ के लिए संघर्ष।

सृजनात्मकता अन्तर्ज्ञान के रूप में सृजनात्मकता अत्यधिक उन्नत अन्तर्ज्ञान का रूप है। सृजनात्मक व्यक्तियों की एक असाधारण जाति जोकि सीधे रूप में तथा तत्काल अन्त:दृष्टि रखती है। कांट ने कहा है कि सृजनात्मकता प्राकृतिक है इसलिए इसे सिखाया नहीं जा सकता। सृजनात्मकता बुद्धि से अधिक विकसित की जा सकती है।

दैविक प्रेरणा का सिद्धान्त प्लेटो के अनुसार एक सृजनात्मक लेखक स्वयं के नियन्त्रण में नहीं होता। किन्तु श्रेष्ठ शक्ति का एजेन्ट बन जाता है। अधिकांश कलाकारों को इस प्रकार की भावनाओं का अनुभव हो चुका है जिसमें वे अनुभव करते हैं कि किसी उच्चतर शक्ति के हाथों की कठपुतली हैं जोकि उनमें से सर्वश्रेष्ठता को निचोड़ रही है। आत्मनिष्ठ अनुभव होने के कारण यह वैज्ञानिक विश्लेषण की परिधि में नहीं आता।

सृजनात्मकता कॉस्मिक जीवन शक्ति के रूप में डार्विन का विकास का सिद्धान्त दर्शाता है कि मानवीय सृजनात्मकता सृजनात्मक शक्ति का प्रकटीकरण है जो कि जैव पदार्थ के जीवन में निहित है। निरन्तरता नई जातियों को उत्पन्न करती है जोकि अनुपम, अभूतपूर्व, आवृत्ति के बिना तथा अपरिवर्तनीय है। इससे एक कदम और आगे चलें तो मानवी सृजनात्मकता को सार्वभौमिक अभिव्यक्ति के रूप में भी माना गया है।

सृजनात्मकता पागलपन के रूप में नीत्शे के अनुसार सृजनात्मकता पागलपन के समान है। लॉम्ब्रासो ने ऐसे अनेक सृजनात्मक व्यक्तियों के उदाहरण प्रस्तुत किए हैं जोकि पागल अथवा उन्मादी थे। किन्तु दोनों में कोई सम्बन्ध दिखाई नहीं देता। यह अलग बात है कि एक सृजनात्मक व्यक्ति पागल दिखाई देता है किन्तु वह होता नहीं। सृजनात्मक व्यक्ति पागल नहीं हो सकता। वास्तव में सामान्य व्यक्तियों को सृजनात्मक व्यवहार पागलपन जैसा दिखाई दे सकता है।

प्रैक्टिस जोन

1. बच्चा किस प्रकार सीखता है?
(a) पुस्तकें पढ़कर (b) परिचर्चा द्वारा
(c) प्रश्न पूछकर (d) कई प्रकार से

2. निम्न में सर्वोत्तम कथन कौन-सा है? एक अच्छा अध्यापक
(a) अध्यापन के लिए व्याख्यान विधि का प्रयोग करता है
(b) सदैव प्रदर्शन के माध्यम से सिखाता है
(c) विद्यार्थियों को सदैव सीखने के लिए प्रेरित करता है
(d) विद्यार्थियों को सदैव अनुशासन में रखता है

3. एक अध्यापक की दृष्टि से कौन-सा कथन सर्वोत्तम है?
(a) प्रत्येक बच्चा सीख सकता है
(b) कुछ बच्चे सीख सकते हैं
(c) अधिकतर बच्चे सीख सकते हैं
(d) बहुत कम बच्चे सीख सकते हैं

4. सीखने की प्रक्रिया में विद्यार्थी द्वारा की गई त्रुटियों के सम्बन्ध में, आपकी दृष्टि में, निम्न में कौन-सा कथन सर्वोत्तम है?
(a) विद्यार्थी को कभी भी त्रुटियाँ नहीं करनी चाहिए
(b) त्रुटियाँ अधिगम प्रक्रिया का भाग हैं
(c) विद्यार्थी की लापरवाही के कारण त्रुटियाँ होती हैं
(d) कभी-कभी विद्यार्थी त्रुटियाँ कर सकता है

5. एक कॉलेज जाने वाली लड़की ने फर्श पर कोट फेंकने की आदत डाल ली है। लड़की की माँ ने उससे कहा कि कमरे से बाहर जाओ और कोट को खूँटी पर टाँगो। लड़की अगली बार घर में प्रवेश करती है, कोट को हाथ पर रख कर अलमारी की तरफ जाकर कोट को खूँटी पर टाँग देती है। यह उदाहरण है
(a) श्रृंखलायत अधिगम का (b) उद्दीपन-अनुक्रिया अधिगम का
(c) प्रत्यय अधिगम का (d) ये सभी

6. अधिगम को प्रभावित करने वाला व्यक्तिगत कारक है
(a) संचार के साधन (b) समवयस्क समूह
(c) अध्यापक (d) परिपक्वता एवं आयु

7. अधिगम निर्योग्यता का लक्षण है
(a) भागने की प्रवृत्ति होना
(b) अशान्त, ऊर्जावान एवं विध्वंसक होना
(c) अवधान सम्बन्धी बाधा/विकार
(d) अभिप्रेरणा का अभाव

8. रचनात्मक लेख का नियोजन होना चाहिए
(a) केवल उन छात्रों के लिए जो कक्षा स्तर पर पढ़ते हैं
(b) केवल उन छात्रों के लिए जो लम्बे वाक्य को लिख सकते हैं
(c) केवल उन छात्रों के लिए जो समाचार-पत्र के लिए लिखना चाहते हैं
(d) सभी छात्रों के लिए

9. सीखने के वे कौन-से कारक हैं जो सीखने को प्रभावित करते हैं?
(a) शिक्षार्थी का शारीरिक व मानसिक स्वास्थ्य
(b) प्रेरणा और उपलब्धि का अभिप्रेरण स्तर
(c) उत्सुकता और इच्छाशक्ति
(d) उपरोक्त सभी

10. सीखने के संज्ञानात्मक सिद्धान्त का प्रतिपादन किसने किया था?
(a) कोहलर ने (b) टालमैन ने
(c) वुडवर्थ ने (d) इनमें से कोई नहीं

11. सीखी गई अनुक्रिया की अभिव्यक्ति जब व्यवहार के रूप में होती है, तो उसे कहा जाता है
(a) अभ्यसन (b) अनुकूलन (c) निष्पादन (d) मूल प्रवृत्ति

12. 'करके सीखना' निम्न में से किस अवस्था के लिए उपयुक्त है?
(a) शैशवावस्था (b) बाल्यावस्था (c) किशोरावस्था (d) ये सभी

13. बच्चों के सीखने में परिवार का योगदान होता है
(a) परिवार सामाजिक जीवन की प्रथम पाठशाला है
(b) परिवार में ही बच्चा आधारभूत जानकारी पाता है
(c) परिवार का वातावरण, अनुशासन, परिवेश एवं देखभाल महत्त्वपूर्ण है
(d) परिवार सभी आवश्यकताओं की पूर्ति का माध्यम है

14. जब बच्चा दूसरों के कार्य या व्यवहार को देखकर उसी तरह कार्य या व्यवहार करता है, तो उसे कहते हैं
(a) प्रेरणा (b) मूल प्रवृत्ति (c) अनुकरण (d) अनुबन्धन

15. बालकों में स्वाध्याय की आदत के विकास का सर्वोत्तम तरीका है
(a) उपयुक्त स्थान (b) छात्रों को पढ़ने को कहना
(c) छात्रों के सामने स्वयं पढ़ना (d) छात्रों से बिल्कुल बात न करना

16. किसी बच्चे में सीखने के लिए किस नियम का होना आवश्यक है?
(a) रटने का नियम (b) तत्परता का नियम
(c) बहुप्रतिक्रिया का नियम (d) व्यवस्थित प्रक्रिया का नियम

17. बच्चे किस कारण से विद्यालयी उपलब्धियों में असफल होते हैं?
(a) तत्परता में कमी के कारण (b) अभ्यास में कमी के कारण
(c) पारिवारिक कलेश के कारण (d) ये सभी

18. बच्चों में सीखने से सम्बन्धित 'प्रबलन का सिद्धान्त' निम्न में से किसकी देन है?
(a) स्किनर (b) हल (c) हेगरटी (d) पॉवलाव

19. कोह्लर का अधिगम का सिद्धान्त निम्न नाम से जाना जाता है
(a) प्रयास व त्रुटि का सिद्धान्त (b) पुनर्बलन का सिद्धान्त
(c) अन्तर्दृष्टि का सिद्धान्त (d) उद्दीपन अनुक्रिया का सिद्धान्त

20. थॉर्नडाइक का सीखने का मुख्य नियम नहीं है
(a) परिणाम का नियम (b) सदृशीकरण का नियम
(c) अभ्यास का नियम (d) तत्परता का नियम

21. कक्षा-कक्ष में अधिगम करने का महत्त्वपूर्ण नियम है
(a) अभ्यास का नियम (b) उपस्थिति का नियम
(c) रटने का नियम (d) पाठ्य-वस्तु की नकल करने का नियम

22. 'फ्रायड' ने विकसित किया
(a) सीखने का नियम (b) गुरुत्वाकर्षण का नियम
(c) भूल एवं प्रयास का नियम (d) मनोविश्लेषणवाद

23. पियाजे की औपचारिक संक्रियात्मक अवस्था बालक की किस आयु अवधि तक मानी जाती है?
(a) 0-2 वर्ष (b) 2-7 वर्ष
(c) 7-11 वर्ष (d) 11-15 वर्ष

24. "बच्चे दुनिया के बारे में अपनी समझ का सृजन करते हैं"। इसका श्रेय ………… को जाता है।
(a) पियाजे (b) पॉवलाव (c) कोहलबर्ग (d) स्किनर

25. वह अवस्था जब बच्चा तार्किक रूप से वस्तुओं व घटनाओं के विषय में चिन्तन प्रारम्भ करता है
(a) संवेदी-प्रेरक अवस्था (b) औपचारिक-संक्रियात्मक अवस्था
(c) पूर्व-संक्रियात्मक अवस्था (d) मूर्त-संक्रियात्मक अवस्था

26. बच्चों में बौद्धिक विकास की चार विशिष्ट अवस्थाओं की पहचान की गई
(a) कोहलबर्ग द्वारा (b) एरिकसन द्वारा
(c) स्किनर द्वारा (d) पियाजे द्वारा

27. पियाजे के अनुसार, निम्नलिखित में से कौन-सी अवस्था है जिसमें बच्चा अमूर्त संकल्पनाओं के विषय में तार्किक चिन्तन करना आरम्भ करता है?
(a) मूर्त-संक्रियात्मक अवस्था (07-11) वर्ष
(b) औपचारिक-संक्रियात्मक अवस्था (11 वर्ष एवं ऊपर)
(c) संवेदी-प्रेरक अवस्था (जन्म-02 वर्ष)
(d) पूर्व-संक्रियात्मक अवस्था (02-07) वर्ष

28. शिक्षा मनोविज्ञान की दृष्टि से निम्न में से कौन-सा कथन सत्य है?
(a) बच्चे अपने ज्ञान का स्वयं सृजन करते हैं
(b) विद्यालय में आने से पहले बच्चों को कोई पूर्व ज्ञान नहीं होता है
(c) अधिगम प्रक्रिया में बच्चों को कष्ट होता है
(d) बच्चे यथावत् वही सीखते हैं, जो उन्हें पढ़ाया जाता है

29. "घटना और वस्तुओं के बारे में एक बच्चा तार्किक रूप से सोच सकता है" पियाजे के चरणों के सम्बन्ध में सही कथन है
(a) सेन्सरी तन्त्रिका तन्त्र (b) प्रारम्भिक संचालन प्रक्रिया
(c) मूर्त संचालन प्रक्रिया (d) औपचारिक संचालन प्रक्रिया

30. प्राथमिक कक्षाओं में बालकों की विषयगत योग्यता को भली-भाँति विकसित किया जा सकता है
(a) घर तथा विद्यालय में मातृभाषा का ही प्रयोग करके
(b) केवल मातृभाषा में लिखी पुस्तकों का ही प्रयोग करके
(c) मातृभाषा अथवा क्षेत्रीय भाषा में कक्षा शिक्षण करके
(d) उपरोक्त सभी के द्वारा

31. किसी बालक के भाषायी विकास में प्राक्-भाषा की पहली अवस्था है
(a) दूसरों की भाषा समझना (b) प्रथम शब्द बोलना
(c) रुदन (d) शब्दोच्चारण

32. एक व्यक्ति में प्रभावी श्रवण निम्नलिखित किस परिस्थिति में समाप्त हो जाता है?
(a) बाधक व्यक्तित्व के कारण (b) उत्तेजक भाषा के फलस्वरूप
(c) शाब्दिक संघर्ष के कारण (d) प्रेषक पक्ष से सम्बन्धित कारण

33. प्राथमिक कक्षाओं में बालकों का वाचन अभ्यास कराया जाता है
(a) एक निर्धारित पाठ्य-पुस्तक की सहायता से
(b) प्रत्येक बालक द्वारा उच्च ध्वनि में पाठ की पुनरावृत्ति कराके
(c) मातृभाषा की पुस्तकों द्वारा
(d) बालकों को भाषा सम्बन्धी अनुभव प्रदान करके

34. स्मिथ के अनुसार पाँच वर्ष की आयु में बालकों के शब्द भण्डार की संख्या लगभग होती है
(a) 540 (b) 850 (c) 2072 (d) 1580

35. मनुष्य स्वयं सम्प्रेषण को सर्वाधिक प्रभावित करता है, जबकि उसकी
(a) भाषा में विकृति हो (b) संवेदी अंगों में विकृति हो
(c) मानसिक स्थिति में विकृति हो (d) शारीरिक विकृति हो

36. अशुद्ध उच्चारण सुधारा जा सकता है
(a) पुनरावृत्ति द्वारा
(b) समानता वाले शब्दों का उच्चारण कराकर
(c) शब्दों को खण्डों में बाँटकर
(d) उपरोक्त सभी

37. कक्षा में शिक्षण के दौरान विचार-सम्प्रेषण को उद्देश्यपूर्ण बनाने हेतु अध्यापक को चाहिए कि वह
(a) विषय-वस्तु का अच्छा अध्ययन करे
(b) पहले बालकों को ग्रहण करने हेतु तत्पर करे
(c) बालकों को डाँटकर शान्त कर दे
(d) बालकों को भी सम्प्रेषण में सहभागी बनाए

38. किसी बालक में भाषा-विकास की दूसरी अवस्था है
(a) क्रन्दन-रुदन (b) शब्द-भण्डार का निर्माण
(c) हाव-भाव (d) भाषा-बोध

39. बालक निम्न में किसके द्वारा अपनी भाषा को ठीक प्रकार सीख सकते हैं?
(a) याद करके (b) वाचन द्वारा (c) प्रयास द्वारा (d) स्वयं करके

40. दिवास्वप्न क्या है?
(a) तरह-तरह की बातें सोचना (b) निरर्थक कल्पनाएँ करना
(c) पढ़ाई में तल्लीन हो जाना (d) दिन में स्वप्न देखना

41. बालक भाषा के अन्तर्गत सबसे पहले सीखता है
(a) सर्वनाम (b) संज्ञा (c) क्रिया-विशेषण (d) विशेषण

42. भाषा शिक्षण के मूल कौशलों के अधिगम को किस दृष्टि से इनमें से सर्वोच्च प्राथमिकता दी जानी चाहिए?
(a) सुन्दर लेखन को (b) शुद्ध उच्चारण के ज्ञान को
(c) मौखिक अभिव्यक्ति को (d) शुद्ध वर्तनी के अभ्यास को

43. किसी बालक के भाषा विकास को प्रभावित करने वाला कारक है
(a) द्वि-भाषावाद (b) आर्थिक स्थिति (c) बुद्धि (d) ये सभी

44. भाषा है
(a) पैतृक सम्पत्ति (b) अर्जित सम्पत्ति
(c) सामान्य सम्पत्ति (d) इनमें से कोई नहीं

45. भाषा विकास में सहयोग करने का कौन-सा तरीका गलत है?
(a) बच्चे को बिना टोके प्रकरण पर बात करना
(b) उसकी अपनी भाषा के प्रयोग को अमान्य करना
(c) उसके प्रयोगों का समर्थन करना
(d) भाषा के प्रयोग के अवसर उपलब्ध कराना

46. थ, फ, च ध्वनियाँ हैं
(a) स्वनिम (b) रूपिम (c) लेखीम (d) शब्दिम

47. विद्यालय का बालक के विकास पर क्या प्रभाव पड़ता है?
(a) बालक के शारीरिक, मानसिक, सामाजिक, सांस्कृतिक तथा चारित्रिक विकास पर प्रभाव पड़ता है
(b) बालक के व्यावसायिक विचारों पर प्रभाव पड़ता है
(c) बालक के राजनीतिक विचारों पर प्रभाव पड़ता है
(d) उपरोक्त सभी

48. मुख्यत: वे विद्यालय, बालकों के समाजीकरण में असफल रहते हैं, जो
(a) धर्म विशेष के आधार पर संचालित हैं
(b) जाति विशेष के आधार पर संचालित हैं
(c) भाषा विशेष के शिक्षण पर जोर देते हैं
(d) उपरोक्त सभी

49. बालक के सामाजिक विकास में सबसे महत्त्वपूर्ण है
(a) जाति भेद (b) आनुवंशिकता
(c) वातावरण (d) आनुवंशिकता तथा वातावरण

50. किसी विद्यालय में प्रजातान्त्रिक मूल्यों के संरक्षण की कसौटी होगी
(a) छात्रों की अभियोग्यताओं एवं रुचियों का विकास
(b) छात्रों की ज्ञान सम्बन्धी आवश्यकताओं की सन्तुष्टि
(c) छात्रों के सामाजिक विकास की पूर्ते
(d) उपरोक्त सभी

51. पास-पड़ोस व मित्र बालक के समाजीकरण में किस प्रकार सहायक होते हैं?
(a) बालक को अवांछित व्यवहार के लिए दण्ड देकर
(b) बालक की अवांछित व्यवहार के लिए निन्दा कर
(c) बालक को अपने व्यवहार से प्रभावित कर
(d) बालक को स्वयं से प्रभावित न होने पर उसका बहिष्कार कर

52. विद्यालय समाजीकरण के क्षेत्र में न केवल इसका अभिकरण है। अपितु वह समाज की सांस्कृतिक प्रगति का है
(a) संरक्षक भी (b) संशोधक भी (c) आलोचक भी (d) समर्थक भी

53. अध्यापक समाज का मार्गदर्शक है। इस कारण उसे सजग रहने की आवश्यकता है
(a) सामाजिक आडम्बरों के प्रति
(b) समाज के प्रतिष्ठित व्यक्तियों के प्रति
(c) समाज की स्त्रियों के प्रति
(d) समाज की आर्थिक उन्नति के प्रति

54. समाज द्वारा विद्यालयों की स्थापना की गई है
(a) शिक्षकों को रोजगार देने के लिए
(b) अभिभावकों के कार्य में मदद के लिए
(c) नई पीढ़ी के लोगों में समाजीकरण की प्रक्रिया को तेज बनाने के लिए
(d) राजनीतिज्ञ द्वारा समाज की रक्षा के लिए

55. विद्यालय में खेल-कूद कार्यों पर व्यतीत किए गए समय के विषय में आपका मानना है कि
(a) यह समय का दुरुपयोग है
(b) यह समय और अधिक शिक्षण कार्यों में लगाना चाहिए
(c) यह समय का सदुपयोग है क्योंकि बच्चों में समाजीकरण की भावना पैदा करता है
(d) यह छात्रों को व्यस्त रखने का साधन है

56. बालकों को सामाजिक व्यवहार को शिक्षा देने का श्रेष्ठ माध्यम है
(a) कक्षा-शिक्षण (b) पाठ्यक्रम
(c) विद्यालय में सामाजिक एवं सांस्क्रतेक गतिविधियाँ
(d) टोली शिक्षण

57. बालक के समाजीकरण हेतु शिक्षा का यह कार्य है
(a) शिक्षक व बालकों में सहयोग विकसित करना
(b) संस्कृति के हस्तान्तरण
(c) वैज्ञानिक व तकनीकी प्रगति से अवगत कराना
(d) उपरोक्त सभी

58. 'भाषा' समाजीकरण का महत्त्वपूर्ण तत्त्व है क्योंकि बालक
(a) भाषा के बिना भी संकेतों से दूसरों से व्यवहार करता है
(b) भाषा पर अधिकार पाने के बाद ही सामाजिक बनता है
(c) विचार प्रकट करने व विचारों को ग्रहण करने में भाषा का ज्ञान सहायक है
(d) उपरोक्त सभी

59. बालक के समाजीकरण में निम्न में से कौन-से कारक बाधक हैं?
(a) माता-पिता का प्यार न मिलना
(b) माता-पिता का पक्षपातपूर्ण व्यवहार
(c) अनुचित दण्ड अथवा असुरक्षा
(d) उपरोक्त सभी

60. परिवार में बालक का समाजीकरण बालक की किस प्रवृत्ति के कारण सम्भव है?
(a) अनुकरण (b) सहानुभूति
(c) खेल (d) आत्मरक्षा

61. सामाजिक समायोजन कठिनाई उत्पन्न करता है
(a) समय पूर्व परिपक्व होने वाले बालक में
(b) आयु के पश्चात् परिपक्वता प्राप्त करने वाले बालक में
(c) आयु के पश्चात् परिपक्वता प्राप्त करने वाली लड़की में
(d) आयु पूर्व परिपक्व होने वाली लड़की में

62. अध्यापक को सामाजिक मूल्यों के प्रति जागरूक क्यों होना चाहिए?
(a) जिससे वह नेता बन सके
(b) जिससे वह समाज को दिशा दे सके
(c) जिससे वह समाज की धरोहर को जीवित रख सके
(d) जिससे वह छात्रों को मूल्यों का सही ज्ञान दे सके

63. 'प्रतिद्वन्द्वात्मक समाजीकरण' की अवस्था कहा जाता है
(a) शैशवावस्था को (b) बाल्यावस्था को
(c) किशोरावस्था को (d) प्रौढ़ावस्था को

64. समाजीकरण है
(a) सामाजिक मानदण्डों में परिवर्तन
(b) शिक्षक एवं पढ़ाए गए के बीच सम्बन्ध
(c) समाज के आधुनिकीकरण की प्रक्रिया
(d) समाज के मानदण्डों के साथ अनुकूलन

65. रॉस ने संवेग को कितने प्रकार में बाँटा है?
(a) 2 (b) 3 (c) 4 (d) 5

66. एक अतिरिक्त ऊर्जावान छात्र को जरूरत होती है
(a) कोई विशेष ध्यान नहीं
(b) विशेष प्रोत्साहन की
(c) विशेष ध्यान की
(d) उपरोक्त में से कोई नहीं

67. 12 वर्ष की आयु के एक सामान्य बच्चे में यह अधिकतम सम्भव है कि
(a) उसमें समग्र मोटर समन्वय की दिक्कत होती है
(b) उसमें वयस्कों को खुश करने के सम्बन्ध में चिन्ता का भाव होता है
(c) वह यहाँ-वहाँ अपनी रुचि परिसीमित करता है
(d) वह अभिजात अनुमोदन के लिए इच्छुक होता है

68. बच्चों में संवेगात्मक समायोजन प्रभावी होता है
(a) व्यक्तित्व निर्माण में (b) कक्षा शिक्षण में
(c) अनुशासन में (d) ये सभी

69. मानसिक रूप से स्वस्थ अध्यापक की विशेषता क्या है?
(a) वह संवेदनात्मक रूप से सन्तुलित है
(b) उसे अपने विषय का गहन ज्ञान है
(c) वह अत्यधिक संवेदनशील है
(d) उसे सख्त अनुशासन पसन्द है

70. संज्ञानात्मक विकास का अर्थ है
(a) अभियोग्यता का विकास (b) बच्चे का विकास
(c) शारीरिक कौशल का विकास (d) व्यक्तिगत विकास

71. संवेगात्मक विकास में किस अवस्था में तीव्र परिवर्तन होता है?
(a) शैशवावस्था (b) युवावस्था (c) बाल्यावस्था (d) किशोरावस्था

72. उचित संवेगात्मक सन्तुलन का अनिवार्य घटक है
(a) संवेगात्मक घटना के प्रति अनुकूलन तथा सामाजिक नियमों के सन्दर्भ में अनुक्रिया
(b) संवेगों के आधार पर जीवन में दुःख, दर्द, प्रसन्नता के क्षणों का एहसास
(c) आत्मसम्मान की रक्षा हेतु आक्रामकता
(d) सुनियोजित नियन्त्रण ताकि संवेग प्रत्येक कार्य में हस्तक्षेप न करे

73. यदि आप एक संवेगात्मक रूप से असन्तुलित बालक को पढ़ाना चाहते हैं, तो आपको करना होगा
(a) उसे व्यावहारिक त्रुटि का ज्ञान कराएँ
(b) उसके त्रुटियुक्त व्यवहार को स्वीकृत न करें
(c) उसके नकारात्मक व्यवहार के प्रति दण्डित करें
(d) उसके समक्ष अन्य उत्तम छात्रों का उदाहरण प्रस्तुत करें

74. संज्ञानात्मक मानचित्र का प्रत्यय दिया
(a) बण्डूरा ने (b) पियाजे ने (c) लैविन ने (d) स्किनर ने

75. ब्रुनर के अनुसार सृजनात्मकता का पक्ष है
(a) नवीनता (b) आश्चर्य (c) मौलिकता (d) ये सभी

76. बालक की सृजनात्मक अभिव्यक्ति के द्वारा निम्न में से क्या प्रभावी नहीं होता है?
(a) राजनीतिक भाषण (b) नाटकीय खेल
(c) रचनात्मक खेल (d) काल्पनिकता

77. निम्न में से क्या सृजनात्मकता का एक तत्त्व नहीं है?
(a) प्रभावशीलता (b) मौलिकता
(c) लचीलापन (d) प्रवाह

78. निम्न में से क्या सृजनात्मकता हेतु आवश्यक है?
(a) संवेदना (b) चिन्तन
(c) तार्किकता (d) कल्पना

उत्तरमाला

1.	(d)	**2.**	(c)	**3.**	(a)	**4.**	(b)	**5.**	(a)	**6.**	(d)	**7.**	(c)	**8.**	(d)	**9.**	(d)	**10.**	(b)
11.	(c)	**12.**	(d)	**13.**	(c)	**14.**	(c)	**15.**	(c)	**16.**	(b)	**17.**	(d)	**18.**	(b)	**19.**	(c)	**20.**	(b)
21.	(b)	**22.**	(d)	**23.**	(b)	**24.**	(a)	**25.**	(d)	**26.**	(d)	**27.**	(b)	**28.**	(a)	**29.**	(c)	**30.**	(c)
31.	(c)	**32.**	(a)	**33.**	(d)	**34.**	(c)	**35.**	(a)	**36.**	(d)	**37.**	(d)	**38.**	(b)	**39.**	(b)	**40.**	(b)
41.	(b)	**42.**	(c)	**43.**	(d)	**44.**	(b)	**45.**	(b)	**46.**	(a)	**47.**	(d)	**48.**	(d)	**49.**	(c)	**50.**	(d)
51.	(c)	**52.**	(a)	**53.**	(a)	**54.**	(c)	**55.**	(c)	**56.**	(c)	**57.**	(d)	**58.**	(d)	**59.**	(d)	**60.**	(a)
61.	(b)	**62.**	(c)	**63.**	(b)	**64.**	(d)	**65.**	(b)	**66.**	(b)	**67.**	(a)	**68.**	(d)	**69.**	(a)	**70.**	(a)
71.	(d)	**72.**	(a)	**73.**	(b)	**74.**	(b)	**75.**	(d)	**76.**	(a)	**77.**	(a)	**78.**	(d)				

अध्याय

03

विशेष आवश्यकता वाले बच्चे

ऐसे बालक (बच्चे) जो अपनी योग्यताओं, क्षमताओं, व्यक्तित्व व अन्य व्यवहार के कारण अपनी आयु के अन्य (सामान्य) बालकों से भिन्न होते हैं, वे विशेष आवश्यकता वाले बालक (बच्चे) कहलाते है। इनमें प्राय: निम्नलिखित प्रकार के बालकों को शामिल किया जा सकता है।

विकलांग बालक

Disabled or Handicapped Children

विकलांग बालकों से हमारा अभिप्राय उन बालकों से होता है जो साधारण या सामान्य बालकों से मानसिक, शारीरिक या संवेगात्मक दृष्टि से दोषपूर्ण होते हैं। अर्थात् वह बालक जिसमें सामान्य बालकों की तुलना में कोई शारीरिक, मानसिक, संवेगात्मक और सामाजिक कमी अथवा दोष हो, जिसके कारण उसकी उपलब्धियाँ अधूरी रह जाती हैं, विकलांग या अपंग बालक कहलाता है। *कुछ परिभाषाएँ इस प्रकार हैं*

क्रो व क्रो के अनुसार "ऐसे बालक जिनमें ऐसा शारीरिक दोष होता है जो किसी भी रूप में उसे साधारण क्रियाओं में भाग लेने से रोकता है या उसे सीमित रखता है, ऐसे बालक को हम विकलांग बालक कह सकते हैं।"

डी.जी. फोर्स का विचार है कि "जब शारीरिक दोषों के कारण उत्पन्न कठिनाइयों से बालक को सामाजिक स्वीकृति प्राप्त नहीं होती है तब उससे उत्पन्न मनोवैज्ञानिक दोषों में भी वृद्धि होती है।"

इसी प्रकार, **ए. एडलर** ने इस सम्बन्ध में लिखा है कि "एक बालक जो शारीरिक दोषों से ग्रस्त है उसमें हीनता की भावना उत्पन्न हो जाती है। इस प्रकार की भावना से बालक को थोड़ी-सी सन्तुष्टि और प्रसन्नता मिलती है, वह इसकी क्षतिपूर्ति प्रतिष्ठा श्रेष्ठता या प्रसिद्धि प्राप्त करके करना चाहता है, इन सबसे उसको सन्तुष्टि प्राप्त होती है जो उसके शारीरिक दोषों के कारण है।"

विकलांग बालकों को निम्नलिखित वर्गों में बाँटा जा सकता है

1. शारीरिक दोष वाले छात्र
2. दृष्टि दोष वाले छात्र
3. श्रवण एवं वाणी दोष वाले छात्र
4. मानसिक रूप से विकलांग वाले छात्र
5. अधिगम अशक्तता वाले छात्र

1. **शारीरिक दोष अंग संचालन में दोष वाले छात्र** शारीरिक अशक्तता वाले छात्रों में अंग संचालन की समस्याएँ पाई जाती हैं। अंग संचालन के दोषों का सम्बन्ध मांसपेशियों और शरीर के जोड़ों से है, जो अंगों अथवा हाथ पाँवों को प्रभावित करते हैं। इस प्रकार की विषमताओं वाले छात्रों को, शिक्षण की उन गतिविधियों में, जिसमें शारीरिक क्रियाओं की आवश्यकता पड़ती है, सीखने में कठिनाई होती है

शारीरिक अपंगता/अशक्तता की पहचान

- छात्रों के शारीरिक अंगों में ये विकृतियाँ होती हैं
  (i) गर्दन
  (ii) हाथ
  (iii) उंगलियाँ
  (iv) कमर
  (v) टाँगें आदि
- ऐसे छात्रों को कठिनाई होती है
  (i) बैठने में
  (ii) खड़े होने में
  (iii) चलने आदि में
- ऐसे छात्रों को किसी वस्तु को पकड़ने में, वस्तु को उठाने में, पुन: उसे उचित स्थान पर रखने में कठिनाई होती है
- प्राय: जोड़ों में दर्द की शिकायत रहती है
- लिखने में कलम को पकड़ने में
- झटका देकर चलना
- अंगों में अवांछित हलचल रहती है।
- अंग पूरे न हों, किसी कारण अंग अथवा हाथ-पैर के अंश काट दिए गए हों।

2. **दृष्टि दोष वाले छात्र** कक्षा में ऐसे छात्र भी होते हैं जिनमें दृष्टि-दोष पाया जाता है। ऐसे छात्र सामान्य पुस्तकों को पढ़ नहीं सकते। उन्हें पढ़ने के लिए किसी सहायक सामग्री की आवश्यकता पड़ती है। अनेक दृष्टिहीन छात्रों के लिए पढ़ने के लिए ब्रेल छपाई (उभरे हुए अक्षरों की छपाई) बहुत सहायक सिद्ध हुई है। दृष्टि दोष वाले छात्रों की पहचान अध्यापक उनके निम्न व्यवहारों के निरीक्षण से कर सकता है

- आँखों की बनावट में दोष होना
- आँखों को बार-बार मलना
- आँखों का बराबर लाल रहना

- एक आँख का बन्द करके सिर को आगे की ओर झुकाना
- आँखों के बहुत निकट लाकर वस्तु या पुस्तक को देखना
- श्यामपट्ट पर लिखित सामग्री की नकल करते समय, दूसरे छात्र की सहायता लेना
- पलकों को बार-बार झपकाना और भैंगेपन की शिकायत।
- आँखों से पानी बहना
- सिर दर्द की शिकायत रहना
- चलते समय लोगों से या किसी वस्तु से टक्कर खाना

यदि कोई छात्र इनमें से कोई व्यवहार करता है, तो उसे प्राथमिक स्वास्थ्य केन्द्र में आँखों के निरीक्षण के लिए भेजा जाए।

3. **श्रवण एवं वाणी दोष वाले छात्र** शैक्षिक-सम्प्रेषण और सीखने में सुनने की क्रिया की महत्त्वपूर्ण भूमिका होती है। विद्यार्थी की श्रवण सम्बन्धी समस्याएँ, उसके सीखने की क्षमता को प्रभावित करती हैं। श्रवण-समस्याओं के कारण वाणी दोष उत्पन्न हो सकते हैं। यह आवश्यक है कि ऐसे छात्र की पहचान करके उनमें सुधार करने की दिशा में उचित कदम उठाने चाहिए, जिससे उनकी शैक्षिक आवश्यकताओं की पूर्ति हो सके।

श्रवण-दोष वाले छात्रों को सरलता से पहचाना जा सकता है। इस सम्बन्ध में उनके व्यवहारों का इस प्रकार से प्रेक्षण करना चाहिए

- कान की बनावट में दोष का होना
- कानों का अक्सर बहते रहना
- कानों में बहुधा दर्द की शिकायत होना
- कानों को बहुधा खुजलाते रहना
- अच्छी तरह सुनने के लिए सिर को एक तरफ से दूसरी ओर घुमाना.
- अध्यापक से, प्रायः निर्देशों और प्रश्नों को दोहराने के लिए निवेदन करना
- श्रुतिलेख में बहुत अधिक त्रुटियाँ करना
- सुनते समय अध्यापक के चेहरे को बहुत अधिक ध्यान से देखना
- बोलते समय वाणी में कठिनाई का परिलक्षित होना।

यदि छात्र इनमें से किन्हीं लक्षणों को प्रदर्शित करता है तो उसे चिकित्सा सम्बन्धी परीक्षण के लिए भेजना चाहिए।

4. **मानसिक रूप से विकलांग बालक** इस प्रकार के बालकों में मूर्ख, निम्न बुद्धि वाले या मन्द गति से सीखने वाले बालकों की गणना होती है। इन बालकों का वर्गीकरण बालकों की बुद्धि-लब्धि (I.Q.) के आधार पर किया जाता है।

ऐसे छात्रों को, उनके निम्नलिखित प्रकार के व्यवहारों से पहचाना जा सकता है

- शैक्षिक उपलब्धियों का स्तर निम्न होना
- जल्दी भूलने की आदत/थोड़े समय के बाद पढ़े हुए पाठ को भूल जाना
- ध्यान में एकाग्रता का कम होना, विषय पर कम समय तक ही ध्यान केन्द्रित कर पाना
- भौतिक, मूर्त सामग्री के प्रस्तुतीकरण पर अधिक निर्भरता। विचार शक्ति की कमी
- तत्काल परिणामों/पुरस्कारों आदि की अपेक्षा करना
- असफल होने के भय से ग्रसित रहना
- आत्म अवलोकन की शक्ति का अभाव, सम्प्रत्यय की निम्न धारणा रखना
- आत्मविश्वास का अभाव
- सीमित सम्प्रेषण का होना
- मांसपेशीय समन्वय का कम होना
- स्वयं के कार्यों को करने में कठिनाई का अनुभव करना; जैसे—खाना, पहनना, नहाना आदि को लेकर स्वयं की उचित देखभाल न कर सकना।
- समझने में कठिनाई का अनुभव करना। विश्लेषण एवं तर्क-शक्ति का अभाव
- धीमी गति से सीखना

इन्हें सामान्य छात्रों की अपेक्षा अधिक अभ्यास और दुहराने की आवश्यकता होती है।

- तथ्य को बिना समझे केवल रटने का प्रयास करना
- कक्षा में क्रिया-कलापों में सक्रिय भागीदारी से जी चुराना
- मूर्त उदाहरणों पर अधिक निर्भर करना

5. **अधिगम अशक्तता वाले छात्र** कुछ छात्रों में सीखने के लिए, एक स्तर की सुचित क्षमता का विकास नहीं होता; जैसे—पढ़ने-लिखने, वर्तनी अथवा गणित में। ऐसे छात्रों की विशेष समस्याओं को देखा जा सकता है। सीखने की कम क्षमता रखने वाले छात्रों की पहचान उनके निम्नलिखित व्यवहार को देखकर की जा सकती है

- छात्र उचित प्रकार से नहीं पढ़ पाता, यद्यपि उसके मौखिक उत्तर बुद्धिमत्तापूर्ण होते हैं।
- वर्तनी में त्रुटियाँ करना। अक्षरों को छोड़ देना, अथवा उनके स्थान को बदल देना। जैसे 'लड़की' के स्थान पर 'लकड़ी', 'सरल' के स्थान पर 'सलर' अथवा 'रमणीय' के स्थान पर 'रमणी' लिखकर छोड़ देना।
- संख्याओं को गलत ढंग से लिखना। उदाहरण के लिए 12 को 21 अथवा 79 को 69 आदि।
- विमनस्क या उचाट मन रहना, अपनी समय सारणी को याद नहीं रखना।
- सदैव मलिन रहना, गृहकार्य को विलम्ब से करना, कक्षा में देरी से आना।
- यद्यपि छात्र चतुर दीखता है और उसमें किसी प्रकार का शारीरिक दोष भी नहीं है फिर भी परीक्षा का निष्पादन अच्छा नहीं होता।
- इतना अधिक उत्तेजित हो जाता है कि वह किसी भी कार्य को पूरा करने में असमर्थ रहता है।
- पढ़ते समय शब्दों या पंक्तियों को छोड़ देना।

शब्दों में निहित अक्षरों को अलग-अलग करके पढ़ लेता है। परन्तु शब्द और ध्वनि का साम्य स्थापित करके उच्चारण नहीं कर पाता; जैसे —सा/मा/जि/क तो पढ़ लेता है इसे मिलाकर 'सामाजिक' शब्द रूप में पढ़ने में कठिनाई होती है। वह 'सामाजिक' उच्चारण करता है इसी प्रकार 'विकसित' को वि/क/सि/त करके पढ़ेगा।

शारीरिक रूप से विकलांग छात्र की शिक्षा व्यवस्था

1. **अपंग छात्रों की शिक्षा** पंगु या अपंग छात्रों में शारीरिक दोष होने के कारण वह अपने शरीर के विभिन्न अंगों का सामान्य प्रयोग नहीं कर सकता और यही दोष उनके कार्यों में बाधा डालते हैं। इस प्रकार के दोष

छात्रों की हड्डियों, ग्रन्थियों या जोड़ों में होते हैं जो दुर्घटना या बीमारी के कारण उत्पन्न हो जाते हैं। अपंग छात्रों की बुद्धि-लब्धि कम या अधिक हो सकती है। *ऐसे छात्रों की शिक्षा के लिए निम्नलिखित विशेष प्रबन्ध किए जाने चाहिए*

- अपंग बालकों का मानसिक स्तर सामान्य बालकों जैसा होता है। अत: उन्हें उनके साथ ही शिक्षा ग्रहण करने और मानसिक विकास के अवसर प्रदान किए जाने चाहिए।
- उनके शारीरिक दोष के अनुसार ही उनके बैठने के लिए कुर्सी-मेज की व्यवस्था होनी चाहिए।
- उन्हें विशेष व्यवसायों का प्रशिक्षण भी मिलना चाहिए ताकि वे दूसरों पर बोझ न बन सकें। उनके शारीरिक दोष का ध्यान रखा जाना चाहिए।
- विकलांग बच्चों को विकलांगों के डॉक्टरों के पास भेजना चाहिए ताकि विकल अंगों के ऑपरेशन द्वारा ठीक होने के अवसरों का लाभ उठाया जा सके। इनके लिए कृत्रिम अंगों की व्यवस्था होनी चाहिए। इस कार्य के लिए विकलांग बालकों के माता-पिता को शिक्षित करना अति आवश्यक है।
- विकलांग बच्चों को अपनी त्रुटि के बारे में दृष्टिकोण बदलने की शिक्षा देनी चाहिए और दूसरे सामान्य लोगों के साथ सम्पर्क बढ़ाने के लिए प्रोत्साहित करना चाहिए।
- विकलांग छात्रों का संवेगात्मक समायोजन करना बहुत आवश्यक है। इनके मन में हीन-भावना को दूर करना शिक्षा का केन्द्रीय उद्देश्य होना चाहिए।

2. **सम्पूर्ण और अर्द्ध-अन्धे बालकों की शिक्षा** सम्पूर्ण रूप से अन्धे या आधे अन्धे छात्रों की *शिक्षा के लिए अध्यापक को निम्न प्रयत्न करने चाहिए*

- इनका अन्धापन किसी ऐनक से ठीक हो सके तो इनके लिए ऐनकों का प्रबन्ध करना चाहिए।
- बिल्कुल अन्धे छात्र सामान्य शिक्षण पद्धति के अनुसार नहीं चल सकते और न ही सामान्य बिल्कुल अन्धे के साथ ये उसी प्रकार सीख सकते हैं। अत: इन्हें अन्ध-विद्यालयों में भेज देना चाहिए। वहाँ पर ऐसे छात्रों की शिक्षा के लिए विशेष विधियों का प्रयोग किया जाता है।
- ऐसे छात्रों के लिए ब्रेल लिपि बहुत लाभकारी होती है। अत: कक्षा कक्ष में ऐसे छात्रों के लिए ब्रेल लिपि का प्रबन्ध होना चाहिए।
- इनके लिए मोटे टाइप की पुस्तकों का प्रयोग करना चाहिए।
- ऐसे छात्रों की कक्षाओं में हवा और रोशनी का उचित प्रबन्ध होना चाहिए।
- इन छात्रों की लिखाई-पढ़ाई की आदतों में सुधार किया जाना चाहिए।
- श्यामपट्ट स्पष्ट लिखने वाले हों ताकि इन पर लिखी हुई सामग्री को ये छात्र उचित प्रकार से पढ़ सकें। साथ ही, श्यामपट्टों का स्थान इतनी दूरी पर हो कि छात्रों की आँखों पर किसी प्रकार का दबाव न पड़े। पूर्ण या अपूर्ण अन्धे छात्रों को पुस्तकीय ज्ञान की अपेक्षा किसी हस्तकार्य का प्रशिक्षण मिलना चाहिए।

3. **पूर्ण बहरे और अपूर्ण बहरे बालकों की शिक्षा** बिल्कुल बहरे छात्र वे होते हैं जिन्हें बिल्कुल भी सुनाई नहीं देता। ये या तो जन्म से बहरे होते हैं या किसी रोग के कारण बहरे हो जाते हैं। कई छात्र सुनते तो हैं लेकिन कम सुनते हैं। ऐसे छात्र भी सामान्य छात्र की तरह नहीं सीख पाते। इनकी *शिक्षा की निम्नलिखित व्यवस्थाएँ होनी चाहिए*

- बहरे छात्र के लिए विशेष प्रकार के स्कूलों की व्यवस्था की जानी चाहिए। इन स्कूलों में विशेष प्रविधियों द्वारा प्रशिक्षण दिया जाता है। कई शहरों में ऐसे स्कूलों की व्यवस्था भी है; जैसे—गुड़गाँव, रोहतक, दिल्ली आदि। ऐसे छात्रों के माता-पिता का शिक्षण भी आवश्यक है। ऐसा एक स्कूल अमेरिका के लॉस ऐंजल्स में जॉन ट्रेसी की निदानशाला है जो डाक द्वारा ऐसा प्रशिक्षण देती है।
- कम बहरे छात्रों के लिए अलग स्कूलों की व्यवस्था नहीं होनी चाहिए क्योंकि ऐसे छात्र अध्यापकों के होठों से बहुत कुछ जान सकते हैं तथा सीख सकते हैं।
- ऐसे छात्रों और अध्यापकों में अच्छे सम्बन्ध स्थापित होने चाहिए ताकि उनके समायोजन के लिए व्यक्तिगत ध्यान दे सकें।

4. **हकलाने वाले या दोषपूर्ण वाणी वाले छात्रों की शिक्षा** दोषपूर्ण वाणी में हकलाना, तुतलाना, बहुत धीरे बोलना या बहुत मोटी आवाज में बोलना या बिल्कुल ही न बोलना इत्यादि दोष शामिल होते हैं। अस्पष्ट बोलना भी वाणी दोष में सम्मिलित है। इन दोषों के कारण छात्रों में हीन-भावना, आत्म-विश्वास की कमी, संवेगात्मक अस्थिरता आदि का उत्पन्न होना स्वाभाविक है। अत: ऐसे छात्रों की विशेष शिक्षा का प्रबन्ध होना अति आवश्यक है।

इसके लिए निम्नलिखित कदम उठाए जा सकते हैं

- इनके साथ सहानुभूतिपूर्वक व्यवहार होना चाहिए।
- अध्ययन की गलत आदतों पर नियन्त्रण करना आना चाहिए।
- शल्य क्रिया के योग्य दोषों के शल्य-क्रिया द्वारा इलाज करवाना चाहिए।
- विशेष शब्दों का उच्चारण बार-बार कराया जाना चाहिए।
- कई बार बिल्कुल न बोलने वाले छात्रों को या तो बिल्कुल ही सुनाई नहीं देता या फिर वे कम सुनते हैं। बोलने और सुनने में गहरा सम्बन्ध होता है। अत: ऐसे छात्रों के श्रवण-सामग्री द्वारा सुनने के योग्य बनाकर उनकी वाणी में सुधार किया जा सकता है।
- छात्रों को बोलने का उचित प्रशिक्षण दिया जाना चाहिए।

5. **मानसिक रूप से पिछड़े छात्रों की शिक्षा** मानसिक रूप से *विकलांग छात्रों की शिक्षा के लिए निम्नलिखित सुझाव हैं*

- अध्यापक द्वारा विशेष ध्यान दिया जाना चाहिए।
- मानसिक रूप से पिछड़े छात्रों के नाता-पिता को शिक्षित करना आवश्यक है।
- ऐसे छात्रों के लिए विशेष स्कूल या इस्तपाल होने चाहिए।

इन बालकों के शिक्षण के लिए विशेष शिक्षण-विधियाँ अपनाई जानी चाहिए क्योंकि सामान्य शिक्षण-विधियाँ इन छात्रों के लिए अहितकर हैं। मन्द बुद्धि छात्रों या मानसिक रूप से विकलांग छात्रों का पाठ्यक्रम भी विशेष प्रकार का होना चाहिए। इनकी किसी हस्तकला का प्रशिक्षण दिया जाना इनके लिए लाभकारी हो सकता है।

6. **अधिगम अशक्तता वाले बालकों की शिक्षा** अधिगम अशक्तता *वाले बालकों की शिक्षा के लिए निम्नलिखित सुझाव हैं*

- इन बालकों के परिवार के वातावरण में सुधार करना चाहिए।
- स्कूल के वातावरण में सुधार करना आवश्यक है।
- सामजिक वातावरण में सुधार करना आवश्यक है।

- इन बालकों के उपचार के लिए मनोवैज्ञानिक विधियों का प्रयोग किया जाए।
- इनका उपचार मानसिक चिकित्सा द्वारा होना चाहिए ताकि इनके मानसिक तनाव और द्वन्द्व दूर हो सकें।
- इनके लिए विशेष बाल-न्यायालय होने चाहिए जहाँ पर कदाचारियों या बाल-अपराधियों के मामले तय किए जाएँ।

कदाचारियों के लिए सुधार-विद्यालयों का होना भी अति लाभकारी सिद्ध हो सकता है तथा उपरोक्त विधियों द्वारा विभिन्न प्रकार के विकलांग बालकों की शिक्षा और उनके उपचार का प्रबन्ध करने में अध्यापक अपना योगदान दे सकता है।

प्रतिभाशाली बालक Talented Children

प्रतिभाशाली बालक, सामान्य बालकों से सभी बातों में श्रेष्ठतर होता है।

परिभाषा Definition

स्किनर एवं **हैरीमैन** (Skinner and Harriman) 'प्रतिभाशाली' शब्द का प्रयोग उन 1% बालकों के लिए किया जाता है, जो सबसे अधिक बुद्धिमान होते हैं।

प्रतिभाशाली बालक की विशेषताएँ

Characteristicness of Talented Children

स्किनर एवं हैरीमैन (Skinner and Harriman) के अनुसार, *प्रतिभाशाली बालक में निम्नलिखित विशेषताएँ पाई जाती हैं*

- विशाल शब्दकोश
- मानसिक प्रक्रिया की तीव्रता
- दैनिक कार्यों में विभिन्नता
- सामान्य ज्ञान की श्रेष्ठता
- सामान्य अध्ययन में रुचि
- अध्ययन में अद्वितीय सफलता
- आश्चर्यजनक अन्तर्दृष्टि का प्रमाण
- पाठ्य-विषयों में अत्यधिक रुचि या अरुचि
- विद्यालय के कार्यों के प्रति बहुधा उदासीनता
- बुद्धि-परीक्षणों में उच्च बुद्धि-लब्धि (130+ से 170+ तक)।

प्रतिभाशाली बालकों की शिक्षा

Education of Talented Children

हैविगहस्ट् के अनुसार, "प्रतिभाशाली बालकों के लिए शिक्षा का सफल कार्यक्रम वही हो सकता है जिसका उद्देश्य उनकी विभिन्न योग्यताओं का विकास करना हो।"

इस कथन के अनुसार, प्रतिभाशाली बालकों की शिक्षा का कार्यक्रम इस प्रकार होना चाहिए

- सामान्य रूप से कक्षोन्नति
- विशेष व विस्तृत पाठ्यक्रम
- शिक्षक का व्यक्तिगत ध्यान
- संस्कृति की शिक्षा
- सामान्य बालकों के साथ शिक्षा
- विशेष अध्ययन की सुविधाएँ
- पाठ्यक्रम-सहभागी क्रियाओं का आयोजन
- सामाजिक अनुभवों के अवसर
- नेतृत्व का प्रशिक्षण
- व्यक्तित्व का पूर्ण विकास

प्रतिभावान बालकों की पहचान Identity of Brilliant Children

प्रत्येक कक्षा या स्कूल में प्रतिभावान बालक होते हैं। लेकिन इनका पता लगाना और चयन करना आसान कार्य नहीं। इसके लिए अध्यापक को विभिन्न प्रविधियों का प्रयोग करना पड़ता है। अत: इन प्रविधियों का ज्ञान अध्यापक के लिए आवश्यक है अन्यथा बालक की प्रतिभा दबकर रह जाएगी। इनकी पहचान या चयन के लिए अध्यापक *निम्नलिखित प्रविधियों का प्रयोग कर सकता है*

1. **बुद्धि-परीक्षण** प्रतिभावान बालकों की पहचान के लिए अध्यापक विभिन्न प्रकार के बुद्धि-परीक्षणों या परीक्षाओं का प्रयोग कर सकता है। ये बुद्धि-परीक्षाएँ अध्यापक व्यक्तिगत तौर पर या समूहों में प्रयोग कर सकता है। इस परीक्षणों के लिए अध्यापकों का प्रशिक्षण अति आवश्यक है।
2. **उपलब्धि परीक्षाएँ** बुद्धि-परीक्षाओं के अतिरिक्त बालकों की उपलब्धि परीक्षाओं द्वारा भी प्रतिभावान बालकों की श्रेणी के लिए पहचाना जा सकता है। इस प्रकार की परीक्षाओं में विद्यार्थियों की उपलब्धियों का ज्ञान भली-भाँति हो जाता है। उच्च स्तर की उपलब्धि बालक के प्रतिभावान होने की आशा जागृत करती है।
3. **अभिरुचि परीक्षाएँ** अभिरुचि से बालकों के भविष्य की सफलता के बारे में अनुमान लगाया जा सकता है क्योंकि अभिरुचियाँ किसी एक विशेष योग्यता से सम्बन्धित होती हैं। बुद्धि परीक्षाओं की तरह अभिरुचि परीक्षाएँ भी होती हैं। इन परीक्षणों के लिए भी अध्यापक का प्रशिक्षण अति आवश्यक है।
4. **सम्बन्धित व्यक्तियों से सूचनाएँ** प्रतिभावान बालकों के व्यक्तित्व के बारे में अध्यापक अन्य व्यक्तियों से भी सूचनाएँ एकत्रित कर सकता है। बुद्धि आदि के अतिरिक्त यदि अध्यापक अन्य गतिविधियों में बालकों की प्रतिभा का अनुमान लगाना चाहता है तो वह प्रतियोगिताएँ आदि करवाकर उनकी अन्य योग्यताओं में वरिष्ठता का अनुमान लगाकर प्रतिभावान बालक की खोज कर सकता है। सम्बन्धित व्यक्तियों से अध्यापक बालकों की रुचियों का ज्ञान भी प्राप्त कर सकता है और उनकी रुचियों के अनुसार अपने शिक्षण कार्य में आवश्यक परिवर्तन एवं सुधार ला सकता है।
5. **डी-हॉर्न और कफ की सूची के आधार पर** डी-हॉर्न और कफ ने प्रतिभावान बालकों के गुणों की एक ऐसी सूची तैयार की है जिसके आधार पर प्रतिभावान बालकों का पता लगाया जा सकता है। *इस सूची की प्रमुख विशेषताएँ निम्नलिखित है*
   - ऐसे बालक सब कुछ आसानी से याद कर लेते हैं।
   - ये स्पष्ट रूप से सोचने, अर्थों को समझने और सम्बन्धों की पहचान करने में श्रेष्ठ होते हैं।
   - सामान्य बुद्धि का प्रयोग अधिक करते हैं।
   - बिना रटकर, समझने में विश्वास करते हैं।
   - शब्द ज्ञान बहुत विस्तृत होता है।
   - कठिन कार्यों को आसानी से कर लेते हैं।
   - मौलिक चिन्तन कर सकते हैं।

उपरोक्त गुणों के आधार पर अध्यापक शैक्षणिक और बौद्धिक रूप से प्रतिभावान बालकों की पहचान करने में सफलता प्राप्त कर सकता है।

प्रतिभाशाली बालकों की शैक्षिक व्यवस्थाएँ

Educational Arrangements of Talented Children

कक्षा में प्रतिभावान बालकों की उपस्थिति अध्यापकों के लिए बहुत-सी समस्याएँ उत्पन्न कर देती है। अत: ऐसे बालकों के लिए विशेष शिक्षा की आवश्यकता पड़ती है और अध्यापकों को विशेष प्रशिक्षण की। कुछ प्रमुख शैक्षिक व्यवस्थाओं का वर्णन निम्नलिखित है

1. **अवसरों की समानता** अवसरों की समानता से अभिप्राय है कि अध्यापक सामान्य बालकों की तरह प्रतिभावान बालकों को भी उनकी अपनी योग्यताओं या प्रतिभाओं को विकसित करने का अवसर प्रदान करे।

2. **तीव्र पदोन्नति** कई मनोवैज्ञानिक और शिक्षाशास्त्री प्रतिभावान बालकों की तीव्र पदोन्नति की सिफारिश करते हैं। लेकिन यह अमनोवैज्ञानिक बात होगी। ऐसा करने से बालक उस कक्षा में पहुँच जाते हैं जिसके अन्य बालक शारीरिक रूप से, मानसिक रूप से और सामाजिक रूप से अधिक विकसित होते हैं। तीव्र उन्नति से बालकों का कुसमायोजन होने का डर रहता है। इस प्रकार, तीव्र पदोन्नति का बालकों पर विपरीत प्रभाव पड़ने की सम्भावना रहती है।
3. **पाठ्यक्रम की समृद्धि** प्रतिभावान बालक पाठ्यक्रम को समझने में सामान्य बालकों से कम समय लेते हैं। यह बचा हुआ समय उन्हें किसी और कार्य में व्यस्त करके उपयोग किया जा सकता है। **हैलिंगवर्थ** ने पाठ्यक्रम की समृद्धि के लिए *निम्नलिखित कार्यक्रम बताए हैं*
   - सभ्यता का अध्ययन
   - जीवन-गाथाओं का अध्ययन
   - आधुनिक भाषाओं का अध्ययन
   - विशेष योग्यताओं का अध्ययन
4. **बुरी सामाजिक आदतों को रोकना** यदि प्रतिभावान बालकों की सृजनात्मक शक्ति का उचित प्रयोग नहीं किया जाता तो वे समाज विरोधी गतिविधियों में सम्मिलित हो सकते हैं। अत: अध्यापक को चाहिए कि उनकी शिक्षा इस प्रकार की होनी चाहिए जिससे वह सामाजिक बुराइयों से दूर रह सकें।

पिछड़े बालक Backward Children

जो बालक कक्षा का औसत कार्य नहीं कर पाता है और कक्षा के औसत बालकों से पीछे रहता है, उसे 'पिछड़ा बालक' कहते हैं। पिछड़े बालक का मन्दबुद्धि होना आवश्यक नहीं है। पिछड़ेपन के अनेक कारण हैं, जिनमें से मन्दबुद्धि होना एक है। यदि प्रतिभाशाली बालक की शैक्षिक योग्यता अपनी आयु के बालकों से कम है, तो उसे भी पिछड़ा बालक कहा जाता है। **सिरिल बर्ट** के अनुसार "पिछड़ा बालक वह है, जो विद्यालय-जीवन के मध्य में (अर्थात् लगभग $10\frac{1}{2}$ वर्ष की आयु में, अपनी कक्षा से नीचे की कक्षा के उस कार्य को न कर सके, जो उसकी आयु के बालकों के लिए सामान्य कार्य है।"

पिछड़े बालकों को शैक्षणिक उपलब्धि (Educational Quotient) या शिक्षा अंक के आधार पर भी परिभाषित किया गया है। बर्ट (Burt) के अनुसार ऐसे बालक जिनकी 85 से कम शैक्षणिक उपलब्धि (E.Q.) या शिक्षा अंक होता है वे पिछड़े बालक होते हैं। शैक्षणिक-लब्धि (E.Q.) का अर्थ है कि विद्यार्थियों का स्कूली-विषयों का ज्ञान उनकी आयु के स्तर के अनुसार है या नहीं।

पिछड़े बालक की विशेषताएँ पिछड़े बालक की कुछ प्रमुख विशेषताएँ होती हैं। *जो निम्नवत् हैं*

1. सीखने की धीमी गति।
2. जीवन में निराशा का अनुभव।
3. समाज-विरोधी कार्यों की प्रवृत्ति।
4. व्यवहार-सम्बन्धी समस्याओं की अभिव्यक्ति।
5. जन्मजात योग्यताओं की तुलना में कम शैक्षिक उपलब्धि।
6. सामान्य विद्यालय के पाठ्यक्रम से लाभ उठाने में असमर्थता।
7. सामान्य शिक्षण-विधियों द्वारा शिक्षा ग्रहण करने में विफलता।
8. मन्द बुद्धि, सामान्य बुद्धि या अति श्रेष्ठ बुद्धि का प्रमाण।
9. मानसिक रूप से अस्वस्थ और असमायोजित व्यवहार।
10. बुद्धि-परीक्षाओं में निम्न बुद्धि-लब्धि (90 से 110 तक)।
11. विद्यालय-कार्य में सामान्य बालकों के समान प्रगति करने की अयोग्यता।
12. अपनी और उससे नीचे की कक्षा का कार्य करने में असमर्थता।

पिछड़े बालकों की पहचान

Identification of Backward Children

सामूहिक परीक्षण (Group Test) कक्षा में पिछड़ेपन का पता लगाना हो तो सभी बच्चों को सामूहिक परीक्षण देन चाहिए। सामूहिक परीक्षणों में बुद्धि के परीक्षण देकर कक्षा के विद्यार्थियों की बुद्धि-लब्धि (I.Q.) देखी जा सकती है।

उपलब्धि परीक्षण (Achievement Test) विद्यार्थियों की शिक्षा के क्षेत्र में उपलब्धि जानने के लिए विशेष रूप से तैयार किए गए वस्तुनिष्ठ परीक्षण Objective Type Tests देने चाहिए। इनके परिणामों के आधार पर पिछड़ेपन का पता चल जाएगा।

व्यक्तिगत बुद्धि परीक्षण (Individual Intelligence Test) सामूहिक परीक्षण के आधार पर चुने हुए बच्चों को बुद्धि से सम्बन्धित व्यक्तिगत परीक्षण भी देने चाहिए। इससे भी उनके बुद्धि-स्तर का ज्ञान हो सकता है।

इसी प्रकार मानसिक रूप से पिछड़े या मन्द-बुद्धि विद्यार्थियों की पहचान भी की जा सकती है।

समस्यात्मक बालक 'समस्यात्मक बालक' उस बालक को कहते हैं, जिसके व्यवहार में कोई ऐसी असामान्य बात होती है, जिसके कारण वह समस्या बन जाती है, जैसे-चोरी करना, झूठ बोलना आदि।

'समस्यात्मक बालक' का अर्थ स्पष्ट करते हुए **वेलेन्टाइन** ने लिखा है—"समस्यात्मक बालकों—शब्द का प्रयोग साधारणत: उन बालकों का वर्णन करने के लिए किया जाता है, जिनका व्यवहार या व्यक्तित्व किसी बात में गम्भीर रूप से असामान्य होता है।"

समस्यात्मक बालक Problematic Children

समस्यात्मक बालकों की सूची बहुत लम्बी है। इनमें से कुछ मुख्य प्रकार के बालक हैं—चोरी करने वाले, झूठ बोलने वाले, क्रोध करने वाले, एकान्त पसन्द करने वाले, मित्र बनाना पसन्द न करने वाले, आक्रमणकारी व्यवहार करने वाले, विद्यालय से भाग जाने वाले, भयभीत रहने वाले, छोटे बालकों को तंग करने वाले, गृह-कार्य न करने वाले, कक्षा में देर से आने वाले आदि। हम इनमें से प्रथम तीन का वर्णन कर रहे हैं।

1. **चोरी करने वाले बालक** ऐसे बच्चे जो किसी लालच में आकर पहले छोटी-मोटी चोरियाँ करते हैं। बाद में यह उनकी एक आदत बन जाती है इसके निम्न कारण हो सकते हैं।
   (i) **अज्ञानता** छोटा बालक, अज्ञानता के कारण चोरी करता है। वह यह नहीं जानता है कि जो वस्तु जिसके पास है, उसी का उस पर उचित अधिकार है।
   (ii) **अन्य विधि से अपरिचित** कोई बालक इसलिए चोरी करता है, क्योंकि उसे वांछित वस्तु को प्राप्त करने की और कोई विधि नहीं मालूम होती है।
   (iii) **उच्च स्थिति की इच्छा** किसी बड़े बालक में अपने समूह में अपनी उच्च स्थिति व्यक्त करने की प्रबल लालसा होती है। अपनी इस लालसा को पूरा करने के लिए वह धन, वस्त्र और अन्य वस्तुओं की चोरी करता है।
   (vi) **माता-पिता की अवहेलना** स्ट्रैंग (Strang) के अनुसार, जिस बालक की अपने माता-पिता के द्वारा अवहेलना की जाती है, वह उनको समाज में अपमानित करने के लिए चोरी करने लगता है।

(v) **साहस दिखाने की भावना** किसी बालक में दूसरे बालकों को यह दिखाने की प्रबल भावना होती है कि वह उनसे अधिक साहसी है। वह इस बात का प्रमाण चोरी करके देता है।

(vi) **आत्म-नियन्त्रण का अभाव** बालक, आत्म-नियन्त्रण के अभाव के कारण चोरी करने लगता है। उसे जो भी वस्तु अच्छी लगती है, उसी को वह चुरा लेता है या चुराने का प्रयत्न करता है।

(vii) **चोरी की लत** किसी-किसी बालक में चोरी की लत (Kleptomania) होती है। वह अकारण ही विभिन्न प्रकार की वस्तुओं की चोरी करता है। स्ट्रैंग (Strang) ने अपने एक बालक का उल्लेख किया है, जिसने 23 पेटियों (Belts) की चोरी की थी।

(viii) **आवश्यकताओं की अपूर्ति** जिस बालक की आवश्यकताएँ पूर्ण नहीं हो पाती हैं, वह उनको चोरी करके पूर्ण करता है। यदि बालक को विद्यालय में खाने-पीने के लिए पैसे नहीं मिलते हैं तो वह उनको घर से चुरा ले जाता है।

चोरी करने वाले बालकों के उपचार हेतु आवश्यक कदम एक शिक्षक तथा अभिभावकों के लिए चोरी करने वाले बालकों की यह बुरी आदत छुड़ाने के लिए *कुछ अनिवार्य सुझाव निम्नवत् हैं*

- बालक पर चोरी का दोष कभी नहीं लगाना चाहिए।
- बालक में आत्म-नियन्त्रण की भावना का विकास करना चाहिए।
- बालक को उचित और अनुचित कार्यों में अन्तर बताना चाहिए।
- बालक की उसके माता-पिता द्वारा अवहेलना नहीं की जानी चाहिए।
- बालक की सभी उचित आवश्यकताओं को पूरा करना चाहिए।
- बालक को विद्यालय में व्यय करने के लिए कुछ धन अवश्य देना चाहिए।
- बालक को खेलकूद और अन्य कार्यों में अपनी साहस की भावना को व्यक्त करने का अवसर देना चाहिए।
- बालक को यह शिक्षा देनी चाहिए कि जो वस्तु जिसकी है, उस पर उसी का अधिकार है। दूसरे शब्दों में, उसको अन्य व्यक्तियों के अधिकारों का सम्मान करने की शिक्षा देनी चाहिए।

2. **झूठ बोलने वाला बालक** झूठ बोलने वाले बालकों में झूठ बोलने के अनेक कारण हो सकते हैं, *जो निम्नवत् हैं*

(i) **मनोविनोद** बालक कभी-कभी केवल मनोविनोद या मजा लेने के लिए झूठ बोलता है।

(ii) **दुविधा** बालक कभी-कभी किसी बात को स्पष्ट रूप से न समझ सकने के कारण दुविधा में पड़ जाता है और अनायास झूठ बोल जाता है।

(iii) **मिथ्याभिमान** किसी बालक में मिथ्याभिमान की भावना बहुत बलवती होती है। अत: वह उसे व्यक्त और सन्तुष्ट करने के लिए झूठ बोलता है। वह अपने साथियों को अपने बारे में ऐसी-ऐसी बातें सुनाता है, जो उसने कभी नहीं की हैं।

(iv) **प्रतिशोध** बालक अपने बैरी से बदला लेने के लिए उसके बारे में झूठी बातें फैलाकर उसको बदनाम करने की चेष्टा करता है।

(v) **स्वार्थ** बालक कभी-कभी अपने स्वार्थों के कारण झूठ बोलता हे। यदि वह गृह-कार्य करके नहीं लाया है, तो वह दण्ड से बचने के लिए कह देता है कि उसे अकस्मात् पेचिश हो गई थी।

(vi) **वफादारी** कोई बालक अपने मित्र, समूह आदि के प्रति इतना वफादार होता है कि वह झूठ बोलने में तनिक भी संकोच नहीं करता है। यदि उसके मित्र की तोड़-फोड़ करने की प्रधानाचार्य से शिकायत होती है, तो वह इस बात की झूठी गवाही देता है कि उसका मित्र तोड़-फोड़ के स्थान पर मौजूद नहीं था।

(vii) **भय** भय, जिसके कारण बालक झूठ बोलता है, अनेक प्रकार का हो सकता है, जैसे—कठोर दण्ड का भय, कक्षा या समूह में प्रतिष्ठा खोने का भय, किसी पद से वंचित किए जाने का भय इत्यादि। **स्ट्रैंग** के शब्दों में—"भय अनेक बालकों की झूठी बातों का मूल कारण होता है।"

झूठ बोलने वाले बालकों हेतु आवश्यक उपाय बालक की झूठ बोलने की आदत को छुड़ाने *के लिए निम्नांकित उपायों को काम में लाया जा सकता है*

- बालकों को यह बताना चाहिए कि झूठ बोलने से कोई लाभ नहीं होता है।
- बालक में नैतिक साहस की भावना का अधिकतम विकास करने का प्रयत्न करना चाहिए।
- बालक में सोच-विचार कर बोलने की आदत का निर्माण करना चाहिए।
- बालक से बात न करके, उसकी अवहेलना करके, और उसके प्रति उदासीन रह कर उसे अप्रत्यक्ष दण्ड देना चाहिए।
- बालक को ऐसी संगति और वातावरण में रखना चाहिए, जिससे उसे झूठ बोलने का अवसर न मिले।
- बालक से उसका अपराध स्वीकार करवा कर उससे फिर कभी झूठ न बोलने की प्रतिज्ञा करवानी चाहिए।
- बालक की आत्म-सम्मान की भावना को इतना प्रबल बना देना चाहिए कि वह झूठ बोलने के कारण अपना अपमान सहन न कर सके।
- सत्य बोलने वाले बालक की निर्भयता और नैतिक साहस की प्रशंसा करनी चाहिए।

3. **क्रोध करने वाला बालक क्रोध व आक्रमणकारी व्यवहार** साधारणत: क्रोध और आक्रमणकारी व्यवहार का साथ होता है। क्रो एवं क्रो का कथन है—"क्रोध—आक्रमणकारी व्यवहार द्वारा व्यक्त किया जाता है।"

क्रुद्ध बालक के आक्रमणकारी व्यवहार के कुछ मुख्य स्वरूप हैं—मारना, काटना, नोंचना, चिल्लाना, खरोंचना, तोड़-फोड़ करना, वस्तुओं को इधर-उधर फेंकना, गाली देना, व्यंग्य करना, स्वयं अपने शरीर को किसी प्रकार की क्षति पहुँचाना इत्यादि।

क्रोध आने के कारण बालक को क्रोध आने के अनेक कारण हो सकते हैं, *जो निम्नवत् हैं*

- बालक के किसी उद्‌देश्य की प्राप्ति में बाधा पड़ना
- बालक में किसी के प्रति ईर्ष्या होना।
- बालक के खेल, कार्य या इच्छा में विघ्न पड़ना।
- बालक को किसी विशेष स्थान को जाने से रोकना।
- बालक की किसी वस्तु का छीन लिया जाना।
- बालक का किसी बात में निराश होना।
- बालक का अस्वस्थ या रोगग्रस्त होना।
- बालक का किसी कार्य को करने में असमर्थ होना।
- बालक के कार्य, व्यवहार आदि में निरन्तर दोष निकाला जाना।
- बालक पर अपने माता या पिता के क्रोधी स्वभाव का प्रभाव पड़ना।

क्रोध करने वाले बालकों हेतु उठाए जाने वाले आवश्यक उपाए बालक को क्रोध के दुर्गुण से मुक्त करने के लिए *निम्नलिखित उपायों का प्रयोग किया जा सकता है*

- बालक के रोग का उपचार और स्वास्थ्य में सुधार करना चाहिए।
- बालक को जिस बात पर क्रोध आए उस पर से उसके ध्यान को हटा देना चाहिए।
- बालक को अपने क्रोध पर नियन्त्रण करने की शिक्षा देनी चाहिए।
- बालक को केवल अनुचित बातों के प्रति क्रोध व्यक्त करने का परामर्श देना चाहिए।
- बालक के क्रोध को क्रोध व्यक्त करके नहीं, वरन् शान्ति से शान्त करना चाहिए
- बालक के क्रोध को दण्ड और कठोरता का प्रयोग करके दमन नहीं करना चाहिए, क्योंकि ऐसा करने से उसका क्रोध और बढ़ता है।
- बालक के खेल, कार्य आदि में बिना आवश्यकता के बाधा नहीं डालनी चाहिए।
- बालक की ईर्ष्या की भावना को सहयोग की भावना में बदलने का प्रयास करना चाहिए।
- बालक के कार्य, व्यवहार आदि में अकारण दोष नहीं निकालना चाहिए।
- जब बालक का क्रोध शान्त हो जाए, तब उससे तर्क करके उसे यह विश्वास दिलाना चाहिए कि उसका क्रोध अनुचित था।

विशेष आवश्यकता वाले बच्चों से जुड़े प्रमुख राष्ट्रीय कार्यक्रम
Main National Programme related to Special Need Children

विकलांग पुनर्वास अनुसन्धान अनुदान योजना

समाज कल्याण मन्त्रालय के द्वारा विकलांगों के पुनर्वास के बारे में अनुसन्धान के लिए अनुदान आयोजना चलाई जा रही है इसके तहत अनुसन्धान करने वाले शोधकर्ता, शोध संस्थानों, संगठनों इत्यादि को शत-प्रतिशत अनुदान दिया जाता है। अब इस आयोजना का विकेन्द्रीकरण भी किया जा रहा है। इस आयोजन के अन्तर्गत सम परियोजनाएँ चलाई जा रही हैं। वर्तमान समय में 3000 से 4000 बालक-बालिकाएँ इससे लाभान्वित हों रहे हैं।

सर्वशिक्षा अभियान

सभी बालकों के लिए विद्यालयों में शिक्षा की गारण्टी तथा वैकल्पिक विद्यालयों की स्थापना, भर्ती, शिक्षा तथा बच्चों को विद्यालयों में बनाए रखने के लिए सभी तरह की असमानताओं की समाप्ति ताकि क्षमता में उल्लेखनीय सुधार सम्भव हो सके।

माध्यमिक तौर पर समावेशी शिक्षा (आशक्तों के लिए)

वर्ष 2009-10 से आशक्त बच्चों की समेकित शिक्षा की पिछली परियोजना के बाद एक नवीन परियोजना का क्रियान्वयन किया गया है, जिसका नाम है **माध्यमिक स्तर पर आशक्तों के लिए समावेशी शिक्षा** की व्यवस्था। इसके अन्तर्गत 9 से 12वीं कक्षा तक पढ़ाई करने वाले बच्चों को समुचित वातावरण तथा सहायता राशि उपलब्ध कराई जाती है। यह व्यवस्था आठ वर्ष तक माध्यमिक स्कूल जाने के बाद प्रदान की जाती है। इस योजना के अन्तर्गत आशक्त बालिका तथा महिलाओं पर विशेष ध्यान दिया जाना आवश्यक है। उनकी सहायता के लिए ₹ 2000 प्रतिमाह की भत्ता राशि भी प्रदान की जाती है। यह स्कीम शत-प्रतिशत केन्द्रीय सहायता पर आधारित है। सरकारी संगठन के साथ-साथ आशक्त बालकों के क्षेत्र में अनुभव रखने वाले गैर-सरकारी संगठनों तथा एजेन्सियों को भी इसके तहत लाया गया है।

विशिष्ट बालकों के लिए राष्ट्रीय महत्त्व के संस्थान

- राष्ट्रीय दृष्टि संस्थान, देहरादून
- राष्ट्रीय आंगिक विकलांग संस्थान, कोलकाता
- अलीयावर जंग राष्ट्रीय बधिर संस्थान, मुम्बई
- राष्ट्रीय मानसिक विकलांग संस्थान, सिकन्दराबाद
- राष्ट्रीय विकलांग संस्थान, नई दिल्ली
- राष्ट्रीय पुनर्वास प्रशिक्षण तथा अनुसन्धान संस्थान, कटक

उपरोक्त संस्थाएँ विशिष्ट बालकों की शिक्षा, व्यावसायिक प्रशिक्षण, मार्गदर्शन अनुसन्धान, पुनर्वास आदि सेवाओं के विकास कें क्षेत्र में जानी-मानी संस्थाएँ हैं।

प्रैक्टिस जोन

1. निःशक्त बालकों की शिक्षा के लिए प्रावधान किया जा सकता है
(a) समावेशित शिक्षा द्वारा
(b) मुख्य धारा से डालकर
(c) समाकलन द्वारा
(d) इनमें से कोई नहीं

2. शारीरिक रूप से भिन्न बालकों के अन्तर्गत आते हैं
(a) श्रवण क्षति युक्त बालक
(b) दृष्टि क्षति युक्त बालक
(c) बहुल विकलांग बालक
(d) ये सभी

3. एक बालक मानसिक रूप से पिछड़ा हुआ है उसको आप क्या सिखाना पसन्द करेंगे?
(a) नियमित पाठ्यचर्या की पढ़ाई किन्तु उन्हें काम के लिए दोगुना समय देंगे
(b) उन्हें आवश्यक बातें रटा देंगे
(c) उन्हें अकेले यात्रा करने, पैसे खर्च करने, हिसाब रखना आदि जैसे व्यावहारिक क्रिया-कलापों के माध्यम से सक्षम बनाएँगे
(d) उन्हें अपनी पसन्द का कार्य करने देंगे

4. एक पिछड़े बालकों की शिक्षा के स्वरूप में कौन-सी बातें सम्मिलित की जानी चाहिए?
(a) विशेष शिक्षण विधियों का प्रयोग
(b) विद्यालय में विशिष्ट कक्षाओं की व्यवस्था
(c) विशेष पाठ्यक्रम की व्यवस्था
(d) उपरोक्त सभी

5. पिछड़े बालक का शिक्षा के क्षेत्र में विकास करने के लिए क्या करना चाहिए?
(a) पिछड़ेपन के कारणों की खोज करना
(b) व्यक्तिगत ध्यान
(c) पाठ्यान्तर क्रियाओं की व्यवस्था
(d) उपरोक्त सभी

6. निम्न में से क्या मानसिक रूप से पिछड़े बालकों की विशेषता हैं?
(a) संवेगात्मक रूप से अस्थिर (b) रुचियाँ सीमित होती हैं
(c) निरन्तर अव्यवस्था का होना (d) ये सभी

7. मानसिक रूप से पिछड़े बालकों की विशेषता नहीं है
(a) शैक्षिक उपलब्धि सामान्य बालक से कम
(b) पिछड़ेपन का कारण वंशानुगत
(c) पिछड़ेपन का कारण वातावरण
(d) निर्देश देना समस्या नहीं

8. ब्रेल लिपि का प्रयोग किस प्रकार के विकलांग बालकों की शिक्षा व्यवस्था के लिए किया जाता है?
(a) अन्धे बालकों के लिए (b) श्रवण दोष युक्त बालकों के लिए
(c) विकलांग बालकों के लिए (d) इनमें से कोई नहीं

9. जिस बालक में विकलांगता की व्यापकता अधिक है, वह निम्न में से किससे प्रभावित नहीं होता?
(a) शारीरिक (b) संवेगात्मक (c) मानसिक (d) सांस्कृतिक

10. दृष्टि से सम्बन्धित दोष मानव के किस विकास पर प्रभाव नहीं डालता है?
(a) शारीरिक व मानसिक (b) शैक्षिक व व्यावसायिक
(c) संवेगात्मक (d) सांस्कृतिक

11. शैक्षिक पिछड़ेपन की पहचान के लिए अनिवार्य तत्व है
(a) आनुवंशिकता की जाँच (b) वातावरण का प्रभाव
(c) बुद्धि परीक्षण (d) इनमें से कोई नहीं

12. निम्नलिखित में से किसको समस्यात्मक बच्चा कहा जा सकता है?
(a) पिछड़े बालक को (b) मन्दबुद्धि बालक को
(c) प्रतिभाशाली बालक को (d) चोरी करने वाले बालक को

13. जो बालक शैक्षिक रूप से पिछड़ा है, उनके विषय में सत्य है
(a) पढ़ाई में पिछड़ा है (b) घर व समाज में पिछड़ा है
(c) मानसिक रूप से पिछड़ा है (d) इनमें से कोई नहीं

14. जो बालक मानसिक दृष्टि से पिछड़े हैं, वे होते हैं,
(a) संवेदनशील (b) निष्ठावान
(c) शक्तिशाली (d) अनुशासनहीन

15. जो बच्चा शारीरिक रूप से अक्षम है, वह निम्न में से किस प्रकार का नहीं हो सकता?
(a) लंगड़ा (b) पोलियो ग्रस्त (c) जड़ बुद्धि (d) दृष्टि बाधित

16. 'कमजोर वर्ग के बालक' से तात्पर्य है
(a) ऐसे अभिभावकों के बालक से जिनकी वार्षिक आय कम है
(b) ऐसे अभिभावकों के बालक से जो वंचित वर्ग में आते हैं
(c) ऐसे अभिभावकों के बालक से जो गरीबी रेखा से नीचे की सीमा में आते हैं
(d) ऐसे अभिभावकों के बालकों से जो सरकार द्वारा निर्धारित न्यूनतम सीमा की वार्षिक आय की सीमा से नीचे के वर्ग में आते हैं

17. "पिछड़ा बालक वह है जो अपने अध्ययन के मध्यकाल में अपना कक्षा कार्य जो अपनी आयु के अनुसार एक कक्षा नीचे का है, करने में असमर्थ रहता है।" उक्त कथन है
(a) बर्ट का (b) वुडवर्थ का (c) टरमन का (d) ट्रो का

18. शारीरिक अस्वस्थता, काम प्रवृत्ति का प्रवाह तथा मन्द गति के विकास बालापराध के किस कारण के अन्तर्गत आते हैं?
(a) मनोवैज्ञानिक कारण (b) सामाजिक कारण
(c) विद्यालय के वातावरण के कारण (d) व्यक्तिगत कारण

19. बालकों के समस्यात्मक व्यवहार का कारण नहीं होता है
(a) अनैतिक कार्य (b) मनोरंजन की सुविधा
(c) निर्धनता (d) अत्यधिक लाड़-प्यार

20. विशेष आवश्यकता वाले बालकों को शिक्षा उपलब्ध कराई जानी चाहिए
(a) अन्य सामान्य बालकों के साथ
(b) विशेष विद्यालयों में विशेष बालकों के लिए विकसित पद्धतियों द्वारा
(c) विशेष विद्यालयों में
(d) विशेष विद्यालयों में विशेष अध्यापकों द्वारा

21. विशेष शिक्षा सम्बन्धित है
(a) मेधावी विद्यार्थी के लिए शिक्षा से
(b) कम योग्य विद्यार्थियों के लिए शैक्षिक कार्यक्रम से
(c) अध्यापकों के लिए प्रशिक्षण कार्यक्रम से
(d) पिछड़ी बुद्धि के विद्यार्थियों के लिए प्रशिक्षण कार्यक्रम से

उत्तरमाला

1. (a)	2. (d)	3. (c)	4. (d)	5. (d)	6. (d)	7. (d)	8. (a)	9. (d)	10. (d)
11. (c)	12. (d)	13. (a)	14. (d)	15. (c)	16. (d)	17. (a)	18. (d)	19. (a)	20. (a)
21. (b)									

अध्याय

04

बाल देखभाल एवं संरक्षण

बाल देखभाल एवं संरक्षण

Child Care and Protection

बालक की विभिन्न प्रकार की मनोवैज्ञानिक जरूरतें होती हैं जैसे—दिलासा, विश्वास, नैतिक समर्थन, प्रोत्साहन और पहचान आदि। ये जरूरतें तभी अनुभव की जाती हैं जब बालक किसी मनोवैज्ञानिक वंचना अथवा कमी को अनुभव करता है। जब व्यक्ति को अपने आस-पास के पर्यावरण के विषय में कोई सन्देह होता है, तो उसे आश्वासन और विश्वास की जरूरत होती है। जब किन्हीं जरूरतों की पूर्ति में रुकावट के कारण वह कुण्ठित और निराश होता है, तो उसे नैतिक समर्थन और प्रोत्साहन की आवश्यकता होती है। जब उसमें हीनता का अहसास (feeling of inferiority) पैदा होता है, तो उसे अपनी पहचान और सम्मान चाहिए होता है। बालक और ऐसी स्थिति में उसकी मनोवैज्ञानिक देखभाल एवं संरक्षण आवश्यक हो जाता है। यदि आश्वासन और प्रोत्साहन के कुछ शब्दों से उसकी हालत में सुधार होता है, तो ऐसा किया जाना चाहिए।

बचपन में बालक की देखभाल एवं संरक्षण

Child Care and Protection In Childhood

बाल्यावस्था के दौरान बच्चा शारीरिक रूप से इतना छोटा और कमजोर होता है कि वह अपनी मूल आवश्यकताओं जैसे भूख-प्यास और मल-त्याग आदि को पूरा नहीं कर सकता। इसके लिए बच्चा दूसरों, विशेषकर अपने माता-पिता पर निर्भर करता है जो उसकी आवश्यकताओं का ध्यान रखते हैं। इससे बच्चे में दूसरों के प्रति विश्वास की भावना पैदा होती है। एरिक्सन ने अपनी थ्योरी में वर्णन किया है कि पहले वर्ष में बच्चे का केवल एक ही प्रश्न और काम होता है कि "क्या मैं संसार पर विश्वास कर सकता हूँ?" यदि अन्य लोग बच्चे की देखभाल करते हैं और उसकी मूल जरूरतों की पूर्ति करते हैं, तो बच्चे में प्रारम्भिक विश्वास का विकास होने लगता है। यदि बच्चा इस समर्थन और देखभाल से वंचित होता है, तो उसमें संसार के प्रति अविश्वास पैदा हो जाता है।

बच्चे को भी प्यार की आवश्यकता होती है जिसे वह दूसरों के प्यार-भरे स्पर्श से समझता है। माता द्वारा छुआ जाना बच्चे के लिए बहुत महत्त्वपूर्ण है जिसे हारलोव (Harlow) ने एक प्रयोग द्वारा दर्शाया है। हारलोव ने बन्दर के बहुत छोटे बच्चों को उनकी माँ से अलग कर दिया। बच्चों के पिंजरें में उनकी माताओं के दो डमी (dummy mothers) रखे गए। एक डमी को लोहे के तारों से बनाया गया था जिसके द्वारा बच्चों को प्राय: भोजन दिया जाता था। दूसरी डमी को कपड़ों आदि से ढक कर उसे एक बल्ब द्वारा गर्म किया गया था। बन्दर के बच्चे कपड़ों वाली डमी की गोद में सोया करते थे और किसी डर वाली अवस्था में भी उसकी ओर भागते थे इसलिए गर्माहट भरी छुअन (warmth touch) बच्चे की महत्त्वपूर्ण मनोवैज्ञानिक जरूरत है जो उसे सुरक्षा की भावना प्रदान करती है।

बच्चे की अन्य आवश्यकता खेलना और स्सार के विषय में जानना है। जब बच्चा इतना बड़ा हो जाता है कि वह चल सके ओर अपने-आप दौड़ सके, तो वह उत्सुकता के कारण संसार की छान-बीन करता है। बच्चा खेलना भी पसन्द करता है क्योंकि इससे वह न केवल शारीरिक रूप से सामान्य विकास करता है बल्कि उसमें स्वायत्तता और पहल करने की भावना भी पैदा होती है। एरिक्सन के अनुसार जब बच्चा 2-3 वर्ष का हो जाए, तो माता-पिता को चाहिए कि वे उसे स्वतन्त्रतापूर्वक इधर-उधर घूमने दें और उसकी ऐसी प्रवृत्तियों का समर्थन करें। इससे स्वायत्तता की भावना पैदा होती है जिससे वह बड़ा होकर अपने निर्णय खुद लेने के योग्य हो जाता है। यदि बच्चे को ऐसा न करने दिया जाए, तो इससे उसमें शर्म और सन्देह की भावना पैदा हो जाएगी। 4-5 वर्ष की आयु में अपने पर्यावरण की छानबीन से बच्चे में आत्मविश्वास पैदा हो जाता है जिससे वह किसी काम में पहल करने से नहीं झिझकता। यदि बच्चे को यह अवसर न दिया जाए, तो इसके परिणामस्वरूप अपराध की भावना पैदा हो जाती है।

उसके बाद वाले समय में बच्चे में उन बुनियादी कौशलों को सीखने की जरूरत पैदा होती है जो वयस्क होने पर इस संसार में जीवित रहने के लिए जरूरी हैं। बच्चा बोलना सीखता है और स्कूल में पढ़ना, लिखना तथा हिसाब आदि करना सीखता है जो न केवल उच्च शिक्षा के लिए जरूरी हैं बल्कि रोजमर्रा के जीवन की जरूरतों से निपटने के लिए भी आवश्यक हैं। मनोवैज्ञानिकों का विचार है कि प्रोत्साहन और प्रशिक्षण से बच्चे में मेहनत करने की भावना पैदा होती है और वह दिए गए काम को आत्मविश्वास के साथ पूरा करता है। दूसरी ओर, प्रोत्साहन और प्रशिक्षण के अभाव में बच्चे में हीनभाव पैदा हो जाता है।

संक्षेप में कहा जा सकता है कि अपनी बुनियादी जरूरतों को पूरा करने के लिए बच्चे को दूसरों के सहयोग की आवश्यकता होती है। बच्चे को प्यार और स्नेह की आवश्यकता होती है जो प्यार भरे स्पर्श से दर्शाया जा सकता है। जाँच-पड़ताल और खेल से आत्मविश्वास पैदा होता है जिससे कोई भी काम शुरू करके उसे पूरा करने में सहायता मिलती है। यदि इन जरूरतों की पूर्ति न हो, तो बच्चे में कई प्रकार की नकारात्मक भावनाएँ पैदा हो जाती हैं जैसे—अविश्वास, शर्म, अपराध भावना और हीनभाव आदि।

किशोरावस्था में बालक की देखभाल एवं संरक्षण

Child Care and Protection In Adolescence Stage

यह 12-18 वर्ष के बीच का समय है। इसे जीवन का सबसे नाजुक दौर कहा जा सकता है। मनोवैज्ञानिक परिवर्तन इतनी तेज गति से होते हैं और समाज की माँगें इतनी बढ़ जाती हैं कि इसे तनाव और उपद्रव की अवस्था कहा जाता है। बच्चे को शारीरिक और यौन सम्बन्धी परिवर्तनों से समायोजन करना पड़ता है। इसके बाद माता-पिता और समाज की अपेक्षाएँ बढ़ जाती हैं क्योकि बच्चा देखने में बड़ा लगता है लेकिन मनोवैज्ञानिक रूप से वह अभी छोटा होता है इसलिए इस अवस्था में उसे देखभाल एवं संरक्षण की आवश्यकता अधिक होती है लेकिन उसे इन माँगों को पूरा करना सीखना पड़ता है। इस अवस्था में भावात्मक संवेदना भी बहुत पाई जाती है और बच्चा बात-बात पर दु:खी और उत्तेजित महसूस करता है। इस अवस्था में भावनाओं पर नियन्त्रण करने की भी आवश्यकता होती है। यौन सम्बन्धी परिवर्तन भी बच्चे पर अत्यन्त दबाव डालते हैं तथा उसे इन परिवर्तनों को स्वीकार करना होता है। इसके अलावा इस अवस्था की सबसे महत्त्वपूर्ण जरूरत शारीरिक परिवर्तनों, सामाजिक अपेक्षाओं और भावुकता से समायोजन करना है।

एक अन्य महत्त्वपूर्ण जरूरत है, अपनी पहचान बनाना। किशोरावस्था के दौरान बच्चे को अपनी पहचान बनानी होती है। किशोर को उसके माता-पिता के नाम से जाना जाता है लेकिन इस अवस्था में उसे अपनी स्वतन्त्र पहचान बनानी होती है। किशोर को न्यूनतम योग्यता कौशलों की जरूरत अनुभव होती है ताकि वयस्क होने पर वह अपनी कमाई के साधन ढूँढ सके। इससे उसे अपनी पहचान बनाने में सहायता मिलती है लेकिन यदि किशोरावस्था में अपनी पहचान न बनाई जा सके, तो विभिन्न भूमिकाओं में अन्तर करने में कठिनाई आ सकती है। किशोरों को साथियों की भी आवश्यकता होती है। वे अपने मित्रों के साथ अधिक समय व्यतीत करते हैं और धीरे-धीरे अपने माता-पिता से दूर होने लगते हैं। वे अपने मित्रों के साथ रहकर खुश होते हैं। जब इस अवस्था में हम उम्र साथियों से सम्पर्क होता है तो आत्म-केन्द्रिता (egocentricity) में कमी आती है। मित्रों की संगत में रहकर वे जान लेते हैं कि लोगों के विचार विपरीत और परस्पर विरोधी भी हो सकते हैं और दूसरों के साथ रहने के लिए उन विचारों को स्वीकार भी करना पड़ता है। किशोरों की यह भी एक समस्या है कि वे अपने-आप को बड़ा मानते हैं और उन्हें लगता है कि उनके साथ बच्चों जैसा व्यवहार किया जा रहा है। जब उनके साथ बच्चों जैसा व्यवहार किया जाता है, तो वे खीझ जाते हैं। वे दूसरों का ध्यान अपनी ओर खींचना चाहते हैं। जब उनकी उपेक्षा की जाती है, तो वे दु:खी हो जाते हैं। किशोरावस्था में शरीर ऊर्जा से भरपूर होता है और इस ऊर्जा को खर्च करना किशोरों की मनोवैज्ञानिक जरूरत है। यदि इस ऊर्जा का रचनात्मक कार्यों में उपयोग किया जाए, तो इसका बहुत अच्छा परिणाम निकलता है, जैसे—खेलें तथा NSS की गतिविधियाँ आदि लेकिन यदि इस ऊर्जा का सही प्रयोग न हो तो किशोर समाज-विरोधी गतिविधियों में भी संलिप्त हो सकते हैं। इसलिए ऐसी योजनाएँ बनाने की आवश्यकता है जिससे किशोर अपनी ऊर्जा को लाभदायक कामों में लगा सकें।

बाल निर्देशन Child Instruction

निर्देशन का अर्थ कोई आदेश नहीं होता है वरन् ऐसी प्रक्रिया है जिसमें किसी कार्य या व्यवहार अथवा निर्णय के प्रति सहयोगी की भूमिका का निर्वाह करना। निर्देशन देने वाला व्यक्ति अनुभवशील और कुशल होता है। वह अपनी योग्यता के आधार पर व्यक्ति की क्षमताओं, रुचियों तथा प्रवृत्तियों की परख है। तदनुरूप उसे निर्देशित करता है जिससे उसकी क्षमताओं का अधिकतम उपयोग उचित दिशा में हो सके।

स्किनर के अनुसार, ''निर्देशन युवकों को सहायता देने की वह प्रक्रिया है जिसके द्वारा वह स्वयं के साथ, दूसरों के साथ और परिस्थितियों के साथ सहायता करना सीखते हैं।''

निर्देशन बालक के विकास का मार्ग प्रशस्त करता है, उचित निर्देशन पाकर बालकों का सर्वांगीण विकास होता है तथा उसमें सुसमायोजन की क्षमता विकसित होती है। योग्य एवं शिक्षित अभिभावक तथा बाल-मनोविज्ञान के ज्ञान से युक्त शिक्षक, बालकों का उचित मार्ग दर्शन कर सकते हैं क्योंकि उन्हें बालकों की योग्यताओं, रुचियों, क्षमताओं, स्वभाव अभिवृत्ति आदि का ज्ञान होता है। निर्देशन में वैयक्तिक भेद पाया जाता है, सभी बालकों को एक जैसा निर्देशन नहीं दिया जा सकता है।

निर्देशन का उद्देश्य Purpose of Instruction

निर्देशन का उद्देश्य बालकों की विभिन्न क्षेत्रों में सहायता करना है। स्किनर (Skinner) के अनुसार, ''वर्तमान शिक्षा में निर्देशन का उद्देश्य है प्रत्येक व्यक्ति की उनकी क्षमताओं, रुचियों तथा अवसरों के अनुकूल चयन करने में सहायता पहुँचाना।

वास्तव में निर्देशन सही दिशा की ओर चलने का संकेत देता है। यह बालक की अन्तर्निहित क्षमताओं और योग्यताओं को अभिव्यक्ति का अवसर प्रदान करता है तथा उन क्षमताओं को सही दिशा में नियोजित कर अधिकतम उपयोग करता है। निर्देशन बालक की क्षमताओं के विकास के साथ-साथ समायोजन की भी क्षमता प्रदान करता है।

निर्देशन के निम्नलिखित उद्देश्य हैं

- बालक की योग्यताओं के विकास में सहयोग देना।
- बालक की शक्तियों को सही दिशा में चलने का मार्ग प्रशस्त करना।
- बालक को कठिन-से-कठिन समस्याओं को हल करने के योग्य बनाना।
- बालक को अपनी परिस्थिति के साथ समायोजन की क्षमता में सहयोग देना।
- बालकों को उनके निर्णयों में सहायता देना।
- बालकों को उनकी रुचियों और क्षमताओं के अनुसार क्षेत्रों अथवा विषयों के चुनाव में सहायता देना।
- बालकों की अन्तर्निहित योग्यताओं की पहचान कर उसके अभिव्यक्ति का मार्ग प्रशस्त करना।
- वैयक्तिक विकास में सहायता देना।
- उत्तरदायित्व एवं आत्मविश्वास के विकास में सहायता देना।
- सर्वांगीण विकास में सहायता देना।

अधिगम निःशक्त अक्षम बालक

Leaning (Disabled) Unable Children

अधिगम अक्षम बालक से अभिप्राय ऐसे बालक से है जो अधिगम समस्याओं, जैसे—सुनने, समझने, बोलने, लिखने, पढ़ने या गणितीय संख्याओं की अयोग्यता आंशिक रूप से या पूर्ण रूप से प्रदर्शित करता हैं। कभी-कभी बालक में श्रवण, दृष्टि, शारीरिक, मानसिक मन्दिता सम्बन्धी दोष नहीं होते हैं और ना ही बालक आर्थिक रूप से पिछड़ी श्रेणी में पाया जाता है। ऐसे बालकों में भाषा का प्रयोग करने अथवा समझने में मनोविज्ञान सम्बन्धी प्रक्रियाओं में अभाव और दोषों का होना मुख्य कारण होता है।

मनोवैज्ञानिक किर्क के अनुसार, ''अधिगम अक्षम बालक से तात्पर्य ऐसे बालक से है जिसके विकास में मन्दिता होती है। विकास में मन्दिता की दर का बालक के बोलने, पढ़ने, भाषा सम्बन्धी शब्दों के विभिन्न वर्तनी अक्षर करके पढ़ने लिखने अथवा एक से अधिक क्रियाओं के करने में बालक

कठिनाइयों का अनुभव करता है। बालक में इस प्रकार की समस्याओं एवं कठिनाइयों का कारण भावनात्मक, व्यावहारिक विक्षोभ अथवा सम्भवत: मानसिक दोष होता है।''

अधिगम अक्षम बालकों के लक्षण

Characteristics of Children with Unable Learning

ऐसे बालकों में पाए जाने वाले लक्षण निम्नवत् हैं

- अतिसक्रियता
- प्रत्यक्षीकरण-गति बाध्यता
- सांवेगिक अस्थिरता (उतार-चढ़ाव, चिड़चिड़ापन, दुश्चिन्ता)
- अव्यवस्थित अवधान (बेचैनी, व्यर्थ पुनरावृत्ति)
- आवेगिता
- स्मृति और चिन्तन की अव्यवस्था
- सामान्य संयोजन हीनता
- पढ़ने, लिखने, वर्तनी एवं गणित में विशिष्ट शैक्षिक समस्याएँ
- बोलने और सुनने से सम्बन्धित अव्यवस्थाएँ अर्थात् भाषा समस्या
- सन्देहजनक तान्त्रिकीय लक्षण

अधिगम अक्षम बालकों की शिक्षा

Education of Children with Unable Learning

अधिगम अक्षम बालकों की शिक्षा के लिए दो आधारभूत उपागमों का प्रयोग किया जाता है।

ये दो उपागम निम्नलिखित हैं

योग्यता प्रशिक्षण उपागम Ability Training Approach

इसके अन्तर्गत बालक की आधारभूत योग्यताओं में व्याप्त अक्षमताओं में सुधार के लिए निर्देशात्मक प्रक्रियाओं के निर्माण पर मुख्य रूप से बल दिया जाता है। मनोभाषित परीक्षण, दृश्य प्रत्यक्षीकरण उपागम, प्रत्यक्षात्मक गतिक उपागम एवं बहुसंवेदात्मक उपागम आदि का प्रयोग अधिगम अक्षमता में सुधार लाने के लिए बहुतायत से किया जाता है।

कौशल प्रशिक्षण उपागम Skill Training Approach

यह उपागम बालक के विशिष्ट रूप से चिह्नित कौशलों के विषय में सीधे मापन पर आधारित हैं। शोधों के द्वारा यह प्रमाणित है कि बहुत से कौशल प्रशिक्षण कार्यक्रम तथा डीस्टर, व्यवहृत व्यवहार विश्लेषण एवं सूक्ष्मता शिक्षण आदि इस दिशा में अधिक प्रभावी हो सकते हैं।

अधिगम अक्षमता के प्रकार Types of Unablity Learning

अधिगम अक्षमता के प्रकारों का वर्गीकरण निम्नवत् है

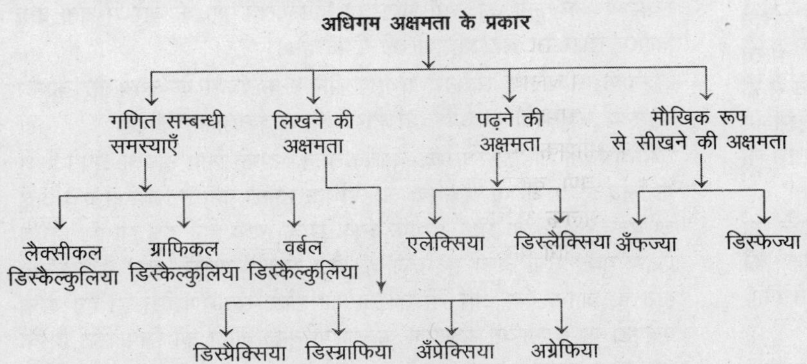

एड्स एवं इसकी रोकथाम

AIDS and Its Prevention

एड्स मनुष्यों को होने वाली एक नई बीमारी का नाम है, जो कैंसर से भी अधिक खतरनाक होती है। कैंसर का रोगी तो इलाज के द्वारा दस-बीस वर्षों तक भी जिन्दा रह सकता है, बल्कि कुछ मामलों में तो एकदम ठीक हो जाता है; लेकिन एड्स रोग से ग्रस्त व्यक्ति प्राय: एक से लेकर तीन वर्षों के बीच इस दुनिया से चला जाता है। वर्तमान समय में एड्स विश्व के लिए एक बीमारी न होकर एक गम्भीर समस्या बन गई है।

'एड्स', रोग का संक्षिप्त अंग्रेजी नाम है। इसका पूरा नाम है—एक्वायर्ड इम्यून डेफिशिएन्सी सिण्ड्रोम (Acquired Immune Deficiency Syndrome)।

अक्सर इसे 'एक्वायर्ड इम्यूनो डेफिशिएन्सी सिण्ड्रोम' भी कहते हैं। *इसका शाब्दिक अर्थ निम्नलिखित है*

एक्वायर्ड (Acquired) ऐसी बीमारी, जो पैतृक रूप से नहीं, बल्कि विषाणु के आक्रमण से उत्पन्न हुई है।

इम्यूनो डेफिशिएन्सी (Immuno Deficiency) रोग-प्रतिरोधक शक्ति का कम होना।

सिण्ड्रोम (Syndrome) बीमारी को प्रकट करने वाले कई लक्षणों का समूह।

संक्षेप में AIDS बीमारी को इस तरह परिभाषित कर सकते हैं—'एड्स विषाणुजन्य ऐसे रोगों का समूह है, जिसमें रोग-प्रतिरोधक क्षमता नष्ट होने के कारण कई लक्षण; जैसे—वजन कम होना, दस्त लगना, बुखार, लसिका ग्रन्थियों में सूजन आना इत्यादि उत्पन्न होने के साथ ही निमोनिया, टी बी जैसे अवसरवादी रोग भी हो जाते हैं।

रोग नियन्त्रण केन्द्र, अमेरिका के अनुसार—'एड्स एक ऐसी बीमारी है, जिसमें शरीर की कोशिकाओं द्वारा उत्पन्न रोग प्रतिरोधक क्षमता में दोष आ जाता है और यह ऐसे रोगी में मिलती है, जिसमें बिना किसी ज्ञात कारण के कापोसीज सारकोमा, निमोसिस्टिस केरीनाई निमोनिया तथा अन्य गम्भीर अवसरवादी रोगों (जिनका निदान प्रयोगशाला में हिस्टोलॉजी अथवा कल्चर द्वारा हो) के विरुद्ध रोग प्रतिरोधक शक्ति कम हो जाती है।'

वस्तुत: एड्स एक रोग न होकर रोगों का समूह है, जो सुई की नोक से भी कई लाख गुनी छोटी जैविक इकाई 'विषाणु' द्वारा उत्पन्न होता है। यह विषाणु रक्त कोशिकाओं पर आक्रमण करके शरीर की रोग प्रतिरोधक क्षमता को नष्ट कर देता है।

एच आई वी रोकथाम के लिए राजकीय पहल

Government Initiatives for HIV Prevention

एच आई वी/एड्स रोग की विकरालता को देखते हुए विश्व के समस्त देश इस बीमारी से सुरक्षा एवं रोकथाम के लिए प्रयासरत हैं। इस रोग की गम्भीरता को देखते हुए भारत ने अपने एड्स नियन्त्रण कार्यक्रमों की शुरुआत 1985 से ही कर दी थी जब भारत को इसकी पहली घटना की सूचना मिली थी तभी सरकार हरकत में आ गई।

स्वास्थ्य तथा परिवार कल्याण मन्त्रालय ने 1986 में राष्ट्रीय एड्स समिति का गठन किया था। इस समिति का गठन इसलिए किया गया था ताकि राष्ट्रीय एड्स नियन्त्रण कार्यक्रम (एनएसीपी) को कार्यान्वित करने में विभिन्न मन्त्रालयों, एन जी ओ (गैर सरकारी संगठन) तथा विभिन्न निजी संस्थाओं को प्रभावी तालमेल के लिए एक जगह लाया जा सके। यह समिति राष्ट्रीय एड्स नियन्त्रण कार्यक्रम (एन ए सी पी) के निष्पादन को देखती है, नीति बनाने के लिए विचर-विमर्श करती है तथा बहुक्षेत्रीय सहयोगों को प्रोत्साहित करती है। यह समिति नीति विषयक मामलों में निर्णय लेने वाली उच्चतम संस्था है। प्रारम्भिक वर्षों में कार्यक्रम का विशेष ध्यान रक्त चढ़ाने के लिए रक्त की जाँच तथा महामारी के अधिकेन्द्रों में गतिविधियों की देखभाल पर था।

राष्ट्रीय एड्स नियन्त्रण संगठन

National AIDS Control Organisation-NACO नाको

1991 में, अनेक दानदाताओं ने भारत को सहयोग देने के लिए अपनी इच्छा व्यक्त की। **''भारत में एड्स की रोकथाम और नियन्त्रण के लिए कार्यनीति योजना''** के अनुसार वर्ष 1992 से 1997 तक पाँच वर्ष की अवधि के लिए तैयार की गई थी। कार्यनीति योजना के लिए अब तक विश्व बैंक, विश्व स्वास्थ्य संगठन और अन्य अन्तर्राष्ट्रीय एजेन्सियों से सहयोग राशि प्राप्त करता रहा है। इस योजना का उद्देश्य भारत में एच आई वी/एड्स की रोकथाम और नियन्त्रण के लिए व्यापक, बहुक्षेत्रीय कार्यक्रमों की स्थापना करना था।

अपने उद्देश्यों की प्राप्ति को ध्यान में रखते हुए और एच आई वी/एड्स के भयंकर आक्रमण से सबल निपटने के लिए 1992 में भारत सरकार ने राष्ट्रीय एड्स नियन्त्रण संगठन (नाको) की स्थापना की। यह स्वास्थ्य और परिवार कल्याण मन्त्रालय, नई दिल्ली का कार्यकारी निकाय है। इसका कार्य देश में एड्स की रोकथाम और नियन्त्रण करना है। राष्ट्रीय एड्स नियन्त्रण का अध्यक्ष परियोजना निदेशक के रूप में अतिरिक्त सचिव होता है। इसके सचिवालय में एक अतिरिक्त निदेशक परियोजना निदेशक (तकनीक), विषय विशेषज्ञ तथा अन्य तकनीशियन और प्रशासनिक कर्मचारी शामिल होते हैं।

राष्ट्रीय एड्स नियन्त्रण बोर्ड National AIDS Control Board

राष्ट्रीय एड्स नियन्त्रण बोर्ड की स्थापना राष्ट्रीय स्तर पर की गई है। इसकी अध्यक्षता स्वास्थ्य और परिवार कल्याण मन्त्रालय के स्वास्थ्य सचित करते हैं। इसका कार्य स्वीकृति, प्रबन्ध अनुमोदन तथा निजी एजेन्सियों को संविदा देना और उनके कार्य को शीघ्र निपटाने के लिए राष्ट्रीय एड्स नियन्त्रण संगठन की नीतियों का पुनरीक्षण करना शामिल है। बोर्ड के अन्य प्रमुख कार्यों में वार्षिक संचालन योजना बजट का निर्माण करना, कार्यक्रम घटकों के बीच निधि का पुनः आवण्टन करना, कार्यक्रम प्रबन्धकीय दलों का निर्माण करना और वरिष्ठ कार्यक्रम स्टाफ की नियुक्ति करना जैसे काम शामिल हैं। बोर्ड सभी वित्तीय और प्रशासनिक शक्तियों का प्रयोग करता है। ये शक्तियाँ अतिरिक्त सचिव और नाको के परियोजना निदेशक से अधिक होती है जिनका प्रयोग भारत सरकार का स्वास्थ्य विभाग, वित्त मन्त्रालय के व्यय विभाग के अनुमोदन से ही कर सकता है। इस बोर्ड में वित्त मन्त्रालय का एक प्रतिनिधि होता है इसलिए निधि योजना कार्यक्रमों के लिए किसी भी प्रकार वित्त मन्त्रालय की राशि के अनुमोदन की आवश्यकता नहीं पड़ती हैं।

राष्ट्रीय एड्स नियन्त्रण बोर्ड सभी कार्यों के निष्पादन और उनको सौंपने का अधिकार रखता है चाहे वे कार्य स्वास्थ्य सेवाओं के महानिदेशक की अध्यक्षता में तकनीकी सलाहकार समिति के द्वारा ही क्यों न निष्पादित किए गए हों।

राष्ट्रीय एड्स नियन्त्रण संगठन केन्द्र और राज्य सरकारों, विभिन्न सरकारी विभागों, स्थानीय निकायों, गैर-सरकारी संगठनों के साथ भागीदारी, निगम निकायों के साथ घनिष्ठ सहयोग और प्रभावकारी संयोजन करता है वहीं पर विभिन्न कार्यक्रमों को कार्यान्वयन और निगरानी के लिए द्विपक्षीय सहयोग भी करता है।

राष्ट्रीय एड्स नियन्त्रण संगठन एच आई वी/एड्स के विरुद्ध संघर्ष के लिए अर्थात् इसको नष्ट करने के लिए डटा है। वर्ष 2002 में राष्ट्रीय एड्स नियन्त्रण संगठन ने एच आई वी/एड्स से निपटने के लिए राष्ट्रीय नीति की घोषणा की है।

एच आई वी की रोकथाम तथा स्वास्थ्य देखभाल प्रणाली Prevention of HIV and Health Care System

संक्रमित रोगी की देखभाल करते समय अकस्मात सम्पर्क में आ जाने के कारण अभी तक स्वास्थ्य की देखभाल करने वाले किसी भी कार्यकर्ता के बारे में एच आई वी संक्रमण हो जाने का समाचार प्राप्त नहीं हुआ है। 2000 तक त्वचीय सम्पर्क के कारण एच आई वी संक्रमण के 57 दर्ज मामले स्वास्थ्य की देखभाल करने वाले कार्यकर्ताओं के हैं। संक्रमण की दर निम्न होने के कारण 2000 में दर्ज करने का रोक दिया गया।

ऐसा कोई मामला नहीं मिला जहाँ एच आई वी युक्त स्वास्थ्य देखभाल कार्यकर्ता ने किसी रोगी को संक्रमित किया हो। (1990 में एक दन्त चिकित्सक ने अपने छः रोगियों को एच आई वी से संक्रमित किया। दन्त-चिकित्सक द्वारा प्रयुक्त विधि ज्ञात नहीं है।

यद्यपि एच आई वी युक्त स्वास्थ्य देखभाल कार्यकर्ताओं से बहुत कम खतरा है तथापि सी डी सी ने 1991 में खतरा और कम करने के लिए कुछ सिफारिशें जारी की हैं,

जिनमें निम्नलिखित शामिल हैं

- आक्रामक प्रक्रियाओं का निष्पादन करने वाले स्वास्थ्य देखभाल कार्यकर्ताओं को अपनी एच आई वी स्थिति का ज्ञान होना चाहिए।
- *एच आई वी युक्त स्वास्थ्य देखभाल कार्यकर्ता को निम्नलिखित बातें करनी चाहिए*
  - (i) ऐसी आक्रामक प्रक्रियाओं के निष्पादन से बचना चाहिए जिनमें दैहिक द्रवों के पर्याप्त सम्पर्क में आने की सम्भावना हो और एच आई वी संक्रमण का स्पष्ट जोखिम हो। इन प्रक्रियाओं में वे शामिल हैं जो स्वास्थ्य कार्यकर्ता के लिए पक्चर घाव का खतरा तथा रोगी की देह गुहा के साथ स्वास्थ्य कार्यकर्ता के रक्त के सम्पर्क का खतरा प्रस्तुत करते हो।
  - (ii) विशेषज्ञों के पैनल की राय माँगो।
- आक्रामक मेडिकल प्रक्रिया करने के लिए अनुमोदित एच आई वी युक्त स्वास्थ्य कार्यकर्ता को उसी रोगी को अपने संक्रमण के बारे में बता देना चाहिए जिस पर वह प्रक्रिया की जानी हो।
- संक्रमण की निम्न जोखिम तथा स्क्रीनिंग कार्यक्रम के व्यय के कारण स्वास्थ्य कार्यकर्ता के अनिवार्य टेस्ट की आवश्यकता नहीं है।
- ऐसी गर्भवती महिला स्वास्थ्य-कार्यकर्त्ता को अपने लिए अथवा अपने शिशु के लिए एच आई वी संक्रमण का अधिक खतरा नहीं है जिसका एच आई वी युक्त व्यक्ति के साथ सम्पर्क आकस्मिक मात्रा होने तक सीमति हो। वे एड्स युक्त रोगी अन्य सूक्ष्म जीवों, जैसे साइटोमेगालोवाइरस से संक्रमित होते हैं, जोकि एच आई वी की अपेक्षा शील संक्रमणशील है। इन अन्य एजेण्टो के सम्भावित संक्रमण के कारण कुछ लोगों की सिफारिश है कि गर्भवती स्वास्थ्य कार्यकर्ता को एड्स रोगी के साथ अपना सम्पर्क सीमित रखना चाहिए तथा उनकी देखभाल में सीधे भाग लेने से बचना चाहिए।

एकीकृत बाल संरक्षण योजना (ICPS)

महिला एवं बाल विकास मन्त्रालय द्वारा शुरू की गई यह योजना ''बाल अधिकारों की रक्षा'' ,एवं ''बालकों के सर्वोत्तम हित'' पर आधारित है। इस योजना को शुरू करने का मूल उद्देश्य विशेष परिस्थितियों में बाल कल्याण की स्थिति में सुधार लाने के साथ उन परिस्थितियों और क्रिया कलापों के प्रति असुरक्षिता में कमी लाना है जो बच्चों के दुर्व्यव्यहार, उपेक्षा, शोषण, परित्याग तथा अलगाव के लिए दोषी होते हैं।

समेकित बाल संरक्षण का लक्ष्य Objectives of ICPS

- जोखिम ग्रस्त बच्चों और परिवारों के लिए जरूरतों और सेवाओं का खाका तैयार करना।
- जिला एवं राज्य स्तरों पर बाल संरक्षण की योजना तैयार करना तथा योजना को क्रमिक रूप से ब्लॉक एवं समुदाय स्तरों तक पहुँचाना
- सेवा वितरण की प्रणाली एवं कार्यक्रमों को सबल करना जिसमें निरोधात्मक, सांविधिक, देखभाल और पुनर्वास से सम्बन्धित सेवाएँ शामिल हो।
- प्रदत्त सेवाओं तक पहुँच और गुणवत्ता में सुधार लाना।
- माता-पिता की देखभाल से वंचित बच्चों के लिए गैर-सांस्थानिक परिवार आधारित देखभाल का विकल्प जिसके तहत शामिल होंगे असुरक्षित परिवारों का प्रायोजन, कौटुम्बिक देखभाल, देश के अन्दर गोद लिया जाना और अन्तर्राष्ट्रीय स्तर पर गोद लिया जाना।
- सेवाप्रदाताओं की क्षमता में विस्तार; ज्ञान के आधार, जागरूकता और समर्थन को सबल करना।
- साक्ष्य आधारित पर्यवेक्षण और मूल्यांकन तथा सेवा योजना निर्णयन हेतु कठिन परिस्थितियों में पड़े बच्चों, देखभाल की आवश्यकता वाले बच्चों, सेवाप्रदाताओं और प्रदत्त सेवाओं पर एक समेकित, जीवन्त, वेब आधारित डाटाबेस की स्थापना करना।
- सभी स्तरों पर खासकर जमीनी सामुदायिक एवं जिला स्तरों पर बाल संरक्षण के लिए भागीदारी एवं गठबन्धन का निर्माण। राष्ट्रीय/राज्य मानवाधिकार आयोगों एवं बाल अधिकार संरक्षण हेतु राष्ट्रीय/राजकीय आयोगों जैसे निकायों एवं संस्थाओं से साथ सम्बन्ध मजबूत करना इत्यादि।

प्रैक्टिस जोन

1. किस अवस्था के बालक की देखभाल आवश्यक है
(a) बाल्यावस्था (b) किशोरावस्था
(c) शैशवावस्था (d) ये सभी

2. किशोरावस्था में संरक्षण की आवश्यकता किस क्षेत्र में होती है?
(a) शैक्षिक (b) व्यक्तिगत
(c) व्यावसायिक (d) ये सभी

3. बाल्यावस्था में किस प्रकार के संरक्षण की आवश्यकता होती है?
(a) व्यक्तिगत (b) पारिवारिक
(c) सामाजिक (d) ये सभी

4. बच्चों की देखभाल आवश्यक है
(a) नैतिक विकास हेतु (b) संवेगात्मक विकास हेतु
(c) मानसिक विकास हेतु (d) उपरोक्त सभी

5. संस्थागत शिक्षा साधन है
(a) परिवार (b) समाज
(c) स्कूल (d) मित्र मण्डली

6. बालक की संस्थागत देखभाल के अन्तर्गत आता है
(a) शारीरिक विकास (b) मानसिक विकास
(c) चारित्रिक विकास (d) ये सभी

7. गैर संस्थागत देखभाल की विशेषता नहीं है
(a) सर्वांगीण विकास
(b) उद्देश्य पूर्ण
(c) स्वाभाविक जीवन से सम्बन्धित
(d) अनुभवों पर आधारित

8. संस्थागत देखभाल का उदाहरण नहीं है
(a) स्कूल (b) समाज (c) पुस्तकालय (d) कॉलेज

9. अनाथ बच्चों के लिए किस प्रकार की शिक्षा की आवश्यकता है?
(a) महँगी (b) सामान्य
(c) मुफ्त (d) इनमें से कोई नहीं

10. डिस्लेक्सिपा सम्बन्धित है
(a) पठन विकार से
(b) गणितीय विकार से
(c) मानसिक विकार से
(d) व्यवहार सम्बन्धी विकार से

11. ''बच्चे दुनिया के बारे में अपनी समझ का सृजन करते हैं।'' कथन है
(a) कोह्लवर्ग का (b) स्किनर का
(c) पियाजे का (d) पैवलॉव का

12. अवधारणाओं का विकास मुख्य रूप से ……… का हिस्सा है।
(a) बौद्धिक विकास (b) शारीरिक विकास
(c) संवेगात्मक विकास (d) सामाजिक विकास

13. नि:शक्त बच्चों के लिए समेकित शिक्षा की केन्द्रीय प्रायोजित योजना का उद्देश्य है…में नि:शक्त बच्चों के शैक्षिक अवसर उपलब्ध कराना।
(a) नियमित विद्यालयों (b) विशेष विद्यालय
(c) मुक्त विद्यालयों (d) इनमें से कोई नहीं

14. यौन शिक्षण देने वाले अध्यापक में कौन-सा गुण होना आवश्यक है?
(a) सच्चरित्रता (b) यौनांगों का ज्ञान
(c) संवेगात्मक परिपक्वता (d) ये सभी

15. निम्नलिखित में से किसे शारीरिक विकलांग के अन्तर्गत नहीं रखा जा सकता है?
(a) बधिर (b) बहरे
(c) अनाथ (d) अपंग

16. देखभाल एवं संरक्षण की आवश्यकता है
(a) विकास के लिए
(b) समायोजन के लिए
(c) भावी जीवन की योजना बनाने के लिए
(d) उपरोक्त सभी

17. एड्स (AIDS) नहीं फैलता है
(a) हाथ मिलाने से (b) असुरक्षित यौन सम्बन्ध से
(c) असुरक्षित रक्त लेने से (d) संक्रमित सुई लगवाने से

18. एलिसा (ELISA) है
(a) तपेदिक परीक्षण (b) एड्स परीक्षण
(c) कैंसर परीक्षण (d) ज्वार परीक्षण

19. भारत में एड्स/एच आई वी महामारी की पहली घटना किस वर्ष संज्ञान में आई थी?
(a) 1976 (b) 1986 (c) 1996 (d) 1999

20. नाको (NACO) का सम्बन्ध किस रोग की रोकथाम से है?
(a) एड्स (b) कैंसर
(c) छोटी माता (d) बेरी-बेरी

21. एच आई वी/एड्स को नहीं रोका जा सकता है
(a) संयमी बनकर (b) कण्डोम के प्रयोग से
(c) असुरक्षित यौन सम्बन्धों से (d) वफादार बनकर

22. राष्ट्रीय एड्स नियन्त्रण कार्यक्रम (NACP) शुरू किया गया था?
(a) वर्ष 1987 में (b) वर्ष 1988 में
(c) वर्ष 1992 में (d) वर्ष 1994 में

23. राष्ट्रीय एड्स नियन्त्रण कार्यक्रम का घटक है
(a) रक्त सुरक्षा कार्यक्रम
(b) लक्षीकृत दखल
(c) गैर सरकारी संगठन सहयोग
(d) उपरोक्त सभी

24. विश्व एड्स दिवस कब मनाया जाता है?
(a) 1 नवम्बर (b) 1 जनवरी
(c) 1 दिसम्बर (d) 1 सितम्बर

25. AIDS शब्द के अक्षर A का पूर्ण विस्तार है
(a) Accuracy (b) Acuired
(c) Adolescence (d) Adulation

उत्तरमाला

1. (d)	**2.** (d)	**3.** (d)	**4.** (d)	**5.** (c)	**6.** (d)	**7.** (b)	**8.** (b)	**9.** (c)	**10.** (a)
11. (c)	**12.** (a)	**13.** (a)	**14.** (d)	**15.** (c)	**16.** (d)	**17.** (a)	**18.** (b)	**19.** (b)	**20.** (a)
21. (c)	**22.** (a)	**23.** (d)	**24.** (c)	**25.** (b)					

मॉडल सॉल्वड पेपर्स
(1-2)

मध्य प्रदेश
महिला पर्यवेक्षक (आँगनवाड़ी)
मॉडल सॉल्वड पेपर 1

1. कमर से नितम्ब का अनुपात, ... का संकेतक है।
(a) पेलाग्रा (b) मोटापा
(c) नाखूनों की वृद्धि (d) दृश्यता

2. दस्त व सम्बन्धित रोग, खसरा और श्वसन एवं अन्य संक्रमण के परिणामत: .... होता है।
(a) धनात्मक प्रोटीन व ऊर्जा सन्तुलन
(b) ऋणात्मक प्रोटीन व ऊर्जा सन्तुलन
(c) समान प्रोटीन व ऊर्जा सन्तुलन
(d) उपरोक्त में से कोई नहीं

3. राष्ट्रीय ग्रामीण स्वास्थ्य मिशन (NRHM) का उद्देश्य .... प्रदान करना है।
(a) ग्रामीण जनसंख्या को गुणवत्तापरक स्वास्थ्य देखभाल
(b) ग्रामीण जनसंख्या को किफायती स्वास्थ्य देखभाल
(c) विशेष रूप से असुरक्षित समूहों को स्वास्थ्य देखभाल सुविधाएँ
(d) उपरोक्त सभी

4. इन्फ्लुएंजा की रोगोद्भवन अवधि (इन्क्युबेशन पीरियड) .... की होती है।
(a) 9-15 दिन (b) 4-9 दिन
(c) 1-7 दिन (d) 1-2 दिन

5. यदि .... तो स्तनपान नहीं कराते हैं।
(a) माता किसी दीर्घकालिक रोग से पीड़ित हो
(b) स्तनपान के दौरान माता पुन: गर्भवती हो जाए
(c) माँ का दूध पूरी तरह रुक चुका हो या बच्चे के लिए अपर्याप्त हो
(d) उपरोक्त सभी

6. वृद्धि, ऊर्जा, मरम्मत और रख-रखाव के लिए शरीर को जिस पदार्थ की आवश्यकता होती है, वह है
(a) प्रोटीन (b) विटामिन
(c) कार्बोहाइड्रेट (d) वसा

7. भारतीय सन्दर्भ में पुरुष एवं महिला का आदर्श शरीर भार क्रमश: है
(a) 70 किग्रा एवं 60 किग्रा
(b) 60 किग्रा एवं 55 किग्रा
(c) 50 किग्रा एवं 45 किग्रा
(d) 45 किग्रा एवं 40 किग्रा

8. लाल रक्त कोशिकाओं का जीवन चक्र .... का होता है।
(a) 90 दिन (b) 110 दिन
(c) 120 दिन (d) 135 दिन

9. मातृ मृत्यु दर को .... के रूप में व्यक्त किया जाता है।
(a) प्रति 100 गर्भावस्थाओं पर गर्भवती महिलाओं की मृत्यु की संख्या
(b) प्रति 1000 गर्भावस्थाओं पर गर्भवती महिलाओं की मृत्यु की संख्या
(c) प्रति 10,000 गर्भावस्थाओं पर गर्भवती महिलाओं की मृत्यु की संख्या
(d) प्रति 1,00,000 गर्भावस्थाओं पर गर्भवती महिलाओं की मृत्यु की संख्या

10. सन्तुलित आहार में कार्बोहाइड्रेट से प्राप्त कुल कैलोरी का प्रतिशत .... के बीच होना चाहिए।
(a) 40-50% (b) 60-70%
(c) 80-90% (d) 90-100%

11. अन्तर्राष्ट्रीय महिला दिवस .... को मनाया जाता है।
(a) 6 मार्च (b) 8 मार्च (c) 10 मार्च (d) 15 मार्च

12. सामान्य गर्भावस्था के दौरान किन रोगों के लिए नियमित जाँच की जाती है?
(a) एड्स (b) हेपेटाइटिस-B
(c) डाउन्स सिण्ड्रोम (d) ये सभी

13. ICMR, 2010 के अनुसार गर्भवती महिला के लिए आवश्यक अतिरिक्त प्रोटीन की मात्रा है
(a) 10.5 ग्राम (b) 15.25 ग्राम
(c) 20.4 ग्राम (d) 27.2 ग्राम

14. डेंगू बुखार के दौरान मानव शरीर में इनमें से क्या घट जाता है?
(a) RBC (b) शक्कर
(c) पट्टिकाणु (प्लेटलेट) (d) हीमोग्लोबिन

15. इनमें से कौन एक जीवाणुजन्य रोग नहीं है?
(a) डिफ्थीरिया (b) एड्स
(c) काली खाँसी (d) हैजा

16. भारत सरकार द्वारा पोषण सम्बन्धी रक्ताल्पता रोगनिरोध कार्यक्रम वर्ष ······ में आरम्भ किया गया था।

(a) 1982 (b) 1980
(c) 1970 (d) 1972

17. कई महिलाओं को थोड़ी उबकाई उलटियाँ या 'मॉर्निंग सिकनेस' होती है, जो विशेष रूप से ········ के दौरान होती है।

(a) गर्भावस्था के पहले महीने (b) गर्भावस्था के 1-3 महीने
(c) गर्भावस्था के 4-6 महीने (d) गर्भावस्था के 6-9 महीने

18. ICMR, 2010 के अनुसार 1-3 वर्ष आयु वर्ग के बच्चों को प्रतिदिन आवश्यक किलो कैलोरी है

(a) 2100 किलो कैलोरी (b) 1800 किलो कैलोरी
(c) 1690 किलो कैलोरी (d) 1060 किलो कैलोरी

19. ट्यूबरकुलोसिस (टीबी) एक संक्रामक रोग है, जो ········ नामक बैक्टीरिया द्वारा होता है।

(a) मायकोबैक्टीरियम ट्यूबरकुलोसिस
(b) मायकोबैक्टीरियम मेनिरम
(c) मायकोबैक्टीरियम फोर्चुइटम
(d) मायकोबैक्टीरियम चेलोनी

20. नवजात शिशुओं को ········ की रोकथाम के लिए 'ट्रिपल एण्टीजन वैक्सीन' दिया जाता है।

(a) पोलियो, डिफ्थीरिया और टिटनस
(b) डिफ्थीरिया, काली खाँसी और टिटनस
(c) टिटनस, ट्यूबरकुलोसिस और पोलियो
(d) डिफ्थीरिया, टायफॉइड और टिटनस

21. गर्भवती महिला के आहार में इनमें से किसे शामिल नहीं किया जा सकता है?

(a) फल व सब्जियाँ
(b) दूध व दूध के उत्पाद
(c) एल्कोहल और धूम्रपान
(d) अनाज व दालें

22. निम्नांकित प्रयोजनों से स्वास्थ्य पेशेवरों द्वारा पाँच भोजन समूह प्रणाली का उपयोग किया जा सकता है

(a) पोषण सम्बन्धी परामर्श के साधन
(b) भोज्य पदार्थों की लेबलिंग एवं निगरानी तन्त्र
(c) रोगी को उपचारात्मक आहार समझाना
(d) उपरोक्त सभी

23. इनमें से कौन एक आवश्यक अमीनो अम्ल है?

(a) एलानिन (b) एस्पार्टिक अम्ल
(c) ग्लूटामिक अम्ल (d) लायसिन

24. खसरे के लिए इनमें में कौन उत्तरदायी है?

(a) जीवाणु (b) विषाणु
(c) शैवाल (d) कवक

25. इनमें से कौन-सा विटामिन शरीर में संश्लेषित हो सकता है?

(a) विटामिन A
(b) विटामिन C
(c) विटामिन D
(d) विटामिन E

26. गर्भवती और स्तनपान करा रही महिलाओं में PEM ········ को प्रभावित कर सकता है।

(a) गर्भस्थ शिशु की वृद्धि
(b) गर्भस्थ शिशु की पोषण स्थिति
(c) गर्भस्थ शिशु की उत्तरजीविता दर
(d) उपरोक्त सभी

27. गर्भावस्था के दौरान खराब ढंग से नियन्त्रित मधुमेह ·······का जोखिम बढ़ा देती है।

(a) प्रीएक्लेम्सिया (हाई ब्लड प्रेशर + हाथ-पाँव में सूजन + मूत्र में प्रोटीन)
(b) समय से पहले प्रसव
(c) सीजेरियन जन्म
(d) उपरोक्त सभी

28. नाभिरज्जु (गर्भनाल) के संक्रमण के संकेतों में शामिल हैं

(a) आधार का लाल या सूजा हुआ दिखना
(b) रक्तस्राव होते रहना
(c) पीला या सफेद मवाद निकलना
(d) उपरोक्त सभी

29. काला अजार नियन्त्रण कार्यक्रम वर्ष ········ में आरम्भ हुआ था।

(a) 1980-81 (b) 1990-91
(c) 2000-01 (d) 2006-11

30. किस न्यूनता रोग को तीन D's का रोग कहा जाता है?

(a) स्कर्वी (b) बेरी-बेरी
(c) पेलाग्रा (d) रिकेट्स

31. प्रोटीन की कमी से ········ हो सकता है।

(a) खाँसी (b) जलना
(c) पेशी क्षय (d) उत्तेजना (जलन + खुजली)

32. अवांछनीय परिणामों के जोखिमों के बिना गर्भाधान करने हेतु उपयुक्त आयु रेंज है

(a) 17-30 वर्ष (b) 20-35 वर्ष
(c) 25-40 वर्ष (d) 25-50 वर्ष

33. मेरास्मस से पीड़ित बच्चे में इनमें से कौन-सा लाक्षणिक प्रकटन दिखाई देता है?

(a) सामान्य से कम तापमान
(b) निर्जलीकरण
(c) पानी जैसे दस्त
(d) उपरोक्त सभी

34. 9 माह की आयु पर खसरे की वैक्सीन के साथ दी गई विटामिन *A* की पहली खुराक होती है

(a) 100,000 IU (b) 1,000 IU
(c) 200,000 IU (d) 300,00 IU

35. वह प्रक्रिया, जिसके द्वारा व्यक्ति का प्रतिरक्षा तन्त्र किसी एजेण्ट के विरुद्ध दृष्टिकृत हो जाता है, ········ कहलाती है।

(a) पोषण
(b) प्रतिरक्षीकरण
(c) संरोपण (इनोकुलेशन)
(d) कुपोषण

36. ICDS में संशोधित पोषण सम्बन्धी मानदण्डों (फरवरी, 2009 से) के अनुसार, गर्भवती महिलाओं और स्तनपान करा रही महिलाओं को दी जाने वाली ऊर्जा एवं प्रोटीन की मात्रा क्रमशः ········ होनी चाहिए।
(a) 200 किलोकैलोरी और 10-12 ग्राम
(b) 400 किलोकैलोरी और 10-12 ग्राम
(c) 600 किलोकैलोरी और 18-20 ग्राम
(d) 900 किलोकैलोरी और 20-25 ग्राम

37. BCG का पूरा नाम इनमें से कौन-सा है?
(a) बेसिलस क्लोस्ट्रीडियम गोनेडिज्म
(b) बैक्टीरिया कोलेरा गुएरिन
(c) बेसिलस कामेट गुएरिन
(d) बैक्टीरिया कामेट गोनेडिज्म

38. सार्वभौमिक प्रतिरक्षीकरण कार्यक्रम के अन्तर्गत जिस रोग/जिन रोगों से संरक्षण दिया गया है, वह है/वे हैं
(a) डिफ्थीरिया (b) पोलियो
(c) क्षय रोग (ट्यूबरकुलोसिस) (d) ये सभी

39. राष्ट्रीय स्तर पर NRHM का एक मिशन दिशा-नियन्त्रण समूह (MSG) होता है, जिसके प्रमुख ······ होते हैं।
(a) केन्द्रीय स्वास्थ्य एवं परिवार कल्याण मन्त्री
(b) केन्द्रीय स्वास्थ्य एवं परिवार कल्याण सचिव
(c) उपरोक्त दोनों
(d) उपरोक्त में से कोई नहीं

40. पोषण की स्थिति का निर्धारण करने में ········एक महत्त्वपूर्ण भूमिका निभाती/ता है।
(a) सामाजिक-आर्थिक स्थिति
(b) सुन्दरता
(c) कपड़े
(d) नींद का पैटर्न

41. माता द्वारा गर्भावस्था के दौरान मादक पदार्थों का उपयोग किए जाने पर गर्भस्थ शिशु के साथ इनमें से कौन-से प्रतिकूल प्रभाव सम्बद्ध हो सकते हैं?
(a) समय-पूर्व जन्म
(b) सिर व शरीर का आकार सामान्य से कम होना
(c) शारीरिक विकृतियाँ
(d) उपरोक्त सभी

42. क्वाशियोरकोर ········ की कमी के कारण होता है।
(a) प्रोटीन-ऊर्जा (b) कैल्शियम
(c) आयरन (d) थायमिन

43. राष्ट्रीय ग्रामीण स्वास्थ्य मिशन (NRHM) का आरम्भ माननीय प्रधानमन्त्री द्वारा ········ को किया गया था।
(a) 12 अप्रैल, 2005 (b) 14 अप्रैल, 2005
(c) 12 अप्रैल, 2006 (d) 14 अप्रैल, 2006

44. ICDS का गठन ········ को मिलाकर होता है।
(a) आँगनवाड़ी कार्यकत्रियाँ, सहायक एवं पर्यवेक्षक
(b) बाल विकास परियोजना अधिकारी (CDPO)
(c) जिला कार्यक्रम अधिकारी (DPO)
(d) उपरोक्त सभी

45. हीमोग्लोबिन के प्रत्येक ग्राम में लगभग ········ होता है।
(a) 6.34 मिग्रा आयरन (b) 4.25 मिग्रा आयरन
(c) 3.34 मिग्रा आयरन (d) 2.24 मिग्रा आयरन

46. जन्म के समय पूर्णकालिक नवजात शिशु के शरीर का आदर्श भार ········ होना चाहिए।
(a) 2.2 किग्रा (b) 3.2 किग्रा (c) 4.2 किग्रा (d) 5.2 किग्रा

47. पूर्व-विद्यालयी बच्चों में पोषण सम्बन्धी न्यूनता का/के मुख्य लक्षण है/हैं
(a) प्रोटीन ऊर्जा कुपोषण (b) विटामिन 'A' की कमी
(c) विटामिन 'B' कॉम्प्लेक्स (d) ये सभी

48. किस वैक्सीन की बूस्टर खुराकें मुख से दी जाती हैं?
(a) हेपेटाइटिस-B (b) DPT
(c) टिटनस (d) पोलियो

49. ICDS योजना के अन्तर्गत कौन-सा कार्यक्रम नहीं आता है?
(a) पूरक पोषण
(b) विद्यालय-पूर्व अनौपचारिक शिक्षण
(c) पोषण एवं स्वास्थ्य शिक्षा
(d) विश्व स्वास्थ्य संगठन

50. विटामिन 'D' का समृद्ध स्रोत है
(a) मछली का तेल (कॉड लिवर ऑइल)
(b) पत्तागोभी
(c) अनाज
(d) दाल

51. न्यूमोनिया सामान्यतः ········ के संक्रमण द्वारा होता है।
(a) विषाणु (b) जीवाणु
(c) 'a' और 'b' दोनों (d) इनमें से कोई नहीं

52. इनमें से कौन मच्छरों द्वारा संचारित नहीं होता है?
(a) फाइलेरिया (b) जापानी इंसिफेलाइटिस
(c) मलेरिया (d) काला-अजार

53. एक खनिज जिसकी शरीर को हड्डियों की उचित वृद्धि और विकास के लिए आवश्यकता होती है
(a) सोडियम (b) पोटैशियम
(c) आयरन (d) कैल्शियम

54. इनमें से कौन एक डाइसेकराइड है?
(a) लैक्टोज (b) ग्लूकोज
(c) गैलेक्टोज फ्रक्टोज (d) फ्रक्टोज

55. PEM ग्रस्त बच्चे के आहार में ········ होना चाहिए।
(a) कैलोरी अधिक (b) प्रोटीन अधिक
(c) 'a' और 'b' दोनों (d) प्रोटीन कम

56. स्लाइड-टाइटल मास्टर पेअर क्या है?
(a) एक विशिष्ट स्लाइड का शीर्षक क्षेत्र और पाठ क्षेत्र
(b) एक स्लाइड मास्टर और शीर्षक मास्टर को एक स्लाइड में रखना
(c) विशिष्ट डिजाइन टेम्पलेट के लिए एक स्लाइड मास्टर और शीर्षक मास्टर
(d) उपरोक्त सभी

57. महिलाओं का कार्यस्थल पर लैंगिक उत्पीड़न (निवारण, प्रतिषेध और प्रतितोप) अधिनियम, 2013 के अन्तर्गत पद 'कार्यस्थल' में निम्न में से क्या शामिल नहीं है?

(a) आवासगृह (b) खेलकूद संकुल
(c) 'a' और 'b' दोनों (d) इनमें से कोई नहीं

58. निम्न में से कौन-सी उत्तर आकृति दी गई प्रश्न आकृति की सही दर्पण प्रतिबिम्ब होगी?

प्रश्न आकृति

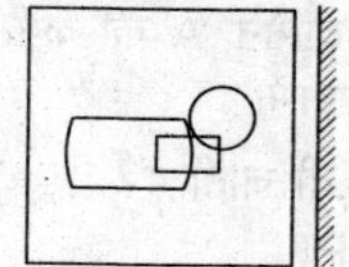

उत्तर आकृतियाँ

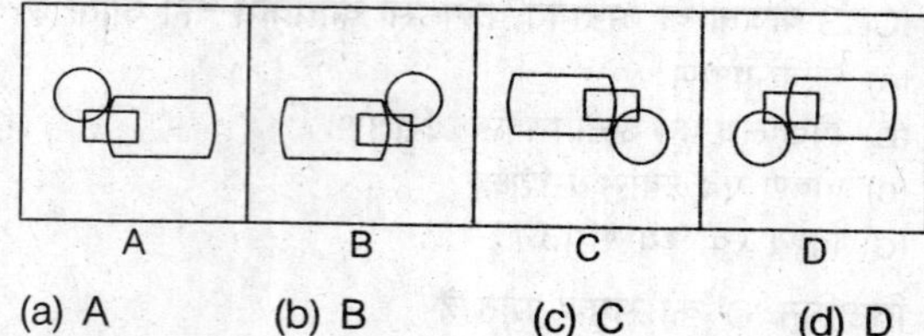

(a) A (b) B (c) C (d) D

59. मधुमेह से ग्रसित मरीज के मूत्र से किसका सेंपल लिया जाता है?

(a) सुक्रोस (b) ग्लूकोस
(c) लैक्टोस (d) माल्टोस

60. रमन एक काम को 27 दिनों में पूरा कर सकता है। रमन और सूरज एक साथ मिलकर उस काम को 18 दिनों में पूरा कर सकते हैं। यदि वे लोग किसी काम के लिए ₹ 12000 प्राप्त करते हैं, तो सूरज का हिस्सा (₹ में) क्या होगा?

(a) 4000 (b) 2000 (c) 6000 (d) 5000

61. आईपीवी 6 पते में, आठ 0 से शुरू होने वाले पते कहलाते हैं

(a) आरक्षित पते (b) मल्टिकास्ट पते
(c) पते (d) सुरक्षित पते

62. नीचे दिए गए प्रश्न में दो कथन और उसके बाद दो निष्कर्ष I और II दिए गए हैं। आपको दिए गए दोनों कथनों को सत्य मानना है, भले ही वे सर्वज्ञात तथ्यों से भिन्न प्रतीत होते हों। सभी निष्कर्षों को पढ़िए और फिर तय कीजिए कि दिए गए निष्कर्षों में से कौन-सा निष्कर्ष दिए गए कथनों का तर्कसंगत रूप से अनुसरण करता है, चाहे सर्वज्ञात तथ्य कुछ भी हों।

कथन

कुछ अभियन्ता, अध्यापक हैं।

कुछ अध्यापक, योग्य हैं।

निष्कर्ष

I. कुछ अभियन्ता योग्य हैं।

II. सभी योग्य, अभियन्ता हैं।

(a) यदि केवल निष्कर्ष I अनुसरण करता है
(b) यदि केवल निष्कर्ष II अनुसरण करता है
(c) यदि या तो निष्कर्ष I या II अनुसरण करता है
(d) यदि न तो निष्कर्ष I न ही II अनुसरण करता है

63. गुणसूत्र सम्बन्धित होते हैं?

(a) श्वसन से
(b) प्रजनन से
(c) आनुवंशिक गुणों के स्थानान्तरण से
(d) पाचन से

64. तस्वीर में एक महिला की ओर इशारा करते हुए शालू ने कहा "उसके पुत्र का पिता मेरी माँ का दामाद है।" शालू उस महिला से किस प्रकार सम्बन्धित है?

(a) चाची (b) बहन
(c) माँ (d) कजिन

65. एक थैले में ₹ 1,50 पैसे तथा 25 पैसे के सिक्के की संख्या क्रमशः 5 : 6 : 8 के अनुपात में हैं। यदि थैले में कुल धनराशि ₹ 210 हो, तो ₹ 1 के सिक्कों की संख्या ज्ञात कीजिए।

(a) 105 (b) 104
(c) 106 (d) 108

66. जनजातीय उप-योजना क्षेत्रों में आश्रम विद्यालयों की योजना कब आरम्भ की गई?

(a) 1990-91 (b) 1991-92
(c) 1992-93 (d) 1993-94

67. नीचे दी गई आकृति में लुप्त संख्या ज्ञात कीजिए।

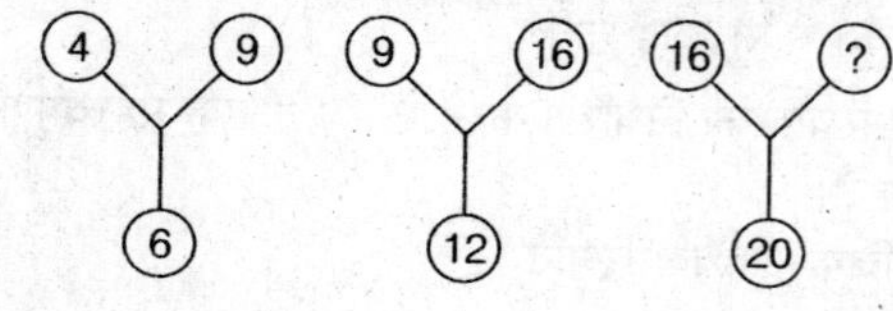

(a) 21 (b) 25
(c) 35 (d) 45

68. निम्न में से कौन-सी योजना जे. पी. नारायण के जन्म-वार्षिकी के मौके पर आरम्भ की गई थी?

(a) मनरेगा
(b) स्वच्छ भारत अभियान
(c) साँझी
(d) प्रधानमन्त्री आदर्श ग्राम योजना

69. निम्नलिखित प्रश्न में प्रश्नवाचक चिह्न (?) के स्थान पर लगभग कौन-सा मान आएगा?

$\{(52.02)^2 - (34.01)^2\} \div 17.99 \times \sqrt{?} = 1720$

(a) 400 (b) 200
(c) 250 (d) 625

70. दिए गए विकल्पों में से लुप्त पदों को ज्ञात करें।

_ b b _ c _ b g _ b _ g

(a) c b g b c (b) c g b c b
(c) c g b c c (d) g b c b b

71. निम्नलिखित प्रश्न में प्रश्नवाचक चिह्न (?) के स्थान पर लगभग कौन-सा मान आएगा?

$\sqrt{3100} \times \sqrt{567} \div \sqrt{250} = ? \div 8$

(a) 610 (b) 670
(c) 770 (d) 750

72. वह उत्तर आकृति ज्ञात कीजिए, जिसमें प्रश्न आकृति निहित है।

प्रश्न आकृति

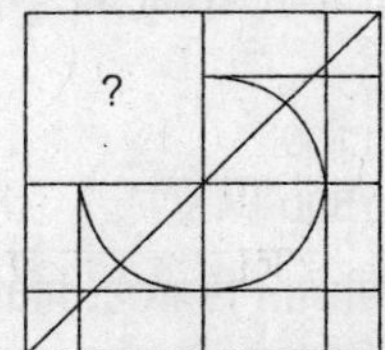

उत्तर आकृतियाँ

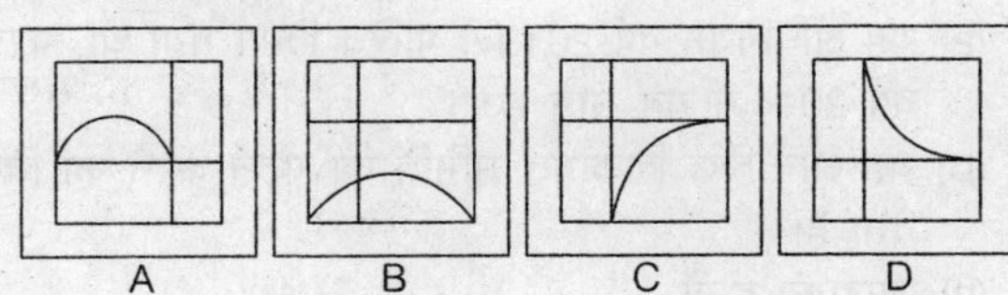

(a) A (b) B
(c) C (d) D

73. रमन P बिन्दु से दक्षिण दिशा में चलकर बिन्दु Q पर रुकता है। उसके बाद वह दाएँ और फिर बाएँ मुड़कर बिन्दु R पर रुकता है। अन्तत: वह बाएँ मुड़कर बिन्दु S पर रुक जाता है। अगर वह हर बार मुड़ने से पहले 5 किमी चला हो, तो बिन्दु S से बिन्दु Q तक पहुँचने कि लिए रमन को किस दिशा में चलना पड़ेगा?

(a) उत्तर (b) दक्षिण
(c) पश्चिम (d) पूर्व

74. कौन-से वित्तीय वर्ष से पिछड़ा क्षेत्र अनुदान निधि कार्यक्रम को बजटीय सहायता से अलग कर दिया गया?

(a) 2012-13
(b) 2013-14
(c) 2014-15
(d) 2015-16

75. निम्न में से कौन-सी योजना विश्व का सबसे बड़ा एवं सबसे अनोखा आउटरीच कार्यक्रम है?

(a) राष्ट्रीय बाल स्वास्थ्य कार्यक्रम
(b) समन्वित बाल विकास योजना
(c) समेकित बाल संरक्षण योजना
(d) किशोरी शक्ति योजना

76. किसी मूलधन पर चक्रवृद्धि ब्याज तथा साधारण ब्याज का अन्तर 2 वर्षों में 4% प्रतिवर्ष की दर से ₹ 1 है। मूलधन ज्ञात करें।

(a) ₹ 600 (b) ₹ 625
(c) ₹ 560 (d) ₹ 650

77. दी गई आकृति में त्रिभुजों की संख्या कितनी है?

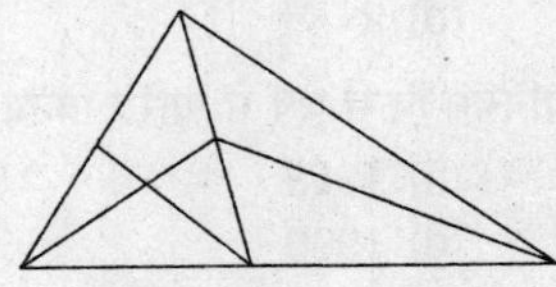

(a) 5 (b) 6
(c) 8 (d) इनमें से कोई नहीं

78. निम्नलिखित पाई चार्ट का ध्यानपूर्वक अध्ययन कर नीचे दिए गए प्रश्न के उत्तर दीजिए।

दी गई पाई-चार्ट एक परिवार के नासिक खर्च बजट को (डिग्री में) दर्शाता है।

कुल मासिक व्यय = 25000

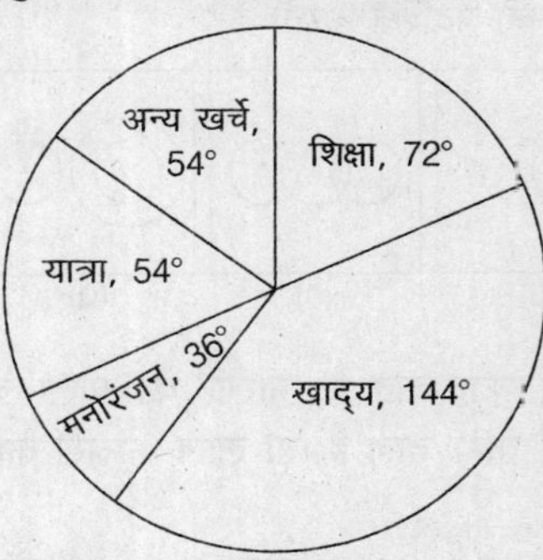

शिक्षा तथा मनोरंजन पर खर्च का अन्तर ज्ञात करें (₹ में)।

(a) 3000 (b) 2500
(c) 3500 (d) 4500

79. सिम का पूरा नाम है

(a) सब्सक्राइबर आइडेण्टिटी मॉड्यूल
(b) सर्चिंग ऑफ आइडेण्टिफिकेशन मॉड्यूल
(c) सब्सक्राइबर आइडेण्टिफिकेशन मॉड्यूल
(d) सिलेक्शन ऑफ आइडेण्टिटी मॉड्यूल

80. दाँत का कौन-सा भाग इनैमेल से ढका होता है?

(a) क्राउन (b) मूल
(c) डेण्टाइन (d) ये सभी

81. राष्ट्रीय महिला आयोग में कितने सदस्य होते हैं?

(a) 4 (b) 5 (c) 6 (d) 7

82. पंचायती राज मन्त्रालय ने किस वर्ष में अपने मन्त्रालय के सूचना प्रौद्योगिकी कार्यक्रमों का मूल्यांकन करने के लिए एक विशेषज्ञ समूह का गठन किया?

(a) 2004 (b) 2005 (c) 2006 (d) 2007

83. वर्ष 1978 के पूर्व सम्पत्ति का अधिकार संविधान के कौन-से अनुच्छेद के अन्तर्गत आता था?

(a) 19(1) (घ) (b) 19(1) (ङ) (c) 19(1)(च) (d) 19(1) (छ)

84. रजोधर्म होता है

(a) पुटक उत्तेजक हॉर्मोन की कमी से
(b) लुतिनाइजिंग हॉर्मोन के बढ़ने से
(c) इस्ट्रोजेन तथा प्रोजेस्टेरोन की कनी से
(d) उपरोक्त में से कोई नहीं

85. हिन्दू उत्तराधिकार अधिनियम, 1956 निम्न में से किन व्यक्तियों पर लागू होता है?

(a) ब्राह्मों समाज के अनुयायी
(b) एक व्यक्ति जो बौद्ध धर्म में कन्वर्ट है
(c) उपरोक्त दोनों
(d) उपरोक्त में से कोई नहीं

86. बाल विवाह अधिनियम, 2006 के अनुसार महिलाओं में 'बालक' का अर्थ है, वह व्यक्ति जिसकी आयु ········ वर्ष पूरी नहीं हुई है।
(a) 18 (b) 19
(c) 20 (d) 21

87. निम्नलिखित में से कौन-सी आकृति संगीतकारों, वाद्यकारों और वायलिन बजाने वालों को प्रदर्शित करती है?

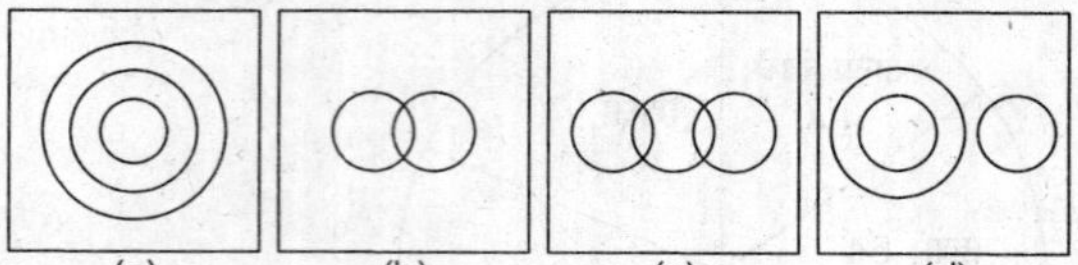

(a) (b) (c) (d)

88. यदि 'लाल' को 'काला' कहा जाता है, 'नारंगी' को 'पीला' कहा जाता है, 'नीला' को 'बैंगनी' कहा जाता है, तो लाल कम्बल का रंग क्या होगा?
(a) नारंगी (b) बैंगनी (c) काला (d) नीला

89. एक कार की गति 70 किमी/घण्टा है। यदि हर 2 घण्टे बाद गति 2 किमी/घण्टे बढ़ जाती है, तो कितने घण्टे में कार 358 किमी की दूरी को तय करेगी?
(a) 5 घण्टे (b) 6 घण्टे (c) 4 घण्टे (d) 8 घण्टे

90. महिलाओं के अश्लील प्रतिनिधित्व (निषेध) अधिनियम, 1986 के अनुसार निम्न में से कौन-सा विकल्प 'विज्ञापन' में नहीं आएगा?
(a) नोटिस (b) लेबल
(c) लपेटन (d) इनमें से कोई नहीं

91. यह एड्रेस हर दिन नहीं बदलता
(a) स्थैतिक आईपी पता
(b) डायनामिक आईपी पता
(c) अद्वितीय आईपी पता
(d) सामान्य नाम और नम्बर

92. अपने ब्लॉक को खुले में शौच मुक्त बनाने वाले सामुदायिक स्वास्थ्य केन्द्र को स्वास्थ्य और परिवार कल्याण मन्त्रालय कितनी राशि अनुदान प्रदान करेगा?
(a) ₹ 1 लाख (b) ₹ 5 लाख (c) ₹ 10 लाख (d) ₹ 20 लाख

93. ABO रक्त समूह की खोज की
(a) डब्ल्यू. हार्वे ने (b) वेण्ट ने
(c) लेण्डस्टीनर ने (d) एडवर्ड जेनर ने

94. आप दिनांक को आरोही या अवरोही क्रम में कैसे पुनर्व्यवस्थित करते हैं?
(a) डाटा, टेबल (b) डाटा, सॉर्ट
(c) डाटा, फॉर्म (d) डाटा, सबटोटलस

95. घेंगा रोग किसकी कमी से होता है?
(a) कैल्शियम (b) लोहा
(c) फॉस्फोरस (d) आयोडीन

96. आधार उपापचयी दर का नियन्त्रण हॉर्मोन है
(a) एड्रीनैलिन (b) थाइरॉक्सिन
(c) इन्सुलिन (d) ऑक्सीटोसिन

97. एक परीक्षा में उत्तीर्ण होने के लिए एक छात्र को अधिकतम पूर्णांक में से 780 अंक प्राप्त करने की आवश्यकता है। आकाश ने 728 अंक प्राप्त किए तथा 5% अंक से अनुत्तीर्ण हो गया। परीक्षा का पूर्णांक क्या है?
(a) 1040 (b) 1100
(c) 1000 (d) 1500

98. महिलाओं का कार्यस्थल पर लैंगिक उत्पीड़न (निवारण, प्रतिषेध और प्रतितोप) अधिनियम, 2013 सम्बन्धी निम्न में से कौन-सा विकल्प सही नहीं है?
(a) यह अधिनियम वर्ष 2013 में पारित किया गया था, परन्तु वर्ष 2014 में यह लागू हुआ।
(b) यह आन्तरिक शिकायत समिति का गठन करने का निर्देश देता है।
(c) उपरोक्त दोनों
(d) उपरोक्त में से कोई नहीं

99. निम्न में से कौन-सा F7 के लिए सही नहीं है?
(a) ग्रामर चेक करने के लिए (b) स्पेलिंग चेक करने के लिए
(c) 'a' और 'b' दोनों (d) विण्डो बन्द करने के लिए

100. निम्न में से कौन-सा एक खोज इंजन नहीं है?
(a) बिंग (b) गूगल
(c) याहू (d) विण्डोज

101. महिला ई-हाट महिला एवं बाल विकास मन्त्रालय और ········ की संयुक्त पहल है।
(a) स्वास्थ्य और परिवार कल्याण मन्त्रालय
(b) मानव संसाधन विकास मन्त्रालय
(c) कौशल विकास और उद्यमिता मन्त्रालय
(d) राष्ट्रीय महिला कोष

102. अनुसूचित जनजातियों के लिए प्रत्येक वर्ष में राष्ट्रीय प्रवास छात्रवृत्ति योजना के तहत कितने पुरस्कारों का अनुमोदन किया जाता है?
(a) 10 (b) 12
(c) 15 (d) 18

103. 12 खिलाड़ियों की औसत आयु 25 वर्ष है। यदि कप्तान की आयु को भी शामिल किया जाए, तो औसत आयु 1 वर्ष बढ़ जाती है। कप्तान की आयु ज्ञात करें।
(a) 20 वर्ष (b) 38 वर्ष
(c) 36 वर्ष (d) 46 वर्ष

104. संयुक्त राष्ट्र बाल अधिकार सम्मेलन (कन्वेंशन) के अनुसार 0 से ········ वर्ष के आयु वर्ग में शामिल व्यक्ति को बालक कहा जाता है।
(a) 12 (b) 15
(c) 18 (d) 21

105. सती समिति (रोकथाम) अधिनियम किस वर्ष में पारित किया गया?
(a) 1987 (b) 1988
(c) 1989 (d) 1990

106. भारत नवजात कार्य योजना कौन-से वर्ष से आरम्भ की गई?
(a) 2012 (b) 2013
(c) 2014 (d) 2015

107. गेहूँ के मूल्य में 20% कमी होने पर ग्राहक ₹ 160 में 8 किग्रा अधिक गेहूँ खरीद पाता है। मूल्य में कमी होने से पहले गेहूँ का प्रति किग्रा मूल्य था
(a) ₹ 8 (b) ₹ 5
(c) ₹ 6 (d) ₹ 10

108. घरेलू हिंसा से महिला संरक्षण अधिनियम, 2005 सम्बन्धी निम्न में से कौन-सा विकल्प सही है?
(a) इस अधिनियम में मानसिक एवं शारीरिक अपहानि दोनों शामिल हैं
(b) इस अधिनियम में 'बालक' का अर्थ है- 18 वर्ष से कम उम्र का व्यक्ति
(c) उपरोक्त दोनों
(d) उपरोक्त में से कोई नहीं

109. ऐसी औषधि जो संक्रमण को रोकने का कार्य करती है, को कहते हैं
(a) रोगाणुरोधी (b) प्रति मलेरिया औषधि
(c) ज्वरनाशी (d) पीड़ाहारी

110. दीनदयाल उपाध्याय ग्रामीण कौशल्या योजना कुल कितने राज्यों व केन्द्रशासित राज्यों में उपस्थित है?
(a) 20 (b) 21
(c) 22 (d) 23

111. कुल गुणवत्ता प्रबन्धन एक ······ अभिमुख प्रकार्य है।
(a) लोग (b) गुणवत्ता
(c) उत्पादन (d) इनमें से कोई नहीं

112. मिशिगन नेतृत्व अध्ययन, नेतृत्व के अध्ययन की किस पद्धति पर आधारित है?
(a) लक्षण पद्धति (b) रवैया पद्धति
(c) व्यवहार पद्धति (d) परिस्थितिजन्य पद्धति

113. समाज के लिए भाषा महत्त्वपूर्ण है, क्योंकि
(a) यह सामाजिक सम्पर्क आसान बनाती है।
(b) इसने मनुष्य को असभ्य मनुष्य से उठाकर नेक मनुष्य बनाया है।
(c) यह समाज का एक आविष्कार है।
(d) यह मनुष्य की अभिव्यक्ति की आवश्यकता को सरलता से सन्तुष्ट करती है।

114. इनमें से कौन संचार प्रक्रिया का एक चरण नहीं है?
(a) फीडबैक (पुनर्निवेशन)
(b) कोडन (एनकोडिंग)
(c) मार्ग (चैनल) चयन
(d) प्राप्तकर्ता

115. "सामाजिक समूह, सामाजिक अन्तर्क्रिया की एक प्रणाली है।" यह परिभाषा ········ द्वारा दी गई थी।
(a) एच. एम. जॉनसन (b) मार्शल जोन्स
(c) बोगार्डस (d) सिमेल

116. समाजशास्त्र एक विज्ञान है, क्योंकि यह ········ ।
(a) व्यवस्थित विधियों का उपयोग करता है
(b) एक सामाजिक परिवर्तन है
(c) निष्कर्षों को तब तक अन्तिम मानता है, जब तक उनका सत्यापन न हो जाए
(d) उपरोक्त सभी

117. समाजशास्त्र के अंग्रेजी शब्द सोशियोलॉजी को वर्ष ······ में गढ़ा गया था।
(a) 1798 (b) 1829 (c) 1839 (d) 1818

118. जब एक समाज के सामाजिक लक्षण दूसरे समाज में तेजी से जाते हैं, तो इस प्रक्रिया को क्या कहा जाता है?
(a) आत्मसातकरण/स्वांगीकरण (एसिमिलेशन)
(b) विसरण
(c) अनेकवाद/बहुलवाद
(d) मूल्यांकन

119. केन्द्रीय समाज कल्याण बोर्ड की स्थापना वर्ष ······ में की गई थी।
(a) 1980 (b) 1970 (c) 1950 (d) 1953

120. इनमें से कौन सामाजिक समूह कार्य का एक सिद्धान्त नहीं है?
(a) गोपनीयता
(b) मार्गदर्शित समूह अन्तर्क्रियाएँ
(c) प्रगतिशील कार्यक्रम विकास
(d) समूह द्वारा की गई प्रगति का मूल्यांकन

121. सामाजिक सेवाओं में ········ शामिल नहीं होगा।
(a) असुरक्षित समूहों का संरक्षण
(b) अपेक्षाकृत कमजोर तबके का संरक्षण
(c) धनवानों का संरक्षण
(d) जरूरतमंदों का संरक्षण

122. प्रभावी भाषण ········ पर निर्भर करता है।
(a) मौखिक संचार के सन्दर्भ
(b) प्रदायगी चक्र के पूर्व ग्रहण
(c) प्रतिपुष्टि की अनुपस्थिति
(d) सामने रखे जाने वाले मुख्य बिन्दुओं की पहचान

123. इनमें से कौन शाब्दिक/मौखिक संचार का एक उदाहरण नहीं है?
(a) टेलीफोन (b) शब्द
(c) लेखन (d) साक्षात्कार

124. सामाजिक बीमा में ········ शामिल हैं।
(a) पेंशन (b) बेरोजगारी
(c) अशक्तता भत्ते (d) ये सभी

125. समाजशास्त्र में 'भूमिका' की अवधारणा का अर्थ किससे है?
(a) व्यक्ति का पद/स्थिति सम्बन्धी पहलू
(b) व्यक्ति का स्थैतिक पहलू
(c) हैसियत का व्यवहार सम्बन्धी घटक
(d) व्यवहार का मानकीय पहलू

126. 'द सोशियोलॉजिकल इमेजिनेशन' नामक पुस्तक ········ ने लिखी है।
(a) पारसन्स (b) ब्रूअर
(c) एलियट (d) राइट मिल्स

127. इनमें से कौन-सा सिद्धान्त इस विचार का समर्थन करता है कि समाज को सुचारू ढंग से चलाने के लिए साझा संस्कृति होना आवश्यक है?
(a) मार्क्स (b) मीड (c) वेबर (d) दुर्खीम

128. प्रदर्शन मानक ········ के स्तर को परिभाषित करता है।
(a) कार्य प्रयास एवं रवैये
(b) रवैये और योगदान प्रदर्शन
(c) रचनात्मक समालोचना
(d) योगदान प्रदर्शन और कार्य प्रयास

129. सामाजिक वर्ग का सबसे आम संकेतक है
(a) जाति (b) व्यवसाय
(c) शिक्षा (d) कौशल

130. संदेश का कोडन (एनकोडिंग) करते समय इनमें से कौन नजर अंदाज हो सकता है?
(a) भाषा (b) प्रतीक
(c) संकेत (d) तालिका

131. इनमें से कौन समुदाय और समाज के बीच के अन्तर का घटक है?
(a) निश्चित स्थानीयता/स्थल
(b) व्यक्तियों का समूह
(c) रुचियों में समानता
(d) एक इकाई होने की भावना

132. द्वितीयक समूह में सम्बन्ध कैसा होता है?
(a) व्यक्तिगत (b) अन्तरंग
(c) औपचारिक (d) अनौपचारिक

133. समाजशास्त्र ……… का अध्ययन है।
(a) सामाजिक-राजनैतिक संस्थाओं
(b) राजनैतिक तन्त्र
(c) मानव व्यवहार
(d) समाज

134. ……… के बीच संचार की क्षैतिज प्रणाली संचालित होती है।
(a) समान लोगों
(b) वरिष्ठ अधिकारियों और अधीनस्थों
(c) केवल अधीनस्थों
(d) केवल वरिष्ठ अधिकारियों

135. टीम निर्णय लेने का कौन-सा जोड़ा?
(a) अनुक्रिया और मतैक्य का अभाव
(b) अनुक्रिया और अल्पसंख्यक नियम का अभाव
(c) सभी मत समान हैं एवं भर्ती
(d) प्रतिपुष्टि एवं मतैक्य

136. इनमें से कौन, प्रबन्धक की चार महत्त्वपूर्ण भूमिकाओं में से एक नहीं है?
(a) पर्यवेक्षक (सुपरवाइजर) (b) सुकारक (फेसिलिटेटर)
(c) आन्तरिक प्रशिक्षक (d) बाह्य प्रशिक्षक

137. सामाजिक समूह कार्य में क्षेत्र कार्य, ……… अर्जित करने में सहयोग करता है।
(a) ज्ञान (b) कौशल
(c) रवैया (d) ये सभी

138. सामाजिक सुरक्षा में ……… शामिल नहीं है।
(a) खाद्य आर्थिक सहायताएँ (b) लोक निर्माण परियोजनाएँ
(c) सम्पूरक आहार (d) दान

139. समाजशास्त्री 'समूह' शब्द को ……… के रूप में वर्णित करते हैं।
(a) लोगों के संकलन
(b) अन्तक्रिया के संगठित पैटर्न में संलग्न लोगों
(c) किसी स्थान पर अन्तर्क्रिया कर रहे लोगों
(d) किसी सभा/सम्मेलन में भाग लेने

140. सामाजिक अधिकारों में ……… शामिल नहीं होंगे।
(a) बच्चे
(b) श्रमिक/मजदूर
(c) महिलाओं के अधिकार
(d) राजनैतिक तबके का संरक्षण

141. भारत में सामाजिक नीति पर आधारित कल्याण कार्यक्रम नीचे बताए गए क्षेत्रों में से एक क्षेत्र में प्रदान नहीं किए जाते हैं। वह कौन-सा क्षेत्र है?
(a) स्वास्थ्य (b) मनोरंजन
(c) रोजगार (d) शिक्षा

142. इनमें से कौन संचार का एक परिप्रेक्ष्य नहीं है?
(a) क्रान्तिक (b) आधुनिक
(c) आधुनिक-पश्चात् (d) प्रजातान्त्रिक

143. ICT का पूरा नाम है
(a) इन्फॉर्मेशन कम्युनिकेशन टेक्नोलॉजी (सूचना संचार प्रौद्योगिकी)
(b) इन्फॉर्मेशन फॉर कम्युनिकेटिंग टेक्नोलॉजी (संचार प्रौद्योगिकी हेतु सूचना)
(c) इन्फॉर्मेशन एण्ड कम्युनिकेशन फॉर टेक्नोलॉजिस्ट्स (प्रौद्योगिकीविदों हेतु सूचना एवं संचार)
(d) इन्फॉर्मेट्स ऑफ कम्युनिकेशन टेक्नोलॉजी (संचार प्रौद्योगिकी के सूचनादाता)

निर्देश (प्र. सं. 144-149) *निम्नलिखित गद्यांश को ध्यानपूर्वक पढ़कर उसके नीचे दिए गए बहुविकल्पीय प्रश्नों में सही विकल्प का चयन करें।*

इन्टरनेट पर विचरण बहुत सरल है। इन्टरनेट लगभग हर देश के सभी प्रमुख गाँवों, कस्बों और शहरों में उपलब्ध है। विण्डोज एक्स्पलोरर, गूगल, क्रोम आदि इन्टरनेट ब्राउजरों की मदद से इन्टरनेट में विचरण किया जा सकता है। अन्त-उपयोक्ताओं को इन्टरनेट सेवा देने वाले संगठन को इन्टरनेट सेवा प्रदाता (ISP) कहते हैं। सूचना, इन्टरनेट की सफलता की कुंजी है। दुनिया भर से सूचनाएँ एकत्र करने के लिए इन्टरनेट का प्रयोग किया जा सकता है। ये सूचनाएँ शिक्षा, चिकित्सा, साहित्य, सॉफ्टवेयर, कम्प्यूटर, व्यापार, मनोरंजन, मित्रता, पर्यटन एवं फुरसती गतिविधियों से सम्बन्धित हो सकती हैं। लोग विभिन्न खोज इंजनों के होम पेज पर जाकर सूचनाओं की खोज कर सकते हैं। दुनिया के सभी समाचार-पत्र, पत्रिकाएँ एवं जनरल इन्टरनेट पर उपलब्ध हैं। ब्रॉडबैंड और उन्नत मोबाइल दूरसंचार प्रौद्योगिकियाँ; जैसे- 3G (तीसरी पीढ़ी) और 4G (चौथी पीढ़ी) आ जाने से इन्टरनेट सेवा की गति में नाटकीय वृद्धि हुई है।

अब हमें मात्र कुछ सेकण्डों में दुनिया भर के समाचार मिल सकते हैं। इन्टरनेट ने सभी को संचार की सर्वाधिक रोमांचक विधा प्रदान की है। हम दुनिया के किसी भी कोने में ई-मेल (इलेक्ट्रॉनिक मेलिंग सिस्टम का संक्षिप्तीकरण) भेज सकते हैं। ऐसे कई चैटिंग सॉफ्टवेयर उपलब्ध हैं, जिनसे इन्टरनेट के जरिए रियल-टाइम सन्देश भेजे और पाएँ जा सकते हैं। हम किसी भी चैटिंग सॉफ्टवेयर का उपयोग करके अपने मित्रों और सम्बन्धियों से बात कर सकते हैं। लोग सोशल नेटवर्किंग साइटों पर अपने पुराने मित्रों से जुड़ सकते हैं। उनके ऑनलाइन होने पर वे उनसे बातचीत भी कर सकते हैं। सोशल नेटवर्किंग साइटें हमें दूसरों के साथ चित्र साझा करने की सुविधा भी देती हैं। हम छुट्टी पर होने के दौरान अपने प्रियजनों के साथ चित्र साझा कर सकते हैं। लोग तो इन सोशल नेटवर्किंग साइटों पर व्यापारिक सौदे भी कर रहे हैं।

144. इस अनुच्छेद में किस इन्टरनेट ब्राउजर की चर्चा की गई है?
(a) विण्डोज एक्स्प्लोरर
(b) गूगल
(c) क्रोम
(d) उपरोक्त सभी

145. ……… इन्टरनेट की सफलता की कुंजी है।
(a) सूचना (b) दर्शकगण
(c) टेलीविजन (d) समाचार-पत्र

146. दुनिया भर से कौन-सी सूचना एकत्र की जाती है?
(a) शिक्षा (b) चिकित्सा
(c) साहित्य (d) ये सभी

147. 3G का पूरा नाम क्या है?
(a) थ्री जनरेशन (तीन पीढ़ी)
(b) थर्ड जनरेशन (तीसरी पीढ़ी)
(c) थर्ड ग्रुप (तीसरा समूह)
(d) थ्री ग्रुप (तीन समूह)

148. ऐसे कई …… उपलब्ध हैं, जिनसे इन्टरनेट के जरिए रियल-टाइम संदेश भेजे और पाए जा सकते हैं।
(a) चैटिंग सॉफ्टवेयर
(b) ग्रुपिंग सॉफ्टवेयर
(c) इन्टरनेट सॉफ्टवेयर
(d) उपरोक्त में से कोई नहीं

149. लोग पुराने मित्रों से कैसे जुड़ सकते हैं?
(a) सोशल नेटवर्किंग साइटों से
(b) सोशल टीचिंग साइटों से
(c) सोशल लर्निंग साइटों से
(d) उपरोक्त सभी

निर्देश (प्र. सं. 150-155) *निम्नलिखित गद्यांश को ध्यानपूर्वक पढ़कर उसके नीचे दिए गए बहुविकल्पीय प्रश्नों के सही विकल्प का चयन करें।*

समाचार-पत्र मानव जाति को मुद्रण मशीन के आविष्कार के साथ मिला सबसे महान और उपयोगी उपहार है। समाचार-पत्र व्यक्ति को उपयोगी ढंग से व्यस्त रखता है। वह उसे दुनिया की घटनाओं के बारे में सूचित रखता है। यह इससे कहीं अधिक है। यह एक शक्तिशाली जनसंचार माध्यम और एक शक्तिशाली बल है। यह सत्य का संरक्षक और मानवाधिकारों एवं स्वतन्त्रता का प्रहरी है। इसे अच्छे कार्य के लिए भी प्रयोग किया जा सकता है और बुरे कार्य के लिए भी। यह विचारों का वाहक है। यह विचारों, सिद्धान्तों, उन पर की गई टिप्पणियों को फैलाता है, सरकारों, लोगों और उनकी गतिविधियों की समालोचना करता है। यह जनमत का एक शक्तिशाली अवयव है। यही कारण है कि यह जनता की स्वतन्त्रता है। समाचार-पत्र हमारे दैनिक जीवन का अभिन्न अंग बन चुके हैं। समाचार-पत्र हमें हमारे देश और विदेशों के बारे में सभी प्रकार के समाचार देता है। समाचार-पत्रों का पाठक सार्वजनिक मामलों के सम्पर्क में रहता है। समाचार-पत्र ज्ञान की कई शाखाओं में उसे शिक्षित करता है और उसे ढेर सारी सूचनाएँ प्रदान करता है। समाचार-पत्र पढ़ने से ज्ञान का विकास होता है। इससे हम सभी नयी खोजों और आविष्कारों के बारे में जान सकते हैं। यह हमें हमारे अधिकारों और उनकी सुरक्षा कैसे करनी है, इसके बारे में भी बताता है। इससे हम घर बैठे-बैठे भी जान सकते हैं कि दुनिया में क्या हो रहा है। समाचार-पत्र लोगों को दुनिया के सभी विभिन्न कोनों से सम्पर्क में रखता है। व्यापारी अपनी वस्तुओं की बिक्री बढ़ाने के लिए समाचार-पत्रों में विज्ञापन देते हैं। चूँकि समाचार-पत्रों में बाजार की रिपोर्ट होती हैं, इससे व्यापारियों को विभिन्न शहरों में वस्तुओं के मूल्य एकसमान रखने में मदद मिलती है। समाचार-पत्र धार्मिक विषयों, खेलों, कलाओं एवं संगीत के बारे में ढेर सारी सूचनाएँ देते हैं और राष्ट्र की आवाज भी रिकॉर्ड करता है। समाचार-पत्र का नियमित पाठक सार्वजनिक मामलों के बारे में ढेर सारा ज्ञान अर्जित कर सकता है। समाचार-पत्र महान विचारकों और दार्शनिकों के विचार हम तक लाते हैं। वे जनमत को आकार देते हैं और उसे प्रतिबिम्बित करते हैं।

150. मुद्रण मशीन की सहायता से किसका आविष्कार किया गया था?
(a) रेडियो (b) टेलीविजन
(c) समाचार-पत्र (d) ये सभी

151. समाचार-पत्र को क्या कहा जाता है?
(a) एक शक्तिशाली माध्यम
(b) एक अनुपयोगी माध्यम
(c) एक नीरस माध्यम
(d) उपरोक्त सभी

152. समाचार-पत्र का वाहक है
(a) पिक्चर (b) विचार
(c) धन (d) ये सभी

153. समाचार-पत्रों का पाठक ………. के सम्पर्क में रहता है।
(a) लोगों के मामलों
(b) सार्वजनिक मामलों
(c) पार्टियों के मामलों
(d) उपरोक्त में से कोई नहीं

154. व्यापारी समाचार-पत्र में किसका विज्ञापन देते हैं?
(a) अपने समाचारों का (b) अपने विचारों का
(c) अपने रवैयों का (d) अपनी वस्तुओं का

155. समाचार-पत्र धार्मिक विषयों और ……… के बारे में ढेर सारी सूचनाएँ देते हैं।
(a) खेलकूद
(b) आर्ट्स
(c) संगीत
(d) उपरोक्त सभी

156. निम्न में से कौन-सी घरेलू सामग्रियाँ, घरेलू अधिगम में रचनात्मक गतिविधियों हेतु बच्चों की मदद करती हैं?
(a) प्लास्टिक कवर, प्लेटें, डिब्बे, इस्तेमाल किए हुए कागज, समाचार-पत्र, तीलियाँ
(b) लकड़ी के सामान के टुकड़े
(c) काँच की सामग्रियाँ
(d) इलेक्ट्रॉनिक वस्तुओं के टूटे भाग

157. निम्न में से कौन-सा औपचारिक मार्गनिर्देश, बाल संरक्षण कार्य से सम्बन्धित है?
(a) बच्चों को सुरक्षित रखने के लिए मिलकर कार्य करना (2006)
(b) गोपनीयता नहीं (2000)
(c) प्रत्येक बच्चा महत्त्वपूर्ण है (2003)
(d) बाल परिवीक्षा : अनुसन्धान के सन्देश (1995)

158. वह कथन चुनें, जो मूल प्रतिवर्तों के नियन्त्रण को सर्वोत्तम वर्णित करता है।

(a) मस्तिष्क के ग्रे भाग में प्रतिवर्त होते हैं।
(b) मध्य मस्तिष्क, मूल प्रतिवर्तों को नियन्त्रित करता है।
(c) सेरेब्रल कार्टेक्स (प्रमस्तिष्कीय वल्कुट), प्रतिवर्तों को घटित होने के लिए संकेत देता है।
(d) देखभाल-कर्ताओं द्वारा प्रबलन, प्रतिवर्त गतिविधि नियन्त्रित करता है।

159. घरेलू अधिगम में माता-पिता बच्चों से अन्तर्क्रिया करते हैं, वे (बच्चे) सीखते हैं

(a) बात करना
(b) विचार करने के लिए
(c) चित्र रंगना
(d) चित्र मिलाना

160. आनुवंशिकता के बारे में निम्न में से कौन-सी भ्रामक धारणा है?

(a) आनुवंशिकता का अर्थ है कि व्यक्ति में परिवर्तन नहीं होगा।
(b) किसी प्रबल आनुवंशिक घटक वाले गुण को प्रभावित करने का प्रयास निष्फल होता है।
(c) यदि कोई गुण आनुवंशिक है, तो विरासत में प्राप्त विविध लोगों पर इसके प्रभाव समान होंगे।
(d) उपरोक्त सभी

161. मनुष्य के निम्न में से कौन-से लक्षण आनुवंशिकता द्वारा निर्धारित होते हैं?

(a) ऊँचाई (b) त्वचा का रंग
(c) व्यक्तित्व (d) ये सभी

162. निम्न में से कौन, एक विशिष्ट अधिगम नि:शक्तता का उदाहरण है?

(a) मानसिक मन्दन
(b) ADHD
(c) डिस्लेक्सिया
(d) ऑटिस्टिक स्पेक्ट्रम विकार

163. भावनात्मक व्यवधान का हल्का स्वरूप है

(a) साइकोसिस (b) ऑटिज्म
(c) शिजोफ्रिनिया (d) न्यूरोसिस

164. घरेलू अधिगम का एक उद्देश्य है

(a) 0-3 वर्ष के बच्चों की समग्र विकासात्मक प्रक्रिया में सुधार
(b) 20-22 वर्ष आयु के लोगों के समग्र विकास में सुधार
(c) वयोवृद्ध अवस्था के समग्र विकास में सुधार
(d) उपरोक्त सभी

165. मानसिक मन्दित बच्चों का आईक्यू स्कोर होता है

(a) 80 (b) 90 (c) 65 (d) 70

166. घरेलू अधिगम मुख्य रूप से है

(a) बच्चे के प्रारम्भिक विकासात्मक वर्षों के दौरान बच्चे व परिवार तक शीघ्र पहुँचना
(b) माता-पिता तक पहुँचना
(c) वयस्कों को जानकारी प्रदान करना
(d) उपरोक्त सभी

167. विकास को इस प्रकार परिभाषित किया जाता है

(a) जन्म से वृद्धावस्था तक मनुष्यों की वृद्धि
(b) जीवन चक्र के दौरान अधिक ज्ञानवर्द्धन और दैहिक कुशलता
(c) आयु के साथ गुणात्मक और मात्रात्मक परिवर्तन की प्रक्रिया
(d) एक प्रक्रिया, जिसमें मानसिक और दैहिक परिवर्तन आयु के साथ त्वरित होते हैं

168. जब बच्चे, माता-पिता के साथ पौधों को पानी देने के कार्य में प्रतिभाग करते हैं, तो वे निम्न अवधारणा विकसित करते हैं

(a) वृद्धि (b) विकास
(c) निष्पादन (d) रंग

169. प्रथम दाँत दिखने की औसत आयु है

(a) तीन महीने
(b) सात महीने
(c) बारह महीने
(d) अट्ठारह महीने

170. घरेलू अधिगम में माता-पिता बच्चों को कहानियाँ पढ़कर सुनाते हैं, वे सीखते हैं

(a) पढ़ने के लिए
(b) विचार करने के लिए
(c) लिखने के लिए
(d) अनुकरण करने के लिए

171. घर में वार्तालाप बढ़ने पर बच्चे सीखते हैं

(a) आरक्षण
(b) भाषा की कुशलता विकसित करना
(c) बाहर जाना
(d) अधिक खोजबीन करना

172. सामाजिक अन्तर्क्रिया और सम्प्रेषण में गम्भीर बाधा जैसे लक्षणों का शीघ्र दिखना, निम्न में से किसका संकेत माना जा सकता है?

(a) शैशवी स्वलीनता (ऑटिज्म)
(b) शैशवी स्मृतिलोप (एम्नेसिया)
(c) प्रमस्तिष्क घात (सेरेब्रल पॉल्सी)
(d) रेट का सिण्ड्रोम

173. किसी एक के सिवाय शेष समस्त $CD4^+$ कोशिकाएँ हैं

(a) मोनो साइटेस्ट (b) T-हेल्पर कोशिकाएँ
(c) T-साइटो टॉक्सिक कोशिकाएँ (d) मैक्रोफेजेस

174. कुछ घरेलू आगन्तुकों द्वारा बच्चों और परिवारों को महत्त्व दिए जाने पर बच्चों में निम्न अनुभूति होती है

(a) सुरक्षा की अनुभूति की गम्भीरता
(b) उच्च सफलता
(c) ऊर्जा
(d) उत्सुकता

175. 3-6 आयु वर्ग हेतु आरम्भिक बाल्यावस्था शिक्षा योजना, किसके अधीन संचालित है?

(a) सर्व शिक्षा अभियान
(b) राजीव गाँधी योजना
(c) प्रारम्भिक शिक्षा का सार्वभौमीकरण
(d) शिशु विद्या योजना

176. कौन-सा प्रावधान बाल दुर्व्यवहार के संदिग्ध मामलों की जाँच के लिए स्थानीय प्राधिकारियों का प्रमुख कर्त्तव्य निर्धारित करता है?
(a) S.31 बाल अधिनियम, 1989
(b) S.47 बाल अधिनियम, 1989
(c) S.17 बाल अधिनियम 1989
(d) S.11 बाल अधिनियम, 2004

177. घरेलू आगन्तुक होने चाहिए
(a) अच्छे द्विभाषी (b) अच्छे सुलेखक
(c) स्पष्ट वक्ता (d) स्पष्ट अभिव्यक्ति वाले

178. घरेलू अधिगम के दौरान बच्चे निम्न के विकास के प्रयोग करते हैं
(a) कल्पना (b) रंग (c) वृद्धि (d) आरक्षण

179. एड्स (AIDS) के निदान हेतु प्रयुक्त पुष्टि परीक्षण है
(a) ELISA (b) वेस्टर्न ब्लॉट (c) ESR (d) PCR

180. निम्न में से कौन-सा राष्ट्रीय संगठन बच्चों को स्वास्थ्य और पोषण सेवाएँ प्रदान करता है?
(a) UNICEF (b) ICCW (c) WHO (d) FAO

181. एकीकृत बाल संरक्षण योजना किस वर्ष लागू की गई?
(a) 2009-2010 (b) 2012-2013
(c) 2005-2006 (d) 2008-2009

182. शिशु के प्रथम वर्ष के दौरान यह निश्चित रूप से होता है
(a) वृद्धि पैटर्नों का अभाव
(b) जिस तरह हम प्रत्येक शारीरिक और भावनात्मक घटना की सटीक समय-सीमा को इंगित करने में सक्षम होते हैं
(c) शिशुओं का वयस्क जैसा व्यवहार अंश
(d) उपरोक्त में से कोई नहीं

183. CARE किस आयु वर्ग के बच्चों हेतु स्कूल आहार कार्यक्रम संचालित करता है?
(a) 6-16 (b) 3-6
(c) 6-11 (d) 10-12

184. निम्न में से कौन-सा कथन गलत है?
(a) मस्तिष्क को चोट पहुँचने से बचाव करने के लिए शिशु के कपाल पर फोण्टानेल्स (मृदु भागों) की सावधानीपूर्वक देखभाल करने की आवश्यकता होती है।
(b) प्रसव-पूर्व विकास के दौरान गर्भस्थ शिशु गर्भ-नाल के माध्यम से ऑक्सीजन प्राप्त करता है, किन्तु प्रसव के समय श्वसन एक स्वतन्त्र गतिविधि हो जाती है।
(c) प्रसव के समय शिशु के हृदय से अपरा नाल में खुलने वाला छिद्र बन्द हो जाता है।
(d) माता के स्तनों से प्रथम तरल (पायस/कोलोस्ट्रम) नवजात द्वारा सक्रियतापूर्वक ग्रहण किया जाता है और कब्जहर प्रभाव के साथ रोग प्रतिरोधक क्षमता भी प्रदान करता है।

185. निम्न में से कौन मानसिक मन्दन का सबसे सामान्य कारण है
(a) माताओं में मधुमेह
(b) गर्भावस्था के दौरान मानसिक समस्याएँ
(c) माताओं में पीलिया
(d) माताओं में जर्मन मीजल्स/खसरा

186. प्रसव की अवस्था के दौरान घटनाओं का सही क्रम है
(a) ग्रीवा का फैलना, उत्तमांग (क्राउनिंग), प्रसव, नाल बाहर निकलना
(b) एमनियोटिक थैली का फटना, नाल का बाहर निकलना, क्राउनिंग, प्रसव
(c) क्राउनिंग, एमनियोटिक थैली का फटना, ग्रीवा का फैलना, प्रसव
(d) ग्रीवा का फैलना, भगछेदन (एपेजिओटोमी), क्राउनिंग, प्रसव

187. साइकोसिस होता है
(a) गम्भीर विकार (b) मामूली विकार
(c) अनुकूलित विकार (d) मध्यम विकार

188. नवजात शिशुओं की दशा किससे प्रभावित होती है?
(a) जन्म की प्रक्रिया से (b) प्रसव-पूर्व वातावरण
(c) 'a' और 'b' दोनों (d) आँख, त्वचा और बालों का रंग

189. निम्न में से कौन-सा कथन गलत है?
(a) कुछ माताएँ, नवजात शिशुओं को बोतल से दूध पिलाती हैं, क्योंकि वे घर के बाहर कार्य करती हैं।
(b) स्तनपान कराने वाली माताओं के अभिभावक-शिशु सम्बन्ध सदैव बेहतर होते हैं।
(c) बोतल से दूध पिलाने से पिता-शिशु अन्तर्क्रियाओं हेतु अधिक अवसर मिलते हैं।
(d) स्तनपान करने वाले शिशुओं में पाचन सम्बन्धी समस्याएँ कम होती हैं।

190. निम्न में से किसे प्रायः आरम्भिक बाल्यावस्था विकास माना जाता है?
(a) जन्म से 8 वर्ष आयु तक विकास
(b) आरम्भिक मानसिक प्रचालन से औपचारिक विचार क्षमता तक विकास
(c) स्कूल पूर्व वर्षों से प्राथमिक कक्षाओं तक विकास
(d) बच्चे के प्रथम चरण से आरम्भ होने और किशोरावस्था के औपचारिक प्रचालन चरण में समाप्त होने वाला विकास

191. जब वाक्यांश या वाक्य बनाने के लिए दो या अधिक शब्दों को एक साथ रखा जाता है, तो यह निम्न नियमों में से एक का उदाहरण है
(a) ध्वनि शास्त्र के नियम
(b) शब्दार्थ के नियम
(c) वाक्य विन्यास के नियम
(d) अन्य संस्था द्वारा संचालित नियम

192. निम्न में से कौन एनॉक्सिया द्वारा उत्पन्न मुख्य तन्त्रिकीय जन्म सिण्ड्रोम है?
(a) डाउन सिण्ड्रोम
(b) फ्रैगाइल एक्स सिण्ड्रोम
(c) प्रमस्तिष्क घात (सेरेब्रल पॉल्सी)
(d) सेरेब्रल वस्क्युलर एक्सिडेण्ट

193. समाजीकरण का अर्थ है
(a) बच्चों को मौजूदा मानकों के लिए प्रेरित करना
(b) बच्चों को आज्ञाकारी मानने के लिए प्रशिक्षण देना
(c) बच्चों को अपने समाज के नियमों को जानने में मदद करने की प्रक्रिया
(d) बच्चों को अन्य व्यक्तियों के साथ सामाजिक रूप से सक्रिय होने के लिए ले जाना

194. घरेलू अधिगम निम्न भी उत्पन्न करता है
(a) सामुदायिक जागरुकता (b) ग्रामीण जागरुकता
(c) क्लब अभिप्रेरण (d) युवा अभिप्रेरण

195. किस अधिनियम द्वारा बाल आयुक्त पद सृजित किया गया?
(a) बाल अधिनियम, 2004
(b) बाल अधिनियम, 1996
(c) देखभाल मानक अधिनियम, 2000
(d) बाल अधिनियम, 1989

196. अपने माता-पिता से आपसी व्यवहार (अन्तर्क्रिया) के इच्छुक जो बच्चे उनकी अनुपस्थिति में परेशान होने के बावजूद व्यवहार किए जाने के समय इसे अस्वीकृत कर देते हैं, उन्हें किस श्रेणी में रखा जा सकता है?
(a) सुरक्षित विघटित (b) असुरक्षित प्रतिरोधक
(c) सुरक्षित प्रतिरोधक (d) असुरक्षित परिवर्जनशील

197. अनेक लोगों से प्रभावी ढंग से जुड़ जाने वाले बच्चे होते हैं
(a) बहिर्मुखी (b) श्रोता
(c) प्रत्येक से सम्प्रेषण हेतु तत्पर (d) ये सभी

198. गुणसूत्रीय असामान्यताओं के परिणामस्वरूप उत्पन्न सबसे सामान्य समस्या है
(a) डाउन सिण्ड्रोम
(b) हाइड्रोसिफैलस
(c) स्क्लेरोसिस
(d) अपटर्स सिण्ड्रोम

199. निम्न में से कौन-सा एक प्रकार का बाल दुर्व्यवहार है, जो बौद्धिक अक्षमता का कारण माना जाता है?
(a) शेकेन बेबी सिण्ड्रोम
(b) अब्यूज्ड चाइल्ड सिण्ड्रोम
(c) बैटर्ड बेबी सिण्ड्रोम
(d) डैमेज्ड इन्फैंट सिण्ड्रोम

200. प्रशिक्षण योग्य मानसिक मन्दित बच्चों का आईक्यू (IQ) किसके मध्य होता है?
(a) 50 और 25 (b) 50 और 70
(c) 10 और 25 (d) 60 और 75

उत्तरमाला

1. (b)	**2.** (b)	**3.** (d)	**4.** (c)	**5.** (d)	**6.** (a)	**7.** (b)	**8.** (c)	**9.** (d)	**10.** (b)
11. (b)	**12.** (d)	**13.** (d)	**14.** (c)	**15.** (b)	**16.** (c)	**17.** (b)	**18.** (d)	**19.** (a)	**20.** (b)
21. (c)	**22.** (d)	**23.** (d)	**24.** (b)	**25.** (c)	**26.** (d)	**27.** (d)	**28.** (d)	**29.** (b)	**30.** (c)
31. (c)	**32.** (b)	**33.** (d)	**34.** (a)	**35.** (b)	**36.** (c)	**37.** (c)	**38.** (d)	**39.** (a)	**40.** (a)
41. (d)	**42.** (a)	**43.** (a)	**44.** (d)	**45.** (c)	**46.** (b)	**47.** (d)	**48.** (d)	**49.** (d)	**50.** (a)
51. (c)	**52.** (d)	**53.** (d)	**54.** (a)	**55.** (c)	**56.** (c)	**57.** (d)	**58.** (a)	**59.** (b)	**60.** (a)
61. (d)	**62.** (d)	**63.** (c)	**64.** (b)	**65.** (a)	**66.** (a)	**67.** (b)	**68.** (c)	**69.** (a)	**70.** (b)
71. (b)	**72.** (c)	**73.** (a)	**74.** (d)	**75.** (b)	**76.** (b)	**77.** (d)	**78.** (b)	**79.** (a)	**80.** (a)
81. (d)	**82.** (d)	**83.** (c)	**84.** (c)	**85.** (c)	**86.** (a)	**87.** (a)	**88.** (c)	**89.** (a)	**90.** (d)
91. (a)	**92.** (c)	**93.** (c)	**94.** (b)	**95.** (d)	**96.** (b)	**97.** (a)	**98.** (d)	**99.** (d)	**100.** (d)
101. (d)	**102.** (c)	**103.** (b)	**104.** (c)	**105.** (b)	**106.** (c)	**107.** (b)	**108.** (c)	**109.** (a)	**110.** (b)
111. (a)	**112.** (c)	**113.** (a)	**114.** (d)	**115.** (a)	**116.** (d)	**117.** (c)	**118.** (a)	**119.** (d)	**120.** (a)
121. (c)	**122.** (c)	**123.** (c)	**124.** (d)	**125.** (c)	**126.** (d)	**127.** (d)	**128.** (d)	**129.** (b)	**130.** (d)
131. (a)	**132.** (c)	**133.** (d)	**134.** (a)	**135.** (a)	**136.** (d)	**137.** (d)	**138.** (d)	**139.** (b)	**140.** (d)
141. (b)	**142.** (d)	**143.** (a)	**144.** (d)	**145.** (a)	**146.** (d)	**147.** (b)	**148.** (a)	**149.** (a)	**150.** (c)
151. (a)	**152.** (b)	**153.** (b)	**154.** (d)	**155.** (d)	**156.** (a)	**157.** (a)	**158.** (b)	**159.** (a)	**160.** (d)
161. (d)	**162.** (c)	**163.** (a)	**164.** (a)	**165.** (d)	**166.** (a)	**167.** (c)	**168.** (a)	**169.** (b)	**170.** (a)
171. (b)	**172.** (a)	**173.** (c)	**174.** (a)	**175.** (c)	**176.** (b)	**177.** (a)	**178.** (a)	**179.** (b)	**180.** (b)
181. (a)	**182.** (d)	**183.** (c)	**184.** (c)	**185.** (b)	**186.** (a)	**187.** (b)	**188.** (c)	**189.** (b)	**190.** (a)
191. (c)	**192.** (c)	**193.** (c)	**194.** (a)	**195.** (a)	**196.** (b)	**197.** (d)	**198.** (a)	**199.** (a)	**200.** (b)

मध्य प्रदेश
महिला पर्यवेक्षक (आँगनवाड़ी)
मॉडल सॉल्वड पेपर 2

1. इनमें से कौन-सा पोषक तत्त्व अधिक ऊर्जा प्रदान करता है?
(a) एक ग्राम कार्बोहाइड्रेट
(b) एक ग्राम वसा
(c) एक ग्राम प्रोटीन
(d) एक ग्राम विटामिन A

2. ICDS योजना का/ के घटक है/हैं
(a) पूरक पोषण (b) प्रतिरक्षीकरण
(c) स्वास्थ्य जाँच (d) ये सभी

3. ICMR 2010 के अनुसार, एक माइक्रोग्राम β-कैरोटीन रूपान्तरण के बाद .... के बराबर होगा।
(a) 6 μg रेटिनॉल (b) 8 μg रेटिनॉल
(c) 10 μg रेटिनॉल (d) 12 μg रेटिनॉल

4. कपोत वक्ष (पिजन चेस्ट) किस न्यूनता रोग का लक्षण है?
(a) रिकेट्स (b) मलेरिया
(c) रतौंधी (d) एनीमिया

5. विटामिन C का समृद्ध स्रोत है
(a) ताजा फल (b) अनाज (c) दाल (d) दूध

6. ICMR 2010 के अनुसार, नवजात शिशुओं (0-6 माह) के लिए प्रतिदिन आवश्यक किलो कैलोरी/किग्रा शरीर भार की मात्रा है
(a) 92 किलो कैलोरी
(b) 100 किलो कैलोरी
(c) 108 किलो कैलोरी
(d) 120 किलो कैलोरी

7. जीवाणु की वृद्धि और बहुगुणन में सहायता के लिए इनमें से किसकी आवश्यकता होती है?
(a) जल (b) खाद्य-पदार्थ
(c) उपयुक्त तापमान (d) ये सभी

8. दस्त के उपचार के सर्वाधिक महत्त्वपूर्ण भाग हैं
(a) यदि सम्भव हो तो निर्जलीकरण होने की रोकथाम करना
(b) यदि निर्जलीकरण हो जाए तो उसका तेजी से उपचार करना
(c) बच्चे का पेट भरना
(d) उपरोक्त सभी

9. प्रोटीन-ऊर्जा कुपोषण के कारण होने वाला रोग है
(a) क्षय रोग (ट्यूबरकुलोसिस)
(b) क्वाशरकोर
(c) बुखार
(d) मलेरिया

10. ओरल रिहाइड्रेशन सॉल्ट्स (ORS) घोल चिकित्सा का उपयोग .... के उपचार में किया जाता है।
(a) कब्ज (b) अल्सर
(c) मोटापा (d) संग्रहणी (दस्त)

11. डेंगू बुखार तेजी से फैलने की सम्भावना वाला एक विषाणुजन्य रोग है, यह .... द्वारा संचारित होता है।
(a) एडीज़ मच्छरों
(b) प्लाज्मोडियम फेल्सीपेरम
(c) एनोफिलीज़ कुलीसीफेसीज़
(d) एनो. फ्लुविएटिलिस

12. पोलियो विषाणु शरीर में .... के माध्यम से प्रवेश करता है।
(a) मच्छर के काटने
(b) संक्रमित भोजन और जल
(c) खाँसी
(d) कुत्ते के काटने

13. इनमें से कौन-सी गर्भावस्था की समस्या नहीं है?
(a) उबकाइयाँ और उलटियाँ
(b) दाँत सड़ना
(c) कब्ज
(d) एडीमा (तरल एकत्र होने से उत्पन्न सूजन)

14. क्रेटीनता (जड़वामनता) एक विकार है, जो किशोरावस्था और गर्भावस्था में ....की कमी से पीड़ित रही माता से जन्मे बच्चों में होता है।
(a) कैल्शियम
(b) आयरन
(c) फॉस्फोरस
(d) आयोडीन

15. समेकित बाल विकास सेवाओं (इण्टीग्रेटेड चाइल्ड डेवलपमेण्ट सर्विसेज (ICDS) का आरम्भ .... को हुआ था।
(a) 2 जुलाई, 1975 (b) 2 अगस्त, 1975
(c) 2 सितम्बर, 1975 (d) 2 अक्टूबर, 1975

16. ट्यूबरकुलोसिस एक संक्रामक रोग है, जो .... से होता है।
(a) साल्मोनेला जीवाणु
(b) बेसिलस मायकोबैक्टीरियम
(c) ई. कोलाइ
(d) विषाणु

17. गर्भावस्था के दौरान माता और गर्भस्थ शिशु के बीच पोषक तत्त्वों, ऑक्सीजन और अवशिष्ट पदार्थों के विनिमय के लिए .... उत्तरदायी होता है।
(a) गर्भनाल (प्लेसेण्टा) (b) फेलोपियन नलिका
(c) तन्त्रिका नाल (न्यूरल ट्यूब) (d) इनमें से कोई नहीं

18. ICMR 2010 के अनुसार गर्भवती महिला के लिए आवश्यक अतिरिक्त कैलोरी और प्रोटीन की मात्राएँ क्रमशः हैं
(a) 650 किलो कैलोरी, 15 ग्राम
(b) 550 किलो कैलोरी, 10 ग्राम
(c) 450 किलो कैलोरी, 27.2 ग्राम
(d) 350 किलो कैलोरी, 27.2 ग्राम

19. हड्डियों में पाए जाने वाले मुख्य खनिज हैं
(a) कैल्शियम, फॉस्फेट और क्लोराइड
(b) कैल्शियम, फॉस्फेट और आयरन
(c) फॉस्फेट, मैग्नीशियम और क्लोराइड
(d) कैल्शियम, फॉस्फेट और मैग्नीशियम

20. सामान्य रूप से पोषित बच्चे की छाती .... के दौरान उसके सिर से अधिक तेजी से बढ़ती है।
(a) जीवन के प्रथम वर्ष
(b) जीवन के द्वितीय एवं तृतीय वर्ष
(c) वयस्कावस्था
(d) उपरोक्त में से कोई नहीं

21. गर्भावस्था में माता में आयोडीन की कमी का कारण बन सकती है
(a) जन्म के समय भार कम होने
(b) एनीमिया
(c) PEM
(d) क्रेटीनता (जड़वामनता) एवं मनोगत्यात्मक (सायकोमोटर) विकार

22. एलाइजा परीक्षण का उपयोग .... का पता लगाने के लिए होता है।
(a) उच्चरक्तचाप (b) मधुमेह
(c) एड्स (d) मोटापा

23. वह विकार जिसमें व्यक्ति बार-बार या लम्बे समय तक अपोषक तत्त्वों; जैसे- प्लास्टर, चारकोल, मिट्टी, राख आदि को खाता है, ... कहलाता है।
(a) पाइका (b) अभ्रक (माइका)
(c) PEM (d) PIH

24. इनमें से कौन-सा एक मोनोसेकराइड नहीं है?
(a) लैक्टोज (b) ग्लूकोज
(c) गैलेक्टोज (d) फ्रक्टोज

25. ICDS के 1-5 वर्ष आयु वर्ग के बच्चों को हर .... पर विटामिन A के घोल की 2,00,000 I.U. मुख द्वारा दी जाती है।
(a) तीन माह (b) चार माह (c) छः माह (d) नौ माह

26. बेरी-बेरी किस विटामिन से सम्बन्धित न्यूनता का विकार है?
(a) थायमिन (b) नियासिन
(c) राइबोफ्लेविन (d) पैण्टोथेनिक एसिड

27. भारत में गर्भावस्था के दौरान सुझावित भार वृद्धि है
(a) 4-6 किग्रा (b) 5-6 किग्रा
(c) 11-13 किग्रा (d) 15-25 किग्रा

28. इनमें से किसकी रोकथाम एण्टीबायोटिक्स द्वारा नहीं की जा सकती है?
(a) खसरा (b) टिटनस कुष्ठ रोग
(c) कुष्ठ रोग (d) हैजा

29. इन्फ्लुएन्जा अल्पावधि का एक तीक्ष्ण संक्रमण है, जो .... से सम्पर्क/को साँस द्वारा अन्दर लिए जाने के द्वारा एक व्यक्ति से दूसरे व्यक्ति में फैलता है।
(a) जीवाणु (b) विषाणु
(c) कवक (d) शैवाल

30. .... का अर्थ निषेचन से लेकर, आरम्भिक भ्रूण के विकास से होते हुए, गर्भाशय में रोपण की प्रक्रिया पूरी हो जाने तक लगने वाले समय से है।
(a) भ्रूणावस्था (b) जननिक अवस्था
(c) गर्भज अवस्था (d) नवजात अवस्था

31. इनमें से कौन मेरास्मस (सूखा रोग) का एक लक्षण नही है?
(a) चन्द्र-मुख
(b) पेशी क्षय
(c) वृद्धि धीमी हो जाना
(d) झुर्रीदार त्वचा

32. D.P.T वैक्सीन का उपयोग .... की रोकथाम के लिए किया जाता है।
(a) पोलियो, डिफ्थीरिया और टिटनस
(b) डिफ्थीरिया, काली खाँसी और टिटनस
(c) टिटनस, ट्यूबरकुलोसिस और पोलियो
(d) डिफ्थीरिया, टायफॉइड और टिटनस

33. इनमें से कौन-सा जोड़ा गलत है?
(a) रेबीज-कुत्ता (b) प्लेग-चूहा
(c) फीता कृमि-शूकर (d) पोलियो-बन्दर

34. स्तनपान करा रही महिलाओं में औसत दैनिक दुग्ध उत्पादन होता है
(a) 650 मिली
(b) 450 मिली
(c) 350 मिली
(d) 250 मिली

35. स्वस्थ बच्चे का भार .... की आयु तक उसके जन्म के समय के भार का दोगुना हो जाता है।
(a) दो वर्ष (b) डेढ़ वर्ष (c) एक वर्ष (d) छः माह

36. विटामिन डी .... की रोकथाम करता है।
(a) रिकेट्स
(b) अस्थिमृदुता (ऑस्टियोमलेसिया)
(c) ऑस्टियोपोरोसिस
(d) उपरोक्त सभी

37. प्रति 1000 सजीव जन्म पर जीवन के प्रथम वर्ष में मरने वाले शिशुओं की संख्या को .... कहा जाता है।
(a) नवजात रुग्णता दर
(b) नवजात मृत्यु दर
(c) मातृ मृत्यु दर
(d) मातृ रुग्णता दर

38. कौन-सा वर्गीकरण कुपोषण के प्रकार और अवधि की पहचान करता है?
(a) गोमेज़ वर्गीकरण (b) IAP वर्गीकरण
(c) वॉटरलो वर्गीकरण (d) वेलकम वर्गीकरण

39. गर्भावस्था के दौरान आवश्यक अतिरिक्त प्रोटीन .... के लिए आवश्यक होता है।
(a) गर्भस्थ शिशु की तीव्र वृद्धि
(b) गर्भाशय के आकार में वृद्धि
(c) उल्व तरल (एम्नियोटिक फ्लुइड) के निर्माण
(d) उपरोक्त सभी

40. ICDS योजना का/के लाभार्थी है/हैं
(a) 0-6 वर्ष की आयु के बच्चे
(b) गर्भवती महिलाएँ
(c) स्तनपान करा रही महिलाएँ
(d) उपरोक्त सभी

41. गर्भावस्था के दौरान ऊर्जा की आवश्यकता बढ़ जाती है, क्योंकि .... के लिए अतिरिक्त ऊर्जा चाहिए होती है।
(a) गर्भस्थ शिशु की वृद्धि एवं शारीरिक गतिविधि
(b) गर्भनाल की वृद्धि
(c) माता के शरीर में वृद्धि
(d) उपरोक्त सभी

42. हैजा और दस्त .... द्वारा होते हैं।
(a) विषाणु संक्रमण (b) जीवाणु संक्रमण
(c) कृमि (d) प्रोटोजोआ

43. शाकाहारी माता में .... की कमी होने की सम्भावना अधिक होती हैं।
(a) विटामिन C (b) विटामिन A
(c) विटामिन B-12 (d) आयरन

44. स्किन-फोल्ड केलिपर्स .... की मोटाई मापते हैं:
(a) प्रोटीन की पर्त
(b) वसा की पर्त
(c) कार्बोहाइड्रेट की पर्त
(d) पानी की पर्त

45. टिटनस का/के अभिलक्षण है/हैं
(a) पेशियों में दृढ़ता एवं दर्दयुक्त ऐंठन
(b) प्रायः जबड़े की पेशियों से कड़ेपन एवं दर्द की शुरुआत होती है
(c) उदर की पेशियों मे दर्द
(d) उपरोक्त सभी

46. संस्थागत प्रसवों के लिए इनमें से कौन-सी वैक्सीन जन्म के समय की खुराक (24 घण्टे के अन्दर) के रूप में दी जाती है?
(a) एचआईबी
(b) हेपेटाइटिस-B
(c) न्यूमोनिया
(d) हिम-शुष्कीकृत (लायोफिलाइज्ड)

47. शुरुआती दो या तीन दिनों के दौरान दुग्ध ग्रन्थियों से पतला एवं पीला तरल आता है, जो सामान्य दूध से भिन्न होता है, उसे .... कहते हैं।
(a) विशेष दूध (b) कत्थई दूध
(c) पीयूष (कोलोस्ट्रम) (d) कोलेस्टेरॉल

48. 25 फरवरी, 2012 को विश्व स्वास्थ्य संगठन (WHO) ने भारत को .... की वैश्विक सूची से निकाल दिया था।
(a) खसरा महामारी वाले देश
(b) पोलियो महामारी वाले देश
(c) ट्यूबरकुलोसिस महामारी वाले देश
(d) टिटनस महामारी वाले देश

49. हरी पत्तेदार सब्जियाँ और ताजे फल .... के अच्छे स्रोत नहीं हैं।
(a) प्रोटीन (b) विटामिन A
(c) विटामिन C (d) आयरन

50. कौन-सा कार्यक्रम राष्ट्रीय ग्रामीण स्वास्थ्य अभियान के दायरे में आता है?
(a) आयोडीन न्यूनता विकार नियन्त्रण कार्यक्रम
(b) विटामिन B न्यूनता विकार नियन्त्रण कार्यक्रम
(c) विटामिन C न्यूनता विकार नियन्त्रण कार्यक्रम
(d) कैल्शियम न्यूनता विकार नियन्त्रण कार्यक्रम

51. कौन-सा एक कारक गर्भस्थ शिशु के जन्म के समय कम भार को प्रभावित करता है?
(a) माता की आयु
(b) माता की अनुचित या अपर्याप्त प्रसव-पूर्व देखभाल
(c) उपरोक्त दोनों
(d) उपरोक्त में से कोई नहीं

52. अपेक्षित आयु वर्ग से कम लम्बाई वाले बच्चे को कहा जाता है।
(a) क्षयी
(b) वृद्धि-रुद्ध
(c) सामान्य से कम भार
(d) सामान्य से अधिक भार

53. गर्भावस्था के दौरान गर्भस्थ शिशु की वृद्धि को इनमें से कौन-सा कारक प्रभावित करता है?
(a) संक्रमण (b) पोषण
(c) आनुवंशिक (d) ये सभी

54. NRHM का पूरा नाम है
(a) नेशनल हेल्थ मिशन (राष्ट्रीय स्वास्थ्य अभियान)
(b) नेशनल रूरल हेल्थ मिशन (राष्ट्रीय ग्रामीण स्वास्थ्य अभियान)
(c) नेशनल रिप्रोडक्टिव हेल्थ मिशन (राष्ट्रीय प्रजनन स्वास्थ्य अभियान)
(d) नेशनल रीजनल हेल्थ मिशन (राष्ट्रीय क्षेत्रीय स्वास्थ्य अभियान)

55. जन्म के बाद नवजात शिशुओं के शरीर से ऊष्मा का तेजी से ह्रास होता है, इसलिए जन्म कक्ष को .... पर रखना आवश्यक होता है।
(a) कम-से-कम 15°C
(b) कम-से-कम 25°C
(c) कम-से-कम 35°C
(d) कम-से-कम 45°C

56. 'बेरी-बेरी' कौन-से विटामिन की कमी से होता है?
(a) विटामिन B (b) हॉर्मोन
(c) आयोडीन (d) लोहा

57. कायाकल्प योजना के पुरस्कारों को कितनी श्रेणियों में श्रेणिगत किया गया है?
(a) 1 (b) 2
(c) 3 (d) 4

58. अतिरिक्त रचना जो भ्रूण को पोषण प्रदान करती है
(a) उल्ब
(b) जरायु
(c) नाभिका
(d) अपरा

59. भारतीय जनजातीय सहकारी विपणन विकास महासंघ का निर्माण भारत सरकार ने कौन-से वर्ष में किया था?
(a) 1987 (b) 1988
(c) 1989 (d) 1990

60. यदि 'अंग्रेजी' को 'हिन्दी' कहा जाता है, 'हिन्दी' को फ्रेन्च' कहा जाता है, 'फ्रेन्च' को 'गुजराती' कहा जाता है, 'गुजराती' को 'बंगाली' कहा जाता है, तो निम्न में से कौन-सी गुजरात की स्थानीय भाषा है?
(a) बंगाली (b) अंग्रेजी
(c) हिन्दी (d) गुजराती

61. नीचे दी गई आकृतियों में लुप्त संख्या ज्ञात कीजिए।

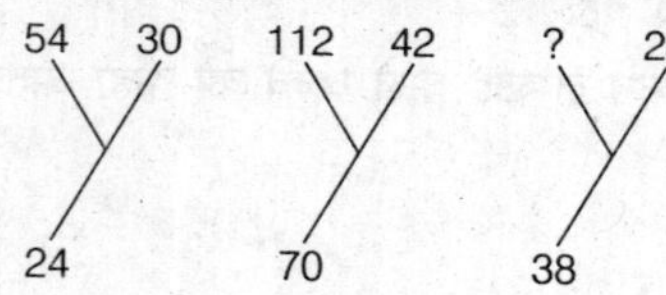

(a) 76 (b) 66
(c) 10 (d) 9

62. प्रत्येक राज्यों/केन्द्रशासित प्रदेशों के लिए भारत सरकार ने कौन-सी संख्या को महिला हेल्पलाइन नम्बर के रूप में आवण्टित किया?
(a) 112 (b) 108
(c) 181 (d) 1097

63. निम्न में से कौन-सा विकल्प सही है?
(a) हिन्दू उत्तराधिकार अधिनियम, 1956 बेटियों को एक संयुक्त हिन्दू परिवार से केवल जीविका का अधिकार माँग सकती है।
(b) हिन्दू उत्तराधिकार संशोधन अधिनियम, 1956 के द्वारा बेटियों को अपने भाइयों के साथ विरासत का अधिकार प्रदान किया गया।
(c) उपरोक्त दोनों
(d) उपरोक्त में से कोई नहीं

64. निम्न में से कौन-सा महिलाओं का कार्यस्थल पर लैंगिक उत्पीड़न (निवारण, प्रतिषेध और प्रतितोप) अधिनियम, 2013 सम्बन्धी विकल्प सही नहीं है?
(a) आन्तरिक शिकायत समिति के अधीष्ठाता महिला होनी चाहिए।
(b) 'कार्यस्थल' में आवासगृह या घर शामिल नहीं है।
(c) प्रत्येक जिला अधिकारी को एक स्थानीय शिकायत समिति का गठन करना पड़ेगा।
(d) उपरोक्त में से कोई नहीं

65. दिए गए विकल्पों में से लुप्त पदों को ज्ञात करें।
_XX_Y_XYYX_Y
(a) YYXY (b) YXYX (c) XYYX (d) YYXX

66. राष्ट्रीय खाद्य सुरक्षा अधिनियम, 2013 सम्बन्धी निम्न विकल्पों में से कौन-सा सही है?
(a) यह पूरे भारत में लागू है
(b) राज्य खाद्य समिति में 5 सदस्य होते हैं
(c) उपरोक्त दोनों
(d) उपरोक्त में से कोई नहीं

67. नीचे दिए गए प्रश्न में कुछ कथन और उसके बाद कुछ निष्कर्ष दिए गए हैं। आपको दिए गए कथनों को सत्य मानना है, भले ही वे सर्वज्ञात तथ्यों से भिन्न प्रतीत होते हों। सभी निष्कर्षों को पढ़िए फिर तय कीजिए कि दिए गए निष्कर्षों में से कौन-सा तर्क संगत रूप से अनुसरण करता है, चाहे सर्वज्ञात तथ्य कुछ भी हों।

कथन
सभी पक्षी, तोते हैं।
सभी तोते, किसान हैं।

निष्कर्ष
I. कुछ किसान, पक्षी हैं।
II. कुछ तोते, पक्षी हैं।

(a) यदि केवल निष्कर्ष I अनुसरण करता है
(b) यदि केवल निष्कर्ष II अनुसरण करता है
(c) यदि या तो निष्कर्ष I या II अनुसरण करता है
(d) यदि निष्कर्ष I और II दोनों अनुसरण करते हैं

68. सती समिति (रोकथाम) अधिनियम, 1987 के अन्तर्गत निम्न में से कौन-सी महिलाओं को 'सती' की श्रेणी में रखा जा सकता है?
(a) एक महिला जिसको अपनें मृतक पति की देह के साथ जबरदस्ती जला दिया जा रहा है
(b) एक महिला जिसको अपने मृतक सम्बन्धी की देह के साथ उनके स्वेच्छापूर्वक जला दिया जा रहा है
(c) उपरोक्त दोनों
(d) उपरोक्त में से कोई नहीं

69. यदि एक हाथी को 7% हानि की अपेक्षा 8% लाभ पर बेचा जाए, तो विक्रेता को ₹105000 अधिक प्राप्त होंगे।
(a) 400000 (b) 660000
(c) 700000 (d) 760000

70. निम्न में से कौन-सी उत्तर आकृति प्रश्न आकृति का दर्पण प्रतिबिम्ब होगी, यदि एक दर्पण रेखा AB पर रखा जाए?

प्रश्न आकृति

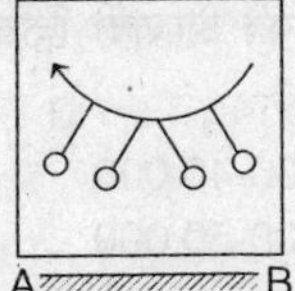

उत्तर आकृतियाँ

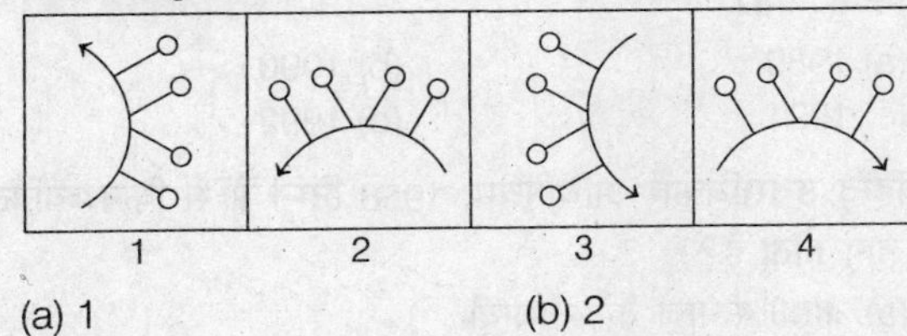

(a) 1 (b) 2
(c) 3 (d) 4

71. प्रोसेस-टू-प्रोसेस डिलीवरी के लिए कौन-सी लेयर जिम्मेदार है?
(a) फिजिकल लेयर (b) डाटा लिंक लेयर
(c) ट्रांसपोर्ट लेयर (d) नेटवर्क लेयर

72. इण्टरनेट पर एक कम्प्यूटर ……… पहचाना जाता है।
(a) गली का पता (b) IP पता
(c) ई-मेल पता (d) इनमें से कोई नहीं

73. महिला का अभद्र प्रतिनिधित्व (निषेध) अधिनियम, 1987 सम्बन्धी कौन-सा विकल्प सही नहीं है?
(a) यह अधिनियम जम्मू और कश्मीर के अलावा पूरे भारत में लागू है
(b) किसी प्राचीन स्माकर में की गई कोई प्रतिनिधित्व इस अधिनियम के अन्तर्गत नहीं आ सकती
(c) उपरोक्त दोनों
(d) उपरोक्त से कोई नहीं

74. बाल विवाह अधिनियम, 2006 के अनुसार बाल विवाह के संवैधानिकता को बढ़ावा देने या अनुमति देने के लिए माता-पिता या अभिभावक को कितने अधिकतम वर्षों तक कैद किया जा सकता है?
(a) 2 (b) 3 (c) 4 (d) 5

75. अनुसूचित जनजातियों के लिए टॉप क्लास शिक्षा की योजना का आरम्भ कौन-से वर्ष से किया गया?
(a) 2005-06 (b) 2006-07
(c) 2007-08 (d) 2008-09

76. व्यक्तियों का एक दल किसी कार्य को 15 दिनों में पूरा करने का निश्चय करता है, लेकिन उनमें से 10 व्यक्ति अनुपस्थित हो जाते हैं। यदि शेष व्यक्ति उसी कार्य को 25 दिनों में पूरा करते हैं, तो व्यक्तियों की संख्या आरम्भ में कितनी थी?
(a) 18 आदमी (b) 25 आदमी (c) 32 आदमी (d) 35 आदमी

77. टोकोफेरोल की कमी से पुरुषों और महिलाओं में बाँझपन की ओर जाता है। टोकोफेरोल के लिए लोकप्रिय शब्द ……… है।
(a) विटामिन B (b) विटामिन K
(c) विटामिन E (d) विटामिन C

78. पावर प्वॉइण्ट में अच्छा डिजाइन निर्धारित करता है:
(a) विश्वसनीयता (b) पठनीयता
(c) पहला प्रभाव (d) ये सभी

79. निम्न में से साँझी योजना की मूल इकाई क्या होगी?
(a) चुनाव क्षेत्र (b) ग्राम
(c) ब्लॉक (d) ग्राम पंचायत

80. अपनी सामान्य गति की $\frac{4}{5}$ गति से चलते हुए आराध्या अपने सामान्य समय से 2 घण्टे अधिक समय लेती है, तो उसका सामान्य समय क्या है?
(a) 12 घण्टे (b) 9 घण्टे
(c) 10 घण्टे (d) 8 घण्टे

81. गैर-अनुसूचित क्षेत्रों में अनुसूचित जनजातियों के लिए काम करने वाले स्वैच्छिक संगठनों को संसाधन के लागत का कितना प्रतिशत जनजातीय कार्य मन्त्रालय द्वारा अनुदान के रूप में दिया जाता है?
(a) 70 (b) 80
(c) 90 (d) 95

82. बेटी बचाओ बेटी पढ़ाओं योजना के कार्यान्वयन के लिए नोडल मन्त्रालय कौन-सा होगा?
(a) स्वास्थ्य और परिवार कल्याण मन्त्रालय
(b) मानव संसाधन विकास मन्त्रालय
(c) महिला एवं बाल विकास मन्त्रालय
(d) यह संयुक्त रूप से किया जाएगा

83. कितने वर्षों में ₹ 25000 की राशि 5% वार्षिक चक्रवृद्धि ब्याज की दर से ₹ 27562.5 हो जाएगी?
(a) 3 (b) 4
(c) 1 (d) 2

84. आईपीवी4 और आईपीवी6 पते के बारे में कौन-सा कथन सत्य है?
(a) आईपीवी6 पता 128 बिट लम्बा होता है, जोकि हेक्साडेसीमल में दर्शाया जाता है।
(b) आईपीवी4 पता 32 बिट लम्बा होता है, जोकि डेसीमल में दर्शाया जाता है।
(c) उपरोक्त दोनों
(d) आईपीवी6 पता 32 बिट लम्बा होता है, जोकि हेक्साडेसीमील में दर्शाया जाता है।

85. नि:शुल्क और अनिवार्य बाल शिक्षा (आरटीई) अधिनियम, 2009 के अन्तर्गत कौन-से आयु-वर्ग के बच्चों को नि:शुल्क और अनिवार्य शिक्षा दी जाएगी?
(a) 6-12 वर्ष (b) 6-14 वर्ष
(c) 6-15 वर्ष (d) 6-18 वर्ष

86. ग्लायकोजन को सामान्यता कहा जाता है
(a) जन्तु स्टार्च (b) इन्सुलिन
(c) अलजीनिक अम्ल (d) सेल्यूलोस

87. निर्देशः निम्नलिखित पाई चार्ट का ध्यानपूर्वक अध्ययन कर नीचे दिए गए प्रश्न के उत्तर दीजिए।

पुस्तक के उत्पादन और बिक्री में विभिन्न मदों पर खर्च का प्रतिशत

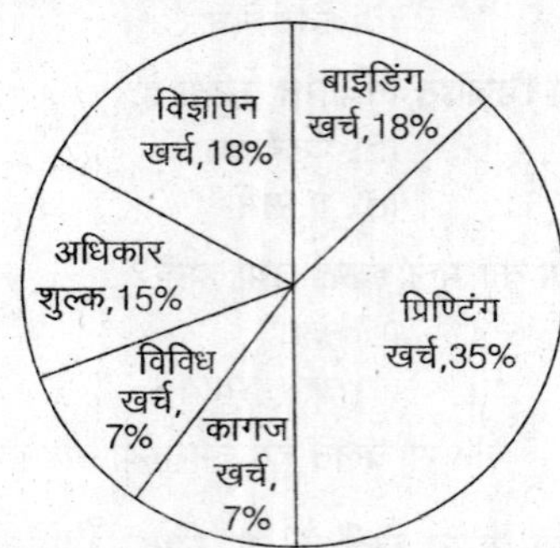

विविध और प्रिण्टिंग खर्च पर व्यय क्रमशः अनुपात है

(a) 1 : 3
(b) 1 : 5
(c) 3 : 7
(d) 2 : 5

88. ₹ 295 को *A*, *B* तथा *C* में इस तरह बाँटना है कि *A* को *B* से ₹ 10 अधिक प्राप्त हो तथा *B* को *C* से ₹ 5 अधिक प्राप्त हो, तो उनके हिस्सों का अनुपात है

(a) 22 : 20 : 19
(b) 16 : 17 : 18
(c) 11 : 14 : 19
(d) 15 : 18 : 13

89. स्वच्छता उद्यमी योजना को किसने लॉन्च किया?

(a) स्वास्थ्य एवं परिवार कल्याण मन्त्रालय
(b) जनजातीय कार्य मन्त्रालय
(c) राष्ट्रीय सफाई कर्मचारी वित्त एवं विकास निगम
(d) शहरी विकास मन्त्रालय

90. संकटकालीन हॉर्मोन है

(a) एल्डोस्तरोन
(b) पैराथॉर्मोन
(c) एड्रीनेलिन
(d) थायरॉक्सिन

91. निम्नलिखित प्रश्न में प्रश्नवाचक चिह्न (?) के स्थान पर लगभग कौन-सा मान आएगा?

$340 + 17 \div 8 \times 9 = ?$

(a) 425
(b) 360
(c) 392
(d) 395

92. ईशान, अपने घर से शुरुआत करता है और 10 किमी दक्षिण दिशा की ओर चलता है, फिर वह दाएँ मुड़ता है और 6 किमी चलता है, वह फिर दाएँ मुड़ता है और 10 किमी चलता है और अन्त में, वह दाएँ मुड़ता है और 6 किमी चलता हैं। वह अपने प्रारम्भिक बिन्दु से कितनी दूरी पर है?

(a) 8 किमी
(b) 10 किमी
(c) 6 किमी
(d) प्रारम्भिक बिन्दु पर

93. एक चिरपरचित सूक्ष्मजीवीय कीटनाशी है

(a) केन्दीदा
(b) यीस्ट
(c) बेसिलस थुरिजेनेसिस
(d) स्टेफाल्योकोक्कस औरेयस

94. रक्त में ऑक्सीजन पहुँचाई जाती है

(a) ल्यूकोसाइट द्वारा
(b) इराइथ्रोसाइट द्वारा
(c) रक्त प्लाज्मा द्वारा
(d) थ्रामबोसाइट द्वारा

95. निम्न में से कौन-सा आरेख गाजर, भोजन और सब्जियों के बीच सही सम्बन्ध को दर्शाता है?

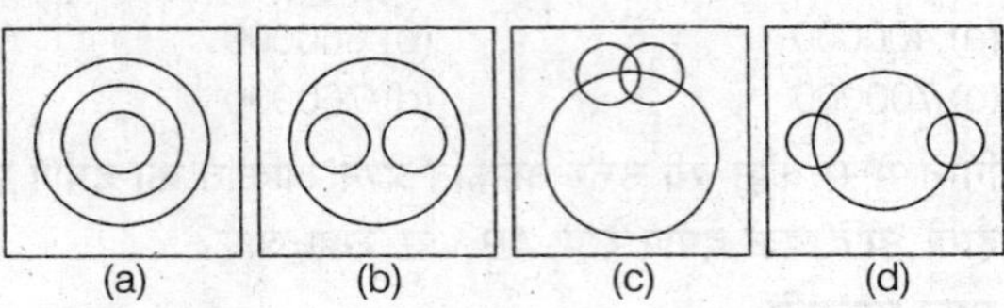

96. मैदानी और तटीय क्षेत्रों के रुर्बन क्लस्टर की आबादी कितनी होनी चाहिए?

(a) 15,000-30,000
(b) 20,000-40,000
(c) 25,000-50,000
(d) 30,000-50,000

97. राष्ट्रीय अनुसूचित जाति वित्त एवं विकास निगम को कब स्थापित किया गया?

(a) 1989
(b) 1990
(c) 1991
(d) 1992

98. हिन्दू उत्तराधिकार अधिनियम, 1956 निम्न में से किन व्यक्तियों पर लागू होता है?

(a) ब्राह्मो समाज के अनुयायी
(b) अनुसूचित जनजाति
(c) उपरोक्त दोनों
(d) उपरोक्त में से कोई नहीं

99. A, C का पिता है और D, B का पुत्र है। E, A का भाई है। यदि C ,D की बहन है, तो B, E से किस प्रकार सम्बन्धित है?

(a) नन्द/भाभी/साली
(b) बहन
(c) देवर/जीजा/साला
(d) भाई

100. वेब के लिए इण्टरैक्टिव पिवोट सारणी बनाने के लिए आप एक माइक्रोसॉफ्ट ऑफिस वेब घटक का उपयोग करते हैं?

(a) एच टी एम अल
(b) पिवोट तालिका फील्ड सूची
(c) पिवोट तालिका लिस्ट
(d) पिवोट तालिका रिपोर्ट

101. किशोर न्याय (बालकों की देखरेख और संरक्षण) अधिनियम, 2015 के अनुसार यदि बालक की आयु .... या उससे अधिक हो तो किशोर न्याय बोर्ड को जघन्य अपराधों का प्राथमिक निर्धारण करना होगा।

(a) 15
(b) 16
(c) 17
(d) 18

102. निम्नलिखित प्रश्न में प्रश्नवाचक चिह्न (?) के स्थान पर लगभग कौन-सा मान आएगा?

$450 \times 90 \div 7 + 17 = ?$

(a) 5200
(b) 5650
(c) 5803
(d) 7255

103. निम्न में से किसके परिवर्तन हेतु एण्टरोकाइनेज उत्तरदायी होता है?

(a) ट्रिप्सिनोजेन को ट्रिप्सिन में
(b) पेप्सिनोजेन को पेप्सिन में
(c) प्रोरेनिनको रेनिन में
(d) कैसिनोजेन को कैसीन में

104. सोनू को 25% अंक प्राप्त होते हैं तथा वह 15 अंकों से अनुत्तीर्ण हो जाता है, जबकि एक अन्य छात्र जिसे 45% अंक प्राप्त होते हैं, उत्तीर्ण होने के लिए आवश्यक न्यूनतम अंक से 5 अंक अधिक अंक प्राप्त करता है। उत्तीर्ण होने के लिए आवश्यक न्यूनतम अंक है

(a) 40 (b) 60
(c) 30 (d) 50

105. इनमें से कौन-सा सम्बन्ध एक्सेस डाटाबेस में लागू नहीं किया जा सकता है?

(a) वन टू वन (b) वन टू मेनी
(c) मेनी टू मेनी (d) ये सभी

106. नीचे दी गई आकृति में त्रिभुजों की संख्या कितनी है?

(a) 6 (b) 7
(c) 8 (d) 9

107. लैण्डस्केप है

(a) पेज लेआउट (b) कागज का आकार
(c) कागज का उन्मुखीकरण (d) फॉण्ट शैली

108. निम्न में से कौन-सी उत्तर आकृति प्रश्न आकृति को पूर्ण करेगी?

?

(a) (b) (c) (d)

109. प्रथम संख्या द्वितीय संख्या की तिगुनी है और तृतीय संख्या की दोगुनी है। इन संख्याओं का औसत 33 है। सबसे छोटी संख्या का मान क्या है?

(a) 18 (b) 21 (c) 27 (d) 36

110. घरेलू हिंसा से महिला संरक्षण अधिनियम, 2005 के अन्तर्गत निम्न में से कौन-सी क्रिया घरेलू हिंसा की व्याख्या में आ सकती है?

(a) बच्चा ना होने के कारण अपमानित करना
(b) दहेज के लिए ज़बरदस्ती करने पर उसके रिश्तेदारों को हानि पहुँचाना
(c) उपरोक्त दोनों
(d) उपरोक्त मे से कोई नहीं

111. इनमें से कौन एक प्राथमिक समूह है?

(a) राजनैतिक समूह (b) फैक्टरी
(c) परिवार (d) विद्यालय

112. सदस्यों को हुक्म देने वाले नेता/नेतृत्वकर्ता को .... कहते हैं।

(a) निरंकुश नेता
(b) लोकतान्त्रिक नेता
(c) अहस्तक्षेपी नेता
(d) पेशेवर नेतृत्वकर्ता/नेता

113. लीडरशिप इन वोलण्टरी ऑर्गेनाइजेशन नामक पुस्तक .... ने लिखी है।

(a) ए.एफ.जाण्डेर (b) एच.बी.ट्रेकर
(c) ब्रायन ओ कोनेल (d) ए.ए.लिवरीट

114. बुलेटिन, पर्चे, परिपत्र, पोस्टर, मेले, प्रदर्शनियाँ, रेडियो .... के माध्यम हैं।

(a) सार्वजनिक संचार (b) आधिकारिक संचार
(c) समूह संचार (c) जन संचार

115. ''वह समूह जिसे व्यक्ति अपना मानता है, जिसके मानदण्डों और उद्देश्यों को वह स्वीकारता है''

(a) सहभागिता की बाध्यता पर आधारित समूह
(b) सन्दर्भ समूह
(c) सामाजिक वर्ग पर आधारित समूह
(d) निष्क्रिय समूह

116. ग्रामीण लोगों के सामाजिक-आर्थिक परिवर्तन पर लक्षित समुदाय विकास कार्यक्रम .... को आरम्भ किया गया था।

(a) 2 अक्टूबर, 1951 (b) 2 अक्टूबर, 1952
(c) 2 अक्टूबर, 1953 (d) 2 अक्टूबर, 1954

117. संचार में क्रिया-प्रतिक्रिया अन्तर्निर्भरता को .... कहते हैं।

(a) विश्वसनीयता (b) फ्रीडबैक (पुनर्निवेशन)
(c) सन्देश व्यवहार (d) निष्ठा

118. वैश्विक निर्धनता को घटाकर आधा करने के सहस्त्राब्दी विकास लक्ष्य को किस वर्ष तक हासिल किया जाना है?

(a) 2020 (b) 2015
(c) 2010 (d) 2012

119. .... का अभिलक्षण है अन्तरंग, अमने-सामने का जुड़ाव तथा अनौपचारिक व्यक्तिगत सम्बन्ध।

(a) प्राथमिक एवं द्वितीयक समूहों
(b) औपचारिक एवं अनौपचारिक समूहों
(c) उपरोक्त दोनों
(d) समूह आधारित

120. संचार .... का उपसमुच्चय है।

(a) विसरण (b) माध्यम
(c) प्रेषी (ट्रांसमिटर) (d) प्राप्तकर्ता

121. नेतृत्व, ... का प्रकार्य है।

(a) समूह (b) व्यक्ति
(c) श्रेणी (d) इनमें से कोई नहीं

122. बर्लो के अनुसार, संचार प्रक्रिया में .... होते हैं।

(a) 6 घटक
(b) 4 घटक
(c) 8 घटक
(d) 10 घटक

123. समुदाय विकास परियोजनाएँ 2 अक्टूबर, 1952 को आरम्भ की गई थीं। उस समय आरम्भ में कवर किए गए खण्डों की संख्या .... थी।

(a) 45 (b) 55
(c) 65 (d) 75

124. सामाजिक जुटाव समाज के परिवर्तन भी प्रतिबिम्बित करता है, जैसे

(a) शहरीकरण (b) औद्योगिकीकरण
(c) 'a' और 'b' दोनों (d) सामाजिक स्तरण

125. पहली पंचवर्षीय योजना के दौरान .... को सर्वोच्च प्राथमिकता दी गई।

(a) कृषि (b) उद्योग
(c) रक्षा (d) कॉमर्स

126. नेतृत्व .... का उत्पाद है।

(a) ज्ञान की बजाय पद (b) पद की बजाय ज्ञान
(c) केवल पद (d) केवल ज्ञान

127. स्थानीय नेता/नेतृत्वकर्ता की एक असाधारण भूमिका है ....

(a) अच्छी संचार योग्यताओं से युक्त होना
(b) अधिकार-युक्त होना
(c) आक्रामक होना
(d) पक्षपाती होना

128. नेतृत्व का विकास, ... है

(a) कार्यक्रम निर्माण में एक साधन
(b) कार्यक्रम निर्माण का एक अन्त (छोर)
(c) कार्यक्रम निर्माण की प्रक्रिया में एक साधन और एक अन्त, दोनों
(d) कार्यक्रम निर्माण की प्रक्रिया में न तो साधन और न ही अन्त

129. विकास एजेन्सी द्वारा वांछित मानी गई दिशा में नवप्रवर्तन के निर्णय को प्रभावित करने वाला पेशवर .... होता है।

(a) नवप्रवर्तक
(b) मत नेतृत्वकर्ता
(c) परिवर्तन अभिकर्ता
(d) समूह शिक्षक

130. भारत निर्माण के लक्ष्यों को किस वर्ष तक हासिल किया जाना है?

(a) 2008 (b) 2009
(c) 2010 (d) 2011

131. समुदाय विकास परियोजना .... के परिणामस्वरूप आरम्भ की गई थी।

(a) रॉयल कमीशन की रिपोर्ट
(b) GMF जाँच समिति की रिपोर्ट
(c) शिक्षा आयोग की रिपोर्ट
(d) नालागढ़ समिति की रिपोर्ट

132. वर्ष .... तक पूरे राष्ट्र को समुदाय विकास कार्यक्रम द्वारा कवर कर लिया गया था।

(a) 1955 (b) 1958
(c) 1964 (d) 1968

133. विशेष अभियानों में ग्रामीणों का ध्यानाकर्षित करने और सकारात्मक प्रतिक्रिया पाने में अभियान पोस्टकार्ड बहुत उपयोगी संचार सामग्री सिद्ध हुए हैं। इसका कारण है

(a) ग्रामीण पोस्टकार्ड संचार की धारणा के अभ्यस्त हैं
(b) यह खुला पत्र होता है, जिसे कई लोग पढ़ते हैं, उन्हें गर्व का अनुभव होता है
(c) यह संचार विधि को एक व्यक्तिगत स्पर्श देता है
(d) यह एक पारम्परिक है

134. बताएँ कि इनमें से कौन, विखण्डन के विरुद्ध प्रयास का उदाहरण है?

(a) समाजीकरण (b) सामाजिक आन्दोलन
(c) परसंस्कृतिग्रहण (d) विसंगठन

135. संचार वह प्रक्रिया है, जिसके द्वारा सन्देश स्रोत से .... को पहुँचते हैं।

(a) माध्यम (b) मैसेज
(c) प्राप्तकर्ता (d) प्रभाव

136. शब्द .... का उपयोग ऐसे सदस्यों का वर्णन करने के लिए किया जाता है, जो समाज में अपनी स्थिति (हैसियत) या वर्ग प्रणाली में अपने पद में समान हैं।

(a) ऊर्ध्व समूह (b) क्षैतिज समूह
(c) रैखिक समूह (d) विकर्ण समूह

137. जब संचार बाधित हो जाता है और प्राप्तकर्ता तक नहीं पहुँचा, तो प्राय: उसे .... कहते हैं।

(a) अप्रभावी (b) गलत अर्थ निकालना
(c) बाधा (d) प्रभावी

138. समुदाय में वास्तव में कार्य आरम्भ करने वाला व्यक्ति .... कहलाता है।

(a) पेशेवर नेतृत्वकर्ता (b) आश्वस्त नेतृत्वकर्ता
(c) प्रचालन नेतृत्वकर्ता (d) लोकप्रिय नेतृत्वकर्ता

139. भारत में समूह विशिष्ट एवं क्षेत्र विशिष्ट ग्राम विकास कार्यक्रमों में से अधिकांश .... के दौरान आरम्भ किए गए थे।

(a) दूसरी पंचवर्षीय योजना (b) तीसरी पंचवर्षीय योजना
(c) चौथी पचंवर्षीय योजना (d) पाँचवीं पंचवर्षीय योजना

140. पहल को प्रोत्साहित करने के लिए उत्तरदायित्व के साथ सदैव सम्बन्धित .... भी होना/होनी चाहिए।

(a) संगठन (b) प्राधिकार
(c) शक्ति (d) नियन्त्रण

141. 'समूह से बाहर' (आउट ऑफ ग्रुप) रवैये की पहचान है

(a) अन्तरों की समझ (b) कुछ सीमा तक अन्तर
(c) पारस्परिक रुचि (d) मतभेद

142. बताता है कि कैसे अनुबन्धित किसान को .... माना जा सकता है।

(a) मत नेतृत्वकर्ता
(b) पेशेवर नेतृत्वकर्ता
(c) आधिकारिक नेतृत्वकर्ता
(d) अदीक्षित नेतृत्वकर्ता (ले लीडर)

143. परिवार को ………… के रूप में देखा जा सकता है।

1. स्थायी कार्यात्मक संस्था
2. एक प्रभावी साहचर्य
3. एक द्वितीयक समूह
4. एक प्राथमिक समूह

सही उत्तर चुनें

(a) 1 और 2 (b) 1 और 4
(c) 1, 2 और 4 (d) 1 और 3

निर्देश (प्र. सं. 144-149) *निम्नलिखित गद्यांश को ध्यानपूर्वक पढ़कर उसके नीचे दिए गए बहुविकल्पी प्रश्नों में सही विकल्प का चयन करें।*

संचार का प्राथमिक उद्देश्य लोगों को सूचित रखना है। संचार एक पारस्परिक, दो तरफा एवं सतत् सामाजिक प्रक्रिया है। इसे संगठनात्मक वस्तुओं की सेवा करनी चाहिए। इसे हासिल करने के लिए, प्रबन्धन संचार का एक प्रभावी माध्यम एवं नेटवर्क अपनाता है। इसे प्रभावी बनाने के लिए, संचारकर्ता के पास कुछ गुण होने आवश्यक हैं, जैसे प्राप्तकर्ता को समझना, सन्देश भेजना और उस पर कदम उठवाना।

इस क्षेत्र में व्यावहारिक अनुभव, प्रेषक और प्राप्तकर्ता, दोनों को परिपूर्णता तक पहुँचाता है। संचार, संगठन की जानकारी का अनुवाद, संगठन में आमतौर पर समझी जाने वाली भाषा में करता है। प्रतिपुष्टि, अन्तर्क्रिया तथा प्राप्तकर्ता की क्षमता में संकेतों या शब्दों के प्रभावी डीकोडन का अभाव, संचार की महत्त्वपूर्ण समस्याएँ हैं। पर वे सफल संचार की आधारभूत आवश्यकता को परिवर्तित नहीं करती हैं। विलबर स्क्राम ने सुझाया है कि स्रोत चाहे कार्मिक हो या गैर-कार्मिक, किसी भी संचार की स्रोत से प्राप्तकर्ता तक प्रभावी रूप से संचारित होने के लिए सन्देश द्वारा निम्नांकित तीन आवश्यकताओं की पूर्ति जरूरी है

1. उसे प्राप्तकर्ता का ध्यान आकर्षित करने के लिहाज से डिजाइन एवं डिलीवर किया जाना चाहिए।
2. उसमें ऐसे संकेतों का उपयोग होना चाहिए, जिन्हें स्रोत व प्राप्तकर्ता, दोनों समान ढंग से समझते हों।
3. उसके द्वारा प्राप्तकर्ता में आवश्यकता उत्पन्न होनी चाहिए और उसके द्वारा उन आवश्यकताओं की पूर्ति का कोई ऐसा तरीका सुझाया जाना चाहिए, जो वह वांछित प्रतिक्रिया देने के लिए प्रेरित किए जाने पर, प्राप्तकर्ता के समूह के लिए उपयुक्त हो।

144. संचार का प्राथमिक उद्देश्य लोगों को ……… रखना है।

(a) सूचित (b) असूचित
(c) घोषित (d) अधिकृत

145. किस प्रकार का अनुभव, प्रेषक और प्राप्तकर्ता, दोनों को परिपूर्णता तक पहुँचाता है?

(a) सैद्धान्तिक (b) व्यावहारिक
(c) सूचनाप्रद (d) विषय-वस्तु

146. संचार की महत्त्वपूर्ण समस्याएँ हैं

(a) प्रतिपुष्टि का अभाव
(b) अन्तर्क्रिया
(c) संकेतों या शब्दों का प्रभावी डीकोडन
(d) उपरोक्त सभी

147. संचार एक ………… प्रक्रिया है

(a) पारस्परिक एवं दोतरफा (b) दोतरफा
(c) सतत् सामाजिक (d) ये सभी

148. संचार को ………… दोनों चाहिए।

(a) स्रोत एवं प्राप्तकर्ता
(b) संचारकर्ता एवं प्राप्तकर्ता
(c) स्रोत एवं संकेत
(d) उपरोक्त में से कोई नहीं

149. ………… प्राप्तकर्ता के लिए उपयुक्त होना/होनी चाहिए।

(a) संचार (b) अन्तर्क्रिया
(c) सूचना (c) विषय-वस्तु

निर्देश (प्र. सं. 150-155) *निम्नलिखित गद्यांश को ध्यानपूर्वक पढ़कर उसके नीचे दिए गए बहुविकल्पीय प्रश्नों में सही विकल्प का चयन करें।*

सरकारों द्वारा नागरिकों को उनके लिए सुविधाजनक स्थानों पर सेवाएँ प्रदान करने के लिए सूचना एवं संचार प्रौद्योगिकियों (CT) का उपयोग बढ़ता जा रहा है। ग्रामीण ICT अनुप्रयोग नागरिकों को उनके गाँवों में ही केन्द्रीय एजेन्सियों (जैसे जिला प्रशासन, सहकारी संघ, राज्य, केन्द्रीय एवं सरकारी विभाग) की सेवाएँ पेश करने का प्रयास करते हैं। ये अनुप्रयोग बेहतर एवं किफायती कनेक्टिविटी तथा प्रक्रमण समाधान पेश करने में ICT का उपयोग करते हैं। कई सरकार-नागरिक (G-C) ई-गवर्नमेण्ट पायलट परियोजनाओं ने पहुँच बढ़ाने, आधार में वृद्धि करने, प्रक्रमण लागतों को न्यूनतम करने, पारदर्शिता बढ़ाने और चक्र समय घटाने के लिए इन प्रौद्योगिकियों को अपनाने का प्रयास किया है। पायलट परियोजनाओं के रूप में ग्रामीण ई-गवर्नमेण्ट अनुप्रयोगों की एक बड़ी संख्या विकसित की गई है, जो नागरिक सेवाओं तक सरल पहुँच प्रदान करने और सरकार-नागरिक व्यवहारों के प्रक्रमण को बेहतर बनाने पर लक्षित थे। इनमें से कुछ ने अन्तर्राष्ट्रीय स्तर पर ध्यानाकर्षित किया है और अपनी नवप्रवर्तनकारी पद्धतियों के लिए प्रतिष्ठित पुरस्कार जीते हैं। इन्होंने ग्रामीण सन्दर्भ में ICT की शक्ति दर्शाई है और इन्हें भावी ई-गवर्नमेण्ट परियोजना कार्यान्वयन के लिए सन्दर्भ मॉडलों के रूप में देखा जाता है। इनमें से अधिकांश परियोजनाओं ने इण्टरनेट प्रौद्योगिकी में विकास और PC की लागतों में कमी को सुदूर स्थानों तक पहुँचने के अवसर के रूप में देखा है। वे सस्ते कनेक्टिविटी समाधान के तौर पर मौजूदा दूरसंचार ढाँचें और ISP के जरिए इण्टरनेट पहुँच का उपयोग करती हैं। उन्होंने ग्रामीण मौसम के लिए समस्त सम्भव जानकारी को ISP से जुड़े PC आधारित कियोस्कों के जरिए एक एकल पहुँच बिन्दु के रूप में पैकेज करने का प्रयास किया है। कुछ परियोजनाओं ने सुदूर स्थानों तक पहुँचने के लिए वायरलैस प्रौद्योगिकी के साथ प्रयोग किया है।

150. ICT का पूरा नाम है

(a) इन्फॉर्मेशन कम्युनिकेशन टेक्नोलॉजी (सूचना संचार प्रौद्योगिकी)
(b) इण्टीग्रेटेड कम्युनिकेशन टेक्नोलॉजी (समेकित संचार प्रौद्योगिकी)
(c) इम्प्लाइड कम्युनिकेशन टेक्नोलॉजी (गर्भित संचार प्रौद्योगिकी)
(d) इण्टरनेट कम्युनिकेशन टेक्नोलॉजी (इण्टरनेट संचार प्रौद्योगिकी)

151. ICT अनुप्रयोग ………… की सेवाएँ पेश करने का प्रयास करते हैं।

(a) केन्द्रीय एजेन्सियों (b) सामाजिक एजेन्सियों
(c) आर्थिक एजेन्सियों (d) राजनैतिक एजेन्सियों

152. ………… ने बेहतर प्रौद्योगिकियों को अपनाने का प्रयास किया है।

(a) फिरका परियोजना (b) सरकारी पायलट परियोजना
(c) श्रीनिकेतन परियोजना (d) इनमें से कोई नहीं

153. भावी .... परियोजना कार्यान्वयन के लिए ICT मॉडल
(a) ई-गवर्नमेण्ट (b) ई-पंचायत
(c) ई-जरनल (d) ICT

154. परियोजनाओं ने सुदूर स्थानों तक पहुँचने के लिए .... प्रौद्योगिकी के साथ प्रयोग किया है।
(a) ICT (b) कियोस्क (c) वायरलैस (d) उपग्रह

155. नागरिक सेवाओं तक सरल पहुँच प्रदान करना और .... व्यवहारों का प्रक्रमण को बेहतर बनाना।
(a) सरकार-पंचायत (b) सरकार-उद्योग
(c) सरकार-सरकारी कर्मचारी (d) सरकार-नागरिक

156. शाला पूर्व शिक्षा सम्बन्धित है
(a) अनौपचारिक
(b) औपचारिक
(c) अनौपचारिक तथा औपचारिक
(d) उपरोक्त में से कोई नहीं

157. संरक्षण की आवश्यकता क्यों है?
(a) विकास के लिए (b) संवेगात्मक परिपक्वता
(c) समायोजन के लिए (d) ये सभी

158. विकास का निर्धारक तत्त्व है
(a) परिपक्वता
(b) वृद्धि चक्र
(c) ऊर्जा
(d) वृद्धि की लय

159. शारीरिक विकलांग बालकों की शिक्षा हेतु लखनऊ स्थित विद्यालय का नाम क्या है?
(a) चेतना केन्द्र (b) समर्पण केन्द्र
(c) भविष्य केन्द्र (d) इनमें से कोई नहीं

160. औपचारिक शिक्षा की विशेषता
(a) औपचारिक शिक्षा की विशेषता
(b) जीवन पर्यन्त शिक्षा
(c) निरंक पाठ्यक्रम
(d) उपरोक्त सभी

161. सृजनात्मकता किससे सम्बन्धित है?
(a) नवीन विचार (b) कल्पनाएँ
(c) लचीलापन (d) ये सभी

162. कौन-सा विकास का प्रमुख सिद्धान्त नहीं है?
(a) निरन्तर अनवरत गति (b) सामान्य से विशिष्ट
(c) निश्चित प्रतिरूप (d) परिपक्वता एवं अधिगम

163. निम्न में से कौन प्रत्यन और मूल सिद्धान्त के जन्मदाता हैं?
(a) थोर्नडाइक (b) पावलाव
(c) स्किनर (d) कोहलर

164. ब्रेललिपि सम्बन्धित है
(a) अन्धे बालक
(b) वाणी विकलांग बालक
(c) मानसमन्द बालक
(d) उपरोक्त में से कोई नहीं

165. अनुकरण ध्यानाकर्षण सम्बन्धित है
(a) भाषा विकास
(b) सामाजिक व्यवहार
(c) मानसिक व्यवहार
(d) उपरोक्त में से कोई नहीं

166. बाल विकास का सही अनुक्रम है
(a) बचपन, बाल्यावस्था
(b) गर्भावस्था, बचपन
(c) गर्भावस्था, बाल्यावस्था
(d) बाल्यावस्था, गर्भावस्था

167. विकास में परिवर्तन होते हैं
(a) गुणात्मक परिवर्तन
(b) मात्रात्मक रचनात्मक
(c) रचनात्मक परिवर्तन
(d) उपरोक्त में से कोई नहीं

168. राष्ट्रीय संगठन की स्थापना कब की गई थी?
(a) 1991 (b) 1993
(c) 1992 (d) 1990

169. इनमें से कौन-सा विशिष्ट बालक के वर्गीकरण में नही आता है?
(a) बौद्धिक विचलन (b) गामक विचलन
(c) संवेदी विचलन (d) बाल कल्याण योजनाएँ

170. विकलांग बच्चों को हम समझते हैं
(a) बुद्धि सामान्य से कम
(b) बुद्धि सामान्य से अधिक
(c) शारीरिक दोष
(d) उपरोक्त में से कोई नहीं

171. निम्न में से कौन-सी भाषा विकास की अवस्था नही है?
(a) बोलने की तैयारी (b) वाक्य प्रयोग
(c) शुद्ध उच्चारण (d) समाजीकरण

172. CWSN विशेष आवश्यकता वाले बच्चों को मुख्य धारा से जोड़ने के लिए पहल है
(a) सत्य (b) असत्य
(c) आंशिक सत्य (d) आंशिक असत्य

173. सृजनात्मक परीक्षण के निर्माता कौन हैं?
(a) गिल्फोर्ड (b) फ्रायड
(c) स्किनर (d) पावलोव

174. प्रीनेटल का अर्थ है
(a) जन्म पूर्व समय
(b) जन्म बाद समय
(c) गर्भाधान
(d) पिण्ड अवस्था

175. समेकित बाल विकास सेवा योजना कब प्रारम्भ की गई?
(a) 1975 (b) 1985 (c) 1987 (d) 1999

176. निरन्तर चलने वाली प्रक्रिया है
(a) वृद्धि (b) विकास
(c) वृद्धि एवं विकास (d) इनमें से कोई नहीं

177. एड्स फैलता है
(a) विषाणु से (b) सर्दी जुकाम
(c) मच्छर से (d) ये सभी

178. निम्न में से कौन-सा सीखने का नियम नही है?
(a) तत्परता का नियम (b) अभ्यास का नियम
(c) प्रभाव का नियम (d) मेण्डल का विकास

179. निर्देशन के उद्देश्य हैं
(a) योग्यताओं का विकास
(b) व्यक्तित्व विकास में सहायता
(c) निर्णयों में सहायक
(d) उपरोक्त सभी

180. विशिष्ट बालकों के गुण सामान्य बालकों से भिन्न होते हैं
(a) मात्रात्मक
(b) गुणात्मक
(c) मात्रात्मक और गुणात्मक
(d) उपरोक्त में से कोई नहीं

181. एकीकृत बाल संरक्षण योजना किससे सम्बन्धित है?
(a) बाल अधिकारों की रक्षा (b) बाल विकास
(c) बाल संरक्षण (d) बाल देखभाल

182. राष्ट्रीय विकलांग संस्थान कहाँ स्थित है?
(a) नई दिल्ली (b) मुम्बई
(c) देहरादून (d) कोलकाता

183. स्मृति, बुद्धि योग्यता सम्बन्धित है
(a) मानसिक विकास
(b) सृजनात्मक विकास
(c) संज्ञानात्मक विकास
(d) उपरोक्त में से कोई नहीं

184. निम्न मानव विकास को प्रभावित करने वाला कारक नहीं है
(a) वंशानुक्रम एवं वातावरण (b) पोषण
(c) परिवार (d) बचपन

185. अधिगम अक्षम बालकों की शिक्षा हेतु ....
(a) योग्यता प्रशिक्षण
(b) कौशल प्रशिक्षण
(c) योग्यता प्रशिक्षण तथा कौशल प्रशिक्षण
(d) उपरोक्त में से कोई नहीं

186. XY गुणसूत्र कहलाते हैं
(a) लिंग गुणसूत्र (b) युक्ति गुणसूत्र
(c) रीसेन्स फेक्टर (d) अनोखा गुणसूत्र

187. निम्न में से कौन-सा दाँत प्रथम बार विकसित होता है?
(a) दूध के दाँत (b) स्थायी दाँत
(c) दन्त अवधारण (d) ये सभी

188. टोरेन्स के अनुसार सृजनात्मक व्यक्तियों की कितनी विशेषताएँ होती हैं?
(a) 84 विशेषताएँ (b) 96 विशेषताएँ
(c) 02 विशेषताएँ (d) 42 विशेषताएँ

189. निम्न में से कौन विशिष्ट शिक्षा मे सम्मिलित हैं?
(a) विशिष्ट शिक्षाविद् (b) विशिष्ट पाठ्य सामग्री
(c) विशिष्ट क्रियाविधि (d) ये सभी

190. निम्न में से कौन विशेष शिक्षा का उद्देश्य है/हैं?
(a) समायोजन में सहायता
(b) योग्यता का अधिकतम विकास
(c) आर्थिक स्वतन्त्रता
(d) उपरोक्त सभी

191. बालक भाषा विकास के अन्तर्गत सबसे पहले सीखता है
(a) सर्वनाम (b) संज्ञा
(c) काल (d) क्रिया

192. विशिष्ट बालकों एवं महिलाओं की देखभाल हेतु राष्ट्रीय स्तर का कार्यक्रम क्या है?
(a) डी.एम.सी.ए.आर (b) डी.सी.आर.ए.डब्ल्यू
(c) डी.डब्ल्यू.सी.आर.ए (d) डी.आर.ए.सी.डब्ल्यू

193. एड्स का पूरा नाम क्या है
(a) एक्वायर्ड इम्यून डेफिशिएन्सी सिण्ड्रोम
(b) एक्वायर्ड इम्यून सिण्ड्रोम
(c) एक्वायर्ड सिण्ड्रोम
(d) उपरोक्त मे से कोई नहीं

194. कौन लिंग निर्धारण करता है?
(a) X क्रोमोसोम (b) Y क्रोमोसोम
(c) XY क्रोमोसोम (d) XX क्रोमोसोम

195. रोना सम्बन्धित है
(a) भाषा (b) सामाजिक
(c) संवेगात्मक (d) गत्यात्मक

196. परसोना सम्बन्धित है
(a) संवेग (b) व्यक्तित्व
(c) भाषा (d) शारीरिक

197. विश्व एड्स दिवस कब मनाया जाता है?
(a) 1 नवम्बर (b) 1 दिसम्बर
(c) 1 जून (d) 1 जुलाई

198. सामाजिक विकास का प्रमुख तत्त्व है
(a) वंशानुक्रम
(b) लिंग
(c) वातावरण
(d) वंशानुक्रम और वातावरण

199. राष्ट्रीय जन सहयोग एवं बाल विकास संस्थान की स्थापना कब की गई थी?
(a) 1966 (b) 1978
(c) 1980 (d) 1967

200. अधिगम अक्षमता के प्रकार हैं
(a) गणित सम्बन्धी समस्या (b) लिखने की अक्षमता
(c) पढ़ने की समस्या (d) ये सभी

उत्तरमाला

1. (b) 2. (d) 3. (b) 4. (a) 5. (a) 6. (a) 7. (d) 8. (d) 9. (b) 10. (d)
11. (a) 12. (b) 13. (b) 14. (d) 15. (d) 16. (b) 17. (a) 18. (d) 19. (d) 20. (b)
21. (d) 22. (c) 23. (a) 24. (a) 25. (c) 26. (a) 27. (c) 28. (a) 29. (b) 30. (b)
31. (a) 32. (b) 33. (d) 34. (a) 35. (d) 36. (d) 37. (b) 38. (c) 39. (d) 40. (d)
41. (d) 42. (b) 43. (c) 44. (b) 45. (d) 46. (b) 47. (c) 48. (b) 49. (a) 50. (a)
51. (c) 52. (b) 53. (d) 54. (b) 55. (b) 56. (a) 57. (c) 58. (d) 59. (a) 60. (a)
61. (b) 62. (c) 63. (a) 64. (b) 65. (d) 66. (a) 67. (d) 68. (c) 69. (c) 70. (b)
71. (c) 72. (b) 73. (d) 74. (a) 75. (c) 76. (b) 77. (c) 78. (d) 79. (d) 80. (d)
81. (c) 82. (c) 83. (d) 84. (c) 85. (b) 86. (a) 87. (b) 88. (a) 89. (c) 90. (c)
91. (b) 92. (d) 93. (c) 94. (b) 95. (a) 96. (c) 97. (a) 98. (d) 99. (a) 100. (d)
101. (b) 102. (c) 103. (a) 104. (a) 105. (d) 106. (d) 107. (c) 108. (d) 109. (a) 110. (c)
111. (c) 112. (a) 113. (c) 114. (d) 115. (b) 116. (b) 117. (b) 118. (b) 119. (a) 120. (a)
121. (a) 122. (a) 123. (b) 124. (c) 125. (a) 126. (b) 127. (a) 128. (c) 129. (c) 130. (b)
131. (b) 132. (c) 133. (c) 134. (b) 135. (c) 136. (b) 137. (c) 138. (c) 139. (c) 140. (b)
141. (a) 142. (a) 143. (c) 144. (a) 145. (b) 146. (d) 147. (d) 148. (a) 149. (a) 150. (a)
151. (a) 152. (b) 153. (a) 154. (c) 155. (d) 156. (a) 157. (d) 158. (a) 159. (a) 160. (d)
161. (d) 162. (d) 163. (a) 164. (a) 165. (c) 166. (b) 167. (a) 168. (c) 169. (d) 170. (c)
171. (d) 172. (a) 173. (a) 174. (a) 175. (a) 176. (b) 177. (a) 178. (d) 179. (d) 180. (c)
181. (c) 182. (a) 183. (a) 184. (d) 185. (c) 186. (a) 187. (a) 188. (a) 189. (d) 190. (d)
191. (b) 192. (c) 193. (a) 194. (c) 195. (a) 196. (b) 197. (b) 198. (c) 199. (a) 200. (d)